1 MONTH OF
FREE
READING

at

www.ForgottenBooks.com

By purchasing this book you are eligible for one month membership to ForgottenBooks.com, giving you unlimited access to our entire collection of over 1,000,000 titles via our web site and mobile apps.

To claim your free month visit:
www.forgottenbooks.com/free651688

ISBN 978-0-364-13430-6
PIBN 10651688

BIBLIOTHÈQUE

DE L'ÉCOLE

DES HAUTES ÉTUDES

PUBLIÉE SOUS LES AUSPICES

DU MINISTÈRE DE L'INSTRUCTION PUBLIQUE

SCIENCES PHILOLOGIQUES ET HISTORIQUES

CENT-SEIZIÈME FASCICULE

L'ALSACE AU DIX-SEPTIÈME SIÈCLE, PAR RODOLPHE REUSS

PARIS

LIBRAIRIE ÉMILE BOUILLON, ÉDITEUR

67, RUE DE RICHELIEU, AU PREMIER

1897

CHALON-SUR-SAONE

IMPRIMERIE FRANÇAISE ET ORIENTALE DE L. MARCEAU

L'ALSACE

AU DIX-SEPTIÈME SIÈCLE

L'ALSACE
AU DIX-SEPTIÈME SIÈCLE

AU POINT DE VUE

GÉOGRAPHIQUE, HISTORIQUE, ADMINISTRATIF

ÉCONOMIQUE, SOCIAL, INTELLECTUEL ET RELIGIEUX

PAR

RODOLPHE REUSS

MAÎTRE DE CONFÉRENCES A L'ÉCOLE DES HAUTES ÉTUDES
ANCIEN BIBLIOTHÉCAIRE DE LA VILLE DE STRASBOURG

TOME PREMIER

PARIS

LIBRAIRIE ÉMILE BOUILLON, ÉDITEUR

67, RUE DE RICHELIEU, AU PREMIER

1897

PRÉFACE

———

Le but du présent travail est de retracer, aussi fidèlement que possible, le tableau de l'Alsace au XVIIᵉ siècle, tant pour les années qui précédèrent sa réunion à la France que pour celles qui suivirent la conquête. Exposer brièvement la géographie physique de la nouvelle province, en raconter l'histoire, examiner tour à tour sa situation politique, administrative, économique, intellectuelle et religieuse, depuis le début de la guerre de Trente Ans jusqu'à la paix de Ryswick, c'est ce que je voudrais faire dans le présent volume et dans celui qui suivra, avec autant de précision que le permettent les sources disponibles, avec cette ferme volonté d'impartialité, qui est le premier devoir de l'historien.

· C'est un sujet assez vaste et qui n'avait point encore été abordé dans ses menus détails. Sans doute, les aperçus sommaires sur cette période ne manquent pas dans les histoires générales de l'Alsace et d'excellentes monographies ont été consacrées à quelques-uns des points que j'aurai à toucher ici. Je le reconnais d'autant plus volontiers que j'ai beaucoup profité des travaux de certains de mes devanciers. Mais personne encore n'avait pris à tâche de réunir et de condenser les nombreux matériaux disséminés dans la littérature alsatique ancienne ou contemporaine, et bien peu d'entre mes prédécesseurs avaient songé à porter leurs investigations dans les dépôts d'archives du pays, afin d'en tirer les documents nécessaires pour mieux éclairer la situation de l'Alsace d'alors. Il est vrai que ce travail de dépouillement des archives, pour être un peu complet, aurait exigé des loisirs autrement prolongés que les miens, et je n'ai pu le poursuivre que dans une assez faible mesure, à travers des occupations professionnelles très absorbantes, pendant plus de trente ans. Travail un peu ingrat aussi, dans certaines de ses parties, puisque, pour fournir un tableau d'ensemble complet, il fallait y aborder une série de questions techniques auxquelles l'auteur se sentait moins compétent pour

R. REUSS, *Alsace.*　　　　　　　　　　　　　　　*a*

répondre, tout en craignant que bien des lecteurs ne trouvassent ces
chapitres trop longs, voire même inutiles. Cependant il n'est plus
permis de nos jours aux historiens d'ignorer, dans leurs récits,
les problèmes économiques et de passer sous silence les détails
administratifs en apparence les plus arides. L'histoire de la civilisation, reflétée dans les idées et les mœurs, les coutumes, les
superstitions même des populations les plus obscures, nous paraît,
à bon droit, plus utile à connaître, et parfois plus attrayante, que
l'histoire des guerres et des intrigues diplomatiques. Du moins elle
marque quelque chose de plus durable dans les étapes de l'humanité, alors que les rencontres sanglantes des nations sur les champs
de bataille n'ont jamais fixé la victoire que pour un temps, et que
les traités de paix qui les ont suivies, démentent, d'époque en
époque, en se renouvelant en sens contraire, la décevante éternité
pour laquelle on prétend les conclure.

Le long et intermittent labeur de la juxtaposition de tant de matériaux, réunis durant un si grand nombre d'années, était rendu
doublement fastidieux par l'état dans lequel se trouvaient, au
XVIIᵉ siècle, ces contrées vogéso-rhénanes dont j'ai tâché de retracer l'histoire. Elles n'ont réellement eu droit à un nom collectif,
et n'ont pu s'appeler la province d'Alsace qu'au moment où elles
s'absorbaient dans le sein de la monarchie française. Pour étudier
de plus près ces microcosmes politiques, pour s'intéresser à leur
vie propre, à leur épanouissement comme à leur décadence, il faut
être soutenu par l'amour profond du sol natal. Il faut peut-être
avoir atteint aussi cette sage résignation, fruit de longues
années d'expérience, qui nous montre les grandes scènes de
l'histoire universelle se modifiant sans cesse aux yeux de la postérité, selon les lueurs changeantes que projettent sur elles les passions contemporaines. Désespérant alors de fixer jamais d'une
façon définitive ces tableaux plus vastes, à la perspective plus profonde, on se prend à croire que, dans une sphère plus modeste, et
plus étroitement circonscrite, la vérité serait moins rebelle à qui
tâcherait de l'atteindre. On se dit, — et peut-être n'est-ce qu'une
illusion de plus, — qu'à force de serrer les détails, d'en déterminer
les données minutieuses, on a quelque chance d'échapper aux jugements arbitraires de « l'animal politique », comme à l'erreur des
imaginations du poète, qui vivent en nous tous et s'y réveillent,

parfois assez mal à propos, pour contrecarrer les efforts du savant
sincèrement épris de vérité.

Je ne puis feindre d'ignorer que le sujet choisi doit paraître
brûlant à plusieurs et qu'il leur semblera difficile de le traiter, sans
se laisser entraîner par les émotions contemporaines qui s'agitent
autour de lui. Il ne faut pas oublier pourtant, que ce qu'on appelle
« la question alsacienne » n'est pas née d'hier seulement. Sans
remonter à des périodes plus lointaines, sans évoquer ici le souvenir des luttes entre Francs et Allamans ou les partages répétés
entre les descendants de Charlemagne, ni même la tentative de
Henri II de France, au milieu du XVIe siècle, on sait qu'elle s'est
posée nettement dès le début de la guerre de Trente Ans et n'a
cessé d'agiter les esprits pendant tout le reste du XVIIe siècle. Elle
lui a survécu, à vrai dire; au cours de sa lutte inégale contre
l'Europe coalisée, Louis XIV offrait, encore en 1709, de rendre
Strasbourg à l'Empire, afin d'en obtenir la paix. Les traités
d'Utrecht et de Rastatt écartent bien pour un temps cette discussion de l'ordre du jour de la politique courante, mais, quatre-vingts
ans plus tard, elle est rouverte par les guerres de la Révolution, et
les armées autrichiennes, envahissant l'Alsace, réclament cette
province pour ses maîtres d'autrefois. Repoussée alors par les
armes victorieuses de la République, la revendication semble un
instant à la veille d'aboutir en 1815, après la défaite de Napoléon.
Dès ce moment, les « patriotes » d'outre-Rhin demandent avec violence cette annexion de l'Alsace qui devait être, un demi-siècle
plus tard, la conséquence fatale de la coupable incurie, des folies
et de l'écrasement du second Empire. Si je rappelle ces faits indiscutables et connus de tous, c'est uniquement pour montrer qu'aucune
période de l'histoire d'Alsace ne pourrait être traitée, pour toute la
durée des temps modernes, si l'on voulait s'abstenir de toucher à
ce problème délicat, qui passionna les esprits des siècles écoulés,
comme il passionnait ceux d'hier et comme il préoccupera ceux de
demain.

J'ai tâché cependant de faire abstraction complète de l'heure présente en retraçant ce tableau du passé de l'Alsace, que je me suis
appliqué à rendre absolument historique, c'est-à-dire entièrement
impartial. Il m'a fallu par moments, je l'avoue, un certain effort sur
moi-même, pour rester fidèle à cette objectivité complète, idéal

inaccessible peut-être, mais sur lequel l'historien doit tenir sans
cesse les yeux fixés avec la ferme volonté de l'atteindre. J'espère
n'avoir cédé nulle part à la tentation de faire de cette étude une
œuvre de tendance et de polémique, tentation bien naturelle pourtant, alors que je heurtais sur mon chemin certains produits de la
littérature soi-disant « historique » des vingt-cinq dernières années.
Assurément je dois m'être trompé plus d'une fois dans les pages
qu'on va lire, et la critique la plus bienveillante y pourra signaler,
sans doute, des lacunes et des erreurs. Enfant de l'Alsace, passionnément attaché à la grande comme à la petite patrie, j'ai mis pourtant tout ce que je pouvais avoir de volonté tenace à écrire cette
page d'histoire, un quart de siècle après la plus récente conquête,
comme je l'aurais écrite avant ou sans les événements de 1870, sans
me cacher d'ailleurs que cette impartialité ne me garantirait pas
contre les récriminations des uns et m'exposerait peut-être aux
reproches des autres. J'ai cru qu'il était plus vraiment utile pour
tous, plus conforme en tout cas à la dignité de l'histoire, de ne me
préoccuper ni de ces accusations ni de ces blâmes possibles, et de
me laisser guider par la seule passion permise au savant, l'amour
de la vérité. C'est elle que j'ai recherchée partout d'un ardent et
sincère effort; au risque de me heurter à de vieilles erreurs et à des
préjugés respectables, j'ai tâché de la suivre partout où elle a voulu
me conduire. Aux hommes compétents par leurs études, aux esprits
impartiaux et vraiment désireux de savoir, de dire si mon travail a
quelque valeur, au moins à ce point de vue, et s'il leur a fourni,
par surcroît, quelques informations nouvelles sur une période
importante de notre histoire nationale.

Le présent volume n'est cependant qu'une partie de l'étude d'ensemble que j'ai entreprise sur l'Alsace au XVIIᵉ siècle et sur sa
transformation graduelle par l'influence et l'administration françaises.
A moins de resserrer en un espace trop restreint une quantité de
faits considérable et de refaire une fois de plus, sur certains points,
le résumé sommaire que présentent la plupart des histoires un peu
détaillées d'Alsace, il fallait me résigner à étendre mon exposé bien
au delà des limites traditionnelles d'une thèse académique, qu'il
m'était interdit de franchir. Un partage s'imposait; heureusement,
il n'a été ni long ni difficile à faire. En décrivant d'une part l'état
matériel de l'Alsace, en dépeignant de l'autre son état social, intel-

lectuel et moral, on pouvait aisément grouper les divers chapitres
de cette étude en deux moitiés, de dimensions à peu près égales.

C'est par une esquisse géographique du territoire et par un
croquis ethnographique des habitants de l'Alsace au XVIIᵉ siècle,
que s'ouvre notre travail. Cette esquisse est suivie d'un aperçu
rapide sur les destinées de la région rhénano-vosgienne, depuis les
origines jusqu'à la guerre de Trente Ans, et d'un tableau plus
détaillé des luttes mémorables qui, se continuant à travers un siècle
presque tout entier, aboutissent à changer le cours des destinées
du pays. Le troisième livre débute par l'exposé de l'organisation
générale de l'Alsace au temps de son autonomie, pour autant qu'on
peut parler d'organismes communs et de rapports intimes dans cet
ensemble de petits États, indépendants les uns des autres et souvent
même hostiles ; puis il retrace les débuts du gouvernement nouveau ;
les mesures qu'il prend pour unifier graduellement l'administration
proprement dite, celle de la justice et celle des finances, et pour
absorber complètement la direction des affaires politiques et militaires, de façon à donner à la province conquise les premiers
éléments d'une autorité commune et le sentiment d'une cohésion
toute nouvelle. Il faudra s'armer ensuite de quelque courage et de
beaucoup de patience pour plonger dans ce fouillis de territoires
d'origine et de nature si diverses, et pour apprendre à connaître,
par le détail, les principautés ecclésiastiques et laïques, les comtés,
les grandes et petites seigneuries, les villes libres et les villes impériales dont l'inextricable enchevêtrement rend à la fois la conquête
plus facile, et complique l'administration de la façon la plus embar-
rassante pour les nouveaux venus. Cette étude de détail forme
l'objet du quatrième livre. Le tableau de l'Alsace économique clôt
le volume. On y trouvera, dans une série de chapitres, un ensemble
de données en partie nouvelles, sur l'agriculture, sur la viticulture,
sur l'élève du bétail et sur l'exploitation des forêts. Il y est également traité de la grande et de la petite industrie d'alors, depuis
l'exploitation des mines d'argent seigneuriales jusqu'au travail
manuel des humbles artisans de village ; de l'organisation des corps
de métiers urbains et des associations provinciales ; de l'introduction
de la fabrication moderne par les privilèges royaux ; du commerce
par terre et par voie fluviale ; des routes et du service postal ; des
foires et des marchés ; des articles divers du trafic local, etc.

Le second volume, qui suivra, je l'espère, le premier d'assez
près, retracera tout d'abord, et très en détail, le tableau de la société
alsacienne d'alors, les mœurs des grands seigneurs et de la noblesse,
celles des bourgeois des villes et des populations rurales. On y parlera de leurs coutumes, de leur vie de famille et de leurs distractions,
des lois somptuaires et ordonnances innombrables qui les enserrent et
les brident à chaque tournant de l'existence, réglant avec un rigorisme
méticuleux, qui nous semblerait intolérable, tous les actes de leur
vie publique et privée, et jusqu'à leurs pensées. On y étudiera
tour à tour le gentilhomme alsacien dans ses plaisirs cynégétiques,
le bourgeois cossu dans ses exploits épulaires, le paysan dans ses
réjouissances bruyantes et grossières et ses superstitions tragiques,
plus grossières encore. L'hygiène publique, l'assistance publique,
pour autant qu'elles existaient alors, ne sauraient manquer à ce
tableau ; nous verrons donc aussi cette société alsacienne dans sa
lutte contre la misère et la maladie, contre les épidémies si fréquentes alors et si terribles, contre le vagabondage et la mendicité,
nous la verrons à l'œuvre dans ses asiles, ses hospices et ses hôpitaux. Un autre livre sera consacré à la vie intellectuelle de l'Alsace
au XVIIe siècle. Nous y parlerons de sa langue et des progrès, lents,
mais cependant sensibles, qu'y faisait la langue française, dès la fin de
cette époque ; de la littérature contemporaine, faible écho de celle du
siècle précédent, qui fut l'âge d'or de l'Alsace littéraire ; des rares
artistes de talent auxquels la dureté des temps permit d'y produire
quelque œuvre durable, soit qu'ils fussent enfants du pays, soit
qu'ils y fussent venus de l'étranger. Nous nous appliquerons à
donner un tableau fidèle et véridique de l'enseignement primaire
comme de l'enseignement secondaire dans les écoles et les gymnases
d'Alsace, et nous parlerons des Académies et des Universités, dont
les maîtres, illustres alors et presque oubliés de nos jours, attiraient
à Strasbourg et à Molsheim de nombreux étudiants du dehors. Le
huitième livre enfin traitera de l'état religieux de l'Alsace au
XVIIe siècle. On y trouvera l'exposé de la situation matérielle et de
l'organisation officielle des deux Églises qui se partageaient, moins
inégalement qu'aujourd'hui, la population du pays ; le tableau des
mœurs et de l'influence morale du clergé catholique et du clergé
luthérien ; celui de l'éducation religieuse des masses et des manifestations extérieures de leur foi (confréries, pèlerinages, etc.). On

y trouvera aussi les renseignements les plus précis sur les rapports
mutuels des différentes confessions, sur leurs âpres controverses, sur
l'attitude des gouvernements successifs de l'Alsace au XVIIe siècle,
à l'égard des différentes Églises. Un chapitre sur le triste sort des
Israélites de la province, également honnis par les adhérents de l'un
et de l'autre culte, et non moins opprimés d'ordinaire par l'autorité
civile, terminera ce dernier livre.

On s'étonnerait bien à tort de voir la question religieuse occuper
une place, relativement si large, dans l'exposé de la situation politique, intellectuelle et morale de l'Alsace d'alors. On s'expose en
effet à ne rien comprendre à l'histoire de cette province, — ni, en
général, à celle du XVIIe siècle tout entier, dans les contrées où
n'existe plus l'unité de la foi, — si l'on ne tient pas grand compte
de la situation religieuse. C'est là seulement qu'on peut trouver la
clef d'une foule de faits et de phénomènes, qui pour l'observateur
superficiel semblent absolument étrangers à cette sphère et ne s'expliquent en aucune manière. Nier son importance capitale, par ignorance ou parti pris, c'est donc se rendre volontairement incapable
de comprendre et de juger les hommes et les choses de ce temps.
Si ce sont les principes de 1789 ou l'idée de nationalité qui nous
donnent à nous, enfants du XIXe siècle, l'explication de nos luttes
contemporaines, si l'on peut affirmer que, pour les hommes du
XXe siècle, la question sociale primera les problèmes politiques, la
question religieuse, qu'elle aboutisse à l'autorité absolue de l'Église
ou à la liberté des consciences, dominait de haut toutes les autres,
il y a deux cent cinquante ans; tout le reste est d'ordre secondaire
aux yeux des contemporains.

Je dois remercier ici les savants qui m'ont facilité ma tâche : M. le
Dr Pfannenschmid, directeur des Archives de la Haute-Alsace, à
Colmar; M. le professeur Wiegand, directeur de celles de la Basse-
Alsace, à Strasbourg; M. le Dr Winckelmann, archiviste de la ville
de Strasbourg. Je dois avant tout un souvenir affectueux et recon-
naissant à la mémoire de mes deux excellents amis, M. Jean Brucker,
archiviste de la ville de Strasbourg († 1889), et M. Xavier Mossmann,
archiviste de la ville de Colmar († 1893), qui, pendant près d'un
âge d'homme, m'ont accueilli dans leurs dépôts et m'ont fourni tant
d'indications précieuses par leurs communications, par leurs inventaires et leurs propres travaux. J'ajoute volontiers à leurs noms

celui de mon ami, M. Alfred Erichson, directeur de l'Internat théo-
logique et archiviste du Chapitre de Saint-Thomas de Strasbourg,
grâce auquel j'ai pu utiliser dans ce riche dépôt tant de pièces relatives à l'histoire religieuse et scientifique du temps. J'ai pu largement puiser aux richesses de l'ancienne collection d'alsatiques de
Charles-Frédéric Heitz, fondue dans la bibliothèque de l'Université
de Strasbourg, grâce à l'obligeance constante de son conservateur
en chef, M. le professeur Barack; M. André Waltz, bibliothécaire
de la ville de Colmar, a plus d'une fois mis à ma disposition les
trésors de la collection Chauffour, confiés à sa garde, et je me
croirais bien ingrat, si, au risque de paraître me louer moi-même,
je ne mentionnais pas ici la nouvelle Bibliothèque municipale de
Strasbourg, que j'ai dirigée, depuis le jour de sa création, pendant
vingt-trois années et dont les plaquettes rares et les manuscrits
alsatiques m'ont été mainte fois d'un si grand secours pour mon
travail.

Je tiens à signaler moi-même, en terminant, une lacune volontaire
dans les sources dont j'ai fait et aurais pu faire usage. En dehors
des dépôts publics de l'Alsace, il était naturel de consulter également ceux de Paris. On pense bien que je n'ignorais pas qu'aux
Archives de la guerre, comme aux Archives étrangères et aux
Archives nationales se trouvait une série de dossiers, de correspondances administratives avec les gouverneurs, les intendants, les
préteurs royaux, etc., en Alsace, qui m'auraient fourni des renseignements complémentaires précieux pour certains chapitres de mon
ouvrage. Mais au cours de mes recherches, commencées il y a de
longues années déjà, j'appris qu'un jeune compatriote, dont nous
attendons beaucoup pour l'histoire d'Alsace, M. Ch. Pfister, professeur à la Faculté des lettres de Nancy, avait récemment et longuement
exploré ces dépôts en vue d'une publication future de longue haleine
sur l'administration française en Alsace à la fin du XVIIe et au cours
du XVIIIe siècle. Je me serais fait scrupule de priver le biographe
de Schoepflin, le savant et sympathique historien de *Sainte-Odile
et du duché d'Alsace* et du *Comté de Horbourg*, du fruit légitime de
ses recherches, en reprenant, d'une façon forcément superficielle,
les dossiers parcourus par lui et en déflorant de la sorte un travail
dont la publication ne tardera pas trop, je l'espère, qui complétera
certainement le mien, en le rectifiant sans doute sur plus d'un point

et qui en sera tout à la fois le prolongement naturel et la contre-épreuve.

Si ce livre, commencé jadis à l'ombre de la vieille cathédrale de Strasbourg, terminé dans le calme profond de ce Versailles où tout nous parle encore du « Grand Roi », pouvait, malgré ses défauts, faire connaître davantage l'Alsace d'autrefois à la France d'aujourd'hui; s'il lui en rendait le souvenir plus cher, en lui rappelant un moment plus heureux de sa propre histoire, je me sentirais largement récompensé de tout ce qu'il m'a coûté de recherches et de peines. Je n'ai pas besoin, je le sais, de souhaiter qu'il me rappelle au souvenir de mes amis de là-bas. La douce souvenance de la terre natale, la mémoire pieusement conservée de bien des joies et de tant d'épreuves communes, ont formé des liens trop solides et trop chers pour que les frontières et les années puissent les affaiblir ou les rompre jamais.

Versailles, 13 octobre 1896.

BIBLIOGRAPHIE

Nous avons réuni dans le tableau systématique suivant, les plus importants travaux imprimés qui se rapportent aux différentes matières traitées dans les chapitres du présent ouvrage. Il ne pouvait être question de donner en cet endroit une *bibliographie* absolument complète du sujet, et le lecteur est averti qu'il y cherchera en vain maint article et maint volume cités dans les notes au bas des pages, mais dont le contenu ne se rapporte qu'incidemment à l'Alsace. D'autres publications, en assez grand nombre, n'ont pas été mentionnées parce qu'on ne voulait pas avoir l'air de les recommander aux travailleurs sérieux, alors qu'elles n'ont aucune valeur scientifique. Enfin j'ai systématiquement laissé de côté les quantités prodigieuses de brochures contemporaines des événements, pamphlets politiques ou religieux et écrits de circonstance divers en prose et en vers, pièces assurément fort utiles à l'historien, mais dont l'énumération aurait réclamé plus d'une centaine de pages, sans que le lecteur, ne sachant où les trouver (car elles sont assez rares pour la plupart), en eût tiré grand profit.

On aurait tort surtout de considérer ce catalogue sommaire comme une espèce de *Bibliographie générale alsatique*. Il y manque une foule d'excellents ouvrages, anciens et récents, qui font honneur à l'érudition alsacienne, comme à celle du dehors, mais qui ne figurent point ici, puisqu'ils ne touchent pas, ou ne touchent qu'à peine à l'histoire du XVIIe siècle, qui seule est visée dans ces pages. Si quelque lecteur désirait pourtant se renseigner sur la littérature des périodes avoisinantes, il pourra consulter, soit le catalogue dressé, il y a bientôt quarante ans, par l'imprimeur strasbourgeois, Charles-Frédéric Heitz[1], soit celui de la collection dudit bibliophile, publié par moi en 1868, œuvre de jeunesse fort imparfaite d'ailleurs[2], soit

---

1. C. F. Heitz. *Catalogue des principaux ouvrages imprimés sur le département du Bas-Rhin et liste des cartes de ce département*, dans la *Description du département du Bas-Rhin*. Strasbourg, Berger-Levrault, 1858, t. I, p. 417-518.

2. *Bibliothèque Alsatique. Catalogue des livres, manuscrits, etc., de feu M. C. F. Heitz, avec notice préliminaire par Rod. Reuss*, Strasbourg, Heitz, 1868, XIII-335 p., in-8°.

enfin le *Catalogue de la Bibliothèque Chauffour*, rédigé avec le plus grand soin par M. André Waltz, bibliothécaire de la ville de Colmar[1]. Le *Catalogue sommaire des principaux ouvrages publiés sur l'Alsace*, joint par M. Eugène Waldner, l'archiviste actuel de la même ville, à *L'Alsace* de feu Charles Grad, a paru en 1889[2]; s'il est nécessairement moins détaillé que les précédents, il embrasse en plus la littérature d'une dizaine d'années, et en les combinant tous ensemble, on composerait sans trop de peine, non la *Bibliographie alsatique* complète, qui sans doute ne se fera jamais[3], mais un manuel bibliographique assez complet pour suffire aux besoins de la plupart des travailleurs qui s'occupent du passé de notre province[4].

Topographie

Seb. Munster, Cosmographia oder Beschreibung der gantz en Weltt, etc. Basel, bey den Heinricpetrinischen Erben, 1628, 1 vol. in-fol., ill.

(Martin Zeiller), Topographia Alsatiae, das ist Beschreibung und eygentliche Abbildung der vornehmbsten Staett... im Obern und Untern Elsass, etc. Franckfurt am Mayn, Merian, 1646, 1 vol. in-fol., ill.

— Même ouvrage, deuxième édition. Franckfurt a. M., Merian, 1663, 1 vol. in-fol., ill.

P. du Val, La carte et la description de l'Alsace françoise, Paris, Pepingue, 1662, 1 broch. in-12°.

Ch. Nerlinger, Une description de l'Alsace en 1662. (Revue d'Alsace, 1895).

Joh. Koenig, Soc. Jesu, Institutio geographica elementaris, ... qui-

---

1. *Catalogue de la Bibliothèque Chauffour, dressé par ordre du Conseil municipal, par André Waltz.* Manuscrits et imprimés concernant l'Alsace. Colmar, Jung, 1889, lix-769 p., in-8°. M. Ignace Chauffour est mort en 1879 déjà.

2. Ch. Grad, *L'Alsace*, Paris, Hachette, 1889, 1 vol. in-fol., p. 1-11.

3. Combien la tâche serait énorme, et tout à fait au-dessus des forces d'un seul homme, on peut s'en rendre compte en voyant le beau *Catalogue des Alsatica de la Bibliothèque de Oscar Berger-Levrault* (Nancy, 1886), qui compte six volumes et qui cependant ne renferme *absolument que les pièces imprimées ou éditées par la maison* Levrault, depuis un peu plus de deux siècles.

4. Afin d'éviter le reproche immérité d'avoir négligé tel ou tel ouvrage ou travail, relatif à notre sujet, qui aurait paru alors que l'impression de notre volume était achevée, nous constatons que le bon à tirer de cette *Bibliographie* a été donné le 19 juin 1897.

bus accedit Topographia Alsatiae et Brisgoiae, etc. Argentorati, Dolhopff, 1677, 1 vol. in-16°.

Mart. Zeiller, Itinerarium Germaniae nov-antiquae, teutsches Reyssbuch, etc. Strassburg, Laz. Zetzner, 1632, 1 vol. in-fol.

— Même ouvrage, nouvelle édition. Strassburg, S. Pauli, 1674, 2 vol. in-fol.

M. Ursenson, Elsass und Breyssgau, aus Joh. Bapt. Melecii lateinischer Geographi gezogen und nach gegenwærtigem Zustand entworffen. Strassburg, Dolhopff, 1679, 1 vol. in-12°.

F, R. von Ichtersheim, Gantz neue Elsassische Topographia, das ist der so wohl vor-als jetztmahlige Estat des gantzen Elsass, etc. Regenspurg, Seidel, 1710, 1 vol. in-4°.

Ch. Grad, L'Alsace, le pays et ses habitants. Paris, Hachette, 1889, 1 vol. pet. in-fol., ill.

Cr. Grad, Heimatskunde, Schilderungen aus dem Elsass. Colmar, Jung, 1878, 1 vol. in-8°.

G. Bleicher, Les Vosges, le sol et les habitants. Paris, Baillière, 1890, 1 vol. in-18°.

Ch. Grad, Orographie des Vosges (Revue d'Alsace, 1877).

Ch. Grad, Essai sur le climat de l'Alsace. Colmar, Decker, 1870, 1 broch. in-8°.

S. Billing, Chronique des hivers rigoureux en Alsace (Revue d'Alsace, 1859).

J. Dietrich, Froids extraordinaires en Alsace, 764-1709 (Revue d'Alsace, 1860).

Dom Ruinart, Voyage littéraire en Alsace au XVIIe siècle, trad. du latin par M. Matter. Strasbourg, Levrault, 1826, 1 vol. in-8°.

Aug. Stoeber, Curiosités de voyages en Alsace, du XVIe au XIXe siècle. Colmar, Barth, 1874, 1 vol. in-8°.

Histoires générales d'Alsace

R. P. Laguille, Histoire de la province d'Alsace depuis Jules-César jusqu'au mariage de Louis XV. Strasbourg, Doulssecker, 1727, 1 vol. in-fol., planches.

J.-D. Schoepflin, Alsatia illustrata. Colmariae, Decker, 1751-1761, 2 vol. in-fol., planches.

J.-D. Schoepflin, L'Alsace illustrée, trad. L.-W. Ravenez (avec additions). Mulhouse, Perrin, 1849-1852, 5 vol. in-8°, planches.

Joh. Friese, Neue vaterlaendische Geschichte der Stadt Strassburg und des ehemaligen Elsasses. Strassburg, Lorenz, 1791-1801, 5 vol. in-8°.

A. W. Strobel, Vaterlaendische Geschichte des Elsasses von der frühesten bis auf die gegenwaertige Zeit, fortgesetzt von H. Engelhardt. Strassburg, Schmidt, 1841-1849, 6 vol. in-8°.

L. Gloeckler, Das Elsass, kurze Darstellung seiner politischen Geschichte. Freiburg i./B., Herder, 1876, 1 vol. in-8°.

J.-E. Sitzmann, Aperçu sur l'histoire politique et religieuse de l'Alsace. Belfort, Péligot, 1878, 1 vol. in-18°.

J. Rathgeber, Die Geschichte des Elsass (2e édition). Strassburg R. Schultz, 1882, 1 vol. in-8°.

O. Lorenz u. W. Scherer, Geschichte des Elsasses (3e édition). Berlin, Weidmann, 1886, 1 vol. in-8°.

———

L. Spach, Histoire de la Basse-Alsace et de la ville de Strasbourg (Description du département du Bas-Rhin, t. I. Strasbourg, Berger-Levrault, 1858).

L. Spach, Lettres sur les archives départementales du Bas-Rhin. Strasbourg, Piton, 1862, 1 vol. in-8°.

L. Spach, Inventaire sommaire des archives départementales antérieures à 1790, Bas-Rhin. Strasbourg, Berger-Levrault, 1863-1872, 4 vol. in-4°.

L. Brièle, Inventaire sommaire des archives départementales, etc., Haut-Rhin. Colmar, Hoffmann, 1863-1870, 3 vol. in-4°.

Guerre de Trente Ans

X. Mossmann, Matériaux tirés des Archives de Colmar pour servir à l'histoire de la guerre de Trente Ans (Revue d'Alsace, 1876-1891).

R. Reuss, Beitraege zur Geschichte des dreissigjaehrigen Krieges im Elsass, I : Strassburg und die Evangelische Union (1618-1621). Mulhausen, Risler, 1868, 1 broch. in-8°.

Dag. Fischer, Diarium du siège de Saverne en 1622 (Revue d'Alsace, 1853).

Rod. Reuss, Un poème alsatique relatif au comte de Mansfeld et au siège de Saverne en 1622, avec quelques autres pièces rares de la même époque (Revue d'Alsace, 1870).

A. de Kentzinger, Documents historiques tirés des Archives de Strasbourg. Strasbourg, Levrault, 1818-1819, 2 vol. in-8°.

Ed. Ensfelder, Souffrances de Riquewihr pendant la guerre de Trente Ans (Revue d'Alsace, 1877).

H. Bardy, Les Suédois dans le Sundgau (Revue d'Alsace, 1853-1856).

F. Bresch, Stadt und Thal Münster im Elsass im dreissigjaehrigen Kriege (Zeitschrift für Geschichte des Oberrheins, neue Folge, vol. X).

K. Molitor, Der Verrath von Breisach, 1639. Ein Beitrag zur Geschichte des Verlustes der Landgrafschaft im Elsass, etc. Naumburg, Paetz, 1875, 1 broch. in-8°.

Rod. Reuss, Josias Glaser et son projet d'annexer l'Alsace à la France, en 1639 (Revue d'Alsace, 1869).

R. Reuss, Strassburg im dreissigjaehrigen Kriege, Fragment aus der Chronik von J. J. Walter. Strassburg, Treuttel u. Würtz, 1879, 1 broch. in-4°.

Avenel, Lettres, instructions diplomatiques et papiers d'État du cardinal de Richelieu. Paris, Imprimerie Impériale et Nationale, 1853-1877, 8 vol. in-4°.

X. Mossmann, Contestation de Colmar avec la Cour de France (Revue de l'Est, Metz, 1869).

J. G. Droysen, Bernhard von Weimar. Leipzig, Duncker u. Humblot, 1885, 2 vol. in-8°.

A. von Gonzenbach, Der General Hans Ludwig von Erlach. Bern, Wyss, 1880-1882, 4 vol. in-8°.

Sabourin de Nanton, Jean Louis d'Erlach, gouverneur de Brisach (Revue d'Alsace, 1868).

Rod. Reuss, Lettres inédites de Louis XIII, Louis XIV, du prince de Condé, etc., au Magistrat de Strasbourg, 1642-1647 (Revue d'Alsace, 1875).

H. Bardy, Le comte de la Suze et la seigneurie de Belfort de 1636 à 1654. Saint-Dié, 1885, 1 broch. in-8°.

A. Chéruel, Lettres du cardinal de Mazarin pendant son ministère. T. I-VIII. Paris, Imprimerie Nationale, 1872-1894, 8 vol. in-4°.

Mémoires et négociations secrètes de la cour de France touchant la paix de Munster. Amsterdam, Chatelain, 1710, 1 vol. in-fol. (ou 4 vol. in-12°).

J. G. von Meiern, Acta pacis Westphalicae publica, oder Westphaelische Friedenshandlungen, etc. Hannover, Cotta, 1734-1736, 6 vol. in-fol. — Id., Acta pacis executiónis publica oder Nürnbergische Friedensexecutionshandlungen, etc. Hannover und Goettingen,

1736-1738, 2 vol. in-fol. — Universalregister von J. L. Walther, Goettingen, 1740, 1 vol. in-fol.

J. CHIFFLETIUS, Alsatia jure proprietatis Philippo IV, regi catholico vindicata. Antverpiae, ex officina Plantiniana, 1650, 1 vol. in-fol.

COMTE HALLEZ-CLAPARÈDE, Réunion de l'Alsace à la France. Paris, Franck, 1844, 1 vol. in-8°.

F. RHODEWALD, Die Abtretung des Elsass an Frankreich. Halle, Niemeyer, 1893, 1 vol. in-8°.

J. FROITZHEIM, Der Westphaelische Frieden und Deutschlands Abtretungen an Frankreich. Bischweiler, Posth, 1876, 1 broch. in-4°.

K. JACOB, Die Erwerbung des Elsass durch Frankreich im westphaelischen Frieden. Strassburg, Trübner, 1897, 1 vol. in-8° [1].

H. VAST, Les grands Traités du règne de Louis XIV. Paris, Picard, 1893, 1 vol. in-8°.

Guerres de Louis XIV

VAN HUPFEL, Documents inédits concernant l'histoire de France et l'Alsace sous Louis XIV. Paris, Hingray, 1840, 1 vol. in-8°.

X. MOSSMANN, La France en Alsace après les traités de Westphalie (Revue Historique, 1892, 1893).

H. ROCHOLL, Zur Geschichte der Annexion des Elsass durch die Krone Frankreich. Gotha, Perthes, 1888, 1 vol. in-8°.

B. AUERBACH, La question d'Alsace à la diète de Ratisbonne, 1663-1673 (Annales de l'Est, Nancy, 1889).

L. BRIÈLE, La prise de Colmar en 1673 (Curiosités d'Alsace, Colmar, 1864).

H. PETER, Der Krieg des grossen Kurfürsten gegen Frankreich, 1672-1675. Halle, Waisenhausbuchhandlung, 1870, 1 vol. in-8°.

H. ROCHOLL, Der Feldzug des Grossen Kurfürsten gegen Frankreich, 1674-1675. Berlin, Mittler, 1879, 1 broch. in-8°.

H. ROCHOLL. Der grosse Kurfürst von Brandenburg im Elsass, 1674-1675. Colmar, Decker, 1877, 1 vol. in-8°.

---

1. Cet ouvrage vient de paraître au moment où nous corrigeons les épreuves de notre Bibliographie. C'est une étude très sérieuse. qui, vu ses dimensions notables et les recherches faites par l'auteur aux Archives de Vienne, précise et élargit naturellement nos connaissances sur certaines phases des négociations de Westphalie. Cependant, tout en le signalant avec reconnaissance, il faut dire que le volume de M. Jacob ne nous apporte point de révélations inattendues, ni rien d'absolument nouveau. Nous n'avons surtout rien trouvé, dans son argumentation, qui nous oblige à modifier notre propre manière de voir sur son sujet.

H. Rocholl, Die braunschweigisch-lüneburgischen Truppen im Feldzug des Grossen Kurfürsten gegen Frankreich, 1674-1675 (Zeitschrift des historischen Vereins für Niedersachsen, 1895).

H. Choppin, Campagne de Turenne en Alsace. Paris, Dumaine, 1875, 1 vol. in-8°.

Herm. Pastenacci, Die Schlacht bei Entzheim. Halle, Niemeyer, 1880, 1 vol. in-8°.

Ch. Gérard, La bataille d'Entzheim. Guebwiller, J. B. Jung, 1869, 1 broch. in-8°.

Ch. Gérard, La bataille de Turckheim (Revue d'Alsace, 1851).

(Deschamps), Mémoires des deux dernières campagnes de M. de Turenne en Allemagne, etc. Strasbourg, Doulssecker, 1734, 1 vol. in-12.

De Beaurain, Histoire des quatre dernières campagnes du maréchal de Turenne, 1672-1675, Paris, Chardon, 1782, 2 vol. in-fol.

P. Luemkemann, Turennes letzter Feldzug. Halle, Karras, 1883, 1 vol. in-8°.

B. Han, Das Seelzagende Elsass, das ist ausführliche Beschreibung, etc. Nurnberg, Loschge, 1679, 1 vol. in-16°.

Claude Joly, Relation du voyage (en Alsace) de l'arrière-ban de Bourgogne, 1675, Paris, Anselin, 1836, 1 vol. in-8°.

Rod. Reuss, La Chronique strasbourgeoise du peintre J.-J. Walter (Campagnes d'Alsace, 1672-1676), texte et traduction annotée (Annales de l'Est, Nancy, 1895-1897).

Carlet de la Rozière, Campagne de M. le maréchal de Créquy en Lorraine et en Alsace, en 1677. Paris, 1764, 1 vol. in-12°.

R. Reuss, Memorial des Ammeisters Franciscus Reisseissen, Strassburgische Chronik von 1667-1710. Strassburg, Schmidt, 1877, 1 vol. in-8°.

R. Reuss, Aufzeichnungen des Ammeisters Franciscus Reisseissen, Strassburgische Chronik von 1657-1677. Strassburg, Schmidt, 1880, 1 vol. in-8°.

A. Legrelle, Louis XIV et Strasbourg, 4° édition. Paris, Hachette, 1884, 1 vol. in-8°.

A. Weiss, Le 30 Septembre 1681, étude sur la réunion de Strasbourg à la France. Nancy, Berger-Levrault, 1881, 1 broch. in-8°.

(J. Rathgeber), Zur Geschichte der Strassburger Kapitulation von 1681. Strassburg, Schultz, 1882, 1 vol. in-8°.

A. Coste, Réunion de Strasbourg à la France. Strasbourg, Heitz, 1841, 1 vol. in-8°.

E. Marcks, Beitraege zur Geschichte von Strassburg's Fall im

Jahre 1681 (Zeitschrift für Geschichte des Oberrheins, Neue Folge, tom. V).

(FRID. SCHRAAG), Nullitas iniquitasque Reunionis Alsaticae. Sine loco et nom. typogr., 1707, 1 vol. in-4°.

(STUPFEL), Archives d'Alsace ou recueil des actes publics concernant cette province. Sans lieu d'impression, ni nom d'imprimeur, 1790, 1 vol. in-8°.

ABRAH. FRITSCH, Tabulae pacis inter Leopoldum I... et Ludovicum XIV... Reswyci Hollandiae initae... Francofurti, Liebezeit, 1699, 1 vol. in-4°.

J. C. NEUHAUS, Der Friede von Ryswick und die Abtretung Strassburgs an Frankreich, 1697. Freiburg i./B., Herder, 1873, 1 vol. in-12°.

(FRID. SCHRAAG), Libertas Argentoratensium stylo Ryswicensi non expuncta. Sine loco, 1707, 1 vol. in-4°.

(F. RUHL), Exposé analytique des faits et des actes qui établissent la domination absolue du Roi sur l'universalité des terres et habitants de la Haute et Basse-Alsace. Strasbourg, Levrault, 1790, 1 vol. in-8°.

Administration de l'Alsace

Administration générale, finances, justice, affaires militaires

J. DE LA GRANGE, Mémoire sur la province d'Alsace, 1697, extraits (Description du département du Bas-Rhin, tome I, p. 519-558).

CH. PFISTER, L'Alsace sous la domination française. Nancy, Berger-Levrault, 1893, 1 broch. in-8°.

CH. PFISTER, Un mémoire de l'intendant Colbert sur l'Alsace, 1663 (Revue d'Alsace, 1895).

J. KRUG-BASSE, L'Alsace avant 1789 ou état de ses institutions provinciales et locales. Paris, Sandoz et Fischbacher, 1877, 1 vol. in-8°.

G. DANZAS, Note sur la correspondance du contrôleur-général des finances relative à l'Alsace, 1679-1728 (Revue Catholique d'Alsace, 1895).

L.-A. KIEFER, Steuern, Abgaben und Gefaelle in der ehemaligen Grafschaft Hanau-Lichtenberg. Strassburg, Noiriel, 1891, 1 vol. in-8°.

E. BONVALOT, Coutumes de la Haute-Alsace, dites de Ferrette. Colmar, Barth, 1870, 1 vol. in-8°.

Dag. Fischer, Les institutions municipales et judiciaires du bailliage du Kochersberg (Revue d'Alsace, 1872).

E. Goepp, Bürgerordnung von Berstett (Alsatia, 1854).

F. Lempfrid, Beamten- und Bürgereide des St. Amarinenthal's (Jahrbuch des Vogesen-Clubs, 1886).

———

Véron-Réville, Essai sur les anciennes juridictions d'Alsace. Colmar, Hoffmann, 1857, 1 vol. in-8°.

De Boug, Recueil des Édits, déclarations, etc., du Conseil souverain d'Alsace: Colmar, Decker, 1775, 2 vol. in-fol.

Pillot et de Neyremand, Histoire du Conseil souverain d'Alsace. Paris, Durand, 1860, 1 vol. in-8°.

N. de Corberon, Mémoire historique sur le Conseil souverain d'Alsace, publié par Ignace Chauffour (Revue d'Alsace, 1856).

Notes d'arrêts du Conseil souverain d'Alsace. Colmar, Decker, 1742, 1 vol. in-8°.

F. Lauth (J. Reisseissen), Conspectus judiciorum Argentinensium. Argentorati, Heitz, 1784, 1 vol. in-4°.

Aug. Stoeber, Das Staedtchen Ober-Bergheim und sein Asylrecht (Neue Alsatia, 1885).

Rod. Reuss, La justice criminelle et la police des mœurs à Strasbourg au XVIe et au XVIIe siècle. Strasbourg, Treuttel et Würtz, 1885, 1 vol. in-16°.

Aug. Stoeber, Pages inédites pour servir à l'histoire des pénalités de l'ancienne République de Mulhouse aux XVIe, XVIIe, XVIIIe siècles (Bulletin du Musée historique, 1877).

A. Uhlhorn, Eine Hinrichtung in Bischweiler im Iahre 1667 (Jahrbuch des Vogesen-Clubs, ix).

J. Lobstein, Manuel du notariat en Alsace, précédé d'une histoire du notariat, etc. Strasbourg, Treuttel et Würtz, 1844, 1 vol. in-8°.

———

A. Ganier, Costumes des régiments et des milices recrutés dans les anciennes provinces d'Alsace et de la Sarre pendant le XVIIe et le XVIIIe siècle. Epinal, Froereisen, 1882, 1 vol. in-fol., ill.

Rod. Reuss, L'artillerie strasbourgeoise du XIVe au XVIIe siècle (Revue Alsacienne, 1879-1880).

J. Benner, L'armement du vieux Mulhouse, 1709 (Bulletin du Musée historique, 1892-1893).

Alph. Coste, Fort-Louis du Rhin (Revue d'Alsace, 1862).

R. Tschamber, Geschichte der Stadt und ehemaligen Festung Hüningen. Sankt Ludwig, Perrotin, 1894, 1 vol. in-8°.

Les Territoires Alsaciens

Die alten Territorien des Elsass nach dem Stande vom 1 Januar 1648, herausgegeben vom Statistischen Bureau. Strassburg, Du Mont-Schauberg, 1896, 1 vol. in-8° (cartes)[1].

M. Kirchner, Elsass im Jahre 1648, ein Beitrag zur Territorial-geschichte. Duisburg, Raske, 1 vol. in-4° (carte .

L. Brièle, La Maison d'Autriche en Alsace, ancienne Régence d'Ensisheim (Curiosités d'Alsace. 1864 .

Mémoires de deux voyages et séjours en Alsace, 1674-76 et 1681, publiés pour la première fois par L'e; B'ibliophile) J(oseph) C(ondre) M(ulhousois'. Mulhouse, Bader, 1886, 1 vol. in-8°, ill.

P. Malachias Tschamser, Annales oder Jahrs-Geschichten der Barfuessern zu Thann, 1724, etc. (publiées par A. Mercklen). Colmar, Hoffmann, 1864, 2 vol. in-8°.

Ch. Goutzwiller, Notice historique sur la ville et la seigneurie d'Altkirch (Revue d'Alsace, 1850,.

N. Moormeister, Beitraege zur Geschichte der Stadt und Herr-schaft Altkirch. Altkirch, Boehmer, 1876-1878, 2 broch. in-4°.

F.-J. Fuess, Die Pfarrgemeinden des Cantons Hirsingen, ihre Alter-thümer, etc. Rixheim, Sutter, 1879, 1 vol. in-8°.

A. Ingold, Notices sur Cernay (Revue d'Alsace, 1872).

L. Brièle, Inventaire des Archives de la ville de Cernay, anté-rieures à 1790. Colmar, Hoffmann, 1872, 1 broch. in-4°.

F.-J. Mercklen, Histoire de la ville d'Ensisheim. Colmar, Hoff-mann, 1840, 2 vol. in-8°.

Th. Nartz, Le val de Villé, recherches historiques. Strasbourg, Bauer, 1887, 1 vol. in-8°.

G. Dietsch, Le château de Hohkoenigsbourg. Sainte-Marie-aux-Mines, Cellarius, 1882, 1 vol. in-18°.

P. Rossmann u. F. Ens, Geschichte der Stadt Breisach. Freiburg im Br., Wagner, 1851, 1 vol. in-8°.

---

1. Cette publication est due principalement à la collaboration de M. le D'r Fritz, professeur au Lycée de Strasbourg, et de M. Lehmann, secrétaire au Ministère d'Alsace-Lorraine.

ALPH. COSTE, Notice historique et topographique sur la ville de Vieux-Brisach. Mulhouse, Bader, 1860, 1 vol. in-8°.

A. PH. GRANDIDIER, Œuvres inédites, publiées par J. Liblin. Colmar, Decker, 1866-1868, 6 vol. in-8°[1].

L.-A. GLOECKLER, Geschichte des Bisthum's Strassburg. Strassburg, Le Roux, 1880-81, 2 vol. in-8°.

DAG. FISCHER, Le Conseil de Régence de Saverne (Revue d'Alsace, 1865).

DAG. FISCHER, Die bischoeflich-strassburgische Regierung in Zabern. Zabern, Gilliot, 1871, 1 broch. in-8°.

DAG. FISCHER, Recherches sur les revenus de l'évêché de Strasbourg (Revue d'Alsace, 1875).

DAG. FISCHER, Geschichte der Stadt Zabern im Elsass. Zabern, Fuchs, 1874, 1 vol. in-8°.

DAG. FISCHER, Étude sur l'organisation municipale de Saverne sous les évêques de Strasbourg (Revue d'Alsace, 1865-1866).

(CH. OSTERMEYER), Notice historique sur le château d'Isenbourg près Rouffach. Colmar, Sailé, 1894, 1 vol. in-8°, ill.

CH. KNOLL, Histoire de la ville de Soultz (Revue d'Alsace, 1861-1866).

A. GASSER, Histoire de la ville de Soultz et de son bailliage (Revue d'Alsace, 1892-1895).

J.-G. LEHMANN, Urkundliche Geschichte der Grafschaft Hanau-Lichtenberg. Mannheim, Schneider, 1862, 2 vol. in-8°.

J. RATHGEBER, Die Grafschaft Hanau-Lichtenberg. Strassburg, Trübner, 1876, 1 vol. in-18°.

L. A. KIEFER, Pfarrbuch der Grafschaft Hanau-Lichtenberg, Strassburg, Heitz u. Mündel, 1890, 1 vol. in-8°.

L. A. KIEFER, Geschichte der Gemeinde Balbronn. Strassburg, Noiriel, 1894, 1 vol. in-8°.

A. BOSTETTER, Geschichtliche Notizen über die Stadt Brumath. Strassburg, Schmidt, 1896, 1 vol. in-8°, ill.

K. LETZ, Geschichte der Stadt Ingweiler. Zabern, Fuchs, 1896, 1 vol. in-8°.

---

1. C'est dans cette publication que se trouvent les fragments et les notes du célèbre historien, se rapportant à son *Histoire de l'Église et des évêques de Strasbourg*, dont le second volume, le dernier paru, s'arrête à la fin du Xe siècle, mais dont il avait esquissé les contours jusqu'au XVIIIe.

Dag. Fischer, Abtei und Stadt Neuweiler, historisch und archaeo-
logisch dargestellt. Zabern, Fuchs, 1876, 1 vol. in-18°.

———————

J. Bernhard, Histoire de l'abbaye et de la ville d'Erstein. Rixheim,
Sutter, 1883, 1 vol. in-8°.

A. Gatrio, Geschichte der Abtei Murbach im Elsass, nach Quellen
gearbeitet. Strassburg, Le Roux, 1895, 2 vol. in-8°.

X. Mossmann, L'élection du prince-abbé de Murbach en 1601
(Bulletin du Musée historique de Mulhouse, 1882).

A.M. Ingold, Bernard de Ferrette, Diarium de Murbach, 1671-1746.
Paris, Picard, 1894, 1 vol. in-8°.

X. Mossmann, Chronique des Dominicains de Guebwiller. Guebwiller, Brückert, 1844, 1 vol. in-8°.

Sigrist, L'abbaye de Marmoutier (Revue catholique d'Alsace,
nouvelle série, tom. II-IV).

L. Spach, L'abbaye de Marmoutier (Œuvres choisies, tome III).

F.-Ch. Deharbe, Sainte-Richarde, son abbaye d'Andlau, etc. Paris,
typ. Renon, 1874, 1 vol. in-8°.

Dom Calmet, Histoire de l'abbaye de Münster, publiée par F. Dinago.
Colmar, Lorber, 1882, 1 vol. in-8°.

C.-D. de Papelier, Dissertatio de Mundato Weissenburgensi.
Argentorati, Heitz, 1771, 1 vol. in-4°.

J. Rheinwald, L'abbaye et la ville de Wissembourg. Wissembourg,
Wentzel, 1863, 1 vol. in-8°.

J. Bentz, Description historique et archéologique de Lauterbourg.
Strasbourg, Silbermann, 1844, 1 vol. in-8°.

J. Rathgeber, L'abbaye de Pairis dans le val d'Orbey (Revue
d'Alsace, 1874).

A. Quiquerez, Histoire de l'abbaye de Lucelle (Revue d'Alsace,
1864).

M. Sattler, Geschichte der Benediktinerabtei Altorf. Strassburg,
Bauer, 1887, 1 vol. in-8°.

———————

J.-A. Silbermann, Lokalgeschichte der Stadt Strassburg, t. I (seul
paru). Strassburg, Lorenz, 1775, 1 vol. in-fol., planches.

F. Piton, Strasbourg illustré. Strasbourg, chez l'auteur, Paris,
Dumoulin, 1855, 2 vol. gr. in-4°, planches.

Ad. Seyboth, Das alte Strassburg, geschichtliche Topographie, etc.
Strassburg, Heitz u. Mündel, 1890, 1 vol. gr. in-4°, ill.

Ad. Seyboth, Strasbourg historique et pittoresque. Strasbourg, imp. Alsacienne, 1894, 1 vol. gr. in-4°, ill.

J. Brucker, Inventaire sommaire des archives communales de la ville de Strasbourg, antérieures à 1790. T. I-IV (Série des documents *politiques*). Strasbourg, R. Schultz, 1878-1887, 4 vol. in-4°.

J. Fréd. Hermann, Notices historiques, statistiques et littéraires sur la ville de Strasbourg. Strasbourg, Levrault, 1817-1819, 2 vol. in-8°.

J. G. Bernegger, Forma reipublicae Argentoratensis. Argentorati, S. Pauli, 1667, 1 vol. in-4°.

— Même ouvrage, considérablement augmenté. Argentorati, S. Pauli, 1673, 1 vol. in-24°.

E. Müller, Le Magistrat de la ville de Strasbourg, de 1674 à 1790. Strasbourg, Salomon, 1862, 1 vol. in-12°.

P. Hassel, Aus dem Reisetagebuch eines maerckischen Edelmanns, besonders über Strassburg, 1602 - 1605. Hannover, Schlüter, 1872, 1 broch. in-8°.

F. Eheberg, Strassburgs Bevoelkerungszahl seit dem Ende des XV Jahrhunderts. (Jahrbücher für Nationaloekonomie, vol. 41 et 42.)

J. Friese, Historische Merkwürdigkeiten des ehemaligen Elsasses, aus den Silbermaennischen Schriften gezogen. Strassburg, Silbermann, 1804, 1 vol. in-12°.

L. Dacheux, Les chroniques strasbourgeoises de Jacques Trausch et de Jean Wencker. Strasbourg, R. Schultz, 1892, 1 vol. gr. in-8° (Fragments des anciennes Chroniques d'Alsace, III).

B. Thomas, Beitraege zur Geschichte der Herrschaft Barr. Barr, Gaudemar, 1887-1888, 2 broch. in-4°.

Ph. Wirth, Beitraege zur Geschichte Wasselnheim's. Worms, Boeninger, 1879-1880, 2 broch. in-4°.

Dag. Fischer, Das ehemalige Amt Wasselnheim nach geschichtlichen Quellen. Strassburg, Noiriel, 1871, 1 vol. in-8°.

Dag. Fischer, Notice historique sur l'ancien bailliage de Herrenstein (Revue d'Alsace, 1873).

———

Versuch einer aktenmaessigen Geschichte der zehn vereinigten Reichsstaedte im Elsass. Ulm, Wohler, 1791, 1 vol. in-18°.

X. Nessel, Inventaire sommaire des archives de la ville de Haguenau, antérieures à 1790. Haguenau, Edler, 1865, 1 vol. in-4°.

V. GUERBER, Histoire politique et religieuse de Haguenau. Rixheim, Sutter, 1876, 2 vol. in-8°, planches.

S. BILLING, Kleine Chronik von Colmar, herausgegeben von A. Waltz. Colmar, Jung, 1891, 1 vol. in-8°.

EUG. WALDNER, Allerlei aus dem alten Colmar. Colmar, Jung, 1894, 1 vol. in-8°.

H. ROCHOLL, Aus Colmar vertriebene protestantische Bürger, Episode aus der Zeit der Gegenreformation, 1628-1629 (Beitraege zur vaterlaendischen Geschichte, tom. XIV, Basel, 1895, III).

(CHR. IRSAMER), Beschreibung der Belager- und Einnehmung der Stadt Colmar, herausgegeben von J. Sée. Colmar, Jung, 1878, 1 vol. in-8°.

X. MOSSMANN, Scènes de mœurs colmariennes du temps de la guerre de Trente Ans. Colmar, Jung, 1875, 1 broch. in-8°.

J. JONER's Notanda, taegliche Notizen eines Stettmeisters von Colmar (1678-1705) herausgegeben von J. Sée. Colmar, Jung, 1873, 1 vol. in-8°.

AMBROSIUS MÜLLERS Stamm- und Zeitbuch, Hauschronik eines Bürger's von Colmar (1678-1705) herausgegeben von J. Sée. Colmar, Jung, 1873, 1 vol. in-8°.

J. RATHGEBER, Colmar und Ludwig XIV (1648-1715), aus ungedruckten Chroniken gesammelt. Stuttgart, Kroener, 1873, 1 vol. in-8°.

A. DORLAN, Notices historiques sur l'Alsace et principalement sur la ville de Schlestadt. Colmar, Reiffinger, 1845, 2 vol. in-8°.

G. F. WALTHER, Histoire de la réformation et de l'École littéraire à Sélestadt, accompagnée de quelques notices historiques sur cette ville. Strasbourg, Silbermann, 1843, 1 broch. in-4°.

J. GÉNY. Die Jahrbücher der Jesuiten zu Schlettstadt und Rufach. Strassburg, Le Roux, 1895-1896, 2 vol. in-8°.

F. M. KENTZINGER, Mémoire historique sur la ville de Schlestadt, publié par l'abbé Joseph Gény. Schlestadt, Marchal, 1893, 1 vol. in-8°.

J. G. LEHMANN, Urkundliche Geschichte von Landau. Neustadt Schiesel, 1851, 1 vol. in-8°.

L. LEVRAULT, Landau, étude historique. Colmar, Decker, 1859, 1 vol. in-8°.

(J. GYSS), Inventaire sommaire des archives de la ville d'Obernai antérieures à 1790. Strasbourg, Berger-Levrault, 1 broch. in-4°.

J. GYSS, Histoire de la ville d'Obernai, Strasbourg, Salomon, 1866, 2 vol. in-8°.

J. Rathgeber, Münster im Gregorienthal. Strassburg, Trübner, 1874, 1 vol. in-18°.

F. Hecker, Die Stadt und das Thal zu Münster im St. Gregorienthal. Münster, Beck, 1890, 1 vol. in-18°.

C. H. Radius, De origine, dignitate, juribus, etc., illustrissimae comitum Rappolsteinensium domus. Argentorati, Pauschinger, 1745, 1 vol. in-4°.

J. Rathgeber, Die Herrschaft Rappolstein. Strassburg, Wolff, 1874, 1 vol. in-18°.

F. A. Ortlieb, Histoire de la réformation dans la ci-devant seigneurie de Ribeaupierre, précédée d'une notice sur cette seigneurie. Strasbourg, Silbermann, 1842, 1 broch. in-4°.

B. Bernhard, Compte rendu du classement et de l'inventaire des anciennes archives de Ribeauvillé. Colmar, Decker, 1863, 1 broch. in-8°.

F. Pitox, Promenades en Alsace, monographies historiques et archéologiques : Ribeauvillé et ses environs. Strasbourg, Heitz, 1856, 1 vol. in-18°.

B. Bernhard, Recherches sur l'histoire de la ville de Ribeauvillé, publiées par X. Mossmann. Colmar, Jung, 1888, 1 vol. in-8°, planches.

(E. Mühlenbeck), Documents historiques concernant Sainte-Marie-aux-Mines. Strasbourg, Hagemann, 1879, 1 vol. in-8°.

D. Risler, Histoire de la vallée de Sainte-Marie-aux-Mines. Sainte-Marie-aux-Mines, Mertz, 1873, 1 vol. in-18°.

F. A. Herrenschneider, Roemercastell und Grafenschloss Horburg. Colmar, Barth, 1894, 1 vol. in-18°.

Ch. Pfister, Le comté de Horbourg (Revue d'Alsace, 1888).

P. E. Tuefferd, Biographie du prince Georges de Montbéliard. (Revue d'Alsace, 1885).

J. Dietrich, Notice sur Riquewihr (Revue d'Alsace, 1856).

G. Chr. Crollius, Denkmahl Carl Augusts des Einzigen..., mit Beschreibung der Herrschaft Bischweiler. Zweybrücken, Hallanzy, 1784-85, 1 vol. in-4°.

J.-G. Lehmann, Vollstaendige Geschichte des Herzogthums Zwei-brücken und seiner Fürsten. München, Kaiser, 1867, 1 vol. in-8°.

J.-H. Heitz, Die Schwedenbauern im Elsass (Alsatia, 1853).

F. W. Culmann, Geschichte von Bischweiler. Strassburg, Heitz, 1826, 1 vol. in-8°.

Dag. Fischer, Le comté de la Petite-Pierre sous la domination palatine (Revue d'Alsace, 1879-1880).

F. von Bodungen, Die vormalige Grafschaft Lützelstein. Strassburg, Trübner, 1879, 1 vol. in-18°.

Em. Dietz, Documents inédits pour servir à l'histoire de l'ancienne seigneurie du Ban-de-la-Roche (Revue d'Alsace, 1878-1880).

Dugas de Beaulieu, Recherches sur le comté de Dagsbourg, aujourd'hui Dabo, ancienne province d'Alsace (2e édit.). Paris, Le Normant, 1858, 1 vol. in-8°, planches.

F. Rühl, Recherches historiques et généalogiques sur la maison de Linange-Dabo. Strasbourg, Levrault, 1789, 1 vol. in-fol.

J.-G. Esser, Die Waldberechtigungen in der ehemaligen Grafschaft Dagsburg. Strassburg, impr. du Mont-Schauberg, 1894-1895, 2 vol. in-8°.

L. Spach, Le château d'Oberbronn (Œuvres choisies, tome III).

A. Quiquerez, Le château de Landskron (Revue d'Alsace, 1866).

M. de Castex, Histoire de la seigneurie lorraine de Tanviller en Alsace. Nancy, Berger-Levrault, 1885, 1 vol. in-8°.

Notice historique sur Saint-Hippolyte (Revue d'Alsace, 1880).

Statuts et privilèges de la Noblesse franche et immédiate de la Basse-Alsace. Strasbourg, s. nom d'impr., 1713, 1 vol. in-fol.

E. Lehr, L'Alsace noble. Paris et Strasbourg, Berger-Levrault, 1870, 3 vol. in-fol., ill.

A. Quiquerez, De l'appauvrissement graduel de plusieurs familles nobles de la Haute-Alsace (Revue d'Alsace, 1868).

Kindler von Knobloch, Der alte Adel im Ober-Elsass. Berlin, Sittenfeld, 1882, 1 vol. in-8°.

A. Overmann, Die Reichsritterschaft im Unter-Elsass bis zum Beginn des dreissigjaehrigen Krieges (Zeitschrift für Gesch. des Oberrheins, Neue Folge, XI, 4. XII, 1).

X. Mossmann, Cartulaire de Mulhouse. Strasbourg, Heitz; Colmar, Barth, 1883-1891, 6 vol. in-4°.

Math. Mieg, Der Stadt Mulhausen Geschichten. Mulhausen, Risler, 1816-1817, 2 vol. in-4°.

Math. Graf, Geschichte der Stadt Mulhausen. Mulhausen, Risler, 1819-1826, 4 vol. in-12°.

Ch. de La Sablière, Histoire de la ville de Mulhouse. Mulhouse, Risler, 1856, 1 vol. in-8°.

Em. Schneider, Geschichte der Stadt Mulhausen im Elsass. Mulhausen, Brinkmann, 1888, 1 vol. in-8°.

La Culture du sol

C. F. Faudel, Bibliographie alsatique, comprenant l'histoire naturelle, l'agriculture, la médecine, etc. Colmar, Decker, 1874, 1 vol. in-8° (avec trois suppléments, ibid., 1874-1878).

Ch. Grad, Aperçu statistique et descriptif sur l'Alsace (Revue d'Alsace, 1872).

Traité sur la nature des biens ruraux dans les deux départements du Rhin, ci-devant province d'Alsace. Strasbourg, Ulrich, s. date (1798?), 1 vol. in-4°.

J. N. Schwerz, Beschreibung der Landwirthschaft im Nieder-Elsass. Berlin, 1816, 1 vol. in-8°.

J. L. Stoltz, Historisch-topographische Notizen über den Rebbau und die Weine des Elsasses. Strassburg, Heitz, 1828, 1 vol. in-12°.

Das Weinland Elsass. Strassburg, Schultz, 1879, 1 vol. in-8°.

F. G. Faudel, De viticultura Richovillana. Argentorati, Heitz, 1780, 1 vol. in-4°.

A. Kahl, Forstgeschichtliche Skizzen aus den Waldungen von Rappoltsweiler und Reichenweier. Strassburg, Heitz u. Mündel, 1894, 1 vol. in-8°.

C. E. Ney, Geschichte des Heiligen Forstes bei Hagenau im Elsass, t. I-II. Strassburg, Heitz u. Mündel, 1888-1890, 2 vol. in-8°.

C. E. Ney, Geschichtliche Entwickelung der Eigenthumsverhaeltnisse im Heiligen Forste bei Hagenau (Jahrbuch des Vogesen-Clubs, 1893, 1894).

B. Hueckel, Histoire des forêts d'Alsace (Revue d'Alsace, 1886, 1887).

L'Industrie

A. Hanauer, Études économiques sur l'Alsace ancienne et moderne. T. I : Monnaies ; t. II : Denrées et salaires. Paris, Durand ; Strasbourg, Hagemann, 1876-1878, 2 vol. in-8°.

Laumond, Statistique sur le département du Bas-Rhin. Paris, Le Clère, an X, 1 vol. in-8°.

A. Kroeber, État de l'industrie en Alsace vers 1735 (Revue d'Alsace, 1867).

Ch. Gérard, Coup d'œil sur l'industrie et le commerce de l'Alsace au XVIe siècle (Revue d'Alsace, 1850).

D. Risler, Histoire de l'industrie dans la vallée de Lièpvre. Sainte-Marie-aux-Mines, Jardel, 1851, 1 vol. in-12.

—————

C. F. Heitz, Das Zunftwesen in Strassburg. Strassburg, Heitz, 1856, 1 vol. in-8°.

G. Schmoller, Die Strassburger Tucher- und Weberzunft, Urkunden und Darstellung. Strassburg, Trübner, 1879, 1 vol. in-4°.

H. J. Meyer, Die Strassburger Goldschmiedezunft von ihrem Entstehen bis 1681. Leipzig, Duncker u. Humblot, 1881, 1 vol. in-8°.

F. A. Como, Zunft und Gewerbe der Schneider im alten Strassburg. Strassburg, Bauer, 1893, 1 broch. in-4°.

Eug. Waldner, L'ancienne Confrérie des bonnetiers du Haut-Rhin (Bulletin du Musée historique de Mulhouse, 1894).

F. Lempfrid, Faerberzunftordnung des Bisthums Strassburg und der Grafschaft Lichtenberg, 1659-1660 (Jahrbuch des Vogesen-Clubs, 1886).

X. Mossmann, La Confrérie des charrons d'Alsace (Bulletin du Musée historique, 1879).

J. H. Heitz, Das Kesslerlehen der Herren von Rathsamhausen (Alsatia, 1853, 1854).

—————

F. de Dietrich, Description des gîtes de minerai, forges, salines, verreries, etc., de la Haute et Basse-Alsace. Paris, Didot, 1789, 1 vol. in-4° (C'est le tome II du grand ouvrage de Dietrich, « Description des gîtes de minerai et des bouches à feu de la France », commencé en 1786 et interrompu par la Révolution).

J. Dietrich, La Chronique des mines de Sainte-Marie-aux-Mines par Jean Haubensack (Bulletin de la Société d'histoire naturelle de Colmar, 1877).

C. Loeper, Zur Geschichte der Bergwerke bei Markirch (Jahrbuch des Vogesen-Clubs, 1886).

F. L. Treitlinger, De aurilegio, praecipue in Rheno. Argentorati, Heitz, 1776, 1 vol. in-4º.

A. Marcus, Les verreries du comté de Bitche, essai historique. Nancy, Berger-Levrault, 1887, 1 vol. in-8º.

A. Tainturier, Recherches sur les anciennes manufactures de porcelaine et de faïence en Alsace et en Lorraine. Strasbourg, Berger-Levrault, 1868, 1 vol. in-8º.

F. Reiber, Études gambrinales, histoire et archéologie de la bière et principalement de la bière de Strasbourg. Nancy, Berger-Levrault, 1882, 1 vol. in-8º.

Eug. Waldner, La distillation et le commerce de l'eau-de-vie à Colmar, au XVIᵉ et au XVIIᵉ siècle (Bulletin du Musée historique de Mulhouse, 1890).

Aug. Stoeber, Note sur la culture, le commerce et l'usage du tabac dans l'ancienne République de Mulhouse (Revue d'Alsace, 1881).

Eug. Waldner, L'ancienne papeterie de Colmar, d'après les archives de la ville (Bulletin du Musée historique, 1896).

Le Commerce

C. Loeper, Zur Geschichte des Verkehrs in Elsass-Lothringen, nebst Urkunden. Strassburg, Trübner, 1873, 1 vol. in-18º.

J. Rubsam, Zur Geschichte des Verkehrs in Elsass and in Lothringen, 1505-1809 (A. Post, 1893, p. 537-590).

Aug. Stoeber, Droits de péage à Mulhouse (Bulletin du Musée historique, 1881).

Aug. Stoeber, Les anciennes foires de Didenheim, de Brunstatt et de Kingersheim (Revue d'Alsace, 1880).

J. Wencker, De solemnibus in Germania nundinis et specialia de nundinis Argentoratensibus. Argentorati, Kürssner, 1704, 1 vol. in-4º.

Recueil de titres concernant les droits et privilèges de la ville de Strasbourg, relativement à son commerce. Strasbourg, Levrault, 1783, 1 vol. in-4º.

F. X. Spindler, Archives de l'ancien Corps des marchands de Strasbourg, documents, etc. Strasbourg, Berger-Levrault, 1861, 1863, 2 broch. in-8º.

L. Nicolay, De Argentinensium in Rheno navigatione. Argentorati, Heitz, 1760, 1 vol. in-4º.

C. Loeper, Die Rheinschiffahrt Strassburgs in früherer Zeit und die Strassburger Schiffleutzunft. Strassburg, Trübner, 1877, 1 vol. in-18°.

De la navigation du Rhin, mémoire, etc. Strasbourg, Levrault, 1802, 1 vol. in-8°.

———

A. von Berstett, Versuch einer Münzgeschichte des Elsasses. Freiburg i./Br. Emmerling, 1840. — Nachtrag. Freiburg i./Br., Herder, 1844, 1 vol. in-4°.

A. Engel et E. Lehr, Numismatique de l'Alsace. Paris, Berger-Levrault, 1887, 1 vol. gr. in-4°, planches,

E. Lehr, Les monnaies des landgraves autrichiens de la Haute-Alsace. Mulhouse, Bader, 1896, 1 vol. in-8°.

A. Hanauer, Guide monétaire pour l'histoire d'Alsace. Rixheim, Sutter, 1894, 1 broch. in-8°.

Carondelet, Tables de réduction contenant la comparaison des anciennes mesures aux nouvelles et des mesures nouvelles aux anciennes. Strasbourg, Levrault, an X, 1 vol. in-8°.

La Société Alsacienne

(Mœurs, coutumes, superstitions, etc.)

Ch. Gérard, L'ancienne Alsace à table, 2e édition. Nancy, Berger-Levrault, 1877, 1 vol. in-8°.

A. Klenck, L'ancien Mulhouse à. table, Esquisse de mœurs épulaires. Mulhouse, Bader, 1856, 1 vol. in-16°.

Ph. A. Grandidier, Anecdotes relatives à une ancienne confrérie de buveurs établie sur les confins de la Lorraine et de l'Alsace. Nancy, Hingray, 1850, 1 vol. in-8°.

O. Berger-Levrault, Les Costumes strasbourgeois du XVIe et du XVIIe siècle. Nancy, Berger-Levrault, 1889, 1 vol. in-4°, ill.

C. Mündel, Haeusersprüche und Inschriften im Elsass. Strassburg, Schmidt, 1883, 1 broch. in-8°.

Aug. Stoeber, Notice sur le Klapperstein ou la pierre des mauvaises langues (Revue d'Alsace, 1856).

F. Blanc, Le servage dans les possessions alsaciennes de la maison d'Autriche au XVIe et au XVIIe siècle (Revue d'Alsace, 1870).

A. Erichson, Das Duell im altem Strassburg. Strassb., Bull., 1897, 1 broch. in-8°.

CH. GÉRARD, Essai d'une faune historique des mammifères sauvages de l'Alsace. Colmar, Barth, 1871, 1 vol. in-8°.

D. BOURGEOIS, Les loups dans le val de Liépvre au XVIe et au XVIIe siècle (Bulletin de la Société d'histoire naturelle de Colmar, 1894).

F. REIBER, L'histoire naturelle des eaux strasbourgeoises de Léonard Baldner, 1666. Colmar et Strasbourg, Noiriel, 1888, 1 vol. in-8°.

———

AUG. STOEBER, Sagen des Elsasses nach den Volksüberlieferungen und Chroniken. Sankt-Gallen, Scheitlin u. Zollicofer, 1853, 1 vol. in-8°.

L. LEVRAULT, Procès de sorcellerie en Alsace, 1615-1635 (Revue d'Alsace, 1835).

AUG. STOEBER, Die Hexenprocesse im Elsass, besonders im XVI und im Anfang des XVII Jahrhunderts (Alsatia, 1857).

ROD. REUSS, La sorcellerie au XVIe et au XVIIe siècle, particulièrement en Alsace, d'après des documents en partie inédits. Paris, Cherbuliez, 1871, 1 vol. in-8°.

R. KLELÉ, Hexenwahn und Hexenprozesse in der ehemaligen Reichstadt und Landvogtei Haguenau. Haguenau, Ruckstuhl, 1893, 1 vol. in-8°.

Hygiène publique, Assistance publique

J. KRIEGER. Beitraege zur Geschichte der Volksseuchen, etc. Th. I. Strassburg, R. Schultz, 1879, 1 vol. in-8°.

CH. BOERSCH, Essai sur la mortalité à Strasbourg, partie rétrospective. Strasbourg, Silbermann, 1836, 1 vol. in-4°.

F. WIEGER, Geschichte der Medizin in Strassburg, etc. Strassburg, Trübner, 1885, 1 vol. in-8°.

F. STROHL, L'organisation de la pratique médicale et pharmaceutique de Strasbourg dans le XVIIe et le XVIIIe siècle. Strasbourg, R. Schultz, 1883, 1 broch. in-8°.

E. STROHL, Le Conseil d'hygiène de la ville de Strasbourg au commencement du XVIIIe siècle. Strasbourg, R. Schultz, 1879, 1 broch. in-8°.

EUG. WALDNER, Médecins et pharmaciens d'autrefois à Colmar (Bulletin du Musée historique, 1889).

F. KIRSCHLEGER, Les eaux de Soultzbach au XVIIe siècle (Revue d'Alsace, 1860).

———

J. D. Hagen, Notice historique sur l'Hôpital civil de Strasbourg. Strasbourg, Silbermann, 1842, 1 broch. in-8°.

Nap. Nicklès, Das Spital zu Benfeld. Mulhausen, Risler, 1866, 1 broch. in-8°.

J. D. Hagen, Notice historique sur l'Aumônerie de Saint-Marc. Strasbourg, Silbermann, s. date, 1 broch. in-8°.

Aug. Stoeber, Die ehemalige Elendherberge, ein Beitrag zur Geschichte der Strassburger Wohlthætigkeitsanstalten (Neue Alsatia, 1885).

(T.W. Roehrich), Das Waisenhaus zu Strassburg. Strassburg, Schuler, 1843, 1 broch. in-8°.

L. Schneegans, Mémoire sur la maison des Orphelins à Strasbourg. Strasbourg (Silbermann?), 1845, 1 broch. in-8°.

J.-J. Hueter, Das Fündlingstift Stephansfeld (poème, avec des notes historiques). Strassburg, Silbermann, 1810, 1 broch. in-8°.

Langue, Littérature et Beaux-Arts

Joh. Serreius, Grammatica gallica. Argentorati, apud haeredes L. Zetzneri, 1629 (sixième édition), 1 vol. in-12°.

D. Martin, Parlement nouveau ou centurie interlinéaire de devis facétieusement sérieux, etc. Strasbourg, Zetzner, 1637, 1 vol. in-12°. — Troisième édition, 1679.

D. Martin, Les Colloques français et allemands avec une grammaire française. Strasbourg, Zetzner, 1642, 1 vol. in-12°.

D. Martin, Complimens pour diverses occasions composez de nouveau pour l'usage des Allemands. Strasbourg, Zetzner, 1642, 1 vol. in-16°.

Sam. Bernard, Tableau des actions du jeune gentilhomme, divisé en forme de dialogues, pour l'usage de ceux qui apprennent la langue française. Strasbourg, Ledertz, 1624, vol. in-12° (A eu trois éditions).

Eschole pour rire, ou la manière d'apprendre le françois en riant. Strasbourg, F.-G. Schmuk, 1683, 1 vol. in-12°.

Ch. Zwilling, Die franzoesische Sprache in Strassburg bis zu ihrer Aufnahme in den Lehrplan des protestantischen Gymnasiums (Festschrift zum 350 jaehrigen Bestehen des prot. Gymnasiums. Strassburg, Heitz, 1888, in-8°).

W. Stieda, Zur Geschichte des Strassburger Buchdrucks und Buchhandels (Archiv für Geschichte des deutschen Buchhandels, Leipzig, 1880).

H. Schultz, Die Bestrebungen der Sprachgesellschaften des XVII Jahrhunderts. Goettingen, Vandenhoek, 1888, 1 vol. in-8°.

L. Brunner, Jacques Baldé, le grand poète de l'Alsace. Guebwiller, Jung, 1865, 1 broch. in-8°.

G. Westermeyer, Jakobus Balde, sein Leben und seine Werke, München, 1868, 1 vol. in-8°.

L. Spach, Études sur quelques poètes alsaciens du moyen âge, du XVIᵉ et du XVIIᵉ siècle. Strasbourg, Silbermann, 1862, 1 vol. in-12°.

N. Janke, Uber den gekroenten Strassburger Dichter Caspar Bruelov. Pyritz, Giesse, 1880, 1 broch. in-4°.

Aug. Jundt, Die dramatischen Aufführungen im Gymnasium von Strassburg. Strassburg, Schmidt, 1881, 1 broch. in-4°.

H. Schlosser, Johann Michael Moscherosch und die Burg Gerold-seck in Wasgau (Bulletin de la Société des monuments histo-riques d'Alsace, tome XVI).

Chr. Scholtze, Philander von Sittewald. Chemnitz, Pickenhahn, 1877, 1 broch. in-4°.

F.-X. Kraus, Kunst und Alterthum in Elsass-Lothringen, beschrei-bende Statistik, etc., tom. I-II. Strassburg, Schmidt, 1876-1884. 2 vol. in-8°.

A. Woltmann, Geschichte der deutschen Kunst im Elsass. Leipzig, Seemann, 1876, 1 vol. in-8°, ill.

R. Ménard, L'art en Alsace-Lorraine. Paris, Delagrave, 1876, 1 vol. in-4°, ill.

A. W. Strobel, Verzeichniss der merkwürdigeren Künstler des Elsasses (appendice de : Heinr. Schreiber, Das Münster zu Strassburg, Karlsruhe, 1829, in-8°).

F. Reiber. Les petits maîtres alsaciens (Le journal illustré Mirliton, Strasbourg, 1883-1884, in-fol.).

Eug. Muntz, De quelques œuvres d'art alsaciennes, conservées à Vienne (Revue d'Alsace, 1872).

Iconographie alsatique, Catalogue de la collection d'estampes de Ferdinand Reiber (avec une notice par Rod. Reuss). Strasbourg, Noiriel, 1896, 1 vol. in-8°.

J.-F. Lobstein, Beitraege zur Geschichte der Musik im Elsass. Strassburg, Dannbach, 1840, 1 vol. in-8°.

A. Baehre, Johann Thomas Walliser (Festschrift des prot. Gymna-siums, Strassburg, Heitz, 1888).

M. Brenet, Sébastien de Brossart, prêtre, compositeur, écrivain (maître de chapelle à Strasbourg). Paris (Mémoires de la Société de l'histoire de Paris), 1896, 1 broch. in-8°.

B. Bernhard, Notice sur la Confrérie des joueurs d'instruments d'Alsace, etc. (Revue historique de la Noblesse, Paris, 1844, in-4°), réimprimée dans les *Recherches sur Ribeauvillé* (Colmar, Barth, 1888).

E. Barre, Ueber die Bruderschaft der Pfeifer im Elsass, Vortrag, nebst urkundlichen Beilagen. Colmar, Decker, 1873, 1 vol. in-18°.

Instruction publique

Ch. Engel et M. Fournier, Gymnase, Académie et Université de Strasbourg, 1538-1621. Paris, Larose, 1895, 1 vol. in-4° (Marcel Fournier, Statuts et privilèges des Universités françaises, tome IV, première partie).

Aug. Schricker, Zur Geschichte der Universitaet Strassburg. Strassburg, Schmidt, 1872, 1 vol. in-8°.

Rod. Reuss, Les statuts de l'ancienne Université de Strasbourg d'après un manuscrit du dix-septième siècle (Revue d'Alsace, 1873).

Osc. Berger-Levrault, Annales des professeurs des Académies et Universités alsaciennes, Nancy, Berger-Levrault, 1892, 1 vol. in-8°.

Eug. Bourguignon, Notes pour servir à l'histoire de l'ancienne Faculté de médecine de Strasbourg. Strasbourg, Silbermann, 1849, 1 broch. in-4°.

K. Bünger, Mathias Bernegger, ein Bild aus dem geistigen Leben Strassburgs zur Zeit des dreissigjaehrigen Krieges. Strassburg, Trübner, 1893, 1 vol. in-8°.

A. Erichson, Das theologische Studienstift, Collegium Wilhelmitanum (1544-1894). Strassburg, Heitz u. Mündel, 1894, 1 vol. in-8°.

A. Erichson, Das Strassburger Universitaetsfest vom Jahr 1621. Strassburg, Schmidt, 1884, 1 broch. in-12°.

Abbé A. Martin, Une fête à l'ancienne Université de Strasbourg (1621). Nancy, impr. Nicolle, 1897, 1 broch. in-8°.

A. Erichson, Der alten Strassburger Hochschule erstes Jahrhundertfest (mai 1667). Strassburg, Bull, 1897, 1 broch. in-8°.

N. Paulus, La grande Congrégation académique de Molsheim (Revue catholique d'Alsace, 1886).

R. Reuss, *Alsace.*

Mémoires des Révérends Pères Jésuites du collège de Colmar
(1698-1750) publiés par J. Sée. Genève, Fick, 1872, 1 vol. in-18°.

N. LEROY, Thiébaut-Henning (fondateur de l'école latine de Dannemarie). (Revue catholique d'Alsace, 1866).

X. MOSSMANN, La fondation de J.-H. de Landeck à l'Université de
Fribourg (Bulletin du Musée historique, 1889).

A. G. STROBEL, Histoire du Gymnase protestant de Strasbourg.
Strasbourg, Heitz, 1838, 1 vol. in-4°.

ROD. REUSS, Mag. Samuel Gloner, ein Strassburger Lehrerbild aus
der Zeit des dreissigjaehrigen Krieges (Festschrift des Gymna-
siums, Strassburg, 1888).

ED. ENSFELDER, L'école latine de Riquewihr (Revue d'Alsace,
1878).

J. LIBLIN, L'ancien Gymnase de Colmar. Colmar, Decker, 1865,
1 broch. in-8°.

L. SCHNÉEGANS, Mémoire historique sur l'école paroissiale du
Temple-Neuf. Strasbourg, impr. Huder, 1856, 1 broch. in-8°.

L'Alsace religieuse

M. SCHICKELÉ, État de l'Église d'Alsace avant la Révolution, tome I
(seul paru). Colmar, Lorber, 1877, 1 vol. in-8°.

(C. H.), Le droit de collation laïque et de patronage dans la Haute-
Alsace sous l'ancien régime (Revue catholique d'Alsace, 1895).

TH. DE BUSSIÈRE, Culte et pèlerinages de la Très-Sainte-Vierge en
Alsace. Paris, Plon, 1862, 1 vol. in-8°.

A. BENOÎT, L'Alsace miraculeuse d'après les sources hagiogra-
phiques, 1600-1748 (Revue d'Alsace, 1874).

L. WINTERER, Die Wallfahrten im Elsass. Rixheim, Sutter, 1875,
1 broch. in-18°.

DAG. FISCHER, Le pèlerinage de Monswiller (Revue d'Alsace,
1874).

J. BEUCHOT, Notre-Dame des Trois-Épis dans la Haute-Alsace.
Rixheim, Sutter, 1891, 1 vol. in-8°.

CH. SCHMIDT, Mémoire d'un R. P. Jésuite pour la conversion de la
ville de Strasbourg (Bulletin de l'histoire du protestantisme
français, Paris, 1854).

––––––––––

T. W. ROEHRICH, Mittheilungen aus der Geschichte der evangelischen Kirche des Elsasses. Strassburg, Treuttel u. Würtz, 1855,
3 vol. in-8°.

L.-A. KIEFER, Le gouvernement et les protestants d'Alsace (1648-1697). Strasbourg, Heitz, 1868, 1 broch. in-8°.

C. H. BOEGNER, Études historiques sur l'Église protestante de Strasbourg considérée dans ses rapports avec l'Église catholique (1681-1727). Strasbourg, Berger-Levrault, 1851, 1 broch. in-8°.

ROD. REUSS, Louis XIV et l'Église protestante de Strasbourg (1685-1686), d'après des documents inédits. Paris, Fischbacher, 1887, 1 vol. in-18°.

ROD. REUSS, Documents relatifs à la situation légale des protestants d'Alsace, etc. Paris, Fischbacher, 1888, 1 vol. in-18°.

A. MAEDER, Notice historique sur la paroisse réformée de Strasbourg, et recueil de pièces. Paris, Berger-Levrault, 1853, 1 vol. in-8°.

ROD. REUSS, Notes pour servir à l'histoire de l'Église française de Strasbourg, 1538-1793. Strasbourg, Treuttel et Würtz, 1880, 1 vol. in-8°.

A. ERICHSON, Eine elsaessische Landpfarrei, geschichtliche Mittheilungen über Hürtigheim. Strassburg, Silbermann, 1872, 1 broch. in-8°.

(K. VIERLING), Geschichte der evangelischen Kirche in den zur ehemaligen Herrschaft Barr gehoerigen Gemeinden. Strassburg, Dannbach, s. date, 1 broch. in-8°.

F. BRESCH, Aus der kirchlichen Vergangenheit der drei elsaessischen Doerfer Berstett, Olwisheim und Eckwersheim. Strassburg, Heitz, 1878, 1 broch. in-16°.

W. HORNING, Dr Johann Dorsch, Professor der Theologie zu Strassburg im 17. Jahrhundert, ein Lebenszeuge der lutherischen Kirche. Strassburg, Vomhoff, 1886, 1 vol. in-8°.

W. HORNING, Dr Sebastien Schmidt vom Lampertheim, Prof. und Praeses des Kirchenconvents. Strassburg, Vomhoff, s. date. 1 vol. in-8°.

W. HORNING, Dr Balthasar Bebel, Professor der Theologie und Münsterprediger zu Strassburg im 17. Jahrhundert. Strassburg, Vomhoff, 1886, 1 vol. in-8°.

W. HORNING, Spener und Dannhauer, Bilder aus dem kirchlichen Leben im 17. Jahrhundert. Strassburg, Vomhoff, 1883, 1 vol. in-8°.

P. GRUENBERG, Philipp Jakob Spener, Thl I. Goettingen, Vandenhoek, 1893, 1 vol. in-8°.

J. F. FISCHER, De statu et jurisdictione Judaeorum, secundum leges romanas, germanicas, alsaticas. Argentorati, Heitz, 1763, 1 vol. in-4°.

E. SCHEID, Histoire des Juifs d'Alsace, Paris, Durlacher, 1817, 1 vol. in-18°.

ISID. LŒB, Les Juifs à Strasbourg, depuis 1349 jusqu'à la Révolution. Versailles, Cerf, 1883, 1 vol. in-18°.

A. GLASER, Geschichte der Juden in Strassburg... bis auf die Gegenwart. Strassburg, Riedel, 1894, 1 vol. in-8°.

X. MOSSMANN, Etude sur l'histoire des Juifs à Colmar (Revue de l'Est, Metz, 1866).

E. SCHEID, Histoire des Juifs de Haguenau (Revue des Études juives, 1885).

C. TH. WEISS, Geschichte der rechtlichen Stellung der Juden im Fürstbistum Strassburg, besonders im jetzigen badischen Theile, nach Akten. Bonn, Hanstein, 1895, 1 vol. in-8°.

L'ALSACE AU XVIIᵉ SIÈCLE

LIVRE PREMIER

LE PAYS

CHAPITRE PREMIER

Description générale de l'Alsace

Ce n'est que longtemps après la chute de l'Empire romain, dans les premières années du VIIᵉ siècle, que les contrées situées entre les Vosges et le Rhin se présentent à nous sous le nom d'*Alsace* qu'elles porteront désormais. Le pays des *Alseciones* de la Chronique dite de Frédégaire [1], le *pagus Alisacinse* des *Traditions* de Wissembourg [2] nous ont conservé les formes les plus anciennes de cette dénomination nouvelle, donnée aux parcelles méridionales de la *Germanie première* et aux cantons septentrionaux de la *Maxima Sequanorum*.

Plus tard, au IXᵉ siècle, c'est l'expression de *pagus Elisacence* qui prédomine [3], à laquelle correspond, en allemand, celle d'*Helisaze*, puis d'*Elsass*. La science étymologique des auteurs de l'époque faisait dériver dès lors le nom d'Alsace de celui de la rivière d'Ill ou d'Ell qui traverse le pays, et cette opinion, catégoriquement affirmée au XIIIᵉ siècle [4], est restée dominante jusqu'à nos jours [5]. Aujour-

. 1. Ed. Bruno Krusch, IV, cap. 37 (p. 138).

2. *Traditiones possessionesque Wizenburgenses,* éd. Zeuss, Spiræ, Neidhard, 1842, p. 7, etc.

3. Aug. Schricker, *Aelteste Graenzen und Gaue im Elsass, Strassburger Studien,* Strassb., Trübner, 1884, vol. Iı, p. 305-403.

4. *Annales Colmarienses* dans les *Monumenta* de Pertz, *Scriptores,* vol. XVJı, p. 239.

5. Schoepflin, *Alsatia illustrata,* vol. I, p. 35.

d'hui cependant la plupart des érudits patronnent de préférence une
origine différente du nom, et veulent que le nom d'*Alsaciens,* ou
d'*hommes établis sur la terre étrangère,* ait été donné par les Allamans de la rive droite du Rhin à ceux de leurs compatriotes qui,
les premiers, prirent pied sur la rive romaine du grand fleuve [1].

Mais ce nom d'Alsace s'est appliqué, dans le cours des siècles, à
des étendues territoriales bien différentes. Si, dans le sens de la
largeur il a toujours répondu à la bande de terrain qui remonte des
bras multiples du Rhin à la crête des Vosges ou au rebord du plateau de Lorraine, il y a eu des extensions considérables vers le Sud
et plus encore vers le Nord. Peut-être, dans son acception la plus
ancienne, le *pagus Alsacinse* n'a-t-il compris que la partie moyenne
de l'Alsace, renfermée entre le Selzbach au nord et l'Eckenbach au
midi [2]. En tout cas, et dès la fin du VIIIᵉ siècle, il gagne de plus en
plus vers le Sud, et finit par embrasser le *Nortgau* et une partie du
Suntgau, refoulant ce dernier vocable, qui au XIIᵉ siècle encore
s'appliquait au pays jusqu'à l'Eckenbach, au delà de la Thur, où il
reste définitivement fixé, par rapport à l'Alsace [3].

Vers le Nord, la détermination de la frontière alsacienne fut plus
lente et plus compliquée. Si d'assez bonne heure une partie du
Spirgau fut considérée par certains auteurs comme appartenant à
l'Alsace, il se trouve d'autres géographes pour maintenir en plein
XVIIᵉ siècle les frontières de l'Alsace proprement dite à la lisière
septentrionale de la Forêt-Sainte de Haguenau, à la Zorn et à la Moder,
en même temps qu'ils ne lui laissaient pas dépasser au Sud la Thur,
la banlieue d'Ensisheim et la forêt de la Hardt [4]. Après que les
traités de Westphalie eurent placé Landau, comme les autres villes
de la Décapole, sous la suzeraineté de la France, l'opinion publique
s'habitua peu à peu à reporter la véritable frontière de l'Alsace des
bords de la Lauter à ceux de la Queich. Mais officiellement ce der-

---

1. W. Hertz, *Deutsche Sage im Elsass* (Stuttgart, 1872), p. 14, et surtout
Ch. Pfister, *Le duché mérocingien d'Alsace* (Nancy, 1892), p. 6-7. Nous ne
mentionnons que pour mémoire l'opinion émise au XVIᵉ siècle par plusieurs
écrivains, par Sébastien Münster, entre autres, qui dérivaient *Elsass* de
Edelsass, « terre des nobles » ou « quasi noble assiette », comme dit le traducteur du géographe suisse, p. 513.

2. Schricker, *op. cit.* M. Pfister se prononce contre cette étendue plus restreinte, sans me convaincre entièrement. Je doute que le souvenir de la
vieille frontière romaine, marquée précisément à l'Eckenbach entre la Germanie et la Séquanaise, ait disparu de si bonne heure.

3. Vers le sud également les limites du Sundgau restèrent longtemps flottantes, par rapport à la Bourgogne, la Suisse et la Franche-Comté.

4. Réimpression de la *Panegyris Carolina* de Jérôme Guebwiler, faite à
Strasbourg en 1612, p. 12.

nier tracé resta longtemps sujet à litige. Encore en 1702, un mémoire dressé par l'intendant d'Alsace avouait « qu'à la vérité les bornes de l'Alsace du côté de l'Allemagne n'ont pas encore esté bien précisément decrittes ny limitées [1] ». La question venait à peine d'être tranchée quand la Révolution effaçait les vieilles frontières et les traités solennels qui les avaient établies.

Il ne saurait cependant y avoir de doute sur l'acception à donner au nom de l'Alsace, alors qu'on l'emploie au XVIIe siècle, dont nous avons seul à nous occuper ici. C'est bien de l'ensemble du territoire, s'étendant de Belfort à Landau, dans l'intérieur des terres, et de Huningue à Guermersheim, le long du Rhin, que l'on entend parler [2], et la géographie officielle du temps indique nettement ses contours, en disant que « la province d'Alsace est située entre l'Allemagne, dont elle est séparée par le Rhin, la Suisse qu'elle confine par les terres du canton et evesché de Basle, la principauté de Montbelliard, la Franche-Comté, la Lorraine, la Sarre, le duché de Deux-Ponts, le Palatinat et les terres de l'evesché de Spire [3] ». Si elle se trompe quelque peu dans l'évaluation de la superficie de ce territoire, c'est moins à cause du peu de précision des frontières que parce qu'elle néglige les terrains improductifs et ne s'intéresse guère aux forêts et aux montagnes [4]. La seule modification notable introduite depuis, dans cette délimitation traditionnelle a été l'œuvre de la Révolution ; pour des raisons d'ordre politique et religieux, celle-ci a réuni à l'ancienne Alsace les territoires du bassin de la Sarre orientale, qui continuent à faire partie de la Basse-Alsace actuelle, après avoir été fondus dans le département du Bas-Rhin, sans avoir jamais appartenu jadis à la province d'Alsace.

La géographie générale de l'Alsace est une des plus simples sur toute la carte de l'Europe. Son territoire occupe la moitié occidentale de la grande vallée du Rhin moyen, renfermée entre les contre-

1. *Mémoire sur l'Alsace*, 1702, fol. 18 *b* (Manuscrit de la Bibliothèque de la ville de Strasbourg).

2. La Grange, *Mémoire sur l'Alsace,* 1698, fol. 11. Il existe de nombreuses copies de ce mémoire ; je citerai d'après celle qu'a faite l'archiviste Xavier Horrer, en l'enrichissant d'additions multiples, et qui se trouve à la Bibliothèque municipale de Strasbourg.

3. Mémoire de 1702, fol. 1. Si P. Duval, dans son volume assez rare. *L'Italie et l'Allemagne, dédiées à M. de Lamoignon*, etc. (Paris, chez l'auteur, 1668, in-16), dit, p. 157 : « On connait sous le nom d'Alsace toute la région qui se trouve deçà et *delà le Rhin*, entre la Lorraine, la Suisse, la Souabe, etc., » c'est qu'il y comprend le Brisgau, chose assez naturelle, puisque l'intendant d'Alsace résidait en ce moment à Brisach.

4. C'est pourquoi La Grange ne donne à l'Alsace que « 4-5 lieues au plus » de largeur (fol. 11), Horrer constate qu'il néglige les montagnes.

forts des Vosges et de la Forêt-Noire, qui ont été primitivement, sans doute, une seule et même chaîne, séparée longitudinalement par une fissure élargie de plus en plus [1]. Le voyageur qui descend par la voie ferrée de Bâle à Strasbourg, peut saisir d'un coup d'œil le caractère général de notre province, son profil abrupt descendant de l'Ouest vers le fleuve, avec sa triple zone juxtaposée de montagnes, de collines, et de champs ou de prairies. La plaine, plus ou moins large, de quatre à sept lieues environ, se présente plate, uniforme de Bâle à Lauterbourg, sur une étendue de deux cents kilomètres [2], tantôt couverte de céréales et d'autres cultures, là où prédomine le loess rhénan, tantôt présentant les derniers restes des vastes forêts d'autrefois, réduits à de maigres taillis, là où le Rhin lui-même et ses affluents vosgiens ont recouvert de sable et de gravier le limon primitif plus fertile [3]. Au-dessus d'elle, se dressent les coteaux et les mamelons de la plaine, les uns mis en culture depuis un temps immémorial, les autres recouverts de vignobles ou de châtaigniers, et dominés à leur tour par la chaîne des Vosges, qui forme la limite au couchant, avec ses forêts épaisses, et, dans ses parties les plus hautes, avec ses cimes arrondies, dénudées par les bises hivernales, dont les pâturages alpestres nourrissent en été de nombreux troupeaux [4].

Ce n'est pas d'hier seulement que l'Alsace est signalée comme l'un des plus attrayants parmi les cantons montueux de l'Europe centrale, sinon comme « le plus charmant de tous [5] ». Dès le milieu du XVIᵉ siècle, le célèbre géographe Sébastien Munster en donnait une description enthousiaste dans sa *Cosmographie*, où il affirme qu' « il n'y a point encore une aultre région en toute la Germanie qui puisse ou doibve estre comparée au pays d'Alsace [6] ». Au XVIIᵉ siècle, même après les terribles dévastations de la lutte trentenaire, au milieu des guerres incessantes du règne de Louis XIV, elle ne faisait pas une impression moins agréable aux visiteurs du

1. A. Himly, *Formation territoriale des États de l'Europe centrale*, I, p. 102-103.
2. La pente entre Colmar et Strasbourg est d'une soixantaine de mètres, Colmar se trouvant à 200 mètres, Strasbourg à 140 mètres environ au-dessus du niveau de la mer.
3. Voy. sur la géographie physique de l'Alsace les ouvrages de Charles Grad, *Heimatskunde* (Colmar, 1878, in-8°), et l'*Alsace* (Paris, 1889, in-fol.).
4. Le ballon de Guebwiller, le plus élevé de tous ces sommets, atteint 1426 mètres.
5. Himly, *Formation territoriale*, I, p. 103.
6. *La Cosmographie universelle, nouvellement translatée*, Basle, Henricpetri, 1552, fol., p. 511.

dehors. Un touriste militaire, enfant de la plantureuse Bourgogne, écrivait en 1674, en rentrant dans ses foyers : « L'Alsace passe pour une des meilleures provinces de l'Europe, et la contrée où nous avons été porte abondamment tout ce qu'on peut souhaiter pour la commodité de la vie. Les vallons sont traversés par des rivières fort poissonneuses, sur le bord desquelles sont de belles prairies où l'on nourrit grande quantité de bétail. Les pentes et même en quelques endroits les sommets des montagnes, sont cultivés et portent de très bons grains et des vins assez délicats, et ce qui n'est pas cultivé n'est pourtant pas inutile, car il est couvert de bois, dont une grande partie est de haute futaie, qui produisent des châtaignes et des glands en très grande abondance et qui fournissent une très grande quantité de gibier[1].» Peu après, un Jésuite de Fribourg, le R. P. Jean Kœnig, affirme que notre province est le jardin, mieux que cela, le Paradis du monde germanique. Il y signale Cérès et Pomone, embellissant les plaines, et Bacchus souriant sur les coteaux ; les rochers eux-mêmes n'y sont pas stériles comme en d'autres contrées, mais cachent de riches veines d'argent et de plomb[2].

Même après les nouveaux désastres de la guerre de la succession d'Espagne, au début du XVIIIe siècle, cette note élogieuse ne tarit pas, et c'est avec un entrain lyrique que François d'Ichtersheim, l'auteur de la *Topographie alsacienne*, reprend le panégyrique de « ce paradis terrestre qui captive le cœur et les regards », avec ses villes et ses villages coquets aux maisons de pierre, cachées au milieu des jardins et des vergers, entourés « d'une mer d'épis doucement bercés par la brise, et mêlés à un nombre infini de fleurs, aux mille nuances et d'un suave parfum[3] ».

§ 1. Montagnes

La conformation générale de ce territoire si favorisé était bien connue déjà au XVIIe siècle. La grande carte d'Alsace dressée par l'ingénieur strasbourgeois Daniel Specklin et publiée en 1576,

1. Claude Joly, Relation de ce qui s'est passé à la convocation et pendant le voyage de l'arrière-ban de France en Allemagne, en 1674 (Paris, Anselin, 1836, 8°), p. 55.
2. J. Kœnig, *Institutio geographica...* quibus accedit topographia Alsatiae et Brisgoiae, etc. Argentorati, Dolhopff, 1677, 16°, p. 99.
3. F. R. von Ichtersheim, *Elsaessische Topographia* (Regenspurg, Seidel, 1710, 4°), II, p. 5.

donne une orientation suffisante pour les contrées de la plaine et les vallées extérieures latérales. Mais le massif même des Vosges, encore très peu visitées, y est mal dessiné, et les mamelons réguliers qui le composent sont des signes purement conventionnels. On savait sans doute que de hautes montagnes, appelées de toute ancienneté les *Chaumes*, « dedans les monts des Vôges », formaient un mur séparant le duché de Lorraine de « la plaine d'Aulsay, ès sommets desquelles sont de beaux gazons et riches pâturages, qui ne manquent en fontaines, les plus belles et les plus abondantes qu'on puisse désirer[1] », mais, sauf les marcaires et les chasseurs et peut-être quelques contrebandiers, nul ne songeait à escalader ces cimes, ni surtout à fixer les contours de ces régions perdues. L'aumônier militaire irlandais, le P. Thomas Carve, qui traversa ces contrées vosgiennes pendant la guerre de Trente Ans, en suivant les troupes impériales de Colmar à Remiremont, parle avec une espèce de terreur du spectacle admirable qu'offraient ces « horribles montagnes » couvertes de neige à leur sommet, de moissons à mi-côte, de vergers et de prés à leur base[2].

Ce sentiment d'effroi persista longtemps encore et jusque vers le milieu du siècle suivant[3] ; pour l'époque qui nous occupe, nous n'avons rencontré de description tant soit peu cohérente des montagnes d'Alsace que dans la *Topographie* d'Ichtersheim, citée tout à l'heure, et dont l'auteur avait sans doute gravi lui-même autrefois les hauteurs du Ballon de Guebwiller et du Hohneck[4]. On croit sentir comme un ressouvenir de sa lointaine jeunesse dans les lignes qu'il consacre aux « hautes montagnes », particulièrement à celles qui sont en arrière des vallées de Munster, de Murbach et de Saint-Amarin. « Elles s'élèvent, dit-il, si haut dans les airs qu'elles ne dépassent pas seulement les cimes environnantes, mais pénètrent jusque dans les couches supérieures de l'atmosphère, où l'on peut apercevoir quelquefois avec bonheur au-dessus de soi le plus beau ciel du monde, tout bleu, tandis qu'on voit en même temps, avec terreur et stupéfaction, à ses pieds, s'échapper des nuages, un

---

1. Description manuscrite de 1594, de Thierry Alix, président de la Chambre des comptes de Lorraine, citée par Grandidier, *Œuvres inédites*, vol. VI, p. 29.

2. *Itinerarium R. D. Thomæ Carve* (Moguntiæ, Heyll, 1639, 16°), p. 145-146.

3. Dans la description de l'ascension du Ballon de Guebwiller faite par l'archéologue André Silbermann, en 1745, on parle de la « cime vertigineuse » (*Schauervoller Scheitel*) de la montagne. Friese, *Historische Merckwürdigkeiten* (Strassburg, 1802, 18°), p. 2.

4. Ichtersheim, II, p. 3. Son père avait été bailli de Saint-Amarin.

déluge d'eau avec de la grêle et des éclairs, qu'on entend le ton-
nerre, et qu'on se rend compte ainsi de la puissance de Dieu dans
la nature... Il y a là haut soit de vastes forêts, soit des pâturages.
L'herbe y pousse, drue, entremêlée de gentianes, de boutons d'or
et de toutes sortes de fleurs, rouges, blanches, brunes et jaunes,
ainsi que de racines et d'herbes précieuses. »

Mais de pareilles descriptions sont rares et de toutes les cimes
nombreuses que les manuels de géographie modernes et nos cartes
actuelles énumèrent depuis le col de Valdieu jusqu'à la frontière
de la Bavière rhénane[1], il en est bien peu que l'on trouve mentionnées au XVIIe siècle, et ce ne sont pas les plus hautes. Les cols
étaient naturellement mieux connus, puisque c'était en les traversant
que s'opérait en partie le trafic du sel, du bétail et de quelques
autres marchandises entre l'Alsace et la Lorraine. Mais il faudrait
se garder de croire qu'en ces temps-là les nombreux chemins ouverts
depuis dans la chaîne des Vosges, par l'art des ingénieurs, pour
les besoins du commerce, existassent déjà, ne fût-ce qu'à l'état
primitif. « Les principaux passages pour entrer du costé de France
en Alsace, dit le Mémoire de 1702, et pour y conduire des armées
et des voitures, sont celui de la vallée de Saint-Amarin qui entre
par Bussang et de là à Thannes ; le val de Lièvre et de Sainte-
Marie-aux-Mines, qui aboutit à Schelestadt ; la grande route de
Paris à Strasbourg, en passant à Phalsbourg et de là à Saverne.
Ces deux derniers passages sont bons et le dernier est meilleur
que l'autre. Il y en a un quatrième qui passe de Bitsche à Ingwiller
et Haguenau ; le dernier est celui de la vallée de Deux-Ponts qui
vient par Annwiller à Landau[2]. » En dehors de ces trois grandes
routes, le col de Bussang, celui de Sainte-Marie-aux-Mines et la
descente de Saverne[3], par lesquelles tant de fois des armées ont fait
irruption dans la plaine alsacienne au XVIIe siècle, il existait sans
doute encore d'autres passages, moins fréquentés, mais suivis
pourtant par les trafiquants d'Alsace et parfois aussi par quelque
troupe de hardis partisans, avides de butin, et que n'effrayait pas
une escalade prolongée. On peut mentionner la Scherhol ou le col
du Pigeonnier, près de Wissembourg, le passage de la Petite-Pierre,

---

1. Ch. Grad, *Orographie de la chaîne des Vosges* (*Revue d'Alsace*, 1877,
p. 242.)

2. Mémoire de 1702, fol. 4[a]B. Ces indications se trouvent d'ailleurs déjà
chez La Grange, fol. 13.

3. Le col de Bussang est à 722 mètres, celui de Sainte-Marie à 780 mètres,
la montée de Saverne à 428 mètres au-dessus du niveau de la mer.

le chemin de Mutzig par le Donon, le col du Bonhomme surtout, qui servait au transport du sel de Lorraine, etc.[1].

Les contreforts de la chaîne principale, aboutissant à la plaine étaient mieux connus, cela va sans dire. Là s'élevaient encore' au XVIIᵉ siècle d'assez nombreux châteaux, dont quelques-uns n'ont disparu que dans les guerres incessantes qui ravagèrent l'Alsace de 1630 à 1680, et qui restaient en communication suivie avec les populations voisines. Celles-ci venaient prendre d'ailleurs dans les forêts qui recouvraient alors en majeure partie ces chaînons latéraux, leurs bois de construction et de chauffage; cette exploitation formait une des principales richesses du pays, et comme elle était âprement disputée entre les seigneurs, grands et petits, et les communautés rurales environnantes, on comprend que cette région vosgienne moyenne était infiniment mieux explorée que la première. Aussi a-t-elle laissé une trace autrement considérable dans la littérature contemporaine. Nous n'avons pas à nous occuper en ce moment de son exploitation industrielle et commerciale, ni de sa valeur également considérable au point de vue de l'élève du bétail; il en sera question plus tard.

Les forêts actuelles de l'Alsace, pour considérables qu'elles soient, ne constituent plus qu'une faible partie de celles du XVIᵉ et du XVIIᵉ siècle. Les plus étendues, celle de la Hardt dans la Haute-Alsace, la Forêt-Sainte au nord de Haguenau, le Bienwald au nord de la Lauter, ne sont plus que les débris de ce qu'elles étaient autrefois. En 1698, alors qu'elle avait déjà été exploitée à outrance, la forêt de la Hardt avait encore huit lieues d'étendue sur trois de largeur, celle de Haguenau quatre lieues de long sur cinq de large, le Bienwald à peu près la même étendue[2]. Celles de la montagne, moins commodément situées, privées presque partout des chemins d'exploitation nécessaires, ne servaient guère que pour le glandage[3]. On nous représente certaines régions comme « une forêt presque continuelle et fort épaisse de sapins, peuplée d'une grande quantité de venaison et même d'animaux dangereux[4] » et où « l'on ne peut marcher qu'à la file, entre des montagnes toutes

1. La Grange, fol. 13. Voy. aussi Grad, *op. cit.* (*Revue d'Alsace*, 1877, p. 247.)

2. La Grange, fol. 14.

3. Encore en 1702 on se plaignait dans le Mémoire officiel, déjà cité, qu'on n'avait toujours pas trouvé le moyen de « rendre ces excellents matériaux aux ports de Sa Majesté » (fol. 3).

4. *Mémoires de deux voyages en Alsace,* publiés par J. Coudre (Mulhouse, 1886, 8°), p. 40.

hérissées de sapin qui dérobent le jour et la vue du ciel [1] ». A côté du sapin dont les variétés diverses semblent avoir constitué princi- palement les forêts des hauteurs, du moins dans la Haute-Alsace, le chêne et le hêtre y tiennent la place principale, le premier sur- tout, disparu de nos jours en bien des endroits, par suite d'une exploitation inintelligente ; c'est lui qui était l'arbre favori de nos ancêtres, à cause de la nourriture abondante qu'il fournissait aux troupeaux innombrables de porcs menés à la glandée. « Les mon- tagnes qui séparent l'Alsace de la Lorraine sont couvertes d'une infinité d'arbres, de chesnes beaux et excellens pour le service de la marine, suivant le rapport qui a esté fait par des gens habiles que l'on a envoyé les visiter à cette fin. Il s'y trouve aussi quantité de sapins qui portent jusques à six-vingt pieds de hauteur [2]. Les ormes et les érables, le châtaignier, l'if et le sureau, telles sont les autres essences forestières mentionnées par nos sources du XVIIe siècle [3].

Ces vastes forêts, tant celles des Vosges que celles de la plaine, étaient habitées alors par une foule de bêtes sauvages dont un bien petit nombre seulement se retrouve encore aujourd'hui devant le fusil des chasseurs d'Alsace. L'urochs et le bison, l'élan et le bou- quetin des Alpes que chassaient les rois mérovingiens aux alentours de leurs villas de Kirchheim et de Rouffach, avaient depuis long- temps disparu au XVIIe siècle [4]. Mais l'ours brun vivait encore en assez grand nombre sur les flancs abrupts du massif du Hohneck; il dévastait les vignobles de Thann et descendait en 1675 jusque dans la vallée de Barr [5]. Le loup n'infestait pas seulement la mon- tagne, mais circulait par bandes dans la plaine et pénétrait même dans l'enceinte des villes fortifiées [6]. En fait de carnassiers moins dangereux, le chat sauvage, le lynx, le renard, le blaireau, la mar- tre se rencontraient en grand nombre. Des troupes de chevaux sau- vages erraient sur les hauts plateaux lorrains et le versant occidental des Vosges, aussi difficiles à prendre, à ce qu'assure le bon Élisée Roeslin, que les cerfs les plus rapides [7], également fort nombreux

1. *Mémoires de deux voyages*, p. 117.
2. Mémoire de 1702, fol. 3 A.
3. Ichtersheim, I, p. 2.
4. Si tant est qu'ils y aient jamais été. M. Bleicher (*Les Vosges*, p. 214) n'admet pas, en désaccord sur ce point avec Ch. Gérard, que l'élan ait existé en Alsace, même au moyen âge.
5. Gérard, *Faune historique d'Alsace*, p. 111-112. Le dernier ours ne fut tué qu'en 1755 dans la vallée de Münster.
6. Hecker, *Münster im Gregorienthal*, p. 170.
7. Gérard, p. 277. Specklin, dans sa carte de 1576 inscrit aussi sur la crête

au XVIIᵉ siècle [1]. Alors comme aujourd'hui cependant, les deux
hôtes les plus répandus de nos forêts étaient le chevreuil et le san-
glier, que les hécatombes des grandes chasses d'alors (nous y reviendrons ailleurs) ne parvenaient pas à décimer [2]. Encore vers le
milieu du siècle, ce gibier foisonnait au point qu'on en voyait des
bandes entières se baigner dans les rivières, assez près des portes
des villes pour qu'on pût les observer et les compter à loisir [3]. Les
lièvres abondaient; les coqs de bruyère, si rares de nos jours, étaient
un gibier fréquent au début du XVIIIᵉ siècle [4], et le faucon, l'autour
et le gerfaut faisaient alors une guerre incessante aux hôtes ailés
inoffensifs de la forêt [5].

§ 2. COURS D'EAU

De ces collines boisées, de ces montagnes plus hautes et qui paraissaient si imposantes aux rares touristes de l'époque, descendaient vers la plaine des cours d'eaux nombreux, mais de minime
importance, qui se dirigeaient presque tous, d'une course plus ou
moins oblique, soit directement vers le Rhin, soit vers l'Ill, son
principal tributaire en Alsace. Avant de dire un mot de ces modestes affluents vosgiens, il faut donc parler du grand fleuve qui séparait l'Alsace du reste du Saint-Empire romain, mais en lui offrant
par contre la voie de communication la plus rapide et la moins dis-
pendieuse avec le dehors.

Le Rhin, qui longe le territoire alsacien de Huningue à Lauterbourg, conserve une allure précipitée pendant presque tout ce parcours, la pente étant fort rapide de Bâle à Neuf-Brisach, et très
accentuée encore jusqu'à l'embouchure de l'Ill près de Strasbourg;
le courant ne prend une allure un peu plus modérée qu'au delà de ce
point jusqu'à la frontière alsacienne [6].

C'est une descente de cent trente-cinq mètres environ que les

---

des Vosges la légende : *Menig wilde pfert.* Après la guerre de Trente Ans
on n'en entend plus parler.
    1. Gérard, p. 340.
    2. En une seule chasse, faite en 1627 dans la forêt de la Hardt, l'archiduc
Léopold fit abattre six cents de ces pachydermes.
    3. P. Malachie Tschamser, *Annales de Thann* (année 1657), vol. II, p. 519.
    4. Ichtersheim, I, p. 1.
    5. Merian, *Topographia Alsatiæ*, Franckfurt. 1644, p. 3.
    6. Le niveau du Rhin à Huningue est à 240 mètres au-dessus du niveau
de la mer, de 195 m. à Neuf-Brisach, de 135 m. à la Wantzenau, près
Strasbourg, de 104 m. à Lauterbourg. Ch. Grad, *Revue d'Alsace*, 1877,
p. 247.

masses d'eau puissantes, venant de la frontière suisse, accomplissent sur une étendue d'un peu plus de deux cents kilomètres. Il ne faut pas oublier cependant que le Rhin n'était pas alors resserré partout, comme il l'est aujourd'hui, par des endiguements continus, qui, l'empêchant de répandre à droite ou à gauche le superflu de ses eaux, accentuent de beaucoup la célérité de sa marche et rendent actuellement son cours supérieur en Alsace inutilisable pour tout trafic et toute communication suivie. Au XVIIe siècle, la navigation rhénane était encore possible jusqu'à Bâle, bien qu'exposée à des embarras sérieux. Le Rhin servait alors « comme de rempart à l'Alsace contre les insultes de ses voisins en temps de guerre [1] », mais on signalait en même temps la difficulté de remonter son cours, « et particulièrement en été, lors de la fonte des neiges dans les montagnes de la Suisse et des pluies, qui le font déborder et enfler de six à sept pieds en deux fois vingt-quatre heures [2] ». Même à la descente, la circulation y était réputée « très dangereuse, à cause des arbres qu'il roule et qui s'arrestent dans son lit [3] ». S'étalant au large dans les terres basses du Sundgau et du Brisgau, et plus encore sur celles de la Basse-Alsace et du margraviat de Bade, ses bras tortueux encadraient partout le cours principal du fleuve, formant des îles innombrables et d'étendue très diverse. « Depuis Huningue jusqu'à Fort-Louis, il y a peu d'endroits, dit une de nos sources, où l'on voye la largeur entière, d'une rive à l'autre, à cause des bois qui croissent dans ces isles [4]. »

Malgré son cours rapide, il était fort poissonneux, et les carpes et les brochets du Rhin, les saumons et les esturgeons monstrueux qui en remontaient le cours étaient connus au loin [5]. Dans les îles boisées gîtaient des colonies de castors, assez nombreuses pour fournir encore au début du XVIIIe siècle un rôti fort apprécié [6]. Les inondations fréquentes du fleuve couvraient « les terres adjacentes d'un sable qui les rend stériles ; surtout dans la Haute-Alsace, du costé de la forêt de la Hart, il emporte les rivages et change souvent de lit [7] ». Sans doute les chroniques du XVIIe siècle ne nous relatent plus d'aussi curieux bouleversements que ceux du moyen âge, où les caprices du Rhin transportèrent Brisach de

1. La Grange, fol. 2.
2. Id., *ibid.*
3. Mémoire de 1702, fol. 2 A.
4. *Ibid.*, fol. 2 B.
5. *Chronique de Trausch*, publiée par L. Dacheux, p. 47.
6. Gérard, *Faune historique*, p. 237.
7. La Grange, fol. 2.

la rive gauche à la rive droite, après en avoir fait pour un temps
une île au milieu des eaux [1], et engloutirent la riche abbaye de Honau,
puis la vieille ville de Rhinau, au XIIIᵉ et au XIVᵉ siècle. On ne vit
plus, à l'époque dont nous parlons, les eaux du fleuve pénétrer
jusque dans les rues de Strasbourg, comme il était advenu plusieurs
fois, deux cents ans plus tôt [2]. Mais trop souvent les communes riveraines furent menacées ou même détruites au XVIIᵉ siècle [3] et encore
au XVIIIᵉ siècle [4], et les dégâts étaient parfois très considérables [5].

Quant à une répression systématique et régulière de ces incursions
si fréquentes des hautes eaux, on n'en rencontre point de trace avant
l'établissement de l'administration française. Sans doute des travaux
de protection étaient entrepris à certains endroits ; ainsi les *Ober-
bauherren* de la République de Strasbourg surveillaient durant tout le
XVIIᵉ siècle les digues de leur banlieue [6], et dans d'autres localités encore on rencontre trace de travaux analogues [7], mais il ne se faisait aucun effort complet ni commun pour détourner le danger. Ce sont les
intendants d'Alsace au XVIIIᵉ siècle qui ont eu l'honneur d'entreprendre la grande lutte, continuée jusqu'à nos jours, contre le fleuve
si menaçant pour les villages établis sur ses bords et « ne donnant
point de relâche aux habitants » ; ce sont eux qui, pour mettre fin à
des irruptions répétées, ont imaginé, comme l'écrivait l'un d'eux
vers 1750, « de construire non seulement des épis et des digues, mais
à barrer des bras entiers du fleuve [8] », assurant, il est vrai la sécurité de l'agriculture aux dépens du commerce fluvial.

Après avoir parlé du Rhin, il ne reste plus à nommer, comme

1. Au IXᵉ siècle. Voy. Rossmann et Ens, *Geschichte der Stadt Breisach*
(Fribourg, 1851), p. 42-43.
2. Hegel, *Strassburger Chroniken*, vol. II, p. 866.
3. En 1651, une violente crue du Rhin envahit le village d'Offendorf près
Bischwiller, dans la Basse-Alsace. Le pasteur de la localité, Quirin Moscherosch, frère du poète satirique, en a conservé le souvenir dans une pièce
de vers inscrite au registre paroissial. (*Nouvelle Revue Catholique d'Alsace*,
1883-84, p. 284.)
4. Le village de Kuenheim disparut ainsi en 1766. Voy. *Souvenirs de
J. F. Aufschlager*, publiés par Rod. Reuss. Strasbourg, 1893, 16ᵉ, p. 6.
5. Le P. Malachie Tschamser dit qu'en 1649, l'inondation du fleuve causa
en Haute-Alsace pour plus de cent mille écus de dommages. *Annales*,
vol. II, p. 550.
6. Voy. Rod. Reuss, *Geschichte des Neuhofs bei Strassburg*, Strassb.,
1884, 8ᵉ, *passim*.
7. A Lauterbourg, par exemple, les comptes de la ville pour 1613, 1617, etc.,
portent des dépenses pour endiguements nouveaux. Benz, *Lauterbourg*,
Strasb., 1844, p. 223.
8. Papiers de l'intendant de Serilly, tom. IV, p. 1089. Archives de la
Basse-Alsace.

cours d'eau alsaciens, que des rivières tout à fait secondaires[1]. L'Ill elle-même, l'artère alsacienne par exellence, garde dans son cours longtemps irrégulier des dimensions fort modestes ; depuis le moment où elle sort de terre entre Winkel et Ligsdorf, au sud de Ferrette, sur les dernières pentes du Jura, jusqu'à celui où elle se déverse dans le Rhin, près de Strasbourg, elle fournit à peine 180 kilomètres. Comme elle dévale sur ce parcours restreint d'une hauteur de près de 400 mètres[2], elle a longtemps les allures d'un torrent plutôt que celles d'une rivière, et même après avoir atteint la plaine à Mulhouse, sa course n'en reste pas moins irrégulière et vagabonde[3]. Un vieux dicton de la Haute-Alsace, qui remonte probablement au XVIIe siècle, disait que l'Ill coulait où elle voulait[4]. Quand elle se gonfle des eaux de pluie, ou par la fonte des neiges, surtout après une sécheresse prolongée, elle quitte son lit ordinaire pour s'en creuser un autre dans le sol limoneux de la plaine, et plus d'une fois, même au XVIIIe et au XIXe siècle, les ingénieurs officiels ont vu les ponts construits par eux se dresser sur des terrains complètement abandonnés par la rivière. Le peu d'égalité de son débit a de tout temps empêché la circulation, même avec des barques de dimensions restreintes, sur la partie supérieure de son cours[5]. Ce n'est qu'en aval de Colmar qu'on a pu l'utiliser d'une façon sérieuse, pour le transport des céréales et des vins et pour le flottage des bois. A partir de l'embarcadère, du *Ladhof* de cette ville, jusqu'à son embouchure, l'Ill a, par contre, rendu des services considérables, quand les routes de terre étaient mauvaises et peu sûres, et au XVIIe siècle l'intendant La Grange la proclamait « fort utile pour la province, particulièrement pour le commerce des vins, eaux-de-vie et vinaigres, qui se voiturent depuis Colmar jusqu'en Hollande[6] ».

La plupart des petits affluents de l'Ill n'ont aucune importance

---

1. On peut faire abstraction, dans cet aperçu sommaire des cours d'eau alsaciens, de l'Allaine et de la Savoureuse qui appartiennent au bassin du Doubs.

2. Grad, *Recue d'Alsace*, 1877, p. 247 ; plus exactement, c'est de 392 mètres.

3. A Mulhouse, l'Ill est encore à 240 mètres au-dessus du niveau de la mer.

4. « *Die Ill geht wo sie will.* » Grad. *Aperçu statistique et descriptif de l'Alsace*, Mulhouse, Bader, 1872, p. 4.

5. Ch. Grad prétend bien qu'avant la guerre des Paysans des travaux d'art rendaient l'Ill navigable jusqu'à Altkirch, mais nous n'avons rencontré nulle part de documents qui permettent de l'affirmer. (Grad, *Scènes et paysages des Vosges, Revue d'Alsace*, 1878, p. 98.)

6. La Grange, p. 6. Nous y reviendrons en parlant du commerce.

historique ou géographique; même au point de vue économique, ils
étaient loin d'offrir l'intérêt qu'ils présentent aujourd'hui comme
force motrice régularisée d'une des régions industrielles les plus
actives de l'Europe. Ils se précipitent avec impétuosité à travers
leurs étroites vallées, quand les neiges ou les pluies ont grossi
leurs eaux, mais en été ils sont à peu près complètement taris[1].

Comme l'Ill elle-même, la Largue sort du Jura près du village
d'Oberlarg, à une lieue et demie de Ferrette, et se déverse dans l'Ill,
au-dessus d'Altkirch, près du village d'Illfurth, après avoir parcouru un peu plus de quarante kilomètres. La Doller, qui arrive du
fond de la vallée de Sewen, passe par Massevaux, et gagne l'Ill près
d'Illzach, à une lieue environ au-dessus de Mulhouse. La Thur prend
sa source près de Wildenstein, sur le Grand-Ventron, au haut de la
vallée de Saint-Amarin, et passe par Thann et Cernay. Elle formait
au XVIIᵉ siècle la séparation entre le Sundgau et la Haute-
Alsace proprement dite. Après une course très rapide de cinquante
kilomètres, elle se déverse dans l'Ill, au-dessous de Colmar.

La Lauch descend d'une allure plus sauvage encore vers la
plaine, ses sources étant à 1160 mètres de hauteur, au fond de la
vallée de Lautenbach; elle traverse Murbach et Guebwiller et
tombe dans l'Ill, après avoir longé Colmar; un de ses bras
rejoint la Thur entre Colmar et Sainte-Croix.

De tous les affluents de l'Ill la Fecht accomplit la descente la
plus considérable, car ses sources se trouvent à 1200 mètres d'élé-
vation sur le flanc du Hohneck; elle arrose dans toute sa longueur la vallée de Munster, et se déverse dans l'Ill près d'Illhaeusern, après avoir accueilli près d'Ostheim les eaux de la Weiss et
celles du Strengbach, un peu plus loin.

L'Eckenbach, faible ruisseau, qui se jette dans l'Ill entre Guémar
et Schlestadt, ne mérite ici de mention que parce qu'il a marqué,
depuis des temps fort reculés, la limite de la Basse et de la Haute-
Alsace.

Plus importante est la Liepvre qui descend du Bonhomme, traverse la vallée de Sainte-Marie-aux-Mines, rencontre au débouché
du val de Villé la Scheer, et se jette avec une partie de ses eaux,
dans l'Ill près de Schlestadt.

L'Andlau naît au pied du massif du Champ-du-Feu, dans l'en-

1. Grad, *Aperçu*, p. 5. Aussi donnaient-ils lieu, au XVIIᵉ siècle, à des
inondations dangereuses. Celle du 5 mars 1649 coûta la vie à sept personnes
à Thann seulement (Tschamser, II, p. 550).

tonnoir du Hohwald, et après avoir absorbé les eaux de la Kirneck, qui sortent de la vallée de Barr, elle rejoint l'Ill en aval de Fegersheim.

L'Ehn ou Ergers sort de la vallée du Klingenthal, traverse Obernai, et apporte à l'Ill son contingent peu considérable au-dessous du gros village de Geispolsheim.

De toutes les petites rivières tributaires de l'Ill, la plus constante dans son débit est la Bruche, qui naît sur le versant oriental du Climont, près de Saales, et qui, après avoir descendu la vallée de Schirmeck, débouche près de Molsheim dans la plaine qu'elle traverse, ayant encore absorbé les eaux de la Mossig et de la Hasel, pour atteindre l'Ill à quelques kilomètres en amont de Strasbourg. Sans aucune importance aujourd'hui, elle en avait davantage comme servant directement au flottage des bois avant que le canal de la Bruche fût creusé en 1682. Quant au dernier affluent vosgien de l'Ill, il est à peine nécessaire de le mentionner ici, puisque la Souffel, en descendant des collines du Kochersberg, parcourt à peine cinq ou six kilomètres avant de s'y jeter aux alentours de la Wantzenau.

Par ce qui précède on a vu que, de sa source à son embouchure, l'Ill avait empêché, par son cours presque parallèle au grand fleuve, les eaux du versant oriental des Vosges de gagner directement le fond de la grande vallée rhénane. C'est à peine s'il existe quelques faibles ruisseaux qui, comme la Zembs et l'Ischer, sourdent dans la forêt de la Hardt ou sur les collines du Sundgau, et vont se déverser presque immédiatement dans le Rhin.

Il en est autrement dans la Basse-Alsace, où de nombreux cours d'eau peuvent se développer librement vers l'Est, depuis la crête des Vosges jusqu'au *thalweg* rhénan. Le premier d'entre eux est la Zorn, dont les sources se trouvent au versant septentrional du Gross-Mann. Elle traverse le pays si pittoresque de Dabo, et vient déboucher dans la vallée profonde qui sépare les Vosges centrales des Basses-Vosges, à la trouée de Saverne. Elle traverse cette dernière ville, Brumath, Weyersheim, puis, se dirigeant vers le Nord-Est, elle va rejoindre la Moder près du village de Rohrwiller. A partir de Saverne, ses eaux suffisaient, par moments, au flottage des bois.

La Moder (au XVIIe siècle on écrivait la Motter) descend des Basses-Vosges, aux environs de la Petite-Pierre, traverse, grossie par son principal affluent, la Zinsel, Haguenau et Bischwiller, et depuis la première de ces villes, « elle porte bateaux jusqu'à Drusenheim, où elle entre dans le Rhin, à cinq lieues au-dessous de Strasbourg[1] ».

La Sauer a déjà ses sources en dehors de l'Alsace actuelle, dans la Hardt palatine. Elle coule dans la direction du Sud, traverse Woerth, puis Surbourg, et se jette dans le Rhin, au-dessous de Beinheim, à une lieue environ de Fort-Louis. Elle n'était point navigable[2].

Le Seltzbach, moins important encore, naît près de Mitschdorf dans le canton de Woerth, à l'intérieur de la boucle de la Sauer, et gagne le fleuve près de la petite ville de Seltz. Il n'a droit à une mention que parce qu'il a longtemps passé pour marquer les limites naturelles entre l'Alsace proprement dite et les terres palatines.

La Lauter jaillit au pied du Graefenstein dans la Hardt, se dirige d'abord vers le Sud, et traverse Dahn, puis oblique vers l'Est, arrose la banlieue de Wissembourg et se jette dans le Rhin, un peu au-dessous de Lauterbourg; les lignes stratégiques appuyées sur elle par les ingénieurs militaires, ont rendu son nom célèbre, d'un bout à l'autre du XVIIIᵉ siècle.

La Queich enfin, le cours d'eau que M. de La Grange appelle « la dernière rivière d'Alsace », prend sa source dans la vallée d'Anwiller, passe ensuite par Landau et gagne le fleuve à Germersheim. « Elle est assez forte pour porter bateaux, ajoute l'intendant dans le texte cité tout à l'heure, si on voulait y faire la dépense pour la rendre navigable, mais il n'y a aucune nécessité, parce qu'elle ne vient pas d'assez loin pour servir au commerce du païs[3]. »

Pour ce qui est des voies fluviales artificielles, il n'en a guère existé avant le XVIIᵉ siècle, ou, pour mieux dire, avant l'occupation du pays par Louis XIV. Quelques canaux avaient été creusés, il est vrai, dans la Haute-Alsace, comme le Quatelbach, datant du XIIᵉ siècle, mais c'étaient des canaux d'irrigation ou des prises d'eau destinées à l'alimentation des moulins en temps de sécheresse[4].

---

1. La Grange, fol. 7. Il s'agit ici, bien entendu, de l'embouchure de la Moder au XVIIᵉ siècle. De nos jours les grands travaux de rectification du Rhin ont entièrement changé son cours inférieur, et l'embouchure de la Modér est aujourd'hui au delà de Fort-Louis. (Compar. la carte de Specklin, 1576 et celle de l'état-major allemand, 1879.)

2. La Grange, fol. 7.

3. Id., fol. 9.

4. Mercklen, *Histoire d'Ensisheim*, I, p. 117-123. D'autres canaux furent projetés, comme celui de la Bruche, que voulut faire établir l'évêque Guillaume de Diest, dans la première moitié du XVᵉ siècle, ou celui de Phals-

Dans cette esquisse rapide de l'hydrographie alsacienne nous n'aurions pas, à vrai dire, besoin de mentionner, même en passant, les nappes d'eau stationnaires, disséminées sur le sol de la province, car, perdues dans les replis des Hautes-Vosges, ou bien éparses dans la plaine de la Basse-Alsace, elles n'ont point joué de rôle, à aucun point de vue, durant tout le siècle qui, seul, doit nous occuper ici. Non pas qu'elles aient été alors moins étendues ou moins nombreuses qu'aujourd'hui : bien au contraire. Dans la plaine surtout, les étangs sembleraient avoir existé en bien plus grand nombre, pour peu que nous puissions nous fier aux cartographes du XVIᵉ et du XVIIᵉ siècle[1]. Mais les sites les plus pittoresques de nos Vosges, les plus admirés de nos jours, avec le lac du Ballon, le lac Noir, le lac Blanc, le lac Vert, perdus à neuf cents ou mille mètres au-dessus du niveau de la mer, n'étaient guère hantés en ce temps que par de rares bergers ou quelques hardis chasseurs, et les populations alsaciennes en ignoraient généralement l'existence ; à plus forte raison étaient-ils inconnus aux étrangers. De nos jours cependant, on a cru pouvoir affirmer qu'on avait utilisé ces lacs de montagne, depuis des temps fort reculés, comme réservoirs naturels, au profit de l'agriculture ; on nous assure que d'anciennes cartes, remontant au XVIᵉ siècle, « indiquent l'existence de nombreuses digues, formant autant de réservoirs, étagés les uns au-dessus des autres dans toutes nos vallées[2] ». Bien que n'ayant jamais vu les cartes en question (qui ne sauraient être en tout cas des cartes imprimées, car toutes celles qui l'ont été ne présentent rien de semblable), nous n'osons contredire absolument une affirmation aussi catégorique. En tout cas, ce n'est pas seulement « la guerre de Trente Ans qui a détruit la plupart de ces ouvrages[3] » ; et ce qui est également certain, c'est que lorsqu'on a refait des barrages dans quelques vallées des Hautes-Vosges, vers la fin du XVIIᵉ siècle

---

bourg, que le fantasque comte palatin George-Jean de la Petite-Pierre imagina de créer au XVIᵉ siècle, mais qui n'obtint même pas un commencement d'exécution.

1. J'ai eu la curiosité de compter les lacs et les étangs marqués sur la grande carte de Specklin, de 1576 ; j'en ai trouvé plus de quarante, de dimensions relativement considérables, alors qu'aujourd'hui on en nommerait à peine une douzaine.

2. Ch. Grad, *Scènes et paysages des Vosges, Revue d'Alsace*, 1878, p. 98.

3. Nous avons parcouru des centaines de liasses de pièces inédites relatives aux misères de cette guerre dans la Haute-Alsace, et jamais nous n'y avons trouvé trace de plaintes sur le sujet touché ici : nous n'avons rien trouvé non plus d'y afférent, dans les dossiers relatifs à l'époque prospère antérieure à 1618.

R. REUSS, *Alsace.*

ces travaux furent considérés par les contemporains comme une
innovation considérable[1].

§ 3. Climat

S'étendant du 47ᵉ degré 30' au 49ᵉ degré 40' de latitude Nord[2],
l'Alsace devrait jouir d'un climat tempéré. Mais enfoncée dans le
corps de l'Europe, loin des mers, dans une situation toute conti-
nentale, formant d'ailleurs avec les contrées de la rive droite du
Rhin moyen un long couloir, alternativement balayé par les vents du
Sud et par ceux du Nord, elle est de plus longée par un fleuve puissant, et sillonnée par une foule de cours d'eau de moindre importance, dont l'évaporation constante imprègne l'atmosphère d'une
humidité tour à tour lourde et pénétrante. Aussi l'Alsace est-elle
plus sujette que d'autres contrées à des changements de température fort brusques et souvent excessifs dans un sens ou dans
l'autre, qui se produisent dans la plaine aussi bien qu'au sommet
des montagnes. Les étés y sont chauds, les hivers longs et froids,
les printemps très courts, les pluies abondantes, les orages fréquents, les gelées tardives et souvent désastreuses pour les vignobles[3].

Ces observations, toutes actuelles, avaient été déjà faites il y a
deux siècles, et les paroles consignées au rapport de l'intendant
La Grange pourraient être contresignées par un bureau météoro-
logique contemporain : « Les hivers sont longs en Alsace, à cause
de la proximité des montagnes ; le printemps y est fort court,
à cause des neiges des montagnes de Suisse qui ne fondent qu'au
mois de mai ; les chaleurs y surviennent tout d'un coup ; par les
pluies fréquentes et la diversité des temps, les saisons y sont
inconstantes et souvent elles passent d'une extrême chaleur au
froid. Les automnes y sont fort souvent très agréables, en sorte
que les fruits y parviennent à une parfaite maturité[4]. »

Les impressions des contemporains étrangers varient au sujet du
climat. Un Parisien qui voyageait en juillet 1675 dans le Sundgau,
écrit « qu'il gelait de froid dans le fort de la canicule » en cet « af-
freux désert » quoiqu'il eût un bon manteau et de grosses bottes[5]. Un

---

1. *Diarium de Bernard de Ferrette*, éd. Ingold, Colmar, 1894, p. 22.
2. Ch. Grad, *Heimatskunde*, p. 155.
3. Id., p. 162.
4. La Grange, fol. 17-18.
5. *Mémoires de deux voyages*, p. 117.

gentilhomme bourguignon, par contre, qui l'année d'auparavant se trouvait également dans les Vosges, au commencement de novembre, déclare que « l'air d'Alsace est si doux, que, bien que nous fussions campés sur des montagnes qui, depuis la Lorraine, semblaient plus élevées que les nues, nous n'avons point senti de froid, à la Toussaint, qui ne fût fort supportable[1] ».

En apparence du moins, les documents ne font pas défaut pour décider entre des assertions aussi contradictoires. Depuis le moyen âge jusqu'au XVIIIe siècle les chroniqueurs locaux ont soigneusement noté les variations extrêmes de la température; mais ce sont précisément les données extrêmes qu'ils nous ont conservées et les moyennes ne figurent pas d'ordinaire dans leurs notices. Même en additionnant soigneusement leurs chiffres, on risquerait donc d'arriver à des indications inexactes. Il paraît certain, d'une part, que le nombre des hivers très froids a été, du moins au XVIIe siècle que nous étudions particulièrement ici, plus considérable que de nos jours. Quand nous lisons dans nos sources qu'en 1608 le vin gelait dans les chambres chauffées du couvent de Thann, et que les chats imprudents, léchant les plats dans la cuisine, y restaient attachés par la langue[2]; qu'en 1623 l'Ill supérieure était gelée jusqu'au fond de son lit, à quatre pieds de profondeur[3]; qu'en janvier 1658 on put traverser, pendant tout un mois, le Rhin près de Strasbourg, à cheval et en voiture[4]; que le même fait se reproduisit durant l'hiver de 1669 à 1670[5], il est incontestable que nous avons bien plus rarement subi, depuis un demi-siècle, des températures pareilles. D'autre part, on affirme la fréquence de phénomènes météorologiques absolument contraires. Ainsi l'ammeistre Reisseissen nous raconte dans son *Mémorial* que le 20 décembre 1660 il faisait si chaud qu'il s'assit dans son jardin pour y jouer de la guitare[6], ce qui prouve bien que tous les hivers n'étaient pas également rigoureux. Cette question du climat d'autrefois a été posée plus d'une fois déjà d'une façon plus générale, mais résolue en sens opposés. Il en est qui affirment qu'au moyen âge le climat de nos contrées était infiniment plus rude qu'aujourd'hui, et ils expliquent le fait par l'existence des forêts

1. Claude Joly, *Relation*, p. 55.
2. Tschamser, *Annales*, II, 309.
3. Tschamser, II, 389.
4. Walther, *Strassburgische Chronik* manuscrite, fol. 234 *b*.
5. Walther, *Chronique*, fol. 254 *a*.
6. *Aufzeichnungen von Franciscus Reisseissen* herausgegeben von Rud. Reuss. Strassburg, Schmidt, 1880, p. 43.

immenses qui couvraient alors le sol, et des nombreux marécages
depuis lors drainés et disparus. Ils ajoutent que les déboisements
continuels et l'extension des cultures ont amené, à partir du
XVIIᵉ siècle, des changements de température plus brusques,
et, à la place de froids plus intenses, des pluies plus fréquentes et
plus prolongées[1]. Ce dernier phénomène ne nous semble nullement établi[2]. D'autres auteurs sont d'avis que, même au moyen
âge, — et à plus forte raison, au XVIIᵉ siècle, — le climat de l'Alsace
n'était ni plus rude ni plus doux que de nos jours[3]. En tout cas,
et quelle qu'ait été la rigueur de certains hivers, la province ne
pouvait certainement pas passer pour une contrée naturellement
froide et, par suite de son climat, naturellement pauvre, comme
tant d'autres régions de l'Europe centrale.

§ 4. Fertilité du sol

Ce qui le prouve mieux que tous les arguments théoriques, c'est
qu'alors, comme de nos jours, les géographes et les administrateurs
s'accordent à vanter la fertilité du sol alsacien. Au XVIᵉ siècle
déjà, Sébastien Munster écrivait que « près des montagnes d'Alsace,
il n'y a pas un seul lieu inutile ne vuyde, qui ne soit habité ni
labouré[4] ». Cent ans plus tard, l'auteur de la *Topographie* dite de
Mérian, déclare qu'il n'est pas de province sur les bords du Rhin
qui puisse rivaliser pour la fertilité de son sol avec la terre alsacienne, de sorte qu'on l'appelait avec raison « le garde-manger, le
cellier, le grenier d'abondance et la nourrice d'une grande partie
de l'Allemagne[5] ». Au moment même où les guerres de Louis XIV
ajoutaient de nouvelles misères à toutes celles de la guerre de
Trente Ans, un voyageur, observant avec sagacité tout ce qui l'en-
toure, nous apporte un témoignage analogue : « Tout le païs, dit-il,
est des meilleurs et des plus fertiles du monde, en tout ce qui est
nécessaire à la vie. Ses plaines sont abondantes en froment et en
toutes sortes d'autres grains ; ses coteaux portent d'excellens vins,

---

1. Charles Boersch, *Essai sur la mortalité à Strasbourg*, Strasb., 1836,
4ᵉ, p. 39-46.
2. En tout cas les raisons alléguées (déboisements, etc.) servent d'ordinaire comme arguments à l'hypothèse contraire.
3. Ch. Grad, *Heimatskunde*, p. 163. Pour mon compte, je suis disposé à
admettre que la température était fréquemment plus rude au XVIIᵉ siècle
qu'aujourd'hui.
4. *Cosmographie*, p. 515.
5. Merian, *Topographia Alsatiœ* (1644), p. 1.

ses pâturages nourrissent tant de bestial que la chair s'y vend à très bas prix. On juge bien qu'un païs si gras et si fertile doit être bien peuplé. » Mais, ajoute notre voyageur, « frontière de la France et de l'Empire, il se voit si souvent exposé au ravage et aux malheurs de la guerre que ses habitans vivent dans des allarmes continuelles et ne peuvent jouïr de l'abondance dont ils seroient comblés sans ce rude fléau[1] ».

Enfin, dans les dernières années du XVIIe siècle, le *Mémoire sur l'Alsace* de l'intendant La Grange a résumé d'un ton moins pittoresque, mais avec les indications plus précises de l'administrateur moderne, et avec quelques restrictions de détail, le tableau d'ensemble du vaste territoire qu'il administra pendant de si longues années : « Toute l'Alsace est un pays fertile en toutes sortes de grains, vins, fourrages, jardinages et autres légumes, cependant en quelques endroits moins que dans d'autres. Car le pays qui est renfermé entre le Rhin, la Hart, et la rivière d'Ill, jusqu'à Strasbourg, est fort étroit et d'une fertilité médiocre, ni aïant point de vin et peu de prairies, à cause des débordemens du Rhin ; il ne produit aussi que des seigles, orges et avoines. La partie continuée de la plaine, entre la rivière d'Ill et la montagne, depuis la ville de Soultz en Haute-Alsace jusqu'à deux lieues au-dessus de Haguenau, est très abondante en toutes sortes de grains, vins et fourrages. Ce qui est au-dessus de ladite ville de Soultz, jusqu'à Befort, en suivant la montagne, dans la largeur de trois lieues, l'est beaucoup moins, le païs estant rempli de bois et le peu de terres labourables qu'on y trouve n'est point fertile ; la plupart sont spongieuses et difficiles à labourer, ce qui fait que les habitans s'appliquent plus particulièrement à la nourriture des bestiaux, le païs estant d'ailleurs généralement assez abondant en prairies. La partie de la province attenante à celle dont on vient de parler, en tirant vers la montagne de la Suisse, et de là à Altkirch et Milhouse, est meilleure et la terre en est plus fertile.

» Le territoire de Haguenau, appelé la plaine de Marienthal, est tout en bruières sablonneuses, où il ne croît que du blé de Turquie et point de vin, à cause de la proximité de la forêt et des bois qui sont aux environs.

» Toutes les terres depuis la montagne de Saverne et la plaine de Strasbourg jusqu'au Rhin, sont encore plus fertiles que les autres et abondantes en toutes sortes de grains, tabac, légumes, graines

---

1. *Mémoires de deux voyages*, p. 200.

d'oignons, fleurs de safran, et en chanvre. C'est ce qui donne lieu
à ceux qui viennent de Paris à Strasbourg par la route de Saverne,
de s'écrier sur la beauté de cette province, n'aïant pas connaissance
de sa partie ingrate et stérile. Celles qui sont situées entre la montagne et le Rhin, depuis Haguenau en allant à Landau et Guermersheim, sont fort remplies de bois et de terres incultes, et sont
plus abondantes en fourrages qu'en autre chose, à la réserve de la
plaine de Landau, qui est abondante en grains. Ceux qu'on y
recueillit sont pour la plupart espiante, qui est une espèce de
froment, seigle et avoine. Cette plaine peut avoir trois à quatre
lieues de large sur autant de longueur. Le pied de la montagne,
depuis cette place jusqu'à Wissembourg, est rempli de vignes, dont
le profit est considérable [1]. »

§ 5. Richesses minérales

Ce tableau sommaire de la géographie physique de l'Alsace ne
serait pas absolument complet, si nous ne mentionnions en terminant les richesses naturelles du sous-sol lui-même, non pas
encore au point de vue industriel et commercial, qui nous occupera
plus tard, mais au seul point de vue de la minéralogie. Les gisements métallifères de la province semblent avoir été connus et même
partiellement exploités longtemps avant le XVᵉ siècle, mais c'est
le XVIᵉ qui en a vu le plus complet épanouissement. Au XVIIᵉ siècle,
les richesses du sous-sol commencent à s'épuiser déjà, et ce n'est
pas la guerre seulement qui met fin à l'exploitation, si florissante
naguère, des mines d'Alsace [2]. Les gisements les plus importants
d'argent, de cuivre et de plomb se rencontrent presque tous dans
la Haute-Alsace, soit dans la vallée de la Liepvre, soit près de
Massevaux et du Rosemont, le canton de Giromagny actuel, soit
à Steinbach, près de Cernay, etc. On a cherché également de
l'argent dans la vallée de la Bruche, du XVIᵉ au XVIIIᵉ siècle, sans
en trouver, du reste; mais l'extraction des minerais de fer s'y poursuivait avec fruit et y avait donné naissance, dès le XVIᵉ siècle,

1. La Grange, fol. 15-16. Nous reparlerons naturellement plus en détail
de tous les points touchés dans ce paragraphe aux chapitres sur l'agriculture, la viticulture, l'élève du bétail, etc.
2. Il ne restait plus guère de filons riches à exploiter et les frais augmentaient à mesure que les mines s'enfonçaient davantage dans le sol. On
énonçait alors déjà la raison majeure qui en empêche l'exploitation de nos
jours, c'est que « la despence pour avoir et façonner ces métaulx égale
presque le profit. » *Mémoire de 1702*, fol. 4 b.

aux hauts-fourneaux de Schirmeck et de Framont. Des gisements analogues étaient exploités en Basse-Alsace, le long des Vosges, dans les environs de Niederbronn, à Westhoffen et en d'autres endroits[1].

Le sel gemme venait presque exclusivement de Lorraine; les sources salines étaient rares et c'est sur un seul point de la Basse-Alsace, à Soultz-sous-Forêts, qu'on en avait trouvé une assez riche pour en tenter l'exploitation industrielle au XVIIe siècle[2].

On connaissait également, dès cette époque, et l'on exploitait les gisements de gypse de Schwindratzheim et de Waltenheim en Basse-Alsace[3]. La houille était recherchée déjà, mais sans grand succès, et les efforts faits au XVIIIe siècle pour en trouver, les concessions purement hypothétiques accordées jusqu'à la veille de la Révolution, par divers seigneurs territoriaux de l'Alsace, n'ont pas réussi davantage à en faire surgir de notre sol[4]. Par contre, l'asphalte était bien connu dans la Basse-Alsace et dès lors on recueillait à Lampertsloch « une pierre noire que l'on peut pétrir dans l'eau chaude comme de la cire, et qu'un docteur en médecine a appelé *la vraie momie naturelle*[5] ». Dans la même région, au pied même des montagnes, on devait trouver plus tard aussi le bitume à l'état solide, mais ce n'est qu'au XVIIIe siècle que l'exploitation de ces tranchées succéda à la pêche du bitume, surnageant dans l'eau des sources[6]. Par contre, on y recueillait alors déjà le pétrole, qui filtrait à travers un sol poreux, excellente « eau médicinale à la couleur du petit-lait », que l'on employait également à graisser les essieux, à garantir les planches et les poutres contre la pourriture, et dont les paysans des environs garnissaient leurs lampes. La « fontaine d'huile » de Lamperstloch fournissait surtout des poussées d'huile abondantes aux mois d'avril et de mai de chaque année[7].

1. Voy. pour les détails le chapitre sur *les mines*.

2. La Grange, fol. 230.

3. Archives de la Basse-Alsace, E. 1725 et 2399. Kiefer, *Pfarrbuch der Grafschaft Hanau-Lichtenberg*, p. 328.

4. Archives municipales de Strasbourg, A.A. 2317.

5. Mérian (éd. 1663), p. 28. Pour comprendre cette comparaison, il ne faut pas oublier que les momies égyptiennes, embaumées, servaient encore au XVIIIe siècle dans nos campagnes de juleps et de pâtes pectorales.

6. Grandidier, *Œuvres inédites*, t. VI, p. 6-9.

7. Joh. Wolck, *Hanauischen Erdbalsams, Petrolei oder weichen Agsteins Beschreibung*, etc. Strassburg, 1625, in-12.

CHAPITRE DEUXIÈME

La Population

§ 1. DONNÉES STATISTIQUES

Dans cette plaine verdoyante d'Alsace et jusque dans les vallées les plus boisées des Vosges habitait, au commencement du XVIIᵉ siècle, une population relativement dense et nombreuse. Vingt ans à peine après les misères épouvantables de la guerre de Trente Ans, le P. Jésuite Jean Kœnig affirmait que le pays était si riche en agglomérations urbaines et rurales qu'on n'y pouvait faire un millier de pas sans voir se dresser devant les yeux les granges des paysans ou les manoirs des seigneurs [1]. Mais dès que l'on essaie de traduire cette impression générale par des chiffres, on est bien obligé de constater l'absence à peu près complète des matériaux nécessaires pour les fixer.

La statistique est une science d'origine toute récente ; elle n'est guère antérieure à la bureaucratie moderne qui l'inventa, puis la perfectionna pour ses usages pratiques, longtemps avant qu'elle eût des adeptes pour elle-même. Aussi n'y a-t-il pas lieu d'être étonné que les premiers relevés généraux de la population alsacienne aient été dressés seulement vers la fin du XVIIᵉ siècle, par les soins des intendants français, et encore d'une façon fort imparfaite et très sommaire. Pour vérifier ces premières données, si sujettes à caution, il y aurait bien un moyen, quelque long et dispendieux qu'il fût : ce serait de procéder au dépouillement systématique des registres paroissiaux, surtout de ceux des baptêmes, conservés soit dans les archives civiles, soit dans les archives ecclésiastiques des communes [2], et de rechercher ensuite, par les méthodes ordinaires, les données générales à tirer de ces indications particulières [3]. Malheureusement, la destruction de la plupart de ces registres paroissiaux, qui ont péri soit dans les tourmentes continuelles de l'époque, soit plus récem-

---

1. J. Kœnig, *Institutio geographica*, Argentorati, 1677, p. 100.
2. On sait que les manuels de statistique recommandent de préférence le chiffre des naissances comme base des calculs à faire, celui des décès étant plus sujet à des augmentations irrégulières par suite des épidémies.
3. On multiplie d'ordinaire par trente le chiffre des naissances annuelles pour arriver à un total approximatif de la population, à un moment donné.

ment par l'incurie des administrations modernes, a fait disparaître les matériaux indispensables pour un pareil travail. Il n'y a peutêtre plus le quart des localités de l'Alsace où les actes de l'état civil remontent jusqu'au commencement du XVIIe siècle. On a bien proposé d'autres méthodes pour arriver à établir, au moins d'une manière approchante, les chiffres généraux de la population d'un pays. Un économiste distingué, M. Gustave Schmoller, a cru pouvoir établir que, vers 1620, avant la grande crise trentenaire, l'Allemagne comptait de 1,500 à 2,500 âmes par lieue carrée[1]. L'écart entre ces deux chiffres laisse une marge considérable dans l'appréciation de la population totale d'un pays aussi vaste que l'Alsace, et vu la grande étendue de forêts et de montagnes qu'elle présentait à cette date, la multiplication prescrite donnerait sans doute un chiffre trop fort si l'on employait le multiplicateur le plus élevé[2].

Il faut donc se résigner à prendre pour base d'une évaluation toute hypothétique les premières données d'ensemble que nous rencontrons sur notre chemin. Cela nous fait descendre jusqu'en 1695. Pour cette date, nous trouvons dans la chronique colmarienne de Sigismond Billing, compilée dans la seconde moitié du dernier siècle, une énumération, assez singulièrement formulée d'ailleurs, de la population de notre province, laquelle se rattache sans doute au nouvel impôt de la capitation, introduit à cette époque en Alsace[3]. « On a recensé, dit notre texte :

Pauvres et mendiants...............	23.343 âmes.
Clergé catholique et protestant........	1.731 —
Nobles.........................	239 —
Chefs de famille....................	43.536 —
Femmes et veuves..................	48.226 —
Jeunes garçons....................	52.915 —
Jeunes filles......................	51.451 —
Valets de labour et servantes.........	24.556 —
Total............	245.997 âmes. »

1. Schmoller, *Die historische Entwicklung des Fleischconsum's in Deutschland bis zum dreissigjaehrigen Kriege*, dans la *Zeitschrift für Staatswissenschaften*. Tubingen, 1871, p. 359.
2. Cela donnerait pour l'Alsace de 250,000 à 400,000 âmes, selon qu'on adopte le premier ou le second des chiffres proposés par M. Schmoller. La première évaluation nous semble trop faible, quand on la met en regard des chiffres donnés pour la fin du XVIIe siècle. La seconde, par contre, nous semblerait exagérée, sans que nous puissions cependant le démontrer d'une façon certaine.
3. Sigismond Billing, *Kleine Colmarer Chronik, herausgegeben von An-*

Ce relevé fiscal est probablement le même que celui sur lequel s'appuie M. de La Grange dans son mémoire de 1698, qui entre un peu plus dans les détails. Il nous apprend que « le bureau (des finances) de Brisac est composée de 16 villes, y compris Brisac et Fribourg, et de 354 bourgs, villages et hameaux, contenant 13,525 feux et 65,355 âmes, dont 63,318 catholiques, 1,050 luthériens, 90 calvinistes, 897 juifs. Le bureau de Strasbourg renferme 27 villes, 271 villages, 23,712 feux, 122,735 âmes, dont 70,907 catholiques, 45,740 luthériens, 4,558 calvinistes, 1,467 juifs. Le bureau de Landau enfin compte 23 villes, 440 bourgs et villages, 14,182 feux et 68,913 âmes, dont 37,504 catholiques, 22,896 luthériens, 7,352 calvinistes, 1,301 juifs [1] ».

Cela nous donne pour la population de l'Alsace et des territoires transrhénans qui y étaient annexés à cette date, un chiffre total de 257,078 âmes, réparties en 66 villes et 1,065 villages [2].

Une autre évaluation de la population alsacienne, sans les terres du Brisgau et sans les territoires septentrionaux rétrocédés par le traité de Ryswick, se rencontre, au tournant du siècle, dans le *Mémoire de 1702*, déjà plusieurs fois cité. Il nous apprend qu'on « compte en Alsace, distraction faite des lieux rendus..., 56 villes, grandes et petites, et 911 bourgs, villages ou hameaux, 45,979 feux, 235,000 âmes, dont 156,500 catholiques, 66,500 luthériens, 8,700 calvinistes et 3,300 juifs [3] ». Enfin, nous avons trouvé aux archives de la ville de Strasbourg un relevé de la population, daté de juillet 1709, qui accuse un total de 347,976 âmes pour toute la province [4].

Nous aboutissons donc au tableau statistique suivant :

	1695 :	1697 :	1702 :	1709 :
	245.997 âmes. —	257.078 âmes. —	235.000 âmes. —	347.976 âmes.

A quinze ans de distance, l'écart est très considérable, on le voit,

---

dreas Waltz. Colmar, 1891, in-8°, p. 179. A la suite de nos chiffres on lit : « La somme répartie sur tout le pays fut de 48,000 livres. »

1. La Grange, fol. 229.

2. Ce chiffre se subdivise en 171,729 catholiques, 81,686 protestants et 3,663 israélites. Nous avons refait les calculs des commis de M. de La Grange et légèrement modifié — de quelques unités — les chiffres de son mémoire, puisqu'il est admis en pareil cas que les chiffres de détail doivent être présumés plus exacts que les totaux.

3. *Mémoire de 1702*, fol. 6ª. La *Topographie* d'Ichtersheim, publiée en 1710, mais écrite quelques années auparavant, ne donne (en additionnant les chiffres de la Haute et de la Basse-Alsace, p. 72 et 90) que 826 villages, mais 71 villes; il est vrai que l'auteur énumère à part les couvents, châteaux et lieux de pèlerinage.

4. Archives de la ville de Strasbourg, A.A. 2517.

et bien fait pour nous inspirer quelque défiance à l'égard de l'un ou de l'autre de ces chiffres, peut-être même à l'égard de tous. Tout ce que nous nous permettrons d'en conclure, c'est qu'à la fin du XVIIe siècle l'Alsace comptait vraisemblablement une population de 240,000 à 250,000 âmes environ [1]. Qu'en pouvons-nous conclure pour une époque antérieure ? Avant de répondre à cette question, rappelons un autre passage du mémoire de La Grange : « On voit par les anciens registres qu'avant les grandes guerres d'Allemagne, le nombre des villages, familles et feux de la Haute et Basse-Alsace, montait à un tiers de plus qu'à présent. La raison de cette différence est que la plupart des villes et villages ont été ruinés ou brûlés, les uns entièrement ou en partie, les autres tellement abîmés que d'un grand nombre de villages qui, avant les premières guerres de Suède étaient grands et très florissants, il n'en est resté que le nom et on n'en connaît que les endroits où ils étaient situés [2]. »

Personne ne songera sans doute à taxer d'exagération l'administrateur de l'Alsace sous Louis XIV, personne du moins de tous ceux qui ont examiné de plus près les dossiers relatifs aux pertes causées par la guerre de Trente Ans et les guerres subséquentes, dans toutes les régions de l'Alsace. Ce ne sont pas seulement des indications générales, fournies par les chroniqueurs et sujettes à critique par leur généralisation même [3]. Nous avons des données très précises, partielles, il est vrai, mais assez nombreuses pour en déduire des chiffres approximatifs [4], et qui sont tirées de documents administratifs contemporains indiscutables. Ils nous ont donné la conviction que, dans certaines contrées au moins, ce n'est ni le tiers ni le

1. En 1750, d'après Xavier Horrer dans ses annotations précieuses du manuscrit de La Grange, l'Alsace comptait déjà 445,044 âmes sous le gouvernement pacifique de la France; elle avait donc presque doublé sa population dans l'espace d'un demi-siècle.

2. La Grange, fol. 231.

3. Malachie Tschamser dit (à l'année 1650) que la guerre de Suède « a jeté dans la tombe *plus du quart* de la population alsacienne » (I₁, p. 556). Sept ans plus tard (1657), il écrit : « Il n'y a plus la *dixième partie* des habitants dans le pays, de ceux qui s'y trouvaient il y a quarante ans » (II, p. 579).

4. Nous parlerons plus au long de ces documents dans le chapitre : *Misères de la guerre de Trente Ans.* Il suffira pour le moment de citer quelques chiffres à l'appui de notre assertion; nous les choisissons au hasard : Strasbourg, place forte, jamais assiégée, neutre presque toujours, avait 30,000 âmes en 1620; elle en a 25,000 en 1681. Guebwiller comptait 321 bourgeois en 1633, et 164 en 1657. Erstein a 274 bourgeois en 1628, 117 en 1649. Geudertheim a 80 bourgeois en 1620, 40 en 1684. Mais il y a des diminutions bien plus effrayantes. Châtenois compte 260 bourgeois en 1628 et 37 en 1649, Pfaffenhoffen 60 bourgeois en 1620, et 11 seulement en 1679; tout le bailliage de Woerth renfermait 393 bourgeois en 1561; en 1640 il en reste 20, etc., etc.

quart de la population, mais bien la moitié, pour le moins, sinon davantage, qui a péri de 1620 à 1650, et qu'une seconde période de décroissance, moins longue et moins pénible, mais très accentuée, elle aussi, s'est produite de 1670 à 1682. Un chiffre suffit d'ailleurs pour expliquer cette dépopulation terrible; des cent années du XVIIe siècle l'Alsace en a passé *cinquante-trois* et même davantage en *état de guerre*. Nous admettons en conséquence, et sans oser affirmer d'une façon trop absolue un fait qui se soustrait à toute démonstration mathématique, que vers 1620, la population de l'Alsace pouvait atteindre ou même dépasser quelque peu un total de 350,000 à 370,000 âmes.

A défaut de données plus nombreuses et plus strictement exactes, nous réunissons ici, dans un tableau d'ensemble, les chiffres suivants relatifs à quelques-unes des principales localités de l'Alsace, empruntés soit au mémoire de La Grange (1698) soit au relevé fait en 1709, en y ajoutant quelques données puisées dans un *Etat des localités de l'Evêché dressé en 1664* [1], et ailleurs [2].

Colmar comptait vers la fin du XVIIe siècle.	10.142 âmes. (La Grange)			9.023 en 1709.
Belfort	700	»	»	2.380 —
Huningue	500	»	»	—
Ensisheim	1.200	»	»	—
Ribeauvillé	2.200	»	»	—
Guebwiller	1.400 — 1.500	»	»	
Soultz	1.200	»	»	—
Kaysersberg	1.100	».	»	1.322 —
Rouffach	2.500	»	»	—
Thann	2.000	»	»	—
Münster (sans doute avec les villages à l'entour).		»	»	3.689 —
Türckheim		»	»	1.017 —
Altkirch	300	1669	»	709 1722.
Neuf-Brisach				971 1709.
Strasbourg	26.481	»	»	32.510 —
Schlestadt	5.000	»	»	5.913 —
Obernai	3.000	»	»	3.949 —
Rosheim	1.200	»	»	1.751 —
Molsheim	1.300 — 1.400	»	»	—
Saverne	1.400	»	»	—
Haguenau	2.600	»	»	3.264 —
Fort-Louis	800	»	»	1.806 —
Dambach (1664)	1.309	»	»	—
Rhinau (1664)	382	»	»	
Epfig (1664)	358	»	»	—
Wissembourg	1.300	»	»	2.362 —
Landau	3.800	»	»	—

1. A.B.A.G. 1256.

2. Nous mettons entre parenthèses la date de quelques chiffres empruntés ailleurs.

§ 2. Origines de la population alsacienne

Cette population alsacienne, que nous voyons décroître d'une façon si lamentable durant le cours du XVIIe siècle, d'où venait-elle et quelles étaient ses origines? Problème facile à résoudre en lui-même, si des préoccupations politiques, surexcitées par les événements contemporains, n'en avaient obscurci, comme à plaisir, toutes les données, même les plus lointaines. Aux yeux de tout savant impartial, les habitants de la plaine rhénane et des montagnes vosgiennes, dans les temps préhistoriques, ont certainement été de race celtique. Ils n'auraient pas laissé de trace de leur existence dans certains monuments mégalithiques d'une authenticité certaine dressés sur nos montagnes, et dans de nombreux *tumuli* funèbres, retrouvés de nos jours, que l'on ne pourrait nier un fait évident par lui-même, puisque dans les siècles antérieurs à l'ère chrétienne les preuves incontestables de l'existence de cette race sur le sol de la Germanie future se recueillent jusque vers les bords du Danube, du Mein et de la Saale [1].

Mais dès le moment où l'Alsace apparaît dans l'histoire, alors que César vient se heurter dans la plaine rhénane aux hordes d'Arioviste, la partie septentrionale de l'Alsace actuelle est occupée par des peuplades de race germanique, et les Triboques ont refoulé vers la montagne les Médiomatriques gaulois. Dans quelles proportions Gaulois et Germains ont-ils partagé notre sol sous la protection des aigles romaines, c'est ce qu'il n'est plus guère possible de deviner aujourd'hui. Il serait également difficile d'affirmer quelque chose de certain sur le degré de civilisation auquel les populations de ces contrées, Celtes de la montagne et Germains de la plaine, ont pu arriver du Ier au IVe siècle sous la sauvegarde de l'Empire. La masse de la population sédentaire, — si tant est qu'il y en ait eu une assez nombreuse pour justifier cette expression, — n'a sans doute pu être modifiée considérablement par le nombre relativement restreint des colons romains, des marchands et des vétérans qui s'établirent alors le long de la rive gauche du Rhin, et

---

1. Il est parfaitement inutile de remonter plus haut et de faire revivre avec M. F. Voulot, le très convaincu et très consciencieux historien des *Vosges avant l'histoire* (Mulhouse. Bader, 1872, fol.), les vieilles légendes des chroniqueurs du moyen âge au sujet des Assyriens de Ninus et de Sémiramis, émigrés dans nos parages. Il a probablement été le seul à reconnaître leurs types sémitiques et jusqu'à leurs chameaux dans les profils bizarres de certaines roches vosgiennes.

il est un peu hasardé de dire qu'au IVᵉ siècle on ne parlait que le latin sur le sol de l'Alsace [1].

En tout cas la civilisation romaine fut balayée par les invasions répétées de tant de peuplades barbares, qui durant tout le cours du Vᵉ siècle défilèrent à travers la plaine alsacienne, après avoir franchi la barrière, désormais impuissante, du grand fleuve. Il semble assez probable que les agriculteurs plus ou moins romanisés du plat pays disparurent en même temps que leurs anciens maîtres, massacrés ou chassés par les Vandales, les Suèves, les Burgondes, les Huns, qui successivement dévastèrent le pays. Les Allamans qui dès le IVᵉ siècle avaient à plusieurs reprises occupé le centre de l'Alsace et même franchi les Vosges, en restèrent définitivement possesseurs. Sauf de rares débris de l'ancienne race, cachés dans les replis des vallées vosgiennes supérieures, ils en formèrent dorénavant la population principale comme aussi celle de la Suisse septentrionale et du Brisgau; ils y restèrent l'élément dominant, même après que les conquêtes des Francs les eurent soumis à Clovis et à ses successeurs.

Des frontières de la Bourgogne jusqu'à la forêt de Haguenau, c'est donc la race allemanique qui peuple l'Alsace; plus au nord, entre le Seltzbach et la Queich, les Francs les dépassent en nombre sans être absolument maîtres du terrain. Mais la situation géographique de la province devait livrer fatalement ses habitants aux influences ethnographiques étrangères. Sur le fonds commun se sont greffés les rejetons d'invasions successives; les Anglais de Coucy et les Armagnacs du dauphin Louis, les bandes de Charles le Téméraire et les stradiotes d'Antoine de Lorraine, les reîtres du comte palatin Jean-Casimir et de Dohna, les Suédois de Gustave Horn, les mercenaires de Bernard de Weimar, les régiments de Louis XIII et de Louis XIV, ont modifié, au cours des siècles, la race alsacienne primitivement assez peu mélangée. Une autre invasion plus pacifique et plus lente en ses effets, mais autrement efficace à la longue, fut celle des habitants des contrées voisines, moins favorisées par la nature, émigrant sans cesse vers l'Eldorado fertile qu'ils avaient sous les yeux. Suivant une loi constante, et qui pousse les races les plus diverses à marcher de l'Est à l'Ouest, ce sont surtout les Allemands de la région transrhénane méridionale qui sont venus augmenter la population alsacienne, sans qu'il faille négliger cependant le contingent, infiniment plus modeste, il est vrai, qui, dès le

1. Bleicher, *Les Vosges*, p. 292.

XVe siècle et surtout au XVIe est descendu du versant oriental du plateau lorrain. .

Dès avant le milieu du XVIe sièele, Sébastien Munster, qui connaissait bien notre pays, écrivait, non sans exagérer, à coup sûr : « La plus grande partie sont estrangiers, à scavoir Souabes, Bavariens, Savoisiens, Bourguignons et Lorrains : lesquelz quand ils ont une fois gousté ce que c'est du pays, ilz n'en veulent jamais sortir, et sur toutz aultres les Souabes aiment bien à y faire leurs nidz. Quiconque y vouldra venir, il sera reçeu de quelque part qu'il soit et principalement ceux qui s'appliquent à cultiver la terre[1]. » Arrêté tout naturellement au XVIIe siècle par la guerre de Trente-Ans, le mouvement d'immigration reprit avec une intensité nouvelle au lendemain de la signature des traités de Westphalie, favorisé de toutes façons par le gouvernement nouveau, qui prodiguait les concessions de terre gratuites et les exemptions d'impôts. Les nouveaux venus furent alors principalement des Suisses et des Lorrains, auxquels vinrent se joindre, mais en petit nombre d'abord, des Français de l'intérieur. L'immigration française proprement dite n'a guère compté, au point de vue des chiffres, qu'à partir du second tiers du XVIIIe siècle, et, même alors, elle se produisit presque exclusivement dans les villes, négligeant les bourgs et dédaignant les campagnes.

De toutes ces influences ethnographiques diverses est résultée une population passablement mélangée, au type indécis et variable et dont on ne saurait classer les exemplaires en une seule et même catégorie. Le type alsacien convenu, l'homme aux cheveux blonds et aux yeux bleus, n'existe que chez de rares individus. Il y a des différences physiques très accentuées entre le rude habitant des vallées jurassiques du Sundgau et le paysan de Wissembourg, entre le pâtre des Hautes-Chaumes et le riverain de l'Ill. La nuance prédominante des cheveux est le brun châtain, et les enfants, même les plus blonds en leur jeune âge, foncissent généralement en arrivant à l'âge viril. Les yeux sont bruns ou gris le plus souvent, la taille moyenne, rarement élancée; hommes et femmes sont généralement robustes et bien bâtis, plutôt que beaux[2]. Les Alsaciens du XVIIe siècle passaient pour des travailleurs consciencieux, mais un peu lents et sans grande initiative, et les visiteurs du dehors les trouvent « bonnes gens et assez officieux, mais grossiers[3] ». Les

1. *Cosmographie*, éd. française, p. 515.
2. Grad, *Heimatskunde*, p. 30-31.
3. Claude Joly, *Relation*, p. 551.

misères presque continuelles qui les accablent alors leur font
d'autant plus volontiers chercher, quand ils le peuvent, l'oubli de
tous les maux dans des jouissances peu relevées, et il est bien rare
qu'ils atteignent un âge vraiment avancé[1].

Mais si le type physique est mélangé, si l'ethnographe a quelque
peine à marquer les traits généraux d'une population. si singulièrement bouleversée par des siècles de luttes incessantes et d'invasions en sens contraire, l'action de ces mêmes causes a donné
cependant un cachet historique particulier à l'habitant de l'Alsace.
Habitué à voir les dangers et les agressions lui venir de gauche et
de droite à la fois, il s'est replié de bonne heure sur lui-même ; il
ressent pour ses plus proches et plus dangereux voisins une
défiance et parfois une antipathie qui se marque déjà au XVe siècle[2]
et qui a persisté jusqu'au XVIIIe. Il craint beaucoup et n'aime pas
ses voisins occidentaux, les *Welches*, Lorrains, Bourguignons et
Français ; mais, malgré ses affinités de race, il aime moins encore
ses cousins d'Outre-Rhin, et peut-être lui inspirent-ils une moindre
peur. Ce n'est pas de nos jours seulement que l'épithète de *Souabe*
est dans les bouches populaires tout autre chose qu'un compliment
flatteur. Au XVIIe siècle déjà, — c'est un Père jésuite de Fribourg qui
l'a consigné dans son manuel géographique, — « les Alsaciens ne
veulent pas être et ne veulent pas être appelés des *Schwob*[3] ».

---

1. On est frappé, quand on dépouille les chroniques locales, fort nombreuses encore au XVIIe siècle, d'y rencontrer si rarement, alors qu'on y
trouve de tout, des mentions de centenaires. Nous n'en avons relevé que
trois au cours de nos recherches. En 1610, meurt à Thann un vieillard né
en 1495 (Tschamser, II, 330) ; en 1629, on mentionne un vieillard d'Ingwiller
mort centenaire (Lutz, *Geschichte von Ingweiler*, p. 70) ; en 1668 enfin, il est
fait mention d'un centenaire à Hirsingue (Fues, *Canton Hirsingen*, p. 352).

2. Daniel Specklin nous conte l'anecdote bien significative d'un paysan
sundgovien qui met aux prises en 1445 un Armagnac et un Suisse, et qui,
grâce à une méprise qu'il parvient à prolonger, amène ses deux interlocuteurs à se couper la gorge. (*Bulletin de la Société des Monuments historiques d'Alsace*, XVII, p. 75.)

3. « Quia Alsatæ hodie Suevones esse aut dici nolunt. » P. Joh. Kœnig.
Institutio geographica, p. 101.

CHAPITRE TROISIÈME

Aperçu sommaire de l'histoire de l'Alsace jusqu'au XVIIᵉ siècle

Il ne saurait entrer dans le plan de cette étude d'y raconter, même d'une façon sommaire, tout le passé, si peu homogène d'ailleurs, de l'Alsace. Depuis les temps reculés où elle apparaît sur la scène historique, jusqu'au commencement des guerres qui la dévastèrent au XVIIᵉ siècle et amenèrent le grand changement, naguère encore réputé définitif, il s'y est passé trop d'événements divers pour qu'on puisse en condenser le récit en quelques pages. Aussi bien cela n'est-il point nécessaire, car beaucoup d'entre eux, quelque importants qu'ils aient été en eux-mêmes, se sont déroulés en Alsace plutôt qu'ils n'ont influé sur son histoire, et ceux-là seulement qui ont véritablement pesé sur les destinées du pays méritent qu'on ne les passe pas ici sous silence.

Nous avons dit déjà que, dès le moment où les historiens de l'antiquité mentionnent son existence, et longtemps avant qu'elle portât le nom qui la désigne encore aujourd'hui, l'Alsace fut une de ces terres contestées où se heurtent les races ennemies : Gaulois et Germains avant Jules-César, puis après trois siècles de tranquillité plus ou moins complète, l'Empire affaibli contre de nouvelles et plus puissantes invasions teutonnes. Un instant refoulés par les victoires d'Argentorat (357) et de Colmar (362), les Allamans l'emportent définitivement, lorsque les légions romaines sont retirées des Gaules, et ils s'y implantent d'une façon si solide que S. Jérôme lui-même, l'ermite de Bethléem, l'apprend dans sa solitude orientale[1]. Mais ils ne restent pas longtemps les maîtres de la province, car à la fin du Vᵉ siècle, les Francs y pénètrent à leur tour et peu à peu la politique énergique des rois mérovingiens oblige les Allamans, soit à subir la loi du vainqueur sur les deux rives du Rhin, soit à se retirer en Helvétie, sous la protection de Théodoric le Grand, pour y créer une Allémannie nouvelle[2]. L'Alsace,

---

1. Lettre à Ageruchia (409). *S. Hieronymi Opera*, éd. Vallarsi-Maffei, 1768, 4ᵒ, tome I, p. 914.
2. On peut consulter avec fruit sur cette époque passablement embrouillée de l'histoire d'Alsace, l'ouvrage de M. Haus von Schubert, *Die Unterwerfung des Allamannen unter die Franken*, Strassburg, Trübuer, 1884, 8ᵉ.

devenue terre franque, est souvent visitée par les rois du
VIe siècle, qui séjournent volontiers dans leurs vastes villas de
Marilegium et de Thronia¹, et chassent l'urochs dans les immenses
forêts de la plaine. Les ducs d'Alsace que l'histoire et plus
encore la légende nous y ont fait connaître, sont des chefs militaires francs et non des dynastes autonomes. Néanmoins l'existence de ces ducs mérovingiens, qu'on constate pour la durée
d'un siècle environ², est un fait d'importance majeure pour l'histoire du pays. On a pu dire avec raison que « sans ce duché, il n'y
aurait pas eu d'Alsace³ ». Le *ducatus Alisatiæ* lui-même disparut
plus tard, mais le nom survécut à la chose, et ce nom servit à
maintenir, en théorie du moins, et dans les réminiscences des
populations, le souvenir d'une existence commune, même à l'époque
où les territoires indépendants abondent sur la rive gauche du
Rhin, et alors que l'Alsace n'est plus qu'une expression géogra-
phique⁴.

Mais ce qui, bien plus encore que la conquête franque elle-même,
donne à l'histoire de la province son cachet particulier, c'est le
développement rapide de l'Église chrétienne, qui y fut à la fois
l'auxiliaire et l'obligée des rois mérovingiens⁵. Moines écossais,
irlandais ou saxons y arrivent en foule à travers les forêts austra-
siennes, pour créer leurs ermitages et bientôt leurs couvents, sur
les deux versants des Vosges, et des vallées solitaires ils descendent
ensuite dans la plaine. Du VIIe au VIIIe siècle, nous voyons successivement surgir Marmoutier, Wissembourg, Ebersheimmunster,
Hohenbourg, Surbourg, Murbach, Neuwiller, Munster au val de
Saint-Grégoire et vingt autres monastères. Les Vies de saints
abondent et leurs traditions légendaires ne font souvent qu'épaissir
le voile qui nous cache la majeure partie de cette période de l'histoire d'Alsace⁶. Peu importent d'ailleurs, à notre point de vue, les

1. Marlenheim et Kirchheim.
2. M. Pfister fait durer ce qu'on appelle vulgairement la dynastie éti-
chonienne, de 683 à 739. (*Le Duché d'Alsace*, p. 22.)
3. Pfister, p. 8.
4. On rencontre encore le nom d'Alsace dans des chartes de Louis le
Débonnaire (816) et même de l'empereur Lothaire (849).
5. Nous ne voulons point nier par là qu'il y ait eu des chrétiens en Alsace
au I^{V^e} siècle, dans les derniers temps de la domination romaine, mais nous
doutons très fort que le christianisme y ait survécu aux invasions germaniques.
6. Vers la fin du dernier siècle, l'abbé Grandidier, dans les deux seuls
volumes parus de son *Histoire de l'Église de Strasbourg*, avait fait un puissant effort pour porter quelque lumière dans ce chaos. De nos jours malheureusement, les légendes les plus absurdes et les plus fantastiques ont repris

noms des fondateurs ou la date précise à laquelle ces centres religieux ont été créés sur le sol alsacien. Ce qui fait l'importance de
cet épanouissement de la vie ecclésiastique, c'est qu'il fut durable;
c'est que dès lors et jusqu'à nos jours, les populations de ces contrées restèrent éminemment accessibles aux émotions religieuses et
aux impulsions de la hiérarchie; c'est que le sol même de l'Alsace
passa pour une part très considérable entre les mains du clergé, et
qu'il s'y constitua de la sorte, au cours du moyen âge, sur un territoire relativement restreint, une foule de seigneuries ecclésiastiques,
dont quelques-unes, comme Murbach et Andlau, portèrent jusqu'à
la Révolution le titre de principautés du Saint-Empire romain.

Aussi longtemps que la nouvelle monarchie franque, préparée
par Charles-Martel, consacrée par Pépin le Bref, transformée par
Charlemagne en Empire d'Occident, resta forte et unie, l'Église,
en échange de la protection qu'on lui offrait, resta fidèle et dévouée
à la cause impériale. Quand les symptômes de déclin se manifestèrent, quand Louis le Débonnaire fit ce malencontreux partage·du
vaste domaine réuni par le génie paternel, l'Alsace fut un des premiers parmi les territoires francs à ressentir les effets funestes des
luttes intestines qui le suivirent. C'est au Champ du Mensonge,
dans un coin de l'Alsace méridionale, que le monarque est fait prisonnier par ses fils rebelles; c'est dans l'Alsace septentrionale, près
de l'antique Argentorat, alors déjà nommé Strasbourg, que les rois
Louis et Charles se prêtent le serment d'assistance mutuelle contre
Lothaire, leur aîné (842).

Le traité de Verdun joint notre province à cette Lotharingie, qui,
entre les deux royaumes des Francs occidentaux et des Francs
orientaux, s'étend de la mer du Nord à la mer Tyrrhénienne, création mort-née, si l'on peut dire, et dont on a peine à comprendre
qu'elle ait duré, même un âge d'homme. Si l'arrangement de famille
de 843 prépare une distribution nouvelle des territoires réunis plus
ou moins solidement, depuis trois siècles, sous la domination
franque, le traité de Mersen (870) achève la séparation des groupes
ethnographiques, dominés plutôt que fusionnés par l'ascendant de

---

quelque créance dans la littérature locale. Les ouvrages de M. l'abbé Glœck-
ler sur *Saint-Materne* (Strasbourg, 1882, in-8º) et de M. l'abbé Gatrio sur
Saint-Florent (Rixheim, 1883), marquent l'apogée de cette réaction fâcheuse
contre les travaux des Grandidier, des Rettberg et des Friedrich. Les premiers volumes de l'*Histoire ecclésiastique d'Allemagne* récemment publiés
par M. Hauck seront consultés par contre avec fruit pour s'orienter sur les
faits, historiquement admissibles, des premiers siècles du christianisme en
Alsace.

Charlemagne. Dans le partage de la succession de Lothaire II, fils
de l'empereur de ce nom, Charles le Chauve s'adjuge le haut plateau
lorrain, tandis que la plaine rhénane échoit à Louis le Germanique.
Pour une longue période de près de huit siècles, l'Alsace allait
appartenir au royaume de Germanie et avec lui au Saint-Empire
romain germanique.

Un nouveau duché d'Allémanie se constitue alors, s'étendant des
Vosges au Jura souabe et jusqu'au pied des Alpes, sous la suzeraineté presque nominale des derniers Carolingiens allemands, auxquels la force fait défaut pour maintenir en une unité nationale les
différentes tribus de la Francie orientale, au milieu des soulèvements
du dedans et des attaques du dehors.

Par leur énergie belliqueuse et d'habiles alliances de famille, les
premiers rois de la dynastie saxonne, Henri l'Oiseleur et Othon le
Grand, rétablissent l'ordre dans le royaume et la paix sur les frontières. Si l'un des derniers Carolingiens de la Francie occidentale
paraît encore une fois dans la plaine alsacienne et sur les bords du
Rhin [1], l'incorporation du duché de Lorraine au royaume de Germanie met fin pour des siècles aux agressions venues de l'Ouest.
Mais sollicités par les tâches les plus diverses, obligés de combattre
à la fois les Hongrois et les Polonais, les Italiens et les grands
vassaux rebelles, les empereurs saxons ne réussissent pas, en définitive, à reconstituer un pouvoir central aussi puissant que l'avait
été celui de Charlemagne. Pour tenir tête aux seigneurs laïques, ils
encouragent et étendent les immunités ecclésiastiques ; les évêques,
dès le Xe siècle, exercent l'ancienne puissance comtale et leur appui
est aussi précieux pour la royauté qu'il est apprécié par elle. Malheureusement quand les souverains de la dynastie franconienne
(1024-1125) s'engagent dans une lutte gigantesque et sans issue
contre l'Église, ce point d'appui leur fait bientôt défaut ; dociles à la
voix du Saint-Siège, les anciens alliés se changent en adversaires.
Le mouvement centrifuge, qui émiette de plus en plus les territoires
du Saint-Empire, se fait sentir avec non moins de force qu'ailleurs,
sur la rive gauche du Rhin moyen. A l'avènement des Hohenstaufen,
la situation paraît changer un moment au profit du pouvoir central.
La nouvelle dynastie avait de nombreux et vastes domaines en
Alsace ; ses plus puissants représentants résident volontiers dans
le *burg* impérial de Haguenau, et visitent fréquemment les villes qui
s'épanouissent, florissantes, sur les bords ou dans le voisinage du

1. Louis d'Outremer vint assiéger Brisach en 939.

grand fleuve. Frédéric Barberousse et Henri VI, Philippe de Souabe et Frédéric II ont accordé tour à tour des privilèges considérables aux cités d'Alsace, quand ils venaient séjourner dans leurs murs [1]. On put croire que « l'idée impériale » allait refleurir de plus belle, à l'instant même où elle allait disparaître pour de longs siècles. Mais l'influence de la hiérarchie romaine était dominante dans les évêchés rhénans, dans cette longue « avenue des prêtres » (*Pfaffenstrasse*), comme on l'appelait alors, au moins autant que dans les autres contrées de l'Allemagne, et lorsque Frédéric II eut succombé sous l'excommunication d'Innocent IV, l'Alsace fut bientôt entièrement perdue pour ses derniers descendants. Ce furent alors les évêques de Strasbourg qui se parèrent du titre de landgraves d'Alsace, sans avoir cependant la force nécessaire pour former dans le pays un grand territoire purement ecclésiastique, comme les électorats de Trèves, de Mayence et de Cologne, plus au Nord. L'époque si troublée du Grand Interrègne, en favorisant les convoitises de tant de voisins ambitieux, et les aspirations à l'indépendance de tant de petits municipes, amena, comme ailleurs, la dislocation définitive du sol alsacien en une foule de seigneuries ecclésiastiques et laïques, princières ou municipales, dont les limites ont pu varier depuis, mais qui n'ont disparu, pour la plupart, que dans les temps modernes.

L'émancipation des villes du joug épiscopal ou seigneurial est le trait dominant de l'histoire de cette période en Alsace. Grâce à leur nombre, grâce à leur entente, grâce surtout à l'infini morcellement des terres seigneuriales, elles ont conquis alors une situation politique tout à fait disproportionnée avec l'étendue de leur territoire et le nombre de leurs habitants, et elles l'ont conservée en définitive pendant près de quatre siècles. Se couvrant de leur titre de villes libres impériales contre les attaques des évêques de Strasbourg et des autres seigneurs du pays, ou contre celles des voisins, les margraves de Bade et les comtes palatins, elles ont su pourtant conserver une indépendance à peu près complète, pour leurs affaires intérieures, vis-à-vis de ce pouvoir suprême qui leur servait de bouclier. Elles surent se protéger contre lui, même quand les Habsbourgs, largement possessionnés en Alsace, et landgraves de la Haute-Alsace depuis le XIIe siècle, eurent ceint la couronne impériale. Rodolphe, le fondateur de la dynastie, avait été le bon voisin et l'allié des seigneurs et des villes libres du pays ; une fois roi, il se sentit trop attiré vers l'Orient pour songer, à des conquêtes,

---

1. C'est à Philippe de Souabe que Strasbourg dut, en 1205, ses privilèges de ville libre impériale.

moindres et plus difficiles, dans la direction opposée. Il resta donc
populaire sur les bords du Rhin, et, sauf quelques interruptions
temporaires, ses héritiers et successeurs continuèrent des relations
généralement amicales avec les contrées alsaciennes. Ils avaient
d'ailleurs cessé momentanément de porter la couronne impériale
quand se produisirent les deux grandes crises du XIVᵉ siècle, la
prise d'armes générale des princes, dynastes et petits seigneurs de
l'Empire contre les centres urbains, représentants d'un mouvement
économique, industriel et littéraire nouveau, et l'effort parallèle des
plus puissants parmi les anciens vassaux de la couronne, pour établir tout autour d'eux leur domination territoriale et la rendre en
même temps à peu près indépendante du pouvoir nominal du souverain. De ces deux mouvements, qui donnent un cachet particulier
à l'histoire allemande dans la seconde moitié du XIVᵉ siècle, le premier avorta complètement en Alsace. Les tentatives assez nombreuses de la part des évêques les plus belliqueux de Strasbourg
pour prendre leur revanche de la défaite de Hausbergen (1262),
leurs alliances avec les princes et seigneurs étrangers ne purent
renverser les murs solides des villes libres, ni triompher de leur
artillerie, et si d'autres ligues urbaines n'ont eu qu'une existence
éphémère, celle des villes de la Décapole, conclue en 1354, dura
jusqu'à Louis XIV. Par contre, les tentatives faites pour créer, sur
les ruines des petites seigneuries, des territoires plus considérables,
ne semblèrent point d'abord sans quelques chances de réussite [1]. Au
XVᵉ siècle, la Haute-Alsace presque tout entière se groupe autour
des possessions de la maison d'Autriche et l'on peut croire un
instant que les Habsbourgs vont changer leur charge et dignité de
landgraves en une possession territoriale absolue. Dans la Basse-
Alsace, c'est la maison électorale palatine qui tente de grouper sous
sa main, d'une façon analogue, les territoires au nord du *Landgraben*,
malgré l'opposition qu'elle y rencontre. Le titre de *landvogt* que
lui a concédé l'Empire, l'appui que deux évêques de la maison de
Wittelsbach, qui occupèrent le siège épiscopal de Strasbourg pen-

---

1. Dans leur *Histoire d'Alsace*, Lorenz et Scherer, en constatant que la
puissance territoriale des princes « ne put jamais prendre racine en Alsace
(3ᵉ édit., p. 21), déclarent que ce fut l'idée de l'unité de l'Empire, vivace
dans ces contrées, qui empêcha leur réussite ». Sans doute les évêques, les
comtes, les barons et les villes étaient d'accord pour ne vouloir reconnaître
au-dessus d'eux d'autre souveraineté que celle des empereurs (p. 100), mais
non pas, assurément, par suite d'aspirations unitaires ; c'était le désir d'indépendance absolue qui se cachait sous ces apparences de respect ; au
XIVᵉ siècle les représentants de l'Empire étaient dans l'impossibilité d'exercer, en dehors de leurs propres domaines, une autorité (*Herrschaft*) véritable.

dant soixante-six ans, prêtent à ces efforts, permettent aux comtes palatins de se considérer comme les vrais possesseurs de la majeure partie du pays entre la Moder et la Queich. Mais cette double consolidation d'une puissance territoriale déjà considérable fut entravée, puis empêchée d'aboutir par une suite d'événements qui se produisirent du XIVe au XVe siècle dans l'Europe occidentale et qui eurent, dans la seconde moitié du XVe, une répercussion directe sur les destinées de l'Alsace.

La longue et terrible lutte entre la France et l'Angleterre avait favorisé vers les régions du Nord et de l'Est le développement de la maison de Bourgogne, qui sortie de la maison de France, avait tourné ses armes contre elle, et qui, pendant plus d'un âge d'homme, parut devoir reformer encore une fois un vaste royaume intermédiaire, une Lotharingie moderne, entre la France et l'Allemagne, également amoindries. Le rêve de Charles le Téméraire fut de réunir les parties encore séparées de son vaste domaine en s'emparant, de gré ou de force, des pays limitrophes, du duché de Lorraine et des terres d'Alsace. La tâche pouvait ne pas sembler au-dessus de ses forces. L'extrême division du territoire alsacien en rendait la défense à peu près impossible, si l'Empire tout entier n'était pas disposé ou ne se sentait pas capable de l'entreprendre. Déjà, cent ans auparavant, on avait vu les bandes d'Enguerrand de Coucy pénétrer dans le pays pour y disputer sa part d'héritage à ses cousins d'Autriche[1], et les mercenaires, anglais et autres, des Grandes Compagnies avaient ravagé, par deux fois, sous Arnaud de Cervole, puis sous d'autres chefs, la majeure partie de la province (1365-1375). Tout récemment encore, le fils de Charles VII, le dauphin Louis, avait non seulement traversé, mais longtemps occupé bon nombre des localités de la Basse et de la Haute-Alsace, en les foulant de la façon la plus épouvantable (1444-1445)[2]. Une quinzaine d'années plus tard, Charles le Téméraire, en échange d'une somme relativement peu considérable, entrait en jouissance, au moins temporaire, du Sundgau,

---

1. Le sire de Coucy était le petit-fils du duc Léopold d'Autriche et le gendre d'Edouard III, roi d'Angleterre. Aussi le nom des Anglais (*Die ersten, die anderen Engellaender*) est-il resté associé dans les souvenirs populaires à ses expéditions.

2. Il existe des relations très détaillées de cette *Guerre des Armagnacs* dans les appendices de Schilter, et dans les *Collectanées* de Specklin, sans compter les ouvrages modernes sur la matière de MM. Tuetey, Wülcker, Witte, etc., dans lesquels on trouvera toutes les données nécessaires pour apprécier l'importance politique de cette première grande invasion française de l'Alsace.

engagé par le nécessiteux Sigismond d'Autriche. Son représentant,
homme énergique et sans scrupules, Pierre de Hagenbach, s'empressait d'organiser dans ces parages la domination bourgui-
gnonne, envers et contre tous ceux qu'effrayait un pareil voisinage.
Ses imprudences et son orgueil, peut-être aussi des excitations
secrètes venues du dehors amenèrent un conflit avec les cantons
helvétiques, et vers le moment où Charles, continuant la mise à
exécution de ses projets, mettait la main sur la Lorraine, Hagenbach
succombait à la rancune, justifiée d'ailleurs, des Suisses et des
dynastes alsaciens (1474)[1].

On sait comment le désir de venger cet affront et la soif de nouvelles conquêtes amenèrent le duc de Bourgogne sur le sol des
Confédérés et comment les journées de Grauson et de Morat inau-
gurèrent la catastrophe qui s'acheva par l'écrasement de Nancy
(1477). Les contingents alsaciens avaient figuré à chaque étape de
cette lutte, car seigneurs et villes libres avaient également compris
qu'il y allait de leur indépendance à tous. L'effondrement de la
domination de Charles, le partage de ses provinces entre les
Valois et les Habsbourgs changea pour longtemps la situation des
territoires de la vallée moyenne du Rhin. La Lorraine est entraînée
dorénavant d'une façon directe dans la sphère d'influence de la
politique française. Frédéric III et Maximilien Ier eurent, de leur
côté, une tâche plus urgente que celle de reprendre en Alsace la
politique d'agrandissement territorial de leurs ancêtres; d'ailleurs
ils pouvaient la poursuivre, avec infiniment plus d'ampleur, sur le
théâtre plus vaste des Pays-Bas. Il devait leur sembler probable
d'ailleurs, qu'à la longue, la vallée rhénane leur écherrait entièrement en partage. C'était incontestablement alors l'un des principaux centres de la civilisation allemande. Une industrie florissante
et variée; un commerce qui s'étendait au Sud au delà des Alpes
jusqu'à l'Italie, et vers le Nord jusqu'aux embouchures du Rhin;
une activité intellectuelle attestée par des noms illustres dans les
lettres et dans les arts, par des imprimeries nombreuses, par des
écoles renommées au loin, donnaient aux cités de l'Alsace une
importance des plus grandes au déclin du XVe siècle. C'est précisément aussi ce qui en fit, dès le début du XVIe siècle, un des
centres principaux du grand mouvement religieux dont les fluctuations successives et contraires allaient le remplir tout entier.

1. Voy. sur Pierre de Hagenbach les études détaillées de M. Witte et le
solide travail de M. Ch. Nerlinger dans les *Annales de l'Est* (Nancy, 1889
1890).

Sol fertile en hérésies dès le moyen âge et tourmenté par
moments par un mysticisme plus profond qu'orthodoxe, l'Alsace
avait recélé de tout temps une vie religieuse intense, même aux
périodes de la décadence de la foi [1]. Elle avait été des plus sincères
à souhaiter, à réclamer par la voix éloquente de Geiler de Kaysersberg, les réformes nécessaires et le retour de l'Église corrompue
aux austérités de l'Église primitive [2]. Mais l'espoir d'un changement
pacifique et volontaire alla diminuant peu à peu, puis s'éteignit
dans les âmes; il se fit dans nos contrées un travail encore occulte
d'abord, mais puissant, dans les esprits, et quand la révolte de
Luther éclata, au nom de l'Évangile et de la conscience individuelle
opprimée, l'Alsace fut une des régions de l'Allemagne où le professeur de Wittemberg trouva le plus tôt des partisans résolus [3].

Avec la Réforme, nous rencontrons le troisième des facteurs
primordiaux qui ont exercé une influence décisive sur les destinées
de l'Alsace au XVIIᵉ siècle. A côté du morcellement infini des territoires, à côté de l'absence, de l'éloignement ou de l'impuissance
d'un pouvoir central, la question religieuse va décider de plus en
plus, à mesure que nous avançons dans le XVIᵉ siècle, du développement politique des contrées entre les Vosges et le Rhin, ou
plutôt, pour parler d'une façon plus exacte, elle accentue leur
décadence, au milieu des agglomérations plus considérables qui les
enserrent et les menacent de toutes parts. Sous la poussée des dissi-
deuces ecclésiastiques, l'Alsace se désagrège, pour ainsi dire, et
l'enchevêtrement bizarre de ses groupes religieux ajoute des causes
nouvelles de rivalités et d'antipathies à tous les motifs plus anciens
de querelles intestines. La maison d'Autriche, fidèle gardienne de
la foi, se déclare en Alsace comme ailleurs adversaire intransigeant
de l'hérésie, et parvient en effet, après l'écrasement définitif de la
guerre des Paysans (1525) à étouffer en Haute-Alsace, sauf dans
quelques rares domaines princiers et dans quelques villes libres,
les germes assez nombreux d'abord de l'hérésie. Mais par cela

1. Sur ce mouvement si curieux, si prolongé, et qui renaît périodiquement
en Alsace, du XIIᵉ au XVIᵉ siècle, voy. les savants travaux de M. Charles
Schmidt (Tauler, *Les Mystiques du XIVᵉ siècle, Nicolas de Bâle,* etc.),
ceux de M. Aug. Jundt (*Histoire du panthéisme populaire au moyen âge, les
Amis de Dieu, Rulmann Merswin,* etc.), ceux de MM. Preger, Denifle, etc.
2. Voy. sur lui l'ouvrage capital de M. le chanoine Dacheux, *Jean
Geiler de Kaysersberg,* Paris, Delagrave, 1876, 8ᵒ.
3. J'ai à peine besoin de rappeler que je ne parle ici que du mouvement
en général; tout le monde sait qu'au point de vue plus spécialement théo-
logique, l'Alsace se rattacha d'abord de préférence aux conceptions des
réformateurs suisses.

même elle perd en influence partout où la nouvelle doctrine triomphe, et dans ces régions, les anciennes sympathies pour les Habsbourgs, si vivaces encore au temps de Maximilien Iᵉʳ, s'effacent et disparaissent sous le long règne de Charles-Quint. Il en est surtout ainsi à Strasbourg, qui, durant près d'un demi-siècle, représente alors, à juste titre, le protestantisme alsacien devant l'Empire et devant l'Europe. De même que la Genève de Calvin, et avant elle, la cité alsacienne a été pour un temps l'un des grands centres intellectuels et moraux du nouveau mouvement religieux. Son influence s'est étendue bien au delà de sa sphère d'action normale; elle est devenue le lien naturel entre la réforme de Zwingle et celle de Luther, la négociatrice attitrée entre les princes allemands et les cantons suisses, l'abri sûr des fugitifs de tous pays, qui venaient chercher un asile en cette « hôtellerie de la justice ».

Mais par tous ces actes et par son attitude énergique en faveur de la nouvelle doctrine, la grande métropole protestante creuse chaque jour davantage le fossé qui la sépare dorénavant de la maison de Habsbourg, des évêques ses voisins, et de tous les autres seigneurs ecclésiastiques, grands et petits, possessionnés en Alsace. Elle sent parfaitement le danger de cette opposition, forcément permanente, alors même qu'elle la dissimule sous les formules du respect, et par suite elle cherche au dehors un appui pour le cas d'une lutte trop inégale; aussi dès le milieu du XVIᵉ siècle l'ombre de la puissance française se projette, avant-coureur des événements futurs, sur la carte d'Alsace[1]. Ce n'est pas du jour au lendemain que cette influence française s'est fait sentir dans notre province; elle a été proposée discrètement, puis invoquée, puis imposée finalement par le développement naturel et pour ainsi dire forcé de l'histoire générale du XVIᵉ et du XVIIᵉ siècle. Les débuts en furent accidentels, les premiers développements modestes et les origines n'en ont pas encore été suffisamment étudiés d'une manière impartiale et critique à la fois. Quand le futur Louis XI descend en Alsace, il s'y gère en adversaire et y est combattu par tous comme le pire ennemi. Quand, environ cent ans plus tard, Henri II franchit à son

---

1. Il ne faut pas se laisser tromper par les vieilles formules de dévouement des protocoles et des correspondances officielles, qui subsistent toujours; en réalité Strasbourg ne poursuit alors qu'un but, celui de réaliser pleinement son titre de *ville libre*, en se créant une situation *absolument indépendante* de toute autorité impériale; elle refuse à cette dernière tout serment d'allégeance quelconque, encore à la veille de sa capitulation de 1681. D'ailleurs les historiens allemands de bonne foi ont toujours reconnu cette tendance. (Voy. Lorenz et Scherer, p. 221.)

tour les Vosges et traverse sans obstacle la plaine jusqu'au Rhin, c'est en qualité de « défenseur de la liberté germanique », en allié des protestants d'Allemagne, qu'il y paraît. Si la défiance qu'inspire le conquérant de Metz n'est pas moindre que celle qu'éveilla jadis le dauphin, il ne retrouve pas en face de lui les antagonistes résolus et hardis dont les attaques incessantes avaient forcé jadis les bandes autrement nombreuses des Armagnacs à évacuer le pays[1]. Et pourtant, depuis un demi-siècle, les avertissements solennels et les objurgations patriotiques n'avaient point fait défaut en Alsace à « ceux qui, par ignorance, se laissent aller à croire aux droits antiques des Valois sur la rive gauche du Rhin, aux ambitieux et aux courtisans, qui éprouvent des sentiments d'affection plus profonds pour la couronne de France que pour le Saint-Empire romain germanique[2] ». Peut-être bien que, sans la grande crise religieuse, les exhortations d'un Jacques Wimpheling, et plus tard celles d'un Beatus Rhenanus, ou d'un Jérôme Guebwiler, eussent été plus fidèlement suivies par leurs compatriotes. Mais en face de la toute-puissance de Charles-Quint, de ses convictions intransigeantes sur le terrain de la foi, les protestants d'Alsace, moins encore que ceux du reste de l'Allemagne, n'avaient guère la liberté du choix dans leurs alliances. Pour sauvegarder efficacement leur liberté religieuse, il fallait bien saisir la main que leur tendait François Ier et lier partie avec le seul prince d'Europe qui osât s'opposer à l'établissement de la « monarchie universelle ». Ceux qui étaient les plus menacés par de puissants voisins catholiques, en même temps qu'ils étaient les plus rapprochés des terres de France, devaient être forcément amenés à appeler à leur aide le roi français ou du moins à solliciter son appui moral, bien qu'au fond il ne leur inspirât guère moins d'inquiétude que l'Empereur lui-même.

Après sa victoire, décisive pourtant, sur la ligue de Smalkalde, c'est bien certainement pour ne pas pousser Strasbourg dans les bras de la France, que Charles-Quint offre à cette ville des conditions

---

1. L'expédition de Henri II a été racontée avec de nombreux et intéressants détails, par M. Alcuin Hollaender, mais à un point de vue bien exclusivement allemand. MM. Lorenz et Scherer racontent dans leur *Histoire d'Alsace* (p. 244) qu'on ne vit point paraître la rougeur de la honte sur le front de Henri II, alors qu'il entra dans Strasbourg qu'il méditait pourtant de trahir. Le malheur est que cette entrée n'eut jamais lieu que dans l'imagination des savants écrivains.

2. Ce sont les deux ordres d'idées qui sont développés dans la *Germania* de Wimpheling, dont une réimpression a été donnée par M. Charles Schmidt (Genève, Fick, 1874, 4°) et une traduction allemande annotée plus récemment par M. Ernest Martin (Strasbourg, Trübner, 1885, 8°).

de paix d'une mansuétude particulière ; c'est pour ne pas la rejeter
sous l'influence des Habsbourgs que Henri II s'abstient de tenter
contre elle un coup de main analogue à celui qui vient de lui soumettre la République messine. Quand le traité de 1555, la « paix
de religion » d'Augsbourg, a ramené, pour un laps de temps relativement considérable, le calme dans les esprits en Allemagne, l'appui
des rois de France n'est plus recherché avec la même ardeur,
d'autant que la monarchie des Valois se fait plus encore la persécu-
trice de la « bonne cause » que ne l'avait été naguère celle des
Habsbourgs. Mais les rapports intimes et suivis avec la France ne
sont pas interrompus pour cela ; tout au plus changent-ils d'objet.
L'Alsace protestante devient à son tour un point d'appui, un
centre de ravitaillement, un lieu de refuge au besoin, pour les représentants de la Réforme française. C'est à Strasbourg que résident
les chefs des huguenots bannis, les fils de Condé et de Coligny, les
enfants de d'Andelot, les envoyés officiels et officieux du jeune roi
de Navarre ; c'est dans la Basse-Alsace que se réunissent les reîtres
allemands qui vont combattre sous Jean-Casimir, sous Wolfgang
des Deux-Ponts et sous Dohna les régiments de Henri III et ceux
de Henri le Balafré. Un chroniqueur strasbourgeois contemporain
peut affirmer, avec une exagération d'ailleurs évidente, que sa ville
natale compte un tiers d'habitants de langue française, fugitifs de
France, de Lorraine ou des Pays-Bas[1].

Puis la lutte recommence en Allemagne, quand au pacifique
Maximilien II succède en 1576 l'empereur Rodolphe II, naturellement borné, longtemps élevé sous la tutelle de Philippe II à
Madrid, et qui, pendant un long règne, ne cessa d'être le docile
instrument des Pères Jésuites et le jouet de la domesticité de son
palais. Mais, à ce moment, la situation intérieure de l'Empire a
complètement changé. Les catholiques se sentent portés par l'élan
général qui anime l'Église restaurée, disciplinée et sûre d'elle-
même, sous des chefs intelligents et hardis, disposant de milices
aussi enthousiastes que nombreuses ; les protestants sont affaiblis
par de mesquines rivalités politiques et par des dissensions religieuses insensées. La contre-réformation s'accentue sur tous les
points à la fois de l'Empire, et vainement les princes luthériens et
réformés d'Allemagne essaient de lui tenir tête avec leurs propres
forces, et de regagner le terrain perdu ailleurs, par quelques nouvelles conquêtes. La tentative d'asseoir un archevêque protestant

1. *Chronique de Sebald Büheler*, ad annum 1538. (*Fragments des Chroniques d'Alsace*, par L. Dacheux, I, p. 82.)

sur le siège électoral de Cologne (1583) et de transférer à un calvi-
niste la mitre épiscopale de Strasbourg échoue piteusement,
après des luttes auxquelles se mêlent l'Espagne et les Pays-Bas, la
Lorraine et les électeurs du Saint-Empire. De sa « guerre des
Évêques » (1592-1595) date pour l'Alsace protestante une décadence
irrémédiable, dont les effets immédiats ne peuvent être contrebalancés que par l'appui, plus marqué dès lors, de la France enfin
pacifiée par le Béarnais et déjà de nouveau fort puissante. Ce fut en
effet, un heureux coup de fortune pour celle-ci, que la fin de ses
guerres de religion correspondît à la réouverture de la lutte politique et religieuse en Allemagne, et qu'elle pût reprendre possession d'elle-même au moment où le flot des guerres civiles allait sub-
merger bientôt son ancienne rivale. Ce fut un bonheur non moins
grand pour elle d'avoir alors à sa tête un prince, naguère protestant lui-même, représentant de la tolérance religieuse dans son pays
comme au dehors, et connu d'ailleurs de longue date comme un
souverain heureux dans ses projets, parce qu'il était habile à les
réaliser.

Cette habileté politique de Henri IV s'est exercée sur des théâtres
plus vastes ; elle ne s'est jamais montrée plus constante et jamais
elle n'obtint de plus heureux résultats qu'à l'égard des protestants
d'Alsace et particulièrement de leur métropole, Strasbourg. C'est
grâce à son intervention surtout que les résultats de la guerre des
Évêques n'ont pas été plus désastreux pour cette dernière, après
le triomphe du cardinal Charles de Lorraine ; c'est sous son égide
bienveillante que l'Alsace a pu passer, dans une tranquillité à peu
près complète, les années de 1600 à 1610, les seules d'une paix continue qu'elle ait connues dans ce siècle, si néfaste pour elle. On lui
en conserva longtemps une reconnaissance respectueuse ; le souvenir du « grand Henri » fut pour beaucoup dans la confiance avec
laquelle les États protestants d'Alsace s'adressèrent plus tard à
son fils, quand Louis XIII, ou ses ministres, gagnés d'abord à la
politique d'Espagne et paralysés ˙ par les discordes intestines,
reprirent enfin au dehors l'attitude traditionnelle de la maison de
France vis-à-vis de la maison d'Autriche. Cependant, — il importe
de l'affirmer ici, en terminant cet aperçu rapide des destinées de
notre province jusqu'au XVIIᵉ siècle, car il faut toujours rendre
hommage à la vérité historique, — cette confiance et ce respect,
témoignés à Henri IV, n'impliquaient encore en rien ce qu'on
appellerait aujourd'hui des sympathies politiques pour la monarchie
voisine. L'Alsace, allemande par la langue, les mœurs et les insti-

tutions politiques et sociales, par un passé dix fois séculaire, ne songeait alors nullement à abdiquer sa nationalité tudesque et à renoncer à sa place dans les cadres élastiques, si commodes pour ses aspirations autonomes, du Saint-Empire romain germanique.

Si la Confédération suisse avait été plus rapprochée encore, plus puissante et surtout plus unie, de vieilles et cordiales relations et des affinités nombreuses auraient probablement poussé les cités protestantes de notre province à se joindre à elle. L'exemple de Mulhouse, entrée dans l'alliance helvétique dès le XVIe siècle, se serait généralisé sans doute. Mais cette union aurait-elle pu être durable ? Question aussi inutile à poser que difficile à résoudre, puisque les tentatives les plus sérieuses, faites en vue d'une union de ce genre, ne purent jamais recevoir qu'un commencement d'exécution [1]. Si, d'autre part, des princes intelligents et d'une volonté puissante, avaient occupé au XVIIe siècle le trône d'Othon le Grand, de Frédéric Barberousse et de Maximilien Ier, s'ils avaient su défendre l'intégrité de leur vaste empire, sans alarmer les sentiments de liberté ni violenter les consciences de leurs sujets, le bouleversement profond qui allait s'opérer, au cours d'un demi-siècle, dans la « marche occidentale de l'Empire », n'aurait pas pu se produire. Il fallut toute l'inintelligence politique, tout le fanatisme borné des successeurs de Charles-Quint pour pousser l'Alsace du côté de la France, toutes leurs infortunes militaires pour donner à celle-ci l'espoir fondé de prendre possession de la frontière du Rhin et pour lui faire réaliser cet espoir par un demi-siècle de luttes acharnées.

1. L'alliance restreinte de Strasbourg avec Zurich, Bâle et Berne, conclue en 1588, ne fut jamais renouvelée, tant on sentait, de part et d'autre, qu'elle imposait des devoirs impossibles à remplir.

LIVRE DEUXIÈME

HISTOIRE DE L'ALSACE AU XVIIe SIÈCLE

CHAPITRE PREMIER

Événements politiques et militaires de la guerre de Trente Ans

Ce n'est pas un récit détaillé de tous les événements politiques et militaires, relatifs à l'Alsace, durant la guerre de Trente Ans que nous comptons présenter aux lecteurs dans ce chapitre de notre travail. Ni les invasions successives des soudards du Palatin, de ceux de Gustave Horn ou de Bernard de Weimar dans notre province, ni les négociations diplomatiques entre les différents États de l'Alsace, ni leurs rapports avec les puissances du dehors (surtout ceux de Strasbourg avec les couronnes de France et de Suède) ne sauraient être racontés par le menu dans une étude qui s'attache surtout à donner un tableau d'ensemble de l'Alsace au XVIIe siècle. Il faudra déjà dépasser de beaucoup les dimensions d'un chapitre ordinaire pour en esquisser seulement les principaux contours. D'ailleurs c'est assurément celui de tous dont les éléments sont le plus faciles à retrouver autre part. Les récits des chroniqueurs contemporains de la Haute et de la Basse-Alsace, les nombreuses feuilles volantes, relations et pamphlets de l'époque, les vastes compilations du temps et les histoires générales modernes fournissent avec abondance les détails des dévastations de Mansfeld, de la venue des Suédois, des luttes entre les Impériaux et Bernard de Weimar, de l'occupation finale du pays par la France. Rien qu'en extrayant les volumineux in-folio du *Theatrum Europæum* et les gros in-douze du *Mercure français* ou les *Relations semestrielles de Francfort*, on composerait une histoire militaire assez complète de l'Alsace. Tous les historiens qui, de nos jours, ont écrit sur l'histoire de la province ou sur celle de ses localités particulières se sont étendus tout naturellement sur une époque qui vit se pro-

duire un si profond bouleversement dans le pays [1]. On a tiré des
archives alsaciennes de nombreux et précieux documents, relatifs
soit aux rapports politiques des belligérants entre eux, soit à ceux
des protecteurs et des protégés pendant la lutte trentenaire [2]. Un
nombre considérable de documents inédits repose sans doute encore dans les dépôts publics ; mais aujourd'hui que la correspondance de Richelieu a vu le jour, ainsi que celle de Mazarin; que les
papiers intimes de Bernard de Weimar et de son confident, le baron
d'Erlach, ont été fouillés et commentés par des savants distingués,
il n'y a plus guère de place pour des révélations inattendues sur les
visées politiques et sur l'action diplomatique des puissances engagées dans la lutte, pour autant qu'elle se rapporte à l'Alsace.

Nous ne nous arrêterons donc à décrire les opérations militaires
des différentes armées qu'autant que ce sera strictement nécessaire
pour expliquer les modifications dans l'attitude politique des puissances, et dans la disposition des esprits, forcément très variable
et changeante, en Alsace, durant cette longue époque de souffrances et d'épreuves [3].

L'histoire de la guerre de Trente Ans peut se diviser, pour ce qui
concerne notre province, en trois périodes nettement distinctes. La
première va de 1618 à 1630; c'est une période d'attente anxieuse
pour les protestants du pays, momentanément interrompue par
l'apparition d'un allié plus dangereux, à coup sûr, que les ennemis
eux-mêmes. Pendant dix-huit mois, l'Alsace est sous le cauchemar
de l'invasion de Mansfeld ; une fois débarrassée de l'audacieux
aventurier, elle n'est guère moins foulée par les troupes espagnoles
et impériales, qui se recrutent ou se ravitaillent incessamment sur
son territoire, épuisant le pays sans profit apparent, mais prépa-
rant par leur présence, dans les intentions secrètes de Ferdinand II,
le retour des hérétiques à la foi catholique. Inauguré par l'édit de

---

1. L'*Histoire d'Alsace*, de Strobel consacre plus de deux cents pages à
raconter la guerre de Trente Ans. Dans l'*Histoire d'Obernai* de M. l'abbé
Gyss, dans celle de *Haguenau* de M. l'abbé Guerber, dans celle de *Sacerne*
de M. Dagobert Fischer, dans celle d'*Ensisheim* de M. l'abbé Mercklen,
dans celle de *Colmar* par Billing, etc., etc., les récits sur cette lugubre
époque sont fort détaillés.

2. On peut citer ici surtout. comme exemple à suivre, les extraits de
M. Xavier Mossmann que l'infatigable érudit a publiés, pendant une
quinzaine d'années sous le titre de *Matériaux pour servir à la guerre de
Trente Ans*, tirés des *Archives de Colmar*, dans la *Revue d'Alsace* (1876-1891).

3. Pour l'histoire purement *locale* de cette époque on pourra en trouver
les traits principaux plus loin, dans la description historico-topographique
des territoires alsaciens (livre IV).

Restitution de 1629, le mouvement de réaction catholique violente est brusquement arrêté par la descente du roi de Suède en Allemagne. Alors commence la seconde période de la lutte trentenaire pour l'Alsace; c'est la contre-partie de la précédente, l'époque de la réaction protestante. Celle-ci se manifeste lors de la campagne de Gustave Horn et est continuée par sés successeurs; contrecarrée, dans une certaine mesure, par l'apparition des armées de Louis XIII, au delà des Vosges, elle se prolonge, en somme, jusqu'à la mort de Bernard de Weimar, en 1639. C'est aussi la période de la crise aiguë, celle des luttes incessantes sur le sol même de l'Alsace, celle de l'épouvantable famine de 1636 et de 1637, cette époque dont on parle encore de nos jours avec une vague terreur dans les campagnes du Sundgau, comme de la « guerre des Suédois ». La troisième période qui s'étend de 1639 aux traités de Westphalie, peu riche en événements militaires importants, est peut-être plus épuisante encore pour le pays, incessamment exploité, harassé, ruiné par le passage des troupes allant au delà du Rhin ou refoulées vers le grand fleuve. Elle contribue plus efficacement, après la fièvre des crises précédentes, à disposer ceux qui survivent à tant de catastrophes et soupirent après la paix, à se soumettre à toutes les conditions qu'elle impose, pourvu que ce soit la paix.

Quand la lutte religieuse et politique se déchaîna en Bohême, du vivant même du vieil empereur Mathias, amenée surtout par la perspective de l'avènement prochain de l'archiduc Ferdinand de Gratz, et que les représentants des États du royaume tchèque eurent jeté par les fenêtres du Hradschin les représentants de l'empereur (23 mai 1618), un observateur superficiel aurait pu croire que ces événements lointains n'auraient qu'une bien faible influence sur les destinées ultérieures de l'Alsace. C'était compter sans l'extrême surexcitation des esprits d'un bout à l'autre du Saint-Empire, on pourrait dire, d'un bout à l'autre de l'Europe. La contre-réformation religieuse et la monarchie absolue, ou si l'on préfère un seul mot d'ordre, le principe d'autorité sous toutes ses formes, engagent la bataille, à cette date, sur toute la ligne, soit contre les vieilles libertés féodales, soit contre les nouvelles libertés religieuses. La lutte se prépare partout, non moins vive en France qu'en Allemagne ; elle se produit également, avec des apparences différentes et des allures plus réservées, dans la Grande-Bretagne et aux Pays-Bas.

Les contrastes confessionnels étaient aussi marqués en Alsace qu'ailleurs, plus marqués peut-être que dans bien d'autres régions

de l'Empire, car l'influence intellectuelle et morale de la République
protestante de Strasbourg y gênait considérablement, s'il ne la
contrebalançait plus, celle des archiducs d'Autriche, maîtres de la
Haute-Alsace, de la préfecture de Haguenau et du siège épiscopal
de la province[1]. Depuis l'issue malheureuse de la guerre des Évêques, non seulement la marche ascendante de la Réforme s'était
arrêtée, mais encore elle était énergiquement refoulée, tant dans les
villes que dans les campagnes[2]. Une circonstance particulière,
dont les détails étaient sans doute encore inconnus à ce moment en
Alsace, mais qu'on pouvait vaguement deviner, rendait la situation
politique et religieuse de l'Alsace protestante plus grave que jamais;
c'était l'accord secret négocié entre les deux branches de la maison de Habsbourg. Pour assurer l'appui de l'Espagne, toujours encore fort puissante, à sa candidature impériale, l'archiduc Ferdinand
avait signé le 20 mars 1617 avec le comte d'Ognate, ambassadeur
espagnol à Vienne, un engagement secret par lequel la préfecture de
Haguenau, l'Ortenau (dans le pays de Bade actuel), le Sundgau et
la principauté de Finale en Italie étaient promis à Philippe III et à
ses héritiers[3]. De cette façon, l'Espagne achevait enfin l'acquisition
de cette route militaire si désirée, qui, du Milanais aux Pays-Bas,
lui permettrait de faire circuler librement ses armées sur ses propres domaines. C'était une provocation directe contre toute politique française qui n'aurait pas complètement oublié les luttes de
François Iᵉʳ contre Charles-Quint; c'était une provocation non
moins directe contre l'Alsace protestante qui forcément devait préférer la perspective d'être sous la protection de la France à celle
de passer sous le joug espagnol[4]. C'est la crainte de ce danger
avant tout, de cette main-mise de l'Espagne sur l'Alsace qui y a
hanté les esprits dans les premières années de la guerre de Trente
Ans. Chaque fois que des troupes wallonnes ou flamandes remon-
laient des Pays-Bas pour passer de la Haute-Alsace vers la
Bohême, le Magistrat de Strasbourg soupçonnait les plus noires

1. L'archiduc Léopold d'Autriche avait été nommé coadjuteur de
Charles de Lorraine, en 1598. L'*instrumentum electionis* notarié se trouve
aux Archives de la Basse-Alsace (G. 203). Il lui succéda en 1607.
2. On trouvera plus tard les détails dans les chapitres consacrés à l'état
religieux de l'Alsace au XVIIᵉ siècle.
3. L'envoyé de France à Vienne, Nicolas de Baugy, avait eu vent de ces
négociations secrètes qu'il dénonçait, tout en les croyant moins avancées,
dans une dépêche à Richelieu, datée de Prague, le 29 avril 1617.
4. C'est ce qu'ont reconnu des historiens fort peu sympathiques à la France,
MM. Lorenz et Scherer, *Gesch. des Elsasses*, 3ᵉ édit., p. 334.

embûches [1] et pour y échapper il s'associait à la politique de l'Union évangélique, afin de trouver chez les princes allemands du Sud-Ouest un appui qu'il ne *voulait* point chercher encore en dehors de l'Empire et qu'il *ne pouvait* d'ailleurs espérer de l'étranger [2] puisque la politique française du moment paraissait tout à fait favorable aux projets réactionnaires de Ferdinand d'Autriche [3]. A ce moment l'Alsace était toute remplie déjà de bruits de guerre ; le margrave de Bade écrivait à ses alliés strasbourgeois que les Espagnols étaient déterminés à extirper les hérétiques, qu'il en venait du Nord, qu'ils arrivaient de Suisse et d'Italie, que le duc de Lorraine allait passer les Vosges, etc. [4]. Le Magistrat, qui tout d'abord s'était prononcé pour une neutralité absolue, et avait également refusé de fournir des secours en argent soit à l'empereur, soit aux États de Bohême, commençait à relâcher un peu les cordons de sa bourse et fournissait, en maugréant, quelques fonds aux confédérés de l'Union [5].

La méfiance des catholiques d'Alsace à l'égard des protestants n'était pas moins grande. Ils se plaignaient amèrement des pamphlets violents qui paraissaient à Strasbourg et ils s'attendaient à voir recommencer cette guerre d'escarmouches peu sérieuses, mais accompagnées de tant de pillages, que les troupes de l'Union évangélique et celles de l'Autriche s'étaient faite, en 1610, dans le pays même. On voyait déjà les reîtres du margrave d'Ansbach s'avancer sur Saverne et l'on discutait sérieusement la question de l'appel

---

1. En février 1619, l'évêque Léopold envoya le sire de Ribeaupierre en ambassade spéciale à Strasbourg pour combattre ces appréhensions. Il jure au Conseil des Treize « par le Dieu éternel dont il espérait voir la face » qu'il n'en voulait nullement à la ville (Procès-verbaux des XIII, 3 février 1619). En mars, nouvelle missive de la Régence autrichienne d'Ensisheim pour assurer que les cuirassiers campés en Haute-Alsace devaient combattre « les révoltés de Bohême et non pas les Évangéliques » (XIII, 15 mars 1619).

2. Le Magistrat de Strasbourg fit bien examiner les traités signés avec Berne et Zürich pour voir s'il pourrait invoquer leurs secours (XIII, 30 avril 1619), mais il ne se cachait pas que ces alliés n'étaient pas de force à l'aider beaucoup.

3. Empêcher l'archiduc Ferdinand d'arriver à la couronne impériale, écrivait Baugy à M. de Puysieulx, le 21 octobre 1617, ce serait « grandement favoriser le party hérétique que nous ne devons pas moins appréhender que l'accroissement de la maison d'Autriche. J'estime que Sa Majesté aura à plaisir de prendre part à sa promotion..... affin de l'obliger de plus en plus et d'en retirer aussi quelque fruict ».

4. XIII, 18 mars 1619.

5. Sur l'attitude de Strasbourg au début de la guerre, je me permets de renvoyer à mon travail *Strassburg und die evangelische Union (1618-1621)*, dans l'*Alsatia* de Stoeber, Mulhouse, 1868.

de garnisaires lorrains pour les différentes forteresses de l'évêché[1].
La régence d'Ensisheim faisait placarder un avis à ses sujets, les
engageant à mettre à l'abri ce qu'ils avaient de plus précieux, pour
éviter d'être dépouillés par les troupes, amies ou ennemies[2].
C'était en effet un défilé continuel de régiments nouveaux, dirigés
vers le théâtre de la guerre, à travers l'Alsace et les terres de
l'Autriche antérieure. Ceux de Haraucourt, de Lichtenstein et de
Nassau passaient presque en vue de Strasbourg[3] dont les gouvernants recevaient mainte lettre anonyme, les mettant en garde
contre une surprise des Impériaux[4].

On comprend donc fort bien que les petits territoires protestants
de la province, sans avoir aucune envie d'entrer en lutte ouverte
contre leur suzerain, se soient rapprochés de l'Union évangélique
qui, bien que faible et mal dirigée, leur présentait encore le
refuge le plus naturel, et dont le chef, l'électeur palatin Frédéric V,
priait instamment Louis XIII « d'empescher que les troupes qui se
trouvent en ce moment sur les frontières de France, entrassent en
Allemagne. Une telle entreprise, ajoutait-il, redonderait au préjudice de la France, en fortifiant par ce moyen le party qui luy est
contraire[5] ». Il allait même jusqu'à imaginer naïvement « qu'on
pourroit tirer du roy de France quelque assistance[6] ». Sans doute
cette alliance avec l'Union était assez onéreuse, car le Trésor de
Strasbourg était, ainsi que le disait Baugy dans une de ses
dépêches, « l'un des plus forts arcs-boutans[7] » de la confédération.
Mais une inquiétude beaucoup plus grave encore que celle des
pertes d'argent possibles et probables, vint tourmenter les protestants d'Alsace vers le milieu de l'année 1619. Ils ne voulaient
aucunement suivre une politique agressive contre la maison d'Autriche ; nul ne désirait, ni à Strasbourg, ni à Bouxwiller, ni à
Colmar, ni à Landau, que Frédéric acceptât la couronne de
Bohême, et quand cette décision, si fatale à leurs intérêts, eut été
prise, quand, après la mort de Mathias, le Palatin, non sans hésiter

1. XIII, 23 juin 1619.
2. Colmar envoya un exemplaire de ce placard à Strasbourg, par exprès,
XIII, 28 avril 1619.
3. XIII, 10 mai, 13 mai 1619.
4. XIII, 26 mai, 5 juin, 27 déc. 1619.
5. Lettre datée de Heilbronn, 1 juin 1619. (Bibl. Nat. Manuscrits, fonds
français, 15929.)
6. Lettre de Frédéric V au duc de Bouillon, du 27 sept. 1619. (B. N.
Msscr. f. fr. 15929.)
7. Lettre de Baugy à Puysieulx, Metz, 22 septembre 1619 (B. N. Msscr.
f. franç., 15929.)

quelque peu lui-même, eût fini par accepter l'offre des États de Prague, on peut affirmer qu'il y eut unanimité dans l'opinion publique alsacienne pour désapprouver absolument une pareille provocation, jetée à la face de la maison d'Autriche. Strasbourg refusa catégoriquement d'avancer de l'argent au jeune électeur[1] et ses envoyés à la diète de l'Union déclaraient bientôt après qu'ils étaient incapables de subvenir aux dépenses de l'alliance[2]. Dès le mois de mai 1620, on posa même au conseil secret la question s'il ne vaudrait pas mieux se retirer entièrement d'une association devenue si dangereuse[3].

Le nouvel empereur, de son côté, ne négligeait rien, naturellement, pour diminuer le nombre de ses adversaires et prodiguait les paroles rassurantes. A plusieurs reprises, le sire Éverard de Ribeaupierre, dynaste de la Haute-Alsace, inféodé à la politique autrichienne, mais protestant lui-même, vint à Strasbourg pour affirmer au Magistrat les bonnes intentions de Ferdinand II à son égard, le prier de ne point se mêler aux troubles de Bohême et solliciter de lui un petit emprunt de cinquante mille florins, à utiliser contre les Turcs, il est vrai. Après avoir essuyé d'abord un refus, le seigneur de Ribeaupierre revint à la charge et la ville offrit alors une avance de 15,000 florins, à la condition que l'empereur ferait évacuer toutes les terres d'Alsace occupées en ce moment par ses troupes et par les contingents espagnols de Spinola. Ainsi qu'on l'avait sans doute prévu, cette demande indiscrète amena la suspension des négociations[4]. Cette froideur à l'égard de Ferdinand était d'autant plus motivée que ses intentions secrètes n'étaient nullement favorables aux protestants d'Alsace. Lorsqu'il espérait encore de Louis XIII des secours effectifs, il avait fait dire à Baugy par son confident Eggenberg, qu'il comptait employer ces troupes près de la frontière, contre ceux qui voudraient soutenir l'usurpation de son adversaire, afin de ne pas trop les fatiguer par la difficulté des passages[5]. En parlant de la sorte, il ne pouvait songer qu'à l'Alsace, et c'est ce que l'envoyé français avait fort bien compris, car il ajoutait dans sa dépêche : « Il entendoit à mon aviz la ville de Stras-

---

1. XIII, 16 octobre 1619.
2. « Der *nervus* ist *debilis et exhaustus*, » disaient-ils dans la séance du 20 janvier 1620, à leurs collègues, parlant cet incroyable mélange de latin et d'allemand qui était alors le « beau langage» des hommes graves et de la diplomatie.
3. XIII, 4 mai 1620.
4. Archives de la Haute-Alsace, E. 514.
5. Lettre de Baugy à Puysieulx, 5 février 1620. (B. N. f. franç., n° 15930.)

bourg, avec ceulx qui la suivent en Elsace, le marquis de Bade, etc. »
Encore quelques mois plus tard, la chancellerie viennoise adressait
des appels pathétiques à la cour de France[1], sous la signature impériale, et le monarque promettait que son frère Léopold recevrait
de la façon la plus amicale les troupes françaises à la frontière ;
mais rien ne vint, si ce n'est l'ambassade du duc d'Angoulême.

On avait fini par reconnaître en effet, à Saint-Germain, ainsi que
Baugy devait le dire plus tard, que « l'interest du Roi estoit que les
affaires présentes d'Allemagne se terminent en sorte que ny la
maison d'Autriche, ny les protestants en emportent une entière
victoire[2] ». L'ambassade que Louis XIII envoyait à Vienne, soit
pour essayer d'amener un rapprochement entre Ferdinand et ses
adversaires, comme il l'assurait, soit pour se faire rendre un compte
plus exact de leurs forces réciproques, arriva le 15 mai 1620 à
Strasbourg, où sa venue (elle comptait, disait-on, plus de 300
cavaliers de suite)[3] avait occasionné des préparatifs témoignant
d'une certaine défiance[4]. Mais, en dehors de protestations d'amitié
et de formules de politesse, les représentants de Louis XIII n'avaient
rien à communiquer aux représentants de la petite République, et
ils quittèrent la ville, après y avoir séjourné vingt-quatre heures
seulement. Ils avaient demandé à visiter l'arsenal, l'une des curiosités les plus appréciées alors de Strasbourg, et l'envoyé de Ferdinand, Éverard de Ribeaupierre, conseilla lui-même aux Treize de
les y conduire ; « ils y trouveront, ajoutait-il méchamment, bien des
choses qui ne leur feraient pas précisément plaisir[5] ». Le duc d'Angoulême, le comte de Béthune et M. de Préaux se rendirent à
Ulm, où étaient réunis pour lors les princes protestants, et firent
agréer aux confédérés, peu capables de lutter contre leur habileté
diplomatique[6], un projet d'entente et de neutralité respective entre
l'Union évangélique et la Ligue catholique. Cet accord fut signé

1. Lettre de Ferdinand II à Louis XIII, 28 mai 1820 : *Nunc, nunc* maxime
necessitas efflagitat ut irritata universorum regum et principum potentia
viribus unitis... tueatur (B. N. *loc. cit.*).
2. Lettre de Baugy à Puysieulx, 23 sept. 1620 (B. N., *loc. cit.*).
3. En réalité, l'ambassade comptait 255 personnes et 153 chevaux (XIII.
16 mai 1620).
4. On fit faire des patrouilles nocturnes par les membres du Magistrat,
tendre des chaines devant les auberges, renforcer la garde de l'arsenal, etc.
(XIII,13 mai 1620).
5. XIII, 18 mai 1620.
6. « Ces princes sont des esprits lents et glorieux, » disaient les ambassadeurs français dans un rapport au roi (*Ambassade de MM. d'Angoulesme*
etc. Paris, Jolly, 1660, folio, p. 175).

le 23 juin-3 juillet 1620, en présence des envoyés français, mais sans que ceux-ci voulussent le signer à leur tour comme garants[1]. C'était un vrai marché de dupes. La Bohême et le Palatinat étaient virtuellement abandonnés à leur sort par leurs alliés. Maximilien de Bavière pouvait entrer dans le premier des deux pays à la tête de l'armée de la Ligue sans avoir à craindre une attaque sur ses derrières, et comme ni Ferdinand II ni le roi d'Espagne n'étaient membres de la Ligue catholique, le traité d'Ulm ne les empêchait nullement d'envahir le Palatinat, ni tel autre territoire de l'Union. Ainsi se termina l'action politique d'une alliance inspirée jadis et soutenue par Henri IV et dont les chefs avaient caressé, naguère encore, les plus ambitieux projets[2].

Peu de semaines après le départ des ambassadeurs français, on vit arriver à Strasbourg un envoyé des Etats généraux des Pays-Bas, qui assura les délégués du Magistrat de toutes les sympathies de Leurs Hautes Puissances et essaya de leur faire partager sa conviction que la France ne permettrait pas à Spinola de s'implanter en Alsace[3]. Un peu plus tard, ce fut le tour de l'ambassadeur de Jacques Ier d'Angleterre, sir Henry Wotton, qui se rendait à Venise, de recevoir les hommages du Conseil ; aussi pessimiste que l'envoyé hollandais, Aerssens, l'avait été peu, il proclama la situation aussi attristante que dangereuse, déclarant qu'il ne voyait aucun moyen d'y remédier, et demanda si Messieurs de Strasbourg en connaissaient un par aventure. Ceux-ci durent avouer modestement leur incompétence[4]. Le danger s'approchait en effet de la province; déjà Spinola se préparait à envahir le Palatinat, et les villes septentrionales de la Décapole pouvaient être menacées du jour au lendemain. On conduisit les canons sur les remparts[5]; on décida de ne plus verser de contributions supplémentaires à la caisse de l'Union, qui ne faisait rien pour protéger le patrimoine de son chef; d'ailleurs le Trésor public était réellement à sec[6] et les bourgeois étaient las de payer.

La bataille de la Montagne-Blanche (8 novembre 1620) et plus

---

1. Ils déclarèrent qu'ils ne comprenaient pas assez d'allemand pour cela.
2. « Nous avons les moyens entre les mains, de renverser le monde, » écrivait le margrave Ernest d'Ansbach au prince Chrétien d'Anhalt, le 14 février 1619 (*Archicium Unito-protestantium*, s. l., 1623, p. 235).
3. XIII, 18 juillet 1620.
4. XIII, 25 juillet 1620. « Wüstten auch kein particularmittel. »
5. XIII, 25 août 1620.
6. Strasbourg dut emprunter 25,000 florins à la ville d'Ulm (XIII, 8 déc. 1620).

encore la fuite honteuse de Frédéric au lendemain de sa défaite, ne
mirent pas seulement fin à la révolution de Bohème, mais décidèrent
aussi pour des siècles le sort des protestants dans les États héréditaires de la maison d'Autriche. Le retentissement de cette victoire
de Ferdinand fut immense, en Alsace comme ailleurs. C'est en vain
qu'au commencement de décembre le colonel palatin de Helmstaett
vint solliciter à Strasbourg des subsides extraordinaires, « la caisse
étant vide et le soldat voulant être contenté » ; on lui donna à peine
audience[1] ; on accorda au contraire à l'empereur une avance de
quinze mille florins, sans aucune garantie. Dès la fin de l'année, l'un
des avocats généraux de la République entrait en relations avec le
landgrave Louis de Hesse-Darmstadt, l'un des hauts commissaires
impériaux, chargés de négocier l'entière soumission des protestants, et en obtint des assurances qui hâtèrent le désir de Strasbourg de sortir de l'Union. Le 21 janvier 1621, Ferdinand II lui-
même exprime au Magistrat ses sentiments de bienveillance et promet d'oublier le passé. On s'excuse alors de ne plus assister à la
diète de Heilbronn ; on permet aux messagers impériaux de placarder la mise au ban de l'Empire du Palatin fugitif sur les murs de
la cité[2], et si quelques-uns de ces placards sont arrachés par des
mains inconnues, l'émotion générale n'est pas grande, la « bourgeoisie étant dégoûtée de l'Union[3] ». Puis commencent les négociations officielles avec l'électeur Jean-Suicard de Mayence et le
landgrave de Hesse-Darmstadt, qui aboutissent le 24 mars 1621 à
la signature du traité d'Aschaffenbourg. La ville quitte l'Union et
s'engage à une neutralité absolue vis-à-vis de l'empereur, qui, de son
côté, lui pardonne tous ses torts antérieurs, promet de respecter
tous ses privilèges de ville libre et érige son Académie déjà célèbre
en une Université de plein exercice. Le bénéfice du traité était
réservé d'ailleurs aux alliés de Strasbourg, et beaucoup d'entre
eux s'empressèrent de suivre son exemple[4]. Le 6 avril 1621, la
notification formelle de sa sortie de l'Union était envoyée par la
République au comte palatin Jean, dernier directeur de la confédération moribonde, laquelle n'avait obtenu aucun des triomphes
rêvés par ses fondateurs, douze ans auparavant, ni empêché aucune

---

1. XIII, 23 déc. 1620.
2. XIII, 14 février 1621.
3. XIII, 16 janvier 1621.
4. Voy. pour les détails mon travail déjà cité, *Strassburg und die Union*,
p. 85-91.

des catastrophes qu'un peu plus d'énergie aurait pu enrayer ou du moins atténuer naguère[1].

Les gouvernants de Strasbourg étaient contents, car ils se croyaient à l'abri de tout danger futur, et si, dans le sein même des Conseils, le sentiment protestant de la minorité se souleva contre l'humiliation d'avoir abandonné la « cause », ce mécontentement n'osa se manifester que par des taquineries et des procédés vexatoires dirigés contre les négociateurs du traité d'Aschaffenbourg[2]. Dans la population, prise en masse, la satisfaction était assurément moindre, car les influences religieuses y dominaient, et l'épouvantable sac du Palatinat par les Espagnols, les Wallons et les Flamands de Spinola excitait d'autant plus les esprits qu'on pouvait voir arriver chaque jour de nombreux fugitifs, cherchant un asile à Strasbourg. D'ailleurs les masses ont par moments une intuition plus exacte des choses que les gouvernements eux-mêmes. Elles semblent avoir compris à ce moment que l'indifférence des uns et la lâcheté des autres encourageaient les adversaires à tout oser. « Plus vous montrerez craindre la guerre, avait dit naguère un auteur anonyme aux protestants d'Allemagne, plus vous l'attirerez sur vous, comme les enfants qui fuient l'aboy d'un chien ; plus vous céderez et plus vous serez poursuivis ; plus vous vous humilierez et plus serez-vous foulez, votre partie s'asseurant à l'opinion qu'elle a de votre peu ou point de force, n'y aïant point d'apparence qu'on endeure d'estre despouillé et souffleté par courtoisie ni par humilité. Et vous abandonnant vous-mesmes, qui attendez-vous qui vous assiste ? C'est folie de penser qu'autres feront pour vous ce que ne voulez pas vous mesmes faire pour vous, le pouvant, et c'est impudence de le requérir. La fin donc de cette longue patience sera la fin des patiens, lesquels se rendront le jouet et la proie de tout le monde[3]. » Cette prophétie devait se vérifier pour l'Alsace, et plus rapidement qu'on n'eût pu le croire.

---

1. Un mauvais plaisant publia une brochure sur les hauts faits de l'Union évangélique, composée d'une série de feuillets portant uniquement le mot *rien, encore rien*, etc., et sur la dernière page, après les mots : *Somme totale*, un énorme zéro.

2. Le vieil ammeistre Rodolphe Ingold, un des vétérans de la diplomatie strasbourgeoise fut envoyé, malgré lui, comme bailli de Wasselonne, à la campagne, et le docteur Wolff, créé comte palatin par Ferdinand, fut si mal reçu par ses collègues du Magistrat qu'il quitta le service de la République pour entrer à celui du landgrave de Hesse. (XIII, 5 septembre, 20 octobre 1621.)

3. Advis sur l'estat présent des affaires du Roy de Bohème, 1621. (B. N. Affaires d'Allemagne, manuscrits franç. 16931.)

On y était très satisfait de la paix garantie par les promesses de
l'empereur, le seul pouvoir qui semblât dorénavant à craindre,
quand le dernier représentant en armes du « roi d'hiver » fugitif,
le comte Ernest de Mansfeld, adressa, le 21 août 1621, de
Waydhausen, dans le Palatinat supérieur, une lettre, certes inattendue, au Magistrat de la ville de Strasbourg. De ce camp
retranché, établi près des frontières de la Bohême, où il tenait tête
aux attaques de Tilly, il l'exhortait à s'associer à la lutte contre la
tyrannie espagnole, et lui faisait savoir qu'il avait refusé dix mille
hommes de troupes auxiliaires, offertes par Bethlén Gabor, prince
de Transylvanie et roi de Hongrie, « pour ne pas inonder l'Allemagne d'hôtes aussi barbares». Nul n'aurait pensé que, quatre mois
plus tard, Mansfeld inonderait les plaines d'Alsace de ses bandes mercenaires, qui ne le cédaient certes pas en férocité aux pandours de
Bethlén. Cependant, pour ne pas irriter inutilement un homme qui restait redoutable, bien qu'il fût au ban de l'Empire, on reçut en audience
privée le messager de confiance qui apportait son épître[1]. On peut
affirmer néanmoins que personne ne songea même à l'appeler dans
le pays, et ce fut très sincèrement qu'à la diète provinciale, tenue à
Haguenau le 1ᵉʳ septembre 1621, tous les États de l'Alsace se pro-
mirent aide et secours mutuel en cas d'une attaque inattendue ;
mais les parties contractantes se défiaient trop l'une de l'autre et
manquaient trop, toutes ensemble, de l'énergie nécessaire pour
organiser à temps une défense sérieuse.

Il faut dire aussi que le danger se révéla d'une façon tout à fait
inattendue, et que l'invasion du général palatin fut, pour ainsi dire,
foudroyante. Pressé par Tilly, menacé par les Espagnols, incapable de retenir ses soldats qu'il ne pouvait plus payer, Mansfeld
les jeta d'abord sur les évêchés de Franconie, faisant cruellement
expier aux terres de Wurzbourg et de Bamberg le pillage de la
Bohême ; puis on le vit soudain déboucher sur le Rhin, avant que
l'empereur, la Ligue ou l'Espagne eussent pu deviner ou du moins
empêcher cette pointe audacieuse. Le mois de novembre 1621 voyait
le trop célèbre condottiere ravager l'évêché de Spire, et menacer
directement, dès lors, l'Alsace catholique et les Pays-Bas espagnols. C'est le 17 novembre seulement qu'on apprenait à Strasbourg son arrivée dans le Palatinat et dès le 18 novembre il s'emparait de Lauterbourg, puis il demandait, deux jours plus tard, le

---

1. Un des avocats généraux, en opinant pour l'affirmative déclara qu'on
ne pouvait savoir ce qui arriverait dans la suite « wo die Kugel noch laufen werde » (XIII, 19 septembre 1621).

libre passage du Rhin pour ses troupes. L'effroi fut grand dans
toute la province ; le président de la Régence autrichienne d'Ensisheim, M. de Stadion, s'écriait à la nouvelle de la venue subite de
Mansfeld qu'il fallait s'attendre à le voir rejoint bientôt par Charles-
Emmanuel de Savoie et le duc de Bouillon, qui s'appliqueraient à
réaliser les noirs complots découverts par la saisie des papiers
secrets du prince d'Anhalt[1]. Le Magistrat de Strasbourg ne pouvait
songer à livrer le passage de son pont sur le Rhin aux ennemis de
Ferdinand, et cependant que dire pour refuser, sans trop l'irriter,
un adversaire dangereux ? « Refuser et accorder, disaient les avocats
généraux consultés, sont choses également dangereuses ; quoi qu'on
fasse, on aura Mansfeld ou l'empereur à dos. » Et Mansfeld semblait le plus à craindre, car il était le plus proche. Dès le 28 novembre, il s'était emparé de vive force de Wissembourg et avait
pillé la ville ; ses éclaireurs étaient signalés déjà aux environs de
Brumath[2]; dans des missives pressantes il réclamait le concours de
la République pour « remédier au triste et lamentable état de notre
commune patrie allemande » et il se déclarait hors d'état de respecter ses terres, si on ne lui fournissait des munitions et des
vivres[3]. Il réclamait en même temps une contribution de guerre de
cent mille florins à la préfecture de Haguenau, et demandait la
même somme au comte de Hanau-Lichtenberg, pour prix d'une
sauvegarde générale de son territoire, qui n'en fut pas moins terriblement foulé. Un colonel au service de l'Empire, Jean-Rodolphe
d'Ossa, qui se trouvait alors en Alsace, pour y faire des levées,
étant allé voir Mansfeld pour l'engager à protéger le comte de
Hanau, lui conseilla de ne pas irriter la République de Strasbourg en
dévastant ses domaines et lui insinua que le meilleur moyen d'avoir
des vivres, c'était d'empêcher le gaspillage insensé qu'en faisaient ses
soldats[4]. Le général lui répondit — et sans doute, il était sincère —
qu'il faisait décimer et pendre les maraudeurs autant qu'il le pouvait, mais que cela ne servait pas à grand'chose quand on n'avait
rien à donner à des troupes depuis longtemps sans solde, et que,
s'il était tout prêt à donner sa tête pour le Palatin, il n'avait pas
quatre cents florins en caisse. Ne voulant point se commettre ouver-

---

1. XIII, 17 nov. 1621. — On venait de publier sous le nom de *Cancellaria
Anhaltina,* les papiers secrets de l'Union, saisis dans les fourgons du roi
Frédéric, à la prise de Prague, le lendemain de la bataille de la Montagne-
Blanche.
2. XIII, 21 nov. 1621.
3. Lettre de Mansfeld à Strasbourg, 25 nov. 1621. (Archives de la ville.)
4. XIII, 26 nov. 1621.

tement avec un personnage si compromettant, le Magistrat lui
envoya, comme négociateur officieux, un bourgeois d'origine française, Pierre Manuel, pour l'engager à respecter la neutralité de la
République. Mais cette démarche ne resta pas cachée à l'évêque Léopold d'Autriche, qui fit savoir à Strasbourg tout le déplaisir que
lui causaient des rapports aussi suspects[1], et profita de la circonstance pour réclamer à son tour l'usage du pont du Rhin pour les
troupes impériales[2]. Le même jour, il lui fut répondu, que la ville
libre ne songeait pas à être infidèle au traité d'Aschaffenbourg,
qu'elle ignorait absolument les plans de Mansfeld, mais qu'il lui était
impossible aussi d'interpréter le traité en question de façon à être
engagée soudain dans une guerre en faveur de la maison d'Autriche[3].

Le général palatin menait en effet avec vigueur la lutte contre
cette dernière; le 3 décembre 1621, il avait paru devant les portes
de Haguenau et sommé la ville, défendue par une très faible garnison, de se rendre à merci. Le 6, il y avait fait son entrée solennelle,
et, de cette capitale improvisée, il menaçait l'Alsace entière, rêvant
de s'y tailler un domaine à la pointe de l'épée, comme Bernard de
Weimar devait le tenter plus tard. Le 22 décembre, il se présentait
devant Saverne, siège de la Régence épiscopale, défendu par le
comte Hermann-Adolphe de Salm, assaillait la ville, s'emparait
même des faubourgs, mais ne parvenait pas à forcer l'enceinte
principale. Par l'entremise d'un envoyé lorrain, M. de Ville, une
trêve fut signée par les belligérants au village de Steinbourg, le
9 janvier 1622[4], mais Mansfeld, irrité des pertes faites devant
Saverne, tout en se retirant à Haguenau, permit à sa cavalerie de
ravager le plat pays, et ses escadrons, commandés par un chef
entreprenant, le colonel Jean-Michel d'Obentraut[5], pénétrèrent fort
avant dans la Haute-Alsace, répandant partout la terreur et la désolation. Ramassis d'aventuriers accourus de toutes parts, les troupes
sous ses ordres n'étaient guère réunies, malgré les belles assurances de leur chef, que par l'amour commun du désordre et du

1. XIıI, 23 déc. 1621.
2. Lettre de l'évêque à la Ville, 13 déc. 1621.
3. Peu après, M. de Seebach, l'un des conseillers de la Régence, vint dire,
en réponse sans doute à cette missive, que Sa Majesté ne pouvait permettre
que Strasbourg restât neutre entre elle et ses ennemis (XIII, 29 déc. 1621).
4. Le texte de cette suspension d'armes négociée par M. de Ville se
trouve à la Bibl. Nat., Mscr. français, 15932.
5. Ce colonel de cavalerie est le prototype du « Michel allemand » traditionnel, auquel il ressemblait d'ailleurs si peu, qu'on a quelque peine à
s'expliquer la formation de la légende sur son nom.

butin[1] ; aussi les paysans affluaient-ils en masse vers les places fortes, et à Strasbourg, en particulier le chiffre des fuyards était prodigieux. Dans une lettre à l'ex-roi de Bohême le Magistrat estimait qu'à la fin de l'année 1621, il avait hébergé un instant jusqu'à cent mille personnes dans ses murs[2]. Encore en 1622, une visite domiciliaire, ordonnée par lui, faisait constater la présence de 9812 paysans étrangers, avec 4453 chevaux, 2635 bœufs et vaches, etc[3].

Sans doute la Régence d'Ensisheim avait envoyé un millier d'hommes au Landgraben, frontière de la Haute et de la Basse-Alsace, dès la fin de novembre 1621 ; mais l'archiduc étant absent de la province, personne n'étant particulièrement chargé de diriger la défense et de donner des ordres, le plus grand trouble et le plus complet désordre régnaient partout. Il y en avait qui croyaient que Léopold était mort[4] et jugeaient la résistance inutile ; les sommes votées par les États de la Haute-Alsace en 1621 n'avaient été que partiellement versées et ce qui fut encaissé fut mal employé[5]. On alla jusqu'à solliciter les bons offices du duc Henri de Lorraine, qui se déclara prêt à intervenir, tout en exprimant la crainte de ne pouvoir être fort utile. Il s'aboucha en effet avec Mansfeld, et soumit au comte de Salm et à la ville de Strasbourg les propositions du général palatin[6]. Mansfeld se déclarait prêt à quitter l'Alsace, à condition : 1° qu'on lui permettrait de la traverser avec 10,000 fantassins et 2,000 cavaliers, en payant ses vivres ; 2° que Léopold retirerait toutes ses troupes sur la rive droite du Rhin, sauf

---

1. « Jà dessous ses drapeaux marche
[le fier Anglois,
Le Picte, l'Esclavon, le généreux
[François,
Le Lorrain, l'Hibernois, le Walon
[plein d'audace,

Le Gascon plein de feu, de courage
[et de grâce,
Le Hollandois dressé aux exploits
[belliqueux,
Le reistre empistolé, le Suisse fu-
[rieux...»

L'Aiguillon d'honneur (S. l. 1621,4°), auquel nous empruntons ces vers, est un poème de D. Jocquet, obscur poète, qui semble avoir vécu alors dans le Palatinat et qui avait publié à Lyon, en 1613, un poème sur le mariage de Frédéric V.

2. Archives de la ville, AA, 932.

3. Dacheux, *Fragments de Chroniques*, III, p. 173.

4. Avis de Strasbourg, 25 nov. 1621. (Archives Nationales, K. 1971.)

5. *Defensionalabschied* de nov. 1621. (A.N.K. 1971.) Voy. aussi X. Mossmann, *Notes et Documents tirés des Archives de Colmar*, 1871, fascicule IX. Une seconde réunion des États eut lieu à Colmar, les 2-12 janvier 1622, sans meilleurs résultats. La ville de Colmar elle-même refusa de recevoir une garnison impériale.

6. Lettre du duc de Lorraine à Strasbourg, 5 février 1622. (Arch. de la ville.)

2,000 hommes de pied et 300 chevaux, qui feraient la police du
territoire, sans jamais attaquer les siens ; 3° qu'on verserait
100,000 rixdales pour le dédommager de tous ses frais. Ces propositions n'étaient pas sérieuses, car il ne pouvait croire que l'archiduc évacuerait le pays sans même tenter la lutte[1], et lui-même ne
songeait pas à quitter une contrée, dont il venait de faire sa place
d'armes, et où sa présence seule le vengeait déjà, dans une certaine mesure, de son vieil ennemi, l'archiduc d'Autriche[2]. Ce qu'il
y a de particulièrement curieux dans l'attitude de Mansfeld, à ce
moment, c'est l'effort qu'il fait pour agir sur l'opinion publique
protestante d'Alsace, à défaut des gouvernants, qu'il déclare cor-
rompus. Ses lettres aux Strasbourgeois, du 9 janvier et du
20 février 1622, présentent un tableau pathétique des intentions
perfides de la maison d'Autriche et des dangers que court partout
le pur Évangile[3]. Tout en admettant volontiers que l'auteur de ces
missives fût assez indifférent, au fond, aux querelles religieuses,
elles prouvent qu'il connaissait les dispositions des esprits, et l'on
peut constater en effet que les bons Strasbourgeois devenaient
frondeurs contre une autorité, trop tiède ou trop craintive à leurs
yeux. Il en venait à l'Hôtel de Ville, pour se plaindre de ce que
leurs fermes et leurs champs étaient pillés par les mercenaires de
Léopold ; d'autres parlaient ouvertement d'opposer la violence à la
violence, et dans les auberges on racontait que tel ou tel des conseillers de la ville, le docteur Wolff surtout, avait reçu de Spinola de belles chaînes d'or, « à se mettre debout dedans », pour
avoir aidé à détruire l'Union[4].

Mansfeld comptait à ce moment, d'une façon plus ou moins certaine, sur le concours, au moins secret, du gouvernement de
Louis XIII. Un diplomate français qui, dès le mois de décembre 1621,
l'avait visité à Haguenau, M. de Marcheville, écrivait le 25 de ce mois

1. Aussi Léopold dans une lettre adressée à son envoyé Wolf Boecklin de
Boecklinsau, du 23 février 1622, refusa net d'entrer dans la discussion des
préliminaires proposés.

2. Cette haine profonde remontait à des faits de l'année 1610 (Voy. R.
Reuss, *Ernst von Mansfeld*, p. 3). On la connaissait partout, et nous lisons
dans un rapport italien du 19 nov. 1621 : « Egli (Mansfeld) odia mortal-
meute l'arciduca Leopoldo per i disgusti ch'ebbe qual tempo che le serviva,
ed io vedo bene che lui sempre desidera qualche intrica di guerra in quei
confini dall' Alzacia, per andare in quelle parti, a fare il fatto suo. » (Bibl.
Nat. Mscr. franç., 15931.)

3. Archives de la ville, A.A. 923. Une lettre de Mausfeld à Nuremberg
(11 janvier 1622) également communiquée à Strasbourg est des plus curieuses
par ses effusions pieuses et patriotiques.

4. XIII, 23 février 1622.

au conseiller d'État Le Clerc, pour lui offrir les services du comte, qui « n'a d'autre maistre aujourd'huy que son interest, lequel, à mon advis, il prendra où il le rencontrera[1] ». A Vienne, on n'était pas sans « concevoir quelque desgout et ombrage » de ces négociations occultes, connues bientôt à la cour impériale, comme à Bruxelles. En mars 1622, on y racontait que Mansfeld avait reçu du roi de France le titre de maréchal de camp et de colonel général des Wallons, avec une pension de 18,000 livres[2]; qu'aurait-on dit si l'on avait su qu'il n'avait pas craint de solliciter Louis XIII de le protéger « dans la possession de l'Estat et Ville de Haguenau, soubz la recognoissance et dépendance de Sa Majesté[3] ? » Sans doute il ne recevait aucune réponse encourageante à des insinuations aussi directes, mais en mars 1622, Baugy faisait remarquer cependant à l'un des ministres de Ferdinand que si son maître « n'avait aucunément l'intention de préjudicier à l'Empereur, et moins encore à la religion catholique, il ne pouvait souffrir, que sous le prétexte d'icelle, et pour des desseins qui en sont bien éloignés, on entreprenne contre la paix et la liberté publique et la sûreté de ses voisins et alliés[4] ».

Ces voisins étaient, en attendant, également tourmentés par leurs amis et par leurs ennemis; les troupes de Léopold n'exerçaient guère moins de ravages dans le pays que celles de Mansfeld et pillaient les gens de Wasselonne et de Dorlisheim[5], bien que Strasbourg, propriétaire de ces localités, eût fourni des munitions de guerre à l'évêque pour sa tentative de reprendre Haguenau. Le général palatin, ayant eu vent de ce secours clandestin, se fâcha bien fort et, après avoir mis en fuite les régiments autrichiens, il demanda des quantités de vivres énormes, s'il devait continuer à respecter la neutralité de la République[6]. Le Magistrat protesta contre des pré-

1. B. N. Mscr. franç., 15931.
2. Baugy à Puysieulx, 23 mars 1622. Dès le 28 février, Mansfeld écrivait au roi, pour le remercier de ses titres et brevets et signait sa lettre « son trèshumble, très-obéissant et très-fidèle soldat et serviteur ». (Bibl. de l'Institut, Collection Godefroy, vol. 269.)
3. Instruction de Mansfeld pour Guichard, envoyé à Puysieulx, 1 et 12 février 1622. B. N. Mscr. franç. 15932.
4. Lettre de Baugy à Puysieulx, 30 mars 1622.
5. Quand la ville se plaignit à Léopold (14 mars 1622), celui-ci répondit que les Mansfeldiens ayant ruiné tout son territoire, il était bien obligé de s'approvisionner sur celui des autres. (Lettre du 29 mars 1622.)
6. Lettre des 9-19 mai 1622. Le colonel Peblitz demandait en son nom, « pour le soldat qui ne peut pas attendre longtemps », 531 rezaux de blé, 750 rezaux d'avoine et 22 foudres de vin *par jour* pour son armée.

tentions aussi démesurées ; il répondit à Mansfeld que ce n'était pas
au moment où on lui ruinait son commerce et où on lui assommait
ses paysans, alors qu'elle n'avait plus rien pour nourrir ses propres
habitants, que la République pouvait faire face à de pareilles
demandes[1]. Les semaines qui suivirent le retour de Mansfeld en
Alsace, après son infructueuse tentative pour se joindre à l'armée
de Chrétien de Brunswick, l'administrateur de Halberstadt, dont il
ne put que recueillir les débris, se passèrent en négociations et en
correspondances entre l'électeur palatin Frédéric, le duc de Lorraine, le margrave de Bade, le duc de Wurtemberg, la noblesse de
la Basse-Alsace, la ville de Strasbourg, l'administrateur de l'évêché, Hermann-Adolphe de Salm, et le général impérial, Jérôme
Carafa, marquis de Montenegro ; il y eut des conférences à Erstein,
Haguenau et ailleurs ; les États de la province étaient prêts aux
plus grands sacrifices pour faire évacuer la province, car si l'on
ne parvenait point à ensemencer les terres, une famine effroyable
régnerait l'année suivante en Alsace. Mais Mansfeld demandait
des sommes exorbitantes, et l'archiduc Léopold, qui s'était sauvé
jusqu'à Bregenz, défendit à Montenegro de continuer les négociations. Un instant le général palatin eut l'idée de se jeter sur
Brisach et de pénétrer en Bavière[2], mais il n'osa risquer cette
manœuvre stratégique avec des troupes aussi peu sûres que les siennes, et résolut de faire une dernière tentative contre Saverne, afin de
garder, en cas de réussite, une porte ouverte sur l'Alsace. Il attendait en même temps des nouvelles favorables de France, le gouverneur de la Champagne, le duc de Nevers, lui ayant fait faire par son
envoyé, M. de Montereau, les plus belles promesses de service.
Mais il dut reconnaître bientôt que ses espérances de ce côté
étaient vaines[3]. D'autre part, les Espagnols et l'armée de la Ligue
s'approchaient et ne lui permettaient plus de s'arrêter longtemps
dans la vallée rhénane, où ses soldats, de plus en plus démoralisés,
brûlaient et pillaient tout, pour le plaisir de détruire[4], au moment
où son maître, le Palatin fugitif, exhortait éloquemment les Strasbourgeois « à soutenir la liberté germanique si chèrement acquise

---

1. Lettre des 10-20 mai 1622.
2. Lettre d'un inconnu à Puysieulx, 4 juillet 1622.
3. « Je croyais que vos promesses tant de fois réitérées seraient effectuées,
écrivait Mansfeld à Puysieulx, le 5 juillet, et que Sa Majesté estimeroit mon
affection et le service que je luy pouvois rendre. Cela a apporté grand préjudice à mes affaires et les a mises en termes que je suis contraint de chercher qui m'employe. » (B. N. mscr. fr. 15932.)
4. Le colonel Peblitz lui-même, le représentant de Mansfeld à Strasbourg,
dut avouer que ces incendiaires étaient « horribles ». (Lettre du 27 juin 1622.)

et à favoriser la liberté de conscience qu'on veut étouffer maintenant[1] ». Villages protestants et catholiques étaient également livrés aux flammes : Geispolsheim, Wolxheim, Kolbsheim, Breuschwickersheim, etc., à moitié détruits, et deux villes même de la Décapole, Rosheim et Obernai, prises d'assaut ou forcées à se rendre. Du haut de la tour de la cathédrale, on pouvait voir parfois une quinzaine d'incendies rougir l'horizon[2], et la ville regorgeait plus que jamais de fuyards. C'est chargés des malédictions de tous, que les régiments de Mansfeld se mirent en marche vers les montagnes, où leur second assaut contre Saverne devait être aussi infructueux que le premier ; c'est sous les murs de cette petite, mais vaillante cité que l'ex-roi de Bohême, poussé par son faible beau-père, Jacques Ier d'Angleterre, le congédia en bonne forme, ainsi que le duc de Brunswick, pour essayer de sauver par des négociations une part de son patrimoine à ses enfants. Mansfeld disparut alors vers le Nord (11 janvier 1622), se dirigeant à travers la Lorraine, vers les Pays-Bas espagnols, où l'attendaient des aventures nouvelles.

Il laissait derrière lui l'Alsace dans un état de misère matérielle et de surexcitation morale extrêmes, y ayant discrédité pour longtemps la cause protestante et allumé une soif de vengeance facile à comprendre aux cœurs des catholiques. C'est seulement lorsqu'il eut disparu derrière la crête des Vosges, que les États de la province se décidèrent à mettre en pratique les mesures arrêtées un an plus tôt, et à organiser une battue générale du pays, pour le débarrasser des maraudeurs, des invalides et des pillards restés en arrière. Cette opération dura quatre semaines et rendit quelque sécurité aux campagnes désolées et désertes[3].

Les années qui suivirent l'invasion de Mansfeld en Alsace, cette invasion dont un chroniqueur contemporain a dit qu'on en parlerait encore dans les temps les plus reculés, furent assez tranquilles pour le pays au point de vue de l'ordre extérieur, mais elles comptent parmi les plus troublées au point de vue économique, politique et religieux[4]. Le retour de Léopold, la présence de troupes impériales en nombre suffisant, permettaient désormais à l'empereur de travailler à la reprise des positions perdues autrefois par l'Église en Alsace et à la consolidation du pouvoir de sa maison, fortement

1. Lettre de Niederehnheim, 25 juin 1622.
2. Walter, *Chronique strasbourgeoise*, fol. 175ᵃ. Le chroniqueur ajoute d'ailleurs : « *Die Leopoldischen machten es nicht besser.* »
3. Recès des États de la Basse-Alsace, du 13-23 août 1622.
4. Pour la question économique nous renvoyons au chapitre sur le *Commerce*, pour le détail de l'état religieux au livre VII de cet ouvrage.

ébranlé par les agissements de l'Union évangélique et de ses alliés. On sait avec quelle énergie tenace il agit, dans les années qui suivirent, contre les princes protestants d'Allemagne les plus puissants, voire même contre des alliés comme l'électeur de Saxe ; ce n'étaient pas quelques seigneurs d'importance secondaire et quelques villes impériales qui pouvaient l'empêcher de réaliser ses projets vis-à-vis des protestants d'Alsace, intimidés par les nouvelles qui leur venaient du dehors et par les récits des coreligionnaires exilés de la Bohême, de la Silésie, de l'Autriche, qui venaient chercher un asile jusque sur les bords du Rhin [1]. Ferdinand II ne demandait que deux choses pour réussir : l'appui fidèle de la Ligue catholique, pour ne pas être pris à revers, et l'assurance, ou du moins l'espoir que la France ne se mêlerait pas aux affaires d'Allemagne dans une intention hostile à ses projets personnels. C'est donc en dehors de l'Alsace que se poursuivent dans les années suivantes les tentatives d'alliances et de coalitions entre les amis et les adversaires des Habsbourgs, qui devaient influer le plus sur les destinées ultérieures de la province. « Former un party catholique en Allemagne, où la maison d'Autriche n'ait point de part et dont nous puissions nous prévaloir pour balancer et tenir bas celuy des protestants, et spécialement des calvinistes [2], » tel était le programme qu'on préconisait dès lors à la cour de France, trop occupée d'ailleurs des affaires du dedans pour prêter une attention soutenue à ce qui se passait au delà des Vosges. Une première tentative pour réaliser cet accord fut faite dès 1623 ; Maximilien de Bavière fut invité à s'allier à la France, la Savoie et la République de Venise, qui venaient de s'entendre le 7 février 1623 pour prendre à leur solde Mansfeld et opérer une diversion dans le nord de l'Allemagne, afin de contrebalancer l'influence de l'Espagne et peut-être de l'Empire [3]. Mais le nouvel électeur de Bavière, à peine mis en possession de sa dignité récente par Ferdinand, ne crut pas pouvoir l'abandonner déjà. D'ailleurs il ne jugeait pas la cause catholique assez triomphante en Allemagne pour pouvoir rompre sans danger une ancienne et lucrative alliance. L'empereur put donc prendre une attitude très décidée en Alsace, qu'il inonda de troupes ; il demanda à Strasbourg qu'on lui livrât les fonds de la maison palatine cachés, disait-on, au *Pfennigthurm* ou Trésor public de la ville, et en même temps des

1. Walther, *Chronique strasbourgeoise*, éd. Reuss, p. 19.
2. Lettre de Baugy à Puysieulx, 15 juillet 1622. (B. N. Mscr. fr. 15932).
3. Baugy à Puysieulx, 5 avril 1623.

subsides pour continuer la guerre [1]. Le Magistrat répondit dans les
formes les plus dévotieuses, mais en refusant ce qu'on lui demandait,
et comme il invoqua l'intercession de l'électeur de Saxe, on le laissa
tranquille. Des princes plus puissants que l'électeur Jean-Georges
s'intéressaient du reste à la petite République; en juin 1624, un
envoyé de Louis XIII s'y arrêta pour affirmer au Conseil que le roi
était tout prêt à lui venir en aide le jour où elle se sentirait menacée
et qu'il réunirait des troupes près de Metz afin de conserver les
libertés de la ville et de la nation allemande. Le Magistrat remercia
poliment de cette offre, tout en déclarant qu'il ne se croyait pas en
danger [2]. Ferdinand apprit peu après que MM. de La Haye et de
Marescot s'étaient arrêtés à Strasbourg et exprima tout son étonnement aux gouvernants de la République de n'avoir pas été immédiatement informé de ce qu'on leur voulait [3]. Mais il dut se contenter
de l'assurance que la ville était toute dévouée à Sa Majesté, qu'on
n'y songeait pas à une alliance avec l'étranger et qu'on n'avait
échangé avec les diplomates français que des propos de bon voisinage, sans aucune importance politique [4].

En été 1624, le bruit se répandit en Alsace que Mansfeld songeait
à recommencer une nouvelle campagne dans ces parages, qu'il
recrutait une armée dans les Trois-Evêchés, et qu'il allait ruiner
complètement cette fois les territoires si maltraités déjà deux ans
auparavant. Une crainte commune rapprocha pour un instant le
souverain et la petite République; ils échangèrent des missives infiniment plus cordiales que les précédentes [5] et Strasbourg obtint
même la promesse qu'on ferait partir pour d'autres quartiers un des
corps d'armée de Tilly, cantonné dans la province, qu'il dévastait
sous prétexte de la garder [6]. Ce n'était pas absolument sans raison
d'ailleurs que les Impériaux avaient craint un instant une invasion
nouvelle de Mansfeld en Alsace, car séjournant à Paris en décembre

1. Lettre de Ferdinand II, du 26 mars 1623.
2. Lettre de la ville de Strasbourg à l'empereur, 8 juillet 1624.
3. Lettre de Vienne, 20 juillet 1624.
4. Lettre de Strasbourg à l'empereur, 7 août 1624. La lettre du Conseil de
Strasbourg à Louis XIII, du 15 juillet 1624, pour le remercier des offres trans-
mises par M. de La Haye, a été publiée par M. A. Kroeber, dans la *Recue
d'Alsace*, 1870, p. 137.
5. Lettres de l'empereur du 20 juillet, et de la ville, du 14 août 1624.
6. Lettre de la ville à Ferdinand, 4 septembre, et de Ferdinand à Maximilien de Bavière et Tilly, 26 sept. 1624. Les soldats de Léopold qui restaient,
suffisaient d'ailleurs à vexer et à piller les populations. Le 29 juin 1625, le
comte de Salm dut adresser des excuses à Strasbourg, parce que ses soldats
avaient tiré sans provocation sur les habitants de Wasselonne.

1623 et en janvier 1624, le célèbre condottiere y avait en effet dis-
cnté avec le duc d'Angoulême le plan d'une attaque à faire, aux
frais de l'Angleterre, par l'Allemagne du Nord, tandis que la nouvelle ligue (France, Savoie, Venise) attaquerait du côté des Grisons.
Mansfeld viendrait rejoindre les combattants dans la Valteline, en
passant par l'Alsace [1]. Mais ces projets parurent trop dispendieux et
les opérations ultérieures du général palatin se bornèrent, on le sait,
à l'Allemagne du Nord.

Mais pendant que les péripéties de la lutte trentenaire se dérou-
laient momentanément dans ces parages lointains, la politique française, inspirée déjà par Richelieu, commençait à s'occuper plus
attentivement des régions rhénanes et l'on peut découvrir, dès 1625,
les premières indications d'une orientation nouvelle de ses desseins.
« Les armes du Roy, disait un mémoire confidentiel, rédigé au mois
de juillet de cette année, ne peuvent estre que tres honorables et
profitables dans l'Allemagne... utiles en ce que dans cette protection
le Roy trouvera moyen de s'accomoder de plusieurs païs voysins
de son royaume, ainsy que Henri II a fait de Toul, Verdun et Metz,
duquel dernier evesché il y a encore plusieurs places, bourgs et
villages dans l'Allemagne qui en dépendent, dont Sa Majesté se
peult facilement emparer, sans qui se pourra faire dans l'Alsace et
le long du Rhin, duquel il importe à la France d'avoir un passage
que l'on acquerra plus aysément en entreprenant ce dessein [2]. » A
cette date, personne encore dans le pays ne nourrissait de pressen-
timents à ce sujet, et Ferdinand II lui-même ne prévoyait assurément pas cette concurrence prochaine, si nuisible à ses propres
projets. Il croyait, à ce moment, rattacher plus solidement que
jamais l'Alsace aux destinées de sa maison, en déchargeant l'archiduc
Léopold, son frère, de l'administration de l'évêché de Strasbourg,
qu'il destinait à l'un de ses propres fils, tout en lui laissant le gouvernement des pays de l'Autriche antérieure, et en lui rouvrant le
siècle par son mariage avec Claudine de Médicis. Ce transfert, si
contraire aux canons du concile de Trente, s'opéra dans le courant
de l'année 1626, et le jeune archiduc Léopold-Guillaume, à peine
âgé de treize ans, fut préconisé par le Saint-Siège, après avoir été
élu par les chanoines-comtes du Grand-Chapitre [3]. L'empereur pen-

1. B. Nat. Mscr. franç. 18985, p. 264.
2. Ce mémoire est attribué à Richelieu lui-même par M. Rawson Gardiner
qui l'a publié dans la *Revue historique*, 1876, I, p. 229.
3. Toutes les pièces relatives à cette élection, l'*Instruction de Ferdinand II
pour le comte Jean-Ernest Fugger*, le *Mémorial du conseiller intime Jean
Lindtner*, etc., se trouvent aux archives de la Basse-Alsace, G. 203.

sait ainsi tenir la Haute et la Basse-Alsace en son pouvoir direct, et briser plus facilement la résistance des États protestants de la province ; longtemps avant la promulgation de l'Édit de Restitution [1], il essaya de l'appliquer, au nom de son fils mineur, dans les territoires alsaciens, et de reviser le traité de Haguenau de 1604, par lequel les chanoines protestants du Grand-Chapitre avaient conservé, sinon leurs droits ecclésiastiques, du moins des revenus considérables. Dès le 13 avril 1627, il faisait sommer ces derniers et leurs tenanciers ou vassaux d'évacuer les biens du Grand-Chapitre et de les remettre aux commissaires impériaux, en défendant en même temps au Magistrat de Strasbourg d'entraver ces mesures. A Strasbourg, « on avait grand peur », au dire d'un contemporain [2] ; aussi ne songea-t-on pas à y empêcher la reprise des immeubles du Chapitre, qui se fit en juillet. Encouragé par le peu de résistance qu'il rencontrait, Ferdinand résolut d'aller plus loin. Le 25 février 1628, un mandement impérial, insinué par acte notarié, sommait le Magistrat d'abandonner également toutes les églises, les couvents, oratoires et biens chapitraux, occupés par lui depuis la paix de religion d'Augsbourg, et cela dans un délai de deux mois.

La situation était d'autant plus dangereuse qu'au même moment les luthériens étaient expulsés de Haguenau, de Schlestadt, de Colmar même, et que la contre-réformation, assurée de la lassitude générale des protestants d'Allemagne, s'accentuait par tout le Saint-Empire. Néanmoins, la ville de Strasbourg ne put se résoudre à abandonner sans lutte tout ce qu'on lui demandait; elle protesta en déclarant qu'elle en appelait à la justice et qu'elle ne céderait qu'après un verdict de la Cour suprême, dont les lenteurs étaient bien connues. L'archiduc Léopold, chargé par Ferdinand de suivre ce litige, envoya ses conseillers, Jean Regnard de Schauenbourg et le Dr Jean Locher, à Strasbourg, pour engager le Magistrat à ne pas irriter le souverain par des tentatives d'obstruction, d'ailleurs inutiles. On leur répondit d'une façon très polie, mais tout à fait dilatoire [3]. L'inquiétude des gouvernants s'accrut quand, au mois d'août 1629, l'un des avocats de la ville, le Dr Schmidt, reçut d'un de ses correspondants de Vienne, le Dr Varnbüler, la communication confidentielle d'une occupation prochaine du pont du Rhin et du blocus de la ville, médité par les Impériaux, pour la punir de

---

1. L'Édit de Restitution ne fut promulgué que le 6 mars 1629.
2. Walther, *Chronique*, éd. Reuss, p. 20.
3. Les pièces relatives à cette mission, surtout la longue *Relation* de M. de Schauenbourg, du 26 février 1629, se trouvent aux archives de la Basse-Alsace, G. 176.

s'être engagée avec la France en des négociations secrètes[1]. Déjà
les commissaires impériaux avaient fait afficher, à Strasbourg même,
des édits du souverain, prescrivant la restitution des biens ecclésiastiques et l'expulsion des calvinistes, sans qu'on eût osé s'y
opposer[2] ; chaque jour la correspondance avec le chancelier épiscopal, le Dr Biegeisen, avec l'administrateur de l'évêché, le comte
de Salm, et avec M. de Schauenbourg devenait plus pressante d'un
côté, plus embarrassée de l'autre.

En même temps les dépenses augmentaient, la cherté des vivres
allait croissant, les contributions de guerre, réclamées par le commissaire général, Wolf d'Ossa, semblaient énormes aux administrateurs des petits territoires d'Alsace dont les ressources financières
étaient modestes. Dès 1628, on avait réclamé aux villes seules
de la Décapole une contribution hebdomadaire de quatre mille
florins, pour la solde de troupes qui n'étaient même pas encore
en Alsace. En 1629, cette occupation du pays étant effectuée,
chaque ville eut de fortes garnisons à nourrir et à payer, pour les
protéger contre les ennemis du dehors, qui préparaient leur ruine
complète, comme le commissaire Vizthum d'Eckstaedt l'écrivait
gravement aux Colmariens[3]. Le fait est que la Régence d'Ensisheim
avait constamment l'œil ouvert du côté de la France et qu'on allait
jusqu'à arrêter comme espions de pauvres Lorrains et Franc-Comtois, qui venaient quêter en Alsace pour rebâtir leurs villages incendiés[4]. Mais les procédés employés par les soudards de Collalto
étaient peu faits pour rendre les villes alsaciennes sensibles au
bonheur d'être protégées par eux contre les mauvais desseins de la
France. Les députés de la Décapole se réunirent le 15 septembre
1629 pour protester contre les lourdes charges qu'on faisait peser
sur leurs commettants, et qui dépassaient 4,000 florins par mois,

---

1. Lettre du Dr Varnbüler, datée de Vienne, 3-13 août 1629. Archives de la
ville, A.A. 974. En effet, des troupes espagnoles avaient pénétré dans le comté
de Hanau-Lichtenberg et se montraient près du château de Herrenstein,
appartenant à Strasbourg. Ce qu'il y a de curieux, c'est que les ministres de
Louis XIII choisissaient ce moment pour demander également au Magistrat
de restituer à la collégiale de Haslach certains revenus appartenant à cette
dernière et dont la ville jouissait depuis longtemps. Bien qu'écrit sur un ton
fort courtois, ce document, témoignage de zèle religieux plutôt que d'habileté politique, devait étonner et même blesser le Magistrat. La lettre royale
du 11 août 1629 se trouve dans Kentzinger, *Documents historiques tirés des
archives de Strasbourg*, I, p. 100.

2. XIII, 23 avril 1629.

3. Lettre du 30 janvier 1629. Mossmann, *Matériaux*, etc., *Revue d'Alsace*,
1876, p. 319.

4. *Revue d'Alsace*, 1876, p. 324.

pour la seule ville de Colmar [1] ; mais en vain retracèrent-ils le
tableau lamentable de la situation des pauvres bourgeois, empêchés
dans leur négoce, ruinés par les impôts et les réquisitions en nature
et abandonnant finalement leur droit de bourgeoisie quand ils avaient
perdu tout leur argent. Les marches et les contremarches incessantes des Impériaux n'en continuèrent pas moins au printemps de
l'année suivante, bien qu'on fût, en apparence, en pleine paix. Évidemment, les rapports bienveillants ou du moins courtois que la
cour de Vienne avait entretenus si longtemps avec celle de Saint-
Germain avaient cessé depuis que la mort de Gonzague de Mantoue
avait rouvert la question italienne, et que Richelieu pensait trouver
chez Maximilien de Bavière et ses alliés de la Ligue catholique,
exaspérés contre Wallenstein et craignant la trop grande puissance
de Ferdinand, un nouveau point d'appui contre les Habsbourgs, en
dehors de l'alliance des hérétiques. C'est certainement dans la crainte
de l'attaque inattendue d'une armée française que les troupes impériales organisaient un camp retranché tout autour de Haguenau et
qu'Ossa réclamait à Strasbourg les clefs du Herrenstein, petite
forteresse dans les Vosges [2] appartenant à la République.

Ce fut donc au milieu de vives alarmes qu'on célébra dans l'Alsace
protestante, le 25 juin 1630, le premier centenaire de la présentation
de la Confession d'Augsbourg à Charles-Quint. Les passages incessants de troupes, les avis anonymes annonçant des attaques prochaines énervaient et inquiétaient gouvernants et gouvernés [3], et
nul ne se sentait sûr du lendemain. Le découragement était si profond,
la lassitude si générale, que même la nouvelle de la déposition
subite de Wallenstein ne fit pas d'abord une grande impression sur
les esprits. Elle était due d'ailleurs aux seuls princes catholiques
présents à la diète de Ratisbonne, et leur zèle religieux surpassait
de beaucoup celui de l'ex-duc de Mecklembourg ; la cause protestante ne pouvait, semblait-il, tirer aucun profit de ces dissensions
intestines du parti adverse. Presque en même temps, cependant, on
apprenait que le roi de Suède, Gustave-Adolphe, avait débarqué
sur les côtes de Poméranie et que le roi de France se refusait à
ratifier l'accord de Ratisbonne, relatif à Mantoue. La guerre allait
donc recommencer à la fois sur les bords de la Baltique et sur les
bords du Pô.

1. En juin 1631, Colmar calculait ses dépenses de guerre depuis l'invasion
mansfeldienne, à 219,189 florins. (Mossmann, *Rev. d'Alsace*, 1876, p. 328.)
2. Elles lui furent d'ailleurs refusées et la forteresse mise en état de
défense. XIII, 14-23 avril 1630.
3. Walter, *Chronique*, p. 22-23.

Ces nouvelles étaient graves assurément; mais on ne saurait s'étonner que l'effet produit par elles sur les populations alsaciennes n'ait point paru tout d'abord très profond. Les plus optimistes parmi les protestants avaient été profondément découragés par les échecs successifs de tous les adversaires de Ferdinand II. Pourquoi le roi de Suède serait-il plus heureux que celui de Danemark, écrasé malgré ses alliances dans l'Empire et à l'étranger ? Quand on se rappelle que, durant de longs mois, ses plus proches voisins, ses parents même, le duc de Poméranie, l'électeur de Brandebourg, n'osèrent pas se prononcer pour Gustave-Adolphe, de peur de subir le sort des ducs de Mecklembourg et de l'électeur palatin, on ne saurait s'étonner de ce que les villes et les dynastes protestants de l'Alsace n'aient pas songé à manifester leur contentement au sujet de cette intervention généralement inattendue. Cependant les effets s'en firent sentir, presque immédiatement, jusque dans notre province. Une partie des troupes qui l'occupaient partirent pour le nord de l'Allemagne, d'autres, avec Ossa lui-même, furent dirigées sur l'Italie, et s'il en resta un certain nombre dans la Basse-Alsace, et sur les deux rives du Rhin, les campagnes se sentirent néanmoins soulagées dans une certaine mesure, et les esprits se montrèrent moins résignés à tout concéder par crainte de violences. Aussi quand les commissaires impériaux revinrent à Strasbourg, le 8 décembre 1630, pour sommer le Magistrat d'obéir enfin à l'Édit de restitution, ils furent poliment reçus, magnifiquement traités, mais amicalement refusés, selon le mot du chroniqueur[1], et lorsqu'ils essayèrent de faire acte d'autorité et qu'ils voulurent se saisir de force des biens ecclésiastiques dans le bourg de Wasselonne et y réintroduire le culte catholique, ils furent énergiquement éconduits par les autorités strasbourgeoises[2].

Cependant la France avait enfin fourni, par le traité de Baerwalde (janvier 1631), les subsides matériels nécessaires au roi de Suède pour qu'il pût marcher en avant. Le sac de Magdebourg (20 mai 1631), en forçant les princes luthériens d'Allemagne à sortir de leur réserve pusillanime, lui procura de plus l'irrésistible appui de l'opinion publique protestante, qui réclamait une vengeance de cet effroyable massacre. Vers le même moment, se signalait

---

1. Walter, *Chronique*, p. 23. — Les négociations de 1630, au sujet des biens du Grand-Chapitre (surtout le procès-verbal des séances des commissaires épiscopaux, F. Ernest de Créhange, Othon-Louis de Salm et le D⁰ Biegeisen, avec les délégués du Magistrat, en décembre 1630) se trouvent t A.B.A. G. 177.

2. XIII, 28 janvier 1631.

à Fontainebleau un traité secret avec la Bavière, qui, en lui garantissant ses territoires et la dignité électorale, entraînait Maximilien du côté de Louis XIII, sans grand profit d'ailleurs pour les Wittelsbach, puisque les succès foudroyants du roi de Suède ne permirent pas à Richelieu de protéger bien efficacement ce second allié, l'antagoniste le plus marquant du premier[1].

Pendant tout l'été, les passages de troupes continuèrent en Alsace; il en venait du Nord et du Sud, Espagnols, Italiens, Lorrains et Flamands; en août seulement il passa dix mille hommes sous les murs de Strasbourg[2]; les localités du bas pays étaient épuisées, le Trésor de la République entièrement vidé, et c'est en vain que la ville essaya de négocier un emprunt à Berne ou à Zurich[3]. Il fallut se résigner à accepter l'offre, — qui semblait bien dangereuse alors, — d'un secours pécuniaire qu'un envoyé français, récemment accrédité en Alsace, Melchior de l'Isle, offrait au nom de son maître. Ce personnage, autrefois professeur de droit à Bâle, sa ville natale, et protestant lui-même [4], allait être bientôt le premier de la longue série des diplomates que, pendant un demi-siècle, le gouvernement royal entretint à poste fixe à Strasbourg, afin d'y représenter ses intérêts, d'y gagner les esprits et de préparer peut-être, dès ce moment, les solutions entrevues dans l'avenir. Le secrétaire du Conseil des XV, Josias Glaser, fut donc envoyé en mission secrète[5] à Paris, au mois de juillet 1631, pour y obtenir un prêt de trente mille florins. Sa demande fut accordée de la façon la plus gracieuse, et cet emprunt fut le premier lien effectif entre la France et la petite République. Glaser était à peine revenu en septembre, qu'arriva la grande nouvelle de la victoire décisive de Breitenfeld, gagnée sur Tilly par le roi de Suède. Cette fois-ci, il n'y avait plus à en douter, la délivrance approchait, et la joie des populations protestantes de l'Alsace fut profonde et même un peu bruyante[6]. On craignit, à la cour de France, que les succès du roi

1. Le traité de Fontainebleau fut signé le 30 mai 1631. Son texte se trouve Bibl. Nat. Collection de Brienne, vol. 86.

2. Walter, *Chronique*, p. 24.

3. XIII, 20 juin 1631.

4. Chron. de Wencker, Dacheux, *Fragments*, III, p. 184.

5. Sur les détails de cette négociation je me permets de renvoyer à mon étude sur *Josias Glaser*, dans la *Revue d'Alsace*, 1869. La mission fut tenue secrète parce que le Magistrat avait grand'peur des Impériaux, qui venaient de saccager le Wurtemberg, uniquement parce que le duc avait adhéré aux décisions de neutralité de la Convention de Leipzig, tout comme Strasbourg (Walter, p. 24).

6. Le moine dominicain qui continuait au milieu au XVIIIe siècle la *Chro-*

de Suède ne leur fissent trop perdre de vue le protecteur plus
proche; aussi Louis XIII fit-il partir en février 1632 pour Strasbourg un nouvel envoyé spécial, le sieur Magnin. Dans une série
de conférences intimes, tenues avec le stettmeistre Joachim de Berstett, l'ammeistre Mueg et le Dʳ Becht, celui-ci leur exposa le désir
de son maître, de les voir « demeurer fermes et stables à son service, et, honorant le roy de Suède comme ils font, de garder à Sa Majesté le rang et la dignité dans leurs cœurs et en leurs affaires, telle
qu'il luy appartient, et à sa couronne ; que s'entretenant et vivant
de la sorte avec ces deux grands monarques, ils n'auront jamais
subject n'y appréhension de perdre volontairement la liberté qui
est si chère et inestimable, et que la plus grande extrémité du
temps passé n'a pu leur ôter[1] ».

Un peu plus tard, le roi envoyait un personnage de plus de poids
renouveler l'assurance de ses sentiments bienveillants à la République de Strasbourg ; il tenait cependant à marquer les limites jusqu'auxquelles il consentait à s'associer au mouvement pour la
la délivrance des États protestants de l'Empire. C'est certainement
par ordre supérieur que Melchior de l'Isle, gentilhomme de sa
chambre, et envoyé vers les princes luthériens et calvinistes d'Allemagne, exposait en mars 1632, dans un document fort étendu, la
politique qu'entendait suivre la couronne de France, à ce moment
précis. Loin de vouloir pousser la lutte à outrance, disait le représentant de Louis XIII, « Sa Majesté Très Chrétienne juge très nécessaire que tant les protestants que catholiques (sans s'arrester au
différent de la religion, que Dieu seul peut accorder) conspirent
conjoinctement à la conservation de leur patrie, au redressement
des lois fondamentales d'icelle, au restablissement de la justice,
violée de tant de façons, et à l'affermissement d'une bonne et
stable paix, qui seule peut rendre son ancienne splendeur, vigueur
et dignité à la Germanie; que, quant à la religion, comme Sa Majesté n'a jamais cru que les armes fussent un bon moyen pour la
planter au cœur des hommes, aussi ne pense-t-elle pas que les
princes et États protestants de l'Empire, qui ont toujours détesté
de telles violences et contraintes des consciences, voulussent maintenant se servir des armes pour l'amplification de leur religion,

---

nique de Guebwiller, cite d'après les souvenirs de son père à lui, le commen
cement d'une chanson bacchique, chantée par les protestants de la Haute-
Alsace en l'honneur du Suédois, qui « allait faire boiter la foi des papistes ».
Chron. de Guebwiller, éd. Mossmann, p. 269.

1. Kentzinger, *Documents*, II, p. 26-27.

scachans bien que les âmes ne peuvent et ne doivent estre forcées en leur croyance et qu'une année de paix fera plus de religieux que dix ans de guerre et qu'une bonne instruction et les exemples d'une bonne vie et sainete conversation sont plus persuasifs que toutes les violences du monde ». Belles paroles assurément, et qui font naître des regrets d'autant plus vifs que le fils du monarque dont elles émanent signait, cinquante ans plus tard, la révocation de l'Édit de Nantes.

Melchior de l'Isle ajoutait que la paix désirée par son maître pour l'Allemagne, était une paix solide, ferme et équitable, à laquelle le roi de Suède trouverait son compte et les protestants leur sûreté. « Sa Majesté ne prétend chose quelconque en Germanie et n'emploie sa royale sollicitude et celle de ses ministres que pour le bien et soulagement des princes et Estats de l'Empire, qu'elle désireroit voir jouir paisiblement de leurs dignités, privilèges et immunités et délivrés de l'oppression qui les a quasi tout à fait ruinés[1]. »

Comme s'il ne pouvait assez prodiguer les démonstrations d'amitié et les conseils de prudence politique, Louis XIII les fit réitérer au Magistrat par un troisième envoyé, M. de La Grange-aux-Ormes, le 5 avril de la même année. Il était chargé de les inviter à faire du roi « un refuge et secours assuré contre toutes les afflictions » et de les engager itérativement « à ne soumettre leurs murailles, leur État et l'autorité de la République, directement ou indirectement, à d'autres qu'à eux-mêmes[2] ». C'était évidemment la crainte d'une alliance trop intime avec la Suède qui dictait ces paroles.

Pendant toute la première moitié de l'année 1632, les désordres causés par les troupes impériales et leurs alliés lorrains continuèrent en Alsace ; vieux soudards ou recrues, ils pillaient par tout le pays, s'attaquant même à la propriété des familles régnantes[3], brûlant les villages du Kochersberg, et le commissaire impérial d'Ossa, revenu d'Italie, loin de veiller au maintien de l'ordre, donnait lui-même l'exemple des violences en s'emparant de force de la ville de Wissembourg, dont il enlevait le Magistrat sous prétexte qu'il s'était mis en rapport avec la Suède[4]. Mais déjà les mercenaires à la solde de Strasbourg osaient quitter les murs de la

1. Kentzinger, *Documents*, I, p. 211.
2. Id., *ibid.*, II, p. 35-36.
3. C'est ainsi que le 10 juillet 1632, ils pillaient le château princier de Horbourg. (Arch. Haute-Alsace, E. 54.)
4. Les Lorrains, de leur côté, faisaient prisonnier le comte Philippe-Wolfgang de Hanau-Lichtenberg sur son propre territoire.

ville et repousser les bandes incendiaires lorraines qui avaient
brûlé Dossenheim et attaquaient Barr, Northeim, et autres localités
du territoire strasbourgeois[1]. On sentait que la délivrance approchait. Au commencement de juin 1632, les Conseils, pleinement
convaincus que la puissance impériale n'était plus à craindre,
signaient avec l'envoyé de Gustave-Adolphe, Nicodème d'Ahausen,
une alliance offensive et défensive[2], qui prévoyait l'arrivée prochaine de contingents suédois en Alsace. Cette perspective ne pouvait qu'effrayer, on le comprend, les catholiques du pays ; aussi
c'est sur leurs craintes et, par suite, sur leur résignation, sinon
sur leur appui, que comptaient Louis XIII et Richelieu, en décidant qu'une armée française, la première depuis Henri II, des-
cendrait à son tour en Alsace, après avoir occupé le duché de Lorraine. En envoyant M. de Brézé aux princes catholiques d'Allemagne, ils le chargeaient de dire, que le roi essayerait de s'y saisir
des meilleures places, « pour empescher que le roy de Suède n'occupe le pays et pour y conserver la religion[3] ».

Le 12 juillet 1632, Melchior de l'Isle notifiait la venue de ces
troupes, destinées à balayer les Impériaux et les Lorrains de la vallée
rhénane. Le maréchal d'Effiat, qui les commandait, mourut inopinément à La Petite-Pierre, au moment où elles allaient déboucher des
Vosges, et ce fut sous les ordres du comte de La Suze que les premiers régiments du roi traversèrent la Basse-Alsace, Wissembourg
et Landau pour mettre le siège devant Trèves. Leur conduite fut
exemplaire et ils ne causèrent aucun dégât[4]. Le roi de Suède comprit qu'il devait se hâter s'il voulait exercer quelque influence dans
ces parages, et donna l'ordre à son tour au général Gustave Horn
et au rhingrave Othon-Louis d'entrer dans le pays. Ils franchirent
le pont du Rhin, en vertu de l'alliance conclue avec Strasbourg,
dans les derniers jours d'août, visitèrent en amis, vivement
acclamés, la ville libre, puis remontèrent, à petites étapes, vers la
Haute-Alsace, s'emparant d'Obernai, d'Erstein et d'autres localités moins importantes. Mais ils se virent arrêtés par la ville épis-

---

1. Walter, *Chronique*, p. 25.
2. Les procès-verbaux du Conseil des XIII ayant disparu pour les séances
du 27 février au 3 juillet 1632 (peut-être ne furent-ils pas inscrits au registre
par mesure de prudence), on ne connaît pas très exactement les stipulations
secrètes du traité.
3. Instruction pour M. de Brézé. Ce brouillon publié par l'éditeur des
Lettres de Richelieu (VIII, p. 230) y est rapporté à 1631 ; il est certainement
de 1632.
4. Walter, *Chronique*, p. 26.

copale de Benfeld, dont l'archiduc Léopold avait fait, après Strasbourg, la place d'armes la plus moderne et la plus solide du pays.
Aussi résista-t-elle du 18 septembre au 8 novembre, malgré la grosse
artillerie empruntée par Horn à l'arsenal de Strasbourg, et obtint-
elle finalement une capitulation fort honorable. Les Suédois s'y établirent immédiatement et s'y maintinrent jusqu'après la fin de la
guerre. Averties par la chute de Benfeld, les autres petites places
fortes, plus ou moins délabrées, Marckolsheim, Guémar, Bergheim,
Molsheim, ouvrirent leurs portes ; Châtenois fut emporté d'assaut et
malgré la triste nouvelle de la mort de Gustave-Adolphe à Lutzen,
nouvelle qui ne parvint à Strasbourg que le 16 novembre 1632[1],
les Suédois mirent le siège devant Schlestadt quelques jours plus
tard. En vain l'un des généraux impériaux, le margrave de Bade,
essaya-t-il de débloquer la ville ; elle dut se rendre à son tour, le
12 décembre, recevoir garnison suédoise, et rouvrir une église aux
protestants[2].

A partir de ce moment toute tentative de résistance sérieuse fut
abandonnée par la Régence d'Ensisheim, dont les membres se sau-
vèrent jusqu'à Faucogney en Franche-Comté ; les autorités locales
furent abandonnées à elles-mêmes et les petites villes de la Haute-
Alsace, Kaysersberg, Ammerschwihr, Türckheim, Munster, Ensisheim et Rouffach, furent successivement occupées par les partis
ennemis[3]. Il ne restait plus, sur la rive gauche du Rhin, que deux
villes importantes entre les mains des Impériaux, Saverne et Colmar. Cette dernière cité, mal défendue par quelques compagnies de
mercenaires et des milices sundgoviennes sous les ordres du colonel Vernier, était d'autant moins disposée à tenter une résistance
prolongée que les bourgeois, catholiques ou protestants, avaient
également à se plaindre du commandant. Des altercations violentes,
suivies d'un commencement d'émente, décidèrent le Magistrat,
entièrement catholique alors, à entrer en négociations avec Horn
(19-20 décembre) ; celles-ci aboutirent à une capitulation qui, tout en
respectant les libertés de la ville, y imposait la réouverture des
lieux de culte protestants[4]. Belfort capitula le 27 décembre 1632,

1. Walter, *Chronique*, p. 27.
2. *Histoire manuscrite du Collège des Jésuites de Schlestadt,* trad. par
l'abbé Pantaléon Mury, *Revue catholique d'Alsace,* 1866, p. 469.
3. Ensisheim, siège de la Régence autrichienne, fut pris d'assaut et presque
entièrement brûlé en décembre 1632.
4. Voy. *Belaegerung und Einnehmung der Stadt Colmar,* récit contemporain édité par M. Julien Sée, Colmar, 1877, 8°. Il se forma bien vite une
légende sur la « grande trahison » des Colmariens, dont on retrouve les éléments dans la *Chronique de Thann* du P. Tschamser (II, p. 450).

Thann le 1er janvier 1633. La conquête de la Haute-Alsace était ainsi achevée, mais dans ces régions, généralement dévouées aux Habsbourgs et plus dévouées encore à l'Église, l'apparition des escadrons suédois et allémands du rhingrave causa non seulement un vif effroi, mais éveilla de violentes colères, que leur indiscipline et leurs pillages, fort peu réprimés depuis que Gustave-Adolphe était mort, ne pouvaient qu'accroître[1]. Dès le premier jour, il y eut là des explosions d'une haine farouche entre vainqueurs et vaincus, qui, bourgeois ou paysans, participaient à la défense du pays[2]. Ce fut d'ailleurs une grande *razzia* plutôt qu'une campagne méthodique et savante, car dès le mois de février 1633, les troupes impériales venues de Brisach et de Bourgogne, et celles que le duc de Féria amenait d'Italie rentrèrent en Alsace, refoulant devant elles la cavalerie du rhingrave, et réoccupèrent Belfort, Thann, Soultz, Ensisheim et Guebwiller. Mais Féria, s'il réussit à débloquer Brisach, ne parvint pas à se maintenir dans la Haute-Alsace, qu'il dut quitter après un séjour de quinze jours à peine, pour aller rejoindre Aldringer dans la Forêt-Noire et sur le Haut-Danube[3], et les malheureuses localités, à peine délivrées, durent subir de nouveau la loi du vainqueur. A partir de ce moment, ce furent des passages continuels de détachements ennemis ou amis, mais également désastreux pour le pays; comme le disent naïvement les *Annales des Franciscains de Thann*, « tantôt les Impériaux venaient battre les Suédois, et tantôt les Suédois revenaient battre les Impériaux; c'était un massacre sempiternel[4] ». Plus néfastes encore et plus terribles que ces combats entre mercenaires furent les soulèvements désordonnés des paysans du Sundgau, qui taillèrent en pièces des partis suédois isolés et égorgèrent le colonel suédois d'Erlach à Ferrette. La répression fut impitoyable, les rebelles furent traqués, cernés, massacrés par centaines, pendus ou brûlés vifs dans leurs maisons, à Blotzheim, à Landser, à Danne-

---

1. Les pillards se portaient de préférence aux églises, aux couvents, dont ils chassaient les religieux, s'affublant des vêtements sacerdotaux, profanant les vases sacrés, etc. *Chronique de Guebwiller*, p. 273.

2. Cette haine ne se bornait pas aux couches populaires. Le comte de Salm, administrateur de l'Évêché, adressait de Saverne, le 1er nov. 1633, une lettre violente au Magistrat de Strasbourg, dans laquelle il l'accusait d'être la seule cause de la ruine du pays, où il avait introduit l'ennemi. On y prépara d'abord une longue réponse, mais finalement on préféra répondre par le silence du mépris. Sur le brouillon, il est dit que la missive ne fut pas expédiée. (Arch. de la ville, AA. 1654.)

3. Voy. F. Weinitz, *Der Zug des Herzogs von Feria nach Deutschland im Jahre 1633*. Heidelberg, Winter, 1882, 8°.

4. Tschamser, II, p. 453.

marie et autres lieux[1]. La froide cruauté, l'âpre soif de vengeance qui se manifestèrent de part et d'autre, ont gravé d'une manière ineffaçable cet épisode lugubre dans les souvenirs des populations de ces contrées[2].

L'été de 1633 fut encore marqué par d'autres rencontres, plus importantes au point de vue militaire, parmi lesquelles nous ne mentionnerons que la bataille de Pfaffenhofen, gagnée, non sans peine, par les troupes de l'Union de Heilbronn sur les Impériaux et les Lorrains, le dernier juillet[3]. Il est absolument inutile, en effet, de s'arrêter à l'énumération des escarmouches et des combats qui se produisirent alors en Alsace, de Niederbronn à Rouffach, expéditions de pure rapine bien souvent et qui ne donnent pas, en tout cas, une bien haute opinion des chefs militaires de l'un et de l'autre parti. On se croirait reporté aux petites guerres féodales du moyen âge en suivant sur la carte ces luttes embrouillées où les garnisons des places fortes et des petits corps volants escarmouchaient avec leurs voisins.

Au milieu de ce désordre général on ne pouvait manquer cependant de constater que la Suède et ses alliés d'Allemagne étaient en progrès, et les populations catholiques de l'Alsace, se croyant abandonnées par l'empereur, commençaient à regarder au delà des Vosges, soupirant après la protection d'un coreligionnaire, fût-il étranger, car elles avaient bien peur « qu'on ne les fît parler suédois[4] ». De son côté, les politiques français devaient se dire que le moment de s'affirmer davantage était venu. Peut-être bien la prière que « les Allemands ont fait au Roy de tenir une armée en Alsace, pour les servir, s'ils en ont besoing[5] », dont Charnacé devait faire mention chez les princes d'Outre-Rhin, n'avait-elle pas été formulée jusque-là d'une façon bien nette ; mais il est certain que si Louis XIII laissait fouler plus longtemps les populations catholiques de la province, il courait grand risque de perdre l'appui de l'élément le plus favorable, en somme, à ses projets futurs. Déjà

1. H. Bardy, *Les Suédois dans le Sundgau*, *Revue d'Alsace*, 1853, p. 17, 362 ; 1854, p. 413. Voy. aussi Archives de la Haute-Alsace, C. 510, des pièces sur les soulèvements de Ferrette, Delle, du Florimont, etc.

2. Ces mouvements ne se produisirent pas seulement dans le Sundgau ; il y en eut dans la vallée de La Bruche, dans le val de Villé, près de Reichshoffen, où beaucoup de paysans furent massacrés.

3. A. H.-A. C. 495.

4. Lettre de F. Maire, prévôt de Saint-Dié au secrétaire de la ville de Ribeauvillé, 28 novembre 1632, Archives de la Haute-Alsace, E. 562.

5. Instruction à M. de Charnacé, 13 janvier 1633.(*Lettres de Richelieu*, IV, p. 423.)

plusieurs des membres de la noblesse de la Haute-Alsace, fatigués
de voir leurs terres dévastées, se tournaient vers la Suède[1]. D'autre
part, il y avait certainement quelque danger à provoquer la jalousie
de l'Union de Heilbronn et surtout celle du grand chancelier Axel
Oxenstierna, en paraissant vouloir se substituer à la couronne de
Suède dans une province qu'elle regardait un peu comme sienne et
dans laquelle elle distribuait déjà des domaines et des localités entières à ses alliés, comme si elle en avait été le possesseur incontesté[2].

Un événement, assez inattendu, mais, préparé sans doute par des
négociations secrètes, permit à Richelieu de faire un pas décisif en
avant, dans les premiers jours de l'année 1634. Jusqu'ici les troupes
royales avaient bien traversé le pays, mais elles n'occupaient aucune position militaire importante en Alsace, puisque les petites
villes appartenant au comte de Hanau-Lichtenberg, Ingwiller et
Bouxwiller, placées sous la protection de Louis XIII, bien qu'entourées de murs, ne pouvaient passer pour de véritables forteresses. Mais le comte de Salm, administrateur de l'évêché, croyant
ne plus pouvoir se maintenir longtemps dans Saverne, et se voyant
à la veille de perdre également Haguenau, préféra les remettre
entre les mains du roi très chrétien, que de les voir tomber au
pouvoir de la Suède. Le 28 janvier, il signait avec M. de la Bloc-
querie un accord qui ouvrait les villes de Saverne et de Haguenau
et le château du Haut-Barr à des garnisons françaises[3]. Elles ne
les occupaient d'ailleurs qu'à titre de gages provisoires d'un arrangement futur, et dès le mois de mars, Louis XIII proposait à Ferdinand la conclusion d'une trêve, avec l'assurance « qu'il ne ferait
pas difficulté de rendre quelques-unes des places d'Alsace, bien que
telles restitutions ne se façent que par la paix[4] ». On peut être

---

1. Nous voyons que par ordre de la Régence autrichienne le procureur fiscal instruisait alors et un peu plus tard (1633-1635) contre Jean-Christophe et
Frédéric de Truchsess-Rheinfeld, Adalbert de Baerenfels, Rodolphe de Reinach, Bernard de Kageneck, etc., pour avoir ouvertement pris le parti des
Suédois. A.H.A. C. 449.

2. C'est ainsi que la couronne de Suède donnait à Strasbourg, en avril 1633,
les bailliages épiscopaux du Kochersberg et de la Wantzenau avec Reichshoffen, au rhingrave la ville de Molsheim, Erstein, Rouffach et Dachstein,
au colonel Wetzel de Marsilien la ville de Mutzig, etc.

3. Walter, *Chronique*, p. 30. — *Lettres de Richelieu*, VIII, p. 97. L'accord
était déjà conclu quand Richelieu écrivait au maréchal de La Force, le
2 février 1634, de se hâter de signer ce transfert « aux conditions qui peuvent
donner satisfaction audit comte », car « les Suédois l'investiront pour empescher qu'il ne puisse traiter avec Sa Majesté ». *Lettres de Richelieu*, VIII,
p. 266.

4. Instruction pour M. de Saint-George. *Lettres de Richelieu*, IV, p. 547.

assuré que les Suédois, maîtres de Schlestadt et de Benfeld, virent de fort mauvais œil cette apparition subite, et surtout cette installation durable dans leur voisinage immédiat, mais ils avaient besoin de l'alliance de la France pour renouveler avec la Pologne la trêve de 1629 qui allait expirer, et leurs armées étaient occupées sur le Danube et en Franconie, à tenir tête aux armées impériales. Ils se virent donc obligés d'assister, sans récriminations ouvertes, aux premiers actes du gouvernement français en Alsace, bien qu'ils missent en question, d'une façon passablement blessante, les décisions prises naguère par le chancelier suédois [1].

Bientôt, d'ailleurs, ils ne furent plus en mesure d'opposer une volonté propre aux volontés du grand ministre de Louis XIII. La fortune qui leur avait été propice depuis la journée de Breitenfeld, les abandonna subitement dans les plaines de Noerdlingen (5-6 septembre 1634). La nouvelle de l'écrasement des troupes commandées par Gustave Horn et Bernard de Weimar, produisit une émotion profonde en Alsace, et d'autant plus persistante, que quinze jours à peine après leur victoire, les Impériaux rentraient dans la province et que des milliers de Croates pillards inondaient les campagnes. Les populations rurales éperdues, reprenaient, une fois de plus, leur fuite vers les murs protecteurs des villes, qu'elles encombraient de malades et d'affamés [2]. A la cour de Saint-Germain, l'annonce de la bataille de Noerdlingen ne causa pas moins d'émoi; sans doute on s'y voyait débarrassé de rivaux dangereux, mais on ne pouvait se dissimuler d'autre part, que tout le poids de la lutte allait retomber, pour un temps, sur la France. Avec sa décision ordinaire, Richelieu fit avancer partout les troupes royales pour couvrir, autant que possible, l'Alsace; le vieux La Force dut se poster en avant de Haguenau; son fils reçut l'ordre de jeter des renforts dans Saverne; tous les fonds extraordinaires dont il aurait besoin, devaient être immédiatement fournis au maréchal [3]. Mais

---

1. Dès que la France eut ses troupes à Saverne et à Haguenau, fidèle à sa politique de ménagements pour les catholiques, elle contesta au Magistrat de Strasbourg ses droits sur le bailliage du Kochersberg, donné à la ville par la couronne de Suède. Il y a sur ce sujet un volumineux dossier aux Archives municipales (AA. 1871-1872) pour l'année 1634. Strasbourg avait fait placer ses armes dans les différents villages du district; M. de Saint-Simon, gouverneur de Saverne, les fit surmonter des armes de France. Sur les réclamations énergiques du Magistrat, M. de Feuquières, ambassadeur de France auprès de l'Union, écrivit de Francfort, le 19 mai 1634, à Saint-Simon de laisser les revenus du bailliage à Strasbourg et d'y rétablir seulement la religion catholique. (Keutzinger, *Documents*, I, p. 45.)

2. Walter, *Chronique*, p. 31-32.

3. Lettre du 1er octobre 1634, *Lettres de Richelieu*, IV, p. 619.

R. REUSS, *Alsace.*

tout cela ne pouvait guère empêcher l'invasion de l'Alsace, d'autant
plus que, dans les premiers jours de 1635, les Impériaux s'emparèrent par surprise de Philippsbourg, la citadelle spiroise récemment
construite, et que l'archevêque de Trèves, Philippe de Soetern, avait
ouverte aux Français. C'était pour eux une base d'opérations précieuse, et elle allait jouer dorénavant un rôle signalé dans les
guerres du XVIIᵉ siècle.

La défaite de Noerdlingen, avec ses conséquences immédiates ou
lointaines, marque le point tournant dans les destinées de l'Alsace.
« *Videtur laborantis Germaniae spes posthac e Gallia pendere*, » écrivait le diplomate hollandais Hugo Grotius, dès le 10-20 septembre 1634[1]. En effet, le grand chancelier Axel Oxenstierna, se
rendant compte de la gravité de la situation, ne voyait qu'un moyen
de continuer la lutte, celui d'y engager directement la France, en la
poussant à rompre avec l'Espagne. Il faisait partir, le 15 septembre.
en mission secrète, le vice-chancelier wurtembergeois, Jacques
Loeffler, pour offrir à Louis XIII toute l'Alsace, sauf Benfeld, ou
même avec Benfeld, si l'on ne pouvait maintenir l'alliance française
au prix d'un moindre sacrifice[2]. Avant même que les négociations
fussent terminées à Paris, le résultat en était acquis à Louis XIII ; le
rhingrave Othon-Louis, menacé par l'approche des Impériaux, avait
supplié le maréchal de La Force de lui venir en aide, « ne fût-ce qué
pour trois ou quatre jours » ; sur son refus, et pour le décider à marcher, le résident suédois Mockhel et le rhingrave signaient avec lui
une convention militaire qui, sauf Benfeld, abandonnait l'Alsace entière à l'occupation française[3]. Déjà les villes du Palatinat, Kaisers-
lautern, Neustadt, Mannheim, vexées par les troupes suédoises bat-
tues et moins disciplinées que jamais, avaient accepté volontiers des
garnisons françaises, qui y apportaient de l'argent et une meilleure
discipline[4]. Le 10 octobre 1634, les troupes royales entraient à Colmar, le 14 octobre à Schlestadt ; le 22 octobre, on esquissait à Worms
le projet de traité entre la France, la Suède et l'Union protestante de
Heilbronn, dont le § XI assurait à Louis XIII, dès qu'il prendrait
ouvertement part à la lutte, toutes les villes d'Alsace, même Brisach,

---

1. *Hugonis Grotii epistolae quotquot reperiri potuerunt.* Amstelodami,
1687, folio. Epistola 354.
2. Nous ne faisons qu'effleurer ici les négociations diplomatiques de Paris
et de Francfort, qui préparent de loin celles de Westphalie ; nous y reviendrons plus tard.
3. Cette convention fut signée le 9 octobre 1634 ; voy. G. Droysen, *Bernhard
von Weimar*, Leipzig, 1885, II, p. 40.
4. Droysen, *Bernhard von Weimar*, II, p. 38.

une fois cette forteresse prise, et jusqu'à ce moment, le libre passage sur le pont de Strasbourg. A la paix, il est vrai, toutes les
garnisons françaises de la rive gauche, comme celles de la rive
droite, devaient être retirées (§ XII)[1], mais la paix était encore loin,
et d'ici là la politique française gardait une liberté d'action complète ; au point de vue militaire, elle occupait, pour son entrée en
campagne, toute la ligne du Rhin, de Bâle à Mayence, qui ne pouvait être assaillie, avec quelque chance de succès, que par le sud
ou par le nord de l'Alsace. Ce fut contre les vœux de la Suède que
ces concessions furent faites à Louis XIII par les princes allemands ;
Oxenstierna prévoyait fort bien les conséquences de cet acte, mais
il n'avait pu l'empêcher[2].

Louis XIII et Richelieu n'étaient point pressés d'entrer directement en lutte avec la maison d'Autriche, et préféraient mettre
pendant quelque temps encore leur participation très réelle à la
guerre sous le couvert de l'Union protestante ; mais ils se sentaient déjà les maîtres en Alsace et leurs représentants y poussaient
les États encore hésitants à réclamer la protection de la France
comme la seule efficace, tout en déclarant qu'on ne songeait point
à les forcer à la recevoir[3]. L'Union protestante, de son côté, ou du
moins ceux de ses membres qui ne l'avaient point encore quittée[4],
réunis une seconde fois à Worms, en février 1635, avaient désigné
comme généralissime le duc Bernard de Weimar, avec les plus
larges pouvoirs. Mais ils ne pouvaient lui donner ce qui leur
manquait à eux-mêmes, l'argent nécessaire pour solder une armée,
et quand la diplomatie impériale eut réussi à faire signer à l'électeur de Saxe et à ses adhérents le traité de Prague (30 mai 1635),
tout appui dans l'Allemagne septentrionale, toute possibilité d'opérations militaires sérieuses au nord ou au centre de l'Empire

1. Le texte de ce traité se trouve dans les *Acta publica* de Londorp, tome
IV, fol. 444 suiv. Sur les négociations de la Convention de Worms, voy.
Droysen, *Bernhard von Weimar*, II, p. 53-66.
2. Il y a aux archives de la ville de Strasbourg (AA. 1053) un rapport fait
en 1634 au chancelier par un de ses correspondants de Paris, sur les desseins
de la France, et particulièrement sur son désir de s'emparer de l'Alsace et
de Strasbourg, qui a été évidemment communiqué au Magistrat par la
chancellerie suédoise.
3. Il y a une lettre de Melchior de l'Isle, écrite de Strasbourg au seigneur
de Ribeaupierre, le 2 novembre 1634, qui est bien caractéristique à cet égard.
(A.H.A. E. 1484.)
4. Après que Ferdinand et l'électeur de Saxe eurent signé l'accord de
Pirna (22 novembre 1634), en vue d'une paix définitive, la désertion se mit
parmi les membres de l'Union. et même en Alsace il y eut quelques
velléités, de la part de certaines villes, de s'associer à ces négociations.

furent perdus pour la cause protestante. Il ne restait donc en
réalité d'autre ressource à la Confédération désemparée que les
secours de la France, d'autre base d'opérations que la vallée rhénane. Les Suédois, rejetés vers la Baltique, devaient renoncer
pour longtemps à tout espoir de combiner leurs efforts avec ceux
de leurs alliés, à tout espoir aussi d'exercer une influence politique
dans le sud-ouest de l'Allemagne. En conservant à peu près in-
tactes les forces du roi pour ce moment définitif, Richelieu avait préparé de loin, mais d'une main sûre, le dénouement final. L'Alsace
était à lui ; quand, en janvier 1635, le duc Henri de Rohan y descendit, les Impériaux n'y occupaient plus que Rouffach qui fut
promptement enlevé et Riquewihr, qui était incapable d'une résistance prolongée. Tout le reste, sauf Strasbourg, déclarée neutre, et
Benfeld occupé par les Suédois, avait déjà des garnisons françaises[1].
Bernard de Weimar acculé sur le Rhin par des forces supérieures
et les alliés d'Allemagne dont il tenait son mandat n'étaient donc
pas à même de refuser à la longue aucune des conditions que leur
imposerait la France ; il ne leur restait d'autre alternative que de
les accepter ou se soumettre à Ferdinand. Et combien terrible
serait en ce cas pour les villes protestantes d'Alsace la vengeance de
l'empereur, exaspéré par la ruine de ses pays héréditaires et par
tout ce qui s'y était fait dans les trois dernières années ? Richelieu,
d'ailleurs, était beaucoup trop habile pour dévoiler dès lors le but
vers lequel il tendait. Comme il ne se souciait pas d'engager toutes
les forces de la France dans une guerre à fond contre les deux
branches des Habsbourgs à la fois, et comme il tenait à garder au
service du roi l'épée d'un prince de l'Empire, du plus connu des généraux de l'Allemagne protestante, il était prêt à faire à Bernard les
ouvertures les plus flatteuses et les promesses les plus tentantes,
sanf à décompter plus tard. Quand M. de Feuquières fut chargé,
dans les premières semaines de l'année 1635, de gagner le généralissime de l'Union, il eut mission de lui offrir un million, au besoin
même un million et demi de subsides, et de plus, les revenus des
bailliages autrichiens de l'Alsace supérieure et de celui de Haguenau[2]. Mais ce premier projet ne fut pas agréé par le duc, qui ne

---

1. Le traité de Paris, ratifié par l'Union à Worms le 20 mars 1635, cédait
Benfeld lui-même à Louis XIII ; mais la Suède refusa de le ratifier à son
tour, et par le traité particulier de Compiègne (18 avril 1635) le roi consentit
à le laisser à la Suède.

2. *Lettres de Richelieu*, V, p. 927, « Le Roy, écrivait Feuquières (*Lettres de
Feuquières*, II, 443), consent à ce qu'il *jouisse* du landgraviat d'Alsace et du
bailliage de Haguenau, *ce qui s'entend du revenu* qui pourra appartenir à la

voulait pas se sentir dans la dépendance absolue de Louis XIII, et ne jouir de ces terres « qu'avec la despendance et soubz l'authorité de Sa Majesté », d'autant plus que cette jouissance n'aurait été que temporaire, le roi ne s'attribuant ces pays « que comme un despot jusques à la paix et pour les garantir de l'oppression des deux partys ». Il voyait bien, en outre, qu'à ce moment, Richelieu avait un besoin urgent de son concours, non seulement « pour se rafraischir », mais pour « sauver » les places fortes de l'Alsace, Colmar, Schlestadt, etc. [1], dont l'importance était capitale à ses yeux, car elles formaient le front d'attaque du côté de Brisach [2], et la ligne de défense contre une invasion de la Lorraine [3].

La situation militaire avait en effet notablement changé par la conclusion du traité de Prague. De tous points les troupes impériales, espagnoles et lorraines convergeaient vers le Rhin, car l'armée suédoise était momentanément hors de combat. Il semblait, non sans raison, à la cour de Vienne que l'Alsace et le Palatinat, derniers centres de résistance, une fois conquis, la guerre serait finie. Bernard, déjà rejeté sur la rive gauche du fleuve, s'y maintenait à grand'peine et devait se retirer en septembre jusque dans le pays de la Sarre et sur les confins de la Lorraine, demandant, par des messages urgents, le concours, désormais indispensable, de l'armée française. Le cardinal de La Valette étant enfin venu le rejoindre, ils avaient repris l'offensive et poussé une pointe commune jusque sur le Mein, mais ils avaient dû finalement battre en retraite, et si celle-ci avait été glorieuse pour certains généraux, elle avait amené la ruine à peu près complète des armées. Acculé derechef sous les murs de Metz, Bernard fut bien obligé d'accepter les conditions formulées dans le traité de Saint-Germain, du 17-27 octobre 1635. En échange de quatre millions de subsides, il s'engageait à entretenir une armée de dix-huit mille hommes au ser-

maison d'Autriche, sans y comprendre les biens d'Eglise... voulant aussy que ledit duc y maintienne la religion catholique en toute liberté..., Sa Majesté se réservant aussi les places fortes desdits landgraviat et bailliage. » Voy. aussi le travail de M. J. G. Droysen : *In Sachen Herzogs Bernhardt*, dans les *Forschungen zur deutschen Geschichte*, Gœttingen, 1886, t. XXVI, p. 357 ss.

1. Richelieu aux généraux en Alsace, 26 mars 1635. (*Lettres de Richelieu*, IV, p. 692.)

2. Richelieu à la Force, 18 avril 1635. (*Lettres de Richelieu*, IV, p. 710).

3. On voit avec quelle sollicitude le ministre s'occupait des détails de la défense du pays par sa lettre à Servien, du 23 avril 1635, dans laquelle il lui réclame « des plans bien faicts des places d'Alsace... par lesquels on puisse juger clairement de la bonté et des travaux d'icelles ». (*Lettres de Riche-lieu*, IV, p. 723.)

vice de la France. En sus de cette somme, « Sa Majesté donne et
délaisse audit sieur duc le landgraviat d'Alsace, y compris le bailliage de Haguenau, pour en jouir soubz le titre de landgrave d'Alsace,
avec tous les droitz qui ont appartenu cy-devant à la maison d'Autriche, et lui promet de lui procurer ailleurs un équivalent, s'il doit
abandonner le pays à la paix générale ». Il y a, dans les termes de
cet article, une équivoque volontaire sur le terme de « landgraviat
d'Alsace », que nous retrouverons encore plus tard. En apparence
les termes du traité sont plus larges que ceux du projet de mars 1635,
car les réserves en faveur de l'autorité royale et de l'occupation des
places fortes ont disparu ; mais comme Louis XIII ne tient plus en
ce moment en Alsace que quelques rares forteresses, la chose importe
assez peu. C'est un territoire ennemi que le duc devra commencer
par conquérir pour en jouir jusqu'à la paix. Quant à la nature de
sa possession ou de ses droits, elle reste entièrement dans le vague.
Est-ce un *territoire* qu'on lui promet, sont-ce des *revenus* seulement ?
On ne sait, et chacune des parties contractantes se réservait sans
doute le droit d'interpréter le document à sa guise, le jour où elle
se croirait la plus forte[1].

A la fin de 1635, la situation des districts septentrionaux de
l'Alsace était des plus lamentables ; les cavaliers de Jean de Werth
couraient le pays et faisaient flamber les villages par douzaines[2] ;
les habitants des campagnes mouraient de faim par milliers ; les
petites places fortes de Molsheim et de Dachstein étaient prises, et
Saverne lui-même, ainsi que sa citadelle du Haut-Barr, canonnés
à outrance, ouvraient leurs portes au comte de Gallas. Plus au Sud,
la situation n'était guère moins compromise. Le duc de Rohan,
après avoir guerroyé, non sans succès, dans le Sundgau, venait
d'entrer en Suisse pour passer en Valteline ; les petites localités de
la Haute-Alsace, défendues par des garnisons françaises ou par leurs
seuls habitants, étaient attaquées, l'une après l'autre, par les troupes
lorraines. Guebwiller avait été pillé par les Impériaux le 1ᵉʳ juin[3],

---

1. En tout cas l'on ne saurait prétendre, comme l'a fait M. Droysen (*op.
cit.*, p. 367), que « l'Alsace » a été explicitement donnée par la France à
Bernard de Weimar. Si M. Droysen, dans la biographie de son héros,
affirme que celui-ci n'a pas songé un instant à moissonner des lauriers pour
la France, qu'il n'a cessé de penser, pendant toutes ces négociations, à la
patrie allemande (*Bernhard von Weimar*, II, p. 180), nous voulons bien l'en
croire ; mais il est évident aussi qu'en octobre Richelieu ne pouvait songer à
concéder au duc, refoulé hors de l'Alsace, ce qu'il lui avait refusé en mars,
alors qu'il tenait encore la rive droite du Rhin.
2. Walter, *Chronique*, p. 32.
3. Les troupes de la garnison de Brisach venaient sur les terres de l'abbaye

Riquewihr était pris par le colonel Vernier, quinze jours plus tard,
et terriblement pressuré par le vainqueur; Soultz, Turckheim,
Rouffach éprouvaient le même sort[1]. Les troupes royales se sentaient
mal à l'aise dans les villes plus particulièrement dévouées à l'Église
et, pour ce motif, plus attachées à Ferdinand II. Ce sentiment
d'insécurité peut seul expliquer certaines mesures draconiennes,
prises à ce moment, et qui ne furent pas de longtemps oubliées.
C'est ainsi qu'à Schlestadt, le gouverneur, M. d'Hocquincourt,
d'ailleurs très cassant d'allures avec tous les alliés du roi[2], ne crut
pouvoir se maintenir dans la ville, qu'en expulsant, à l'improviste,
et « comme une bande de pourceaux » tous les jeunes bourgeois,
mariés ou célibataires, au nombre de plus de quatre cents[3]. Les
habitants des campagnes pliaient sous le poids des réquisitions et
des corvées ; il leur fallut venir travailler aux fortifications des places
occupées, et y conduire ce qui leur restait de leurs récoltes, durant
toute l'année 1635[4]. Si les Impériaux s'approchaient en nombre de
Colmar ou de Haguenau, il était fort à craindre que ces forteresses,
abandonnées à leurs propres forces, ne pussent résister, et l'on
craignait déjà une invasion en Lorraine[5]. Fallait-il les abandonner à
leur sort? C'eût été le parti le plus facile à prendre, mais, comme
le dit un mémoire trouvé parmi les papiers de Richelieu, « honteux
et préjudiciable au service du roi ». Les conserver, était « nécessaire, mais très difficile ». Bernard de Weimar était encore au nord,
La Force se sentait trop faible pour quitter les Vosges et s'aventurer
dans la plaine. Il fallait donc tenter l'affaire avec des troupes nouvelles qui viendraient du côté de la Bourgogne. « L'événement de
ce dessein est incertain, disait notre mémoire, mais on n'en sçait
pas de meilleur et il est certain que si on ne secourt ces places, elles

de Murbach, charger des centaines de voitures avec des tonneaux de vin,
sans les payer, bien entendu. *Chronique des Dominicains de Guebwiller*,
p. 279.

1. Ensfelder, *Le siège de Riquewihr en 1635, Revue d'Alsace*, 1877, p. 373 ss.
2. Voy. la lettre qu'il écrivit au Magistrat de Strasbourg, le 16 octobre 1635.
(Kentzinger, *Documents*, II, p. 48.)
3. *Chronique manuscrite de J. Frey*, citée par l'abbé Gény, *Jahrbücher
der Jesuiten zu Schlettstadt* (Strasbourg, Le Roux, 1895), p. 395. A Haguenau, le gouverneur, M. d'Aiguebonne, avait interné les principaux bourgeois
dans sa maison pour les maintenir plus facilement.
4. On peut suivre les réquisitions de Manicamp pour les ouvrages de Colmar, et ceux de d'Hocquincourt pour Schlestadt, dans les archives de la petite
ville de Bergheim. (Inventaire des Archives communales, A.A. 3, 4.)
5. Dès le 3 août 1635, Louis XIII demandait au seigneur de Ribeaupierre
son château de Hohnack pour fermer le passage de Lorraine. (Arch. Haute-
Alsace, E. 1484.)

sont perdues et qu'ensuite... on apportera aisément la guerre au
dedans du royaume [1]. »

Richelieu s'efforça de réunir pour cette expédition les fonds nécessaires avec aussi peu de délais que possible, s'emportant contre les
intendants des armées qu'il accusait de gaspiller les finances [2], puis
il confia l'exécution de l'entreprise au cardinal de La Valette [3].
Celui-ci, venant de Lorraine, eut la satisfaction de voir Gallas se
retirer devant lui, jusque vers Landau, et put ainsi accomplir heureusement la mission de ravitailler les places d'Alsace. En février
1636, il était de retour; seulement comme on n'avait point suivi les
ordres de Richelieu, enjoignant d'amasser de grandes quantités de
vivres à Bâle, ce ravitaillement fut insuffisant et le grand ministre
prévoyait dès lors qu'on serait « en la mesme peine, devant qu'il
soit trois mois [4] ». Ce fut un moment très critique pour la politique
française; Strasbourg lui-même avait eu, dès l'année précédente,
des velléités d'accommodement avec l'empereur, assez faciles à
comprendre. Écrasée par les frais d'une garnison nombreuse, par
l'absence de tout commerce, par l'obligation de nourrir une foule
de malheureux réfugiés dans ses murs, la République était entrée
en correspondance avec Gallas, et celui-ci s'était empressé de faire
au Magistrat les promesses les plus séduisantes s'il rentrait dans le
devoir. En juillet 1635, les pourparlers avaient semblé devoir aboutir, mais l'insistance de Ferdinand à réclamer la restitution des
biens ecclésiastiques [5], et la promesse formelle de Louis XIII de
ne pas les abandonner, s'ils restaient fidèles à l'alliance de Francfort,
apportée par un envoyé spécial, le vicomte de Roussillon, finirent
par rompre les projets de réconciliation assez avancés déjà.

Au mois de juin 1636, la situation changea légèrement; le cardinal
de La Valette était venu ravitailler une seconde fois les forteresses
alsaciennes et débloquer Haguenau [6], tandis que Bernard de Weimar
mettait le siège devant Saverne, qui dut capituler le 14 juillet [7], après

1. *Lettres de Richelieu*, VIᵢ, p. 738-740.
2. Lettre à Servien, 19 nov. 1635; lettre à l'intendant de Gobelin, 21 nov.
1635. (*Lettres de Richelieu*, V, p. 953-954.)
3. Lettre du 1ᵉʳ janvier 1636. (*Lettres*, V, p. 961.)
4. Lettre du 7 février 1636. (*Lettres*, V, p. 965.)
5. Certains princes protestants d'Allemagne conseillaient de céder sur ce
point aussi. Il y a un mémoire des conseillers du landgrave Georges de Hesse,
adressé au Magistrat, daté du 13 oct. 1635, qui l'engage vivement à cette restitution. (Arch. Basse-Alsace, G. 177.)
6. Richelieu s'était occupé de cette nouvelle expédition, dès le commencement de l'année. Voy. ses lettres du 12 février, 19 mars, etc. (*Lettres*,
V, p. 966, 968.)
7. « Immortalem laudem sunt consecuti, » disait le capucin irlandais,

une défense acharnée, que le commandant suédois de Benfeld prenait Obernai d'assaut (4 juillet) et que le comte de La Suze s'emparait de Belfort. Les trois chefs d'armée, Gallas, le duc et le cardinal, quittant alors simultanément l'Alsace, où les villes, réputées jadis imprenables, changeaient si rapidement de maîtres [1], le pays eut un instant de répit, et les malheureux agriculteurs purent, pour autant qu'ils survivaient à de si dures épreuves, ensemencer enfin leurs champs et procéder plus tard à la récolte sous la protection des postes français stationnés dans les localités les plus importantes [2].

Les Impériaux une fois expulsés de l'Alsace, qui allait y avoir la haute main? Bernard de Weimar réclamait l'exécution, au moins partielle, du traité de Saint-Germain, resté lettre morte jusque-là [3]. Il y eut dans les sphères dirigeantes des hésitations faciles à comprendre. Le 20 juillet 1636, Richelieu avait écrit à La Valette, que le roi trouvait bon que Saverne fût remis entre les mains du duc [4]; mais déjà trois jours plus tard il exprimait des regrets au sujet de cette décision, et disait au cardinal dans un billet du 23 juillet: « On voudrait mettre Saverne aux mains de Weimar, mais on craint le bruit que feroient les catholiques; on lui consignera quelque autre place en Alsace [5]. » A ce moment, la question n'était d'ailleurs pas brûlante, puisque le sort final de la province ne semblait pas arrêté, même dans l'esprit du puissant directeur de la politique française [6]. Des occupations plus urgentes réclamaient aussi l'attention du général en chef, car après un répit de quelques mois, durant

Thomas Carve, dans son *Itinerarium* (p. 177), et Richelieu écrivait au roi, le 10 juillet 1636 : « Nous voyons Saverne pris; celui qui est dedans, a faict le diable. » (*Lettres*, V, p. 506.)

1. « C'était une misérable époque, dit la *Chronique de Guebwiller* (p. 276); tantôt les Français et les Suédois étaient les maîtres, tantôt les Impériaux. Personne ne savait plus au juste de qui il était le sujet. »

2. Le Magistrat de Strasbourg avait pris l'initiative de cette mesure appuyée par Richelieu auprès du roi, afin qu'une partie des céréales récoltées pussent servir à l'approvisionnement des garnisons royales. (*Lettres*, V, p. 484.)

3. Bernard avait été à Paris, en mars et avril 1636, très bien traité, mais sans obtenir grand'chose au point de vue pratique. Il ne se faisait pas absolument illusion sur ce que le don apparent de l'Alsace avait de précaire, puisque son conseiller, M. de Ponikau, disait peu après à Grotius, que le duc ne l'avait accepté que pour être d'autant mieux dédommagé lors de la paix générale. (Droysen, II, p. 202.)

4. *Lettres*, V, p. 980.

5. *Ibidem.*

6. Encore le 8 octobre 1636, Richelieu écrivait au maréchal d'Estrées, ambassadeur à Rome: « Pour ce qui est de l'Alsace... S. M. ne fera aucune difficulté de remettre toutes les places à ceux auxquels elles appartiennent, le mesme lui estant faict..... » (*Lettres*, V, p. 612.)

lesquels Gallas se tint en Bourgogne et en Franche-Comté, la
guerre se rapprocha de la plaine rhénane. Dès le printemps de 1637,
les Impériaux passaient le Rhin à Brisach, dévastaient les campagnes, et s'apprêtaient à cerner Colmar, Schlestadt et Benfeld.
Revenu de son second voyage de Paris (janvier 1637), Bernard de
Weimar se hâtait à son tour de rentrer dans la Haute-Alsace par
Ferrette et Belfort, avec une armée notablement accrue, grâce aux
subsides de la cour de France[1], et prenait ses mesures pour franchir le Rhin à l'aide de bateaux réquisitionnés de toutes parts, et
pour attaquer la base d'opération même de l'ennemi[2]. Assaillis par
Jean de Werth et le gouverneur de Brisach, près de Wittenweyer
(9 août 1637), les Weimariens furent vainqueurs ; mais un peu plus
tard, ils durent néanmoins abandonner les lignes de Rhinau, et le
duc, en se retirant vers le Jura, pour y reposer ses troupes, laissa
les Impériaux maîtres de la majeure partie du plat pays, et libres de
frapper tous ceux qui s'étaient montrés chancelants ou infidèles durant les crises précédentes[3].

Ces mécomptes n'étaient pas de nature à améliorer les relations
des alliés, trop disposés à rejeter chacun l'échec commun sur le
compte de son auxiliaire, et s'entendant mal sur l'interprétation du
texte passablement obscur de leurs engagements réciproques.
Aussi constate-t-on que les rapports de Bernard avec la cour de
France sont devenus moins cordiaux, empreints de plus de défiance,

1. Le 1er juin 1637, Richelieu lui écrivait, pour le stimuler : « Je désire si
passionnément votre contentement et de vous voir en estat d'acquérir de la
gloire, qu'il n'y a rien que je ne voulusse faire pour cela. » (*Lettres*, V,
p. 1032.)
2. Cela le mit en conflit avec la ville de Strasbourg, qui refusa son concours pour ne pas sortir de la neutralité absolue qu'elle avait proclamée,
dernière ressource des faibles. Les Impériaux ne lui surent pas gré de son
attitude, Bernard se montra furieux, et des deux côtés on lui coupait les vivres pour l'amener à donner passage sur son pont du Rhin, fermé aux belligérants. En général on maltraitait la petite République de mille manières
et rien n'est plus caractéristique que le changement de ton des représentants
même subalternes de la France à l'égard du Magistrat auquel on prodiguait
naguère les assurances d'affection les plus choisies. Voy. les lettres de l'intendant d'Orgères (Kentzinger, *Documents*, II, p. 66), du gouverneur de Saverne, M. de Folleville (*Ibid.*, II, p. 77), du comte de Chabot, à Schlestadt
(*Ibid.*, I, p. 232). Malgré le sentiment profond de sa faiblesse, le Magistrat
ne laissait pas d'être profondément blessé de certaines insolences et se plaignit au roi des « voleries et brigandages » dont ses territoires étaient la
victime.
3. On voit, par exemple, par la déposition d'un soldat autrichien faite à
Brisach, le 9 mars 1637, que l'auditeur général de la Régence dressait alors
un réquisitoire contre les seigneurs de Ribeaupierre, accusés d'avoir montré
aux Suédois le chemin de l'Alsace (!) et de leur indiquer les moyens de
prendre Brisach. (Arch. H.-Alsace, E. 1431.)

au moment où va s'ouvrir la campagne de 1638. Non pas que Richelieu méconnaisse toute l'utilité de la présence d'un prince allemand
à la tête des troupes royales ou qu'il lui ménage les compliments.
« Les services que M. le duc de Weymar rend tous les jours à la
France et à la cause commune sont assez considérables, dit-il à
Hugo Grotius, l'ambassadeur de Suède, pour obliger les deux couronnes à embrasser ses interests avec toute sorte d'affection, ce à
quoy le Roy s'emploiera de son costé. » Mais il ajoute immédiatement : « Comme aussy la Suède doit faire pareillement tout son
possible à ce que la France puisse retenir toujours la Lorraine et
ce qu'elle tient en Alsace [1]. » D'autre part, Bernard, qui venait de
remporter sur les Impériaux la brillante victoire de Rheinfelden
(3 mars 1638) et d'envoyer, comme trophée, l'intrépide Jean de
Werth à la cour de Louis XIII, où il parut en conquérant plutôt
qu'en captif, n'était pas d'humeur à renoncer à son landgraviat
d'Alsace, après avoir perdu jadis, par la défaite de Noerdlingen,
son duché de Franconie. Il sentait fort bien l'hostilité sourde des
commandants français dans la province, et dans ses lettres au baron
d'Erlach, son représentant momentané à Paris, il se plaignait amèrement d'être « dépossédé quasi au préjudice des dons du Roy et
contre ses volontés de ce qu'il tient dans l'Alsace [2] ». Erlach, de
son côté, ne dissimulait pas à son chef le mauvais vouloir des conseillers du roi. Il lui écrivait le 18 juin 1638, que les Français lui
céderaient la province aussi tard qu'ils le pourraient, et quelques
jours plus tard, réitérant ses renseignements confidentiels, il lui
disait qu'on cherchait des prétextes pour se dispenser de tenir parole. Il ajoutait : « La haine religieuse est trop grande [3] » indiquant ainsi, sinon l'unique, du moins une des raisons du mauvais
vouloir de Richelieu.

Bernard ne désespérait pas cependant de l'emporter dans ce
conflit occulte, lorsqu'une fois il aurait une grande place forte pour

---

1. *Lettres de Richelieu*, VI, p. 24.
2. Gonzenbach, *Hans Ludwig von Erlach*, Bern, Wyss, 1880, *Urkundenbuch*, p. 32. (Lettre du 16 mai 1638.)
3. « Das odium religionis ist garzu gross. » (Droysen, *Bernhard von Weimar*, II, 390.) Erlach ne voulait pas parler, bien entendu, d'une « haine religieuse » du cardinal contre Bernard, mais de l'opposition qui se produisait
à la cour contre l'idée de remettre les populations catholiques de l'Alsace à
la garde d'un hérétique, même en l'empêchant d'appliquer l'axiome de droit
public : *Cuius regio eius religio*, que d'ailleurs le duc ne songeait certainement pas à appliquer. On craignait peut-être aussi les récriminations de la
Bavière, des électeurs ecclésiastiques ; on désirait surtout garder le pays
pour soi-même.

lui servir de capitale et de centre d'opérations. C'est ce qui lui fit
pousser avec tant d'énergie le blocus et le siège de Brisach. Il le
commence en avril 1638, et le maintient, malgré les efforts répétés
des Impériaux pour débloquer la forteresse. Savelli et Gœtz sont
battus près de Wittenweyer, sur la rive droite (9 août 1638), Charles
de Lorraine à Cernay, sur la rive gauche du Rhin (14 octobre 1638).
On sait que Brisach, vaillamment défendu par M. de Reinach, son
gouverneur, dut capituler le 17 décembre 1638, après avoir épuisé
ses ressources et passé par toutes les horreurs d'une épouvantable
famine[1].

Cette place, si importante alors et dont le nom retentit durant des
mois par toute l'Europe, comme trente ans auparavant celui d'Ostende
et de nos jours celui de Sébastopol, le duc de Weimar se la vit disputée, dès le lendemain de son entrée. Mais il avait pris ses précau-
tions ; le 20 décembre déjà, il y établissait comme gouverneur le
fidèle d'Erlach, avec des troupes sûres, et quand Melchior de l'Isle
et le maréchal de Guébriant accoururent pour sonder le terrain,
pour voir si l'on pourrait introduire à Brisach une garnison française[2], il était trop tard. Cela n'empêcha pas Richelieu de la réclamer
peu après, « purement pour le bien de la cause commune[3] ».
Mais le duc refusa d'y recevoir d'autres troupes que les siennes,
d'autant, ajoutait-il, avec une légère ironie, qu'elles aussi étaient
au service du roi. Il n'y organise pas seulement le gouvernement militaire, mais il réorganise aussi toute l'administration
civile, créant une nouvelle Régence de Brisach, à la tête de laquelle
il place un de ses colonels, et à ses côtés une Chambre des finances
composée de cinq membres[4]. Elle devait étendre son action sur le
Sundgau comme sur le Brisgau, et il la chargeait entre autres de
rechercher des sujets capables, adhérents de la Confession d'Augsbourg, pour remplir les offices de la province[5].

Bernard sentait bien cependant que sans l'agrément de Louis XIII
son autorité ne serait jamais que précaire, puisqu'au cas où on lui
retirerait les subsides de la France, l'entretien de son armée deve-

1. Sur les scènes de cannibalisme qui marquèrent la fin du siège, voy. le
Theatrum Europœum et les nombreuses feuilles volantes de l'époque, ainsi
que les récits modernes, p. ex. Droysen, II, p. 481-482.
2. « Um selber in das nest zu sizen, » comme le prédisait Erlach, dès le
22 juin 1638 (Gonzenbach, *Urkundenbuch*, p. 51).
3. Instruction à M. de Guébriant, du 27 déc. 1638 - 6 janvier 1639.
4. Le décret d'organisation est du 26 avril 1639. Voy. Droysen, II, 539.
5. Instruction pour les conseillers de la Régence et de la Chambre de
Brisach, Arch. H.-Alsace, C. 955.

naît impossible, et que, sans armée, le maintien de son autorité dans la Haute-Alsace et le Brisgau n'aurait pas duré plus de quelques mois[1]. Aussi tenta-t-il un nouveau rapprochement en mars 1639. Il se déclara prêt à renoncer à ses pensions royales, à ses conquêtes en Bourgogne, à toutes les indemnités promises et qu'il avait encore à toucher pour frais de guerre et de garnison en Alsace, à la seule condition que le roi consentît enfin à le nommer et à le reconnaître « landgraf et prince de l'Alsace inférieure et supérieure et lui cédât les places fortes occupées par Sa Majesté[2] ». Il demandait de plus à posséder ces pays à titre héréditaire et exprimait le désir que la France ne signât point de traité de paix où cette possession ne lui fût pas garantie. Désirant être l'intermédiaire obligatoire dans toutes les relations de Louis XIII avec les États protestants de l'Empire, il réclamait enfin la libre disposition des quatre millions de livres de subsides annuels, et le titre, comme aussi le pouvoir effectif, de généralissime de toutes les troupes auxiliaires françaises. C'étaient de bien fières prétentions et qui ne pouvaient guère être admises, même en faveur d'un chef victorieux, quelque besoin qu'on pût avoir encore de son épée. Il faudrait encore bien des triomphes pour en arracher la réalisation à la cour de France, et ces triomphes, le temps tout au moins va manquer à Bernard de Weimar pour les remporter sur ses ennemis. Richelieu ne songeait pas à retirer les garnisons françaises de Colmar et de Schlestadt, de Saverne et de Haguenau, et la simple occupation de ces quatre villes suffisait d'autant mieux à paralyser le duc, au point de vue d'une action politique autonome, que Strasbourg aussi, dans sa neutralité si faiblement armée, ne se souciait pas de voir le prince saxon devenir trop puissant en Alsace[3]. On lui promit seulement de « le maintenir en Alsace afin que ce soit une perpétuelle barrière entre la France et ses ennemis », et quand le baron d'Oysonville, lui fut dépêché par

---

1. La discussion soulevée par M. Droysen sur le point de savoir si Bernard était soumis en Alsace « à l'autorité du roi » et sa réponse négative (*Forschungen zur deutschen Geschichte*, XXVI, p. 386-387) nous semble oiseuse. Il ne pouvait exister en Alsace que par la France, grâce à la France, par suite, en accord avec elle. Que ce fut dit, ou non, en termes exprès, dans le traité d'octobre 1635, cela ne pouvait être un instant douteux, pour qui jugeait sainement l'état des choses.

2. Gonzenbach, *Hans Ludwig von Erlach, Urkundenbuch*, p. 194.

3. Déjà Roese, dans sa *Vie de Bernard de Weimar*, a publié d'après les archives saxonnes, le curieux document : « Raisons pour lesquelles le Roi ne peut donner à M. de Weimar les places que Sa Majesté tient en Alsace. » (II, document 54.) Voy. aussi les *Lettres de Richelieu*, VI, p. 408. Parmi ces *raisons*, il y en a de bizarres, celle, par exemple, que la France se perdrait de réputation si elle ne savait résister aux sollicitations de ses amis !

Louis XIII au printemps de 1639, il reçut l'ordre de lui parler
« avec fermeté et modération », de ne lui donner aucun sujet de
croire qu'on le craignît à Saint-Germain, ou qu'on appréhendât de
sa part une rupture. D'Oysonville ne devait pas toucher le premier
la question des villes d'Alsace. Si le duc entamait la discussion lui-
même, son interlocuteur avait pour mission de lui démontrer que le
traité par lequel le roi lui avait laissé le landgraviat d'Alsace ne
l'obligeait pas à mettre ces places entre ses mains[1]. On voulait bien
lui laisser la garde de Brisach. « encore que Sa Majesté pourrait
raisonnablement prétendre y mettre des gouverneurs et autres gens
pour y commander »; on savait en effet que Bernard ne céderait jamais sur ce point. Mais on comptait bien,—du moins on le disait,—
que le duc « ne ferait aucune difficulté de donner sa déclaration par
escrit, qu'il tient la dite place et forteresse de Brisac soubs l'autorité de Sa Majesté, sans qu'elle puisse jamais sortir de ses mains...
que par l'ordre et avec le consentement exprès de Sa Majesté[2] ».
Bernard, de son côté, réclama à Guébriant une déclaration formelle
de Louis XIII, qu'il lui « laisserait libres, sans aucunes prétentions,
les pays d'Alsace, ceux d'outre-Rhin et autres qu'il tenait à présent[3] ». On était plus loin que jamais d'une entente, comme on le
voit par ces demandes opposées, et tôt ou tard, si la mort inopinée
du duc de Weimar n'était pas venue rompre ces liens qui pesaient aux
deux parties, il y aurait eu conflit ouvert entre les politiques français et le prince saxon[4]. Répugnant à donner le signal du démem-
brement de l'Empire, comme le pressentait d'Avaux, et comme il le
disait lui-même à Guébriant[5], Bernard était décidé pourtant à s'y
faire une large place et songeait sans doute à la création d'un tiers-
parti, assez puissant pour intervenir entre la France, la Suède et
l'Autriche[6]. Aurait-il réussi ? Qui pourrait l'affirmer ou le nier avec

---

1. Instruction pour M. le baron d'Oysonville, *Lettres de Richelieu*, VI, p. 410.
2. Instruction à M. de Guébriant, du 20-30 avril 1639. Roese, II, p. 51.
3. Dans l'entrevue de Pontarlier, le 23 juin 1639.
4. Dans une dépêche à d'Avaux, écrite deux jours avant la mort du
duc Richelieu caractérisait son attitude comme « presque insupportable ».
(Droysen, II, p. 566.)
5. Droysen, *Bernhard von Weimar*, II, p. 562.
6. Un de ceux qui l'avaient connu de plus près, M. de Feuquières, écrivait,
dès le 17 mars 1634, au P. Joseph, en lui parlant de Bernard: « Son ambition
ne lui mettra pas de petites pensées dans l'esprit » (*Lettres de Feuquières*, II,
p. 235), et il est certain que Bernard n'aurait pas mieux demandé que de
jouer dans l'Empire le rôle qu'y tint, au XVIᵉ siècle, Maurice de Saxe, et
bientôt après sa mort, Frédéric-Guillaume de Brandebourg. Peut-être son
influence sur la soldatesque lui eût-elle tenu lieu, dans une certaine mesure,
de la base territoriale qui lui manquait pour jouer un rôle politique décisif
dans l'Allemagne protestante, épuisée par vingt années de luttes.

certitude ? Pour le moment, la fortune semblait lui sourire. Après
une heureuse apparition en Bourgogne, où il s'empara de Joux et
de Pontarlier, il rentrait en Alsace en mai 1639 et se saisissait de
Thann, la dernière ville qui se fût soustraite jusque-là à l'occupation
permanente des Suédois ou des Français. Mais ce fut aussi sa dernière opération militaire. Saisi d'une fièvre violente à Neuenbourg
sur le Rhin, il y expira si subitement le 18 juillet 1639 que beaucoup
de contemporains crurent à un crime, mis en œuvre pour écarter
un ami dangereux de la France, au moment où il allait devenir son
ennemi [1].

Nulle part la mort de Bernard de Weimar ne fut plus sincèrement pleurée que dans l'Alsace protestante, sinon par les gouvernants, du moins par la masse des bourgeois des villes et par les
habitants des campagnes. On l'avait salué de son vivant, comme
l'élève favori, comme le digne successeur de Gustave-Adolphe ; on
l'avait chanté comme « l'Hercule allemand », défenseur de la foi [2].
On le regretta, mort, comme un nouveau Macchabée, succombant au
moment où il allait arracher le sol allemand au joug de l'étranger [3].
Les populations, assez indifférentes alors à la question de savoir
qui serait leur maître, pourvu que la paix régnât et qu'on respectât
le libre exercice de leur foi, saluaient volontiers, pour autant
qu'elles étaient protestantes, de leurs acclamations, ce guerrier
fameux, à la fleur de l'âge, de sang princier et de même race qu'elles-
mêmes. Quant aux princes et aux dynastes alsaciens, bien qu'ils
eussent suivi sa politique d'un œil jaloux, craignant en lui non seulement un rival, mais un maître futur, il n'est guère probable qu'ils
eussent pu l'empêcher de créer sur les bords du Rhin ce nouvel

---

1. Un pamphlet curieux, qui se prétend écrit par un officier weimarien de
la garnison de Brisach, publié en 1639 (*Abtruck Schreibens von einem
fürnehmen Officier,etc.*, s. l., 1639, 4°), disait que « le grand mufti de Paris » lui
avait servi un potage français (« hat ihn mit einem frantzœsischen potage
einmahl für alle abgespeist, » fol. 7). Le chroniqueur strasbourgeois Walter
raconte un peu plus tard, se servant de la langue française, pour faire un
mauvais calembour: « Il a mangé poison avec poisson et cela en un brochet »
(*Chronique*, p. 36). Aujourd'hui ces récits d'empoisonnement sont depuis
longtemps abandonnés; Roese, le premier, et depuis M. Alexi, dans le programme du lycée de Colmar (1874, 8°) ont démontré que le duc a succombé
à un accès aigu de la fièvre putride, contractée durant les fatigues du siège
de Brisach.
2. Le philologue strasbourgeois bien connu, Freinshemius, venait de publier
un poème épique sur Bernard et le siège de Brisach, intitulé *Teutscher Tu-
gentspiegel oder Gesang... von den Thaten des alten und neuen Teutschen
Hercules*. Strasbourg, 1639, 54 pages in-folio.
3. *Versus in beatum obitum... Bernhardi Saxoniæ ducis,* a M. Samuele
Glonero, Argentorati, 1640, 56 pages 4°.

État d'Alsace, dont il n'a jamais porté le titre[1], si la France l'avait
permis. Les catholiques par contré exécraient leur vainqueur et
c'est avec une joie visible que le moine franciscain de Thann inscrit
dans ses *Annales* la bonne nouvelle que « Dieu a enlevé de terre et
jeté dans le feu éternel cette verge sanglante et tyrannique, dont
la mort a suscité partout une profonde allégresse dans la catholicité
d'Allemagne[2] ».

Quels que fussent d'ailleurs les sentiments si contradictoires,
éveillés par la mort de Bernard de Weimar, une chose était certaine : lui disparu, rien ne pouvait contrebalancer désormais en
Alsace l'ascendant de la France. Si même son frère, le duc Guillaume,
avait essayé d'entrer en possession du bel héritage que le testament du défunt lui attribuait sur les rives du Rhin[3], il est peu probable que les colonels weimariens, Erlach, Nassau, Rosen, Oehm et
les autres, personnellement attachés à Bernard, fussent restés bien
longtemps fidèles à son héritier. Mais il n'osa point le tenter et nul
ne saurait lui en vouloir[4]. L'argent comptant envoyé par Richelieu,
les promesses pour l'avenir, devaient l'emporter chez ces vieux soldats de fortune qui n'aspiraient qu'à se battre, contre écus sonnants
et à bien vivre, sous n'importe quel drapeau. Ce n'étaient pas eux
d'ailleurs, l'eussent-ils ardemment voulu, qui auraient pu obtenir
qu'on rendît l'Alsace à l'Empire, lors de la paix générale, comme le
demandaient les volontés dernières de Bernard[5]. Après avoir vagué
pendant quelques mois à travers la province, descendant la vallée
rhénane jusqu'à Spire, puis remontant vers Strasbourg, effrayant
les populations, qui s'attendaient à tous les excès de la part de ces

1. Gonzenbach a établi que Bernard n'avait jamais porté ce titre de landgrave d'Alsace qu'il ambitionnait, puisqu'il voulait le tenir de « la grâce de
Dieu » et non de celle de Louis XIII. (*Joh. Ludwig von Erlach*, II, p. XIV.)

2. Tschamser, II, p. 480.

3. Sur ce testament et l'impossibilité manifeste de le mettre à exécution,
voy. Gonzenbach, *Joh. Ludwig von Erlach*, I, p. 350 ss.

4. Erlach a déduit les motifs de son renoncement, d'une façon fort sagace,
dans un mémoire à M. Des Noyers, du 31 juillet 1639. Gonzenbach, *Urkundenbuch*, p. 206.

5. Il y avait assurément dans l'armée weimarienne des officiers que nous
appellerions aujourd'hui des patriotes allemands ; dans la brochure de 1639,
citée plus haut, l'un d'eux disait : « Les Français voulaient la Lorraine pour
défendre leur royaume ; ensuite ils ont voulu l'Alsace pour protéger la Lorraine ; maintenant ils réclament le Brisgau pour défendre l'Alsace, et cela
continuera de la sorte jusqu'à ce que le bon compère Jean soit finalement
chassé de la maison. » (Fol. 10.) Mais c'était certainement le petit nombre
qui raisonnait ainsi.

troupes sans chef reconnu[1], les Weimariens revinrent vers Colmar et Brisach, et c'est là que fut signé avec les envoyés de Louis XIII, l'arrangement du 19-29 octobre qui les mettait définitivement au service de la couronne de France. On leur garantissait leur existence et leur autonomie comme corps d'armée, on leur laissait leurs colonels comme *directeurs*, mais on plaçait à leur tête un maréchal de France, et les places fortes qu'ils occupaient devaient être livrées au roi[2]. Le duc de Longueville, leur nouveau généralissime, fut remplacé bientôt après par un chef des plus capables, par le maréchal de Guébriant.

A partir de ce moment, la « grande guerre » est terminée, à vrai dire, pour ce qui regarde l'Alsace, car le gros de l'armée weimarienne s'achemine vers le Nord et vers l'Est, et va guerroyer jusqu'en Franconie, en Thuringe et en Saxe. Le principal auxiliaire de Bernard, le major-général d'Erlach, reste comme gouverneur dans Brisach, mais à ses côtés, le baron d'Oysonville, neveu du secrétaire d'État Des Noyers, fonctionne comme lieutenant du roi dans la place, et comme « intendant de justice, police et finances de l'Alsace, du Brisgau et du Sundgau », dans le reste de la province. C'est la première indication officielle des changements politiques qui se préparent dans le pays. Sans doute des observateurs attentifs avaient pu noter déjà antérieurement certains détails inquiétants pour les partisans décidés de l'ancien ordre de choses. Dès septembre 1638, le gouverneur français de Schlestadt avait fait réunir les habitants dans la cathédrale, pour y célébrer conjointement avec la garnison, la naissance du Dauphin de France[3]. Le Magistrat de Strasbourg, écrivait à l'occasion de cet événement une lettre de félicitations à Louis XIII, dans laquelle il promettait de « témoigner ses devoirs et très humbles services à Mgr le Dauphin, quand Sa Majesté, chargée d'années et de triomphes, aura reçu la dernière couronne de gloire et d'immortalité qui luy est acquise et préparée au ciel[4] ». Ce n'étaient là que des figures de rhétorique et les membres du Magistrat qui signaient ces déclarations obséquieuses ne pensaient pas, à coup sûr, que quarante ans plus tard ce dauphin nouveau-né deviendrait leur maître. Ce qui était plus grave et pouvait inquiéter à bon droit les autres cités d'Alsace, c'est qu'on forçait, en jan-

---

1. Walter dit dans sa *Chronique* (p. 36) qu'on voyait bien que la tête manquait.
2. Le traité préparé à Saint-Germain, ratifié à Brisach, se trouve chez Gonzenbach, *Urkundenbuch*, p. 220-224.
3. *Chronique manuscrite de Balthasar Beck*, chez Gény, p. 409.
4. Lettre du 6 octobre 1638. Kentzinger, *Documents*, I, p. 238.

vier 1640, par les plus violentes menaces, les habitants de Saverne
à prêter hommage au roi de France[1]. Les donneurs de conseils
officieux, qui ne manquent jamais aux pouvoirs triomphants, commençaient déjà à faire parvenir à la cour des projets de démembre-
ment et d'annexion complète de la province. Tel celui qu'en
octobre 1639 l'ancien secrétaire du Conseil des XV de Strasbourg,
devenu résident de Suède dans sa ville natale, Josias Glaser, faisait
tenir en secret à Louis XIII[2]. Il proposait de partager toute l'Alsace
en quatre grands bailliages avec des *landvogt*, grands prévôts ou
lieutenants royaux, à leur tête, qui résideraient à Mulhouse, Colmar, Molsheim et Haguenau[3]. Ces grands bailliages engloberaient
tous les États du pays, évêché, villes libres et terres seigneuriales,
et seraient placés sous la direction suprême d'un lieutenant général ou vice-roi, « Français de nation, versé dans la langue allemande au possible, homme d'exécution et de grand esprit ». Glaser
traçait dans cette pièce curieuse tout le programme d'un gouvernement réparateur des misères de la guerre, respectueux des droits
et des privilèges politiques et de la liberté de conscience. « Ainsi
tous et chascun trouvera la servitude soubz un Roy si doulx et
débonnaire, agréable et préférable à toute autre domination du
monde, de sorte que peu à peu, et avec le temps, on les pourra
ranger à leurs anciens devoirs d'obeyssance[4]. »

Le souverain et son premier ministre étaient trop avisés pour
adopter un projet aussi naïvement révolutionnaire, et qui ne témoi-
gnait pas précisément en faveur des capacités politiques de celui
qui l'avait dressé, avec tout le zèle d'un transfuge, déjà pensionné
pour services précédemment rendus. Mais ils commençaient à se
gérer en légitimes propriétaires, tout au moins des terres antri-
chiennes de la Haute-Alsace. La couronne de Suède, et, plus tard,
Bernard de Weimar, avaient écarté de leurs fiefs nombre de membres
de la noblesse de l'Autriche antérieure, pour les conférer à des

---

1. Les procès-verbaux du Conseil de ville, conservés aux archives de
Saverne, relatent en détail la façon dont M. de Belesbat, le nouvel inten-
dant des armées, arracha ce serment aux bourgeois. Voy. Dag. Fischer,
Geschichte der Stadt Zabern (Zabern, Fuchs, 1874), p. 77.

2. Néanmoins la pièce vint à la connaissance du Magistrat de Strasbourg,
car c'est dans les Archives de cette ville que nous l'avons trouvée il y a une
trentaine d'années.

3. Glaser n'osa pas mentionner parmi les villes à soumettre, celle de
Strasbourg, craignant sans doute de se faire une mauvaise affaire avec ses
anciens concitoyens.

4. Archives de la ville, AA. 1892. Cf. Rod. Reuss, *Josias Glaser et son
projet d'annexer l'Alsace à la France en 1639*. Mulhouse, Bader, 1869, 8°.

officiers de fortune ou à d'autres partisans de leur cause[1]. On admit
ces seigneurs dépossédés à porter plainte contre les intrus qui,
pendant leur absence, s'étaient mis en jouissance de leurs droits
utiles, et la nouvelle Régence royale, établie à Brisach, en remplacement de celle qu'avait organisée le duc, les fit rentrer en possession de leurs fiefs, à condition qu'ils prêteraient le serment de fidélité à Louis XIII[2]. Une foule de demandes furent adressées à
d'Erlach et d'Oysonville de la part des membres de la noblesse immédiate d'Alsace, pour être placés sous la protection spéciale du
roi, recevoir ses sauvegardes et être débarrassés des exactions des
garnisaires[3]. Il suffit de lire les suppliques humbles et désolées,
que des dynastes importants comme les Ribeaupierre, adressaient
alors et dans les années suivantes, à la cour de France, implorant
la bienveillance du monarque au milieu de leurs misères, pour
comprendre la profonde résignation de la plupart des États d'Alsace
à tout changement de régime, pourvu qu'il apportât la paix et la
délivrance de tant de maux[4].

Cette paix aurait été dès lors à peu près assurée, puisque les
Impériaux ne reparurent plus en Alsace, si le duc Charles de
Lorraine, cet infatigable adversaire de la France, n'avait tenu en
haleine, par des incursions répétées, les populations sur les frontières du pays, débouchant tantôt au sud, tantôt au centre de la
province, et laissant chaque fois derrière lui la ruine la plus
affreuse[5]. Ce qui contribua également, dans une certaine mesure,
à faciliter la tâche des intendants et des généraux français, ce fut
l'attitude maladroite du nouvel empereur Ferdinand III à l'égard de
Strasbourg, le seul État dans toute l'Alsace, qui, grâce à ses murs
et à sa position géographique, fût encore à même de poursuivre
une politique un peu plus indépendante. Au lieu de s'attacher à
gagner sa confiance, de compatir à sa situation pénible au milieu des

1. C'est ainsi que la couronne de Suède avait conféré tout le comté de
Ferrette au général hessois Melander, en septembre 1634.

2. Arch. Haute-Alsace C. 956 (1639-1640). Nous citerons les Landenberg,
les Kloeckler, les Reinach, les Zu Rhein, les Reich de Reichenstein, etc.

3. A.H.A. C. 957 (1639-1643).

4. A.H.A. E. 542 (1641-1654). En 1640, p. ex., M. de Ribeaupierre voyait
son bailli de Guémar arrêté dans sa résidence, pour avoir essayé de réprimer
les exactions des garnisaires, sous prétexte qu'il les a « insultés ». C'est de
la façon la plus humble qu'il prie l'intendant, M. de Baussan, d'étouffer
l'affaire. (A.H.A. E. 1144.)

5. Pour les détails, voir Strobel, *Geschichte des Elsass*, IV, p. 450 ss.
Chasser les Lorrains d'Alsace fut une des dernières préoccupations de
Richelieu ; il en donnait encore l'ordre dans une lettre à Des Noyers, du
22 sept. 1642. (*Lettres de Richelieu*, VII, p. 140.)

belligérants, il essaya de la forcer à quitter la neutralité qu'elle
observait depuis bientôt six ans, et à se rallier à la politique impériale, en lui rouvrant le passage du Rhin. Mais le Magistrat n'ayant
pu se décider à quitter l'attitude que lui imposait le sentiment de
sa faiblesse[1], Ferdinand III lui fit sentir son déplaisir en ne le
convoquant pas à la diète de Ratisbonne, en juillet 1640, alors
qu'il y conviait Colmar et Haguenau, occupées pourtant par des
garnisons françaises. Cette quasi-exclusion de l'Empire, opérée par
le chef même de l'État, rejetait forcément Strasbourg vers la France,
qui, du moins, ne cessait de protester de ses sentiments amicaux
à l'égard de la petite République, tout en autorisant ses soldats à
fourrager sans cesse sur son territoire[2]. La mort du cardinal de
Richelieu (4 décembre 1642) n'amena aucun changement appréciable
dans la situation de la province. Le tout-puissant ministre n'y fut
regretté, ni par les protestants qui n'avaient qu'une confiance
limitée en ses intentions secrètes, ni par les catholiques qui, généralement, étaient encore à ce moment dévoués à la maison d'Autriche[3]. Nous ne parlons ici que des sentiments véritables des populations; les chancelleries présentèrent naturellement leurs compliments de condoléance, plus ou moins pompeux, plus ou moins
sincères, aux détenteurs nouveaux du pouvoir[4]. Le chargé d'affaires
de Messieurs de Strasbourg à Paris, le sieur de Polhelm, leur
écrivait sur ce changement de ministère, le 12 janvier 1643 : « Nous
ne voyons pas bien clair encore en plusieurs choses à la cour, après
la perte de ce grand et incomparable ministre; on ne peut nier

---

1. Lorenz et Schérer ont très exactement caractérisé cette « neutralité née
d'une faiblesse absolue » (*Gesch. des Elsasses*, 3ᵉ édit., p. 34), tout en ayant
l'air de la blâmer; mais rien d'autre n'était possible.

2. En janvier 1642, une députation du Magistrat se rendit à la cour pour se
plaindre de ces exactions, mais sans grand résultat. Le 30 janvier 1643, on
écrivait de nouveau à M. de Polhelm que les généraux « prennoient à leur
principale tasche de sapper les fondements de nos privilèges, de nous
troubler en la possession de nos donations, de loger dans nos terres, de
ruiner nos subjects... Les geus de guerre ne se contentent pas de vivre
dans les villages à discrétion et empescher les laboureurs en leurs travaux,
mais par malice et méchanteté leur rompent, gattent, deschirent et brulent
les charriots, charrettes, charrues et aultres outils». (Arch. de la Ville, AA.
1092.)

3. La *Chronique des Franciscains de Thann* dit en racontant sa mort :
« Es war ein grosser Statist, ein erfahrener Jurist, ein tiefsinniger Theologus
und ausgemachter Mann. » (Tschamser, II, 495.)

4. Strasbourg écrivait à Mazarin le 20 janvier 1643 qu'elle avait appris
le décès « d'un si sage, prudent, heureux et fidèle ministre d'estat » avec
d'autant plus de douleur « que nous avons perdu en sa mort un très grand
patron et bienfaiteur ». (Kentzinger, *Documents*, I, p. 247.)

qu'elle ne soit irréparable pour cet Estat; si est qu'elle n'y a
apporté ni changement, ni relaschement aux affaires, le Roy estant
résolu de les pousser, avec mesme plus de vigueur et de fermeté
qu'il n'a faict jusqu'icy[1]. » Mais Louis XIII fermait à son tour les
yeux, le 14 mai 1643, et c'était le commencement d'une de ces
longues minorités qui n'ont jamais été heureuses pour la France.
Détail curieux! Le Magistrat de Strasbourg qui avait fait prononcer
en 1632 l'éloge du roi par le plus renommé des professeurs de son
Université[2] ne jugea pas opportun de renouveler en l'honneur du
souverain défunt le panégyrique consacré jadis au monarque
vivant. Peut-être trouvait-il que le « défenseur des libertés germaniques » avait quelque peu trompé ses espérances d'alors[3] ; puis les
conflits réitérés de la République et des bourgeois de Strasbourg
avec les colonels weimariens et les commandants de place français
avaient sans doute refroidi les sympathies d'autrefois[4]. Le Magistrat
écrivit cependant au petit roi pour l'assurer « qu'il ne saurait soulager son ennuy qu'avec des soupirs, ni consoler sa tristesse qu'avec
des larmes[5] ; mais dans la lettre de condoléance adressée à la
régente, les Conseils ne purent s'empêcher de mêler des récriminations aux compliments et de demander que les commandants des
places d'Alsace n'eussent plus permission « de les traiter autrement
qu'en bons voisins[6] ». Les ordres formels et les réprimandes aux

---

1. Archives de la ville, A.A. 1092.

2. Panegyricus christianissimo Galliarum et Navarrae regi Ludovico XIII,
ob susceptam ab ipso... libertatis Germaniae curam... jussu procerum reipublicae Argentoratensis dictus a Matthia Berneggero. Argentorati, 1632, 4°.

3. Certains esprits, plus réfléchis, comprenaient cependant que la disparition de Louis XIII, lié par tant de promesses solennelles vis-à-vis des États
d'Alsace, aggravait beaucoup les dangers que courait leur autonomie.
Le secrétaire des XV de Strasbourg, Gaspard Bernegger, disait dans une
lettre particulière à M. de Polhelm, le 6 mai 1643 : « Vos dernières ont ressu-
cité le Roy de France en ceste ville, où tout le monde le croyait mort,
abusez par plusieurs lettres de Lion, Basle et Cologne. Tous ceux qui sou-
haitent une paix honneste et seure prient Dieu du fond de leurs âmes pour
la longue vie et santé de ce bon et grand Roy; j'advoue librement que je
suis de ceux-là, m'attristant d'une façon extraordinaire toutes les fois que
je me représente devant les yeux les horribles bouleversements qui appa-
ramment suivroient cette mort. J'espère que le bon Dieu confondera les
desseins de ceux qui s'y attendent. » (Archives de la ville, A.A. 1092.)

4. On se plaignait autant des Weimariens que des Français. Bernegger
écrivait à Polhelm le 9 septembre 1643, que depuis le jour où l'on avait
refusé de vendre du blé à Erlach, « il s'est peiné de faire à messieurs mes
maitres toutes les niches qu'il a peu ». (A.A. 1092.)

5. Kentzinger, *Documents*, I, p. 522.

6. Id., *ibid.* I, p. 254.

coupables ne manquaient pas, à vrai dire[1], et Mazarin prodiguait par inclination naturelle autant que par calcul politique les promesses et les belles paroles[2] ; mais il ne savait pas se faire obéir comme Richelieu. Et cependant les paysans alsaciens n'étaient pas difficiles à vivre. Le gouverneur de Haguenau, M. de Rasilly, racontait lui-même, en 1642, au sénat de Strasbourg, avec force remerciements, que les paysans d'un de ses villages avaient « poursuivi bien loin, le pot et vivres en main » l'une de ses escouades, « les conviant comme frères, avec mille civilités, à se rafraischir[3] ». Mais ce même Rasilly, exubérant dans ses colères comme dans sa joie, écrivait plus tard une lettre fulminante au Magistrat à propos d'un pillard, assommé par les paysans de Hoenheim, qui ne voulaient pas se laisser enlever leur bien[4].

Malheureusement les débuts du nouveau règne coïncidèrent avec un recul de l'armée royale qui opérait dans l'Allemagne du Sud. Le maréchal de Guébriant dut battre en retraite devant les troupes bavaroises et se replier avec ses troupes en désordre sur la rive gauche du Rhin. Une bonne partie de la province se vit exposée de la sorte à de nouvelles et incessantes vexations par cette soldatesque indisciplinée. Les plaintes affluèrent plus que jamais à la cour, et Mazarin tâchait de calmer les esprits en faisant miroiter aux yeux des gouvernants et des gouvernés l'espoir que ce « petit orage[5] » serait bientôt dissipé. « Vous scavez, écrivait-il aux « chefs de la Noblesse franche et immédiate du Saint-Empire dans la Basse-Alsace », en leur exprimant tous ses regrets de la venue de Guébriant, « vous scavez qu'il arrive quantité de choses à la guerre qui sont au dessus du dessein des hommes et auxquelles la prudence veut

---

1. Un ordre royal, des plus catégoriques, défendant aux officiers comme aux soldats de rien enlever, sans le consentement des propriétaires et en payant, fut expédié de Paris le 26 juin 1643, mais il ne fut pas suivi. (Kentzinger, *Documents*, I, p. 259.)

2. Le 28 août 1643, il écrivait à ses « grands amis » de Strasbourg, en leur promettant de favoriser toujours leurs intérêts : « L'inclination que vous avez eue de tout temps pour la France oblige tous les bons Français d'en avoir du ressentiment... Vous ne vous approcherez jamais de si près de cette couronne, qu'elle ne s'avance encore par de bons offices vers vostre République. » (*Lettres de Mazarin*, éd. Chéruel, I, p. 327.)

3. Lettre du 21 février 1642. Kentzinger, *Documents*, II, p. 92.

4. Dans cette curieuse épître du 15 juillet 1644, Rasilly reprochait aux paysans de Hoenheim « de n'avoir jamais eu, de leur troisième et quatrième génération, une goutte de sang en leur corps qui ayt esté affectionnée au party françois ». (Kentzinger, *Documents*, II, p. 117.) C'était beaucoup demander à ces pauvres gens.

5. Mazarin emploie cette expression dans une lettre à d'Erlach, du 7 sept. 1643. (*Lettres de Mazarin*, I, 349.)

qu'on acquiesce quand il n'y a point moyen de s'en garantir [1]. »
Cependant il ne se faisait guère d'illusions sur l'effet de ses missives,
car il écrivait à d'Oysonville, à ce même moment : « Il n'y aura point
faute de plaintes à cause du dégast que cette armée y fera infailli-
blement. Il faut faire comprendre aux habitants de ce pays que cet
accident estant inévitable, ils le doivent souffrir avec patience [2]. »
Il suppliait aussi le baron de ne pas aggraver encore la situation, en
vivant en désaccord avec Erlach [3], et de ne pas « mescontenter mal
à propos, pour de petites choses, qui ne sont pas quelquefois moins
sensibles que les grandes, la ville de Colmar et celle de Strasbourg,
pour des conséquences qui regardent notablement le service de Sa
Majesté et le bien général du bon party [4] ». Il faisait accorder à la
ville de Strasbourg l'exemption des contributions pour le bailliage
de la Wantzenau [5] ; il chargeait Turenne de réprimer énergiquement
les incursions lorraines contre lesquelles cette ville avait imploré
son secours, « affin qu'elle voye que nous avons soin de ceux qui
ont de l'inclination pour cette couronne [6] ». Il mettait en général ses
soins à gagner « le corps des villes impériales » dont il disait à
d'Avaux que c'était « ce qu'il y a maintenant de plus considérable
en Allemagne, à cause que ce sont elles principalement.....' qui ont
l'argent, les terres, les munitions de guerre, etc. [7]. » Il écrivait
même à Colmar, avec une exagération trop manifeste, qu'assurer
l'indépendance des villes libres, était la seule fin que la France proposait à ses armes, « prenant les remèdes elle-mesme, souffrant les
saignées et autres opérations dangereuses, pour la guérison de
l'autre... sans avoir ni dessein ni pensée de tirer aucun avantage de
tant de sang répandu [8] ».

1. Lettre du 23 sept. 1643. (*Lettres de Mazarin*, I, p. 379.)
2. *Lettres de Mazarin*, I, p. 383.
3. La mésintelligence entre ces deux personnages était, pour ainsi dire,
chronique. Peut-être Mazarin n'en était-il pas si fâché, car ils se surveillaient
d'autant mieux l'un l'autre. Il y avait aussi des querelles assez fréquentes
entre les Français de Colmar et de Schlestadt et les Suédois de Benfeld et
d'Obernai. Dans une lettre du 31 août 1643, Salvius se plaint amèrement à
Mazarin, de ce que les commandants royaux empêchent le ravitaillement de
la garnison de Benfeld. (Meyern, *Acta pacis Westphalicœ*, I, p. 36.)
4. Lettre du 28 octobre 1643. (*Lettres de Mazarin*, I, p. 430.)
5. Lettre à Turenne, 4 sept. 1644, (*Lettres de Mazarin*, II, p. 59.) Lettre de
Louis XIV à Erlach, 11 déc. 1644. (Kentzinger, *Documents*, II, p. 277.)
6. Lettre du 9 février 1644. (*Lettres de Mazarin*, I, p. 487.) La correspondance du Magistrat de Strasbourg avec la reine régente, et ses interminables
doléances, durant l'année 1644, remplissent aux archives de la ville les deux
fascicules AA. 1896 et 1897.
7. Lettre du 12 mars 1644. (*Lettres de Mazarin*, I, p. 619.)
8. Lettre du 22 mai 1644. (*Ibid.*, I, p. 708.)

Le départ de Guébriant, qui put reprendre l'offensive en automne 1643, contribua plus, sans doute, que toutes ces paroles flatteuses, à ramener le calme ou du moins la résignation dans les esprits depuis longtemps résignés à souffrir, pourvu que la souffrance ne fût pas trop aiguë. « Enfin nous voicy deschargez d'un fardeau très-pesant, écrivait Bernegger à Polhelm, l'armée de M. de Guébriant ayant finalement quitté ceste province et repassé le Rhin..... La joye de ce deslogement de l'armée est si grande qu'on ne songe plus aux maux endurez et injures et torts récents d'une soldatesque assez indisciplinée. Et pour dire la vérité, ceste République a très grand sujet d'estre entièrement satisfaite de MM. les généraux de l'armée de ce qu'ils ont exempté ses terres de logemens[1]. » Mais dès le printemps de 1644, de nouvelles inquiétudes vinrent assaillir les habitants de l'Alsace. Les querelles intestines de la garnison de Brisach aboutirent en avril à l'expulsion hors de la forteresse du baron d'Oysonville; le motif apparent de la crise était une simple question de solde retardée, mais en réalité c'était l'antagonisme profond entre le lieutenant du roi et les vieilles troupes de Bernard qui éclatait au grand jour. Dévouées à d'Erlach, successeur avéré de leur ancien maître, elles se laissèrent pourtant ramener à l'obéissance par le gouverneur de Brisach, et celui-ci réussit à réprimer également, un peu plus tard, un second soulèvement de la garnison[2]. Mazarin tout en faisant à d'Oysonville maint compliment sur l'estime qu'il ressentait pour lui[3], se garda de le conserver dans un poste où il avait eu le tort de ne pas réussir, puisque aussi longtemps que la guerre durerait le bon vouloir d'Erlach était de plus haute importance. D'ailleurs d'Oysonville disparaissait bientôt après, entraîné dans la disgrâce de son oncle, le ministre d'État Sublet des Noyers[4], et le nouveau ministre de la guerre, Michel Le Tellier, envoyait en Alsace ses deux neveux à lui, M. de Girolles comme intendant des finances à Brisach, M. de Baussan comme intendant en Alsace[5]. On comprend qu'il ait pu écrire, par suite, dès le

---

1. Lettre du 28 octobre 1643. Archives de la ville, A.A. 1092.
2. Les soulèvements de la garnison de Brisach sont racontés en détail dans le second volume de la *Vie de J. L. d'Erlach* de M. de Gonzenbach.
3. Lettre du 16 mai 1644. (*Lettres de Mazarin*, I, p. 693.)
4. La chute de Des Noyers, ce « petit homme à vraie âme de valet », comme l'appelle Tallement des Réaux (*Historiettes*, II, p. 197), eut lieu en décembre 1644. En avril 1645, d'Oysonville vivait « peu courtisé » à Paris. (Gonzenbach, *J. L. d'Erlach*, II, p. 444.)
5. Les lettres patentes d'intendant des finances à Brisach pour M. de Girolles, datées de Paris, 23 janvier 1645, se trouvent chez Van Huffel, *Documents pour l'histoire d'Alsace* (Paris, 1840), p. 181 ; celles d'intendant de la

29 juillet 1644, à d'Erlach : « Je vous conjure de perdre l'opinion...,
que les interests de M. d'Oysonville me soient considérables, ny que
je fasse comparaison en quelque façon, de ses soins aux vostres[1]. »
Le gouverneur de Brisach était contrôlé d'ailleurs, lui aussi, bien
que de loin, par Turenne, auquel Le Tellier avait spécialement
enjoint de veiller sur cette forteresse et de la surveiller, « Sa Majesté ayant plus à cœur la conservation de cette ville que de toutes
les autres conquêtes faites pendant les dernières guerres[2] ».
M. de Baussan était chargé de la police de l'Alsace, et devait
surtout y réunir les deniers nécessaires à l'entretien des places
fortes et au payement de la solde des garnisons de la province,
deniers dont la levée avait déjà été antérieurement prescrite par un
ordre du roi[3].

La campagne d'automne entreprise par Turenne et le duc d'Enghien, en août et en septembre 1644, écarta de nouveau pour un
temps le théâtre de la guerre des confins de l'Alsace. Philipsbourg
d'où les Impériaux ne cessaient d'alarmer la Basse-Alsace jusqu'à
Saverne, par des incursions répétées, fut assiégé et pris ; Landau,
Mayence même tombèrent entre les mains des Français et pro-
tégèrent à leur tour le territoire alsacien. Mais les passages continuels de troupes, même amies, n'en firent pas moins endurer,
pendant les années suivantes, de pénibles souffrances aux habitants
du plat pays. Mazarin, suppliant Turenne de ménager les ressources
de la province et celles de la Lorraine, reconnaissait « qu'effectivement elles n'en peuvent plus et sont dans un état déplorable[4] ».
Cependant, malgré les contestations et les plaintes amenées par les
quartiers d'hiver [5], il y eut alors, grâce à quelques bonnes récoltes, une amélioration sensible. Quand Erlach eut pris et démoli,
en avril 1646, la petite forteresse lorraine de Wildenstein, au fond de
la vallée de Saint-Amarin [6], l'Alsace méridionale fut définitivement pacifiée. On y put désormais cultiver en sécurité les champs,

---

justice, police, finances et vivres en Alsace, pour M. de Baussan, datées du
10 mars 1645, *ibid.*, p. 185.

1. Van Huffel, *Documents*, p. 23.
2. Le Tellier à d'Erlach, 26 juin 1644. Van Huffel, p. 14.
3. Le Tellier à d'Erlach, 23 avril 1644. Van Huffel, p. 7.
4. Mazarin à Turenne, 21 mai 1645. (*Lettres de Mazarin*, II, p. 169.)
5. Sur les dégâts commis dans la Haute-Alsace par les cantonnements
de troupes durant l'hiver 1644-1645, nous trouvons des détails dans une correspondance assez raide entre le maréchal et d'Erlach. (Gonzenbach, iI,
Urkunden, 48-51.)
6. Cette démolition, opérée sans ordre du roi, lui valut une semonce énergique de Le Tellier. (Gonzenbach, iI, p. 474.)

replanter les vignobles, et renommer des gardes champêtres, ce qu'on avait regardé comme inutile depuis près de quinze ans [1]. Les abus eux-mêmes, signalés par l'ordre royal du 15 octobre 1645, et sévèrement condamnés d'ailleurs, prouvaient une reprise de la vitalité du pays[2].

Une dernière et vive alerte fut causée, à travers toute l'Alsace, par la rébellion inattendue des régiments de la cavalerie weima-rienne, appelés en juin 1647, à suivre Turenne, que les ordres de la cour envoyaient guerroyer dans les Flandres. Ces vieilles bandes se refusèrent, comme on sait, à quitter les terres d'Empire, bien que le traité du 25 octobre 1635, signé jadis avec Bernard, nommât expressément les Pays-Bas parmi les contrées où il s'engageait à combattre, le cas échéant[3]. La débandade de Saverne qui eut lieu le 14 juin 1647, marque à vrai dire, la fin de cette armée, si crainte jadis et qui avait survécu près de huit ans à son chef. L'émotion fut grande en Alsace quand on apprit que les régiments, abandonnant leurs colonels et leurs drapeaux, marchaient à travers le pays, pour gagner le Rhin et se rendre dans l'Allemagne du Nord. Les représentants de la couronne ne furent pas moins inquiets sur les méfaits probables de cette cohue en armes[4], que les populations elles-mêmes. Heureusement que les Weimariens étaient trop pressés de franchir le grand fleuve pour s'attarder à piller à fond la plaine qui les en séparait[5]. Turenne réussit d'ailleurs à force de patience, d'habileté et de promesses, à ramener une partie des fugitifs qui avaient passé le Rhin sur des bateaux fournis par les bateliers de Strasbourg ; ce service donna même lieu à d'assez désagréables contestations entre le maréchal et le Magistrat de la ville libre[6]. Turenne passa l'hiver de 1647 en Alsace avec son armée, dont la présence seule occasionna forcément de

1. Tschamser, II, 514.
2. « Estant bien informé que soubz prétexte de faire labourer les terres incultes et abandonnées dans la Haute et Basse-Alsace... plusieurs commandants dans les places et officiers de nos trouppes... se sont emparez et s'emparent journellement des meilleures terres et des héritages des particuliers et communautez... et d'aucuns les baillent à ferme, comme ils feroient leurs propres biens, sans que les propriétaires osent en rien demander ni se plaindre », le roi ordonne aux intendants de faire restituer ces terres, et les en rend responsables « en leur propre et privé nom. » (Archives de la ville, A. A. 1116.)
3. Gonzenbach, II, p. 551.
4. Lettre de M. de Baussan à d'Erlach, 20 juin 1647. (Gonzenbach, II, p. 572.)
5. Walter, dans sa Chronique, signale d'ailleurs (p. 40) maint pillage « de cette maudite racaille de rebelles ».
6. Procès-verbaux des XIII, 6, 8, 11, 12, 19, 24 juin 1647.

nouvelles misères, bien que Mazarin l'eût invité à ménager la province et ses approvisionnements avec tout l'ordre et toute l'économie possible, en la considérant « comme un pays qui n'appartient pas moins au Roy que la Champagne ». Il est vrai que le cardinal ajoutait philosophiquement : « Je vois bien que les environs souffriront de ce logement que vous prendrez en Alsace, mais la nécessité n'a point de loy[1]. »

Ce devaient être les derniers quartiers d'hiver pris par les belligérants en Alsace, dans cette guerre qui, ayant déjà duré un âge d'homme, paraissait ne plus devoir finir. Vaincu par l'adversité, désolé de voir son pays ravagé tour à tour par les Suédois et les Français, le vieil électeur de Bavière, après avoir établi, comme nous le verrons bientôt, une entente secrète avec la diplomatie française sur les questions religieuses et politiques en suspens au Congrès de Westphalie, s'était enfin décidé à se retirer de la lutte. Les négociations d'Ulm avaient abouti en mars 1647, à une déclaration de neutralité qui privait Ferdinand III de son plus puissant allié. Sans doute des considérations militaires, plus encore que politiques, ramenèrent en septembre, pour un temps, Maximilien au parti de l'empereur, mais pour un temps seulement. Le 17 mai 1648, Turenne écrasait la dernière armée impériale, commandée par Melander, à Zusmarshausen, et l'électeur devait quitter sa capitale en fugitif, comme il l'avait fait, seize ans auparavant, devant Gustave-Adolphe. Les Français sur l'Isar et sur l'Inn, les Suédois devant Prague, plus un allié : c'en était trop, même pour la persévérance tenace de Ferdinand III ; il autorisa ses plénipotentiaires à signer la paix, le 24 octobre 1648. La nouvelle de cet heureux événement n'arriva à Strasbourg que le 3 novembre suivant, et y fut célébrée par d'innombrables services d'actions de grâce et des prières solennelles, « pour remercier Dieu d'avoir enfin exaucé les prières de l'humanité, succombant sous le poids de tant de misères, et pour le supplier de conserver cette paix à la chrëtienté jusqu'à la consommation des siècles[2] ». L'Alsace tout entière aurait pu s'approprier les paroles, qu'écrivait le Sénat de Strasbourg à Louis XIII, dès 1639 : « Les insolences et incommoditez que nous souffrons des gens de guerre des deux partis, depuis que cette sanglante

1. Lettre du 30 décembre 1647. (*Lettres de Mazarin*, II, p. 580.) Ces prévisions n'étaient pas erronées ; Walter note dans sa *Chronique* au 22 décembre : « Toute une bande de cès damnés mécréants est revenue en Alsace et s'y est conduite d'une façon épouvantable. Oui, vraiment, c'est un triste temps ; que Dieu y mette fin, *Amen* ! » *Chronik*, p. 40.
2. Walter, *Chronik*, p. 41.

tragédie se joue sur le théâtre de notre pauvre patrie, sont parvenues à un tel point d'excès, qu'il ne nous reste plus de mots pour
les exprimer, ni de patience pour les endurer[1]. » Et que n'avaient
pas souffert encore, depuis ces neuf années, les populations alsaciennes ! Du moins elles se croyaient maintenant, pour longtemps,
sinon pour toujours, à l'abri de misères nouvelles ; un avenir prochain devait les détromper.

1. Lettre du Magistrat de Strasbourg à Louis XIII, 10 septembre 1639.
Kentzinger, *Documents,* I, p. 242.

CHAPITRE DEUXIÈME

Misères et Tribulations de l'Alsace pendant la guerre de Trente Ans

Ce n'est pas tout, quand on retrace le tableau d'une longue et mémorable lutte, que d'en raconter les péripéties militaires et les résultats politiques. Cela pouvait suffire aux historiens des siècles passés, peu désireux de savoir eux-mêmes, ou du moins empêchés de dire à la postérité ce qu'il en avait coûté de larmes et de sang pour arroser quelques rameaux de laurier. Aujourd'hui l'on demande davantage, et la sympathie des écrivains, tout comme celle du public, va plus volontiers vers les victimes innocentes et obscures du conflit des nations que vers les héros eux-mêmes, qui surgissent sanglants de la fumée des batailles. C'est pourquoi la situation morale et matérielle de l'Alsace durant la guerre de Trente Ans nous a semblé devoir être étudiée plus en détail qu'on ne l'a fait jusqu'ici. On peut dire, sans doute, que cette guerre ne fut pas autrement menée sur les bords du Rhin que sur ceux de l'Elbe ou du Danube ; que tous les territoires du Saint-Empire romain ont vu, tour à tour, s'appesantir sur eux les mêmes maux avec une égale rigueur ; que les atrocités signalées en Alsace sont signalées partout, et que le Palatinat ou la Saxe, la Bavière ou la Westphalie n'ont pas vu se dérouler des scènes moins lugubres. Il n'en sera pas moins utile de constater, une fois de plus, ces détails d'une manière authentique, de recueillir dans tant de documents épars et partiellement inédits, les témoignages des contemporains sur les vicissitudes lamentables de notre province. On y verra comment la plaine d'Alsace, l'une des plus fertiles et des plus riantes contrées de l'Europe, fut changée en un désert, dont les habitants exsangues et clairsemés n'avaient plus même la force de disputer à la brousse envahissante leurs terres en friche et leurs chaumières incendiées.

La difficulté n'est point de trouver les détails nécessaires pour retracer dans toute son horreur un tableau fidèle de ces temps de misère. Ils abondent, et les couches populaires elles-mêmes en ont conservé le souvenir, surtout dans la Haute-Alsace, où de plus récents champs de bataille n'ont pas fait reculer dans l'ombre ceux

d'il y a deux siècles et demi[1]. Ce qui rend la tâche difficile, c'est de
choisir, dans chaque ordre de faits, quelques exemples seulement,
afin de ne pas fatiguer le lecteur par des répétitions monotones,
tout en lui rappelant que la répétition à l'infini de tant de cruelles
épreuves constitua précisément pour les populations infortunées de
l'Alsace l'horreur principale de cette tragédie dont bien peu virent
à la fois les débuts et la fin.

Commençons par l'aspect général du pays, sensiblement modifié
par les effets de la lutte trentenaire. Le nombre des localités alsaciennes qui disparurent, momentanément du moins, au XVIIᵉ siècle
est considérable. Sans doute la tradition locale rapporte parfois à
cette époque néfaste des destructions antérieures. L'invasion des
« Anglais », celle des Armagnacs, la guerre des Paysans ont amené
la disparition, non pas seulement temporaire, mais définitive, de
plus d'un village de la province[2]. Mais il n'en est pas moins vrai,
que par leur durée extraordinaire, autant que par les procédés sauvages des belligérants, les guerres du XVIIᵉ siècle eurent à cette
œuvre de destruction de beaucoup la plus large part. Toutes les
localités brûlées alors n'ont pas été rayées de la carte du pays ;
l'attachement de l'homme aux lieux qui l'ont vu naître, amena le plus
souvent les survivants à rebâtir leurs chaumières incendiées à proximité de leurs champs incultes ; mais plus de vingt villages de la
Haute et de la Basse-Alsace ont disparu dans la brousse, changée
en forêt, ou sous la charrue des générations postérieures, sans
laisser la moindre trace au-dessus du sol[3]. D'autres restèrent inha-
bitables et inhabités durant de longues années. Les registres
paroissiaux d'Obermodern nous ont conservé une notice du pasteur
Boeringer, constatant qu'en 1650 encore les anciennes rues du
village étaient envahies à ce point par la végétation qu'on ne pou-

---

1. Il est vrai que la légende, simpliste de nature, a mis le tout au compte
des « Suédois » hérétiques, alors qu'Impériaux et Français, Italiens et
Espagnols, Allemands, Wallons et Croates y ont eu part égale en réalité.
2. Une première liste des villages détruits et disparus en Alsace a été
dressée par Schoepflin (trad. Ravenez, II, p. 359). Elle est reproduite dans
le *Dictionnaire d'Alsace* de Xavier Horrer, t. I (unique), p. 155. M. G. Stoffel
l'a notablement augmentée (*Revue d'Alsace*, 1858, p. 502,570). Enfin M. le
chanoine Straub en a dressé le catalogue presque complet dans sa brochure
Les Villages disparus en Alsace, Strasbourg, R. Schultz, 1887, in-8°.
3. M. Straub en compte 24 pour la seule guerre de Trente Ans, qu'on
trouvera de la p. 14 à la p. 58 de son travail, p. ex. Durrenloglenheim,
près Colmar ; Oedenbourg, près Brisach ; Dompeter, près d'Avolsheim ;
Hundswiller, près Thanvillé ; Isch, près de Hirschland ; Niederandolsheim,
près d'Enztheim ; Sermersheim, près d'Ensisheim, etc., etc. Ajoutons cependant qu'aucun de ces endroits disparus n'était bien considérable.

vait y circuler, ni à cheval, ni en voiture [1]. A Oberbronn, pendant
des années, il n'y eut plus un habitant au village ; les loups y gîtaient
en toute tranquillité [2] ; à Jebsheim, le village fut abandonné par ce
qui restait de la population en 1632 ; quelques-uns seulement se
hasardèrent à revenir en 1640 [3] ; Kunheim, démoli entièrement en
1638, durant le siège de Brisach, ne vit ses premiers colons revenir
qu'en 1650 ; à Muttersholtz, la plupart des habitants s'étaient enfuis
en Suisse dès 1623, et la localité resta à peu près déserte jusqu'en
1644 [4]. A Hurtigheim, « la plupart des habitants ont été chassés ou
ont disparu, et tous leurs biens, comme ailleurs aussi, sont restés dans
l'abandon le plus complet », dit l'introduction du nouveau livre cadas-
tral de 1660 [5]. Dans les sept villages du val de Villé appartenant au
Grand-Chapitre (le Comte-Ban), il y avait, avant 1630, 163 maisons ;
le relevé officiel, dressé en 1649, constate qu'il n'y reste plus que
60 maisons [6]. A Ebersheim, sur 87 maisons, 61 ont été brûlées ; sur
1,500 arpents de terres, il n'y en a plus que 130 en culture ; Boersch
comptait, avant 1632, 173 maisons ; 92 ont été détruites ; dans toute
la banlieue, 40 arpents sont seuls cultivés, le reste est en friche,
les prés sont couverts de ronces, de broussailles et de jeunes bou-
leaux [7]. Le gros bourg de Geispolsheim compte 200 arpents de sa
banlieue en friche, 36 maisons sont encore en ruines. A Erstein, on
constate à la même date que 96 maisons ont été détruites et n'ont
pas été rebâties. A Châtenois, plus éprouvé encore, on comptait avant
la guerre 207 maisons ; il en reste 62 et plus de la moitié des champs,
des vignobles, des jardins forment un désert [8]. Dans la petite ville
de Brumath, 44 maisons ont été détruites par des incendies réitérés,

---

1. Rathgeber, *Die Grafschaft Hanau-Lichtenberg*, Strassburg, Trübner,
1876, p. 121.
    2. Rathgeber, *op. cit.*, p. 122.
    3. Notes manuscrites de Timothée-Guillaume Roehrich sur les commu-
nautés d'Alsace, Bibliothèque municipale de Strasbourg, manuscrit 734,
vol. 1. Ces notes, réunies par l'érudit historien de l'Eglise protestante d'Alsace,
dans des centaines de dépôts publics et d'archives paroissiales, et léguées par
sa veuve à la Bibliothèque de sa ville natale, renferment une foule d'extraits
de documents aujourd'hui perdus.
    4. Roehrich, mser. cité.
    5. Id., *ibid*
    6. Nous tirons ce s détails d'un document fort intéressant, trouvé aux
Archives de la Basse-Alsace (G. 1470) qui donne l'état des terres de l'Evêché
avant et après la guerre : « Verzeichniss eines hochwürdigen Thumbcapi-
tulls hoher Stifft Strassburg zugehoerigen staettlein, fleckhen und dorff-
schafften... wie sie beschaffen gewesen... und sich anjetzo in dem mertzen
anno 1649 befunden und für schulden gemacht haben. »
    7. Même document, A.B.A., G. 1470.
    8. Document cité des Archives de la Basse-Alsace, G. 1470.

préludes des scènes plus terrifiantes encore qui s'y reproduisirent
au temps de Louis XIV [1]. A Geudertheim, trente-cinq ans après la
guerre de Trente Ans, il n'y a encore que 32 maisons habitées ;
17 ont été partiellement rebâties, plus de 30 sont encore en ruines [2].

Même dans les villes plus considérables, protégées, après leur
occupation, par des garnisons permanentes, les effets destructifs de
la guerre sont lents à disparaître. Pour Obernai, un document de
1655 nous apprend que dans cette ville, prise par les Suédois en
juillet 1636, il y a toujours encore les décombres de 150 maisons
détruites par le feu, et de treize tours du mur d'enceinte, renversées
par les mines des assaillants. Le faubourg a été tellement bouleversé
que les habitants eux-mêmes ne retrouvent plus l'emplacement de
leurs demeures [3]. Un mémoire, rédigé à Ensisheim, siège de la
Régence autrichienne, dès 1636, douze ans avant la fin de la lutte,
retrace le tableau suivant de la Haute-Alsace : « Presque toutes les
localités sont ruinées de fond en comble, la plupart des maisons
abattues ou incendiées ; plusieurs villages et bourgs disparaissent
complètement ; les habitants abandonnent leurs demeures et vont
chercher un refuge au fond des forêts, où ils attendent la mort de
sang-froid. Sur dix habitants, il en reste à peine un ; plusieurs communes se trouvent entièrement désertes et abandonnées [4]. » Pour
bien se rendre compte de la disparition presque totale de cette
population rurale d'Alsace, si patiente au travail et si heureuse de
vivre, mais submergée maintenant par les horreurs d'une lutte sans
trêve et sans merci, on n'a qu'à méditer la parole d'un moine bénédictin de Suisse, le P. Luc Grau, qui y cheminait sur les grandes
routes en automne 1643 et qui écrivait à ses confrères du monastère
de Saint-Gall : « Ce qui est certain, c'est qu'entre Strasbourg et
Rouffach (sur une étendue de dix-sept à dix-huit lieues !), on ne
trouve plus un seul habitant dans aucun village ; tous se sont sauvés [5]. »

Le sort des pauvres fugitifs n'était guère plus heureux cependant

---

1. Kiefer, *Pfarrbuch der Grafschaft Hanau-Lichtenberg*, Strassburg, 1890,
p. 125, 143.

2. Kiefer, *op. cit.*, p. 167.

3. Gyss, *Histoire d'Obernai*, Strasbourg, 1866, II, p. 145.

4. Mercklen, *Histoire de la ville d'Ensisheim*, Colmar, 1840, I_I, p. 254.

5. Gatrio, *Geschichte von Murbach*, II, p. 359. Longtemps auparavant déjà,
cette dépopulation avait commencé. En avril 1631 déjà, le bailli de Haguenau
écrivait au colonel Albertini d'Ichtratzheim, que la Régence prescrivait la
levée de *mille* soldats dans un district où il n'y avait plus *cinq cents* habitants valides. L. Spach, *Lettres sur les archives départementales du Bas-
Rhin*, p. 25.

que celui de ceux qui attendaient la ruine, la famine et la mort à domicile. S'ils se cachaient dans les bois et les montagnes voisines, ils y périssaient bientôt de froid, de faim et de maladie, s'ils n'étaient pas attaqués par les bêtes féroces ou par les chiens enragés qui parcouraient en foule le pays, empoisonnés par l'absorption des charognes abandonnées partout sans sépulture[1]. Le nombre est grand de ceux que les chroniqueurs contemporains nous signalent comme ayant péri de la sorte. Ceux qui se dirigeaient vers les villes pour y trouver un abri, et y mendier leur subsistance n'étaient pas sauvés pour cela, tant la misère était universelle. Le peintre Walter nous a conservé dans sa Chronique l'impression poignante produite par l'aspect des rues de Strasbourg, remplies la nuit de milliers de malades et d'affamés, accourus, dit-il, de tous les coins de l'Allemagne, qui gisaient sur le pavé et dont les cris et les gémissements empêchaient les bourgeois les plus égoïstes de dormir tranquilles dans leurs lits[2]. Il en vint tant, que le Magistrat, désespéré, à bout de ressources, ferma ses portes en 1636, déclarant solennellement qu'il avait essayé de remplir ses devoirs de charité jusqu'au bout, mais qu'il devait songer enfin à sauver de la ruine ses propres concitoyens. Aussi fit-il sortir de ses murs tous ceux qui, n'étant pas sujets de la République, ne pouvaient se sustenter eux-mêmes[3]. Ces malheureux, errant par le pays, succombaient, soit à la faim, soit aux épidémies contagieuses, surtout au typhus. Il existe aux archives de Saint-Thomas, une lettre émouvante d'un pasteur de Lahr, retiré lui-même à Strasbourg, et qu'on avait chargé de consoler et d'enterrer tous ces pauvres exilés, campés plutôt que logés aux portes de la ville. « Que de fois, y est-il dit, j'ai prêché, entouré de morts comme Aaron, alors que des charretées entières de cadavres étaient amenées à Saint-Urbain (l'un des cimetières), depuis l'Hôpital, et que mes auditeurs, en grand nombre, tombaient évanouis sur le sol, à cause de la puanteur des morts[4] !»

Et cependant cette existence des citadins, si peu enviable avec ses soucis quotidiens, la faim[5], la maladie les menaçant sans cesse, ap-

---

1. Roehrich, *Mittheilungen*, II, 172.
2. Walter, *Chronique*, p. 32.
3. Tschamser, dans ses Annales (II, 468) dit qu'ils étaient au nombre de trente mille !
4. Lettre d'Emmanuel Hummel, pasteur à Dinglingen près Lahr, du 22 février 1644.
5. A Strasbourg on mangeait de la viande de cheval et de chien (Walter, p. 32), à Colmar du pain fait avec de la farine de glands, en 1635 (Mossmann, *Matériaux, Revue d'Alsace*, 1879, p. 499).

paraissait à bon droit comme un Eden de félicité aux malheureux,
condamnés à vivre dans les villes ouvertes et les villages exposés aux
brutalités de mercenaires sans pitié. « Oh que vous êtes heureux, vous
qui à l'abri de vos murs, n'avez d'autre occupation que de vous laisser vivre ! » écrivait le poète satirique Jean-Michel Moscherosch,
alors bailli de Fénétrange, à son ami l'humaniste Samuel Gloner, de
Strasbourg; « pendant ce temps nous passons nos journées dans les
transes alternatives de l'espoir et de la crainte; tantôt éprouvés par
la faim, tantôt effarouchés par le fracas des projectiles ennemis,
nous ne vivons plus qu'à demi. Quel siècle infortuné[1] ! » C'est qu'en
effet la situation de ceux qui n'avaient d'autre abri que le toit de
leur demeure, château, maison bourgeoise ou chaumière, était lamentable[2]. La soldatesque sentait bien qu'en cet âge de fer elle était
tout et s'appliquait à le faire sentir. Le moindre incident provoquait
des scènes brutales qui étaient bien rarement réprimées ou punies[3].
Tout habitant du pays qui n'était point caché derrière de solides murailles, — et les plus solides commençaient à céder à l'artillerie moderne, — savait que, tôt ou tard, les vicissitudes de la lutte amène-
raient chez lui des hommes de guerre, et que de quelque nationalité
qu'ils fussent, le résultat serait sensiblement le même. Ces mercenaires, insouciants autant que brutaux, n'étaient retenus ni par le
sentiment de l'humanité, ni par celui de l'honneur et rarement même
par l'intérêt bien entendu. Ils allumaient allègrement la maison qu'ils
quittaient sans se demander s'ils n'auraient jamais à repasser par là[4];
après s'être gorgés de nourriture et de boisson, ils prenaient plaisir

1. Lettre de Fénétrange, 5 idus Julii 1637 : « Semianimes tantummodo vi-
vimus. » (Arch. St-Thomas.)
2. Le malheureux campagnard qui s'écrie dans la sixième *Vision de Phi-
landre de Sittewald* : « Quelle pitié que tous les maux de la guerre se déver-
sent sur les paysans seuls! » (Moscherosch, éd. 1666, II, p. 698), n'a pas absolument raison. Les bourgeois des petites villes souffrirent presque aussi
cruellement que les ruraux, du moins en Alsace.
3. Nous en trouvons un exemple caractéristique dans une lettre du bourgmestre Walch, de Colmar, à son collègue le diplomate Mogg. En 1634, un
simple trompette suédois porte une missive au Magistrat de la ville impériale
de Kaysersberg. Sa commission faite, il invite M. le greffier de la ville à
boire un coup. « Bois avec tes pareils » (Sauf du mit deinesgleichen!), lui
répond le dignitaire offensé. Là-dessus le trompette le saisit, et devant tous
les bourgeois assis à l'auberge de *l'Aigle*, il le roue de coups (« Er hat ihn
zerbrügelt, gertrœscht, gefahrenwadelt und zerpastonirt, » écrit pittoresquement Walch). *Bulletin du Musée historique de Mulhouse*, 1888, p. 57.
4. Encore un quart de siècle plus tard, la cruelle habitude d'incendier les
localités en les quittant, était si générale que Walter note dans sa *Chronique*
en 1674 (fol. 281a) comme chose des plus remarquables que Turenne ait
quitté le voisinage de Strasbourg « sans mettre le feu à aucun édifice tant
soit peu considérable ».

à incendier les granges pleines et à défoncer les tonneaux remplis de vin, sans songer que bientôt peut-être ils seraient condamnés, grâce à ce gaspillage insensé, à jeûner et à souffrir.

Pour arracher aux malheureux paysans, leur dernier écu enterré dans un coin de la chaumière, ces barbares n'hésitent pas à leur faire subir les tortures les plus horribles, s'ils les croient capables de leur céler ce misérable trésor. Ils les rôtissent dans leurs fours[1], les suspendent par la barbe ou les parties honteuses, les fument dans leurs cheminées, leur entonnent de l'urine de vache[2], leur arrachent les ongles avec le chien de leurs pistolets, etc.[3]. La vie humaine avait perdu toute valeur aux yeux de ces aventuriers; ils savaient bien qu'eux aussi, saisis quelque jour par la maladie ou grièvement blessés dans la bataille, seraient abandonnés derrière une haie, ou dans quelque masure, pour y être achevés par quelque rustaud furieux, et ils prenaient les devants. « Au diable celui qui n'assomme pas tout le monde, et surtout les paysans! » s'écrie l'un des soudards de Moscherosch[4], et l'auteur lui-même ajoute que pour eux, tous ceux qui possédaient encore quelque bien étaient toujours des ennemis, et que s'ils arrivaient quelque part sans y voler et piller, il leur en venait la sensation désagréable d'avoir perdu quelque chose[5].

Avec des dispositions d'esprit pareilles, on se figure aisément qu'ils n'étaient pas retenus par le moindre scrupule à l'égard d'aucun des dix commandements. Un court extrait des procès-verbaux du Conseil de ville d'Ammerschwihr, relatant la prise et le pillage de cette localité par la cavalerie lorraine, alors que les habitants n'avaient fait aucune résistance, donnera au lecteur une idée de la façon dont se passaient ces expéditions plus lucratives que glorieuses. « Le 31 mai et le 1ᵉʳ juin 1635, notre ville et notre église ont été pillées et spoliées, même de tous les ustensiles de ménage en étain,

---

1. Voy. la triste histoire de deux pauvres enfants asphyxiés ainsi dans une auberge par des soldats, en 1639. *Chronique de Guebwiller*, p. 257.

2. Les Croates administraient cette « boisson suédoise » (*Schwedentrank*) tout comme les soldats de Horn et du rhingrave Othon-Louis. Voy. Th. Carve, *Itinerarium*, p. 172-173.

3. Pour des tableaux d'ensemble détaillés on peut consulter la longue lettre du conseiller palatin Balthasar Venator, du 10 août 1637, imprimée dans *Joannis Miscellanea historiæ palatinæ*, Francof., 1725, 4°, p. 155-175. Le récit se rapporte aussi à la partie septentrionale de la Basse-Alsace. Voy. encore la description, prise sur le vif, de Moscherosch, dans la vision *Vie des Soldats* (II, p. 617).

4. Moscherosch, II, p. 676.

5. Id., *ibid.*, p. 600.

en plomb, en fer et en cuivre. Les cavaliers se sont conduits avec
beaucoup de brutalité à l'égard de nos bourgeois, les ont tyrannisés,
frappés, lardés de coups d'épée, rossés avec des bâtons et accablés
de coups de pied. Ils les ont garrottés de cordes, ont violé les femmes et les jeunes filles, et, en un mot, ils ont maltraité les gens, de
manière à ce que plusieurs en sont morts [1]. » Trois ans plus tard,
ce ne sont plus des « ennemis », ce sont des soi-disant « protecteurs » qui viennent occuper la ville, envoyés par M. de Manicamp,
le gouverneur français de Colmar. Il faut voir, dans la lettre sup-
pliante du Magistrat d'Ammerschwihr à celui de Colmar, à quelles
odieuses violences se livraient ces « carabins » destinés à défendre une
population absolument paisible, comment ils volaient, pillaient, vio-
lentaient les femmes, même les plus vieilles; dès qu'une de ces pauvres créatures sortait de sa cachette, pour travailler aux champs, les
dragons la poursuivaient en troupe, et l'on entendait les cris des
victimes dans les vignobles, sans oser leur porter secours. Ils s'emparèrent un jour d'un couple nouvellement marié, dans le voisinage
de la ville. L'époux fut garrotté et sa femme si horriblement maltraitée sous ses yeux, qu'elle en mourut [2].

Ce n'est là nullement un cas exceptionnel; ces honteuses violences se reproduisent dans toutes les armées de l'époque, qui traver-
sent l'Alsace ou y stationnent, à l'égard des alliés aussi bien que
des ennemis. C'est un officier de la garnison suédoise de Colmar qui
viole en 1633, dans une écurie de l'hôtel des Deux-Clefs, une fillette
de treize ans [3]; ce sont des Suédois qui en 1636 violentent des
femmes d'Ingwiller, sur territoire ami, jusqu'à ce que la mort s'en-
suive [4]. Un peu plus tard, c'est au roi de France que le représentant
de Colmar à Paris est chargé de présenter un mémoire dans lequel
la ville impériale se plaint à son auguste allié de ce que la garnison
française « ne respecte ni l'honneur des femmes et des filles, même
de bonne famille, ni les propriétés des particuliers [5] ». A Schlestadt,
les troupes royales « s'étaient d'abord bien conduites », mais bientôt elles maltraitèrent si fort les habitants « que personne n'a plus
pu supporter de vivre avec elles [6] ». On expulse successivement le

---

1. Les noms des morts sont cités dans le texte communiqué par M. l'abbé
Beuchot, dans son ouvrage *Notre-Dame des Trois-Epis*, Rixheim, 1891, p. 31.
2. Lettre du 20 septembre 1638. Mossmann, *Matériaux, Revue d'Alsace*,
1880, p. 342.
3. Mossmann, *Revue d'Alsace*, 1877, p. 452.
4. Letz, *Geschichte von Ingweiler*, Zabern, 1895, p. 33.
5. Mossmann, *Revue d'Alsace*, 1879, p. 501.
6. *Chronique de Frey*, citée par M. l'abbé Gény, I, p. 393.

Magistrat, les vicaires, les maîtres d'école et presque toute la population valide est obligée de les suivre [1]. Que les soldats appartiennent aux nationalités les plus diverses, aux cultes les plus contraires : leurs procédés restent identiques [2].

La République de Strasbourg, dont la neutralité avait été reconnue par les déclarations les plus solennelles, et à laquelle le gouvernement de Louis XIII prodiguait les assurances d'amitié cordiale, n'était souvent pas plus heureuse que les autres États de la province et, dès le jour où les armées françaises s'établirent définitivement en Alsace, elle eut d'interminables doléances à présenter, tantôt à la Cour de France, tantôt aux gouverneurs de Brisach, de Saverne et de Haguenau. Ce ne sont que villages pillés, fourrages et chevaux volés, paysans assommés et maisons incendiées. Et cela, non par ordre supérieur, non par fait de guerre, car les généraux, comme les diplomates, ont le plus grand intérêt à ce que Strasbourg reste bien disposé pour la France, mais uniquement parce que les chefs militaires ne réussissent pas à contenir l'humeur pillarde et indisciplinée de leurs soldats [3]. Quand la paix générale est enfin signée, quand le Magistrat trouve enfin les loisirs nécessaires pour dresser le relevé de tous les dégâts et de toutes les pertes subies, par le fait des troupes françaises amies, de 1636 à 1648, c'est à un total de 97,660 livres que se montent les dommages dont il a pu retrouver la trace [4], en dehors des prestations et des réquisitions régulières, bien entendu.

Nous n'avons parlé jusqu'ici que des violences commises par les troupes régulières ; mais il y avait en outre les « aventuriers », les « chenapans » (*Schnapphanen*), comme on les appelait alors, qui allaient à la guerre pour leur propre compte, et surtout à la maraude.

1. C'est alors que le gouverneur de Schlestadt, M. de Montausier, qui n'était pas encore « l'austère Montausier », et ne songeait point à Julie d'Angennes, donnait un fort mauvais exemple à ses officiers en courtisant les femmes de la ville et en faisant baptiser en grande pompe le bâtard adultérin qu'il avait eu de l'une d'elles, nommée Catherine Pfemmert (Gény, I, p. 401).

2. On peut constater ce fait en ouvrant aux Archives de la Haute-Alsace (E. 538) le dossier relatif aux pillages et aux violences commises à Turckheim, Wihr-au-Val, Hachimette, etc., de 1635 à 1636. On y voit passer les soudards de Charles de Lorraine, de Jean de Reinach, de Jean de Werth, du marquis de La Force, de MM. de Manicamp et de Meauconseil ; plus ils changent, et plus c'est la même chose.

3. Sur les missions de Gaspard Bernegger, le secrétaire de la ville, à Paris, sur la correspondance avec les gouverneurs en question, MM. d'Oysonville, de Pesselières, de Folleville, de Rasilly, etc., voy. les fascicules A.A. 1873-1882, 1894 des Archives de la ville.

4. A.A. 1906, Arch. de la ville.

Ils n'étaient point rares dans les Vosges, comme le montrent les
récits de Moscherosch, déjà cités, ni dans la Forêt-Noire, ainsi
qu'il appert du *Simplicissimus*, cet étrange et curieux roman d'aventures, écrit sur le territoire de l'évêché de Strasbourg, et dont les
descriptions vivantes nous donnent une sensation plus immédiate
de la guerre de Trente Ans que les plus savants traités d'histoire.
Tel cet ancien brasseur de Pfaffenhoffen, Pierre Ulrich, qui se met
à la tête d'une bande de gens sans aveu, pour piller les églises, et
qui vient décrocher, en plein jour, aidé de deux acolytes seulement,
la cloche de Wilwisheim, qu'il revend ensuite pour trente-six
thalers, à Strasbourg[1]. Un peu plus tard, les environs de Saverne
sont exploités par un chef de partisans, le capitaine Laplante,
d'abord au service de la Lorraine, puis à celui de la France, et qui
finit par être un détrousseur de grands chemins. De 1640 à 1651, il
fut la terreur des villageois entre Saverne et Marmoutier, arrachant
par d'atroces tortures les derniers sols cachés dans la chaussure des
mendiants, se déguisant en prêtre pour surprendre la confession de
ses malheureux prisonniers. Ce fut au bout de dix ans seulement de
pareils exploits, qu'on se saisit de ce misérable et qu'on lui fit son
procès[2].

Dans le cours de cette longue guerre qui, bien qu'on l'ait nié, se
présentait, au moins au début, comme une guerre religieuse, aussi
bien pour les autorités suprêmes de l'Église et du pouvoir temporel,
qu'aux yeux des masses populaires, les édifices consacrés au culte
et les représentants attitrés des différentes doctrines opposées,
devaient être tout particulièrement exposés aux insultes et aux mauvais traitements de leurs adversaires. Les exemples abondent dans
les sources contemporaines. Ici c'est un quartier-maître de l'armée
de Gallas qui pénètre dans l'église de Riquewihr, au moment où
l'on y célébrait un baptême et vise froidement le ministre qui par-

1. Il finit par être décapité à Saverne, le 23 juin 1635. (*Ecclesiasticum
Argentinense*, 1892, supplément, p. 1-2.) Décrocher les cloches pour en
trafiquer ensuite, était d'ailleurs une opération favorite des soldats en campagne, qui les revendaient aux brocanteurs juifs à la suite des armées, lesquels les expédiaient à Strasbourg ou à Bâle. Les gouvernants ayant autorisé
les communes, à divers moments, à se défaire de leurs cloches pour payer
leurs contributions, ce commerce pouvait se faire avec des apparences honnêtes.
Parfois aussi les communes se libéraient, semble-t-il, avec le bien d'autrui.
Les gens de Hoerdt avaient caché leur cloche dans un étang, mais elle fut
repêchée par les habitants de Weyersheim, en 1629, et livrée par eux à
Schiltigheim à des trafiquants de Strasbourg, ce qui donna lieu à une instruction judiciaire. (Arch. de Basse-Alsace, E. 1701.)

2. Il fut exécuté à Saverne, le 26 septembre 1651. (*Ecclesiasticum Argentinense*, 1892, supplém., p. 42-47.)

lait en chaire, heureusement sans l'atteindre[1]. Là c'est le pasteur de
Dorlisheim, sur le territoire neutre de Strasbourg, qui est arraché,
la nuit, de son presbytère par les soldats lorrains[2], frappé d'un
coup de hache en essayant de fuir avec sa petite fille de trois ans,
elle-même grièvement blessée, roué de coups et traîné à Mutzig, où
on le tient captif dans des latrines, jusqu'à ce que le Magistrat consente à payer sa rançon[3]. Encore en 1650, en pleine paix (car le duc
Charles de Lorraine ne prétendait guerroyer que contre la France,
et non contre ses collègues princiers d'Alsace), un ministre de
Sainte-Marie-aux-Mines est enlevé par un certain La Folie, « ci-
devant capitaine des Égyptiens », conduit à Épinal et délivré seulement contre une forte rançon, malgré les réclamations de son
seigneur, M. de Ribeaupierre[4].

La soldatesque au service des princes calvinistes ou luthériens
n'était pas moins prodigue de violences à l'égard des prêtres catholiques. Elle rudoie les curés, souille les églises et met à sac les
monastères. Les *Annales des Franciscains* de Thann en ont noté de
nombreux exemples pour la Haute-Alsace[5]. Le plus connu, comme
aussi le plus odieux de ces attentats, c'est le massacre de quelques-
uns des Pères Jésuites de Rouffach, ainsi que de plusieurs curés
des environs, réfugiés dans cette ville, commis en 1634 par les
troupes du rhingrave Othon-Louis, non pas au moment de la prise
d'assaut, mais de sang-froid, après la victoire[6]. Quant à la destruction des églises et au pillage des monastères, il y a lieu de constater, d'après les témoins les plus dignes de foi, que les soudards
des deux partis s'y livraient avec un égal entrain. « Il est incroyable,
écrivait dès 1629 le nonce du pape à Vienne, l'évêque Carlo Carafa,
combien d'églises ont été ravagées et de sacrilèges commis, tant par

---

1. Registre paroissial, 9 décembre 1635, cité par M. Ed. Enšfelder, *Revue
d'Alsace*, 1877, p. 376.
2. Les Lorrains se distinguaient tout particulièrement par leur fanatisme
à l'égard des ecclésiastiques protestants. Voy. sur les persécutions subies
par les villages nassoviens, en 1629, en vertu de l'arrêt de la Chambre impériale de Spire, donnant le comté de Saarwerden à la Lorraine, l'ouvrage
très documenté de M. G. Mathis, *Die Leiden der Evangelischen in der
Grafschaft Saarwerden* (Strassburg, 1888), p. 79-100.
3. *Hiob's Bekanntnuss und Trost béi Bestattung, Mag. Ioh. Huber's,* von
Dr Joh. Schmidt, Praeses, etc., Strassburg, Dolhopff, 1677, 4°.
4. Lettres du comte de Ribeaupierre à la Cour souveraine de Lorraine, à
Épinal, 2, 5, 10 novembre 1650.
5. Le second volume de Tschamser est rempli, de 1632 à 1648, de détails
sur ce triste sujet.
6. *Die Maertyrer von Ruffach, eine Erinnerung an den Schwedenkrieg
im Elsass,* Rixheim, 1871, 16°.

les hérétiques que par les catholiques, dans les diocèses de Spire et
de Strasbourg[1]. » Plus tard, en 1635, le R. P. Columban Tschudi,
mandait à Vienne, après le sac de Guebwiller, que la ville avait été
pillée pour la troisième fois, par les troupes lorraines, et il ajoutait :
« Ils se sont conduits dans les couvents comme jamais les Suédois
ne l'avaient fait[2]. » Et cependant les « Suédois[3] » ne s'entendaient
que trop bien à dépouiller les trésors des églises et à emporter,
ciboires, calices et crucifix au milieu des larmes et des gémissements
des populations[4].

Mais ces violences irrégulières des simples soldats, quelque fréquentes qu'elles fussent, ne ruinaient peut-être pas autant la contrée
que les extorsions plus régulières en apparence de leurs chefs, les
impôts frappés par les généraux victorieux pour la solde de leurs
troupes, pour le rachat de pillages qui s'opéraient néanmoins, ou
pour l'achat de provisions qu'on ne payait que rarement, peut-être
jamais. Ces grosses sommes appauvrissaient du coup, non plus des
individus isolés, mais des localités, des régions entières. Dès le
début de la guerre, Ernest de Mansfeld introduisit en Alsace ces
procédés sommaires, qui seuls lui permettaient d'empêcher la débandade de ses mercenaires avides. Il rançonne de la sorte Haguenau,
Rosheim, Obernai; quand une de ces petites cités ne trouve pas
chez elle le numéraire voulu, il en fait saisir les dignitaires et les
emmène comme otages. C'est ainsi que l'infortuné bourgmestre
d'Obernai, Étienne Reichardt, ne pouvant verser comptant que
30,000 thalers sur les cent mille réclamés par le célèbre condottiere,
est emmené devant Saverne, puis à Sedan, puis à Stenay, et meurt
captif aux Pays-Bas, malgré toutes les démarches tentées pour
obtenir sa libération[5]. Quinze ans plus tard, c'est un colonel au
service de l'Empire, Georges-Frédéric de Mullenheim, qui emploie
des moyens analogues pour extorquer de l'argent aux habitants de

---

1. *Commentarius de Germania sacra restaurata*, Coloniæ, 1639, 12ᵉ,
p. 115.

2. Lettre du 12 juin 1635, reproduite dans le livre de l'abbé Gatrio, *Die
Abtei Murbach*, II, p. 339.

3. Il n'y eut guère en Alsace de véritables Suédois, — à peine est-il besoin
de le rappeler ici, — les régiments scandinaves étant restés auprès de Gustave-
Adolphe quand Horn fut détaché en Alsace. Ceux que la tradition appelle
ainsi étaient à peu près tous des mercenaires allemands.

4. Quand Horn entra à Soulzmatt, il y fit enlever un beau Christ en argent
massif. « *Da haben die herren alle geweint*, dit le *Thal-Buoch*, de Soulzmatt,
dass das schœne creitz under die Luteraner solt kommen. » (*Alsatia*, 1872,
p. 200.)

5. Gyss, *Histoire d'Obernai*, II, p. 98.

la même ville. Il fait saisir les quatre bourgmestres et les membres du Conseil, et les enferme, au fort de l'hiver, dans une chambre non chauffée, où ils sont obligés de coucher sur les planches et n'ont que du pain et de l'eau pour toute nourriture. Entre temps, on les fait conduire à la salle de torture pour leur exhiber les instruments qui doivent être employés contre eux. Ils finissent naturellement par céder[1]. De telles extorsions se reproduisaient partout et dans tous les camps, avec une insolence croissante, dirai-je volontiers, chacun des chefs voulant encore s'enrichir quelque peu avant la fin de la lutte.

Ces contributions de guerre, qu'elles fussent fournies d'ailleurs comme subsides aux autorités alliées, ou comme impôts aux ennemis, atteignaient parfois des sommes écrasantes pour les communautés frappées. Une ville, relativement riche, comme Strasbourg, parvenait, sans trop pressurer ses sujets, à verser, par exemple, en quatre mois (mai-août 1634) une somme de 37,500 florins à l'Union protestante et à la Suède[2], mais d'autres n'avaient pas des finances aussi solidement assises. On se demande comment les baillis des petites seigneuries de la Noblesse immédiate de la Basse-Alsace réussissaient à encaisser chez les malheureux villageois, leurs seuls administrés, les sommes relativement énormes qu'on exigeait d'eux. En quatorze mois (1627-1629), et sans qu'il y eût la guerre dans le pays, ils durent verser pour contributions de guerre la somme de 34,996 livres 10 schellings 4 deniers[3], ce qui en évaluation moderne représente plus de 437,000 francs.

Ce fut naturellement bien pis, quand les Suédois eurent pénétré dans le haut pays. Car s'ils prétendaient encaisser les impôts, les fonctionnaires autrichiens n'entendaient pas abandonner leurs droits et les pauvres contribuables étaient exposés de la sorte à payer deux fois, aux occupants momentanés du territoire, et à la Chambre d'Ensisheim, réfugiée à Dannemarie, à Belfort, ou même en Bourgogne[4]. Aussi la misère y fut-elle bientôt très grande et les nom-

1. Gyss, II, p. 137.
2. Cela faisait cependant la jolie somme de 235,000 francs environ, d'après les évaluations de M. Hanauer.
3. *Pfaeltzische, Cratzische, etc., Kriegscontribution* vom 12 november 1627 bis 11 Januar 1629, durch Joh. Luck, innehmern. (Archives de la Basse-Alsace, E. 1348.) Les comptes ont été revisés à Strasbourg, le 5 juillet 1630, par les délégués de la Noblesse et reconnus exacts.
4. Archives de la Haute-Alsace, C. 221. Par contre, les charges de la Basse-Alsace protestante semblent avoir diminué, une fois les Suédois entrés dans le pays. Pour les années 1631-1634, le receveur de la Noblesse immé-

breux rapports des collecteurs d'impôts, faits à la Régence de 1632
à 1639, nous la montrent croissant sans cesse. Cette misère fut par
moments telle que des gens très dévoués d'ailleurs à la maison
d'Autriche allaient jusqu'à conseiller le refus de l'impôt[1]. Si l'on
ajoute à tous ces versements de fonds les fournitures incessantes
en nature, on comprend le dénuement et bientôt la détresse absolue
des villes ouvertes et des campagnes. C'est une triste, mais bien
monotone lecture que celle de toutes les réclamations, plus vives
ou plus résignées, émanant des seigneurs ecclésiastiques et laïques,
des Conseils des villes impériales, des baillis et des prévôts ruraux,
adressées aux commissaires des guerres, chargés de cette comptabilité[2], ou la correspondance des agents en sous-ordre, avec leurs
autorités administratives supérieures. « Je ne scauray assez escrire
la misère de ce lieu, écrit le receveur Grandhomme de Sainte-
Marie-aux-Mines; il faudra nécessairement que la plus grande
partie de nos gens meurent de faim, si Dieu n'y pourvoit... Le
lieutenant-colonel menace de brûler les maisons de ceux qui
quittent... nous sommes déjà mis en devoir de rompre les maisons
vidées[3]. » Et le lieutenant de la milice, Dieudonné, le bourgmestre
Marchant déclarent de leur côté, que si la Seigneurie ne trouve pas
moyen de soulager les sujets, ils se verront dans la nécessité de
quitter le pays, pour ne pas périr misérablement[4]. En d'autres
endroits, les habitants se sauvaient réellement pour échapper au
payement des contributions de guerre et aux réquisitions ; c'est
ainsi que l'intendant d'Alsace, M. de Baussan, s'adressait encore
en 1649 au Magistrat de Strasbourg, pour le prier de soutenir les
prévôts du bailliage de Haguenau, qui poursuivaient leurs administrés réfugiés dans cette ville[5].

On invoquait l'aide des seigneurs. Mais comment les seigneurs
auraient-ils pu venir en aide aux pauvres paysans, alors qu'eux-
mêmes étaient souvent dans la plus extrême misère ? L'abbé de la
riche abbaye d'Altorf est obligé, en 1637, de mettre sa crosse abbatiale en gage chez un négociant de Strasbourg, pour se procurer

---

diate, Gaspard Pfitzer, ne compte plus que 4,182 livres, pour les années
1635-1636, 3,443 livres de contributions. (Arch. Basse-Alsace, E. 1349-1350.)
  1. Poursuites intentées au curé de Bubendorf, pour avoir excité ses paroissiens à ne pas payer l'impôt (1631-1632). A.H.A. C. 220.
  2. Voy. les liasses des comptes et les rapports des commissaires Zacharie
Tauffrer, Jean Krafft, Jean-Erard Eck, de 1633-1653. (A.H.A. C. 1019-1059.)
  3. Lettre du 8 mars 1635 au conseiller Saltzman, à Ribeauvillé.
  4. Rapports de juin 1635 à septembre 1636, Arch. H.A. E. 540.
  5. Archives de la ville de Strasbourg, A.A. 1907.

un morceau de pain[1]. La comtesse Dorothée-Diane de Hanau écrit le 4 octobre 1641, à la Régence de Saverne, que dans sa seigneurie de Niederbronn, avec ses six villages autrefois si prospères, il n'y a plus âme qui vive, qu'on n'y trouve que des maisons en ruines. A Niederbronn même, il se rencontre encore environ vingt personnes qui sustentent leur existence en mendiant. Le comté a perdu plus de dix mille sujets par la peste, la guerre et la famine, et les pertes qu'elle a subies ne seraient pas réparées par cinquante-deux tonnes d'or[2]. Et c'est à un territoire ainsi ravagé qu'on imposait des charges nouvelles! Le 21 octobre 1644, la comtesse écrivait, en effet, à M. de Pesselières, le commandant de Saverne, pour se plaindre des réquisitions qu'il faisait peser sur les villages du comté : « Dans l'espace d'une année, il a fallu à mes subjects employer aux armées de Sa Majesté la somme de 200,000 livres ou 100,000 florins[3]. » Le riche et puissant seigneur de Ribeaupierre, le propriétaire des mines d'argent dans la vallée de la Liepvre, était obligé d'emprunter pour se nourrir quelques sacs de blé de droite et de gauche, à un simple colonel en garnison dans sa résidence, au Magistrat de Colmar, etc[4]. Finalement, il était à ce point démoralisé par la misère qu'il en perdait la notion de ses devoirs envers ses sujets, et sollicitait du Magistrat de Bâle la permission de venir se réfugier sur le territoire helvétique[5]. Le comte palatin Chrétien de Birckenfeld, le margrave Frédéric de Bade, les comtes de Hanau, le baron de Fleckenstein, s'étaient sauvés, eux aussi, derrière les murs de Strasbourg, et s'y rencontraient avec trois ducs de Wurtemberg, également fugitifs et proscrits. Les fonctionnaires suivaient, en partie du moins, l'exemple de leurs maîtres, ou bien ils restaient, spectateurs impuissants de la ruine générale, sans instructions, sans traitement et sans pouvoirs. C'était, à vrai dire, la dissolution de la société politique qui s'opérait peu à peu de la sorte. Les plus énergiques faisaient comme le poète Moscherosch, alors bailli de Fénétrange ; abandonné par ses administrés, il passait un mousquet en bandoulière, un pistolet à la ceinture, bouclait son sabre, et s'en allait bravement labourer lui-même son champ pour ne pas

---

1. Hanauer, *Études économiques*, II, p. 567. Il ne put la dégager qu'en 1658, tant l'abbaye était endettée.
2. Lettre du 21 octobre 1641.
3. Cette correspondance se trouve aux archives de Saverne. Elle est reproduite dans l'*Ecclesiasticum Argentinense*, 1892, *Supplem.*, p. 40-42.
4. Lettres du 3 avril 1638, du 24 mars 1638 et du 5 juin 1639. A.H.A. E. 562.
5. A.H.A. E. 536.

mourir de faim, se consolant de vivre dans des temps aussi barbares en faisant d'assez mauvais vers latins[1].

Bien souvent les rentes et les redevances en nature ne rentraient pas plus facilement que les impôts demandés en espèces sonnantes. On cite la triste situation d'une famille noble de la Basse-Alsace qui, pendant vingt ans, ne put obtenir une seule fois les foudres de vin que lui devaient les paysans d'un village, et qui dut attendre encore dix ans de plus qu'on se remît à lui payer les redevances en céréales[2]. Des localités, assez aisées d'ordinaire, mais qui vivaient exclusivement du produit de leurs champs ou de leurs vignobles, empêchées absolument de les mettre en culture ou d'en opérer la récolte, étaient obligées de contracter les emprunts les plus onéreux pour payer les sommes que leur coûtait l'entretien des troupes. Tel Guebwiller, qui, bien qu'à peu près abandonné par tous ses habitants, dut trouver, vingt mois durant, une somme mensuelle de 500 rixdales pour solder ses garnisaires[3]. Et quand on eut bu le calice jusqu'à la lie, quand on croyait, que, la paix signée, le pays allait enfin pouvoir respirer et panser ses blessures, délivré de la soldatesque qui le tenait à merci, il fallut encore une fois réunir les dernières ressources ou plutôt faire appel au dernier reste de crédit, pour payer les sommes exorbitantes exigées par la Suède avant d'évacuer les lieux occupés par elle, en dehors de ses nouvelles possessions allemandes[4].

Toutes ces charges eussent été lourdes à porter pour la province, même au moment de sa grande prospérité, dans les premières années du XVIIe siècle. Elles devenaient écrasantes pour l'Alsace de 1648, qui n'avait pas seulement perdu presque tout son or, mais encore, on peut le dire, presque tout son sang. Nous avons dit dans l'un des précédents chapitres de ce travail qu'il n'existe point de statistiques, même approximatives, sur la population de notre territoire au début de la guerre de Trente Ans. Encore moins a-t-on songé à en dresser un tableau d'ensemble, alors que celle-ci eut pris fin. Nous trouvons cependant dans les données des registres

---

1. Lettre de Moscherosch à Samuel Gloner, du 24 octobre 1640, aux Archives de Saint-Thomas, reproduite par T. G. Roehrich dans ses *Mittheilungen*, II, p. 154.
2. Kieffer, *Geschichte der Gemeinde Balbronn*, Strassburg, 1894, p. 336.
3. Cela faisait 90,000 francs de notre monnaie. Aussi de toutes petites localités ont-elles, en 1649, des dettes considérables. Geispolsheim 3,122 florins, Boersch 3,436 livres pfennig, etc. (A.B.A. G. 1470.)
4. Nous aurons à parler de ces *Satisfactionsgelder* suédois dans un de nos chapitres subséquents.

paroissiaux, en tant qu'ils n'ont pas péri dans cette guerre même, et que des érudits locaux les ont heureusement mis au jour, des indications précieuses sur l'effroyable consommation d'existences humaines qui se fit en Alsace de 1618, ou plus exactement, de 1622 à 1648. Ce ne sont, on le comprend, que des données isolées que nous pouvons offrir au lecteur et c'est presque au hasard que nous groupons ici quelques-uns des chiffres relatifs aux localités de la Haute et de la Basse-Alsace, publiés jusqu'à ce jour ou relevés par nous dans les documents inédits. Ils suffiront néanmoins, je pense, pour donner une idée nette de la situation lamentable du pays.

Commençons par la Basse-Alsace, et citons d'abord quelques chiffres relatifs aux communes, généralement florissantes, du comté de Hanau-Lichtenberg.

A Westhoffen, il y avait eu 21 décès en 1621, chiffre normal ; en 1635, il y meurt 258 personnes ; en 1636 : 600 personnes ; en 1637 : 108 personnes ; la localité était désormais à peu près déserte[1]. A Birlenbach, la mortalité moyenne était, depuis 1610, de 9-12 décès par an ; il y en eut 59 en 1633[2]. A Hohenatzenheim, en 1640, il n'y a plus que deux habitants[3]. En 1638, à Zehnacker, on compte encore 9 habitants, bourgeois et journaliers, plus une dizaine d'enfants ; « tout le reste a péri[4] ». A Ingwiller, petite ville assez florissante, les décès se montent à 68 en 1634, à 98 en 1635, à 220 en 1636. En 1642, les registres paroissiaux ne mentionnent plus que 4 décès, la presque totalité des habitants ayant péri ou s'étant enfuie[5]. A Neu- willer, de 1633 à 1638, sur une population de 1,600 âmes, 500 sont enlevées par la peste et la plupart des autres se disséminent au hasard[6]. A Wimmenau, village qui comptait 30 bourgeois avant la guerre, il n'y a plus, de 1637 à 1655, un seul habitant[7]. A Trim- bach et à Buhl, autres localités du comté de Hanau, il y a encore un seul et unique survivant dans le premier de ces villages (1643) et quatre dans le second, à la fin de la guerre[8]. En 1637, on compte encore 4 bourgeois valides à Wœrth, aucun au village de Lamperts- loch ni à celui de Goersdorf, deux à Morsbronn et à Sparsbach,

1. Roehrich, *Manuscrit*, 734, II. et Rathgeber, *Hanau-Lichtenberg*, p. 123.
2. Roehrich, même manuscrit.
3. Id., *ibid.*
4. Id., *ibid.*
5. Letz, *Ingwiller*, p. 34.
6. Kiefer, *Pfarrbuch*, p. 279.
7. Letz, p. 37.
8. Kiefer, *Pfarrbuch*, p. 232.

5 habitants malades à Preuschdorf; tout le bailliage de Wœrth ne compte plus en 1640 que vingt habitants[1]. En 1639, il n'y a plus que trois paysans à Printzheim [2], un seul à Hattmatt; c'est lui qui cultive les trois seuls champs de la banlieue qui ne soient point en jachères [3]; à lmbsheim, il y a encore 2 habitants [4], à Kirwiller aussi [5]. A Ernolsheim, en 1644, on constate encore la présence de « cinq hommes et de deux femmes veuves, l'une vieille, l'autre jeune et malade, ayant été violée l'an dernier par des soldats de passage. Elle a un petit enfant et pas de père pour lui[6] ». A Obermodern, de 1636 à 1650, pas un enterrement; il n'y a plus personne au village[7]. A Wissembourg, il n'y avait plus, à la fin de la guerre, que 140 bourgeois[8]!

Les terres catholiques de la Basse-Alsace, ne sont pas moins ruinées que les terres luthériennes. Le *régistrateur* de la chancellerie épiscopale, Nicolas Vogel, écrit à la date du 6 février 1638 : « Le bailliage de Reichshoffen est absolument ruiné et n'est plus habité... Le bailliage de Schirmeck est tellement abîmé, et perpétuellement parcouru par les partis ennemis, qu'il est comme mort (*ausgestorben*) et que personne ne saurait s'y établir avec sécurité... Le bailliage de Marckolsheim est également tout à fait ruiné et personne ne saurait y demeurer sans danger[9]. » A Boersch, on comptait en 1632 plus de 200 bourgeois; il y en a 65 en 1649; la petite ville d'Erstein en avait 274 en 1628; il lui en reste 117 en 1649; le riche village de Geispolsheim n'en a plus, à cette date, que 156 sur 230 qu'ils étaient vers 1630; à Châtenois, ils étaient, avant la guerre, 260 bourgeois : on en compte à la fin 37, plus 4 veuves[10]. Les sept villages du Comte-Ban, dans le val de Villé, comptaient encore en 1649 ensemble 25 bourgeois; il y en avait deux à Neukirch, un à Hirtzelbach, une veuve à Tieffenbach; à Saint-Maurice, « tous sont morts[11] ».

Dans la Haute-Alsace, la situation n'est guère différente. A Colmar, dès 1633, sur 1,400 bourgeois qu'avait la ville en 1618, on n'en

---

1. Kiefer, *op. cit.*, p. 374.
2. *Ibid.*, p. 57.
3. *Ibid.*, p. 84.
4. *Ibid.*, p. 93.
5. *Ibid.*, p. 97.
6. Rapport du prévôt Hans Duwal. Arch. Basse-Alsace, E. 1479.
7. Rathgeber, *Hanau*, p. 121.
8. W. Roehrich, *Mittheilungen*, II, p. 173.
9. *Underthaeniger Bericht wie es mitt der hohen Stifft Strassburg beschaffen.* A.B.A. G. 198.
10. Arch. Basse-Als. G. 1740.
11. *Ibid.*

compte plus que 800, et sur ce chiffre, il y a 200 prolétaires et 100 veuves [1]. A Guebwiller, qui possédait encore 321 bourgeois en décembre 1633, il n'y en a plus que 164, en juillet 1657, après bientôt dix ans de paix [2]. A Ammerschwihr, il y avait avant 1632, 70 bourgeois ; il en reste 14 [3]. A Soultz, il est mort, du 28 août 1633 à la fin de l'année, 336 personnes, dont 148 enfants, alors que la mortalité ordinaire était de 40 personnes les années précédentes [4]. Aussi n'y a-t-il plus dans la ville, en 1634, que 3 à 4 familles. Dans la vallée de Saint-Amarin, un relevé fait par le prince-abbé de Murbach, suzerain du val, en 1650, permet de constater que les treize paroisses qui s'y trouvent ne comptent plus que 117 bourgeois et 311 enfants ; il y a des villages, comme Malmersbach et Bitschwiller, aujourd'hui si florissants, qui ne comptent plus que 2 ou 4 bourgeois. Dans la ville de Saint-Amarin elle-même, il n'y en a plus que 13, avec 44 enfants, restes de familles disparues [5]. Même à l'extrême sud du pays les effets de la guerre se font sentir avec la même intensité. En près de cinq années, de 1633 à 1637, la ville de Belfort ne reçoit que *trois* nouveaux bourgeois, alors que pour les années subséquentes, quand l'occupation française est définitive (1640-1645), la moyenne est de *quatre* réceptions par année [6].

Si la génération qui vivait alors a été si cruellement décimée par la guerre de Trente Ans, celle-ci a peut-être eu des effets plus désastreux encore pour les générations à venir. En effet, la natalité ne diminue pas seulement dans de larges proportions ; à certains moments et dans certains milieux, elle paraît s'arrêter tout à fait. La vitalité de la race s'éteint au milieu des tourments et des anxiétés continuelles. Sans doute, pour parler sur cette matière avec une entière assurance, il faudrait procéder d'abord au dépouillement systématique des registres paroissiaux de l'époque, pour autant qu'ils subsistent encore, mais les quelques chiffres que nous avons pu réunir, et qui se rapportent au sud comme au nord et au centre de l'Alsace, pourront toujours servir d'indications probables. A Westhoffen, par exemple, on peut distinctement suivre les effets de la guerre dans la décroissance de la natalité. En

1. Mossmann, *Matériaux, Revue d'Alsace*, 1877, p. 445.
2. Gatrio, *Murbach*, II, 377.
3. Note sur J. Ph. Spener, conseiller de régence à Ribeauvillé, dans le *Bulletin de la Société belfortaine d'émulation*, 1874, p. 97.
4. Gasser, *Histoire de Soultz*, dans la *Revue d'Alsace*, 1894, p. 534-538.
5. Gatrio, *Murbach*, II, p. 378.
6. Bardy, *Les Suédois dans le Sundgau, Revue d'Alsace*, 1856, p. 255.

1622, l'année de l'invasion de Mansfeld, il y a 84 naissances ; en
1632, nous en trouvons 73 ; en 1633, 67. En 1640, c'est à peine si
l'on en relève 24 [1]. A Scharrachbergheim, il y avait une moyenne
annuelle d'une quinzaine de naissances durant le premier quart du
siècle, il n'y en a plus qu'une en 1632, une en 1635, aucune en
1636, une en 1637, etc. [2]. A Eckwersheim, de 1634 à 1646, on ne
célèbre pas un seul baptême[3] ; à Sundhoffen, de 1633 à 1641, pas
un mariage [4]. A Hirtzbach, dans le Sundgau, le curé n'a pu procéder à aucun acte de casuel de 1632 à 1637 ; à Hirsingen, village
plus considérable, il n'y a eu, de 1636 à 1649, ni un seul mariage,
ni un seul baptême[5]. Il n'est que juste cependant de constater que
certaines communes ne présentent pas, tant s'en faut, des fluctuations aussi marquées. Hürtigheim, par exemple, qui avait 24 bourgeois en 1606, en a 32 en 1629, 33 en 1631, 27 en 1654, 34 en 1680 [6]

. Il n'y a rien d'étonnant d'ailleurs à ce que l'on ne songeât guère ·
alors aux joies du foyer domestique, dans l'affreuse misère où se
trouvait la majeure partie de la population alsacienne. A partir de
1634, on peut dire que la famine ne cessa de régner dans l'une ou
l'autre région du pays. Dès le mois de novembre de cette année, les
habitants de Hoerdt se plaignent à leur seigneur, le comte de
Hanau, de ce que la cavalerie du rhingrave, — un allié pourtant ! —
eût à ce point pillé leurs granges, qu'ils n'ont plus eu, depuis un mois,
une seule bouchée de pain à manger, se nourrissant principalement
de navets [7]. C'étaient encore des privilégiés, car ils avaient au moins
un menu naturel, sinon très succulent. Les religieuses de Guebwiller,
elles aussi, qui se voyaient obligées « de partager leurs miches en
tranches bien minces », avaient du moins dans leur jardin des légumes qu'elles cuisaient à l'huile, à défaut de beurre, et de temps à
autre, quand elles se sentaient trop faibles, elles se permettaient
« une soupe au vin [8] ». En général, dans les villes on parvenait encore
à faire venir à grands frais, et grâce à des convois nocturnes, fortement escortés, des céréales et des farines de Bâle, de Liestal ou
de Soleure, qu'on distribuait ensuite, à bas prix, aux habitants

1. Roehrich, *Manuscrit,* 734, I₁.
2. Id., *ibid.,* 734, I.
3. Id., *ibid.,* 734, I.
4. Id., *ibid.,* 734, II.
5. Fues, *Die Pfarrgemeinden des Kantons Hirsingen,* p. 216.
6. Roehrich, *Manuscrit,* 734, I. Il est vrai que les dates intermédiaires,
qui comprennent précisément la grande crise de 1632 à 1648, nous font défaut.
7. Kiefer, *Pfarrbuch,* p. 179.
8. *Chronique des Dominicains de Guebwiller,* p. 279.

nécessiteux[1]. Mais dans le plat pays, personne ne se préoccupait, semble-t-il, d'empêcher les pauvres gens de mourir de faim. Aussi étaient-ils obligés de recourir parfois aux plus étranges moyens pour soutenir une existence, toujours prête à s'éteindre. Dans une supplique adressée par le pasteur Philippe Kirchner, de Morsbronn, à la Régence de Bouxwiller, on trouve cités quelques-uns de ces expédients culinaires. La meunière de Mitschdorf, nous raconte-t-il, s'est nourrie, trois mois durant, de peaux de chevreaux; un paysan de Lampertsloch a vécu d'escargots ; lui-même, avec quelques paroissiens réfugiés dans la forêt, apaisait sa faim avec des glands grillés sur les charbons[2]. C'est avec des glands aussi, séchés au soleil et pulvérisés, que les paysans des environs de Guebwiller faisaient une espèce de pain, « mais quand vinrent les fortes chaleurs, dit la *Chronique*, presque tous ceux qui avaient mangé de ce pain-là, moururent[3] ». Les habitants d'Ensisheim, capitale des terres autrichiennes, se nourrissaient en partie, dès 1635, de son et d'herbes, leurs champs restant en friche, leurs vignes étant coupées et leurs arbres fruitiers déracinés ou brûlés[4]. Et pendant ce temps-là, le commandant impérial de cette ville, le colonel Sébastien Kurtz, donnait des banquets somptueux à ses maîtresses et faisait délivrer des rations de vivres aux filles de joie qu'il avait fait venir pour ses officiers et ses soldats[5] ! A Turckheim, à Ammerschwihr, et dans les environs, on mangeait les chevaux qui restaient, les chiens et les chats[6].

Mais il y eut bientôt en Alsace, — dès 1635 et surtout après la terrible famine de 1636, — des festins plus lugubres, où la chair des animaux, même les plus immondes, et le pain qui manquait, furent remplacés par la chair humaine. Déjà, dans la lettre citée tout à l'heure, le pasteur Kirchner racontait avec horreur que des enfants de Preuschdorf, poussés par la faim, avaient ouvert le cadavre d'une femme et en avaient fait rôtir le cœur, les poumons et le foie[7]. Mais en 1636, quand les malheureux paysans eurent dévoré

---

1. *Chronique de Guebwiller, ibid.* — Mercklen, *Ensisheim.* II, 250, etc. Nous reparlerons de ces convois dans le chapitre relatif au *Commerce*.
2. La lettre a été publiée par Roehrich, dans le *Protestantisches Kirchen- und Schulblatt*, Strasbourg, année 1835.
3. *Chronique de Guebwiller*, p. 280.
4. Lettre du Magistrat d'Ensisheim, 2 mai 1635, à M. de Reinach, *Mercklen*, II, p. 251.
5. Lettre du 12 octobre 1635, Mercklen, *loc. cit.*
6. Archives de la Haute-Alsace, E. 538.
7. *Kirchen- und Schulblatt*, 1835.

R. Reuss, *Alsace*.

tout ce qui leur tombait sous la main, les racines, les feuilles des arbres
et les herbes les plus insipides, quand les souris et les rats furent
devenus un « menu délicat[1] », quand les animaux crevés, ravis
à l'équarrisseur ne suffirent plus pour tromper leur faim, combien
n'y en eut-il pas qui se ruèrent aux cimetières, pour y déterrer les
morts ou qui allèrent voler à la justice les corps des suppliciés, suspendus au gibet ? Le brave Franciscain de Thann, qui nous raconte
ces horreurs[2], a bien raison d'affirmer que le récit seul en fait
dresser les cheveux sur la tête[3]. Le Magistrat de Rouffach fit
saisir en flagrant délit quelques-uns de ces cannibales, qui nous
inspirent encore plus de pitié que d'horreur, et leurs méfaits ont
été consignés dans les procès-verbaux de la justice[4] ; à Strasbourg
même, il y eut, nous assure un contemporain, des infortunés assez
torturés par la faim, pour absorber en cachette de la chair humaine[5].

Mais cette dernière et hideuse ressource, à laquelle d'ailleurs la
plupart des affamés n'eurent certainement pas recours, même dans
les angoisses suprêmes, ne suffisait pas pour protéger contre la mort
les malheureux errant à travers les plaines incultes et les ruines de
leurs villages déserts. On trouvait, dit le chroniqueur, par tous les
chemins des cadavres[6] qui avaient encore en bouche de l'herbe,
quelque racine, des pelures de navets ; les petits enfants suspendus
encore au sein de leurs mères étaient étendus morts à leurs côtés sur
les routes et dans les champs. Malheur à qui se montrait en public
avec un morceau de pain ; dix, vingt, trente affamés se jetaient sur
lui pour lui arracher une si riche proie[7] ! Ce fut le temps où les
objets comestibles acquéraient un prix insensé, où pour une miche
de pain l'on cédait tout un arpent de vignes, où le besoin d'étouffer
la révolte des appétits exaspérés poussait au meurtre[8]. Un paysan
sur la frontière septentrionale de l'Alsace fut décapité à Deux-
Ponts pour avoir tué, puis mangé deux enfants ; près de Bergzabern
une jeune fille de 11 ans assassine un petit garçon de 5 ans et le fait
rôtir pour ne pas mourir elle-même de faim[9]. Il y eut des mères

---

1. « *Ein delicat essen.* » Tschamser, *Annales*, II, p. 471.
2. « *Die armen leutt auf dem landt, gingen an die todten und frassen dacon.* » (Tschamser, II, p. 468.)
3. Tschamser, II, 471.
4. *Theatrum Europœum,* III, p. 618.
5. Walter, *Chronique,* p. 32.
6. « *Alle strassen lagen coller todten leuthen ; einige hatten noch grass, wurtzlet, rubschœlften im maul und waren todt.* » (Tschamser, II, p. 468.)
7. Tschamser, II, p. 469.
8. Id., *ibid.,* p. 472.
9. Lettre de Venator dans *Joannis Miscellanea, loc. citat.*

qui égorgèrent leurs propres enfants pour apaiser la torture de leurs entrailles [1]. Au mois de janvier 1637, la fille du pasteur Steffen de Munwiller, mariée à un bourgeois de Réguisheim, dévorait ainsi son bébé de trois ans [2] !

Sans doute la crise de 1637 à 1638 ne se répéta plus avec une acuïté pareille; mais le ressort des âmes était brisé. Les survivants, après de si terribles épreuves, n'eurent plus rien de cette « joie de vivre » si intense au XVIe siècle. Ils traînèrent désormais leur existence plutôt qu'ils ne la vécurent. Un détail assurément insignifiant en lui-même, mais bien caractéristique pourtant m'a frappé; on nous raconte qu'aux alentours de 1648 personne parmi les habitants du village de Balbronn ne voulait plus tenir auberge ; trop pauvres pour en fournir la cave, ils se sentaient même trop pauvres pour la vider. Il fallut qu'une autorité paternelle menaçât la commune d'une amende de vingt-trois livres, si dans la quinzaine on n'ouvrait pas un débit avec un fonds d'au moins deux mesures de vin en cave [3]. Et cela dans un pays de vignobles, où le culte de la dive bouteille fleurissait jadis, et devait refleurir bientôt avec un rare entrain !

Il serait d'ailleurs erroné de croire que toutes ces affreuses misères n'atteignaient que la population civile des pays occupés ou conquis. Les soldats aussi, même les vainqueurs, périssaient bien souvent en masse, victimes de leurs instincts destructeurs, de leurs spoliations et de leurs incendies. Parfois les paysans, poussés à bout, se ruaient sur les maraudeurs isolés, ou sur les détachements moins nombreux de leurs tourmenteurs, les assommaient sur les grandes routes ou les assassinaient pendant leur sommeil [4]. Plus souvent la famine et la contagion en enlevaient des nombres effrayants. Lorsque les Impériaux de Gallas évacuèrent, en 1635, leurs quartiers d'hiver de Weyersheim, entre Strasbourg et Haguenau, ils y abandonnèrent plus de 500 hommes morts ou mourant de la peste ou de faim [5]. Quand ces mêmes Impériaux, refoulés de la Lorraine, descendirent vers Saverne en novembre 1635, leurs troupes souffrirent cruellement dans les passages des Vosges. Les femmes des soldats, nous dit un témoin oculaire, Thomas Carve, aumônier d'un

1. Tschamser, II, p. 469. *Sultzmatter Thalbuoch*, dans l'*Alsatia* de 1872, p. 200.

2. *Chronique de la Douane de Colmar, Revue d'Alsace*, 1876, p. 273.

3. Kiefer, *Balbronn*, p. 42.

4. Lettre de Sainte-Marie-aux-Mines, 8 septembre 1636. (Arch. Haute-Alsace, E. 540.)

5. Merian, *Topographia*, p. 67.

régiment irlandais, abandonnaient leurs enfants au bord du chemin,
pour ne pas être témoins de leur agonie ; les soldats eux-mêmes,
épuisés par la faim, tombaient inanimés dans la neige, et quand les
bandes en retraite rencontraient des corps de chevaux ou de bœufs
crevés, elles se précipitaient sur ces charognes pour raviver le dernier souffle de vie qui menaçait de s'échapper[1]. Quand la grande
famine de 1636 sévit dans toute la province, les troupes d'occupation, dans la Haute-Alsace surtout, passent par les mêmes épreuves
et les mêmes angoisses que les bourgeois et les paysans[2]. Et nous
ne parlons pas ici de situations exceptionnelles, de ce siège de Brisach, en 1638, par exemple, où la détresse poussait les soldats au
cannibalisme, où, en un seul jour, huit petits garçons disparaissaient sans laisser de traces[3], où des cadavres enfouis depuis plusieurs jours étaient déterrés par les affamés, où les délinquants au
cachot broyaient de leurs dents les plâtras des murs, pour essayer de tromper leur faim, où des prisonniers de guerre eux-mêmes,
malgré la crainte de justes et terribles représailles, ont été dévorés
par les soldats chargés de les garder[4] !

1. Carve, *Itinerarium*, p. 156.
2. Tschamser, II, p. 468.
3. Carve, *Itinerarium*, p. 299-300.
4. Les feuilles volantes du temps, le *Mercure français*, le *Theatrum Europœum*, sont remplis de détails lamentables à ce sujet. La plupart sont
réunis dans l'ouvrage de Rossmann et Ens, *Geschichte der Stadt Breisach*,
Freiburg i./B., 1851, 8°.

CHAPITRE TROISIÈME

L'Alsace dans les négociations de Munster et d'Osnabruck

Dès 1629, après la prise de La Rochelle, un conseiller avisé avait dit à Louis XIII : « Ensuite il faut... s'avancer jusques à Strasbourg, s'il est possible, pour acquérir une entrée dans l'Allemagne, ce qu'il fault faire avec beaucoup de temps, grande discrétion et une doulce et couverte conduite[1]. » Il ne semble pas pourtant qu'avant 1634 les États d'Alsace aient entretenu des craintes sérieuses pour leur indépendance politique. La situation satisfaisante des affaires protestantes en Allemagne et la présence des Suédois dans le pays faisaient considérer le voisinage des troupes françaises comme un événement plutôt favorable que fâcheux, mais, en somme, sans conséquences possibles pour l'avenir. Même après qu'on eût appris, au printemps de 1634, que la couronne de France demandait à occuper plusieurs localités alsaciennes, et entre autres, Colmar[2], on ne songea certainement d'abord qu'à une occupation militaire temporaire, destinée à protéger la Haute-Alsace contre un retour offensif des Impériaux. C'était plutôt pour éviter des dépenses considérables et une cohabitation vraisemblablement difficile, dans le Colmar à moitié ruiné d'alors, que Mogg, le représentant de cette ville, protestait auprès du Conseil de l'Union, siégeant à Francfort, et le décidait à proposer à la France de s'établir, en échange, à Belfort[3].

Mais quand arriva subitement la défaite de Noerdlingen, entraînant à sa suite la retraite inattendue de ce qui restait de troupes suédoises en Alsace, la situation changea brusquement de face, et ce changement radical trouva son expression dans l'accord signé le 9 octobre 1634, à Francfort, entre Melchior de l'Isle, résident du roi, et Richard Mockhel, résident de Suède à Strasbourg. Il portait que les principales places de l'Alsace, sauf Strasbourg, seraient mises « sous la protection de Sa Majesté Très-Chrétienne ». Colmar, Schlestadt, Marckolsheim, Rouffach, Ensisheim, Kaysersberg,

---

1. *Lettres de Richelieu*, p. p. Avenel, III, p. 181.
2. Lettre de Mogg et Walch au Magistrat de Colmar, 22 avril 1634. *Revue d'Alsace*, 1877, p. 463.
3. Lettre du 15 juillet 1634. *Revue d'Alsace*, 1877, *loc. cit.*

Turckheim, Munster, Murbach, Guebwiller, Thann, Bollwiller, Oberbergheim, Hohlandsberg, Massevaux, le Hohkoenigsbourg, devaient être occupés par les troupes royales, à condition qu'on y respecterait les droits de l'Empire et la liberté des États alliés, que tous les alliés de l'Union protestante pourraient également se retirer dans ces places, à condition enfin que lesdites places « resteraient au même état pour fait de religion et de police » et seraient rendues « à la pacification de l'Allemagne, à chacun selon le contenu du traicté[1] ». Le 10-20 octobre, le résident français, Melchior de l'Isle, avisait en conséquence le margrave Guillaume de Bade, commandant les troupes impériales dans la Haute-Alsace, que « les peuples de cette province ayant recogneu la douceur et seureté dont jouissent ceux que le Roy très chrestien... honore de sa protection », avaient cru « ne pouvoir en aucune façon mieux pourvoir à leur salut et à la conservation de tout le pays qu'en ayant recours à icelle. C'est pourquoy, ajoutait-il, Sadite Majesté les a reçeu en sa royale protection jusques à une pacification générale en Allemaigne, sans, sur ce moyen, préjudicier en aucune façon aux droits de l'Empire, ny aux franchises et privilèges des peuples[2] ».

Il offrait en même temps une espèce de garantie aux villes impériales d'Alsace, en leur donnant le 13-23 octobre une déclaration portant que la protection française ne devait nuire en rien ni préjudicier à leur immédiateté envers l'Empire[3]. Louis XIII refusa de ratifier l'arrangement de Francfort, déclarant « qu'il n'entendait point tenir ledit traité, comme ayant esté faict sans ordre et sans pouvoir de Sa Majesté, et qu'il désiroit remettre les susdites places (de Colmar, Benfeld et autres, dans l'Alsace) entre les mains de ses confédérés, pour les garder à l'avenir, comme ils ont faict par le passé[4] ». On a pensé que l'obligation de garantir l'exercice du culte protestant à Colmar, Schlestadt, etc., fut pour quelque chose dans ce refus. Il est plus probable cependant que le motif principal de cette déclaration en apparence si désintéressée, fut la répugnance du souverain comme du ministre, à insérer dans une pièce officielle une reconnaissance aussi formelle des droits de l'Empire, alors que tout le poids de la défense de l'Alsace allait pourtant retomber sur la France, les Suédois étant désormais incapables d'y concou-

---

1. Mosmann, *Matériaux, Revue d'Alsace*, 1878, p. 232-233.
2. *Revue d'Alsace*, 1878, p. 287.
3. Meyern, *Acta pacis Westphalicæ*, IV, p. 715.
4. *Lettres de Richelieu*, VIII, p. 96.

rir pour leur part[1]. Comme on l'a fort justement fait remarquer
déjà, Richelieu aurait de beaucoup préféré recevoir les villes alsaciennes comme une conquête, cédée par la Suède, que comme des
alliés confiants ou des clients à ménager[2].

Ce qui prouve bien que Louis XIII ne songeait pas sérieusement
à décliner la tâche d'occuper et de défendre l'Alsace, c'est qu'il
signa, quelques semaines plus tard, avec les envoyés de l'Union de
Heilbronn, le docteur Loeffler et Streiff de Lauenstein, le traité
du 22 octobre - 1er novembre 1634, qui portait à son paragraphe
onzième : « Le pays d'Alsace, en-deça du Rhin, soit mis en dépôt
et en la protection de Sa Majesté, avec les places et villes qui en
dépendent, qu'ils (les Suédois) ont prises à leurs ennemis, et spécialement Benfeld et Schlestadt. Les garnisons que Sa Majesté éta-
blira ès dits lieux, lui prêteront serment et aux confédérez. » Mais
cet abandon ne sera effectué qu'au moment où le roi déclarerait
être en état de rupture avec l'Empire. L'occupation de Brisach
était également prévue, d'accord avec les confédérés, par le paragraphe douzième[3]. L'émoi fut grand en Alsace, lorsque la nouvelle du traité s'y répandit, et certainement les hommes politiques
un peu perspicaces y entrevirent, à ce moment même, les projets
d'annexion, sinon immédiats, du moins futurs. « On veut emporter
les places d'Alsace sans conditions, écrivait alors sagement Melchior
de l'Isle au maréchal de La Force, mais ce n'est pas le moyen de
gagner le cœur de ces peuples[4]. » Aussi se produisit-il partout
comme un mouvement instinctif d'adhésion à l'arrangement que
négociait alors l'électeur Jean-Georges de Saxe avec Ferdinand II ;
Strasbourg lui-même semblait disposé à renouer avec l'empereur.
En France, on ne se méprit pas sur ces différents symptômes, et le
parti de la politique prudente et avisée l'emporta dans les conseils
du roi. Le 1er août 1635, le secrétaire d'État, Léon Bouthillier,
signait avec Mogg, l'envoyé de Colmar, le traité de Rueil, ratifié le
lendemain à Chantilly, traité par lequel le roi recevait la ville impé-

---

1. La lettre de blâme adressée à Melchior de l'Isle semble bien justifier
cette manière de voir, car elle lui reproche d'avoir accepté dans ce traité
« des conditions si désavantageuses et ridicules qu'il n'est pas possible de
croire qu'elles eussent été acceptées par ceux mêmes qui n'auraient point
d'affection pour la France. » (*Lettres de Richelieu*, VIII, p. 97. L'éditeur
n'a pas mis de dates précises à ces deux documents, mais ils sont certainement d'octobre 1634.)

2. Mossmann, *Revue d'Alsace*, 1879, p. 259.

3. Droysen, *Forschungen zur deutschen Geschichte*, t. XXVI, p. 368, et
Revue d'Alsace, 1878, p. 467.

4. Lettre du 24 novembre 1634. *Revue d'Alsace*, 1878, p. 468.

riale en sa protection jusqu'à la pacification générale, laquelle arrivant, elle serait remise en l'état, comme avant les troubles d'Allemagne de 1618. En attendant, il lui maintiendra tous ses privilèges
et immunités, et n'entreprendra aucune innovation dans le gouvernement de la ville. La politique appliquée à Colmar devait par la
force des choses s'étendre à tous les autres territoires de la province, et la consigne officielle, donnée aux généraux comme aux
diplomates, fut de ménager, autant que possible, les populations
alsaciennes[1]. Ces ordres, il est vrai, ne furent pas toujours suivis,
et Mogg, dans un placet présenté par ordre de ses commettants à
Richelieu, en 1638, se plaignait de ce que M. de Montausier, le
gouverneur de Colmar, « se croyait en France, où tout relève du
gouvernement, et ne songeait pas qu'il avait affaire à une ville de
l'Empire, placée sous la protection de la France par un traité[2] ».

Il n'est pas douteux que l'Alsace, du moins l'Alsace protestante,
n'eût accueilli avec satisfaction la création du landgraviat *territorial*
d'Alsace, promis par Louis XIII à Bernard de Weimar, en récompense de ses services. Il est plus que douteux que le duc, même
constamment victorieux, eût obtenu jamais la réalisation de ces promesses, puisque c'est encore du vivant de Bernard que le roi
nommait (le 24 mai 1639) un « intendant de la justice, police,
finances et villes en la Haute et Basse-Alsace ». Cela indiquait bien
une organisation civile, tout au moins provisoire, des territoires
occupés, et quand le conquérant de Brisach eut été brusquement
enlevé par la maladie, le 18 juillet 1639, la France n'eut plus à
craindre qu'aucune influence politique pût contrecarrer désormais,
avec quelque chance de succès, sa propre influence en Alsace. Il
importait seulement de se mettre d'accord avec les alliés de Suède.
En relisant avec attention la lettre adressée par Louis XIII à Colmar, le 13 mai 1639, lettre écrite pourtant pour calmer les « appréhensions[3] » légitimes du Magistrat, on constate qu'elle contient des
paroles aimables, mais aucun rappel des conditions du traité de
Rueil, aucune indication aussi pour l'avenir, sinon l'assurance que

---

1. « Au lieu de favoriser les habitants des villes d'Alsace, et d'exciter
leur affection, écrivait sévèrement le roi à Melchior de l'Isle, votre procédé
à leur endroit et vos propos en tout ce qui concerne leur bien et soulagement
sont capables de les aliéner de mon service.» (*Revue d'Alsace*, 1880, p. 350.)
Encore en 1643 d'ailleurs on se plaignait à Strasbourg de M. de l'Isle « passionnément animé contre la République… Si on laisse encore quelque temps
cet homme en ces quartiers icy, il est capable d'y ruiner les affaires du
Roy ». (Lettre de Bernegger, 9 sept. 1643. Archives de la ville, A.A. 1092.
2. *Revue d'Alsace*, 1881, p. 194.
3. Le mot est du roi lui-même. (*Revue d'Alsace*, 1881, p. 203.)

« le repos de la chrétienté et la conclusion d'une paix ferme et assurée sont le seul but de ses armes ».

Les premières semaines de l'année 1640 voient s'accentuer cette nouvelle attitude ; le 17 janvier, l'intendant récemment nommé, M. de Belesbat, force le Magistrat et les habitants de Saverne à rendre hommage à la couronne de France. Cet exemple fut imité dans d'autres villes occupées par des garnisons françaises. L'effet de cette affirmation péremptoire d'une souveraineté qu'aucun acte diplomatique n'avait encore posée fut si grand que, quelques mois plus tard, lorsque Ferdinand III convoqua les États de l'Empire à la diète de Ratisbonne (juillet 1640), aucune des villes impériales d'Alsace n'osa répondre à cet appel avant d'y être autorisée par Louis XIII[1]. La Décapole, après de longues délibérations, se résigna à solliciter cette permission de la couronne de France. Aucune réponse n'ayant été faite à sa demande, il n'y eut pas une des dix villes qui jugeât prudent d'envoyer ses délégués à Ratisbonne ; elles s'excusèrent tant bien que mal dans un long mémoire adressé à l'empereur[2]. L'isolement commençait ; la Suède gagnée par la France, restait spectatrice indifférente, et l'Empire n'avait plus les forces nécessaires pour une intervention sérieuse. Le ton des autorités militaires, lui aussi, s'accentue et devient menaçant[3].

Cependant les préliminaires de Hambourg, ayant été enfin signés le 25 décembre 1641, les principaux belligérants étaient tombés d'accord que les séances du congrès diplomatique convoqué pour amener la paix s'ouvriraient à Munster pour la France, à Osnabruck pour la Suède, le 25 mars 1642. On sait ce qui advint de ces belles résolutions ; désireux d'exploiter d'abord encore les chances de la guerre, les principaux antagonistes ne commencèrent à envoyer leurs plénipotentiaires et leurs chargés d'affaires qu'en 1643 ; c'est le 17 mars de cette année que le comte d'Avaux, c'est le 5 avril

---

1. A cette date, non seulement les politiques français avaient pris leur parti de demander ouvertement l'Alsace; ils se croyaient à peu près sûrs déjà de l'obtenir. Louis XIII écrivait à M. d'Avaux le 27 octobre 1640: « On a seeu par voie secrète que plusieurs princes d'Allemagne se résoudraient à laisser la Poméranie à la Suède et l'Alsace, avec Brisack, à la France. Agir d'après ces informations. » (*Lettres de Richelieu*, VIII, p. 366.)

2. *Revue d'Alsace*, 1881, p. 373-374.

3. Le munitionnaire général de l'armée de Turenne, M. de Tracy, trouvant que Colmar ne fournissait pas assez vite le pain demandé, écrivait au Magistrat, en juillet 1644, « qu'il était résolu d'aller avec 2,000 chevaux brûler les récoltes jusque sous les murs de Colmar, pour presser la ville de quitter cette lenteur et ce procédé qui tient si peu de la reconnaissance ». (*Revue d'Alsace*, 1883, p. 397.)

qu'Abel Servien, les deux habiles diplomates chargés des intérêts
de la France, parurent à Munster. Les pleins pouvoirs furent
échangés le 16 avril 1643 et c'est cette date qui marque en réalité
l'ouverture des négociations de Westphalie.

Les envoyés de la reine régente, Anne d'Autriche, et de Louis XIV
enfant, arrivaient à Munster avec des instructions générales très
précises : réaliser le programme favori des hommes politiques de
la vieille France, l'extension des limites du royaume jusqu'à la
frontière du Rhin. Mais en ce moment, Mercy se trouvait très près
de l'Alsace, et l'on pouvait craindre qu'il ne réussît à y pénétrer ;
il était au moins superflu de lui créer là-bas des clients et des amis.
Aussi les ministres de Louis XIV renouvelèrent-ils avec intention,
le 12 mai 1644, le traité de Rueil, quoiqu'ils fussent sans aucun
doute beaucoup moins disposés à en observer les clauses que neuf
ans auparavant, et le 7 juillet 1644, les envoyés français promettaient
même à Francfort d'évacuer à la paix toutes les places occupées en
Alsace[1]. La régente invitait en outre, d'une façon pressante, les
villes impériales . et libres de l'Alsace à se faire représenter à
Munster et Osnabruck. Dès l'automne de 1643, elle avait fait tenir
les passeports nécessaires au Magistrat de Strasbourg[2]. Dans sa
missive du 20 août 1644, en insistant sur l'utilité de la présence de
leurs députés, elle ajoutait : « Nous avons encore une autre raison
qui nous a fait désirer la présence de vos députez à ladite assemblée,
c'est affin qu'ils fussent spectateurs de la conduite de nos plénipotentiaires, et que, voyans par eux mesmes la candeur et la bonne foy
qu'ils ont ordre d'apporter en leur négociation, vous en puissiez...
cognoistre plus asseurement l'injustice de ceux qui tâchent de la
descrier et de donner des impressions contraires[3]. »

La première année du Congrès enfin constitué se passa tout
entière en vagues pourparlers préliminaires et en feintes diplomatiques. Les Français voulaient exploiter les conséquences de la
victoire, si chèrement achetée, de Fribourg, et les Suédois, arrivés
jusqu'en Moravie, espéraient, eux aussi, quelque succès décisif.
Aussi est-ce le 4 décembre 1644 seulement, que les plénipotentiaires
impériaux remirent aux envoyés des puissances médiatrices, au
nonce du pape et à l'ambassadeur de Venise, l'avant-projet d'un

---

1. Meyern, *Acta*, t. II, p. 95.
2. Les plénipotentiaires de Strasbourg, le célèbre jurisconsulte Marc Otto et
le secrétaire Ernest Heuss, ne quittèrent la ville pour Osnabruck que le
15 février 1645. (*Chronique de Wencker*, p. p. Dacheux, p. 184.)
3. Kentzinger, *Documents*, I, p. 281.

traité de paix, basé sur le traité qui avait été signé quatorze ans plus tôt à Ratisbonne, entre Ferdinand II et Louis XIII, peu avant le débarquement de Gustave-Adolphe. Les questions territoriales n'y étaient point touchées ; il n'y était réclamé ni offert d'indemnités de guerre pour personne. C'était assez pour le rendre inacceptable pour les alliés. Cependant quand les ambassadeurs français présentèrent leurs premières contre-propositions, le 24 février 1645, ils se tinrent également dans des généralités fort vagues ; le nom de l'Alsace n'y était même pas prononcé. Bientôt après, Ferdinand III, découragé par la perte de la bataille de Jankowitz, en Moravie, consentait enfin à la participation directe des États de l'Empire au Congrès, après avoir longtemps déclaré que c'était à lui seul, comme à leur chef commun, de négocier en leur nom. Les députés de Strasbourg et de Colmar, le jurisconsulte Marc Otto et le greffier Balthasar Schneider, qui arrivaient sur ces entrefaites, étaient donc rendus à leur poste au moment où les débats sérieux et décisifs allaient enfin s'ouvrir ; mais ils arrivaient également au moment où le parti bavarois-catholique, l'ancienne Ligue de 1609, craignant un écrasement complet, séparait sa cause de celle de la maison d'Autriche, et où Maximilien de Bavière entamait des pourparlers secrets avec la cour de France. Ces pourparlers se rapportaient, en toute première ligne, au sort futur de l'Alsace et les représentants des villes alsaciennes ne furent pas longs à s'apercevoir que le sort de leur province allait se décider, non pas en discussion publique, non pas dans les assemblées plénières de la diplomatie, mais dans les coulisses, pour ainsi dire, du Congrès. Personnellement ni Otto, ni Schneider n'eurent à se plaindre de l'accueil qui leur fut fait par les représentants des deux couronnes. Servien disait au bon greffier de Colmar : « Escrivez à vos Messieurs que j'auray toujours le mesme soin de Colmar que de Paris, » mot à double entente, qui ne rassurait pas précisément le député de la ville impériale[1]. Oxenstierna, de son côté, protestait de l'intérêt que lui inspiraient ses coreligionnaires d'Alsace, mais il le faisait avec une visible tiédeur. Aussi dès le mois de mai, Schneider écrivait-il mélancoliquement, au sortir d'un entretien avec M. de Rorté, ambassadeur de France en Suède : « L'Alsace se tirera difficilement des mains de la France. Malheur à Colmar, à Schlestadt, à Munster, et aux autres villes[2] ! »

1. Lettre de Schneider à Mogg, 23 avril 1645. (*Revue d'Alsace*, 1885, p. 476).

2. Mossmann, *Matériaux. Revue d'Alsace*, 1885, p. 481.

Le dimanche 11 juin 1645, les mandataires de la couronne de France, sortant enfin de leur réserve calculée, présentèrent dans l'article XI'I de leur projet les premières revendications de dédommagements territoriaux ; ceux-ci devaient compenser, pour les alliés, les dépenses de la guerre, les efforts faits et les pertes éprouvées. Ils ne précisaient rien encore et aucun territoire n'était nommé. L'électeur de Bavière, conformément aux engagements qu'il venait de prendre [1], demanda sur-le-champ à l'empereur de « prendre en considération » ce postulat d'un *dédommagement*, afin de mettre un terme aux misères de tout l'Empire, et spécialement à celles de son territoire, où l'on se battait alors. La victoire d'Allersheim, gagnée par l'armée française, le 3 août 1645, et dans laquelle succomba le vaillant général bavarois Mercy, aurait dû prouver à Ferdinand III la nécessité de prendre en sérieuse considération le désir de son plus fidèle allié. Néanmoins les commissaires impériaux réunissaient les délégués des États, le 25 septembre, pour leur déclarer que « l'empereur ne se croyait aucunément tenu de fournir un dédommagement quelconque ». Mais les États de l'Empire, en partie gagnés par les envoyés de Louis XIV, ne voulurent pas encourager cette attitude purement négative, et répondirent par le conseil de trouver des formules d'arrangement et de les soumettre ensuite à leurs délibérations. Un seul des délégués, celui du margrave de Brandebourg-Culmbach, rappela que le roi de France avait promis jadis de sauver la liberté germanique sans frais [2]. A ce moment on n'ignorait plus à la cour de Vienne, au moins d'une façon absolue, quelle était l'étendue des prétentions françaises [3], et on les y trouvait « exorbitantes ». En les communiquant, le 21 octobre, en confidence, aux députés de Strasbourg et de Colmar, le comte de Lamberg, un des plénipotentiaires impériaux, après avoir énoncé la revendication du landgraviat, des dix villes impériales, des bailliages de l'Ortenau, etc., ajoutait que personne ne se résignerait à ratifier une atteinte aussi forte à l'intégrité de l'Empire [4]. Et Schneider de lui

1. Meyern, *Acta*, t. I, p. 538.
2. W. Rohdewald, *Die Abtretung des Elsass an Frankreich*, Halle, 1893, p. 17.
3. Rapport du comte Kurtz, du 4 septembre 1645.
4. *Revue d'Alsace*, 1887, p. 111. — On n'avait pas attendu d'ailleurs ces communications officieuses pour essayer de s'orienter sur ce qui se préparait dans le mystère. Le secrétaire de Strasbourg, Heuss s'était lié (par ordre?) avec un des secrétaires du duc de Longueville, jeune Wurtembergeois, nommé Stenglin, et une partie de leur correspondance est conservée aux Archives de la ville (A.A. 1119). Dans un billet de Stenglin non daté (mais de juin 1645),je lis ce post-scriptum significatif : « Je vous ay

répondre, avec une naïveté qui l'honore grandement comme homme, mais qui en fait un diplomate légèrement ridicule, que les prétentions de la France étaient en contradiction trop flagrante avec les promesses prodiguées par ses ministres et ses rois, pour que « rien ne fût plus facile que de repousser de pareilles demandes, si elles étaient présentées [1] ».

Ce que la maison d'Autriche trouvait surtout exorbitant d'ailleurs, c'était à coup sûr la prétention de lui faire payer la majeure partie de la rançon de l'Empire de son propre fonds, en lui enlevant quelques-uns de ses plus anciens domaines. Ferdinand III fit donc présenter une contre-proposition qui ne pouvait naturellement agréer à Servien et à d'Avaux ; il déclarait consentir, sauf l'assentiment des États de l'Empire, à l'abandon définitif des Trois-Évêchés, « afin de rétablir d'autant plus facilement les rapports de bon voisinage et d'amitié avec la France ». Il acceptait par là tout au moins le *principe* d'une cession de territoire. Mais cela même indisposa les États et parmi ceux qui protestèrent nous rencontrons les députés alsaciens qui se sentaient évidemment les plus menacés. Le 24 novembre 1645, Schneider, prenant son courage à deux mains, demandait une audience au duc de Longueville, chef ostensible de l'ambassade française, et se risquait à le questionner sur les bruits qui couraient. Le duc lui affirma que tout ce que prétendait la couronne de France, c'était d'être substituée aux droits de l'Autriche, pour en être investie au même titre, c'est-à-dire comme État de l'Empire, sans rien entreprendre sur les droits des tiers. Il ajouta même, de la façon la plus aimable, que Colmar recevrait aussi la récompense de ses services [2]. Sur ces entrefaites, le comte de Trautmannsdorf, le principal des plénipotentiaires impériaux, arrivait à Munster (29 novembre) et dans une visite faite aux diplomates français, il déclarait que leur demande de l'Alsace et de Brisach était une « prétention chimérique ». Tout en refusant d'en parler, il en parlait déjà. Il savait trop bien qu'on ne se contenterait jamais à Saint-Germain de ce qu'il annonçait alors comme concession extrême : Toul, Metz et Verdun, Moyenvic et Pignerol, et la démolition des fortifications de Brisach. Le 10 décembre, les médiateurs transmirent cette offre à d'Avaux. La voyant repoussée comme

dit la difficulté qu'il y a pour avoir copie des lettres que l'on écrit chez nous. »

1. Lettre de Schneider à Colmar, 23 octobre 1645. *Recue d'Alsace*, 1887, p. 112.

2. *Recue d'Alsace*, 1887, p. 331.

absolument insuffisante, Trautmannsdorf partit pour Osnabruck, afin de voir s'il pouvait compter éventuellement sur l'appui jaloux des Suédois; mais ceux-ci, ayant égales promesses pour leurs pro- pres prétentions de la part de la France, ne se montrèrent nulle- ment disposés à fausser compagnie à leurs alliés[1].

Ce fut le 7 janvier 1646, que les ambassadeurs français remirent enfin aux médiateurs la déclaration dans laquelle ils précisaient pour la première fois officiellement leurs demandes. Cette note di- plomatique revendiquait comme indemnité de guerre l'ancienne Austrasie, les Trois-Évêchés, la Haute et la Basse-Alsace, le Sund- gau, le Brisgau et Brisach, Philipsbourg et les quatres villes fores- tières du Rhin, Rheinfelden, Saeckingen, Lauffenbourg et Waldshut. Selon les règles de la vieille méthode diplomatique, on demandait beaucoup pour être sûr d'en obtenir au moins une partie. La décla- ration portait encore que si l'Empire trouvait bon que l'Alsace et Philipsbourg restassent comme fiefs en rapport avec lui, le roi ac- cepterait cette situation, pourvu qu'il eût voix délibérative aux diètes. Par contre, le roi s'offrait à rendre tous les territoires oc- cupés ailleurs par ses troupes, Trêves, Mayence, Worms, Spire et le reste du Palatinat.

Il est évident que l'aveu, désormais officiel, de pareilles ambi- tions territoriales, devait provoquer un désillusionnement cruel au- tant que subit chez ceux d'entre les gouvernants en Alsace qui avaient jusque-là naïvement rêvé l'exécution intégrale des traités d'autrefois, et le langage de Strasbourg se ressentit immédiatement des alarmes que les nouvelles perspectives devaient faire naître au sein de la petite République. Aussi les plénipotentiaires français écrivaient-ils au secrétaire d'État Brienne d'empêcher, plus que jamais, les déprédations de la soldatesque en Alsace, pour ne pas irriter encore davantage les esprits dans ce pays. « Il est très im- portant, disaient-ils, que l'on ne prenne point de mauvaise opinion de la France, en ce temps-ci plus que dans tout autre, pour ne point trouver d'opposition à ce qu'elle prétend, ce qui est d'ailleurs assez difficile. Nous ne devons omettre de vous dire que le député de Strasbourg, faisant ses plaintes, nous dit, avec respect néan-

---

1. Pour ne pas multiplier les citations à côté de chaque date et de chaque fait nous rappelons une fois pour toutes que toutes les données de ce chapitre, alors qu'elles ne sont pas spécialement documentées, sont empruntées au grand recueil de Meyern. les *Acta pacis Westphalicæ*, ou au travail très complet et louablement impartial de M. Rohdewald, cité plus haut.

moins, que ce commencement pourrait donner sujet à leur ville de
prendre un mauvais augure du voisinage des Français [1]. »

A la demande des envoyés français, l'empereur répondit d'abord
par un refus formel. Il déclara que ses offres primitives seraient sa
« prime et ultime oblation », qu'il ne céderait jamais l'Alsace. Les
ambassadeurs répliquèrent qu'ils étaient aux regrets de devoir considérer avant tout, en cette affaire, le bien de leur propre pays et
insinuèrent qu'ils pourraient offrir un dédommagement pécuniaire
aux archiducs, en échange de leur héritage territorial. Dans un
entretien confidentiel, qui eut lieu le 16 janvier 1646 entre Longueville et le docteur Volmar, au sujet des prétentions françaises en
Alsace, ce dernier, pour tâter le terrain, proposa, comme en passant, au duc, de substituer le Milanais à l'Alsace. Mais la politique
française était bien revenue de la folie des *imprese d'Italia*, et Longueville répondit froidement qu'il ne pouvait s'arrêter à considérer
une question qui regardait uniquement l'Espagne [2].

Trautmannsdorf imagina alors de réunir les délégués des États de
l'Empire siégeant à Osnabruck, pour leur poser une double question : Est-on tenu de dédommager la France ? Si oui, est-ce assez
de lui offrir les Trois-Évêchés ? Il espérait sans doute obtenir une
réponse négative sur la question principale ; mais, sur la proposition
de la Bavière, on n'alla pas aux voix, et on se contenta de déclarer,
de même que les États de l'Empire réunis à Munster, que l'Alsace
ne devait pas être cédée [3]. L'électeur de Bavière, saisi peut-être de
scrupules patriotiques, avait eu tout à coup des regrets de s'être
engagé d'une façon trop précise, et ses représentants disaient aux
envoyés français à Munster, que s'ils voulaient « prendre la satisfaction du Roi en quelque autre endroit, il ne s'y rencontrerait peut-
être pas tant de difficulté ; qu'en effet leur maître s'était bien obligé
de faire obtenir au Roi sa satisfaction, mais non pas positivement à
lui faire avoir l'Alsace [4] ». De son côté, Trautmannsdorf parlait de
substituer à l'Alsace la Franche-Comté, terre espagnole comme le
Milanais, mais Servien n'eut garde d'accepter un territoire dont la

---

1. *Mémoires et négociations secrètes de la cour de France touchant la
paix de Munster*, Amsterdam, 1710, in-fol., p. 1. — Cette attitude méfiante se
maintint ; le 17 mars 1646, Brienne écrivait aux plénipotentiaires, que
« ceux de Strasbourg au dire de M. de Vautorte, très éloignez de ce sentiment (de confiance à l'égard du roi), ont tesmoigné s'en défier et estre
offensez de la demande que vous avez faite de l'Alsace ». (*Négociations*,
p. 131.)
2. Meyern, *Acta*, II, p. 215.
3. Rhodewald, p. 28.
4. Lettre des plénipotentiaires à Brienne, 17 mars 1646. *Négociations*, p. 120.

conquête ultérieure était absolument assurée par sa situation géographique[1], et il finit par déclarer catégoriquement que l'Alsace
était indispensable à la France pour opposer une barrière à la puissance de la maison d'Autriche.

La situation politique lui permettait de hausser le ton. Maximilien
de Bavière auquel Mazarin avait déclaré « que le rétablissement de
la paix en Allemagne, la conservation de la dignité électorale dans
la maison de Bavière et l'acquisition de l'Alsace par la France »
étaient « choses inséparables et qui ne se peuvent obtenir l'un sans
l'autre [2] » était gagné à ce moment aux vues du cardinal et tâchait
de les favoriser, tout en cachant encore prudemment le revirement de
sa politique [3]. Dès le 6 février 1646, Mazarin mandait aux plénipotentiaires que les dépêches de Bavière assuraient « qu'il ne serait
pas difficile de nous faire accorder les deux Alsaces avec Brisach »
pourvu qu'on se relâchât sur Philipsbourg [4]. Le cardinal proposait
même à ses négociateurs de faciliter la transaction en accordant
pour les Trois-Évêchés, comme pour l'Alsace, la continuité des
rapports féodaux avec le Saint-Empire romain [5]. Bien qu'ils eussent
déclaré d'avance à d'Avaux et à Servien qu'Impériaux, Espagnols et
Suédois, catholiques et protestants, leur étaient tous contraires [6],
afin qu'on ne leur fît point de reproches, au cas d'un échec possible,
ce furent donc en définitive les délégués bavarois qui proposèrent
aux États réunis à Munster de céder l'Alsace à la France ; il est vrai
qu'ils ajoutaient que ce n'était pas pour toujours et que les querelles
de frontières et des guerres nouvelles en Europe donneraient déjà
à la maison d'Autriche l'occasion favorable d'y revenir les armes à
la main [7]. Dans un mémorandum secret, le Conseil aulique de

1. Brienne écrivait de son côté aux plénipotentiaires qu'il ne fallait pas
« se départir de l'Alsace, laquelle ne peut pas être comparée à la Franche-
Comté, parce que la situation, la grandeur et la valeur d'un pais à l'autre,
sont toutes différentes ». Lettre du 31 mars 1646. *Négociations*, p. 141.
2. Rhodewald, p. 32.
3. Encore en janvier 1646 son délégué énonçait, fort en détail, tous les
arguments qui militaient contre la cession. (Meyern, II, p. 217.)
4. *Négociations*, p. 71.
5. « Il me semble, écrivait-il le 3 février 1646, que... pour témoigner aussi
en même temps à l'Allemagne que nous ne sommes pas gens à démembrer
l'Empire à notre profit, comme peut-être ç'a été le but des Impériaux de le
faire croire (le mot est joli!)... nous pourrions offrir aussi de notre côté, dès
cette heure, de reconnaître aussi bien l'Empire pour les Trois-Evêchés que
pour l'Alsace, pourvu que l'on demeure d'accord de nous la laisser, afin que
nos Rois soient d'autant mieux reconnus pour princes de l'Empire... Je ne
vois, ce me semble, nul inconvénient à cela. » (*Négociations*, p. 46.)
6. Lettre des plénipotentiaires du 17 mars 1646. *Négociations*, p. 120.
7. Meyern, *Acta*, III, 6.

Vienne avait de son côté conseillé, le 24 février 1646, de céder l'Alsace, et dès le 1ᵉʳ mars, Ferdinand III avait autorisé ses plénipotentiaires à consentir à cette cession, si elle leur semblait absolument nécessaire, sauf pourtant Brisach et les quatre villes forestières. Ils commencèrent naturellement par n'offrir qu'une partie de ce qu'on leur permettait de concéder : la Basse-Alsace, où la maison d'Autriche n'avait que des droits assez vagues et fort peu de terres héréditaires. En leur nom, les médiateurs vinrent s'informer si les Français ne voudraient pas se contenter de l'Alsace inférieure « qui comprend Haguenau et ses dépendances, et qui, par ce moïen, va jusqu'au Rhin [1] ». Les ambassadeurs, sachant par une indiscrétion, peut-être volontaire, de l'ambassadeur de Venise à Paris, que l'empereur, tout en se défendant, aussi longtemps qu'il pourrait, de céder l'Alsace, y donnerait finalement les mains s'il le fallait, pour avoir la paix dans l'Empire [2], répondirent poliment que l'Alsace ne pouvait être partagée ; mais ils réitérèrent l'offre d'un dédommagement en espèces, pour amener plus facilement Ferdinand à renoncer aux territoires sundgoviens. « La France donnant un dédommagement aux archiducs, leur avait écrit Mazarin le 3 mars, aura cet avantage de tirer une cession en bonne forme de tous les droits qu'ils ont en ce païs-là... Même sans ce dédommagement, il faudra faire instance de ladite cession et exiger de l'empereur qu'il soit obligé de la tirer desdits archiducs, et de nous la fournir à la signature du traité, afin d'ôter pour l'avenir toute matière à de nouveaux remuements en Allemagne [3]. »

Finalement la crainte de se voir battu sur tous les terrains à la fois et la nécessité surtout de trouver contre les prétentions de la Suède un appui plus solide que les États de l'Empire amenèrent Ferdinand à céder. Lorsque la cour de France se fut solennellement engagée à prendre désormais, dans les négociations pendantes, le parti de l'empereur et des princes catholiques contre les Suédois et les protestants d'Allemagne, il fit savoir dans les conférences du 14 et du 16 avril 1646 qu'il consentait à l'abandon de ses possessions dans la Haute et Basse-Alsace, et dans le Sundgau, sous le nom de landgraviat d'Alsace, en toute souveraineté, pour que le roi n'eût pas à se mêler des affaires de l'Empire, et contre une indemnité de cinq millions de rixdales à payer aux archiducs. Par contre, la

---

. 1. Lettre des plénipotentiaires à Brienne, 19 avril 1646. *Négociations*, p. 126.

2. Lettre du roi aux plénipotentiaires, 7 avril 1646. *Négociations*, p. 148.

3. *Négociations*, p. 106.

France devait renoncer au Brisgau, à l'Ortenau, aux quatre villes
forestières, elle laisserait leur immédiateté à tous les États immédiats
actuels de l'Alsace ; elle promettait même le retour de la province à
la maison d'Autriche, si la descendance mâle, directe et légitime
de Louis XIV venait à s'éteindre. On n'était pas encore près d'une
entente, puisque précisément le 14 avril, Mazarin écrivait à Longueville : « Le Sungan doit suivre les destinées de l'Alsace dans
laquelle il est compris. Il faut déclarer aussi qu'on ne se contentera
pas des deux Alsaces, sans le Brisgau et les villes forestières. »
On « doit être assuré que la France ne prendrait pas, pour sa satisfaction, des choses qu'on pourrait luy oster en quatre jours [1]. » La
contre-proposition française maintenait donc la demande de Brisach,
exigeait que le droit de possession s'étendît éventuellement à tous
les princes de la maison royale et présentait des objections contre
le montant de la somme demandée [2]. Ferdinand fit répondre, le
24 avril, que plutôt que d'abandonner Brisach, il préférerait rompre
les négociations, et les ambassadeurs de riposter qu'ils étaient
prêts à continuer la guerre encore cent ans, plutôt que de rendre
cette place forte.

On pense bien que ces négociations particulières, qui malgré les
menaces réciproques de rupture, laissaient présager cependant une
prochaine entente [3], furent bientôt connues des autres membres du
Congrès, et provoquèrent chez eux une émotion profonde, surtout
parmi les protestants, persuadés qu'une fois établis en Allemagne,
les Français assisteraient le parti catholique [4]. « Particulièrement,
dit la dépêche à Brienne, expédiée le 19 avril 1646, ceux de Strasbourg s'y intéressent fort et y veulent aussi intéresser les villes
impériales, à cause de celles qui se trouvent en Alsace, auxquelles
ils donnent à entendre que ces villes étant sous la protection des
Français, ils leur ôteront leur liberté et en useront comme ils ont

---

1. C'est-à-dire que Brisach rendu à l'Empire, permettrait d'envahir à
toute heure l'Alsace. *Lettres de Mazarin*, éd. Chérnel, II, p. 740.
2. Le médiateur vénitien, Contarini, gourmandait vivement les envoyés
français sur cette lésinerie. « Avec sa promptitude et liberté accoutumée,
(il) s'est mocqué de notre plainte et a dit qu'il y avait deux cens ans qu'aucun ambassadeur français n'avoit envoyé à son maitre trois provinces dans
une dépêche, comme on fait aujourd'hui. » Lettre des plénipotentiaires,
19 avril 1646, *Négociations*, p. 150.
3. Mazarin était si convaincu d'un accord final qu'il chargeait dès le
23 mai, M. de Vautorte de réunir des renseignements détaillés sur les
domaines et autres droits appartenant aux archiducs en Alsace. (*Lettres de
Mazarin*, II, p. 757.)
4. Dépêche du 19 avril 1646. *Négociations*, p. 150.

fait de Metz, Toul et Verdun[1]. » Les villes impériales n'avaient certes pas besoin des excitations de Strasbourg, pour être anxieuses et effrayées. C'est avec une consternation profonde que le député de Colmar, un instant rassuré, comme nous l'avons vu plus haut, annonce à son beau-frère Mogg que les Français élèvent derechef des prétentions sur l'Alsace entière[2]. L'émoi fut encore beaucoup plus vif quand les médiateurs communiquèrent le texte même de la demande française, le 29 mai 1646. La Haute et Basse-Alsace, le Sundgau devaient demeurer au roi et à la couronne de France, à perpétuité. Les évêques de Strasbourg et de Bâle, et les villes de Strasbourg et de Bâle étaient les uniques États de l'Empire qui dans ce projet fussent nommément exceptés de la cession, et Schneider s'écriait non sans raison : « *Unius exclusio est alterius inclusio*[3]! » De son côté, le Magistrat de Colmar écrivait avec une indignation à peine contenue, à M. d'Erlach, le gouverneur de Brisach : « Voilà donc à quoi aboutissent ces promesses de restitution qu'on nous a prodiguées, à rien qu'à nous distraire de l'Empire, à nous dépouiller des libertés qu'il nous procurait, à nous réduire à la condition de sujets d'une autre puissance, en dépit des assurances des ministres et des traités[4]! »

Pour s'assurer au moins de l'étendue des malheurs futurs de ses concitoyens, le bon Schneider imagine de parler à M. d'Avaux de ces négociations, gardées encore officiellement secrètes, comme d'un faux bruit, inventé par les ennemis de la France. Le diplomate interrogé lui expliqua fort obligeamment que le roi ne voulait pas posséder les Colmariens et leurs alliés, les autres villes impériales d'Alsace, « au même titre » que les pays autrichiens. Ils resteraient des États libres, « comme il y en a plusieurs en France », et pour le lui prouver, il lui cita, avec un parfait aplomb, le Languedoc « dont les États venaient de refuser des subsides à la couronne[5] ». Cette leçon d'histoire, quelque captieuse qu'elle fût, ne produisit que peu d'effet sur le greffier-syndic de Colmar et sur ses compatriotes, car, le 14 juin 1646, le Magistrat écrivait à son envoyé de redoubler d'efforts auprès des États protestants d'Allemagne pour éviter cette

1. *Négociations*, p. 150. La correspondance de la ville de Strasbourg avec son secrétaire Ernest Heuss, d'octobre 1645 à octobre 1646, se trouve aux Archives de la ville, AA. 1118. Mais les pièces les plus importantes pour notre sujet, couservées aux archives sont au « fasciculus puncto satisfactionis gallicæ, AA. 1138 ».

2. Lettre du 26 mai 1646, *Revue d'Alsace*, 1888, p. 200.

3. *Revue d'Alsace*, 1888, p. 205.

4. Lettre du 8 juin 1646, *Revue d'Alsace*, 1888, p. 202.

5. *Revue d'Alsace*, 1888, p. 203.

catastrophe. « De quelque couleur qu'on peigne les projets de la
France, était-il dit dans cette lettre, ils ne visent qu'à nous arracher
à notre liberté, pour nous réduire sous une domination trop
connue [1]. »

Pendant ce temps, Brienne, prenant occasion d'une communication nouvelle des médiateurs, qui avaient suggéré de donner le
Sundgau et le Brisgau au duc de Bavière, afin de contenter tout le
monde, repoussait, il est vrai, l'idée d'abandonner quoi que ce fût
des prétentions françaises sur la rive gauche du Rhin, mais semblait consentir à en retrancher le Brisgau, et toutes les conquêtes
au delà du fleuve « qui serviroit de séparation à la France et à
l'Allemagne, ainsi qu'il faisoit autrefois [2] ». Il répétait, sous une
forme un peu hésitante cependant, la même idée quelques semaines
plus tard, en disant que, pour consentir « à se départir de Brisack »,
il y aurait deux conditions essentielles à réclamer, d'abord le
démantellement de la place, et la permission d'en fortifier une
autre, en Alsace, sans réciprocité pour les Impériaux, puis le droit
de propriété sur Philipsbourg, avec une ligne assurée de communication [3]. Mais, dès le 30 mai, saisi, dirait-on, de remords, il enjoignait aux plénipotentiaires de ne faire aucune mention de cette
concession possible.

Trautmannsdorf, de son côté, ne semblait plus arrêté que par
cette question de Brisach. Il faisait dire aux diplomates français
que « ce ne serait pas avoir une paix assurée avec l'Allemagne, si
Brisach demeurait entre les mains des Français, que le Rhin devait
être la limite de la France, et que l'on pouvait d'ailleurs faire fortifier, de l'autre côté du Rhin, telle place qu'il plairait à Sa Majesté,
sans qu'eux (les Impériaux) pussent se fortifier en deça [4] ». Mais
l'accord ne se faisait pas, parce que du côté français on désirait
trop avoir une tête de pont sur le fleuve et conserver un passage
si commode vers l'Allemagne méridionale. Un agent obscur des
seigneurs de Ribeaupierre, le sieur Guépont, écrivait à ce moment
de Paris : « Les Impériaux... persistent constamment dans leurs
premiers offres de la Haute et Basse-Alsace, sans y comprendre
Brisac, les 4 villes forestières, Philipsbourg, Benfeld et Saverne, de
sorte que l'Alsace servirait aux Français comme un bras sans

1. *Revue d'Alsace*, 1888, p. 208.
2. Lettre du 21 avril 1646, *Négociations secrètes*, p. 155.
3. Lettre du 26 mai 1646, *Négociations*. p. 194.
4. Lettre des plénipotentiaires à Brienne, 14 mai 1646. *Négociations*,
p. 175.

main¹. » Il ajoutait : « Néantmoins on se persuade icy que la conclusion de la paix est proche ; la Bavière y emploie tout son pouvoir. » La paix assurément n'était pas encore proche, mais la question alsacienne allait être vidée à bref délai, dans ses points
essentiels. Au moment même où Mazarin, craignant toujours de
lasser la fortune, en se montrant trop exigeant, faisait signer au petit
roi le mémoire du 31 mai 1646, dans la teneur duquel les plénipotentiaires auraient pu trouver l'autorisation de céder au besoin sur
Brisach², la capitulation se produisit dans le camp opposé. Les
princes catholiques de l'Allemagne du Sud et de l'Ouest, sur le
territoire desquels pesait principalement en ce moment le poids de
la guerre, commençaient à trouver que l'on faisait hien des façons
pour abandonner l'Alsace à la France catholique alors que l'empereur
avait été beaucoup plus coulant dans les concessions territoriales
faites aux hérétiques du Nord ; aussi réclamaient-ils impérieusement
la paix. Les deux Wittelsbach surtout, Maximilien de Bavière, et
Ferdinand, l'électeur de Cologne, son frère, s'agitèrent si bien, que
le 29 mai 1646, Trautmannsdorf, s'autorisant de la permission impériale qu'il venait de recevoir, se décida pour l'abandon de Brisach³.
Il ne prétendait plus dorénavant maintenir que la réserve du retour
à la maison d'Autriche pour le cas de l'extinction des héritiers
mâles du roi.

La nouvelle de cette victoire considérable arriva plus rapidement
à la cour de France que par les courriers diplomatiques ordinaires,
car les plénipotentiaires n'écrivirent leur dépêche officielle, annonçant l'abandon de Brisach et le début des négociations pour l'indemnité des archiducs, que le 14 juin⁴, et, dès le 15, M. de Brienne
leur mandait de Paris toute la joie du monde officiel, et sa satisfaction de ce que l'empereur eût enfin compris qu'il ne pouvait espérer
la paix « sans donner satisfaction à cette couronne, qui avait désiré

---

1. Lettre du 19 mai 1646, Archives de la Haute-Alsace, E. 541.
2. Après avoir dit dans cette pièce qu'on ne devait jamais se promettre
la paix, si Brisach ne demeurait à la France, dans l'état où il est, et qu'elle
continuera plutôt la guerre toute seule que de s'en relâcher, le rédacteur
quittant cette attitude intransigeante, continuait : «S'il le faut, on peut toujours,
pour avoir la paix plus vite et plus sûre, céder Brisach pour Philipsbourg,
pourvu qu'on ait le païs pour y aller. » Il n'est pas même nécessaire « de nous
donner un grand païs pour faire cette ligne, puisqu'avec l'abbaye de Weis-
sembourg, appelée en latin Alba Regia..., on assure qu'on pourrait aller
en sûreté de Haguenau audit Philipsbourg ». (Négociations, p. 206.)
3. « Ultimo, wenn alles nichts mehr helffen wolle, koennt Ihr auch
Breisach und Neuburg lassen. » (Rhodewald, p. 41.)
4. Négociations, p. 210.

la place de Brisack pour mille bons respects qui vous sont connus,
et principalement comme le moïen de se rendre plus utile à ses alliez
et à la Religion, qui sont les deux fins qu'elle s'est proposées du
traité général, après celle de rétablir le repos dans la chrétienté[1] ».
Quelques semaines plus tard, le 19 juillet 1646, les envoyés français
signaient avec l'électeur de Trêves, qui était en même temps évêque
de Spire, un traité particulier qui leur accordait le droit de garnison permanente dans sa forteresse de Philipsbourg. En même
temps, les armées de Turenne et de Wrangel pénétraient en Bavière
et en Franconie et poussaient, par leur présence, les anciens adhérents de la Ligue catholique à solliciter, plus vivement que jamais,
la conclusion définitive de la paix.

Encore à ce moment d'ailleurs, les diplomates de second et troisième. ordre qui foisonnaient à Munster, ne savaient rien de très
précis sur la marche de ces négociations entre les « couronnes ». Le
député de Colmar, bien qu'il se méfiât des Impériaux presque autant
que des Français, voyant dans les uns les adversaires, de la foi religieuse de ses concitoyens, dans les autres les adversaires de leurs
libertés politiques, croyait naïvement que les commissaires de Ferdinand III faisaient les efforts les plus énergiques pour détourner de
la Décapole les convoitises de la France[2]. Il fut d'autant plus amèrement détrompé par les événements. Le 21 août 1646, les Impériaux avaient déposé entre les mains des médiateurs leur « déclaration définitive », relativement à la « satisfaction française », dans
laquelle ils stipulaient aussi la conservation de l'immédiateté pour
les villes d'Alsace[3], et comme on se reprochait, de part et d'autre,
des obscurités fâcheuses dans les textes soumis à discussion, les
négociateurs autrichiens et français se rencontrèrent, le 26 août,
dans une conférence qui se prolongea de quatre heures à minuit,
et dans laquelle probablement il fut décidé de ne plus rien changer
désormais aux stipulations arrêtées, malgré l'intervention des États

---

1. *Négociations*, p. 221.
2. Lettre à Mogg, du 28 juillet 1646, *Revue d'Alsace*, 1888, p. 418.
3. Les médiateurs commençaient à 'trouver fatigante la tâche qui leur
incombait. « On avait toujours dit, reprochaient-ils à d'Avaux et à ses collègues, que, Brisack accordé, la paix était faite à l'égard de la France, et
quand on en a été assuré, on a fait de nouvelles demandes. Cela a surpris
toute l'Allemagne, dégoûté les amis de la France, et mis en appréhension ses
ennemis. » Les plénipotentiaires se défendaient aussi bien que possible,
affirmant qu'ils s'étaient toujours réservé le droit de discuter encore la question de Philipsbourg, de Saverne, Benfeld, Neubourg, etc. Ils assuraient
que, moyennant que Philipsbourg leur demeurât, « les difficultés touchant
l'Alsace s'accommoderaient aisément ». (Lettre du 20 août 1646 à Brienne.
Négociations, p. 267.)

de l'Empire ou des puissances étrangères[1]. Dès lors, tout marcha rapidement ; le 31 août, les Impériaux acquiesçaient à l'occupation de Philipsbourg ; le 3 septembre, les Français cédaient sur la mention de l'immédiateté des villes[2] (au moins sur le *mot*, car, à dire vrai, ils réservaient *la chose*) ; le 13 septembre, on s'entendit également sur la somme de trois millions de livres à payer à l'archiduc Ferdinand d'Innsbruck[3]. Le sort de l'Alsace se trouva de la sorte fixé vers la mi-septembre 1646, et Schneider étant allé faire un tour à Osnabruck, pour porter ses doléances au comte Oxenstierna, le diplomate suédois ne trouva pas de meilleure consolation à lui offrir que de lui dire que les Habsbourgs ne pouvaient, en définitive, transférer à d'autres plus de droits qu'ils n'en possédaient eux-mêmes[4].

C'est le 17 septembre 1646 que les plénipotentiaires adressaient à la reine Anne d'Autriche la lettre suivante, qui relatait le triomphe de la diplomatie française, soutenue, il est vrai, et puissamment secondée par le génie militaire de Turenne et de Condé : « Madame, nous dépêchons à Votre Majesté le sieur d'Herbigni, pour lui porter les articles dont nous sommes convenus avec les Impériaux. Chacun espère que la conclusion de la paix dans l'Empire suivra bientôt après, ou du moins, s'il fallait demeurer en armes, ce ne sera plus pour les intérêts particuliers de la France, mais pour la satisfaction du public et des alliez..... Philipsbourg est laissé à la couronne par un droit perpétuel de garde et de protection, avec la liberté de passage pour les troupes et pour tout ce qu'il sera besoin d'y envoïer. Brisack et tout son territoire, les deux Alsaces et le Suntgau sont accordez aux conditions que Votre Majesté a déjà sues. »

« Les fortifications de Benfelt et du fort de Rheinaw, de Saverne et du château d'Aubar, qui pouvaient troubler la possession de ce païs nouvellement conquis, doivent être démolies... La récompense des Archiducs a été arrêtée à trois millions de livres. Il est vrai, Madame, que Sa Majesté est chargée des deux tiers des dettes, qui se paieront par les receveurs comptables à la Chambre d'Ensisheim, parce que tenant les deux tiers des provinces qui composaient le ressort de cette Chambre, et l'autre tiers étant restitué à la maison

---

1. Mossmann, *Matériaux, Revue d'Alsace*, 1888, p. 421.
2. Meyern, *Acta*, III, p. 726.
3. C'était le fils de l'archiduc Léopold, l'ancien évêque de Strasbourg.
4. « Nemo plus iuris in alterum transferre possit quam ipse habet. » Lettre de Schneider, du 20 septembre 1646. (*Revue d'Alsace*, 1888, p. 425.)

d'Innspruck, la raison veut que chacun porte les charges à proportion de ce qui lui demeure... Enfin, Madame, si Dieu bénit ce qui
est, par sa grâce, heureusement commencé, Votre Majesté aura cette
gloire, que dans un temps de minorité... Elle aura non seulement
étendu les limites de la France jusqu'à ses plus anciennes bornes,
mais encore acquis deux places très importantes sur le Rhin, et que
cette dangereuse communication des forces de la Maison d'Autriche,
qui a donné tant de craintes à nos pères, se trouve aujourd'hui
rompue et discontinuée par le soin et la prudente conduite dè
Votre Majesté [1]. »

Préalablement à la conclusion de l'accord que nous venons de re-
later, une question, qui ne laissait pas d'être difficile, avait été longuement débattue entre le gouvernement et ses représentants au
Congrès. Cette Alsace, qu'on était bien décidé à ne pas rendre,
dans quelles conditions de droit public allait-on la prendre
des mains de l'empereur ? Au début, Mazarin et le secrétaire
d'État Brienne avaient penché pour la conservation des antiques
liens féodaux avec le Saint-Empire romain germanique. Il valait
mieux, à leur avis, laisser l'Alsace continuer à relever de l'Empire
que de la posséder en toute souveraineté, sans avoir rien à dire en
Allemagne, et en s'exposant à des conflits continuels avec les officiers (c'est-à-dire les fonctionnaires) qui chercheraient des sujets de
noise sur la dispute des confins [2]. A leur tour, les plénipotentiaires
dressèrent un mémoire sur la question, où les avantages et les inconvénients des deux systèmes, dont l'un paraît avoir été patronné
par Servien et l'autre par d'Avaux, sont mis en pleine lumière. Ce
document curieux commence par établir qu'il serait plus avantageux
de tenir l'Alsace en fief de l'Empire, puisque, étant membres de ce
grand corps, les rois de France pourraient devenir empereurs ;
que les princes d'Allemagne en seraient plus autorisés à entrer en
alliance avec la France ; que celle-ci saurait de la sorte tout ce qui
se passe dans les diètes ; que l'Empire ne paraîtrait pas démembré
par la cession de l'Alsace, et s'y résignerait ainsi plus facilement.
« Si le Roi est souverain de ce païs-là, il sera suspect à tous ses voisins, princes, comtes et villes de l'Empire, qui craindront incessamment la perte de leur liberté, au lieu que s'il y est en qualité de

---

1. *Négociations*, p. 277. Ce fut le neveu du comte d'Avaux qui porta la
dépêche à Paris, ainsi que l'écrit Mazarin au duc d'Orléans, le 25 septembre 1646. *Lettres de Mazarin*, II, p. 813.
2. Lettre de Brienne aux plénipotentiaires, 30 mai 1646. *Négociations*,
p. 195.

landgrave d'Alsace, il sera aimé et respecté de tous. » Mais viennent ensuite les raisons contraires à cette manière de voir. On y insiste surtout sur ce que l'Alsace, restée fief de l'Empire, pourrait revenir quelque jour à la maison d'Autriche, et sur ce que le roi de France, devenant vassal d'un autre prince, pourrait être mis au ban de l'Empire. Et la conclusion est « que c'est une question très difficile à résoudre, et que le choix, quel qu'il puisse être, laissera matière de répréhension[1] ». Pourtant, dans la lettre d'envoi qui accompagnait le mémoire, les plénipotentiaires déclaraient s'être finalement décidés pour la négative, vu que « tenir ce païs en souveraineté était plus convenable à la dignité et à la grandeur de la couronne[2] ». La politique suédoise trouva meilleurs, on le sait, les arguments contraires et préféra voir les Wasa devenir feudataires du Saint-Empire ; mais il faut bien dire qu'elle ne disposait pas des ressources qui permettaient à la France d'agir puissamment sur les États d'Allemagne, sans se laisser agréger à eux, et se subordonner, ne fût-ce que de nom, à la maison d'Autriche. Il est certain, d'autre part, que la politique suivie plus tard par la France, — et qu'elle était certainement décidée à suivre dès alors, — aurait été plus embarrassée encore, plus gênée dans ses mouvements, au point de vue juridique et moral surtout, si elle avait renoué d'abord des liens presque rompus par la guerre, pour les dénouer brusquement une seconde fois, bientôt après, ainsi qu'elle aurait été amenée, par la force des choses, à le faire. Étant donné l'orientation générale de la politique française, le conseil des plénipotentiaires était donc certainement le plus rationnel qui se pût donner[3]. Seulement, il mettait

1. *Négociations*, p. 243-244.
2. *Négociations*, p. 249. Les Impériaux n'étaient pas mécontents de cette décision ; eux aussi craignaient de voir pénétrer leurs adversaires dans les « arcanes de l'Empire ». Rhodenwald, p. 55.
3. Il ne semble pas toutefois qu'une décision quasiment officielle soit intervenue à ce moment, car encore en été 1648, la question reparaît au Congrès. Dans un mémoire au roi, du 17 août de cette année, Abel Servien raconte que les députés de certains princes protestants, lors d'une visite, lui « demandèrent fort soigneusement sy Leurs Majestés ne persistoient pas encore dans la résolution où elles ont esté de prendre l'Alsace en fief de l'Empire. Ils taschèrent de me persuader par diverses raisons que ce serait l'avantage de la France et me confessèrent ingénuement que ce seroit aussy le leur, parce que s'ils avoient à l'advenir un député du Roy dans la Diète pour rompre les desseins et les caballes de celuy d'Espagne, tous les princes de l'Empire auroient plus de moyens de conserver leur liberté et de se garantir de l'oppression que la maison d'Autriche leur veut faire ». (Archives Etrangères, correspondance politique d'Allemagne, tome 109, fol. 186, cité par M. H. Vast, *Les grands Traités de Louis XIV*, p. 39.) Servien ne paraît pas avoir été hostile à l'idée, puisque deux jours après, le 19 août, il

en plein jour le contraste entre le passé de l'Alsace et ce qui allait
être son avenir, entre son indépendance réelle sous la tutelle purement nominale des empereurs, et la dépendance plus réelle encore
dans laquelle elle aurait à vivre désormais sous une monarchie puissante et déjà centralisée.

Sans doute, on ne songeait pas encore à proclamer cette souveraineté de fait sur l'Alsace entière. Lorsque le chargé d'affaires de
Strasbourg et de Colmar, le sieur Beck, présenta, le 15 novembre
1646, à Mazarin, puis à Brienne, un mémoire détaillé sur les droits
de Colmar, le secrétaire d'État lui répondit par ces mots : « Toute
l'Alsace aurait dû nous revenir, y compris Colmar et les villes impériales. Mais comme on m'a objecté que c'étaient des villes libres, *on
s'est résigné* à leur laisser leur indépendance [1]. » Il ne fallait pas être
grand prophète cependant pour prédire que cette « résignation » ne
serait pas de longue durée, et que tous les textes juridiques, soigneusement compilés par les intéressés, ne prévaudraient pas contre
la logique des faits [2].

On aurait pu croire que, cette question principale tranchée, la
paix serait rapidement conclue. Mais il y avait tant d'intérêts contradictoires engagés dans le conflit universel, tant d'ambitions à
satisfaire, tant de convoitises à assouvir, que la guerre et les négociations continuèrent encore plusieurs années. Les principaux
intéressés eurent donc tout le loisir d'étudier et de discuter leur
situation fâcheuse sous toutes les faces, les marchandages et les polé-
miques diplomatiques s'étant reportés sur d'autres matières. Pendant près d'une année, l'Alsace ne fut guère mentionnée, du moins
officiellement, dans les délibérations du Congrès [3]. On voulait laisser
aux États protestants d'Allemagne le temps de se rallier à la manière
de voir de l'empereur, les amener à abandonner, au point de vue
religieux, leurs coreligionnaires d'Outre-Rhin, comme la maison

---

se déclarait prêt à prendre l'Alsace comme un fief d'Empire, à condition
que le landgraviat fût *irrévocablement* réuni à la couronne, etc. (Meyern,
Acta, VI, p. 324.) Mais la question fut abandonnée, sans doute par ordre
supérieur.

1. Mossmann, *Matériaux, Revue d'Alsace*, 1889, p. 100.

2. C'est peu après que Colmar et la plupart des autres villes de la Décapole
firent imprimer un mémoire, *Brevis et succincta adumbratio iurium prae-
fecturae provincialis Hagenoensis* (Colmariae, Spanseil, 1647, 16 pages in-4°),
dans lequel elles s'appliquaient à démontrer que les *landvogt* d'Alsace
n'avaient jamais exercé sur elles aucune autorité véritable.

3. Cependant dans le projet de traité général présenté par les commissaires
impériaux le 3 juin 1647, l'immédiateté des villes d'Alsace était expressément
stipulée. (Meyern, *Acta*, V, p. 137.)

d'Autriche y avait abandonné ses sujets. Mais cet espoir ne se réalisa pas, pour le moment. Le 26 août 1647, les États de l'Empire firent déposer à Osnabruck leurs conclusions motivées sur la transaction proposée par les commissaires impériaux et français. Ils y déclaraient, au sujet des villes impériales, ne pouvoir consentir à une aliénation pareille d'un territoire d'Empire, et appuyaient en outre plusieurs autres réclamations, parmi lesquelles celle du prince-évêque de Bâle, qui réclamait le comté de Ferrette, comme étant de son domaine direct et ne pouvant donc être cédé par l'Autriche [1].

La question ayant été ensuite portée devant l'Assemblée générale des États de l'Empire, à Munster, la majorité déclara, le 25 septembre 1647, que les villes de la Décapole, qui n'avaient jamais été dans la dépendance de la maison d'Autriche, mais étaient immédiates, ne pouvaient être englobées dans la « satisfaction française » sans donner lieu à d'inextricables conflits entre la France et l'Empire [2]. Les princes protestants s'efforçaient de gagner l'appui de la Suède, pour faire triompher leur manière de voir. Le député de Colmar adressait des notes à l'ambassadeur Salvius, rédigeait des missives suppliantes à la reine Christine, à Gustave Horn, et un jeune compatriote, Jean-Martin Roettlin, secrétaire particulier de M. de La Gardie, portait en hâte ces suppliques à Stockholm. Mais toutes ces démarches furent en pure perte. Salvius répondait assez épigrammatiquement à Schneider, qui essayait de lui démontrer que les archiducs n'avaient jamais eu de droits sur les villes d'Alsace et ne pouvaient donc en transmettre à autrui : « Eh bien, les Français n'auront donc rien en fin de compte [3] ! » Et le greffier colmarien mandait tristement à ses concitoyens qu'Oxenstierna, lui aussi, semblait tout à fait indifférent au sort de la Décapole et que, si les Français tenaient bon, les Allemands feraient encore ce nouveau sacrifice [4].

Mazarin, de son côté, pressait la conclusion de l'affaire. Il craignait que, finalement, tout le monde ayant reçu sa « satisfaction » particulière, non seulement les princes catholiques, mais aussi les protestants pourraient se liguer avec l'empereur, « pour conserver leurs avantages et chasser les estrangers (ce sont leurs termes) de

1. Mossmann, *Revue d'Alsace*, 1890, p. 349, et Meyern, *Acta*, VI, p. 300.
2. Mossmann, *Matériaux*, *Revue d'Alsace*, 1890, p. 516.
3. « Habebunt ergo nihil (Galli). » Lettre de Schneider du 8-18 octobre 1647. *Revue d'Alsace*, 1890, p. 520.
4. Lettre du 20-30 octobre 1647. *Revue d'Alsace*, 1891, p. 234.

l'Allemagne[1] ». Il tâchait d'activer le zèle des Bavarois, en appelant
Dieu à témoin qu'il était « prêt à verser tout son sang avec joie
pour le moindre avantage qu'il pourrait procurer à la religion
catholique[2] ». A ce moment, le comte de Trautmannsdorf, excédé
de toutes ces lenteurs et de tous ces retards, avait quitté le Congrès;
il y avait été remplacé comme négociateur principal par un de ses collègues, le docteur Volmar, jurisconsulte habile, Alsacien de naissance et nouveau converti[3]. C'est entre les mains de ce personnage
qu'avait été déposée, le 20 juillet 1647, la première rédaction de
l'*Instrumentum pacis*, présentée par les plénipotentiaires français.
L'énumération des États immédiats de l'Alsace ne s'y trouvant
point[4], elle donna lieu à de nouveaux et fastidieux débats, qui menaçaient de s'éterniser ; mais le 21 novembre, les commissaires de
Ferdinand III et ceux de Louis XIV s'accordèrent, pour en finir, à
signer un texte dans lequel ils avaient fait entrer les deux formules
contradictoires dont nous parlerons tout à l'heure et qui s'y juxta-
posaient de la façon la plus inoffensive en apparence, en attendant
qu'elles fissent couler tant de flots d'encre et de sang. Aussi, dès
le 23 novembre, Oxenstierna annonçait-il à Schneider que l'accord
était consommé et que la maison d'Autriche avait définitivement
transmis à la couronne de France tous les droits qu'elle pouvait et
croyait avoir en Alsace[5], et il agrémentait cette nouvelle fatale,
mais depuis longtemps attendue, d'un brocard rimé, lancé à son
collègue autrichien[6].

Tandis que les États protestants de l'Empire se déclaraient contre
une cession dangereuse pour leurs coreligionnaires, des protestations plus virulentes encore s'élevaient du camp opposé, contre le
même traité, comme attentatoire à l'Église catholique. En première ligne, la déclaration du Grand-Chapitre de Strasbourg, présentée le 9 juillet 1647, au nom de ses collègues, par François de
Lorraine, évêque de Verdun et grand doyen du Chapitre. Dans

1. Lettre de Mazarin à d'Avaux, 13 septembre 1647. (*Lettres de Mazarin*,
II, p. 949.)
2. Lettre de Mazarin à Maximilien de Bavière, 30 octobre 1647. (*Lettres
de Mazarin*, II, p. 967.)
3. Son père avait été surintendant ecclésiastique de la seigneurie de
Riquewihr et était mort à Colmar en 1637. (E. Ensfelder, *Le siège de Riquewihr*, *Revue d'Alsace*, 1877, p. 375.)
4. Meyern, *Acta*, V, p. 154.
5. « Tantum quantum habuit et jure potuit. »
6. « Es ist zwar hier herr Volmar, Aber nicht gut für Colmar.» (Lettre de
Schneider, 15-25 novembre 1647, *Revue d'Alsace*, 1891, p. 240.)

cette protestation, livrée également à la publicité[1], il est dit que les comtes-chanoines veulent bien de la paix, mais non d'une paix pareille, qui accorderait la liberté des cultes, ouvrirait la voie aux religions adverses et exposerait de la sorte aux peines éternelles les sujets des princes catholiques, infectés par l'hérésie. Ils n'admettent pas davantage qu'on sécularise des évêchés sans l'autorisation formelle du pape ; qu'on donne aux États de l'Empire l'autorisation de signer des traités d'alliance avec des princes non catholiques du dehors, etc. « Cette paix, disait notre document, est donc absolument inadmissible, d'autant plus que l'on sait, par une longue expérience, que les hérétiques n'observent pas les traités jurés, mais saisissent toutes les occasions pour les rompre. Il n'y a pas lieu d'ailleurs de désespérer ; Dieu merci, Sa Majesté Impériale et les catholiques allemands n'en sont point encore là qu'ils ne puissent espérer quelque nouvelle victoire. » Le Chapitre finissait en demandant que toute contravention à la paix de religion de 1555 soit réprimée, que l'évêché de Strasbourg continue, selon ses vieilles traditions à faire partie du Saint-Empire, que l'autorité de l'évêque actuel soit partout respectée, et déclarait que si l'on ne pouvait obtenir pareil résultat, la continuation de la guerre vaudrait infiniment mieux que la paix. Il suppliait en ce cas tous les électeurs et princes catholiques de combattre vaillamment pour la sainte religion catholique, pour le Saint-Empire romain et pour leur propre existence.

C'étaient là de vaines paroles. Et cependant, bien que les questions d'importance majeure semblassent à peu près vidées dès l'hiver de 1647 à 1648, on n'arrivait pas à conclure ; les Impériaux conservaient le vague espoir d'une victoire possible ; ils étaient retenus aussi par les intrigues de l'Espagne, qui ne voulait pas de la paix pour elle-même, mais ne se souciait pas de porter désormais toute seule le poids de la guerre. Les lenteurs du Congrès étaient dues aussi, dans une certaine mesure, aux dissentiments de plus en plus aigus entre Servien et d'Avaux, qui paralysaient l'action des plénipotentiaires français. Mazarin finit par se décider au rappel de d'Avaux, particulièrement antipathique aux protestants, qui l'accusaient de tendances ultra-catholiques[2]. En avril 1648, le duc de Longueville

---

1. Copia was ein Hochwurdig Thumb Capitull Hoher Stiffter (sic) Strassburg... sich vernehmen lassen, etc. S. loco et anno (1647), 4 feuillets in-4°.

2. Un historien, qui n'est certes pas une source à laquelle il faille puiser à la légère, mais qui enfin a connu d'Avaux, Tallemeut des Réaux, dit également qu'il « faisait furieusement le catholique » à Munster. (*Historiettes*, V, p. 49.)

et d'Avaux quittèrent donc le Congrès, où Servien, le plus habile et
le plus énergique des trois représentants de la couronne, dirigea
jusqu'au bout la politique française, s'efforçant de gagner à ses vues
les diplomates protestants d'Osnabruck, comme il avait su convertir
leurs collègues de Munster, tandis que les députés des villes d'Alsace tâchaient, de leur côté, de les maintenir dans les dispositions
favorables, qu'ils avaient manifestées naguère[1].

De longs mois se passèrent de nouveau en querelles qui auraient
été futiles à la fois et ridicules, si elles n'avaient servi à masquer
des espérances contradictoires. En août 1648, on se disputait encore
à propos du titre de landgrave d'Alsace, auquel Ferdinand III entendait ne point renoncer, même après avoir cédé le territoire lui-
même. On contestait aussi l'interprétation de certains paragraphes
de l'arrangement du 11 novembre 1647, entre la France et l'empereur, au sujet de la cession de ces droits, arrangement[2] dont l'obscurité voulue autorisait les commentaires les plus contradictoires. Sur
les instances de leurs collègues alsaciens, les députés des États de
l'Empire réunis à Osnabruck décidèrent au commencement du mois
d'août de présenter à l'ambassadeur français un mémoire dans
lequel ils formuleraient leur manière de voir sur la question de l'immédiateté des villes et seigneuries d'Alsace, mais Servien refusa
d'accepter ce document, disant que l'Empire s'était engagé, aussi
bien que l'empereur, à céder l'Alsace à la France en toute souveraineté. C'était opposer une assertion à une autre, et une assertion
infiniment plus sujette à caution que celle des adversaires. Les États
adressèrent alors au roi une déclaration interprétative et nettement
restrictive de la cession de l'Alsace, qui la limitait au transfert des
terres et des droits de la maison d'Autriche à celle de France, et
d'après laquelle la transmission de la souveraineté (*supremum dominium*) ne s'appliquait également qu'aux seules terres autrichiennes[3].
Mazarin qui, depuis quelque temps déjà, avait peine à réprimer
l'agitation des esprits qui se manifestait à Paris et en maint endroit
du royaume, écrivit à Servien qu'il ne devait plus retarder la signa-

1. Ainsi les villes de la Décapole présentaient, le 11 avril 1648, un mémoire
sur leur immédiateté à Osnabruck, et le Dʳ Otto, le délégué de Strasbourg,
s'y plaignait vivement, le 12 avril, des lacunes que présentait la liste des
Etats immédiats de l'Empire en Alsace, telle qu'elle figurait au projet de
traité. (Meyern, *Acta*, V, p. 165.)
2. Voy. le texte, Meyern, *Acta*, V, p. 161. — Voy. aussi Punctus satisfactionis gallicæ mutatus, 11 nov. 1647. Arch. municip. Strasb. A.A. 1138.
3. Consensus et declaratio Statuum Imperii in satisfactionem gallicam. Os-
nabrugæ, 12 (22) Augusti 1648. (Meyern, *Acta*, VI, p. 336.)

ture du traité de paix pour quelques difficultés de rédaction [1]. Il comptait aussi sur les électeurs catholiques et surtout sur Maximilien de Bavière, « qui faict la planche aux autres et leur montre l'exemple » pour « forcer l'Empereur, malgré luy à nous satisfaire » et ne pas permettre que « le repos de l'Allemagne soit retardé par des intérêts étrangers [2] ». Leur concours ne fit pas défaut, en effet, à Servien dont la froide persévérance devait triompher d'adversaires forcément impuissants, du moment que la Suède ne venait pas à leur aide. Dès le 1ᵉʳ octobre, Mazarin, rassuré, pouvait lui écrire : « Avant toutes choses je me resjouiray avec vous de tout mon cœur de ce qu'il a plu à Dieu de commencer à bénir vos travaux [3]. » Ce n'était pas en tout cas la protestation contre la cession de l'Alsace, déposée à Munster, le 15 octobre, par Pierre de Weyms, le délègué du roi d'Espagne, Philippe IV, qui pouvait empêcher la signature de la paix [4].

C'est pourtant trois semaines plus tard seulement que fut signé, le 24 octobre 1648, le traité de Munster qui fixait pour plus de deux siècles les destinées de l'Alsace, et que fut terminée cette guerre « si saincte et si juste... entreprise pour empêcher la servitude de l'Europe... et où l'on a toujours considéré et conservé les intérêts de la religion catholique aussy soigneusement que si les catholiques avoient esté dans le mesme party [5] ». La nouvelle de cette « délivrance des maux de la guerre, de la peste et de la famine » fut accueillie d'une façon différente par les pays que les stipulations nouvelles affectaient le plus. En Allemagne, sauf dans un petit cercle de « patriotes », la perspective de jouir enfin de la paix, jointe à l'épuisement universel [6], fit saluer cette fin d'une lutte tren-

---

1. Chéruel (*Histoire de France pendant la minorité de Louis XIV*, III, p. 105) place cette démarche au 1ᵉʳ septembre ; mais le document est daté du 12 (22) août et la démarche eut lieu le 13 (23) de ce mois. (Meyern, *Acta*, VI, p. 333.)

2. Lettre de Mazarin à Turenne, août 1648. *Lettres de Mazarin*, III, p. 191.

3. *Lettres de Mazarin*, III, p. 213.

4. Philippe d'Espagne basait ses droits sur l'Alsace, droits des plus fantastiques, il faut le dire, sur sa qualité d'héritier de l'empereur Wenceslas et de Philippe le Bon de Bourgogne, qui auraient réuni jadis *l'advocatia provincialis Alsatiae* avec le duché de Luxembourg. Tenant le Luxembourg, il réclamait l'Alsace comme son fief. Voy. *Alsatia jure proprietatis et protectionis Philippo IV..... vindicata a J. J. Chiffletio*. Antverpiæ, 1650, 85 pages in-folio.

5. Motifs de la France pour la guerre d'Allemagne et quelle y a esté sa conduite. Manuscrits de la Bibliothèque Nationale, fonds français, nº 17351. (Mscr. Coislin, 1534.)

6. Sur l'état général de l'Empire à ce moment, voy. l'effrayante enquête de Hanser, *Deutschland nach dem dreissigjaehrigen Kriege* (Heidelberg, 1862,

tenaire, avec une sincère reconnaissance. En Alsace, si les protestants, appréhendant l'avenir, ne l'accueillaient qu'avec froideur,
les catholiques, soit qu'ils fussent dévoués à la maison d'Autriche, soit qu'ils ne pussent supporter l'idée que l'hérésie n'avait
pas été écrasée malgré tous leurs efforts, parlaient avec irritation
de cette « paix maudite [1] ». Ce qui peut sembler infiniment plus
étrange, c'est qu'en France même, la nouvelle de ce traité, si glorieux cependant, fut très froidement reçue, soit que l'on y eût
compté sur des avantages plus considérables encore, soit qu'on y
fût décidé d'avance à trouver mauvais tout ce qu'avait fait ou ferait
le cardinal Mazarin, contre lequel se soulevait alors l'opinion
publique. « Quiconque lira à l'avenir le traité fait en faveur des
Suédois et des protestants d'Allemagne, sous l'appui de la France,
au préjudice de l'Église, ne se pourra jamais persuader qu'il soit
d'autre conseil et d'autre esprit que celui d'un Turc ou d'un Sarrazin,
déguisé sous le manteau d'un cardinal. » C'est en ces termes d'une
violence poussée jusqu'à l'absurde, que le curé de Saint-Roch,
Brousse, jugeait l'œuvre de Servien dans sa « Lettre d'un religieux
envoyée à Mgr le prince de Condé [2] ». Plus modéré dans la forme,
mais non moins âpre au fond, est le jugement porté par un diplomate anonyme, inspiré peut-être par le rival de Servien, le comte
d'Avaux. « On ne voyt pas, est-il dit dans sa protestation, que la
paix conclue avec les Princes et Estatz de l'Allemagne soit si advan-
tagense à la France, quelque mine que l'empereur face de n'en estre
pas content. » La Suède a obtenu des territoires « qui valent cinq
ou six Alsaces entières, et cela sans aucune restriction ni protestation, et de plus quatre ou cinq millions d'or ; la France s'estant
contentée de l'Alsace et la récompensant de quatre millions d'or, ce
qui est plus qu'elle ne vaut ». L'auteur ne comprend pas « qu'on
ayt souffert dans les advantages présents des alliez, que les princes
d'Allemagne protestent de ne consentir point à l'aliénation de
l'Alsace, qu'en ce qui regarde le domaine de l'empereur, qui n'a
rien. Ce que la maison d'Autriche y avoit usurpé y estant possédé
par l'archiduc d'Innspruck et ne consistant quasi qu'en quelque
partie du plat pays. Cette protestation est une semence éternelle de
guerres à l'égard des villes et terres enclavées dans ce païs-là [3] ».

8ᵉ), et Lammert, *Geschichte der Seuchen, Hunger- und Kriegsnot im dreissigjaehrigen Kriege*. (Wiesbaden, 1890, 8°.)
  1. « Die verfluchten Ketzer mit ihrem vermaledeyten Münsterschen
Frieden, » dit le moine annaliste de Thann (Tschamser, II, p. 551).
  3. Chéruel, *Histoire de la minorité de Louis XIV*, III, p. 118.
  2. Protestation anonyme, envoyée de Munster à Paris et copiée par M. Vast

Un courrier fut immédiatement envoyé à Madrid, pour obtenir de
Philippe IV, nonobstant la protestation déposée en son nom, qu'il
ratifiât en sa qualité d'agnat de la maison d'Autriche la cession des
territoires d'Alsace [1]. Mais on sait que cette approbation se fit
attendre fort longtemps et ne fut donnée que par un paragraphe du
traité des Pyrénées, en 1659 [2]. Il avait été convenu que l'échange
des ratifications aurait lieu à Munster, dans les huit semaines ; mais
une série de discussions assez véhémentes sur les indemnités à
payer, sur des questions d'étiquette, etc., retardèrent le moment de
cette solennité dernière. Servien essaya de mettre ce temps à profit
pour amener les États de l'Empire à retirer la déclaration qu'ils
avaient envoyée d'Osnabruck à la cour de France, pour empêcher
qu'on ne tirât de l'abandon au roi des évêchés de Metz, Toul et
Verdun, des conséquences nuisibles aux princes et seigneurs qui
possédaient d'anciens fiefs relevant d'un de ces trois évêchés [3]. Ils
avaient pressenti, trente ans à l'avance, les arrêts de réunion de
1680 qui devaient faire de ces membres du Saint-Empire des vassaux
du roi de France et entraîner pour leurs sujets des mesures de conversion violentes. Mais, malgré les nombreuses entrevues et les conversations particulières que l'habile diplomate eut avec les députés
en décembre 1648 et au commencement de janvier 1649, il ne put
arriver à son but [4].

C'est donc le 18 février 1649 seulement, alors que les députés au
Congrès s'entretenaient très vivement des « singulières nouvelles »
venues de Paris [5], que les ratifications purent être échangées, et
c'est à cette même date que Servien remit aux autres envoyés une
déclaration par laquelle il protestait solennellement contre toutes
les déclarations, interprétations, limitations, lettres ou protestations
qui pourraient avoir été faites, publiquement ou secrètement, au
sujet de ce qui avait été accordé à la France pour sa satisfaction,
comme étant nulles et de nulle valeur, « n'étant pas raisonnable que

aux Archives étrangères, correspondance politique d'Allemagne, tome 110,
fol. 533, et 111, fol. 585. (Vast, *Grands Traités*, p. 6-7.) Nous ferons remarquer seulement que cette censure ne peut guère être de d'Avaux lui-même,
puisqu'il avait quitté Munster depuis longtemps.

1. Meyern, *Acta*, VI, p. 763, 768.
2. Par le paragraphe LXI. (Vast, *Grands Traités*, p. 130.)
3. Ils avaient déclaré « status constatibus suis nihil posse auferre », ne
protestant pas d'ailleurs contre la prise de possession des évêchés, mais seulement contre la subordination féodale de leurs vassaux au roi de France.
4. Meyern, *Acta*, VI, p. 745-748, 752-754.
5. Meyern, *Acta*, VI, p. 820. Il s'agissait vraisemblablement du combat
de Charenton, qui avait inauguré la guerre civile autour de Paris.

le Roi Très Chrétien fût obligé d'accomplir sans aucune réserve ce qu'il avait promis, et qu'on diminuât par diverses explications et limitations ce que l'Empereur et l'Empire lui avaient cédé purement et simplement, et sans aucune condition[1] ». Seulement cette pièce ne fut pas déposée officiellement, comme appendice au traité lui-même; de même que Servien avait refusé naguère de recevoir la protestation des États protestants d'Osnabruck au sujet des villes impériales, de même, sans doute, ceux-ci avaient avisé l'ambassadeur français qu'ils n'accepteraient pas, en séance solennelle, une contre-protestation de sa part. En tout cas, elle ne figure pas parmi les actes officiels du Congrès[2], et peut-être même n'a-t-elle pas été également insinuée à tous les signataires du traité.

La paix de Westphalie terminait le conflit trentenaire, mais un nouveau conflit se préparait pour l'avenir, du fait de cette paix même. On était d'accord, il est vrai, pour le dissimuler à l'heure présente, mais le diplomate inconnu qui avait entrevu dans le traité de Munster « une semence éternelle de guerres », ne se trompait pourtant en aucune manière. Il avait été rédigé, de part et d'autre, avec une négligence, ou, — si l'on préfère, — avec un soin qui permettait à chacune des puissances qui s'y juraient une amitié sincère et une paix éternelle, de rouvrir la lutte dès que les conjonctures politiques sembleraient favorables et que le profond épuisement de toutes les nations se serait quelque peu dissipé.

Mais il est temps d'examiner de plus près ce document, capital pour le sujet qui nous occupe. Les articles concernant l'Alsace sont les suivants; nous les citons dans le texte même, d'après la plus récente édition, celle de M. Henri Vast, collationnée sur le manuscrit original aux archives du Ministère des affaires étrangères. En l'absence d'un numérotage officiel, le savant éditeur a partagé son texte d'après les alinéas du manuscrit. Il en résulte que les

---

1. Vast, *Les grands Traités*, p. 54.
2. Il y a là un petit point d'histoire qui n'a pas encore été suffisamment élucidé. Cette déclaration ne figure pas dans le volumineux recueil de Meyern; il n'y est fait aucune mention d'un acte pareil ni dans le récit minutieusement détaillé de toute la scène de la ratification, empruntée au *Journal* d'un diplomate (Meyern, VI, p. 857 suivv.), ni à l'audience du congé du 18 mars (VI, p. 911). Servien était d'ailleurs malade, et au lit, le 8 février, ce qui lui interdisait tout acte de ce genre. Il est difficile cependant de croire que sa déclaration n'ait pas été produite du tout à Munster, qu'elle a simplement été rédigée comme « protestation secrète » formulée *in petto*, pour être déposée aux archives royales et en être exhumée au moment opportun, car dans ce cas les adversaires n'auraient pas manqué plus tard d'accuser de faux et de mensonge la diplomatie française.

paragraphes de son édition ne concordent pas avec ceux des éditions antérieures, celles de Du Mont, par exemple, ou des *Ordonnances d'Alsace* :

« § 34. Principes quoque Wirtembergici lineae Montpeligardensis restituantur in omnes suas ditiones in Alsatia vel ubicunque sitas... et ab utraque parte redintegrentur in eum statum, iura et praerogativa quibus ante initium bellorum gavisi sunt[1]. »

« § 75. Tertio imperator pro se totaque Serenissima Domo Austriaca, itemque Imperium, cedunt omnibus iuribus, proprietatibus, dominiis, possessionibus ac iurisdictionibus quae hactenus sibi, Imperio et familiæ Austriacæ competebant in oppidum Brisacum, Landgraviatum superioris et inferioris Alsatiae, Suntgoviam, Praefecturamque provincialem decem Civitatum Imperialium in Alsatia sitarum, scilicet Hagenaw, Colmar, Schlettstatt, Weissenburg, Landaw, Oberenhaim, Roshaim, Munster in Valle Sancti Gregorii, Kaisersberg, Thurinckhaim, omnesque Pagos et alia quaecunque Jura quae a dicta Praefectura dependent, eaque omnia et singula in Regem Christianissimum regnumque Galliarum transferunt, ita ut dictum Oppidum Brisacum cum Villis Hochstatt, Niedereimsing, Harten et Acharen ad Communitatem Civitatis Brisacensis pertinentibus, cumque omni territorio et banno, quatenus se ab antiquo extendit, salvis tamen ejusdem Civitatis privilegiis et immunitatibus antehac a Domo Austriaca obtentis et impetratis[2]. »

« § 76. Itemque dictus Landgraviatus utriusque Alsatiae et Suntgoviæ, tum etiam Praefectura provincialis in dictas decem Civitates et loca dependentia, itemque omnes vasalli, landsassii, subditi, homines, oppida, castra, villae, arces, sylvae, forestae, auri, argenti aliorumque mineralium fodinae, flumina, rivi, pascua, omniaque jura, regalia et Appertinentiae, absque ulla reservatione cum omnimodo jurisdictione et superioritate, supremoque dominio a modo in perpetuum ad Regem Christianissimum, Coronamque Galliae pertineant et dictae Coronae incorporata intelligantur, absque Caesaris, Imperii, Domusque Austriacae vel cujuscunque alterius contradictione; adeo ut nullus omnino Imperator aut familiae Austriacae princeps quicquam juris aut potestatis in eis praememoratis partibus cis et ultra Rhenum sitis, ullo unquam tempore praetendere vel

---

1. Vast, p. 23. C'est le § 32 des éditions vulgaires. (*Ordonnances d'Alsace*, I, p. vi.)

2. Vast, p. 38. C'est le § 73 des éditions ordinaires. (*Ord. d'Alsace*, I, p. xii.)

usurpare possit aut debeat[1]. Sit tamen Rex obligatus in eis omnibus
et singulis locis Catholicam conservare religionem, quemadmodum
sub Austriacis Principibus conservata fuit, omnesque, quae durante
hoc bello novitates irrepserunt removere[2]. »

« § 79. Imperator et Dominus Archidux Oenipontanus Ferdinandus
Carolus respective exsolvunt ordines, Magistratus, Officiales et
subditos singularum supradictarum dictionum ac locorum vinculis
et sacramentis quibus hucusque sibi Domuique Austriacae obstricti
fuerunt eosque ad subjectionem, obedientiam, et fidelitatem Regi
Regnoque Galliae praestandam remittunt obligantque[3]... »

« § 82. Statim a restitutione Benfeldae aequabuntur solo ejusdem
oppidi munitiones, nec non adjacentis fortalitii Rhinau, sicuti
quoque Tabernarum Alsatiae, Castri Hohenbar et Neoburgi ad
Rhenum, neque in praedictis locis ullus Miles praesidiarius haberi
poterit[4]. »

« § 83. Magistratus et incolae dictae Civitatis Tabernarum neu-
tralitatem accurate servent pateatque illic Regio Militi, quoties
postulatum fuerit, tutus ac liber transitus. Nullae ad Rhenum Munitiones in citeriori ripa extrui poterunt, Basilea usque Philipsburgum,
neque ullo molimine deflecti aut interverti Fluminis cursus ab una
alterave parte[5]. »

« § 84. Quod ad aes alienum attinet quo Camera Ensisheimiana
gravata est, Dominus Archidux Ferdinandus Carolus recipiet in
sese cum ea parte Provinciae, quam rex Christianissimus ipsi
restituere debet, tertiam omnium debitorum partem, sine distinctione, sive chyrographaria sive hypothecaria sint, dummodo utraque
sint in forma authentica, et vel specialem Hypothecam habeant, sive
in Provincias cedendas sive in restituendas, vel si nullam habeant
in Libellis rationariis receptorum ad Cameram Ensisheimianam
respondentium usque ad finem anni 1632 agnita, atque inter debita
et credita illius recensita fuerint et pensitationum annuarum solutio
dictae Camerae incubuerit eamque dissolvet, Regem pro tali quota
indemnem penitus praestando[6]. »

« § 89. Teneatur Rex Christianissimus non solum Episcopos

1. Vast, p. 39. C'est le § 74 des éditions courantes. (*Ordonnances d'Alsace*,
I, p. xii.)
2. C'est le § 75 des anciennes éditions. (*Ordonnances*, I, p. xiii.)
3. Vast. p. 40. C'est l'ancien § 78. (*Ordonnances*, I, p. xiii.)
4. Vast, p. 41. C'est l'ancien § 81. (*Ordonnances*, I, p. xiii.)
5. Vast, p. 42. Ce paragraphe correspond à l'ancien § 82. (*Ordonnances*,
I. p. xiii.)
6. Vast, p. 42 ; c'est l'ancien § 83. (*Ordonnances d'Alsace*, I, p. xiv.)

Argentinensem et Basileensem, cum Civitate Argentinensi sed etiam reliquos per utramque Alsatiam Romano Imperio immediate subjectos ordines, Abbates Murbacensem et Luderensem, Abbatissam Andlaviensem, Monasterium in Valle sancti Gregorii Benedictini Ordinis, Palatinos de Lutzelstain, Comites et Barones de Hanaw, Fleckenstain, Oberstain totiusque Inferioris Alsatiae Nobilitatem. Item praedictas Decem Civitates Imperiales quæ Præfecturam Haganoënsem agnoscunt, in ea libertate et possessione immediatis erga Imperium Romanum qua hactenus gavisae sunt, relinquere : ita ut nullam ulterius in eos Regiam superioritatem praetendere possit, sed iis juribus contentus maneat quaecunque ad Domum Austriacam spectabant et per hunc Pacificationis tractatum Coronae Galliae ceduntur. Ita tamen ut praesenti hac declaratione nihil detractum intelligatur de eo omni supremi dominii iure quod supra concessum est[1]. »

« § 90. Item Rex Christianissimus pro recompensatione partium ipsi cessarum dicto Domino Archiduci Ferdinando Carolo solvi curabit tres Milliones Librarum Turonensium annis proxime sequentibus, scilicet 1649, 50 et 51, in Festo Sancti Joannis Baptistae; quolibet anno tertiam partem in Moneta bona et proba Basileae, ad manum Domini Archiducis ejusve Deputatorum[2]. »

« § 91. Praeter dictam pecuniae quantitatem Rex Christianissimus tenebitur in se recipere duas tertias debitorum Camerae Ensishemianae sine distinctione[3]... Utque id aequius fiat, delegabuntur ab utraque parte Commissarii statim a subscripto Tractatu Pacis, qui ante primae pensionis solutionem convenient quaenam nomina utrique parti expungenda sint[4]... »

Nous avons tenu à remettre tout d'abord les textes authentiques eux-mêmes sous les yeux du lecteur, avant de clôre ce chapitre par quelques considérations sur les formules employées dans le traité de Munster, formules si vivement controversées depuis le moment de leur rédaction jusqu'à ce jour, et sur le sens véritable qu'il convient de leur donner, en dehors de tout parti pris national et politique.

On peut négliger dans une discussion générale sur la portée du traité, les §§ 34 (ancien 32), 79 (78), 82 (81), 83 (82), 84

1. Vast, p. 44. C'est l'ancien § 87. (*Ordonnances*, I, p. xv.)
2. Vast, p. 45, d'ordinaire § 88. (*Ordonnances*, I, p. xv.)
3. Nous supprimons ici quelques phrases qui sont la répétition textuelle du § 84.
4. Vast, p. 45. C'est d'ordinaire le § 89. (*Ordonnances*, I, p. xv.)

(83), 90 (88), 91 (89), que nous venons de transcrire avec les autres.
Ils se rapportent à des points de détail ou à des faits pour ainsi dire
passagers, la restitution des terres de Wurtemberg, l'évacuation
de Benfeld et d'autres places alsaciennes, le payement d'une indemnité aux archiducs d'Innsbruck, etc. Tout l'intérêt politique du
traité se concentre sur les alinéas 75 (ancien 73), 76 (74) et 89 (87)
de son texte, et c'est sur le sens exact des stipulations de ces trois
paragraphes que s'est engagée, avant même qu'ils fussent paraphés
et signés, une controverse qui dure depuis deux siècles et demi, et
que nous avons vu renaître plus vivace que jamais. C'est qu'en
effet il y a deux manières, absolument différentes, de les interpréter,
et comme chacune de ces deux interprétations a trouvé et trouve
encore des champions aussi érudits que convaincus, il n'est pas
étonnant que la question, bien que débattue et rebattue sans cesse,
ne soit pas encore tranchée.

D'après les uns, — je n'ai pas besoin d'ajouter que ce sont presque exclusivement des auteurs allemands, — le traité de Munster
n'a donné à la France que deux choses : la *possession* des terres héréditaires de la maison d'Autriche dans la Haute-Alsace et le Sundgau,
le *titre* de landgrave d'Alsace, et, avec ce titre, les quelques droits
féodaux qui revenaient encore à ses détenteurs au XVIIe siècle,
c'est-à-dire l'administration d'une quarantaine de villages dans la
préfecture de Haguenau, et un droit de protection, fort vague, sur
les dix villes impériales d'Alsace, lequel se traduisait, au point de
vue matériel, par l'encaissement d'environ deux mille florins par an.
Tout ce que la France a prétendu et pris de plus en Alsace, elle l'a
usurpé par violence et mauvaise foi. C'était déjà l'opinion officielle
de la plupart des diplomates allemands, dès le lendemain de la prise
de possession de la province ; elle s'est accréditée de plus en plus
par tout l'Empire pendant les guerres de Louis XIV, alors que l'opinion publique incitée par d'innombrables pamphlets se soulevait
violemment contre la main-mise française sur les villes d'Alsace et
contre les arrêts de réunion [1]. C'est resté la théorie classique des
juristes allemands jusqu'à la veille de la Révolution, et la Faculté de
droit de Heidelberg la formulait encore dans une consultation solennelle, donnée en 1790 [2]. De nos jours elle a été reprise, avec une

---

1. Ce serait une étude fort intéressante à faire que de parcourir d'une façon
impartiale l'ensemble de cette littérature des pamphlets politiques publiés
en Allemagne pendant tout le règne de Louis XIV. La tâche n'a été entreprise jusqu'ici que très partiellement et très partialement à la fois dans
quelques monographies d'outre-Rhin.

2. *Mémoire pour le prince de Saint-Mauris-Montbarey. Consultation de*

énergie nouvelle, soit par des publicistes peu compétents, soit par de véritables érudits [1], et, pour des raisons faciles à deviner, elle tend à devenir un article de foi dans l'enseignement primaire, secondaire et supérieur d'outre-Rhin.

D'après les autres, au contraire, — et c'est naturellement la grande majorité des historiens français, — le traité de Munster « a donné l'Alsace à la France ». C'est là une formule très courte et très simple, se gravant sans difficulté dans la mémoire, mais précisément un peu trop simpliste pour répondre exactement aux faits.

En réalité, le texte définitivement adopté des paragraphes fondamentaux relatifs à l'Alsace est le produit mal venu d'un conflit long et pénible entre les parties contractantes, conflit qu'aucun des combattants n'a été assez fort pour clore par une victoire complète. De guerre lasse, et voyant bien qu'il fallait en finir, la France, puisque la révolution intérieure allait éclater, l'empereur, parce que l'Allemagne était à bout de forces, ils se sont résignés tous deux à l'emploi de formules équivoques, voire même contradictoires, pour qualifier un fait, impossible à empêcher désormais, le transfert de la rive gauche du Rhin supérieur sous l'influence politique directe de la monarchie française. Abandonné par la plupart des princes allemands, même catholiques, Ferdinand III ne pouvait songer à refuser plus longtemps l'abandon de l'Alsace, alors que les armées de Louis XIV occupaient le Palatinat, la Souabe et la Bavière. Il s'est contenté, dans cette situation si douloureuse pour lui, de consentir à cet abandon dans les formes les moins explicites possibles et en posant pour ainsi dire les jalons d'une revendication future, quand l'heure serait venue. Il abandonne les droits de l'Empire et ceux de la maison d'Autriche sur Brisach, le landgraviat de la Haute et Basse-Alsace, le Sundgau et la préfecture des dix villes impériales, ainsi que tous les villages et autres droits qui dépendent de ladite préfecture. Mais à son point de vue, la cession du landgraviat n'est pas un sacrifice considérable, puisqu'à ce moment et depuis bien longtemps déjà le titre de landgrave n'a plus d'importance en lui-même. S'il a encore quelque utilité pratique pour la Haute-Alsace, où il

la Faculté de droit.. de Heidelberg sur la nature de la grande préfecture des dix villes impériales de la province d'Alsace. S. lieu ni date (1790), in-folio.

1. Nous citerons parmi les discussions détaillées les plus récentes celles de M. Froitzheim (_Der Westphœlische Frieden und Deutschlands Abtretungen an Frankreich_, Bischwiller, 1876, 4°), de M. Marcks (_Gœttinger Gelehrte Anzeigen_, 1885, p. 120) et tout récemment encore celui de M. Fritz (_Die alten Territorien des Elsass_, Strassburg, 1896, 8°).

permet de désigner par un terme collectif les différents comtés et
seigneuries appartenant aux Habsbourgs, il n'a plus,pour ainsi dire,
aucune signification dans la Basse-Alsace, où l'évêque de Strasbourg s'est revêtu, lui aussi, de ce titre et où, depuis plus d'un
siècle au moins, l'autorité des archiducs ne s'est effectivement
exercée, — et non pas même d'une façon suivie, — que sur la ville
de Haguenau et ses environs. C'est dans la limite de ses propres
domaines qu'il fait abandon de tout ce qui est énuméré au § 74,
châteaux et forteresses, vassaux et sujets, métairies et forêts, rivières et ruisseaux, mines d'or, d'argent, etc.

Mais les diplomates français, tout en acceptant ces formules, —
pour les compléter ensuite, ainsi que nous le verrons tout à l'heure,
— les interprètent tout autrement, à partir du moment même où.
ils les répètent. Pour eux, évidemment, le *landgraviat* d'Alsace
n'est pas un *titre*, c'est un *territoire*, tout aussi bien que Brisach et
le Sundgau, énumérés avec une intention visible, *avant* et *après*
lui. Cela ressort non pas seulement de leurs déclarations officielles
postérieures, qu'on pourrait arguer de fraude, mais de toute la correspondance *interne* du gouvernement français, de Mazarin, de
Brienne, avec leurs envoyés de Munster, et où certes ils ne songeaient
pas à déguiser leurs pensées intimes[1]. Il y est toujours question de
l'Alsace comme *territoire*, et non de *droits en Alsace*. Les conceptions du droit féodal germanique, cette végétation touffue de droits
et de privilèges locaux, devaient être incompréhensibles aux esprits
de la cour d'Anne d'Autriche, ou du moins leur paraître excessivement bizarres, sans qu'il y ait lieu de douter en cela de leur entière
bonne foi. Ils connaissaient dans l'Allemagne contemporaine une
série de landgraviats, celui de Hesse-Darmstadt, celui de Hesse-
Cassel, ceux de Leuchtemberg et de Fürstemberg, qui étaient bel et
bien des territoires, et où l'expression primitivement politique et
juridique était, si l'on peut dire, devenue *géographique*[2]. La préfecture provinciale sur les dix villes impériales ne représente pas
non plus, pour les diplomates français, un vague droit de protection,
fort inutile, alors que personne ne songe à les attaquer, mais un
contrôle administratif supérieur. *Toutes* les localités sont « transportées au Roi Très-Chrétien et au royaume de France », encore
que le nom de Brisach seul soit répété une seconde fois au bout du

---

1. Voy. les *Négociations secrètes, passim.*
2. C'est ce que concède d'ailleurs loyalement le travail bien fait et déjà cité
de M. Rhodewald, *Die Abtretung des Elsass an Frankreich*, Halle, Niemeyer, 1893, 8°.

paragraphe, comme pour détourner l'attention des villes de la Décapole. Au § 76 c'est bien le « landgraviat des deux Alsaces » et « la préfecture provinciale sur les dix villes » qui sont transférés à perpétuité à la France, non seulement avec la supériorité territoriale, mais avec la souveraineté (*supremum dominium*), et sans aucune réserve que celle de protéger la religion catholique. Seulement ici encore on peut argumenter à perte de vue; — et sur quoi des jurisconsultes habiles, à quelque nationalité qu'ils appartiennent, n'argumenteraient-ils pas avec succès? — sur le sens des mots de *landgraviat* et de *préfecture*, et c'est ce que savaient fort bien, les uns comme les autres, Trautmannsdorf et d'Avaux, Volmar et Servien, quand ils employaient ces mots élastiques pour masquer momentanément leurs dissidences. Le § 89 semble, à première vue, rédigé pour empêcher une confusion de ce genre; il énumère une série de territoires alsaciens, qui, disent les uns, sont nominativement exclus, de la « satisfaction française » et sur lesquels par conséquent la mainmise de la France ne pourra s'opérer plus tard que par une violation flagrante du traité. Non pas, répliquent les autres; les princes et villes nommés dans cet article, évêques de Bâle et de Strasbourg, comtes de Hanau, comtes palatins de la Petite-Pierre et de Birckenfeld, abbayes et villes libres, sont uniquement assurés que le Roi Très-Chrétien ne les troublera pas dans leur *immédiateté* vis-à-vis de l'Empire. Ils resteront membres de ce grand corps politique, ils siègeront, s'ils le veulent, à la diète de Nuremberg et de Ratisbonne, ils continueront, si cela leur convient, à prêter foi et hommage à l'empereur[1]. Mais cela n'empêchera pas la France d'exercer sur eux une action morale et matérielle qui en fasse des alliés dociles et des tributaires politiques. Il ne faut pas oublier que cet article a été rédigé à un moment où Mazarin songeait assez sérieusement à faire de la France elle-même un membre du Saint-Empire romain germanique; il ne pouvait donc voir de bien grands inconvénients à cette union purement extérieure des territoires immédiats alsaciens avec leurs anciens alliés et compatriotes d'au delà du Rhin. D'ailleurs, le traité de Munster n'accordait-il pas le droit de *souveraineté* à tous les États de l'Empire, et ne pourrait-on pas, par la suite, lier tous ces petits seigneurs par des traités secrets ou publics? Quant à réclamer ouvertement

---

1. Cet hommage n'était pas absolument obligatoire. Avant comme après la guerre de Trente Ans, la ville libre de Strasbourg par exemple, se refusa obstinément à le prêter, soit à Ferdinand II, soit à Ferdinand III ou Léopold Iᵉʳ, alors même qu'elle leur demandait aide et secours.

une « puissance royale » sur ces voisins si faibles et incapables de
lutter contre elle, la couronne de France n'avait nul besoin de le
faire. De plus, la « maison d'Autriche », comme telle, n'avait aucun
droit ni sur le comté de Hanau ni sur la ville de Strasbourg; il
aurait donc été absurde de formuler ce paragraphe comme nous le
voyons rédigé, si les plénipotentiaires autrichiens eux-mêmes
n'avaient compris que l'*immédiateté* garantie ne garantissait ni l'*indépendance* ni la *liberté* des territoires en question. On peut être
également assuré que ni Servien ni aucun autre diplomate français
n'aurait signé cet article, s'il n'avait réussi à l'allonger de cette
phrase finale : *Ita tamen*, etc., qui a causé tant de soucis à certains
critiques[1], et leur a arraché des plaintes au moins naïves, sur la
façon « hâtive » ou « déraisonnable » dont le pacte de Munster a
été rédigé.

Avec ces deux lignes de mauvais latin le gouvernement de
la régente s'assurait le levier nécessaire pour renverser, dès
qu'il le jugerait utile, le faible mur dressé contre ses prétentions
futures dans les phrases précédentes. Si toutes les promesses antérieures de respecter l'*immédiateté* des États d'Alsace ne devaient
pas empêcher de faire valoir le *jus supremi dominii*, la souveraineté
de la France, en un mot, il est clair que cette immédiateté ne pouvait avoir qu'une valeur conditionnelle fort restreinte, et que les
intéressés feraient bien de ne pas trop s'opposer à l'action de la
politique française en Alsace ou ailleurs, s'ils tenaient à conserver
les rapports avec le reste de l'Empire qu'on leur concédait par le
traité. Quant à vouloir démontrer, comme on l'a fait[2], que l'Empire
pouvait bien céder la préfecture, la *landvogtey*, *cum supremo dominio*, mais que cette *landvogtey*, appartenant souverainement à la
France, n'avait aucune souveraineté à exercer sur la Décapole,
c'est une thèse qui peut se soutenir peut-être au point de vue du
droit théorique, et par des arguments que j'appellerais volontiers
archéologiques. Mais on ne peut lui accorder aucune valeur au point
de vue politique, au point de vue des intérêts en conflit au milieu du
XVIIᵉ siècle. Croit-on vraiment que la France se fût contentée de
la cession d'une chose sans aucune valeur, dans un traité signé

---

1. M. Marcks veut qu'elle s'applique seulement à la charge de *landvogt*,
qui ne conférait, selon lui, aucun droit effectif sur la Décapole. L'érudit et
distingué biographe de Coligny croit-il vraiment que les envoyés français
auraient mis tant d'insistance à réclamer l'adjonction de cette phrase inci-
dente s'il s'était agi pour eux de ce détail seulement?

2. M. E. Marcks, dans les *Gœttinger Gelehrte Anzeigen*, 1885, p. 122.

après quinze ans de guerres continuelles et vingt-cinq ans d'efforts diplomatiques non interrompus[1] ?

En tout cas, et quelle que soit l'interprétation *juridique* que l'on adopte, il est absurde de prétendre qu'il y ait eu, en tout cela, la moindre surprise, partant, la moindre mauvaise foi. Le jour où les plénipotentiaires français ont insisté pour l'addition de cet *ita tamen* au texte du § 89, et où les commissaires impériaux l'ont admise, ils savaient les uns et les autres à quoi s'en tenir sur l'usage qu'on pouvait en faire. Les pièces échangées lors de la ratification du traité, récemment mises au jour[2], ne font que marquer davantage la *confusion voulue* entre les droits juridiques et la prise de possession territoriale. Ainsi la Déclaration de Ferdinand III, datée (rétrospectivement) du 24 octobre 1648, porte qu'il cède la souveraineté et la supériorité territoriale sur Metz, Toul et Verdun, Brisach, les deux landgraviats, le Sundgau et Pignerol, de façon qu'ils appartiennent à la France, comme ils ont appartenu jusqu'ici à l'Empire. Il nous semble bien difficile de contester que *les landgraviats d'Alsace supérieure et inférieure* puissent être ici autre chose que des *réalités territoriales*, absolument comme les autres villes et terres énumérées en même temps. Quand il y est parlé des droits de la souveraineté impériale (*jura superioritatis Imperialis*), comment ne pas avouer que ce terme s'applique à l'exercice d'un pouvoir suprême, plus ou moins indéterminé sans doute, mais véritablement souverain, et non pas seulement à la cession de quelques menus droits féodaux ? Ce n'est pas pour indiquer le seul *grand bailliage*, ou le simple *titre de landgrave*, qu'on juxtaposait dans ce document les *évêchés* et *villes* de Metz, Toul et Verdun, Moyenvic et Pignerol, aux deux « provinces » d'Alsace (*provincias Alsatiam utramque*), au Sundgau et à Brisach, et qu'on les déliait les uns et les autres de tout lien avec le Saint-Empire romain.

Sans doute, au moment de signer le traité, le désir d'en finir à tout prix dominait toute autre considération. Les deux antagonistes principaux firent donc mine, poussés par des motifs différents, de n'attacher qu'une importance minime à la formule même de l'accord. Les Français restaient dans leur rôle en ne voulant pas effaroucher

---

1. Il y a dix ans déjà, je me permettais d'appuyer, dans la *Revue historique* (vol. XXX, p. 412), sur cet argument du sens commun, en parlant de l'intéressant ouvrage de M. Legrelle : *Strasbourg et Louis XIV*, dont les déductions juridiques et les interprétations philologiques de notre texte ont provoqué la polémique de M. Marcks; toute cette argumentation si subtile nous parait, à vrai dire, fort oiseuse en présence des faits.

2. Vast, *Les grands Traités de Louis XIV*, p. 58-61.

d'avance, et fort inutilement, les États d'Alsace et ceux d'Allemagne, par l'annonce de leurs projets ultérieurs. Les Impériaux firent volontiers semblant de croire à l'efficacité de leurs stipulations, parce qu'ils tenaient à conserver, autant que possible, la réputation d'avoir, sinon agrandi, du moins maintenu l'Empire [1]. Mais les intéressés ne s'y sont pas trompés un seul instant ; nous avons assez vu, dans le cours de ce récit, leurs alarmes, leurs efforts et leurs vaines protestations. On ne saurait absolument pas, — je le répète, — parler en cette occurrence de ruse déloyale et de trahison [2]. Est-il beaucoup plus utile de chercher à partager, pour ainsi dire, le crime de lèse-nation, en disant que les Habsbourgs ont cédé à la France des droits qu'ils ne possédaient pas eux-mêmes [3] ? Même en admettant que cela ait été le cas, on aurait assurément le droit, au point de vue allemand, d'en vouloir à Ferdinand et à ses ministres ; mais il n'en serait pas moins étrange d'incriminer le gouvernement français de n'avoir pas été mieux informé sur ces questions si compliquées du landgraviat et du grand bailliage de Haguenau, que les princes de la maison d'Autriche, possessionnés depuis tant de siècles en Alsace. Il est, à notre avis, au moins singulier de reprocher aux envoyés de Louis XIV de n'avoir pas « interprété le traité dans l'esprit historique de notre temps, en remontant à sa genèse [4] », les diplomates n'étant pas chargés, d'ordinaire, de recherches érudites.

Il faut donc prendre la situation telle qu'elle était en réalité, en automne 1648. Des deux côtés on avait hâte d'en finir ; des deux côtés, on se réservait de commenter les textes, de les solliciter, de les exploiter en sa faveur, et c'est pourquoi chacune des deux par-

1. M. Rohdewald, dans son travail déjà cité (p. 72), déclare également que les envoyés de l'empereur savaient fort bien comment leurs adversaires interprétaient l'article litigieux.
2. M. E. Marcks, après avoir longuement exposé que le traité est conçu dans un esprit d'unité, de clarté, qui exclut absolument l'interprétation française, accorde pourtant « qu'avant la ratification même » il y eut dissidence sur l'interprétation des textes, et que, dès le début, « les deux partis savaient qu'il y avait équivoque et contradiction ». (*Goettinger Gelehrte Anzeigen*, 1885, p. 123.) Un historien autrichien de grand mérite et qui a beaucoup étudié cette époque, M. A.-F. Probram, exprimait aussi naguère l'avis que ni le roi ni l'empereur ne tenaient à un texte clair et sans équivoque, le roi (ou son gouvernement) étant décidé, dès alors, à occuper plus tard d'une façon effective les pays qu'on lui abandonnait, tandis que l'empereur ne pouvait se résigner à l'idée que ces contrées étaient désormais perdues pour lui. (*Franz Paul Freiherr von Lisola und die Politik seiner Zeit*. Leipzig, 1894, p. 66.)
3. Aloys Schulte, *Ludwig Wilhelm von Baden*, I, p. 457.
4. « Frankreich haette den Vertrag *in unserm historich-genetischen Sinn* deuten sollen ». Schulte, *op. et loc. citato*.

ties contractantes se contenta de s'y ménager un point d'appui pour
ses projets futurs, sans grand souci de savoir si le tout était un
chef-d'œuvre de prose classique ou de logique sévère. Les négociateurs savaient fort bien ce qu'ils voulaient ; il nous semble que depuis
on a un peu trop perdu de vue cette vérité banale, en commentant le
résultat de leurs travaux. Aussi tandis que les uns affirment qu'il
n'y a pas ombre de doute sur le sens de nos paragraphes, pas trace
d'une contradiction quelconque, ni dans les intentions exprimées
par les négociateurs, ni quant à l'objet nettement défini du traité [1],
d'autres déclarent qu'il faut de longs efforts pour qu'un homme à
l'entendement logique exercé puisse se rendre compte de l'intention
véritable de ceux qui rédigèrent le pacte de 1648 [2]. D'autres enfin,
— et ce ne sont pas les moins compétents, — se contentent d'avouer
que ce traité, qui devait être pourtant pour de longues années la
base du droit public européen, est rédigé d'une façon fort obscure
et embrouillée, pour ce qui concerne les territoires cédés par
l'Empire à la France [3]. Assurément l'illustre historien qui a formulé
ce jugement est dans le vrai ; seulement il aurait dû ajouter que cette
obscurité n'est point l'effet de l'incompétence ou de la maladresse
des rédacteurs de « l'instrument de paix » qui devait être si souvent,
dans la suite, un instrument de discorde. Elle cache, pour les uns,
une victoire très effective ; elle dissimule, pour les autres, une défaite
qu'ils n'aimaient pas s'avouer à eux-mêmes, ni surtout à ceux qu'ils
avaient mission de défendre. Toute la politique subséquente de
Louis XIV en Alsace se base sur ces quelques lignes du traité de
Munster, assez élastiques pour lui permettre de « soumettre à son
autorité le pays tout entier, bien que la cession formelle ne comprît
que l'Alsace autrichienne [4] ». Encore y mettra-t-il des formes et du
temps ; il ne se contentera pas de l'affirmation hautaine que l'Alsace
est son « glacis naturel » et qu'il la lui faut à tout prix. Du côté
opposé, toute la politique du Saint-Empire, et pendant quelque
temps aussi la résistance des États de l'Alsace, en appellera à ces
mêmes paragraphes pour démontrer que l'insatiable ambition de la
France ne respecte pas les promesses les plus sacrées. Il est certain,

1. H. von Sybel, *Der Friede von 1871*, p. 73.
2. Froitzheim, *op. cit.*, p. 8. M. Froitzheim relève longuement, et avec
raison d'ailleurs, toutes les absurdités du style et du contenu de nos paragraphes; seulement il n'a pas compris que ces contradictions et ces absurdités étaient *voulues* d'une part et *consenties* de l'autre.
3. Leopold von Ranke, *Franzoesische Geschichte im XVI und XVII
Jahrhundert*, III, p. 453.
4. Aug. Himly, *Formation territoriale*, I, p. 285.

— et le respect de la vérité historique ne permet pas de dissimuler ce fait, — que les plus directement intéressés ont, pour leur part, interprété le traité de Munster tout autrement que Louis XIV, que leurs gouvernements ont protesté, dans la mesure de leurs forces, contre les dangers qu'ils voyaient venir de leur situation ambiguë, et qu'ils ont tout tenté pour y échapper, sans pourtant y réussir. C'est le tableau de cette crise finale qu'il nous reste à retracer pour clore la première partie de notre étude.

CHAPITRE QUATRIÈME

L'Alsace de 1648 à 1672

Les cloches des services d'actions de grâces avaient à peine cessé
de retentir au loin, le chant des *Te Deum* résonnait encore aux
oreilles des citadins et des villageois de l'Alsace, heureux d'apprendre que la paix était signée, cette paix que la génération présente n'avait presque plus connue, et dont elle ne devait jouir aussi
dans l'avenir qu'à de longs intervalles. Et déjà la joie de survivre à
de si cruelles souffrances, d'avoir échappé au cataclysme universel,
s'amoindrissait et s'effaçait devant les soucis quotidiens nouveaux,
devant la constatation douloureuse que la paix n'était encore pour
eux qu'un mot vide de sens, et que le moment était bien éloigné,
hélas! où les contributions de guerre et les garnisaires étrangers
auraient disparu. En effet de longues années allaient s'écouler encore
avant que le calme fût rétabli partout dans la province ; soit par le
fait des guerres civiles en France, soit par celui des invasions lorraines, il se passa près de dix ans jusqu'au jour où les populations
entre les Vosges et le Rhin purent goûter réellement les bienfaits
de la paix.

Pour l'historien moderne, l'année 1648 marque une date caractéristique, et l'une des plus importantes, dans les destinées de l'Alsace.
Telle n'a pas été, tant s'en faut, l'impression des contemporains,
dans le pays même. La plupart ne semblent pas s'être rendu compte
immédiatement, ni d'une façon très nette, des conséquences nécessaires, bien qu'éloignées encore, du transfert de souveraineté proclamé par le traité de Munster. D'une part, il y avait plus de dix ans
que les troupes françaises étaient établies dans la majeure partie de
la province, et ce n'était plus une nouveauté de les y voir ; d'autre
part, le nouveau gouvernement eut tant d'autre besogne plus pressante dans les années qui suivirent, qu'il ne pouvait songer, l'aurait-il
voulu, à modifier beaucoup les formes administratives et toute la
routine du passé. Pour la masse de la population, le passage sous
la domination française ne se fit donc pas sentir d'une façon bien
sensible, même là où elle aurait dû être effective dès l'abord, dans
les territoires de la maison d'Autriche. A plus forte raison cette
« souveraineté », sur laquelle on avait déjà tant discuté, et sur

laquelle on allait discuter infiniment plus encore à l'avenir, n'était-elle
pas de nature à faire une impression très vive sur les habitants des
terres immédiates, principautés ou républiques, protégées, semblait-il, par les traités de Westphalie eux-mêmes [1]. Aussi n'était-ce
pas la question politique qui tourmentait les populations alsaciennes ;
c'était la misère présente, matérielle, amenée par les contributions
incessantes qu'on leur demandait et par le nombre des troupes
qu'elles devaient continuer à nourrir. Croyant naïvement n'avoir plus
rien à payer désormais, plusieurs des communes de la Haute et
Basse-Alsace refusaient le versement des sommes échues pour l'entretien des garnisaires [2], qu'il leur était presque impossible d'ailleurs
de réunir plus longtemps ; Mazarin lui-même reconnaissait l'épuisement de la province lorsqu'il recommandait à Turenne « d'adjuster
les choses » de façon à ce que son armée pût subsister encore cette
année aux dépens de l'Allemagne, et ne lui « tombât pas sur les bras
dans l'Alsace et la Lorraine... scachant l'intérêt notable que nous
avons de garantir nos provinces de cette foule et surcharge [3] ».

Mais il allait s'établir bientôt une confusion si générale dans les
affaires du royaume que toute autorité supérieure en fut, de fait,
abolie, et pendant assez longtemps les troupes stationnées en
Alsace purent s'y conduire au gré de leurs caprices, sans avoir à
craindre beaucoup l'intervention du gouvernement. On sait les
désordres qui éclatèrent à Paris au moment même où s'y célébrait
la victoire de Lens, le 26 août 1648, et comment, malgré l'accord
signé entre la Cour et le Parlement, à Saint-Germain, le jour où

1. Tous les Alsaciens d'alors ne furent pas sans doute aussi aveugles. Ainsi
le chroniqueur colmarien, Nicolas Klein, raconte que, lorsque son oncle,
secrétaire de la ville, revint tout joyeux du Congrès, annonçant que la paix
était signée, le pasteur Joachim Klein interrompit ses félicitations en disant :
« Nous deviendrons certainement tous Français, et si je ne devais plus voir
cela, mes fils le verront à coup sûr. Il faut donc qu'ils apprennent tous le
français. » Et dès l'année 1649 il envoya au dehors le jeune Nicolas, à peine
âgé de douze ans, pour acquérir l'usage de cette langue. (Rathgeber, *Ludwig
XIV u. Colmar*, 1873, p. 55.)
2. Gonzenbach, *H. L. von Erlach*, III, p. 340.
3. Lettre du 6 novembre 1648, Mazarin, *Lettres*, III, p. 227. — Dans cette
même lettre le cardinal recommandait, il est vrai, au maréchal de faire sentir
« à celui de Wurtemberg qu'on ne gaigne rien pour l'ordinaire à être ingrat »,
les députés de l'assemblée de Munster « les plus echauffez contre cette couronne » ayant été ceux de Wurtemberg et de Montbéliard, mais c'est évidemment des terres wurtembergeoises d'Outre-Rhin et non des possessions
alsaciennes qu'il entendait parler pour qu'on y fît une application pratique
du *Quidquid delirant reges...* En pressurant les seigneuries de Horbourg et
de Riquewihr, il eût, avant tout, nui au ravitaillement des garnisons françaises de la Haute-Alsace.

l'on finissait à Munster les négociations de paix (24 octobre 1648), les querelles reprirent bientôt de plus belle entre ces deux influences rivales. Le 8 janvier 1649, Mazarin était déclaré ennemi de l'État, et le duc de Bouillon demandait à son cadet de fournir une armée à la Fronde. Le contre-coup des événements de Paris se faisait donc sentir en Alsace dès les commencements de l'année 1649.

Pour empêcher la défection de Turenne, qui commandait les meilleures troupes au service de la couronne, le cardinal s'empressait de lui promettre « le gouvernement des Deux Alsaces avec les bailliages de Haguenau et de Tanne[1] » et lui en expédiait même les provisions[2], mais ses offres arrivèrent trop tard ou peut-être aussi le maréchal ne le crut-il pas de force à se maintenir contre le soulèvement général des esprits; toujours est-il qu'il lui répondit par un refus poli, déclarant ne pouvoir « recevoir présentement les grâces que Sa Majesté lui avait faites[3] ». Mazarin avait dépêché en outre à Brisach le marquis de Ruvigny et l'un de ses agents favoris, le banquier Barthélemy Herwart, pour supplier l'homme auquel Condé attribuait la victoire de Lens, le baron d'Erlach, d'employer toute son autorité sur les anciennes troupes weimariennes, afin d'empêcher la défection de l'armée après celle de son chef[4]. La mission ne laissait pas d'être fort difficile; cependant, grâce aux sommes considérables envoyées pour payer leur solde, grâce aux ordres péremptoires du gouverneur de Brisach, la grande majorité des troupes n'hésita pas à rester dans le devoir. Après avoir passé sur la rive gauche du Rhin, les régiments de Turenne se séparèrent de leur général dans la Basse-Alsace, et sous la conduite du major-général Schutz, ils vinrent prendre le mot d'ordre auprès du baron d'Erlach[5]. Le maréchal, ainsi frappé d'impuissance, dut se retirer au delà du Rhin avec quelques fidèles, pour gagner Heilbronn, et de là les Pays-Bas.

Mais si la situation personnelle de Turenne était momentanément peu brillante, celle de l'Alsace n'était guère meilleure. Il y avait en mars 1649 en deçà du Rhin et à Brisach une dizaine de régiments

---

1. Lettre du 10 janvier 1649. (*Lettres*, III, p. 256.)
2. Lettre du 29 janvier 1649. (*Lettres*, III, p. 283.)
3. Lettre de Mazarin à Ruvigny, 12 février 1649. (*Lettres*, III, p. 297.)
4. Sur l'activité politique de B. Herwart, voy. le travail de M. G. Depping dans la *Revue historique* (juillet-août 1879). Van Huffel a également publié des mémoires relatifs à la mission du banquier d'Augsbourg. (*Documents*, p. 25-48.)
5. Gonzenbach, III, p. 193. Voy. aussi Chéruel, *Histoire de la minorité de Louis XIV*, III, 167.

de cavalerie et d'infanterie, avec de l'artillerie et un train
nombreux[1]. De plus, un assez grand nombre de groupes de maraudeurs débandés, qui exploitaient le plat pays et durent être
parfois traqués et taillés en pièces par leurs propres colonels[2].
Quand il s'agit de conduire une partie de ces vieux soudards en
Flandre, aux mois d'avril et de mai, il se produisit des scènes ana-
logues à celles de 1647. Les régiments refusèrent d'entrer en
Lorraine[3]; ceux de Friese et de Kluge se débandèrent près de
Saverne, celui d'Erlach-cavalerie fit une espèce de promenade
militaire à travers toute la province, poussant par Belfort jusqu'à
Bâle, drapeaux en tête, sans que quelqu'un osât l'arrêter[4]. Ajoutez
à cela les trois régiments suédois disséminés sur la rive gauche du
Rhin, entre Bâle et Mayence, les garnisons françaises de Colmar,
Schlestadt, Haguenau, etc., qui empiétaient sur les quartiers de
leurs voisins[5]; cela produisait une confusion des plus lamentables et
constituait pour la majeure partie de l'Alsace un état de paix qui ne
différait pas sensiblement de l'état de guerre antérieur, et provoquait
des doléances universelles[6].

Pour obvier, si possible, à quelques-uns de ces inconvénients,
pour s'assurer en même temps l'appui de la maison de Lorraine,
dans une de ses branches, Mazarin détermina la reine régente à
nommer « gouverneur et lieutenant général pour Sa Majesté en la
Haute et Basse-Alsace » ainsi que grand bailli de Haguenau, Henri
de Lorraine, comte d'Harcourt. Ce personnage n'avait occupé
jusque-là qu'une situation diplomatique et militaire assez secondaire, et le manque de capacités intellectuelles supérieures, plus
encore que le sentiment de ses devoirs, devait l'empêcher de jouer
un rôle plus marquant, alors même que la fortune le poussait, pour

1. Gonzenbach, III, p. 208.
2. C'est ainsi que Jean de Rosen fit sabrer un gros de ces pillards près de
Guebwiller. Gonzenbach, III, p. 209.
3. Lettre de l'intendant, M. de Baussan, à M. d'Erlach, Strasbourg,
1er avril 1649.
4. Gonzenbach, III, p. 263.
5. Gonzenbach, III, p. 341. Le 24 mars 1649, le bailli de Guebwiller
écrivait à Charlevoix, lieutenant du roi à Brisach, qu'un chef d'escadron
suédois vient d'arriver et s'est saisi de force de la ville pour y loger ses
troupes. (Archives de la B.-Alsace, G. 256.)
6. Le 6 juin 1649, on imposait à la petite localité de Soultz cent florins de
contributions mensuelles, cent cinq florins pour la solde d'un escadron de
cavalerie, plus l'entretien de cet escadron, et d'une demi-compagnie d'infanterie pendant quatre semaines. (A. B. A. G. 256.) Dans le même carton
se trouve une protestation véhémente de la Régence de Saverne contre les
demandes continuelles de contributions et de blés, « et autres choses contre
le traité de paix ».

un moment, au premier plan. Les provisions de sa charge furent
dressées à Saint-Germain le 26 avril 1649. Il devait surveiller et
gouverner l'Alsace entière, considérée comme un ensemble, à la
réserve de Brisach et des localités de ce gouvernement particulier ;
sa mission était de « conserver et maintenir en tranquillité les peuples
dudit pays sous notre obéissance », et de « faire inviolablement
observer les lois, constitutions et coutumes qui ont accoutumé
d'être gardées en ladite province, maintenir les ecclésiastiques,
gentilshommes, officiers et gens du tiers état en leurs immunitez,
privilèges, droits et biens quelconques, les régir et les gouverner,
comme il conviendra, pour leur plus grand soulagement[1] ».

Le comte d'Harcourt ne paraît guère s'être préoccupé de prendre
possession de sa province et d'y exercer, au point de vue militaire,
une autorité effective. L'on ne trouve pas trace non plus d'une activité politique quelconque de sa part, surtout au début, à moins
qu'il ne faille ramener par hasard à son initiative un projet de trans-
lation de la Chambre de justice de Brisach sur la rive gauche du
Rhin, projet contre lequel d'Erlach se prononça d'une façon si
énergique que la question fut enterrée pour un temps[2]. Il est vrai
qu'on peut se demander ce qu'il aurait dû gouverner et administrer
au nom du roi. Pour les territoires cédés dans la Haute-Alsace,
tous les bailliages avaient été donnés, soit depuis quelques années
déjà, soit depuis la défection de Turenne, qu'on ne voulait pas voir
se renouveler, à ses lieutenants de l'ancienne armée weimarienne
ou bien aux nouveaux gouverneurs des villes de la province. Le
bailliage de Belfort appartenait au comte de La Suze, celui de Ferrette au colonel de Taupadel, celui de Thann avait été concédé à
M. d'Oehm, autre subordonné de Bernard, celui d'Altkirch au colonel Betz ; Landser était à M. Herwart, Cernay au major-général de
Schœnebeck, Bergheim à M. de Montausier ; la seigneurie de
Hohlandsberg avait été promise à d'Erlach lui-même et l'acte de
donation était dressé quand il mourut[3]. Les villages impériaux de
la Basse-Alsace échéaient naturellement à M. d'Harcourt, en sa qualité de grand bailli de Haguenau, mais plusieurs d'entre eux avaient
été donnés par la couronne, dès 1647, l'un à M. de Wangen, deux à
M. de Gentilly, trois à M. Krebs, chargé d'affaires de Bavière à la
cour de France[4]. On offrait en outre, fort généreusement, des ter-

1. Van Huffel, *Documents*, p. 207.
2. Lettre d'Erlach, du 10 novembre 1649. Gonzenbach, III, p. 378.
3. Gonzenbach, III, p. 350.
4. Van Huffel, p. 191.

res au colonel Schatz et l'on avisait M. de Fleckenstein qu'il n'avait
qu'à indiquer les domaines qu'il désirerait posséder en Alsace
pour que Sa Majesté l'en gratifiât volontiers [1], tant l'on avait besoin
de s'assurer de la fidélité de ces vieux reîtres au milieu des mouvements de la Fronde [2]. Il est vrai qu'on était moins magnanime à
l'égard de ceux qui ne pouvaient plus être d'aucune utilité pratique ;
Mazarin n'hésitait pas à leur reprendre les dotations faites avant le
traité de Munster, afin d'en « faire la revente au sieur Hervart, à la
descharge de ce qui luy est dû par le Roy [3] ».

Le comte d'Harcourt était retenu d'ailleurs loin de l'Alsace, par
son service militaire ; en mars 1649, il tenait la campagne contre le
duc de Longueville, en Normandie ; en mai et en juin, nous le
voyons en Flandre, à la tête de l'armée royale ; en 1651, il com-
mande de nouveau les troupes de la régente dans le midi contre
Condé rebelle, et ce n'est qu'en 1652, vers l'automne, qu'il vint
dans son gouvernement pour y prendre, ainsi que nous le verrons,
une attitude assez suspecte vis-à-vis de la royauté qu'il avait jusque-là défendue. Tout ce qui se passa en Alsace, durant ces trois
années, se fit donc en dehors de son action directe et ce fut précisément l'absence du lieutenant du roi qui laissa aux États provinciaux une certaine latitude, pour organiser la défense du pays contre
le duc Charles de Lorraine ; peut-être bien aussi cette absence en-
couragea-t-elle d'autre part le duc à attaquer une province dont le
chef militaire suprême était occupé à l'autre extrémité du royaume.

Pendant le reste de 1649 et durant l'année 1650, l'évacuation des
places fortes de l'Alsace avait continué et elle tirait vers sa fin. Ce
n'est qu'en automne 1650 que, sur l'invitation du grand prévôt de
l'évêché, M. de Wildenstein, le Magistrat de Saverne avait sommé
les bourgeois de coopérer à la destruction des murs de la ville, afin
de hâter le départ de la garnison française [4]. Un instant Benfeld
avait été réclamé par l'Électeur palatin à la diète *exécutive* de Nuremberg, en échange de sa propre forteresse de Franckenthal, toujours encore occupée par les Espagnols [5]. L'empereur Ferdinand

---

1. Van Huffel, p. 33, 40.
2. Mémoire remis à M. Herwart, envoyé en Allemagne, 28 janvier 1650.
Van Huffel, p. 33. — Encore en 1653, le roi ordonnait de maintenir le lieutenant-colonel Michel Walter, de la garnison de Brisach, dans la possession
des terres à lui conférées au village d'Ottmarsheim, durant la guerre. C'est
qu'il importait énormément à ce moment de ne pas désaffectionner les vétérans de Brisach. Ordre de la Régence du 6 mai 1653. A.H.A. C. 1002.
3. Mazarin à Le Tellier, 31 mars 1650. Van Huffel, p. 48.
4. Procès-verbal du Conseil du 7 octobre 1651. (Archives de Saverne.)
5. Meyern, *Executions-Acta*, I, p. 381.

s'était déclaré prêt à favoriser cet échange, mais les plénipotentiaires français, MM. de la Court, d'Avaugour et de Vautorte,
avaient si énergiquement appuyé les protestations de l'évêque de
Strasbourg, désireux de rentrer enfin en possession de ses domaines, que finalement la restitution fut opérée [1].

L'évacuation des places fortes n'intéressait en somme que les
habitants de ces dernières ; le versement des sommes exigées pour
la « satisfaction suédoise » passionna tout le monde, parce que tous
devaient y contribuer, parce que les sommes étaient considérables,
et qu'on les demandait à des bourses absolument épuisées [2]. L'empereur, de son côté, sollicitait les États de l'Empire de la façon la
plus pressante, les armées de la reine Christine ne devant évacuer
les territoires du Nord et du Centre de l'Allemagne qu'au fur et à
mesure des versements opérés [3]. On peut juger des sacrifices demandés, pour ce seul objet, à une province épuisée comme l'Alsace,
par les quelques chiffres qui suivent. La petite ville de Turckheim,
qui n'avait plus que quelques centaines d'habitants, dut payer
2,670 florins de « satisfaction suédoise » ; Rosheim, 3,204 florins ;
Munster, 6,408 florins ; Obernai, 10,680 florins ; Kaysersberg,
11,214 florins ; Wissembourg, 14,952 florins ; Schlestadt, 19,224 florins ; l'abbaye de Murbach, 19,758 florins ; l'évêché de Strasbourg,
82,236 florins [4] ; la ville de Strasbourg, 120,150 florins, etc. [5].

Au moment même où ces versements étaient délibérés et plus ou
moins mélancoliquement consentis, comme une liquidation indispensable du passé, les nouveaux gouvernants cherchaient à recueillir, de leur côté, des renseignements exacts sur la valeur matérielle
de leur nouveau domaine et le secrétaire d'État aux affaires étrangères [6], Henri-Auguste de Loménie de Brienne, ordonnait à M. de

1. *Executions-Acta*, I, p. 393, 395, 400, 402 ; II, p. 188. — Voy. aussi sur
l'évacuation et la démolition de Benfeld, Saverne, le Haut-Barr, etc., les
Archives de la Basse-Alsace, G. 253-254.
2. Le total de la *satisfaction* se montait pour tout l'Empire à 1,800,000 rixdales versables *comptant*, plus 1,200,000 rixdales de billets à plus longue
échéance, en tout trois millions de thalers d'alors, soit une somme de trente
à trente-cinq millions de notre argent moderne.
3. Certaines contributions furent d'ailleurs exigées deux fois ; il est même
question dans les procès-verbaux de la diète de Nuremberg, d'un soi-disant
commissaire du gouvernement français, nommé Hoff, qui aurait escroqué
ainsi de l'argent à la Noblesse immédiate de la Basse-Alsace. *Executions-
Acta*, II, p. 78-80.
4. Dans la répartition des sommes à payer par l'évêché, nous relevons
pour des villages comme Geispolsheim 1,050 florins, Boersch 450 florins,
Châtenois 153 florins, etc. (Arch. Basse-Alsace, G. 256.)
5. *Executions-Acta*, II, p. 427-428.
6. Le gouvernement de l'Alsace a relevé du Ministère des affaires étran-

Girolles, l'intendant du Sundgau et du Brisgau, d'envoyer promptement à Paris les comptes des recettes et dépenses, et le relevé des contributions et deniers ordinaires et extraordinaires, levés en Alsace depuis son entrée en fonctions jusqu'au moment présent. Il demandait à bref délai un état exact des redevances et des revenus de chaque terre, de l'ordre ancien et nouveau de leur régie, des dettes et surcharges pesant sur elles, afin de pouvoir en rendre compte à Sa Majesté, et faire établir une règle pour « toute l'Alsace comme elle doit estre gouvernée, maintenant qu'elle appartient au roy [1] ». Il avait déjà reçu un rapport analogue de M. de Baussan pour la Haute et la Basse-Alsace. De son côté, le petit roi écrivait de Libourne, en pleine campagne contre les rebelles du Midi, pour inviter le marquis de Tilladet [2], successeur d'Erlach au gouvernement de Brisach, à prendre les mesures nécessaires pour que les seigneurs possessionnés en Alsace « qui seront désormaiz mes vassaux et de cette couronne, à cause de l'union de l'Alsace à icelle », le reconnussent comme leur prince souverain, et rendissent « leurs adveux et dénombrements selon les lois et coustumes du pays..... tout aînsy qu'il en a esté uzé pendant que l'Alsace a été possédée par les princes de la maison d'Autriche [3] ». On enjoignait en même temps aux curés et aux vicaires de ne plus faire « mention dans leurs prières que du Roy Très-Chrestien » et aux notaires et tabellions de ne plus mentionner que lui dans les actes publics [4].

Les gentilshommes d'Alsace et surtout les États immédiats de l'Empire n'avaient garde d'obéir à des invitations qui devaient alarmer leur esprit d'indépendance [5], bien qu'elles ne leur fussent communiquées sans doute que sous une forme aussi peu impérative que possible, l'Empire n'ayant pas entièrement désarmé du côté de l'Orient, et le duc de Lorraine s'apprêtant à envahir la province du côté opposé, alors que le pouvoir royal était combattu, un peu partout, en France [6]. Au fond, l'on était très inquiet à la cour sur la situa-

gères jusqu'en 1673; à cette date elle passa au département de la Guerre, du ressort duquel elle est restée jusqu'à la Révolution.

1. Lettre du 22 juin 1650. Van Huffel, p. 61.

2. Gabriel de Cassagnet, marquis de Tilladet, avait été placé à ce poste important grâce à son beau-frère, le secrétaire d'État Michel Le Tellier.

3. Lettre du 19 août 1650. Van Huffel, p. 62.

4. Édit de Brisach, du 10 septembre 1650. (A.H.A. C. 955.)

5. L'intendant de Baussan écrivait à Le Tellier, de Colmar, le 20 septembre 1650 : « La plupart de ceux qui doibvent demeurer en vertu du traicté de paix soubs l'obéissance du roy, feront ce qu'ils pourront pour faire croire qu'ils sont de l'Empire. » Van Huffel, p. 66.

6. C'est en effet, le 15 décembre 1650 seulement que Turenne, révolté et

tion en Alsace, et l'on y sentait fort bien que de l'attitude des quelques
garnisons françaises qui la protégeaient et la contiendraient au besoin
dépendait également, dans une certaine mesure, l'attitude d'une population épuisée par la guerre, désireuse de la paix, mais nullement
ralliée de cœur à la domination française.

« On je n'entends rien dans les affaires, écrivait Mazarin, le 28 août
1650 à Le Tellier, ou c'est un crime de ne prendre pas l'argent en
quelque lieu qu'on le puisse trouver, pour la conservation des places
comme Casal, Philisbourg, Brisac et autres, dont vous me parlez, qu'il
faut des siècles entiers à conquérir et qui ont consté des ruisseaux
de sang français. » Il supplie son correspondant de faire comprendre
au surintendant des finances qu'*il faut* trouver des ressources,
« estant certain qu'il n'y a bon Français qui ne contribuast volontiers de son sang pour empescher la perte de ce qui a tant cousté à
conquérir et dont la conservation est absolument nécessaire pour le
bien de l'estat et pour ne nous laisser pas réduire à recevoir la loi
des ennemis. Enfin on peut trouver des remèdes à tous les autres
maux, mais il n'y en a point à la perte des places de cette nature[1] ».

Le nombre des troupes françaises alors présentes dans la région
rhénane n'était guère assez considérable pour repousser une
attaque subite ou quelque irruption soudaine. En dehors de la gar--
nison de Brisach, qui comptait dix-neuf compagnies, et de celle de
Philipsbourg, qui en comptait douze, voici ce qu'il y avait de
troupes dans l'Alsace proprement dite vers le milieu de l'année 1650 :
à Huningue, 3 compagnies ; à Thann, 2 compagnies ; à Belfort,
1 compagnie ; à Colmar, 2 compagnies ; à Schlestadt, 6 compagnies ;
à Haguenau, 2 compagnies ; à Saverne, 3 compagnies ; à Dachstein,
1 compagnie ; à Landau, 2 compagnies ; ce qui faisait un total de
22 compagnies[2], soit, même en admettant un nombre d'hommes
double du chiffre ordinaire[3], un effectif total de 4,000 hommes.
C'était bien peu pour maintenir l'autorité du roi en Alsace,
si elle y était mise en question, soit du dedans, soit du dehors ;
c'était absolument insuffisant pour servir de point d'appui au ministre quand le Parlement de Paris, par son arrêt du 4 février 1651,
eut pour la seconde fois prononcé l'expulsion de Mazarin et

ligué avec les Espagnols fut battu à Réthel, et à Paris le feu couvait toujours sous la cendre.

1. Van Huffel, p. 64.
2. *Executions-Acta*, II, p. 60.
3. Il n'est guère probable qu'en 1650 les compagnies aient été entretenues
sur le pied de plus de 150 hommes par compagnie, ce qui ferait seulement
3,300 hommes.

invité tous les bons citoyens à lui courir sus, s'il n'avait quitté le royaume dans les cinq jours.

Quand le cardinal, après avoir vainement tenté d'arrêter la crise en délivrant lui-même Condé et son frère, retenus prisonniers au Havre, prit tristement le chemin de l'exil au commencement de mars 1651, il songea très sérieusement, pendant un moment, à chercher un refuge en Alsace[1]; il en fut détourné par le maréchal de La Ferté, qui connaissait quelque peu la situation de la province et n'eut pas de peine à lui faire comprendre qu'il n'avait aucune chance de s'y maintenir contre ses ennemis acharnés et triomphants. Mazarin continua donc sa route vers le Nord et alla s'établir, comme on sait, au château de Bruhl, près de Cologne, observateur attentif des moindres changements qui se produisaient à l'horizon politique, et qui pouvaient lui promettre une éclaircie, après le terrible orage dont il venait d'être la victime. Mais il n'abandonnait pas son projet de venir en Alsace à un titre quelconque et par n'importe quel moyen. Le 16 mai 1651, il écrivait à l'un de ses confidents, l'abbé Fouquet : « Si la reine pouvait, par quelque moyen, faire trouver bon à M. le Prince que je fusse establi dans Alsace… j'aurais quelque consolation de ne plus faire le chevalier errant[2]. » Et le 29 du même mois, il disait de même à Lionne : « Il faut agir… et solliciter… que j'aye permission de retourner dans le royaume, quand même ce devrait estre à Brisach et en Alsace, où je pourrois aller, Monsieur et M. le Prince en tombant d'accord, quand mesme le Parlement s'opposeroit à mon retour, puisque ce pays-là n'est dans le ressort d'aucune compagnie souveraine du royaume[3]. »

En juin, il chargeait derechef M. de Lionne de supplier la reine de prendre pour elle le gouvernement de Brisach, « pour sauver cette

---

1. La lettre de Mazarin à ce sujet, adressée de Clermont en Argonne, le 11 mars 1651, à M. de Lionne, est curieuse et mérite d'être citée, au moins en partie : « Je suis errant d'un costé et d'autre, sans avoir une retraite tant soit peu assurée… J'avois pris la route d'Allemagne… mais j'ay rencontré le maréchal de la Ferté… et après avoir bien examiné la chose avec luy, nous avons trouvé que des dix villes impériales qui sont en Alsace sous la protection du Roy, il n'y a que Schelestadt de catholique sans appartenir ou avoir dépendance à la maison d'Austriche, laquelle a été si maltraitée des Français qui ont tenu leur garnison longtemps, quelle est très partiale des ennemis de la France, outre que les habitants, estant extrèmement pauvres, je courrais grand risque d'être sacrifié pour de l'argent et que je dépendrais d'un bourguemestre que j'ay eu advis certain estre un homme mal intentionné pour la France et capable d'estre aysément corrompu… » (*Lettres*, IV, p. 69.)

2. *Lettres*. IV, p. 186.

3. *Ibid.*, IV, p. 232.

place » et pour lui assurer en tout cas à lui-même une retraite honorable[1]. Mais les circonstances n'étaient guère favorables à ce projet.
A ce moment avait déjà commencé la curieuse comédie politique
qui se joua pendant de longs mois autour de cette importante forteresse, stimulant également les espérances des ennemis de la
France et les craintes de ses gouvernants, mêlant étrangement les
intérêts matériels et les ambitions personnelles des uns avec les
visées politiques des autres. A côté de M. de Tilladet, gouverneur
de Brisach, se trouvait alors M. de Charlevoix, lieutenant du roi
en cette ville. Par une série d'intrigues dans le détail desquelles il
est inutile d'entrer, il réussit à évincer son supérieur et resta de la
sorte le maître incontesté de cette importante forteresse, la clef de
l'Alsace, pour autant du moins qu'il pouvait compter sur une garnison mal payée et très accessible, par suite, aux influences
intéressées les plus diverses. Aussi voit-on, de 1651 à 1653, les
négociateurs officiels et les émissaires officieux tourner autour de
Brisach. La maréchale de Guébriant se fit charger par la cour de
regagner les soldats sur lesquels le nom de son défunt mari devait
lui donner une certaine influence, et se mit hardiment en campagne[2],
soit par pur patriotisme, comme elle le prétendait, soit pour faire
donner ensuite le gouvernement de la place à l'un de ses parents.
A la suite de manœuvres qui tiennent du roman bien plus que de
l'histoire, elle réussit en effet à attirer Charlevoix hors de Brisach,
à s'en emparer, et à le faire conduire prisonnier à Philipsbourg.
Mais la garnison de la place prit si vivement parti pour le captif et,
travaillée d'ailleurs par des agents impériaux, se montra si disposée
à passer à l'ennemi, qu'il fallut relâcher Charlevoix et lui permettre
de regagner Brisach, d'où Mᵐᵉ de Guébriant, à peine installée, dut
se sauver à la hâte[3]. Un diplomate plus habile que la maréchale, le
baron de Lisola, ce pamphlétaire franc-comtois si acerbe et si
dévoué à la cause impériale, avait été chargé par Ferdinand III
d'exploiter au profit de l'Espagne et des Habsbourgs, la situation
de demi-révolte dans laquelle se trouvait Charlevoix. Pendant l'été
de 1651, on le vit se transporter successivement à Strasbourg, à Fribourg et à Bâle pour étudier, moins la situation matérielle de la
forteresse que la situation morale des personnages qui la détenaient.

1. Brühl, 2 juin 1651, *Lettres*, IV, p. 244.
2. Elle arriva à Brisach le 8 janvier 1652 et Charlevoix l'y reçut sans
défiance. Voy. la lettre de Charlevoix à Colmar, du 9 janvier. *Revue historique*, 1893, I, p. 225.
3. Voy. Han, *Seelzagendes Elsass*, p. 38-42, et Hagemann, *La Comtesse
de Guébriant*, Strasb., 1880, 18°.

Il sonda la disposition des esprits dans le pays, mais n'osa point
faire des offres directes à Charlevoix qui se méfiait d'ailleurs de cet
agent alors encore peu connu. Il fut plus heureux avec le comte de
La Suze, gouverneur de Belfort, qui consentit à l'entendre et se
déclara même, au dire de Lisola, prêt à le servir, pourvu qu'on
lui fournît des garanties sérieuses. Mais l'ambassadeur espagnol à
Ratisbonne, Castel-Rodrigo, tout en poussant le baron à conclure
l'affaire, se refusait à lui fournir les arguments sonnants nécessaires
et ne voulait pas même engager la parole de son maître pour le
versement des sommes considérables que devait exiger la reddition
de places aussi importantes[1]. Pendant que Lisola essayait inutilement de le convaincre des suites fâcheuses de sa parcimonie,
Mᵐᵉ de Guébriant, ainsi que nous venons de le voir, dépossédait
Charlevoix de Brisach et le faisait conduire à Philipsbourg. Mais
lorsque le lieutenant du roi en fut revenu, grâce à l'émeute militaire
fomentée, à ce qu'il affirme lui-même, par les émissaires impériaux,
il se sentit naturellement moins bien disposé que jamais pour le
gouvernement de la régente, et il se tint renfermé dans sa citadelle
de Brisach, jusqu'au moment où le comte d'Harcourt, mal disposé,
lui aussi, pour Anne d'Autriche et Mazarin, arrivant en Alsace, il lui
en ouvrit les portes[2]. C'est en vain que le lieutenant général de
Rosen, fidèle à la cause royale, essaya de l'affamer en lui coupant
les vivres, et, ne se sentant pas assez fort pour opérer avec ses
seules troupes, réclama des cantons suisses, en vertu de leurs
anciennes alliances, un contingent de six cents hommes pour le
service du roi en Alsace.

Cet appel, aveu d'impuissance un peu naïf et que désapprouva
fort le représentant de la France en Suisse[3], réveilla chez certains
des confédérés helvétiques le désir de réunir les villes d'Alsace à
leur Ligue, qui y possédait déjà Mulhouse, et l'on ne saurait douter
que la plupart des grandes et petites cités de la province

1. Toutes ces données sont empruntées au travail si consciencieux et si
intéressant de M. Alfred Pribram sur Lisola, déjà cité.
2. Nous reparlerons tout à l'heure de l'attitude du gouverneur de l'Alsace.
Il existe une curieuse brochure, *Le Manifeste de Monsieur le compte de
Harcourt envoyée* (sic) *à Mᵍʳ le duc d'Orléans, de la ville de Brissac*
(Paris, chez Jean Petrinal, 1652, 8 p. 4°) qui se présente comme une pièce
authentique, mais où nous avons quelque peine à voir autre chose qu'une
mazarinade, dans laquelle sont exprimés les sentiments du comte à l'égard
des « fourberies et des rets préparés par le dévôt Jules ». Il changea d'avis
plus tard, à l'égard du « Démon du Midi ».
3. « Plust à Dieu que l'on peust tout à fait cacher aux cantons ce qui se
passe en Alsace, au lieu de le leur mestre devant les yeux par de semblables
demandes ! » La Barde à Le Tellier, 4 mai 1652.

n'eussent accueilli volontiers cette combinaison politique[1]. « La ruine de l'Alsace, écrivait à ce moment l'ambassadeur de France à Soleure, que l'on veut entreprendre pour oster à M. de Charlevoye le moyen de subsister dans Brizac, peut aussi bien faire tomber la place dans les mains d'autruy qu'en celles du roy, et cette conduite est sujette à une infinité d'inconvénients qui peuvent arriver de la part des princes, de l'Espagne, de la maison d'Autriche et des cantons mesme[2]. »

Cette « ruine de l'Alsace » dont parlait M. de La Barde, semblait devoir en effet s'accomplir sous les yeux du gouvernement impuissant et de ses adversaires satisfaits. Dès les dernières semaines de l'année 1651, les avant-postes de Charles de Lorraine occupaient certains points sur le revers oriental des Vosges, Massevaux, Saint-Hippolyte et le val de Villé ; ils faisaient de fructueuses incursions dans la plaine d'Alsace, jusqu'à Benfeld et jusque sur les terres du comte de Hanau. On accusait ouvertement les officiers de l'évêché (l'évêque de Strasbourg était alors, on le sait, un archiduc d'Autriche, Léopold-Guillaume) de prendre leur parti et d'empêcher qu'on fît rien pour protéger les pays, « pour ainsy pouvoir mettre tous les pauvres peuples avec leurs biens entre les mains de ces trouppes-là, avec lesquelles ils sont en grande intelligence[3] ». Le 20 décembre 1651, la Régence de Brisach faisait afficher partout en Alsace une Déclaration de Sa Majesté Très-Chrétienne contre Charles de Lorraine, défendant absolument de lui venir en aide[4]. Un peu plus tard, Charlevoix réclamait à la Régence de Saverne tous les secours en hommes et en provisions possibles pour repousser les troupes ducales qui s'avançaient en nombre[5]. Mais déjà un corps de cavalerie, fort de près de 4,000 hommes, avait envahi la Basse-Alsace et, comme rien n'était prêt pour la résistance, avait pu piller

---

1. « C'est un objet capable d'émouvoir leur puissance (celle des cantons suisses) contre Brizac mesme, duquel je les entends parler tous les jours, aussi bien que de l'Alsace, comme de choses qu'il vaudrait mieux que le Roy donnast aux Suisses qui luy en scauroient gré, et par le moyen de laquelle ils s'acquitteroit de partie de ce qu'il leur doit, que de la laisser perdre... » Lettre de M. de La Barde à Le Tellier, Soleure, 4 mai 1652.

2. Même lettre, Van Huffel, p. 72-73.

3. Lettre de Charlevoix à Colmar, 9 janvier 1652, *Revue historique*, 1893, p. 226.

4. Ce placard grand iu-folio, l'un des plus anciens documents imprimés que nous connaissions, émanant de l'autorité française en Alsace est curieux par le fait qu'il est rédigé, non dans les deux langues, mais exclusivement en allemand. Il se trouve aux A.B.A. G. 259.

5. Lettre de Charlevoix à la Régence de Saverne, Brisach, 21 janvier 1652. (A.B.A. G. 259.)

à son aise les bourgs et les villages. Pour obtenir qu'on ménageât
quelque peu ses bailliages ruraux, Strasbourg avait même consenti
à fournir à ces redoutables visiteurs le pain de munition qu'il leur
fallait pour se nourrir [1]. Après avoir campé quelque temps dans les
environs de Kolbsheim, à quelques lieues de Strasbourg, les régiments lorrains s'étaient dirigés vers le Sud. Rosen les attendait avec
ses faibles forces à la frontière de la Haute-Alsace, au *Landgraben*
et, grâce à son artillerie, il réussit à repousser leur attaque. Mais les
ennemis se jetèrent alors dans la montagne, tournant la position du
lieutenant général français, et le 7 février 1652, ils forçaient le
comte de Ribeaupierre à leur ouvrir les portes de Ribeauvillé. En
leur accordant ainsi, bien malgré lui, un lieu de repos et d'abri, le
petit dynaste alsacien espérait alléger le sort de ses sujets ; il ne
réussit qu'à attirer sur eux et sur ses voisins des maux sans nombre.
Tandis que Rosen, incapable de continuer la lutte, se retirait jusque
vers Ensisheim et disséminait une partie de ses troupes dans les
petites places de Thann, Cernay, Bollwiller, etc., les Lorrains
s'étendaient dans la Haute-Alsace et saccageaient outrageusement
Turckheim, Ammerschwihr, Kaysersberg, et surtout Munster, où
les meurtres, les incendies, les viols, le pillage le plus effréné
détruisaient à peu près complètement la ville et l'antique abbaye [2].
Au témoignage des contemporains, les plus féroces hérétiques
n'auraient pu agir plus odieusement dans les monastères et les
églises que le firent ces troupes catholiques d'un prince très fidèle
à l'Église [3].

Les ressources de la Haute-Alsace épuisées, les bandes lorraines
redescendirent le pays, s'emparèrent d'Erstein et le pillèrent, ocen-
pèrent Rosheim, se firent de nouveau nourrir, à force de menaces, par
Strasbourg et Hanau jusqu'à la mi-mars, et finirent par revenir vers
le Sud. Les États de la Basse-Alsace, abandonnés à eux-mêmes, se
réunirent à Strasbourg, le 28 mars 1652, pour essayer d'organiser
d'une façon quelconque la défense du pays, sinon contre les corps
de troupes plus considérables, du moins contre les maraudeurs iso-

---

1. XIII, 20 janvier 1652.
2. Voy. Hecker, *Münster*, p. 120-123, d'après les documents des archives
de Munster.
3. *Annales du P. Tschamser*, II, p. 561. — Han, *Seelzagendes Elsass*,
p. 180. Voy. aussi une lettre lamentable, non datée, de Jean Sarburgh, curé
de Saint-Pierre, au vicaire général du diocèse, qui raconte d'une façon
détaillée comment les Lorrains pillèrent le monastère d'Ittenwiller, où il
s'était sauvé avec ses ouailles, « sine ullo respectu status sacerdotalis ».
(A.B.A. G. 259.)

lés qui couraient la plaine. Leurs délibérations aboutirent à la publication d'un appel aux populations, engageant les habitants à s'armer, à se retirer dans leurs bourgs et villages à l'approche des partis ennemis, et d'y sonner les cloches pour appeler à leur aide les voisins [1]! Ce n'était pas ainsi, comme on le pense bien, que l'on pouvait empêcher les partisans lorrains de piller maisons et marchandises et de rançonner les bourgeois. La situation ne s'améliora vraiment que lorsque les États eurent enfin mis sur pied, au mois de décembre 1652, une force de police militaire de près de 500 hommes, stationnée le long des Vosges, à la Petite-Pierre, à Woerth, à Saverne, à Molsheim, etc., pour surveiller les passages des montagnes [2]. Et encore fut-elle loin de suffire à la tâche!

Dans la Haute-Alsace, qui avait eu bien plus à souffrir pourtant, l'exemple des États situés au nord du Landgraben ne fut suivi qu'assez tard; on y attendit évidemment que l'impulsion fût donnée par le gouvernement français. Le 16 août 1652 enfin, la régence de Brisach invitait les voisins à se réunir à Colmar pour y délibérer sur une alliance défensive contre les Lorrains [3]. La réunion eut lieu trois jours plus tard et le chiffre des armements votés et des contingents alignés sur le papier pouvait paraître fort respectable. Le gouvernement royal, représenté par l'auditeur général, Welcker, s'engageait, pour son compte, à fournir 100 cavaliers, 1,000 hommes d'infanterie et 2 canons; Colmar 150 hommes, l'abbaye de Murbach 125 hommes, les terres de Wurtemberg 50 hommes, toutes les autres villes et seigneuries réunies environ 3,000 hommes [4]. Seulement comment solder et nourrir ces troupes? Le problème semblant insoluble, on préféra ne pas l'aborder, et la majeure partie des contingents promis ne fut jamais mise sur pied, tandis que les Lorrains restaient tranquillement établis sur les confins de la Franche-Comté, de la Lorraine et des Évêchés, ravageant le pays tout à loisir, et y causant des dégâts énormes [5]. Encore le 19 septembre 1653, le

---

1. Nous avons retrouvé un exemplaire de ce placard aux Archives de la Haute-Alsace, E. 543.

2. Une nouvelle réunion des États de la Basse-Alsace avait eu lieu le 8 novembre 1652.

3. A.H.A. C. 959.

4. Extraits des procès-verbaux de la conférence des États tenue à Colmar les 9-19 août 1622. A.H.A. C. 955.

5. Il existe aux Archives de la Basse-Alsace (G. 259) un document fort détaillé, *Verzeichniss derjenigen Schanden so dem Hochstifft Strassburg durch die fürstl. Lothringischen Voelcker verschienen Winter 1652 zugefügt worden*, qui nous renseigne sur les dégâts commis dans les bailliages épiscopaux dans le seul hiver de 1652. Les territoires vosgiens ont le moins souf-

comte palatin Georges-Jean écrivait de sa résidence de la Petite-
Pierre au sénat de Strasbourg, en parlant de leurs méfaits : « Tous
nos villages en deça des montagnes sont déserts, le bétail a été dis-
persé, et à notre plus grand préjudice, de même qu'à celui de nos
sujets, il sera impossible d'ensemencer les terres [1]. » Et deux mois
plus tard, Mazarin semblait regarder une nouvelle invasion du duc
Charles dans la province comme fort probable et donnait à ce propos
au maréchal de La Ferté un conseil assez machiavélique : « Ce sera
le mieux que vous n'arriviez en ce pays qu'après que les Lorrains y
soient entrez, n'y ayant nul doute qu'en ce cas l'Alsace et les princes
nous considérent comme leur libérateur [2]. » Ce n'est qu'en 1654 que
le « danger lorrain » put être regardé comme définitivement conjuré,
les troupes du prince errant et batailleur qui avait si longtemps
dévasté la province ayant enfin quitté le voisinage de l'Alsace [3].

Les coureurs lorrains rançonnaient encore le pays sans trouver
grande résistance, quand au mois de mai 1652 le comte d'Harcourt,
commandant pour lors l'armée royale en Guyenne, s'avisa de demander à Mazarin, rentré depuis peu en France et plus influent que
jamais auprès d'Anne d'Autriche et du jeune roi, la permission de
quitter son poste et de se rendre dans son gouvernement. Le général de Rosen tyrannisait, selon lui, les populations, « y pratiquant
sur les sujets du roy tous les actes d'hostilité qu'il feroit sur les
ennemis déclarez de la couronne », et il suppliait en conséquence
le cardinal de révoquer les pouvoirs du lieutenant général, « commission d'autant plus inutile qu'il n'y a pas dans ce misérable pays
un seul ennemi à combattre [4] ».

L'assertion était hardie, puisque, à ce moment même, les États

fert; Mutzig marque 3,529 florins de perte, Schirmeck 6,830 florins, Eguisheim
4,973 florins, etc. Mais le bailliage de Rouffach déclare 11,809 florins, celui de
Kochersberg 32,288 florins, celui de Benfeld, le plus éprouvé, 36,378 florins ;
pour l'évêché tout entier le total se monte à 250,157 florins. Un compte spécial
pour la seule commune de Geispolsheim. daté du 18 avril 1652, donnant le
relevé maison par maison et bourgeois par bourgeois, fixe l'importance des
dégâts dans ce village à 3,018 livres 12 schellings 2 deniers.

1. *Revue d'Alsace*, 1857, p. 568.
2. Châlons, 15 nov. 1653. *Lettres*, VI, p. 83.
3. Le gouvernement français profita de l'invasion lorraine pour faire disparaître certains points fortifiés, isolés et par suite difficiles à défendre, mais
qui permettaient à l'ennemi de trouver un point d'appui dans une guerre de
partisans ; il fit raser ainsi le château de Hohenack, situé sur le haut plateau
au nord du val de Munster, appartenant aux Ribeaupierre et que ceux-ci
défendaient fort mal d'ordinaire. (Voir la curieuse missive du châtelain Pivert
au conseiller Daser, du 15 juillet 1655, sur ses soi-disants soldats A.H.A. E.
1485.)
4. Lettre du 21 mai 1652. Van Huffel, p. 78.

de la Basse et de la Haute-Alsace s'efforçaient d'organiser une milice capable de repousser « l'ennemi ». Mais Mazarin ne se sentait
pas encore assez assuré du succès final, pour heurter de front le cousin éloigné du duc Charles, et il fit mine d'accepter de bonne grâce les
services du comte d'Harcourt, encore qu'il eût souhaité ne pas le voir
se rendre sur les bords du Rhin. Vers la fin de juin, le généralissime
lui annonçait qu'il avait envoyé sa femme dans son gouvernement,
et que celle-ci avait pris la résolution de s'établir à Brisach, ayant
jugé n'être pas inutile à la conservation de cette ville au service du
roi [1]. Lui-même était encore en Guyenne, quinze jours plus tard,
lorsqu'il remerciait le cardinal d'avoir donné des ordres « pour la
retraite du sieur Rose [2], mais il doit avoir quitté l'armée royale
peu après, pour se rendre directement dans son gouvernement et se
fixer dans la forteresse de Brisach, dont Charlevoix lui ouvrit immédiatement les portes.

Pendant les deux années qui suivirent, l'attitude du gouverneur
de la province resta passablement ambiguë. Tandis qu'il négociait
d'une part avec les villes de la Décapole sa reconnaissance comme
landvogt désigné par Louis XIV, il était entré de l'autre en relations
secrètes avec le baron de Lisola, ne repoussant pas les offres tentantes qui lui étaient faites au nom de l'Empire et de l'Espagne,
mais insistant pour qu'on lui fournît des garanties assurées, que,
de leur côté, les deux couronnes ne purent jamais se résoudre à lui
fournir. Ce sont deux séries de faits, absolument distinctes l'une de
l'autre, et dont il faut, par suite, exposer séparément le récit ; nous
commencerons par le tableau des négociations du comte avec les
villes impériales, ces négociations ayant commencé avant l'arrivée
même de Harcourt en Alsace [3].

On se rappelle les termes ambigus dans lesquels la France obtint
la cession du grand-bailliage de Haguenau par les princes de la maison d'Autriche. Les archiducs avaient semblé vouloir céder à l'acheteur, qui leur promettait trois millions de livres de leurs terres héréditaires d'Alsace, non seulement leurs droits indéniables, mais en-

1. Lettre du 22 juin 1652. Van Huffel, p. 80.
2. Lettre du 6 juillet 1652. Van Huffel, p. 82.
3. Nous pourrons nous restreindre considérablement sur ce premier point
puisqu'il a été récemment traité, avec une grande abondance de détails et
d'après les documents originaux, par un des maîtres de l'historiographie
alsacienne, M. Xavier Mossmann, archiviste de la ville de Colmar. Nous
n'aurons guère qu'à résumer le travail de notre regretté ami ; il a paru dans
la *Revue historique* (années 1893 et suivantes) sous le titre : *La France en
Alsace après les traités de Westphalie.*

core leurs ambitions secrètes, et les visées qu'ils n'avaient jamais cessé de poursuivre, sans réussir à les réaliser eux-mêmes. Ces visées de la maison de Habsbourg avaient été de double nature, visées politiques, en ce qu'elle aurait bien voulu identifier les droits simplement protecteurs du grand bailliage de Haguenau avec les droits très effectifs de la Régence d'Ensisheim; visées religieuses, en ce qu'elle avait fait le possible pour y extirper l'hérésie. A ce dernier point de vue, elle avait demandé à la couronne de France l'engagement de maintenir dans *tous* les pays cédés la religion catholique, alors que dans plusieurs des villes libres, Colmar, Munster, Wissembourg et Landau, le protestantisme dominait sans conteste au moment de la signature de la paix. Il y avait donc là, dès le principe, une menace pour les libertés politiques des villes de la Décapole comme pour la liberté de conscience de certaines d'entre elles, menace d'autant plus sérieuse que les plénipotentiaires français, médiocrement au courant des détails du droit féodal germanique, ne pouvaient guère saisir les raisonnements subtils de la représentation des villes impériales et devaient croire à des subterfuges plus ou moins honnêtes, alors que celle-ci entendait défendre des privilèges sacrés.

D'autre part, les États de l'Empire, réunis à Osnabruck, avaient déclaré, le 22 août 1648, ne donner leur adhésion à la cession de la préfecture de Haguenau que sous la réserve du « domaine suprême » restant acquis à l'empereur, et à la condition que le roi tiendrait ses droits en fief de l'Empire et siègerait aux diètes comme landgrave d'Alsace. Mais, on le sait également, l'ambassadeur français avait refusé absolument d'ajouter ces restrictions au texte même du traité. Il y avait donc eu conflit d'interprétation dès l'instant même de la signature de l'instrument de paix, comme il y eut conflit d'autorité dès que le nouveau *landvogt* ou grand-bailli protecteur, nommé en 1649, éleva la prétention, fort légitime, d'entrer en charge auprès de ses protégés. Nous ne pouvons l'accuser de précipitation sous ce rapport, puisque ce n'est qu'en juillet 1651 que nous voyons Harcourt entrer en relations officielles avec la Décapole. Par un singulier hasard, où se caractérise bien la situation bizarre des intéressés, l'expédition des lettres patentes royales de sa charge qu'il envoyait en Alsace, porte la même date du 4 juillet 1651, qui se rencontre au bas du privilège de Ferdinand III, renonvelant et confirmant toutes les anciennes libertés et franchises des villes impériales [1]. Quelques mois plus tard, à la fin de septembre,

1. Mossmann, *Revue historique*, 1893, I, p. 32.

Louis XIV notifiait aux dix villes son désir de les voir reconnaître sans tarder, en qualité de grand-bailli, son « très-cher et amé cousin, Henri de Lorraine, comte de Harcourt, grand-escuyer de France », et les invitait à « luy rendre les mesmes honneurs et defferences que vous faisiez à l'archiduc d'Autriche lorsqu'il commandoit en Alsace soubs l'authorité de l'Empereur [1] ».

C'est l'intendant général de la maison du comte, M. de Moirons [2], « conseiller du Roy en ses conseils », qui vint apporter en Alsace les lettres royales, en même temps qu'une lettre de son maître, datée du 28 septembre 1651, par laquelle le grand-bailli le chargeait de prendre possession de ladite charge en son nom, avec pleins pouvoirs pour remplir « les solemnités et formalités requises et accoustumées, et auxquelles nous sommes respectivement obligez [3] ». M. de Moirons, arrivé à Ensisheim, adressait de là, sous la date du 1er novembre, une circulaire aux membres de la Décapole, les invitant à envoyer leurs délégués à Haguenau pour le 20 novembre prochain, « avec pleins pouvoirs d'exécuter de leur part tout ce quoy elles sont obligées ». Peut-être pensait-il imposer par ce calme apparent, peut-être aussi croyait-il qu'il n'y avait là qu'une pure formalité à remplir ; en tout cas, il s'était singulièrement trompé s'il avait cru que les serments réciproques des deux parties contractantes seraient de sitôt échangés. En effet, les dix villes répondirent, le 11 novembre, à M. de Moirons que, pour leur part, elles étaient toutes disposées à reconnaître le roi comme leur protecteur, mais qu'elles étaient persuadées aussi que celui-ci n'avait rien plus à cœur que de les laisser jouir en paix de leurs libertés. Elles entendent donc « s'en tenir au texte du traité qui porte que Sa Majesté jouira de ce grand bailliage de la même manière que la maison d'Autriche. Or, la présentation d'un nouveau grand-bailli s'est toujours faite par commissaires impériaux. Que l'Empereur nomme une commission tout d'abord ; une fois que par prestation de serments réciproques nous nous serons assurés que le grand-bailli exercera son droit de protection *au nom de l'Empire* et qu'il respectera nos franchises, nous ne demanderons pas mieux que de lui rendre tous les devoirs auxquels il a droit [4]. »

1. Lettre du 27 septembre 1651. *Revue historique*, 1893, I, p. 34.
2. On trouve alternativement dans les documents l'orthographe Moirons et Moiroux.
3. Une copie de cette lettre se trouve également aux Archives municipales de Strasbourg, A.A. 1168. Les pleins pouvoirs donnés à M. de Moirons sont aux Archives de la Haute-Alsace, E., liasse 955.
4. *Revue historique*, 1893, I, p. 35-36.

En même temps qu'elles faisaient cette réponse qui, forcément, devait paraître bien étrange à celui qui la recevait, les dix villes réclamaient l'appui de la cour de Vienne et celui de l'électeur de Mayence, président du cercle du Rhin supérieur [1]. M. de Moirons eut beau expliquer à ses correspondants, que le traité de paix, ayant virtuellement transféré le grand-bailliage au roi, rendait absolument superflue la présentation du grand-bailli par l'empereur, et qu'il ne pouvait être question pour Sa Majesté Très-Chrétienne d'exercer au nom de l'Empire son droit incontestable de protection. Les délégués des villes répondirent, avec non moins de raison, à *leur* point de vue, que s'ils renonçaient actuellement à la protection et à l'intervention du Saint-Empire, ils se déclareraient eux-mêmes déchus de leur rang d'États immédiats auquel leurs commettants n'entendaient nullement renoncer.

L'invasion lorraine vint détourner quelque peu l'attention de cette question spéciale ; pour ne pas s'aliéner l'appui de la cour de Vienne, nécessairement sympathique au duc Charles, la Décapole refusa même d'abord de s'entendre, soit avec Rosen, soit avec la Régence de Brisach, pour repousser l'attaque de ses bandes [2]. Mais le 13 avril 1652, M. de Moirons revenait à la charge pour réclamer la reconnaissance du grand-bailli, et faisait tenir aux villes les lettres reversales à signer de part et d'autre, pour « achever enfin... une affaire qui devroit estre faite, il y a longtemps [3] ». Elles ne lui répondirent sur le fond, que le 18 juillet suivant, pour lui communiquer un rescrit de l'empereur Ferdinand, qui leur enjoignait de ne se prêter à rien qui pût préjudicier à ses droits, à ceux de l'Empire et à leur propre immédiateté [4], et pour lui expliquer qu'elles ne pouvaient prendre sur elles de désobéir au chef de l'Empire dont elles faisaient partie [5]. Insensible à cette argumentation, M. de Moirons répliqua, le 15 août 1652, qu'il en avait assez « de cette suite de

1. Les traités de Westphalie n'avaient pas aboli la division en cercles établie par Maximilien Iᵉʳ pour le Saint-Empire, et l'Alsace en tant qu'immédiate continuait à faire partie nominalement du cercle du Rhin supérieur.
2. *Revue historique*, 1893, I, p. 227.
3. *Ibid.*, I, p. 229.
4. Vienne, 29 mai 1652. *Revue historique*, 1893, I, p. 230.
5. L'échange de sentiments paternels et dévoués entre Ferdinand III et les villes de la Décapole à ce moment serait tout à fait touchant, si l'on n'avait le droit d'y voir quelque peu de comédie politique. Les rapports entre eux n'avaient pas été toujours aussi cordiaux que le démontreraient à une âme naïve leurs lettres du 8 janvier, du 4 mars, du 5 septembre 1652 ; mais maintenant on n'avait plus peur de l'ambition des Habsbourg et la suprématie nominale et lointaine de l'Empire semblait si commode, comparée à celle de la couronne de France !

fuites avec lesquelles vous abusez depuis si longtemps de la patience de Sa Majesté ». Il ajoutait d'un ton de menace : « Si pour m'acquitter enfin de ma commission, vous me contraignez à me servir d'autres voyes que celles de la civilité, j'en seray très marry, mais je serai fort justifié et personne du monde ne scaurait approuver le procéder que vous avez tenu et que vous continuez[1]. »

Les choses en étaient à ce point, quand le comte de Harcourt, arrivé enfin en Alsace, écrivit, de Brisach, aux villes impériales, le 2 septembre 1652, qu'il voulait, pour faire cesser les difficultés que l'on avait trouvées à sa réception, se faire recevoir en personne en sa charge de grand-bailli, soit à Haguenau, soit ailleurs, si elles le préféraient, le 20 du mois courant. Assistés des conseils officieux d'un ancien compatriote schlestadois, M. de Goll, devenu conseiller aulique à Vienne, et qui se trouvait alors, — par un hasard voulu, sans doute, — en Alsace, les membres de la Décapole éludèrent encore une fois une réponse catégorique en réclamant derechef l'intervention des États du cercle du Rhin supérieur. Ceux-ci écrivirent en effet au gouverneur de l'Alsace qu'ils venaient d'apprendre que Sa Majesté l'avait chargé de demander pour Elle droit de séance et de vote à la diète de Ratisbonne, que la question du grand-bailliage s'arrangerait tout naturellement là-bas, dans la suite, et qu'ils le priaient donc de ne pas insister pour le moment sur la prestation des serments[2].

Harcourt voulut bien attendre encore deux mois, puis il perdit patience et se fit annoncer à Schlestadt pour le mardi 26 novembre 1652. On y prit cet avis si peu au sérieux qu'au moment où les fourriers du comte venaient préparer son logement dans la ville, le Magistrat faisait partir un messager pour Brisach, annonçant que personne ne se trouverait au rendez-vous. C'était là, tout au moins, un grave manque d'égards que la Décapole ne se serait pas permis si l'autorité du gouverneur avait été plus solidement assise dans la province, ou si le gouvernement royal l'avait plus

---

1. *Revue historique*, 1893, I, p. 234.
2. Mazarin était revenu, en effet, à cette idée, écartée en 1648. Il écrivait à Le Tellier, le 2 sept. 1652, à propos de l'élection du roi des Romains qui se préparait à Ratisbonne : « Il faut que M. Servien voye s'il n'y a rien à faire en cela de nostre costé, et si le Roy en qualité de landgrave d'Alsace pourra envoyer quelques députez à la diète. » (*Lettres*, V, p. 208.) Et encore plus tard il écrivait au même : « Je persiste à croire, comme j'ay toujours faict... qu'il est beaucoup plus advantageux au Roy de tenir cette province comme un membre de l'Empire, ainsy que le Roy d'Espagne faict de la Franche-Comté, de l'Estat de Milan et autres pays, que non pas de le posséder sans aucune dépendance. » (*Lettres*, V, p. 309.)

énergiquement soutenu. Harcourt, ne pouvant recourir à des procédés plus efficaces, dut se contenter de faire savoir aux villes par
l'organe de l'auditeur général Welcker, qu'il leur marquerait tout
son ressentiment d'un procédé si offensant, s'en remettant au temps
pour la solution de l'affaire et bien persuadé qu'il trouverait d'autres
occasions « de faire valoir lès droits que la paix de Westphalie a
conférés au roi[1] ».

Mais, toujours flottant entre la crainte de voir lui échapper la
province, s'il ne faisait acte d'énergie[2], et celle de s'aliéner définitivement l'empereur, qui cherchait toujours encore à l'attirer à lui,
Harcourt ne voulut pas ou n'osa pas persister dans cette attitude
comminatoire et, huit mois plus tard, il délivrait aux dix villes des
lettres reversales, datées de Brisach, 11 juillet 1653, dans lesquelles,
sans passer par la formalité préalable du serment, il s'engageait expressément « à maintenir lesdites villes dans leurs franchises, possessions, libertés et immédiateté envers le Saint-Empire ». C'était
combler les vœux de la Décapole, mais c'était gravement méconnaître les intentions du gouvernement français qui ne voulait plus
d'une reconnaissance officielle quelconque de cette immédiateté.
Aussi, tandis que les villes s'empressaient de verser au comte de
Harcourt la redevance du cens impérial, y compris les arrérages
depuis 1649, la cour déclarait les lettres nulles non avenues
comme ayant été octroyées contrairement à ses instructions formelles[3].

On réservait ainsi l'avenir, sans rien hasarder dans le présent,
car Mazarin, prudent de nature, et rendu plus circonspect encore
par les épreuves par lesquelles il venait de passer, ne penchait jamais vers les solutions violentes. Il craignait de se brouiller avec le
gouverneur de la province, dont il se méfiait pourtant, non sans
raison, et de se voir privé, par une trahison possible, de l'Alsace et du gouvernement de Brisach qu'il ambitionnait d'ancienne

---

1. Lettre de Welcker à Schlestadt, 28 nov. 1652. *Revue historique*, 1893,
I, p. 247. Outre les pièces tirées des archives de Colmar par M. Mossmann,
on pourra consulter encore sur les détails de cette question de la Décapole
les fascicules A.A. 1168 et 1177 des Archives municipales de Strasbourg. Le
dernier renferme la correspondance entre les villes de Francfort, Nuremberg,
Strasbourg, etc., relatives aux démarches à faire en faveur des dix villes à
la diète de Ratisbonne, de juin à décembre 1652.
2. Harcourt essaya de se dédommager vis-à-vis de gens moins capables
de lui tenir tête. Par une proclamation, rédigée en allemand, et datée du
4 novembre 1652, il sommait tous les possesseurs de fiefs ci-devant autrichiens de solliciter, dans le délai d'une année, la reprise de ces fiefs auprès du
gouverneur et du conseil de régence de la province. (A.H.A. C. 958.)
3. Gyss, *Histoire d'Obernai*, II, p. 192.

date et que la reine lui avait promis [1]. « Il n'y a rien que le roy ne
doive pratiquer, écrivait-il à Le Tellier, pour empescher que cet
établissement (Brisach) ne demeure entre les mains d'un prince de
la maison de Lorraine, estant aysé de prévoir le préjudice irréparable que la France en souffrirait avec le temps [2]. » Mais il se gardait bien de laisser voir le fond de sa pensée, dans sa correspondance
avec Harcourt lui-même ; il lui faisait au contraire les plus belles
promesses, sachant bien que l'émissaire impérial, le baron de Lisola, lui en prodiguait de plus séduisantes encore. Le prince lorrain
n'était pas modeste pourtant dans les prétentions que celui-ci
transmettait en son nom à la cour de Vienne. Pour prix de sa trahison, il demandait qu'on lui constituât toute l'Alsace, avec Philipsbourg et Brisach, en principauté sous la suzeraineté directe de
l'Empire. L'ambassadeur espagnol, Castel-Rodrigo, derechef consulté par Lisola, refusa d'inclure Brisach dans le marché, voulant le
réserver comme station d'étapes à la maison d'Autriche, et offrit
en échange une principauté quelconque qu'on taillerait dans le
cercle de Souabe. Pendant que les négociations traînaient de la
sorte, Harcourt reçut la visite de M. de Besmaux, capitaine des
gardes du cardinal, qui venait lui apporter de gracieuses paroles et
des assurances plus solides de la part de son maître et il apprenait
d'autre part que Mazarin, délivré de ses soucis ailleurs, avait pu
réunir enfin l'armée nécessaire à l'occupation de l'Alsace. Elle
s'était mise en marche vers la fin de 1653, et le comte, n'ayant pas
d'argent pour payer ses propres soldats, était loin d'être sûr de
leur fidélité. Déjà la garnison de Philipsbourg s'était détachée de
lui et s'était rangée du côté de l'autorité légitime. Puis, en février 1654, le comte de La Suze, malgré les moyens de défense accumulés par lui dans sa citadelle de Belfort, avait dû capituler
devant le maréchal de La Ferté-Saint-Nectaire, et ce dernier, passant par Thann, dont il se saisit, se dirigeait lentement vers Brisach [3]. Harcourt avait donné trois semaines aux Espagnols pour faire
leurs offres définitives, mais Castel-Rodrigo ne put se décider à
conclure, faute d'initiative d'abord, puis sans doute aussi parce que
le trésor d'Espagne était vide et que l'empereur ne se souciait pas de
recommencer la guerre à ce moment déjà. C'est ainsi que la honte
d'une trahison fut épargnée au gouverneur de l'Alsace. Ses délégués

1. Mazarin à Le Tellier, 24 septembre 1652, *Lettres*, V, p. 275.
2. *Lettres*, V, p. 279.
3. Cette expédition, peu sanglante d'ailleurs, s'appelle dans les chroniques
alsaciennes *der La Ferté-Krieg*. (Tschamser, II, p. 565.)

et ceux du ministre se rencontrèrent sur le territoire neutre de la Suisse et traitèrent, pour ainsi dire, de puissance à puissance, fait humiliant sans doute pour le prestige de la couronne de France, mais riche en conséquences pratiques, les seules appréciées par Mazarin. L'accord fut signé à Bâle, le 21 mai 1654. Il y avait am-nistie générale ; 200,000 livres étaient versées à la garnison de Bri-sach [1], 100,000 livres concédées à Charlevoix en échange de sa lieu-tenance du roi dans cette ville. Quant au comte, on lui accordait l'énorme pension de 1,500,000 livres par an, tout en lui laissant provisoirement le gouvernement de l'Alsace avec Philipsbourg, sauf à l'échanger plus tard contre celui d'une autre province. Mais un homme parfaitement sûr, le marquis de Saint-Géniez, était transféré, avec la garnison de Philipsbourg, dans la forteresse de Brisach, qui avait déjà donné tant de soucis à la France, depuis le jour où Bernard de Weimar l'avait arrachée à la maison d'Autriche. C'est ainsi que les projets de revanche et de reprise de l'Alsace, ardemment caressés par Lisola, s'en allèrent en fumée [2].

Le rôle du comte d'Harcourt en Alsace était fini ; il y résida pen-dant quelque temps encore [3], mais il quitta la province, où il se sentait trop surveillé, dans le courant de l'année 1656, et bien qu'il restât encore, durant plusieurs années, le gouverneur nominal de l'Alsace, nous n'aurons plus à prononcer son nom. Le temps des grands seigneurs politiques est bien passé, quand se termine la Fronde, et c'est le règne des intendants qui commence [4].

1. Mazarin avait ordonné à son agent Besmaux d'empêcher qu'aucun des anciens garnisaires, français ou allemands, restât dans la place, et l'avait prudemment averti que « l'argent ne viendra qu'après que la garnison sera sortie de Brisach ». Vincennes, 18 mai 1654. *Lettres*, VI, p. 162.
2. Relatione del Baron di Lisola di quanto ha operato nella negociatione di Brisach, dall anno 1651 sin al fine dalt anno 1654, dans Pribram, *Franz von Lisola*, p. 68-70.
3. Il signe une lettre à Haguenau, le 9 juillet 1655 (A.H.A. E. 1485), et l'on signale sa présence à Benfeld en mai 1656. (Gyss, *Histoire d'Obernai*, II, p. 208).
4. Mazarin n'ayant plus aucune inquiétude sur le sort de l'Alsace ne voulut pas payer trop cher les charges honorifiques qui restaient à Harcourt. « M. le comte d'Harcourt, écrivait-il à M. de Gramont, le 16 sept. 1657, s'est mis en teste d'en tirer des rescompenses exorbitantes et vous savez que mon humeur n'est pas de me presser trop et de faire les choses de cette manière là, de sorte que chacun s'en tient à ce qu'il a. » (*Lettres*, VIII, p. 158.) — Et le 10 mai 1658, il écrivait à Harcourt lui-même : « Si vous estes dans la pensée de tirer récompense des gouvernements de l'Alsace et de Philipsbourg, j'en traiteray avec vous aux mesmes conditions que l'on vous a proposez, à quoy il ne me reste rien à adjouter ; et si vous avez plus d'inclination à les garder cela ne m'empeschera pas que je ne m'employe avec autant de zèle pour vous faire payer de vos appointemens. » (*Lettres*

Le premier de ces administrateurs de l'Alsace française fut admirablement choisi par Mazarin. Ce ministre sut trouver en effet dans Charles Colbert de Croissy le travailleur acharné, l'homme de jugement sain et de volonté énergique qu'il fallait pour entreprendre l'œuvre nécessaire et pénible de la transformation politique et sociale du pays. Le frère cadet de Colbert était comme intendant à Toulon quand le cardinal lui annonça, le 23 septembre 1655, que M. de Baussan, l'intendant de la Haute et Basse-Alsace, était mort et qu'il lui destinait sa place. Né en 1629, il était déjà conseiller d'État quand les lettres patentes du 20 novembre 1655 l'appelèrent au poste d'intendant des finances et de police en Alsace, à l'âge de vingt-six ans. Quelques mois plus tard, le souverain augmentait ses attributions en lui envoyant une commission d'intendant de justice, police, finances et vivres en Alsace, et il réunit de la sorte entre ses mains les pouvoirs militaires, civils et judiciaires les plus considérables. On pouvait craindre que l'exercice d'une pareille autorité, mise entre les mains d'un homme encore si jeune, ne donnât lieu à bien des abus. Mais ces craintes ne se réalisèrent pas et Colbert de Croissy mérita bientôt des éloges à peu près universels. Il est le véritable créateur, en Alsace, d'une administration centrale, autant qu'elle était possible alors, l'organisateur et l'initiateur des mille rouages de la vie publique moderne, le représentant de l'influence et des droits de l'État vis-à-vis de la négligence ou du laisser aller des petits organismes communaux ou des individus isolés, dans les questions d'hygiène, de police et d'ordre public. Sans doute, il a été par moments très autoritaire, mais le plus souvent pour des motifs d'intérêt public. Puis, il ne faut pas l'oublier, c'était le siècle de l'autorité royale absolue qui s'ouvrait alors en Europe et particulièrement dans notre pays ; las d'émotions continuelles, de guerres civiles, de luttes incessantes, on demandait surtout le repos ; un pouvoir fort et protecteur, avec un peu de bien-être matériel et de justice sociale, voilà tout ce que réclamaient alors les masses. C'est ce qui leur fut largement accordé par l'administrateur intègre et énergique que l'Alsace vit à sa tête pendant plus de sept années. Il y a puissamment secondé la réorganisation de l'agriculture, de l'industrie et du commerce. Il a, dans la mesure de ses forces, hâté le repeuplement de la province, à moitié déserte, en y appelant

VIII, p. 358.) — En 1660, le comte d'Harcourt échangea enfin le gouvernement de l'Alsace contre celui de l'Anjou et une forte somme d'argent. Il mourut le 25 juillet 1666, à l'abbaye de Royaumont dont l'un de ses fils était abbé.

les émigrants de l'intérieur et du dehors; il a, le premier, pris des
mesures efficaces pour empêcher ou du moins pour circonscrire les
épidémies, si fréquentes dans la vallée rhénane et si meurtrières
pour les populations. Il est vrai de dire que sa tâche fut infiniment
plus facile, en un sens, que celle de ses successeurs immédiats. La
province jouit réellement d'un calme profond pendant toute la durée
de son administration; pas de troubles au dedans, pas de danger
menaçant sur les frontières; le monde des gouvernés, trop heureux
du retour de la paix, trop occupé à réparer les pertes des années
précédentes pour ne pas préférer le calme plat à toute agitation
politique ou religieuse; le monde des gouvernants accessible encore
aux conseils de la sagesse, la prudence de Mazarin contenant encore
l'ambition naissante du jeune monarque, le zèle officieux des fonctionnaires ne heurtant pas encore de front des traditions honorables
et des convictions sacrées et ne rêvant pas d'emporter de haute
lutte des positions que le temps leur livrerait à courte échéance; des
impôts peu nombreux; plus de garnisons turbulentes, plus de passages d'armées âpres à la rapine; une justice égale, assurée à
tous, imposée aux puissants : il y avait certes là tous les éléments
nécessaires pour éveiller un sentiment de reconnaissance sincère
chez les populations de l'Alsace[1].

Sans doute cette reconnaissance était, si l'on veut, plutôt passive;
elle ne s'exprimait point, en tout cas, par des phrases pompeuses,
comme celles qu'un rhéteur maladroit plaçait alors même dans la
bouche de l'Alsace[2], mais elle était réelle. Aussi bien les dix-huit

---

1. On trouvera plus loin, sous ses rubriques naturelles, un tableau plus
détaillé de cette activité féconde de l'administration centrale nouvelle, mais
nous devions la signaler dès maintenant lors de son apparition chronologique dans l'histoire du pays.

2. Nous voulons parler de l'opuscule rarissime publié par un prêtre du
diocèse de Paris, Me Charles Henoque, qui, pour obtenir un bénéfice dans
les pays nouvellement conquis, s'avisa d'écrire, en un latin passablement
barbare, une espèce de prosopopée que l'Alsace prononce à l'occasion du couronnement de Louis XIV. Cette plaquette de trente-cinq pages in-4°, dont
nous ne connaissons qu'un exemplaire unique dans la collection Ignace
Chauffour à la bibliothèque de Colmar, est intitulée : *Nova Francia | orien-
talis, | seu | Alsatia | exhilarata, hoc est | rhetorica prosopeia | quâ indu-
citur Alsatia, ut quo animo jam adversus | novum dominum Christianissi-
mum Regem | Ludovicum decimum quartum recens | coronatum sit, orbi
terrarum explicet |* . Parisiis, apud Dionysium Thierry, MDCLV, 4°. On y
lit, par exemple, à la page 24 : « Deprehendes in omnium pectoribus aut jam
adultissima aut certe paullatim subnascentia lilia, quae animi eorum tibi,
venerationis ergo quatiunt aut quatere non aliter parent, quam qui pompam
in orgiis Bacchi sequebantur, thyrsos... coronam tuam venerantur omnes,...
exosculantur sceptrum tuum, etc. »

années qui s'étendent de 1654 à 1672 furent-elles les plus heureuses et les seules aussi paisibles à la suite les unes des autres qu'ait connues notre province au XVIIᵉ siècle. Elles restèrent telles dans la mémoire des populations, car après elles vinrent dix ans de guerres terribles, des années de vexations religieuses pour les uns, puis encore pour tous, les misères des luttes malheureuses sur toutes les frontières, et les vieillards qui virent finir ce siècle et s'ouvrir le suivant, purent se croire reportés parfois aux pires épreuves de la guerre de Trente Ans. Mais personne n'aurait osé rêver alors ces tristes couchants pour l'astre du jeune monarque qui se levait, splendide, à l'horizon.

Il n'est pas nécessaire, sans doute, de spécifier que l'activité gouvernementale dont nous parlions tout à l'heure, ne put s'appliquer au début qu'à une faible partie de ce qui s'appela plus tard la province d'Alsace. Dans le Sundgau et la Haute-Alsace, l'autorité royale ne fut guère discutée, même à l'origine, que par celles des villes de la Décapole qui s'y trouvaient et par les ducs de Wurtemberg. Les terres autrichiennes proprement dites, quels qu'en fussent momentanément les bénéficiaires, étaient sans conteste soumises à l'autorité suprême du roi[1]. Il en était à peu près de même pour les terres des Ribeaupierre, pour celles de Murbach, et même pour celles de l'évêché de Strasbourg. D'ailleurs, comme le gonvernement nouveau tenait à rester dans les meilleurs rapports avec l'Église, il ne touchait à ses droits politiques et à ses prérogatives administratives que d'une façon respectueuse, et le moins possible. Dans les États immédiats de la Basse-Alsace la situation était différente. Strasbourg, à l'abri de ses murs solides, restait à peu près indépendant ; les délégués auxquels l'évêque Léopold-Guillaume, toujours absent du pays, abandonnait la gestion de son territoire, et de même aussi le comte de Hanau-Lichtenberg et le comte palatin de La Petite-Pierre tenaient généralement à être en bons termes avec l'intendant royal et le grand-bailli ; ceux-ci, de leur côté, n'en avaient guère, dans les premières années du moins, qu'aux villes de la Décapole, enchaînées à cette *landvogtei* d'origine autrichienne, protection déjà fort douteuse autrefois, mais devenue, dans le nouvel ordre de choses, leur plus cruel ennui.

C'était une situation absolument fausse que la leur ; doublement

---

1. Dès 1655, Colbert de Croissy fit placer l'écusson royal sur les portes des villes de la Haute-Alsace (Tschamser, *Annales*, II, p. 572) et en 1658 il cassait le bailli de Thann, Jean-Jacques Münckh, et l'expulsait du pays, « *auss was ursachen weiss ich nicht*, ajoute l'annaliste ; *vielleicht weil er gut teutsch war* ». (*Ibid.*, II, p. 582.)

fausse, parce que ces microcosmes d'origine féodale, englobés maintenant dans un royaume tendant vers l'unité, n'avaient plus, pour ainsi dire, de raison d'être politique, et parce que ceux-là même qui les encourageaient à une résistance sans issue n'étaient nullement prêts à faire pour eux les sacrifices qu'ils imposaient de la sorte à leurs clients. Par le traité de Munster, la France avait cru se donner au moins l'autorité suprême sur ces villes de médiocre importance et pouvoir y agir, avec des ménagements sans doute, tout à sa guise. La cour de Vienne, qui n'avait jamais permis une indépendance aussi frondeuse aux villes d'Alsace, quand elle avait eu la force matérielle nécessaire pour s'y opposer, — témoin sa conduite à l'égard des protestants de Haguenau et de Colmar, de 1627 à 1629, — encourageait maintenant leurs protestations impuissantes auprès de la diète de Ratisbonne, prodiguait les paroles aimables et réconfortantes aux délégués qui venaient porter à la *Hofburg* les doléances des villes impériales[1], escomptant peut-être d'avance les colères rentrées et les rébellions ultimes de ces faibles républiques alsaciennes.

De 1652 à 1656, on voit les villes impériales d'Alsace s'imposer des sacrifices pécuniaires considérables pour être représentées aux séances de la diète de l'Empire et aux assemblées du cercle du Rhin supérieur, et s'adresser à toutes les autorités pour bien établir leur qualité d'États immédiats du Saint-Empire[2]. Cette constance dans l'opposition contribua sans doute à faire rechercher par l'intendant d'Alsace des moyens de coërcition plus efficaces à leur égard. Il crut en avoir trouvé un, des plus pratiques, en séparant au point de vue judiciaire, la province nouvellement acquise du reste de l'Empire. Lorsque le jeune roi Louis XIV vint séjourner à Metz, en automne 1657, il obtint de lui des lettres patentes qui créaient un Conseil souverain au siège de l'ancienne Régence autrichienne ; mesure habile, Ensisheim étant plus facilement accessible aux plaideurs et aux quémandeurs que Brisach ; de plus, cela pouvait passer pour un retour à des habitudes séculaires, alors que les intentions de Colbert étaient toutes différentes. D'après l'ordonnance royale, on pourrait dorénavant en appeler des tribunaux inférieurs à celui d'Ensisheim, dans toute l'étendue des deux landgraviats d'Alsace

---

1. Dans la *Capitulation* de Léopold Iᵉʳ, arrêtée en 1658, l'immédiateté de la Décapole était expressément énoncée à l'article VIII.

2. Pour les détails, voir le récit très documenté de M. le chanoine Gyss dans son *Histoire d'Obernai*, et surtout les rapports du bourgmestre Pistorius, envoyés de Ratisbonne, en 1654 et 1655. (II, p. 183-254.)

et du grand-bailliage de Haguenau, mais il était implicitement défendu, par là même, d'en appeler ailleurs, c'est-à-dire à la Chambre impériale de Spire. Afin de mieux assurer la réussite de ses projets, Colbert se fit donner la présidence de cette Cour nouvellement instituée, tout en conservant l'intendance d'Alsace. Quand l'inauguration solennelle en eut lieu, le 4 novembre 1658, tous les délégués des différents princes et États du pays étaient présents ; on les vit figurer, plus ou moins soucieux, plus ou moins satisfaits, à ce premier déploiement d'une pompe presque royale, et les protestations formulées par les délégués de la Décapole, qui se sentait particulièrement menacée, furent repoussées avec une nuance de dédain. Et cependant elles n'avaient pas tort de protester, à leur point de vue, car l'un des premiers arrêts de la Cour déclarait formellement que le roi était véritablement souverain et maître des territoires et domaines à lui cédés par le traité de Westphalie[1].

C'est une année plus tard environ, que Louis XIV, voulant à la fois honorer et gratifier d'un cadeau vraiment royal l'heureux négociateur du traité des Pyrénées, qui rendait enfin la paix de l'Europe occidentale complète, octroyait à son premier ministre les domaines d'Alsace non encore distribués ou déjà repris depuis les traités de Westphalie. Pour le récompenser d'une négociation « qui n'a pas d'exemple dans les siècles passés », est-il dit dans les lettres de donation de décembre 1659, il donnait, cédait, quittait, octroyait, transportait et délaissait à son dit cousin le cardinal Mazarini, le comté de Ferrette et les seigneuries de Belfort, Delle, Thann, Altkirch et Isenheim, « pour les tenir, posséder, exploiter, en jouir et user perpétuellement et à toujours ». Il révoquait en même temps, comme nulles, les lettres patentes antérieures par lesquelles il avait accordé ci-devant aucunes des dites terres à divers officiers de ses armées d'Allemagne[2].

Le cardinal était en même temps nommé gouverneur de l'Alsace et grand-bailli de Haguenau. Mais il ne put consacrer ni beaucoup de temps, ni une attention bien soutenue à ces fonctions spéciales. Déjà la maladie à laquelle il devait succomber, le minait, et c'est à peine s'il avait pu se faire présenter un rapport détaillé sur les prérogatives et les fonctions de cette dernière charge, quand il mourut le 9 mars 1661. A partir de ce moment, c'est l'action personnelle de

1. Pour les détails, voir le chapitre de l'*Organisation judiciaire*.
2. Ces lettres de donation, enregistrées au Parlement de Paris, le 14 janvier 1660, se trouvent, ainsi que l'acte de prise de possession officielle du cardinal aux Archives de la Haute-Alsace, E. 2929.

Louis XIV lui-même qui se fera sentir, en Alsace comme partout
ailleurs, avec tous les avantages comme avec les inconvénients d'une
volonté toujours sûre d'elle-même, quoique parfois insuffisamment
orientée; le jeune roi inspire de loin une admiration naïve à ses
nouveaux sujets qui le voient concevoir et réaliser tant de projets
grandioses qu'ils le croient inaccessible « aux plaisirs et aux
récréations royales [1]».

Le successeur de Mazarin en Alsace fut son neveu par alliance,
Charles-Armand de La Porte, marquis de La Meilleraye, plus connu
sous le nom qu'il porta depuis lors, de duc de Mazarin. Ce personnage bizarre et fantasque, dont les mémoires contemporains nous
ont suffisamment fait connaître la peu sympathique figure, n'a guère
laissé d'autres traces de son long gouvernement dans la province
que le souvenir de ses conflits avec la Décapole. Ce fut d'ailleurs
un gouvernement purement nominal et, ni de 1661 à 1679, ni de
1691 à 1714, où il fut censé en remplir les fonctions [2], le duc n'exerça
d'influence réelle sur ces territoires où il représentait la majesté
royale; aussi aurons-nous bien rarement à prononcer son nom.

Louis XIV chargea le comte de Ribeaupierre [3], l'intendant Colbert
et M. de Tracy [4] de présenter le nouveau grand-bailli aux villes
impériales, et l'ancienne lutte reprit immédiatement de plus belle.
Dans leur conférence du 18 décembre 1661, les commissaires ne
réussirent pas à faire accepter aux délégués de la Décapole la formule de soumission proposée d'abord [5]. Mais après une discussion

1. Cela est dit avec une candeur touchante dans les *Annales des Franciscains de Thann*, à l'année 1661 : « Von dieser Zeit an hat der Koenig ahnge-
fangen alle Sachen durch sich selbsten etwas genauers zu Handen zu
nehmen, alle chargen... selbsten zu examinieren, das bonum publicum zu
behertzigen und auch die geistlichen sachen untersuchen zu lassen; mit
einem Worte er unterliesse nichts was zum wohlstandt seiner underthanen,
zur glori seiner monarchi, und zu flor und aufnahme der heiligen Religion
und frantzoesischen Kirche gedeihen mochte. Dazu opferte er seine blühen-
den jungen Jahre auf, welche er denen Koeniglichen freuden und recreatio-
nes entzoge, welche sonst andere junge Herren ihnen mehr lassen angelegen
seyn als das gemeine wesen. » (Tschamser, II, p. 588-589.)
2. De 1679 à 1691, le gouvernement de l'Alsace fut, comme on le verra,
entre les mains de Joseph de Ponts, baron de Monclar; ce n'est qu'après la
mort de cet officier général que le duc de Mazarin reprit cette charge, qui
n'avait pas été une sinécure pour Montclar.
3. La lettre de Louis XIV, du 16 nov. 1661, à M. de Ribeaupierre se trouve
dans Schoepflin, *Alsatia Diplomatica*, II, p. 500.
4. M. de Tracy était mêlé depuis bien longtemps aux affaires d'Alsace; il
figurait comme munitionnaire général dans l'armée du duc d'Enghien, dès
1644, et était revenu souvent dans le pays comme intendant des armées
royales.
5. Les villes devraient reconnaître le roi « comme souverain seigneur et
protecteur ».

véhémente, les représentants de Haguenau, entrepris à part, accep-
tèrent de promettre au roi « de tenir fidèlement tout ce à quoi ils
étaient tenus en vertu de la cession du grand-bailliage, faite par le
traité de Westphalie ». Cette locution équivoque, très différemment
interprétée par les parties contractantes, finit par être adoptée, de
guerre lasse, par tout le monde, le 10 janvier 1662, après que les
députés de Colmar et de Landau, les plus récalcitrants, eurent été
exclus des conférences comme rebelles [1]. Le nouveau grand-bailli
put donc faire sa tournée traditionnelle à travers les villes d'Alsace
et se vit reçu partout avec les honneurs dus à son rang et même, au
sentiment de plusieurs, avec des témoignages de respect qu'on ne
lui devait pas [2].

Bientôt, le nouveau grand-bailli, agissant sans doute en vertu
d'ordres de la cour, étendit ses prétentions. En juillet 1663, il interdit aux villes de Colmar et de Turckheim d'en appeler à là Chambre
impériale de Spire dans un procès pendant avec l'abbaye de Munster ;
en mars 1664, il vint en personne à Colmar, pour réclamer pour le
roi le droit exclusif de décider dans les affaires ecclésiastiques ; il
demanda également pour lui le droit d'avoir des garnisons dans les
dix villes, d'inspecter leurs arsenaux, de surveiller l'élection de léurs
magistrats, etc. [3]. Ces propositions qui pouvaient sembler toutes
naturelles au duc et qui, émanant de l'autorité centrale, n'auraient
probablement éveillé ailleurs aucune inquiétude, devaient vivement
effaroucher les esprits, déjà soupçonneux, de la Décapole. Les villes
protestantes y virent une menace directe, puisqu'il n'était guère
possible de döuter dans quel sens s'exercerait l'immixtion royale
dans les affaires religieuses [4] ; les villes catholiques, aussi bien que
les protestantes, trouvèrent exorbitant que le roi pût mettre, à son

1. Ces scènes, très vives, du 8 janvier 1662, sont racontées dans la *Chronique de Colmar* de Billing, éditée par M. Waltz (Colmar, 1891), p. 137.
2. Après avoir raconté la réception splendide faite au duc et à la duchesse
par le Magistrat de Strasbourg, François Reisseissen, le futur ammeistre,
ajoute dans ses notes en français : « C'est si non trop, au moins beaucoup
d'honneur. »*Aufzeichnungen F. Reisseissens,* p. 51. Le chroniqueur J. Walter
ajoute également à son récit de l'entrée du grand-bailli à Strasbourg qu'on
n'avait jamais rien vu de semblable, même en l'honneur d'un Électeur du
Saint-Empire.
3. *Propositions-Punkten com 12/22 tag martii 1664, von Ihro fürstl.
Gnaden Duc Mazarin... E. E. Rath allhie zu Colmar vorgetragen.* Gedruckt
im Jahr 1664, 4°.
4. Elles disaient que le duc affectait d'être également bienveillant pour
tous, mais qu'il avait confié à son sous-bailli, le marquis Henri de Ruzé,
« curam et propagationem religionis pontificiæ et diminutionem religionis
evangelicæ ». Voy. Rocholl, p. 53.

gré, des garnisons dans leurs murs et s'occuper de leurs affaires
militaires, ce qu'aucun *landvogt* n'avait jamais fait, sinon de leur
consentement exprès [1]. Aussi l'opposition la plus unanime se mani-
festa-t-elle contre l'ensemble de ces propositions, quelque enguir-
landées qu'elles fussent de belles paroles. Il y a quelque naïveté
dans les plaintes que M. de Mazarin déversait à ce sujet dans le sein
du Magistrat de Strasbourg : « Après que Sa Majesté a tant répandu
de sang de ses sujets et épuisé tant de trésors *pour la liberté des
princes et des États de l'Empire,* il ne serait pas juste, après avoir
encore payé trois millions à la maison d'Autriche, qu'on lui eût cédé
un titre et une chimère, en lui cédant la Préfecture provinciale sur
les dix villes, ce qui serait, si les interprétations et les raisons de
Colmar avaient lieu [2]. »

A la longue cependant quelques-unes des villes de la Décapole où
les tendances religieuses prenaient le pas sur les opinions politiques,
Schlestadt avant tout, que de longues années d'occupation française
avaient façonné davantage à la situation nouvelle, finirent par céder
sur un certain nombre de points. Le duc négocia personnellement
à Schlestadt du 27 mars au 17 avril 1664, et s'accorda finalement avec
la ville sur les quatre articles suivants : I. Pour les appels en justice, les bourgeois pourront s'adresser, au choix, soit à la Chambre
préfectorale de Haguenau, soit à la Chambre impériale de Spire [3].
II. Le grand-bailli sera toujours invité à assister aux élections des
magistrats ; s'il néglige d'y venir ou de s'y faire représenter, les
élections n'en seront pas moins valables. III. Le grand-bailli pourra
inspecter en tout temps les arsenaux, les fortifications, etc., et l'on
obéira à tous les ordres qu'il donnera pour la mise en défense des
villes. IV. Le Magistrat ne fera nulle difficulté pour le logement et
le passage des troupes du roi, à condition que les ordres à l'égard
du payement des vivres soient exécutés, « le tout sans préjudice
de l'immédiateté de l'Empire [4] ». C'étaient des concessions sans

1. Il n'est que juste de rappeler les expériences douloureuses que la plupart de ces villes avaient faites avec leurs garnisons durant la guerre de
Trente Ans et les maux qu'elles en avaient soufferts.
2. Lettre du 8 avril 1664, Legrelle, *Louis XIV et Strasbourg,* 4ᵉ édit.,
p. 759.
3. Cette concession de la part du duc était d'autant plus singulière que
déjà la Cour souveraine d'Ensisheim ne paraissait plus offrir assez de garanties de *francisation* énergique au gouvernement royal, et qu'un édit du
6 février 1662 l'avait décapitée, pour ainsi dire, en transférant tout appel
suprême en justice au parlement de Metz, inaccessible à des considérations
opportunistes à l'égard des plaideurs alsaciens.
4. Dorlan, *Notices historiques sur Schlestadt,* p. 106-107.

doute, après un premier moment d'intransigeance, mais combien affaiblies par le maintien obstiné du principe de l'immédiateté de l'Empire, que l'autorité française ne voulait du moins plus reconnaître, en attendant qu'elle pût le faire disparaître d'une façon plus radicale !

En ce moment pourtant, déjà préoccupé par les projets sur les Pays-Bas que la fin prochaine de son beau-père allait lui permettre de réaliser dans un avenir peu éloigné, Louis XIV ne souhaitait pas de conflits avec l'Empire ; aussi, tout en maintenant énergiquement ses droits à l'obéissance des villes de la Décapole, il n'en poursuivit pas la réalisation pratique immédiate, ainsi que le prouve une lettre écrite par lui au duc de Mazarin, à la date du 18 juin 1664 : « Le désir que j'ay aussi de complaire auxdits Estats, joint à l'esgard que j'ay voulu avoir de ne point donner à l'Empire par l'approche de mes armes un ombrage qui l'eût pu rendre moins capable de s'appliquer, comme il convient, à résister aux efforts de l'ennemi commun, m'ont obligé à suspendre, pendant le reste de cette campagne, les effets du juste ressentiment que je dois avoir de l'opiniastre refus qu'ils font, sans raison, de me satisfaire sur les quatre points que vous leur avez proposés, quoy que je n'aye prétendu en aulcun desdits points qui ne me soit deu, ou la conformité du traitté de Munster ou en vertu de la possession et des droits de la maison d'Autriche, qui m'appartiennent aujourd'huy. Et que pour ces considérations j'ay non seulement fait arrester la marche des trouppes que j'envoyois en Alsace, mais que j'en ay retiré les deux régiments que j'y avais desja fait advancer, me promettant de la prudence et de l'équité de leurs Magistrats qu'ils reconnaistront bien de ma part cet effect de ma bonté et de ma modération, qu'ils enverront à leurs députés des ordres d'adjuster les quatre points susdits avec le Sr Gravel[1] à ma satisfaction, en sorte que je ne seray plus obligé, à la fin de la campagne, de reprendre mes premières pensées d'envoyer des troupes pour tirer raison de leur injustice[2]. »

Le duc de Mazarin le prenait, lui, sur un ton plus belliqueux ;

1. Robert de Gravel était envoyé de France à la diète de Ratisbonne. Autoriser les villes de la Décapole à y négocier avec lui était une concession, de forme sans doute, mais témoignant pourtant d'une grande modération de la part du roi.

2. A.H.A. C. 961. On consultera avec fruit, pour plus de détails, sur les négociations avec l'Empire, le substantiel travail de M. B. Auerbach. *La question d'Alsace à la diète de Ratisbonne,* dans les *Annales de l'Est,* 1869, p. 309.

personnellement froissé de la non-réussite de ses projets, très sensible à la diminution de son prestige officiel[1], il faisait semblant de croire, ou croyait vraiment peut-être, que le mécontentement royal aboutirait prochainement à des mesures violentes. Du moins il écrivait de Haguenau à la date du 19 juin 1664, d'une allure tout à fait batailleuse, à l'abbé du Lys[2] : « Je ne veux pas partir de cette province sans prendre congé de vous et vous dire à mesme temps que le Roy est plus résolu que jamais à pousser l'affaire de Colmar, et à ne se relascher d'aucun des points qui ont esté proposés par ma bouche au Magistrat. Le Roy ne leur donne pour se résoudre que le cours de la campagne, après quoy il se mettra en possession de ses droits d'une façon ou d'une autre. Je vous prie d'en faire part au Sʳ Du Vallier et de rassurer surtout, en conséquence de la parole que je vous donne, ceux qui s'estoient persuadés sans fondement que Sa Majesté eût commencé, pour la laisser imparfaite. J'espère estre vostre hoste à la fin de la campagne, si ces gens continuent à faire la beste. Mazarin[3]. »

Ces « gens continuèrent à faire la beste » néanmoins, et montrèrent d'autant plus de ténacité dans leurs opinions qu'ils se disaient sans doute que le monarque français ne recommencerait pas pour si peu la lutte trentenaire. Ils mirent même une certaine ostentation à paraître ignorer leur situation nouvelle et la présence d'un autre gouvernement en Alsace. Lors de la cérémonie de la prestation du serment annuel à Schlestadt, le 3 octobre 1664, le Magistrat fit consigner au procès-verbal que la bourgeoisie avait prêté serment à Sa Majesté Impériale Léopold Iᵉʳ, et à lui seul[4]. Colmar aussi tint à fournir une preuve palpable de son indépendance, en faisant frapper en 1666 des rixdales aux armes de l'Em-

1. Il devait arriver bien pis, à ce point de vue, au duc de Mazarin, quelques années plus tard. Il s'était fait annoncer à Haguenau pour une heure avancée de la soirée, et l'un des stettmeistres, un apothicaire, avait donné des ordres pour qu'une des portes fût ouverte au grand bailli. Mais son collègue, soit par crainte d'une surprise, soit par vanité blessée, la fit refermer, la nuit tombée, et M. de Mazarin dut passer la nuit dans une mauvaise tuilerie, exclu de sa propre résidence. Lettre d'Antoine Schott au Magistrat de Colmar, 7 janvier 1673. (Rocholl, p. 77.)

2. Cet abbé Dulys ou du Lys, était un chanoine lorrain, rejeton de la famille de Jeanne Darc, qui joua pendant quelques années un rôle assez important dans les affaires civiles et surtout religieuses de la Haute-Alsace. Nous le retrouverons dans les chapitres consacrés aux questions ecclésiastiques.

3. A.H.A. C. 961. Le roi était moins pressé ; il sut attendre jusqu'en 1672.

4. Ihro Roemischen Kayserlichen Mayestaet... eintzig und allein und sonst niemand geschworen ». Dorlan, I, p. 109.

pire[1] et à celles de la ville, avec l'exergue : *Moneta liberae Civitatis Imperialis Colmariensis*[2].

Un peu effrayées elles-mêmes de leur audace, les villes de la Décapole portèrent leurs doléances, une fois de plus, devant la diète de Ratisbonne. Leur supplique du 28 janvier 1665 fut l'objet de longues discussions entre les États, et fut appuyée sous main par la cour de Vienne. Aussi, le 19 août, les mandataires de la diète s'adressèrent-ils à Louis XIV pour le prier de vouloir bien faire examiner ces plaintes, si fréquemment produites, par des arbitres choisis d'un commun accord. Le roi donna une réponse favorable à cette demande, dès le 18 septembre, et déclara que, pour bien montrer son amour de la paix, il consentait à ce qu'on fît examiner les prétendus griefs des dix villes impériales à Ratisbonne même, par des tiers désintéressés. Il désignait, pour sa part, comme arbitres les électeurs de Cologne et de Mayence, la couronne de Suède et le landgrave de Hesse-Cassel[3]. L'empereur, de son côté, fit choix de l'électeur de Saxe, de l'évêque d'Eichstett, de celui de Constance et de la ville de Ratisbonne. L'envoyé de Louis XIV, Robert de Gravel, devait fonctionner près des arbitres comme commissaire royal; les villes de la Décapole étaient représentées par J.-G. Heinrich, bourgmestre de Schlestadt, et Antoine Schott, syndic de Colmar.

Cette commission d'enquête se mit au travail avec la sage lenteur que mettait alors en toutes choses le Corps germanique; elle se garda d'autant plus volontiers de hâter sa besogne qu'elle n'était nullement en position d'imposer une transaction aux prétentions contradictoires que manifestaient ou soutenaient sur ce point Habsbourgs et Bourbons. La question se compliquait encore des réclamations des vassaux des trois évêchés de Metz, Toul et Verdun, qui pourtant avaient été abandonnés sans conteste au « suprême domaine » de la France. Cela n'empêchait pas les seigneurs du Westrich et du pays de la Sarre de protester contre tout hommage

1. Non pas cependant à l'effigie de Léopold Iᵉʳ comme le dit par erreur Billing dans sa *Chronique de Colmar*, p. 140.

2. « Il faudra voir ce qu'en dira le roi de France, » observait l'annaliste de Thann, en mentionnant le fait. (Tschamser, II, p. 602.) Ces « frictions » s'accentuèrent encore dans la suite. En décembre 1669, le roi dut ordonner de déposer le bourgmestre Crafft, de Haguenau, parce qu'à l'occasion d'un banquet municipal où l'on avait bu pourtant d'abord à la santé de l'empereur, il refusa de s'associer à un toast à Louis XIV, protecteur de la ville. On lui infligea peut-être une punition plus sensible encore, en défendant également à tous les aubergistes de lui donner à boire. Ney, *Der heilige Forst*, II, p. 20.

3. A.H.A. C. 961.

féodal à rendre au roi. Quand furent entamées les négociations de
paix d'Aix-la-Chapelle, rien n'avait encore été fixé ni décidé; il
fallut se résigner à y reproduire les formules générales et vagues
du traité de Munster. L'impuissance de l'Empire éclatait dans ces
lenteurs mêmes et aurait dû faire réfléchir les villes d'Alsace; mais
tout en conservant peu d'espoir, maintenant surtout que la Bavière
se rattachait plus intimement à la politique française, celles-ci
étaient décidées à lutter jusqu'au bout. Le 18 février 1670, le représentant de Colmar à la diète de Ratisbonne écrivait à ses commettants, avec un courage qui force le respect: « Mieux vaut encore
avoir lutté honnêtement et vaillamment pour la liberté que de s'être
résigné lâchement à une triste servitude[1]. » Le Magistrat de sa ville
natale, partageant ses appréhensions, lui déclarait, en juin 1671,
que si les secours promis à Vienne n'arrivaient bientôt, ils étaient
gens perdus et seraient bien obligés de passer par toutes les extrémités[2].

Ce fut en novembre 1671, que M. de Gravel, perdant patience,
posa d'office deux questions à la commission des arbitres : La
souveraineté sur la préfecture des dix villes impériales, cédée par
le traité de Munster, est-elle reconnue par l'Empire? Quelle est la
nature même de cette souveraineté? Les arbitres répondirent, — en
janvier 1672 seulement, — ainsi qu'on pouvait s'y attendre, que personne ne songeait à révoquer en doute la cession faite par les traités
de Westphalie; mais quant à l'objet et à la nature de la souveraineté
ainsi cédée, ils en revenaient à dire qu'ils consistaient en la préfecture même, c'est-à-dire dans le droit de protection sur les dix
villes libres et immédiates et expressément demeurées telles; que la
préfecture n'impliquait donc pas la *supériorité territoriale* sur lesdites villes[3]. Évidemment on n'était pas près de s'entendre et l'on
ne saurait s'étonner que Louis XIV n'ait plus fait presser les commissaires de prononcer leur sentence. La guerre de Hollande allait
éclater, et transformée bientôt en une guerre européenne, elle
allait permettre au roi de trancher ce nœud gordien par l'épée, et
de revendiquer, en vertu du droit du plus fort, cette souveraineté

---

1. Rocholl, *Zur Annexion des Elsass*, p. 37. Le livre de M. Rocholl, ancien aumônier militaire allemand à Colmar, est écrit trop souvent sur le ton
d'un pamphlet gallophobe, mais il renferme d'intéressants documents tirés
des archives de la Haute-Alsace.
2. Rocholl, p. 40.
3. Le texte allemand de la réponse des arbitres se trouve dans le recueil
publié par Stupfel (mais sans nom d'auteur), *Archives d'Alsace*, S. lieu,
1790, 8°, p. 29.

complète que les intéressés ne voulaient pas laisser déduire du
texte même des traités. Peut-être le monarque, qui savait parler en
un style si élevé des « liens de la naissance qui attachent les sujets
naturels à leur Souverain et à leur Patrie » comme étant « les plus
étroits et les plus indissolubles de la Société civile » et comme
« profondément gravés dans le cœur des nations les moins po-
licées[1] », aurait-il pu mieux comprendre ce qui se passait dans les
cœurs d'un si grand nombre d'Alsaciens d'alors ; mais de quel droit
le lui reprocherait-on de nos jours, quand l'histoire nous apprend
que, deux siècles plus tard, on a tenu infiniment moins compte
d'une opinion bien autrement unanime ?

Durant ces longues et fastidieuses querelles entre le grand-bailli
de la préfecture royale de Haguenau et ses « protégés » de la Décapole, querelles qui forment d'ailleurs le seul épisode marquant de
ce qu'on peut appeler l'histoire extérieure de l'Alsace, entre la fin
de l'invasion lorraine et les débuts de la guerre de 1672, il s'était
produit un fait d'autre nature qui, trop peu accentué peut-être par les
historiens provinciaux et locaux modernes, exerça, selon nous, une
influence majeure sur la marche des événements en Alsace. Le 20 novembre 1662, s'éteignait à Vienne l'archiduc Léopold-Guillaume,
prince-évêque de Strasbourg, de Breslau, d'Olmütz, de Halberstadt
et de Passau, prince-abbé de Murbach, de Lure, de Hersfeld et
d'autres lieux. Né le 6 janvier 1614, il mourait à quarante-huit ans,
après avoir occupé le siège épiscopal alsacien pendant trente-six
années. Il n'avait jamais visité les ouailles de son diocèse; il n'avait
jamais fait son entrée solennelle dans les murs de Strasbourg; mais,
prince de mœurs affables et grand protecteur des arts[2], il avait
vécu dans des rapports tolérables avec ses voisins hérétiques de la
province, en même temps qu'il représentait pour les populations
catholiques de l'Alsace les vieilles traditions de la maison d'Autriche. Leur attachement véritable à ces Habsbourgs, chers au pays
depuis les temps de Rodolphe Iᵉʳ, de bonne mémoire, avait entouré
de respect ce prince toujours absent, qui, après comme avant la
conquête, restait toujours le plus grand seigneur terrien alsacien.
Ses mandataires officiels, les conseillers des régences de Saverne
et de Guebwiller, n'avaient jamais fait d'obstruction inutile ou

---

1. Édit d'août 1669, défendant aux sujets du roi de s'habituer aux pays
étrangers. *Ordonnances d'Alsace*, I, p. 33.

2. Le peintre Jean-Jacques Walter, tout bon protestant qu'il était, l'appelle dans sa chronique, « un nouveau Titus, l'amour et les délices du genre
humain ». (*Strassburgische Chronik*, fol. 240ᵇ.)

dangereuse aux nouveaux maîtres du pays ; avec le savoir-faire et la
souplesse d'attitude qui caractérisent en général les gouvernements
ecclésiastiques, ils avaient su éviter tout conflit sérieux avec les autorités françaises. Celles-ci, de leur côté, ne pouvaient faire valoir
qu'avec une grande modération leurs prétentions ou leurs droits
souverains à l'égard d'un prince, protégé non seulement par un
article du traité de Munster, mais aussi par son étroite parenté avec
les souverains du Saint-Empire et de toutes les Espagnes. On ne
brusquait pas, évidemment, un frère de Ferdinand III, un oncle de
Léopold Iᵉʳ, comme un comte de Hanau-Lichtenberg ou comme un
baron de Ribeaupierre. Encore qu'il fût perpétuellement absent
d'un pays, où il n'aurait pu guère résider à l'ombre des lys de
France, la simple présence d'un archiduc sur le siège épiscopal
était un appui, peut-être indirect, mais certain, pour les sentiments
d'autonomie qui subsistaient en Alsace, une entrave sérieuse pour
l'action française, puisque la plus haute autorité religieuse du pays
et le plus influent des possesseurs du sol lui était forcément contraire, et par son origine même et par sa situation politique.

Lui disparu, qui allait-on mettre à sa place ? La question avait
une incontestable gravité politique. Aussi le Grand-Chapitre de la
Cathédrale, qui avait à procéder au choix d'un nouveau titulaire, se
trouva-t-il ardemment sollicité en sens contraire par la cour de
France et par celle d'Autriche. Cette dernière était représentée sur
place par le comte Léopold-Guillaume de Kœnigsegg, qui devait présider à l'élection comme commissaire impérial, et qui vint conférer
confidentiellement sur ce sujet avec le Magistrat de Strasbourg,
bien qu'il fût hérétique [1]. Ses instructions le chargeaient de tout
faire pour empêcher la désignation d'un évêque sympathique à la
France, et notamment d'un des comtes de Furstemberg. Il proposa
d'abord, comme candidat possible, l'archiduc Sigismond-François
d'Autriche [2], fils de ce Léopold, qui avait été lui-même évêque de Strasbourg jusqu'en 1626, puis fondateur de la branche des archiducs
d'Innsbruck. Voyant ensuite qu'il n'y avait aucune chance de faire
aboutir cette candidature, il essaya de réunir les suffrages sur le
cardinal Frédéric de Hesse, l'un des capitulaires. Kœnigsegg sup-
plia le Magistrat de lui avancer les vingt mille florins nécessaires
pour acheter le vote du comte de Truchsess, un autre des comtes-

---

1. Le Magistrat délégua, pour négocier avec lui, son secrétaire Jean-Gaspard Bernegger, dont les rapports, avec de nombreuses pièces annexes, se
trouvent aux Archives municipales de Strasbourg, A.A. 1659.
2. Il était déjà évêque de Gurk et de Trente.

chanoines du Chapitre. Le Conseil des XIII, après de longues délibérations, refusa de risquer, avec des chances aussi peu certaines,
un capital assez considérable [1], bien que Strasbourg eût tout intérêt
à s'opposer à l'intronisation d'un voisin mal disposé à son égard
comme devait l'être François-Égon de Furstemberg. Les membres du Conseil savaient en effet, de source certaine, que le frère du
candidat de la France, l'évêque postulé de Metz, Guillaume-Égon,
avait dit, en parlant d'eux : « Il faut leur donner un évêque qui leur
rogne les ongles [2]. » Mais que pouvaient faire les adversaires de
Louis XIV contre son prestige, ses promesses et son argent ? Parmi
les quatre capitulaires qui se rencontrèrent le 19 janvier 1663 dans
la sacristie de l'église des Jésuites à Molsheim, se trouvait le frère
de François, le comte Éuillaume de Furstemberg ; quatre autres,
dont l'électeur de Cologne, entièrement acquis à la France, et le
candidat lui-même, avaient envoyé leur procuration. La partie était
trop inégale et les adversaires préférèrent ne pas engager la lutte.
On ne doit donc pas s'étonner que tous les votes émis se soient
portés sur le comte François-Égon de Furstemberg, chanoine des
chapitres de Strasbourg, Cologne, Liège, Spire, etc. Les deux
frères, a dit l'historien de l'Église de Strasbourg, « avaient mérité
par leurs services toute l'estime du roi, dont ils soutinrent constamment et de concert les intérêts. De là on peut croire que le roi...
s'employa pour faire choisir François-Égon évêque de Strasbourg.
On doit du moins présumer de la sagesse des capitulaires qu'ils
firent attention de mettre sur le siège de cette église un sujet qui fût
agréable au roi [3] ».

La nomination de François de Furstemberg à l'épiscopat n'eut pas
seulement pour résultat de donner à Louis XIV un agent énergique
et peu scrupuleux, forcément très influent au sein des populations
catholiques d'Alsace, tant de celles qui lui étaient directement
sujettes, que de celles qui étaient seulement soùmises à son autorité
religieuse. On peut dire de plus que c'est à ce personnage qu'est due
principalement la reprise en Alsace des querelles religieuses, passablement apaisées depuis une trentaine d'années, grâce à la situation
politique des partis. Autant pour obéir aux tendances générales de
l'époque, où l'Église croyait encore pouvoir écraser l'hérésie, au

1. XIII, 27 nov., 11 déc., 31 déc. 1662, 5 janv., 9 janv. 1663.
2. XIII, 24 janv. 1663. — Quand plus tard le syndic de la ville alla faire au
nouvel élu les compliments du Magistrat, compliments peu sincères, on le
pense, il se permit l'innocente malice de rapporter la parole fraternelle au
prélat, qui n'y répondit que par un sourire aimable et légèrement embarrassé.
3. Grandidier, *Œuvres inédites*, IV, p. 480.

moins dans les États où la majorité était catholique, que pour faire
sa cour au monarque très chrétien, le nouvel élu se mit sur le pied
de guerre, dès le début, avec ses voisins protestants[1] ; de même que
son frère après lui, il ne négligea guère l'occasion de combattre, par
tous les moyens, la liberté de conscience, garantie par les traités. Si
c'est avec quelque exagération qu'on les a accusés d'avoir été « les
instigateurs et les boute-feu[2] » de la guerre terrible qui dévasta
bientôt l'Alsace,— elle aurait éclaté tôt ou tard,— on peut affirmer au
moins que ce sont avant tout leurs menées qui ont aigri les États
protestants de la province contre Louis XIV et indisposé le souverain
lui-même contre les luthériens d'Alsace. Ils furent comblés de
toutes les faveurs du puissant monarque qu'ils servirent ; il est au
moins inutile de leur octroyer en outre les louanges fort imméritées
que leur ont prodiguées les panégyristes contemporains et les histo-
riographes officiels de l'ancien régime[3].

---

1. Dès le premier jour, il refusa d'échanger avec la République de Strasbourg le serment traditionnel d'amitié réciproque qu'aucun de ses prédécesseurs n'avait jamais refusé. Voy. le volumineux dossier de cette affaire aux
Archives municipales de Strasbourg, A.A. 1660.
2. « Die Urheber und Blasbaelge dieses verbitterten, blutstürtzenden...
Krieges ». Han, *Seelsagendes Elsass*, p. 279.
3. Voy. par exemple le *Mercure galant* de juillet 1682 et l'*Histoire des
princes-évêques de Strasbourg*, de Grandidier. (*Œuvres inédites*, IV, p. 478-
506.) D'autres contemporains, mieux à même de les connaître, en ont retracé
des portraits moins flatteurs et plus véridiques à coup sûr; nous rappellerons seulement les croquis à l'eau-forte des *Mémoires* de Saint-Simon.

CHAPITRE CINQUIÈME

L'Alsace de 1672 à 1697

Si, malgré de sérieux malentendus politiques, les années antérieures à 1672 avaient été pourtant des années de calme et de repos
pour l'Alsace, si ses villes s'étaient repeuplées, si son commerce
avait repris, si ses campagnes, naguère désolées, offraient de
nouveau quelque apparence de bien-être, la période qui suivit fut
pour la province une période de cruelles souffrances, de troubles
politiques et moraux, d'une rechute profonde aussi, au point de vue
matériel. La situation bizarre qu'amenait l'interprétation diamétra-
lement opposée des articles du traité de Westphalie, n'était supportable que durant un état de paix et de bon voisinage, au moins
officiel, entre les deux grands corps politiques qui s'y disputaient
la suzeraineté du sol, les sympathies et l'obéissance des populations.
Le jour où la guerre éclaterait, en quelque endroit que ce fût de
l'Europe, on pouvait prévoir que les échos s'en répercuteraient en
Alsace.

Il y avait là tous les éléments d'une crise aiguë, poussant à une
lutte finale. Vingt ans après la prise de possession des territoires
autrichiens de l'Alsace, les droits de la France sur cette province
n'étaient guère plus généralement reconnus qu'au lendemain du
24 octobre 1648. Ses agents se débattaient, sans succès apparent,
au milieu de ce fouillis d'organismes seigneuriaux et communaux,
que la France avait connus, elle aussi, au moyen âge, mais qui
devaient provoquer un étonnement sincère et quelque peu dédai-
gueux chez les contemporains de Louis XIV. Ils croyaient, bien à
tort, qu'on créait, à leur égard, des difficultés voulues toutes nouvelles, en insistant sur tels privilèges antiques, en se cramponnant
à des traditions qui leur semblaient absurdes ou ridicules. Non
moins sincère était d'autre part le mécontentement de ces petits
groupes politiques, ou plutôt municipaux, qui, de temps immémorial, se gouvernaient plus ou moins patriarcalement eux-mêmes. Ils se
sentaient froissés par l'ingérence fréquente des nouveaux fonctionnaires civils ou militaires, par les arrêts des cours souveraines ou
supérieures françaises, par les ordres émanant du « bon plaisir »
royal. Sans doute, les masses rurales et même le gros des popu-

lations urbaines s'occupaient peu de politique, — beaucoup moins
que de nos jours en tout cas, — mais elles tenaient aux vieilles
traditions séculaires, à l'antique routine, au *Herkommen* de leurs
pères, et les innovations, même les plus utiles, n'étaient guère en
faveur. Quant aux classes dirigeantes, — patriciens ou notables
dans les villes, seigneurs et fonctionnaires de tout rang dans les
bailliages ruraux, — ils avaient davantage le sentiment des nécessités de la situation présente; ils se rendaient mieux compte de
l'impossibilité d'une lutte ouverte contre les forces nouvelles agissant en Alsace, mais ils ne se souciaient pas de partager leur influence
et leurs positions officielles avec de nouveaux venus. Les moins
faibles de ces organismes politiques, comme Strasbourg, louvoyaient
sans cesse entre les deux puissants voisins, faisant alternativement
le plus gracieux accueil aux représentants de Louis XIV et à ceux
de Léopold Iᵉʳ, évitant craintivement toute marque de partialité
trop accentuée en faveur de l'un ou de l'autre, sans pouvoir empêcher cependant qu'on incriminât ce manque de chaleur à Paris
comme à Vienne, et sans échapper, — chose plus grave ! — au
reproche assurément injuste de leurs administrés, de trahir la
République au profit de l'étranger. Comme à tous les moments de
décadence nationale, chacun se croyait alors « trahi et vendu »,
alors que pourtant la force des choses aurait suffi à tout expliquer,
si l'on n'avait pas voulu fermer les yeux à l'évidence. Jamais la
confiance des citoyens vis-à-vis de leurs gouvernants ne fut plus
ébranlée en Alsace que pendant ces années de guerres incessantes,
de 1672 à 1681. Les accusations anonymes, les pamphlets affichés
de nuit à la porte des églises et des hôtels de ville, ou semés par
les rues, démoralisaient l'opinion publique, excitaient la haine des
classes, n'épargnant ni les plus dévoués, ni les plus honnêtes [1]. Les
diplomates et les libellistes étrangers ne dédaignaient pas d'accré-
diter à leur tour ces bruits absurdes, pour exercer plus facilement
leur influence contradictoire sur des autorités vilipendées, découra-
gées et parfois désobéies.

---

1. L'exemple le plus connu de ces agissements néfastes est celui du docteur George Obrecht, fonctionnaire judiciaire de la République de Strasbourg, qui pendant de longs mois troubla le repos de la cité par ses *pasqui-
nades* et dénonciations clandestines contre le gouvernement; finalement
surpris en flagrant délit, il expia sa faute sur l'échafaud, en février 1672. Le
récit détaillé de son histoire se trouve dans le *Mémorial* de Reisseissen,
p. 26-32. Mais son supplice n'arrêta pas ses imitateurs; encore en juin 1673
on affichait à Strasbourg des pamphlets remplis « d'insinuations diaboliques »
contre tout le Magistrat. (Walter, *Chronique*, fol. 279ᵃ.)

Aussi quand, vers la fin d'avril 1672, « éclatèrent les desseins du roi de France contre Messieurs les États-Généraux », ainsi que s'exprime un chroniqueur strasbourgeois contemporain, une grande émotion s'empara des esprits en Alsace et beaucoup y firent, comme l'auteur que nous venons de citer, des vœux pour la République des Provinces-Unies[1]. On y ignorait cependant, à ce moment, que pour s'assurer l'appui de Léopold Ier, les États-Généraux avaient promis, dans un article secret, de travailler au retour de l'Alsace à l'Empire[2]. La guerre ne sembla pas d'abord devoir s'approcher de la frontière rhénane. Ce n'est que lorsque les troupes impériales et brandebourgeoises eurent opéré leur jonction dans les premiers jours d'octobre 1672, aux environs de Francfort, que le gouvernement français put craindre une invasion de l'Alsace. Il y envoya donc le prince de Condé, pour surveiller et pour défendre à la fois la province, et l'arrivée de l'illustre capitaine ne tarda pas à être suivie des premiers faits de guerre. Craignant en effet que le Magistrat de Strasbourg ne tînt pas la promesse de neutralité faite aux deux belligérants et ne laissât, par connivence ou par faiblesse militaire, utiliser son pont sur le Rhin par les Impériaux, le prince donna ordre à un parti de troupes de la garnison de Brisach de détruire ce pont, ce qui fut exécuté par surprise dans la nuit du 14 novembre 1672[3]. Si l'émotion des gouvernants fut profonde, l'irritation de la bourgeoisie, dont le commerce avec l'Allemagne constituait alors la grande ressource, et qui se voyait privée, en pleine paix, de sa principale voie de communication, fut extrême. Louis XIV se hâta sans doute de faire expliquer au Magistrat que Condé avait agi par pur zèle et sans autorisation spéciale, et qu'il contribuerait volontiers, au retour de la paix, à la reconstruction du pont. Mais l'opinion publique, déjà excitée, le fut davantage encore quand le roi, non seulement interdit la continuation des réparations, entreprises à la hâte pour permettre la reprise du trafic, mais que de plus il réclama sur un ton menaçant, la démolition des parties du pont déjà refaites, en mettant en même temps l'embargo sur les nombreux bateaux strasbourgeois qui portaient les marchandises

---

1. Walter, *Chronique*, fol. 262ᵃ.
2. Pribram, *Lisola*, p. 630.
3. Nous avons deux relations strasbourgeoises très détaillées de cet incident qui contribua beaucoup à aigrir les esprits contre la France en Alsace, bien qu'il fût très explicable au point de vue strictement militaire; c'est celle de Reisseissen (*Mémorial*, p. 35-37) et celle de Walter, publiée récemment dans les *Annales de l'Est* (Nancy, 1895), p. 91-97.

aux foires de Francfort[1]. Une violente émeute, la première qui troubla sérieusement le repos de la ville depuis les crises du moyen âge, éclata le 5 mai 1673 ; de nombreux citoyens en armes assaillirent la demeure des autorités, celle du résident de France, et coururent en désordre vers le Rhin, pour empêcher la démolition du pont[2].

Condé, qui observait ces symptômes de son quartier-général de Brisach, ne se trompait pas sur leur importance. Il écrivait à Louvois, le 30 juin 1673, les lignes suivantes qui caractérisent nettement la situation : « Je ne puis m'empescher de dire que l'auctorité du roy va se perdant absolument dans l'Alsace. Les dix villes impériales, bien loing d'être soumises au roy, comme elles le debvroient estre par la protection que le roy a sur elles par le traicté de Munster, sont presque ennemies. La noblesse de la Haute-Alsace va presque le mesme chemin. Haguenau a fermé insolemment la porte au nez de M. de Mazarin et la petite ville de Münster l'a chassé honteusement, il y a quelque temps. Il a souffert ces deux affronts avec beaucoup de patience ; cependant c'est un pied qui se prend. Je croy que le roy debvroit prendre le temps qu'il jugeroit à propos pour mettre Colmar et Haguenau à la raison. Ce seroit une chose bien facile ; les autres suivroient sans contredit leur exemple ; c'est à Sa Majesté de juger quand le temps sera propre. » Il ajoutait, pour expliquer cet état de choses, un mot peu flatteur pour le représentant suprême du roi en Alsace : « Je ne puis cependant m'empescher de vous dire que la conduite de M. de Mazarin nuit beaucoup en ce païs-ci. Il est brouillé avec tout le monde, avec l'intendant et le lieutenant du roy, avec tous les officiers. Les peuples et la noblesse le mesprisent, et il s'applique bien plus à faire le *missionnaire* que le *gouverneur*. Les princes voisins ne le considèrent en façon quelconque, et ç'auroit esté un grand bien qu'il y cust eu icy un gouverneur de mérite[3]. »

Les conseils et les avertissements de Condé furent appréciés à leur juste valeur par celui qui les recevait. Le roi, rentré en Lorraine, après la prise de Maestricht, venait à peine de recevoir les hommages des députés de Strasbourg à Nancy[4], dans les derniers

1. Walter, fol. 265 b.

2. Ce ne fut pas à Strasbourg seulement que le sentiment populaire prit énergiquement parti contre la France. La *Chronique des Dominicains de Guebwiller*, parle, elle aussi, des « franzoesische *mordbrenner* » à l'occasion de l'incendie du pont du Rhin (p. 308).

3. Van Huffel, p. 116.

4. Walter, fol. 268ᵃ, et Reisseissen, *Mémorial*, p. 52.

jours de juillet 1673, que le Magistrat vit arriver très inopinément à Strasbourg, dans les premiers jours d'août, le marquis de Louvois, désireux, à ce qu'il assurait, de voir la ville libre et surtout les fortifications dont il avait tant entendu parler [1]. L'énergique et peu scrupuleux ministre voulait peut-être s'assurer si, dès lors, l'on pouvait enlever la forteresse d'un coup de main ou s'il fallait remettre à plus tard une attaque ouverte encore inopportune ; les gouvernants strasbourgeois lui attribuèrent en tout cas ces intentions peu charitables et, tout en le recevant avec la plus grande politesse, ils ne lui montrèrent que le moins possible les remparts qui constituaient leur unique défense [2].

Ce qui n'était pas faisable à Strasbourg pouvait se réaliser pour des localités de dimensions moindres et de ressources peu considérables. Si Strasbourg, outre ses bourgeois en armes, avait une garnison de quinze cents confédérés suisses, Colmar ne comptait qu'une centaine de mercenaires et ses murs étaient en fort médiocre état. Aussi Louis XIV résolut-il de descendre en Alsace, avec sa cour, escortée par quelques milliers de soldats et de terminer le long différend avec les villes de la Décapole, ainsi que le conseillait Condé. Elles auraient pu peut-être conjurer encore l'orage par une conduite plus déférente, car les avertissements ne leur avaient pas manqué. L'intendant Poncet de la Rivière s'était rendu à Colmar le 13 août, accompagné du vicomte de Lescouët, gouverneur de Brisach, pour avertir le Magistrat qu'une parole un peu imprudente lui ferait courir les plus graves dangers. Le Conseil répondit en faisant mener l'artillerie sur les remparts [3], alors qu'il était dans l'impossibilité absolue de faire une résistance un peu sérieuse !

Ce fut pour Louis XIV une simple promenade militaire plutôt qu'une véritable campagne, mais le but n'en fut pas moins atteint. Tandis que le roi, descendant de Sainte-Marie-aux-Mines à Ribeauvillé, se dirigeait de là sur Brisach, en passant à côté de Colmar, cette métropole de la Haute-Alsace fut cernée par un corps de cavalerie, et tandis que le Magistrat sortait à la hâte pour présenter ses hommages au monarque,— le 28 août 1673, — les troupes françaises pénétrèrent dans la ville, l'occupèrent militairement et désarmèrent les habitants [4], qui furent accablés de prestations et de garnisaires, et

1. Walter, *Chronique*, p. 268 a.

2. « (Ist) *ausswendig der statt ein stück wegs umb die aussenwercke geführt worden.* » (Walter, *loc. cit.*)

3. *La Prise de Colmar en 1673, relation du chanoine Rizart, trad. par Léon Brièle.* Colmar, 1864, 8°.

4. Il existe un grand nombre de relations de témoins oculaires sur l'occu-

eurent en outre le chagrin de voir des milliers de paysans, appelés du Sundgau, démolir les murs et éventrer les tours de leur ville, de sorte qu'elle « était entièrement ouverte, comme un village [1] ». L'exaspération de la population fut profonde [2] et se compliqua, chez les luthériens de Colmar, de préoccupations au sujet de leurs droits particuliers, préoccupations trop justifiées par la suite [3].

Le même sort vint frapper, quelques jours plus tard, la ville de Schlestadt, dont les murs furent également rasés et les magistrats sommés par M. de Vaubrun de se soumettre aux volontés royales ou d'aller en prison [4]. Obernai, Rosheim, Haguenau. Wissembourg, Landau, reçurent la même visite. « Partout ils éventrèrent les murs des villes et firent sauter les tours des fortifications, en forçant les bourgeois à leur prêter leur concours [5]. » Partout on désarmait les bourgeois, ne leur enlevant pas seulement leurs fusils et leurs épées, mais jusqu'aux inoffensives hallebardes du temps passé [6]. « C'est ainsi que la pauvre Alsace a perdu tout d'un coup son ancienne splendeur, sa beauté et ses libertés. On ne saurait décrire les lamentations de ces pauvres gens abandonnés par tout le monde [7]. » Il n'est guère possible de juger aujourd'hui, surtout à qui n'est pas du métier, si cette destruction de toutes les forteresses du plat pays, au début d'une campagne, en prévision d'une invasion prochaine, s'imposait au point de vue strictement militaire. Puisqu'il l'ordonnait, Louvois devait évidemment se croire impuissant à défendre l'Alsace contre une occupation ennemie, au moins momentanée, car assurément ce n'étaient pas les bourgeois de ces villes qui auraient pu empêcher les garnisons françaises de s'y maintenir avec succès.

---

patiou de Colmar. M. Rathgeber en a réuni plusieurs dans son volume : *Colmar et Louis XIV* (Stuttgart, 1873, 8°).

1. Walter, fol. 268 b-269 b.

2. Le chanoine Rizart raconte que les membres du Magistrat étaient accablés d'injures dans les rues, appelés traîtres et fripons, et que les femmes même menaçaient de les tuer à coups de couteau.

3. Il n'est jamais permis, pour ce temps-là (ni d'ailleurs pour le nôtre, si l'on pénètre au fond des questions), de faire abstraction de la situation religieuse. Le journal du chanoine-doyen Rizart montre bien que la prise de Colmar marque le début d'une réaction catholique, dont naturellement il se réjouit fort, et qui ne cessera plus désormais.

4. Le chroniqueur Frey, bourgmestre de Schlestadt, rapporte naïvement l'apostrophe de Vaubrun : « Wann ihr wert thuen was der Kiuig begert, so ist es guet; wo nicht, so wil ich euch beim kopf nemen und in thurn stecken! » Texte cité par l'abbé Gény, I, p. 408.

5. Walter, fol. 269 b.

6. Pour le détail des armes et munitions enlevées à Obernai, voy. Gyss, II, p. 235.

7. Walter, fol. 270 a.

Mais au point de vue politique, ces mesures radicales et tout à fait inattendues ne pouvaient amener qu'un résultat, celui d'éveiller une colère intense dans les cœurs de tous ces bourgeois, même les plus résignés, qu'on privait de l'abri de leurs remparts, qu'on exposait dorénavant, comme les plus pauvres villageois, aux pillages et aux violences de la soldatesque de tous les partis. Le procédé en lui-même, et les conséquences désastreuses qu'il impliquait pour ceux qui en étaient les victimes, suffisaient, en dehors de toutes les tendances de politique sentimentale, à faire des habitants des villes de la Décapole des impérialistes infiniment plus décidés qu'ils ne l'avaient été jusqu'ici. Aussi bien tous ceux d'entre les gouvernants qui furent soupçonnés d'avoir connivé, en quelque façon, avec le gouvernement français, furent poursuivis par la colère publique et plusieurs durent se soustraire par la fuite aux violences de leurs concitoyens [1].

On peut supposer que si, au début, l'empereur Léopold hésitait encore à faire envahir l'Alsace [2], les nouvelles qui lui vinrent d'outre-Rhin, les sympathies qu'il espérait y rencontrer, le décidèrent, après l'échec définitif du Congrès de Cologne, à donner son asseutiment à une campagne qui ne pouvait manquer d'être longue et pénible [3]. Vers la fin de décembre 1673, les troupes de Turenne, qui avaient occupé jusque-là l'électorat de Trèves et y avaient beaucoup souffert, se replièrent sur l'Alsace pour y prendre leurs quartiers d'hiver. La mauvaise réputation qu'elles s'étaient faite par leurs déprédations, conséquence fatale du dénuement où les laissait le gouvernement, les précéda dans la province et y occasionna une panique générale [4]. Les paysans vinrent en foule se réfugier dans les quelques enceintes qui subsistaient encore, et surtout à Strasbourg, en abandonnant leurs demeures à la merci du premier occupant. Le prix des denrées haussa partout d'une façon énorme [5], surtout à la

1. C'est ainsi que le syndic de Schlestadt, J.-M. Knecht, dut s'évader nuitamment, les bourgeois le cherchant partout pour l'assommer, comme « ayant mis la ville entre les mains des Français ». *Chronique de Beck*, citée par Gény, I. p. 408.

2. Encore le 7 août 1673, il écrivait au conseiller Kramprich, son agent aux Pays-Bas, qu'il ne se souciait pas de recommencer la lutte pour l'Alsace, parce qu'on lui attribuerait l'intention de recommencer une guerre éternelle et que cela lui vaudrait bien des inimitiés *(einen grossen Grauss)* dans l'Empire et le reste de l'Europe. (Pribram, *Lisola*, p. 631.)

3. La nouvelle de la rupture des négociations n'arriva à Strasbourg que le 9/19 février 1674. Walter, fol. 273 a.

4. Walter, fol. 271 b.

5. Le quartaud de froment, qui valait en novembre 13 schellings, se ven-

suite de l'ordre donné par Louvois au commandant de Philipsbourg, Dufay, d'intercepter les envois de céréales amenés par la
batellerie strasbourgeoise, ordre qui fut maintenu malgré les réclamations pressantes du Magistrat et le ton, bien dévotieux déjà, dont
il les exprimait au ministre [1].

Les troupes françaises quittèrent leurs cantonnements de la
Basse-Alsace au mois de mars 1674, en assez triste état dès le début de la campagne [2] et marchèrent vers le Palatinat, s'emparant en
route de Seltz, qu'elles brûlèrent peu après, ainsi que de Germersheim, et soutenant une série d'escarmouches, plus ou moins importantes, contre les troupes impériales et saxonnes. Turenne en personne occupait Saverne en avril, et y causait une telle panique par
ses préparatifs de défense, que les conseillers de la Régence épiscopale eux-mêmes vinrent chercher un asile derrière les murs de
Strasbourg, « dont ils avaient toujours été les pires ennemis [3] ». Il
se dirigeait ensuite vers la Haute-Alsace, afin d'empêcher Charles
de Lorraine de passer le Rhin pour débloquer Besançon, assiégé
par Louis XIV en personne, tandis qu'il laissait le marquis de Vauban à Haguenau, pour en reconstruire les défenses, à peine rasées,
et pour surveiller la rive droite du fleuve. Quand Besançon se fut
rendu, le maréchal regagna ses positions antérieures, plus au nord;
toutes ces marches et contre-marches épuisaient le pays avant
même que la guerre véritable y eût commencé, les violences et les
exactions des troupes amenaient la fuite des paysans, « si bien que
dans dix villages, il n'y avait plus trois paysans et qu'on n'y trouvait plus rien à manger [4] ». Ainsi se préparaient la disette et la famine
de l'année suivante.

Pendant ce temps l'empereur faisait sonder le Magistrat de Strasbourg au sujet du passage du Rhin. Le major-général Schulz, gouverneur du Brisgau, venait proposer en son nom l'occupation protectrice des forts de Kehl et demander en échange le libre emploi
du pont de la ville. Mais c'eût été renoncer ouvertement à la neutralité dans laquelle la petite République avait vu jusque-là sa meilleure sauvegarde. Aussi le Magistrat fit-il une réponse ambiguë :

---

dait fin décembre 3 florins, 4 schellings, c'est-à-dire que le prix monta de
14 francs environ à 34 francs environ pour 1 hectolitre 16 litres de blé.

1. Lettre du 27 novembre 1673, dans Van Huffel, p. 122.

2. Walter qui les a vus défiler, constate que certaines compagnies ne
comptaient pas plus de quinze à seize hommes, « misérablement habillés et
dont beaucoup n'avaient pas de souliers » (fol. 274b).

3. Walter, fol. 275 b.

4. Id., fol. 276 a.

« La ville de Strasbourg s'est toujours montrée fidèle à Sa Majesté, qui a d'ailleurs approuvé Elle-même notre neutralité, et elle ne songe pas à changer d'attitude dans l'avenir [1]. »

Les généraux impériaux ne se crurent pas assez forts pour emporter le passage de vive force; ils redescendirent le cours du Rhin jusqu'aux environs de Philipsbourg, et Turenne les y suivit pour y livrer, en juin 1674, au duc de Lorraine et à Caprara, la bataille de Sinsheim, qu'il gagna. Puis, ayant cruellement ravagé les plaines fertiles du Palatinat, pour obéir aux ordres de la cour, et détruit bon nombre de villes et de villages de cette contrée, il revint par Wissembourg en Alsace. Les troupes de Léopold opéraient le même mouvement vers le Sud, sur la rive opposée. Pour empêcher leur passage, M. de Vaubrun vint s'établir avec plusieurs régiments sur le territoire de Strasbourg, à la Robertsau, et, toujours porté aux résolutions extrêmes, il essaya de s'emparer par ruse d'abord, puis de vive force, du fort du Péage, situé dans le voisinage immédiat du Rhin. Cette violation de la neutralité promise produisit dans la ville une impression de colère et d'effroi, « comme on n'en avait plus ressentie de mémoire d'homme »; le Magistrat fit sonner le tocsin, arborer le drapeau rouge sur la cathédrale, appeler les bourgeois aux armes, placer l'artillerie sur les remparts et raser les maisons et les jardins tout autour de la ville. Turenne dut vivement regretter la tentative irréfléchie de son subordonné, car à la nouvelle que lui-même arrivait et allait établir son camp à Schiltigheim, à un quart de lieue de la ville, l'indignation des citoyens fut telle que le Conseil, qui aurait préféré temporiser encore, résolut d'abandonner la neutralité et d'appeler dans la nuit même (du 25 septembre), quelques régiments de cavalerie impériale, qui vinrent camper sous le canon de la forteresse. Le résident français, Jean Frischmann, Strasbourgeois d'origine, était sommairement expulsé et conduit aux avant-postes de la Robertsau. Le lendemain tous les menuisiers et charpentiers valides étaient employés à la réfection du pont de Kehl; le duc de Lorraine, le duc de Bournonville, le duc de Holstein et autres généraux impériaux entraient en ville, le 29 septembre, et y recevaient les remercîments et les cadeaux d'usage [2]. Bientôt les

---

1. Walter, fol. 277 b. Le chroniqueur était alors membre du Grand-Conseil, et par suite au courant des négociations. Il faut ajouter que cette neutralité officielle était beaucoup trop lucrative pour la ville pour ne pas être maintenue le plus longtemps possible. Les deux armées se ravitaillaient à Strasbourg et y brocantaient aussi, sous main, leur butin.

2. Walter, témoin oculaire de ces agitations du 24 et du 25 septembre 1674, en a retracé le très vivant, sinon très impartial tableau, fol. 280ᵃ-fol. 281 b.

contingents des États de l'Empire passaient l'un après l'autre le
fleuve, pour prendre position sur le cours inférieur de l'Ill. La
campagne d'Alsace, ce digne couronnement de la brillante carrière
de Turenne, allait commencer.

Nous ne voulons pas plus raconter en détail ici cette page si glorieuse de l'histoire militaire de notre pays que nous n'avons donné
le récit circonstancié des différentes campagnes de la guerre de
Trente Ans en Alsace. Non seulement un tableau de ce genre ne
rentre pas directement dans le cadre de notre travail, mais encore,
et surtout, l'histoire plus spécialement technique et professionnelle
de ces années 1674-1679 a été si souvent raconté déjà et avec un
tel luxe de détails, d'après des sources de toute nature, que nous
ne pourrions guère ajouter de renseignements nouveaux à ce que l'on
en connaît déjà. Nous nous bornerons donc à en suivre les épisodes
principaux, et à en marquer le degré d'importance politique, ren-
voyant pour le reste aux nombreux et solides travaux qui ont été
consacrés à cette campagne, et dont les témoignages parfois contradictoires se contrôlent et se corrigent réciproquement [1].

La venue de l'armée impériale avait été saluée par les Strasbourgeois, par certains d'entre eux au moins, avec une joie tout à
fait exubérante. Le peintre Walter, le chroniqueur le plus minutieux de cette époque, ne tarit pas en éloges sur la beauté des
hommes et des chevaux [2]. On était persuadé que les troupes ne
feraient que traverser rapidement l'Alsace et pénétreraient immédiatement en Lorraine. Il en fallut bientôt rabattre ; Turenne n'était
pas disposé à céder sans nécessité un pouce de terrain. Avant que
les Brandebourgeois de l'électeur Frédéric-Guillaume, qui se

---

1. Outre les ouvrages généraux plus anciens, le *Theatrum Europaeum*
et le *Mercure hollandais*, nous avons les récits contemporains, la *Relation
de ce qui s'est passé dans l'armée d'Allemagne*, de Bruneau (Paris, 1675),
les *Mémoires des deux dernières campagnes*, de Deschamps (Paris, 1678),
la *Relation de l'arrière-ban de Bourgogne*, de Claude Joly (publiée à Paris,
en 1836), les grands ouvrages de Zanthier (Leipzig, 1779) et de Beaurain
(Paris, 1782). Parmi les publications plus récentes il faut mentionner les
deux monographies de Charles Gérard, *La Bataille d'Entzheim* et la *Bataille de Türckheim*, publiées d'abord dans la *Revue d'Alsace* et réimpri-
mées en 1869 et 1870 ; H. Peter, *Der Krieg des grossen Kurfürsten gegen
Frankreich*, Halle, 1870 ; Isaacsohn, *Der deutsch-franzoesisch e Krieg des
Jahres 1674*, Berlin, 1871 ; H. Chopin, *Campagne de Turenne en Alsace*,
Paris, 1875 ; H. Rocholl, *Der grosse Kurfürst von Brandenburg im Elsass*,
Strasbourg, 1877 ; Id., *Der Goetterbote Merkur über die Brandenburgische
Campagne im Elsass*, Berlin, 1878 ; Herm. Pastenacci, *Die Schlacht bei
Entzheim*, Halle, 1880 ; Jules Roy, *Turenne*, Paris, 1884 ; *Bemerkungen zum
Treffen von Türckheim von einem preussische Offizier*, Colmar, 1894.

2. Walter, fol. 283ᵃ.

trouvaient encore assez loin sur la rive droite en aval de Strasbourg, eussent pu rejoindre Bournonville, il résolut d'attaquer celui-ci. Quittant son camp de la Wantzenau, dans la journée du 3 octobre 1674, il s'avança vers la Bruche, la franchit à la faveur de la nuit, aux environs de Holtzheim, et vint inopinément offrir bataille à l'ennemi dans la matinée du 4 octobre. Après une violente canonnade, le combat s'engagea de part et d'autre avec beaucoup d'impétuosité. La nature marécageuse du terrain, la grande quantité des haies et des fossés empêchèrent la cavalerie plus nombreuse des alliés de se déployer avec un entier succès. Eu égard au chiffre des combattants, les pertes furent très considérables des deux côtés, sans résultat décisif pour l'un ou l'autre des adversaires, car, si Turenne ne parvint pas à couper les lignes de communication des ennemis avec Strasbourg, ceux-ci ne réussirent pas davantage à déloger les troupes françaises. L'effet stratégique de la bataille d'Entzheim fut donc à peu près nul, le généralissime de Louis XIV ne pouvant songer à attendre en rase campagne les nouveaux secours qui allaient arriver à Bournonville; mais l'effet moral en fut plutôt favorable au maréchal, puisque son attaque inattendue affermit son principal adversaire dans son attitude d'hésitation perpétuelle. Jusqu'à la fin de la campagne, Bournonville regarda désormais comme le but principal de toutes ses manœuvres d'éviter tout nouvel assaut d'un aussi rude adversaire. Aussi resta-t-il immobile dans ses positions sur le Glœckelsberg, renflement de terrain au sud-ouest de Strasbourg, tandis que Turenne s'établissait solidement autour de Marlenheim et de Wasselonne, petites villes strasbourgeoises, où il trouva de riches approvisionnements, et d'où il couvrait sa ligne de retraite vers les Vosges, tout en maintenant ses communications avec Saverne et Haguenau.

Déjà l'enthousiasme décroissait fortement à Strasbourg; dans la séance du Conseil des Treize, le 15 octobre 1674, le syndic Frid se plaignait amèrement de ce que les Impériaux traitaient fort mal les villages de la République, les ruinant totalement et « s'y conduisant d'une façon pire que des Turcs[1] ». Déjà aussi l'on mettait en suspicion la bonne foi de l'empereur, et le stettmeistre Zorn de Plobsheim croyait pouvoir insinuer devant ses collègues que Bournonville avait peut-être des ordres secrets pour ruiner les États

---

1. Des villages entiers furent démolis pour bâtir des huttes dans le camp des alliés.

protestants d'Alsace[1]. L'arrivée des régiments d'élite de l'électeur
Frédéric-Guillaume, supérieurement montés, parfaitement équipés
et uniformés, ranima pour un instant les ardeurs guerrières[2]. On
crut que ce prince, avec ses vingt mille hommes, allait forcer enfin
les Impériaux à agir. Lorsqu'ils firent halte dans la plaine des
Bouchers, une foule compacte alla les y contempler, assister au
prêche de leurs aumôniers militaires, épiloguer sur les hauts faits
qu'ils allaient accomplir[3]. Mais l'impatience guerrière de l'électeur
et la lenteur désespérante de Bournonville amenèrent, dès le premier
jour, une extrême tension dans les rapports entre ces deux hommes
dont l'entente absolue aurait été de rigueur pour qu'ils eussent
quelque chance de remporter un succès en combattant Turenne.
Bournonville, n'étant nullement subordonné à l'électeur, comme on
l'a prétendu, et d'ailleurs aussi médiocre capitaine qu'obstiné dans
ses résolutions[4], il n'y eut pas moyen de le décider à marcher à
l'attaque des positions françaises. Frédéric-Guillaume, auquel la
diplomatie française avait fait entrevoir autrefois la possibilité de
posséder des terres considérables en Alsace, sous la suzeraineté
du roi[5], et qui espérait peut-être les conquérir maintenant en toute
souveraineté, outré de perdre un temps précieux, ne ménageait
pas les éclats de la colère la moins diplomatique à ce sujet[6]. Tout ce
qu'ils purent obtenir avec l'écrasante supériorité numérique de
leurs forces, ce fut de faire reculer un peu vers le Nord-Ouest le
général français. Pour préserver les troupes, mal organisées et plus
mal disciplinées encore de l'arrière-ban de Bourgogne, d'un contact

1. XIII, 5/15 octobre 1674.
2. Ils arrivèrent à Strasbourg le 13 novembre.
3. Walter, fol. 284ᵇ.
4. M. Legrelle (*Louis XIV et Strasbourg*, p. 303) fait beaucoup d'honneur
à Bournonville en l'appelant un des meilleurs généraux de l'empereur.
5. C'est à l'occasion des négociations pour la couronne impériale, en 1657,
que Mazarin écrivait aux plénipotentiaires Gramont et Lionne, de Verdun,
le 15 sept. 1657, afin qu'ils obtinssent le vote de Frédéric-Guillaume pour le
palatin de Neubourg : « Il faudrait luy promettre encore quelques terres
considérables en Alsace, dont le roy retiendrait toujours la souveraineté. »
(*Lettres de Mazarin*, VIII, p. 153.)
6. Dans un rapport fait an Conseil des Treize par un secrétaire envoyé au
camp des alliés, ce fonctionnaire raconte d'une façon fort pittoresque comment l'électeur, lui montrant de la main les hauteurs où campait Turenne,
s'était écrié d'un ton rageur (*in hoechster alteration*): « Voici là-bas ce
chien (*sic!*) dans sa position avantageuse, comme il n'aurait pu en trouver
une de cent ans, tandis que nous crèverons ici tout à l'entour (*wir seind
hier und müssen crepiren*), alors que nous le tenions cependant. si ce gre-
din (*schurke*) de Bournonville ne l'eût empêché. » La pièce tout entière a
été reproduite d'après les procès-verbaux du Conseil, par M. Rocholl,
Feldzug, p. 15.

prématuré, probablement fatal, avec les bataillons ennemis, Turenne
se rapprocha de Saverne ; il se retrancha derrière la Zorn, entre
Dettwiller et les premiers contreforts des Vosges, de manière à
rendre toute attaque de vive force très chanceuse pour l'assaillant.
Les nouveaux venus ne lui furent en réalité d'aucun secours. Ces
gentilshommes, leurs valets de pied et leurs valets de labour, également désaccoutumés du service militaire, et qui « prenaient l'épée
sans savoir de quel côté il la fallait mettre », ainsi que l'a dit plai-
samment l'un d'entre eux, firent beaucoup plus de mal que de bien.
Constamment jaloux les uns des autres, se livrant aux pires excès,
pillant les provisions, violentant les femmes et les filles, ils firent
le désespoir de leur chef, qui ne pouvait que « les montrer de loin
aux ennemis, comme des marionnettes », puis les retirait en hâte
pour qu'ils ne tirassent pas les uns sur les autres, ou se déban-
dassent à la moindre attaque[1].

Cependant leur seule présence, les fortifications passagères
élevées autour de Saverne, l'attitude calme de Turenne, la ruine
matérielle de la Basse-Alsace, où le ravitaillement d'une armée si
nombreuse allait devenir impossible, firent un effet si décisif sur
l'esprit du général impérial, que malgré les efforts de l'électeur de
Brandebourg et de quelques autres généraux, il refusa d'engager
une action décisive. Il fut arrêté, dans un grand conseil de guerre,
que l'on remonterait vers la Haute-Alsace pour y prendre les quartiers d'hiver ; les contingents lunebourgeois s'établirent autour de
Schlestadt, avec mission de surveiller les passages des Vosges du
côté de Sainte-Marie-aux-Mines ; ceux du Brandebourg occupèrent
Colmar et les environs ; les régiments impériaux remontèrent jusqu'à Ensisheim, où Bournonville établit son quartier-général, et
des corps volants furent placés en observation vers Brisach, Munster, Massevaux, Thann, Belfort, etc., pour tenir les défilés des montagnes et pénétrer, le cas échéant, en Franche-Comté.

La présence de troupes aussi nombreuses amena bientôt dans la
Haute-Alsace un état de choses tout aussi désastreux que dans les
régions plus septentrionales de la province. Les populations rurales
essayèrent de mettre ce qu'elles avaient de plus précieux à l'abri
dans les quelques villes et châteaux du pays encore munis
d'une enceinte ; celui de Horbourg fut tellement rempli de céréales

---

1. Il faut lire le récit, si amusant et si instructif à la fois, de la campagne
de l'arrière-ban de Bourgogne, écrit par Claude Joly, l'un de ceux qui la
firent, pour comprendre combien cette institution du moyen âge. était devenue, non seulement inutile, mais même dangereuse pour la discipline.

amoncelées qu'on ne pouvait plus circuler dans les appartements
seigneuriaux[1]. Mais la plupart des provisions accumulées ainsi
furent saisies et gaspillées de la façon la plus étourdie. « Les soldats, dit le major brandebourgeois de Buch, dans son curieux *Journal* de la campagne, se remplissent au commencement, comme les
cochons, de tout ce qu'ils trouvent, cassent et ruinent tout, laissant
ni poiles, ni portes, ni fenestres entiers, prenant tout avec eux,
jusqu'aux cloux dans les murailles, après quoy, ne trouvant plus
rien, ils sont obligés de jeûner[2]. »

Turenne, voyant qu'on ne songeait plus à l'attaquer, leva à son
tour le camp de Dettwiller et franchit les cols qui conduisent en
Lorraine, laissant l'ennemi persuadé qu'il allait se reposer comme
eux durant les longs mois d'hiver. Pendant les semaines d'inaction
à peu près complète qui suivirent, les rapports des généraux alliés
ne s'améliorèrent pas ; bien au contraire, l'aigreur réciproque et
l'indiscipline faisaient partout des progrès[3]. Les plaintes des villes
occupées étaient générales, car on mettait à contribution les amis
tout comme des ennemis[4]. Colmar, si ardent pourtant à souhaiter la
restauration de l'ancien état de choses, écrivait dès le 26 novembre
au Magistrat de Strasbourg, que l'occupation de la cité par les
Brandebourgeois allait lui donner sans conteste le coup final[5], chacun
s'établissant dans les quartiers qui lui plaisaient et voulant y être
le maître[6]. Les catholiques colmariens, en particulier, se plaignaient
qu'on les surchargeât spécialement de garnisaires, en revanche des
garnisaires français qui, l'année précédente avaient été logés sur-

1. Rapport du receveur Chemnitius, de Riquewihr, chez Rocholl, *Feldzug*, p. 39.
2. Ce journal, rédigé en français, est cité par H. Peter, *Feldzug*, p. 322.
3. Le *Journal de Buch* nous en donne un exemple bien frappant. Le
général Caprara, qui occupait Massevaux, reçut un jour un ordre de Bournonville qui lui déplut ; il l'a « jetté en terre en présence du duc de Holstein,
appelé son général un becco foutatto, disant qu'il voulait torcher le cul avec
cet ordre... » (Peter, *op. cit.*, p. 325.)
4. Le receveur wurtembergeois s'excusant un jour sur ses caisses vides et
la pauvreté des habitants, le vieux duc de Lorraine, lui répondit allègrement : « Les bouger (*sic*) de Riquewihr, m'ont une fois payé 12,000 rixdales ! » (Rocholl, *Feldzug*, p. 39.)
5. « Sonder zweifel den herzstoss geben ». Lettre du 16/26 nov. 1674. Archives municipales de Strasbourg, A.A. 1726.
6. Les alliés se jalousaient entre eux, à ce sujet. Les colonels de la cavalerie du prince de Hombourg se plaignirent dans un placet du 24 nov. de ce
que l'électeur et sa suite encombraient toute la ville, ne leur laissant pas la
moindre place pour y abriter leurs chevaux. Cf. Jungfer, *Zur Geschichte
Friedrichs von Homburg*, dans les *Forschungen zur deutschen Geschichte*,
1886, p. 338.

tout chez les luthériens de la ville[1]. Le duc Georges-Guillaume de Brunswick-Lunebourg obligeait la Régence de Ribeauvillé à fournir chaque semaine des centaines de paysans de corvée pour refaire les murs de Schlestadt, et y tailler des palissades[2]. Il n'y avait rien d'étonnant à ce que les mieux disposés parmi les habitants des villes impériales, ceux-là même qui avaient été le plus rudement traités, il y a quelques mois à peine, par les autorités françaises fussent déjà las des sauveurs incommodes et exigeants qui leur étaient venus. Il ne s'y trompait pas, ce colonel allié, M. de Montaigne, pour lors en garnison à Munster, qui le 3 décembre 1674, écrivait au prince d'Anhalt : « Nos hostes qui témoignaient au commencement avoir de la chaleur à nous ressevoir, deviennent plus froids que glace, se croyant à la veille de leur ruine entière. Nos affaires sont... sur le point de (nous) attirer la haine et la malédiction de tous les habitants de la Haute et Basse-Alsace[3]. »

Ceux-là même qui avaient le plus ardemment souhaité la venue de l'électeur de Brandebourg et compté sur le plein succès de son intervention, commençaient à douter de sa loyauté, tout comme il doutait lui-même de celle de Bournonville[4]. Un observateur sagace avait averti, dès le mois d'août, que l'on ferait tout ce que l'on voudrait des soldats venus de l'Allemagne du Nord, aussi longtemps qu'on leur fournirait trois bons repas par jour et qu'ils ne manqueraient ni de pain, ni de bière, ni de lard, ni d'autres viandes fumées, mais que, lorsque ces choses leur feraient défaut, on les verrait fondre comme de la neige au soleil, et qu'il en resterait fort peu[5]. Ce pronostic devait se réaliser à la lettre ; une fois la famine venue, les maladies de tout genre s'abattirent sur les troupes harassées, une peste maligne se répandit par toute l'Alsace, enlevant par masses civils et militaires, indigènes et étrangers. A Thann, on dut ouvrir de grandes tranchées où les soldats alliés furent ensevelis par centaines[6]. La contagion s'étendit jusqu'à

---

1. Plaintes du doyen de Saint-Martin, du 27 nov. 1674. Rocholl, *Feldzug*, p. 37.
2. A.H.A. E. 548.
3. Lettre citée par Peter, *Feldzug*, p. 323.
4. Voy. l'opinion exprimée par un petit artisan luthérien de Colmar, Michel Tauberer, dont M. Rathgeber, a publié la chronique de famille (*Hausbiechlin*) dans son livre, *Colmar und Ludwig XIV*, p. 67.
5. Choppin, *Campagne de Turenne*, p. 58.
6. Tschamser, II, 628. La mortalité fut énorme dans certains corps; sur les 3,800 hommes, par exemple, du prince-évêque de Munster, 500 seulement repassèrent le Rhin.

Strasbourg[1], favorisée par l'agglomération des foules rurales qui
avec leurs troupeaux, campaient dans les rues et sur les places publiques, — en plein hiver ! — par la quantité de soldats débandés,
malades ou blessés, qui venaient mendier et même voler dans les
rues, empestées par le fumier des hommes et des bêtes. « Mon
Dieu ! quelle misère ! Ah ! que le Tout-Puissant mette fin à ces
mauvais jours, amen ! » gémissait le chroniqueur, naguère encore
si assuré du succès[2].

Qu'on juge de l'émotion qui s'empara du quartier général des
alliés, déjà suffisamment préoccupé de cette situation fâcheuse, quand
lui parvint soudain la nouvelle d'un danger plus pressant. Turenne
qu'on présumait devoir revenir au printemps, du côté de Sainte-
Marie-aux-Mines ou de Saverne, faisait subitement son apparition
du côté de Belfort. Décidé à débloquer Brisach, dont la garnison
était faible et les approvisionnements très réduits, l'illustre général
avait résolu de rentrer immédiatement en campagne, après avoir
laissé reposer ses troupes pendant quelques semaines seulement et
appelé à lui quelques renforts. Occupant et inquiétant par de fausses
attaques, exécutées par des corps détachés peu nombreux, les forces
alliées cantonnées dans les vallées latérales des Vosges moyennes,
il réussit à leur dérober la marche de son corps principal, jusqu'au
moment où il déboucha dans la plaine d'Alsace, le 28 décembre 1674.
On décida d'abord de marcher à sa rencontre ; il y eut quelques
escarmouches sérieuses entre un gros de troupes impériales envoyé
vers Mulhouse et la cavalerie de l'avant-garde française, mais leur
résultat incertain suffit pour décourager Bournonville, qui fit rétrograder toute son armée sur Colmar avec une précipitation telle,
qu'un de ses régiments, oublié par l'état-major, fut fait prisonnier
tout entier par Turenne près de Brunnstatt. Les alliés occupèrent
alors des positions défensives assez fortes, à l'entrée de la vallée de
la Fecht, depuis Turckheim jusqu'à l'Ill, mais avec un front de
bataille beaucoup trop étendu pour qu'ils pussent se soutenir réciproquement en cas d'attaque subite. C'est précisément ce qui leur
arriva ; Turenne, par une manœuvre audacieuse, qu'on ne prévoyait
pas de la part d'un tacticien si prudent, prit subitement l'offensive,
le 5 janvier 1675, tourna le flanc droit de l'ennemi, franchit la Fecht

1. Elle y fit de nombreuses victimes dans les couches supérieures de la
société urbaine; le prince Émile, héritier de l'électeur Frédéric-Guillaume, y
succomba également, malgré tout ce que firent les plus savants médecins
pour le sauver.
2. Walter, fol. 285ᵃ ᵇ.

et s'empara de Turckheim, insuffisamment occupé. Les Impériaux
essayèrent en vain de l'en débusquer ; après une lutte acharnée de
plusieurs heures et de grandes pertes de part et d'autre, les Français se maintinrent dans les positions conquises, et Bournonville,
d'autant plus découragé qu'il venait de recevoir la nouvelle que le
blocus de Brisach était rompu, ordonna la retraite dès que la nuit
fut venue et la fit même exécuter avec une telle hâte que Frédéric-
Guillaume ne reçut la nouvelle de son départ qu'après que le généralissime et ses troupes eurent décampé depuis plusieurs heures [1].
L'électeur venait de recevoir de son côté la fâcheuse nouvelle que le
roi Charles XI de Suède, l'allié de Louis XIV, s'apprêtait à envahir
ses domaines héréditaires ; il ne pouvait donc songer à guerroyer
plus longtemps en Alsace, même s'il en avait eu les moyens et si
les Impériaux avaient été disposés, pour leur part, à y continuer la
lutte. Aussi, sans que Turenne fût obligé de poursuivre les troupes
alliées plus loin que Colmar, leur retraite, qui pour certains corps
se changea en débandade, continua sans arrêt, jusque sous le canon
de Strasbourg. Dès le 10 janvier 1675, les débris de cette splendide
armée, qui avait excité l'admiration des Français eux-mêmes [2],
commençaient à repasser le pont du Rhin, honnis et maudits par les
gens qui les avaient le plus chaleureusement accueillis. « Le pays
est ruiné, comme il ne l'a plus été depuis cent ans, » écrivait un
membre du Conseil des Treize, Reisseissen, dans ses notes intimes [3],
et dans son *Mémorial* il résumait ainsi, très ironiquement, la campagne : « L'Électeur de Brandebourg, lui aussi, a passé le pont
avec 18,000 hommes, mais ils n'ont rien su faire que ruiner les gens,
puis ils ont repassé le pont [4]. » Et Walter lui fait écho de son
mieux : « Ils n'ont rien fait que ruiner tout le pays de fond en
comble, à tel point qu'on n'a rien vu ni entendu de pareil dans
toutes les guerres du passé [5]. »

1. Nous renvoyons pour le détail de cette journée mémorable et pour
l'exacte connaissance de la manœuvre par laquelle Turenne tourna l'aile
droite ennemie, aux ouvrages cités plus haut, et pour le dernier point, aux
Observations d'un officier prussien (Colmar, 1894), accompagnées d'une
carte. Ces *Observations* sont basées d'ailleurs, ainsi que l'auteur l'avoue
loyalement, sur une étude manuscrite, conservée à la bibliothèque de Colmar et rédigée dès 1858, par un sous-lieutenant français, M. Nieger. Elles
rectifient les données erronées sur cette attaque de flanc contenues dans
Gérard, Peter, etc.
2. Voy. les appréciations de M. de Gravel, l'envoyé français à Ratisbonne, qui vit défiler ces troupes, chez Chopin, *Campagne*, p. 53.
3. Reisseissen, *Aufzeichnungen*, p. 104.
4. Id., *Mémorial*, p. 57.
5. *Chronique*, fol. 285ᵃ.

C'est ainsi que se termina cette expédition, sur laquelle on avait
tant compté dans l'Empire pour porter ses armes victorieuses
jusqu'au cœur de la Lorraine et lui restituer l'Alsace tout entière.
Turenne, après avoir occupé Colmar, Schlestadt et Benfeld et ravi-
taillé Brisach, renvoya le gros de son armée de l'autre côté des
Vosges et se rendit à Paris, pour y recevoir les félicitations bien
méritées de la cour et de la ville. Il avait laissé au marquis de Vaubrun le soin de réduire les quelques petites places fortes où il restait
des garnisons allemandes. Celle de Dachstein capitula le 30 janvier,
après une violente canonnade, et la rumeur publique attribua la prise
si rapide de la vieille citadelle épiscopale à la trahison. Ses murs,
épais de sept pieds, furent détruits par la mine [1]. Strasbourg s'était
hâté de rentrer dans la neutralité, si imprudemment abandonnée
quelques mois auparavant, et de se réconcilier avec Turenne, qui par
lettre, datée de Guémar, le 19 janvier 1675, lui promettait de faire
respecter par ses troupes le territoire de la République [2]. Il le pouvait d'autant plus aisément, que le roi, désireux de porter la guerre
sur la rive droite du Rhin, et d'avoir à cet effet les mains libres sur
la rive gauche, se montrait tout prêt à renouer avec la ville les relations diplomatiques, si brusquement interrompues par l'expulsion
de Frischmann. Le Magistrat qui, vers la fin de décembre encore,
avait déclaré catégoriquement à ce dernier qu'on ne voulait point
de lui, ni officiellement, ni officieusement [3], reçut de la façon la plus
empressée le nouveau résident, Frémont d'Ablancourt, qui venait
l'assurer, en paroles bien senties, que tout ce qui s'était passé était
oublié [4]. Ce fut le tour de l'empereur et des États de l'Empire
de s'irriter de cet abandon, trop facilement consenti, selon eux, et
quand l'avocat général de la République, le Dr Stoesser, fut envoyé
à Ratisbonne pour y expliquer par des arguments plus ou moins
plausibles ce changement de front inattendu, le nouveau généralissime impérial Montecuculi, qu'il rencontra sur son chemin, lui

---

1. On racontait à Strasbourg que le commandant Haugwitz avait été trai-
treusement assassiné pendant le bombardement par son second, le Vénitien
Contareni; ce qui est certain, c'est que celui-ci, venu à Strasbourg le lendemain de la capitulation, s'y suicida dans la nuit à l'auberge du Cerf, et que
le Magistrat fit conduire son cadavre en lieu non consacré, par l'équarrisseur,
et versa la somme d'argent considérable qui se trouva dans ses bagages à
diverses fondations pieuses. Walter, fol. 287.

2. Kentzinger, *Documents*, II, p. 194.

3. « Dass man seiner weder cognito noch incognito allhier verlange. » XIII,
12 décembre 1674.

4. Reisseissen, *Mémorial*, p. 58.

reprocha rudement d'être « un de ceux qui favorisaient les Français »,
ce qui pourtant n'était nullement exact [1]. On comprend d'ailleurs
que le célèbre vainqueur des Turcs fût irrité contre les Strasbourgeois, car la nouvelle déclaration de neutralité du Magistrat et surtout la présence des mercenaires suisses, par lesquels celui-ci avait
fait occuper les forts du Rhin, l'empêchèrent d'entrer en Alsace à
cette hauteur, ainsi qu'il en avait conçu le plan ; comme dans une
entrevue personnelle qu'il eut avec quelques-uns des gouvernants de
Strasbourg, le 22 mai 1675, il ne réussit pas à ébranler leur résolution [2], il dut se résigner à se diriger vers le Palatinat, pour essayer
d'y franchir le fleuve plus en aval.

Turenne, de son côté, se préparait à l'offensive. Après avoir con-
centré ses troupes à Schlestadt, il descendit à son tour la plaine
rhénane jusque dans le voisinage de Strasbourg et fit jeter un pont
de bateaux dans le voisinage de Plobsheim [3] ; il franchit le Rhin dans
la journée du 17 juin, et s'établit près de Wilstætt dans une très
forte position pour y attendre Montecuculi, qui revenait à sa rencontre. Pendant plusieurs semaines ces deux célèbres hommes de
guerre manœuvrèrent en face l'un de l'autre, sur un terrain relativement étroit, entre le fleuve et la Forêt-Noire, chacun essayant
d'intercepter les lignes de retraite ou de ravitaillement de l'adversaire, jusqu'à ce que, le jour même où une action décisive semblait
devoir être engagée par lui, Turenne fut tué dans une dernière
reconnaissance, par un boulet ennemi, près de Sassbach, le 27 juillet 1675 [4]. La mort du grand général donna le signal de la retraite
à son armée. Ses deux lieutenants, MM. de Vaubrun et de Lorges,
peu d'accord en toute circonstance, durent se replier vers le pont de
bateaux de Plobsheim et, le 1er août, Vaubrun déjà antérieurement
blessé, était frappé à mort en couvrant la retraite de son collègue, lequel reconduisait les troupes, fortement ébranlées, jusque derrière
les retranchements d'Erstein, au sud de Strasbourg.

Après avoir accordé quelques jours de repos à son armée, Montecuculi s'apprêta à passer lui-même sur la rive française, et fit par-

---

1. « Auch einer welcher gallicas partes fovire. » XIII, 10 mai 1675. Montecuculi se trompait fort en l'accusant de trop aimer la France, puisqu'il
quitta la ville bientôt après l'annexion de 1681 et mourut en 1703 comme
conseiller intime de l'électeur de Brandebourg.

2. Walter, fol. 290^a.

3. Id., *ibid.*, 290 a.

4. Le plus récent travail sur les événements militaires qui précédèrent la
mort du maréchal est celui de M. P. Lumkemann, *Turenne's letzter Feldzug, 1675,* Halle, Niemeyer, 1883, 8°.

venir à Strasbourg une lettre de l'empereur Léopold, qui blâmait sévèrement la neutralité de la République [1]. Les Conseils répondirent, le 9 août, qu'ils croyaient avoir mérité des éloges et non des reproches, pour s'être renfermés, vis-à-vis de la France, dans un système de réserve qui les exposait à beaucoup de désagréments [2], mais effrayés de leur faiblesse, craignant le général impérial tout près d'eux, plus que le général français plus éloigné, ils consentirent à ouvrir le passage au premier [3] et les Impériaux se répandirent tout autour de la ville, récompensant cet acte de faiblesse en ravageant le pays et en détruisant les récoltes sur pied, au mépris de la parole donnée [4]. Les troupes de M. de Lorges, trop peu nombreuses pour opposer une résistance efficace à Montecuculi, se retirèrent encore plus au Sud et prirent position derrière le *Landgraben*, de Châtenois à l'Ill, attendant avec impatience les renforts que devait leur amener Condé, rappelé en toute hâte de Chantilly, « pour faire voir encore une fois aux Impériaux le vainqueur de Nordlingue et de Fribourg [5] ». Entre temps, les Impériaux occupaient Molsheim, Mutzig, Obernai, Rosheim et mettaient le siège devant Haguenau, qu'ils bombardèrent sans succès. Un mouvement offensif, fait par Condé vers la fin d'août, engagea Montecuculi à se porter à sa rencontre, mais aucun des deux champions ne semblait vouloir risquer ses lauriers dans une aventure nouvelle ; tout se borna entre les deux armées à des escarmouches sans gravité autour de Wolfisheim, Lingolsheim et autres localités voisines de Strasbourg, pendant que généraux et diplomates essayaient, de part et d'autre, d'influencer en leur faveur l'attitude de cette ville et, par leurs demandes contradictoires, mettaient le Magistrat dans l'embarras le plus cruel [6]. Le général de Léopold Iᵉʳ essaya ensuite de s'emparer de Saverne, qui résista énergiquement (13 septembre 1675), puis il quitta subitement l'Alsace, afin de se rendre dans le Palatinat, où les ordres de Vienne l'envoyaient pour organiser le siège de Philipsbourg.

1. La lettre était du 17 juillet 1675.
2. Kentzinger, Iɪ, p. 211.
3. Cette fois-ci c'est bien certainement la peur et non pas l'agitation « du parti national allemand », comme le dit M. Lumkemann (*op. cit.*, p. 31), qui détermina la volte-face nouvelle du Magistrat. La campagne de 1674-75 avait singulièrement calmé les sympathies pour les Impériaux.
4. « Halten durchaus keine parolle, » dit Walter, fol. 293ᵃ.
5. *Mémoires de deux voyages en Alsace*, p. 46. L'auteur y donne une description très curieuse de ce camp de Châtenois, et des fêtes que, malgré les maladies, officiers et soldats organisaient dans leurs baraques, ombragées de sapins verts coupés dans les forêts voisines.
6. Reisseissen, *Mémorial*, p. 61-62.

Condé, de son côté, faisait travailler avec toute la hâte possible aux fortifications de Schlestadt et de Haguenau, et, de son camp de Châtenois, envoyait des partis de cavalerie courir le pays, en même temps qu'on lui préparait, près de Marckolsheim, un pont de bateaux qui lui permît de franchir le Rhin au premier signal. La venue de l'hiver arrêta de part et d'autre les opérations actives, qu'on aurait pensé devoir être plus décisives, alors que deux rivaux, si dignes l'un de l'autre, occupaient la scène. Le résultat le plus net de cette seconde année de guerre fut donc pour l'Alsace un surcroît de souffrances, sans aucun profit, même passager ; une foule de villages furent ruinés ou s'endettèrent de la façon la plus lamentable, pour payer les contributions dont ils étaient frappés[1]. Même dans les endroits qui n'avaient pas été directement atteints par le fléau de la guerre, la misère était grande. Les seuls passages des troupes avaient dépeuplé Sainte-Marie-aux-Mines à tel point que le tiers des maisons y était inhabité[2]. Et, perspective lugubre, on avait la certitude absolue que, durant la campagne prochaine, la situation ne changerait guère.

En effet, le printemps venu, le maréchal de Luxembourg vint prendre le commandement de l'armée de Condé, le duc Charles de Lorraine remplaça Montecuculi, mais il n'y eut aucune action de guerre décisive, et par suite tout le poids des contributions et de l'entretien des troupes continua à peser directement sur les communes d'Alsace[3]. Ce ne furent que promenades militaires à travers le pays, déterminées principalement par les phases diverses du siège de Philipsbourg, vivement poussé par les Impériaux, dont plusieurs corps, entrés dans notre province, avaient pour mission d'occuper le duc de Luxembourg et d'empêcher ainsi la délivrance de la forteresse. Dans les premiers jours de juin, il y eut des rencontres assez sérieuses aux environs de Saverne[4] ; ne réussissant

1. Pour les payer, toute une série de localités du comté de Hanau, Brumath, Mittelhausen, Wahlenheim, Krautweiler, etc., furent obligées de mettre en gage les cloches de leurs églises. Kiefer, *Balbronn*, p. 66. Au commencement de l'année 1676, le conseiller de régence de Bouxwiller, Varnbüler, écrivait au bailli de Westhoffen que, depuis deux ans, tout son bailliage n'avait pas fourni un liard aux caisses de la Seigneurie. *Ibid.*, p. 67.

2. État des dommages et pertes éprouvées par les habitants de Sainte-Marie-aux-Mines par suite des passages de troupes en 1675-1676. A.H.A. E. 2056.

3. Plusieurs villages qui se refusèrent à payer, ou ne réussirent pas à le faire, furent livrés aux flammes. Walter, fol. 296 b.

4. On en trouve le récit animé dans une lettre à un ami de Paris, datée

pas à tourner l'armée française, adossée à la montagne, les ennemis
marchent vers Strasbourg, arrachent au Magistrat la permission de
passer le pont du Rhin et l'amènent à accepter le concours éventuel
des troupes brunswickoises pour le cas où les Français attaqueraient les forts sur la rive du fleuve[1]. Luxembourg s'étant replié
sur la Haute-Alsace et sur Brisach, les Impériaux le suivirent,
quand Philipsbourg eut été finalement obligé de capituler après
une brillante défense[2], en septembre 1676, et les contrées limitrophes du Rhin supérieur eurent alors, à leur tour, beaucoup à
souffrir[3].

Mais la misère fut plus grande encore et plus générale en 1677.
L'apparition continuelle des armées ennemies dans les plaines d'Alsace, la difficulté d'en défendre les places fortes, celles de la Basse-
Alsace surtout, contre leurs attaques réitérées, furent pour beaucoup, — il faut le croire, — dans les ordres, donnés par Louvois,
de détruire d'avance un certain nombre de localités qui n'avaient
rien commis pour être traitées d'une si terrible manière. La destruction à peu près complète de Haguenau, dont l'antique *burg*,
bâti par Frédéric Barberousse, fut détruit par la sape, et dont les
maisons furent incendiées par ordre supérieur[4]; le sort non moins
cruel de Wissembourg, qui fut également livré aux flammes, causèrent une violente indignation par tout le pays. Le nom du chef de
partisans La Brosse, chargé de cette répugnante besogne, est
resté tristement célèbre pendant deux siècles en Alsace, jusqu'à
ce que le souvenir plus récent d'incendies plus cruels en ait effacé
le souvenir[5]. Saverne et Bouxwiller, moins malheureux, furent
privés de leurs vieux murs d'enceinte et de leurs fortifications

---

du camp de Saint-Jean-des-Choux, et publiée par la *Revue d'Alsace*, 1856,
p. 470.

1. Walter, fol. 299b.

2. Ce siège est raconté fort en détail dans l'ouvrage de M. Nopp, *Geschichte der Stadt und ehemaligen Reichsfestung Philippsburg* (Spire, 1881),
p. 178-214.

3. L'auteur des *Mémoires de deux voyages en Alsace* a dépeint l'aspect
mélancolique des villages et villettes de la Haute-Alsace, qu'il parcourut peu
après, et qu'il trouva déserts, parsemés de charognes, d'animaux brûlés ou
crevés; quelques chats presque sauvages en étaient les uniques habitants
(p. 49).

4. Cette destruction eut lieu le 10 février 1676. Voy. pour les détails
l'*Histoire de Haguenau*, de M. le chanoine Guerber, I, p. 314-317.

5. « Der Mordbrenner La Brosse; » c'est le seul nom sous lequel les chroniqueurs alsaciens contemporains connaissent cet adversaire énergique et
cruel, p. 229.

nouvelles, mais du moins on ne détruisit pas les cités elles-mêmes[1].

La campagne de 1677, reprise au mois d'avril, ne fit qu'aggraver la situation lamentable de la province. Tandis que l'armée impériale essayait, sans y réussir, d'enlever la Lorraine et les pays de la Sarre au maréchal de Créqui, une seconde armée formée par les contingents des États secondaires de l'Empire et commandée par le duc de Saxe-Eisenach s'approchait de l'Alsace, défendue avec des troupes fort réduites par M. de Montclar. Ce dernier se trouvait aux environs d'Erstein, quand le duc demanda le passage sur le pont de Strasbourg, avec menace de traiter la ville en ennemie s'il essuyait un refus. Bien que Montclar lui eût fait une notification semblable pour le cas où elle céderait aux instances de l'ennemi, la République pliant devant le danger le plus prochain, laissa violer, une fois de plus, la neutralité qu'elle n'avait plus la force de faire respecter, et dans la nuit du 18 juillet 1677, les soldats de Léopold Iᵉʳ pénétrèrent derechef sur le territoire alsacien. Montclar se mit en retraite sur Schlestadt, puis sur Colmar, et finit par s'abriter sous le canon de Brisach, ne se sentant pas assez fort pour arrêter son adversaire. Le duc d'Eisenach put donc occuper Colmar et les campagnes d'alentour, envoyant des partis jusque vers Huningue ; puis, quand le pays eut été rançonné à fond et ne suffit plus à l'entretien de ses troupes, il dut rétrograder, dans les premiers jours de septembre, jusque près de Strasbourg, sous les canons duquel il établit son camp, après avoir été subitement attaqué par Créqui, qui s'était débarrassé des Impériaux en Lorraine[2]. Du 15 septembre au 15 novembre, il y eut, de Brisach à Wissembourg, toute une série de petits combats entre les troupes françaises et de nouveaux adversaires, amenés par Charles de Lorraine, sans que l'on en vînt aux mains d'une façon décisive ; après avoir évolué successivement autour des positions du Kochersberg, de Dachstein et de Châtenois, les Impériaux prirent leurs quartiers d'hiver dans la partie septentrionale de la Basse-Alsace, tandis que Créqui, franchissant inopi-

---

1. Voy. *Jaemmerliche Zerstoerung der uralten bischoeflichen Residenz-Stadt Zabern.* S. l., 1677, 4°, réimprimée dans l'*Alsatia* de Stoeber, année IX, p. 237. — On trouve aussi un tableau émouvant de la misère générale du pays dans le *Seelzagendes Elsass* de Balthasar Han, Alsacien établi à Nuremberg et qui publia son volume à la fin de 1676.

2. « Wie es der Koenig aufnehmen wird, écrivait Reisseissen dans son *Memorial*, lehret die Zeit. Die Frantzosen geben gutte wortt, beschuldigen uns aber hinderwaerts einiger perfidiae » (p. 66). Perfidie, c'est peut-être trop dire, mais il est certain que Louis XIV était en droit de ne pas respecter trop scrupuleusement une neutralité sans cesse oubliée ou rompue au détriment de ses armées.

nément le Rhin, s'emparait de Fribourg en Brisgau, le 16 novembre
1677 [1]. Pendant ces opérations militaires, la ville de Strasbourg
avait subi de nouveau le triste sort d'être également mise à contribution par les deux belligérants ; on avait pillé ses villages, enlevé
les provisions de céréales accumulées dans ses bailliages ruraux.
Aussi les éléments, favorables à la cause impériale, « laissant prédo-
miner leurs passions, » poussaient-ils vivement à la rupture définitive d'une neutralité qui n'était plus, au fond, qu'un mot vide de
sens [2]. Les plus raisonnables parmi les gouvernants, dont Reisseissen, alors ammeistre en régence pour la première fois, déclaraient
par contre qu'il valait encore mille fois mieux voir les campagnes
pillées, dussent-elles même être entièrement ruinées, si telle était
la volonté de Dieu, que de renoncer à cette neutralité dont l'abandon
marquerait l'heure de la ruine absolue et complète de la République. Mais il ajoutait tristement : « *Sed non omnes capiunt hoc* [3]. »
On essayait de calmer la bourgeoisie par des séries de sermons de
pénitence et par des jeûnes solennels [4], et les généraux ennemis par
des ambassades répétées [5]. Les malheureux syndics et secrétaires
d'État des villes d'Alsace purent acquérir, durant ces campagnes,
une rare expérience dans l'art de tourner des compliments à l'adresse
d'adversaires acharnés ; heureux quand ils n'avaient mal placé que
leurs paroles [6] ! Strasbourg s'adressa même aux Cantons helvétiques,
réunis à la diète de Bade, pour solliciter leur intervention [7]; mais
toutes ces démarches ne devaient pas épargner à la ville de nouveaux déboires à l'ouverture de la campagne de 1678.

1. Les lettres du résident français à Strasbourg, M. Dupré, de septembre
à octobre 1677, publiées par Kentzinger (ıı, p. 249-253), montrent bien la colère croissante de la population en même temps que le mépris hautain
du diplomate pour « les gens d'icy ».

2. L'empereur qui venait de faire verser à l'envoyé de Strasbourg à
Vienne, au Dʳ Stoesser, une somme de 45,000 florins, attendait naturellement en échange une action plus prononcée en sa faveur.

3. Reisseissen, *Mémorial*, p. 68.

4. Id., *ibid.*, p. 69-70.

5. Le secrétaire Güntzer est envoyé à Beufeld, pour féliciter Montclar du
succès des armes royales, puis à ıngwiller auprès de Créqui (XIII, 5 sept.
1677). Puis trois délégués du Conseil vont porter les hommages de la ville au
duc de Lorraine, le 29 sept. (XıIı, 10 oct. 1677). Quelques jours plus tard,
envoi simultané de nouveaux compliments à Créqui et au généralissime
impérial (XIII, 24 octobre 1677).

6. Il y eut des incidents presque burlesques; en 1678, le Magistrat de
Landau fit acheter une aiguière en argent massif (*ein lavor mit giesskannen*)
pour l'offrir au duc de Lorraine, mais celui-ci s'étant mis en retraite, les
conseillers de cette ville jugèrent plus prudent de l'offrir à M. de Montclar,
en 1679. (Lehmann, *Geschichte von Landau*, p. 211.)

7. Reisseissen. *Mémorial*, p. 70.

Le nöuveau résident français à Strasbourg, M. de La Loubère, futur ambassadeur à Siam et plus tard encore membre de l'Académie française, demandait au Magistrat une neutralité absolue, démontrée par le refus de toute fourniture de vivres et de fourrages aux Impériaux; l'ammeistre Dominique Dietrich lui ayant fait remarquer, qu'en définitive, Strasbourg, État de l'Empire, ne pouvait refuser absolument toute obéissance à l'empereur, le résident riposta : « C'est précisément de ce que vous agissiez en État de l'Empire que je me plains[1]. » Et dans son discours d'apparat, prononcé quelques jours plus tard devant les Conseils rassemblés, il leur avait fait entendre ces paroles significatives : « Toutes les fois que vous vous montrez un peu partiaux pour les ennemis du Roy, vous blessés le Roy. et c'est une chose peut-être assez délicate de savoir au juste jusqu'à quel point il voudra souffrir d'estre blessé[2]. » Créqui se chargea de traduire ces avertissements en un langage plus facile encore à comprendre. Les deux armées se trouvaient vers la fin de juillet sur la rive droite du Rhin, près de l'embouchure de la Kinzig, tout près de Strasbourg; le maréchal réclama le libre passage sur le pont de la ville, et sur le refus, prévu d'ailleurs, du Magistrat, il ordonna d'attaquer de vive force les retranchements strasbourgeois de Kehl, qui couvraient la tête du pont, le 27 juillet 1678. Les mercenaires suisses, pas plus que les bourgeois de garde, ne purent résister à la pluie de projectiles qui couvraient les deux forts et les évacuèrent précipitamment au moment du second assaut[3].

Quelques semaines auparavant, l'opinion publique dans la ville n'aurait pas été défavorable à une entente avec la France, car La Loubère écrivait à Louvois, le 23 juin, en exagérant quelque peu la note optimiste : « La population dit qu'il est temps de rapprendre les *Compliments de la langue française* et que lorsque compère Louis sera ammeister tout ira bien mieux qu'il ne va. J'ai trouvé des artisans qui ont osé me dire qu'ils voudroient que la ville fût au

---

1. La Loubère à Pomponne, 7 avril 1678. Legrelle, p. 382.
2. Kentzinger, II, p. 260.
3. Reisseissen, qui assistait à la bagarre comme colonel de la milice bourgeoise et qui eut quelque peine à franchir le pont, démoli immédiatement après, affirme que la défense fut peu brillante (*Mémorial*, p. 73). Il existe une plaquette, publiée en allemand et en français sur la prise des forts de Kehl par Créqui, qui a été reproduite en grande partie par le *Mercure galant* d'août 1678, p. 283-325. Le numéro précédent de juillet (p. 64) renferme un logogriphe sur le mot *champignon*, dont la solution en vers fut écrite « sur le dos d'un tambour, au camp près du pont de Strasbourg ».

Roy[1]. » Maintenant l'émotion causée par l'attaque inopinée de
Créqui, les pertes subies, le désir de se venger, la crainte de voir
la ville elle-même assiégée, firent évoluer les esprits dans un sens
contraire. Tout en négociant avec Créqui une demande de dédommagements que le maréchal acceptait d'ailleurs en principe, le
Magistrat adressait une demande de secours au duc de Lorraine,
qui s'empressait d'envoyer à la ville les colonels Piccolomini et
Mercy, avec promesse d'une garnison suffisante. Ces troupes
arrivèrent dans les premiers jours d'août et là-dessus la République
se déclara pour l'empereur, à la condition que les Conseils seraient
libres de faire partir les garnisaires quand bon leur semblerait et
qu'ils en auraient le commandement supérieur. Créqui répondit
en s'emparant également des redoutes strasbourgeoises situées sur
la rive gauche du Rhin, et Charles de Lorraine profita de l'émoi
causé par ce nouveau fait de guerre pour augmenter le corps de
troupes, établi dans la ville, jusqu'au chiffre de 3,400 hommes[2].
Néanmoins, le Magistrat continuait toujours les négociations avec
Créqui, craignant non sans raison le courroux du roi. Mais finalement la nouvelle arrivant de Vienne que l'Espagne, l'Angleterre
et les Pays-Bas allaient tenter un sérieux effort contre Louis XIV,
et l'envoi de 15,000 thalers de nouveaux subsides vinrent renforcer
le sentiment un peu vacillant des devoirs à remplir vis-à-vis de
l'Empire, et le 18 août 1678 une proclamation des Conseils apprenait
aux habitants que le gouvernement s'était prononcé pour une alliance
ouverte avec Léopold[3]. Créqui, dont le quartier général était alors
à Obermodern, fit afficher le 25 août dans toutes les localités de la
Basse-Alsace un *Manifeste* contre Strasbourg, qui défendait, sous
peine de mort, tout rapport avec la ville ennemie et prononçait la
confiscation de ses biens[4]. Des escarmouches incessantes eurent
lieu, durant les mois suivants, presque aux portes de la ville; le
Neuhof et la Hohwart, situés dans sa banlieue, furent incendiés par
des partis français et, de la redoute du Péage, un boulet de canon

1. Legrelle, *Louis XIV et Strasbourg*, p. 525. Je ne puis croire que le
nombre d'artisans *strasbourgeois*, capables de faire des aveux aussi périlleux
à un diplomate étranger, ait été bien considérable, étant donné la situation
de la République à ce moment précis.
2. Pour les détails, voy. le *Mémorial* de l'ammeistre Reisseissen, p. 74-78.
3. Reisseissen a résumé (p. 77) tous les arguments (« alle rationes pro et
contra ») produits dans les séances des 14 et 15 août, pour et contre
cette grave décision.
4. La ville fit réimprimer le manifeste de Créqui avec une réfutation
(*Kurtze jedoch grundliche Widerlegung*, etc.), datée des 21-31 août, dans
laquelle elle exposait et justifiait sa manière d'agir.

vint frapper la façade de la cathédrale, le 17 octobre 1678[1]. Aussi trouvait-on déjà que ce n'était pas la peine d'entretenir une garnison si considérable, si les bailliages ruraux devaient néanmoins payer de lourdes contributions de guerre aux Français[2]; déjà la population, toujours surexcitée, toujours changeante dans ses dispositions, regrettait presque les décisions antérieures quand, le 10 février 1679, arriva la nouvelle que la paix entre Louis XIV et Léopold Iᵉʳ avait été signée à Nimègue, le 5 février précédent[3]. Quelques jours après, les hostilités furent interrompues de part et d'autre, en Alsace, et bien que les contributions de guerre fussent exigées encore jusqu'en avril[4], on se sentit pourtant indiciblement soulagé après cinq années de misères, plus ruineuses peut-être pour la province que la guerre de Trente Ans, parce qu'elles ont été continuelles. La paix fut solennellement proclamée dans les carrefours de Strasbourg, le 27 avril, et le 1ᵉʳ juin une imposante cérémonie religieuse associa la population tout entière aux sentiments de reconnaissance éprouvés par les gouvernants[5]. Les plus perspicaces d'entre ces derniers n'étaient pas rassurés d'ailleurs; il leur semblait que cette paix tant désirée ne serait qu'une trêve, et qu'il convenait de s'en réjouir en tremblant[6].

Depuis la mort de Turenne, la guerre avait présenté peu d'intérêt au point de vue militaire; elle n'avait pas eu, du moins en apparence, un caractère plus décisif au point de vue politique. Mais, en réalité, le succès incontestable était du côté de la France. Ce que les forces réunies de l'Empire n'avaient pu lui arracher en cinq campagnes, ce que le nouveau traité, confirmant ceux de Westphalie, lui abandonnait à son tour, devait sembler irrévocablement acquis. Sans doute les ambiguïtés voulues du texte primitif ne fûrent pas officiellement interprétées par l'instrument de paix de Nimègue. Mais puisque aussi bien possession valait titre, la couronne

---

1. Grandidier, *Essais sur la Cathédrale*, p. 140. Le fait parut si étrange, que le boulet fut encastré dans l'édifice, avec une longue inscription commémorative. Les Strasbourgeois ne se doutaient pas alors que cent quatre-vingt-douze ans plus tard, il en pleuvrait par centaines sur l'édifice sacré, et non point par l'effet du hasard.

2. Reisseissen, *Mémorial*, p. 84.

3. XIII, 30 janvier 1679. Il ne faut pas oublier que Strasbourg, comme tous les États protestants de l'Empire, n'avait pas encore adopté le calendrier grégorien. On y était donc en retard de dix jours.

4. Reisseissen, *Mémorial*, p. 85.

5. Id., *ibid.*, p. 87.

6. « Da dieser Friede ein Interimsfrieden scheine und man sich mit zittern trewen müsse, » est-il dit au procès-verbal des XIII, 22 mai 1679.

de France ne risquait plus de rencontrer de contradicteurs, au
moins en Alsace, dans l'interprétation qu'elle avait toujours donnée
au traité de Munster. La Décapole, dont les cités étaient partiellement réduites en cendres, n'avait plus qu'à accepter ce qu'il plairait
à son grand-bailli d'ordonner à son égard. Un seul État de l'Alsace
pouvait songer encore à invoquer sa situation légale d'État de l'Empire ; la petite République de Strasbourg avait été protégée une fois
encore, dans cette longue lutte, par ses fortifications et par son voisinage de la frontière, mais elle était à bout de forces et se sentait à
la merci d'une attaque, déjà facile, et certainement méditée dès
lors [1]. En même temps que le Magistrat envoyait le syndic Christophe Guntzer à Paris, pour féliciter le roi sur la paix de Nimègue [2],
il faisait partir en secret l'avocat-général Binder pour Vienne, afin
d'y solliciter des secours en argent et en soldats, pour le cas où
cette agression se produirait à l'improviste [3]. Mais Strasbourg aussi,
était évidemment condamné à subir bientôt la loi commune. Malgré
les réclamations assez timides des commissaires impériaux, les
plénipotentiaires français avaient catégoriquement refusé d'insérer au
traité quelque paragraphe réservant son indépendance séculaire.
Aucun des trente-six articles de l'accord du 5 février 1679 ne prononçait même le nom de l'Alsace. L'interprétation donnée jadis au
traité de Munster par les États de l'Empire avait aussi peu changé
sans doute que celle de la France [4], mais elle perdait infiniment
de sa valeur, après qu'une longue guerre n'avait pas réussi à la traduire dans la pratique.

Quant à Louis XIV, il n'attendait certainement que le calme
sur les frontières pour mettre à exécution tout un ensemble de me-

1. Le 21 septembre 1678, Louvois écrivait à Créqui : « Je vous dirai que
le Roi persiste à ne vouloir point que vous attaquiez Strasbourg *cette campagne* » (Legrelle, p. 411). On voit que ce n'était qu'une question de temps
pour le ministre qui préférait continuer encore un peu « le jeu du chat et
de la souris », — le mot, absolument exact, est de M. Legrelle, — avant de
s'emparer d'une proie qui ne pouvait plus lui échapper.

2. Archives municipales de Strasbourg, A.A. 1365.

3. Reisseissen, *Mémorial*, p. 89. Aussi Binder fut-il poursuivi par la colère
de Louvois; on lui fit comprendre que s'il ne changeait pas d'opinions ,il s'en
trouverait mal. «*Man hat ihm*, dit son biographe, *von einer Retirade auf die
Festung Quincpercurantin, in denen aeussersten Seekusten der... Bretagne,
angcfangen zu sprechen.*» (Reisseissen, p. 200.) Il se tint pour dit et quitta
le service de la ville pour celui de Francfort. (XIII, 14 sept. 1682.)

4. La décision du 10 février 1680, et la longue déduction adressée en leur
nom, de Ratisbonne, le 27 juillet 1680, le prouvent jusqu'à l'évidence. Voy.
A. Fritsch, *Adnotamenta ad pacificationem Noviomagensem*, Francofurti,
1697, 4°, p. 72-78, et p. 110-117.

sures radicales, destinées à briser les velléités de résistance qu'il pouvait rencontrer encore en Alsace. Le duc de Mazarin, ce grand-bailli ridicule dont Condé dénonçait naguère l'incapacité et le manque de prestige, dut donner sa démission, tout au moins temporaire[1], et il fut remplacé par Joseph de Ponts, baron de Montclar, commandant pour le roi dans la Haute et Basse-Alsace, militaire énergique et ne connaissant que sa consigne. Celui-ci vint prendre possession de sa charge dans les différentes villes de la Décapole, au courant du mois de septembre 1679; comme le Magistrat de Colmar essayait une dernière résistance, en alléguant qu'il n'était pas encore délié de ses serments de fidélité par l'empereur, Montclar fit avancer quelques bataillons de troupes et menaça de les établir comme garnisaires dans la ville ; cela suffit pour faire évanouir toute opposition ultérieure. Les villes jurèrent d'être fidèles à Sa Majesté Très-Chrétienne, leur gracieux seigneur et souverain protecteur, de reconnaître Son Excellence le baron de Montclar pour leur grand-bailli légitime, et de lui obéir en toutes choses licites et dues[2]. A ces conditions le nouveau dignitaire leur confirma leurs anciens droits et privilèges, qui désormais ne pouvaient plus offusquer personne.

Au mois de novembre de la même année 1679, le Conseil supérieur de Brisach, rabaissé jadis au rang de sous-ordre du Parlement de Metz, rentrait dans son indépendance primitive comme cour suprême, sans recevoir toutefois le nom de parlement[3]. On alléguait pour ce changement des raisons d'ordre pratique, qui ne laissaient pas d'être fondées, mais qui l'avaient été de tout temps ; le vrai motif, c'était qu'on allait avoir besoin de quelques arrêts souverains, qui seraient en même temps de précieux services[4]. Louvois était venu en personne, dans le cours de l'été, inspecter les places fortes de l'Alsace, donner des ordres pour leur extension, et surtout décider la construction des fortifications de Huningue, qui devaient empêcher les troupes allemandes de pénétrer dorénavant dans le pays, le long des frontières helvétiques. Il déclara catégoriquement aux envoyés de Strasbourg, venus à Schlestadt pour le

1. Il est probable qu'on lui promit dès lors son retour en charge en des temps plus calmes, comme cela arriva en 1691.
2. Serment de Landau, des 16-26 sept. 1679, dans Fritsch, *op. cit.*, p. 70. La formule était partout la même.
3. Voy. l'Administration de la justice, au livre III.
4. Le Conseil fut réinstallé par une pompeuse harangue de l'avocat général François Favier, le 22 décembre 1679. (*Ordonnances d'Alsace*, I, p. 75.)

complimenter, que les troupes françaises ne quitteraient le territoire de la ville que lorsque les derniers Impériaux l'auraient quitté
à leur tour[1], et chargea le nouveau résident, Jean Frischmann,
jeune, de surveiller activement la conduite de la République[2]. Celui-
ci put constater en effet, non seulement le départ des ennemis,
mais encore le renvoi de la plupart des compagnies suisses, que le
Magistrat ne savait plus comment payer. La demande, faite un peu
plus tard, par le nouveau gouverneur de la province, de raser
les fortifications près du pont du Rhin[3], achevait d'assurer l'impuissance militaire de Strasbourg, dont « la conqueste seule, ainsi que
l'avait dit Condé, en 1675, peut asseurer l'Alsace et l'empescher de
tomber à la longue » entre les mains de l'ennemi.

Il n'y avait donc plus d'opposition matérielle à craindre nulle
part; aussi la « justice du roi » se mit-elle résolument à l'œuvre.
Dans la seconde moitié du mois de janvier 1680, toute une série
de seigneurs et de villes de la Basse-Alsace, détenteurs de fiefs
relevant de la préfecture de Haguenau, de la prévôté de Wissembourg, etc., étaient cités pour justifier de leurs titres féodaux et
pour prêter hommage au roi, comme souverain de toute l'Alsace;
c'étaient le margrave de Bade, le duc de Deux-Ponts, le comte palatin de Veldence, les barons de Fleckenstein et de Sickingen, le
comte de Linange et d'autres encore. Les uns essayèrent de faire
plaider leurs droits, les autres demandèrent un délai pour préparer
leur défense; d'autres encore refusèrent de reconnaître la juridiction de la cour de Brisach. L'avocat-général établit devant cette dernière, à grand renfort d'une érudition, parfois sujette à caution, —
alors que le droit de conquête aurait suffi, — que toutes les villes,
bourgs et villages situés dans la Basse-Alsace étaient de souveraineté royale et que les détenteurs et possesseurs devaient s'en dé-
sister et en quitter la possession au roi[4]. Le Conseil, par son arrêt
du 22 mars 1680, déclara cette souveraineté constante, « malgré les
faits de possession immémoriale et de plusieurs siècles, allégués
par aucuns des défendeurs », enjoignit aux habitants des dits lieux
de reconnaître le roi pour leur seul souverain et monarque, et leur
ordonna de prêter incessamment à Louis XIV le serment de fidé-

1. Reisseissen, *Mémorial*, p. 88.
2. Voy. sur ce personnage vaniteux et dont les prétentions amenèrent,
dès son arrivée, des conflits désagréables dans la « société » strasbourgeoise, mes notes à Reisseissen (p. 90), d'après les procès-verbaux du Conseil
des XIII.
3. XIII, 10 janvier 1680.
4. *Ordonnances d'Alsace*, I, p. 85.

lité. Il décréta de plus que les armoiries royales seraient placées sur les portes des villes et sur leurs maisons communes[1].

L'émoi fut grand quand cet arrêt fut publié par toute l'Alsace. Les protestations affluèrent à Ratisbonne; mais que pouvaient la diète et l'empereur, épuisés par une longue guerre, et menacés d'une autre guerre, du côté de l'Orient? On ne s'inquiéta donc pas de ce qui pourrait s'y décider en vaines paroles, et dès mai et juin 1680, les opérations du Conseil supérieur furent reprises[2]. La première série des *réunions* avait été surtout prononcée contre des princes et seigneurs de l'Empire possessionnés également en dehors de l'Alsace. Avec quelques autres princes étrangers, c'était maintenant le tour des anciens États de l'Alsace elle-même : l'évêque, la ville de Strasbourg, les comtes de la Petite-Pierre et de Hanau-Lichtenberg, la Noblesse immédiate de la Basse-Alsace, le duc de Wurtemberg-Montbéliard, l'abbé de Murbach, les terres lorraines situées dans la province, etc. Par les mêmes arguments, tirés de l'interprétation des traités de Westphalie, les défendeurs, comparants ou non, furent déclarés faire partie du domaine royal et sommés de reconnaître le roi comme leur souverain maître et seigneur; ils étaient déclarés déchus de tous leurs droits, s'ils ne se faisaient donner l'investiture de leurs terres dans les trois mois. L'arrêt du 9 août, dont il était impossible, en fait, et défendu, en droit, de faire appel, consacrait la prise de possession suprême, et pour les téméraires qui auraient songé à en contester la valeur juridique, la confiscation de leurs territoires d'Alsace[3].

A partir de cette date, les gens du roi s'en tinrent à la thèse sommaire et facile à défendre, lorsqu'on a une armée victorieuse à ses ordres, que toute opposition dans le pays ne pouvait plus être qu'un acte de rébellion, et devait être punie comme tel. L'avocat général de Strasbourg, le Dʳ Imlin, avait vainement protesté devant le Conseil de Brisach contre la main-mise sur les bailliages ruraux de la ville[4]; c'est en vain qu'on envoya plus tard Guntzer à l'in-

---

1. Pour tout le détail des plaidoiries, voy. *Ordonnances d'Alsace*, I, p. 83-88.

2. C'est à dessein que nous n'employons pas ici le terme consacré de *Conseil souverain*, qu'on donne d'ordinaire à la Cour de Brisach; ce titre, parfois usurpé par elle dès le XVIIᵉ siècle, ne lui fut en réalité acquis qu'assez tard au XVIIIᵉ. *Officiellement* elle s'appelait alors le *Conseil supérieur* de Brisach.

3. Pour les détails des plaidoiries, etc., voy. *Ordonnances d'Alsace*, I, p. 92-94.

4. Ce sont ces plaintes, si timides à la fois, et si légitimes, que M. Legrelle a caractérisées, dans un moment d'humeur, « d'âpres revendications strasbour-

tendant de La Grange, pour obtenir au moins un sursis. Ce dernier vint en personne surveiller la mise en place des armoiries royales dans les villages de la République[1], et quand l'agent de la ville à Paris, le sieur Beck, se permit de présenter à Louvois quelques timides observations sur ces procédés sommaires, l'irascible ministre l'apostropha d'une si brusque façon : « Eh bien, Messieurs de Strasbourg ne sont-ils pas encore en repos[2] ? » qu'il lui fit passer toute envie de continuer la conversation.

La plupart des intéressés, qui n'avaient pas d'autres terres au soleil que celles d'Alsace, se résignèrent à se soumettre pour ne pas tomber dans la misère ou partir pour l'exil; quelques-uns, plus obstinés ou plus courageux, virent leurs biens occupés et leurs revenus saisis, sans que leurs protestations ni celles de la diète de Ratisbonne parvinssent à émouvoir les agents de l'autorité royale. Strasbourg fit bien paraître une « *Déduction succincte et bien fondée*, faisant voir les raisons pourquoy les terres de la République de Strasbourg, situées en Basse-Alsace, ne peuvent ni ne doibvent estre comprises sous la souveraineté de la Couronne de France[3] », mais sans obtenir aucune atténuation de l'arrêt. Dès l'automne, l'intendant lui fit bien voir que pour lui il n'y avait plus d'État libre dans la province, en assignant les bailliages de la ville en quartiers d'hiver aux troupes royales, comme s'ils étaient de sa juridiction[4].

Une attitude bien caractéristique en toute cette affaire des *réunions*, fut celle de l'évêque de Strasbourg, François-Égon de Furstemberg. Sa position était singulièrement délicate; son frère Guillaume n'avait été relâché par Léopold Iᵉʳ, d'une longue captivité, qu'après la paix de Nimègue; lui-même possédait, sur la rive droite du Rhin, des bailliages que le chef de l'Empire aurait pu saisir à son tour, s'il s'était montré trop empressé pour la France. En habile homme qu'il était, l'évêque réussit à louvoyer entre deux dangers et sut plaire à Louis XIV sans trop déplaire à l'empereur.

geoises » (p. 458). C'est renverser singulièrement les termes d'un problème historique, alors que lui-même a écrit ailleurs, que « la France s'efforçait avec une dextérité patiente, comme à l'aide d'un lazzo, d'attirer tous les jours un peu plus de son côté une ville abandonnée à elle-même » (p. 262).

1. Le 27 septembre 1680. Voy. mes notes au *Mémorial* de Reisseissen (p. 100), où sont cités les détails d'après les procès-verbaux des Conseils.
2. XIII, 4 novembre 1680.
3. Strasbourg, 1680, 4º. Elle a paru aussi en allemand et a été réimprimée par Schrag dans son volume, *Libertas Argentoratensium*, p. 69-76.
4. La lettre de protestation, ou plutôt l'humble requête adressée à ce sujet à Louvois (Kentzinger, II, 289), n'eut aucun succès.

« Sire, écrivait-il au premier, dans le courant de l'automne 1680, je me scaiz par mille sortes de raisons l'homme du monde le plus obligé à souhaitter à Votre Majesté et à sa Couronne toute sorte de grandeur et de prospérité. J'ay aussi peu dessein d'impugner en mon particulier les raisons et fondemens qui peuvent avoir porté Votre Majesté à prendre possession actuelle de la souveraineté de toute l'étendue de l'Alsace, depuis Basle jusqu'à Spire, nonobstant toutes les oppositions et remonstrances que l'Empereur et l'Empire ont faites à l'encontre…, qu'il m'est permis de les approuver, ou de rien faire qui puisse en aucune manière choquer et contrevenir au serment de fidélité que j'ay presté à l'Empereur… lorsque j'ay esté élu évêque de Strasbourg, sans que Votre Majesté s'y soit en aucune façon opposée. » François-Égon continuait en disant qu'il laissait aux deux souverains le soin de démêler entre eux la question principale de « la souveraineté directe et supérieure » de l'Alsace, et qu'il se bornait, pour son compte, à exposer au roi ses griefs personnels, en l'avertissant humblement que s'il ne les exauçait point, il exposerait « à la risée de ses ennemis un des princes d'Allemagne qui se sont le plus sacrifiés pour sa gloire ». Il suppliait en conséquence Louis XIV de lui confirmer sa juridiction spirituelle, le droit de collation des bénéfices, la juridiction temporelle, la levée des impôts, péage sur le sel, redevances sur les juifs, ainsi que le droit de battre monnaie. Il demandait encore l'exemption des charges de guerre, le payement des bois coupés sur ses terres pour les fortifications de Brisach et celui des étapes dues à ses sujets depuis plusieurs années[1].

L'évêque n'ignorait pas qu'il pouvait demander beaucoup, parce que le roi, commençant à pencher vers la dévotion, sans renoncer encore aux plaisirs du monde, était très désireux de l'appui du clergé catholique en ses domaines d'Alsace et tout disposé à le payer à son prix. A ce même moment, en effet, l'on écrivait de Paris à l'Électeur palatin, que le roi appuyait Mgr l'évêque de Strasbourg dans ses prétentions sur le pont du Rhin, les murailles et la cathédrale de sa ville épiscopale, « cette cour estant très mal satisfaite de la ville, et le bruit commun est que tôt ou tard, elle lui donnera sur les doigts ». Et le 10 novembre 1680, il était dit dans une autre missive, venue de la capitale : « On ne doute pas que

---

1. Cette pièce, non datée, mais qui ne peut se rapporter qu'à l'automne 1680, se trouve aux Archives de Saverne ; elle a été publiée par l'*Ecclesiasticum Argentinense* (Strasbourg, Leroux, 1891). Supplém., p. 53-59.

cette ville ne reçoive guarnison, sinon française, du moins de leur evesque, qui n'a point d'autres troupes que celles de Sa Majesté [1]. »

Il est permis de conclure de ces bruits, répandus dans les sphères diplomatiques et même dans le grand public, que, dès la fin de l'année 1680, l'opinion générale était que la question d'Alsace et de la soumission totale de la province allait être vidée par l'occupation, violente ou pacifique, de la dernière place qui ne reconnût pas encore la suprématie royale. Le silence absolu de Montclar, qui vint visiter Strasbourg vers la fin de 1680, et qui ne répondit mot aux délégués des Conseils, alors que ceux-ci lui parlèrent de leur neutralité future [2], a dû les impressionner plus encore que des menaces. A la même date environ, l'envoyé de l'empereur à la cour de Versailles racontait dans ses dépêches que les ministres du roi avaient catégoriquement averti la ville qu'elle ne continuerait à jouir de ses antiques libertés que sous la protection du monarque [3].

La population de Strasbourg elle-même fut, à son tour et, pour ainsi dire officiellement, entretenue de la situation désespérée de la République. Dans le sermon d'apparat, prêché le 13 janvier 1681, lors du renouvellement annuel des autorités, le docteur Sébastien Schmidt, président du Convent ecclésiastique, disait à ses auditeurs : « L'année qui vient de s'écouler a été celle d'une paix très incertaine et troublée, et tous ceux qui y ont réfléchi un peu plus sérieusement ont passé chaque jour de cette année en suspens entre la crainte et l'espérance. Non seulement ceux qui ne nous veulent pas de bien se sont déjà réjouis de notre ruine, qu'ils considèrent comme certaine, mais ceux-là même qui nous vouaient quelque affection jusqu'ici ont à peu près désespéré de notre maintien et de notre conservation [4]. » Un gouvernement qui autorise que l'on parle sur ce ton aux masses déjà troublées, a perdu, bien évidemment, tout espoir de salut.

La Noblesse immédiate de la Basse-Alsace, qui n'avait pas, pour se protéger, les murailles d'une importante forteresse, capitula plus

1. Ces deux extraits figurent parmi les papiers de l'archiviste Louis Schnéegans, déposés à la Bibliothèque municipale ; mais je n'ai pu retrouver de quel fonds de son dépôt il les avait tirés. Strobel dans son *Histoire d'Alsace* (V, p. 123) cite le premier passage, en ajoutant simplement : Archives municipales.

2. XIII, 28 décembre 1680.

3. Dépêche citée par Lorenz et Scherer, *Geschichte des Elsasses* (3ᵉ édition), p. 378.

4. *Jus politiae sanctae... den 13 Jenner 1681 gehaltene Rathspredigt*, von Dᵣ Sebastian Schmidt. Strassburg, Spoor, 4ᵛ.

vite encore que Strasbourg. Des lettres patentes du roi avaient transféré le siège de son Directoire de cette dernière ville dans la petite localité de Niederehnheim ou Nidernai. C'est là que ses membres, protégés, — et peut-être effrayés, — par les dragons du baron d'Asfeld, bivouaquant dans les prairies voisines, se résignèrent, le 12 mai 1681, à prêter le serment d'obéissance qu'on leur réclamait; entre les mains de l'intendant La Grange, et à recevoir de lui la confirmation de leurs privilèges[1]. L'un des plus dociles adhérents du nouveau régime, le baron Frédéric de Wangen, qui revenait de Saint-Germain, où Louvois l'avait souvent reçu, fut nommé président du Directoire et chevalier d'honneur du Conseil supérieur d'Alsace. *Sic itur ad astra*, écrivait tristement dans son journal l'ammeistre Reisseissen, *aut verius de libertate in servitutem*[2].

Dans la situation présente des affaires de l'Europe, il ne pouvait y avoir aucun doute sur l'issue du dernier acte qui restait à mettre en scène par les armes françaises en Alsace. Ce qui arriva ne fut, à vrai dire, une surprise pour aucun de ceux qui suivaient d'un œil un peu attentif les mouvements sur l'échiquier de la diplomatie, et rien n'était plus facile que de prophétiser le résultat de la partie[3]. Les mesures militaires du gouvernement français furent prises avec une habileté consommée et avec toute la rapidité discrète qu'un pouvoir fortement organisé mettra toujours dans des entreprises de cette nature. Quant à des mesures politiques, il n'y avait guère à en prendre. L'état d'impuissance absolue dans lequel se trouvait la petite République les rendait parfaitement inutiles, d'autant plus qu'elle n'avait aucun secours à attendre de qui que ce fût au dehors. Il faut avoir un besoin maladif de mêler la légende à l'histoire, pour répéter encore, — comme on le fait parfois, — tous

---

1. Reisseissen, *Mémorial*, p. 101.

2. Id., *ibidem*, p. 101.

3. Dans le *Mercure galant*, un poète anonyme publiait, — il est vrai qu'elle ne parut que dans le numéro de *novembre* 1681, et qu'elle peut donc avoir été faite *après coup*, comme tant d'autres prophéties, — la pièce suivante :

> « D'un projet si juste et si beau
> » Quel succès devons-nous attendre?
> » Sans quelque miracle nouveau
> » Strasbourg pourrait-il se défendre?
> » Non, non, le grand Louis sera toujours vainqueur;
> » Sa prudence ni sa valeur
> » Ne trouvent jamais d'obstacles,
> » Et c'est un point de foy qui n'est que trop constant.
> » Quoy que puisse le Protestant,
> » Il ne peut faire de miracles. »

les bruits ineptes répandus alors, et plus tard, sur les complots
mystérieux et la trahison d'une partie des magistrats de la ville
libre. Les historiens allemands les plus disposés à voir partout des
machinations perfides de la France, ont fini par reconnaître que la
« trahison de Strasbourg » était un mythe[1] et qu'on ne rencontre
nulle part la moindre trace de ces odieuses menées secrètes, dont
ils nous parlaient autrefois[2]. Pourquoi donc se serait-on donné tant
de mal ? Comment une ville, aux remparts délabrés, disposant de
quelques centaines de mercenaires suisses mal payés et de quelques
milliers de bourgeois absolument déshabitués du maniement des
armes, aurait-elle pu songer à s'exposer à toutes les horreurs d'un
siège et d'une prise d'assaut, alors qu'il n'y avait pas, à cinquante
lieues à la ronde, un seul régiment prêt à lui venir en aide ? On
parle bien, parfois, des levées que préparait l'empereur, et l'on
s'est donné la peine de réunir tous les faits divers que pouvaient
contenir à ce sujet la *Gazette de France* ou les *Relations véritables*
de Bruxelles[3] ; mais je ne saurais admettre pour cela qu'on
« armât sérieusement autour de la ville », ni surtout que ces armements, si tant est qu'ils fussent autre chose que des recrutements
individuels peu nombreux, aient eu en vue une action offensive. A
ce moment, où il avait encore à lutter contre les Hongrois, où les
Ottomans s'agitaient déjà, Léopold ne pouvait pas songer à attaquer
la France, et les États de l'Empire n'en avaient pas plus envie que
lui. Ils avaient peur de Louis XIV ; leur attitude après la prise de
Strasbourg en est la preuve évidente, car si l'opinion publique
s'indigna de cet acte par toute l'Allemagne, si elle réussit à mettre
en mouvement les libellistes et les diplomates, elle ne put ébranler
les armées. Plus nous avons étudié, depuis vingt ans, les dossiers

1. Voy. par ex. Lorenz et Scherer, p. 379.
2. La légende, qui avait pris naissance dès le lendemain de la capitulation
et qui alla se répétant à l'infini, durant deux siècles, des deux côtés du
Rhin, a revêtu les formes les plus fantasques. On peut renvoyer les curieux,
pour l'affirmative, au mémoire de Henri Scherer, *Der Verrath Strassburgs
an Frankreich im Jahre 1681*, dans le *Historisches Taschenbuch* de Rau-
mer, nouvelle série, tome IV, Leipzig, 1843, pour la négative au volume de
M. Legrelle, p. 531-542. — Naturellement ceux-là même qui croient à la *corruption* du Magistrat de Strasbourg n'admettent pas pour cela le roman
absurde du jeune Chamilly envoyé par Louvois sur le pont de Bâle pour y
voir passer un homme en culottes jaunes, dont le geste aurait annoncé que
le susdit Magistrat s'était vendu, roman inventé par l'auteur anonyme de
Paris, Versailles et les Provinces au XVIIIᵉ siècle (Paris, 1809, t. I, p. 109)
et souvent reproduit depuis.
3. Legrelle, p. 516-517.

relatifs à cette affaire, plus notre conviction s'est fixée à cet égard. Il n'y a eu ni trahison formelle, ni même lâcheté pusillanime, de la part des gouvernants de la petite République[1]. La résignation, une résignation préparée de longue date et par de cruelles épreuves, imposée par la force des choses, tel fut, pour les Strasbourgeois d'alors le trait dominant de cette catastrophe finale. Les uns la saluèrent avec un calme plus philosophique, d'autres même avec une certaine indifférence. Quelques-uns peut-être supputèrent les profits à tirer d'un changement aussi considérable ; beaucoup en ressentirent des regrets profonds et durables. Mais aucun de ceux qui, de près ou de loin, détenaient quelque parcelle du pouvoir, Conseil des Treize, Grand Sénat, Assemblée des Échevins, ne se vendit ; aucun non plus ne songea sérieusement à une résistance impossible. Ils crurent plus digne d'eux et d'un passé souvent glorieux, de préserver dans leur chute, autant qu'il était en leur pouvoir, ce qu'on pouvait conserver encore des libertés politiques et religieuses à la cité.

Tout le monde connaît les détails principaux de la capitulation de Strasbourg[2]; il est donc inutile de les présenter autrement que très en raccourci, dans notre résumé historique. Le 26 septem-

---

1. Cette conviction est devenue plus solide encore depuis que nous savons l'origine première de ces rumeurs de trahison. Chose bizarre, c'est Louvois lui-même qui conseilla tout d'abord aux envoyés français à la conférence de Francfort, à MM. de Harlay et Saint-Romain, dans une lettre du 3 octobre 1681, de faire *soupçonner* à leurs collègues que l'affaire avait été concertée avec le Magistrat de la ville (van Huffel, p. 132) et le 14 octobre, Louis XIV lui-même écrivait à M. de Verjus (Legrelle, p. 619) : « Il est bon que vous fassiez répandre le bruit qu'il ne s'y est rien fait (à Strasbourg) que de concert avec les habitants. » Par un juste retour des choses, c'est sa propre réputation qui a le plus souffert des faux bruits qu'il se plaisait à répandre.

2. Outre les brochures et les récits contemporains, dont une relation publiée par la ville elle-même, le *Mercure galant*, les *Lettres* de Pellisson, le *Mémorial* de Reisseissen, on consultera surtout avec profit le recueil de M. Alph. Coste, *Réunion de Strasbourg à la France, documents inédits* (Strasbourg, 1841, 8°), et le volumineux et savant travail de M. Aug. Legrelle, qui a réuni tant de documents nouveaux sur la matière (4e édition, Paris, 1884, 8°) et les a si bien mis en œuvre. La brochure de M. Armand Weiss, *Le 30 Septembre 1681, étude sur la réunion de Strasbourg à la France* (Paris, Berger-Levrault, 1881, 8°) est un bon résumé sur la question. Celle de M. Rathgeber, *Zur Geschichte der Strassburger Kapitulation von 1681* (Strassburg, Schultz, 1882, 8°) ne renferme rien de nouveau. On fera bien de confronter les récits français que nous venons de citer avec les études critiques de M. Erich Marcks, professeur à l'Université de Leipzig, *Zur Geschichte von Strassburg's Fall im Jahre 1681* (*Zeitschrift f. Gesch. d. Oberrheins*, N. F., t. V, p. 1-28) et *Ludwig XIV und Strassburg*, dans la revue berlinoise *Nord und Sud*, vol. 51, 1887, qui donnent la manière de voir allemande actuelle.

bre 1681, Louvois avait quitté la cour en secret pour accourir en
Alsace. Déjà le baron de Montclar avait reçu les ordres du roi pour
investir la ville, et le 28 à deux heures du matin, le tocsin de la
cathédrale annonçait aux bourgeois effarés que les troupes françaises, sous le baron d'Asfeld, avaient occupé les redoutes situées
entre la ville et le Rhin. Le Magistrat ayant fait demander des explications à Montclar, celui-ci leur annonça l'intention du monarque
de s'emparer de la cité et les informa que M. de Louvois serait
rendu le lendemain à Illkirch, village appartenant à la République,
et situé à quelques kilomètres de Strasbourg. Dans l'entrevue qu'ils
eurent en ce lieu, à la date indiquée, avec le tout-puissant ministre,
les délégués des Conseils apprirent de sa bouche qu'il comptait sur
la reddition de la ville pour le lendemain, à sept heures du matin,
et que s'ils s'avisaient de résister, tout serait brûlé et passé au fil
de l'épée[1]. Ils demandèrent un délai de quelques heures, pour consulter au moins les représentants de la bourgeoisie, « en considération de leur état démocratique ». La journée se passa en discussions solennelles entre les membres des Conseils, en prières
publiques pour les masses, mais le calme fut complet dans les rues.
« Je n'y ai jamais remarqué une aussi grande tranquillité, » écrivait,
ce jour même, le résident Frischmann à Louvois[2]. L'avocat général Frantz rédigea à la hâte un mémoire qui fut soumis à l'assemblée des échevins et dans lequel, expliquant l'impossibilité
absolue de toute défense sérieuse, il concluait à l'acceptation de la
loi du vainqueur, en sauvegardant au moins les intérêts matériels
et l'autonomie intérieure de la cité[3]. Dans une lettre à l'empereur
Léopold, également datée du 29 septembre et qui, d'ailleurs, ne
parvint pas à son adresse, le Magistrat déclarait qu'il ne voyait
d'autre moyen d'échapper à la ruine que de s'en remettre à la
volonté de Dieu[4]. Le 30 septembre, ses députés soumettaient à
Louvois et à Montclar, porteurs des pleins pouvoirs de Louis XIV,
le texte d'une capitulation qui plaçait Strasbourg sous la protection
du roi, en lui confirmant ses droits, coutumes et privilèges, avec

---

1. « Der (Louvois) die herren deputirte hart tractirt und gesagt, wann man
sich nicht den andern tag...ergeben würde, so were kein genad mehr vorhau-
den und würde die statt mit feur und schwerdt in grund verderbt werden. »
Reisseissen, *Mémorial*, p. 102.

2. Van Huffel, p. 129.

3. Ce texte a été publié pour la première fois par M. Marcks dans la
Zeitschrift für Gesch. des Oberrheins, N. F., tome V, p. 23.

4. Coste, *Réunion*, p. 102.

mention spéciale de la levée et de l'emploi des impôts, du régime
municipal traditionnel, des institutions ecclésiastiques et universi-
taires et des fondations charitables[1]. Toutes les demandes à peu
près furent accordées, telles qu'elles avaient été formulées par les
députés de la République. Louvois exigea seulement que la cathédrale fût rendue au culte catholique, que l'arsenal avec sa riche
artillerie fût livré au roi, qu'une garnison française fût établie dans
la ville, et que les procès dépassant en importance mille livres
pussent aller en appel devant la Cour de Brisach. On a prétendu
quelquefois[2] que Louvois avait apporté cette capitulation toute
faite, dressée d'avance par suite d'une entente avec certains au
moins des gouvernants de Strasbourg, et l'on a vu là une preuve
de plus des menées déloyales dont nous parlions tout à l'heure.
Assurément il n'était pas difficile à des hommes d'expérience, à des
jurisconsultes renommés comme l'étaient les conseillers et les
avocats-généraux de la ville, de rédiger en quelques heures le
document fort court et fort simple qui fut présenté à Louvois. Il
n'y a d'ailleurs qu'à examiner le brouillon de la capitulation, tel
qu'il est conservé aux Archives municipales[3], avec ses ratures et
ses encres différentes, pour se convaincre de la fausseté de cette
hypothèse[4]. Pourquoi aurait-on changé dans ce cas quatre des
articles, pourquoi en aurait-on laissé passer d'autres, que le nouveau régime s'efforcera d'annuler ou d'affaiblir bientôt ? Il y a une
explication infiniment plus naturelle à cette prompte entente ; c'est
la satisfaction profonde de Louvois d'avoir acquis la grande forteresse alsacienne sans effusion de sang, sans conflit toujours
possible dans un moment de désespoir ; en homme pratique, à condition de tenir la ville par une garnison, il se hâta de concéder
tout le reste, afin de pouvoir écrire au roi quelques heures plus tôt :
« Sire, Strasbourg est à vous ! »

La capitulation signée, les régiments français pénétrèrent en
ville, dans l'après-midi du même 30 septembre 1681, et campèrent
sur les places ou furent logés chez l'habitant, sans qu'il se produisît
aucun désordre. Le 3 octobre, Louis XIV, qui suivait lentement avec
toute sa cour la route de l'Alsace, pour visiter sa conquête prévue,

---

1. Le texte de la capitulation dont il existe également un fac-similé très
exact, publié à Strasbourg en 1871, a été réimprimé dans de nombreux ouvrages. On le trouve chez Coste (p. 108) et chez Legrelle (p. 56).
2. Ainsi dernièrement encore Rathgeber, *Zur Capitulation*, p. 69.
3. Arch. munic. de Strasbourg, A.A. 23.
4. C'est aussi l'opinion de M. Marcks, *Beitraege*, p. 17.

confirma solennellement à Vitry le document auquel il devait donner
bientôt tant d'interprétations arbitraires. Le 4 octobre, le Magistrat
prêtait le serment de fidélité entre les mains de M. de Montclar et
de M. de Chamilly, le nouveau gouverneur de la ville. Le 14 du
même mois, les délégués des Conseils allaient à la rencontre du roi,
qui était arrivé à Schlestadt, et s'agenouillèrent devant lui pour lui
rendre hommage. Il les reçut, dit la relation officielle du *Mercure
galant*, « avec cet air engageant et meslé de majesté qui luy gagne
tous les cœurs »; puis « Sa Majesté leur fit voir une partie des
choses qui avaient esté préparées pour les assiéger, s'ils luy avaient
refusé l'hommage qu'ils luy devaient. Elle fit mettre le feu à une
carcasse ; on la tourna vers un village ruiné et abandonné, dont
ce qui restait fut réduit en cendres ». Les députés, en revenant,
étaient, toujours d'après l'officieux narrateur, « charmez du Roy et
adjoutèrent que ce qu'ils avoient veu estoit beaucoup au-dessus de
ce qu'on leur avoit dit, tant de sa personne que de ses forces[1] ».

Avant que le roi fît son entrée à Strasbourg, on y vit une autre
entrée solennelle, qui fut certainement pénible à l'immense majorité de ses habitants[2]. L'évêque François-Égon de Furstemberg fit
son apparition première dans la cité hérétique le 20 octobre, avec
tout l'apparat officiel dont les représentants de l'autorité royale
purent entourer l'auxiliaire dévoué de leur maître. L'ensemble ne
paraît pas cependant avoir fait grande impression sur le public, car
un futur collègue en épiscopat, l'abbé Fléchier, qui se trouvait alors
dans la nouvelle capitale de l'Alsace, écrivait à Mᶫᶫᵉ Deshoulières
que le prélat était entré « dans une espèce de char de triomphe,
suivi d'un grand nombre de carrosses, assez semblables à des chariots, remplis de toutes sortes de gens ramassés, mais en récompense les tambours et les trompettes faisaient beau bruit[3] ». Il

---

1. *Mercure galant*, octobre 1681, p. 355.
2. Je ne m'explique pas que M. Legrelle, si bien informé d'ordinaire, ait
pu écrire (p. 571) que le roi de France « avait le plus grand intérêt à ne se
présenter aux Strasbourgeois qu'aux côtés et sous le patronage historique »
du prince-évêque. Si quelqu'un était détesté à Strasbourg, — où ne vivaient
d'ailleurs que quelques douzaines de protégés et pas un *bourgeois* catholique, — c'était François de Furstemberg, « cet héritier des anciens souverains ecclésiastiques du pays, dépossédés peu à peu et bannis de leur propre
capitale ». Il y avait alors *quatre cent vingt ans* que les Strasbourgeois
avaient expulsé l'évêque Gauthier de Geroldseck, et depuis ils n'en avaient
plus reconnu un seul comme *souverain!*
3. Aug. Stoeber, *Voyages en Alsace*, p. 46. Les relations officielles sont
moins laconiques et moins dédaigneuses que celles du futur évêque de
Nimes. Il y en a une très étendue. « L'entrée en la ville de Strasbourg et la

avait fallu que Louvois écrivît à M. de Chamilly : « L'intention de
Sa Majesté est que *vous obligiez* le Magistrat d'aller faire des compliments à M. l'evesque de Strasbourg¹ » pour que les représentants de la cité se résignassent à présenter leurs hommages à l'un
de leurs pires ennemis.

Puis ce fut le tour du monarque qui fit son entrée solennelle le
23 octobre, entouré de la famille royale, des dignitaires de la cour
et de sa maison militaire, dans un carrosse doré, traîné par huit
chevaux, au son de toutes les cloches de la cité et au milieu du
bruit assourdissant des salves tirées par près de trois cents canons,
toute l'artillerie de l'ancienne République, réunie pour la dernière
fois. Après avoir reçu les humbles « soumissions » du Magistrat
devant la porte des Bouchers, le roi visita d'abord les travaux déjà
ébauchés par Vauban sur l'emplacement de la nouvelle citadelle,
qui devait couvrir la ville du côté du Rhin², puis il se rendit à
l'hôtel des margraves de Dourlach qui devait lui servir momentanément de résidence, au milieu de l'empressement et de la joie inex-
primable du peuple, si nous en croyons les chroniqueurs de la
presse officieuse du temps. « Les plus faibles demeuraient presque
étoufez dans la foule, et depuis le plus petit jusques au plus grand,
ce n'estoient que cris de : Vive le Roy, mêlez de mille éloges à la
gloire de cet auguste monarque³. »

On peut affirmer, sans crainte de se tromper, que cet enthousiasme bruyant, qui n'avait aucune raison d'être et dont les sources
locales ne savent rien, ne fut pas le fait de la population strasbourgeoise, mais, — en admettant qu'il se soit réellement manifesté de
la sorte,— le fait de la foule des campagnards accourus des villages
voisins de l'évêché de Strasbourg, pour participer à ce qu'on leur
représentait comme une revanche tardive, mais éclatante, du long
triomphe de l'hérésie. C'est en effet dans ces sphères-là, et dans
ces sphères seulement, que la joie fut grande à la nouvelle de la

réconciliation de la grande Église audit Strasbourg faite par Mgr l'évêque,
etc., en l'année 1681, » aux Archives de la Basse-Alsace, G. 198.

1. Lettre de Louvois à Chamilly, Brisach, 18 octobre 1681. Coste. *Réunion*, p. 136.

2. Peut-être aussi devait-elle, dans le principe, la séparer du fleuve et de
l'Allemagne, et la contenir au besoin. L'auteur anonyme du *Prodigium et
Elogium perfidiæ... Strasburgensis* la comparait à la citadelle bâtie autrefois par Gessler pour dompter les gens d'Uri : « ita castellum novum Zwing-
Strasburg, id est flagellum et jugum Strasburgensium merito nominari
potest » (p. 41).

3. *Mercure galant*, novembre 1681, p. 374.

reddition de Strasbourg. « Puisse le Tout-Puissant accorder sa grâce afin que cette action inespérée, très miraculeuse, profite à toute l'Alsace, notre patrie et à la tranquillité universelle ! » s'écriait le receveur de l'abbaye d'Ebersheimmunster dans son *Journal ;* et il ajoutait, comme pour exprimer encore plus clairement sa pensée intime : *Summus Coeli Rector prosperet, conservet, et in omne aevum continuare faciat actum opusque tam salutare Religionique Catholicae proficuum*[1] !

Ce trait distinctif des cérémonies officielles s'accentua davantage encore le lendemain, quand Louis XIV vint visiter la cathédrale, purifiée et « réconciliée » à la hâte, et fut reçu sur ce parvis, où tant de princes et de puissants monarques avaient passé dans le cours des siècles, par l'évêque entouré de son Chapitre, et par tout le clergé mitré de la province. François-Égon, se comparant au vieillard Siméon, alors qu'il recevait l'Enfant-Jésus au Temple de Jérusalem, remercia le monarque de « pouvoir quitter le monde avec beaucoup de consolation », se voyant remis par ses mains royales en possession de l'antique édifice « dont la violence des ministres de l'hérésie » l'avait tenu si longtemps exilé. Il termina le *Te Deum* qui suivit, « pendant lequel le Roy et la Reine se tinrent à genoux... avec leur dévotion et piété ordinaires, en donnant à Leurs Majestez sa dernière bénédiction en particulier[2] »..

L'alliance du trône et de l'autel se scella ce jour-là d'une manière éclatante, mais non pas précisément au profit de la couronne, comme c'est d'ailleurs le cas dans la plupart de ces alliances enregistrées par l'histoire. Dès le 26 octobre, comme pour bien faire voir aux indifférents et aux ambitieux quelle serait dorénavant la voie la plus assurée pour gagner les faveurs royales, on célébrait dans la même enceinte l'abjuration solennelle de la sœur de l'ex-résident Frischmann, en présence de la reine, de la dauphine et d'une « assemblée noble et nombreuse[3] ».

Quand tout ce bruit de fêtes fut évanoui, quand les lampions offi-

---

1. *Chronique* de F. Th. Rothfuchs, receveur de l'abbaye d'Ebersheim-munster, *Revue d'Alsace*, 1888, p. 85 et 87.
2. Coste, *Réunion*, p. 139 et suiv.
3. C'est Fléchier qui reçut l'abjuration de cette « fort jolie demoiselle », comme il le raconte lui-même. « Vous m'auriez vu, dit-il à Mˡˡᵉ Deshoulières, revêtu pontificalement, pour faire l'office d'un patriarche, prêcher, bénir et absoudre, présage certain de ce que je dois être sur mes vieux ans. » — Voy. aussi la lettre si caractéristique de Chamilly à Louvois, écrite dès le 5 décembre 1681, sur les menées du grand-vicaire pour amener des conversions. Coste, p. 153.

ciels furent éteints, il resta dans Strasbourg une population labo-
rieuse et soumise aux lois, qui ne songea pas un instant à la révolte,
non seulement parce qu'elle était désarmée[1], mais parce qu'elle en
comprenait l'inutilité absolue. Encore étourdie par le coup du sort
qui venait de l'atteindre, elle ne pouvait se rendre bien nettement
compte des conséquences multiples et souvent imprévues de la capitulation du 30 septembre. Plus naïve encore que ses gouvernants,
elle s'imaginait que l'ancien état de choses allait subsister absolument avec toutes ses traditions séculaires, et que, sous le protecto-
rat de la France, s'ouvrait une ère de prospérité matérielle pour la
nouvelle *ville libre royale*[2]. Ce dernier espoir seul devait se réaliser
de la façon la plus brillante[3]. Mais pour ne pas mentir à la vérité
historique, il faut répéter qu'il n'y eut dans cette population, décimée et lassée par tant d'années de guerres à peu près continuelles,
ni les violentes explosions de douleur patriotique que racontent certains écrivains d'outre-Rhin, ni les scènes d'enthousiasme imaginées
ou préparées peut-être par les courtisans de Louis XIV. Le *Mercure
galant* allait jusqu'à raconter à ses lectrices que les habitants de
Strasbourg allaient quitter « leurs manières de s'habiller pour
prendre celles de France. Rien ne sçaurait mieux marquer, ajoutait-il, qu'ils ont le cœur tout français[4] ». Pour l'historien sincère et
qui s'efforce d'oublier les questions brûlantes du jour, il ne peut
exister de doute sur les sentiments intimes de la majeure partie des
citoyens de la petite République. Ils n'avaient pas appelé l'annexion
de leurs vœux, ils s'y résignèrent,— et parmi ceux qui se rallièrent
les premiers à l'ordre de choses nouveau, beaucoup le firent dans
des vues égoïstes et pour satisfaire des ambitions personnelles. Mais

1. Sur ce désarmement général, qui s étendit aux pistolets de poche, voy.
Coste, p. 137.
2. C'est ce que Reisseissen, l'un des chefs les plus influents du Magistrat,
espérait lui-même. Il écrivait dans son journal, le lendemain de la capitulation : « Tout l'ancien état de choses doit subsister, et j'espère qu'en remplacement de la liberté, nous recouvrerons au moins la prospérité de notre
commerce entièrement ruiné. » *Mémorial*, p. 103.
3. Nous n'avons pas à parler ici des atteintes successives portées à la
capitulation, ces faits appartiennent à l'histoire *particulière* de Strasbourg ;
nous renvoyons à ce chapitre.
4. *Mercure galant*, janvier 1682, p. 235. — Lebas et Saint-Just avaient-ils
relu le *Mercure* quand ils lancèrent leur célèbre arrêté du 5 brumaire de
l'an II : « Les citoyennes de Strasbourg sont invitées de quitter les modes
allemandes, puisque leurs cœurs sont français ? » Cette fois, du moins, l'affirmation répondait à la réalité des faits, mais plus d'un siècle avait passé et
des générations successives s'étaient assimilées de plus en plus à la patrie
française.

il ne faut pas oublier non plus que, malgré l'apparence démocratique de la constitution, les masses n'avaient en réalité que des
droits politiques fort illusoires, que le pouvoir était, depuis près
d'un siècle, entre les mains d'une oligarchie très fermée. Il ne faut
pas oublier surtout qu'au XVIIᵉ siècle on ne consultait guère les
villes et les provinces sur les changements de maître que leur
octroyait la Providence et auxquels les foules se pliaient avec une
humilité sincère qui fait heureusement défaut aux générations de la
démocratie moderne. Il ne serait pas équitable non plus, de ne pas
appuyer sur ce fait que la politique française était poussée en avant
par la force même des choses. Ce n'était pas pour les quelques
lieues carrées de terrain, directement soumises aux Habsbourgs, que
les Bourbons avaient soutenu près d'un demi-siècle la lutte dont ils
sortaient maintenant victorieux, et leurs adversaires eux-mêmes les
auraient traités de naïfs s'ils s'étaient contentés en Alsace de ce qu'ils
prétendaient leur offrir. Du moment qu'elle franchissait les Vosges,
la France ne trouvait une frontière solide et facile à défendre que
sur les bords mêmes du Rhin. Strasbourg lui était absolument indispensable pour assurer la paix de la nouvelle province, exposée sans
ce boulevard, à des incursions perpétuelles [1]. C'est après cette dernière conquête seulement que Louis XIV a pu faire donner à la mé-
daille frappée à l'occasion de l'achèvement de la citadelle de Strasbourg et du fort de Kehl, l'exergue connu : *Clausa Germanis
Gallia* [2].

On peut dire que l'occupation de Strasbourg et le transfert de
l'administration générale de l'Alsace dans cette ville, déjà centre
politique, intellectuel et commercial de toute la région depuis des
siècles, met définitivement fin à l'histoire politique, proprement dite,
du pays. Il ne retrouve son unité, ou plutôt il ne la trouve, — car
l'Alsace n'avait été jusque-là qu'une expression géographique, —
qu'au moment de perdre ce qui lui reste d'indépendance et de s'absorber dans l'unité française. Absorption partielle, il est vrai, qui
laisse une large part aux traditions du passé dans la vie publique,
et qui n'empêche pas des souverains étrangers d'y posséder de

---

1. Louvois ne se contenta pas d'ailleurs de fortifier Strasbourg ; il faut lire
sa lettre du 28 juin 1684, dans laquelle il insiste sur la nécessité de mieux
couvrir la Haute et Basse-Alsace, en fortifiant Belfort, Huningue et Fort-
Louis. Voy. Rousset, *Histoire de Louvois*, III, p. 342.

2. V. Berstett, *Versuch einer Münzgeschichte des Elsass*, Freiburg, 1840,
4°, p. 84. — M. A. Schultze le reconnaît également d'ailleurs: « *Ohne
Strassburg*, dit-il, *war im Elsass kein Souverainetaetsrecht zu erhalten.*»
(*Ludwig Wilhelm von Baden*, I, p. 410.)

vastes territoires sous la suzeraineté de la couronne de France. Mais il n'en est pas moins certain que la période de la conquête est close, que celle de l'assimilation, plus longue et plus difficile, commence. Celle-là, nous n'avons plus à la raconter ici, dans ce tableau préliminaire et d'ensemble. Pour autant qu'elle rentre dans le cadre de ce travail, qui s'arrête à la fin du XVIIᵉ siècle, on en trouvera les éléments indiqués aux différents chapitres de l'ouvrage qui traitent de la situation particulière et de l'administration des différents territoires alsaciens, de leur développement économique, de l'état intellectuel et moral, enfin de la situation religieuse du pays.

Pour achever cette esquisse générale de l'histoire d'Alsace au XVIIᵉ siècle, il suffira de mentionner rapidement les quelques faits qui s'y rapportent, depuis la capitulation de Strasbourg jusqu'à la paix de Ryswick.

L'occupation de la ville libre en pleine paix eut un retentissement énorme en Europe, et si dans l'Allemagne protestante surtout l'émotion fut profonde, la cour de Vienne et la diète de Ratisbonne ne furent pas moins sensibles à cette agression qui montrait en quelle médiocre estime Louis XIV et son ministre tenaient les forces de l'Empire[1]. Mais le peu de cohésion des membres de ce grand corps inerte, la situation particulièrement difficile de l'empereur Léopold, qui luttait contre une insurrection hongroise, gratuitement provoquée par son absolutisme politique et religieux, et qui voyait poindre à l'horizon l'invasion ottomane, empêchèrent, dès le début, toute action énergique de leur part. La France s'empressa d'ailleurs de gagner les esprits incertains ou timides en offrant de traiter dans des conférences spéciales la question des *réunions* pour écarter à l'avenir tout nouveau motif de méfiance et de querelles avec ses voisins. Lorsque le Congrès de Francfort fut ouvert le 2 janvier 1682, ses plénipotentiaires proposèrent de fixer d'un commun accord les frontières réciproques et de rendre à l'Autriche Fribourg si l'Empire rendait, de son côté, Philipsbourg démantelé à l'évêque de Spire. M. de Verjus proposait en même temps à la diète de Ratisbonne de renoncer, au nom de son maître, à tous les territoires *réunis* en dehors de l'Alsace, à condition que la diète reconnût la légalité des autres réunions, y

---

1. Le nombre des pamphlets et des pièces de vers publiés sur et contre la *trahison de Strasbourg* est considérable. L'un des plus curieux de ces documents est intitulé *Prodigium et Elogium perfidiæ ac ignaviæ Strasburgensis olim civitatis imperialis nunc municipii gallici*, imprimé à Schweidnitz, en 1683, 4°. Tout récemment, M. K. Hoelscher a publié une brochure assez intéressante, *Die œffentliche Meinung in Deutschland über den Fall Strassburgs, 1681-1684.* (Munich, Kaiser, 1896, 8°.)

comprise celle de Strasbourg. Beaucoup d'entre les princes voisins, l'électeur palatin, ceux de Mayence, de Trêves et de Cologne,
proposaient de négocier sur cette base. L'empereur essaya par
contre de former une ligue spéciale des États d'Empire et signa
même avec plusieurs d'entre eux un traité particulier à Laxenbourg[1], mais l'opposition de membres influents de la diète fit
échouer ses projets, Les négociations n'avançaient guère non plus
du côté de Francfort, et le 1ᵉʳ décembre 1682, le Congrès se sépara
sans avoir abouti[2]. Cependant l'arrivée des Turcs devant Vienne,
la prise de Luxembourg par Louis XIV, et d'autres motifs encore amenèrent finalement Léopold et la diète à signer à Ratisbonne, le 15 août 1684, une trêve, qui devait durer vingt ans et
laissait *provisoirement* à la France Strasbourg, Kehl, et en général
les terres *réunies* en Alsace avant le 1ᵉʳ août 1681. Le roi s'engageait par contre à rendre toutes les autres. Mais rien n'avait encore
été fait quand éclata la guerre de la succession du Palatinat, à l'avènement de la branche palatine de Neubourg. On sait que Louis XIV
voulut profiter du changement de dynastie pour agrandir l'Alsace
et les territoires de la Sarre vers leur frontière septentrionale. On
sait aussi comment l'Europe répondit à ces nouvelles prétentions,
élevées par une ambition qui ruinait elle-même son œuvre en l'exagérant, par la conclusion de la ligue d'Augsbourg. En juin 1686,
l'empereur, la Suède, l'Espagne, de nombreux États de l'Empire
se coalisèrent pour opposer une barrière à ces envahissements toujours nouveaux, qui ne laissaient à l'Europe aucune perspective de
paix. L'irritation s'accrut encore en Allemagne quand le roi voulut arracher au Saint-Siège la confirmation de l'élection du prince-
évêque de Strasbourg, Guillaume-Égon de Furstemberg[3], au siège

1. Le traité de Laxenbourg (près de Vienne) fut signé le 10 juin 1682.
2. Un des adversaires les plus prononcés de la politique de Louis XIV,
M. Aloys Schulte, accorde qu'à ce moment il ne recherchait nullement
la guerre et que c'était un parti puissant à la cour de Vienne qui préparait un conflit général. (A. Schulte, *Ludwig Wilhelm von Baden*, I, p. 45.) Si
les efforts de Léopold restèrent vains, c'est d'ailleurs avant tout à lui-même
qu'il devait s'en prendre. M. Schulte l'appelle « un noble prince réunissant
toutes les vertus d'un particulier ». Mais il nous semble qu'un homme capable d'écrire à son confesseur : « Oh Padre mio, come detesto il dover
prendere delle risolutione ! » manquait de toutes celles absolument nécessaires à un souverain. (Lettre de Léopold au R. P. Marco d'Aviano,
17 janvier 1693. Schulte, *op. cit.*, I, p. 8.)
3. François-Egon était mort « avec une entière résignation », le 1ᵉʳ avril 1682,
à Cologne, où il fut inhumé ; mais « son cœur, ses deux yeux et sa langue
furent transportés à Strasbourg ». (Description de la cérémonie par le vicaire
général Lambert de Laer. Arch. Basse-Alsace, G. 198). Son frère, Guillaume

électoral de Cologne, afin d'avoir un instrument docile de sa politique sur la frontière même des Pays-Bas. On connaît aussi la cruelle campagne du Palatinat qui, plus que toutes les violences passées, rendit odieux, au delà du Rhin, les noms de Louvois et de Mélac, la destruction de Mannheim, l'incendie du château de Heidelberg, le pillage et la profanation des cathédrales de Worms et de Spire. On sait comment Guillaume d'Orange entra dans la lutte à son tour, renversa Jacques II d'Angleterre, l'unique allié de Louis XIV, et joignit les flottes britanniques à celles de la République des Provinces-Unies pour écraser à la Hogue cette brillante marine française, victorieuse jusque-là. La reprise de l'Alsace par la maison d'Autriche fut un des buts poursuivis durant cette longue lutte qui, pendant neuf années, ensanglanta les contrées rhénanes. Nous ne songeons pas à la raconter ici, car si notre province en fut l'enjeu, du moins elle n'en fut pas le théâtre. Grâce à la prise de Strasbourg, aux nouvelles fortifications de Huningue, de Kehl, de Fort-Louis et de Landau, établies ou élargies par Vauban, l'Alsace resta à peu près indemne, alors que les territoires voisins furent affreusement ravagés. Sans doute, elle eut à souffrir par de nombreux passages de troupes, elle dut fournir de grandes quantités de fourrages et de vivres, ainsi que d'innombrables corvées de travailleurs, mais, à part le pillage de Wissembourg, elle n'eut à subir qu'une seule fois l'insulte de quelques corps de hussards impériaux, « auxquels la soif de pillage donnait des ailes » et qui coururent la Basse-Alsace jusqu'aux portes de Haguenau, en 1694, et ne laissèrent pas d'y répandre une violente panique[1]. Strasbourg ne vit d'ennemis dans ses murs que comme prisonniers[2] et les innombrables *Te Deum* chantés à la cathédrale et dans les temples protestants[3] pour les victoires de Catalogne, de Flandre et de Savoie,

Égon, lui succéda au mois de juin suivant. Ce prélat dont le *Mercure galant* faisait un si pompeux éloge à son avènement (juin 1682, p. 298-300) restera mieux connu par le portrait qu'en a tracé Saint-Simon (I, p. 80-82), et où revit ce diplomate habile, « lourd, grosset, mais de beau visage, aussi peu évêque que possible », dominé par sa maitresse, « hommasse comme un Cent-Suisse habillé en femme » et qui le fit mourir dans la pauvreté, bien qu'il eût 700,000 livres de rente. ‑

1. Reisseissen, *Mémorial*, p. 177. Le rapport d'un de leurs colonels, sur l'effroi et la fuite des paysans se trouve dans le *Journal* du margrave de Bade, à la date du 19 août. A. Schulte, *Ludwig Wilhelm von Baden*, II, p. 169.

2. *Ibid.*, p. 178.

3. Le *Mémorial* de Reisseissen énumère consciencieusement toutes ces fêtes, illuminations, etc., de 1690 à 1694. Voir *passim*.

démontrèrent à sa population la supériorité constante des armées royales.

Les plénipotentiaires des belligérants se réunirent enfin au châ- teau de Ryswick, près de La Haye, et c'est là que fut signé, le 30 octobre 1697, le traité de paix entre Léopold Iᵉʳ et Louis XIV, qui décidait, une fois de plus, du sort de l'Alsace. Les négociations avaient été longues, et il s'y était produit de singulières péripéties. Au commencement, l'espoir des Impériaux de rentrer en possession de Strasbourg était si grand que l'on formulait déjà les prétentions les plus exagérées au sujet des affaires alsaciennes. Les États du Cercle de Souabe avaient ordonné à leur chargé d'affaires, le Dʳ Kulpis, ancien avocat-général de la République, de réclamer pour eux le droit alternatif de présidence, le commandement en chef de la province pour le margrave Louis-Guillaume de Bade, la prestation d'un serment d'allégeance à l'empereur (serment que Strasbourg refusait depuis des siècles aux souverains du Saint- Empire), la libération de la Décapole, la restitution de tous les biens ecclésiastiques enlevés aux protestants, etc. On ne discutait même pas, entre commissaires de Léopold et des États de l'Empire, la question de savoir si Strasbourg devait être demandé ou plutôt accepté par eux ; la *quaestio an* était en effet tranchée à leurs yeux, les plénipotentiaires français ayant offert de laisser à l'empe- reur le choix entre Luxembourg et la métropole de l'Alsace, s'il se décidait avant un terme fixé d'avance. On ne discutait sérieusement que la *quaestio quomodo,* les uns penchant pour la réclamer *in statu occupationis,* c'est-à-dire telle qu'elle se trouvait au moment de la capitulation, avant la construction de la citadelle, etc., les autres préférant l'accepter telle quelle, *in statu praesenti.* Pendant que les défenseurs de ces deux opinions s'en tenaient avec une opiniâtreté presque ridicule à leur manière de voir, et que quelques États seulement, plus raisonnables, suppliaient en vain leurs col- lègues d'accepter la ville *modo quocunque*[1], le temps se passait ; les habiles négociateurs français réussirent à rompre le faisceau, si compact jusque-là, de la coalition. On fit agir les influences reli- gieuses, si puissantes à la cour impériale ; dès le mois d'avril, l'en- voyé de l'électeur de Saxe, M. de Friese, écrivait à sa cour qu'une des raisons pour lesquelles « les zélotes de Vienne » inclinaient à accepter un équivalent pour Strasbourg, était la peur « que cette ville ne fût mise dans son premier état pour la religion, les catho-

1. Aloys Schulte, *Markgraf Ludwig Wilhelm von Baden,* I, p. 418.

liques ayant trop de peine à consentir à ce que le ˜Collège des Jésuites, établi depuis la guerre, soit ôté et l'église cathédrale rendue aux protestants[1] ». Ces scrupules s'accentuant, on ajourna toute décision finale ; les négociations séparées avec l'Angleterre, les Pays-Bas et l'Espagne s'accélérèrent au contraire, et la paix avec ces trois puissances fut,— très inopinément pour Léopold,— signée dans la nuit du 20 au 21 septembre 1697. La date fixée jadis à l'empereur pour faire son choix étant passée, tout danger sérieux étant écarté par la retraite de ses alliés, Louis XIV ne voulut plus entendre parler d'une cession quelconque en Alsace, et force fut à l'Empire de se résigner et d'accepter ce qu'il voulait bien abandonner sans contrainte.

L'article IV du traité de Ryswick rendait à leurs anciens possesseurs tous les territoires réunis, situés en dehors de l'Alsace ; mais ceux qui revenaient à l'électeur palatin étaient si peu nettement circonscrits dans l'article VIII que ce traité de paix devint précisément la source d'interminables conflits au sujet des « bailliages contestés » entre Seltz et Landau, conflits qui se prolongèrent durant la majeure partie du XVIIIe siècle. Au dernier moment, le 28 octobre 1697, les négociateurs français, pressés par l'électeur palatin Jean-Guillaume, fervent catholique, par le nonce du pape à Paris Delfini et par l'envoyé toscan Salviati[2], certains d'ailleurs de répondre aux volontés de leur maître, faisaient ajouter à l'article IV la clause : *Religione tamen catholica*, etc., qui obligeait les parties contractantes *restituées* à maintenir les conversions forcées des quinze dernières années, et contre laquelle les États de l'Empire protestèrent en vain[3]. L'article XVI enregistrait la renonciation formelle et perpétuelle de l'empereur et de l'Empire à la ville de Strasbourg, dont le nom devait être effacé de la matricule du Saint-Empire romain[4].

---

1. A. Schulte, *op. cit.*, I, p. 374. Voy. aussi sur toutes ces curieuses intrigues l'extrait du *Diarium* de M. de Greiff, du 3 août 1697. Schulte, II, p. 300.

2. Le grand-duc de Florence était le beau-frère de l'électeur.·

3. « Religione tamen Catholica Romana in locis sic restitutis, in statu quo nunc est, remanente. »

4. L'opinion publique en Allemagne protesta contre cette cession par une brochure très curieuse *Reflexiones eines getreuen Patrioten*, etc. S. loc., 1697, 4°, réimprimée chez A. Fritsch, *Tabulae pacis... Reswyci initae*, Francofurti, 1699, 4°, p. 263-304. — Sur l'histoire du traité et ses détails on peut consulter aussi J. C. Neuhaus, *Der Friede von Ryswick und die Abtretung Strassburg's an Frankreich*, Freiburg i./B., Herder, 1873, in-12°, ouvrage rédigé d'après la correspondance du prince-évêque de Munster, Fréd. de Plettenberg, avec son frère, le chanoine Ferdinand de Plettenberg, son plénipotentiaire au congrès.

Les articles XVIII à XXIV stipulaient la reddition de Kehl, de Fribourg-en-Brisgau et de Brisach, et la démolition de la Ville-Neuve
de Saint-Louis, près de cette dernière forteresse, ainsi que celle
des têtes de pont de Huningue et de Fort-Louis. L'article XVII avait
accordé aux habitants de Strasbourg le droit d'émigrer, en emportant leurs meubles et en vendant leurs immeubles, en dérogation à
une ordonnance royale, enregistrée à Brisach le 12 juillet 1685, qui
défendait l'émigration des Alsaciens « si contraire à leur devoir
naturel et de si dangereux exemple », à peine de confiscation de
corps et biens[1].

Contrairement à une opinion assez généralement répandue jusqu'à nos jours, les plénipotentiaires allemands évitèrent de reconnaître dans ce traité les droits de la France sur l'Alsace. Aucune
énonciation dépassant les concessions faites au congrès de Munster
ne fut admise par eux dans l'instrument de paix de Ryswick, et le
litige restait donc ouvert, à leurs yeux, au point de vue purement
juridique s'entend, aucune des deux parties adverses ne reconnais-
sant à l'autre le droit d'interpréter unilatéralement des textes, vieux
déjà d'un demi-siècle et contestés dès le premier jour.

Le Magistrat de Strasbourg célébra la conclusion de la paix par
de grandes réjouissances populaires[2]. Il informa M. de Barbezieux
de son intention d'envoyer une députation à Versailles pour exprimer au roi sa joie de ce que Strasbourg restait uni à la France,
grâce aux stipulations du traité[3]. Mais il n'y en eut pas moins un
certain nombre de notables citoyens qui vit avec un profond chagrin
se terminer ainsi cette guerre dont ils avaient attendu leur retour à
l'ancien régime. On craignit surtout de voir redoubler désormais
dans les villes et dans les campagnes les chicanes et même les persécutions religieuses[4]. Quand la signature du traité fut connue,
« les principales familles firent mine, au dire de Reisseissen, de
quitter d'ici[5], et le mouvement parut assez contagieux au marquis

---

1. *Ordonnances d'Alsace*, I, p. 150.
2. Un peu tard, il est vrai, car elles n'eurent lieu,— nous ignorons pourquoi, — que le 8 février 1698. Reisseissen, *Memorial*, p. 182.
3. Le ministre, tout en exprimant la satisfaction de Sa Majesté de cette
louable intention, fit savoir au Magistrat qu'Elle le dispensait de cette
preuve d'obéissance. (Arch. municipales, A.A. 1918.)
4. C'était là la grande préoccupation : les raisons de sympathie politique
n'ont guère influé sur le grand nombre.
5. Reisseissen, *Mémorial*, p. 182. Le digue ammeistre qui, pour sa part,
continuait à exercer une influence considérable dans les affaires de la ville,
et savait se plier aux circonstances, sans précisément s'en réjouir, n'avait

d'Huxelles, commandant militaire de la province, pour qu'il suppliât le roi de vouloir bien confirmer solennellement la capitulation de 1681, afin d'empêcher beaucoup de personnes de qualité et de distinction d'émigrer. Louis XIV chargea M. de Barbezieux d'écrire une lettre officielle, confirmant tous les privilèges de la ville ; cette pièce fut lue dans la séance des Conseils du 10 mai 1698, et le gouverneur, qui s'y était rendu en personne, assura ses auditeurs « que le roi ne voulait rien changer à leur religion, ni le R. P. La Chaise non plus, et qu'on n'y toucherait en rien dans cette ville [1] ». Ces promesses solennelles calmèrent les inquiétudes de la majorité des habitants, mais n'empêchèrent pas cependant un certain nombre d'entre eux de dénoncer leur droit de bourgeoisie [2]. Le plus connu de ces émigrants fut le docteur Frédéric Schrag, professeur de droit public à l'Université, et qui fut nommé plus tard assesseur à la Chambre impériale de Wetzlar. C'est de sa plume érudite et passionnée que sont sortis, durant la guerre de succession d'Espagne, les deux volumes bien connus des collectionneurs de curiosités alsatiques, la *Nullitas iniquitasque reunionis Alsatiæ,* dirigée contre les arrêts du Conseil de Brisach, et la *Libertas Argentoratensium stylo Rysvicensi non expuncta.* Ces deux recueils de documents, accompagnés de déductions juridiques, ont paru tous les deux, en 1707, sans lieu d'impression ni nom d'auteur. Publiés au plus fort des défaites subies par Louis XIV, ils ont été comme le dernier effort tenté pour la revendication des droits des anciens États immédiats d'Alsace au prochain Congrès de paix. Ce que Schrag disait tout haut, d'autres le répétaient tout bas ; dans ses *Miscellanées,* le chroniqueur Nicolas Klein, de Colmar, notait, en mentionnant la paix de Ryswick : « Cela nous paraît bien dur, après avoir été un État libre de l'Empire, de nous trouver esclaves sous une autorité étrangère. Nous avons chanté officiellement des *Te Deum* pour la paix, mais dans nos demeures nous avons entonné le *Super flumina Babylonis* [3]. »

Il est du devoir strict de l'historien consciencieux de signaler

aucune raison d'exagérer; il y a tout lieu de croire que l'agitation des esprits, dans certaines sphères au moins, était grande.

1. XIII, 12 mai 1698.
2. De ce que, malgré les stipulations formelles de l'article 46 et la protestation d'une partie du Magistrat, le préteur royal Obrecht imposa le payement de 10 0/0 de leur fortune à ceux qui voudraient partir, afin d'enrayer l'émigration, on est en droit de conclure que le nombre de ceux qui s'étaient présentés d'abord devait être assez considérable. (Reisseissen, p. 184.)
3. Rathgeber, *Colmar und Ludwig XIV,* p. 84.

cette tristesse et ces inquiétudes, parce qu'elles sont des réalités historiques. Seulement l'on aurait tort de croire qu'elles aient eu pour cause unique, ou même principale, des sentiments d'ordre politique ou, comme nous le dirions aujourd'hui, des sympathies et des antipathies nationales. Si cela pouvait être le cas pour plusieurs, si c'était même certainement le cas pour quelques-uns, la masse de ceux qui suivaient d'un œil méfiant et d'un cœur anxieux les manifestations quotidiennes du régime nouveau, n'étaient aucunément des adversaires intransigeants de la France, ni même des frondeurs. Ils ne demandaient qu'à vivre en paix sous la tutelle des lys ; mais, catholiques et protestants, ils étaient également étonnés et quelque peu ahuris par des procédés administratifs, qui, pour être souvent préférables, n'en contrastaient pas moins singulièrement avec leur vieille et chère routine ; les populations protestantes en particulier, en voyant les autorités judiciaires et les fonctionnaires civils de tout rang se mettre à la disposition des Pères Jésuites et des Pères Capucins, se sentaient menacées dans ce qui leur était infiniment plus cher que leurs privilèges politiques, dans la liberté de leur culte ; elles se demandaient avec une anxiété naturelle ce que deviendraient leurs églises et leurs écoles [1]. Sur la plupart des points, l'organisation créée par l'administration française fut, nous le verrons, un bienfait, car elle constitua un véritable progrès pour le pays. Sur le terrain religieux seul, — nous le verrons aussi, — une politique à courtes vues, désireuse de s'assurer l'appui immédiat, mais exigeant de l'Église, ne sut pas suivre vis-à-vis de la minorité une ligne de conduite qui lui aurait concilié les cœurs en rassurant les esprits. Le fanatisme des uns et le servilisme des autres faillit compromettre les résultats heureux obtenus dans d'autres domaines, et retarda certainement, pour de longues années, l'entente cordiale entre les hérétiques de l'Alsace et les représentants du Roi Très-Chrétien. C'est au siècle suivant seulement, animé d'un souffle plus large et plus généreux, que s'accentua l'évolution progressive des esprits dans le sens d'un rapprochement plus intime, cimenté par les aspirations et les épreuves communes, au milieu des orages de la Révolution.

1. « Alle Aemter werden mit Waelschen Creaturen and Catholiquen besetzt; wie wirds endlich Kirchen und Schulen ergehen ? » Nicol. Klein. *Miscellanea* (1698), p. 86.

LIVRE ·TROISIÈME

INSTITUTIONS GÉNÉRALES DE L'ALSACE AU XVIIᵉ SIÈCLE

CHAPITRE PREMIER

Administration générale. — Rapports avec l'Empire. — Assemblées provinciales. — Divisions administratives.

Depuis les temps anciens et presque légendaires du duché méro-vingien d'Alsace, les territoires entre le Rhin, les Vosges, la Lauter et la Birse n'avaient plus formé d'unité politique compacte, si tant est.que, même à ce moment, le pouvoir ducal ait été partout une réalité. Si paradoxal que cela puisse sembler, on peut dire que dans les siècles qui précédèrent la réunion du pays à la France, il n'y avait pas d'Alsace, dans un certain sens, tout au moins, et qu'elle n'exista, comme un corps plus ou moins homogène, que du moment qu'elle eut perdu son indépendance et son autonomie. Nous avons vu, dans notre introduction sommaire sur l'histoire de la province, que ni les empereurs saxons, ni ceux des maisons de Franconie et de Souabe n'avaient pu maintenir intacte leur autorité sur les vassaux d'Outre-Rhin, sans compter les nombreuses *immu-nités* ecclésiastiques qui, dès les premiers siècles du moyen âge, émancipaient d'un contrôle direct des territoires étendus. Quand les Hohenstaufen disparurent dans la grande tourmente du XIIIᵉ siècle, l'Alsace ne présenta plus, pendant longtemps, qu'un amas confus de seigneuries laïques et ecclésiastiques, de territoires urbains et ruraux, où régnaient trop souvent la force brutale et la violence, et dont les rapports réciproques changeaient sans cesse au gré des caprices des maîtres ou au hasard des événements. Il n'y avait aucune espèce d'autorité politique centrale ou de gouver-nement, car l'autorité des landgraves n'existait plus que de nom ; aucune autorité judiciaire supérieure, car les tribunaux provinciaux avaient cessé de fonctionner ; aucune autorité religieuse prépondérante, car trois évêques exerçaient également leur juridiction dans les plaines de l'Alsace.

A la fin du XVᵉ siècle, Maximilien Iᵉʳ tenta de rendre un peu de cohésion et de force au Saint-Empire romain, en organisant la division en cercles, à la diète d'Augsbourg (1490), puis à celle de Cologne (1512). Mais pour l'Alsace cette organisation nouvelle fut une cause d'affaiblissement plutôt que l'occasion d'une reprise de forces. Pour satisfaire aux exigences de la politique familiale de la maison d'Autriche, le territoire de la future province fut coupé en deux parties, la Haute-Alsace et le Sundgau furent attribués au *cercle d'Autriche*, qui comprenait tous les États héréditaires, de la Leitha et l'Adriatique aux Vosges; la Basse-Alsace au contraire dut faire partie du *cercle du Rhin supérieur*[1], avec la Savoie, la Franche-Comté, les évêchés de Lausanne, Bâle, Toul, Metz, Verdun, Spire, etc.

Telle était la situation au début du XVIᵉ siècle, et telle nous la retrouvons cent ans plus tard. Quelle que fût la vague déférence abondante en paroles, mais très extérieure parfois, manifestée à la majesté impériale, quel que fût même l'empressement à exécuter ses volontés, quand on y voyait un avantage quelconque, on peut dire qu'il n'existait pas au début du XVIᵉ siècle une autorité politique ni religieuse jouissant d'un pouvoir incontesté sur tous les territoires et toutes les populations de l'Alsace; elle était en pleine *anarchie*, dans le sens propre de ce mot. Nous n'entendons pas dire par là que les habitants fussent désaffectionnés, dans leur ensemble, à la dynastie des Habsbourgs qui occupaient alors le trône d'Allemagne d'une manière ininterrompue, depuis plus d'un siècle et demi. Cette famille avait de profondes racines dans le pays : elle possédait directement et depuis longtemps la majeure partie de la Haute-Alsace; elle avait repris, depuis quarante ans, la grande préfecture de Haguenau, et l'un des siens allait monter sur le siège épiscopal de Strasbourg. Mais d'autre part les Habsbourgs étaient si intimement mêlés à la contre-réformation dans l'Empire, ils s'étaient montrés soumis à tel point à l'influence de l'Église et de la Compagnie de Jésus, surtout depuis l'avènement de Rodolphe II, que tous les protestants d'Alsace étaient en droit de les regarder

---

1. Nous n'ignorons pas qu'on dit d'ordinaire le *cercle du Haut-Rhin;* mais notre appellation nous semble préférable; le nom plus connu des deux *départements* du Haut-Rhin et du Bas-Rhin amène forcément des confusions avec les deux *cercles* ainsi désignés, et qui marquent des territoires tout différents.

plutôt comme des adversaires que comme des protecteurs et des amis. Cette situation réciproque s'accentue plus encore quand la lutte trentenaire a commencé. Chacun se défiant de tous, et son propre intérêt lui paraissant différent de celui de son voisin, il se produisit en Alsace, si je puis m'exprimer ainsi, un émiettement politique absolu. Dans ces régions rhénanes supérieures, les considérations nationales faiblissent, le sentiment des liens communs tend à s'effacer, à mesure que les dangers augmentent, tandis que l'intervention de l'étranger paraît de plus en plus nécessaire pour sauvegarder l'existence même des petits groupes politiques du pays.

Il n'y a donc guère eu de relations *intimes* entre l'Alsace politique et l'Empire au XVIIe siècle ; il y a même eu très peu de relations *officielles* entre eux, pendant la première moitié de cette période. Ces relations se bornant en général à siéger aux diètes présidées par le chef de l'État, et aucune diète n'ayant plus réussi à se constituer pour délibérer depuis l'avènement de l'empereur Mathias [1], aucune même n'ayant été convoquée depuis lors [2], la vie politique commune régulière entre la « Marche occidentale » du Saint-Empire romain et ce dernier était suspendue de fait, depuis assez longtemps, quand commencèrent les négociations de Westphalie. Ces traités vinrent modifier également leurs rapports théoriques, mais sans que ce changement fût remarqué d'abord. Au contraire, c'est dans le troisième quart du siècle, de 1649 à 1674, que sous la pression des événements, les relations des États de la province avec la nouvelle autorité centrale de l'Empire, la Diète permanente de Ratisbonne, se renouent plus intimement que par le passé, et s'accentuent d'une façon qui paraîtrait étonnante, si l'on ne se rappelait pas la situation particulièrement difficile de la France, occupée ailleurs par la Fronde et par l'Espagne, et le désir des États, encore reconnus immédiats, de la Basse-Alsace, de sauver cette indépendance à tout prix.

C'est pour échapper à la prise de possession par Louis XIV qu'ils se rejettent subitement vers leurs anciens suzerains, l'unique point d'appui possible qu'ils entrevoient dans une position désespérée. On les voit solliciter alors de l'Empire et des empereurs la confirmation de tous leurs privilèges, grands et petits, comme pour leur

---

1. La dernière, celle de 1614, dût se séparer sans avoir pu même s'entendre sur son ordre du jour.
2. Ferdinand II, trouvant plus commode de n'avoir à négocier qu'avec les princes influents de l'Empire, se borna généralement à réunir des « diètes électorales » (*Kurfürstentage*) dont les décisions n'étaient pas, légalement du moins, équivalentes à celles de la « diète de l'Empire » (*Reichstag*).

donner une force nouvelle ; ils siègent assidûment aux diètes ; ils
font et refont le chemin de Vienne qui leur était devenu passablement étranger. On pourrait croire, au premier abord, que c'est un
réveil anticipé de l'idée unitaire allemande ; ce n'est en réalité que
le suprême effort fait pour conserver une autonomie locale que ces
microcosmes politiques sentent contestée et minée par la France,
et qu'ils essaient de défendre, comme ils l'ont défendue depuis des
siècles, contre l'Empire et les empereurs, contre Wenceslas et
Charles-Quint. Ce moment de cohésion plus grande est d'ailleurs
bien fugitif. Ferdinand III, longtemps avant le 24 octobre 1648,
n'exerçait plus en fait aucune autorité en Alsace, ni dans les territoires occupés par la France et la Suède, ni dans les États restés
libres de garnisons étrangères, comme Strasbourg ; aussi la France
contesta-t-elle, dès que le traité des Pyrénées l'eut délivrée de
l'Espagne, les droits théoriques que le fils et successeur de Ferdinand, Léopold Ier, prétendait y retenir. Mais comme, à raison même
des résistances de la Décapole, de la plupart des princes et de
l'Empire, le noûveau régime français n'avait pu s'établir encore, il
y eut une seconde et courte période d'extrême confusion, où le
manque de toute direction générale supérieure se fit d'autant plus
sentir qu'on n'avait pas le temps d'y remédier, en partie du moins
comme autrefois, par d'interminables conférences entre les intéressés. Il n'y a rien d'étonnant à ce que Condé, passant alors en
Alsace, ait écrit à Louvois : « Une des choses qui m'a paru plus
essentielle en ce païs icy, c'est qu'il n'y a aucune espèce de gouvernement et quasy aucune autorité établie [1]. »

C'est cette « autorité établie » que le gouvernement royal était,
alors déjà, occupé depuis assez longtemps à constituer en Alsace,
ou si l'on préfère, à lui imposer, sans qu'elle en eût compris encore
toute l'utilité pratique. Dès le milieu de la guerre de Trente Ans
on avait vu apparaître à la suite des armées françaises des fonctionnaires supérieurs chargés du ravitaillement des troupes et de l'administration civile provisoire des pays occupés. La guerre se faisant
contre la maison d'Autriche seulement, les « intendants de justice,
police et finances » qui se succèdent depuis la prise de Brisach,
M. d'Oysonville, M. de Girolles, M. de Belesbat, etc., furent des
administrateurs généralement courtois dans leurs rapports avec
leurs voisins d'Alsace, alliés ou protégés de la couronne de France,

1. Duc d'Aumale, *La dernière Campagne de Condé*. (*Revue des Deux
Mondes*, 15 mai 1894.)

sauf quand il fallait nourrir à tout prix les armées du roi et qu'ils espéraient, par quelques menaces opportunes, remplir plus vite leurs magasins vides [1]. Ils n'avaient garde de s'occuper, plus qu'il n'était nécessaire, de ce qui ne touchait pas à leur sphère d'activité immédiate. Même après la paix de Munster, l'action des intendants demeura passablement restreinte. Elle devait forcément l'être dans un pays aussi morcelé que l'était alors l'Alsace, où les territoires soumis directement au roi s'entremêlaient aux territoires des seigneuries immédiates. Il fallait s'avancer avec prudence sur un terrain tout à fait inconnu, étudier une contrée, si différente par la langue et les mœurs du reste de la France ; il fallait tâter le pouls à l'opinion publique, à celle du dedans, comme à celle du dehors, car Mazarin, toujours ami de la prudence, ne voulait pas se faire inutilement de « querelles d'allemand », à côté de toutes celles qu'il avait déjà sur les bras. C'est là ce qui explique l'organisation très lente d'un pouvoir central et vraiment dirigeant dans la province. Le mot approbatif d'un contrôleur général des finances, écrit au dos d'une dépêche du maréchal d'Huxelles : « Il ne faut point toucher aux usages d'Alsace, » formait la règle de conduite du gouvernement français depuis un demi-siècle déjà [2].

On aurait pu constituer peut-être une autorité centrale plus sérieuse, plus imposante au dehors, si la réunion de l'Alsace à la France s'était opérée un siècle plus tôt. Mais le gouvernement ne voulait pas relever en Alsace, moins encore qu'ailleurs, après les expériences de la Fronde, la situation des gouverneurs de province, en leur laissant autre chose qu'un vain titre et des honneurs extérieurs. Ni les capacités politiques ni la fidélité de Henri de Lorraine, comte d'Harcourt, premier gouverneur de l'Alsace, n'avaient été de nature à l'engager plus avant dans cette voie. Mazarin, qui lui succéda après 1659, était assurément de taille à gouverner la province, mais il n'en avait guère le temps et ne vint jamais la visiter, même en passant. Son neveu, auquel le roi voulut bien confier aussi

1. La lettre suivante prouvera qu'ils savaient le prendre sur un ton comminatoire quand ils le jugeaient nécessaire. Le 29 novembre 1647, M. de Baussan écrivait au seigneur de Ribeaupierre : « Si les habitans de Ribeauvillé ne s'acquittent dans six jours des contributions qu'ils doivent, ils se peuvent assurrer d'estre traictez avec le plus de rigueur qu'ils ayent jamais esprouvée pour ce subject. Il ne faut point qu'ils espèrent aucune relâche. Les premiers pris payeront pour les autres » (A.H.A. E. 541). Et les Ribeaupierre étaient sous la protection spéciale de la France !
2. Cette lettre est du 16 février 1700. Danzas, *Revue catholique d'Alsace*, 1894, p. 913.

cette part de l'héritage du cardinal, porta le titre de gouverneur de
l'Alsace pendant plus d'un demi-siècle (1661-1713)[1], mais ce n'était
pas ce singulier personnage qui eût pu être pour le gouvernement
et la cour soit un appui, soit un obstacle à leurs projets. En un
mot, l'on peut dire que les gouverneurs de l'Alsace au XVIIᵉ siècle,
presque toujours absents d'ailleurs du pays, n'ont exercé aucune
influence sur son développement matériel et moral.

Il faut répéter à peu près la même chose pour les grands-baillis
de la préfecture de Haguenau[2], que l'on aurait pu croire appelés à
jouer un certain rôle dans la réorganisation d'un gouvernement
propre à l'Alsace. Le grand-bailli français aurait été, pour les
populations alsaciennes, le successeur naturel de l'ancien *landvogt*
autrichien, à la sinécure honorifique duquel auraient pu se rattacher
des fonctions administratives multiples et de haute importance.
Mais comme on considérait à la cour les revenus du grand-bailliage
comme un appoint naturel aux émoluments du gouverneur, on ne
voulut pas séparer sans doute ces deux situations qui n'avaient pas
de corrélation nécessaire, et par suite le grand-bailli fut absent de
la province, lui aussi, quand le gouverneur n'y faisait pas des
apparitions qui semblent avoir été fort rares.

Par suite même de cette absence, l'intendant devenait le personnage le plus important de l'Alsace, le véritable représentant et
l'agent confidentiel du pouvoir central. Sans doute le commandant
militaire, lieutenant général titré ou maréchal de France, était bien
au-dessus de lui dans la hiérarchie officielle, mais il n'avait absolument pas à se mêler, en théorie, de la besogne administrative du
pays, et il ne s'y immisçait guère, en fait. L'intendant était respon-
sable vis-à-vis du ministre et d'une obéissance parfois aveugle à
l'égard de la cour, irresponsable au contraire, et presque tout-
puissant à l'égard du pays. Le gouvernement royal imagina tout
d'abord d'augmenter le pouvoir des intendants, en même temps que
de les familiariser davantage avec leurs administrés, en plaçant le
même homme à la tête de l'administration proprement dite et de la
Chambre de justice d'Ensisheim et de Brisach. L'ancienne Régence
des pays autrichiens avait été composée, comme on le verra bientôt
plus en détail, de jurisconsultes jugeant et de jurisconsultes admi-

---

1. Avec une interruption de 1679 à 1691.
2. C'étaient généralement les mêmes personnages que les gouverneurs;
mais ils avaient des sous-baillis qui auraient pu fonctionner pour eux, s'ils
avaient eu une mission administrative sérieuse.

nistrateurs. On désirait évidemment que le nouveau régime bénéficiât des traditions anciennes et que dans les deux services, magistrats et comptables pussent se prêter un mutuel appui. Ce fut à cette tâche que se vouèrent de 1656 à 1674, Colbert de Croissy, Charles Colbert, Poncet de la Rivière, qui administrèrent l'Alsace dans cette période de transition, qu'on pourrait appeler aussi celle des tâtonnements obligés dans l'administration comme dans la politique. C'est au milieu de la crise aiguë, amenée par la résistance des villes de la Décapole aux volontés de Louis XIV et par l'entrée des troupes impériales, que fut installé leur successeur, Jacques de La Grange « conseiller du Roy en ses Conseils, intendant de justice, police et finances en Alsace et en Brisgau, et des armées de Sa Majesté en Allemagne ». La Grange est le véritable *conquérant civil* de l'Alsace, si je puis m'exprimer ainsi. Tout d'abord il a eu pour lui le seul auxiliaire efficace en pareille matière, le temps. Pendant près d'un quart de siècle (1674-1698), il a pu diriger la transfor-mation politique, judiciaire, économique et même religieuse du pays, suivant non sans habileté, en même temps qu'avec une obéis-sance à toute épreuve, la ligne de conduite qu'on lui traçait de Saint-Germain ou de Versailles, flattant et caressant les ralliés par d'aimables paroles, leur transmettant les preuves substantielles de la faveur royale, gourmandant les tièdes et sachant faire plier les moins bien disposés par quelques paroles hautaines et sévères, ou, s'il le jugeait nécessaire, par des violences matérielles[1]. Sa répu-tation d'administrateur honnête était fortement compromise, long-temps avant qu'il quittât la province : Dès 1692, le roi chargeait M. de La Fond, alors intendant de Franche-Comté et plus tard successeur de La Grange, de procéder à une enquête secrète sur les agissements de ce dernier, et cette enquête ne lui était pas favorable[2]. Six ans plus tard, Ulric Obrecht, le préteur royal de Strasbourg, écrivait de lui au syndic de la ville, Jean-Baptiste

---

1. On n'a qu'à parcourir les procès-verbaux des Conseils de la *ville libre royale* de Strasbourg, à partir de 1681, pour constater combien vite on apprit à se courber devant les désirs et les ordres de M. l'Intendant et à quelles sollicitations humiliantes on se résignait pour obtenir de lui la conser-vation de quelque droit, comme une faveur hautement appréciée.
2. Les lettres de La Fond, du 21 mars et du 8 juillet 1692, sont de vrais réquisitoires contre La Grange : « Ledit sieur... est universellement haï, soit de la noblesse, soit des bourgeois, soit des peuples, ce qui fait que, selon mon sentiment, il est difficile qu'il puisse servir utilement Sa Majesté. » A. de Boislisle, *Correspondance des contrôleurs généraux des finances*, Paris, 1874, t. I, n° 1063.

Klinglin : « Auprès de tous les ministres et gens de robe, il passe
pour riche de plusieurs millions et le plus grand voleur de tout le
royaume[1] ». Mais c'était un homme d'une intelligence déliée, bon
observateur des hommes et des choses, un administrateur éclairé,
humain, dans la mesure du possible, à l'égard des populations misérables, comme le prouve le grand *Mémoire sur l'Alsace*, rédigé ou
du moins compilé et signé par lui, en 1697, vers la fin de son séjour
dans la province[2]. Nous retrouverons la trace de son activité féconde
dans les domaines de l'industrie, du commerce et de l'agriculture ;
nous rencontrerons aussi plus d'une fois des faits attestant chez lui
une absence fâcheuse de sens moral, une indifférence assez complète
pour les moyens employés, pourvu que le but soit atteint. Quoi qu'il
en soit de ses qualités et de ses défauts[3], de ses vices même[4], on ne
saurait nier que ce fut La Grange qui façonna l'Alsace « à la française », pour autant que le gouvernement d'alors jugea nécessaire
de métamorphoser ses formes administratives et ses allures sociales.
Ses successeurs, les de La Fond, les Pelletier de La Houssaye, les
d'Angevilliers, etc., n'eurent plus qu'à continuer, sans difficultés
sérieuses, le travail d'assimilation lente, inauguré par lui[5].

1. Lettre du 28 mai 1698, Correspondance d'Obrecht, manuscrit de la Bibliothèque municipale de Strasbourg.
2. Ce mémoire de La Grange, devenu comme un manuel administratif
de l'Alsace pour les générations successives de fonctionnaires français en
Alsace, au XVIIIᵉ siècle, existe un peu partout, en de nombreuses copies.
On verra, par la suite, tout l'intérêt qu'il présente, pour retracer un tableau
de l'état de l'Alsace. Il a été partiellement publié par M. Ernest Lehr dans
le premier volume de la *Description du département du Bas-Rhin*, Strasbourg, 1858, t. I, p. 519-557.
3. Les « gens de robe », — on l'a vu par la lettre d'Obrecht,— ne l'aimaient
guère ; ils lui reprochaient «d'ignorer les règles de la judicature et de n'être
pas même lettré ». Le compilateur des *Notes d'arrêt* du Conseil souverain,
publiées à Colmar en 1742, en cite un amusant exemple... s'il est authentique. Une dame à laquelle il s'intéressait, et qui se prétendait séduite, demandait à la justice qu'elle forçât le coupable à l'épouser. Le Conseil avait
admis un appel suspensif de l'inculpé. Mais La Grange écrivit au bas de la
décision de l'officialité une ordonnance portant que la sentence serait « immédiatement exécutoire, *nonobstant opposition et sans y préjudicier* ».
(*Notes*, p. 147.)
4. On lui reprochait aussi d'extorquer aux villes de son ressort des siné-
cures pour ses créatures. Nous connaissons en détail l'histoire de son secrétaire particulier Fumeron qu'il imposa de la sorte à Landau, et que le
Conseil souverain cassa aux gages quand La Grange eut quitté l'Alsace.
(*Notes d'arrêt*, p. 219.)
5. D'après le récit cité tout à l'heure, il semble bien que l'intendant fut
« révoqué » au printemps de 1698; mais d'autre part il est raconté qu'il fut
« promu à l'intendance de Bordeaux ». (Ichtersheim, *Topographia*, II, p. 56.)
Était-ce une disgrâce, un déplacement, ou même un avancement? Je n'ai
pu arriver à aucune conviction bien arrêtée à cet égard.

L'intendant ne pouvant tout surveiller par lui-même, avait des fonctionnaires administratifs en sous-ordre qui le suppléaient dans certaines localités plus importantes, ou dans certains districts et entretenaient une correspondance officielle avec leur supérieur ou ses bureaux. Dès 1657, il y avait de ces *commissaires* ou *subdélégués* de l'intendant dans la Haute-Alsace, qui paraissent avoir visité ou inspecté, à tour de rôle, les différents bailliages, pour surveiller la répartition des impôts et la bonne administration de la justice [1]. C'étaient des personnages assez influents dans leur milieu, puisque nous apprenons par une lettre du chancelier d'Aguesseau, que depuis 1681 tous les subdélégués de l'intendant à Colmar étaient choisis dans le Conseil supérieur, et qu'il y en eut même un « qui, ayant été fait procureur-général, ne cessa pas pour cela de remplir les fonctions de délégué ». Plus tard, la subdélégation dans cette ville fut rattachée à la charge de préteur royal [2]. A Strasbourg, on mentionne comme délégués occasionnels de La Grange, Ulric Obrecht, le préteur royal, et « M. Denis Baudoin, conseiller du Roy ». Mais c'étaient plutôt, sans doute, ses *remplaçants* temporaires que ses *subordonnés* hiérarchiques [3]. Cependant ce n'est qu'au XVIIIᵉ siècle que le système des subdélégations, que l'on peut comparer à nos sous-préfectures, reçut tout son développement en Alsace ; au début l'on ne voulut pas trop entraver les régences princières et seigneuriales, accoutumées à plus d'indépendance et qu'un mot de l'intendant lui-même tenait aussi plus facilement en respect.

Pour le reste de la machine administrative, elle ne fut guère modifiée. On verra tout à l'heure les mutations opérées dans l'organisation financière, judiciaire et militaire de la nouvelle province française ; nulle part elles ne furent moins radicales que dans l'administration proprement dite. L'intendant ne toucha ni aux régences établies dans le pays, ni aux baillis. Il s'appliqua seulement à faire comprendre à ces derniers, qu'ils fussent en fonctions sur les territoires directement soumis au roi, ou sur ceux des princes et seigneurs possessionnés en Alsace, qu'ils avaient à recevoir ses ordres et à les exécuter en diligence. Ces derniers territoires, qui représentaient autrefois autant de *souverainetés* diverses, « tout en conti-

---

1. Il y en avait quatre alors dans la Haute-Alsace. Lettre de Mazarin à Colbert, 14 août 1657. *Lettres*, VIII, p. 611.

2. Lettre de d'Aguesseau au premier président de Klinglin, 13 mars 1748, dans la *Petite Gazette des Tribunaux d'Alsace*, Colmar, 15 juillet 1860.

3. L. Dacheux, *Fragments de Chroniques*, Strasbourg, 1896, IV, p. 124.

nuant à subsister sous la forme de corps politiques et en conservant certaines prérogatives nominales, n'étaient plus, comme on l'a fait remarquer avec raison, que des *divisions administratives,* placées sous l'autorité directe... des agents du pouvoir central [1] ». Le « Roi » y parlait par la bouche de l'intendant ; il fallait bien lui obéir, et les ordonnances de ce haut fonctionnaire, lues du haut de la chaire et affichées dans tous les villages, faisaient comprendre aux paysans les plus écartés des bruits du monde, qu'il y avait maintenant une autorité supérieure à celle de leur maître immédiat, et que ce dernier avait également un maître, ce qui n'était pas pour leur déplaire. Mais d'autre part, sauf en de rares occasions, le contact direct avec les fonctionnaires étrangers subalternes ne se produisait pas pour eux et ne pouvait donc produire ces froissements si fréquents et si pénibles entre conquérants et conquis, lorsqu'ils ne sont pas gens de même culture intellectuelle et morale. La population indigène, laissée libre dans ses mœurs, sa langue et ses traditions séculaires, relativement épargnée par l'impôt, était mieux protégée qu'autrefois contre les maux de la guerre et se désintéressait d'ailleurs, à un point de vue égoïste, de toute lutte éventuelle, puisqu'elle n'avait point à fournir de soldats ; elle se trouvait donc dans une situation certainement enviable à bien des points de vue et l'administration de Louis XIV, le premier véritable gouvernement moderne que l'Alsace ait connu, n'a certes pas été la plus mauvaise de toutes celles qu'elle a vu passer depuis.

Après ce que nous venons de dire, on se demandera peut-être comment, en l'absence d'organes généraux de la pensée et de la volonté du pays tout entier, en l'absence d'un pouvoir central, il a pu s'y produire jamais aucune action commune, soit pour la défense du territoire, soit pour la poursuite d'intérêts communs, entre tant de petits États séparés par leurs intérêts matériels et leurs rivalités politiques ou religieuses. A vrai dire, il existait en Alsace une organisation rudimentaire qui, née sous de meilleurs auspices et favorisée par les événements, aurait pu se développer peu à peu et aboutir peut-être à la création d'une association rhénane, faisant suite, pour ainsi dire, à la confédération des cantons helvétiques.

Des nécessités financières pour la Haute-Alsace, des nécessités militaires pour la Basse-Alsace avaient amené, dès le XIVe siècle, des ententes, d'abord passagères, puis des alliances prolongées, enfin des réunions plus ou moins régulières entre les États de la

1. Gyss, *Histoire d'Obernai,* II, p. 270.

province. S'il n'y avait pas eu deux landgraves en Alsace, l'archiduc et l'évêque de Strasbourg, si les territoires de la Haute-Alsace n'avaient pas été, presque tous, inféodés à l'Autriche, peut-être ces deux groupes d'alliés et d'associés naturels auraient-ils fini par fusionner et par former une association unique, aux assises régulièrement convoquées ; cette diète vraiment provinciale aurait pu devenir le centre d'un gouvernement fédératif de plus ou de moins d'importance. On a même tenté de l'établir sous la menace des dangers croissants dans la seconde moitié du XVIe siècle ; mais la prépondérance absolue de la maison de Habsbourg dans la Haute-Alsace et le Sundgau, l'antagonisme de plus en plus marqué qui se produit, à ce moment même, entre les catholiques au sud et les protestants au nord du pays, ont toujours empêché que, même au moment des plus graves crises politiques, un accord plus intime ait pu s'établir entre les uns et les autres. Au XVIIe siècle non plus, on n'a jamais réussi à combiner quelque action politique, générale et durable, de la part de tous les intéressés.

C'est donc séparément qu'il nous faut considérer les deux groupes alsaciens et parler du caractère assez différent que présentaient, au nord et au sud du *Landgraben*, les assemblées délibérantes des États de la province. Les États provinciaux de la Haute-Alsace avaient tout d'abord cela de particulier qu'ils ne siégeaient pas seuls, mais en compagnie des représentants du Brisgau et des autres terres de l'Autriche antérieure. Ce n'était donc pas, à vrai dire, une représentation alsacienne, car le nombre des villes et des abbayes d'Outre-Rhin donnait d'avance une majorité considérable aux habitants de la rive droite. De plus, les seigneurs de la Haute-Alsace, même les plus puissants, les Ribeaupierre par exemple, s'étaient laissés engager presque tous dans des liens féodaux vis-à-vis de la maison d'Autriche. En fait d'États immédiats de l'Empire, on ne comptait guère, en dehors des villes de la Décapole, occupant une situation particulière, que les deux abbayes de Murbach et de Munster et le comté de Horburg. Le landgrave de la Haute-Alsace apparaissait donc à la diète provinciale, qu'elle se réunit à Ensisheim, à Fribourg ou à Brisach, comme un souverain parmi ses vassaux, et l'on comprend que cela devait influer sérieusement sur l'attitude de l'assemblée et sur la nature de ses débats.

Les membres de la diète (*Landstaende*) se réunissaient sur la convocation de la Régence d'Ensisheim, dans l'une des trois localités énumérées plus haut. Les trois ordres, clergé, noblesse et tiers-état, y étaient représentés, chaque abbaye par son abbé, chaque

famille nobiliaire par son chef, chaque ville par un de ses magistrats ;
mais il semblerait que ç'ait été chose rare que de voir les ayants
droit assister tous aux séances. Quand l'archiduc, régent de l'Autriche antérieure, ne présidait pas en personne, c'était son remplaçant, le *landvogt*, qui présentait en son nom les demandes et les
propositions du gouvernement. Les trois ordres se groupaient en
bureaux (*Ausschüsse*) pour les examiner, puis ils venaient donner en
séance plénière, soit un avis favorable, soit l'explication de leur
refus. Le gouvernement, surtout quand il s'agissait de subsides,
n'acceptait pas cependant tout de suite les fins de non-recevoir ; il
répondait par un contre-exposé plus pressant encore, sur lequel les
États recommençaient à délibérer, puis le débat se continuait par
des dupliques, voire même des tripliques, échangées entre *landvogt*
et diète, jusqu'à ce qu'un des deux se décidât à céder. Il ne semble
pas y avoir eu des discussions orales régulières et contradictoires,
comme dans nos assemblées parlementaires modernes ; cependant
nous voyons parfois des membres de la Régence envoyés comme
commissaires pour expliquer verbalement aux États la nécessité de
telle mesure ou l'urgence de tel sacrifice [1].

Quand les États votaient les sommes demandées, ils avaient toujours soin de stipuler que c'était un don gratuit et l'archiduc leur
faisait expédier des lettres reversales par lesquelles il déclarait que
la concession faite ne pourrait tirer à conséquence pour l'avenir.
La somme ainsi votée se répartissait entre les trois ordres, et
chacun d'entre eux se chargeait ensuite d'assigner à ses ressortissants
la part de dépense qui lui revenait. C'est en partie pour opérer ces
répartitions que le Clergé et la Noblesse entretenaient un Directoire
permanent, dont le *président* et les *députés* s'occupaient de régler
les contingents et veillaient aux intérêts communs. Parmi les représentants alsaciens que nous rencontrons dans les procès-verbaux
de ces assemblées provinciales de la Haute-Alsace [2], nous notons les
abbés de Lucelle, d'Issenheim, d'Oelenberg, le prévôt du chapitre
de Thann, les Ribeaupierre, les Schauenbourg, les Landsperg, les
Reinach, les d'Andlau, les délégués des villes d'Altkirch, de Belfort,
de Cernay, Delle, Ensisheim, Ferrette, Florimont, Landser, Massevaux, Thann, etc. [3].

1. Procès-verbaux des États de la Haute-Alsace, 1600-1610. A.H.A. C. 326. —
États de 1619-1620. A.H.A. C. 15.
2. Nous devons faire remarquer que ces assemblées ne se réunissaient
nullement chaque année.
3. Ces noms sont relevés dans le recès des séances, tenues à Ensisheim,

Les sessions de l'assemblée provinciale de la Haute-Alsace furent supprimées de fait par la guerre de Trente Ans. Près de cent ans plus tard, le souvenir exact des causes de cette interruption était à peu près effacé, car nous lisons dans un mémoire officiel, adressé vers 1718 au Régent : « On ne sait pas précisément dans quel temps ces États cessèrent d'être convoqués ; on sait seulement que ce fut longtemps avant la paix de Munster. L'irruption des troupes suédoises et de leurs alliés... en fut vraisemblablement la cause [1]. » L'auteur de ce rapport ignorait par conséquent que les seigneurs ecclésiastiques et laïques du Sundgau et de la Haute-Alsace avaient essayé de reprendre les anciennes traditions, que, sous la présidence du seigneur de Ribeaupierre, des assemblées avaient siégé en 1652 et 1653, et qu'elles avaient même réclamé au comte d'Harcourt la confirmation de leurs privilèges. Il est vrai que les villes ne semblent pas avoir assisté à ces délibérations [2].

On ne discutait pas seulement les subsides, militaires et autres, durant les sessions de ces assemblées, on y arrêtait aussi des programmes monétaires, le *décri* de certaines espèces trop outrageusement falsifiées ou rognées, la répression du brigandage local, la construction de digues et de fossés, etc. On tâchait aussi d'y apaiser et régler les conflits et les querelles entre les membres des États eux-mêmes [3].

L'aspect des réunions des États de la Basse-Alsace est moins calme d'ordinaire, leurs séances ont moins de régularité, mais aussi ce ne sont plus des subordonnés qui se rencontrent en présence d'un supérieur, ce sont des égaux, également imbus de leurs droits, qui discutent les questions et trop souvent se disputent à propos d'elles. Au XVIe siècle, ces réunions avaient été très fréquentes et

en 1601. Cf. aussi L. Brièle, *La Régence d'Ensisheim*, dans les *Curiosités d'Alsace*, de Bartholdi. (Colmar, 1864.)

1. *Rapport sur la noblesse d'Alsace*, manuscrit de la Bibliothèque municipale de Strasbourg.

2. La séparation définitive entre la noblesse des deux rives du Rhin était encore si peu faite à ce moment que les seigneurs du Brisgau vinrent à Ensisheim pour ces séances, sans être convoqués, et il fallut que l'archiduc Ferdinand écrivît à la Régence de Fribourg une lettre énergique (24 sept. 1653) pour lui faire comprendre qu'une pareille façon d'agir était contraire à *sa* souveraineté. (A.H.A. C. 959.)

3. C'est ainsi que le 16 août 1611, une vive querelle ayant éclaté entre Christophe Truchsess de Rheinfelden et Melchior de Schauenbourg, l'ordre de la noblesse, présidé par Éverard de Ribeaupierre, ordonna que les paroles prononcées de part et d'autre dans un moment de colère, fussent oubliées et que les adversaires se donneraient la main, jurant un oubli perpétuel des injures réciproques; ce qui fut fait le 19 août (A.H.A. C. 16).

avaient même pris un caractère presque annuel, aussi longtemps
que les dangers pressants du dehors avaient fait oublier les causes
de discorde religieuse ou politique, soit à l'époque de la guerre
des Paysans, soit durant les guerres de religion en France, alors
que les reîtres de Jean-Casimir de Dohna, ou les Lorrains de d'Aumale s'approchaient successivement du territoire ou le ravageaient
sur leur passage. Alternativement convoqués, soit par l'évêque de
Strasbourg, en sa qualité de landgrave de la Basse-Alsace (et en
son absence par la Régence épiscopale de Saverne), soit aussi par
le *landvogt* de Haguenau, nous voyons les délégués des États se
réunir à Strasbourg ou à Haguenau, quelquefois à Schlestadt ou à
Molsheim, pour prendre les mesures de sécurité nécessaires, lever
des contingents de milices, désigner des commandants militaires,
déterminer la répartition des deniers publics à lever pour parer à
ces dépenses, etc.[1].

Mais ce n'est pas de ces questions seulement que s'occupait l'assemblée provinciale. On y discutait l'amélioration du trafic des
céréales et les moyens d'empêcher la cherté des grains, tout comme
les libres-échangistes et les protectionnistes actuels ; on y débattait
la réforme des monnaies, les mesures de police contre le vagabondage, l'arrestation des maraudeurs, et jusqu'aux tarifs des viandes
de boucherie.

Quelquefois on a tenté, dans ces réunions, d'amener entre les
participants un groupement plus intime et permanent, si possible.
Après de longs efforts, on semblait y être parvenu en 1580. Une
alliance défensive y avait été conclue pour trois ans entre les États
de la Basse-Alsace ; mais immédiatement après commencèrent les
dissensions entre les comtes-chanoines catholiques et protestants du
Grand-Chapitre, les « querelles du Bruderhof » comme on les
appelle dans l'histoire locale[2], et, à partir de ce moment, tout renouvellement de l'alliance fut empêché, malgré les efforts de l'évêque

---

1. On trouve aux Archives municipales de Strasbourg un riche fonds de
missives diverses et de recès concernant les assemblées provinciales de 1515
à Louis XIV; il est compris dans la rubrique A.A., liasses 1982-1995. Il y
aurait de quoi en tirer, sans trop de peine, une intéressante monographie
sur cette organisation fort peu étudiée jusqu'ici et que nous ne pouvons
qu'effleurer sommairement. Voy. encore des matériaux nombreux aux
Archives de la Basse-Alsace, G. 226 et suivants. On en trouverait enfin
dans toutes les Archives municipales des villes impériales (p. ex. Obernai,
A.A. fasc. 61-75).

2. Du nom d'un palais, habité à Strasbourg par les chanoines devenus
luthériens et réclamé par les chanoines catholiques.

Jean de Manderscheid en 1583[1], du cardinal André d'Autriche, en 1589[2], et de la Régence d'Ensisheim, qui, de 1597 à la veille de la guerre de Trente Ans, ne cessa de solliciter les États protestants, et surtout Strasbourg, d'acquiescer à une nouvelle association pour la défense du pays. Mais cette dernière ville, profondément froissée par l'attitude de la maison d'Autriche dans la « guerre des Évêques », se confiant en l'appui de l'Électeur palatin, en la protection de Henri IV, son ancien allié et obligé comme roi de Navarre, se refusa de faire le jeu de ses adversaires et de payer pour la sécurité de ses ennemis, alors que la sienne ne lui semblait pas menacée. Dans toutes les convocations des États, faites, soit dans les dernières années du XVIe siècle, soit de 1601 à 1616, Strasbourg garde une attitude absolument passive, prenant simplement les propositions et les votes *ad referendum*, ou s'abstenant même d'envoyer des députés, et faisant échouer ainsi les combinaisons proposées, qui ne pouvaient guère être mises en œuvre sans ses soldats et son argent[3]. Encore en 1621, alors que déjà le danger d'une invasion terrible peut sembler imminent, elle observe cette même attitude négative lors de la convocation d'une diète provinciale, provoquée d'urgence par la Régence de Saverne[4].

Aussi les seules mesures qui aboutissent d'un commun accord dans ces assemblées provinciales sont des mesures de circonstance, exigées pour la satisfaction de certains intérêts matériels pressants, qui n'engagent aucune question de principe, et n'obligent à aucun contact permanent des gens qui se détestent, et qui, malgré les belles phrases des chancelleries, sont assez désireux de se le montrer. Aussi, ce qui ressort le plus nettement de la lecture des pièces relatives à ces sessions, si fréquentes, de 1610, 1611, 1614, 1615, 1617, etc., c'est l'impuissance absolue d'arriver à une entente cordiale, alors que tout semblait l'imposer aux intéressés. D'ailleurs, outre les dissentiments de principe, ce qui l'empêchait encore, c'étaient les querelles puériles entre les États d'Alsace, qui donnent

1. Archives municipales, A.A. 1987.
2. *Ibidem*, A.A. 1991.
3. D'autres États d'ailleurs, protestants ou catholiques, ne montraient pas plus de zèle à se rendre aux convocations. Dans une lettre d'Antoine Schott. de Colmar, à Joseph Jundt, secrétaire de la ville de Strasbourg, il est dit que la réunion du 11 novembre 1611 « est restée sans aucun résultat, par suite de l'absence de la plupart des États convoqués ». (Archives municipales, A.A. 1993.)
4. Pour le 12 septembre 1621, à Haguenau. (Archives municipales, A.A. 1995.)

une piètre idée de l'intelligence politique de leurs représentants. Les députés de la Décapole prétendaient siéger aux Assemblées provinciales au-dessus de la Noblesse immédiate, et ne voulaient même pas alterner avec elle pour la préséance. Obernai, Haguenau, Rosheim refusèrent, pour ce seul motif, d'assister aux réunions de 1605, 1606 et 1608, et, — ce qui peut paraître plus étonnant encore, — ils s'bstinrent même, pour ce point d'étiquette contesté, de contribuer à la répression du brigandage local[1].

Les assemblées provinciales furent encore convoquées quelquefois après l'invasion de Mansfeld[2], pour discuter les moyens de résister au passage des troupes étrangères, la création d'un impôt foncier provincial qui permettrait l'entretien d'un corps de milices et la constitution d'un fonds de réserve, propositions dont aucune n'aboutit, grâce à la méfiance réciproque des États. La dernière de ées sessions à peu près stériles eut lieu à Molsheim, le 7 mars 1631, où l'on essaya de s'entendre contre l'invasion de la monnaie de billon de mauvais aloi, contre les accapareurs de céréales et sur la procédure à suivre pour la confiscation des biens des sorcières. Puis vinrent l'invasion suédoise et l'occupation française, et les réunions provinciales cessèrent d'elles-mêmes.

On les vit se reformer, une fois encore, après la signature des traités de Westphalie. La Fronde absorbait le gouvernement royal et paralysait son influence en Alsace, où il se maintenait avec peine dans quelques forteresses du Rhin, alors que le duc de Lorraine, exclu du bénéfice de la paix, menaçait la province et la ravageait cruellement par des invasions soudaines. C'était fournir une occasion très naturelle aux États de la Basse-Alsace pour se réunir et délibérer sur la mise en défense du pays. Ces États étaient ou du moins se croyaient tous, — sauf le territoire propre du grand-bailliage de Haguenau, — restés États *immédiats* de l'Empire, de par le traité de Munster, et le gouvernement français n'avait pas le pouvoir et ne se reconnaissait même pas, du moins alors, le droit d'empêcher leurs délibérations communes. Les États se réunirent donc à Strasbourg, le 17 novembre 1650 pour prendre des mesures de protection efficaces contre les pillards et les maraudeurs qui infestaient les campagnes. On les voit siéger encore le 8 novembre 1652,

1. Gyss, *Histoire d'Obernai*, II, p. 12. — La Noblesse immédiate intenta de son côté, en 1609, un procès en diffamation contre ces villes, devant la Chambre impériale de Spire, procès qu'elle perdit d'ailleurs en 1615.
2. Le 18 octobre 1622, le 1er août 1623, le 11 octobre 1624, le 24 avril 1625, le 17 octobre 1626.

signer une véritable alliance défensive contre les troupes de Charles de Lorraine, et la prolonger d'une année dans une troisième session, tenue le 11 février 1653[1].

Ce furent là les dernières manifestations politiques sérieuses de ce corps mal constitué, à l'action très intermittente et qui, du moins au XVIIe siècle, n'a guère rendu de services appréciables au pays. Sans doute, il s'est encore réuni l'une ou l'autre fois dans les années suivantes, puisqu'il y eut même encore une session des États de la Basse-Alsace après les arrêts de réunion et la capitulation de Strasbourg. C'est la dernière dont nous ayons retrouvé la trace ; elle fut convoquée par la Régence épiscopale de Saverne, à Strasbourg, le 3 janvier 1683, et s'ouvrit en présence du baron de Montclar et de l'intendant La Grange ; nous ne saurions indiquer l'objet de ses délibérations ; peut-être était-ce simplement une formalité, accomplie pour reconnaître solennellement le nouvel état de choses. En tout cas les traditions de discorde y furent soigneusement maintenues ; la Noblesse immédiate fit enregistrer une protestation formelle contre les villes impériales dont les délégués s'étaient permis de signer le recès de la diète avant les siens[2]. C'est par cet acte que furent clôturées les séances des Assemblées provinciales d'Alsace qui ne devaient revivre qu'un instant, et bien modifiées, en 1787.

Après avoir brièvement exposé les rouages supérieurs du gouvernement, ce qu'on pourrait appeler l'administration *politique* de la province, il nous faut dire quelques mots des organes inférieurs de cette administration. Ceux-ci n'ont guère changé par le fait du transfert de l'Alsace d'une couronne à l'autre. Le gouvernement français n'a point touché, ou touché assez tard, aux divisions introduites de temps immémorial par les anciens maîtres du sol, qui en restèrent les usufruitiers au point de vue administratif et matériel. Toute seigneurie un peu considérable était divisée en bailliages (*Aemter, Vogteien*), plus ou moins nombreux selon l'étendue du territoire[3]. A la tête de chacun d'entre eux se trouvait un fonctionnaire (*Vogt, Amtmann*) à la fois administratif et judiciaire, sans être pour cela toujours un légiste[4] ; c'était le représentant immédiat

1. Archives de la Basse-Alsace, G. 240-244.
2. Gyss, *Histoire d'Obernai*, II, p. 254.
3. Bien des seigneurs n'avaient qu'un seul bailli.
4. On verra, quand nous parlerons de l'administration de la justice, les efforts faits par le gouvernement français pour remédier à ce grave inconvénient. Nous avons trouvé aux Archives de la Basse-Alsace (G. 1162) une pièce qui donne des renseignements curieux sur l'activité des baillis; c'est « l'Estat

et l'homme de confiance du maître, qu'il fût baron, comte, prince ou Magistrat de ville libre. Il avait à contrôler la rentrée des revenus seigneuriaux, à surveiller l'administration locale, et à diriger l'action de la justice criminelle. Ces baillis étaient soumis, ainsi que nous l'avons déjà dit plus haut, à la directive de *Régences* dans les territoires plus étendus ; celle de l'évêché de Strasbourg siégeait à Saverne, celle du comté de Hanau-Lichtemberg à Bouxwiller, celle de l'abbaye de Murbach à Guebwiller, celle des Ribeaupierre à Ribeauvillé. Ils avaient, à leur tour, comme subordonnés les prévôts (*Schultheiss*) des différentes communes rurales, délégués, eux aussi, du souverain, pour administrer avec les élus ou *jurés* de la commune les affaires de la localité. D'ordinaire, outre le bailli, on rencontre encore dans sa circonscription le receveur du bailliage (*Amtsschaffner*), qui avait à tenir note des rentrées en argent et des revenus en nature du seigneur, et le greffier de bailliage (*Amtsschreiber*) qui était le conseiller et parfois même le directeur du bailli dans l'instruction des affaires judiciaires. Dans les bailliages de peu d'étendue ces deux charges étaient souvent cumulées par la même personne.

Dans certaines parties de la Haute-Alsace, dans le comté de Ferrette par exemple, nous rencontrons une organisation administrative un peu différente ; entre le bailliage et la commune s'interpose un groupe intermédiaire, la Mairie (*Mcyerthum*), formé de plusieurs villages et administré par un maire (*Meyer*) assisté d'un agent subalterne (*Weibel, Fronbott*), qui tient à la fois de l'huissier, de l'appariteur et du garde champêtre. Détail caractéristique : le bailli est assisté, dans l'exercice de ses fonctions, par les quatre principaux maires des bailliages, les *Amptvierer*, qui lui constituent une espèce de conseil exécutif[1].

D'ordinaire le bailli résidait au milieu de ses administrés, dans

---

et règlement de ce qui doit estre cy-après gardé et observé dans les prévostez du bailliage de Schirmeck, de la part de nous, Jean Cabillot, licencié ès-loix, baillif du dit lieu, Dachstein et Molsheim ». C'est un placard grand in-folio, évidemment destiné à être placardé dans les communes, avec indication des jours d'audience, du tarif des sentences, etc. Il porte la date du 10 juin 1687.

1. Bonvalot, *Coutumes de Ferrette*, p. 92. — Ces maires n'étaient pas des personnages bien importants. Nous avons lu la supplique d'un maire de Giromagny, demandant qu'on lui fasse un manteau neuf, le sien étant déchiré. A la réception de cette pièce, la Régence d'Ensisheim demande gravement, le 8 septembre 1618, un rapport spécial aux officiers de la seigneurie de Belfort, pour savoir s'il y a lieu d'accorder ledit manteau. On voit que la paperasserie administrative, sous laquelle succombe l'Europe contemporaine, ne date pas d'hier.

l'un des bourgs ou villages les plus considérables de sa circonscription et il y occupait une maison, parfois même un château seigneurial du maître. Parfois cependant il était autorisé à choisir son lieu
de résidence en dehors du bailliage ; ainsi le bailli du Kochersberg
demeurait fréquemment, au XVIIe siècle, au siège de la régence, à
Saverne. En 1697, l'on constate même l'existence d'un « bailli de la
seigneurie de la Petite-Pierre » nommé Jean-Nicolas Lamarine, qui
est en même temps « avocat au Parlement » et « procureur du roi
de la Monnaie de Sa Majesté à Strasbourg[1] » ; voilà un fonctionnaire
que ses administrés ne devaient pas souvent rencontrer à domicile.

Nous aurons à parler en détail, dans les chapitres afférents, de
l'administration des villes plus importantes de l'Alsace ; il serait
donc oiseux de nous y arrêter ici. Quant à l'organisation intérieure
des localités rurales de la province en temps ordinaire, c'est-à-dire
en dehors des grandes crises, guerres, famines, épidémies, qui
bouleversaient naturellement l'existence entière des pauvres
villageois, nous ne saurions mieux l'exposer dans ses détails qu'en
analysant l'un des règlements communaux les plus complets que
nous connaissions, celui du petit village de Berstett, terre de la
Noblesse immédiate de la Basse-Alsace située dans le canton actuel
de Truchtersheim, et possédée depuis le milieu du XVe siècle par
la famille du même nom[2].

Tout bourgeois de Berstett jurera obéissance à son seigneur ; le
prévôt et ses assesseurs (*Heimburger*) veilleront à ce que chacun
vive pacifiquement et en bon accord avec ses voisins et à ce que
toutes leurs actions tournent toujours au profit du seigneur et de la
communauté. Ceux qui troubleraient l'ordre public payeront trente
schellings d'amende. Le prévôt est tenu de siéger régulièrement
avec les jurés, au moins quatre fois par trimestre, et de rendre
égale justice aux bourgeois et aux étrangers, sans faire aucune différence entre les riches et les pauvres, sans vouloir plaire aux uns
ni vouloir nuire aux autres. Le prévôt n'a pas le droit de changer
les règlements, d'autoriser, ni de défendre quoi que ce soit, sans le
consentement préalable du seigneur. Toutes les contestations sur
des objets d'une valeur au-dessous de six livres pfenning sont de sa
compétence. On en peut, il est vrai, appeler de son jugement à la

1. A. de Barthélemy, *Armorial d'Alsace*, p. 63.
2. La *Bürger-Ordnung* de Berstett a été conservée aux Archives paroissiales du village dans un manuscrit rédigé par Me Jacques Stoeffler, qui fut
pasteur de Berstett, de 1627 à 1664. Elle a été publiée par M. Goepp dans
l'*Alsatia* de Stoeber, 1854, p. 231 suiv.

Seigneurie (*Obrigkeit*) elle-même; mais si cet appel est jugé fri-
vole, c'est-à-dire si le jugement nouveau est conforme au premier,
l'appelant paye pour ce dérangement inutile une amende de
30 schellings. Quand le *schultheiss* fait sonner la cloche du village, les
jurés sont tenus de venir siéger endéans une heure, sous peine de
10 schellings d'amende. Le jour de la S.-Adolphe, alors qu'on
organise le jury (*das Gericht*), on désignera en même temps parmi
les bourgeois deux défenseurs d'office (*Fürsprech*), qui recevront
six pfennings d'honoraires par cause entendue. Pour ce maigre
salaire, ils sont tenus de plaider décemment et correctement, car
s'ils s'interrompent et s'injurient, ils sont passibles de 30 schellings
d'amende. Si l'inculpé ne veut pas se contenter du défenseur local,
il pourra en faire venir un, à ses frais, du dehors. Le prévôt et les
Heimburger auront soin de noter par écrit tout délit et toute contravention dont ils entendront parler. L'aubergiste, de son côté, chez
lequel injures, jurons, coups et blessures s'échangent d'ordinaire
après boire, est tenu de leur faire savoir immédiatement, avec tous
les détails, ce qui s'est dit et fait chez lui, et non pas seulement
quinze jours avant la session. C'est trente schellings d'amende
pour ceux qui se sont lancé des injures, et ceux qui sont coupables
de blasphème iront en prison et payeront trois livres d'amende.

Le prévôt doit veiller également à ce qu'aucun des habitants ne
gaspille son avoir (*unnützlich verzehrt*) et ne se mette ainsi sur la
paille, lui, sa femme et ses enfants. Si un premier avertissement
n'amène pas un changement de conduite, il devra dénoncer le prodigue au seigneur. Il est tenu d'ailleurs de donner le bon exemple
lui-même et ne pas trop se goberger, avec ses assesseurs, aux frais
de la commune. S'ils fonctionnent au village même, ils ont droit à
des honoraires de deux schellings; si leur activité officielle
nécessite une course en ville, ils ont droit à une somme double[1].
Toutes les autres rétributions sont abolies. Nul ne peut être
admis à la bourgeoisie sans l'autorisation du seigneur; pour y
arriver, il faut payer cinq livres au seigneur et une livre à la
coutume, après avoir justifié d'abord de sa naissance légitime[2]. Si
le candidat à la bourgeoisie épouse ou a épousé fille ou veuve de
Berstett, il ne payera que trois livres; s'il est *manant*, c'est-à-dire

---

1. Ces taxes n'étaient pas partout les mêmes, naturellement; ainsi le prévôt de Fürdenheim ne touchait que 3 schellings, six pfennings pour une
course d'affaires en ville. (Reuss, *Aus der Geschichte Fürdenheim's*, p. 21.)
2. On ne pouvait de même quitter Berstett avant d'avoir réglé avec la
seigneurie le « droit de départ » (*Abzug*).

s'il habite déjà la localité du consentement du seigneur, c'est cinq schillings seulement qu'il aura à débourser.

Le déplacement d'une pierre-borne, en labourant, n'est frappé que d'une amende de trente schillings, mais il en coûtera cinq livres à qui se permettra d'héberger un Juif ou de trafiquer avec lui. Pour tout autre passant, on pourra le loger pour une nuit, mais pas plus longtemps, « qu'il soit allemand, français, mendiant, ou quoi que ce soit ». Quand les habitants achèteront ou vendront du vin, il leur est défendu de boire pour plus de quatre pfennings par écu de marchandise vendue, et pour faciliter le contrôle, les marchés seront toujours passés par écrit devant le prévôt, à peine de cinq livres d'amende. Ce dernier devra réviser aussi chaque année les comptes de tutelle, mais il ne prendra pas plus de cinq schillings de frais de vacation (*Zehrkosten*) par séance. Après décès d'un habitant, aucune pièce de mobilier ne sera livrée aux héritiers sans le consentement du seigneur.

En temps de troubles et de guerre, chaque bourgeois est tenu de monter la garde à tour de rôle, selon les indications du prévôt, qui contrôlera à l'improviste les veilleurs et frappera d'une amende de trente schillings les défaillants. Personne ne devra s'engager en un service étranger, sans la permission du seigneur, à peine de cinq livres d'amende. Chaque soir, après le couvre-feu, défense de faire du bruit dans les rues, sauf quand il y aura une noce au village. Gars et filles, maîtres et domestiques, qui transgresseront ce paragraphe auront à payer dix schillings. Aux noces, il est permis de « crier un peu », mais il est interdit de se charger l'estomac, de chanter des chansons obscènes et de faire des plaisanteries indécentes, à peine de trente schillings. Même amende est infligée à qui « prend plus de nourriture et de boisson qu'il ne peut porter et les rend ». Les paillards et les adultères devront être immédiatement dénoncés à la seigneurie[1]. Les jeux de cartes sont prohibés comme celui des dés, « sauf pour des enjeux ne dépassant pas un pfenning. » Quiconque détériore ou vole le bien du voisin sera condamné selon l'avis des jurés. Si un habitant de Berstett en provoque

---

1. Cet article se retrouve ailleurs encore; seulement les dénonciations n'étaient pas toujours faciles à faire quand elles devaient se produire contre les autorités locales elles-mêmes. Nous avons trouvé aux Archives de la Basse-Alsace (E. 1685) une lettre d'un habitant de Geudertheim, dénonçant à la Régence de Bouxwiller l'adultère du prévôt Knittel, mais suppliant en même temps la seigneurie de ne pas trahir son nom, puisque ce Knittel l'a déjà une fois menacé de la colère du gouvernement (*mit den Frantzosen gedreut*) à propos d'une querelle et l'anéantirait maintenant (18 juin 1694).

un autre à se battre avec lui, il sera arrêté et puni ; s'il échange seulement quelques horions (*wann er sich ropft*), il n'aura à verser que
cinq schěllings. En cas de refus de la corvée seigneuriale, amende
de trente schellings. Si un habitant avait le malheur de tuer un de
ses concitoyens, — ce qu'à Dieu ne plaise ! — tous les bourgeois et
manants sont tenus de prêter main forte pour l'arrêter.

Pour le cas où quelqu'un voudrait vendre ses biens, ses proches
auraient le droit de préemption (*Vorkauf*) ; s'ils refusent d'en user,
c'est la seigneurie qui pourra revendiquer la préférence ; sans son
consentement d'ailleurs aucune vente n'est valable. Les partages
d'héritage devront se faire devant le prévôt et le pasteur, pour éviter
les disputes et les querelles. Chacune des maisons de la localité sera
examinée deux fois par an par le prévôt, pour constater si elles sont
en bon état. Il paraîtrait que les habitants de Berstett étaient fort
curieux, car le règlement leur défend péremptoirement, à peine de
trente schellings d'amende, de s'arrêter la nuit devant la fenêtre ou
le volet de leurs concitoyens, pour écouter ce qui se dit ou voir ce
qui se passe à l'intérieur des maisons. Il leur est également défendu,
dans les termes les plus sévères, de consulter, soit ouvertement, soit
en secret, les devineresses et les sorcières. Ce délit est tarifé à dix
livres, somme dont le tiers est assuré au dénonciateur.

Ce document, bien que spécial à l'un des villages de la Basse-
Alsace, peut donner, je le crois, une idée juste et détaillée de l'administration des campagnes alsaciennes au XVIIᵉ siècle. On rencontre
un peu partout les traits principaux du tableau qu'il nous retrace,
bien qu'il y ait naturellement certaines différences entre le nord et
le sud du pays, entre populations catholiques et protestantes, entre
l'organisation du territoire minuscule de tel baron, qui ne possède
qu'un ou deux villages et celui du prince qui compte vingt à trente
mille sujets. Ainsi dans les bailliages autrichiens, on accentuait
davantage les devoirs politiques et religieux de ceux qui sollicitaient
l'admission à la bourgeoisie. On devait jurer « fidélité, amour,
obéissance et dévouement » à Son Altesse archiducale, promettre de
« rester fidèle à l'antique et vraie religion catholique », d'assister
aux offices tous les dimanches, de ne pas comploter contre l'autorité,
ni la diffamer, de tenir ses armes en bon état et de s'en servir pour
le salut de la patrie [1]. Évidemment le baron de Berstett n'avait pas

---

1. « *Sie gebrauchen zur rettung des Vaterlandts* » Bouvalot, *Coutumes de
Ferrette*, p. 53.

à se préoccuper d'armer ses quelques paysans pour la défense de leurs foyers.

Outre le prévôt, les *Heimburger*, ses assesseurs et les jurés, on rencontre encore d'ordinaire au village un garde champêtre (*Bann-wart*), chargé de surveiller les biens communaux et ceux des particuliers, de protéger les semailles, de « montrer le chemin aux passants », de signaler les dégâts causés dans la banlieue par les hommes et les animaux. Il touchait d'ordinaire, — en Basse-Alsace du moins, — huit gerbes de froment de chaque paysan riche (*Grossbauer*), quatre gerbes des paysans moins aisés (*Kleinbauer*), une gerbe par champ de tous ceux qui n'étaient pas bourgeois de la localité [1]. Dans des bourgs plus considérables, il y en avait plusieurs qui se partageaient la besogne. Le tarif des amendes pour les dégâts semble avoir passablement varié selon les temps et les lieux. Dans la vallée de Sainte-Marie-aux-Mines, on faisait payer, en 1676, au coupable une amende d'un gros, au profit de la seigneurie de Ribeaupierre. Chevaux, bœufs, vaches, porcs ou chèvres, quoique d'appétit assurément divers, étaient tous taxés à une somme identique de trois gros. Le dommage causé au propriétaire se payait à part, en sus de l'amende [2]. Il y avait également dans la plupart des communes des délégués à la surveillance des biens curiaux, qui étaient chargés de réunir les dîmes et les redevances de la Saint-Martin, les *Heiligen-meyer*, comme on les appelait ; ces précurseurs de nos conseils de fabrique modernes touchaient une modeste indemnité de cinq schellings, afin de pouvoir se rafraîchir en dressant leurs comptes [3]. Un personnage d'importance aussi, dans les villages vinicoles de l'Alsace, c'était le jaugeur assermenté (*Sinner*), qui révisait annuellement les tonneaux dans toute la commune et devait marquer d'une façon consciencieuse la capacité des futailles ; il touchait à Fürdenheim, de la part des bourgeois, un pfenning d'honoraires par mesure de vin (*Ohm*) jaugée ; les personnes étrangères à la localité lui payaient le double [4]. Les données qu'on vient de lire suffiront sans doute pour faire comprendre et apprécier l'organisation administrative des petits groupes ruraux de ces temps [5]. Elle était au fond très

---

1. Reuss, *Aus der Geschichte Fürdenheims*, p. 8, d'après le *Prothocollum Virdenheimianum* de 1661.
2. Documents concernant Sainte-Marie-aux-Mines (côté d'Alsace) p. 273-274.
3. Reuss, *Fürdenheim*, p. 9.
4. *Ibid.*, *loc. cit.*
5. Il n'y avait pas, au XVIIe siècle, en Alsace, de populeux villages de plusieurs milliers d'âmes, comme on les rencontre aujourd'hui. Non seule-

patriarcale, et fort acceptable pour des populations accoutumées de temps immémorial à la réglementation minutieuse de tous les actes de leur vie quotidienne. Elle assure au paysan le jugement par ses pairs, elle veille à sa sécurité personnelle, et elle protège ses biens, dans la mesure, fort restreinte, il est vrai, où un modeste seigneur territorial pouvait garantir alors ces avantages précieux à ses sujets et à lui-même. Évidemment le bonheur relatif ou le malaise d'une communauté de ce genre devait dépendre, en ces temps, bien plus encore que de nos jours, de la personnalité de son administrateur. Un prévôt intelligent et intègre pouvait assurer certainement à ses concitoyens une existence très supportable, même en l'absence de nos libertés politiques modernes, surtout s'il avait acquis par une longue pratique la routine nécessaire [1]. Mais il n'était parfois ni consciencieux, ni honnête ; il fraudait sur les recettes, il administrait mal les revenus communaux, il se faisait détester par ses concitoyens en s'exonérant lui-même des corvées extraordinaires, de la charge des garnisaires à nourrir ; il lui arrivait même de « voler les pauvres [2] » et les plaintes les plus légitimes de ses administrés auprès de ses supérieurs ne réussissaient pas toujours à les en débarrasser [3].

---

ment les guerres incessantes avaient décimé les populations, mais au moyen âge toute localité, assez florissante pour entretenir un marché, pour s'entourer d'un mur d'enceinte, avait sollicité de son seigneur des privilèges la sortant de pair, et les avait presque toujours obtenus ; de là le nombre très grand d'insignifiantes communautés *urbaines*, et l'absence presque complète de gros villages.

1. Nous avons rencontré assez souvent dans les dossiers administratifs du temps des prévôts qui sont en fonctions depuis quinze et vingt ans, et qui ont succédé à leurs pères, qui exerçaient déjà pendant un temps égal ; cela devenait presque un office héréditaire.

2. Reuss, *Fürdenheim*, p. 21.

3. Une série de plaintes, déposées par des communes de la Haute-Alsace contre leurs préposés, pour malversations, violences, etc., dans les années 1607 à 1631, entre les mains de la Régence d'Ensisheim, se trouve A.H.A. C. 36. Un petit nombre seulement d'entre eux semble avoir été révoqué de ses fonctions.

CHAPITRE DEUXIÈME

Administration des Finances

Il est difficile, à vrai dire, de parler d'une façon générale de l'administration des finances en Alsace avant la période française, puisqu'il n'existait rien, en réalité, qui ressemblât à ce que nous désignons aujourd'hui par ce nom. Au XVIIe siècle, il n'y a ni impôts généraux ni contrôle commun. Aucun fonctionnaire du Saint-Empire chargé de surveiller la rentrée de contributions régulières ne siège en Alsace où d'ailleurs ses fonctions auraient été une sinécure. Les liens d'attache entre les divers membres du grand corps germanique étaient devenus si peu solides qu'à l'époque dont nous parlons, son chef ne tirait guère de revenus que de ses domaines héréditaires. Les impôts d'Empire que Maximilien Ier avait essayé d'établir à la diète de Worms, vers la fin du XVe siècle étaient rapidement tombés en désuétude[1] et ce n'est que par un vote spécial des États, réunis à la diète, que le souverain pouvait obtenir certains subsides, mois romains[2], impôts de guerre contre les Turcs[3], etc. Encore les différents États se soustrayaient-ils assez volontiers aux conséquences pratiques des rares votes de ce genre, et ne les regardaient pas toujours comme obligatoires pour eux et pour leurs sujets, dont ils préféraient encaisser eux-mêmes les deniers. Aussi n'était-ce le plus souvent que par sollicitations et prières, par ambassades et délégations spéciales, je dirais presque en mendiant, que le chef de

1. Ces impôts n'avaient d'ailleurs rien d'individuel, et n'étaient pas levés par l'Empire ; c'étaient des contributions matriculaires, comme elles existent encore aujourd'hui dans le budget de l'Empire allemand moderne, et c'étaient les membres du corps germanique qui étaient chargés de les recueillir.

2. On sait que le « mois romain » était à l'origine l'argent nécessaire à l'équipement et à l'entretien du contingent de chaque vassal de l'Empire quand il accompagnait le roi d'Allemagne dans son voyage à Rome, où il allait chercher la couronne impériale. Plus tard, l'expression signifia simplement la somme à laquelle chaque État de l'Empire était taxé ; ce fut comme le *rôle des impôts* de chaque État, qui consentait à payer tant et tant de mois romains à l'empereur, en vue de conflits au dedans ou au dehors.

3. Cet impôt ne pouvait avoir naturellement un caractère permanent, et n'intéressait guère les États de la rive gauche du Rhin, qui, malgré les prédictions des siècles précédents, savaient bien que l'étendard de Mahomet ne serait pas porté jusque chez eux.

l'Empire pouvait obtenir le concours financier de ceux des États qui passaient pour avoir l'escarcelle mieux remplie. D'ailleurs les contingents pécuniaires déterminés par les coutumes anciennes, n'avaient jamais été bien considérables. Vers le milieu du XVIIᵉ siècle, l'évêché de Strasbourg était porté sur la matricule de l'Empire à 616 florins par mois romain, Strasbourg lui-même à 900 florins, Haguenau à 192 florins, Schlestadt. à 64 florins, Turckheim à 20 florins[1], etc. C'étaient, on le voit, des versements minimes et qui ne pouvaient contribuer que dans une bien faible mesure à créer un Trésor de l'Empire. Encore ne rentraient-ils pas toujours facilement, même après avoir été votés. Il fallait menacer les récalcitrants d'une exécution sommaire pour leur arracher leurs écus, et ce n'étaient naturellement que les faibles, les petits, ceux qui avaient le moins à payer, qu'on pouvait traiter de la sorte[2].

Il en était de même d'un troisième impôt, tout spécial aussi, les contributions matriculaires pour l'entretien de la Cour d'appel suprême, de la Chambre Impériale de Spire ; ces sommes, appelées *Kammerziele,* versées par les États, et fort peu importantes du reste, étaient prélevées sur leurs recettes générales et ne représentaient pas pour les contribuables un véritable impôt. Le fait d'ailleurs que, depuis les débuts presque du XVIIᵉ siècle, il n'y avait plus eu ni diètes régulières ni recès de diètes, et par suite, plus de votes de subsides quelconques, n'avait pas peu aidé à effacer des esprits la notion même d'une imposition d'Empire[3].

Les contributions exigées des habitants de l'Alsace étaient donc, on peut le dire, des impôts territoriaux et locaux, et comme tels, de nature et d'origine assez diverses. A ce point de vue, leur

1. La plus récente « matricule d'Empire », datant du règne de Charles-Quint, a été réimprimée dans le *Reyssbuch* de Martin Zeiller, *Continuatio,* I, p. 10-31, le volumineux Guide Joanne de ce temps, qui, dans ses deux volumes in-folio promène le voyageur par tout l'Empire et renferme une foule de notions précieuses pour la connaissance de l'époque.

2. La Régence de Saverne, p. ex., menaçait l'abbé de Marmoutier de lui envoyer des garnisaires, s'il ne versait, endéans six jours, sa part de la *Türckensteuer,* réclamée depuis longtemps. (Lettre du 16 octobre 1621, A.B.A. G. 1437.)

3. Nous ne parlons pas ici, bien entendu, des dons plus ou moins volontaires qu'on demandait aux États ou aux sujets; ce n'étaient plus des *impôts* au sens légal du mot. On les réclamait d'ailleurs d'ordinaire pour des œuvres de parti, dans un camp comme dans l'autre. Voy. la lettre de l'archiduc Léopold au commandeur de l'Ordre de Saint-Jean-de-Jérusalem, à Dorlisheim, l'engageant à verser une somme considérable, *dem nothleidenden catholischen wesen zu guth.* (24 mai 1620. A.B.A. G. 1437.)

énumération se placerait mieux peut-être dans la description historique et topographique des différents territoires où nous aurons à en reparler un instant. Cependant, comme au XVIIe siècle les grandes et petites seigneuries avaient fini par employer les mêmes procédés fiscaux pour se procurer les mêmes ressources financières, qu'il n'y avait donc plus grande différence dans la manière dont l'évêque de Strasbourg, les archiducs d'Ensisheim ou le comte de Hanau taxaient leurs sujets et levaient leurs impôts, on peut en exposer ici, dès maintenant, le fonctionnement sommaire.

Ces impôts se prélevaient soit en nature, soit en argent. La plupart se présentent à nous comme des redevances dues au propriétaire du sol, plutôt que comme un impôt moderne. Ils sont nombreux, mais chacun est léger, pour sa part, et, dans les circonstances ordinaires, ils ne semblent pas avoir pesé trop durement sur les classes rurales[1]. Le principal impôt était, dans la plupart des territoires, la *beth* ou la *précaire*. C'était une contribution foncière ainsi nommée parce qu'elle n'était à l'origine qu'un subside, sollicité par le seigneur et qui n'avait alors aucun caractère de permanence; elle devint perpétuelle avec le temps, tout en gardant sa dénomination primitive. Selon qu'on la payait à des termes différents, elle s'appelait précaire de février, de la Saint-Martin, d'automne, etc. (*Hornungsbeth, Martinsbeth, Erntebeth*). Elle se prélevait proportionnellement sur les biens des sujets. Parfois cependant la *beth* était un impôt personnel; elle s'appelait alors *Leibbeth*[2]. La plupart des autres impôts étaient des impôts fonciers payés au seigneur féodal pour l'usage de son sol, absolument comme les fermages d'un riche propriétaire. Seulement, ils n'étaient pas rachetables. On les acquittait le plus souvent en nature. Certains de ces impôts, comme la présentation d'un chapon (*Kappenzins*) ou d'une poule de carnaval (*Fassnachthühner*) rappelaient l'ancien état de servage, qui existait encore en quelques endroits de la Haute-Alsace, à la fin du XVIe siècle, comme on le verra plus tard[3]. Les frais d'administration des baillis étaient également répartis sur les communautés (*Amtgelder*). Des impôts extraordinaires pouvaient être levés à certaines occasions[4].

1. Ainsi, en 1669, les trente-deux paysans, bourgeois de Fürdenheim, ne payaient à la ville de Strasbourg que 52 livres d'impôt. Il est vrai qu'ils avaient à payer en outre les redevances féodales au seigneur. (Reuss, *Fürdenheim*, p. 63.)

2. Kiefer, *Abgaben und Steuern in der Grafschaft Hanau-Lichtenberg*, p. 17.

3. Au livre VI, chapitre des *Paysans*.

4. Ainsi dans le comté de Hanau, quand il y avait à doter l'une des comtesses, on levait un impôt de 12.000 livres. (Kiefer, *Abgaben*, p. 20.)

Le seigneur touchait aussi les revenus nets des cours colongères établies sur son territoire, puis des droits usagers héréditaires, acquittés par les tenanciers d'une maison, d'un champ, d'une industrie surtout. La plupart des moulins à blé, à huile et à tan, et des scieries, étaient de ces *Erblehen* qui rapportaient des sommes régulières à son budget. Il y avait en outre de nombreuses redevances secondaires, et d'un rapport plus variable pour la caisse seigneuriale : l'achat du droit de bourgeoisie ; la taxe de protection (*Schirmgeld*) ou de *manance* pour les étrangers établis sur le territoire ; le droit de domicile, concédé aux Juifs (*Judenzins*) ; la taxe payée pour s'exonérer du service des patrouilles nocturnes (*Wachtgeld*) ; celle qu'on acquittait pour n'avoir pas à filer le chanvre dont d'anciennes coutumes imposaient la livraison annuelle (*Spinngeld*). Il y avait encore les droits de mortuaire (*Todfall*), plus ou moins considérables, les droits payés par les châtreurs du bétail (*Nonnenzins*), ceux payés par les équarrisseurs (*Wasenzins*), etc. La plupart de ces impôts remontent au moyen âge et se perpétuaient en vertu de traditions séculaires. Quelques-uns pourtant furent introduits au XVIIᵉ siècle par des financiers ingénieux, pour grossir les revenus seigneuriaux. C'est ainsi que vers 1635, après les grandes épizooties, alors qu'il fallait importer des masses de bétail nouveau dans la province, on introduisit dans la plupart des territoires un impôt sur la vente du bétail (*Viehpfundzoll*) [1].

Il y avait aussi les impôts indirects, les plus lucratifs pour le fisc, alors comme aujourd'hui. Nous ne ferons que mentionner ici les droits de douane, les droits d'octroi et de consommation (*Umgeld*) sur une foule d'articles : vin, bière, sel, tabac, etc. (*Kraemer-Accis, Tabakaccis,* etc.), que nous retrouverons ailleurs [2]. Il y avait encore dans maint petit bourg, la taxe du *Korbgeld*, payable pour chaque panier de légumes ou de victuailles qu'on apportait au marché [3]. N'oublions pas non plus les dîmes qui, d'ecclésiastiques, étaient presque partout devenues seigneuriales [4], ni les corvées, autre impôt en nature [5].

1. Kiefer, *Abgaben*, p. 32.
2. Nous renvoyons pour ces points aux chapitres du livre V sur l'*industrie*, le *commerce* et l'*agriculture*.
3. Il était de un pfenning par panier de marchandise apporté au marché.
4. Sur les dîmes de nature diverse, nous renvoyons au livre VII, chapitres I et II (Églises catholiques et protestantes).
5. Pour les corvées, voir le chapitre des *Paysans*. — A qui voudra se rendre compte par le menu détail des procédés multiples par lesquels l'argent des contribuables était amené dans les caisses seigneuriales, nous recom-

Sur les terres autrichiennes, on distingue deux catégories d'impôts, les uns représentant des droits de souveraineté, les autres que l'archiduc touchait comme seigneur particulier. « En qualité de souverain, dit La Grange, il avait à percevoir les droits d'entrée et de sortie, les impôts sur le vin appelés *Maaspfennig* ou denier du pot au vin, sur le sel, les amendes et confiscations et autres pareils droits, et en temps de guerre et autre pareil besoin de l'État, on lui payait la *subvention*, qui veut dire la *taille*, qui était un droit très médiocre. Outre ces droits de souveraineté, l'archiduc jouissait des rentes, droits et revenus seigneuriaux... Pour ce sujet, il avait dans chaque terre un receveur particulier, outre le receveur général pour les droits de souveraineté [1]. »

Aucun impôt n'a jamais été populaire, si ce n'est auprès de ceux qui savaient d'avance qu'ils n'auraient pas à le payer ; mais il semble bien qu'alors déjà, comme plus tard, ceux qui frappaient les boissons aient été les plus détestés de tous. Ainsi l'impôt du *maaspfennig* [2], qui haussait le prix du vin pour les consommateurs, donna lieu plusieurs fois à des désordres très sérieux dans la Haute-Alsace, au commencement du XVIIe siècle [3].

La situation que nous venons de décrire changea naturellement quand l'administration française s'établit en Alsace, et surtout après les arrêts de réunion qui mirent pour un temps assez long les terres saisies des possesseurs récalcitrants sous la domination directe du roi et permirent ainsi de réorganiser à loisir le système des contributions publiques. Au début, le monarque n'était pas intéressé d'une façon personnelle aux revenus du pays, puisque, soit même avant la cession officielle par le traité de Munster, soit après, il avait fait cadeau des bailliages autrichiens à d'anciens officiers généraux de ses armées et plus tard à Mazarin, et puisque les « impositions royales » n'existaient pas encore. Néanmoins, il prit en main

mandons le travail de M. L.-A. Kiefer (*Abgaben und Gefaelle in der ehemaligen Grafschaft Hanau-Lichtenberg*, Strasbourg, Noiriel, 1892, 8°), actuellement le plus complet sur la matière, quoiqu'il ne soit qu'une monographie sur un seul territoire, mais d'autant plus approfondie, et dont on peut généraliser, sans danger, la plupart des indications, en les étendant au moins à la Basse-Alsace tout entière.

1. La Grange, *Mémoire*, fol. 224.
2. L'impôt du *maaspfennig* était d'un denier par mesure.
3. Nous avons encore les procès-verbaux des visites faites dans les caves des cabaretiers récalcitrants du bailliage de Landser en 1615 pour contrôler leur marchandise. (A.H.A. C. 245.) — En juin 1616, les aubergistes d'Altkirch déclarent qu'ils préfèrent décrocher leurs enseignes et fermer boutique, plutôt que de payer plus longtemps le *maaspfennig* détesté. (A.H.A. C. 246.)

la défense des intérêts généraux de la population, en défendant que
les seigneurs levassent dorénavant des contributions sur leurs
sujets, sans la permission formelle du souverain. L'édit du Conseil
souverain d'Ensisheim, du 13 décembre 1659, proclama comme
règle « qu'il n'appartient qu'à Sa Majesté, notre très bénigne Roi et
seul Seigneur, de faire des impositions dans ses pays ». Comme
« néanmoins il y a quelques particuliers qui entreprennent de faire le
contraire... sans avoir aucune permission du Roi », défense absolue
était faite à tous, ecclésiastiques, nobles et non-nobles, communautés et particuliers, de faire payer autre chose par les sujets du
Roi que les revenus et rentes seigneuriales ordinaires [1].

On peut aisément se figurer qu'une pareille intervention, si elle
froissa fort les États de l'Alsace, alors encore très imbus de leur
souveraineté, fut très applaudie par leurs sujets, taillables à merci.
L'année d'après, en 1660, Louis XIV fixa les impôts royaux à payer
pour toute l'Alsace, tant pour passages de troupes que pour routes,
subsistances, etc., à la somme de 60,000 livres, « qui est si modique, dit l'édit de novembre 1662, eu égard à la fertilité, qualité et
étendue desdits pays, que c'est plutôt « un simple droit de reconnaissance [2]. » Cette situation, si favorable, ne dura guère, il est
vrai ; les impositions royales atteignirent très vite des sommes considérables, sans compter que, durant les longues années de guerre
qui suivirent, le pays fut horriblement foulé, et de nombreuses corvées imposées aux populations alsaciennes. Mais le contrôle supérieur des fonctionnaires royaux sur la levée des impôts fut établi
partout et sévèrement exercé pour empêcher le gaspillage des ressources. Tous les comptes des recettes et dépenses des villes et
autres localités de la province, directement soumises à la couronne, durent être examinés dans les bureaux de l'intendant, à
Brisach [3].

Cette précaution semble avoir été bien nécessaire, car l'intendant
Poncet de la Rivière constatait dans une ordonnance, publiée le
28 septembre 1672, qu'un contingent considérable des deniers
publics était détourné de leur destination légitime. Les comptes
des communautés, dit-il, sont remplis « de dépenses de bouche continuelles » faites par les administrateurs [4]. D'autres dépenses ont, il

---

1. *Ordonnances d'Alsace*, I, p. 13.
2. *Ibid.*, I, p. 21.
3. Arrêt du Conseil d'État du 20 décembre 1671.
4. L'intendant cite l'exemple d'une localité, « où *quatorze* pots de cette province, c'est-à-dire vingt-huit pintes de Paris, sont portés en compte, *par
jour*, à huit conseillers de ville ».

est vrai, des objets plus raisonnables, comme réparations des murs, des ponts, des chemins, etc. Mais il est notoire dans toute la province que ces réparations se font par corvées des sujets, « pendant que ceux qui ont l'autorité s'attribuent les deniers communs ». L'intendant défend en conséquence aux receveurs des villes de délivrer ces deniers, sinon en exécution de ses ordonnances, comme aussi à toute personne, de quelque qualité et condition qu'elle soit, d'ordonner ou faire aucune levée de deniers, comme aussi de corvées [1].

Ces ordres ne furent pas suivis partout sans résistance, et les longues années de troubles qui suivirent en rendirent la mise à exécution et le contrôle assez difficiles. Encore dix ans plus tard, on trouve des communautés, endettées souvent pour des sommes considérables, sans en avoir connaissance, et au profit unique du seigneur, grâce à la connivence coupable ou à la pusillanimité des baillis ou des prévôts du lieu. Les baillis qui détenaient d'ordinaire le sceau de la communauté, faisaient appliquer sur ces engagements « le cachet du village... s'étant imaginé qu'il suffisait de cette prétention pour les obliger et les rendre responsables de leurs malversations ». Il fallut un édit royal pour ordonner la production de tous ces titres de rente prétendus sur les communautés, par-devant l'intendant de la province, et pour établir que dorénavant tous les actes, obligations, contrats de rente, aliénations, etc., seraient passés par-devant deux notaires royaux, en présence de deux témoins notables et du greffier de chaque ville, et que les pièces seraient déposées aux archives [2].

Les impositions royales, introduites peu à peu pour remplacer les payements matriculaires faits jadis à l'Empire, ne furent pas nombreuses au XVIIe siècle ; ce n'est qu'après 1700 qu'elles allèrent se diversifiant dans des proportions notables. La principale d'entre elles fut la *subvention ordinaire* de la province, introduite après la paix de Nimègue (1679), pour remplacer l'impôt de la taille, levé dans les autres parties du royaume. Elle se montait d'abord à 99,000 livres, et fut portée à 300,000 livres par an, y compris 33,000 livres pour frais d'étapes, par un arrêt du Conseil d'État, du 29 novembre 1700 [3].

Un second impôt, celui de capitation (*Kopfsteuer*), fut introduit

1. *Ordonnances d'Alsace*, I, p. 42.
2. L'édit est du 26 décembre 1683. *Ordonnances d'Alsace*, I, p. 137.
3. Ces *Subcentionsgelder* étaient répartis sur la base des contributions municipales ou seigneuriales.

en 1695, pour couvrir les frais croissants de la guerre. Il frappait toutes les personnes majeures, y compris les domestiques, d'après une échelle à taxes décroissantes, qui englobait tous les Français, depuis le Dauphin de France jusqu'au plus pauvre journalier [1].

Une troisième imposition était celle des *épys du Rhin*, consacrée aux travaux d'endiguement du fleuve et à la défense des territoires riverains. D'autres levées de deniers n'eurent qu'un caractère tout temporaire, comme l'impôt destiné à indemniser les propriétaires dont les terrains avaient été pris par les nouvelles fortifications de l'Alsace et du Brisgau. Il ne fut payé que de 1688 à 1690. On peut mentionner également, comme analogue, l'impôt pour l'entretien de dix compagnies de fusiliers sur la frontière du Rhin, levé de 1690 à 1697.

En 1694, la province fut taxée à un subside extraordinaire de 600,000 livres, à répartir sur le pied des autres impôts [2]. Pourtant M. de La Grange avait écrit quelque temps auparavant à M. de Pontchartrain : « Je ne scay, monsieur, qui vous a fait entendre que l'Alsace est riche ; il n'y a rien moins que ce qui vous a esté dit ; les denrées s'y vendent à présent, mais il y a de fort gros quartiers d'hyver, qui consomment ce que les habitans en tirent et l'on doit demeurer d'accord que dans Strasbourg ny dans aucun autre lieu de la province, il n'y a personne qui ait du bien plus qu'il luy en faut que pour vivre médiocrement [3]. »

Enfin c'étaient des impôts encore, et non les moindres, que ces différents *dons gratuits* que la province, le clergé, la ville de Strasbourg durent offrir à plusieurs reprises au roi [4]. Toutes ces sommes réunies ne laissèrent pas de peser bien lourdement, vers la fin du siècle, sur la population d'Alsace, épuisée par les guerres, et privée par elles de sa principale ressource, le trafic avec l'Allemagne et les Pays-Bas. L'intendant La Grange, qui avait à lever tous ces subsides, était le premier à le reconnaître. « Ce pays est trop

---

1. L'échelle était divisée en *vingt-deux* classes ; la première payait 2,000 livres, la dernière 20 sols seulement.

2. C'était l'intendant *seul* qui procédait à ces répartitions. Pour celle dont il s'agit ici, Reisseissen nous raconte qu'il écrivit simplement au Magistrat de la ville libre, qu'il avait à verser 40,000 livres pour sa part. (*Mémorial*, p. 176.)

3. Lettre du 3 juin 1692. Van Huffel, *Documents*, p. 164.

4. Le premier fut celui de 1692, consenti pour obtenir de Louis XIV la suppression de toutes les nouvelles charges qu'il venait de créer par l'Édit de septembre (*Ordonnances d'Alsace*, I, p. 205), afin de les vendre contre finances. Cela coûta cher ; la petite ville d'Obernai dut verser, pour son compte, 34,000 livres (Gyss, II, p. 276).

chargé, disait-il en 1697, par toutes ces impositions qui excèdent la
force et la juste portée de cette petite province, car outre ce qu'elle
paie en argent, elle a fourni depuis la guerre tous les fourrages des
magazins, des places, et ceux des quartiers d'hiver dans le plat
pays, les logements et le supplément d'ustensiles, l'entretien de
deux régimens de milice, les corvées et les voitures pour les armées,
qui ont excédé de beaucoup les impositions ci-dessus, au lieu que,
pendant la paix, ces charges n'allaient qu'à 99,000 livres. Elle a donc
besoin d'être soulagée après la paix, particulièrement la Basse-Alsace,
qui a été fort ruinée par le passage et le séjour des armées [1]. »

A l'appui de ce vœu, qu'il ne fut pas possible de réaliser, puisque
la guerre de la succession d'Espagne suivit presque immédiatement
celle du Palatinat, La Grange ajoutait fort judicieusement : « Il convient assez de faire connaître à cet endroit combien il est important
de traiter les peuples avec douceur et de rétablir le païs ; une des
principales raisons est le service du Roi, car on peut dire que l'Alsace se trouve enclavée de tous côtés, et les grandes et belles places
que Sa Majesté y a fait fortifier ne peuvent se soutenir que par le
païs même ; à la première guerre on ne doit pas s'attendre d'y trouver toutes les ressources, si on ne la tient en état de les pouvoir
fournir, et ce serait se flatter en vain que d'espérer d'y suppléer par
des corvées et des secours étrangers... D'ailleurs ces peuples se
trouvant chargés d'impositions plus que leurs voisins, il serait à
craindre qu'ils ne prissent le parti de se retirer dans les états et les
païs étrangers, dont ils sont environnés de tous côtés, la Lorraine,
la Suisse et le Palatinat, où on cherche à attirer des habitans pour
rétablir les désordres des dernières guerres... Leur naturel est la
joie. On ne voiait autrefois dans cette province que des violons et
des danses, et cette joie n'y a été conservée que par la grande protection que Sa Majesté leur a accordée depuis la paix de Munster,
et elle ne s'est rétablie des malheurs de la dernière guerre que par
les moiens que Sa Majesté lui en a donnés... Ces peuples aiment le
repos et la vie tranquille ; la diversité des impositions et des affaires
de finance, où ils n'entendent rien, les inquiète, et si on recherche
leur naturel et le bien du service de Sa Majesté, on doit les distinguer des autres provinces du royaume pour toutes les affaires extraordinaires, et leur demander seulement, suivant l'usage du païs, une
somme fixe, en forme de subvention, tous les ans, et les décharger
de toutes les autres impositions [2]. »

1. La Grange, *Mémoire*, fol. 225.
2. Id., *ibid.*, fol. 226-227. L'Alsace se vit effectivement déchargée, grâc

La répartition générale des impôts s'opérait, comme nous venons de le dire, par les soins de l'intendant et de ses bureaux. On lui envoyait de Paris le total du chiffre auquel devait se monter la *subvention* de la province aux dépenses de l'État ; lui, ou ses subdélégués, en faisaient la répartition sur les différents bailliages, et mandaient aux baillis et aux magistrats des villes la somme qu'ils avaient à verser ; ceux-ci répartissaient à leur tour le montant de leur quote-part sur les communes de leur ressort, et le prévôt de chaque localité, seul ou avec le concours de quelques notables, assignait à chaque particulier le contingent personnel à verser. On voit tout ce qu'une série d'opérations pareilles comportait, même sans injustice délibérée, d'actes arbitraires, d'inégalités flagrantes et d'erreurs.

Pour la perception des impôts, il existait, outre les receveurs particuliers des seigneurs territoriaux, qui centralisaient les recettes de leurs bailliages ou communautés, deux receveurs particuliers des finances de la province, qui exerçaient leur charge alternativement. Le receveur en fonctions faisait porter les sommes encaissées au receveur général de la généralité de Metz dont l'Alsace faisait partie [1]. En août 1696, sans doute à cause du surcroît de besogne, causé par l'introduction de la capitation, on supprima ces charges et l'on créa six charges nouvelles de receveurs, réparties en trois bureaux. On leur attribuait six deniers par livre, au lieu des trois deniers qu'avaient touchés leurs prédécesseurs moins occupés ; mais les traitants de ces offices « en tinrent la finance si haute, au dire de La Grange, qu'il ne se trouva personne pour les lever » et qu'ils furent exercés par commission, de la part de ces traitants. Les trois bureaux des recettes furent établis à Brisach, Strasbourg et Landau.

« En la présente année (1697), dit le Mémoire de l'intendant, les impositions de ces trois bureaux ont rapporté :

Le bureau de Brisac......	431,882	livres	10	sols	10	deniers.
Celui de Strasbourg......	548,234	»	2	»	8	»
L'Evesché de Strasbourg au						
Trésor royal..........	50,000	»	—	»	—	»
Celui de Landau........	305,581	»	11	»	6	»

1,335,698 livres, 5 sols.

à *l'abonnement* de 600,000 livres versées pour la durée de la guerre, d'une série d'impôts établis dans le reste du royaume. La Grange (fol. 229) mentionne celui sur le papier timbré, sur le contrôle des exploits, sur les actes notariés, sur les bois, les tabacs, les blés et les vins.

1. La Grange, *Mémoire*, fol. 229.

» Le reste (des impôts), se montant à 636,698 livres 5 sols, se lève sur les habitans du plat païs, savoir pour la capitation de 1697 : 546,433 livres 9 sols ; la dépense qui se fait pour l'entretien des épis et fortifications des places, le long du Rhin, 40,000 livres, et pour l'entretien de dix compagnies franches pour la garde du Rhin : 50,265 livres [1] ». Cela fait un total de plus de 1,972,000 livres d'impôt par an ; nous sommes bien loin, comme on le voit, des 60,000 livres, simple « droit de reconnaissance » payées quarante années auparavant [2].

Les villes géraient leurs finances particulières et leurs revenus patrimoniaux sous la surveillance plus ou moins sévère de l'intendant ou de ses subdélégués [3]. La plupart d'entre elles avaient perdu une notable partie de leur fortune dans les guerres de ce siècle et leurs rentes foncières ou le produit de leurs forêts ne fournissaient plus à quelques-unes d'entre elles que de bien modestes ressources. Schlestadt possédait en 1697 36,000 livres de revenu, mais Haguenau, si riche autrefois, n'en avait plus, à ce moment, que 18,000, contre 300,000 livres de dettes, tant le commerce des bois était devenu peu lucratif par suite des guerres sur le Rhin et dans les Pays-Bas ; Obernai jouissait de 13,000 livres, Belfort et Wissembourg de 10,006 livres de revenu ; Rouffach arrivait à 7,500 livres, Rosheim et Saverne à 4,500 ou 5,000 livres, Thann à 3,500 livres, etc. [4]. Toutes ces villes étaient donc obligées de recourir à l'impôt pour couvrir la majeure partie des dépenses de leur budget, sans compter naturellement les impositions royales. Soit pour simplifier la gestion des finances municipales, soit pour procurer des places lucratives à des protégés personnels ou du moins à des compatriotes de l'intérieur, les intendants poussèrent de bonne heure les autorités locales à appliquer le système des fermes ou de l'*amodiation* à la perception des impôts [5]. Ou bien l'on adjugeait la ferme

1. La Grange, fol. 228.
2. En 1777, d'après une note de Horrer au manuscrit de La Grange (fol. 228), la province d'Alsace payait 3,809,600 livres 10 sols 11 deniers d'impôts, sans compter Strasbourg, « à laquelle il en coûte annuellement près de 700,000 livres pour le service du roi ».
3. Le *Mémoire sur l'Alsace* de 1702 constate qu'on rencontrait toujours encore de grands abus dans cette gestion et qu'on cherchait à les abolir en obligeant les bourgmestres à rendre leurs comptes. Il ajoute assez philosophiquement : « On ne peut pas cependant encore réduire les choses à la même régularité qui se pratique en France, à cause du génie de la nation allemande qui demande plus d'aisance » (fol. 25 b).
4. La Grange. *Mémoire*, fol. 298-318, *passim*.
5. C'est vers 1685 que ce système fut généralement introduit dans les villes d'Alsace.

de l'impôt en bloc, comme à Colmar, Landau, Wissembourg, etc.,
ou bien on offrait aux amateurs l'amodiation des impôts par catégories, comme à Strasbourg, puisque l'ensemble eût dépassé la capacité financière d'un seul [1]. Les municipalités, grandes et petites [2],
durent plier devant la volonté de leur chef administratif, mais elles
tâchèrent de conserver au moins le profit de l'entreprise à des
enfants du pays. C'est ainsi que la ferme des impôts de Colmar fut
amodiée pour la première fois par les deux stettmeistres catholiques
de la ville, Jean Jouer et Jean-Jacques Madamé [3]. D'ordinaire le
bail durait trois ans, mais ce sont rarement les mêmes acquéreurs
qui le reprennent, ce qui semble indiquer que généralement l'entreprise ne donnait pas des résultats très brillants. Quelquefois
aussi c'était pour une seule année que la ferme était concédée. Le
chiffre des enchères changeait naturellement selon la dureté des
temps, les prévisions budgétaires, l'âpreté des concurrents, etc. [4].

Le chiffre total des revenus communaux à la fin du XVIIᵉ siècle,
chiffre dans lequel sont compris les impôts des citoyens, nous a
été conservé par le *Mémoire* de 1702, dans le passage suivant :
« Il y a en Alsace plusieurs communautés qui jouissent de revenus
communs, dont l'intendant prend soin de faire adjuger leurs baux,
à leur expiration, au dernier et plus offrant enchérisseur. Les revenus de ces communautés montent en Haute-Alsace à 134,555 livres,
et en Basse-Alsace à 210,397 livres, ce qui fait en tout 332,952 livres,
non compris les revenus de Strasbourg [5]. »

1. Sur ce qui se passa à Strasbourg, voy. le *Mémorial* de Reisseissen,
p. 126-127.
2. Même de très petites localités durent adopter ce système ; c'est ainsi
qu'en décembre 1687 la petite ville d'Ingwiller afferma, sur l'ordre de La
Grange, ses impôts à un concitoyen pour 550 livres. Letz, *Geschichte con
Ingweiler*, p. 41.
3. *Chronique de la Douane de Colmar, Revue d'Alsace*, 1876, p.409-411.
Mais dès 1685, nous voyons apparaître des traitants français, MM. Saint-
George et Calmet, M. de Labruyère, etc. A Landau, c'est en 1696, un nommé
Pierre Jacquinet qui détient la ferme. (Lehmann, *Landau*, p. 247), etc.
4. Voici quelques chiffres précis empruntés à l'histoire de Colmar. En 1685,
l'amodiation des impôts rapporta 49,300 livres; en 1688, 47,900 livres; en
1691, 57,900 livres; en 1692, 61,000 livres; en 1693, 57,700 livres; en 1701,
60,300 livres, etc.
5. *Mémoire*. fol. 25 b.

CHAPITRE TROISIÉME

Administration de la Justice

Le tableau que nous offre l'organisation judiciaire de l'Alsace au commencement du XVIIᵉ siècle est naturellement tout aussi bigarré, tout aussi difficile à embrasser d'un coup d'œil que sa constitution politique, dont elle est la conséquence forcée. La notion d'une *délégation* de sa puissance judiciaire, faite par le chef· du Saint-Empire à ses représentants dans les divers territoires, est depuis longtemps effacée dans la mémoire des populations et repoussée par les seigneurs. « Chaque prince est empereur sur son territoire; » c'est là un dicton juridique qui pour eux a force de loi[1]. C'est le seigneur territorial qui seul rend la justice ou nomme ceux· qui la rendent en son nom, et son autorité politique ne se conçoit plus sans accompagnement de la juridiction complète sur ses domaines. Cette juridiction peut d'ailleurs se fractionner, se spécialiser en compétences diverses, juridiction criminelle, juridiction civile, juridiction forestière, etc., et, comme tous les droits seigneuriaux, elle peut faire l'objet de cessions, de rentes ou d'engagements, avec tous les droits, revenus et émoluments qui s'attachent à leur exercice. Quelquefois les différents co-propriétaires d'un territoire la font fonctionner par indivis[2] ; quelquefois aussi le partage des droits se fait à l'amiable entre eux, ou la nomination des gens de justice appartient alternativement à l'un, puis à l'autre[3].

Comme le nombre des seigneurs territoriaux était considérable en Alsace, et que la moindre ville impériale, le plus modeste représentant de la noblesse immédiate prétendait au droit de vie et de mort sur ses sujets et dressait son gibet ou sa roue près d'une de ses

---

1. Véron-Réville, p. 37. On peut toujours encore recommander l'excellent *Essai sur les anciennes juridictions d'Alsace* de M. Véron-Réville. comme un guide sûr pour l'étude du développement historique des juridictions et des formes judiciaires de notre province à travers le moyen âge et les temps modernes, bien que le travail de l'ancien conseiller à la cour ·de Colmar ait paru il y a quarante ans déjà. (Colmar, 1857, 8°.)

2. C'est ainsi que la petite ville d'Ammerschwihr, formée à l'origine de trois villages, relevait à la fois des Ribeaupierre, des Landsperg et du prévôt impérial de Kaysersberg.

3. Voy. des exemples dans Véron-Réville, p. 40-43.

portes ou à l'entrée de son village, l'administration de la justice, surtout de la justice criminelle, ne laissait pas d'être assez embrouillée, et rien n'était plus facile pour les malfaiteurs que d'échapper à la vindicte publique, s'ils n'étaient pas saisis en flagrant délit. Le concours réciproque des différentes judicatures locales était en effet fort mal organisé au XVIIᵉ siècle; on pourrait dire qu'il n'existait pas; il existait moins encore une juridiction supérieure assez puissante pour contrôler ou rectifier leurs sentences, et veiller aux intérêts majeurs de la société menacée. Du moins, tel était le cas pour les plus graves affaires criminelles, comme pour les simples délits, et rien ne montre mieux le peu de prix qu'on attachait alors à la liberté et à la vie humaines[1].

D'ailleurs, pour les affaires civiles aussi, le droit d'appel existait plutôt en théorie qu'il n'était pratiqué en réalité. Il nécessitait des frais de voyage et de procédure si considérables que les gens riches seuls pouvaient s'accorder le luxe d'y avoir recours. De plus, la plupart des seigneurs territoriaux de majeure importance et les grandes villes avaient réussi, dans le cours des siècles, à obtenir des empereurs le privilège *de non evocando*, qui leur permettait de juger la plupart des causes en dernier ressort. Il ne restait donc guère que les litiges entre les gouvernants eux-mêmes qu'ils dussent se résigner à porter en appel. La Cour impériale (*Hofgericht*) de Rothweil, en Souabe, créée par Conrad III en 1147, et composée de douze assesseurs nobles, ou, à leur défaut, de notables bourgeois, sous la présidence héréditaire des comtes de Soultz, étendait en principe son action judiciaire sur l'Alsace comme sur les cercles de Souabe, de Franconie et d'Autriche. Mais, au XVIIᵉ siècle, — et même antérieurement déjà, — il paraît avoir été fort rarement saisi d'appels venus d'Outre-Rhin[2]. On allait beaucoup plus fréquemment à Spire, tribunal suprême créé en 1495 par Maximilien Iᵉʳ, qui était plus rapproché des frontières alsaciennes, et où se trouvaient des jurisconsultes célèbres et des juges de haut rang[3].

---

1. «An peinlichen malefitzischen sachen soll bey uns niemandt... einige appellation gestattet werden,» dit le *Statut de Colmar* de 1593 (titre XII, § 27), et le plus petit seigneur professait la même doctrine.

2. Cependant nous rencontrons, même durant la guerre de Trente Ans, des procès pendants à Rothweil. Un bourgeois d'Altorf y plaide en 1619 contre Seb. Oestringer, prévôt de Ribeauvillé; un peu plus tard, la ville de Ribeauvillé y soutient un procès contre les héritiers Liechteisen, etc. (A.H.A. E. 633.) Encore en 1661, la ville d'Obernai y soutient des litiges contre divers particuliers. (Arch. mun. d'Obernai, F.F. 73.)

3. Ce fut surtout entre 1648 et 1673 que, pour des raisons politiques, les

Seulement les procès s'y traînaient fréquemment en longueur, durant parfois tout un siècle, et enrichissant plus sûrement les avocats plaidants que les plaideurs eux-mêmes. D'anciennes relations, commerciales sans doute, avaient aussi maintenu, pour certaines localités alsaciennes, des relations judiciaires lointaines qu'on évoquait et qu'on utilisait à de longs intervalles[1].

On peut donc affirmer qu'en réalité, durant toute la première moitié du XVIIᵉ siècle, la justice civile et la justice criminelle conservèrent partout en Alsace un caractère nettement *local*, avec tous les inconvénients d'un système pareil. Il y avait bien possibilité d'un appel pour les affaires civiles dans les territoires plus étendus, comme nous allons le voir tout à l'heure, mais l'instruction de ces appels devait se faire, par la force des choses, dans le même milieu et dans des conditions presque identiques avec celles du premier procès.

Bien qu'avec le XVᵉ siècle, et surtout au XVIᵉ, le droit romain eût pénétré dans la législation germanique, modifiant, puis évinçant les procédures anciennes, principalement dans les tribunaux supérieurs, on peut dire que l'Alsace est restée un pays de droit mixte, et cela, grâce surtout aux statuts des nombreuses villes impériales, rédigés vers la fin du XIIIᵉ siècle, et dont les empereurs avaient autorisé d'avance la modification selon les besoins du milieu où ils étaient nés. Sous l'impulsion de la Réforme, cette revision des codes de lois municipaux avait eu lieu presque partout dans le cours du XVIᵉ siècle[2], et, la tradition aidant, on ne songeait pas à abandonner une législation qui remontait au moyen âge. On s'en tenait donc, en première ligne, à la coutume locale, recourant, si celle-ci ne suffisait pas, à la coutume traditionnelle générale (*Landrecht*) et ne se reportant qu'en troisième lieu au droit romain, qui n'avait jamais pénétré dans les régions judiciaires inférieures.

Nous avons déjà vu, par l'analyse du règlement communal de Berstett, que la moindre localité avait son organisme judiciaire (*Gericht*), tour à tour tribunal de simple police, justice de paix ou tribunal d'échevins, présidé par le prévôt. Ses assesseurs, choisis soit par le seigneur ou son bailli, soit par leurs concitoyens, étaient

appels à Spire se multiplièrent. Il y en eut jusqu'après les arrêts de réunion. On en trouve pour Obernai jusqu'en 1681. (Arch. mun. d'Obernai, F.F. 60-63.)

1. Ainsi du tribunal d'Obernai on pouvait appeler à celui de la ville libre impériale d'Ulm. On appelait cela les *Ulmerzüge*. (Arch. mun. d'Obernai, F.F. 18.)

2. La revision des statuts judiciaires se fit à Strasbourg en 1529, à Colmar en 1595, etc.

d'ordinaire au nombre de sept [1], mais on allait aussi parfois jusqu'à
la douzaine; ils étaient désignés généralement pour un nombre
limité d'années, mais, parfois aussi, semblent avoir, une fois
nommés, siégé jusqu'à leur mort [2]. Leurs sentences étaient purement verbales avant la prise de possession française [3]. Ils formaient,
à vrai dire, un simple jury qui, d'ordinaire, n'avait à prononcer que
sur des délits champêtres ou des sévices peu graves : une femme
ayant volé, la nuit, des navets dans un champ; un paysan dont le
chien a dévoré des raisins dans un vignoble; un voiturier qui a
coupé des branches dans la forêt du village; un pâtre dont les
bœufs ont pâturé dans les choux d'autrui; des injures échangées
entre commères; des horions reçus et rendus par leurs maris [4].
Aucune forme de procédure n'était observée devant le *Dorfgericht;*
le règlement de Berstett nous a déjà appris que l'on pouvait se faire
défendre par un combourgeois, choisi librement ou désigné d'office;
nul ne pouvait refuser cette mission honorable de défenseur ou
Fürsprech [5]. Il paraît bien que ces tribunaux villageois n'inspiraient
pas un respect très grand à ceux qui devaient comparaître devant
eux, et le compilateur des *Coutumes de Ferrette,* rédigées vers 1590,
reproche aux inculpés et aux plaideurs de s'y présenter en jaquette
courte, ou même en bras de chemise, de crier et de bavarder dans
le local judiciaire, comme s'ils étaient au cabaret, voire même d'y
pénétrer en état d'ivresse [6]. Cela s'explique par le fait que le tribunal
siégeait, à l'origine, dans une *laube,* c'est-à-dire une espèce de
préau couvert, établi sur la place du marché. Plus tard seulement,
on établit généralement au-dessus de cette *laube,* une grande et
vaste salle, le « poële des bourgeois » (*Burgerstub*) qui servait à la
fois comme prétoire de justice et pour les délibérations communales [7].

Ces justiciers locaux semblent avoir eu d'ordinaire des sentiments

---

1. De là le nom de *Siebner*, *Siebnergericht*, sous lequel ils sont ordinai-
rement désignés.

2. *Ordonnances d'Alsace*, I, p. 507.

3. C'est seulement par une ordonnance du Conseil souverain d'Ensisheim,
du 27 mai 1659, qu'on imposa aux prévôts l'obligation de mettre leurs sentences par écrit, et rien ne prouve que cette ordonnance ait été immédiatement mise en pratique, surtout en dehors des terres autrichiennes. (*Ord.
d'Alsace*, I, p. 10.)

4. Je prends ces exemples dans les notes d'audience du prévôt de Balbronn, données par M. Kiefer, *Balbronn*, p. 256.

5. Véron-Réville, p. 194 suiv.

6. Bonvalot, *Coutumes de Ferrette*, p. 29 : *In kurtzen leibroccklin, oder
schier in hosen und wammest, auch voller weiss.. unsverschaempt kommen.*

7. Voy. Dag. Fischer, *Les anciennes Lauben en Alsace, Revue d'Alsace*,
1870, p. 239.

assez paternels à l'égard de leurs justiciables et n'avoir pas abusé
de leur droit de punir ; on trouvera peut-être aujourd'hui qu'ils ont
eu des trésors d'indulgence pour les ivrognes et les maris brutaux [1],
et qu'ils étaient plus préoccupés de se goberger à la fin de la séance [2]
que d'assurer la sécurité de leurs concitoyens. Cependant ce sont
ces mêmes paysans, bonasses et bons vivants, qui enverront des centaines et des milliers de malheureux au bûcher, dans leur ignorance
pusillanime, quand on viendra leur dire que ce sont des sorcières
et des sorciers, sans qu'il y ait aucun recours possible contre ces
horribles hécatombes de victimes de la peur et de la superstition [3].

Dans les villes, les collèges échevinaux (*Schœffengerichte*) formés
de bourgeois un peu cultivés [4] avaient naturellement une compétence
plus étendue, des intérêts plus compliqués à démêler et à juger.
Mais aussi, chez elles, le droit romain pénétra d'une façon beaucoup
plus envahissante, modifiant le droit coutumier du moyen âge et
donnant, par ce seul fait, une importance toujours grandissante à
l'homme *professionnel* qui dirige ce tribunal de bourgeois, embar-
rassés dans le dédale de lois savantes qui leur sont peu familières.
Aussi le greffier municipal, le syndic (*Stadtschreiber*), plus tard les
avocats généraux (*Stadtadvokat*) deviennent-ils alors, dans les orga-

1. Nous n'en citerons qu'un seul exemple, qui est typique. En 1612, on
arrête un tuilier de Ferrette qui a presque assommé sa pauvre femme à
coups de pied et de bâton, et l'a menacée de sa hache et de son marteau.
C'est de plus un ivrogne incorrigible qui passe des nuits entières au cabaret
à jurer et à boire. Tout cela est sévèrement puni par les coutumes. Et cependant on le garde une seule nuit en prison, puis on le renvoie, après
lui avoir fait promettre qu'il ne se vengera sur personne de son incarcéra-
tion, qu'il cohabitera paisiblement avec sa femme et qu'il n'ira plus à l'auberge *à des heures indues*. La plus sérieuse des punitions qu'on lui inflige,
en somme, est d'aller chez les Carmes de Luppach, pour s'y confesser de ses
péchés, avec ordre de rapporter au greffier son billet de confession. — *Ur-
phedbuch* de Ferrette, 1611-1614, fol. 11. (A.H.A. C. 717.)

2. C'est là un des traits les plus curieux, et, pour notre sentiment moderne, les plus choquants de ces *Malefizgerichte* villageois, et même urbains,
du XVIIe siècle. Leurs séances se terminent toujours par des banquets et
des beuveries, d'ordinaire dans la salle même d'audience, qui est aussi la
gargote municipale. C'était une antique tradition à laquelle on ne renonçait
pas volontiers. Cependant à Saverne le banquet fut aboli en 1617, et remplacé
par une gratification de six schellings versée aux juges, greffiers, etc.
(Fischer, *Zabern*, p. 150.) — Ces frais de buffet étaient souvent considérables. En 1637, le tribunal de Sainte-Marie-aux-Mines, après avoir condamné à la fustigation et au bannissement deux voleurs, — qu'on envoyait
ainsi se faire pendre ailleurs, — fit une dépense de onze florins 46 kreutzer,
à l'auberge. Voy. *Documents sur Sainte-Marie-aux-Mines*, p. 319.

3. Nous nous réservons d'en parler à leur place naturelle, dans le chapitre
des *Superstitions populaires*.

4. Les *manants* ou simples habitants en étaient exclus.

nismes municipaux plus considérables, les véritables inspirateurs de la justice civile et criminelle. Ils introduisent à la place de la procédure orale, seule en usage autrefois, la procédure écrite. Les corps judiciaires se fractionnent et se multiplient, pour suffire à une tâche toujours plus complexe, et certaines cités, riches et peuplées, ayant une activité industrielle et commerciale particulièrement intense, possèdent également un nombre de cours de justice vraiment extraordinaire pour leur étendue territoriale et le nombre de leurs sujets.

Tel est le cas pour Strasbourg. Nous y rencontrons d'abord la simple justice de paix, à compétence très limitée, dans « l'audience de l'ammeistre régnant ». Le magistrat suprême en exercice décide seul à l'Hôtel-de-Ville, trois fois par semaine, les contestations minimes sur les dettes de moins de trois livres, les contraventions légères, les questions de gages et de loyers[1], etc. Puis vient le Tribunal des Sept (*Siebnergericht*) qui, siégeant tous les vendredis, juge les procès pour injures entre gens du commun, les contraventions aux ordonnances de police, et inflige des amendes de moins de dix livres. Il est choisi parmi les trois cents échevins[2]. Le tribunal de police (*Zuchtgericht*), composé de dix membres[3], juge les délits plus graves contre les mœurs, les outrages sérieux faits aux personnes, les fraudes diverses, et réprime — ou doit réprimer — le luxe des particuliers. Il a le droit de prononcer des amendes assez élevées, mais non pas des punitions corporelles. Le Grand-Sénat (*Grosser Rath*), en tant que corps judiciaire, constituait la Chambre civile et criminelle proprement dite, de la République. Il statuait sans appel sur toutes les affaires d'importance, crimes, libelles, malversations, sévices graves entre personnes titrées et graduées, et se composait de trente-un membres, dix patriciens et vingt bourgeois, représentant les vingt *tribus* d'arts et métiers. sous la présidence de l'ammeistre en régence; il fonctionnait également comme cour d'appel pour les bailliages ruraux de la ville[4]. Le Petit-Sénat (*Kleiner Rath*) ne jugeait qu'au civil; devant lui se débattaient les affaires de propriété, d'héritages, de testaments, d'une valeur au-dessous de 500 livres, les plaintes pour dettes

---

1. *Reformirte Rathsordnung* de 1620, fol. 56-61.
2. *Reformirte Rathsordnung*, fol. 6-28.
3. C'étaient un ammeistre, un stettmeister, un membre du Conseil des **XV**, un autre de celui des **XXI**, deux membres du Grand-Sénat et quatre échevins.
4. *Reform. Ordnung*, fol. 1-3.

jusqu'à concurrence de la même somme, toutes les questions de voirie et de servitudes immobilières[1].

Comme cour d'appel suprême, Strasbourg, en vertu de son privilège *de non evocando*, remplaçait la Chambre impériale de Spire par son Conseil des Treize, qui fonctionnait alors comme « juges délégués de la Chambre impériale » pour certaines affaires civiles, et exerçait le droit de grâce en matière criminelle[2]. Il y avait encore le tribunal des tutelles (*Vogteygericht*), composé de trois sénateurs chargés de surveiller la nomination des tuteurs, leur reddition de comptes, etc.; le tribunal matrimonial (*Ehegericht*), qui remplaçait l'Officialité diocésaine depuis la Réforme, et qui examinait les plaintes en adultère, les ruptures de promesse de mariage, les demandes de divorce[3].

On aura remarqué que tous les assesseurs de ces tribunaux sont des notables, n'ayant jamais fait d'études en droit, sauf peut-être quelques membres du Conseil des Treize; encore moins y a-t-il parmi eux des jurisconsultes de profession. De plus, ces notables ne pouvaient d'ordinaire acquérir une expérience routinière des lois par de longs services, puisqu'ils ne siégeaient qu'un temps limité et n'étaient pas toujours immédiatement rééligibles. Cependant on ne se plaignait pas au XVIIe siècle, et l'on n'avait pas lieu de se plaindre de cette magistrature toute laïque, si je puis m'exprimer ainsi. Tout d'abord, sans doute, les affaires étaient moins compliquées que de nos jours; puis le suffrage restreint, plus éclairé, faisait assez généralement de bons choix. Mais surtout, le Magistrat de Strasbourg avait alors, grâce aux traitements relativement élevés qu'il pouvait offrir, un parquet des plus distingués. Les noms des Antoine Wolff, des Frédéric Schmidt, des Marc Otto, des Ulric Frid, des Imlin, des Tabor, des Stoesser, des Schilter, des Obrecht, furent tous célèbres dans le monde judiciaire de l'Allemagne au XVIIe siècle[4], et l'on pense bien que les conclusions écrites de ces

1. Il se composait de six patriciens et de seize bourgeois, présidés par l'ammeistre sortant de régence. *Ref. Ordnung*, fol. 4.
2. Au civil, leur compétence en dernier ressort ne s'étendait pourtant qu'à des sommes inférieures à 600 florins.
3. Il se composait d'un stettmeistre, d'un ammeistre, d'un membre des XIII, d'un membre des XV et de deux membres du Grand Sénat. Voy. pour tous ces tribunaux et leurs règlements la *Reformirte Ordnung eines ehrsamen Raths der Statt Strassburg von Gerichten und gerichtlichen Processen* (Strassburg, 1620, 68 p., folio), rendue sous la régence du stettmeistre Adam Zorn, le 7 juin 1620.
4. Plusieurs de ces jurisconsultes ont publié les consultations rédigées par eux sur des questions de droit curieuses ou difficiles qui leur étaient soumises, dans de gros in-folios fort appréciés de leur temps (1642, 1701, etc.).

officiers de justice si compétents étaient généralement adoptées
sans hésitation par les juges[1].

Mais tous les tribunaux d'Alsace n'avaient pas la réputation de ceux
de Strasbourg et tous les jurisconsultes employés par les villes d'un
rang inférieur ou par les seigneurs territoriaux plus modestes ne
valaient pas ceux que nous venons de nommer. En dehors des
membres de la Chambre de justice d'Ensisheim, qui se recrutaient
en partie aux Universités de Fribourg et d'Innsbruck, il y avait
même très peu de personnalités éminentes de l'ordre judiciaire en
Alsace ; aussi le parquet et le barreau de Strasbourg se voyaient
demander des consultations fréquentes par le Magistrat des autres
villes de la province. L'organisation judiciaire de ces localités
secondaires se rapprochait plus ou moins de celle que nous venons
de décrire, tout en étant moins développée. Elles ont généralement
des tribunaux d'échevins, au-dessus desquels siège le Magistrat
comme tribunal d'appel, et, bien que leurs dénominations soient parfois différentes, la compétence et la sphère d'action reste à peu près
la même[2]. Pour les villes des terres autrichiennes, Thann, Belfort,
Ensisheim, etc., leurs tribunaux servaient de lieux d'appel des justices des bailliages, mais on pouvait en appeler, en troisième
instance, aux Régences d'Ensisheim et d'Innsbruck.

Chacun des petits États de l'Alsace tenait énormément à son autonomie judiciaire et les conflits à ce propos n'étaient pas rares entre
eux, sans qu'il y eût moyen de les trancher autrement que par de
longues négociations qui n'aboutissaient pas toujours. Ainsi quand
Strasbourg eut acheté, dans la seconde moitié du XVIᵉ siècle, ses
terres et ses droits d'office à Nicolas Ziegler, seigneur de Barr
et haut-prévôt d'Obernai, elle essaya de tous les moyens pour
arriver à exercer ces droits de juridiction dans la petite ville impériale ; mais il y eut de la part d'Obernai une résistance si opiniâtre
à cet empiétement que le gouvernement de la République finit par
se lasser et par céder l'office de haut-prévôt et la juridiction cri-

1. Ne pouvant entrer ici dans l'énumération détaillée de toutes les fonctions judiciaires inférieures, *procureurs* ou avocats, greffiers, huissiers, etc.,
nous renvoyons au petit volume du secrétaire Gaspard Bernegger, *Forma
reipublicae Argentinensis*, publié en 1673, à Strasbourg, in-32.

2. Pour Colmar, voy. Véron-Réville, p. 81-85 ; pour Haguenau et son
Laubgericht, *ibid.*, p. 86-90 ; pour Wissembourg et son *Staffelgericht*, qui
siégeait à l'origine sur les marches du quai de la Lauter, *ibid.*, p. 90-91. A
Obernai, il y avait un double tribunal, celui du *Selhof* pour les patriciens
et les nobles du voisinage, celui de la *Laube* pour les bourgeois. (Arch. mun,
d'Obernai, F.F. 16.)

minelle qui s'y rattachait, — contre écus sonnants, bien entendu, — à la ville d'Obernai elle-même[1].

Si déjà ces conflits d'autorité favorisaient l'impunité des criminels, ils se trouvaient encore mieux de l'existence des *asiles* où pouvaient se réfugier en Alsace de nombreuses catégories de malfaiteurs. Plusieurs disparurent à la fin du moyen âge, mais d'autres subsistaient au XVIIe siècle; le plus connu d'entre eux est celui de Bergheim, créé par le duc Léopold d'Autriche en 1379 et qui ne fut supprimé qu'en 1666 par Louis XIV. On a conservé les registres où venaient s'inscrire tous ceux qui réclamaient les privilèges du lieu, pour une période de plus de quatre-vingts années, réparties entre les deux dates de 1530 et 1667; il s'y trouve 752 déclarations de réfugiés, sur lesquelles 742 furent admises et 8 seulement rejetées. Sur ce chiffre on ne comptait pas moins de 728 meurtriers et homicides[2]. D'autres de ces asiles attiraient sans doute une clientèle moins nombreuse, mais on voit quels ramassis de gens dangereux pouvaient se former de la sorte et narguer les lois criminelles[3].

Pour les affaires civiles, la façon de juger des tribunaux alsaciens nous est, en somme, assez peu connue, celles-ci n'excitant guère l'intérêt public, n'étant point notées par les chroniqueurs, et la plupart des dossiers ayant depuis longtemps disparu des greffes et des archives. D'ailleurs les procès civils étaient relativement rares, comme La Grange le fait encore remarquer à la fin du siècle. « Autrefois, dit-il, les peuples de l'Alsace ne plaidaient que rarement; la justice y était administrée sans forme et les affaires se terminaient avec très peu de dépense. » Et il ajoutait, sans y voir malice : « Ce n'est que depuis que les tribunaux y ont été multipliés, ainsi que les impositions, à propos de la guerre, qu'ils commencent à connaître les affaires. Ils ne savaient même ce que c'était qu'une requête; à présent le nombre en augmente chaque jour et l'usage en est si commun qu'ils en présentent, soit qu'ils aient raison ou non, et cela pour la moindre chose[4]. »

Pour ce qui est de la pratique des affaires criminelles, nous la connaissons infiniment mieux, parce que de nombreux dossiers de

1. En 1669, pour la somme de 6,000 florins. (Arch. mun. d'Obernai, F.F. 15).
2. Voy. *Inventaire sommaire des Archives de Bergheim*, p. p. B. Bernhardt, Colmar, 1866, in-8°,
3. Il y avait encore un asile à Brunn près Roedersdorf dans le Sundgau, où l'on avait le droit de séjourner un mois sans pouvoir être arrêté. Bonvalot, *Coutumes de Ferrette*, p. 244.
4. La Grange, *Mémoire*, fol. 222.

ce genre sont mêlés aux fascicules des documents administratifs et
politiques de ce temps, et parce que les narrateurs locaux, tout
comme les journalistes de nos jours, ne manquaient pas de prendre
note des faits divers de la chronique judiciaire quotidienne. Comme
ce n'est pas précisément un tableau des mœurs de l'époque que nous
entendons esquisser dans ce chapitre de notre travail, — nous
essaierons de le donner dans un des livres suivants, — nous ne
saurions nous arrêter longuement sur chacune des rubriques entre
lesquelles se partageaient, alors comme aujourd'hui, les inculpés
des deux sexes. Mais comme il s'agit pourtant de donner une idée
tant soit peu exacte de la jurisprudence des tribunaux alsaciens au
XVIIᵉ siècle, il faut bien que nous alléguions quelques exemples,
choisis parmi les plus dissemblables d'ordinaire, pour illustrer les
peines et les châtiments appliqués à chaque espèce de crimes ou de
délits [1]. Bien que les règles générales, prescrites par la Constitution
Caroline depuis 1532, fussent observées également plus ou moins
en Alsace, les traditions locales ou le caprice des juges n'y ont pas
moins introduit des variantes d'application passablement bizarres.
Trop souvent on nous laisse ignorer les motifs pour lesquels tel
acte a été très doucement réprimé, telle peccadille vénielle punie
avec une excessive rigueur. On pratiquait évidemment, dès alors,
un peu au hasard, la théorie des circonstances atténuantes, dont
certaines applications étonneront fort, si je ne me trompe, les historiens des siècles futurs quand ils auront à parler de notre temps.

Ce qui nous frappe tout d'abord et en même temps nous révolte,
quand nous compulsons les dossiers criminels de la première
moitié du XVIIᵉ siècle, c'est l'extrême inégalité de traitement qu'ont
à subir les personnes traduites en justice ; je n'ai pas besoin d'ajouter que cette inégalité se manifeste toujours au profit des notables [2].
C'est ensuite la manière expéditive dont certains procès sont menés,
alors même que l'inculpé appartient aux classes dirigeantes, et que
toutes les présomptions sont en faveur de son inconscience absolue [3]

---

1. Pour Strasbourg en particulier, nous nous permettons de renvoyer à la
riche collection de faits réunis dans notre petit volume, *La Justice criminelle
et la Police des mœurs à Strasbourg au XVIᵉ et au XVIIᵉ siècle*. Strasbourg,
1885, 1 vol. in-16.

2. En 1610, un percepteur de la noblesse de la Haute-Alsace, Romain
Vogel, assomme un appariteur; il en est quitte pour payer 800 florins à la
famille de la victime ; un sénateur d'Ensisheim, en 1607, est convaincu de
crimes contre les mœurs ; on l'envoie simplement guerroyer contre les Turcs,
mais une pauvre fille, séduite, à Belfort, tue son enfant, elle est condamnée
à être *enfossée* vivante, etc.

3. Un membre du Conseil des XXI à Strasbourg, J.-J. Wesener, tue, dans

Les assassinats compliqués de brigandage ou de vol sont punis d'ordinaire par le supplice de la roue, précédé de tortures diverses, telles qu'application de tenailles ardentes, ablation de la main droite, etc. [1]. Si ce n'est qu'un Juif qu'on a assassiné, la pendaison semble avoir été regardée comme suffisante [2]. Les cas d'empoisonnement paraissent rares, soit que le manque de substances toxiques les ait rendus en effet difficiles à perpétrer, soit plutôt qu'ils soient englobés et confondus d'ordinaire dans les procès de sorcellerie, et dans ce cas, il est difficile de se rendre compte de la pénalité propre qui les frappait [3]. L'infanticide était fort sévèrement puni et nulle part on ne voit les circonstances atténuantes appliquées aux malheureuses filles-mères séduites et abandonnées, qui se débarrassaient de leur enfant [4], même lorsque celui-ci n'a pas succombé à l'attentat dirigé contre son existence [5]. Quant aux simples violences, aux coups échangés dans une rixe, la punition en est généralement bénigne [6]; on en était quitte pour une amende ou pour quelques jours de prison, à moins que le fait ne présentât de la gravité au point de vue moral, auquel cas le châtiment était sévère [7].

un accès de folie évidente, son enfant, en 1656. On le savait « mélancolique » depuis longtemps, mais comme il demande instamment à mourir, on lui fait son procès en quatre jours, et on tranche la tête à ce malheureux fou.

1. *Même peine* pour un jeune homme qui tue, en 1607, son tuteur d'un coup de pistolet, croyant avoir à se plaindre de lui ; pour un vieux soudard, le Petit Michel, de Franckenthal, avouant *seize assassinats,* « sans compter ceux qu'il avait oubliés » (1650); pour un voleur de grand chemin, qui avait tué quatre personnes et éventré une jeune femme enceinte, pour se procurer la main du fœtus, talisman indispensable pour la recherche des trésors. Tous les trois sont tenaillés et roués!

2. A Colmar, en 1693. (Tschamser, II, p. 709.)

3. Une femme convaincue à Strasbourg, en 1659, d'avoir essayé d'empoisonner 7 personnes, est simplement battue de verges au pied du gibet, aucune des victimes n'ayant succombé. A Ribeauvillé, en 1616, une femme qui a tenté d'empoisonner son mari dans une soupe aux pois, est relâchée sur la prière de ce dernier. (A.H.A. E. 1635.)

4. A Strasbourg, on les précipitait encore, en 1617, dans l'Ill, du haut du pont du Corbeau; plus tard, on les décapita par le glaive. On les noyait aussi en Haute-Alsace (1601. A.H.A. C. 133), tandis que le complice (l'amant) était envoyé guerroyer contre les Turcs. (A.H.A. C. 132.) A Thann, on coupait d'abord la main à la coupable, on la cautérisait, puis elle était pendue. (Tschamser, II, 638.) A Ribeauvillé, une Suissesse convaincue d'infanticide, en 1672, est condamnée à la décollation par la Régence; elle en appelle au Conseil souverain qui la condamne à être pendue. (A.H.A. E. 1635.)

5. Procès de Madeleine Hammerer, décapitée à Strasbourg en 1636, bien que l'enfant jeté aux latrines ait été retiré vivant.

6. Voir pour les détails, Reuss, *Justice criminelle,* p. 152-153.

7. Un fils ayant battu sa mère, à Mulhouse, en 1625, est condamné à 1,200 florins d'amende, à la pénitence publique et déclaré infâme. (*Bulletin du Musée historique,* 1877, p. 18.)

Les attentats contre les mœurs sont punis d'une façon excessivement variable, selon les milieux. On croit reconnaître dans certains jugements la brutalité positivement plus grande des mœurs d'alors, qui ont peu de souci de l'honneur féminin, pourvu que la vie ne soit pas en danger. A Obernai, en 1604, l'auteur d'un attentat à la pudeur est simplement envoyé sur la rive droite du Rhin [1] ; à Munster, en 1655, un misérable qui essaie d'abuser d'une fillette de treize ans, est banni sans autre châtiment [2]. Pour des cas d'inceste, nous trouvons tantôt la décollation, comme à Strasbourg [3] ou à Mulhouse [4], tantôt une condamnation à 100 livres d'amende [5], ou à la simple fustigation, accompagnée du port de la « pierre d'infamie » (Lasterstein) [6]. Ce qui varie d'une façon plus bizarre encore, ce sont les peines prononcées contre l'adultère. Tantôt c'est une simple amende de 100 florins [7], tantôt quelques semaines de prison et la pénitence publique à l'église [8], ou bien encore un bannissement de huit ans, avec service militaire obligatoire contre les Infidèles [9]. A Munster, nous voyons une femme, emprisonnée d'abord, rendue à sa famille, sur la demande de l'époux outragé, après avoir versé 100 thalers d'amende et donné 20 thalers pour une nappe d'autel [10]. A Munster encore, le bourgmestre en régence, convaincu d'infidélité commise avec une femme mariée, est banni pour un an et condamné à payer 100 couronnes d'amende, 20 florins à l'église, 20 florins à l'hôpital, et 12 florins par an pour son bâtard adultérin, jusqu'à ce que celui-ci puisse gagner lui-même sa vie [11]. Et dans cette même ville, l'année suivante, le même tribunal ayant condamné pour le même crime un pauvre marcaire suisse, après l'avoir fait mettre à la torture, ainsi que sa complice, fait battre de verges la femme et trancher la tête à l'homme [12]. Par contre, un Juif du comté de Ribeau-

1. Gyss, *Histoire d'Obernai*, II, p. 241.

2. A.H.A. E. 2242. Le pasteur Scheurer, de Munster, qui mentionne le fait dans sa *Chronique ecclésiastique*, a bien raison de s'écrier : « Ist eine milte straff ! »

3. En 1610, pour un fils avec sa marâtre; en 1656, pour une mère abandonnant sa fille à son amant; en 1660, pour un ouvrier et sa fille, âgée de vingt ans.

4. En 1653. (*Bulletin du Musée historique*, 1877, p. 20.)

5. En 1607, dans un des bailliages de la Haute-Alsace. (A.H.A. C. 134.)

6. A Munster, en 1660. (Hecker, *Munster*, p. 179.)

7. Ribeauvillé, 1609. Le condamné a l'audace de réclamer contre l'amende, comme trop élevée. (A.H.A. E. 176.)

8. Thann, 1608. (Tschamser, II, p. 319.)

9. En 1611. (A.H.A. C. 135.)

10. En 1643. (Hecker, *Munster*, p. 168.)

11. En 1655. (Hecker, *Munster*, p. 173.)

12. Hecker, *Munster*, p. 175. — A Strasbourg aussi la décollation semble

pierre ayant été condamné pour adultère avec sa servante à 200 florins d'amende, et à élever l'enfant, on lui assure son pardon s'il veut devenir catholique [1]. Si l'adultère est ainsi très diversement puni, selon l'humeur momentanée des juges, ils sont par contre d'une sévérité uniforme pour le crime de sodomie, assez fréquent, semble-t-il, au XVIIe siècle, et qui se mêle, comme l'empoisonnement, aux pratiques de la sorcellerie. Les coupables sont généralement brûlés vifs, d'ordinaire avec les animaux, chèvres, juments ou génisses, qui avaient servi à leurs infâmes jouissances. Tout au plus leur accordait-on parfois la faveur d'être étranglés ou décapités avant d'être mis sur le bûcher [2].

Les simples délits de paillardise, d'impudicité, étaient plus ou moins sévèrement punis, selon qu'ils avaient causé plus ou moins de scandale. Les filles de mauvaise vie étaient arrêtées, emprisonnées, exposées sur « la pierre d'infamie » (*Lasterstein*) ou dans une logette spéciale, le *Schandhaeuslin*, puis frappées de verges et expulsées de la localité. S'il résultait de quelque rapport défendu par l'Eglise et la police une grossesse, les filles séduites étaient frappées d'une amende plus ou moins considérable [3]. Quand l'homme avait, aux

---

avoir été la punition ordinaire pour le cas d'adultère. En 1633, c'est un notaire impérial, praticien très estimé, dit le chroniqueur, et très regretté de ses clients, qui périt pour ce motif ; en 1641, c'est une jeune femme qui est décapitée ; mais en 1672, une autre coupable y est simplement battue de verges, l'adoucissement ou le relâchement des mœurs se faisant déjà sentir à cette date. Combien la rigidité des juges était plus grande au commencement du siècle, on le voit par le triste sort du paysan d'Ittenheim, qui fut dénoncé par son pasteur comme tirant un profit pécuniaire de l'infidélité de sa femme, le bourgmestre de l'endroit étant un de ses complices. L'époux trop complaisant fut décapité en mars 1614. (Voy. Rod. Reuss, *L'Église luthérienne de Strasbourg, extraits des procès-verbaux du Convent ecclésiastique*. Paris, 1892, in-18, p. 15.) C'est aussi une circonstance aggravante, si la faute est commise un jour de fête religieuse. (Procès d'un vigneron de Jebsheim, saisi le Vendredi-Saint 1616, en flagrant délit. (A.H.A. E. 1452.) Souvent les femmes elles-mêmes intercèdent pour leurs époux coupables ; nous avons rencontré une lettre, des plus touchantes et des plus drôles à la fois, d'une femme des terres de Ribeaupierre (1634) expliquant que son mari n'est pour rien dans la faute dont on l'incrimine ; il était ivre, il a été saisi par une audacieuse voisine, déshabillé et mis au lit sans qu'il s'en doutât. (A.H.A. E. 1635.)

1. A.H.A. E. 1635.

2. Procès à Altkirch, 1619. (A.H.A. C. 137.) — Procès à Ensisheim, 1624. (A.H.A. C. 622.) — Procès à Mühlbach, 1659. (Hecker, p. 178.) — Procès à Burbach, 1671. (Tschamser, II, p. 619.) — Procès à Mulhouse, 1688. (*Bulletin du Musée historique*, 1877, p. 21.) — De 1647 à 1671, Walter ne note pas moins de douze cas de condamnation pour sodomie et pédérastie, pour le seul Strasbourg.

3. A Strasbourg, en 1649, *six florins*, — A Ringendorf, en 1611, *seize*

yeux des juges les torts principaux, il était condamné à épouser celle qu'il avait mise à mal[1] et l'on semble être allé quelquefois jusqu'à l'emploi de la torture pour amener le séducteur à l'aveu de sa faute[2]. Mais si la jeune fille, cachant sa faute, se faisait épouser par un autre, elle était passible d'une amende considérable, abstrae-tion faite du divorce réclamé par le mari trompé[3].

Les lois alsaciennes punissaient même les époux, unis depuis en légitime mariage, mais qui en avaient anticipé les droits. Le carnet judiciaire de l'ammeistre Jacques Reisseissen nous permet de constater avec quelle rigueur on frappait d'amendes et même de prison les épouses strasbourgeoises, qui devenaient mères trop vite au jugement d'un gouvernement paternel, mais austère[4]. Le même contrôle sévère s'exerçait dans la Haute-Alsace et entraînait les mêmes condamnations[5].

Le crime d'incendie volontaire était puni, d'ancienne date, avec d'autant plus de rigueur que le danger pour tous était plus grand avec les ruelles étroites et les maisons en bois d'alors. L'incen-diaire, à quelque sexe qu'il appartînt, était brûlé vif, et tout ce que son extrême jeunesse ou l'intercession des siens pouvait obtenir, c'est qu'il fût étranglé ou décollé avant d'être jeté au feu[6]. La fabrication de la fausse monnaie entraînait autrefois la mort horrible des criminels dans l'huile ou dans l'eau bouillante[7]. Au XVIIᵉ siècle, ils étaient condamnés à être brûlés vifs. Pourtant on pouvait les décapiter par grâce, avant d'allumer le bûcher[8]. Même nous con-

---

florins. (A.B.A. E. 3046.) — A Sainte-Marie a./M., en 1659, *quinze florins.* (*Documents*, p. 294.)

1. Procès à Wihr, 1630. (A.H.A. E. 2239.)
2. Procès de Valentin Schuller, à Ribeauvillé, 1658. (A.H.A. E. 3635.)
3. Procès à Ribeauvillé, 1604. La coupable est condamnée à 60 florins d'amende. (A.H.A. E. 1765.)
4. Reisseissen, *Aufzeichnungen*, p. 128, suiv.
5. Procès d'un maréchal ferrant d'Illhaeusern, 1632. (A.H.A. E. 1154.) — *Documents sur Sainte-Marie a./M.*, p. 304.
6. Procès d'une jeune fille de seize ans, de Dettwiller, brûlée à Strasbourg en 1611. — Procès de A. Treusz, de Strasbourg, âgé de dix-huit ans, déca-pité, puis brûlé, 1615, tous deux « poussés par le diable », évidemment monomanes.— En 1691, un Suisse, gagné par les émissaires impériaux, ayant mis le feu aux magasins de la garnison de Strasbourg, est tenaillé, roué, écartelé, puis brûlé, et sa tête plantée sur un pieu. (Reisseissen, *Mémorial*, p. 155.)
7. Reuss, *Justice criminelle*, p. 110.
8. En 1604, quatre femmes sont exécutées pour fabrication de fausse mon-naie dans la Haute-Alsace. (A.H.A. C. 415.) — C'étaient surtout des Ita-liens qui fabriquaient des pièces fausses à cette époque. Sur l'un d'eux, Mathias Pozzi, il y a un curieux dossier aux A.H.A. C. 418. — Procès d'Étienne Gourdé, de Sainte-Marie a./M., en 1688. (A.H.A. E. 2051.)

naissons des cas où le châtiment fut en réalité bien moins grave[1].

Les condamnations pour vol se réglaient d'habitude sur l'importance du larcin et sur les dispositions plus ou moins vindicatives des victimes ; la manière de voir des jurés était pour beaucoup aussi dans la fixation de la pénalité. Les vols d'objets sacrés, et en général les vols commis dans les églises attiraient d'ordinaire la peine capitale à leurs auteurs[2]. D'autres larcins d'objets précieux aboutissent également à la pendaison pour les hommes, à la noyade pour les femmes ; mais il en est, d'une importance au moins égale, que les tribunaux ne frappent que d'exil après fustigation publique et restitution des objets volés[3]. Les petits vols domestiques se punissaient par la prison, par l'exposition au *Lasterstein*, ou par diverses punitions corporelles plutôt grotesques que terrifiantes. A Strasbourg, on plaçait les condamnés dans une manne d'osier, une espèce de cage suspendue au-dessous du pont du Corbeau, d'où ils ne pouvaient sortir qu'en se jetant à la nage dans la rivière[4]. A Mulhouse, on les enfermait dans une espèce de cage à écureuil, la *trille*, qu'on faisait tourner avec eux[5] ; à Ribeauvillé, on trouvait près de la porte de la ville « une chaise à bras, pendue à une potence, au-dessus d'un quarré d'eau, comme une manière d'abreuvoir. On y asseyait ceux qu'on attrapait dans les vignes, mangeans les raisins d'autruy et on les descendait un certain nombre de fois dans cette eau pour punition[6] ».

Les receleurs de marchandises volées étaient frappés de lourdes amendes[7] ; ils pouvaient même être pendus comme les voleurs eux-mêmes[8]. Le délit d'injures verbales ou écrites était très différemment

---

1. Des deux frères Schall, de Guebwiller, arrêtés en flagrant délit de fabrication de faux ducats, en 1627, l'un en fut quitte pour dix ans d'exil (et il revint deux ou trois ans plus tard!), l'autre, condamné à être pendu, se sauva de prison. (*Chronique de Guebwiller*, p. 263-265.)

2. Eu 1613, pendaison d'un voleur, connu sous le sobriquet de *Soupe-à-l'Oignon*, pour avoir fracturé le tronc de Saint-Pierre-le-Jeune à Strasbourg; en 1683, décollation d'un voleur à Mulhouse pour le même délit. (Stoeber, *Pénalités, Bulletin du Musée historique*, 1877, p. 21.)

3. Reuss, *Justice criminelle*, p. 120.

4. Id., p. 119.

5. Stoeber, *op. cit.*, p. 18.

6. *Mémoires de deux voyages*, p. 44.

7. Ordonnances du 20 juin 1612, 6 décembre 1620, 1628, 1639, etc. Un cinquième ou un sixième de la somme était promis au dénonciateur.

8. Ce fut le sort d'un Israélite de Strasbourg dont la maison servait, en 1665, de dépôt à une bande de voleurs. Il essaya de détourner le coup fatal en offrant de se convertir. On acquiesça à son désir; en vingt-quatre heures il fut instruit, baptisé et supplicié. Seulement au lieu de le pendre on lui trancha la tête.

coté, selon qu'il s'adressait au Très-Haut, aux puissants de la terre,
ou à de simples particuliers. A Sainte-Marie-aux-Mines, un individu
est condamné en 1664 à deux florins d'amende « pour avoir mal
parlé de la parole de Dieu[1] ». A Mulhouse, en 1679, un individu de
Modenheim ayant appelé l'un des pasteurs « misérable trouble-
ménage », il est mis en prison et forcé de payer cinquante livres[2].
Un paysan de Gundershoffen est condamné à 50 florins d'amende
pour paroles injurieuses proférées contre le seigneur et ses domestiques[3]. En 1632, le nommé Gaspard Ramsauer, accusé d'avoir
écrit des libelles diffamatoires contre Max-Conrad de Rehlingen,
conseiller du roi de Suède, est tenu en prison pendant quinze mois,
puis condamné au bannissement perpétuel, après avoir dû s'administrer à lui-même un soufflet en audience publique[4], alors qu'en
1662 il n'en coûte que 30 kreutzer à un bourgeois de Sainte-Marie-
aux-Mines, pour avoir dit des injures grossières à un de ses concitoyens[5].

Les malversations des fonctionnaires publics étaient punies bien
moins selon le degré de leur culpabilité, que selon leurs liens de
parenté, le rang des personnages qui voulaient bien s'intéresser à
eux, et les sommes qu'ils restituaient ou qu'on rendait en leur nom[6].
Généralement, c'était la peine de mort qui les frappait. A Strasbourg
surtout, on était sévère sur cet article; en 1634, on y décapite deux
contrôleurs du péage du Rhin; en 1658, un vieillard de 73 ans,
receveur de l'octroi; en 1659, un employé à l'administration des
fortifications; en 1667, un trésorier de la Tour-aux-Pfennings; en
1670, un surveillant des marchés[7]. D'autres en étaient quittes pour
un exil perpétuel, surtout s'ils rendaient les sommes volées, ou
pour la prison.

Dans les villes plus considérables, ceux qui étaient condamnés à
un long emprisonnement étaient enfermés d'ordinaire dans les
vieilles tours des fortifications du moyen âge aménagées d'une façon
passablement primitive, et offrant des cachots aussi malsains que
malpropres[8]. Dans les petites localités, dans ces bourgs à enceintes

1. *Documents sur Sainte-Marie a./M.*, p. 306.
2. Stoeber, *Pénalités, Bulletin du Musée historique*, 1877, p. 20.
3. En 1700. (A.B.A. E. 3046.)
4. A.H.A. C. 143.
5. *Documents*, etc., p. 297.
6. Voy. pour ces différents cas des exemples dans ma *Justice criminelle*
p. 129-130.
7. *Chronique de Walter, passim.*
8. A Strasbourg, c'étaient la « Tour aux tortures » (*Deimelthurm*), la Tour
Sainte-Catherine, la « Tour aux Florins » (*Guldenthurm*), etc.

continues, si nombreux encore dans la première moitié du XVIIe siècle, c'étaient les tours au-dessus des portes de la ville qui servaient de prison et les porte-clefs en étaient également les geôliers. Plus d'une villette de la plaine d'Alsace conservait au siècle dernier et conserve même encore de nos jours ces lugubres cachots que la tradition populaire continue à désigner sous le nom de *Tour du Diable* ou *Tour des Sorcières*, parce que c'étaient surtout les victimes d'inculpations de ce genre qu'on y tenait renfermées avant de les livrer au bourreau. En général, la justice d'alors était expéditive et ne laissait pas languir longtemps les accusés sur la paille des cachots. On ne se souciait pas de les nourrir indéfiniment; on ne songeait pas non plus à les rendre moins mauvais ; aussi, quand onne les expédiait pas sommairement dans un monde meilleur, on les expulsait simplement, après un rude châtiment corporel, sur le territoire du voisin, où ils pouvaient recommencer leurs exploits.

Les criminels prisonniers étaient employés, dans certains territoires au moins, comme les forçats modernes, à des travaux d'utilité publique, aux fortifications, aux canaux, etc. Ils travaillaient enchaînés, revêtus d'un costume particulier et ayant sur leur couvre-chef une sonnette qui tintait à chaque pas. De là le nom de *Schellenwerk* donné à ces espèces de bagnes du XVIIe siècle. Il y en avait un à Strasbourg; l'évêque Léopold en avait créé un autre, pour les terres de l'évêché, au château d'Isembourg, près de Rouffach (1615) ; il fut transféré plus tard à Benfeld, pour hâter la reconstruction de cette forteresse; la prise de la ville par les Suédois mit fin à cette institution pénitentiaire[1]. Plus tard, vers 1640, on établit à Strasbourg une *maison de force*, à l'instar de celle d'Amsterdam, où les mendiants et les vagabonds étaient occupés à réduire en poudre, au moyen de grandes râpes en fer, du bois de Brésil, ou à fabriquer de grossiers tissus. De là lui vint le nom, resté populaire à Strasbourg, de *Raspelhaus*, employé jusqu'à ce jour pour y désigner la prison[2].

L'impression générale qui se dégage de l'examen d'une série un peu considérable de dossiers judiciaires de cette époque, c'est qu'on répandait le sang des coupables avec une facilité effrayante sans que les supplices prodigués aient exercé l'action répressive et

---

1. Dag. Fischer, *Gesch. Zabern's*, p. 150.
2. Cette création nouvelle fit quelque bruit alors dans le monde, même savant. Elle est mentionnée dans l'une des dissertations académiques soutenues à Strasbourg sous la présidence de l'historien Math. Bernegger. Voy. C. Bünger, *Bernegger*, p. 128.

moralisatrice qu'on attendait sans doute de leur fréquence même. Nous avons compté, — et certes nos recherches n'ont pas été complètes, — pour les vingt-deux années de 1600 à 1621, *cent cinquante-une* exécutions capitales dans la seule ville de Strasbourg ; parmi ces suppliciés il y avait 31 femmes. On ne supporterait plus actuellement de pareils spectacles, fort courus par les curieux d'alors[1]. Cette justice expéditive nécessitait un personnel assez nombreux. Chaque grande ville avait naturellement son bourreau, aidé par plusieurs valets ; mais de petites localités comme Belfort[2], des bourgs même comme Westhoffen, avaient le leur[3]. D'autres l'empruntaient à leurs voisins à l'amiable, ou étaient tenus de le faire, à la suite de transactions remontant au moyen âge[4]. Ces fonctionnaires étaient bien payés pour leur vilain métier, et le tarif de leur « travail » leur assurait, vu la fréquence des condamnations, un revenu très appréciable[5], qui devait les consoler quelque peu de l'effroi qu'ils répandaient autour d'eux et de l'espèce d'ostracisme qui les tenait à l'écart du reste de la société[6]. Ils trouvaient d'ailleurs encore d'autres sources de revenus dans leurs connaissances médicales rudimentaires et fonctionnaient souvent comme chirurgiens et rebouteurs, se partageant la clientèle populaire avec les sages-femmes et les sorcières.

Telle étaient, dans son ensemble, l'organisation judiciaire de l'Alsace et les coutumes pénales en vigueur dans cette province, au moment où la couronne de France prit possession du pays. Au premier

1. J'ai donné la série complète de ces chiffres dans ma *Justice criminelle*, p. 24. Il y avait des années où l'on faisait périr 12 à 15 personnes par le glaive, la potence, la noyade, la roue ou le bûcher dans le seul Strasbourg.
2. Bardy, *Revue d'Alsace*, 1869, p. 396.
3. Reuss, *La Sorcellerie en Alsace*, p. 100.
4. Munster s'adressait d'ordinaire à Colmar. Haguenau était tenu de prendre le bourreau d'Ingwiller, cet *officier* du comte de Hanau-Lichtenberg ayant seul, depuis des siècles, le droit de décoller un criminel dans la vieille cité des Hohenstaufen. (Kiefer, *Pfarrbuch*, p. 244.)
5. Le tarif de la Chambre épiscopale de Saverne, édicté le 24 janvier 1654, accordait au bourreau six florins pour noyer, pendre, décapiter ou brûler une personne; 1 florin pour la mettre au pilori; 2 florins pour la battre de verges; 1 florin pour une séance de torture. (Dag. Fischer, *Zabern*, p. 150-151.)
6. Cette antipathie était générale ; néanmoins je dois relever ce curieux passage des *Mémoires de deux voyages en Alsace* (p. 194) qui donne une impression différente pour le Sundgau : « Non seulement les Allemans n'ont pas d'horreur pour la personne du bourreau; au contraire, il y est en quelque espèce de vénération. On l'appelle le *Maître* par excellence; il est le bienvenu partout; il est de toutes les fêtes et de tous les régals. » Peut-être était-ce l'excès de peur, la crainte aussi de quelque pouvoir surnaturel, qui engendraient ici la déférence extérieure.

moment, ce grave événement politique ne sembla devoir troubler en rien les vieilles traditions de la justice locale. On s'y attendait d'autant moins dans les couches profondes de la population que les troubles intérieurs dans le royaume éclatèrent au moment même où se signaient les traités de Westphalie. Un incident presque inaperçu des négociations de Munster aurait pu néanmoins éveiller chez des esprits perspicaces de sérieuses inquiétudes. Dans le document du 29 mai 1646, qui résumait les conditions auxquelles Ferdinand III se résignait à céder ses droits sur l'Alsace, on avait inséré une protestation, pour ainsi dire préventive, au nom des Etats immédiats de la province, contre l'établissement « d'un nouveau Parlement, institution inusitée jusqu'ici en Allemagne[1] ». On savait à la cour de Vienne que c'était une tradition séculaire de la royauté française d'établir des hautes cours de justice dans les provinces nouvellement réunies, pour y faire pénétrer la volonté du souverain et pour y établir, dans une certaine mesure au moins, la conformité des lois. Ce paragraphe fut tacitement rejeté par les plénipotentiaires français et ne figure ni pour le texte, ni pour le sens, dans l'instrument de paix final.

On comprend fort bien que Mazarin n'ait pas voulu donner pareille promesse au nom de Louis XIV, car il aurait renoncé de la sorte à l'un des principaux attributs de cette souveraineté, au sujet de laquelle, lui du moins, n'éprouvait aucun doute, quelles que pussent être les interprétations du traité faites ailleurs. D'autre part, il était bien dangereux de provoquer, dès le premier jour, des résistances désespérées, en brouillant toutes les procédures individuelles, et d'indisposer ainsi la population tout entière. La nécessité d'avoir une cour de justice souveraine en Alsace, si l'on veut y établir solidement la domination royale, et le danger de le faire à ce moment précis, sont très judicieusement mis en regard dans un *Mémoire* confidentiel anonyme, qui date vraisemblablement de 1649. « Il est fascheux de ne demander pas ce qui est deu, y est-il dit, et de n'entrer pas en possession de ses droicts, mais il est encore très fascheux de demander et estre refusé, et obligé à souffrir le refus qui sert, en quelque façon, de titre à ceux qui le font. C'est pourquoy il y a des personnes qui croyent qu'il est à propos d'attendre un meilleur temps pour entamer cette affaire[2]. »

1. *Nec vero eosdem Status institutione novorum et hactenus in Germania inusitatorum Parlamentorum gravare.* Meyern, *Acta pacis Westphalicae,* III, p. 34.
2. Mémoire concernant l'établissement d'une cour de justice souveraine, Van Huffel, p. 196.

On se tira de cette situation fâcheuse par un arrangement fort
ingénieux. Ne pouvant changer la Régence d'Ensisheim en une
cour souveraine, on la garda, mais émancipée du contrôle supérieur
de celle d'Innsbruck, inspirée directement de Paris, et transférée
d'ailleurs dans la ville, alors plus importante, de Brisach, où se
trouvait déjà une Chambre royale des Comptes. Cette « Chambre
royale de Brisach » présidée par le gouverneur, composée d'anciens fonctionnaires autrichiens et de nouveaux magistrats français, fut, pour ainsi dire, la pierre d'attente sur laquelle s'édifia
plus tard le *Conseil provincial* d'Ensisheim et le *Conseil souverain*
de Colmar[1]. Nous ignorons la date exacte de son institution[2], et ce
n'est pas sans doute un pur effet du hasard qui a fait cacher le jour
précis de sa naissance. Autant on mit de pompe plus tard à l'inauguration du Conseil d'Ensisheim, en 1658, autant on jugea inutile
d'attirer l'attention du public sur cette modification, inoffensive en
apparence, de l'état antérieur, opérée vraisemblablement dès 1649.
La Chambre de Brisach restait en effet l'ancienne Chambre d'Ensisheim, compétente pour les terres d'Autriche seulement[3], et les
autres Etats de l'Alsace continuaient à régler leurs affaires judi-
claires à leur gré, à en appeler à Spire, sans trop se préoccuper
de l'avenir[4].

Ils ne perdirent rien pour attendre. Quand la Fronde fut à peu
près vaincue, quand on n'eut plus à craindre aucune attaque du côté
de l'Empire, le gouvernement français pensa qu'il était inutile de
retarder l'organisation du tribunal suprême qu'il avait toujours eu

1. La Chambre de Brisach ne fut nullement une chambre *souveraine*. Si
M. de Boug emploie l'expression en 1775, cela n'est pas une preuve ; à cette
époque, elle était d'usage, voilà tout. MM. Pillot et de Neyremand, dans
leur histoire, fort intéressante d'ailleurs, du Conseil souverain d'Alsace,
n'ont nullement prouvé (p. 21) l'existence de l'Edit de 1648, instituant une
Cour souveraine, édit que personne n'a vu et qui ne saurait être de 1648
d'ailleurs. Mais même en 1649, on se serait bien gardé d'employer un mot
aussi dangereux.
2. Elle doit avoir eu lieu dans les derniers mois de 1649.
3. A en juger par l'indication de Van Huffel (p. 200), la Chambre continuait même à rendre ses arrêts en allemand, pour ne pas sortir de la
tradition.
4. Les villes de la Décapole seules furent inquiétées, en ce sens qu'on
essaya de faire revivre comme *tribunal d'appel* pour elles un tribunal purement local de Haguenau, le *Kaiserliches Landgericht auf der Lauben*,
dont la juridiction ne s'étendait que sur les quarante villages de la préfecture. Mais les villes impériales, qui n'avaient jamais rien eu à faire avec
cette juridiction, se refusèrent absolument à la reconnaître, et plus tard, en
1679, le *Conseil de la préfecture de Haguenau* (c'est le nom qu'on lui avait
donné) fut formellement englobé dans le Conseil supérieur de Brisach.
(Véron-Réville, *op. cit.*, p. 220-226.)

l'intention de créer. L'édit de septembre 1657 changea la Chambre royale de Brisach, à la fois corps administratif et judiciaire (comme l'avait été l'*ancienne* Régence d'Ensisheim) en un *Conseil souverain* exclusivement chargé de l'application des lois[1]. Si le *mot* de Parlement est évité, l'autorité de ces corps lui est dévolue tout entière. Seulement, on crut devoir masquer encore quelque peu la vérité, pour n'effaroucher personne ; aussi l'édit instituait-il le Conseil « pour procéder en la même forme et manière que faisait la Régence d'Autriche, et conformément aux lois et ordonnances des empereurs et archiducs, coutumes, usages et privilèges particuliers des lieux sans aucune innovation[2] ». Or, la Régence d'Ensisheim n'avait jamais été qu'une cour de justice seigneuriale pour les sujets de la maison d'Autriche ; elle n'avait aucune compétence sur les terres de l'évêché, de Hanau-Lichtenberg, etc., aussi peu que les régences de Bouxwiller et de Saverne sur les siennes. Les archiducs avaient bien eu une certaine influence politique sur les villes de la Décapole, mais ils n'y avaient jamais exercé d'attributions judiciaires. On était donc bien loin de la vérité historique en affirmant qu'il n'y avait là aucune « innovation », quand on en opérait, au contraire, une tout à fait radicale[3]. Cette affirmation, peu digne d'un monarque puissant, ne trompait d'ailleurs personne, et de plus était bien inutile. Le gouvernement de la France était certes en droit de vouloir centraliser, dans les limites mêmes de l'Alsace, l'administration de la justice, en excluant les instances étrangères ; il créait, pour arriver à ces résultats, un auxiliaire qui le secondât « dans ses luttes contre une province, qui résistait en désespérée à tout ce qui semblait attenter à ses droits et à ses franchises [4] » ; il aurait peut-être mieux fait d'avouer ses intentions ouvertement et sans ambages.

Mais, abstraction faite de cette question de méthode, on ne peut que rendre justice à l'organisation nouvelle qui mêlait, dans une certaine mesure, les éléments indigènes et les éléments français. On avait suivi les conseils de Colbert de Croissy, de « prendre pour assesseurs un ou deux gentilshommes du pays, les plus accrédités et les plus capables. Sa Majesté pourrait aussi, pour s'acquérir l'affec-

1. Sur le Conseil souverain, voy. le travail de MM. Pillot et de Neyremand, *Histoire du Conseil souverain d'Alsace* (Paris, Durand, 1860, in-8°), beaucoup plus complet pour le XVIII° siècle que pour le XVII°, et le *Mémoire historique sur le Conseil souverain*, rédigé par le président de Corberon, et publié par Ignace Chauffour dans la *Revue d'Alsace*, 1856, p. 268.
2. *Ordonnances d'Alsace*, t. I, p. 2.
3. Véron-Réville, *Essai*, p. 200.
4. Id., *ibid.*, p. 211.

tion des ecclésiastiques, admettre au nombre des conseillers un des
abbés qui sont sous son obéissance, bien qu'il n'y en eût pas dans
la Régence pour le passé [1] ». A côté du président, le nouveau Conseil comptait donc un abbé mitré, hommage au clergé si puissant en
Alsace, un représentant de la noblesse du pays, deux conseillers
appelés du parlement de Metz, un docteur en droit, ancien conseiller à la Chambre de Brisach, un procureur général; cela faisait
trois Alsaciens et quatre Français; le prononcé des arrêts était
assuré aux magistrats d'origine française, mais éclairés par les conseils et les traditions de leurs collègues. Un greffier, six secrétaires-
interprètes, un huissier en chef formaient le personnel subalterne.
Il était permis de plaider et de présenter requête en latin, en français et en allemand, sauf à joindre en ce dernier cas, une traduction
française. Les jugements devaient être rendus en français ou en
latin. Ce n'est qu'un arrêt du Conseil d'Etat du 30 janvier 1685,
qui prescrivit d'une manière formelle de rédiger tous les actes et
jugements en français. Le gouverneur et lieutenant général du roi,
tout en ne présidant plus de droit les séances, comme pour la
Chambre de Brisach, conservait son droit de séance et maintenait
ainsi les relations directes de la politique et de la justice.

Bien que l'édit royal instituant le Conseil souverain soit de septembre 1657, ce n'est que le 24 novembre 1658 que celui-ci fut
solennellement installé dans sa résidence nouvelle. Evidemment
Mazarin, toujours circonspect, avait hésité quelque temps encore
ou plutôt il avait voulu attendre que le nouvel intendant d'Alsace,
auquel il imposait aussi la tâche de présider le Conseil, marquant
ainsi le rôle éminemment politique de ce dernier, eût sondé le terrain et se fût assuré l'attitude au moins passive des Etats de la province. Ce premier président, Colbert de Croissy, le frère du grand
ministre, était un homme de haute valeur, travailleur infatigable,
administrateur et diplomate distingué, dont on a pu dire avec raison,
vingt ans plus tard, qu'il regardait « le travail comme un plaisir,
puisqu'il contribuait à la gloire de la France [2] ». A ses côtés figuraient dom Bernardin Buchinger, le savant abbé de Lucelle, Georges-
Frédéric d'Andlau, Bénigne Bossuet, conseiller au Parlement de
Metz et père du futur évêque de Meaux; les autres membres de
cette magistrature suprême sont restés obscurs. Par flatteries, promesses et menaces, on était arrivé à grouper pour la cérémonie
d'Ensisheim les représentants de tous les Etats de la province,

1. *Mémoire de Colbert de Croissy sur l'organisation de l'Alsace*, fol. 187.
2. *Mercure galant*, septembre 1679, p. 65-72.

mais, ainsi qu'on l'a fait remarquer avec raison, leur concours était
loin d'impliquer leur adhésion au nouvel ordre de choses. Bien que,
dans de somptueux banquets, on échangeât force compliments et
toasts officiels, la méfiance régnait au fond des cœurs, et les délégués
des Etats protestants surtout n'entendirent pas sans un sentiment
de crainte l'abbé de Lucelle, membre du Conseil souverain, demander à ce dernier, dans sa harangue inaugurale, « de n'avoir rien en
plus forte recommandation que la conservation des droits de l'Eglise
en particulier [1] ». Le premier acte de ce corps renouvelé fut l'arrêt
solennel par lequel il mettait Louis XIV « en possession actuelle et
puissance réelle » de tous les droits de l'empereur, de l'Empire et
de la maison d'Autriche sur le landgraviat de la Haute et de la Basse-
Alsace, le Sundgau, la préfecture des dix villes impériales, et en prononçait l'incorporation définitive au domaine de la couronne. Les délégués du Conseil se transportèrent ensuite dans les principales villes
de la province pour y donner communication dudit arrêt et « recevoir le serment de fidélité des prélats, gentilhommes, baillis, prévôts,
syndics, magistrats des villes et autres sujets de Sa Majesté ».

Cette communication fut très froidement accueillie en dehors des
terres héréditaires d'Autriche et n'eut guère de résultats pratiques.
Dans la Basse-Alsace surtout, aucun des seigneurs territoriaux ne
permit l'appel à Ensisheim ; on continuait à s'adresser, le cas échéant,
à Spire. Un arrêt du Conseil souverain, du 27 mai 1659, prétendait
même que « les baillis, prévôts, maires et autres officiers de justice,
pour maintenir leur juridiction et ôter au Conseil la connaissance
de leurs jugements, menacent les parties plaignantes de les mulcter
de grosses amendes et le plus souvent de prison, si elles viennent
faire leurs plaintes au Conseil, et pour d'autant plus facilement
arriver à leurs fins et tenir le peuple dans cette oppression, ils prononcent leurs sentences verbalement, sans les rédiger par écrit, et
les mettre par écrit dans leurs registres ou protocolles de leurs
justices [2] »...

Que ce fût méchanceté des baillis, indifférence des populations [3],
ou opposition politique des seigneurs, toujours est-il que la Cour

1. Voy. le procès-verbal de l'installation de la cour d'Ensisheim, *Ordonnances d'Alsace*, I, p. 5-8.
2. *Ordonnances d'Alsace*, I, p. 10. Aussi le Conseil défendait-il, à peine
de 500 livres d'amende, le prononcé uniquement verbal des arrêts et ordon-
nait-il même « d'insérer les plaidoyers des parties » au registre.
3. Il faut croire en tout cas que Colbert de Croissy se faisait illusion sur
l'enthousiasme des populations pour « l'ordre des Parlemens de France, dont
la façon de rendre la justice est plus admirée en Allemagne même que celle
de toutes les autres cours ». (*Mémoire*, fol. 187.)

souveraine avait fait peu de besogne et répondit médiocrement aux
espérances conçues à ses débuts. Aussi Louis XIV, quand il eut
pris en mains le gouvernement, résolut-il de changer de système et
de transférer le siège suprême de la justice hors du pays, afin d'empêcher et de décourager d'autant plus facilement les oppositions qui
ne cessaient de se produire. « Voulant établir une même forme de
justice dans tous les pays nouvellement unis sous notre couronne,
que celle sous laquelle vivent heureusement nos autres sujets, » il
décida par l'Edit de novembre 1661, qu'il y aurait dorénavant en
Alsace des prévôtés, des bailliages, des présidiaux ou conseils provinciaux pour juger les procès en première instance et les faire
remonter ensuite jusqu'aux Parlements. Le roi « éteint » donc et
supprime, par « édit perpétuel et irrévocable » le Conseil souverain,
établi en 1657, et le remplace par un simple conseil provincial,
siégeant également à Ensisheim, mais relevant du parlement de
Metz, auquel sont transportés Colbert de Croissy, le président, et
Charles Colbert, le procureur général de la défunte cour souveraine.
Le nouveau corps judiciaire se compose d'un président, de six conseillers français, de trois conseillers alsaciens, d'un procureur et
avocat général, de quatre secrétaires-interprètes et d'un greffier.
C'est à lui qu'iront les appels de toutes les juridictions inférieures
d'Alsace, et il jugera lui-même, sans appel, les causes de moins de
250 livres tournois. Pour le reste, il y a appel ouvert à Metz [1].

Le même édit, pour accroître l'influence de la magistrature française, créait aussi des charges de notaires royaux, à côté des anciens
notaires impériaux et apostoliques et de ceux que nommaient les
comtes palatins [2]. La nouvelle combinaison par laquelle on espérait

---

1. Les traitements étaient minimes: le président avait 1,000 livres; les
conseillers, le procureur général : 400 livres; les secrétaires: 600 livres; le
greffier : 250 livres.
2. Les notaires en Alsace étaient ou bien créés directement par privilège
impérial, ou bien par les magistrats urbains en vertu des privilèges obtenus
du souverain une fois pour toutes, ou enfin par les comtes palatins. Ce titre
de *comes palatinus* décerné par l'Empereur à des magistrats, à des professeurs, à des docteurs en droit, etc. (le plus souvent contre finances), leur
conférait le droit de créer des notaires, de légitimer des bâtards, etc. Dans
les contrées catholiques il y avait beaucoup de notaires apostoliques créés
par le Saint-Siège. La lutte fut vive entre les anciens et les nouveaux titulaires. Dès 1683, on chicanait à Strasbourg les notaires nommés par le Magistrat sur la validité des actes dressés par eux depuis le 30 septembre 1681.
En 1685, le Conseil souverain défendit aux notaires apostoliques de dresser
des contrats. (*Ordonnances d'Alsace*, I, p. 148.) — On trouvera un aperçu
historique clair et suffisamment complet de l'histoire du notariat dans la
province, dans l'ouvrage de J. F. Lobstein, *Manuel du notariat en Alsace*,
Strasbourg, 1844, in-8°.

sans doute dépayser les Alsaciens, et leur faire comprendre qu'ils avaient eu grand tort de ne pas accepter une magistrature suprême établie dans leur propre province, ne sembla pas devoir réussir tout d'abord. On se tint à l'écart du Conseil provincial, tout comme on l'avait fait du Conseil souverain, puisqu'on ne voulait pas renoncer à l'immédiateté envers l'Empire et qu'accepter la juridiction royale, c'était reconnaître la souveraineté du roi. Nous avons vu, dans un des chapitres précédents déjà, que le litige au sujet de l'appel à Spire, formellement défendu aux villes de la Décapole par le duc de Mazarin [1], était toujours encore en suspens quand la guerre de Hollande éclata.

Cette guerre fournit l'occasion, depuis longtemps attendue, pour en finir avec ces résistances prolongées. Le Conseil provincial d'Ensisheim, transféré à Brisach par ordonnance royale d'avril 1674, sa résidence antérieure étant fort peu habitée et trop « retirée de tout commerce [2] », se mit en devoir de parler net et haut. La guerre empêchait naturellement, — et devait empêcher longtemps encore, quelle qu'en fût l'issue, — de porter des causes en appel au dehors. Mais le Conseil voulut écarter aussi dorénavant l'obstruction passive des seigneurs territoriaux. Par un arrêt du 1er juin 1675, il menaçait de peines sévères les juges qui « tacheraient d'empêcher par menaces ou autrement les parties d'interjeter appel de leurs jugemens audit Conseil, ce qui est une entreprise contraire à la liberté publique [3] ». Paroles habiles, et qu'allaient confirmer des actes. Quelques mois plus tard, un autre arrêt du 6 septembre 1675 sommait tous les seigneurs qui s'étaient permis d'établir des tribunaux d'appel pour les jugements de leurs baillis, « ce qui est une entreprise contre l'autorité souveraine », d'avoir à présenter au Conseil dans les deux mois, les titres sur lesquels ils prétendaient s'appuyer. Ce terme écoulé, s'ils ne comparaissent pas, et sans autre jugement, ils seront déchus de ce droit [4]. Chaque appel admis par un de leurs officiers leur vaudra 300 livres d'amende, ainsi qu'aux parties qui oseraient s'adresser à eux. Quelques-uns des

---

1. C'est à propos de l'affaire des trois villes de Munster, Turckheim et Colmar contre l'abbaye de Munster, que s'engage, en 1663, le conflit avec Mazarin, dont la lettre est du 31 mars 1664. L'affaire fut portée, comme nous l'avons dit, devant la diète de Ratisbonne.
2. *Ordonnances d'Alsace*, I, p. 48.
3. *Ord. d'Alsace*, I, p. 49.
4. Cela devait faire d'autant plus d'effet sur les populations que le gouverneur lui-même de la province était atteint par l'arrêt. Le duc de Mazarin protesta en effet auprès du Conseil d'Etat, mais il fut débouté le 28 janvier 1678. (*Ordonnances d'Alsace*, I, p. 54.)

Etats d'Alsace s'exécutèrent [1]; la plupart cependant attendirent ce que déciderait le sort des armes.

Le Conseil, entre temps, montrait par ses arrêts qu'il entendait faire respecter la « liberté » des sujets du roi contre les jugements oppressifs ou insuffisants des justices seigneuriales. Dans une affaire de vol, jugée à Sainte-Marie-aux-Mines, plusieurs bourgeois innocents avaient été emprisonnés, puis mis à la torture, et quand les juges durent enfin convenir qu'aucune charge sérieuse ne pesait sur eux, ils ne les relâchèrent qu'après leur avoir fait prêter serment de pardonner à leurs accusateurs et de ne pas les poursuivre eux-mêmes en dommages-intérêts. Le Conseil provincial prit l'affaire en mains; il condamna le Magistrat de Sainte-Marie-aux-Mines, par arrêt fortement motivé du 3 juillet 1676, à payer douze cents livres de dommages aux victimes de sa légèreté coupable, et défendit à l'avenir « de jamais livrer l'accusé à la torture, et de jamais prononcer la peine capitale, sans autorisation expresse des gens de justice du Roi [2] ».

On peut être assuré que la nouvelle d'un arrêt de ce genre se répandit rapidement au loin et rendit le Conseil très populaire chez les petites gens qui souffraient cruellement de l'ignorance et des brutalités des tribunaux locaux. En 1678, le Conseil, poursuivant les réformes judiciaires, proscrit l'instrument du carcan [3] qui servait à l'exposition de certains condamnés dans les villages de la Haute-Alsace. C'était, dans l'espèce, le bailli de Brunstatt, qui l'avait infligé à une pauvresse de Riedisheim, accusée d'avoir injurié son fils. L'avocat de ce fonctionnaire eut beau plaider que « la peine du violon est le châtiment accoutumé et ordinaire de la province » à l'encontre des diffamatrices, blasphématrices et autres mauvaises langues. L'avocat général déclara que « le violon, instrument de bois, en forme de carcan, est inouï en France », et le bailli fut condamné à 50 livres d'amende « pour mal-jugé ». Défense est faite d'employer dorénavant la *Geig* dans toute l'étendue de la

---

1. C'est ainsi que le possesseur du comté de Ribeaupierre présente un long mémoire historique pour établir qu'avant les traités de Westphalie, ses prédécesseurs avaient joui du droit de juger en dernier ressort au civil et au criminel. (A.H.A. E. 639.)

2. A.H.A. E. 2047.

3. Ce carcan s'appelait en Alsace *die Geig*, le violon, sans que l'on puisse bien s'expliquer l'origine de cette dénomination. En tout cas, si l'on pouvait « mettre au violon » quelqu'un dans ce temps-là, il était difficile de l'y « mener »; c'est un exemple assez curieux de la déformation du sens des mots à travers les âges.

province[1], à la grande joie, sans doute, de tous les vieilles commères de village à la langue acérée, qui se sentirent plus « libres » en effet, à partir de ce jour. Quelques semaines plus tard, les bons paysans d'Alsace purent constater par un autre exemple, et d'une façon plus évidente encore, que dorénavant leurs seigneurs et maîtres avaient trouvé, eux aussi, plus puissant qu'eux-mêmes. Le baron Philippe Waldner de Freundstein, seigneur de Sierentz et autres lieux, avait maltraité l'un de ses sujets, vieillard de soixante-douze ans, qui s'était, à tort ou à raison, remarié sans en demander d'abord la permission. Il lui avait infligé 300 livres d'amende. Pour ne pas les payer, le pauvre vieux se sauve; mais sa femme est empoignée par les trois banguards du seigneur et conduite à la prison de Sierentz, où on la retient quinze jours, jusqu'à ce qu'elle soit tombée malade de froid. Le mari adresse requête au Conseil de Brisach, et M. de Waldner a beau déclarer que c'est son droit, de temps immémorial, de punir les délits de ses sujets, qu'André Junker est d'ailleurs un voleur et un blasphémateur : le Conseil rend, le 27 septembre 1678, un arrêt qui déboute non seulement le baron de sa demande de 300 livres, mais le condamne lui-même à 300 livres d'amende, à 150 livres de dommages-intérêts envers Junker et lui intime defense absolue de procéder dorénavant par amendes, prisons, bannissements à l'encontre des habitants de Sierentz ou de ses autres fiefs, cela étant affaire des juges et non la sienne[2].

Le Conseil généralisa cette défense, l'année d'après, par l'arrêt du 1er septembre 1679; il y constatait d'abord que la plupart des gentilshommes de la province et autres qui y possèdent des terres avec droit de haute, moyenne et basse juridiction, au lieu d'y faire administrer la justice par des officiers, s'ingéraient de la rendre eux-mêmes et de juger en leur propre cause lorsqu'il s'agit d'amendes et de confiscations. Il déclarait que c'était là « un abus... contraire au bien de la justice, préjudiciable au bien du Roy, et inouï dans le royaume », et enjoignait aux seigneurs, à peine de nullité de tous leurs jugements, et de mille livres d'amende, de créer sur leurs terres des baillis et des procureurs fiscaux[3].

1. Arrêt du 18 juin 1678. (*Ordonnances d'Alsace*, I, p. 56).
2. *Ordonnances d'Alsace*, I, p. 58.
3. *Ordonnances*, I, p. 73. Il ne put obtenir, cela s'entend de soi, un change-ment aussi radical. Encore en 1687, le Conseil se plaignait de l'incapacité de certains juges « qui ne dirigent les affaires qu'autant que les intérêts des sei-gneurs et leur bien particulier s'y trouve » et de ce que les seigneurs font rendre souvent la justice « par des personnes non graduées et qui dépen-

En même temps qu'il protégeait ainsi les petits contre la tyrannie des seigneurs, il surveillait leurs intérêts matériels, trop négligés; ainsi, par l'arrêt du 25 juin 1678, il obligeait tous les tuteurs et curateurs aux tutelles de rendre compte de leur gestion tous les trois ans pour le moins, par-devant les juges, et non plus seulement à la majorité de leurs pupilles, « dont les biens mal administrés dépérissent pour la plupart dans la province[1] ». On peut bien admettre, par suite, que, vers 1680, le Conseil provincial était devenu généralement populaire, non pas sans doute parmi les seigneurs territoriaux dont il rognait les privilèges, mais dans les couches inférieures de la population alsacienne, qui apprenait à le regarder comme un protecteur naturel contre les abus de ses maîtres directs. C'est cette considération probablement qui, en dehors du motif politique indiqué déjà plus haut, détermina Louis XIV à révoquer l'édit perpétuel de 1661 et à émanciper de nouveau la juridiction de la province du contrôle du Parlement messin. Le préambule de l'édit de novembre 1679 motive cette décision par des arguments irréfutables, mais qui auraient pu frapper le monarque et ses conseillers dix-huit ans auparavant : les inconvénients causés aux sujets du roi par des dépenses et des voyages continuels, le retard apporté au jugement de leurs procès, et le peu de connaissance que les magistrats messins ont de la langue allemande. C'est pour « procurer aux peuples dudit pays d'Alsace un soulagement considérable, en les exemptant de ces frais et fatigues » que le souverain rend au Conseil provincial son ancienne autonomie, en lui attribuant le titre de Conseil supérieur d'Alsace[2]. La même idée se retrouve dans le discours de l'avocat général Favier qui, le jour de l'enregistrement solennel, le qualifiait de « présent précieux aux peuples de l'Alsace, plus encore que de récompense des vertus du Conseil[3] ».

---

dent d'eux, aux jours et heures qu'il leur plaît, avec beaucoup de confusion, et sans garder aucune règle qui convienne aux affaires ». (*Ordonnances d'Alsace*, I, p. 163.)

1. *Ordonnances d'Alsace*, I, p. 57.

2. Celui de *Conseil souverain* ne lui fut *officiellement* rendu que vingt ans environ avant sa fin, mais dans l'usage courant il fut qualifié de la sorte dès son rétablissement et ne s'avisa jamais de s'en plaindre.

3. Séance du 22 décembre 1679. Les « vertus » du Conseil avaient été récompensées en 1678 par une très légère augmentation des traitements; le président était porté à 1,500 livres, le procureur général, les conseillers et le greffier à 600 livres (Pillot et Neyremand, p. 227). Après les réunions, le président reçut un supplément de 750 livres, le procureur général de 600 livres, chaque conseiller de 300 livres; mais ces émoluments étaient bien souvent en retard. Quant aux revenus tirés des *épices*, autorisés par

La nouvelle cour souveraine devait entrer en fonctions le
1er janvier 1680. Elle savait quelle tâche lui était réservée par la
volonté royale [1], et elle se mit aussitôt à l'œuvre. Nous avons vu
comment, le 22 mars, elle réunissait au domaine de la couronne un
grand nombre de villes, bailliages et châteaux, et comment, le
9 août, par une seconde série d'arrêts, « elle terminait l'œuvre
salutaire de l'annexion », comme ont dit ses historiens. L'uniformité
de la législation pour toute la province était enfin assurée, sinon
pour le lendemain même, du moins pour un avenir prochain [2].
« Né de la conquête, et créé pour la conquête [3], » le Conseil souverain avait fidèlement rempli la première partie de sa mission.
Mais il dut quitter encore une fois ses pénates quand le traité de
Ryswick rendit Brisach à la maison d'Autriche. Des lettres royales
du 18 mars 1698 le transférèrent à Colmar, où il est resté jusqu'à
la Révolution ; il tint sa dernière audience sur la rive droite du
Rhin le 10 mai 1698 et les rouvrit, le 22 mai suivant, au *Wagkeller*,
l'ancien hôtel de ville de Colmar, évacué, très à la hâte, par les
autorités municipales, après avoir été plus ou moins spontanément
offert au roi par le Magistrat de cette ville.

Il avait continué d'ailleurs, même au temps des arrêts de réunion,
à se faire bien voir des populations alsaciennes. Il ne permettait
pas qu'on les distrayât de leurs juges naturels ; quand le duc de
Mazarin, l'ex-gouverneur de la province, voulut, lors d'un de ses
nombreux procès avec ses administrés, citer le chapître de Thann
devant les juges de la capitale du royaume, le Conseil sollicita et
obtint un arrêt du Conseil d'Etat, du 9 novembre 1680, qui défendait
de traduire les sujets d'Alsace hors de leur ressort judiciaire [4]. Il

---

l'Edit de 1661, ils étaient peu considérables car le tarif, fixé par le premier
président était vraiment très modéré, s'étant inspiré de la recommandation
de Colbert de Croissy «de ne rien prendre des parties». (*Mémoire*, fol. 196.)
Par contre, une ordonnance royale du 1er juillet 1689 donnait aux membres
du Conseil, en récompense de leurs services, le droit de siéger en robes
rouges, comme les autres Parlements de France.

1. « Le roi le restitua en son ancienne indépendance pour travailler, de
concert avec M. de La Grange, intendant, à la réunion de toutes les terres
des landgraviats de la Haute et Basse-Alsace. » (La Grange, *Mémoire*,
fol. 186.)

2. Le nombre croissant des affaires, signe certain de l'influence croissante
de la cour, amena en 1694 la création d'une seconde Chambre du Conseil.

3. Pillot et Neyremand, p. 547.

4. *Ordonnances d'Alsace*, I, p. 96. — Ce qui contribuait aussi à la popularité du Conseil, c'était que les droits de greffe étaient relativement peu
élevés. Le règlement du 1er juin 1680 ne demandait que 15-20 sols pour
l'expédition d'un arrêt ; 5-10 sols pour la signature du président. Les écritures (interrogatoires, dépositions, etc., étaient taxées à 5 sols par rôle, la

veillait à ce que les avocats, trop enclins, au dire de l'avocat général
Le Laboureur, « à de trop fréquentes promenades à leurs maisons
de campagne, aux bonnes tables, aux danses, aux conversations
voluptueuses », fissent avancer les procès confiés à leur zèle professionnel, et stimulait leur amour-propre au point de leur faire faire,
semble-t-il, des progrès remarquables en ce sens. Du moins le même
Le Laboureur disait en 1694, dans une de ses mercuriales : « Il y a
douze ans ce barreau n'était rempli que d'avocats qui, n'ayant que
le nom et la robe, étaient tout au plus de mauvais lecteurs de
plaidoyers mal digérés... Ce barreau s'est perfectionné à un tel
point que tous ceux qui ont entendu vos discours solides et éloquents
sont convenus que l'on plaidait à Brisach, sur les bords du Rhin,
comme on plaide à Paris, sur les bords de la Seine[1]. »

Cette facilité subite d'élocution semblerait merveilleuse autant
que la comparaison de l'éloquence parisienne avec celle de l'Alsace,
si nous ne savions pas que presque tous les avocats au Conseil,
comme presque tous les conseillers, furent pendant longtemps des
Français de l'intérieur, appelés à Brisach, puis à Colmar. Il en
était de même des greffiers, des secrétaires, et même des huissiers,
dont la liste ne montre guère que des noms d'outre-Vosges. C'est
ainsi que le gouvernement de Louis XIV, n'ayant point encore à sa
disposition les deux grands « instruments de règne » inventés par
la politique réaliste moderne pour hâter l'assimilation, du moins
extérieure, de provinces conquises, je veux dire le service militaire
et l'instruction obligatoire, fit de l'administration de la justice le
principal levier de la « francisation » du pays. Un arrêt du Conseil
d'Etat, du 30 janvier 1685, disait que, bien que la province fût sous
la domination royale depuis de longues années, et que la plupart
des juges, notaires et greffiers sussent la langue française de même
que l'allemand, ils continuaient à mettre en allemand toutes les
sentences, actes, jugements et contrats, « ce qui est directement
contraire à l'affection que lesdits habitants de l'Alsace témoignent
avoir pour le service de Sa Majesté ». Il ordonnait en conséquence
que « toutes les procédures, de quelque nature qu'elles puissent être »
seraient écrites en langue française. Défense très expresse était
faite, d'en recevoir en allemand « sous peine de nullité et de 500
livres d'amende. » C'était établir rigoureusement le principe ; mais

---

page devant avoir de 18 à 27 lignes, la ligne de 13 à 14 syllabes. (*Ordonnances d'Alsace*, I, p. 90.)

1. Recueil manuscrit de harangues prononcées devant le Conseil souverain, cité par Gérard, *L'ancienne Alsace à table*, p. 273-274.

rien ne montre mieux en même temps les tempéraments judicieux avec lesquels ces règles théoriques étaient interprétées dans la pratique quotidienne que le détail suivant. Dans l'édition des *Ordonnances d'Alsace*, faite en 1775, cet arrêt porte encore en note la mention : Non exécuté généralement[1]. Et de fait, jusqu'à la Révolution, tous les dicastères inférieurs de la province continuèrent, à la satisfaction générale du public, à procéder en allemand, sans que le développement naturel de la langue fût sérieusement atteint par là, puisqu'elle était obligatoire dans l'instance supérieure.

Naturellement tous ces changements dans la routine traditionnelle ne s'opérèrent pas sans frictions ni conflits. Les juridictions particulières, celle de Strasbourg, par exemple, garantie par sa capitulation, essayèrent de combattre, et parfois avec succès, ce qu'on appelait, non sans raison d'ailleurs, les empiétements du Conseil. Puis il subsistait un tel fouillis de coutumes et de traditions locales, que le Conseil lui-même s'y perdait quelquefois. Pour n'en citer qu'un seul exemple, le Conseil de régence de Saverne, instance d'appel pour les terres de l'évêché de Strasbourg, avait à juger tous les crimes ordinaires commis dans l'étendue du territoire épiscopal, meurtres, vols avec effraction, rapts, blasphèmes, etc. Mais il ne pouvait connaître des crimes commis par des vagabonds sur les grands chemins de l'évêché, parce que ceux-ci relevaient de la cour prévôtale de la maréchaussée de Strasbourg, il ne pouvait non plus s'occuper des duels et des crimes de lèse-majesté, qui devaient être portés directement devant le Conseil souverain d'Alsace[2]. Le Conseil trouvait aussi devant lui l'opposition sourde des bailliages seigneuriaux, surveillés d'assez près par la magistrature suprême, et qui ne pouvaient plus puiser aussi facilement qu'autrefois, pour frais de vacations et de justice, dans la poche de leurs administrés[3]. Cet antagonisme latent se manifestait parfois par le refus de coopération que les baillis et les prévôts opposaient aux huissiers et aux sergents du Conseil supérieur, quand ils arrivaient au village pour y faire exécuter quelque sentence. Ils étaient obligés « bien souvent de se retirer sans rien faire, et le plus souvent les femmes s'attroupent pour empêcher par violence les exécutions ». Aussi le Conseil, par

1. *Ordonnances d'Alsace*, I, p. 145.
2. Dag. Fischer, *Le Conseil de Régence de Saverne, Revue d'Alsace*, 1865, p. 50.
3. Ainsi nous voyons un arrêt du 29 mars 1696, s'occuper de la somme de trois florins demandée, en sus du tarif, par le bailli du Kochersberg aux paysans de Waldolwisheim, et donner raison à ces derniers. (*Notes d'arrêt*, p. 93.)

arrêt du 8 janvier 1688, dut-il frapper d'une amende de 200 livres tout bailli récalcitrant et ordonna-t-il à ces fonctionnaires de prêter main-forte aux représentants de la loi, « moyennant salaire raisonnable [1] ».

Il y avait aussi des griefs plus avouables. Les secrétaires-interprètes du Conseil n'étaient pas d'infaillibles philologues, ni même des fonctionnaires toujours attentifs, puisque l'ordonnance du 25 juin 1691 les somme d'employer « à l'avenir plus de soin et de diligence à traduire les pièces, dont ils auraient été chargés, qu'ils ne l'ont fait jusqu'à présent », à peine de restitution de leur salaire et de dommages à payer pour « leur méchante, infidèle et négligente traduction ». En cas de récidive, ils devaient être interdits de leur office [2]. On comprend que plus d'un client a pu être trahi de la sorte par son traducteur juré, car la plupart des conseillers étaient certainement hors d'état d'étudier par eux-mêmes et de comprendre les pièces originales allemandes.

Il est impossible de ne pas mentionner un dernier point qui prêtait à des réclamations encore plus graves et légitimes. Ce n'était pas sans doute le Conseil supérieur qui avait provoqué l'ordonnance royale décidant que tous les fonctionnaires en Alsace devaient être catholiques, même dans les territoires exclusivement protestants de princes et de seigneurs protestants eux-mêmes, ordonnance entièrement contraire à l'esprit des traités de Westphalie comme à la capitulation de Strasbourg. Mais il mérite le reproche d'avoir aggravé cette situation déjà fâcheuse, par des mesures vexatoires, destinées à écarter tous ceux dont le catholicisme, de date récente, pouvait paraître trop tiède au gouvernement et au clergé, et d'avoir ainsi mis abusivement une influence administrative et politique considérable entre les mains de l'Eglise [3]. Son arrêt du 17 mai 1697 est significatif à ce point de vue. Le procureur général s'étant plaint de ce que « des nouveaux convertis, qui ne le sont pas sincèrement »,

---

1. *Ordonnances d'Alsace*, I, p. 173.
2. *Ibid.*, I, p. 191.
3. Sans doute le Conseil s'est efforcé par moments de réprimer l'immixtion de l'Eglise dans les affaires temporelles. Nous voyons que, par un arrêt du 3 mars 1659, il défend aux fonctionnaires du Sundgau de répondre aux citations à comparaître de l'official de Bâle, « la connaissance de ces affaires étant directement contraire aux mœurs du royaume ». Mais peut-être cette défense s'adressait-elle surtout au représentant d'un seigneur territorial étranger. En d'autres occasions, nous voyons le Conseil appuyer au contraire la même officialité. Ainsi, par arrêt du 2 décembre 1694, il rejette un appel comme d'abus d'un paysan de Sigolsheim, accusé d'impuissance par sa femme, et que l'official d'Altkirch, excédant certainement ses pouvoirs, avait ordonné de faire visiter par les médecins. (*Notes d'arrêt*, p. 61.)

se faisaient pourvoir de charges dans les justices des seigneurs particuliers, « pour éviter l'information de vie, mœurs et religion catholique, à laquelle on assujettit tous ceux qui entrent dans les charges de juridictions royales, » le Conseil défendit aux baillis de « recevoir aucun des officiers subalternes des justices seigneuriales qu'il n'ait été informé au préalable des vie, mœurs et religion catholique, apostolique et romaine du pourvu, à peine de 300 livres d'amende contre le bailli[1] ». Constamment nous voyons aussi le procureur général à la poursuite des enfants de filles-mères protestantes ou d'enfants légitimes de nouveaux convertis pour les faire amener dans les prisons de Colmar, s'ils refusent de se reconnaître catholiques, et les y détenir jusqu'à ce qu'on leur ait arraché leur abjuration[2]. C'est donc bien à tort qu'on nous parle de « l'esprit de tolérance et d'impartialité qui, en maintes circonstances, a caractérisé les rapports du Conseil avec les luthériens de la province[3] », si l'on prétend parler de l'époque qui seule nous occupe ici.

Pour avoir un aperçu général sur l'organisation judiciaire de la province d'Alsace à la fin du XVIIe siècle, nous n'avons qu'à emprunter le tableau qu'en a dressé l'intendant La Grange dans son grand *Mémoire* de 1697[4] :

« Le Conseil supérieur connaît en première instance de toutes les affaires des personnes qui avaient autrefois leurs causes commises à la Régence d'Ensisheim, comme les abbés, prieurs et autres communautés ecclésiastiques séculières ; des princes, seigneurs et gentilhommes, de tous les officiers du Conseil et de la Chancellerie établis près iceluy, à l'exception des gentilhommes de la Basse-Alsace, qui ressortissent au Directoire ou Présidial de la Noblesse de la Basse-Alsace. Toutes les appellations, tant des juges royaux que de ceux des seigneurs et des Magistrats sont portées au Conseil souverain. » Il y avait d'ailleurs fort peu de justices royales en Alsace, presque toutes étant dans les terres seigneuriales. La Grange n'énumère que les suivantes : le bailliage et la prévôté de Neuf-Brisach, celle de Haguenau, celle de Wissembourg, celle de Huningue, celle de Ferrette, celle d'Ensisheim, créées par l'édit

---

1. *Ordonnances d'Alsace*, I, p. 255.
2. On trouvera de nombreux exemples de cette activité intolérante du parquet du Conseil souverain dans mes *Documents sur la situation des protestants d'Alsace au XVIIIe siècle*. Paris, Fischbacher, 1889, 18°.
3. Le document cité à cette occasion par M. Véron-Réville, est une ordonnance de la *seconde* moitié du XVIIIe siècle (*Ordonnances d'Alsace*, II, p. 148), rédigée alors que la tolérance était déjà partout le mot d'ordre des philosophes ; il ne prouve absolument rien pour le XVIIe siècle.
4. La Grange, fol. 188-220 (*passim*).

d'avril 1694. « Toutes les autres justices sont municipales ou appartiennent à des seigneurs ecclésiastiques ou laïcs[1]. » Les Magistrats de Strasbourg, Brisach, Belfort, Saint-Hippolyte, ceux de la Décapole, « connaissent de toutes les matières civiles, et les appellations de leurs sentences vont recta au Conseil Souverain depuis que le roi en est en possession ». La Régence de Saverne, composée d'un président, d'un vice-chancelier, de sept conseillers, etc., juge en dernier ressort jusqu'à 500 livres. Les appellations des baillis et magistrats du temporel de l'évêché sont portées devant cette régence et ensuite au Conseil souverain. La Régence de Bouxwiller, composée de trois conseillers, « connaît de toutes espèces d'affaires, même au spirituel, pour la religion luthérienne, ce qui est contre les ordres du roi et doit être supprimé. Les appels des sentences des baillis du comte de Hanau sont portés là, et de là au Conseil souverain ».

En 1710, en pleine guerre de succession d'Espagne, un Alsacien resté au service de l'Empire, Ph. François d'Ichtersheim, écrivait dans sa *Topographie de l'Alsace* ces paroles, tout à l'honneur de la nouvelle magistrature suprême de la province : « Le Conseil souverain existe encore à Colmar et y fait régner stricte justice. Ce qu'il faut tout particulièrement louer chez les tribunaux français, c'est que les procès n'y durent pas longtemps. Les plus longs et les plus compliqués y sont terminés au bout des trois ans, révision comprise, et après cela, il n'y a plus de retards, mais la sentence est immédiatement exécutée. Les frais n'y sont pas considérables, surtout on n'y regarde aucunément à la situation des plaideurs, et l'on y voit tout aussi souvent le sujet gagner son procès contre son seigneur, le pauvre contre le riche, le serviteur contre son maître, le laïque contre un clerc, le chrétien contre le juif que vice-versa. Oui, le roi lui-même accepte la juridiction de ce Conseil souverain pour des questions de droit et abandonne les prétentions que le procureur fiscal combat[2]. » Justice prompte, économique, impartiale pour tous, voici ce que, d'après cet adversaire de la France, les ordonnances de Louis XIV ont donné à l'Alsace. Si la justice est réellement « le fondement des royaumes », c'est un don royal dont il faut tenir compte au monarque et qui compense bien des erreurs que l'histoire lui reproche à bon droit.

---

1. Il y a ici une longue énumération de toutes les seigneuries alsaciennes qui n'a rien à faire avec le sujet de ce chapitre. Il suffit qu'on se rappelle que chaque territoire avait son officier de justice dans le bailli seigneurial.
2. Ichtersheim, *Topographia*, II, p. 70.

CHAPITRE QUATRIÈME

Organisation militaire

Au XVIIe siècle, l'organisation militaire des populations alsaciennes n'existait guère qu'à l'état rudimentaire, et l'on peut dire qu'il y avait même, sous ce rapport, un recul assez prononcé depuis les temps du moyen âge et le commencement du siècle précédent. Autrefois, chaque seigneur armait au besoin ses tenanciers, et de ses paysans faisait des hommes d'armes capables de résister à l'ennemi, du moins derrière les murs de son château. Les villes avaient leurs milices bourgeoises, groupées par *tribus* d'arts et métiers, bien exercées et solidement équipées ; grâce à leur artillerie, elles représentaient une force offensive et défensive respectable. Le XVIe siècle, avec ses rudes armées de lansquenets et de reîtres professionnels, dégoûta les bourgeois amollis de se hasarder dorénavant en armes hors de leurs murs, et les seigneurs, après la grande guerre des Paysans, ne furent plus très désireux de voir leurs sujets se livrer au maniement des armes et se perfectionner dans l'art militaire. Sans doute on conserva les compagnies de milices dans les villes, mais ce fut plutôt pour figurer dans les fêtes populaires ou les cérémonies officielles ; leur instruction professionnelle fut absolument négligée, et l'on préféra s'en remettre, en cas de danger, au talent éprouvé d'un homme du métier et de quelques compagnies de mercenaires allemands ou suisses, toujours prêts à fournir des troupes à leurs voisins d'Alsace[1]. Les sociétés de tir, nombreuses dans le pays, cultivant l'arc, l'arbalète, l'arquebuse, et encouragées de haut[2] formaient bien dans les cités, et même dans les campagnes, un certain noyau de citoyens capables de porter au besoin le mousquet, mais ce n'étaient toujours que de bien petits groupes quand on les place en regard de la population totale[3].

---

1. Saverne avait une garnison de mercenaires dès 1573. Dag. Fischer, *Zabern*, p. 169.

2. On leur construisait des maisons de tir, on leur fournissait des parcs pour l'exercice, on leur distribuait des prix. Le Magistrat de Lauterbourg, à la veille de la guerre de Trente Ans, accorde un immeuble à ses arquebusiers (Bentz, *Lauterbourg*, p. 123.)

3. A Obernai, où cependant le Magistrat payait aux tireurs une somme annuelle pour leur costume, chacune des deux sociétés d'arbalétriers et d'arquebusiers ne comptait que vingt-huit membres. (Gyss, *Obernai*, II, 54.)

D'ailleurs, créées pour le délassement commun, plutôt que pour un travail sérieux, ces sociétés cessèrent d'exister précisément au moment où commençaient les grandes guerres et quand s'approchait le danger[1].

Ce n'est pas qu'on manquât absolument de règlements sur l'organisation militaire du pays et qu'il n'y eût sur le papier des répartitions de contingents arrêtées par les autorités. On trouve aux archives de la Haute et Basse-Alsace des rôles très détaillés des levées à faire dans les territoires plus considérables (évêché, terres autrichiennes, etc.) pour le milieu du XVIᵉ siècle déjà[2]. Mais ce ne fut guère que dans le dernier tiers de ce siècle, alors que les passages continuels de reîtres allemands ou d'autres mercenaires, allant au secours des Valois, des Guises ou des huguenots, menaçaient et désolaient le pays, qu'il fut procédé par les Etats d'Alsace, après des délibérations fort longues, à l'élaboration d'un projet de levée générale. Celui de 1572, l'un des plus détaillés que nous connaissions, fixait de la façon suivante les contingents du pays en hommes et en artillerie :

Les archiducs d'Autriche devaient fournir 3,000 fantassins, 100 cavaliers.

Le grand bailliage de Haguenau : 800 fantassins, 50 cavaliers, 6 canons.

Linange-Westerbourg : 90 fantassins, 12 cavaliers, 2 canons.

Fleckenstein : 5 fantassins, 6 cavaliers.

L'Évêché : 2,000 fantassins, 75 cavaliers, 3 canons.

Wurtemberg : 150 fantassins, 12 cavaliers, 1 canon.

La prévôté de Kaysersberg : 60 fantassins, 3 cavaliers.

La seigneurie de Villé : 200 fantassins.

Hanau-Lichtenberg : 900 fantassins, 70 cavaliers, 4 canons.

La Noblesse de la Basse-Alsace : 300 fantassins, 30 cavaliers.

Les Couvents de la Basse-Alsace : 200 fantassins, 20 cavaliers.

La Noblesse de la Haute-Alsace : 40 cavaliers.

Les Couvents de la Haute-Alsace : 20 cavaliers.

Strasbourg : 1,500 fantassins, 50 cavaliers, 6 canons.

---

1. C'est ainsi qu'à Ribeauvillé, la société de tir fut dissoute en 1618 et ne se reconstitua qu'en 1663. (Bernhard, *Ribeauvillé*, p. 139.)

2. Aux Archives de la Basse-Alsace (G. 1256) il y a, p. ex. le *Verzeichnuss der ussgelegten burger in der pflege Bernsteyn, anno 58*, qui contient le rôle détaillé, avec mention de leur attirail de guerre, des 579 bourgeois de ce bailliage épiscopal (plus tard appelé bailliage de Benfeld), désignés en 1558 pour prendre les armes, localité par localité.

Huit villes impériales : 1,000 fantassins, 20 cavaliers, 6 canons[1].
Cela donnait pour le pays tout entier un ensemble de 10,250 fantassins, de 508 cavaliers et de 28 pièces d'artillerie. Les premiers
devaient être partagés en 21 bataillons de 300 mousquetaires et de
200 piquiers environ ; les mousquetaires recevraient une solde mensuelle (en évaluation de monnaie moderne) de 20 fr. 50, les piquiers
une de 25 fr. 60. Les cavaliers, groupés en deux escadrons, tou-
cheraient 61 fr. 45 par mois[2].

Les contrôles furent dressés en effet, du moins en partie, puisque
nous avons retrouvé l'état des hommes de la seigneurie de Ribeaupierre désignés pour marcher au premier signal, à la défense du
pays, en vertu de cette décision des Etats[3]. Mais rien ne prouve
que cette levée ait jamais été réalisée, ne fût-ce qu'une seule fois,
dans son ensemble, alors cependant que les circonstances l'eussent
péremptoirement réclamée[4]. La raison en est facile à deviner ; les
frais matériels d'une pareille organisation auraient été si considérables que chacun des intéressés pensait bien plutôt à se soustraire
à des obligations de ce genre qu'à les remplir. Les villes se sentaient à l'abri derrière les murs d'enceinte, protégés par une nombreuse artillerie, et les petits dynastes, ecclésiastiques ou laïques,
se disaient, non sans raison, que leurs recrues inexpérimentées
n'arrêteraient guère un ennemi sérieux. Peut-être pensaient-ils
aussi que les défenseurs venus du voisinage dévasteraient leurs
territoires autant que les agresseurs étrangers. On spéculait donc
sur les chances favorables et l'on s'abstenait de rien faire.

Il n'y a eu qu'un groupe territorial alsacien où les obligations d'armement et de défense aient été prises au sérieux, c'est celui des
terres autrichiennes de la Haute-Alsace. Le sentiment de leurs
devoirs y était plus développé chez les gouvernants, l'obéissance des
gouvernés plus entière, leur confiance réciproque plus grande et

1. Il n'y en a que huit, Haguenau comptant avec le grand-bailliage et
Kaysersberg avec la prévôté de ce nom.
2. Quelque considérables que puissent paraître ces sommes, il y avait des
milices encore mieux payées. Ainsi les gens du val de Liepvre désignés pour
le service éventuel en 1552, devaient recevoir un florin *par semaine* (A.H.A.
E. 2055) et d'après M. Hanauer, le florin valait en 1552 *quinze* francs environ. (*Guide monétaire*, p. 7.)
3. Cet état est daté de 1574. (A.H.A. E. 662.)
4. Ainsi lors de l'invasion des mercenaires allemands envoyés par le comte
palatin Jean-Casimir à Henri de Navarre, en 1587, et qui mirent toute la
Basse-Alsace et plusieurs cantons de la Haute-Alsace à feu et à sang, rien
n'advint de tous ces plans soigneusement élaborés. Voy. R. Reuss, *Zwei
Lieder über den Diebskrieg oder Durchzug des Navarrischen Kriegsvolks,
1587*. Strassburg, Noiriel, 1874, in-8°.

peut-être aussi la population, plus rude, était-elle naturellement plus disposée aux exercices militaires[1]. Les matériaux étaient bons, la discipline passable ; aussi les résultats furent-ils plus sérieux. Les contingents furent solidement groupés par bailliages ; les lignes de défense, votées par les Etats dans leur réunion de Bergheim (21 septembre 1592), pour couvrir la Haute-Alsace, furent réellement exécutées entre Guémar et Bergheim, et flanquées de réduits pour faciliter la défense. Un fossé, profond de huit à neuf pieds, de quatre pieds de plafond et de douze pieds de large au sommet, fut tracé en six semaines, sous la direction du sire de Schœnau, sur une longueur de 3680 pas, et coûta 2,000 florins. Mais quand la Régence voulut étendre ces retranchements de Marckolsheim jusqu'au Rhin, l'on trouva la tâche trop ardue[2], et la Basse-Alsace refusant de contribuer à des travaux, qui ne pouvaient, il est vrai, qu'aggraver sa situation particulière[3], on en resta là. Cependant les lignes furent réparées de 1601 à 1608, et en 1622, l'évêque, effrayé par l'approche de Mansfeld, offrit de contribuer au reste du travail si longtemps interrompu[4].

Les milices, désignées pour un service militaire éventuel, étaient passées en revue de temps à autre, dans la Haute-Alsace, moins pour les faire manœuvrer, sans doute, que pour s'assurer de la condition de leur équipement[5]. L'*état de la milice* formant l'enseigne (*Faehnlein*) de Ribeaupierre, dressé en 1606, porte un capitaine, un lieutenant, un porte-drapeau et 206 hommes, dont 85 piquiers, 12 hallebardiers, 30 mousquetaires, 72 arquebusiers, 5 porteurs d'espadons ou épées à deux mains, un fifre et un tambour. Le corps d'officiers est, on le voit, très peu nombreux. Un autre rôle, datant de 1614, et comprenant les huit bailliages de la seigneurie, mentionne 569 hommes, dont six cavaliers seulement[6]. Quand les appels étaient rapprochés l'un de l'autre, leur fréquence pouvait donner quelque cohésion à

---

1. Il faut ajouter aussi que la défense du territoire du Sundgau, protégé par ses montagnes, par la neutralité des cantons helvétiques, par le voisinage des territoires espagnols, était infiniment plus facile que celle des riches plaines de la Basse-Alsace.
2. Il restait à creuser encore une étendue de 22,030 pas et Schœnau trouva que c'était trop difficile.
3. Les ennemis, arrêtés au nord du *Landgraben* auraient foulé d'autant plus longtemps son territoire, et une invasion venant du Sud n'était alors guère à craindre.
4. A.H.A. E. 535.
5. Voy. les frais de la revue des cavaliers passée en 1605 près du Hohenack, par Everard de Ribeaupierre. (A.H.A. E. 1586.) — Frais de la revue des milices passée en 1616 à La Poutroye. (A.H.A. E. 1588.)
6. Bernhard, *Ribeauvillé*, p. 101-102.

ces troupes improvisées[1]. Dans les moments critiques, il arrivait que les miliciens restassent un temps relativement considérable sous les drapeaux; ainsi, lors de l'invasion de Mansfeld, la compagnie de Thann fut en garnison pendant près de trois mois à Ensisheim, celle de Landser à Thann, etc.[2]. Quand plus tard, après la bataille de Leipzig, les Suédois s'approchèrent de l'Alsace, la Régence antrichienne fit également opérer une forte levée; plus de mille jeunes gens, la plupart volontaires, furent incorporés et cantonnés des deux côtés du Rhin, à Ensisheim, Sainte-Croix, Bergheim, etc.[3]. La Régence fit placer en outre des veilleurs dans les clochers pour guetter l'arrivée de l'ennemi, et organisa des signaux qui permettraient de se soutenir, d'un village à l'autre, contre les partis de cavalerie qui couraient la plaine[4]. On peut donc affirmer qu'il y avait là au moins une certaine organisation militaire, mais rien de permanent, tout aussi peu qu'ailleurs. Quand l'archiduc Léopold avait demandé en 1621, alors que déjà l'invasion se préparait, une subvention annuelle de 10,000 florins, pour trois ans, afin de créer une compagnie de gardes-du-corps qui couvrirait sa résidence, les Etats de la Haute-Alsace avaient répondu par des doléances fort vives, énumérant les charges qui pesaient sur le pays, et l'on n'avait rien accordé[5]. Il en fut de même plus tard.

Si telle était l'impuissance de la Régence autrichienne, on comprend l'insuffisance infiniment plus marquée encore des petits territoires alsaciens pour tout ce qui concernait la défense générale ou leur protection particulière. C'est tout au plus si les milices pouvaient y remplir le rôle d'une police locale, vu leur armement misérable, leur manque absolu de discipline et leur ignorance de tout service vraiment sérieux. Ce n'est pas que les armes manquassent partout; mais elles dataient de loin, étaient fort mal entretenues et

1. Dans l'année 1610, passablement troublée en Alsace, nous voyons que la compagnie du bailliage de Thann fut réunie le 10 juillet, le 27 août et le 10 septembre, à Ensisheim, pour des exercices qui, la dernière fois du moins, durèrent douze jours. On donnait quotidiennement à chaque homme 2 livres de pain, 1 livre de viande et 1 florin par semaine. (Tschamser, II, p. 330, 333.)
2. Tschamser, II, p. 382.
3. Les troupes étaient assermentées. On trouve le serment du banneret de Ferrette, très expressif et très touchant, dans Bonvalot, Coutumes, p. 57, et les Sundgoviens ont prouvé par leur luttes désespérées contre les Suédois et les Weimariens, qu'ils étaient gens à le tenir.
4. Lettre du 11 décembre 1631. Mossmann, Matériaux, Revue d'Alsace, 1876, p. 331.
5. Proposition du 23 novembre 1621, réponse du 25 novembre 1621. A.H.A. C. 6.

ne pouvaient être utilisées par ceux qui les conservaient dans
quelque grenier de leur maison commune[1]. Ailleurs, les engins de
guerre les plus élémentaires faisaient défaut, et les populations,
inscrites sur les rôles des milices, n'avaient pas même une pique à
leur disposition[2]. Les villes plus considérables elles-mêmes se
trouvaient parfois mal fournies en fait d'armes. En 1631, Saverne
si souvent assiégée déjà, se voit réduite à acheter à la hâte huit
mousquets et quinze vieux fusils[3]. En 1653, il n'y a dans tout Ribeauvillé, résidence seigneuriale, que 75 fusils et 5 hallebardes ; sept
bourgeois n'y possèdent aucune arme[4]. A Riquewihr, pour
102 hommes qui figurent sur les rôles de la milice, il y a 92 épées,
2 lances, 2 hallebardes, 2 armures complètes et *cinq* arquebuses
seulement[5] ! A Schlestadt, c'est seulement au moment où le siège
de 1632 commence, alors que les Suédois campent déjà à Châtenois,
que l'on songe à former quelques compagnies de milices pour contribuer à la défense de la ville. Dès que la ville est rendue, les
habitants sont tenus de porter, sous peine de mort, leurs mousquets
et leurs épées à l'arsenal ; plus tard (en décembre 1635), toute la
jeunesse en état de porter les armes est expulsée de la ville par le
gouverneur d'Hocquincourt[6] ; c'est à dégoûter le pacifique bourgeois
de jamais plus jouer au militaire ! A Landau, dès 1622, le Magistrat
était obligé d'emprunter à Strasbourg des mousquets et des munitions, pour armer ses concitoyens[7]. A Turckheim, chaque bourgeois avait eu autrefois son mousquet pour défendre la cité contre les
assaillants ; quand les pillards lorrains envahissent la vallée de la
Fecht en 1652, ils ne possèdent plus aucun moyen de défense[8].
Obernai, à défaut de milices bien nombreuses, avait du moins
encore, au commencement du XVIIᵉ siècle, de l'artillerie de campagne[9]. Colmar, la plus considérable des villes de la Haute-Alsace,

1. L'inventaire du petit arsenal, de la *Rüstkammer* du village de Balbronn
nous révèle la présence de 12 piques, 27 mousquets, 5 cuirasses, 43 « salades »
ou casques plats, 69 poires à poudre, et « un vieux canon crevé ». Kiefer,
Balbronn, p. 155.
2. Vers 1620, les hommes en état de marcher dans le bailliage de Herrenstein étaient au nombre de 258. Sur ce chiffre, 107 avaient des arquebuses,
43 des piques, et 108 n'étaient pas armés. Dag. Fischer, *Le bailliage de
Herrenstein, Revue d'Alsace*, 1873, p. 541.
3. Archives municipales de Saverne, Comptes de la ville, liasse 135.
4. État du 23 décembre 1653, A.H.A. E. 1633.
5. Ensfelder, *Revue d'Alsace*, 1877, p. 373.
6. *Chronique de Balthasar Beck*, citée par l'abbé Gény, I, p. 384, 386, 395.
7. Lettre du 2 janvier 1622. (Archives municipales de Strasbourg.)
8. *Chronique de J.-B. Hun, Revue d'Alsace*, 1872, p. 529.
9. Accord fait avec un fondeur strasbourgeois pour la livraison de douze
pièces de campagne. Archives communales d'Obernai, E.E. 13.

était aussi la mieux organisée au point de vue militaire. L'*obrist-meistre* de la ville fonctionnait comme colonel de la milice; les trois *stettmeistres* et le prévôt en étaient les capitaines; dans des situations particulièrement difficiles on adjoignait aux compagnies bourgeoises les manants, en leur faisant prêter serment, et en leur fournissant les armes de l'arsenal [1]. Le service y fut dur pendant la guerre de Trente Ans et devait aguerrir ceux qui y étaient astreints; en 1638, par exemple, chaque homme était de garde la nuit sur les remparts, au moins deux fois par semaine [2]. Aussi les Colmariens prenaient-ils volontiers du service au dehors, à cette époque. Quand M. de Manicamp, le gouverneur de la ville, créa une compagnie de mousquetaires à cheval, en 1635, 67 jeunes bourgeois se présentèrent en même temps pour s'y faire incorporer et prêtèrent serment de fidélité aux Etats confédérés et à la couronne de France [3].

De toutes les villes de la province, on peut même dire de tous les Etats de l'Alsace, sauf les terres autrichiennes, la mieux organisée, au moins pour la défense, c'était incontestablement la République de Strasbourg. Car, pour une action militaire au dehors, Strasbourg ne l'a plus tentée depuis l'issue malencontreuse de la guerre des Evêques (1592-1595). Sa population plus dense et surtout le nombre relativement élevé de ses compagnons de métiers permettait d'y trouver les ressources indispensables en hommes [4], et ses arsenaux étaient certainement, au XVIIe siècle, les mieux fournis de toute l'Allemagne du Sud. Les finances de la ville sagement administrées ne mettaient aucun empêchement à l'enrôlement, au moins temporaire, d'un chiffre de mercenaires suffisant pour la garde de ses remparts et de ses forts avancés. Ceux-ci affluaient d'ailleurs à Strasbourg, point central, où les officiers recruteurs de tous les pays venaient les racoler. Officiellement sans doute le Magistrat n'autorisait pas ces enrôlements, ni pour ses propres sujets ni pour les étrangers [5]. Mais sous main, il tolérait parfois ces

---

1. Mossmann, *Matériaux, Revue d'Alsace*, 1876, p. 568.
2. Id., *Revue d'Alsace*, 1880, p. 355.
3. Id., *ibid.*, 1879, p. 262.
4. L'ordonnance du 22 novembre 1634 obligea même *tous les étrangers* résidant à Strasbourg, et âgés de plus de 16 ans, sauf les étudiants, les gentilshommes et les savants, à se faire inscrire dans une des compagnies de mercenaires ou sur la liste des volontaires qui touchaient une solde d'attente (*Wartegeld*).
5. Ordonnances du 1er avril 1620, 27 avril 1631, 20 juillet 1633, 27 mars 1644. Celle du 20 juillet 1633 menaçait de la confiscation de tous ses biens tout

agissements, les laissait même opérer par des agents strasbourgeois, pourvu que ce ne fût pas à ciel ouvert et tambour battant[1].

La discipline des compagnies de mercenaires, formant la garnison
de la ville, laissait d'ordinaire énormément à désirer. Le nombre
même des ordonnances et des arrêtés que le Magistrat leur consacre
nous montre qu'il ne parvenait pas à les tenir suffisamment en
respect. Dans celui du 21 mai 1610, il se voit obligé de rappeler
aux défenseurs de la cité qu'il n'est pas permis de battre les bourgeois, de violenter les femmes et les filles, d'assaillir les gens
paisibles dans leurs logements, de quitter, après la cloche du soir,
leur poste sur les remparts, de tirer inutilement des coups de feu
dans l'intérieur de la ville, etc., recommandations qui nous donnent
une bien médiocre idée de leur éducation militaire. Il y avait des
capitaines à la solde de la ville, si malhabiles ou si usés, qu'on
essayait de s'en débarrasser, même au prix de sacrifices onéreux[2].
Il y avait aussi de ces soldats d'aventure qu'aucun autre lien que
leur solde ne rattachait à la ville et dont la fidélité en temps de crise
paraissait fort suspecte[3].

Quant aux compagnies de la milice bourgeoise, elles n'éveillaient
sans doute aucune crainte de trahison dans l'esprit des gouvernants,
mais elles n'étaient guère mieux disciplinées. Les hommes de garde
se livraient à la boisson, amenaient femmes et enfants sur les
remparts et invitaient leurs amis à venir banqueter aux corps de
garde. Ils s'amusaient à lâcher leurs mousquets dans la campagne,
désobéissaient à leurs supérieurs et causaient bien du désordre[4].

Plus la guerre de Trente Ans se prolonge et plus ce manque
de discipline semble s'accentuer. Le bourgeois, traîneur de sabre,
devient plus querelleur et plus dépensier. Le règlement militaire
du 27 décembre 1647 nous en fournit la preuve par la description
pittoresque, mais peu réjouissante, des agissements de ces soldats-
citoyens, «jouant et perdant en une nuit, plus qu'ils ne gagnent en

Strasbourgeois ayant pris du service au dehors, «souvent contre sa propre
religion et la liberté germanique», s'il ne revenait pas dans les six semaines.

1. *Ohne Trommel*, p. ex. XIII, 1ᵉʳ avril 1619.

2. Ainsi l'on offre 200 florins de pension annuelle au vieux Guillaume de
Bruhl, pour qu'il consente à quitter son poste et à faire place à un chef militaire plus capable. (XIII, 26 janvier 1620.)

3. «Les soldats, quand ils sont ivres, tiennent de bien inquiétants discours; il faut les surveiller.» dit le procès-verbal des XIII, 30 mai 1620.

4. *Wachtordnung* du 7 septembre 1620. Un bourgeois, p. ex.,J. G. Dambach, envoyé en patrouille sur les remparts, y rencontre un chat et trouve
plaisant d'attacher une amorce à la queue de l'animal qui, fou de douleur, se
jette dans une grange et cause un vaste incendie. (Walter, *Chronique*,
fol. 201ᵇ.)

une semaine », organisant de vrais pique-niques sur les remparts[1], faisant la cour aux épouses de leurs collègues et même aux suivantes qui accompagnent ces dames, débouclant leurs épées et leurs cuirasses, à peine rendus à leur poste, « grave insulte à la virilité germanique que chacun doit montrer sur les remparts », s'amusant après boire à déplacer les pièces d'artillerie et à promener bombardes et fauconneaux pour les essàyer plus à leur aise, et démolissant, pour finir, les volets, les portes et les fenêtres de leur corps de garde. Et pour réprimer de pareils excès, au lieu de garcettes, de prison, de la peine de mort, — car nous sommes en temps de guerre, — qu'imagine le Magistrat ? De bénignes amendes de cinq à dix livres, que la plupart du temps on n'osera même pas exiger !

Quand la paix fut revenue, le service ne paraît guère plus solidement organisé. Trois ou quatre jours d'exercice sont considérés comme suffisants pour dresser les jeunes recrues[2], et le respect vis-à-vis des supérieurs semble avoir plutôt diminué, si l'on en juge par certains faits caractéristiques[3]. Cet état de choses ne laissait pas de préoccuper fort le Magistrat et, durant les quinze dernières années de l'indépendance strasbourgeoise, l'organisation de la milice urbaine fut plus d'une fois remaniée. En 1665, on réforma les compagnies à cheval, troupe d'apparat, jamais appelée à un service actif, avec son nombreux état-major[4] ; en 1667, on décida que les docteurs en droit et en médecine seraient tenus d'entrer également dans les rangs, en temps de crise ; on supprima les fifres et partie des tambours, pour avoir plus de combattants[5] ; en 1670, les manants, eux aussi, furent astreints au service des remparts[6] ; en 1672 enfin, « l'Ordonnance des troubles » (Geschoellordnung) du 11 novembre, ordonnait la refonte des huit compagnies de la « jeune milice bourgeoise » en 23 compagnies, groupées par quartiers, dans lesquelles on faisait entrer aussi les bourgeois plus âgés. On donna à chaque compagnie l'un des membres des Conseils pour capitaine ; on leur offrit de magnifiques étendards avec des devises

---

1. Je traduis ainsi le mot du texte *umbgehende Mahlzeiten, so sie den Kolben nennen*.
2. Reisseissen, *Aufzeichnungen*, p. 24.
3. C'est ainsi que le capitaine Krengel vient se plaindre un jour au Conseil de ce que les soldats du poste, ayant pris les armes pour rendre les honneurs à un officier qu'ils voyaient venir de loin, se soient empressés de les mettre de côté, en s'apercevant que « c'était seulement leur capitaine » qui arrivait. (XIII, 23 mars 1664.)
4. Reisseissen, *Aufzeichnungen*, p. 59.
5. Id., *Mémorial*, p. 5.
6. Id., *ibid.*, p. 21.

latines ou allemandes[1] ; mais on n'en fit pas de meilleurs soldats pour cela[2]. Ils restèrent godailleurs, frondeurs, indisciplinés tout comme leurs camarades, lès mercenaires. Tandis que l'ordonnance du 7 avril 1673 défend aux aubergistes, pâtissiers et brasseurs de faire crédit aux soldats de la garnison pour plus de cinq schellings, à peine de déchéance de leur dette et d'une amende de trois livres, une autre ordonnance du 28 septembre 1674 constate que les bourgeois gaspillent leurs munitions, arrivent à la place du tir sans poudre ni balles, volent la poudre à canon déposée au rempart et emportent les balles des mousquets pour les fondre à domicile. Les punitions dont on les menace pour de pareils manquements ne sont guère plus sévères que celles qu'on leur infligeait, par exemple, pour avoir fumé au corps de garde[3] ! Il n'y a rien d'étonnant, certes, à ce que les gouvernants de Strasbourg n'aient pas songé un seul instant à opposer de pareils éléments, si peu solides, aux régiments d'Asfeld et de Montclar quand ils parurent sous les murs de la cité, le 27 septembre 1681.

L'armement des milices locales en Alsace semble s'être fait tout à fait au hasard des caprices momentanés de ceux qui étaient chargés de les appeler sous les drapeaux. On amenait des armes de tous les points de l'Allemagne, des Pays-Bas, voire même de l'Italie. Cependant une bonne partie de l'équipement provenait de Strasbourg, seul centre industriel un peu considérable de la région. Il s'y trouvait des fonderies de canons, des arquebusiers et des armuriers en assez grand nombre, ainsi que des fabricants de poudre, établis, soit dans la ville même, soit dans la banlieue[4]. Cependant on rencontre aussi des fondeurs dans quelques autres localités, se livrant à la fabrication de pièces d'artillerie[5]. Mais c'est tout particulièrement à Strasbourg que cette industrie, florissante dès le XVe siècle, s'était développée. L'artillerie de la République, et

1. Ces étendards coûtèrent ensemble 589 florins. Voy. pour les détails, Reisseissen, *Mémorial*, p. 37.

2. Ce fut l'avis de Reisseissen lui-même qui les commandait, ainsi que nous l'avons vu, le jour où Créquy prit d'assaut les forts du Rhin (1678).

3. C'était toujours l'amende, et une amende dérisoire, pour le bourgeois; pour le mercenaire, la peine du chevalet (*auf den Esel setzen*), la prison. Il fallait qu'il eût assassiné et volé pour être frappé de la peine capitale.

4. Ces moulins à poudre, nullement surveillés par l'autorité, sautaient d'ailleurs fréquemment, au rapport des chroniqueurs du XVIe et du XVIIe siècle.

5. C'est ainsi que Zacharie Rohr travaillait pour le Magistrat de Colmar, en 1618. (*Chronique de la Douane, Revue d'Alsace*, 1876, p. 266.) C'est ainsi que Jean-Chrétien Quinckelberger est en pleine activité, pour le compte des Suédois, à Benfeld, de 1643 à 1652. (A.H.A. C. 968.)

surtout ses pièces de gros calibre, excitaient l'admiration et l'envie des princes qui visitaient son arsenal au XVIIe siècle. C'est grâce aux lourds canons empruntés à Strasbourg, traînés par trente chevaux et lançant des boulets de vingt-cinq livres, que Gustave Horn avait pu s'emparer de Benfeld et de Schlestadt, pendant sa campagne d'Alsace [1].

En 1665, la ville comptait dans son arsenal 336 bouches à feu dont deux de soixante-quinze, trois de trente-six, dix-neuf de vingt-quatre livres. Une soixantaine de pièces était du calibre de douze et de six livres, le reste d'un calibre inférieur [2]. Mais si le chiffre de cette artillerie peut sembler formidable, l'usage qu'on en faisait laissait fort à désirer. Les maîtres-artilleurs (*Constabler*) n'étaient exercés qu'à de longs intervalles et d'une façon tout à fait insuffisante. Dans un rapport de 1607, il est dit que les pièces en batterie sur les remparts sont chargées depuis quatre ans et qu'il serait urgent de tirer au moins un coup pour constater si elles sont encore en état de servir [3]. Pendant la guerre de Trente Ans on reprit bien les exercices de tir, on emprisonnait même les artilleurs strasbourgeois qui essayaient de se soustraire à leurs trois jours de service annuel [4]. Mais cela ne dura guère, l'argent et la bonne volonté manquant à la fois; bientôt des novices (*Handlanger*), qui n'avaient pas encore tiré au moins trois coups de canon et leur « coup de maîtrise » (*Meisterschuss*) formèrent le gros des servants [5]. Lorsque l'armée française parut devant Strasbourg, le Magistrat « eut la prudence de laisser le canon sur le rempart dépourvu de poudre, afin d'oster à quelques insensez le moyen de commencer un jeu qui finirait mal pour la ville [6] », mais il n'est pas sûr que les canons ni les canonniers de la place eussent pu causer de grands dommages aux assaillants. Une dernière fois cette artillerie si célèbre autrefois, et passée en proverbe au delà du Rhin, fut réunie sur les glacis de la nouvelle citadelle, le jour où Louis XIV vint

---

1. Walter, *Chronik*, p. 27.
2. Rapport du major Mœssinger, 3 avril 1665. (Archives municipales, E.E. fasc. 12[a].)
3. *Relation des Umbgangs vom 15-16 Juli 1607.* (Archives municipales.) On trouvera la plupart des documents relatifs à ce sujet, pour autant qu'ils sont conservés aux Archives municipales, dans mon étude *L'artillerie strasbourgeoise du XVe au XVIIe siècle, Revue Alsacienne,* Paris, 1880, p 549.
4. Reisseissen, *Aufzeichnungen*, p. 122.
5. Rapport du colonel J. B. Scheiter, du 30 juillet 1674. Archives municipales.
6. Lettre du résident Frischmann à Louvois, 29 septembre 1681, Coste, *Réunion*, p. 106.

visiter sa nouvelle conquête. Les 264 canons et les 17 mortiers qui
la composaient tirèrent une triple salve en son honneur, et bientôt
il ne resta dans l'arsenal, si bien garni jadis, que quelques bouches
à feu antiques et hors d'usage, la *Mésange*, pièce de six mètres de
long, le gigantesque obusier, dans lequel un cordonnier travaillait,
dit-on, tout à l'aise, les « canons à orgue » (*Orgelgeschoss*), précurseurs des mitrailleuses modernes, et qui lançaient trente deux
balles à la fois, et d'autres curiosités de ce genre, que Louvois, en
homme pratique, appelait « des choses inutiles[1] ».

Au début du XVIIe siècle, l'Alsace était encore couverte de forteresses, grandes et petites. Non seulement les grandes villes
étaient toutes entourées de murs, souvent fort étendus ; toutes les
petites villes, même les plus modestes, avaient conservé leurs
enceintes crénelées, leurs grosses tours en moellons et leurs fossés,
souvent à sec, il est vrai, mais qui n'en avaient pas moins suffi
pour repousser les assauts des Armagnacs et protéger leurs habitants durant la guerre des Evêques[2]. Bergheim, Guémar, Rosheim,
Rouffach et mainte autre localité essayèrent de résister encore au
début de la guerre de Trente Ans, derrière ces murs qui avaient
protégé leurs ancêtres ; on vit des bicoques, comme Marckolsheim,
Reichshoffen, Châtenois, affronter un moment les canons de Horn.
Mais la lutte était trop inégale entre les défenses du moyen âge et
les engins d'attaque modernes. De même que les villettes de la plaine,
les châteaux forts de la montagne, Wildensteim et Hohnack, Hohkoenigsbourg et Haut-Barr, Lichtenberg et Herrenstein, perdirent
rapidement leur valeur militaire et parfois leur existence, au cours
de la lutte trentenaire. La tempête de feu de la grosse artillerie
suédoise et française balaya les naïves illusions des bourgeois d'une
foule de petites localités d'Alsace, qui se croyaient inexpugnables
comme autrefois et se virent assiégées, prises, éventrées, réoc-
cupées, reprises et pillées successivement par toutes les armées
opérant dans le pays. Les guerres de Louis XIV continuèrent cette
série de démolitions à outrance. Nous avons vu comment il fit
détruire par la sape et la mine les fortifications de Colmar, de

---

1. Lettre de Louvois, 4 octobre 1631. (Coste, p. 125.) Aussi fit-il scier en
pièces la *Mésange*, pour l'utiliser par la refonte ; il est plus que douteux que
ce fut pour punir les Strasbourgeois d'avoir dirigé, — selon une légende
d'ailleurs absolument controuvée, — ce canon contre la tente de Henri II,
en 1552.

2. Quelques-unes de ces villes en ont conservé de pittoresques débris jusqu'à ce jour, comme Obernai et Rosheim ; on n'a qu'à ouvrir l'*Alsatia* de
Mérian (édition de 1644) pour constater combien la physionomie de ces localités, toutes ouvertes aujourd'hui, était alors différente.

Schlestadt, Obernai, Haguenau, Dachstein, Wissembourg, etc. Il fit aussi sauter les murs des derniers châteaux forts de la chaîne des Vosges, Hohenack, Dabo, Fleckenstein, pour enlever à un adversaire futur tout point d'appui contre la plaine d'Alsace. Aussi ne restait-il plus, vers la fin du siècle, de tant de forteresses, marquées sur les guides des voyageurs et les cartes du temps, que six places, perfectionnées ou créées par Vauban : Landau, Fort-Louis, Strasbourg, Schlestadt, Huningue et Belfort, et trois forts, le fort Mortier, près de Neuf-Brisach, qu'on était en train de construire[1], celui de Landskron, entre Belfort et Huningue, et celui de Lichtenberg dans la Basse-Alsace[2].

De toutes ces localités, seules Benfeld, Colmar et surtout Strasbourg, avaient eu une importance véritable comme places fortes avant la prise de possession française. Benfeld était de création toute moderne. L'archiduc Léopold y faisait travailler encore au moment où commença la guerre de Trente Ans. Colmar avait également augmenté le nombre de ses bastions et de ses redoutes vers 1620, et Strasbourg n'a cessé depuis le milieu du XVIe siècle jusqu'en 1680 de s'agrandir par des ouvrages avancés[3], d'exhausser ses remparts, et d'y ajouter çà et là d'immenses cavaliers, soit pour dominer l'entrée de la rivière dans la ville, soit pour mieux surveiller les terrains qui s'élèvent rapidement au nord de sa vieille enceinte. L'œuvre inaugurée par l'ingénieur Daniel Specklin († 1589) avait été continuée par les ingénieurs hollandais et suédois, Adriaen et Merschhausser au XVIIe siècle, et Vauban n'eut qu'à ouvrir l'enceinte de la ville sur un point, pour y faire place à la citadelle, sans modifier beaucoup, pour le reste, le tracé de ses prédécesseurs[4]. Les travaux furent poussés avec vigueur dans les années qui suivirent[5], mais ce furent plutôt des travaux de réfection que d'agrandissement et l'aspect général de la place ne fut guère changé que du côté du Rhin[6].

---

1. C'est en 1699 seulement que commença la construction de Neuf-Brisach ; c'est pourquoi cette forteresse n'est point énumérée ici.

2. *Mémoire sur l'Alsace*, 1702, fol. 8b-9b.

3. En 1680, l'ensemble des fortifications de Strasbourg se développait sur une étendue de 36.000 toises. Poellnitz, *Befestigungen Strassburg's*, dans F. X. Kraus, *Kunst und Alterthum in Elsass-Lothringen*, I, p. 330.

4. Voy. *Eigentlicher Bericht von Bevestigung der so weitberühmten Stadt Strassburg* (Frankfurt, 1683, in-4°) et les plans détaillés de la *Lokalgeschichte Strassburgs* d'André Silbermann, 1773, in-fol.

5. Voy. sur les dépenses de la ville à ce sujet Reisseissen, *Mémorial*, p. 135.

6. Voy. le travail et les plans de M. de Poellnitz déjà cités tout à l'heure.

Landau, Schlestadt et Belfort virent des constructions en grande partie nouvelles s'élever à la place de leurs murs détruits ou devenus trop étroits. Huningue et Fort-Louis furent des créations de Louis XIV; l'un, établi sur le Rhin supérieur, à proximité de Bâle, en 1680, pour empêcher les irruptions soudaines en Haute-Alsace, le long de la frontière helvétique[1]; l'autre, construit dans une île du Rhin, en 1688, après la perte de Philipsbourg, pour surveiller les lignes de Stollhoffen[2], tous les deux avec une population presque exclusivement militaire au début. Le Fort-Mortier perdit tout importance propre, une fois que Neuf-Brisach fut achevé; quant à Landscron dans le Jura, et à Lichtenberg dans les Vosges, c'étaient deux châteaux de montagne plutôt que des forteresses, et leur importance stratégique n'était pas considérable; c'est leur insignifiance même qui les protégea, le premier jusqu'aux désastres de 1814[3], le second jusqu'à ceux de 1870.

A partir de la signature du traité de Westphalie, les quelques formations militaires imparfaites que nous avons mentionnées pour la première moitié du siècle, durent naturellement s'effacer et disparaître. Nous avons signalé cependant dans un chapitre précédent, quelques tentatives, assez peu efficaces d'ailleurs, d'un armement général, entreprises, sans opposition de la part du gouvernement français, par les Etats d'Alsace, en vue de repousser l'invasion lorraine de 1652[4]. Mais ce qui est plus curieux, c'est qu'une tentative analogue se produisit encore vingt ans plus tard, à la veille de la guerre de Hollande. Réunis en diète provinciale à Strasbourg, le 14 décembre 1672, les Etats de la Basse-Alsace décidèrent de mettre sur pied un corps de troupes pour empêcher les méfaits et les pillages « de certains partis inconnus » qui parcourent le pays et menacent les pauvres paysans[5]. Chacun d'eux devait tenir sur pied une compagnie d'hommes armés; dès que les « partis s'approcheraient d'un village, ou attaqueraient les paysans sur les grandes routes, on sonnerait le tocsin, les levées à pied et à cheval accourraient pour défendre la localité. Puis on sommera d'abord

---

1. Voy. Tschamber, *Geschichte von Hüningen*, St-Ludwig, 1894, in-8°.
2. A. Coste, *Fort-Louis du Rhin, Revue d'Alsace*, 1862, p. 432.
3. Landscron reprit quelque importance cependant au XVIIIᵉ siècle, alors que la tête de pont de Huningue et ses redoutes avancées eurent été rasées en vertu de la paix de Ryswick.
4. Voy. p. 181.
5. Doit-on voir simplement dans tout ceci un effort de police locale dirigé exclusivement contre des maraudeurs et des chenapans, débris des anciennes guerres, ou rêver un complot contre l'autorité française ? La seconde hypothèse me semblerait, je dois l'avouer, absolument invraisemblable.

« amicalement » les intrus de cesser leurs violences; s'ils ne
veulent pas entendre raison, on emploiera contre eux la force et si
l'un des agresseurs devait être tué, les Etats en prennent toute la
responsabilité sur eux. Cependant, ajoute prudemment le règlement, il faut faire bien attention de ne pas attaquer des troupes,
passant par le pays pacifiquement et payant leurs vivres, mais seulement celles qui molestent les paysans[1] ». On voit bien que seigneurs et villes de l'Alsace n'ont plus l'humeur belliqueuse. Cette
délibération du 14 décembre 1672 fut d'ailleurs leur dernier effort
sur le terrain militaire[2], et bientôt après, en 1673, le service de la
maréchaussée française, organisé dans la province, se chargeait de
veiller à la sécurité des grands chemins, bien que ses forces fussent
tout d'abord très restreintes[3], et que le concours d'une police
volontaire fût nécessaire en bien des localités plus exposées, dans le
voisinage des frontières[4].

Les milices bourgeoises locales ne furent plus dorénavant que
des corps de parade; on les exhibait pour l'entrée d'un souverain,
d'un évêque ou de quelque autre grand personnage ; elles figuraient
aux fêtes annuelles du serment des magistrats, aux processions
solennelles[5]. On leur donnait parfois un bel uniforme[6] ; on les convoquait même encore, en certains endroits, à des exercices de tir
régulier « avec leurs carabines à rouet, pour s'exercer et tirer au
blanc[7] », mais on ne les employait plus, ni à un service militaire

1. Cette *Déclaration* est tirée des Archives de la Basse-Alsace, mais j'ai
omis d'en prendre la cote, que je ne puis donc citer ici.
2. On ne peut pas mentionner sérieusement lè conflit burlesque qui éclata
entre la Régence de Riquewihr et Colmar, à propos du déplacement d'une
pierre-borne (29 oct.-10 nov. 1669), et qui est connu sous le nom de la
« Guerre des Tonnelets » (*Logelnkrieg*) parce qu'on y versa plus de vin
que de sang. Voy. Ambrosii Müllers *Stamm- und [Zeitbuch*, éd. J. Sée
(Colmar, 1873, in-8°), p. 15.
3. Elle se composait d'un prévôt général, résidant à Strasbourg, avec un
lieutenant, un procureur du roi, un greffier, un exempt et 10 archers ; d'un
lieutenant à Brisach, avec procureur, greffier, exempt et 6 archers ; d'un
lieutenant à Landau avec le même personnel, une trentaine d'hommes pour
toute la province.
4. Ainsi à Sainte-Marie-aux-Mines. on forma en 1676 quatre escouades de
vingt hommes pour patrouilles nocturnes, etc. *Documents sur Sainte-Marie-
aux-Mines,* p. 279.
5. C'est ainsi que le 27 octobre 1657, lors de l'introduction du nouvel abbé
de Munster, Dom Charles Marchand, la bourgeoisie tout entière, protestants
et catholiques, tirèrent des salves de mousqueterie en l'honneur de l'élu.
6. A Saverne, quand on réorganisa la compagnie bourgeoise en 1665, chacun dut se munir d'un chapeau et d'un habit rouge d'uniforme. Arch. mun.
Procès-verbaux du Magistrat, 1665, fol. 12.
7. Ordre du duc de Mazarin, 20 décembre 1662, aux bourgeois du comté
de Belfort. (*Revue d'Alsace*, 1860, p. 394.)

proprement dit, ni même à un vrai service d'ordre et de police.
Les garnisons françaises des places fortes en temps de paix, celles
qui étaient cantonnées dans les villes ouvertes en temps de guerre,
et plus tard, comme réserve, les nouvelles « milices provinciales »,
remplacèrent ces groupes urbains et l'organisation rudimentaire
des levées rurales, qui n'avaient plus de raison d'être en un temps
d'armées de mercenaires ou d'armées permanentes, contre lesquelles
elles n'avaient pu protéger le pays à aucun moment de son histoire
plus récente.

Ces armées professionnelles, si je puis m'exprimer ainsi, avaient
été pendant la majeure partie du XVIIᵉ siècle, la terreur de l'Alsace
et lui avaient causé d'indicibles misères. Qu'elles fussent venues en
protecteurs, en alliés ou bien en ennemis, le résultat avait été à peu
près toujours le même : la ruine du pays. Que ce fussent les
Espagnols « aux pieds de plomb, aux bras de fer[1] », les Wallons
ou les Lorrains, qui volaient d'une façon un peu plus discrète[2], les
Italiens ou les Allemands, les Suédois ou les Français, les violences,
l'indiscipline, la maraude avaient été les péchés habituels de toutes
les troupes garnisonnées en Alsace ou traversant la province. Nous
l'avons vu pour la guerre de Trente Ans; il ne serait pas difficile de
réunir un dossier tout aussi navrant pour les trente années ·qui
suivirent. Aussi longtemps que l'autorité de Louis XIV ne fut pas
absolument établie, et même encore après la paix de Nimègue, ses
soldats traitèrent trop souvent le territoire de leur maître comme
un territoire étranger, alors que ses malheureux habitants étaient
déjà pressurés et pillés par les troupes ennemies. Les sauvegardes
données par les princes et les généraux, n'étaient pas toujours
respectées par leurs propres subordonnés; elles coûtaient cher
d'ailleurs et n'étaient pas à la portée de tous[3]. Les simples soldats
étaient trop souvent encore, avant la réorganisation de l'armée par
Louvois, des gens sans aveu, que le hasard avait conduits sous les
drapeaux et qui étaient capables de tous les crimes[4]. En pleine

1. Le mot est du comte palatin Jean, dans une lettre du 23 avril 1619 à la
ville de Strasbourg. (Archives municipales.)

2. Lettre de Strasbourg au comte palatin, 24 avril 1619 : *Haben sich zwar
still aber mit auffpackung alles dessen was ohne schrey mitgehen moegen,
erzeigt.*

3. En septembre 1680, la petite commune de Furdenheim, qui n'avait pas
trente bourgeois, devait fournir chaque jour au dragon du régiment de la
Reine, qui y était en quartier, afin d'exhiber la sauvegarde du général aux
troupes qui passaient, un quart de florin, 3 picotins d'avoine, 15 livres de
foin et 10 livres de paille pour son cheval et les vivres pour lui.

4. Le 18 juillet 1668, l'intendant Colbert priait la Régence de Ribeauvillé

paix, — c'était en 1671, — un soldat passe la nuit chez un paysan des environs de Schlestadt. Son hôte, au moment du départ, lui verse une rasade d'adieu ; pour prouver sa reconnaissance, le militaire revient avec un camarade, qui réclame la même faveur. Notre paysan s'exécute, mais à la troisième apparition de son garnisaire, il refuse de prodiguer son vin ; alors ils le saisissent et lui mettent à bout portant trente chevrotines dans le ventre. On ne dit pas qu'ils aient été punis[1]. Ces procédés-là n'étaient nullement exceptionnels ; dans le Mémoire au Roi, présenté par l'envoyé de Strasbourg en 1671, on trouve les plus amères doléances sur les exactions des soldats, sur le manque absolu de paiement ou sur les sommes dérisoires versées pour les objets qu'on réquisitionne[2].

Mais aussi comment s'abstiendraient-ils de piller, ces pauvres diables qui n'ont, pour ainsi dire, point de solde[3], qui sont mal nourris, qui dès le début d'une campagne marchent sans chaussures[4]? Vienne la guerre, ils s'empressent d'oublier un instant leurs misères, en faisant bombance, quand l'occasion s'en rencontre, sans compter qu'il leur est bien difficile de distinguer, dans ce fouillis de bourgs et de villages, où l'on ne parle pas leur langue, les amis, les alliés et les adversaires. Le triste sort du village de Jebsheim, dans la Haute-Alsace, pendant les années 1675-1676, peut d'autant mieux servir à illustrer les agissements des troupes d'alors, qu'il faisait partie des domaines de Ribeaupierre et appartenait alors au comte palatin de Birckenfeld, ancien officier général au service de la France, et fort bien vu à la cour de Louis XIV. En janvier 1675, des partis de cavalerie brûlent le château seigneurial[5]. D'août à septembre 1676, passent les troupes du comte de Lorge ; après avoir réquisitionné tous les vins et toutes les céréales, les soldats enlèvent les lits, les chèvres, les marmites en cuivre, les sacs même des paysans. Ils sont suivis, fin septembre, par les régiments de la brigade de Bulonde ; ceux-ci emportent ce qui restait du mobilier ; ils brûlent les clôtures des jardins, la chaire et les bancs de l'église,

de vouloir bien faire arrêter et garder en lieu sûr six mousquetaires qui avaient détroussé des marchands de bétail suisses sur la route de Rumersheim à Bâle. (A.H.A. E. 2439.)

1. Gény, *Jahrbücher*, I, p. 147.
2. Legrelle, *Louis XIV et Strasbourg*, p. 762.
3. Le soldat ne touche alors en campagne qu'*un sou* par jour, une ration de pain et de la viande. Cordier, *Turenne et l'armée française en 1674*. Paris, 1895, p. 11.
4. Walter, *Chronique*, fol. 274b.
5. Lettre de la Régence au colonel Le Roy, à Brisach, 10 janv. 1675. (A.H.A. E. 1443.)

ils violent les tombes des anciens seigneurs de Jebsheim pour les
piller. Quand ils partent enfin, le 2 octobre, c'est un régiment
irlandais qui les remplace, et qui, pour se chauffer, commence à
démolir les maisons elles-mêmes et alimente ses feux de bivouac
avec les portes et les fenêtres de ses hôtes involontaires. Aucun
des chevaux de la commune, — ils ont été tous réquisitionnés, —
n'est jamais revenu; il en est de même pour la paille et le foin des
villageois, qui sont absolument ruinés par leurs défenseurs officiels
et naturels[1]. Nous trouvons des scènes analogues décrites par
l'auteur parisien anonyme des *Mémoires de deux voyages en Alsace*,
qui les a vues dans les villages des bailliages de Belfort et d'Altkirch.
« Les paysans, dit ce spectateur, plutôt ironique que compatissant,
buvaient, mangeaient et se divertissaient avec ces soldats qui les
pillaient, tant il est vray que les malheureux oublient leurs misères,
dès qu'ils ont un quart d'heure de bon temps[2]. »

Les Impériaux en agissaient d'ailleurs absolument de même, tout
en prétendant délivrer l'Alsace de « l'effroyable tyrannie » des
Français. Les habitants du val de Villé, pillés deux fois par eux de
1675 à 1676, puis rançonnés par les corps francs au service de
l'électeur de Trêves, en pouvaient témoigner, et ils ont exposé leurs
malheurs dans une émouvante supplique adressée à l'abbesse
d'Andlau, en novembre 1676; ils y racontent que la moitié des
leurs sont morts de faim, de froid ou de maladie dans les forêts
environnant leurs hameaux incendiés[3]. On peut voir par les comptes
du greffier de Ribeauvillé, comment tous les colonels, lieutenants-
colonels, capitaines, quartiers-maîtres, adjudants allemands ont
su arracher aux malheureux bourgeois des « douceurs » variant
depuis des sommes rondelettes jusqu'au chiffre modeste de quatre

---

1. Rapport du prévôt de Jebsheim, 15 déc. 1676. (A.H.A. E. 1463.) — On
peut citer encore l'exemple de Furdenheim dont une partie est brûlée par
les Brandebourgeois et l'autre par les Français, en 1675, malgré la double
sauvegarde accordée par les deux belligérants. (Reuss, *Fürdenheim*, p.15-16.)
2. Voy. encore chez le même la description du pillage de Wittersdorf,
Tagsdorf, Wettingen, villages français, par des troupes royales. *Mémoires
de deux voyages*, p. 109, 113, 114. Aussi la terreur était quelquefois si
grande, même à l'approche de troupes *amies*, que l'annonce seule de leur
arrivée suffisait pour mettre les populations en fuite. Pendant la guerre de
1675, la population tout entière de Woerth se sauva une fois pendant huit
jours, sauf le pasteur Baldauf et le vitrier Wildt; au bout de la semaine, cinq
autres bourgeois se hasardèrent à rentrer. Kiefer, *Pfarrbuch*, p. 384.
3. *Underthaenige Supplication an die hochwürdigste .. Fürstin Maria
Kunigundta.* etc. A.B.A.H. 2314.— Et cependant la princesse-abbesse avait
demandé et obtenu les sauvegardes les plus explicites des belligérants, du
prince de Condé, du prince de Schleswig-Holstein, etc.

rixdales[1]. Les femmes et les enfants que les soldats traînent à leur suite[2] ne contribuent pas peu à multiplier les vexations des habitants, obligés d'héberger les troupes. A Schlestadt, le duc Georges-Guillaume de Brunswick-Lunebourg, général au service de Léopold, rappelle à cette tourbe suivant l'armée, qu'on ne lui doit rien, si ce n'est le coucher, et que les femmes doivent se contenter de la part du mari, et de ce qu'on veut bien leur donner à titre gracieux; mais il n'est guère probable qu'on ait osé leur refuser quoi que ce fût[3].

La discipline militaire était encore singulièrement méconnue, même par les officiers. Après la mort de Turenne et la retraite des troupes françaises sur la rive gauche du Rhin, la débandade des régiments fut un instant si grande que l'intendant La Grange dut envoyer en hâte de Brisach, à la date du 25 août 1676, à tous les baillis, prévôts et bourgmestres d'Alsace, l'ordre « d'arrester tous les officiers, cavalliers et soldats, qui passeront dans leurs villages et qui n'auront point de passeport de M. le duc de Luxembourg ou de M. le baron de Montclar, pour estre ensuite conduits à Schlestadt ou Brisach[4]». Même dans les villes, la rudesse des militaires à l'égard des civils était redoutée par leurs propres supérieurs. Après l'entrée toute pacifique des troupes françaises dans Strasbourg, ils ne réussirent pas à la réprimer entièrement, car dans une proclamation du 20 novembre 1681, M. de Chamilly, le nouveau gouverneur de la ville, parle de vols commis par les soldats, de maraudages dans les jardins, de coups portés à leurs hôtes et à leurs hôtesses, en menaçant des peines les plus sévères ceux qui se rendraient encore coupables de pareils délits[5].

Peu à peu l'ordre et la discipline s'établissent dans l'armée, grâce aux grandes réformes administratives de Louvois, grâce à une répression sévère des excès commis[6], et, en temps de paix du moins, nous n'entendons plus guère de plaintes contre la conduite des militaires, sauf sur un seul point : leur manque de respect et trop

---

1. Comptes du 2 février 1675. A.H.A. E. 1633.
2. Il y avait alors encore un assez grand nombre de soldats officiellement mariés dans les armées. Parfois, il est vrai, le joug conjugal leur semblait trop dur et ils se sauvaient. Un ordre du Consistoire ecclésiastique weimarien de Brisach, du 24 février 1642, autorisait les femmes délaissées de la sorte « depuis longtemps » à se remarier. (A.H.A. C. 548.)
3. Ordre du 22 décembre 1674. (A.H.A. E. 548.)
4. A.H.A. C. 1182.
5. Legrelle, *Louis XIV et Strasbourg*, p. 798.
6. La discipline devenait, en effet, autrement sévère qu'autrefois. En 1690, quatre dragons, en garnison à Thann, s'étant rendus coupables d'un viol, sont immédiatement saisis, condamnés et fusillés. Tschamser, II, p. 696.

souvent même leur attitude provocatrice à l'égard des ecclésiastiques
protestants, .qui, reconnaissables à leur costume spécial, étaient
insultés parfois dans les rues de Strasbourg, par des soldats de la
garnison, jusqu'au milieu du siècle dernier[1].

En 1697, au moment de la signature de la paix de Ryswick,
M. le marquis d'Huxelles, lieutenant-général, était commandant en
chef en Alsace, le lieutenant-général, marquis de Chamilly, gouverneur de Strasbourg, le lieutenant-général de Mélac, gouverneur
de Landau. M. de Morton, brigadier des armées du roi, commandait
à Belfort, M. le marquis de Puysieulx à Huningue, M. de Goudre-
ville à Schlestadt, M. de La Vaisse à Fort-Louis[2]. Autour d'eux
gravite une série de commandants des places et forts secondaires
de Kehl, Landscron, et autres, puis une foule d'officiers supérieurs
et subalternes, commissaires des guerres, trésoriers des guerres,
commissaires aux fourrages, ingénieurs, trésoriers des vivres,
capitaines des portes, gardes-magasins, etc., qui remplissent
surtout les places fortes de la frontière, les unes anciennes, les
autres de création récente, remplaçant les boulevards perdus de
Philipsbourg, de Fribourg et de Brisach[3].

Les troupes royales garnisonnées en Alsace étaient à l'origine
recrutées, en partie du moins, dans la province même. Beaucoup
d'Alsaciens, nobles ou roturiers, avaient fait partie des régiments
suédois et weimariens, stationnés dans le pays, et commandés parfois par des indigènes. Le régiment de Fleckenstein datait de 1643,
Erlach-Allemand-Infanterie, et Erlach-Cavalerie d'avant 1648. Le
régiment Kohlhaas fut incorporé dans celui d'Alsace en 1659[4]. Ce
régiment d'Alsace-Infanterie était cantonné dans la province depuis
sa création en 1656, sous le commandement du comte Guillaume de

1. Voy. p. ex. les procès-verbaux du Convent ecclésiastique (Reuss,
L'Église luthérienne de Strasbourg, p. 33), où on lit à l'année 1722 : « Les
soldats de la garnison insultent de nouveau les pasteurs dans la rue... Sur la
place d'armes, on donne lecture à la garnison d'un ordre du jour défendant
sévèrement de molester les ecclésiastiques, mais cela ne sert pas à grand'
chose. » (Voy. encore *op. cit.*, p. 36, 37, 43, 47, 50, 51.

2. La Grange, *Mémoire*, fol. 179-180.)

3. N'oublions pas l'Ecole des cadets pauvres, de familles nobles, que
Louis XIV avait créée à Strasbourg après la capitulation. Ces jeunes gens
y firent tant de tapage que le Magistrat demanda leur transfert à la citadelle,
ainsi que cela ressort d'une lettre du syndic royal, Christophe Guntzer, du
10 août 1683. (Archives municipales.) Plus tard, ces cadets furent transférés
à Neuf-Brisach. (Ichtersheim, *Topographie*, II, p. 71.)

4. Ganier, *Costumes des Régiments et des Milices d'Alsace*, etc. Epinal,
1882, in-folio, p. 12-21.

Nassau-Sarrebruck [1] ; il eut ensuite pour chef le comte palatin Chrétien de Birckenfeld qui, au dire d'Ichtersheim, fit de ce corps d'élite une véritable école militaire et une pépinière d'officiers, en y attirant la jeune noblesse alsacienne, « qui s'y montrait fidèle et soumise à son souverain [2] ». Le régiment de Furstemberg fut levé, lui aussi, principalement en Alsace, par Guillaume-Egon de Furstemberg en 1668, et fut admis au service du roi le 27 mars 1670. Dans le régiment suisse de Greder, créé le 7 décembre 1673, servaient de nombreux Mulhousois et beaucoup de nobles de la province [3]. Le régiment Rosen-Cavalerie, créé pendant la guerre de Trente Ans, et devenu en 1688 Royal-Allemand, comprenait également des contingents alsaciens, et il en était de même de celui d'Alsace-Cavalerie, commissionné en juin 1673, et dont le bureau de recrutement se trouvait à Brisach [4]. Outre ceux-là, bien d'autres régiments français stationnaient ou avaient été stationnés dans la province.

Les cadres de tous ces corps de troupes se remplissaient par des enrôlements volontaires, que pratiquaient des sergents recruteurs, soit en Alsace, soit au dehors. Comme partout, à cette époque, et même encore un siècle plus tard, ces enrôlements étaient parfois beaucoup moins le résultat d'un élan spontané de la part des recrues que de menées frauduleuses et de fausses promesses. Plus d'un jeune Alsacien, après avoir laissé sa raison au cabaret, se retrouvait le lendemain, sans savoir comment cela s'était fait, aux mains des enjôleurs habiles qui l'avaient attiré et ne voulaient plus le relâcher [5].

Pour renforcer les troupes régulières, stationnées dans le pays et pour parer à toute invasion subite, Louvois fit organiser en 1688 deux régiments de milices d'Alsace, dont les hommes devaient d'abord être choisis par les communautés, puis furent désignés, plus équitablement, par le tirage au sort (1691). Chaque année les prévôts dressaient un état des célibataires et des veufs de leur paroisse, de 19 à 28 ans, avec indication de leur âge, de leur taille et de leur

---

1. Lettres de Mazarin à Colbert et au comte de Nassau, août-sept. 1656 (*Lettres*, VII, p. 662, 683.)
2. *Elsaessische Topographie*, II, p. 89.
3. Ganier, *Costumes*, p. 42.
4. Ganier, *ibid.*, p. 60. C'est à ce dernier ouvrage, orné de belles planches en couleur, que nous renvoyons pour les détails sur la constitution et le développement, la fusion et la disparition des régiments qu'on peut qualifier d'alsaciens, dans les cadres de l'armée française avant la Révolution.
5. Le bailli Faber, de Wibr, raconte au conseiller Daser, avec de curieux détails, une histoire de ce genre, arrivée à Wasserbourg, dans son rapport du 12 octobre 1668. (A.H.A. E. 2439.)

profession. On éliminait les infirmes, on accordait des exemptions
à quelques sujets spécialement intéressants. Le reste était déclaré
propre à la milice. Mais une miuime partie d'entre eux était vraiment appelée au service. Ainsi quand on fit la première levée à
Turckheim, sur dix-huit jeunes gens reconnus aptes à servir, quatre
seulement furent choisis par la voie du tirage au sort [1]. Dans le
bailliage de Bouxwiller, en 1692, dix jeunes bourgeois seulement
furent incorporés [2]. A Colmar, l'intendant La Grange avait fixé le
contingent à quinze hommes seulement. Le Magistrat déclara qu'il
donnerait une prime à ceux qui se présenteraient comme volontaires ; il en vint tant qu'on ne fut pas obligé de recourir au tirage
au sort. Le premier inscrit reçut dix rixdales, le second neuf, et
ainsi de suite, en diminuant, jusqu'au quinzième. L'attrait de l'uniforme bleu fit le reste [3]. Le régiment des milices de la Basse-Alsace
était commandé par M. de Bernhold, celui de la Haute-Alsace par
le baron de Montjoie. Chaque régiment comptait deux bataillons et
chaque bataillon douze compagnies de cinquante hommes chacune [4].
Leurs officiers étaient tous de noblesse alsacienne ou appartenaient
au patriciat urbain. A la paix de Ryswick, une partie de ces deux
régiments fut congédiée ; le reste fut versé dans Royal-Alsace,
le 17 mars 1698 [5]. Il y avait eu, en outre, vers la même époque,
quelques corps francs, chargés de la surveillance du Rhin et de ses
rives, les « fusiliers de Graben », la « compagnie d'Andlau », etc.,
qui disparurent également [6]. Les temps d'un service aussi sérieux
ne revinrent plus pour les miliciens provinciaux d'Alsace ; dorénavant tout se borna pour eux à quelques jours d'exercice par année,
soit à Strasbourg, soit à Colmar ; le reste de leur existence s'écou-
lait tranquillement au village. Seulement le milicien ne devait point
quitter ses foyers sans permission spéciale pour plus de quarante-
huit heures et ne devait pas se marier sans autorisation de ses supérieurs [7]. Pendant toute la durée de l'ancien régime, l'Alsace ne
connut donc pas la conscription obligatoire, et cette mesure de sage
politique, qui n'empêchait pas les fils d'une race, naturellement amie
des combats, de s'engager sous les drapeaux de la France, fut cer-

1. *Chronique de J.-B. Hun, Revue d'Alsace,* 1872, p. 533.
2. Kiefer, *Pfarrbuch,* p. 41.
3. Jouer, *Tagebuch,* p. 27. — Encore en 1764 tout le comté de Horbourg,
sur 223 inscrits, ne fournissait que 5 miliciens. Ch. Pfister, *Revue d'Alsace,*
1888, p. 372.
4. La Grange, *Mémoire,* fol. 182.
5. Ganier, p. 50.
6. Id., p. 53.
7. Pfister, *Revue d'Alsace,* 1888, p. 373.

tainement une de celles qui contribuèrent le plus à donner de profondes racines au nouveau gouvernement dans la population des
villes et des campagnes [1].

1. Nous aurions pu parler encore dans ce chapitre des corvées militaires
imposées durant la seconde moitié du siècle aux populations d'Alsace. Il y
aurait là un curieux chapitre de l'histoire militaire de la province à écrire et
les documents abondent dans nos archives. Quel énorme total de prestations
et de travaux de tout genre représente à lui seul, le dossier des sujets de la
seigneurie de Ribeaupierre, appelés de 1658 à 1690 à travailler aux fortifications de Brisach ! (A.H.A. E. 548, etc.) Et pour citer un exemple aussi
pour la Basse-Alsace, quand il s'agit de faire le siège de Landau en 1703,
on ne réquisitionna pas moins de 18,000 chevaux et de 12,000 paysans pour
former les convois et travailler aux lignes d'attaque et de défense. M. de
La Houssaye, intendant d'Alsace de 1700 à 1716, dit dans un mémoire que,
l'un portant l'autre, *chaque jour*, il y eut, de 1702 à 1707, 5,000 paysans alsaciens de corvée militaire, avec au moins 500 chevaux et 150 chariots, ce qui
représentait une dépense annuelle de 1,134,600 livres. (E. Lehr, *Mélanges
alsatiques*, 1870, p. 19 suiv.)

LIVRE QUATRIÈME

CHAPITRE PREMIER

Les Possessions de la Maison d'Autriche

Les nombreux territoires que la maison d'Autriche possédait au XVIIᵉ siècle, en Alsace, peuvent se ramener à une triple origine. Ce sont des biens allodiaux, assez modestes, qui appartenaient aux Habsbourgs avant qu'ils ne fussent revêtus de la dignité landgraviale de l'Alsace supérieure ; ou bien des terres fiscales, que l'exercice de leurs hautes fonctions judiciaires leur avait permis d'englober peu à peu dans leur patrimoine ; ou bien enfin des seigneuries étrangères que les représentants de la maison d'Autriche, fidèles à leur célèbre devise, ont acquises en convolant en justes noces avec de riches héritières. De ces trois catégories, la seconde était la plus importante, car le nombre est grand des seigneurs ecclésiastiques et laïques, qui furent, les uns amenés à renoncer volontairement à leur immédiateté pour acquérir la protection des Habsbourgs, ou des charges et des offices dans les deux landgraviats cis et transrhénan qu'ils détenaient depuis le XIIᵉ siècle, les autres, forcés de les accepter comme avoués, puis comme suzerains. Cependant la situa-

1. Il ne rentre nullement dans le plan de notre travail de donner en ce livre un tableau minutieusement détaillé de toutes les localités alsaciennes, ni même celui de toutes les petites seigneuries d'Alsace au XVIIᵉ siècle. Nous n'avons pas l'intention de refaire ou de reproduire les recherches de l'*Alsace illustrée* de Schoepflin, ni de constituer une *Topographie historique d'Alsace* complète pour la période qui nous occupe. Ceux qui désireraient des renseignements plus nombreux, les trouveront soit dans la traduction de Schoepflin par Ravenez, augmentée d'additions par le traducteur (Mulhouse, Perrin, 1851, 5 vol. in-8), soit dans le volume de MM. Fritz et Lehmann, tout récemment paru, alors que ces chapitres étaient déjà écrits, *Die alten Territorien des Elsass nach dem Stande vom 1. Januar 1648.* Strassburg, Dumont-Schauberg, 1896, 1 vol. in-8.

tion des landgraves autrichiens, primitivement magistrats d'ordre
judiciaire, ne devint absolument prépondérante que lorsqu'ils eurent
obtenu, dans le premier tiers du XIVᵉ siècle, une partie de l'héritage des comtes de Montbéliard, avec l'ensemble des terres du
comté de Ferrette. A partir de ce moment, le fonctionnaire impérial
s'efface de plus en plus devant le puissant seigneur territorial, qui,
fort de l'appui de la charge suprême de l'Empire, inamovible dans
sa famille depuis le milieu du XVᵉ siècle, travaille désormais à
fusionner et à fondre ses terres du Brisgau, du Sundgau, de l'Alsace et des bords du Rhin en une « Autriche antérieure » (*Vorderoest-
reichische Lande*) compacte et docile.

Nous n'avons pas à nous occuper de cette lente et tenace constitution d'un vaste domaine héréditaire sur les deux rives du grand
fleuve, à travers le dernier siècle du moyen âge et le premier des
temps modernes. Interrompue parfois par la maladresse des uns et
l'incurie des autres, gravement menacée un moment par l'intervention de Charles le Téméraire, l'entreprise aboutit cependant et
donna aux Habsbourgs une position dominante dans les régions du
Rhin supérieur. Retracer le tableau des terres autrichiennes, au
XVIIᵉ siècle, indiquer rapidement leur sort ultérieur après l'occupation française, tel est l'objet du présent chapitre. Il va de soi
qu'on n'y parlera que de ceux des districts de l'Autriche antérieure
qui se trouvaient sur la rive gauche du Rhin, sans oublier cependant que la Régence d'Ensisheim étendait aussi son autorité sur le
Brisgau et sur les villes forestières.

§ 1. LE GOUVERNEMENT DE LA RÉGENCE D'ENSISHEIM

Mais avant d'énumérer les différentes possessions autrichiennes
de la Haute-Alsace, il nous faut dire tout d'abord quelques mots sur
leur organisation générale et sur la façon dont fonctionnait au
XVIIᵉ siècle leur administration.

La Régence d'Ensisheim fut instituée par les archiducs vers la
fin du XVᵉ siècle déjà, mais elle n'acquit une influence sérieuse
qu'un siècle plus tard, lorsque l'empereur Ferdinand Iᵉʳ, après avoir
dégagé la préfecture de Haguenau que Charles-Quint avait rendue
aux électeurs palatins, et comprenant l'utilité de grouper en un seul
faisceau les domaines territoriaux, les privilèges féodaux et les prérogatives judiciaires qui appartenaient à sa famille en Alsace, fit de
la Régence le représentant officiel de la volonté des Habsbourgs. A

sa mort, les terres de l'Autriche antérieure échurent à son second
fils, Ferdinand de Tyrol, investi à la fois du landgraviat de la
Haute-Alsace et de la préfecture de Haguenau. Mais celui-ci ne put
les transmettre à ses fils, le cardinal André d'Autriche et le margrave Charles de Burgau, issus d'une union morganatique avec la
belle Philippine Welser, d'Augsbourg, et après son décès, arrivé
en 1595, l'empereur Rodolphe II les fit administrer par des sous-
baillis jusqu'à ce qu'il désignât, en 1602, son troisième frère, l'archiduc Maximilien, pour gouverner l'Autriche antérieure. Maximilien
d'Autriche occupa ce poste, tout honorifique, jusqu'à sa mort, arrivée à Vienne, en 1620, alors que déjà son cousin de la branche sty-
rienne, Ferdinand II, était monté sur le trône impérial. Celui-ci
confia l'administration vacante à son frère cadet, l'archiduc Léopold,
prince-évêque de Strasbourg, depuis 1609, sans lui conférer cepen
dant encore officiellement le titre souverain. Léopold ne fut en effet
investi de toute l'Autriche antérieure qu'après être rentré dans le
siècle, en se mariant avec Claudine de Médicis (1626). A partir de
ce moment, il résida d'ordinaire en Tyrol et ne vint plus que rarement en Alsace. De son union avec Claudine naquirent deux fils, et
quand il mourut en 1632, ce fut l'aîné des deux, Ferdinand-Charles,
qui fut reconnu comme possesseur et administrateur titulaire du
landgraviat de la Haute-Alsace, sous la tutelle de sa mère. L'invasion suédoise, puis l'occupation française, firent bientôt de cette
administration une sinécure, et le jeune archiduc, né en 1628, n'a-
vait pas atteint l'âge de raison que déjà les domaines autrichiens de
l'Alsace étaient irrévocablement perdus pour sa maison. Tout ce
que purent obtenir pour lui les ambassadeurs impériaux à Munster,
fut, on le sait, une indemnité de 3 millions de livres. Mais comme la
France réclamait l'accession préalable de l'Espagne à la renoneia-
tion des Habsbourgs allemands, et que la guerre durait encore avec
cette dernière puissance, le règlement de cette question spéciale
resta, nous l'avons dit, en suspens jusqu'après la signature du
traité des Pyrénées (1659). Reprises alors, les négociations aboutirent, le 20 décembre 1660, à un accord par lequel le roi promettait de verser la somme promise dans les trois prochaines années.
Mais avant que l'opération fût achevée, Ferdinand-Charles mourait
à Innsbruck, le 30 décembre 1662, sans laisser d'héritiers mâles, et
ce fut son frère cadet, Sigismond, évêque d'Augsbourg, qui toucha,
quinze ans après la signature des traités de Westphalie[1], l'indemnité

1. Le 3 décembre 1663.

pour les domaines d'Alsace. Il ne put guère en jouir cependant, car
ayant quitté l'état ecclésiastique en 1665, pour se marier et continuer sa lignée, il mourut cette même année, sans avoir eu le temps
de contracter alliance. Ainsi s'éteignit définitivement la série des
« archiducs d'Innsbruck », si longtemps et si intimement mêlée à
l'histoire de notre province, et qu'on regarde d'ordinaire, assez im-
proprement, comme constituant une seule et même famille, alors
qu'elle comprend des collatéraux des trois empereurs Maximilien II,
Rodolphe II et Ferdinand II.

Tous ces princes n'ont jamais résidé d'une façon suivie dans leurs
territoires cis-rhénans, même quand des fonctions spirituelles auraient pu les y ramener plus souvent, comme c'était le cas de l'archiduc Léopold, le prince-évêque de Strasbourg. Ils y apparaissaient
volontiers de temps à autre, pour y tenir leur cour ou s'y livrer aux
plaisirs de la chasse, mais ils résidaient de préférence, soit à Vienne,
soit à Innsbruck, la capitale de ce Tyrol « toujours fidèle et que n'a
jamais souillé le venin de l'hérésie ». C'est également là bas, à leur résidence officielle, que se trouvait leur chancellerie (*Hofkammer*) et que
se traitaient les affaires diplomatiques [1]. Mais il n'était pas possible,
surtout avec les moyens de communication d'alors, de renvoyer les
affaires, concernant uniquement l'Alsace, à cette administration centrale trop éloignée. Aussi, dès que par le partage de Worms,
en 1521, Charles-Quint eut abandonné à son frère Ferdinand l'administration des pays de l'Autriche antérieure, la Régence d'Ensisheim, jusque-là organe tout local pour la Haute-Alsace, fut réor-
ganisée par le jeune archiduc. L'édit du 17 août 1523 en faisait à la
fois un corps administratif, politique et financier, et une cour de
justice, dont les neuf membres étaient présidés par le *landvogt*,
Guillaume de Ribeaupierre. Ce *landvogt* ou grand-bailli était pourtant trop grand seigneur pour s'occuper de l'administration courante du pays ; il se bornait à représenter le prince aux assemblées
provinciales et à faire les honneurs de sa résidence. A la tête de la
Régence, il était remplacé d'ordinaire par un conseiller noble,
mieux salarié que les autres, et qui portait le titre de lieutenant ou
de *statthalter*. Sous lui, les neuf conseillers (*Kammerraethe*) se partageaient en deux groupes, la Chambre de justice (*das Regiment*) et
la Chambre des comptes (*die Kammer*). Les jugements de la
Chambre d'Ensisheim étaient susceptibles d'appel à la *Hofkammer*
d'Innsbruck.

1. De là l'importance des archives d'Innsbruck pour l'histoire d'Alsace au
XVIᵉ et dans la première moitié du XVIIᵉ siècle.

Le règlement de 1523 fut souvent modifié dans le cours du XVIe siècle, car les frottements entre les deux Régences de Tyrol et d'Alsace n'étaient pas rares, et il y en avait même entre les deux Chambres d'Ensisheim. En 1586, l'archiduc Ferdinand reprochait à ces deux derniers collèges « des discussions oiseuses entre deux êtres qui ne devraient former qu'un seul corps et une seule âme ». Les modifications les plus importantes dans la répartition du travail eurent lieu en 1603. Outre l'administration de la justice, le *Regiment* devait aussi soigner celle de la police ; la Chambre des comptes dirigeait l'administration proprement dite et contrôlait les finances. Les deux collèges comptaient des conseillers nobles et des conseillers roturiers. Les premiers n'avaient point à justifier d'études académiques, les seconds devaient être docteurs en droit. Les uns et les autres étaient tenus d'être bons catholiques et au-dessus de toute suspicion de luthéranisme.

Chacune des deux Chambres avait sa chancellerie et ses bureaux. On y expédiait les décisions prises, on y classait les dossiers dans les archives, on y enregistrait la correspondance officielle venant d'Innsbruck ou des archiducs eux-mêmes. Le nombre des conseillers n'est pas toujours resté le même ; quelquefois il y en avait trois ou quatre seulement par Chambre ; au XVIIe siècle, ils étaient plus nombreux [1]. Les chancelleries comptaient un personnel subalterne assez considérable pour un temps où l'on n'amassait pas encore autant de paperasseries administratives que de nos jours ; celle de la Chambre de justice avait quatre secrétaires, un greffier, un régistrateur et sept copistes ; celle de la Chambre des comptes se composait de deux secrétaires, d'un régistrateur et de quatre copistes. Un des conseillers de chaque Chambre portait le titre de chancelier, il dirigeait les employés, avait le pas sur ses collègues et touchait des émoluments plus considérables [2].

Les procureurs fiscaux attachés à la Régence représentaient les intérêts de la maison d'Autriche et entamaient, au nom du domaine, toutes les procédures relatives aux droits régaliens, à ceux de déshérence, bâtardise et aubaine ; à ceux de détraction ou d'*Erbgulden*, impôt payable par les étrangers qui recueillaient une succession en

---

1. En 1625, la Chambre de justice comptait sept conseillers et celle des Comptes, six, nobles et roturiers.
2. Ces émoluments étaient d'ailleurs modestes. En 1625, le *statthalter*, Jean-Christophe de Stadion, ne touchait que 1,000 florins ; trois autres conseillers, 6-700 florins ; quelques autres, 450 florins ; la plupart, 350 florins seulement. Il y avait sans doute, en outre, des compétences en vin et en céréales.

terre autrichienne ; à ceux de migration, exigibles quand un sujet
quittait le pays avec son avoir. Le nombre des avocats n'était limité
par aucun règlement ; en un temps on en comptait dix ; ils étaient
huit au commencement de la guerre de Trente Ans.

Pour peu que les membres de la Régence se soient astreints à
suivre fidèlement les prescriptions de l'édit, on peut affirmer qu'ils
étaient laborieux. Ils siégeaient, en été, le matin de six heures à
neuf heures, de sept à dix en hiver, et reprenaient leur travail
l'après-midi, de une heure à quatre heures, en toute saison. Ceux
des conseillers qui s'absentaient sans autorisation payaient quatre
kreutzer d'amende, et davantage en cas de récidive. C'était le *statthalter* ou délégué du *landvogt* qui présidait les séances quotidiennes
et recueillait les votes ; le chancelier minutait les décisions, et
quand elles avaient été mises au net par les copistes, deux des conseillers les certifiaient conformes par leur signature. Détail curieux :
cette Régence, si occupée, n'avait pas de sceau officiel ; la *Hofkammer* d'Innsbruck avait refusé, paraît-il, de lui en faire l'octroi,
afin qu'on n'oubliât jamais à Ensisheim qu'il y avait à Innsbruck
une régence supérieure, ainsi que le déclare naïvement l'édit de
1603.

Les offices de judicature dans les terres d'Autriche étaient à la
nomination de la Chambre de justice. La Chambre des comptes
nommait les officiers des mines de Giromagny, de Rosemont, etc.,
le directeur de la Monnaie d'Ensisheim, les receveurs des différents
impôts dans les villes et localités des bailliages. Le receveur général centralisait dans sa caisse toutes les sommes versées aux receveurs des bailliages ; il était tenu de soumettre chaque semaine un
extrait de ses comptes, son état de caisse sans doute, à la Régence.
Quant aux comptes annuels d'ensemble, ils étaient expédiés pour
vérification à la chancellerie d'Innsbruck [1].

Les impôts et redevances en nature étaient emmagasinés par les
soins des fonctionnaires de la Régence dans les dépôts publics. Il
y avait des greniers d'abondance, installés dans ce but à Ensisheim,
Altkirch, Belfort, Brisach, Delle, Landser, Ottmarsheim et Thann.

---

1. En dehors de ses revenus réguliers, la Régence d'Ensisheim avait assez
souvent recours à des appels au crédit. En 1610, 1619, 1622, 1625, nous voyons
les archiducs contracter des emprunts à Lucerne, Bâle, Soleure, pour plusieurs centaines de mille livres. (A.H.A. C. 53, 54.) Ils se préoccupèrent peu
de les acquitter, car en novembre 1656, Soleure écrivait à l'intendant Colbert
de Croissy, pour le prier d'obtenir au moins le paiement des *intérêts* des
sommes prêtées en 1610 et en 1622. Elle n'obtint rien sans doute, car encore
le 14 juin 1674, elle se lamentait sur la perte des sommes énormes que formaient ces capitaux accumulés pendant soixante années.

Les plus considérables, ceux d'Ensisheim et d'Altkirch, ne devaient jamais contenir moins de 4.000 quartauts de blé. En temps de disette, ces céréales étaient vendues à prix réduit aux populations nécessiteuses.

La Régence levait également des contributions extraordinaires, en prévision d'attaques du dehors ou pour payer des impôts de guerre. C'est ainsi que la contribution de la dix-huitième gerbe et de la dix-huitième mesure de vin fut demandée au début de la guerre de Trente Ans.

Quand la lutte trentenaire se porta du côté de l'Alsace et que commença l'invasion des Suédois, l'administration régulière des terres autrichiennes ne put plus être continuée. A l'approche de Gustave Horn, en novembre 1632, le dernier sous-bailli ou *Unterlandvogt* de la Haute-Alsace, le margrave Guillaume de Bade, se sauva précipitamment d'Ensisheim, avec tous les conseillers de la Régence. Celle-ci essaya bien de se réorganiser dans les années suivantes, sur le territoire transrhénan d'abord, puis en Franche-Comté et en Lorraine. Elle siégea et délibéra successivement, de 1632 à 1638, à Belfort, Faulcogney, Remiremont et Luxeuil [1]. Mais quand une fois la grande place forte du Brisgau fut perdue, quand la France y plaça, bientôt après, à la suite des armées royales, ses intendants de police et de finances chargés d'administrer provisoirement le pays, en attendant sa cession, la Régence autrichienne n'exista plus pour les terres de la Haute-Alsace.

§ 2. LE COMTÉ DE FERRETTE

Les Habsbourgs ont possédé dans la Haute-Alsace d'autres terres plus anciennement que celles de Ferrette, mais nous commencerons par elles, puisqu'elles ont fourni l'appoint le plus considérable à leurs domaines héréditaires, tels qu'ils étaient constitués au XVIIᵉ siècle.

Le comté de Ferrette, primitivement formé des trois seigneuries de Ferrette, d'Altkirch et de Thann, s'était accru au commencement

1. A.H.A. C. 593. — Ce qu'il y a de curieux, c'est que dans cette situation précaire, alors que l'espoir de rentrer dans le pays devait être déjà peu vivace, on s'occupait encore de réformes administratives et autres à introduire dans la Haute-Alsace, comme en témoigne un curieux mémoire, *Informatio de statu principatus Austriaci*, adressé à l'archiduchesse Claudine et à l'archiduc Ferdinand-Charles par Isaac Volmar, le futur négociateur du traité de Munster. Il date de 1637. Une copie, malheureusement incomplète, en existe à la Bibliothèque municipale de Strasbourg.

du XIVᵉ siècle de deux autres, celles de Rougemont et de Belfort, par le mariage du comte Ulric II de Ferrette avec Jeanne de Montbéliard. Comme de cette union il ne naquit qu'une fille, appelée Jeanne d'après sa mère, et que celle-ci épousa Albert d'Autriche, quatrième fils de l'empereur Albert Iᵉʳ, ce fut son époux qui, à la mort d'Ulric, le dernier des Ferrette (1324), réunit ces vastes domaines à ceux que sa famille possédait déjà en Alsace.

La seigneurie de Ferrette, berceau des dynastes de ce nom, se trouvait à l'extrême sud-est du Sundgau, sur les limites de l'évêché de Bâle [1], entre les dernières ramifications du Jura septentrional. Elle tire son nom du château de Ferrette (*Pfirt*), autour duquel se groupaient au XVIIᵉ siècle des habitations peu nombreuses [2]. Elle était partagée en dix *mairies* ou bailliages, renfermant chacune un certain nombre de localités généralement de peu d'importance [3]. Vers la fin de la guerre de Trente Ans, durant laquelle les Suédois incendièrent la ville et le château (1633) et massacrèrent beaucoup de leurs rudes adversaires parmi les paysans, la contrée resta longtemps presque déserte.

Parmi les fiefs de la seigneurie de Ferrette, le plus considérable était la seigneurie de Morimont (*Moersperg*), ainsi nommée d'après un château fort situé sur la montagne entre Ferrette et Porrentruy et brûlé par M. du Hailly en 1637. La seigneurie proprement dite de Morimont n'était pas étendue, puisqu'elle ne comptait que quatre villages dans la vallée de la Larg, mais les Morimont avaient beaucoup d'autres fiefs du côté de Bâle [4].

La seigneurie d'Altkirch s'étendait au nord-ouest de celle de Ferrette, également sur les contreforts du Jura. Son chef-lieu était la petite ville d'Altkirch, « située sur une petite hauteur escarpée de tous côtés, et cependant commandée par une côte qui est à son

---

1. Une bonne partie des terres de Ferrette avait été offerte au XIIIᵉ siècle en hommage à l'évêque de Bâle, mais les archiducs d'Autriche ne voulurent plus de ce lien féodal et les évêques durent se contenter de la suprématie ecclésiastique sur les terres dont leurs prédécesseurs avaient été les suzerains temporels.

2. « Petite vilaine ville... il n'y a pas, je crois, cinquante maisons en tout. » *Mémoire de deux coyages*, p. 118.

3. M. Bonvalot, dans son édition des *Coutumes de Ferrette*, a publié le relevé des bourgeois en 1600. A cette date, Ferrette n'en a que 43 ; le plus gros bourg de la seigneurie, Oltingen, en compte 65 ; il y a des localités comme Kiffis et Bettlach qui n'en ont qu'une douzaine ; Niederlarg n'en marque que 4. (Bonvalot, *Coutumes*, p. 54.)

4. Quiquerez, *Notice historique sur le château de Morimont, Revue d'Alsace*, 1859, p. 337.

levant[1] », dotée de murs, dit-on, par l'empereur Frédéric II et célèbre par les pèlerinages qu'on y faisait aux reliques de saint Morand, le patron du Sundgau. Prise d'assaut par les Français en 1637, pillée par les paysans franc-comtois en 1641, elle avait assez piètre mine encore, trente-cinq ans plus tard. « Nos Français, continue l'auteur du *Mémoire de deux voyages*, qui passent par là et l'appellent *Alquerique*, ne le comptent que pour un bourg ; encore est-ce en faveur de ses portes, d'une méchante muraille dont il est formé et qu'il a un château... L'unique église... est fort médiocre en grandeur et en structure. La partie du midi est presque toute en ruines ; tout ce qu'il y a d'entier sont deux tours, dont la plus basse est une prison pour les prêtres... c'est, comme on peut voir, un fort triste séjour[2]. »

La seigneurie d'Altkirch se divisait en six *mairies,* et comptait, avec les fiefs qui y étaient situés, une cinquantaine de grands et de petits villages.

La seigneurie de Thann, la troisième de celles qui constituaient l'ancien comté de Ferrette, était située au nord-ouest de celle d'Altkirch, et s'étendait jusqu'à la Thur, sur le cours moyen de la Larg et de la Doller. Elle avait pour chef-lieu la petite ville de Thann, « enfoncée entre des côteaux couverts de bois » et de célèbres vignobles qui produisent l'un des vins les plus capiteux de l'Alsace ; difficile à défendre et « fort sujette à la pluie et aux brouillards ». elle attirait au XVIIᵉ siècle l'attention du voyageur par la quantité de ses « jolies maisons bourgeoises, aux murs de devant peints de diverses histoires ou d'ornements moresques », par ses « fontaines à bassin dans les carrefours, dont l'eau qui en déborde forme des ruisseaux d'eau vive et claire coulant le long des rues ». Son principal ornement, alors comme aujourd'hui, c'était son église de Saint-Thiébaut, l'un des chefs-d'œuvre de l'art gothique en Alsace, avec son clocher « tout à jour comme du filigrane » et qui rappelait au touriste cité tantôt. « Saint-André-des-Arcs, paroisse de Paris, tant pour la grandeur que pour les ornemens de sculpture qu'on voit sur les murailles en dehors[3] ».

Le château de Thann, l'*Engelsbourg*, fut détruit en 1674, par ordre du roi, pour ne pas servir de point d'appui aux Impériaux qui couraient le pays, et les débris de ses grosses tours, que la mine ne put émietter, dominent encore de nos jours l'industrieuse et pitto-

1. *Mémoires de deux voyages*, p. 119.
2. *Ibid.*, p. 160.
3. *Ibid.*, p. 119-120.

resque cité. Thann était une ville alors déjà bien plus considérable
qu'Altkirch et surtout que Ferrette. Aussi jouissait-elle de certains
privilèges que ne possédaient pas d'ordinaire les villes seigneuriales,
tel que le droit de battre monnaie, et elle en usait encore au début
du XVIIᵉ siècle. En 1697, elle comptait 430 familles avec environ
2,000 âmes[1]. Tandis que le gros de sa population appartenait au
Sundgau, les habitants du faubourg de Kattenbach étaient déjà dans
la Haute-Alsace[2]. Son sort, pendant les guerres du XVIIᵉ siècle, fut
semblable à celui de la plupart de ses voisines. Occupée une première
fois par les troupes suédoises en 1633, reprise plus tard par le duc
Bernard de Saxe sur les Lorrains, elle fut assiégée et pillée une
troisième fois en 1654, durant les troubles de la Fronde[3].

La seigneurie de Thann se partageait en deux bailliages, celui de
Burnhaupten, subdivisé lui-même en deux mairies, et celui de
Traubach qui en renfermait quatre. Ils comprenaient ensemble,
avec les fiefs englobés dans leur territoire, une cinquantaine environ de villages, dont aucun ne mérite une mention spéciale.

La seigneurie de Belfort n'avait point fait partie, primitivement,
de l'Alsace, mais de la Franche-Comté. Ce n'est que par suite de
son transfert de la maison de Montbéliard à celle de Ferrette, puis,
avec tout l'héritage de celle-ci, aux Habsbourgs, qu'elle fut considérée dorénavant comme un prolongement naturel des terres du
Sundgau. Elle se composait d'une série de bailliages et de petites
seigneuries indépendantes, agglomérées peu à peu, par achats,
engagements ou liens féodaux, entre les mains de la maison d'Autriche.

Le chef-lieu politique et administratif en était le château de
Belfort sur la Savoureuse, autour duquel s'était formé, dès le
XIVᵉ siècle, une ville, assez insignifiante encore au XVIIᵉ siècle, et
terriblement éprouvée d'ailleurs par les sièges de 1634, de 1636 et
de 1654. Pour me servir des propres expressions d'un voyageur
qui la vit en 1674, avant les grands travaux entrepris par ordre de
Louis XIV, c'était « un sale trou », dont le château n'était « qu'un
nid à rats », avec « des rues étroites, sales, mal percées, des maisons mal faites et obscures, en un mot, la plus triste et la plus désagréable demeure du monde[4] ». Mais dès 1681, son aspect avait

1. La Grange. *Mémoire*, fol. 309.
2. Mart. Zeiller, *Itinerarii continuatio*, p. 391.
3. Tschamser, *Annales*, t. II, *passim*.
4. M. d'Aubigné, le frère de Mᵐᵉ de Maintenon, était alors gouverneur de
Belfort, et notre auteur en a fait un assez amusant portrait. (*Mémoires de
deux voyages*, p. 216.)

changé, et avec ses fortifications nouvelles, elle était devenue
« une place fort importante... une des clefs de l'Alsace[1] ». Il ne s'y
trouvait cependant en 1697 que 190 maisons et 160 familles, avec
environ 700 âmes[2], de « petite bourgeoisie » pour la plupart. Il
faut ajouter à ce chiffre d'habitants une garnison d'ordinaire assez
nombreuse.

La seigneurie de Belfort se divisait en plusieurs groupes territoriaux distincts. Le premier était celui de la prévôté de Belfort et
d'Angeot, subdivisé en cinq mairies, contenant ensemble une vingtaine de villages. Le second, au sud de Belfort, des deux côtés de
la Savoureuse, comprenait la grande Mairie de l'Assise, avec une
demi-douzaine de localités. Au nord-ouest, le long des Vosges, se
trouvait la seigneurie de Rosemont, qu'on appela plus tard le bailliage de Giromagny, riche en mines, exploitées avec grand profit jusqu'à la guerre suédoise, et reprises, mais avec moins de
succès, dans la seconde moitié du XVIIe siècle. Elle comptait une
trentaine de villages. Au sud-est, sur le cours de l'Allaine, nous
rencontrons la seigneurie de Delle, qui avait passé successivement
de l'abbaye de Murbach aux Habsbourgs, aux Montbéliard, aux
Ferrette, pour revenir à la maison d'Autriche. La seule localité
un peu importante y était la petite ville de Delle (*Dattenried*), qui
joua un certain rôle au moyen âge dans les conflits entre Bâle, les
Bourguignons et les dynastes de la Haute-Alsace. Le bailliage de
Delle renfermait une vingtaine de villages, répartis entre plusieurs
mairies. On peut en outre mentionner à cette place un certain
nombre de petits territoires qui étaient autrefois dans une certaine
dépendance de la seigneurie de Delle ; ce sont : la seigneurie de
Florimont (*Blumenberg*), à l'est de Delle, avec six villages ; celle
de Montreux (*Münsterol*), au nord de Delle, avec une quinzaine de
localités ; le territoire de Granvillars, entre Delle et Montreux,
qui ne comptait que quatre villages[3].

La dernière des seigneuries ayant fait partie de l'héritage des
Ferrette est celle de Rougemont, au nord de la prévôté d'Angeot,
à l'est de la seigneurie de Rosemont, au sud de celle de Masevaux.
Elle tirait son nom du château de Rougemont (*Rothenbourg*), au pied

---

1. *Mémoires*, p. 218. Voy. aussi la description d'Ichtersheim, qui s'accorde
assez avec les impressions du touriste parisien. *Topographie*, II, p. 51.
2. La Grange, *Mémoire*, fol. 298.
3. On pourrait ajouter encore la seigneurie de Montjoie (*Frohberg*), mais
elle n'a jamais fait partie, à vrai dire, du Sundgau, étant séparée de lui par
les terres de Bâle et de Bourgogne, et elle n'a été réunie que postérieure-
ment aux anciennes possessions autrichiennes.

duquel se groupait un insignifiant village, et ne comptait que six localités, dont les habitants étaient très pauvres, leur sol stérile et sablonneux ne portant que du seigle et de l'avoine, et leurs prairies n'étant encore au XVIIᵉ siècle que des « terres arides et couvertes de genêts et fougères [1]».

§ 3. SEIGNEURIES DE LA HAUTE-ALSACE

Les terres autrichiennes que nous allons énumérer maintenant n'ont pas la même origine que les précédentes ; les unes ont appartenu aux Habsbourgs avant qu'ils eussent recueilli l'héritage des Montbéliard-Ferrette, les autres ne leur sont échues que plus tard.

1. *Seigneurie de Landser*. Cette seigneurie s'étendait entre Bâle et Mulhouse, sur un sol qui, assez montueux au sud, en plaine plus au nord, était généralement peu fertile et couvert au XVIIᵉ siècle de maigres forêts. Elle était divisée en deux bailliages, celui du Haut et celui du Bas-Landser. Le château qui lui a donné son nom se trouvait dans le bailliage supérieur, mais il fut détruit de bonne heure et la petite ville réduite au rang d'un village dès le XIVᵉ siècle. Il n'en resta pas moins le siège du grand-bailli de la seigneurie. On peut nommer comme localités principales du Haut-Landser, Blotzheim, autrefois entouré de murailles, et qui vit le terrible massacre des paysans sundgoviens en 1633 ; Kembs, sur les bords du Rhin, et le petit village de Huningue dont Louis XIV fit une forteresse en 1680. Dans le bailliage inférieur se trouvaient le gros bourg de Habsheim, Rixheim avec une commanderie de l'Ordre Teutonique, Ottmarsheim avec une abbaye de femmes, célèbre par son église romane ; la seigneurie comptait en tout une quarantaine de localités.

2. *Seigneurie de Masevaux*. Les terres de la seigneurie de Masevaux (Massmünster), situées dans la vallée supérieure de la Doller, appartenaient primitivement à l'abbaye de ce nom, fondée au VIIIᵉ siècle dans les solitudes des Hautes-Vosges. Les comtes de Ferrette, devenus avoués du monastère, s'emparèrent peu à peu des domaines confiés à leur garde ; quand les Habsbourgs leur succédèrent, ils continuèrent la même politique, et finalement il ne resta guère que la dîme aux dames nobles de l'abbaye. La petite communauté de Masevaux, sans être jamais très importante, eut pourtant

1. Tallon, *Notes sur l'ancienne seigneurie de Rougemont. Revue d'Alsace*, 1876, p. 213-244.

de bonne heure ses murs et son double fossé, qui n'empêchèrent pas la prise d'assaut de la ville par les Suédois en 1633. Elle avait acquis une certaine réputation industrielle par la fabrication d'un fil blanc qu'elle exportait en Suisse et dans le sud de l'Allemagne [1]. La seigneurie comptait une quinzaine de petits villages.

3. *Bailliage de Cernay.* Le bailliage de Cernay (*Sennheim*), au nord de la Thur, était formé par la petite ville de ce nom et le village de Steinbach. La ville de Cernay ne comptait qu'un nombre assez restreint de bourgeois (encore au milieu du XVIIIe siècle, il n'y en avait guère que deux cents), mais elle voyait sa population grossir, dans des proportions parfois énormes, lors des grandes foires semestrielles, instituées dès le XIIIe siècle pour la vente du bétail qu'on venait y chercher, tant de tous les coins de l'Alsace que de la Suisse, de la Lorraine et de la Franche-Comté.

Cernay fut emporté d'assaut par les Suédois après la bataille de Wattwiller (1634), et c'est presque sous ses murs que Bernard de Weimar battit le duc de Lorraine, le 15 octobre 1638. L'administration du bailliage était confiée à un prévôt (*vogt*), nommé par le seigneur, et à un conseil de douze magistrats, dont neuf nommés par Cernay et trois par Steinbach, lesquels, groupés en commissions spéciales, s'occupaient de la mise en rapport du domaine communal, des forêts, du magasin de sel, de l'hôpital, etc. [2]. Les revenus de la ville n'étaient pas considérables, au sortir de la guerre de Trente Ans, puisqu'en 1649 elle n'encaissait plus que 213 florins de recettes annuelles. Mais dans les années de paix qui suivirent, elle répara les brèches faites à son patrimoine et vit presque quadrupler ses rentrées en numéraire [3].

4. *Bailliage d'Ensisheim.* Le bailliage d'Ensisheim était le plus septentrional de tous ceux qui constituaient le domaine propre des archiducs, si l'on fait abstraction de certaines parcelles isolées qui se retrouvaient jusque dans la Basse-Alsace. Il était en général fertile et les vastes forêts de la Hart y attiraient les gentilshommes des pays de l'Autriche antérieure, qui venaient s'y livrer aux plaisirs de la chasse, tout en soignant leurs affaires au siège de la Régence. Il était borné à l'est par le bailliage de Landser, à l'ouest

1. Merian, *Topographia Alsatiæ*, p. 33.
2. A. Ingold, *Notices historiques sur la ville de Cernay, Revue d'Alsace*, 1872, p. 201 suiv.
3. *Inventaire des archives de la ville de Cernay*, par Léon Brièle. Colmar, 1872, in-4°. C.C. 2.

par les terres de Murbach et du Mundat supérieur, au nord par le territoire de Colmar.

La ville d'Ensisheim, « que les Francais qui ne savent pas l'allemand, appellent Anxé[1] », existait depuis le XIIIᵉ siècle. Elle ne fut jamais très étendue, ni très populeuse[2]: mais comme centre administratif de l'Alsace autrichienne, elle hébergeait dans ses murs un assez grand nombre de familles nobles et de fonctionnaires supérieurs, sans compter les visiteurs, les solliciteurs, les membres des diètes provinciales et les princes eux-mêmes avec des suites nombreuses[3]. Aussi présentait-elle parfois une animation considérable et ses beaux édifices[4], dont quelques-uns subsistent encore, faisaient l'admiration des populations voisines. En dehors de son enceinte fortifiée, rectifiée au XVIᵉ siècle d'après les conseils du célèbre ingénieur strasbourgeois Specklin, la ville possédait un château très fort, espèce de citadelle isolée, qui ne put cependant la protéger de tous les malheurs qu'elle eut à subir pendant la lutte trentenaire, alors qu'elle fut prise et reprise successivement par les Suédois (1632), les Impériaux (1634), les Français (1635), les Weimariens (1637) et les Lorrains (1638). La malheureuse cité était à peu près déserte en 1639; des trois cents maisons qui se trouvaient dix ans auparavant dans l'enceinte de ses murs maintenant détruits, c'est à peine si une trentaine restaient debout[5], et pour toute l'année les registres paroissiaux ne mentionnent qu'un seul baptême. Après 1648, on construisit partiellement la ville sur un emplacement nouveau. Pour favoriser ce mouvement autant que pour respecter les traditions locales, le gouvernement français y établit en 1657 le Conseil souverain; mais en 1662, il n'y avait encore que quatre-vingts bourgeois. Plus tard, la paix aidant, Ensisheim reprit son aspect agréable, et vers 1680, un voyageur affirmait que les maisons y étaient « des plus jolies que j'aye vues en Allemagne; les orne-

---

1. *Mémoires de deux voyages*, p. 65. Ce n'était déjà pas si mal prononcer, puisque encore aujourd'hui les natifs du pays prononcent à peu près de même « Enssé ».

2. Au milieu du XVIᵃ siècle, au moment de sa plus grande prospérité, Ensisheim comptait à peine 200 bourgeois. Voy. pour des détails l'*Histoire d'Ensisheim* de l'abbé Mercklen, Colmar, 1840, 2 vol. in-8.

3. Quand l'archiduc Maximilien ouvrit les Etats en septembre 1604, il arriva avec 379 personnes et 349 chevaux, qui purent tous être logés dans la ville. Mercklen, *Ensisheim*, II, p. 94.

4. Il faut mentionner surtout le palais de la Régence (*Regimentshauss*) terminé en 1535, qui est exécuté dans le plus beau style de la Renaissance, la grande église paroissiale, l'arsenal, construit en 1600, et le Collège des Jésuites, bâti en 1614.

5. Mercklen, II, p. 110.

ments de peinture et les colifichets gotiques y abondent dedans et dehors[1] ». Vers la fin du siècle, la ville comptait de nouveau 200 maisons avec environ 1,200 âmes[2].

A la tête de l'administration municipale se trouvait un bailli (*stattvogt*) nommé par le souverain ; c'était généralement un noble et parfois un membre de la Chambre des Comptes, suppléé, s'il le voulait, par un lieutenant de bailli (*untervogt*). A côté de lui, fonctionnait un prévôt (*schultheiss*), également nommé par l'archiduc, qui devait défendre à la fois les droits du prince et les privilèges des bourgeois. C'était le juge ordinaire du lieu. Il y avait en outre quatre conseillers nobles et douze conseillers plébéiens, fonctionnaires publics pour la plupart; qui formaient ensemble le sénat. Nous sommes ici en présence d'une organisation municipale toute particulière, dépendant absolument du pouvoir central, et nous voyons le spectacle rare d'une cité supportant sans murmurer les inconvénients inhérents à l'honneur d'être capitale et résidence des pouvoirs publics.

Il y avait une vingtaine de villages sur le territoire du bailliage d'Ensisheim, en y comprenant les quelques petites parcelles ou seigneuries détachées, qui en dépendaient, à savoir celles d'Obersausheim et de Nambsheim du côté du Rhin, et celle de Hattstadt, au sud de la vallée de Munster, au pied des Vosges.

5. *Seigneurie d'Issenheim.* Entre les terres ecclésiastiques du Mundat supérieur et de Murbach, la seigneurie de Bollwiller et le bailliage d'Ensisheim, se trouvait enclavée la petite seigneurie d'Issenheim, ayant appartenu autrefois à l'abbaye de Murbach. Rodolphe de Habsbourg l'échangea contre des terres situées dans les environs de Lucerne ; elle ne comptait que quatre villages. C'est sur son territoire qui fut établi, vers la fin du XVIIe siècle, le célèbre couvent des Antonites de la congrégation de Vienne.

6. *Seigneurie de Bollwiller.* La seigneurie de Bollwiller, ainsi nommée d'après le château construit auprès de la petite ville qui disparut au moyen âge et ne s'est reformée que de nos jours, se trouvait sur les confins du Mundat supérieur, entre Ensisheim et le Soultz de la Haute-Alsace. Elle se composait d'une demi-douzaine de localités, dont les plus importantes étaient Réguisheim et Feldkirch.

7. *Seigneurie de Hohlandsperg.* Cette seigneurie, tirait son

1. *Mémoires de deux voyages*, p.65.
2. La Grange, *Mémoire*, fol. 302.

nom d'un puissant château, construit sur le versant méridional de
la montagne, qui domine l'entrée de la vallée de Fecht ; elle s'étendait sur le versant opposé, et sur la plaine, dans la direction de
Colmar. Presque aussi considérable que le château de Hohkoenigsbourg, le Hohlandsperg, dont les défenses avaient été remaniées
par l'un de ses possesseurs, le célèbre feldmaréchal impérial
Lazare de Schwendi, était encore une place forte au début de la
guerre de Trente Ans. C'est par surprise, et non de vive force, que
les Suédois réussirent à s'en emparer en 1633 ; ils le démantelèrent et depuis il ne fut plus rebâti. De cette baronie dépendaient
plusieurs riches villages et même des villettes, Wintzenheim,
Kiensheim, Morschwiller, Sigolsheim, etc. Les seigneurs de Hohlandsperg avaient en outre des droits sur une partie de la ville impériale de Turckheim et sur le tiers de la petite ville d'Ammerswihr,
située un peu plus au nord.

8. *Seigneurie de Villé.* La seigneurie de Villé, ou d'Orten-
bourg, comme on l'appelait autrefois du nom d'un château qui s'y
trouvait, occupait dans la vallée de ce nom l'un des versants de la
montagne, l'autre formant le Comte-Ban, domaine du Grand-Chapitre de Strasbourg. Elle s'étendait depuis la vallée de la Liepvre
jusqu'à la vallée de la Bruche, comprenait Scherwiller, encore
situé dans la plaine d'Alsace, et remontait vers l'est, jusqu'à
Bourg-Bruche et Saales. On y comptait en tout une vingtaine de
villages, souvent dévastés au XVIIe siècle par des bandes de pillards lorrains, comme tous les pays de passage conduisant du haut
plateau occidental en Alsace.

9. *Seigneurie de Hohkoenigsbourg.* Sur les confins même de la
Haute et Basse-Alsace s'élèvent jusqu'aujourd'hui les ruines majes-
tueuses du plus vaste des châteaux forts que le moyen âge a établis
sur la crête ou sur les promontoires orientaux des Vosges. On
ignore l'origine du Hohkoenigsbourg, car c'est sans preuves bien
sérieuses qu'on l'attribue aux Hohenstaufen. Fief de Lorraine au
XIVe siècle, la forteresse d'Etuphin, — c'est sa dénomination française, — passe plus tard aux Habsbourgs, qui tout en gardant pour
eux la suzeraineté de cette imposante citadelle, la concèdent suces-
sivement à différentes familles. Difficile à attaquer sur son cône
pointu, du côté de la plaine, le Hohkoenigsbourg n'en fut pas
moins, pendant la guerre de Trente Ans, pris et incendié par les
troupes suédoises. Il ne fut pas réparé depuis. Un seul village,
celui d'Orschwiller, dépendait de la seigneurie.

Nous n'avons examiné dans ce paragraphe que les seigneuries autrichiennes plus importantes, formant corps pour ainsi dire, et nous n'avons mentionné aucune des petites terres isolées, détachées du domaine direct de la maison de Habsbourg et données en fief à tel ou tel gentilhomme de la Haute ou Basse-Alsace. Leur énumération aurait d'autant moins de raison d'être qu'elles ont été continuellement engagées, reprises, rachetées, vendues, passant sans cesse de main en main, surtout au XVIIe siècle. Ces mutations peuvent présenter quelque intérêt pour l'histoire des familles, elles n'en ont pas pour l'histoire politique de l'Alsace. Nous laissons donc délibérément de côté tous les fiefs autrichiens du Sundgau et de la Haute-Alsace, alors aux mains des Reinach, des Schauenbourg, des Ferrette[1], des Andlau, des Flachslanden, des Zu Rhein, des Waldner de Freundstein, etc. Ceux qui voudraient connaître les noms de leurs possesseurs vers la fin du XVIIe siècle pourront consulter le *Mémoire* de La Grange[2] ou l'*Etat général par ordre alphabétique des fiefs de la maison d'Autriche*, dressé au XVIIIe siècle qui se trouve aux archives de la Haute-Alsace[3].

§ 4. LA VILLE ET FORTERESSE DE BRISACH

Notre énumération serait incomplète pourtant, si nous ne parlions pas ici de la ville et forteresse de Brisach, qui, bien que située depuis des siècles sur la rive droite du Rhin, dans le Brisgau[4], ne s'en rattache pas moins au XVIIe siècle, et cela de la façon la plus intime, à l'histoire d'Alsace. Non seulement elle fut, avant et après 1638, la citadelle principale et la « clef de l'Allemagne », mais elle est restée jusqu'à l'occupation de Strasbourg, pendant plus de quarante ans, le siège officiel de l'administration française pour toute la province, et ne cessa même, alors, d'y jouer un rôle

1. Les Ferrette du XVIIe et du XVIIIe siècle, bien qu'ils se fissent appeler *Edle von Pfirt* et qu'ils aient obtenu de Louis XV le titre de barons, étaient de noblesse assez récente et n'ont aucun lien de parenté avec les comtes du moyen âge.
2. La Grange, *Mémoire*, fol. 254-261.
3. A.H.A. C. 25. « Avec indication des différents feudataires et description de la nature et contenu de chaque fief. »
4. On sait que le Rhin a plusieurs fois, au moyen âge, — pour ne point parler des temps antérieurs. — opéré des changements considérables sur sa rive alsacienne, engloutissant des villes et des villages ou les faisant passer sur la rive opposée. C'est ce qui est arrivé pour Brisach, qui fut d'abord changé en île, puis transféré sur la rive droite par un caprice du fleuve.

important jusqu'au jour où elle fut rétrocédée à la maison d'Autriche.

Située sur un roc escarpé, sur les bords même du Rhin, la ville était étroite, et n'avait qu'une rue assez large « avec de belles maisons peintes et vitrées à l'allemande ». Le château était « un bâtiment extrêmement fort et massif, où l'on voit une haute tour carrée dont les pierres sont taillées en pointes de diamants ». L'église était de médiocre grandeur, mais possédait un maître-autel, enrichi de sculptures sur bois fort délicatement travaillées; « l'ouvrier a pris beaucoup de soin à tailler les cheveux et la barbe de toutes les figures qui y sont, et la statue du Père Eternel qui sort à demi d'un nuage, bien guedronné, a sa barbe et sa chevelure beaucoup plus amples, plus éparpillées et frisées que celles de saint Gervais et saint Prothais, patrons de cette église ». Au milieu de la grand'rue se trouvait « une tour quarrée qui sert comme de couverture à un beau puits, où les filles de joye sont condamnées pour punition à tirer de l'eau pour le public. Brisac étant situé sur une hauteur, on juge bien que ce puits est extrêmement profond et que la peine est assez rude. Il se trouve néanmoins des soldats au cœur tendre et pitoyable qui souvent vont les soulager dans ce travail[1] ». Derrière l'église s'étendaient des terrasses, « d'où l'on découvre un horizon de dix à douze lieues presque à la ronde... La plus belle vue est... du côté de l'occident où l'on découvre du midi au septentrion cette longue chaîne de montagnes de la Vange qui laissent voir dans l'éloignement un terrain diversifié de prairies, de vignobles et de terres à bled, et parsemé d'un nombre infini de châteaux, de villes et de villages, dont toute l'Alsace est remplie, ce qui la rend sans contredit un des plus beaux et des meilleurs païs de l'Europe[2] ».

Brisach ayant été bloqué et menacé d'un siège pendant la guerre de Hollande, le gouvernement royal fit construire, après 1675, une série d'ouvrages nouveaux pour rendre la ville, déjà si forte de nature, à peu près imprenable. Quand le voyageur que nous citions à l'instant y revint pour la seconde fois, « ce n'étaient que barrières, ravelins, corps de garde, demi-lunes et autres ouvrages de fortifications que l'eau du Rhin environne de toutes parts ». Il considérait « avec étonnement les milliers d'ouvriers..., massons travaillant au revêtement des courtines, journaliers remuant la terre, l'ouvrant avec la pioche, la portant à la hotte, l'enlevant dans des brouettes et des tombereaux », et toute cette activité incessante lui

---

1. *Mémoires de deux voyages*, p. 55.
2. *Ibid.*, p. 57.

donnait « une idée de cette multitude de peuples qui bâtirent autre-fois les piramides d'Egypte[1] ».

Dans une ville aussi resserrée et aussi remplie de soldats (il s'en trouvait 5,000 à Brisach en 1675), la magistrature suprême devait se trouver peu à l'aise et les bourgeois pacifiques aussi. Quand M. le président du Conseil supérieur était obligé de tenir ses audiences « au bruit de vingt-cinq ou trente tambours qui battaient devant ses fenêtres pour monter la garde », on était vraiment en droit de trouver « Thémis assez mal logée au milieu de l'horreur des armes et du bruyssement des tambours de Mars[2] ». C'est là ce qui amena le déplacement d'une partie de la population civile de Brisach. La plupart des ouvriers qui travaïllaient aux fortifications campaient sur une île du fleuve, située vers la rive alsacienne, dans des huttes et des baraques qu'on appelait ironiquement la Ville-de-Paille. Cette île, traversée par la grande route qui conduisait au pont, était couverte de ronces et de buissons, entremêlés de quelques grands chênes. Le roi donna ordre de raser ces taillis, et d'y construire une cité nouvelle, assurant de notables privilèges à ceux qui viendraient s'y fixer. Le Conseil supérieur y fut transféré par arrêt du 18 juin 1681, et sa résidence future fut baptisée Ville-Neuve-de-Saint-Louis. A côté du nouveau palais de justice s'éleva une église placée sous le vocable de Saint-Louis; la plupart des magistrats, le directeur de la fonderie royale, un couvent de moines augustins s'y établirent. Le sol était spongieux, les caves mal étanches, mais on y jouissait de beaux jardins. Dès 1681, « le camp de barraques et de paille était devenu une ville de pierre et de brique, fort agréable, ayant des rues tirées à la ligne, de jolies maisons et une assez belle église, le tout bien fermé d'une bonne muraille et environné d'un bras du Rhin[3] ».

La ville de Saint-Louis-Brisach semblait donc en voie de pros-périté, quand le traité de Ryswick n'imposa pas seulement à Louis XIV la rétrocession de la forteresse de Brisach à la maison d'Autriche, mais stipula en outre la démolition de la cité nouvelle. A la grande désolation des habitants de Saint-Louis, dont plusieurs moururent de douleur, nous dit-on, à l'idée de devoir quitter leurs demeures, la ville fut rasée, et, peu d'années plus tard, il n'en restait plus que quelques pans de murs, recouverts de buissons, de ronces et d'herbages[4].

1. *Mémoires de deux voyages*, p. 50.
2. *Ibid.*, p. 54.
3. *Ibid.*, p. 51.
4. Ichtersheim, *Topographie*, II, p. 78-79.

C'est alors que le gouvernement français, craignant à son tour de voir un débarquement subit s'opérer, sous la protection des canons de Brisach, sur la rive gauche du Rhin, et trouvant Ensisheim, Colmar et Schlestadt trop éloignés du fleuve pour en défendre les approches, ordonna de construire dans son voisinage immédiat, sur un terrain plat et caillouteux, recouvert d'une maigre végétation forestière, une place forte nouvelle, à laquelle on donna le nom de Neuf-Brisach. Il acheta au prince de Montbéliard le village de Wolf-gantzen qui occupait l'emplacement choisi; pour amener les matériaux de construction, il fit creuser depuis Rouffach et Guebwiller un canal qu'alimentèrent les eaux dérivées de la Thur, de la Lauch et de l'Ill, et dès 1699, l'octogone régulier de la forteresse, coupé par deux rues monotones, entrecroisées, s'élevait hors de terre, flanqué du fort Mortier, comme poste avancé.

La ville de Brisach possédait sur le territoire alsacien le village de Biesheim, engagé par la maison d'Autriche, et dont elle resta propriétaire jusqu'au milieu du XVIIIᵉ siècle.

§ 5. PRINCIPALES MUTATIONS DES SEIGNEURIES AUTRICHIENNES AU XVIIᵉ SIÈCLE

Une bonne partie des territoires que nous venons d'énumérer, tout en appartenant à la maison d'Autriche au XVIIᵉ siècle, ne contribuaient guère à grossir ses revenus, car ils étaient engagés, quelques-uns depuis plus d'un siècle, à divers seigneurs, soit comme récompenses pour des services qu'on n'avait pu immédiatement payer en argent, soit comme garanties de sommes considérables, qu'ils n'auraient pas prêtées sans doute contre une simple reconnaissance princière ou le reçu du souverain.

La plupart des terres engagées au XVIᵉ siècle l'avaient été à deux personnages, également utiles aux Habsbourgs, à savoir à Lazare de Schwendi, le célèbre homme de guerre, l'adversaire des Ottomans, et à Nicolas de Bollwiller (ou de *Pollweil* comme on disait alors de préférence), *unterlandvogt* ou lieutenant du grand-bailli pour la Haute-Alsace. On avait pu en faire en toute sécurité des détenteurs des terres patrimoniales de la maison d'Autriche. D'autres domaines avaient été engagés à la famille des Fugger, à ces richissimes banquiers d'Augsbourg, si utiles, eux aussi, à Charles-Quint et à ses successeurs, et qui avaient été créés comtes du Saint-Empire pour les services déjà rendus et pour ceux qu'on attendait encore de leur crédit. Les autres engagistes étaient de hauts fonctionnaires de la Régence, les Stadion, les comtes de Soultz, etc. Au point de vue politique, toutes ces substitutions d'usufruitiers ne présentaient aucun danger.

Mais la guerre de Trente Ans vint modifier subitement cet état de choses, longtemps avant que l'Alsace fût officiellement revendiquée par la France. Le gouvernement des archiducs étant en guerre avec l'Union de Heilbronn, avec les Suédois comme avec les protestants d'Allemagne, avec Bernard de Weimar comme avec Louis XIII, les engagements faits par eux furent regardés comme nuls et non avenus, ou déclarés caducs par leurs adversaires.

Les Bollwiller n'existaient plus à cette époque, mais leur héritière avait épousé un Fugger, dont la famille se trouvait de la sorte en possession des seigneuries de Ferrette, Florimont, Masevaux, Issenheim, Bollwiller, Hohkœnigsbourg et Villé. La seigneurie de Hohlandsperg était au même moment entre les mains du baron de Leyen, époux en secondes noces de la petite-fille de. Lazare de Schwendi. La seigneurie de Rougemont enfin était occupée par M. de Stadion. Tous ces engagistes furent provisoirement écartés par la loi du vainqueur. Bernard de Weimar espérait bien englober leurs domaines dans le landgraviat d'Alsace que la France lui avait permis d'entrevoir, et qu'il rêvait d'étendre, tout en l'émancipant d'une tutelle gênante. Mais la mort du conquérant de Brisach vint mettre un terme à ses projets ambitieux. La couronne de France commença dès lors à distribuer des parcelles de ce butin d'Autriche aux généraux et aux colonels de l'armée weimarienne, entrés à son service immédiat. C'est ainsi que la seigneurie de Ferrette fut conférée au major général de Taupadel ; celle d'Altkirch donnée en 1639 au colonel Betz, natif de Sainte-Marie-aux-Mines ; celle de Morimont, en 1641, à Robert de Vignacourt, commandant de Porrentruy ; celle de Landser en 1645 aux Herwart ; celle de Cernay au major général Wolfgang de Schoenebeck ; celle de Bollwiller à Reinhold de Rosen ; celle d'Issenheim à Jean de Rosen, dit le Tort, etc.

Quand une fois la paix de Munster eut été signée, et que la situation fut éclaircie par la cession en bonne et due forme des domaines autrichiens, il fallut bien songer pourtant aux anciens engagistes, dont les droits n'étaient pas contestés d'ailleurs, en théorie du moins[1]. Mais que faire des usufruitiers intérimaires, si je puis

1. Les négociateurs chargés de régler à Nuremberg le détail des mesures stipulées à Munster et à Osnabrück, avaient à plusieurs reprises discuté

m'exprimer ainsi ? Les longues querelles de la Fronde facilitèrent
les arrangements futurs à leur égard ; les uns moururent, les
autres prirent patience en profitant, durant quelques années encore,
de revenus qu'ils savaient précaires, et quand, en 1659, la paix des
Pyrénées rendit enfin le calme à l'Europe, le jeune monarque
liquida, comme nous l'avons vu, les conquêtes autrichiennes avec
une générosité toute royale, en donnant à son principal ministre la
majeure partie des seigneuries de la Haute-Alsace et du Sundgau,
Ferrette, Altkirch, Thann, Belfort, Issenheim et Delle ; le fils de
Taupadel était dédommagé par le modeste fief de Blotzheim ; M. de
Reinach, gendre de Schœnebeck, gardait Cernay et y joignait Rougemont[1]. Landser restait aux Herwart et Bollwiller aux Rosen. La
seigneurie de Hohlandsperg, âprement disputée pendant trente ans
entre une ligne collatérale des Schwendi et le baron de Leyen, fut
adjugée par le Conseil souverain à la première. Mais après 1680,
Louis XIV, qui ne voulait plus de feudataires étrangers en Alsace,
la reprit et la donna au baron de Montclar, commandant militaire de
la province, auquel succéda en 1690 son gendre, le marquis de
Rebé. La seigneurie de Masevaux passa des Rosen à un autre
officier général, le comte de Rottembourg ; celle de Villé fut octroyée
à un brigadier des armées du roi, M. de Zurlauben, Suisse d'origine,
qui obtint pour elle de la faveur royale le titre de baronnie, puis de
comté[2].

Quelquefois les services rendus à la couronne ont été récompen-
sés autrement encore et d'une façon qui nous paraît bien singulière
aujourd'hui. Ce ne sont pas seulement des terres et des revenus
fonciers que confère le roi, mais des émoluments en argent ou en
nature, attachés à l'exercice de certaines charges, que les titulaires
étaient absolument empêchés de remplir, en raison même d'autres
fonctions publiques. C'est ainsi que nous voyons en août 1697 le
conseiller d'Etat François Desmadrys, intendant de Flandre, résidant à Dunkerque, se faire confirmer son office de bailli d'Ensisheim, reçu, en héritage paternel[3], par lettres patentes du 21 janvier 1668. Il possédait également, en vertu de lettres patentes du
16 mai 1674, l'office de prévôt royal de Kaysersberg, obtenu pour

---

cette question.(Voy.Meyern, *Executions-Acta*, I, p.116, 230, 245.) On décida
le paiement d'indemnités qui ne furent réglées en partie qu'au XVIIIe siècle.

1. La seigneurie de Rougemont fut donnée, en 1696, au marquis d'Huxelles,
commandant de la province.

2. *Ordonnances d'Alsace*, I, p. 208.

3. M. Desmadrys père en avait été investi en 1656 pour le récompenser
d'avoir conservé Philipsbourg au roi durant les troubles de la Fronde.

services rendus au siège de Grave. Certainement ce haut fonctionnaire, très occupé à Dunkerque, ne mettait jamais, ou du moins fort
rarement, le pied à Ensisheim ou à Kaysersberg, mais il se substi-
tuait un lieutenant quelconque, modestement salarié, et le reste des
traitements officiels lui constituait une pension, en même temps que
sa charge lui donnait une influence locale, naturellement employée
avec zèle au service du roi [1].

On aperçoit mieux, en réunissant ainsi les faits analogues, les
visées politiques du gouvernement nouveau, et sa manière de procéder pour les atteindre. Il veut évidemment éliminer en douceur
des territoires un peu considérables les vieilles familles de noblesse
allemande, et les y remplacer soit par de la petite noblesse alsacienne, moins influente, et chez laquelle on rencontre déjà des sentiments plus français, soit, de préférence, par une espèce de noblesse
militaire, d'origine française et d'autant plus dévouée au nouvel
ordre des choses que ses intérêts personnels y sont engagés plus
avant [2].

1. *Ordonnances d'Alsace*, I, p. 262. Les revenus de ces deux charges
étaient estimés, par l'édit même à 1,750 livres environ.

2. Une seule des seigneuries autrichiennes, celle de Hohkoenigsbourg,
échappe au XVIIe siècle à cette mutation générale ; le roi en écarte les
Fugger, mais la rend aux Sickingen, famille noble du Palatinat, également
possessionnée dans la Basse-Alsace. Toutefois, il ne faut pas oublier que ce
territoire, riche en forêts, ne comptait qu'un château en ruines et un seul
village. D'ailleurs dès la première moitié du XVIIIe siècle, la seigneurie
suivait le sort commun et , désormais connue sous le nom moins imposant de
seigneurie d'Orschwiller, elle passait aux mains d'un représentant direct
de l'autorité royale, M. de Boug, premier président du Conseil souverain
d'Alsace.

CHAPITRE DEUXIÈME

L'Évêché de Strasbourg

Les princes-évêques de Strasbourg, landgraves de l'Alsace inférieure, étaient après les Habsbourgs, les plus riches dynastes de la province, encore bien que leur puissance politique ne pût pas se mesurer avec celle de nombreux autres princes ecclésiastiques du Saint-Empire romain. Aussi longtemps que des archiducs d'Autriche occupèrent le siège épiscopal, de 1607 à 1662, les revenus de leur territoire augmentèrent, dans des proportions notables, l'influence de leur maison. Mais l'absence d'un centre administratif important, la dispersion de leurs domaines, l'absence aussi d'hommes d'Etat de valeur, empêchèrent, pendant presque toute la durée du XVIIᵉ siècle, les évêques de Strasbourg de jouer le rôle politique auquel l'étendue de leur territoire et les prétentions de leurs prédécesseurs du moyen âge semblaient les appeler.

Le titre de landgraves de l'Alsace inférieure, auquel les évêques prétendaient depuis 1359, date de l'achat par l'évêque Jean de Lichtenberg, d'une partie des domaines du landgraviat aux titulaires d'alors, les comtes d'Oettingen, leur avait été officiellement confirmé par l'empereur Wenceslas en 1384, avec la possession des terres dépendant de la charge de landgrave, lesquelles se réduisaient d'ailleurs à Erstein et au château de Werde. Mais au XVIIᵉ siècle, aucune autorité réelle, aucune fonction ni judiciaire ni administrative ne correspondait plus à ce titre, si ce n'est le droit de présider (ou de faire présider au nom de l'évêque) les assemblées ou diètes de la Basse-Alsace.

Dans la première moitié du moyen âge, l'importance politique des évêques de Strasbourg reposait, en bonne partie, sur la possession d'une place aussi forte que leur ville épiscopale. Depuis la lutte entre le patriciat urbain et l'évêque Gauthier de Geroldseck (1262), cet appui leur faisait défaut ; ils avaient perdu bien plus encore au XVIᵉ siècle, par le développement, dans leur diocèse, de la réforme religieuse, laquelle envahit jusqu'à leur domaine princier et aurait pu le conquérir sans l'énergique appui des Habsbourgs et des ducs de Lorraine. C'est sans doute le voisinage de ce dernier allié qui, partiellement au moins, les détermina à transporter non seulement leur résidence, mais aussi leur capitale politique à l'extrémité occidentale de leur territoire, au débouché même de la grande route de Lorraine, et à faire de Saverne, ville assez insignifiante alors, le siège de la Régence épiscopale. On s'éloignait de la sorte, autant que possible, de la grande ville hérétique, mais on s'écartait en même temps de la ligne du Rhin, du courant général des affaires, du commerce de toutes les localités importantes qui auraient pu servir de points de ralliement militaires ou de centres industriels et scientifiques. Le territoire de l'évêché ne présentait d'ailleurs nulle part une véritable cohésion ; il s'étendait bien des Vosges jusqu'au Rhin, mais il était coupé, haché par une foule d'enclaves appartenant aux Hanau-Lichtenberg, à la ville de Strasbourg, aux Habsbourgs, à la noblesse immédiate, etc. On y peut distinguer cependant deux masses principales, l'évêché proprement dit dans la Basse-Alsace et le Mundat supérieur dans la Haute-Alsace. Nous ne mentionnons que pour mémoire un troisième groupe, qui ne rentre pas dans le cadre de ce tableau, celui des bailliages épiscopaux d'outre-Rhin.

L'évêché proprement dit comptait environ 115 villes, villages et hameaux, partagés entre sept bailliages (*Aemter*). Le premier, celui de *Saverne*, qui s'étendait à l'entrée de la vallée de la Zorn, comprenait la ville de ce nom, sa banlieue et quelques villages, dont Steinbourg. Le second, qui longeait également la chaîne des Vosges, avait pour chef-lieu *Schirmeck*, et comme localités plus importantes, Mutzig, Niederhaslach et Otrott. Un peu plus à l'est, vers Strasbourg, se plaçait le bailliage du *Kochersberg*, aux collines fertiles, aux gros villages, groupés autour du château fort, souvent assiégé, pris et repris, qui a donné son nom à toute la contrée. Le bailliage de *Dachstein* comprenait la majeure partie des localités situées entre Molsheim et Strasbourg ; c'étaient Dachstein, vieille forteresse épiscopale du moyen âge, restaurée en 1619 par l'évêque Léopold, et qui joua encore un certain rôle militaire dans les campagnes de Turenne ; Molsheim, résidence épiscopale avant Saverne, dont l'Académie catholique fut, au xviie siècle, un centre intellectuel et religieux d'où l'hérésie devait être battue en brèche par la puissante Compagnie de Jésus ; Wolxheim avec ses riches vignobles, etc. Le long du Rhin, immédiatement au nord de Strasbourg et remontant vers le plateau du Kochersberg, se trouvait le petit bailliage de la *Wantzenau*, avec ses forêts et ses îlots du Rhin. Au sud de Strasbourg, tout en plaine, s'étendait l'ancien bailliage de *Bernstein*, appelé bailliage de *Benfeld* depuis la fin du XVIe siècle, où Benfeld était, depuis la guerre des Evêques, une place forte d'une certaine importance, formant un pentagone régulier sur les bords de l'Ill ; elle fut le centre des forces suédoises en Alsace depuis la prise de la ville par Horn, en 1632, jusqu'au moment où elles la démantelèrent en l'évacuant (1650). Le bailliage comprenait en outre quelques autres villettes, entourées de murs à moitié ruinés : Dambach, devant lequel le dauphin Louis vint échouer, en 1445, avec ses bandes d'Armagnacs, Epfig, Rhinau, etc. Plus près encore du Rhin, sur les terrains caillouteux et stériles du Ried, le bailliage de *Marckolsheim* était le plus pauvre et le moins peuplé de tous.

A ces sept bailliages septentrionaux on pourrait en ajouter un huitième, celui de *Reichshoffen*, qui tout en appartenant géographiquement à l'Alsace, relevait féodalement des ducs de Lorraine. Donné en fief par ceux-ci aux évêques dès le XIIIᵉ siècle, il avait été concédé par eux aux comtes de Deux-Ponts. Mais après l'extinction de la famille comtale en 1570, l'évêché l'avait repris pour la durée de près d'un siècle, jusqu'à ce qu'en 1664 François-Egon de Furstemberg rétrocédât ses droits au duc de Lorraine.

En dehors de leurs domaines de la Basse-Alsace, les évêques possédaient comme seigneurs temporels[1], dans la Haute-Alsace, les bailliages du Mundat supérieur, détachés de très bonne heure de la juridiction des comtes royaux, et donnés, ainsi que le nom l'indique, comme terres affranchies (*emunitas, mundatum*) au siège épiscopal de Strasbourg. Le chef-lieu administratif de ce territoire, situé entre l'Ill, les Vosges et le Sundgau, était Rouffach, « ville belle et grande, avec d'élégantes maisons[2] », où devait résider comme représentant de l'évêque, un des chanoines du Grand-Chapitre, souvent absent lui-même et suppléé par un grand-bailli. Les terres du Mundat supérieur, comprenant 17 villages, se subdivisaient en trois bailliages, celui de *Rouffach*, celui de *Soultz*, avec la petite ville de ce nom[3], et celui d'*Eguisheim*, le plus insignifiant des trois. Quelques familles nobles, vassales de l'évêché, les Schauenbourg, les Waldner de Freundstein, etc., y possédaient divers autres villages.

L'évêché de Strasbourg eut énormément à souffrir durant la guerre de Trente Ans, comme toutes les terres de la Basse-Alsace, lieux de passages continuels pour toutes les armées. Il avait été

---

1. Au spirituel le Mundat supérieur relevait de l'évêché de Bâle.
2. Ichtersheim, *Topographie*, II, p. 27. En 1697, il y avait 350 maisons avec une population de 2,500 âmes. La Grange, *Mémoire*, fol. 308.
3. En 1697, elle comptait 200 maisons avec 1,200 âmes. La Grange, fol. 306.

grevé déjà de lourdes contributions par ses évêques eux-mêmes pour défendre la cause catholique[1]; il le fut davantage encore quand le triomphe de Gustave-Adolphe sembla livrer aux Suédois et à leurs alliés la province tout entière, et que l'existence même du territoire épiscopal fut mise en question. Un *Etat de l'évêché*, non daté, mais qui doit se rapporter environ à l'année 1639, en énumère les bailliages avec des annotations désolées. Le bailliage du Kochersberg est détenu par la ville de Strasbourg à titre de donation suédoise; il en est de même pour le bailliage de la Wantzenau. Le bailliage de Reichshoffen a été mis en cendres par les Suédois. Le bailliage de Dachstein est usurpé présentement par le rhingrave; le bailliage de Benfeld par la couronne de Suède; celui de Schirmeck par les héritiers du sieur Schuwaliski; celui de Marckolsheim par quelqu'un des hauts officiers de feu Bernard de Weimar à Brisach; outre-Rhin le bailliage d'Ettenheim est détenu par le sieur Streiff en donation suédoise, et le bailliage d'Oberkirch a été pris par le commandant suédois de Benfeld; Rouffach est entre les mains du gouverneur français de Colmar; la ville de Soultz est détenue par le général de Rosen à titre de don fait par la couronne de Suède[2]. On voit qu'il ne reste rien ou à peu près rien de toutes les terres si nombreuses de l'évêché, à la disposition du possesseur légitime. Le siège même du gouvernement, Saverne, était occupé par les Français et une fraction de la Régence avait dû émigrer à Oberkirch pour administrer les bailliages transrhénans, mais, à vrai dire, il n'y avait plus de gouvernement possible nulle part et les conseillers, retirés à Oberkirch, comme ceux restés à Saverne, n'exerçaient plus aucune autorité en Alsace. Finalement, ces derniers abandonnèrent leur poste, quand on voulut les contraindre à prêter hommage au roi[3].

L'administration du territoire dans la première moitié du XVIIe siècle, fut rarement exercée par les titulaires du siège de

1. Pour l'année 1630, les comptes du *landtschreiber* Charles Nierlin (*angekündte Contribution zu Underhalt der catholischen Liga*) marquent un total de 20,529 florins; pour les contributions de guerre de 1632, 31,922 florins. Dès 1631, les exstances dépassent les deux tiers des sommes à encaisser, ce qui montre combien les ressources de la population sont déjà épuisées. (A.B.A. G. 2555.)

2. A.B.A. G. 198.

3. Lettre de l'évêque Léopold Guillaume, datée de Vienne, le 21 avril 1638, ordonnant le transfert à Oberkirch, A.B.A. G. 430. Dans ce dossier se trouve aussi un rapport de la section d'Oberkirch au prélat, exposant les inconvénients multiples de la mesure adoptée. Le seul baron Christophe de Wangen resta à Saverne et y mourut en 1645, « misero hoc belli tempore unice hic relictus. » (*Revue d'Alsace*, 1865, p. 35.)

Strasbourg eux-mêmes. Le cardinal Charles de Lorraine et plus encore les deux archiducs, ses successeurs, n'occupaient pas souvent le château de Saverne, et plus tard encore, sous les deux Furstemberg, l'absence de l'évêque fut presque continuelle, motivée soit par les embarras des campagnes en Alsace, soit par le triste état de la résidence princière, soit enfin par les nécessités de la politique, qui conduisaient le prélat à la cour du monarque, ou l'employaient à des négociations diplomatiques. En fait, l'administration séculière (et c'est de celle-là seule que nous avons à parler ici) reposait entre les mains de la Régence établie à Saverne, sous la surveillance d'un administrateur général, qui était généralement le grand-doyen du Chapitre. Le Conseil de Régence devait à la fois surveiller et contrôler l'administration civile, et former une juridiction intermédiaire entre les justices locales et le tribunal suprême de l'Empire; il jugeait également les contestations entre l'évêque et ses vassaux et les querelles des vassaux entre eux. Le privilège *de non evocando*, c'est-à-dire le droit de juger exclusivement leurs sujets, octroyé aux évêques dès le XIVᵉ siècle par l'empereur Charles IV, avait encore été étendu par l'empereur Maximilien II en 1570. Le Conseil s'appelait, en tant que cour de justice, « la Chancellerie » (*Kanzlei*), en tant que corps administratif, « la Régence ». (*Regierung*). Il eut une organisation plus développée à la suite d'un édit de l'évêque Jean de Manderscheidt, du 22 août 1578, qui régla minutieusement la marche de ses délibérations. Comme corps judiciaire, la Régence devait tenir dorénavant quatre sessions régulières par an; le nombre des conseillers était fixé à huit, les uns à poste fixe ou ordinaires, les autres en service extraordinaire et non tenus à résidence. L'administrateur général, le *Statthalter*, les présidait, et un greffier tenait note de leurs arrêts. Un traitement fixe était attaché dorénavant à toutes ces fonctions[1].

En 1617, l'évêque Léopold adjoignait à ce personnel, à titre de ministère public permanent, un procureur fiscal, qui fut aussi chargé de diriger la procédure civile et criminelle des tribunaux inférieurs, de veiller à ce qu'on appliquât partout la constitution de Charles-Quint, la *Caroline*, d'empêcher qu'aucune exécution capitale eût lieu à l'avenir avant que l'évêque en eût donné l'autorisation. Léopold-Guillaume à son tour, en 1658, attacha un autre ministère pu-

---

1. Le président touchait 2,000 florins, 100 rézaux de froment, 100 rézaux de seigle, 360 rézaux d'avoine, 15 foudres de vin; chacun des conseillers résidents, 200 florins, 40 rézaux de céréales, 60 mesures de vin. En outre, ils touchaient les *épices* des procès jugés.

blie au Conseil en tant que cour féodale, en y créant un prévôt des fiefs. Son successeur, François-Egon de Furstemberg, s'appliqua surtout à réorganiser l'administration financière de l'évêché. Son ordonnance de 1663 enjoignait à la Chambre des Comptes de siéger régulièrement deux fois par semaine, pour prendre connaissance de toutes les affaires et pour contrôler toutes les comptabilités du diocèse.

Au point de vue politique, le Conseil de Régence, pas plus que le nouvel évêque lui-même, ne sembla d'abord disposé à renoncer à l'immédiateté de l'Empire et à se séparer ainsi des autres Etats de l'Alsace. Encore en 1671, il promulguait un édit menaçant de châtiments corporels et de la confiscation de tous leurs biens, les sujets épiscopaux qui prendraient du service à l'étranger (c'est-à-dire auprès des Français [1]). Quand Turenne descendit en Alsace, les membres de la Régence vinrent chercher un abri derrière les murs de la ville de Strasbourg, contre laquelle ils n'avaient cessé d'intriguer [2]. Mais immédiatement après la paix de Nimègue, François-Egon fit apparemment de judicieuses réflexions sur l'équilibre inégal des forces entre Léopold Ier et Louis XIV, et quand le Conseil souverain de Brisach eut prononcé la réunion des terres de l'évêché au domaine de la couronne de France, il ne fit aucune opposition sérieuse à la volonté royale [3], d'autant plus que le souverain traita son nouveau vassal avec une faveur très marquée. A peu près tous les anciens privilèges régaliens furent confirmés, à lui d'abord, puis à son frère Guillaume-Egon, en septembre 1682, sauf le droit de battre monnaie, que Louis XIV regardait avec raison comme l'un des plus significatifs aux yeux du populaire. Le Conseil de Régence était maintenu comme cour d'appel, comme tribunal de première instance et comme cour féodale. Seuls, les appels pour affaires excédant 500 livres pouvaient être portés au Conseil souverain. Les membres de la Régence étaient dorénavant au nombre de sept, dont un conseiller d'épée, plus quelques conseillers honoraires, un procureur fiscal général avec deux substituts, un secrétaire greffier avec deux commis aux écritures et deux huissiers.

La Chambre des Comptes restait chargée de l'administration proprement dite, surtout de celle des finances, et revisait tous les comptes des bailliages. Elle se composait dorénavant d'un direc-

1. Dag. Fischer, *Revue d'Alsace*, 1865, p. 37.
2. Walter, *Chronique*, fol. 275b.
3. On a lu dans un des chapitres précédents, la lettre habile qu'il écrivit alors au roi, Voy. p. 247.

teur, de trois conseillers, dont l'un portait le titre de receveur général de l'évêché, d'un greffier et d'un commis greffier. Tous ces
offices étaient primitivément à la nomination de l'évêque. Mais désireux d'éteindre quelques-unes des dettes qui pesaient sur ses
domaines, Guillaume Egon, imitant son protecteur, et avec son
approbation, décida d'introduire la vénalité des offices, par édit du
30 mars 1693. Ceux qui les détenaient durent financer pour en rester titulaires ou céder la place à d'autres. Cette première opération
lui ayant donné de beaux bénéfices, l'évêque sollicita et obtint un
nouvel arrêté du Conseil d'Etat, en date du 23 mars 1694, qui
changeait également en offices vénaux toutes les charges de prévôts
de village, receveurs, procureurs fiscaux de bailliages, tant de
l'évêché que du Grand-Chapitre. Le trésorier général, Mᵉ Aubert,
était chargé de procéder à la vente aux enchères de ces offices au
plus offrant et les acquéreurs ne pourraient être révoqués dorénavant de leurs charges, si ce n'est pour malversation bien et dûment
constatée [1].

Grâce à l'étendue des terres de l'évêché, les revenus en étaient
assez considérables en temps de paix; ils consistaient pour une
bonne part en redevances en nature, qui étaient, soit emmagasinées
pour les temps de disette, soit mises en vente au profit du fisc, soit
consommées sur place, tant par les fonctionnaires de tout ordre,
dont elles constituaient le principal salaire, que par les garnisons
des places épiscopales. Mais quand la guerre éclatait, quand les
campagnes étaient pillées par les partis ennemis, et que la disette
régnait partout, la différence de la situation budgétaire se faisait
d'autant plus durement sentir que la population du territoire était
presque exclusivement agricole et rurale. Une estimation officielle
des revenus épiscopaux, antérieure à la guerre de Trente Ans, en
porte l'ensemble, après payement de toutes les charges ordinaires
et extraordinaires, ainsi qu'après déduction des intérêts de la dette
publique, à 69,927 florins en argent, à 600 foudres de vin, à
1,720 rézaux de froment, à 4,625 rézaux de seigle, à 1,727 rézaux
d'orge et à 4,522 rézaux d'avoine [2].

On peut dire que la guerre trentenaire appauvrit de plus de moitié les successeurs de saint Arbogast sur le siège de Strasbourg. En
effet, cinq ans après la paix de Munster, en 1653, les revenus de

1. Dag. Fischer, *Le Conseil de Régence de l'Évêché de Strasbourg*, *Revue
d'Alsace*, 1865, p. 29, 49, 124.
2. Dag. Fischer, *Recherches sur les revenus de l'Évêché de Strasbourg*,
Revue d'Alsace, 1875, p. 263.

l'évêché sont indiqués de la façon suivante : 31,803 florins en argent, 274 foudres de vin, 991 rézaux de froment, 2,239 rézaux de seigle, 1,083 rézaux d'orge, et 2,192 rézaux d'avoine[1]. Le chiffre de la dette était presque écrasant quand on le compare à celui des recettes. Elle était évaluée, vers 1665, à 1,800,000 florins[2].

La situation s'est déjà notablement améliorée quinze ans plus tard, comme on peut le voir par le compte des recettes et dépenses pour l'année 1682, dressé par le chancelier de l'évêché, Philippe de Joosten, conseiller au Parlement de Metz. Les impôts divers, énumérés en détail, présentent un total d'environ 96,000 livres. Il n'y en a guère cependant que cinq ou six qui soient une source de revenus sérieux[3]. En face de cette somme, bien modeste encore quand on la compare aux 70,000 florins, touchés un demi-siècle auparavant, se place un total de dépenses se montant à 85,105 livres, dont près de la moitié (soit 41,000 livres) est consacrée au service des intérêts de la dette ; c'est un trait déjà tout moderne dans la physionomie de ce budget[4]. Il ne restait donc, à l'évêque, de ses terres cis-rhénanes qu'un excédent liquide de dix à onze mille livres, auquel il faut ajouter tous les revenus en nature, bois, vins et céréales, ainsi que ceux des bailliages d'Ettenheim et d'Oberkireh. N'oublions pas non plus toutes les recettes découlant de la juridiction spirituelle de l'évêque, qui, pour n'être pas, sans doute, très considérables, doivent entrer cependant en ligne de compte[5].

En tout cas, grâce à l'augmentation de la population et à celle du bien-être, conséquence forcée de la paix qui régna dans la province,

---

1. Dag. Fischer. *Recherches sur les revenus de l'Évêché de Strasbourg*, *Revue d'Alsace*, 1875, p. 263, *loc. cit.*

2. Lettre, non datée (mais qui doit être de 1665), du vicaire général Jean Pleister à l'évêque François-Egon : « Episcopatus est summo aere alieno, quod se circiter extendit ad 1.800,000 florenorum, gravatus. » (A.B.A. G. 198.)

3. La taille ou *Beth* rapportait environ 10,700 livres ; l'impôt foncier ou *Schatzung* : 30,000 livres ; les péages : 8,000 livres ; les impôts sur les boissons (*Umgeld* et *Maaspfenning*) : 11,000 livres ; les droits d'accise : 11,600 livres ; le débit du sel : 16,000 livres ; le reste était fourni par une quinzaine d'impôts secondaires, dont un seul, celui sur les Juifs, atteignait encore 1,500 livres.

4. Dag. Fischer, *Revenus de l'Evêché.* (*Revue d'Alsace* (1875, p. 263-278.)

5. J'ai essayé de me rendre compte de l'importance de ces recettes ecclésiastiques en étudiant le carnet de comptes d'un greffier de la chancellerie épiscopale (*Computus mei Joannis Reineri sigilliferi de receptis et expositis utriusque sigilli curiae et vicariatus generalis Argentinensis* (A.B.A. G. 1434) ; pour l'année allant du 20 sept. 1626 au 20 sept. 1627, il ne note que 118 livres. 6 schellings 8 deniers. Ce n'est évidemment pas le total de ce qu'on a touché pour dispenses de mariage, séparations de corps, admission de clercs à la dispensation des sacrements, etc., durant toute l'année dans le diocèse entier.

les revenus du territoire épiscopal augmentèrent très rapidement à partir de 1685. La Grange les évaluait déjà à 270,000 livres[1]; cinq ans plus tard, le *Mémoire* de 1702 énonçait le chiffre de 300,000 livres[2], et en 1787, c'est à 790,000 livres que Xavier Horrer estimait le total de ce qui rentrait au trésor des princes-évêques de Strasbourg[3].

Le système recommandé par le gouvernement français pour la levée des impôts avait été adopté à ce moment par la plupart des dynastes alsaciens, grâce à la pression des intendants plutôt que parce qu'ils en admiraient les beautés. Ils affermaient leurs revenus territoriaux à des fermiers, qui venaient le plus souvent de l'intérieur ; il en fut ainsi pour l'évêché[4]. La gestion de ces financiers ne fut probablement pas toujours très douce pour les sujets ; mais si l'on s'en tient aux chiffres fournis par les comptes de recettes des différents bailliages, on ne peut que féliciter les maîtres des résultats obtenus, qui attestent la prospérité rapide dès populations sous la domination française[5].

Après avoir présenté de la sorte un aperçu sommaire de l'administration centrale de l'évêché au XVIIe siècle, nous ne reviendrons pas sur l'organisation des bailliages et des communautés rurales dont nous avons parlé au livre précédent. Quant à la manière dont étaient administrées les communautés urbaines plus considérables, il suffira sans doute, pour la faire connaître, d'esquisser en quelques traits l'organisation municipale de la résidence épiscopale elle-même. C'est d'ailleurs, parmi les nombreuses petites villes de l'évêché de Strasbourg, plus ou moins florissantes au moyen âge, la seule qui eût conservé quelque importance à l'époque qui nous occupe, grâce à sa qualité de siège du gouvernement et à sa situation stratégique près de la grande trouée des Vosges, bien que, pour elle aussi, le XVIIe siècle ait été une période d'éclipse profonde et presque de ruine absolue.

Saverne, cédée par l'empereur Frédéric II à Berthold de Teck,

---

1. La Grange, fol. 59.
2. *Mémoire de 1702*, fol. 32a. La dette ne se montait plus qu'à 501,113 livres, en 1699.
3. Horrer, dans La Grange, fol. 65.
4. En 1682, c'était un sieur Faudel qui avait pris à ferme la totalité des revenus de l'évêché ; il eut avec la Régence des difficultés assez sérieuses au sujet de sa gestion.
5. C'est ainsi que le bailliage de Schirmeck rapporte 5,073 livres en 1673 et 25,745 livres en 1725 ; celui de Dachstein 9,227 florins en 1689 et 80,180 livres en 1745 ; celui de la Wantzenau 2,397 livres en 1675 et 12,138 livres en 1705, etc.

qui occupait alors le siège de Strasbourg, était devenue ville épiscopale en 1239. Elle conserva pendant assez longtemps une sérieuse
autonomie ; mais après la guerre des Paysans, soupçonnant la connivence au moins passive des bourgeois avec les rustauds révoltés,
l'évêque Guillaume de Honstein révoqua la plupart de ses antiques
privilèges [1]. Le prévôt (*Oberschultheiss*) avait toujours été nommé
par le seigneur ; mais le sous-prévôt (*Underschultheiss*) et le greffier
(*Stattschreiber*), nommés jusque-là par les bourgeois, devinrent également des fonctionnaires épiscopaux. Les échevins eux-mêmes,
pour pouvoir entrer en fonctions, durent être confirmés par l'évêque.
Cependant on laissa à la ville certaines ressources financières. C'est
dans sa caisse que rentraient les droits de péage et d'octroi, celui
du débit de sel, celui de la réception à la bourgeoisie [2], et plusieurs
autres. Les bourgeois, distribués autrefois en sept tribus (*Zünfte*),
furent groupés par un règlement de 1630, en dix corporations d'arts
et métiers : les boulangers, les bouchers, les tanneurs, les maréchaux-ferrants, les menuisiers, les cordonniers, les charpentiers, les
maçons, les aubergistes et les marchands. Les membres du clergé
et les nobles restaient en dehors de ces cadres de la bourgeoisie,
laquelle s'administrait librement, en théorie du moins, avec le concours d'une foule de délégués, élus à temps, et à titre gratuit, par
le Magistrat. C'est ainsi qu'il y avait les administrateurs de l'hôpital (*Spitalpfleger*), ceux de la léproserie (*Gutleutpfleger*), les inspecteurs de la meunerie (*Mühlbeschauer*), les inspecteurs des greniers
publics (*Fruchtvisitatoren*), ceux des communaux (*Allmendherren*),
les surveillants de la glandée (*Eckerichmeister*), les membres du
bureau de bienfaisance (*Almosenpfleger*) etc. [3]. Un nombre assez considérable de subalternes salariés, bedeaux, surveillants des travaux
publics, veilleurs de nuit, sergents de ville, équarrisseurs, vachers,
porchers et autres, étaient au service de la cité. Celle-ci comptait
dans les premières années du XVIIe siècle, environ 3,000 âmes ;
mais il y avait sans doute dans le nombre bien des étrangers [4]. Ses
recettes se montaient vers la même époque à 3,200 livres pfenning

---

1. Voy. pour les détails, Dag. Fischer, *Étude sur l'organisation municipale de Saverne*, *Revue d'Alsace*, 1865, p. 254.
2. Le droit d'admission était limité par certains règlements. Ainsi, encore
au XVIIe siècle, il était défendu aux bourgeois d'épouser une Française
(*eine Welsche*) ou d'admettre un *Welche* à la bourgeoisie.
3. Fischer, *Geschichte von Zabern*, p. 147.
4. La compagnie de tous les bourgeois armés ne comptait en 1619 que
281 hommes, ce qui me semble indiquer une population totale inférieure au
chiffre donné dans le texte, à moins qu'on admette un chiffre assez considérable de *manants* et d'étrangers.

environ, ses dépenses à 1,640 livres environ ; son budget se soldait
donc avec un reliquat actif très satisfaisant[1]. Mais la guerre de
Trente Ans lui apporta les plus cruelles épreuves ; peu de villes
d'Alsace ont autant souffert que Saverne de 1620 à 1650. Après les
deux attaques qu'elle subit en 1622 de la part d'Ernest de Mansfeld,
et qui ruinèrent ses faubourgs, vint l'occupation française en 1634,
la reprise par les Impériaux, le siège et la prise de la ville par
Bernard de Weimar, en 1637. La terrible disette de cette année
força nombre de bourgeois à s'expatrier pour ne pas mourir de
faim. Au moment où les traités de Westphalie rendaient enfin la
ville à son évêque, elle était couverte de ruines ; les buissons et
les mauvaises herbes encombraient l'espace où avait été jadis la
ville basse, et quand les troupes françaises l'évacuèrent, le 3 octobre 1650, en faisant sauter ses murs et les fortifications du Haut-
Barr, il ne restait plus dans la résidence épiscopale que vingt-
huit bourgeois[2].

Elle n'était pas au bout de ses peines. Dans les guerres qui suivirent, elle est occupée par Turenne, reprise par les Impériaux,
réoccupée par les troupes royales et, par mesure de sécurité militaire, à peu près détruite une seconde fois, en 1677, par ordre de
Louis XIV. Ce n'est qu'après la paix de Nimègue que commencèrent enfin pour le malheureux Saverne des temps plus prospères.
Le roi donna l'argent nécessaire pour reconstruire des murs que
personne ne lui disputera plus, et l'intendant La Grange, par un
arrêté du 15 novembre 1683, tâcha de faciliter la reconstitution
matérielle de la cité[3]. Aussi, dix ans plus tard, comptait-elle déjà de
nouveau près de 1,500 âmes ; La Grange lui-même l'appelle « une
ville fort gaie », encore qu'elle ne contienne « qu'une rue et
quelques maisons derrière » ; mais la rue est longue, elle compte
236 maisons, abritant environ 300 familles[4]. Pendant tout le
XVIIIᵉ siècle, grâce au repos dont elle jouit désormais, grâce au
séjour prolongé que font dans ses murs les princes-évêques, quand

---

1. *Rechnung Joh. Sutor's und Dietrich Tuchers, lonherren zu Zabern
vom 1. Januarii bis zum letzten Decembris 1609.* (A.B.A. G. 958.)

2. Fischer, *Geschichte von Zabern*, p. 79.

3. Dag. Fischer, *Wiedererbauung Zabern*, 1677-1684, dans l'*Alsatia* de
1874, p. 341.

4. La Grange, *Mémoire*, fol. 313. Il y avait alors (1697) 244 bourgeois,
282 bourgeoises, 644 enfants, 275 domestiques des deux sexes. En outre, il
devait s'y trouver de nombreux membres de la noblesse, du clergé et des
congrégations religieuses dont l'intendant ne fait pas mention dans son
Mémoire.

ils daignent visiter leur diocèse et leur principauté d'Alsace, Saverne ne cesse de s'embellir et de s'accroître ; elle comptait 3,545 habitants en 1745 ; elle en aura 4,151 au moment de la Révolution[1].

1. Dag. Fischer, *Geschichte von Zabern*, p. 180.

CHAPITRE TROISIÈME

Le Comté de Hanau-Lichtenberg

Le second en étendue des territoires de la Basse-Alsace, était le comté de Hanau-Lichtenberg, qui s'étendait des contreforts des Basses-Vosges à la rive gauche du Rhin, sauf enclaves étrangères en partie assez considérables. Ce vaste domaine, arrondi dans le cours des siècles par une politique patiente, avait des origines modestes. Les sires de Lichtenberg, dont le château, transformé bien plus tard en forteresse, a été nommé, pour la dernière fois sans doute dans l'histoire, au début de la guerre de 1870, avaient commencé par être les avoués de la riche abbaye de Neuwiller. Ils étaient entrés ensuite au service des évêques de Strasbourg et, trois fois, de 1273 à 1365, des membres de leur famille avaient eux-mêmes occupé le siège épiscopal. En 1358, un prévoyant accord entre les différentes branches de leur maison avait défendu les partages et décrété l'unité des héritages futurs. Puis, durant tout le XVe siècle, les Lichtenberg n'avaient cessé de guerroyer contre leurs voisins du Westrich, du Palatinat et de la Basse-Alsace, les comtes de Linange, d'Ochsenstein et de Saarwerden, les seigneurs de Fleckenstein et même contre les électeurs palatins, battus parfois, mais s'arrondissant toujours en fin de compte, à leurs dépens. Aussi l'empereur Frédéric III avait-il, en 1458, gratifié Jacques de Lichtenberg de la couronne comtale. Mais ce batailleur acharné, plus célèbre encore dans les annales d'Alsace par l'issue tragique de ses amours avec la belle paysanne badoise, Barbe d'Ottenheim, fut le dernier de sa race L'aînée de ses nièces, Anne de Lichtenberg, avait épousé le comte Philippe de Hanau, dont les terres se trouvaient sur les bords du Mein, non loin de Francfort, entre la Wetteravie, l'Odenwald et le Spessart. Ce comte Philippe Ier fut le fondateur de la dynastie des Hanau-Lichtenberg qui subsista, pendant deux siècles et demi, dans notre province (1480-1736). Ses successeurs y élargirent encore leurs terres cis-rhénanes ; Philippe IV (1538-1590) y introduisit la Réforme, en même temps que, par le mariage de son fils avec l'héritière des comtes de Deux-Ponts et de Bitche, il réunissait à son comté (1570) une notable partie des possessions des anciens rivaux de sa maison [1]. La décadence commença rapide et, pour ainsi dire, ininterrompue, avec le règne de son petit-fils Jean-Regnard Ier, prince sans grande énergie ni talents politiques, qui eut à subir les premières tourmentes de la guerre de Trente Ans et vit ses terres cruellement ravagées par les bandes de Mansfeld. A partir de ce moment (1622), les bailliages hanoviens ne connurent plus guère de repos, situés qu'ils étaient dans cette partie de l'Alsace comprise entre Haguenau, Saverne, Wissembourg et le Rhin, qui offre comme un champ de bataille naturel aux envahisseurs venant du Nord et de l'Ouest. Ils sont pillés successivement par les Impériaux, les Lorrains et les Suédois, et pour sauver au moins quelque chose du désastre, le comte Philippe-Wolfgang (1625-1641) est l'un des premiers dans la province à établir des garnisons françaises à Bouxwiller et à Ingwiller, les principales localités de son territoire. Mais elles ne parviennent pas à le protéger d'une façon bien efficace et peut-être ne l'essaient-elles pas. C'est un pays entièrement ruiné que le comte Frédéric-Casimir (1641-1685) retrouve après les traités de Westphalie ; plusieurs de ses villages ont entièrement disparu ; les arbres et les ronces poussent sur les murs et dans les rues de sa petite capitale.

A peine un peu remis de toutes ses misères, le comté est de nouveau désolé pendant les guerres de Hollande et du Palatinat ; mais son dernier possesseur, Jean-Regnard III (1685-1736), a du moins la consolation d'agrandir encore le domaine de ses ancêtres par l'héritage des Linange-Westerbourg, en 1691, et, après les tristes ravages des campagnes de 1692 à 1694, il jouit d'une paix profonde pendant les dernières années d'un règne de plus d'un demi-siècle. Depuis longtemps, d'ailleurs, Jean-Regnard a eu la sagesse de faire acte d'adhésion complète à la politique de son puissant suzerain, et il en a obtenu, en échange, toute une série d'importants privilèges d'ordre économique et financier. Quand il ferme les yeux, le 28 mars 1736, ses territoires alsaciens passent sans difficulté aucune à son gendre, Louis VIII, landgrave de Hesse-Darmstadt, tandis que les domaines situés sur les bords du Mein échoient aux landgraves de Hesse-Cassel.

Ce sont ces possessions alsaciennes seules dont nous avons à

---

1. Nous renvoyons le lecteur curieux de plus de détails à l'excellent ouvrage de M. J.-G. Lehmann, *Urkundliche Geschichte der Grafschaft Hanau-Lichtenberg*, Mannheim, 1862, 2 vol. in-8°. M. J. Rathgeber a écrit sur le même sujet un ouvrage populaire, *Die Grafschaft Hanau-Lichtenberg*, Strassburg, 1876, 1 vol. in-18.

nous occuper ici[1]; elles se partageaient en neuf bailliages, disséminés entre la Zorn et la Moder au sud, la Lauter au nord, les
Vosges septentrionales à l'ouest et le Rhin à l'est.

Le premier d'entre eux était celui de Bouxwiller, qui comprenait
26 villages, en dehors de la ville de ce nom. Située au pied du mont
Saint-Sébastien (*Bastberg*), célèbre par les légendes diaboliques qui
s'y rattachent, et par ses belles pétrifications, la petite résidence
comtale fut souvent attaquée et occupée durant la guerre de Trente
Ans. Le bailliage d'Ingwiller, plus au nord, ne comptait que dix
localités, dont Ingwiller et Neuwiller, qui réclamaient le nom de
villes ou du moins de bourgs fortifiés, et le château de Lichtenberg,
le berceau de la famille. Vers l'est, le bailliage de Pfaffenhoffen renfermait neuf villages, sans compter le bourg lui-même, dont le nom
rappelle une victoire remportée en 1633 par les Suédois sur les
troupes lorraines. Le bailliage de Brumath, vers le centre de la
Basse-Alsace, comptait onze villages, dont quelques-uns assez importants, comme Hoerdt et Geudertheim, en outre du chef-lieu, l'antique *Brocomagus* romain[2]. Plus au nord, presque aux portes de
Strasbourg, se trouvait le petit bailliage de Wolfisheim, qui se composait de deux villages. Wolfisheim n'avait guère d'autre importance au XVIIᵉ siècle que de servir de lieu de culte aux réformés de
la capitale de l'Alsace, auxquels l'intolérance du Magistrat luthérien
défendait de prier Dieu selon l'usage de leurs pères. Le bailliage de
Westhoffen se prolongeait le long des Vosges, entre les bailliages
épiscopaux de Saverne et de Schirmeck et le comté de Dabo, partagé en parcelles de grandeur diverse, avec de vastes forêts, situées
à l'entour des châteaux d'Ochsenstein, dont les ruines massives
subsistent jusqu'à ce jour ; il comprenait sept villages. Le bailliage
de Hatten, l'ancien comté du Hattgau, bien connu, et mal famé, du
moins auprès des fonctionnaires autoritaires, pour l'esprit d'indé-

---

1. Les comtes de Hanau-Lichtenberg du XVIIᵉ siècle, possédaient en
plus, non seulement les terres de la Wetterawie, le comté de Hanau proprement dit, mais aussi deux bailliages, ceux de Willstaett et de Lichtenau,
sur la rive droite du Rhin, dans le pays de Bade actuel, désignés encore
aujourd'hui, d'une façon populaire, par le nom de *Hanauer Land*, de
même qu'en Alsace cette dénomination s'est conservée pour les environs
de Bouxwiller.

2. Brumath passait pour un des bourgs les plus riches de l'Alsace, ce qui
attirait les pillards ; dans toutes les guerres il eut beaucoup à souffrir, mais
il se refaisait vite. Dans un document de 1675, il est dit que sur les 51 bourgeois du lieu, il y en a 18 riches (*wohlhebig*), 24 d'aisance moyenne (*mit-
telgaddung*) et seulement 9 de pauvres (*gering*). On ne ferait guère de clas-
sifications pareilles de nos jours. Voy. A. Bostetter, *Gesch. Notizen über die
Stadt Brumath*, Strassburg, 1896, in-8°.

pendance de ses paysans aisés et raisonneurs, s'étendait dans la
plaine, avec ses neuf villages, entre le cours de la Sauer et celui du
Seltzbach. Le bailliage de Woerth, au contraire, le plus septentrional de tous, longeait la montagne, et resserré entre les terres de
Fleckenstein, de Deux-Ponts, de Linange, etc., qui le morcelaient
en plusieurs parcelles, il égrenait au sud et au nord de Woerth ses
14 villages, depuis Morsbronn jusqu'à Ober- et Niedersteinbach,.
près de la frontière actuelle du Palatinat. Enfin, le long de la rive
gauche du Rhin, sur les bords duquel les Lichtenberg avaient possédé de si vastes domaines au moyen âge, il leur restait, sur le
cours inférieur de la Zorn et de la Moder, le petit bailliage d'Offendorf avec cinq villages, dont Drusenheim seul avait quelque importance, mais qui renfermait de vastes forêts et des taillis enserrés par
les bras multiples, anciens et nouveaux, du grand fleuve.

C'était donc un peu moins d'une centaine de localités diverses,
villettes, bourgs et villages que possédaient les Hanau-Lichtenberg
au moment de la signature des traités de Westphalie, cent dix environ si on y ajoutait celles de la seigneurie d'Oberbronn[1]. Territoire
à peu près égal en étendue à celui de l'évêché, il était encore plus
difficile à défendre, parce qu'il manquait absolument de point d'appui sérieux pour l'organisation d'une résistance efficace. Le château de Lichtenberg était beaucoup trop petit pour étendre au loin
la protection d'une garnison forcément peu nombreuse, et Bouxwiller, ainsi que les autres bourgs qui se paraient volontiers du
nom de villes, Ingwiller, Pfaffenhoffen, Neuwiller, Woerth et Niederbronn, bien qu'entourés en partie de solides murailles[2], n'étaient
guère plus capables de résister à l'artillerie moderne que le premier
village venu. Il en résulta que le rôle politique des possesseurs du
comté durant tout le XVIIe siècle fut à peu près nul et leur attitude
constamment passive ; d'ailleurs leurs absences, fréquentes pendant
la seconde moitié de notre période, contribuèrent à exposer aux
insultes des belligérants leurs domaines constamment dévastés,

1. Nous n'avons pas nommé dans notre énumération ci-dessus la seigneurie d'Oberbronn (avec Niederbronn), parce qu'au point de vue juridique,
la possession en était contestée aux comtes de Hanau par ceux de Linange.
De *fait*, il est vrai, la seigneurie fut occupée de 1570 à 1709 par les Hanau-
Lichtenberg. Mais le procès intenté devant la Chambre de Spire, en
1586 par les Linange-Westerbourg, ne fut jugé par elle qu'en 1667, et c'est
en 1709 seulement que le Conseil supérieur d'Alsace ratifia cette décision,
favorable aux Hanau.

2. Ingwiller avait des murs de cinq pieds d'épaisseur et de trois toises de
haut, sur une circonférence de 427 toises; on voit qu'elle n'était guère
étendue. (*Messung vom 30. Januar 1667*. A.B.A. E. 1907.)

depuis la guerre de Juliers jusqu'à celle de la succession d'Espagne[1].

De même que pour les terres autrichiennes et épiscopales, l'administration supérieure du comté était confiée à un Conseil de régence, établi auprès du prince dans sa résidence de Bouxwiller et qui exerçait une influence d'autant plus grande sur les affaires que le souverain, très fréquemment et parfois longtemps absent, était moins au courant des besoins du pays. La Régence de Bouxwiller se composait d'un président et de plusieurs conseillers, hommes d'épée et jurisconsultes, dont le nombre a varié plusieurs fois. Elle n'avait pas, on le pense, à traiter des questions de haute politique, réservées aux conseillers intimes du souverain ; sa mission était tout administrative : contrôler les baillis et leur activité judiciaire ; surveiller la gestion des très nombreux domaines seigneuriaux, moulins, bergeries, forges, etc. ; répartir les corvées extraordinaires et les impôts de guerre ; surveiller l'enseignement religieux dans les paroisses et la conduite des membres du clergé. C'était de la Régence qu'émanaient les propositions de nomination à toutes les fonctions civiles et ecclésiastiques ; c'était elle qui désignait le bailli (*Amtmann*) de chaque circonscription territoriale ou son vice-bailli (*Stabhalter*)[2]. Dans le pays de Hanau, les baillis n'étaient pas des personnages bien imposants[3] et n'intervenaient pas, ce semble, d'une façon très gênante dans le gouvernement interne des communes, pourvu que les corvées fussent exactement fournies et les redevances exactement payées. Nulle part, en Alsace, les paysans ne paraissent avoir eu les coudées plus franches que sous le gouvernement patriarcal des comtes de Hanau. Si l'on se représente ces organismes villageois, ayant, il est vrai, leur prévôt désigné par

1. Pendant la guerre de Trente Ans, les comtes résidèrent presque toujours sur la rive droite du Rhin.

2. L'institution des *Stabhalter* s'explique par l'ordre royal qui forçait tous les seigneurs et toutes les villes d'Alsace de ne choisir pour fonctionnaires que des catholiques. La *ville* seule de Strasbourg fut exemptée, grâce à sa capitulation, mais elle dut se soumettre pour ses *bailliages ruraux* à la loi commune de 1685. On essaya, çà et là, de tourner le règlement, en ne nommant pas de *bailli* catholique, mais seulement un *suppléant* luthérien. Quand les princes étaient bien en cour à Versailles, comme le dernier des Hanau-Lichtenberg, l'intendant fermait parfois les yeux. Mais mainte commune, absolument protestante, était administrée par un prévôt qui y était le seul catholique, soit nouveau converti, soit immigré pour obtenir cette place.

3. Ils étaient assez mal payés. Celui de Wolfisheim ne touchait en 1628, que 28 florins de traitement, un quartaut d'orge, 10 quartauts de seigle, 16 quartauts d'avoine, 12 mesures de vin et 300 fagots.

le prince, mais élisant leur bourgmestre, son remplaçant (*Zumeister*), et leurs échevins, jouissant d'une juridiction de simple police exercée par les habitants, et du droit de s'assembler pour discuter les affaires intéressant la communauté, on doit avouer qu'il n'y a pas si grande différence entre la situation de ces populations rurales, alors et aujourd'hui [1], pour peu que ces libertés théoriques aient été mises toujours en pratique.

Les droits du souverain étaient réglés par d'antiques coutumes. Désireux de détenir, pour assurer ses revenus, un titre plus solide que de vieilles traditions, que l'administration royale mettait peu à peu de côté tout autour de lui, le comte Jean-Regnard III demanda et obtint, en avril 1701, des lettres patentes de Louis XIV, qui codifiaient et sanctionnaient les droits de son « très-cher et bien-aimé cousin », pour prévenir toutes les difficultés futures entre le maître et les sujets, entre le suzerain et son vassal, et pour donner à ce dernier « des marques de notre bienveillance et de l'estime particulière que nous faisons de sa personne [2] ». Cet acte souverain laissait aux comtes le droit de haute, moyenne et basse justice, pourvu qu'il fût exercé par des baillis, prévôts et greffiers catholiques, et sauf appel au Conseil souverain d'Alsace. Il leur permettait de nommer et de révoquer lesdits fonctionnaires, comme aussi les notaires publics, à condition que les élus seraient capables et bons catholiques. Ils étaient autorisés à lever annuellement un impôt de 4,000 livres sur leurs sujets, et de plus une contribution extraordinaire de 12,000 livres, chaque fois qu'ils marieraient une de leurs filles. L'édit énumère ensuite toute une série de droits utiles et de contributions spéciales que le seigneur territorial est autorisé à prélever dans ses domaines. Ce sont ceux-là mêmes que nous avons signalés dans le chapitre des impôts, droit d'accise sur le sel et la viande de boucherie, droit de mortuaire, droit d'émigration, droit d'octroi sur les vins, etc. [3].

Le comte était également autorisé à recevoir de nouveaux bourgeois sur ses terres ou à leur refuser l'admission, et à fixer le mon-

---

1. Voy. pour les détails de l'administration des villages hanoviens, la monographie si détaillée de M. Kiefer sur l'un d'eux, *Balbronn*, p. 248-256.

2. *Ordonnances d'Alsace*, I, 317.

3. En 1670, les aubergistes devaient de chaque *ohm* (un peu moins de 50 litres) un droit ordinaire de 4 mesures de vin, et un droit extraordinaire de 5 schellings 6 deniers. Le même droit était exigible pour le cidre et le poiré. Vers la fin du siècle, aubergistes et gouvernement s'accordèrent pour une taxe uniforme en numéraire.

tant des droits de bourgeoisie[1] ; il pouvait aussi y recevoir temporairement sous sa protection des étrangers, sans leur conférer les
privilèges des bourgeois proprement dits. Ces manants ou *Schir-
mer* payaient des sommes très différentes, selon qu'ils étaient israélites ou chrétiens[2]. Le prince était autorisé à forcer ses sujets à
conduire leurs céréales aux moulins seigneuriaux pour y faire
moudre leur blé. C'était un droit sur lequel la Régence avait sévèrement veillé de tout temps, même durant la guerre de Trente Ans[3].
Il va sans dire que les droits de chasse et de pêche et l'exploitation de ses forêts étaient également réservés au seigneur.

Ces revenus divers en numéraire formaient un total relativement
considérable, et permettaient de thérauriser, du moins en temps
de paix une partie des recettes, ou de payer d'anciennes dettes, exigibles depuis longtemps, et dont le payement était différé, j'ignore
pour quels motifs, puisque la situation financière était excellente[4].
Les comptes généraux des recettes et des dépenses, dressés pour
les dernières années du XVIIe et les premières du XVIIIe siècle par
Jean-Philippe Koch, le grand-père du célèbre historien et profes-
seur de droit, montrent des excédents de recettes réguliers, souvent considérables. En 1701, il y a 96,325 florins 8 schellings
3 deniers de recettes et 88,761 florins 8 schellings 9 deniers de
dépenses, ce qui donne un reliquat actif de 7,563 florins[5]. En 1704,
avec des recettes sensiblement égales (96,192 florins), l'excédent
est de 17,322 florins ; en 1706, il est de 12,722 florins ; en 1707, de
34,845 florins, sur une recette totale de 101,000 florins[6].

1. Ces droits variaient d'ailleurs de bailliage à bailliage; dans celui de
Westhoffen on payait, avant 1670, 3 livres pfennings pour un homme, après
1670, une livre seulement; pour une femme, 10 schellings. Dans le bailliage
de Wolfisheim, on payait trois florins, dans d'autres le double, soit 6 florins.
Voy. Kiefer, *Steuern und Abgaben*, p. 21.
2. Jusqu'en 1701, les manants chrétiens payaient 3 florins, puis 4 florins
par personne et par an; les israélites par contre devaient débourser 10 rixdales, puis 12, pour une protection toujours hasardeuse, car l'édit royal
réservait au comte le droit de chasser les Juifs de son territoire quand il lui
plairait.
3. En 1628, les paysans de Mittelhausen, ressortissant du moulin seigneurial de Brumath se permirent de conduire leur blé à la Moenchsmühl, beaucoup plus proche, mais appartenant à l'abbé de Neubourg ; ils furent frappés
d'une amende de 50 florins. (Kiefer, *Pfarrbuch*, p. 183.)
4. Nous avons trouvé dans un des dossiers des Archives de la Basse-
Alsace (A.B.A. E. 2906) une note de la Régence de Bouxwiller, de 1741,
constatant qu'à cette date un emprunt de 25,000 florins, fait en 1623 auprès
de Madeleine, veuve de Nicolas Gonthier, de Bâle, n'était pas encore rem-
boursé.
5. A.B.A. E. 4002.
6. A.B.A. E. 4003. En 1736, année de la mort du dernier Hanau-Lichten-.

A ces revenus en numéraire venaient se joindre les redevances
en nature, représentant également des sommes considérables, mais
dans le détail desquelles il serait trop long d'entrer ici [1].

berg, les recettes avaient augmenté de plus d'un tiers, depuis le commencement du siècle; elles se montaient à 153,283 florins, mais les dépenses
avaient grossi plus vite encore; car elles sont de 151,612 florins et le boni
n'est donc plus que de 1,670 florins. (A.B.A. E. 4024.)

1. Je prends les comptes du bailliage de Bouxwiller pour 1700, dont les
revenus en numéraire représentaient environ le quart des revenus du
comté (24,361 florins sur 96,325 florins), et j'y trouve un total de redevances
de 80 chapons et demi (sic); de 14 porcs; de 609 poules, dont 587 ont été
absorbées par la cour (Hofhaltung); de 729 poulets, presque tous également
(708) mangés par ladite cour; de 468 voitures de foin; de 138 charretées
de regain. (A.B.A. E. 3046, Amtsrechnung der Buchsweiler Amtsschaffeney
pro 1700.)

CHAPITRE QUATRIÈME

Terres Ecclésiastiques

Nous n'avons à parler ici que de celles des terres ecclésiastiques auxquelles les traités de Westphalie reconnurent la qualité de terres immédiates de l'Empire. Quant à celles que la maison d'Autriche avait réduites à l'état de vasselage dans son landgraviat de la Haute-Alsace ou soumises à sa direction dans la grande préfecture de Haguenau, elles ne doivent pas figurer dans le tableau des États de l'Alsace.

§ 1. TERRES DU GRAND-CHAPITRE

Au XVIIe siècle, et plus d'un siècle auparavant déjà, le Grand-Chapitre de la Cathédrale de Strasbourg, dont les membres avaient possédé au moyen âge d'assez vastes domaines, ne comptait plus parmi les grands propriétaires alsaciens. L'évêché avait, au XIVe et au XVe siècle, absorbé une assez bonne part des terres appartenant aux comtes-chanoines, l'administration de leurs biens n'ayant pas été suffisamment séparée de celle de la mense épiscopale.

La majeure partie de ce qui leur restait se trouvait au val de Villé, que la maison d'Autriche partageait avec le Grand-Chapitre. Les domaines de ce dernier occupaient le versant méridional de la vallée, où se rencontrent des populations de langue allemande et de langue romande, et qui, s'ouvrant du côté de Schlestadt, remonte vers le plateau lorrain[1]. Il ne s'y trouvait qu'une seule localité, ceinte de murs, et réclamant le nom de ville, c'était Châtenois (*Kestenholz*), aujourd'hui connue par ses bains à l'entrée de la vallée, au pied du Hahnenberg. Les neuf autres villages, groupés autour du château de Franckenbourg, chef-lieu du bailliage, auraient été sans aucune importance s'il n'y avait pas eu dans le voisinage des fosses de minerai, exploitées assez activement au XVIIe siècle.

Plus au nord, dans la plaine, se trouvait, presque au pied du

---

1. J'ai déjà dit qu'on l'appelait aussi vulgairement « le Comte-Ban » (*Grafenbann*), soit parce qu'il avait été possédé jadis par les comtes de Werde, landgraves d'Alsace, soit qu'il faille interpréter l'expression dans le sens de « propriété des chanoines titrés du Chapitre de Strasbourg ».

massif de Sainte-Odile, le bailliage de Boersch, traversé par l'Ehn et coupé en deux parcelles par des terres de l'évêché. La petite ville de Boersch avait eu ses beaux jours au moyen âge, mais, bien qu'entourée de murs, elle était depuis longtemps stationnaire, au point de vue de la population comme du bien-être matériel. Au XVIIe siècle, elle n'avait guère plus d'importance que les villages qui l'entouraient [1].

Le bailliage d'Erstein, sur l'Ill, en amont de Strasbourg, avec le village d'Eschau, présentait la localité de beaucoup la plus importante des terres du Grand-Chapitre. Erstein s'était formé peu à peu autour de l'antique abbaye de femmes, fondée par les empereurs saxons sur les bords fertiles mais encore solitaires de la rivière alsacienne. La ville devint propriété du Grand-Chapitre à la suite d'une vente consentie par l'abbesse en 1472, mais non approuvée d'abord par l'évêque. Quand le monastère, qui déclinait depuis longtemps, eut disparu vers l'époque de la Réforme, le Chapitre y acquit tous les droits seigneuriaux et utiles (1506) et réussit, après de longues négociations, à obtenir de l'évêque Léopold-Guillaume, à son avènement, en 1626, la promesse de ne jamais élever de prétentions ni sur la ville, ni sur l'abbaye d'Erstein [2] Erstein était une petite ville, avec un mur d'enceinte, « d'assez bonne réputation », comme dit la *Topographie d'Alsace* de Mérian, mais cela ne l'empêcha pas d'être prise et reprise par les Impériaux, les Suédois et les Français, de 1635 à 1638; finalement le commandant suédois de Benfeld, Arndt de Quernheim, en fit raser les murailles, pour n'avoir point de voisins désagréables trop près de sa forteresse. En 1648, elle avait perdu la majeure partie de ses habitants, et elle venait à peine d'être restituée au Grand-Chapitre qu'elle fut de nouveau surprise, pillée et presque entièrement brûlée en 1652 par les troupes de Charles de Lorraine, « cette garde vivante de Satan », comme les appelle la *Chronique d'Erstein*. La ville ne se releva que très lentement de ses ruines; on y voyait cependant à la fin du siècle, au milieu des modestes demeures des bourgeois, agriculteurs, artisans ou pêcheurs, quelques bâtisses plus élégantes où

---

1. Le gros village de Geispolsheim était même déjà plus considérable. Les habitants de Boersch portaient d'ancienne date le surnom désagréable « d'ânes » dont leurs voisins les avaient affublés, on ne sait pour quelle raison, et qui sert encore aujourd'hui à les ennuyer.

2. Pour l'histoire détaillée de la localité, on consultera l'ouvrage de M. l'abbé Bernhard, *Histoire de l'abbaye et de la ville d'Erstein*, Rixheim, 1883, 1 vol. in-8°.

Messieurs du Grand-Chapitre venaient résider par intervalles,
pour se livrer aux plaisirs de la chasse dans les forêts voisines[1].

§ 2. TERRES DE L'ABBAYE DE MURBACH

Fondée, d'après la tradition, par des religieux de l'Ordre de
Saint-Benoît, dans le premier tiers du VIIIe siècle, l'abbaye de
Murbach devint rapidement l'une des plus puissantes parmi les
nombreuses créations monastiques de l'Alsace du moyen âge. Ses
propriétés s'étendaient bien au delà de la Haute-Alsace, dans la
plaine helvétique, jusqu'au lac de Lucerne, et depuis Frédéric II son
abbé portait le titre de prince du Saint-Empire; des centaines de
chevaliers suivaient avec leurs hommes d'armes la bannière où le
« grand chien noir de Murbach » montrait ses crocs à l'ennemi.
Mais peu à peu l'attitude hostile des évêques de Strasbourg et de
Bâle, et surtout la convoitise des avoués de l'abbaye, les Habsbourgs,
avaient amené la décadence territoriale du riche monastère, et il
avait dû faire de grands sacrifices pour se débarrasser de ses dangereux protecteurs. De leur étroit vallon au cœur des Vosges, les
humbles moines d'autrefois, devenus nobles chanoines d'un chapitre équestre, étaient descendus dans la plaine et avaient fixé leur
résidence dans la petite ville de Guebwiller, devenue moitié par
force et moitié par persuasion, la vassale de l'abbaye, puis le chef-
lieu administratif de ses domaines. La Réforme, les gaspillages
d'administrateurs insouciants avaient encore diminué ses ressources.
Pour conserver aux abbés titulaires une situation brillante, le Saint-
Siège autorisa dans la seconde moitié du XVIe siècle la fusion avec
le domaine de Murbach de celui de l'abbaye de Lure, située dans la
Franche-Comté, au sud de Belfort. Mais anciens et nouveaux revenus sont prodigués sans mesure par des abbés commendataires,
d'origine princière, dont l'un des, plus ruineux pour elle, le cardinal d'Autriche. André, meurt, jeune encore, en 1600, à Rome, laissant à Murbach 120,000 florins de dettes. Alors commence une longue
lutte entre les Habsbourgs, désireux d'incorporer, au moins indirectement, le territoire à leurs autres domaines alsaciens, et le Saint-
Siège qui prétend y mettre un véritable chef spirituel, capable d'y

---

1. Encore à la fin du XVIIIe siècle, après cent ans d'une paix profonde,
on ne comptait à Erstein que 2,628 habitants. Aujourd'hui qu'elle est à la
fois ville de fabrique et chef-lieu d'arrondissement, elle a beaucoup
grandi.

introduire les réformes nécessaires. Les premiers l'emportent
d'abord. En 1614, l'abbé Jean-Georges de Kalkenriedt résigne ses
fonctions contre une pension considérable et l'archiduc Léopold,
évêque de Passau et de Strasbourg, est intronisé prince-abbé de
Murbach. Quand il quitte la mitre en 1626, pour épouser Claudine
de Médicis, c'est encore un Habsbourg, l'archiduc Léopold-Guillaume, deuxième fils de Ferdinand II, qui lui succède, en dépit des
canons du concile de Trente, comme évêque de Strasbourg et
comme abbé de Murbach. En vain une opposition violente s'était-
elle manifestée au sein du chapitre ; son chef, le doyen Henri
Brimsi d'Herblingen, avait été enlevé de force par des agents antrichiens et il fut tenu en prison jusqu'à sa mort[1]. Comme le jeune
Léopold-Guillaume n'avait que treize ans, un Bénédictin de Saint-
Gall, Columban de Tschudi, qui déjà, quelques années auparavant
avait travaillé à la réforme des chanoines, au relèvement des études,
à la restauration des finances, fut renommé administrateur et continua ces réformes fort urgentes, à l'aide de religieux appelés de la
Suisse[2].

Mais bientôt commença pour Murbach une longue série d'années
néfastes. L'abbaye fut une première fois pillée en 1635 par les
troupes françaises de M. de Batigly, l'un des lieutenants du duc de
Rohan. Plus tard, le gouverneur de Brisach, M. d'Erlach, plaça les
terres de Murbach sous la protection de Louis XIII et éloigna
Tschudi comme mandataire d'un prince autrichien ; puis en 1642, le
gouvernement français demandait communication de tous les
comptes de la seigneurie, faisait défense de recevoir dorénavant ni
capitulaires ni novices, sans son agrément, et réclamait le serment
d'allégeance à la couronne de France[3]. Un pas de plus encore fut
fait le 16 septembre 1643 : on demanda de Paris l'introduction à Murbach des Bénédictins français de la Congrégation de Saint-
Vit et de Saint-Hidulphe. L'administrateur, envoyé par Léopold-
Guillaume pour défendre ses droits, Benoît Renner d'Allmendingen,
passa du côté de ses adversaires ; quand il vint à Guebwiller en
1644, il obligea le Magistrat à prêter serment au roi de France,
sans même mentionner le nom de l'archiduc. Il fut bientôt détesté
des uns à cause de ses sympathies politiques[4], des autres à cause

---

1. Voy. *Chronique des Dominicains de Guebwiller*, éd. Mossmann, 1844,
p. 261.

2. Voy. pour les détails le récent et volumineux ouvrage de M. l'abbé
Gatrio, *Geschichte der Abtei Murbach*, Strassburg, Leroux, 1895, 2 vol. in-8°.

3. Lettre du bénédictin Paul de Lauffen, octobre 1642. Gatrio, II, p. 357.

4. *Gallisat, sed non est Gallensis*, écrivait un des moines suisses, le
3 juin 1644.

de ses mœurs relâchées ; il réinstalla dans l'abbaye les femmes qui en étaient expulsées depuis la réforme de Tschudi, et, dans la mémoire des contemporains, son souvenir est resté comme celui « d'un loup dévorant dans la bergerie[1] ».

En décembre 1648, Léopold-Guillaume put enfin reprendre possession de l'abbaye, à laquelle le traité de Munster reconnaissait la qualité d'État immédiat de l'Empire ; il le fit par l'entremise du même François-Égon de Furstemberg qui devait être son successeur sur le siège épiscopal de Strasbourg. Mais quand il fut mort à Vienne en 1662, les querelles reprirent, plus ardentes, entre les influences politiques qui convoitaient cette succession princière. La majorité du Chapitre se prononça le 18 décembre pour le P. Columban d'Andlau, ancien moine de Saint-Gall et grand partisan des réformes, et la couronne de France ne fit d'abord point d'opposition à ce choix. Le duc de Mazarin et le président Charles Colbert lui envoyèrent leurs félicitations, de ce qu'un sujet du roi fût nommé à ce poste difficile. Mais le nouvel élu ne voulait point renoncer à l'immédiateté d'Empire ; c'est ce qui amena sa chute. François-Égon de Furstemberg, plus souple et plus avisé, fut désigné par le Saint-Siège pour la mitre abbatiale et confirmé, — ce qui peut sembler bizarre, — par l'empereur Léopold dans ses droits régaliens séculiers, en septembre 1664. Après de longues négociations avec les partisans de Columban, en vue du désistement de ce dernier, le nouvel évêque de Strasbourg put venir visiter ses domaines de Murbach dans l'automne de 1665[2]. On sait que ceux-ci furent déclarés réunis à la couronne de France par l'arrêt de la Cour de Brisach, du 9 août 1680. Pour récompenser sa prompte obéissance, Louis XIV permit à l'évêque de choisir comme coadjuteur de Murbach son neveu, Félix de Furstemberg, qui lui succéda en effet, en 1682, mais mourut lui-même à Cologne, dès 1686, dans sa trentième année, sans avoir jamais mis le pied sur son territoire[3].

M. de La Grange, l'intendant d'Alsace, et M. de Montclar, le commandant militaire de la province, vinrent en personne à Murbach, pour faire élire à sa place son parent, le comte de Loewenstein-Wertheim. Le Chapitre céda d'abord et proclama abbé le candidat du roi ; mais, encouragé par le Saint-Siège, il se réunit peu après en secret pour protester contre la violence qui lui était faite et nommer abbé le vieux Columban d'Andlau, déjà désigné

1. Gatrio, t. II, p. 371-375.
2. Pour les détails, voir Gatrio, II, p. 431.
3. Gatrio, II, p. 480.

par lui jadis pour ces hautes fonctions. Alors commença une lutte bien inégale entre le gouvernement et le chapitre[1] ; finalement l'autorité militaire fit enlever par une escouade de dragons et jeter à la frontière les meneurs de l'opposition.

Le nouveau prince-abbé visita rarement ses domaines, jusqu'au moment de sa mort, arrivée en 1720 et, durant les dernières années du XVIIe siècle, Murbach fut administré, et fort mal administré, par le doyen du Chapitre, Amarin Rink de Baldenstein, qui laissa l'abbaye et ses finances dans un désordre fort analogue à celui où elles s'étaient trouvées cent ans auparavant[2].

Au XVIIe siècle, le territoire de Murbach ne comprenait plus que trois bailliages, qui renfermaient 31 bourgs et villages, situés le long des Vosges ou dans la montagne même, sur le cours supérieur de la Lauch et de la Thur. Il y avait d'abord celui de Guebwiller, avec la petite ville de ce nom, chef-lieu temporel de la principauté, fort éprouvée durant « les guerres de Suède », mais qui vers 1690, comptait environ 250 maisons et de 14 à 1,500 habitants[3], parmi lesquels se trouvaient d'assez nombreux fonctionnaires civils et ecclésiastiques. La vallée de la Thur formait le bailliage de Saint-Amarin, riche en mines de cuivre et de plomb, ayant au centre à peu près la très petite ville de Saint-Amarin, avec l'atelier monétaire des abbés. La population minière qui y constituait le gros des habitants, souffrit énormément de l'arrêt des travaux et des pillages répétés des Suédois, des Lorrains et des Impériaux; l'incendie allumé par les soldats du rhingrave Jean-Philippe, en 1633, faillit même la faire disparaître entièrement de la carte du pays. Encore après 1648, ses ruines étaient à peu près désertes[4]. Le fond de la vallée, vers la Lorraine, était fermé par la forteresse de Wildenstein, qui joua un certain rôle durant les luttes de la guerre trentenaire dans la Haute-Alsace, et qui, enlevée par d'Erlach à Charles de Lorraine, fut détruite en 1644. Vers la fin du siècle, on établit sur son emplacement des verreries assez réputées. Le bailliage de Wattwiller, situé vers la plaine, se composait des deux villages d'Uffholtz et de Wattwiller, dont les noms rappellent de sanglantes rencontres de la guerre des Paysans (1525). On fréquentait aussi

---

1. Il faut lire dans les dépêches du doyen de Murbach au nonce Vanutius et aux abbés de la Congrégation helvétique, la façon vraiment brutale dont Louvois traita le délégué du Chapitre, le P. Déicole de Ligertz. Gatrio, II, p. 485-501.

2. Gatrio, iI, p. 511.

3. La Grange, *Mémoire*, fol. 305.

4. Ichtersheim, II, p. 38.

dès alors les sources minérales du petit chef-lieu du bailliage.
Dans le Sundgau, de tous ses biens, autrefois nombreux, l'abbaye
ne possédait plus que la petite enclave de Haesingen, entre Huningue et Bâle, perdue au milieu des terres autrichiennes.

Le siège du gouvernement était à Guebwiller, où résidaient l'administrateur ecclésiastique de la principauté, un grand-bailli (*Obervogt*),
et le Conseil de Régence, composé d'abord de deux, puis de six
conseillers. Là se trouvait aussi naturellement la chancellerie
abbatiale, composée d'un chancelier et de trois secrétaires. Parmi
les fonctionnaires laïques, nous mentionnerons encore l'administra-
tateur des revenus princiers (*Kellermeister*), le châtelain (*Burgvogt*),
le prévôt et son greffier, l'administrateur de la monnaie (*Münzmeis-
ter*), le receveur des octrois (*Zoller*) et même un médecin[1].

Les revenus de l'abbaye, une fois que l'exploitation régulière des
mines eut été interrompue, ne semblent pas précisément en rapport
avec l'étendue du territoire; il ne faut pas oublier que, s'il était
vaste, il était très peu peuplé et que ses grandes et belles forêts
n'avaient de longtemps pas alors la valeur économique qu'elles
représenteraient aujourd'hui. En 1681, l'évêque François-Egon,
qui en avait amodié les revenus, en tirait pour lui-même annuellement 10,000 livres en argent et douze foudres de bon vin et laissait
en outre aux chanoines 4,680 livres en argent, 461 quartauts de
céréales et 22 foudres de vin[2]. Un peu plus tard, en 1688, le gouvernement français ayant saisi les revenus de l'abbaye, les rétrocé-
dait à un ancien maire de Remiremont, Romary Rognier, pour une
somme de 34,500 livres, à payer comptant chaque année[3].

---

1. Ichtersheim, *Topographie*, II, p. 32-34. Gatrio, II, p. 320. Je dois dire
cependant que ce médecin, mentionné dès 1626, ne me paraît pas devoir
figurer parmi les fonctionnaires. A cette époque, c'est à peine s'il y avait
des médecins salariés par l'État, pour le bien du public (quelque chose
comme nos médecins cantonaux), dans les grandes villes, Strasbourg, Colmar, Haguenau. Il s'agit sans doute du médecin particulier de S. A. de
Murbach.

2. Accord conclu pour neuf ans avec Laurent Pancheron, secrétaire du
roi, le 25 juin 1681. Gatrio, II, p. 457.

3. *Ibid.*, p. 460. Outre cet ouvrage capital et la *Chronique des Dominicains
de Guebwiller*, déjà citée, on peut consulter pour l'histoire de Murbach deux
autres travaux de M. X. Mossmann, *Murbach et Guebwiller* (Strasbourg.
1866, 1 vol. in-18) et *L'Élection d'un prince-abbé de Murbach en 1601*
(Guebwiller, 1883, 1 vol. in-16). On ne trouvera absolument rien, par
contre, pour le XVIIᵉ siècle, dans les articles de M. Winterer sur Murbach,
insérés dans la *Revue catholique d'Alsace* (année 1867, p. 181, 229, 337, 387),
qui ne sont qu'une critique très générale et parfois incompétente de la subs-
tantielle étude publiée peu auparavant par le savant archiviste de Colmar.

§ 3. L'ABBAYE DE MUNSTER

Fondée dès avant le milieu du VIIe siècle, si l'on en croit les données traditionnelles, par des religieux de l'Ordre de Saint-Benoît, l'abbaye de Munster au Val-Saint-Grégoire ne figure ici que parce qu'elle a l'honneur d'être spécialement mentionnée dans le texte du traité de Munster comme État immédiat du Saint-Empire. Son territoire n'a jamais dépassé, en effet, la vallée moyenne de la Fecht, qui resta pendant des siècles en friche ou en vaine pâture et ne vit que peu à peu se former la ville, les nombreux villages et les hameaux qui se la partagent aujourd'hui. Quand la Réforme, se répandant en Alsace, pénétra dans le val de Munster, elle trouva immédiatement un solide appui dans la ville qui s'était groupée autour de l'abbaye, et qui, dès le XIVe siècle, avait su obtenir les franchises des villes impériales. Comme cette petite cité avait réussi peu à peu à se rattacher toutes les localités du val, de Sondernach et Soulzeren jusqu'à Hohrodt et Eschbach, l'abbaye, enserrée de toutes parts, vit son autorité politique méconnue, ses droits utiles contestés, et bientôt aussi les revenus qui lui restaient, dilapidés par des administrateurs indignes ou retenus par les membres d'un Magistrat hostile. Elle n'avait pas les forces matérielles pour résister à ces usurpations, le chiffre des catholiques de toute la vallée n'étant plus en 1627, d'après une déclaration de l'évêque de Bâle, que de 300 environ sur les 1,500 habitants qu'elle comptait alors [1]. La situation de l'abbaye devint plus lamentable encore quand les Suédois pénétrèrent en Alsace. Après qu'ils eurent occupé Colmar, l'abbé de Munster, Blarer de Wartensee, alla chercher un refuge jusqu'à Vienne, et le chancelier Oxenstierna, profitant de sa fuite, confiait, le 26 mai 1634, l'administration de ses terres aux Magistrats protestants de Colmar et de Munster. A peine y restait-il deux familles catholiques quand les occupations et invasions suédoises et lorraines cessèrent enfin [2]. Les bâtiments étaient dévastés ou détruits, les religieux dispersés, les revenus aliénés ; mais grâce à l'intervention efficace du gouvernement nouveau, grâce à l'habile conduite et aux talents administratifs du premier abbé français, Dom Marchand [3], la restauration matérielle et morale s'opéra plus

---

1. Dom Calmet, *Histoire de l'abbaye de Munster*, publiée par F. Dinago, Colmar, 1882, p. 181.
2. Dom Calmet, p. 185.
3. Dom Calmet assure que « sa mémoire est restée en bénédiction, même parmi les hérétiques » (p. 220).

rapidement qu'on n'aurait osé le prévoir [1]. Le Magistrat de Munster, intimidé par le gouverneur et l'intendant, n'essaya pas de protester contre des revendications qui n'étaient pas toutes également
légitimes, et les finances de l'abbaye étaient dans un état des plus
satisfaisants quand Dom Marchand mourut en avril 1681 [2]. Il eut
pour successeur le frère même de l'intendant d'Alsace, Dom Louis
de La Grange, qui fut plus tard aussi conseiller d'Église au Conseil
souverain d'Alsace. Celui-ci acheva l'œuvre de son prédécesseur,
et, au témoignage, peut-être un peu partial, de son aîné, il fit « par
ses soins, de ladite abbaye, l'un des plus beaux monastères de l'Allemagne ». N'ayant, pour ainsi dire, pas eu d'histoire sous les empereurs, l'abbaye de Munster n'en eut pas, à plus forte raison, sous
les rois de France, et c'est dans notre siècle seulement que la tranquille vallée qui l'abritait s'est ouverte au bruit et à l'activité de
l'industrie moderne ; mais à ce moment l'antique abbaye avait cessé
d'exister.

§ 4. L'ABBAYE DE MARMOUTIER

De toutes les fondations monastiques de l'ère mérovingienne, la
plus ancienne en Alsace semble avoir été celle de l'abbaye de Marmoutier, puisqu'on la fait remonter à la fin du VIe siècle, et à saint
Léobard, l'un des compagnons de saint Columban, dont elle a porté
le nom (*Leobardi Cella*) jusqu'à sa restauration par saint Maur,
vers 724. Aux premiers siècles du moyen âge, elle avait eu des possessions assez étendues le long de la chaîne des Vosges moyennes,
entre Saverne et Wasselonne, et ses abbés portaient, comme ceux
de Murbach, le titre de princes du Saint-Empire. Mais au XVIIe siècle,
elle se voyait contester depuis longtemps la plupart de ses droits
seigneuriaux sur la marche de Marmoutier, ou plutôt elle en était
presque entièrement privée par ses anciens avoués ou par ceux qui
s'étaient substitués à eux, les Hanau-Lichtenberg, les ducs de Lorraine, les Ribeaupierre, etc., et elle ne tirait plus que d'assez faibles
revenus des quelques localités auxquelles, à l'exclusion de Marmoutier même [3], se réduisaient ses domaines. Durant la longue administration de l'abbé Frédéric Schwartz (1599-1633), le monastère

1. C'est lui qui détacha le monastère de la Congrégation helvétique, pour
le rattacher à celle de Saint-Vanne et de Saint-Hidulphe, à laquelle il appartenait lui-même.
2. Cependant les revenus ne dépassèrent jamais 12 à 15,000 livres (La
Grange, *Mémoire*), ce qui prouve bien le peu d'importance de l'abbaye au
XVIIe siècle, en tant qu'organisme administratif et politique.
3. L'abbé n'avait pas d'autorité sur cette petite ville qui était soumise aux
coseigneurs de sa Marche.

fut plusieurs fois pillé, et il périclita plus encore sous ses successeurs immédiats. Sous le quatrième d'entre eux, Grégoire Vogel
(1671-1700), il faillit même disparaître complètement comme territoire indépendant, l'évêque François-Egon de Furstemberg ayant
tenté de faire, par des achats successifs et de longues négociations
avec les usufruitiers, de la marche de Marmoutier un bailliage épiscopal [1]. Mais l'abbé défendit ses droits, avec une ténacité à laquelle
on ne s'attendait pas, contre lui et contre son successeur, et finalement, en 1705, de guerre lasse, la famille de Furstemberg transigea
avec les moines, en leur rétrocédant tous les droits seigneuriaux,
réels ou prétendus, qu'elle avait acquis, pour la somme de
104,500 livres d'Alsace [2]. Ce ne fut qu'en 1717 cependant que
l'abbé, Dom Anselme Moser, put enfin reprendre possession solennelle de la marche de Marmoutier, après une interruption de plusieurs siècles [3]. A la fin du XVIIᵉ siècle, les revenus de l'abbaye se
montaient à 14 ou 15,000 livres de rente [4].

§ 5. L'ABBAYE D'ANDLAU

L'abbaye d'Andlau, elle aussi, comme les deux précédentes, n'a
droit à une mention spéciale parmi les États d'Alsace que puisqu'on
lui a fait l'honneur de la mentionner en toutes lettres dans l'instrument de paix de Westphalie, car elle n'a jamais joué aucun rôle
politique dans l'histoire de la province. Sa fondation remonte à
sainte Richarde, épouse de l'empereur Charles le Gros (880) [5].
Cloître de bénédictines d'abord, elle devint plus tard un monastère
de filles nobles où l'on vivait fort agréablement, sans prononcer de
vœux perpétuels. Situé à l'entrée de la vallée du même nom, le couvent d'Andlau vit bientôt se grouper autour de ses murs une petite
ville, dominée par les deux tours rondes du château des seigneurs
d'Andlau, qui subsistent encore aujourd'hui. Charles-Quint avait
conféré en 1521 aux abbesses le titre de princesses du Saint-Empire et leur immédiateté fut spécialement stipulée en 1648. C'était
assurément le plus exigu des territoires de cette catégorie, car les

1. M. l'abbé Sigrist a publié dans la *Nouvelle Revue catholique d'Alsace*
(t. II-IV) une longue et détaillée monographie sur Marmoutier, où l'on trouvera tous les détails désirables.
2. A.B.A. H. 594.
3. Outre le travail de M. Sigrist, voy. aussi L. Spach, *L'Abbaye de Marmoutier*, dans ses *Œuvres choisies*, III, p. 111.
4. La Grange, *Mémoire*, p. 112.
5. Deharbe, *Sainte Richarde d'Andlau*, Paris, 1873, 1 vol. in-8°.

droits de l'abbaye ne s'étendaient que sur une partie de la petite
ville d'Andlau et de sa banlieue, puis sur de vastes forêts situées
près de Wangenbourg, au nord de la vallée de la Hasel, entre le
comté de Dabo et les bailliages de Westhoffen et de Wasselonne.
Le chapitre comptait douze chanoinesses qui avaient à fournir des
preuves de noblesse très sévères, mais n'avaient que de modestes
revenus [1]. Par lettres patentes de juillet 1686, Louis XIV confirma
tous les privilèges de l'abbaye, « vu l'importance, y était-il dit, qu'il
y a pour les gentilshommes catholiques d'Alsace de pouvoir mettre
là leurs filles, sans faire des vœux, jusqu'à ce qu'elles trouvent un
parti pour se marier, ce qui est aux dits gentilshommes d'un grand
secours et avantage, leurs maisons se trouvant par ce moyen considérablement déchargées [2] ».

. Outre les territoires mentionnés plus haut, l'abbaye d'Andlau possédait encore les terres de l'ancienne abbaye de Honcourt (Hugs-
hoffen), au val de Villé, dont les bâtiments délabrés avaient été
donnés au commencement du XVIIᵉ siècle par l'évêque Léopold
d'Autriche à la Compagnie de Jésus. Mais les Révérends Pères d'Ensisheim, peu désireux de s'établir loin du monde, dans la solitude
sauvage du val de Villé, revendirent ce domaine, bientôt après, à
l'abbesse-princesse d'Andlau.

§ 6. TERRES DE L'ÉVÊCHÉ DE SPIRE EN ALSACE

Dans le nord de l'Alsace, telle que la firent les événements du
XVIIᵉ siècle, un certain nombre de territoires appartenaient à l'évêché de Spire. C'était d'abord le comté de Lauterbourg, situé au
confluent de la Lauter et du Rhin, qui en faisait partie depuis le milieu du XIIIᵉ siècle. Il était divisé par la Lauter en deux moitiés, le
bailliage supérieur et le bailliage inférieur, comprenant une vingtaine de communes. C'était à Lauterbourg que résidaient les représentants de l'autorité épiscopale, le bailli supérieur (*Oberamtmann*),
le greffier, le conservateur des forêts (*Waldfauth*) et le prévôt
(*Oberschultheiss*) qui exerçait la justice. La ville était administrée
par un conseil de douze membres, élus annuellement, et présidés
par deux bourgmestres. Elle avait possédé jadis le droit de haute et

---

1. La Grange dit qu'elles sont « fort bien nourries, mais n'ont chacune que
très peu de revenus, qui ne vont au plus qu'à vingt escus pour leur entretien ». (*Mémoire,* fol. 102.) Cela n'empêchait pas le total des revenus de
« Madame d'Andlau, à aller de seize à dix-huit mille livres de rente ».
2. *Ordonnances d'Alsace,* I, p. 159.

basse justice, mais· les usurpations successives du bailli ne lui avaient laissé que la simple police locale[1].

Par suite de sa position géographique, Lauterbourg eut considérablement à souffrir pendant les guerres de Trente Ans, de Hollande et du Palatinat. Assez considérable encore au moment de la réunion de l'Alsace à la France[2], elle fut à peu près complètement détruite en 1678 et, en 1680, elle ne comptait plus que quelques familles. Le gouvernement français y rétablit les fortifications, y mit un commandant de place et un aide-major ; mais encore en 1696 on n'y comptait que 55 familles de bourgeois et une trentaine de manants israélites ou chrétiens[3].

Depuis le milieu du XVIe siècle, les évêques de Spire possédaient aussi le Mundat inférieur ou les terres exemptes de la juridiction landgraviale, jusque-là propriété de l'antique abbaye de Wissembourg[4]. Convertie d'abord en chapitre prévôtal par une bulle de Clément III (25 août 1542), celle-ci avait été réunie à perpétuité un peu plus tard par une nouvelle bulle du pape Paul III (février 1545), au siège épiscopal de Spire, pour empêcher la ruine entière du chapitre et la dilapidation de ses revenus[5]. Le Mundat inférieur ou de Wissembourg s'étendait en deçà et au-delà de la Lauter. Au sud de cette frontière naturelle, qui séparait jadis le Nordgau du Spirgau, il n'y avait que le bailliage d'Altenstadt, à l'est de la ville de Wissembourg, qui durant là guerre de Trente Ans fut en partie occupé par divers commandants au service de Suède et cruellement foulé par les passages de troupes continuels[6]. Les autres bailliages du territoire, ceux de Madenbourg, Dahn et Saint-Rémy, faisaient partie de la bande de terrain comprise entre la Lauter et la Queich, qui fut si longuement contestée entre la France et l'Empire, depuis la paix de Ryswick jusque vers la fin du XVIIIe siècle.

§ 7. TERRES DE L'ÉVÊCHÉ DE BALE EN ALSACE

Les princes-évêques de Bâle, dont l'autorité spirituelle s'étendait

---

1. Pour les détails, voy· J. Bentz, *Description historique de Lauterbourg*, Strasb., 1844, in-8.

2. Elle comptait 213 maisons en 1649.

3. Bentz, p. 93-94. En 1780, la population était montée à plus de 1,800 âmes.

4. Elle s'appelait d'ordinaire en allemand *Kron-Weissenburg* pour la distinguer des nombreuses autres localités du même nom.

5. Voy. pour les détails J. Rheinwald, *L'abbaye et la ville de Wissembourg*, Wissembourg, 1863, 1 vol. in-8°.

6. Le Chapitre avait eu, dès avant la venue des Suédois, de graves plaintes à faire sur les usurpations dont il était l'objet. (A.B.A. C. 334.)

sur une partie fort considérable de l'Alsace, n'avaient, au XVIIe siècle,
gardé de leurs vastes domaines dans le comté de Ferrette, absorbés
peu à peu par la maison d'Autriche, que les deux villages de Burg-
felden et de Haesingen, situés au sud de Huningue, vers le petit
cours d'eau de la Birsig.

§ 8. LES TERRES DE L'ORDRE TEUTONIQUE EN ALSACE

Si l'on considère les Grands-Maîtres de l'Ordre Teutonique
comme des princes ecclésiastiques étrangers, possessionnés en Alsace, c'est également le lieu de les nommer ici, car il leur restait
au XVIIe siècle, dans la province, en dehors de certains immeubles,
comme les commanderies de Rixheim, Rouffach, Andlau, etc., auxquels ne se rattachait aucun droit territorial, les deux villages de
Fessenheim et de Riedseltz [1]. Le premier se trouvait dans la Haute-
Alsace, sur le Rhin, au sud du bailliage de Heitern et au nord de
celui de Landser. L'autre était situé dans la Basse-Alsace, au sud de
Wissembourg, sur les limites du Mundat inférieur.

Tous les autres territoires ecclésiastiques, — et il y en avait eu
beaucoup au moyen âge qui avaient joui plus ou moins longtemps,
plus ou moins complètement, de leur indépendance, sous la tutelle
peu gênante de l'Empire, — avaient perdu au XVIIe siècle leur qualité d'États immédiats. La plupart, et parmi elles les célèbres abbayes
de Masevaux, de Lucelle [2], de Pairis [3], avaient vu leur autonomie
absorbée par la maison d'Autriche ; elles passèrent, après l'annexion, sous l'autorité de la couronne de France. D'autres avaient
été obligées de reconnaître la protection des électeurs palatins,
comme Walbourg ; celle de l'évêché de Strasbourg, comme Neubourg [4], ou, comme Surbourg, celle de la préfecture de Haguenau [5]. Il n'y a donc pas lieu de s'en occuper ici plus en détail,
quelle que puisse avoir été leur importance au point de vue de l'histoire ecclésiastique et religieuse de la province.

1. Ichtersheim, *Topographie*, II, p. 95.
2. Sur Lucelle on peut consulter A. Quiquerez, dans la *Revue d'Alsace*,
1864, p. 257, 321, 385, et le chanoine P. Mury dans la *Revue catholique
d'Alsace*, 1859, p. 137, 183.
3. Sur Pairis, voy. J. Rathgeber, dans la *Revue d'Alsace*, 1874, p. 102.
Pendant le XVIIe siècle, l'abbaye avait été soumise par les archiducs à un
administrateur séculier; après 1632, Gustave Horn la donna à l'un de ses
colonels. Louis XIV la fit rendre à Dom Bernardin Buchinger, en 1642.
4. Sur Neubourg, voy. L. Vautrey, *L'abbaye de Neubourg*, *Revue d'Alsace*, 1860, p. 66 ss.
5. Sur Surbourg, on peut consulter la notice de M. l'abbé Léonard Fischer,
Revue catholique d'Alsace, 1894, p. 504 suiv.

CHAPITRE CINQUIÈME

La République de Strasbourg

§ 1. TOPOGRAPHIE ET POPULATION

Parmi les territoires de l'Alsace, il en est plusieurs, assurément, de plus considérables au point de vue de l'étendue que celui de la ville libre de Strasbourg; il n'en est aucun qui ait joué un rôle politique plus important dans l'histoire du pays au XVIIe siècle. Situé au centre de la plaine du Rhin moyen, à un endroit où le grand fleuve, resserré entre les îles qui accompagnent ses deux rives, facilitait l'établissement d'un pont permanent, près du confluent de la seule rivière vraiment navigable de l'Alsace, Strasbourg se trouve encore de plus au croisement naturel de la grande route fluviale avec les routes de terre, qui, du plateau lorrain et des cols facilement accessibles des Vosges, mènent par ceux de la Forêt-Noire dans le bassin du Danube. On peut dire qu'elle était prédestinée à devenir un grand entrepôt de commerce, en même temps que la capitale naturelle, le centre politique et militaire de la province.

Elle faisait une impression profonde sur les voyageurs de tous les pays qui la visitaient, au moment où les misères de la guerre de Trente Ans n'avaient pas encore paralysé son commerce ni appauvri ses habitants. Les uns admiraient ses remparts solides et ses grandioses édifices publics, les autres ses savants et ses hommes politiques, d'autres encore les produits renommés de son industrie. Dès qu'on approchait des murs de Strasbourg, on avait le sentiment d'être devant une grande place de guerre, où l'on ne pénétrait qu'après un contrôle scrupuleux de la part des gardes-consignes, en franchissant des portes surveillées nuit et jour par des soldats vigilants[1]. Quand on parcourait ensuite ces rues, qui nous paraissent étroites et sombres aujourd'hui, avec leurs maisons à pignons élevés, à façades surplombant le rez-de-chaussée, avec leurs petites fenêtres à carreaux ronds et leurs vives peintures, on s'extasiait

---

1. Levin von der Schulenburg, 1605. *Aus dem Tagebuch eines maerkischen Edelmanns, 1602-1605*, herausgegeben von Paul Hassel, Hannover, 1872, in-8°.

volontiers sur le charme et la beauté de l'ensemble[1]. Les nombreux
édifices publics, les églises et surtout la cathédrale immense « avec
son clocher d'une épouvantable et estrange hauteur et artifice mer-
veilleux[2] », que les princes ne dédaignaient pas d'escalader jusqu'au
sommet[3], et les mille merveilles de ses voûtes splendides, de ses
verrières et de son horloge astronomique, attiraient d'abord les
visiteurs ; puis on allait admirer le nouvel Hôtel-de-Ville, la grande
salle aux belles tentures, où les membres des Conseils réunis
siégeaient dans leurs stalles en bois sculpté, la salle des délibérations
secrètes, ornée de nombreux tableaux de maîtres strasbourgeois.
Les seigneurs de haut lignage ou les personnes spécialement recom-
mandées par quelqu'un des gouvernants de la République obtenaient
aussi la permission de visiter l'Arsenal ; on leur y montrait non seulement le vieil attirail de guerre, remontant partiellement au moyen
âge, et surtout de splendides armures enlevées aux chevaliers de
Charles le Téméraire, sur les champs de bataille de Morat et de
Nancy, mais aussi les engins de guerre modernes, canons, mousquets,
tonnelets de poudre et de balles rangés dans trois longs bâtiments
et soigneusement entretenus en état de service immédiat. « Tous
les bastions des remparts sont armés, et cependant on y fond chaque
jour de nouvelles pièces, » s'écrie l'un des visiteurs émerveillé.
Outre les lourds canons de bronze, il y avait admiré l'artillerie
légère, en laiton, des appareils pour fouiller la nuit les camps et
retranchements ennemis avec un faisceau lumineux, et même des
canons se chargeant par la culasse[4]. Les guides des étrangers ne
manquaient pas non plus de leur faire visiter les immenses greniers
d'abondance, dont quelques débris, bien transformés, il est vrai,
subsistent encore de nos jours, et où des milliers de quintaux de

1. « Strasbourg, disait le diplomate Constant Huyghens, en 1620, est une des
plus belles. riches et magnifiques villes de l'Allemagne, voire des plus
grandes et des mieux airées, a force belles rues, larges et droites qui, par la
suite de quantité de grandes maisons de gentilhommes, riches marchants et
autres, se rendent aucunément pareilles à celles d'Anvers. » (*Bydragen en
mededeelingen von het historisch genootschaap te Utrecht*, S'Gravenhage,
1894, p. 146.)
2. Samuel Bernard, *Tableau des actions du jeune gentilhomme*. Strasbourg, Ledertz, 1624, p. 190.
3. Huyghens vit tout au sommet la jarretière dorée que le jeune électeur
palatin Frédéric V venait d'y laisser récemment comme témoignage de sa
présence. Plût au ciel qu'il se fût borné à des prouesses de ce genre ! (*Bydragen*, p. 147.)
4. Levin von der Schulenburg p. p. Hassel, p. 38. — Voy. aussi l'admiration de Rohan pour cette artillerie exprimée dans ses *Mémoires*. (Amsterdam,
1756, t. II, p. 6.)

céréales, entassés dans sept étages superposés garantissaient la cité
pour de longues années contre les terreurs de la famine ou d'un
blocus[1]. On y exhibait aux touristes des blés datant du XVᵉ siècle,
de même qu'on leur faisait goûter, dans les caves de l'Hôtel-de-Ville,
des crûs remontant à la guerre des Paysans, ou même plus loin, et
qu'on ne quittait pas sans regret, ni même, s'il faut en croire l'un
d'eux, sans émotions plus vives[2]. Les visiteurs plus sérieux ne
dédaignaient pas d'aller voir aussi le Grand Hôpital, la Douane et
ses vastes entrepôts, encore debout, sur les bords de l'Ill; ils
pouvaient se reposer ensuite dans les nombreuses hôtelleries et
tavernes de la cité, ou se rendre à l'*Ammeisterstub*, au local officiel
où le consul-régent de la République prenait publiquement ses repas
aux frais de l'État. Ils étaient admis à s'y rafraîchir également, à
leurs frais s'entend, à condition d'observer une attitude respectueuse
en présence des personnages officiels, et de s'y « découvrir pendant
qu'on prononçait le *Benedicite* et le *Gratias* ». Ce qu'on pouvait bien
contempler du dehors, mais sans espoir d'y pénétrer, c'était le
Trésor, la *Tour-aux-Pfennings*, qui s'élevait haute et carrée, ressem-
blant vaguement à la Bastille, à l'angle de la place des Carmes
Déchaux, la place Kléber actuelle. On y tenait sous bonne garde les
importantes réserves monétaires de la ville, ses lettres de gage et
autres titres financiers, et l'entrée de la construction massive,
abattue au siècle dernier, était interdite à tout autre qu'aux membres
du Magistrat.

Les hommes d'État, les diplomates en rupture de ban, rendaient
ensuite visite à quelqu'un des habiles patriciens ou des jur014scon-
sultes émérites qui dirigeaient la politique strasbourgeoise ; les
savants allaient voir les professeurs de l'Académie, qui allait être
bientôt changée en Université, ou se délectaient à examiner l'un ou
l'autre des « cabinets de curiosités » artistiques et scientifiques, si
nombreux alors dans la ville. Les jeunes écervelés et gais compagnons ne manquaient pas de visiter dans leur boutique près de la
Douane, le monstrueux et jovial cordier de la République, Yerri
Haag et sa femme, d'un poids plus extraordinaire encore, et dont les
propos salés faisaient les délices de leurs interlocuteurs bourgeois
ou titrés[3]. Particulièrement contents étaient les voyageurs qui

1. Zeiller, *Itinerarii Continuatio*, p. 217.
2. Hassel, p. 40.
3. Sur ces deux personnages, qui dans le premier tiers du XVIIᵉ siècle
furent une des *curiosités* les plus connues et courues de Strasbourg, voy.
Aug. Stoeber, *Yerri Haag le gros cordier de Strasbourg*, dans la *Revue
d'Alsace*, 1863, p. 97. Il pesait 440 livres, son épouse, 489 livres. Quand elle

arrivaient à temps pour assister à l'une de ces fêtes populaires,
assez fréquentes en somme, dans la vie journalière d'alors, aux
régates sur l'Ill (*Gaenselspiel*), à quelque grande mascarade (*Butzen-
laufen*), à un grand tir à l'arquebuse (*Vogelschiessen*) ou au tirage
d'une loterie (*Glückshaffen*), toujours bien achalandée par les joueurs
du dedans et du dehors. D'ailleurs, même en temps ordinaire, on
trouvait à Strasbourg des distractions suffisantes; on allait se promener en barque, à la Montagne-Verte, à la Robertsau[1], on examinait
le pont près de Kehl, « si célèbre partout » et qui était en effet le
seul qui réunît d'une façon permanente les deux rives rhénanes
entre Bâle et Spire; porté par des bateaux au milieu du courant, par
des chevalets, plus près des bords, il mesurait près de 1,600 pieds[2].
Quant à la population, elle était généralement décrite par les
étrangers en termes flatteurs pour son amour-propre : « Le peuple
y est dru et diligent, dit Huyghens, courtois et fort accostable aux
estrangers, les femmes la plupart blondes et belles et de beaucoup
plus gentiment habillées qu'en d'autres endroits de ce païs[3]. »

Quand une fois la guerre eut commencé pour ne presque plus
cesser pendant deux générations, l'aspect de Strasbourg, aussi
devient plus morose; les affaires ne marchant plus, les étrangers se
faisant rares, l'étudiant comme le négociant restreignant ses dépenses,
l'activité des artisans s'arrête, tandis que leurs impôts augmentent.
Le Magistrat défend en outre les fêtes et les distractions mondaines
comme une rébellion détestable contre la juste colère de Dieu. Puis
c'est la foule des malheureux campagnards, des bannis, des misérables de toute catégorie qui vient chercher un abri précaire et de
quoi ne pas mourir de faim derrière les murs de la ville, et dont
les lamentations étouffent les gais refrains de l'âge précédent.

Puis, la grande guerre terminée, ce ne sont plus seulement des
gentilshommes allemands, autrichiens ou polonais qui viennent
admirer les merveilles de Strasbourg, au sortir des sables de la
Marche de Brandebourg ou des forêts de la Lithuanie; on y voit
passer maintenant aussi les cavaliers élégants et blasés de la cour

mourut, en 1620, à 44 ans, il lui fallut un cercueil de 5 pieds de large, porté
par dix forts de la halle. Zinkgref n'a pas dédaigné de consigner une série de
bons mots de Yerri dans ses *Procerbes*.

1. Strasbourg était sillonné alors de nombreux canaux qui lui donnaient,
au dire de ses admirateurs, un faux air de Venise, à la différence, dit
Zeiller (p. 109), que l'eau de Venise est puante et salée, tandis que celle de
Strasbourg est douce et pure; cet éloge était bien exagéré.

2. Trausch, l'ayant mesuré le 21 juillet 1617, lui trouva une longueur
de 1,580 pieds. Dacheux, *Fragments*, III, p. 46.

3. *Bydragen*, p. 146.

du Grand Roi, et ceux-ci n'ont guère qu'un regard distrait et légèrement moqueur pour le vieux Strasbourg d'alors[1]. Le rédacteur du *Mercure galant*, après avoir très sommairement décrit la ville et les environs, tels qu'il les vit èn 1678, lors de la campagne de Créqui, ajoute avec tout l'aplomb d'un « correspondant spécial » moderne : « J'espère que vous serez satisfait de cet article d'Allemagne, il serait difficile de traiter la matière plus à fond. » Deux ans plus tard, l'abbé Régnier des Marais, membre de l'Académie française, en route pour Munich, où une ambassade française va chercher la future épouse du Dauphin, passe également par la ville, mais il ne la décrit guère, en disant :

> ... Elle est belle, elle est grande,
> Elle paraît riche et marchande,.
> Je suis fort satisfait de tout ce que je vois[2].

Il est trop préoccupé sans doute de souhaiter la protection du Roi à

> ... son peuple farouche, indocile,
> Et qui n'a ni bride ni mors.

Pélisson, autre académicien, en avait parlé d'une façon beaucoup moins flatteuse encore en prose, à Mlle de Scudéry : « Strasbourg est une ville, lui dit-il, à peu près comme Orléans, mais qui n'a garde d'avoir la propreté de nos villes de Flandres... il y a peu de choses remarquables. Son horloge, si célèbre autrefois, est une manière de colifichet ou de marionnettes dont on ne fait pas grand état aujourd'hui[3]. » Vingt ans plus tard cependant, M. de La Grange assurait que la ville était « très belle, les rues bien percées, les maisons bien bâties[4] ». Il lui en donnait 3,200, contenant 28,000 âmes en nombres ronds. Mais de ces maisons beaucoup étaient petites, à un seul étage, à deux ou trois fenêtres de façade seulement ; on peut juger de leur exiguïté quand on voit le prix auquel on vendait certaines d'entre elles[5].

La question du chiffre de la population de Strasbourg au XVIIe siècle, très controversée depuis une vingtaine d'années, ne

---

1. Si distrait qu'un d'eux lui donne trois lieues de tour (*Mercure galant*, août 1678, p. 335.
2. *Poésies françaises de M. l'abbé Régnier des Marais*, Amsterdam, 1753, t. I, p. 175.
3. Lettre du 24 sept. 1673. *Lettres historiques de M. Pélisson*, 1729, t. I.
4. La Grange, *Mémoire*, fol. 285.
5. Ainsi un immeuble de la Grand'Rue, appartenant à la famille Wencker, est vendu, en 1688, pour 475 livres seulement. (Dacheux, *Fragments de chroniques*, III, p. LIX.)

semble pas pouvoir être résolue d'une façon certaine avec les matériaux très défectueux encore qui nous sont connus[1]. Nous avons de
nombreux chiffres spéciaux sur les naissances, les mariages et les
décès de telle ou telle année, mais nous ignorons combien de ces
cas sont attribuables aux étrangers séjournant à Strasbourg en
temps de disette, de guerre ou d'épidémie. On doit même supposer
que ce sont les années anormales qui ont été le plus souvent notées
par les chroniqueurs; il est donc très difficile, pour ne pas dire
impossible, de tirer des conclusions scientifiques de leurs données,
et pour y voir clair, il faudrait qu'un travailleur patient dépouillât
minutieusement tous les registres des baptêmes et tous les registres
mortuaires de Strasbourg, pour un âge d'homme au moins. Il ressort cependant dès maintenant un fait certain de la comparaison des
chiffres que nous connaissons, c'est qu'au XVIIᵉ siècle le nombre
des naissances fut presque toujours dépassé par celui des décès. La
population n'a donc augmenté à cette époque, — quand elle a augmenté,— que par l'*immigration* constante d'éléments nouveaux, non
par la *natalité* naturelle de la bourgeoisie sédentaire[2]. On peut en
déduire également, avec quelque apparence de certitude, que Strasbourg comptait environ 30,000 âmes à la fin du XVIᵉ siècle, contre
16,000 environ qu'elle avait eues cent ans auparavant[3]. Elle alla en
augmentant encore, mais lentement, jusque vers le moment de la
période suédoise de la guerre de Trente Ans. On ne risque pas de
se tromper de beaucoup en affirmant que, vers 1630, la ville (intra
muros) comptait 32 à 35,000 habitants de tout âge[4]. Puis vient la
décroissance, rapide et durable ; les disettes, les grandes épidémies,
les soucis de toute nature déciment la population, la fécondité
diminue, l'immigration se ralentit et quand en 1681 Strasbourg

1. Voy. sur cette question le *Bürgerfreund*, journal strasbourgeois, 1776,
p. 322. — Ch. Boersch, *Essai sur la mortalité à Strasbourg*, Strasb., 1829,
in-4°. — J. Krieger, *Beitraege zur Geschichte der Volksseuchen, zur medici-
nischen Topographie und Statistik von Strassburg*, Strassb., 1878-1879, t. I,
p. 167; t. II, p. 63. — Eheberg, *Strassburg's Bevoelkerungszahl seit Ende des
XV. Jahrhunderts*, dans les *Jahrbücher für Nationaloekonomie*, vol. 41,
p. 297, et vol. 42, p. 413. — Jastrow, *Volkszahl deutscher Staedte*, Berlin,
1886, p. 67, 158.
2. Pour les détails, les appréciations varient. Boersch veut que, de 1600 à
1633 déjà, il y ait eu une moyenne de 700 décès de plus que de naissances.
Eheberg, éliminant les chiffres énormes des épidémies (frappant surtout les
masses rurales campées dans les murs), n'arrive qu'à un excédant annuel
d'environ 150 décès pour cette même période.
3. M. Jastrow nous semble avoir établi ce point, contrairement aux chiffres
exagérés qu'on citait autrefois.
4. M. Krieger admet l'augmentation (II, p. 64), mais ne croit pas que le
maximum de population ait dépassé jamais 29,000 âmes.

passe sous la domination royale, il ne semble pas que le total de ses habitants (bourgeois et manants) ait dépassé 25,000 âmes, si tant est qu'il ait atteint ce chiffre[1]. Après treize ans d'un calme au moins relatif, et d'une reprise des affaires incontestable, le recensement de 1697 ne donne qu'un total de 26,481 âmes, sans compter, il est vrai, les familles de l'état-major et de la noblesse, ainsi que les ecclésiastiques catholiques[2]; mais ces catégories ne sauraient fournir les 1,500 âmes nécessaires pour arriver au chiffre de 28,000 donné par le *Mémoire* de La Grange[3].

Dans cette population il y avait eu de tout temps, et non pas seulement au moment où l'intendant faisait rédiger sa description de l'Alsace, « très peu de riches ». Les plus notables ammeistres de la République ne croyaient pas déroger en faisant le commerce[4] ou en exerçant une industrie[5]. « Le reste des habitans, disait La Grange avec raison, est communément à son aise. Il n'y en a guère qui ne trouvent à gagner leur vie; aussi n'y a-t-il que très peu de pauvres[6]. » Au point de vue des cultes, les habitants de Strasbourg avaient été à peu près exclusivement luthériens ou calvinistes, jusqu'en 1681. Quelques chanoines, quelques religieuses, un certain nombre de domestiques des deux sexes, sans doute aussi quelques compagnons de métiers, formaient une infime minorité catholique; encore n'étaient-ce que des manants et non des bourgeois. Quant aux Israélites, ils avaient été impitoyablement écartés de la ville depuis le XIVe siècle et les premiers qui rentrèrent à Strasbourg ne le firent que dans la seconde moitié du règne de Louis XV. Encore en 1697, La Grange déclarait que le nombre des familles catholiques de bourgeois n'était que de « cent environ[7] ». Il y a peu de catholiques originaires, ajoutait-il, « la plupart étant nouveaux convertis qui n'ont fait abjuration que pour entrer dans les charges de la ville depuis que le Roi a ordonné que les places

---

1. Peut-être le chiffre du *Bürgerfreund* (1776, p. 322), qui donne 22,000 âmes, est-il encore le plus rapproché de la vérité.
2. « Savoir : 5,119 catholiques, 19,839 luthériens, 1,523 calvinistes, 5,613 feux. Fait à Strasbourg, le 6 novembre 1697. » (Etat des feux et âmes qui se trouvent dans la ville de Strasbourg. (Archives municipales, A.A. 2517.)
3. En 1709. le chiffre de la population dépassait 32,000 âmes. (*Ibid.*)
4. Dominique Dietrich ou F. Würtz, par exemple.
5. Ainsi les Staedel étaient imprimeurs.
6. La Grange, fol. 286. Cette affirmation est peut-être un peu exagérée; il y avait des pauvres, mais ils étaient bien secourus, et leur misère n'était pas aussi noire que celle de certains prolétaires d'aujourd'hui.
7. Le chiffre de 5,119 donné par l'*Etat* de 1697, embrassait *tous* les manants, domestiques, manouvriers, etc. Il n'y a pas contradiction entre les deux données.

vacantes des luthériens seraient remplies par des catholiques[1] ».

La prise de possession de Strasbourg par Louis XIV ne changea pas, tout d'abord, d'une façon notable, la physionomie extérieure de la cité. Les remparts qui dataient en partie du XVIᵉ siècle, mais avaient été refaits en majeure partie durant la crise trentenaire et la guerre de Hollande, furent, ainsi que nous l'avons déjà dit, à peu près maintenus par Vauban, sauf à l'endroit où il établit la nouvelle citadelle, qui devait rendre la forteresse imprenable aux ennemis d'outre-Rhin[2]. Le fort Blanc et le fort de Pierres qui vinrent s'y ajouter sur les fronts occidental et septentrional, furent construits sur des espaces, non encore surbâtis, sinon en granges, échoppes, jardinets, etc., et ne changèrent par conséquent pas davantage l'aspect de la ville[3]. Ce n'est qu'au cours du siècle suivant qu'on éleva successivement les grands et beaux édifices publics pour les autorités civiles et militaires de la province, l'Intendance, l'hôtel du préteur royal, l'hôtel de Darmstadt, celui des Deux-Ponts, le nouveau palais épiscopal que nous voyons encore aujourd'hui ; c'est alors aussi que l'on refit les façades de nombreuses maisons, qui leur donnèrent un aspect moderne, que certaines rues furent percées, de nouvelles places établies et que l'afflux de la population vint augmenter le prix des terrains dans des proportions considérables[4].

§ 2. CONSTITUTION POLITIQUE DE STRASBOURG

Il n'est pas facile de donner en quelques pages un aperçu lucide et complet de l'organisation politique de la République de Strasbourg. Soit qu'on loue dans sa constitution, comme l'a fait Érasme, un mélange admirable d'aristocratie et de démocratie[5], soit qu'on

1. La Grange, *Mémoire*, fol. 286.

2. Ichtersheim déclarait, en 1710, que Strasbourg ne pourrait plus être prise dorénavant que par une armée de 150,000 hommes et par la famine, et il ajoutait : « ohne martialisches Feuer der Stücken, Bomben, Carcassen und Minen wird sie schwerlich mehr zu der vorgehabten Kayserlichen Glückseligkeit gelangen. » (*Topographie*, I, p. 34).

3. On peut s'en convaincre en parcourant l' « État des terres et héritages enclavés ou compris dans les fortifications de Strasbourg ». (A.B.A. C. 368.)

4. Cette hausse est frappante; j'en citerai un seul exemple. En 1698, le Magistrat vendit au préteur royal un terrain au *Fünfzehner* Woerth pour 192 livres 12 sols 6 deniers. — En 1737 et 1738, ce même terrain est racheté par trois particuliers pour 12,915 livres 4 sols 5 deniers. En 1784, la Chambre des XV rachète la moitié du même terrain pour 28,000 livres. (Arch. municipales, A.A. 2318.)

5. Cet éloge hyperbolique et peut-être un peu ironique se trouve dans une lettre du célèbre humaniste à Wimpheling, écrite en 1514 et réimprimée par Riegger dans les *Amoenitates Friburgenses*, I, p. 88.

s'imagine y découvrir un gouvernement ochlocratique, comme Bodin[1], ou Henri de Rohan[2], personne ne s'avisera de la trouver simple et peu compliquée.

La forme du gouvernement que nous rencontrons à Strasbourg au XVIIe siècle ne mérite ni les éloges excessifs et peut-être intéressés des uns, ni les qualifications dédaigneuses des autres, lesquelles, nous le verrons, ne furent jamais plus inexactes qu'au moment où elles furent proférées. Sortie de l'ancienne organisation épiscopale du moyen âge, elle a suivi les transformations successives de la cité. Le Conseil urbain, composé d'abord de fonctionnaires désignés par l'évêque, puis élargi par l'accession de riches bourgeois, finit par s'émanciper de l'autorité qui l'avait institué, quand une fois les empereurs lui eurent accordé les privilèges d'une ville libre impériale (1201). Garanti contre tout recours agressif des évêques par la victoire de Hausbergen en 1262, le gouvernement de Strasbourg est resté pendant un demi-siècle absolument aristocratique, jusqu'au moment où les dissensions entre les familles nobles et leurs violences amenèrent la révolution de 1322 qui introduisit à côté des nobles et des bourgeois notables, au sein du Magistrat, les représentants des corporations d'arts et métiers[3]. De longues luttes s'engagèrent dès lors entre les différents groupes qui se disputaient l'influence dans la cité. Finalement, un compromis fut signé, qui trouva sa formule à peu près définitive dans la charte ou *Schwoerbrief* de 1482. Dorénavant la ville libre est gouvernée par un Conseil de trente membres, dont dix patriciens et vingt plébéiens nommés par les *tribus*, présidé par un représentant des corporations d'artisans, l'*ammeistre*, et par quatre *stettmeistres*, pris dans le patriciat. En apparence, c'était donc une victoire complète

1. Bodinus, *De Republica*, liber VI, cap. 4. — Le Brandebourgeois Lévin de Schulenbourg, en 1606, s'imagine aussi naïvement que la canaille (*Herr omnis gesindlein*) est maîtresse à Strasbourg (Hassel, p. 30).

2. Après avoir dit quelques mots de la constitution de la ville, le duc l'ayant visitée en 1600, continue : « Je n'ay pris la peine de décrire ce bizarre ordre de la République, que par bizarrerie aussi et non pour approuver cet état populaire... Tout ce que je veux que ma mémoire en réserve c'est le souvenir de plusieurs belles choses que j'y ai vues, qui seraient aussi dignes d'un grand Roi que telle populace est indigne d'elles. » (*Mémoires*, II, p. 6.) — M. Krug-Basse (*L'Alsace avant 1789*, p. 63) a fait de Rohan un duc de Richelieu.

3. Nous parlerons plus en détail de l'organisation de ces corporations en *tribus* d'arts et métiers sous la rubrique *Industrie*. Il y en avait vingt, désignées soit par le nom de leurs professions (Bouchers, Drapiers, Tanneurs, etc.), soit par le nom du local où elles avaient leurs réunions officielles (Miroir, Lanterne, Moresse, etc.).

des tendances démocratiques, qui prédominaient, sans écraser les
éléments contraires. Mais en réalité, les masses populaires, satis-
faites d'être désormais à l'abri de la tyrannie des nobles, ne mar-
chandèrent pas aux notables, qui les en avaient délivrées, une confiance après tout légitime, d'autant plus qu'elles n'avaient pas le
loisir de s'occuper du détail quotidien des affaires publiques. A
côté du Conseil ou Sénat (*Rath*), on créa donc, au XVᵉ siècle, —
et cela d'un commun accord, — un certain nombre de *Collèges* ou
de comités permanents, qui n'étaient pas soumis, comme le Sénat
lui-même, à un renouvellement annuel, mais dont les membres, une
fois installés, restaient d'ordinaire en fonctions aussi longtemps
qu'ils restaient en vie. L'*ammeistre*, le consul en régence, était, il
est vrai, nommé tous les ans par les vingt sénateurs roturiers,
mais comme on s'habitua bientôt à rappeler les anciens dignitaires
à l'exercice de leurs fonctions, dès que le règlement le permettait,
cette dignité aussi, ainsi que celle des *stettmeistres* ou préteurs,
devint à bref délai permanente. Ces collèges devinrent ainsi, dès
le XVIᵉ siècle, le véritable gouvernement de la République. Le plus
ancien, celui des Treize, ainsi nommé puisqu'il était formé à l'origine de l'ammeistre en régence, de quatre anciens ammeistres, de
quatre représentants de la noblesse et de quatre représentants des
corps d'arts et métiers, était chargé du département des affaires
extérieures, des négociations diplomatiques, des affaires militaires, etc. Peu après, une seconde Chambre permanente, celle des
Quinze, formée de cinq nobles et de dix plébéiens, fut instituée
pour gérer les affaires financières de l'État, surveiller la levée des
impôts et diriger l'administration proprement dite. Le Sénat contribuait à les nommer ; c'était là la part de la démocratie, mais, une
fois nommés, ils échappaient, à vrai dire, à son contrôle, à moins
d'inconduite scandaleuse ou de forfaiture. La Chambre des Vingt-et-
Un n'était pas, en réalité, un collège ayant une existence distincte.
On a désigné successivement par ce nom de XXI, des groupements
fort divers de notables, associés par le choix, tout passager
d'abord, puis durable, du Magistrat à ses délibérations politiques[1]·
Plus tard, ce furent des délégations, pour ainsi dire, des deux collèges, qui formèrent les XXI avec quelques anciens ammeistres et
quelques notables pris en dehors de ces catégories. Vers la fin du
XVᵉ siècle, *tous* les membres des Treize et des Quinze furent admis

1. On les avait appelés les Vingt-et-Un, parce que, à l'origine, on les
convoquait en nombre égal à celui des membres plébéiens du Sénat, c'est-
à-dire les délégués des vingt tribus et l'ammeistre en régence,

à siéger, en bloc au sein du Sénat, dans ses séances plénières administratives. Il n'y eut plus alors en réalité qu'un très petit nombre de conseillers qui fussent uniquement des Vingt-et-Un (ledige XXI)[1]; ils servaient dans la suite à recruter les collèges supérieurs quand il s'y produisait un décès, et devenaient ainsi sénateurs à vie, tandis que les sénateurs ordinaires n'étaient nommés que pour deux ans. Sans doute, le Sénat, présidé par l'un des stettmeistres en régence trimestrielle, restait officiellement le centre du gouvernement ; tous les actes politiques, traités, ordonnances, émanaient du préteur en régence, du Sénat et des Vingt-et-Un (Meister und Rath des Heil. Roem. Reiches freier Stadt Strassburg, sampt unsern Freunden den XXI), mais en réalité ils ne faisaient que ratifier les décisions de ces collèges dirigeants, de ces trois Chambres secrètes (Geheime Stuben) dont les membres à peu près inamovibles n'avaient guère à craindre les fluctuations de l'opinion publique et pouvaient mettre en minorité le Sénat proprement dit dans les assemblées générales du Magistrat[2]. Les rouages intérieurs de ces Chambres étaient fort compliqués ; quoique ils fussent réglés dans tous leurs détails par des traditions séculaires, — ou peut-être à cause de ces règlements trop minutieux, — nous voyons encore au XVIIe siècle naître de vives contestations, soit entre les collèges eux-mêmes sur des questions de compétence, soit au sein de chaque Chambre, au sujet de son recrutement. Les plus anciens dignitaires, vieillis sous les harnais, ne s'y retrouvent pas toujours, ainsi qu'on peut le voir en parcourant le Mémorial ou les Notes de Reisseissen. Si les descriptions sommaires du mécanisme gouvernemental strasbourgeois abondent, depuis que le savant Matthias Bernegger en ébaucha le premier tableau pour ses auditeurs académiques et pour les touristes visitant la ville, une étude approfondie de ses organes et des mutations nombreuses dans leurs attributions administratives, dans leur développement historique, n'a point encore été tentée[3].

1. Le nom des Vingt-et-Un, conservé par routine traditionnelle, n'eut plus, à partir de ce moment, aucune raison d'être. Ils étaient 3-4 à porter uniquement ce nom ; siégeant avec le Sénat, les XIII, les XV et les XXI isolés dépassaient le chiffre de trente.
2. Nous rappelons en passant que ces corps administratifs, Treize et Sénat ou Grand-Conseil, avaient aussi des attributions judiciaires distinctes de leur rôle politique. Nous en avons dit un mot au chapitre de l'administration de la justice.
3. Forma Reipublicae Argentoratensis, delineata olim a Mathia Berneggero, Argent., Pauli, 1667, in-4. La plus détaillée de ces analyses se rencontre dans l'Alsace noble de M. Ernest Lehr, t. III, p. 295-310. (Coup d'œil sur l'administration politique de Strasbourg avant 1789.) Ce qu'en a dit M. Krug-

Au-dessus du Sénat et des Chambres se trouvait, en théorie, la
volonté du peuple souverain, ce qui scandalisait si fort les adversaires de la démocratie. En réalité, cette volonté ne pouvait guère
contrecarrer le pouvoir exécutif, grâce à la manière unique dont elle
pouvait se manifester d'une façon constitutionnelle ; et quant à des
révolutions violentes, les citoyens de la ville libre n'en ont plus fait
depuis la fin du moyen âge, jugeant sans doute qu'elles ne rapportent jamais autant qu'elles coûtent à ceux qui les font. En effet,
l'Assemblée des échevins qui représentait les masses bourgeoises
n'avait qu'une activité fort intermittente. La population tout entière,
sauf les nobles, était distribuée entre les vingt corporations d'arts
et métiers ou *tribus*. Selon leurs occupations, tels artisans appartenaient forcément à telle tribu, mais il y avait des professions, assez
disparates parfois, groupées ensemble de façon à ce que la différence numérique entre les corps de métiers ne fût pas trop considérable. En outre, pasteurs, professeurs, médecins, pharmaciens, tous
les représentants des professions libérales, en un mot, étaient tenus
de se faire inscrire, à leur choix, dans l'une ou l'autre de ces tribus,
mesure très démocratique à l'origine, parce qu'elle favorisait le mélange des classes sociales, mais qui amena plus tard de graves
inconvénients. Chacune de ces vingt corporations choisissait quinze
échevins (*Schoeffen*), ayant au moins vingt-cinq ans d'âge et dix ans
de bourgeoisie ; leur réunion constituait une assemblée de trois
cents membres (*Grosser Schoeffenrath*), qui était censée représenter,
dans les occasions solennelles, l'opinion de la bourgeoisie tout entière. En réalité, elle n'a jamais fait qu'homologuer les décisions
déjà prises par les Conseils permanents, soit qu'elle ait voté, au
XVIᵉ siècle, l'abolition de la messe (1529), ou l'acceptation de l'In-
térim (1548), soit qu'elle ait, au siècle suivant, consenti de nombreux
impôts et ratifié la capitulation de 1681. Pour éviter ces velléités
d'indépendance qui saisissent parfois les assemblées politiques les
plus soumises, on ne la convoque même plus d'ordinaire en masse ;
l'ammeistre régent et les députés du Magistrat se rendent successivement à la salle de réunion, aux *poëles* des tribus, pour leur exposer l'affaire et avoir plus facilement raison des récalcitrants. Ces
séances en petit comité se terminent toujours par le vote à peu près
unanime, des mesures réclamées par le Magistrat. Autrefois, du

Basse dans son *Alsace avant 1789* (p. 62-69) est tout à fait insuffisant. L'organisation n'est aussi qu'imparfaitement exposée dans le livre fort utile au
point de vue biographique de M. E. Müller, *Le Magistrat de la ville de
Strasbourg*, Strasbourg, 1862, in-12.

moins, le menu peuple arrivait réellement jusqu'aux modestes honneurs de l'échevinat. Mais dans la seconde moitié du XVIIᵉ siècle, on voit les professeurs, les avocats, etc., briguer ces postes de confiance « que les anciens abandonnaient au petit bourgeois, pour le disposer d'autant mieux à l'égard des Conseils [1] », et accentuer ainsi le cachet oligarchique que portait depuis bien des années déjà le gouvernement de la ville libre impériale.

Nous avons vu que les membres de ce gouvernement se recrutaient par portions inégales dans la noblesse urbaine et dans la bourgeoisie. Cela ne présentait guère d'inconvénients à une époque où, d'une part, la politique était forcément locale, ou tout au moins régionale, et où, d'autre part, il y avait possibilité de faire un choix parmi de nombreux candidats aux fonctions publiques. Mais cette situation s'était fort modifiée depuis le XVIᵉ siècle. La situation géographique de Strasbourg, le rôle marquant joué par ses hommes d'État dans la grande crise religieuse, tout en grandissant son influence politique, l'avaient dès cette époque impliquée dans des difficultés bien graves au sein de l'Empire ; à plus forte raison quand, au siècle suivant, des complications internationales commencèrent à se produire dans la vallée du Rhin, la petite République se vit exposée de telle sorte que les plus habiles politiques auraient difficilement réussi à la sauver de la tourmente. Or, en fait de politiques, elle n'en avait plus guère. Son personnel gouvernemental ne cessait de diminuer en nombre et en qualité. La plupart des vieilles familles nobles du moyen âge s'étaient successivement éteintes ; d'autres avaient quitté la ville ; vers le milieu du XVIIᵉ siècle, c'est dans une demi-douzaine de familles indigènes que sont pris tous les stettmeistres [2], encore ne peut-on choisir parmi leurs membres ; il faut prendre ceux qui sont là, bons ou médiocres, car déjà le nombre des candidats est insuffisant. On est réduit à appeler aux honneurs des gentilshommes, émigrés des terres héréditaires d'Autriche pour cause de religion, au lendemain de leur réception à la bourgeoisie [3], et même, après la capitulation de 1681, l'on ira chercher des catholiques dans le margraviat de Bade ou parmi les sujets du prince-

1. Reisseissen, *Mémorial*, p. 55. Il ajoutait très sagement : *Est res mali exempli und leuft wider die politik unseres staats.*

2. Ce sont toujours les Zorn de Plobsheim, les Kippenheim, les Wurmser, les Müllenheim, les Berckheim, assurés d'arriver à la préture dès qu'ils auront l'âge voulu, car il n'y a parfois qu'un seul candidat possible.

3. Ainsi les Kempinski, de Styrie, les Zedlitz, de Silésie, les Bernholdt, de Franconie, etc.

évêque de Liège pour infuser un peu de sang nouveau à cette aristocratie épuisée [1].

Les familles de la haute bourgeoisie, qui dès la fin du XVIᵉ siècle commencent également à former une coterie à peu près fermée, ne sont guère plus nombreuses. Elles se sont rattachées les unes aux autres par des alliances multiples qui en font un clan en même temps qu'une caste sociale. Quoi qu'en dise La Grange, il n'est plus vrai du tout « que tous les citoïens que la stupidité de leur esprit ou la dépravation des mœurs n'en excluent pas, peuvent parvenir par degrés aux honneurs de la Magistrature [2] ». Car cette coterie privilégiée garde avec une sollicitude jalouse les avenues du pouvoir pour elle, ses fils, ses gendres et ses petits-cousins. Longtemps avant l'annexion, le gouvernement de Strasbourg était devenu l'oligarchie la plus naïve qu'on pût rêver. En 1675, Reisseissen pouvait écrire dans son *Mémorial*, comme la chose la plus naturelle du monde : « En ce moment j'ai trois de messieurs mes beaux-frères dans la Chambre des XIII, et au Sénat et chez les XXI, je vois siéger, sans même compter mon beau-frère le syndic, six beaux-frères [3] ». Et cependant les avertissements judicieux ne manquaient pas. Moscherosch rééditait alors, à Strasbourg même, l'écrit d'un de ses contemporains où l'on pouvait lire ces paroles : « C'est chose bien dangereuse pour le gouvernement comme pour les sujets, quand les serviteurs de l'État sont rattachés les uns aux autres, comme par une chaîne, que ce soit par parenté ou autrement. Qu'ils s'entendent trop bien ou qu'ils se chamaillent, ce sera toujours le tiers innocent qui paiera l'écôt [4]. »

Sans doute, ces hommes qui, en des temps si difficiles, devaient gérer les affaires du public en même temps que les leurs, avaient une certaine expérience ; beaucoup d'entre eux avaient voyagé, fréquenté les académies étrangères ; et la longue routine de la carrière administrative,— car on n'arrivait pas jeune d'ordinaire aux dignités suprêmes, — les préparait à remplir celles-ci d'une façon plus ou moins satisfaisante. Mais il ne faudrait pas exagérer leur compétence et leur savoir [5]. « Sur dix, disait l'un d'eux, l'ammeistre Wen-

---

1. Les Streitt d'Immendingen, les Mackau. (Voy. Müller, *Le Magistrat de Strasbourg*, p. 39, 41.)
2. *Mémoire*, fol. 218.
3. Reisseissen, *Mémorial*, p. 194.
4. Gumpelzhaimer, *De Exercitationibus academicis*, éd. Moscherosch, Argent., 1646, in-16, p. 79.
5. C'est ce que nous semble avoir fait quelque peu M. Oscar Berger-Levrault dans son travail intitulé *Souvenirs strasbourgeois* (Nancy, 1895,

cker lui-même, il y en a à peine un qui ait sérieusement étudié ou se soit occupé de politique... Ceux qui ont siégé dans les Conseils depuis des années ne le savent que trop. *Sapienti sat* [1] *!* » Pour ne pas enlever à quelque parent ou allié les jetons de présence ou les émoluments d'un de ces postes honorifiques, on laissait plutôt l'État en souffrance et l'homme en place, alors même qu'il était devenu incapable de rendre aucun service. En 1658, on attendait depuis *huit ans* qu'un membre de la Chambre des XV se remît d'une attaque de paralysie [2] ; en 1675, on nous parle d'un autre membre de ce collège, tombé en enfance ; un des stettmeistres est braque et de plus aveugle [3]. Pour qu'on se sépare d'un membre du Magistrat, il faut déjà qu'il y ait quelque grand scandale, comme le procès en adultère de l'ammeistre Büchssner (1614), les mœurs dissolues du XV. Friderici (1677), ou les dettes criardes de son collègue Caroli (1682) [4].

Ce n'était pas un personnel, généralement aussi peu à la hauteur de sa tâche, qui pourra diriger d'une façon suivie, et après tout, relativement satisfaisante, les affaires de la petite République. Aussi n'est-il là bien souvent que pour la représentation officielle ; c'est derrière les coulisses que nous rencontrons les vrais gouvernants de Strasbourg au XVIIe siècle, les jurisconsultes de profession, attachés au service de la ville libre, ses avocats généraux et ses syndies. Sans doute, leur institution date de loin ; dès le début du XVIe siècle, Strasbourg avait un secrétaire d'État (*Stattschreiber*) des plus connus, dans la personne du poète de la *Nef des fous*, de Sébastien Brant. Après lui, elle avait eu à son service d'autres hommes de haute valeur, Jean Sleidan, Paul Hochfelder, Grempp de Freudenstein ; mais à côté de personnages de l'importance d'un Jacques Sturm, d'un Mathias Pfarrer, d'un Rodolphe Ingold, les secrétaires ne pouvaient être que des conseillers utiles, nullement indispensables. A partir de la guerre de Trente Ans, au contraire, quand les grandes complications commencent, ce sont bien dorénavant ces auxiliaires qui deviennent les vrais arbitres de la politique

in-8°) et consacré particulièrement à décrire l'éducation politique des futurs membres des Conseils. On voit par l'opinion de Wencker ce qu'il faut en penser.
1. Dacheux, *Fragments de chroniques*, III, p. 200.
2. Reisseissen, *Aufzeichnungen*, p. 35.
3. Id., *Mémorial*, p. 195.
4. Encore ce n'est pas tant à cause de sa mauvaise conduite (*gottlos aergerlich leben*) que le Conseil écarte Friderici de son sein, mais à cause d'une répugnante maladie (*üblen geruchs wegen offenem schenkel*) qui empestait ses collègues, comme l'avoue Reisseissen. (*Mémorial*, p. 65.)

strasbourgeoise. Ils suivent les affaires, ils préparent les rapports (*Bedaecht*) pour les Chambres secrètes, et ce sont leurs opinions qui prévalent d'ordinaire. Qu'ils soient enfants de la cité ou venus du dehors, — c'est le cas le plus souvent, — ces avocats généraux, dont quelques-uns ont porté le titre de syndic [1], inspirent les gentilshommes et les bourgeois de la Chambre des XIII et portent le poids des négociations politiques. C'est le Dr Antoine Wolff qui signe le traité d'Aschaffenbourg avec Ferdinand II (1621) ; c'est le Dr Marc Otto qui représente la ville aux négociations de Westphalie ; c'est Gaspard Bernegger qui a traité les affaires de la ville avec Richelieu et le P. Joseph ; ce sont les deux Frid. qui ont été si souvent chargés de discuter avec les résidents de Louis XIV ou avec ses généraux en Alsace.

Ils ne sont d'abord que les représentants du gouvernement permanent de la République ; mais, vers le milieu du XVIIᵉ siècle, ils finissent par y entrer en assez grand nombre ; toute une série de ces secrétaires d'État, Nicolas Jundt, Gaspard Bernegger, Joachim Frantz, etc., sont élus membres des Conseils parce que l'oligarchie locale sent bien la nécessité de s'adjoindre au moins quelques capacités, pour que la machine gouvernementale puisse fonctionner d'une façon convenable, et parce qu'elle préfère vivre avec des hommes éprouvés, appréciés par elle, plutôt qu'avec des étrangers [2].

A mesure que les épreuves s'accumulent, nous voyons disparaître aussi la cohésion morale, si je puis dire, des gouvernants, le sentiment de la solidarité générale, le calme surtout, si souvent et si vaillamment conservé jadis en face du danger. Les Conseils parfois se jalousent, se renvoient les accusations blessantes [3] ; la bourgeoisie appauvrie, surchargée d'impôts au moment où ses ressources disparaissent, commence à soupçonner la classe dirigeante, et désorientée par les brusques revirements d'une politique désormais sans fixité possible, se met à crier à la trahison [4]. Ce n'est pas une autorité si peu sûre d'elle-même, si mal appuyée par ses subordonnés, qui aurait pu défendre, pendant vingt ans encore, les derniers restes de son indépendance vis-à-vis de Louis XIV, si le roi, désireux de ne

---

1. On peut se rendre compte de la nature de leurs fonctions, en parcourant leurs lettres reversales, signées au moment de leur nomination. (A. Wolff, 1615; J. J. Frid, 1657; U. Frid, 1677.) Archives municipales, A.A. 2625.
2. Reisseissen, *Mémorial,* p. 148.
3. Voy. l'une de ces querelles, à l'année 1628 déjà, dans le récit de Weucker, Dacheux, *Fragments,* III, p. 278.
4. C'est aussi le seul moment où il y eut des commencements d'émeutes (1673), ainsi que nous l'avons vu, p. 218.

pas provoquer inutilement l'opinion publique en Europe, se souvenant peut-être aussi de tant de paroles solennelles sorties de sa plume à l'adresse de Strasbourg[1], n'avait longtemps préféré tenir son succès du temps que d'un acte de violence. Quand Louvois crut enfin le moment favorable venu, la caste gouvernante ne put que se résigner à la catastrophe finale. Comme il la connaissait de longue date, le puissant ministre put proposer sans crainte à son maître de laisser subsister la constitution de la ville libre impériale, devenue ville libre royale par la capitulation du 30 septembre 1681. Cette capitulation ratifiée à la hâte par le Conseil des échevins, qui ne devait plus se réunir qu'une seule fois, au moment de la Révolution française, ne changeait en apparence rien, ou du moins bien peu de chose, aux institutions existantes. On laissait en place et en jouissance de tous leurs émoluments, stettmeistres et ammeistres, conseils permanents et sénat, avocats généraux et fonctionnaires de tout ordre. Seulement, le secrétaire de la ville, Christophe Guntzer, recevait, avec le titre de syndic royal, la mission délicate de surveiller, dans l'intérêt du souverain, le jeu de ces rouages compliqués auxquels on ne comprenait pas grand'chose à Versailles et qu'on y jugeait, au fond, parfaitement inutiles. Si la question religieuse n'était pas venue, là comme partout, envenimer la situation, la métamorphose, opérée avec une sage lenteur, aurait pu s'accomplir sans rencontrer aucune résistance morale et sans secousse sensible. Mais on voulait gagner à Strasbourg, comme ailleurs, des prosélytes, et pour les gagner, il fallait avoir outre les espérances célestes, des dons plus solides à leur offrir. C'est alors que Louis XIV, suivant les conseils du savant Ulric Obrecht, autrefois professeur à l'Université, puis avocat de la ville, et nommé préteur royal[2] après sa conversion au catholicisme, se décida à brusquer le cours naturel des choses, en prescrivant par un ordre du 5 avril 1687 l'*alternative* dans les élections annuelles. La lettre royale demandait « qu'il y eût toujours dans le Magistrat un nombre de bourgeois ou

---

1. Encore le 30 décembre 1664, le roi écrivait au Magistrat pour t'assurer de son désir « de l'assister de toute notre puissance aux occasions où il ira de la conservation de vos libertez » et lui promettre qu'il élèverait le Dauphin « dans les mesmes sentiments par nos instructions et nos exemples ». (Kentzinger, *Documents*, II, p. 138.)

2. Déjà cette nomination qui, plaçant Obrecht au-dessus de Guntzer, donnait à la ville « libre » un second chef extra-constitutionnel, était absolument contraire à l'esprit comme au texte de la capitulation; aussi provoqua-t-elle de la part du Magistrat une timide protestation qui ne fut pas écoutée. De ce jour-là, le préteur royal, appuyé par l'intendant, fut le vrai dictateur de l'ancienne République.

habitants catholiques et luthériens proportionné à ce qu'il y en aura
dans la ville de l'une ou de l'autre religion[1] ». Bien que cet ordre
fût absolument contraire à la capitulation jurée cinq ans auparavant,
néanmoins si l'on s'en était tenu à la lettre même de la décision
royale, on aurait pu invoquer en sa faveur un sentiment d'équité
supérieur à la loi; mais les représentants du monarque se hâtèrent
de l'interpréter de la façon la plus étrange, en remplaçant dorénavant chaque membre luthérien du Magistrat, à ses différents degrés,
par un immigré catholique ou par un nouveau converti, jusqu'à
parité complète, et nullement en proportion du chiffre respectif
des différents cultes. En parcourant le *Mémorial* de Reisseissen,
qui n'était pas un frondeur et s'était assez facilement résigné à la
capitulation qu'il signa, on peut suivre pas à pas les manœuvres de
La Grange, d'Obrecht et de Guntzer, pour arriver à ce résultat, et
faire ainsi leur cour au gouvernement de Versailles[2].

En même temps, les représentants du roi travaillaient avec non
moins de succès à façonner les esprits des gouvernants à l'obéissance
et, faussant sans scrupules tous les rouages constitutionnels, ils
faisaient élever aux honneurs les plus souples et les plus dévoués[3],
avertissant parfois par de cruels exemples, les tièdes et les indécis
de ce qu'il pourrait leur en coûter de mécontenter le prince absolu
dont ils étaient maintenant les sujets[4]. Les Conseils finissaient
toujours par céder à cette pression continuelle, tour à tour hautaine
ou caressante, selon qu'on espérait arriver plus facilement au but;
ils se plaignaient quelquefois, se lamentaient souvent et obéissaient
toujours.

1. Le texte de l'ordre royal fut lu dans la séance du conseil des XIII. du
30 avril 1687. Voy. aussi Reisseissen, *Mémorial*, p. 134.
2. Dès 1688, il faut nommer sept échevins catholiques, alors qu'il n'y a pas
30 bourgeois de cette confession dans toute la ville (*Mémorial*, p. 140.) En
1692, les bourgeois *et manants* catholiques, — ces derniers n'ayant jamais
participé aux élections. — ne formaient pas la *cinquième* partie de la population, et déjà dans le Magistrat ils occupaient le *tiers* des places. (*Mémorial*,
p. 159.)
3. « J'ay travaillé tant qu'il m'a esté possible, écrivait Obrecht à Louvois,
à ce que les places vacantes n'ont esté remplies que de personnes qui possèdent la langue françoise et qui ont de l'affection pour le service du Roy. »
(Van Huffel, *Documents*, p. 157.)
4. L'exemple le plus frappant est la lettre de Louvois lue, le 18 mars 1686, aux
Treize et dans laquelle il leur ordonnait de traiter leur vénérable collègue,
l'ammeistre Dominique Dietrich, « comme s'il était mort » et de le dépouiller de ses charges, uniquement puisque ce vieillard, fort pacifique,
accusé, quinze ans auparavant, d'avoir voulu *trahir* en faveur de la France,
refusait de sacrifier ses convictions religieuses à la volonté du monarque,
qui comptait sur son exemple pour entraîner la population strasbourgeoise
à des conversions en masse.

Leur savait-on gré, du moins, de cette soumission docile ? L'intendant La Grange nous répondra dans son *Mémoire* de 1697 : « Le gouvernement de la ville de Strasbourg tient trop de la République et avec le temps il sera bien d'en diminuer les officiers et l'autorité, pour leur ôter l'idée et jusqu'à l'espérance de leur rétablissement[1]. » Et son successeur écrivait, en 1702, dans un autre Mémoire officiel : « Le Magistrat de cette ville a une grande pente à croire qu'il n'a fait que changer de protecteur, et qu'il doit à peu près estre traité par le Roy comme il l'estoit par l'Empereur. La délicatesse est grande sur cela, et si on le laissait faire, toutes les affaires se tourneraient en négociations, les termes de déférence, de zèle et d'affection au service de Sa Majesté estans assez communs, eeluy d'obeïssance plus rare[2]. » Même note, cinq années plus tard, dans un troisième document de ce genre : « Il sera bon de remédier à ces affectations, lorsque les tems deviendront entièrement tranquilles, mais cela devra être fort ménagé pour ne point aliéner les esprits des habitans d'une place de cette importance[3]. » On dirait vraiment, à entendre ces doléances, que les Conseils de la ville faisaient une opposition à outrance aux volontés royales, et pourtant on n'a qu'à parcourir les procès-verbaux de leurs séances, pour constater avec quelle docilité ils se pliaient aux ordres des commis de Versailles, après avoir si souvent résisté jadis aux demandes des souverains du Saint-Empire. Mais c'est le propre d'un pouvoir absolu de ne savoir supporter l'ombre même d'une indépendance évanouie, et c'est pourquoi ses agents s'irritent contre les formes vaines qui ne limitent qu'en apparence le bon plaisir royal[4].

§ 3. LES FINANCES DE STRASBOURG

Les finances de Strasbourg avaient été de tout temps renommées ; la ville était riche en elle-même, et ses revenus, sagement

1. La Grange, fol. 325.
2. *Mémoire de 1702*, fol. 26[1].
3. *Mémoire de 1707*, fol. 32. (Bibliothèque municipale de Strasbourg.)
4. Aussi a-t-on cherché, jusque vers la Révolution, à modifier cette organisation qui « tenait trop de la République », et les archives de Strasbourg renferment plus d'un projet y relatif, dans le fonds du Prêteur, p. ex. un document écrit vers 1780 (A.A. 2407), *Mémoire abrégé sur l'Etat du Magistrat qui contient la pure vérité*. Il y a naturellement aussi bien des remarques très sensées dans ces documents, sur les abus nombreux de l'administration communale, sur les lenteurs de la machine gouvernementale, etc., mais l'hostilité latente des autorités supérieures s'adresse évidemment à ce qui restait de *self-government* à la cité, bien plus qu'à ses défauts véritables.

administrés, suffisaient largement aux dépenses publiques. Les impôts directs étaient modérés, les impôts indirects nombreux et
abondants, et durant la majeure partie du XVIᵉ siècle la ville libre
avait passé, non sans raison, pour une des plus fortunées de tout le
Saint-Empire romain. Les bourgeois prêtaient sans la moindre
crainte leurs épargnes et leurs capitaux, grands ou petits, à un
gouvernement qui possédait toute leur confiance, et les princes du
dehors, allemands, français ou hollandais, Henri de Navarre, Guillaume d'Orange, comme un peu plus tard les membres de l'Union
évangélique, empruntaient avec une ardeur égale les fonds déposés à la Tour-aux-Pfennings. Ce fut l'entraînement politique qui
lança Strasbourg dans des entreprises désormais au-dessus de ses
forces ; ce fut surtout l'emploi trop fréquent de troupes mercenaires
pour mettre ces entreprises à exécution, qui vint rompre cet heureux équilibre des finances de la République. La guerre des
Evêques (1592-1595), qui ne rapporta que déceptions au Magistrat
et lui coûta, disent les chroniqueurs, « plus de 16 tonnes d'or[1] »,
marque le commencement de cette décadence de la prospérité financière, décadence qui ne devait plus guère s'arrêter, car chaque fois
que de sages mesures administratives[2] et quelques années de paix
avaient à peu près rétabli une situation normale, des guerres imprévues venaient détruire les résultats si péniblement acquis et occa-
sionner des dépenses et des pertes nouvelles.

Afin d'arriver à une diminution de ses dettes, Strasbourg, qui,
durant les vingt premières années du XVIIᵉ siècle, avait encore fait
de grands efforts pour élargir son territoire par des achats systé-
matiques, dut se résigner à se défaire d'une partie de ses biens-
fonds. C'est ainsi qu'elle vendit, de 1650 à 1660, dans sa banlieue
même, le vaste domaine du Neuhof, et vers les Vosges, un de ses
bailliages, celui de Herrenstein, sans compter le village de Romanswiller, etc. Malheureusement les guerres de Louis XIV, reprenant
bientôt après, ne permirent pas de conserver le bénéfice de sacrifices si douloureux. Des dépenses formidables pour l'armement de
la ville et l'entretien d'une garnison nombreuse vinrent bientôt
obérer à tel point le budget de la ville qu'elle dut réclamer à l'empereur Léopold un sursis de payement (*moratorium*) à l'égard de ses

---

1 Dans la chronique anonyme, *Beschreibung der bischoeflichen Krieges*
(éd. Reuss), p. 60, on parle même de 28 tonnes d'or.

2. Il faut dire que les mesures proposées donnent parfois une idée assez
singulière des capacités financières des membres des Conseils. Dans la
séance des XIII, du 15 mars 1620, on énuméra jusqu'à onze différents
procédés imaginés pour combler le déficit.

créanciers. Après la capitulation, Louis XIV confirma à plusieurs reprises le rescrit impérial, principalement par une déclaration de 1689, obtenue en échange de la promesse de doubler la somme accordée déjà pour l'achèvement des fortifications de la ville [1]. Finalement, il fut décidé que puisque le traité de Ryswick ne les mentionnait pas spécialement, toutes les créances possédées par des étrangers (non sujets du roi) sur le Trésor de Strasbourg seraient regardées dorénavant comme inexigibles [2]. En d'autres termes, le gouvernement royal autorisait la banqueroute partielle de la ville libre [3]. D'après un état officiel, datant de 1685, le total des engagements se montait à 3,886,698 livres de principal, sans compter les intérêts en souffrance. Là-dessus le Magistrat avait payé « pour l'amortissement et remboursement de diverses sommes » 332,608 livres. Il doit donc encore « 3,554,090 livres, au denier vingt-cinq ou au denier vingt ». La somme versée par la ville pour le payement des intérêts s'élevait à ce moment à 98,888 livres [4]. De cette dette, les six septièmes environ étaient dus à des citoyens de Strasbourg ou à des sujets ou protégés du roi ; il n'y avait, d'après une note détaillée des administrateurs de la Tour-aux-Pfennings, que 504,972 livres 6 sols 6 deniers dus à des sujets de l'Empire ; c'est sur cette somme évidemment que porta l'exemption accordée par Louis XIV [5].

Il est passablement difficile d'évaluer d'une façon tant soit peu précise les revenus de la ville de Strasbourg au XVIIe siècle, et cela pour un motif bien simple ; une bonne partie de ces revenus consistaient en prestations en nature, céréales, vins, bois, dont la valeur marchande subissait des variations considérables, et qui d'ailleurs, très souvent, en ces temps de guerre, ne parvenaient ni aux greniers, ni aux celliers de la République [6]. Ces redevances ne figurent pas non plus dans les Comptes de la Tour-aux-Pfennings,

---

1. Archives municipales, A.A. 2320.
2. Archives municipales, A.A. 2275. Ce fascicule renferme toutes les lettres de répit du 15 mai 1680, du 8 janvier 1682, du 24 décembre 1687, etc.
3. Sur les conditions, voy. aussi La Grange, *Mémoire*, fol. 289.
4. « Estat de ce qui est deu par la Maison de Ville de Strasbourg aux particuliers qui en sont créanciers. » A.A. 2275. (Arch. munic.).
5. Ce chiffre résultant d'une note détaillée des administrateurs du *Pfennigthurm*, datée de 1701, il semblerait que, malgré l'autorisation royale, on ait encore songé à rembourser plus tard ces créanciers, velléité qui ne fut pas suivie d'exécution.
6. On ne pouvait naturellement exiger les arriérés des redevances en nature, comme on le ferait au besoin pour des impôts en retard ; une récolte brûlée, des vignobles détruits n'équivalaient pas seulement à une perte sèche momentanée, mais à des déficits futurs.

ni en recettes, ni en dépenses, puisqu'elles étaient immédiatement
emmagasinées ou distribuées en compétences aux membres du Magistrat et aux fonctionnaires de tout ordre, d'après des règlements
traditionnels qui ne nécessitaient pas leur évaluation en argent [1].
Pour les rentrées en argent, il est plus facile de s'en rendre compte.
En 1667, Reisseissen, déjà membre du Magistrat, nous dit qu'elles
s'élevaient à 100,001 livres strasbourgeoises, ce qui équivaudrait à
peu près à 630,000 francs de monnaie actuelle [2]. Deux ans plus
tard, elles sont de 100,031 livres. Dans les années de paix qui suivent, elles augmentent d'une façon assez considérable, puisque le
compte général des recettes de 1673 se clôt par le chiffre de
250,000 florins, soit environ 835,000 francs de valeur actuelle [3]. Celui
de l'année 1679-1680, que nous avons tenu à parcourir en détail,
comme étant le dernier de l'autonomie absolue de Strasbourg,
énonce un chiffre total de 133,826 livres 5 schellings 5 deniers en
recettes, ce qui ferait environ 840,000 francs d'aujourd'hui [4].

La Grange, en disant qu'avant les guerres du Palatinat les recettes de la ville s'élevaient à 500,000 livres [5], ajoutait sans doute
les impôts en nature aux autres. Toujours est-il qu'on peut affirmer, sans crainte d'erreur, que le budget de la République oscillait en temps ordinaire, dans la seconde moitié tout au moins du
siècle, entre huit cent mille et neuf cent mille francs, chiffre qui
paraît bien modeste et que dépasse aujourd'hui maint budget municipal, mais qui ne laissait pas d'être considérable pour l'époque.

Les revenus de l'Etat étaient constitués surtout par les impôts
indirects. Strasbourg ne connaissait qu'un seul impôt direct, l'impôt sur le revenu, nommé *Stallgeld* [6], qui n'était levé d'ailleurs qu'en
temps de besoins extraordinaires et ne soulevait point par suite des

1. Chacun touchait ses quartauts de seigle ou de froment, ses mesures
de vin, ses ceuts de fagots, qu'ils coûtassent plus ou moins cher à la ville,
et sans se préoccuper de ce détail, qui paraîtrait d'une importance capitale
aux administrations modernes.
2. D'après M. Hanauer (I, p. 497), la livre strasbourgeoise valait alors environ
6 fr. 30. Cf. Reisseissen, *Mémorial*, p. 41.
3. Reisseissen, *Mémorial*, p. 44. D'après Hanauer, le florin valait à cette
époque 3 fr. 34.(I, 497.)
4. *Einnahmbuch der Drey der Pfenningthurms con Weihnachten 1679 biss
Iohannis Baptistae 1680 und con Joh. Bapt. biss zu Weihnachten 1680,*
2 vol. fol. (Archives municipales.)
5. Cela faisait environ 950,000 francs de monnaie actuelle. (Hanauer, I.
p. 502.)
6. Ce nom, en apparence bizarre, venait de ce que les bureaux de l'administration, comme nous dirions aujourd'hui, se trouvaient à l'ancien *Herren-
stall* ou aux Ecuries de la Ville.

protestations aussi vives que s'il avait été permanent. Chaque bourgeois était tenu de déclarer le montant de sa fortune, à peine de lourdes amendes, voire même de confiscation [1], et si, au moment de l'inventaire obligatoire après décès, les déclarations se trouvaient fausses, les héritiers avaient à payer des sommes considérables, ce qui n'empêchait pas d'ailleurs les fraudes [2]. Cet impôt sur le revenu, d'ordinaire fort modéré [3], pouvait être augmenté, en cas de nécessités pressantes, par un vote du Conseil des échevins, qui votait un *Stallgeld* ou un demi-*Stallgeld* supplémentaire ; parfois même, comme pendant les guerres de Hollande, il en fut accordé deux et deux et demi dans une seule et même année [4]. La rentrée de cet impôt de guerre (car ce n'est guère qu'en temps de crise qu'on y avait recours) se faisait avec une sévérité qu'expliquent les circonstances. Le bourgeois qui ne pouvait payer la taxe assignée dans les trois semaines, devait apporter à la Monnaie de l'argenterie pour la somme requise, et à défaut de coupes, hanaps, ou vaisselle plate, mettre aux enchères une partie de son mobilier [5].

Le gros des recettes de la ville libre provenait des impôts indirects, octrois, péages, droits de douane, impôts sur le sel, le suif, etc [6]. Ces impôts étaient encaissés par une série de fonctionnaires, assez nombreux, dont l'activité est appréciée dans les termes suivants par La Grange : « Quant aux revenus de la Ville, le Magistrat les fait régir par des officiers ; il y a plusieurs bureaux particuliers pour la perception des droits qui se lèvent sur les mar-

1. Un membre du Grand-Conseil, Daniel Steinbock, ayant fraudé le fisc, le Magistrat confisqua en 1658 tous ses biens. Reisseissen, *Aufzeichnungen*, p. 31.
2. En 1693, les héritiers de l'ammeistre J. Fréd. Wurtz, qui de son vivant avait dissimulé une partie de sa fortune, furent condamnés à payer 15,000 florins d'amende. (Reisseissen, *Mémorial*, p. 168.)
3. En 1674, le *stallgeld* se levait sur le pied de 1 florin 40 kreutzer par millier de florins. (Walter, *Chronik*, fol. 274a.)
4. En 1612, l'impôt avait été même quadruplé ; les bourgeois payant 3 schellings avaient dû en verser 12. (Reuss, *Kleine Strassburger Chronik*, p. 34.) En 1674, outre le *Stallgeld* ordinaire, et les impôts extraordinaires remplaçant les corvées (*Frohngeld*) et ceux exigés pour l'entretien des mercenaires suisses (*Soldatengeld*), les échevins votèrent encore un nouveau subside d'un *stallgeld et demi*, chaque bourgeois devant verser le deux-centième pfenning de son revenu.
5. Walter, *Chronik*, fol. 274a.
6. Dans les six premiers mois de l'exercice 1679-1680, p. ex., les *douze* caisses principales d'octroi, contrôlées hebdomadairement, ont fourni 23,678 livres strasbourgeoises, les *quarante-trois* caisses, contrôlées soit mensuellement, soit chaque trimestre, environ 5,000 livres, l'impôt sur le suif (monopole de l'Etat) 11,450 livres ; les amendes judiciaires 10,580 livres, etc. Certaines de ces taxes ne rapportaient que 2-3 livres par semestre.

chandises et la consommation des denrées. Les principaux sont celui de l'*Umgeld* où s'acquittent les droits d'entrée sur les vins et les bleds, les droits de monture des grains, les droits sur la bière et autres semblables ; le bureau de la Douane, celui du pied fourché ; celui de la taille pour les bourgeois, et des droits de manance pour les étrangers ; ceux des péages qui se lèvent au pont du Rhin et aux portes de la ville, dans les bailliages qui dépendent de la Ville. Le produit de toutes ces recettes est remis par les receveurs particuliers au Trésor de la Ville qu'on appelle vulgairement *Pfenningthurm*, auquel il y a trois préposés du nombre des bourgeois, un trésorier et deux greffiers, qui en rendent compte tous les lundis aux Magistrats en pleine assemblée[1]. Ces recettes ensemble se sont montées en temps de paix jusqu'à 500,000 livres, sans y comprendre les biens de l'Église[2], mais elles ont été beaucoup diminuées pendant la guerre par leur mauvaise régie et administration, particulièrement celles de la Douane et du pont du Rhin[3]. »

L'intendant n'avait pas tort en incriminant la mauvaise administration de certains employés des finances de la ville. Les membres du Magistrat ne semblent pas avoir toujours contrôlé suffisamment les comptes de leurs subordonnés et les individus que trop souvent leur parenté ou quelque service personnel rendu à l'un des meneurs des Conseils amenaient à ces postes secondaires, trompaient parfois la confiance de leurs supérieurs hiérarchiques, et cela d'autant plus facilement que ceux-ci n'avaient pas toujours les connaissances professionnelles nécessaires à une gestion satisfaisante[4]. La grande modicité des traitements amenait de plus, forcément, le cumul, et certains fonctionnaires arrivaient de la sorte à une accumulation de devoirs si considérable qu'il devait leur être à peu près impossible

1. Chaque lundi, après la séance, le varlet du Trésor (*Herrenknecht*) portait l'argent encaissé au *Pfennigthurm*, escorté de l'ammeistre et de plusieurs hommes d'armes. Voy. la planche IV du curieux album *Evidens designatio consuetudinum Argentinensium*, édité en 1606 par Caroli, à Strasbourg.
2. Il s'agit des fondations ecclésiastiques de Saint-Thomas, Saint-Marc, Saint-Guillaume, etc., dont les recettes étaient affectées à des usages spéciaux.
3. La Grange, *Mémoire*, fol. 288-289.
4. Nous voyons par le *Mémorial* de Reisseissen que, dans la seule année 1667, quatre fonctionnaires de cette catégorie furent condamnés pour fraudes graves et répétées. Le secrétaire du Trésor fut surpris au moment où il enlevait, à la barbe du conseiller, chargé de reviser ses comptes, trois poignées d'argent dans la caisse de l'octroi. Il fut décapité, après avoir avoué qu'il avait agi de même pendant *dix-sept ans !* Peu après, le surveillant des travaux au pont du Rhin fut condamné à 2,000 florins d'amende pour avoir falsifié sa comptabilité, et deux employés de l'*Umgeld* emprisonnés et chassés pour méfaits analogues. (*Mémorial*, p. 7-11.)

de les remplir tous avec un zèle égal[1]. A ce point de vue, le *Mémoire* officiel de 1707 n'avait pas tort de regretter que les revenus de la ville fussent administrés par le Magistrat, « sans inspection de la part de l'Intendant ni autre examen de comptes que celui qui se fait en pleine Assemblée[2] ».

Les dépenses de la ville n'avaient pas, naturellement, la fixité ni la variété de celles qui sont inscrites dans un budget moderne. Tout d'abord une foule d'entre celles qui incombent aujourd'hui à l'Etat étaient soldées par des fondations spéciales. Ainsi tout le budget des cultes et celui de l'instruction publique à ses différents degrés. Toute l'Assistance publique, hospices, hôpitaux, etc., vivait également de ses propres ressources. Les membres du Magistrat n'avaient pas non plus des traitements, dans le vrai sens de ce mot, mais ils touchaient des jetons de présence *(Praesentzgelder)*[3] et surtout certaines compétences en nature, qui représentaient une valeur sérieuse pour eux-mêmes, sans grever fortement les finances publiques, puisqu'elles consistaient en un nombre plus ou moins considérable de stères de bois, de fagots, de quartauts de céréales et de mesures de vins, fournis par les forêts, les greniers et les celliers de la ville. Le total des sommes déboursées en argent pour appointements de fonctionnaires publics et pour la régie des revenus ne dépassait pas 50,000 livres, au dire de La Grange, en 1697, et il est certain qu'il ne devait guère s'élever à une somme plus considérable avant 1681, encore que certains fonctionnaires royaux eussent remplacé dans leurs fonctions (pour les affaires militaires, par exemple) les fonctionnaires de la République[4].

Mais ce n'étaient pas les traitements des fonctionnaires qui, sur

---

1. Quant à la multiplicité des fonctions, on peut en juger par ce que dit le même Reisseissen de son cousin J.-Ph. Graseck, secrétaire du Conseil des XV; en cette qualité, il touchait en 1672. 378 florins de traitement, plus certaines compétences en nature. Mais en outre, il était partie prenante à *dix-sept* recettes diverses pour services rendus dans leur gestion spéciale, et fonctionnait de plus comme secrétaire de *sept* commissions spéciales, toujours avec une indemnité particulière, minime, il est vrai. (*Mémorial*, p. 41-42.)

2. *Mémoire de 1707*, fol. 36.

3. Les comptes de 1679-1680. déjà cités, donnent pour le premier semestre, 665 livres pour les trois *Chambres secrètes* réunies, plus 105 livres pour les XIII seuls, et 55 livres pour les XV seuls ; plus encore des sommes variables (entre 50 et 5 livres) pour divers commissaires spéciaux.

4. Naturellement le chiffre de la solde des troupes mercenaires, suisses ou autres, parfois très faible, parfois aussi considérable, n'entrerait pas en ligne de compte ici dans une comparaison des dépenses militaires avant et après 1681· Dans le premier semestre de 1679-1680, les dépenses spéciales de la « caisse militaire » (*Kriegscassa*) avaient été de 6,957 livres strasbourgeoises, soit d'environ 47,000 francs de monnaie actuelle.

ce dernier chapitre, coûtaient le plus ; et les dépenses militaires, loin de diminuer après la capitulation, augmentèrent à mesure que le gouvernement français faisait de Strasbourg sa principale forteresse sur la rive gauche du Rhin. A côté des sommes exigées pour le service de la dette publique, déjà mentionnées plus hant[1], ce sont de beaucoup les subventions votées pour entretien des fortifications, construction de casernes, etc., qui forment la grosse part des dépenses du budget de la ville libre. Ces subventions, il est vrai, se font par offre plus ou moins spontanée du Magistrat ; elles n'en constituent pas moins des sommes considérables : 75,000 livres en 1683, 75,000 livres en 1686 ; 45,000 livres *annuellement* pendant toute la durée de la guerre, depuis 1687 ; 100,000 livres versées pour la construction de l'hôpital militaire pendant trois ans (1692-1695), etc.[2].

A ces dépenses d'ordre spécial, vinrent s'ajouter peu à peu d'autres contributions, car on ne peut guère appeler autrement les 45,000 livres annuelles offertes en 1689 pour avoir le droit de répudier les dettes contractées à l'étranger ; les 300,000 livres de don gratuit accordées en 1692 pour le rachat d'une foule de charges inutiles créées à Strasbourg par Louis XIV, malgré la capitulation ; la taxe annuelle de 40,000 livres par laquelle Strasbourg dut contribuer, quatre[3] années durant (1694-1698), aux 600,000 livres d'impôts nouveaux levés en Alsace ; la somme annuelle de 53,000 livres enfin, pour laquelle la ville fut comprise en 1695 sur le rôle de la capitation. Tout cela ne laissait pas de constituer de lourdes charges pour le Trésor de la ville libre et rien n'est plus faux, on le voit, que de prétendre que Strasbourg jouissait gratuitement de la protection royale[3]. Il ne faut pas oublier non plus, en comparant ces chiffres plus élevés avec ceux des périodes précédentes, que, grâce à la sécurité garantie par un gouvernement fort

---

1. La Grange, fol. 285.

2. « Sur les contributions de la ville de Strasbourg aux charges de l'Etat depuis sa soumission jusqu'à nos jours. » (*Mémoire officiel* d'août 1781.) Archives municipales, A.A. 2330.

3. Le *Mémoire officiel de 1707* énumère encore d'une manière analogue les obligations de la ville. Elle verse chaque année 60,000 livres au Trésor royal « pour l'entretien des nouvelles fortifications » ; elle consacre annuellement environ 80,000 livres pour l'entretien des bâtiments publics, y compris celui des anciennes fortifications, elle doit subvenir à « l'entretien et fourniture des casernes, bois de chauffage des troupes et bois et chandelle des corps de garde de la ville, évalués environ à 54,000 livres » ; en outre elle paie des indemnités aux officiers de l'état-major, qui ont droit également à un logement officiel (fol. 37).

et respecté, grâce à la reprise du commerce, à la création d'une industrie considérable, à la rapide augmentation de population qui s'ensuivit, les charges nouvelles ne pesèrent pas trop lourdement sur la ville et n'empêchèrent en aucune façon le développement de Strasbourg ni sa prospérité matérielle [1].

§ 4. LES BAILLIAGES STRASBOURGEOIS DE LA BASSE-ALSACE

Le territoire de la petite République strasbourgeoise ne se composait pas seulement de la ville elle-même et de la banlieue, fort peu habitée encore au XVIIe siècle, et où n'existait guère, à l'état d'agglomération un peu considérable que le village de la Robertsau. Koenigshofen, l'ancienne villa mérovingienne détruite au XIVe siècle, ne consistait alors qu'en quelques maisons ; le Neudorf, avec ses 15,000 habitants actuels, n'en comptait pas davantage ; le Neuhof, qui renferme aujourd'hui 2,500 âmes, était représenté par une ferme isolée au milieu des bois, et Kronenbourg, l'ancien Adelshoffen, n'existait plus, ou si l'on préfère, n'existait pas encore [2].

Mais, soit à proximité de la ville, soit dans des cantons plus éloignés de la Basse-Alsace, Strasbourg possédait depuis le XVe, mais surtout depuis le XVIe siècle, un certain nombre de bailliages assez importants. Le plus proche était celui d'Illkirch, qui se trouvait en majeure partie au sud de la ville, mais qui s'étendait également dans la direction de l'ouest. L'empereur Sigismond avait engagé, dès 1418, à la ville libre les villages d'Illkirch, de Graffenstaden et d'Illwickersheim avec le péage de l'Ill, et plus tard elle y avait joint ceux de Niederhausbergen (1489) et de Schiltigheim (1502-1508)[3]. Plus loin, vers l'ouest et le sud-ouest, dans la plaine, au milieu des villages de la Noblesse immédiate et des domaines de l'évêché, se trouvaient les deux autres parcelles du territoire qui parfaisaient le bailliage, d'abord les villages d'Ittenheim et de Handschuhheim, achetés en 1507, puis, plus près de la montagne, le gros bourg de Dorlisheim, patiemment acquis par fractions suc-

1. Ce n'est que vers le milieu et dans la seconde moitié du XVIIe siècle que les exigences croissantes des ministres de la guerre et des intendants amenèrent par moment une véritable gêne dans la situation financière de Strasbourg. On peut voir les chiffres des subventions plus ou moins librement consenties alors dans le fascicule cité plus haut, A.A. 2330.
2. Voy. Hermann, *Notices*, *passim*, et Reuss, *Geschichte des Neuhofs*, Strassb., 1884.
3. *Extract auss den Illkircher Actis, weissend wie das Amt Illkirch an eine Statt Strassburg gekommen.* Archives municipales, A.A. 2073.

cessives depuis la fin du XVᵉ siècle. C'est lui qui devint plus tard
le chef-lieu du bailliage à la place d'Illkirch, qu'il dépassait de
beaucoup en population comme en richesse [1]. Tout le bailliage
cependant ne pouvait guère avoir, à l'époque qui nous occupe, plus
de 2-3,000 âmes, puisqu'il n'en comptait que 4-5,000 un siècle plus
tard [2].

La seigneurie de Barr avait été achetée par la République en 1566
seulement. Elle lui avait été vendue par les descendants d'un secrétaire de l'empereur Maximilien Iᵉʳ, Nicolas Ziegler, auquel le souverain, toujours à court d'argent, l'avait engagée en 1518, sans
pouvoir jamais rembourser les sommes reçues. Riche en forêts de
hêtres et de sapins qui font encore aujourd'hui l'admiration du
touriste dans les Vosges, ce bailliage, qui s'avançait dans la montagne, avait pour chef-lieu le bourg ou plutôt la petite ville de Barr,
pittoresquement située sur la Kirneck, au pied du massif du Maen-
nelstein, au milieu de riches vignobles ; tout à l'entour se trouvaient
les villages florissants de Burgheim, Mittelbergheim, Heiligenstein,
Gertwiller [3], etc.

Le bailliage de Marlenheim avait été engagé en 1604 par l'évêque
Charles de Lorraine à la ville, pour une somme de 800,000 florins,
après qu'elle en eût acquis déjà des parcelles, dès la fin du XVᵉ et durant
le XVIᵉ siècle. Outre le siège du bailli, l'antique Marilegium, où les
rois mérovingiens venaient chasser l'urus, on y voyait Northeim, le
village où languit le vieil humaniste Jean Sturm, Wangen qui
appartenait à l'abbaye de Saint-Etienne, Eckbolsheim qui était au
Chapitre de Saint-Thomas, l'un et l'autre sous la tutelle du Magistrat
de Strasbourg. La vallée du Kronthal en faisait également partie ;
c'est là que se trouvaient les belles carrières de grès rouge qui ont
fourni la majeure partie des matériaux pour la construction de la
cathédrale [4].

Le bailliage de Wasselonne, situé entre les bailliages épiscopaux

1. Un instant, en 1735, le préteur royal, François-Joseph de Klinglin,
força le Magistrat de lui céder Illkirch et Graffenstaden contre son village
de Hoenheim qui n'avait pas le tiers de leur valeur, mais après la disgrâce
éclatante du prévaricateur cet échange fut annulé par ordre de la Cour.
(Arch. mun., A.A. 2547.)

2. Le *Mémoire concernant le bailliage de Dorlisheim*, rédigé en 1767,
donnait aux buit villages un total de 921 feux. (Arch. mun., A.A. 2072.)

3. Voy. le *Mémoire descriptif de la seigneurie de Barr, acquise en 1566
des barons de Ziegler*, rédigé en 1769 (Arch. mun., A.A. 2069), et les deux
programmes scolaires de M. Barnim Thomas sur l'histoire de Barr (Barr,
1884, 1885, in-4ᵉ).

4. Les documents sur le bailliage de Marlenheim se trouvent principalement aux Archives municipales, dans la liasse A.A. 2076.

de Saverne et de Molsheim était une seigneurie dont Strasbourg s'était rendu acquéreur en 1496, et pour laquelle en sa qualité de fief d'Empire, à chaque changement de règne, un des stettmeistres faisait la reprise en son nom, mais comme représentant de la République[1]. Outre la petite ville et le château fort de Wasselonne, le bailliage comprenait autrefois sept villages dont plusieurs n'appartenaient d'ailleurs que partiellement à Strasbourg[2]. Après la guerre de Trente Ans, la ville fut obligée d'en vendre quelques-uns (Coswiller, Romanswiller, 1659) à des nobles alsaciens pour payer quelques-unes de ses dettes les plus criardes. Il en fut de même de la seigneurie de Herrenstein, totalement ruinée d'ailleurs, et presque sans habitants, que la ville s'était longtemps efforcée d'arrondir par des achats successifs faits aux Hanau-Lichtenberg, durant le XIVᵉ, le XVᵉ et le XVIᵉ siècle, et qu'elle fut heureuse de pouvoir vendre au maréchal de Rosen, en octobre 1651. Outre le château fort de ce nom, le bailliage de Herrenstein comprenait encore le village de Dossenheim, à l'entrée de la vallée de la Zinzel et le bourg de Dettwiller sur la Zorn : le nouvel acquéreur y fonda le village de Rosenwiller et le peupla de colons étrangers[3].

Au total, Strasbourg possédait donc, soit en entier, soit pour une part seulement, une trentaine de bourgs et de villages ; parmi eux Barr, Schiltigheim et Wasselonne sont encore aujourd'hui seuls à réclamer le nom de villes. Quant au nombre des habitants disséminés dans ces localités diverses, il est difficile de l'indiquer d'une façon quelque peu précise pour le XVIIᵉ siècle et nous sommes réduits à nous contenter de probabilités. Il est permis de croire qu'après toutes les guerres de cette époque, et vers la fin du règne de Louis XIV, la population de ces territoires ruraux ne dépassait pas cinq à six mille âmes, et qu'elle s'accrut ensuite rapidement au

---

1. Grandidier, *Œuvres inédites*, VI, p. 429.

2. C'était là un fait assez fréquent jusqu'à la Révolution, surtout dans la Basse-Alsace ; on possédait parfois la moitié, parfois le tiers seulement d'un petit village ; c'est ainsi que Reisseissen était seigneur de la moitié de Furdenheim ; on en trouvera de nombreux exemples en parcourant la matricule de la Noblesse immédiate, ou l'*Alsace féodale* de M. C. F. Heitz (Strasbourg, 1862, in-4°).

3. Nous ne parlons pas ici des bailliages du Kochersberg et de la Wanzenau, que Strasbourg posséda quelque temps, comme donation suédoise, pendant la guerre de Trente Ans, puisqu'ils furent rendus à l'Evêché, même avant la signature des traités de Westphalie, et que nous les avons énumérés parmi les terres épiscopales. (Voy. sur leur abandon à Strasbourg, aux Arch. mun., le fascicule A.A. 1655.)

XVIIIᵉ siècle, durant la longue tranquillité dont jouirent alors les campagnes d'Alsace[1].

1. En prenant l'*Etat des villes et communautés qui composent la province d'Alsace* (Manuscrits de la Bibliothèque municipale de Strasbourg, n° 35), rédigé vers 1750, nous voyons que les différentes localités appartenant à Strasbourg en 1650, avant la vente de Herrenstein, Cosswiller, etc., comptaient, à ce moment, environ 2,750 feux, soit, en calculant comme on le faisait alors, un total d'environ 13,500 âmes. Il faut *au moins* diminuer de moitié ce chiffre pour arriver au chiffre probable de la population rurale de la République, au sortir de la guerre de Trente Ans; j'estime même que c'est plutôt les deux tiers qu'on en devrait retrancher.

CHAPITRE SIXIÈME

La Préfecture de Haguenau et les Villes de la Décapole

§ 1. EXPOSÉ GÉNÉRAL

On n'est d'accord ni sur les origines de l'*advocatie provinciale* d'Alsace, ni sur la date où elle apparaît dans l'histoire, ni sur les attributions générales et particulières des personnages chargés de ces hautes fonctions, et les discussions des érudits sur cette matière sont loin d'avoir épuisé le sujet[1]. Peu importe d'ailleurs que les fonctionnaires ainsi dénommés aient été au début des délégués du fisc impérial ou des suppléants des ducs d'Alsace, puisque nous n'avons point à étudier ici les institutions du moyen âge. Ce qu'il y a de certain, c'est qu'il y a, dès le commencement du XIIIe siècle, des chefs à la fois civils et militaires, qui sous des noms divers[2] représentent en Alsace le pouvoir suprême de l'Empire et y exercent une influence souvent considérable. Quant à expliquer en détail et à circonscrire d'une façon plus nette leur sphère d'activité, c'est une tentative à laquelle on fera mieux de renoncer jusqu'à ce que de nouvelles recherches aient tiré des archives des documents plus nombreux et plus explicites.

Sous Rodolphe Ier nous rencontrons d'abord deux *avocats provinciaux*[3], l'un sans doute pour la Haute et l'autre pour la Basse-Alsace ; puis quand il a nommé son neveu Othon d'Ochsenstein *landvogt* de toute la province, en décembre 1280, nous constatons à côté de celui-ci d'autres *advocati Alsatiae ;* ce sont probablement les substituts du landvogt ou sous-baillis impériaux (*unterlandvogte*) qui font ainsi leur apparition dans l'histoire d'Alsace. Au témoignage des sources authentiques, ces fonctionnaires durent être, par

---

1. Voy. surtout Schoepflin, *Alsatia illustrata*, II, p. 281 suiv. — J. Teusch, *Die Reichslandvogteien in Schwaben und Elsass*, Bonn, 1880, in-8°. — J. Becker, *Die Landvoegte des Elsass und ihre Wirksamkeit (1308-1408)*, Strassburg, 1894, in-4°.

2. Le comte Sigebert de Werde, *rector Alsatiae*, 1215. — Albin Woelffelin, *praefectus Alsatiae*, 1227. — Conrad de Tannenrode, *curam gerens rerum imperialium in Alsatia*, 1237. — Hermann de Geroldseck, *advocatus seu gubernator institutus per Richardum de Anglia*, 1261, etc.

3. Il les appelle *officiatos suos per Alsatiam*. (Schoepflin, *Alsatia diplomatica*, II, p. 4.)

intervalles, assez puissants et généralement assez richement dotés.
Leurs attributions étaient variées ; leur amovibilité permettait de les
arracher brusquement à leur emploi, et, en tout cas la mort de
celui qui les avait nommés mettait fin à leur administration. Celle-ci
comprenait la surveillance de tous les biens immédiats d'Empire et
l'exercice des droits souverains qui n'étaient point encore contestés.
C'était le *landvogt* qui nommait le prévôt impérial ou *Reichsschultheiss*, le principal fonctionnaire judiciaire dans chacune des villes
impériales ; c'est lui qui avait à encaisser certaines redevances pour
le fisc du souverain ; c'est lui qui commandait les contingents militaires de la préfecture pour conserver ou rétablir la paix publique,
le *landfrieden*. Peut-être même exerçait-il une juridiction suprême
sur les terres de la *landvogtey*, mais rien n'est moins certain.

A mesure que le moyen âge tirait vers sa fin, les territoires immédiats de l'Empire s'amoindrissaient de plus en plus, soit par concessions gracieuses de la part des souverains, soit par usurpations
continuelles des seigneurs voisins, qui profitèrent des troubles à
peu près continuels du XIVe et du XVe siècle pour élargir leurs
domaines. L'advocatie provinciale perdit ainsi naturellement beaucoup de son importance ; elle n'en regagna qu'en devenant l'apanage
de grandes maisons territoriales, des Luxembourg d'abord, puis
des Wittelsbach du Palatinat. Ceux-ci la détinrent, après qu'elle
leur eût été engagée par l'empereur Sigismond, comme fief héréditaire, pendant plus d'un siècle, et s'en seraient servi sans doute
pour tâcher de s'annexer l'Alsace inférieure, si les Habsbourgs
n'avaient réussi dans la seconde moitié du XVIe siècle à les en
écarter pour jamais, en la confiant à des princes de leur maison.
D'ailleurs, à ce moment le domaine de l'advocatie provinciale se
bornait, par suite des usurpations successives mentionnées tout à
l'heure, à un certain nombre de villes, plus ou moins importantes,
disséminées à travers l'Alsace et parvenues, à des dates différentes,
à la situation privilégiée qui les mettait sous la protection immédiate
de l'Empire.

Parmi les villes alsaciennes, les unes, comme Colmar, Obernai,
Schlestadt, avaient été jadis des *villae* royales ; d'autres comme
Kaysersberg, Belfort, Thann, Soultz, Dachstein, des châteaux
forts (*castra*) élevés pour la défense du pays ; d'autres encore,
comme Andlau, Marmoutier, Wissembourg, devaient leur existence
aux antiques abbayes autour desquelles s'étaient groupés leurs premiers habitants. Au début, les empereurs et rois d'Allemagne
avaient été seuls à élever au rang de villes des localités parfois

assez modestes. Plus tard, au XIVe siècle, les évêques de Strasbourg s'étaient également arrogé ce droit régalien et l'avaient
exercé à l'égard de bourgs aussi insignifiants que Boersch et Dambach. Leur exemple fut suivi par les seigneurs de Lichtenberg et
par les ducs d'Autriche, et bientôt l'Alsace fut remplie de ce que
nous pourrions appeler des embryons de cités, dotés généralement
d'une enceinte fortifiée, d'un marché, et d'un statut municipal. Mais
tous ces germes ne se développèrent pas également, c'est-à-dire
que beaucoup de ces localités ne devinrent jamais des villes impériales et moins encore des villes libres ; à la suite de luttes plus ou
moins longues, plus ou moins heureuses, les unes s'émancipèrent
graduellement, les autres restèrent sous la tutelle sévère de leurs
seigneurs territoriaux, quelques-unes même retombent au rang de
simples bourgades, soit par une espèce de lente sélection naturelle,
soit par quelque catastrophe violente et subite.

Dans ces villes qui surgissent en si grand nombre en Alsace
durant les derniers temps de la dynastie des Hohenstaufen et dans
la longue crise qui suivit leur chute, les fonctionnaires, prévôts ou
baillis sont nommés par l'empereur, et ce sont toujours des nobles
au début. Dans certaines d'entre elles (Colmar, Rosheim), les charges
sont conférées pendant un temps plus ou moins long à certaines
familles à titre héréditaire ; dans d'autres (Haguenau, Wissembourg),
elles restent toujours à la nomination du souverain, alors que dans la
plupart des cas cependant les Conseils les rachètent par une transaction légale ou profitent d'un interrègne pour les usurper sans
compensation pécuniaire.

Au XIIIe siècle, l'organisation de toutes ces cités est nettement
aristocratique; les corporations d'artisans n'y jouent encore aucun
rôle politique et ce sont les curies des nobles qui fournissent le personnel du gouvernement. Au XIVe siècle, une révolution modéré-
ment démocratique, qui se produit un peu plus tôt, un peu plus
tard, dans les différents milieux, transporte le pouvoir à la petite
bourgeoisie des métiers, mais nulle part le tiers-état victorieux n'en
écarte absolument le patriciat vaincu. Si plus tard, dans certaines
villes d'Alsace, celui-ci cesse de jouer un rôle quelconque, si au
XVIIe siècle surtout on ne rencontre plus un seul noble dans le
Magistrat des petites villes impériales, ce n'est point parce qu'on
les en a chassés, mais parce que la plupart des familles patriciennes
sont éteintes, et que leurs rares survivants ont de toutes autres
ambitions que celle de figurer dans le microcosme de ces administrations locales.

Le mouvement démocratique s'arrête d'ailleurs et se fige, pour
ainsi dire, dès le début du XVIᵉ siècle. Cent ans plus tard, les
couches populaires des villes n'ont plus qu'une influence très secondaire et presque accidentelle sur la marche des affaires ; c'est une
nouvelle aristocratie bourgeoise qui administre et gouverne la cité,
avec le concours de jurisconsultes, d'ordinaire étrangers. Plus nous
avançons dans le XVIIᵉ siècle, plus elle devient, dans les localités
du moins qui restent assez importantes pour conserver un semblant
de vie politique, une oligarchie hostile aux hommes nouveaux et
trop souvent aussi incapable que jalouse. C'est, sur un théâtre plus
mesquin, le même spectacle que nous voyions tout à l'heure à
Strasbourg. Effroyablement décimées d'ailleurs par les sièges, les
épidémies et les famines, ces coteries dominantes dans les villes
impériales étaient au moment de la conquête dans un état de faiblesse matérielle et d'affaissement moral tels qu'elles ne pouvaient
inspirer aucune inquiétude au nouveau gouvernement, du moment
que l'appui du dehors leur était définitivement enlevé[1]. Aussi, loin
de les détruire, les utilise-t-il comme « un instrument de règne » également commode et docile, en les mélangeant de quelques éléments
nouveaux.

Devenues plus ou moins maîtresses de leur régime intérieur,
certaines d'entre les villes impériales alsaciennes acquièrent, même
en dehors de leurs murs, des territoires, fort modestes, il est vrai.
Colmar a Sainte-Croix, et Schlestadt Kienzheim ; Schweigen obéit
à Wissembourg, et Haguenau possède Schierrhein. Les plus éman-
cipées battent monnaie, se permettent de changer le culte professé
dans leurs murs[2], s'arrogent d'autres attributs de la supériorité
territoriale et finissent par siéger en bloc, entre Francfort et Gos-
lar, sur le banc des villes rhénanes, aux diètes de l'Empire[3]. Il
reste néanmoins une grande différence, tant de droit que de fait,
entre la situation des plus importantes d'entre elles, de Colmar, par
exemple, obligée de prêter serment au *landvogt*, et celle de Strasbourg qui le refuse, même à l'empereur.

---

1. Nous ne songeons pas à amoindrir par là ce que nous avons raconté
dans un des livres précédents sur la résistance obstinée des villes de la
Décapole aux volontés de Louis XIV. Pour beaucoup d'oligarchies, l'histoire
constate que leur chute politique fut plus digne de respect que le temps de
leur toute-puissance.

2. Il est juste de dire que jamais l'empereur ni son représentant, le grand-
bailli, n'ont reconnu ce droit aux villes de la Décapole.

3. D'ordinaire Colmar, et parfois Haguenau, se chargeaient de l'honneur
onéreux de représenter leurs collègues.

Ce fut en 1353 que, sur l'invitation de l'empereur Charles IV, les
dix villes de Mulhouse, Colmar, Munster, Turckheim, Kaysersberg,
Schlestadt, Obernai, Rosheim, Haguenau et Wissembourg se groupèrent pour former une ligne offensive et défensive sous la protection
du souverain et de son délégué, le *landvogt*. Ainsi naquit la Ligne de
la Décapole, comme on l'appela plus tard. Signée pour un temps
limité d'abord, rompue même au XVᵉ siècle, l'alliance finit pourtant
toujours par se renouveler, malgré les rivalités politiques et les
conflits religieux, et persista jusqu'aux jours de la Révolution, fan-
tôme d'un passé depuis longtemps évanoui. Mais ce ne sont pas toujours les mêmes dix villes, ni même toujours dix villes qui figurent
dans les traités ; il y en eut une fois huit seulement, il y en eut
onze à un certain moment. Dans la seconde moitié du XIVᵉ siècle,
on voit figurer sur la liste Seltz, engagée plus tard aux électeurs palatins, et qui ne regagna jamais son autonomie. Landau n'entra
dans la confédération qu'en 1511, et Mulhouse en sortit en 1525 pour
s'agréger à la confédération plus puissante des cantons helvétiques.

Comme prix de sa protection souveraine, l'empereur Sigismond
avait fixé pour la Décapole un impôt de quatre mille écus d'or,
payable au grand-bailli, à la Saint-Martin. Cette somme se répartissait naturellement d'une façon très inégale entre les différentes
cités. D'après un accord, signé entre elles en 1608, Colmar et
Haguenau en payaient ensemble les huit seizièmes, soit la moitié ;
Schlestadt et Wissembourg quatre seizièmes, soit un quart ; Landau et Obernai deux seizièmes, soit un huitième ; Kaysersberg et
Turckheim un seizième, et Munster et Rosheim également un seizième. En dehors de cette *Reichssteuer*, les dix villes ne devaient
aucune redevance régulière à l'Empire, mais elles étaient tenues,
par l'usage, à des dons volontaires, lors de l'entrée solennelle des
souverains, et elles devaient fournir des contingents de troupes
dans les guerres de l'Empire et dans celles contre les Turcs [1]. Il y
avait en outre la part contributive aux dépenses votées par les États
provinciaux pour la défense du pays, les déboursés spéciaux de la
Décapole, frais d'ambassades, etc. Quand les revenus communaux
ordinaires ne suffisaient pas pour couvrir les dépenses, on levait des
taxes extraordinaires (*Schatzungen*) sur les bourgeois [2].

---

1. Les obligations militaires des dix villes impériales n'étaient pas fort
lourdes, puisque d'après les rôles dressés à la diète de Worms, en 1545, et
restés en usage depuis, elles devaient fournir soit 23 cavaliers et 173 fantassins, ou un mois romain de 964 florins, l'entretien des premiers étant fixé à
12 florins, celui des autres à 4 florins.
2. Parfois ces levées extraordinaires étaient relativement considérables ;

- Quels étaient, en dehors de la levée de l'impôt mentionné tout à l'heure, les droits et les privilèges du grand-bailli vis-à-vis des villes impériales en échange de l'aide et protection qu'il leur devait? C'est une question qui a été débattue à l'infini, surtout après la signature des traités de Westphalie, et de part et d'autre, avec une passion qui n'en rendait pas la solution précisément facile ; passion fort légitime d'ailleurs des deux parts, puisqu'il s'agissait pour les villes de conserver leur autonomie, pour la couronne de France de prouver qu'elle n'avait pas acheté de la maison d'Autriche des prétentions purement illusoires. Aujourd'hui que la querelle se réduit à un simple problème d'érudition, il est moins difficile de s'entendre. Le *droit de protection* du *landvogt* sur les villes impériales était en réalité tout ce qu'il pouvait y avoir de plus vague et de plus élastique. En droit, l'on échangeait des lettres reversales de fidélité et d'amitié réciproques : en fait, tous les rapports se bornaient à des visites solennelles que le grand-bailli ou son remplaçant faisaient aux villes pour assister soit au renouvellement du Magistrat, soit à la prestation du serment de fidélité, dû non pas au *landvogt*, mais à l'Empire. La plupart des villes de la Décapole n'ont jamais reconnu la juridiction du tribunal du grand-bailli à Haguenau, et ont toujours appelé directement à Spire des jugements de leurs propres tribunaux. La plupart aussi se sont toujours refusées à reconnaître les attributions militaires du *landvogt*, qui prétendait les défendre, malgré elles, contre leurs ennemis. Alors même qu'elles lui concédaient le droit d'inspection de leurs arsenaux, elles lui ont refusé, jusqu'à l'époque de la guerre de Trente Ans, celui de mettre chez elles des garnisons. Les villes protestantes de la Décapole ont toujours dénié au *landvogt* le droit d'intervenir dans leurs différends internes ecclésiastiques et certaines villes catholiques elles-mêmes, comme Haguenau, ont professé la même doctrine, jusqu'au jour où l'appui des Habsbourgs leur fut indispensable pour écraser l'hérésie. Les unes et les autres ont été toujours unanimes pour déclarer que le grand-bailli n'avait pas le droit de lever sur elles aucun impôt, en dehors des prestations votées par les diètes et de l'impôt impérial sanctionné par l'usage. Il n'y avait donc en réalité aucun attribut de souveraineté attaché à la charge de grand-bailli de la préfecture de Haguenau, du moins en tant qu'elle concernait les dix villes impériales, le *landvogt* n'ayant jamais réussi à obtenir d'elles par contrainte ce qu'on lui refusait en droit.

dans la seconde moitié du XVIIᵉ siècle, la petite ville d'Obernai payait 1,000 florins de *Türckensteuer* annuelle. (Gyss, *Histoire d'Obernai*, II, p. 9.)

·Le *Schirmgeld* qu'on lui paie au XVIIᵉ siècle n'est qu'un autre nom pour le *Reichssteuer* du moyen âge; il ne va plus à l'empereur, il est vrai; c'est le *landvogt* qui se l'approprie, du consentement du souverain, mais il n'implique aucune *soumission territoriale* au grand-bailli. Tout serment de fidélité (et non pas d'obéissance) prêté entre les mains du sous-bailli, commissaire des archiducs antrichiens, est précédé d'un serment solennel de celui-ci par lequel en même temps qu'il promet la protection de son maître, il reconnaît en termes explicites, l'immédiateté de la ville dans laquelle il prend la parole. C'est avec un soin jaloux que les membres de la Décapole veillent à l'observation stricte des moindres détails de la cérémonie, et plus d'une fois elles ont purement et simplement refusé d'accepter des lettres reversales, où, soit par hasard, soit intentionnellement, leurs libertés ne leur semblaient pas assez clairement stipulées[1].

Telle était la situation quand le traité de Munster fut signé. On crut généralement en France qu'à partir de ce moment l'on possédait « les deux Alsaces »; on y crut en tout cas que « la préfecture provinciale des dix villes situées en Alsace », transférée au roi « avec tous les droits quelconques qui dépendent de la dite préfecture, avec tout droit et souveraine autorité », était désormais terre française. Les villes impériales, de leur côté, se refusaient à accepter ce point de vue, chacun ne pouvant, à leur avis, céder que ce qu'il possède et la maison d'Autriche n'étant pas, en droit public allemand, la *souveraine* de la Décapole. Seulement, le droit public français ne connaissait pas ou ne connaissait plus, depuis des siècles, des situations analogues; le pouvoir monarchique, devenu absolu, primait, annihilait tous les droits particuliers, sauf ce qu'il en voulait bien laisser par prudence ou par courtoisie. Aussi les représentants de la couronne se virent-ils, dès l'abord, dans une situation à la fois irritante et délicate vis-à-vis de ces cités minuscules, plus ou moins ruinées par la guerre, et qui pour leurs 1,500 à 2,000 habitants, — les plus petites en avaient alors moins encore, — réclamaient fièrement les droits souverains, en s'appuyant sur la diète de l'Empire. Dès 1649, un mémoire, rédigé sans doute à Brisach, s'expliquait là-dessus d'une façon caractéristique : « La conduite dont on doit user au commencement envers les dix villes impériales est très délicate, car le temps n'est pas favorable à la France; l'empereur et l'Empire les favorisent et elles sont mieux informées que les officiers du roy,

1. C'est ce que fit, par exemple, Obernai en 1605 et 1614. (Gyss, *Histoire d'Obernai*, II, p. 21-23.)

elles craignent que le roy ne veuille tourner quelques jours la protection en propriété, et pour éviter une extrémité, elles se jetteront
dans l'aultre, desniant les moindres droits de protection. Il est fascheux de ne demander pas ce qui est deu et de n'entrer pas en possession de ses droicts, mais il est encore plus fascheux de demander et estre refusé, et obligé de souffrir le refus, qui sert, en
quelque façon, de titre à ceux qui le font. C'est pourquoy il y a des
personnes qui croyent qu'il est à propos d'attendre un meilleur temps
pour entamer cette affaire[1].»

On attendit donc, et longtemps. Nous ne reviendrons pas sur ce
que nous avons dit, une fois déjà, dans le tableau des années de
1651 à 1673, sur toutes les contestations des villes avec le comte
d'Harcourt, nommé grand-bailli à la première de ces dates; sur leur
attitude lors de la création de la chambre d'Ensisheim en 1658 ; sur
leurs conflits plus violents encore avec le duc de Mazarin, délégué à
son tour aux fonctions de *landvogt* en 1661. Évidemment, la Décapole
eût mieux fait de céder aux circonstances et d'accorder de bon gré
ce serment d'hommage qu'elle ne pouvait indéfiniment refuser.
Louis XIV ne demandait, en somme, aux dix villes qu'une concession plus ou moins extérieure ; il n'entrait aucunément dans ses
desseins de détruire ces formations territoriales du passé, pour
autant qu'elles pourraient se concilier avec l'exercice du pouvoir
souverain. Comme aucune action politique véritable n'était plus
possible, vers la fin du XVIIe siècle, à des groupes aussi insignifiants, ceux-ci auraient eu tout avantage à écouter les exhortations
que leur adressait M. de Gravel, pour les engager à prêter foi et
hommage à un aussi grand monarque[2]. Mais, d'autre part, ce n'est
pas à nous, enfants de la démocratie moderne, qui réclamons pour
nous-mêmes le droit imprescriptible de donner ou de refuser nos
cœurs, qu'il siérait de blâmer, ni surtout de tourner en ridicule
cette honorable obstination de petites cités obscures, qui ne veulent
pas renoncer à leur indépendance, alors même qu'elles font appel
à « toutes sortes de vétilles pour se soustraire aux avances de la
monarchie française », ainsi que le disait un historien récent, d'un
ton cruellement dédaigneux[3].

On se rappelle l'histoire de l'exécution militaire de 1673, qui
mit fin aux dernières velléités d'autonomie chez les plus récalci-
trantes des dix villes. Elles sortirent si profondément épuisées, pour

1. Van Huffel, *Documents*, p. 196.
2. Archives municipales, A A. 1234.
3. Legrelle, *Louis XIV et Strasbourg*, p. 188.

la plupart, des épreuves cruelles de la guerre de Hollande, elles eurent tellement besoin de l'appui du gouvernement pour se remettre de leurs misères, qu'elles songèrent bien plutôt à solliciter ses faveurs qu'à continuer à rêver une résistance-désormais impossible.

La question du grand-bailliage allait d'ailleurs perdre beaucoup de son importance. Placé entre le nouveau commandant militaire de la province et l'intendant de finances, police et justice, le *landvogt* n'avait plus de raison d'être ; il était plutôt un embarras pour le gouvernement, car il gênait, pour la représentation, le premier et, pour l'administration, le second de ces hauts fonctionnaires. Les antiques cérémonies qu'il présidait et qui formaient autrefois un lien entre lui et la Décapole sont supprimées ou simplifiées, et quand une fois des baillis royaux rendent la justice dans les quarante villages de la préfecture, tout ce qui restè à faire à ce grand personnage, c'est de toucher quelques sommes, bien modestes, des villes qu'il est censé protéger encore[1]. Aussi est-il généralement absent du pays. Le duc de Mazarin n'y fait que de rares apparitions ; chez Montclar, le général prime le grand-bailli, et leurs successeurs au XVIIIe siècle, les Châtillon, les Choiseul n'ont jamais mis le pied en Alsace. Le sous-bailli est d'abord également un homme de qualité ; tel encore le marquis de Ruzé, le délégué de Mazarin. Mais il devient plus tard un fonctionnaire tout à fait subalterne, comme ce Jean Gaspard Hatzel, nommé en 1711, qui ne voit plus dans sa charge que l'occasion de quelque grappillage d'argent[2] ; ou comme ce Duvivier, commandant de la place de Haguenau, qui s'offre à faire l'office d'*unterlandvogt* gratuitement, pour l'honneur de la chose, et se contente plus tard d'une indemnité de trente sacs d'avoine[3]. Person-

---

1. Haguenau lui paie 500 florins par au, Rosheim, 64 florins, Obernai, Wissembourg et Kaysersberg, chacun 200 florins; Landau 300 florins; Schlestadt 240 florins; Munster 128 florins; Colmar 632 florins. Turckheim s'exonérait de ses droits de protection par le produit de ses excellents vignobles. *Mémoire concernant les Oberlandvogt ou grands-baillis de la landvogtey d'Haguenau*, fol. 19. (Manuscrit de la Bibliothèque municipale de Strasbourg.)

2. Le sous-bailli n'avait pas d'émoluments fixes; son supérieur lui assignait ce qu'il jugeait équitable. Hatzel avait réussi à se faire un revenu annuel de 2,000 livres en argent, 620 sacs d'avoine, 2,400 bottes de pailles, 120 poules, 3 agneaux, 12 chapons, etc., sans compter 740 livres que lui versaient les villages de la préfecture pour sa nourriture (*atzgeld*) quand il était en tournée udiciaire. (*Mémoire concernant*, etc., fol. 13b, 14a.)

3. *Mémoire concernant*, fol. 15ab. Ce Duvivier n'avait évidemment sollicité cet office peu fatigant que pour tenir le haut du pavé dans la petite ville de Haguenau, où il était en garnison,

nage désormais sans aucun prestige, le sous-bailli vient assister
annuellement à l'élection, très insignifiante elle-même, du Magistrat des dix villes, où les choix sont déterminés d'avance par
l'oligarchie locale, selon les désirs des préteurs royaux, sur une
recommandation de l'intendant en faveur d'une de ses créatures.
Il y vient montrer son carrosse et ses laquais, assiste à un banquet
de gala à l'Hôtel de Ville et à une messe solennelle dans les villes
catholiques, et c'est à cela que se bornent à peu près ses fonctions.
Afin de lui faciliter ce voyage circulaire à travers les provinces, les
jours du renouvellement des Conseils avaient été dûment espacés.
D'après le mémoire cité tantôt, c'était « à Haguenau le jour de la
Très-Sainte-Trinité; à Wissembourg le jour de Saint-Sylvestre, le
dernier de l'année; à Landau, c'était aussi le jour de la Trinité,
mais sur l'observation que le lieutenant ne pouvoit estre à Haguenau et à Landau dans la matinée du même jour, celui de Landau a
été remis au lendemain. A Oberehnheim (Obernai), le 29 septembre; à Rosheim, le 30 septembre; à Sélestat, le jour de la
Saint-Michel; à Colmar, le jour de la Saint-Laurent; à Turkheim,
à Keisersberg, à Munster, c'est au mois de septembre; l'Unterlandvogt fixe le jour[1] ».

Il est curieux, — j'allais dire amusant, — de constater comment,
cent ans plus tard, cette charge, si différente à travers les âges, se
métamorphose aux yeux d'une génération qui n'en comprend plus
le sens historique ni les raisons de son existence antérieure. Voici
comme on dépeint, dans un document, imprimé une année entière
après la prise de la Bastille, le rôle des grands-baillis en Alsace, et
celui des gouvernements et des gouvernés de la Décapole[2]: il est
vrai que cette idylle touchante est narrée à la diète de Ratisbonne,
au bénéfice du dernier des successeurs des comtes palatins, des
archiducs autrichiens et des grands seigneurs français, qui ont
présidé aux destinées de la préfecture de Haguenau. « Les peuples
(de ces villes de la Décapole) participaient cumulativement et indi-
viduellement à cette masse de félicité commune. A l'abri du despo-
tisme, dont ils ne connaissaient pas même le nom, leurs magistra-
tures étaient les barrières, et la préfecture le bouclier contre
lesquels toutes atteintes arbitraires se seraient brisées. A l'abri de la
tyrannie aristocratique, la justice de l'Empereur, premier grand-

----

1. *Mémoire concernant*, etc., fol. 11.
2. *Mémoire pour M. le prince de Saint-Mauris-Montbarey, prince du
Saint-Empire, etc., en sa qualité de grand-préfet des villes impériales
d'Alsace.* S. lieu d'impression, 1790, broch., in-folio.

préfet, était le sanctuaire où les tentatives de l'aristocratie préfectorale ou magistrale auraient été foudroyées. A l'abri de l'anarchie
démocratique, l'autorité territoriale des magistrats et le pouvoir
impérial du grand-préfet étaient ensemble la digue impénétrable
qui arrêtait invinciblement tout torrent populaire, tout abus de la
liberté, toute effervescence contre la subordination légale. Dans cet
heureux équilibre des pouvoirs, les peuples goûtaient les douceurs
de la vie paisible ; ils jouissaient dans une juste distribution, et avec
une économie proportionnelle, de riches communaux en forêts, en
prairies, en champs, en pâturages. Ils se livraient, avec une liberté
entière, à l'agriculture et à l'industrie ; la terre les enrichissait à
l'envi des arts. »

Après ce paragraphe d'ensemble, il nous reste à dire quelques
mots de chacune des villes impériales en particulier, en nous réglant
naturellement d'après leur degré d'importance pour l'histoire d'Alsace. Leur rang respectif avait été déterminé dès le moyen âge et,
sauf que Haguenau y précède Colmar, cette liste officielle, également insérée dans le traité de Munster, répond assez exactement à
la situation réciproque des cités de la Décapole durant tout le
XVIIe siècle : Haguenau, Colmar, Schlestadt, Wissembourg, Landau, Obernai, Rosheim, Munster, Kaysersberg et Turckheim. C'est
dans cet ordre ausssi que vont se suivre nos notices.

§ 2. HAGUENAU

La ville de Haguenau, située sur la Moder, au milieu de la plaine
d'Alsace, à distance à peu près égale des Vosges et du Rhin, sur la
lisière méridionale de l'importante Forêt-Sainte, était la première
en rang, sinon en puissance des villes de la Décapole, le siège
officiel du *landvogt*, représentant l'empereur. Elle devait son origine
à un château de chasse que les premiers Hohenstaufen construisirent sur leurs domaines dans ces parages giboyeux et où ils se
plaisaient à résider. Autour du vieux *burg* massif, où l'on conserva
longtemps les insignes de l'Empire, se forma rapidement une cité
à laquelle le roi Guillaume de Hollande accordait en 1255 les droits
de ville impériale pour diminuer d'autant l'héritage du jeune Con-
radin de Souabe. Louis de Bavière, Charles IV, Frédéric III élargirent successivement ses privilèges ; à la fin du XVe siècle, elle
était certainement, avec son vieux castel encore intact, avec sa belle
église de Saint-Georges, une des plus florissantes cités de l'Alsace.
Entourée de murs solides, ayant une population nombreuse et
aguerrie par de longues luttes, même contre la ville et l'évêque

de Strasbourg, elle était en outre un centre de culture intellectuelle ;
ses imprimeurs, ses miniaturistes, ses savants lui donnaient une
réputation méritée dans toute l'Allemagne du Sud. Deux causes
vinrent ralentir, puis arrêter cet essor si brillant, l'une politique,
l'autre religieuse. Comme siège de la *landvogtei*, soit que celle-ci
fût aux mains de la maison palatine, soit qu'elle appartînt à celle
d'Autriche, Haguenau ne put jamais acquérir cette indépendance
d'allures complète qui lui aurait permis une action politique individuelle. Les détenteurs de la préfecture provinciale avaient trop
grand intérêt à conserver cette base même de leur influence en
Alsace pour émanciper tout à fait la cité, et celle-ci d'autre part
n'était pas de taille à entamer une lutte sérieuse contre des princes
aussi puissants. Le schisme religieux qui s'y produisit au XVIᵉ siècle
vint aggraver cette situation fâcheuse, en paralysant le développement intellectuel et en y faisant naître des antipathies confessionn-
nelles, qui dominèrent de plus en plus les esprits et finirent par les
absorber tout entiers, en cimentant l'alliance étroite de la bourgeoisie
catholique avec les Habsbourgs, lesquels, s'ils n'étaient point tendres
aux libertés publiques, l'étaient moins encore à l'hérésie.

La décadence produite par ces luttes intestines et par les émi-
grations qui en furent la suite, fut assez rapide ; néanmoins, au
moment où la guerre de Trente Ans allait s'abattre sur le pays, Haguenau était encore une ville d'assez belle apparence[1]. « Elle est,
écrivait le diplomate français Marcheville, en une belle plaine arro-
sée d'une rivière nommée Moder, qui fait moudre quantité de moulins au cœur de la ville, ceinte d'une belle, bonne et haute muraille,
avec quantité de tours, et bien fossoyée, munie de quatre vingt
pièces de canon[2]. » Mais l'énergie des bourgeois était épuisée, l'esprit civique faisait défaut. Ce n'était pas impunément qu'on avait
fait sortir de la ville, ou du moins exclu des charges municipales, la
plupart des familles patriciennes, ralliées aux doctrines nouvelles,
et fait entrer au conseil des laboureurs et des domestiques ne
sachant ni lire ni écrire, voire même des gens chassés d'ailleurs
pour inconduite, ou si pauvres que la ville devait les soutenir chaque
semaine par des aumônes[3].

1. Voy. la gravure faite vers cette époque par Jacques von der Heyden et
reproduite par M. le chanoine Guerber, dans son *Histoire de Haguenau*,
I, p. 304.
2. Lettre à M. de Puysieulx, du 23 décembre 1621. Mscr. de la Bibliothèque Nationale, manuscrits français, 15932.
3. Ces données sont tirées d'une pièce fort curieuse, *Gravamina der evangelischen Religionsverwandten*, adressée à l'Union évangélique, à Heilbronn.

Aussi quand la lutte commence en Alsace, la ville impériale, peu soutenue par ses protecteurs catholiques, trop occupés ailleurs, peu aimée de ses collègues protestantes, en fut une des premières victimes. Ayant, par surcroît, le malheur d'être réputée pour ses richesses, elle excitait les convoitises des ennemis de la maison de Habsbourg, qui avaient déjà bien des raisons pour s'attaquer au centre de l'influence autrichienne dans la Basse-Alsace et qui n'ignoraient pas que les cités divisées au dedans repoussent difficilement les agressions du dehors. C'est tout spécialement dans l'espoir de s'en emparer que Mansfeld pénètre dans la province en décembre 1621, et cet espoir n'est pas déçu. Malgré la nombreuse artillerie qui garnit ses remparts, le Magistrat s'abandonne, livre la ville avec les munitions et les provisions qu'elle renferme et paie une rançon énorme au général palatin. Il doit même craindre un instant que l'aventurier victorieux ne fasse de Haguenau la capitale de la principauté qu'il rêve de se tailler en Alsace et ne peut l'empêcher en tout cas de ramener dans la cité les hérétiques proscrits. Mais ce ne fut là qu'un revers passager, puisque, peu de mois plus tard, Mansfeld était obligé de quitter le pays ; les autorités municipales purent dès lors reprendre leur œuvre interrompue et expulser, dans les années qui suivirent, tous leurs concitoyens protestants. En 1625, il en subsistait encore un millier, qui formaient environ le huitième de la population[1] ; en 1628, furent chassés les derniers habitants non catholiques. Ces mesures violentes ne pouvaient qu'attirer sur la ville des représailles nouvelles, le jour où une armée protestante pénétrerait en Alsace. C'est ce qui arriva en 1632. Dix ans après Mansfeld, les Suédois s'emparèrent du chef-lieu de la Décapole et bien que, dès janvier 1633, ils en fussent chassés de nouveau par surprise, les bourgeois de Haguenau ne devaient plus reconvrer à vrai dire, leur antique autonomie. En effet, le gouverneur général de l'évêché, le comte Hermann-Adolphe de Salm, ne se sentant pas en force pour défendre la ville contre un retour offensif des Suédois, se résigna à la mettre jusqu'à la paix sous la protection de la France, à la confier « à un pouvoir qui ne menaçait point les convictions religieuses du pays[2] ». C'est le 31 janvier 1634 que

les 18-28 avril 1618, et du rapport des délégués de Wurtemberg, Bade et Strasbourg, présenté le 9 septembre suivant. Roehrich a publié une partie de ces documents, qui se trouvent aux archives de Saint-Thomas, dans ses *Mittheilungen aus der Kirchengeschichte des Elsass*, II, p. 487.

1. Supplique des protestants de Haguenau à l'empereur Ferdinand II, 15-25 décembre 1625. (Archives de Saint-Thomas.)

2. Guerber, I, p. 288.

cet accord fut conclu, et à partir de cette date, la ville fut occupée
par une garnison française, qui, dès l'année suivante, eut à la
défendre contre les Impériaux. A ce moment, les maux de la guerre
étaient déjà nombreux, beaucoup de maisons détruites, les habitants réduits à un sixième. Mais, après la grande famine de 1637, la
situation fut bien pire encore ; il n'y avait plus que 150 bourgeois,
sur les 1,300 qui existaient vers la fin du XVIᵉ siècle, et la misère y
était telle, par suite des exactions de la soldatesque, qu'on vit des
citoyens exaspérés démolir eux-mêmes leurs demeures pour n'avoir
plus à loger et à nourrir des garnisaires[1]. Afin de subvenir aux
dépenses de toutes sortes que nécessitait la guerre, Haguenau dut
vendre les cloches de son église de Saint-Georges (1640), vendre
son bétail (1641), engager ses orgues et ses vases sacrés (1643)[2]. Ce
qui paraissait encore plus dur aux fidèles et au clergé, c'est
qu'ils devaient tolérer de nouveau dans leurs murs les hérétiques.
Des bannis étaient rentrés, de nouveaux convertis étaient devenus re-
laps, un culte privé avait été réorganisé, et quand le Magistrat voulut
renouveler, le 7 juillet 1640, ses défenses antérieures, le gouverneur
français de Haguenau, M. de Razilly, qui avait à ménager les alliés
protestants de son souverain, cassa cet arrêté, disant que son
maître, dans son pays, et même à sa cour, laissait à chacun sa
liberté de conscience[3].

Quand le traité de Munster fut signé, quelques années plus tard,
les circonstances avaient changé et le culte dissident, toléré jusque-
là, fut interrompu de nouveau, la maison d'Autriche n'ayant cédé
la préfecture de Haguenau qu'à la condition que la religion catholique y fût partout exclusivement professée. La foi de la cité était
donc dorénavant garantie, mais la misère matérielle y restait très
grande, ce qui ne peut étonner pour une forteresse *quinze* fois
assiégée ou bloquée dans l'espace d'un demi-siècle. Ses remparts
tombaient en ruine ainsi que ses églises ; son arsenal et son trésor
étaient également vides ; comme le disait un document contemporain,
Haguenau avait moins l'air d'une ville impériale que d'un village
incendié[4]. Encore en 1655, elle ne comptait que 305 bourgeois. On
a peine à comprendre qu'en pareille situation elle ait osé s'associer
à la résistance collective des villes de la Décapole contre les exi-

1. M. Guerber a tiré ce détail des procès-verbaux mêmes du Magistrat. (I,
p. 291.)
2. Guerber, I, p. 295-296.
3. Roehrich, *Mittheilungen*, II, p. 497.
4. Mémoire du Magistrat de Haguenau à celui de Colmar, du 26 juin 1649.
Revue historique, 1893, III, p. 31.

gences de Louis XIV. Siège officiel de la préfecture d'Alsace, elle fut plus cruellement punie qu'aucune de ses compagnes, et les années de la guerre de Hollande furent pour elle des années vraiment terribles. Elle vit ses murs rasés en 1673, comme ceux de Schlestadt et de Colmar ; à peine étaient-ils reconstruits que Monté-cuculi vint bombarder la ville, en août 1674, puis ce fut une épidémie qui enlevait chaque semaine des centaines de victimes (juillet 1675). En 1677, les habitants, à bout de forces et de patience, se soulevèrent contre le Magistrat, l'accusant de détourner les revenus de la cité. Dans la bagarre, un officier fut tué par un bourgeois, et le maréchal de Créqui, pour en finir avec une cité qui n'avait guère montré jusque-là de sympathies « pour les épines françaises qui entouraient sa rose [1], et qui, au point de vue militaire, était difficile à défendre, ordonna de la raser. Du 7 au 30 janvier 1677, les généraux de Mont-clar et de Bois-David firent procéder à la démolition des édifices publics et privés. Le vieux château impérial de Frédéric Barbe-rousse et quarante grosses tours de l'enceinte furent renversées par les mines et leurs pierres de taille servirent à bâtir les remparts de Fort-Louis. Puis les soldats de M. de La Brosse, un chef de par-tisans longtemps maudit par les paysans d'Alsace pour ses cruautés inutiles, mirent le feu à ce qui restait debout. L'arsenal, l'hôtel de ville, les greniers d'abondance, l'hôpital de Saint-Martin devinrent la proie des flammes. Un quartier plus isolé avait échappé cependant à la conflagration générale. Créqui ordonna de le brûler également, le 16 septembre de la même année. De tout le vieux Haguenau rien ne subsistait désormais que l'église Saint-Georges et deux ou trois couvents [2].

On pouvait croire qu'elle ne s'en relèverait jamais. Mais le besoin d'une défense permanente des lignes de la Moder exigeait le réta-blissement d'une place forte dans ces parages, et d'ailleurs la répu-tation du roi très chrétien aurait trop souffert de la suppression définitive d'un des plus solides boulevards de la foi en Alsace. Aussi, dès que la paix de Nimègue fut signée, Louis XIV ordonna-t-il la reconstruction de la ville et de son enceinte. Il lui accorda, en 1681, un sursis de cinq ans pour payer ses dettes aux régnicoles, des lettres de répit décennales à l'égard des étrangers. Néanmoins, malgré ses vastes forêts, qui lui fournissaient des matériaux de

---

1. Les armoiries de Haguenau représentent une rose d'argent sur fond d'azur. Le mot est de Hau, *Seelzagendes Elsass*, p. 129. Je le cite, parce que l'auteur était originaire de Haguenau.
2. Guerber, I, p. 316-317.

construction à bon compte et lui permettaient de gager ses emprunts [1], Haguenau ne se remit que bien lentement de la crise qui avait failli la faire disparaître à jamais. Encore vingt ans plus tard, elle ne comptait que 350 maisons, 400 familles « très pauvres », au dire de La Grange, environ 2,600 âmes, en y comprenant peut-être la garnison [2]. Ce n'est qu'au cours du XVIIIᵉ siècle que la culture de la garance et du tabac et l'établissement d'assez nombreuses fabriques rendirent à la ville son ancienne aisance, malgré les sièges répétés qu'elle eut encore à subir [3].

Le rôle politique de Haguenau n'a point été suffisamment important pour que nous nous arrêtions à décrire longuement son organisme constitutionnel ; il suffira de le résumer en quelques mots. La constitution de la ville impériale, comme celle de toutes les villes d'Alsace, avait commencé par être passablement aristocratique ; les douze échevins qui siégeaient comme jurés sous la présidence du prévôt impérial ou *Reichsschultheiss* étaient fournis par le patriciat. Plus tard, au XIVᵉ siècle, les bourgeois nommaient chaque année vingt-quatre assesseurs (*Marschaelke*), dont quatre, un par trimestre, présidaient le grand Conseil. Quand, au XVIᵉ et surtout au XVIIᵉ siècle, la plupart des familles patriciennes eurent disparu, il n'y eut plus que quatre échevins, qui prirent le titre de stettmeistres. Le sénat de vingt-quatre membres, sortant d'élections annuelles, fut remplacé par un corps de six sénateurs nommés à vie. Chacun des stettmeistres était en régence pendant trois mois, et l'un des six lui était adjoint avec le titre de *maréchal*. Les vieux noms subsistaient ainsi, mais le régime était absolument oligarchique. Quand le gouvernement français établit dans tous les Magistrats un représentant du pouvoir central, pour sauvegarder ses droits et contrôler la gestion des affaires municipales, Haguenau eut également son préteur royal, ce qui porta à onze le chiffre des membres de son Conseil permanent.

Les bourgeois de la ville étaient répartis en dix-neuf, plus tard en vingt-une tribus, dont dix-neuf d'artisans, une des citoyens riches, rentiers et propriétaires, la dernière de tous les pauvres qui ne payaient que l'impôt personnel. La *ville* de Haguenau (qu'il ne faut pas confondre avec la *préfecture* de Haguenau) possédait,

---

1. En 1697, Haguenau avait 18,000 livres de revenus et 300,000 livres de dettes. (La Grange, fol. 314.)
2. La Grange, *loc. cit.*
3. Haguenau fut encore assiégé en 1705, en 1706 et en 1744, sans compter les guerres de la Révolution.

outre la moitié de la Forêt-Sainte, indivise entre elle et le *landvogt*, deux villages, ceux de Kaltenhausen et de Schierrhein, et de plus un certain nombre de métairies isolées. Elle figurait sur les rôles de l'Empire pour 6 cavaliers et 30 fantassins, ou pour un « mois romain » de 192 florins ; sa quote-part aux frais d'entretien de la Chambre impériale de Spire était de 80 florins [1].

§ 3. COLMAR

Bien que placé officiellement au second rang seulement parmi les villes de la Décapole, Colmar n'en était pas moins de beaucoup la plus importante, et l'on peut même dire, qu'au point de vue politique tout au moins, c'est elle seule qui donnait quelque poids à la confédération des villes impériales. Situé au milieu d'une plaine fertile, couverte de champs, de pâturages et de vignobles, traversé par la Lauch et par un bras de la Fecht, à proximité du cours de l'Ill qui devient navigable dans le voisinage immédiat de la cité, pas trop éloigné du Rhin, débouché naturel pour la large et fertile vallée de Munster, Colmar est devenu de bonne heure la ville principale de la Haute-Alsace et l'est resté jusque vers la fin du premier tiers de ce siècle. Sans avoir jamais exercé une influence décisive dans les luttes provinciales du moyen âge, elle n'en avait pas moins joué un certain rôle dans le passé de l'Alsace. Au début du XVIIe siècle, c'était une place assez forte, aux nombreux bastions, aux cavaliers puissants, qui avaient remplacé peu à peu, depuis la fin du XVIe siècle, les vieilles tours du moyen âge ; on y travaillait encore au moment où éclata la guerre de Trente Ans [2].

La ville, aux rues étroites et resserrées comme celles de toute place forte datant de si loin, présentait néanmoins quelques édifices considérables. Parmi les églises, on y remarquait tout d'abord celle de Saint-Martin, commencée au XIIIe siècle, et restaurée de nos jours, puis celle de Saint-Pierre, alors temple protestant, et livrée aux Jésuites en 1698. Parmi les couvents, nous ne nommerons que celui des Dominicaines des Unterlinden, dont les vastes salles

1. Pour plus de détails, nous renvoyons à l'*Alsace illustrée* de Schoepflin, augmentée des notes de Ravenez (t. V, p. 164-184), et surtout au volumineux travail de M. le chanoine Guerber, déjà cité. (Rixheim, Sutter, 1876, 2 vol. in-8°.)

2. Pour l'aspect général de la ville et plus particulièrement de ses fortifications, on peut consulter les deux plans de la *Topographie* de Mérian (éd. 1644, p. 12-13). Il faut dire que trente ans plus tard, ces défenses, louées par lui, ont paru « très misérables à tout le monde et très mal entendues ». (Pélisson, *Lettres historiques*, II, p. 9.)

et les cloîtres ombreux renferment, depuis le bombardement de Strasbourg et la destruction de ses musées, les plus belles collections artistiques et archéologiques de l'Alsace. En fait de bâtiments civils, on peut mentionner l'ancien Hôtel de Ville, le *Wagkeller,* devenu, vers la fin du XVIIᵉ siècle, le palais du Conseil souverain ; la Douane ou *Kaufhaus,* les grands greniers de la ville (*Kornlaub*), etc[1]. Un visiteur français disait de Colmar, en 1685, que c'était « une belle ville, à peu près comme Meaux. Les maisons en sont à la mode du païs, c'est-à-dire sans aucun ornement d'architecture, mais seulement enjolivées par le devant de quelques médiocres peintures. Les rues m'en parurent serrées et tortueuses [2] ». Ichtersheim, au contraire, moins gâté sans doute que le touriste parisien, nous assure que les rues étaient belles et bien pavées, et que la population de la ville, du moins les gens aisés, se recommandaient à la fois par leur moralité et par leur aménïté[3].

Cette population ne s'occupait guère d'industrie, un peu plus de commerce, trafiquant avec Strasbourg, Bâle ou Montbéliard, et vivait principalement du rendement de ses champs et de ses vignobles, ainsi que de l'élève du bétail[4]. Aussi n'a-t-elle progressé que fort lentement, plus lentement peut-être que n'importe quelle autre localité de la province. On affirme qu'elle comptait environ 9,000 âmes au milieu du XVIᵉ siècle. A la veille de la Révolution, après un siècle de paix profonde pour la Haute-Alsace, il n'y en avait encore que 11,000[5]. En 1697, La Grange lui donnait 1,100 maisons, 1,478 familles 10,142 âmes[6]. Au rapport de l'intendant, la population était alors à peu près exactement partagée au point de vue confessionnel, mi-luthérienne, mi-catholique, comme déjà un demi-siècle auparavant[7].

Vu l'importance relative de Colmar, on nous permettra de nous étendre un peu plus longuement sur son passé que sur celui des

1. Voy. l'énumération complète des édifices d'alors dans la *Chronica Colmariensis* de Nicolas Klein, imprimée par M. Rathgeber, *Ludwig XIV und Colmar*, p. 197 suiv.
2. *Mémoires de deux voyages*, p. 49.
3. Ichtersheim, *Topographie*, II, p. 23 : *Die Kauff· und etwas ehrbare leutte seind sehr moralisiert und leuttselig.*
4. Iehtersheim, *loc. cit.*
5. Il lui a fallu un siècle de plus pour arriver aux 31,000 qu'elle compte aujourd'hui.
6. La Grange, *Mémoire*, fol. 291.
7. En 1642, l'évêque *in partibus* Heinrici, notant qu'il avait réuni 1,200 communiants, lors d'une visite pastorale à Colmar, ajoute que le principal des prédicants de la ville lui a dit qu'ils n'en avaient pas tout à fait 1,200 eux-mômes. (*Revue catholique d'Alsace*, 1869, p. 430-437.)

autres villes de la Décapole. La recherche de ses origines nous fait
remonter assez loin en arrière, alors même que nous ne nous arrêterons pas aux temps préhistoriques, comme certaines découvertes
nous y autoriseraient peut-être. Au VIIIe siècle, la future métropole de la Haute-Alsace n'était encore qu'une *villa* royale. Ce domaine du fisc fut donné plus tard, soit à l'abbaye de Munster, soit à
l'abbaye de Payerne, dans le pays de Vaud, et c'est sur ces terres
ecclésiastiques que se fit le groupement initial qui constitua le
village, puis le bourg de Colmar. Il dut ses premiers privilèges
aux Hohenstaufen, comme mainte autre localité de la province. Le
bailli provincial Woelfelin le fit enceindre de murailles et, en
1226, l'empereur Frédéric II accordait à Colmar les privilèges
d'une ville impériale. A partir de ce moment, les populations voisines vinrent y chercher volontiers un abri, et sous l'impulsion de
prévôts énergiques, dont les plus célèbres par leur valeur et leur
sort tragique furent les deux Roesselmann[1], nous voyons la nouvelle cité prendre une part active aux luttes locales incessantes de
la Haute-Alsace, ainsi qu'aux guerres plus générales entre la maison d'Autriche et celles de Wittelsbach et de Luxembourg. Au
milieu de ces querelles extérieures à peu près continuelles, Colmar
poursuit le développement de ses institutions municipales et le
statut de 1360 lui donne une constitution à la fois démocratique et
suffisamment conservatrice pour empêcher dorénavant les mécon-
tentements et les querelles du dedans. Il traverse aussi, non sans
de pénibles efforts, les guerres du XVe siècle, l'invasion des Arma-
guacs et des Bourguignons, puis il jouit d'une ère de repos relatif
qui se prolonge jusqu'au moment de la Réforme.

Le grand mouvement religieux et politique, si intense dans la
Basse-Alsace, grâce à l'exemple et à l'influence de Strasbourg, ne
se fit sentir d'abord que faiblement dans la partie méridionale de la
province. Enserré de toutes parts par des terres ecclésiastiques ou
par celles de la maison d'Autriche, Colmar resta longtemps à l'écart
de l'effervescence générale et le nombre des partisans de la doctrine
nouvelle, bien qu'il s'en trouvât de bonne heure, y fut pendant
des années peu considérable. Le gouvernement leur manifesta
d'ailleurs sa tolérance en leur permettant de suivre le culte luthérien
de Horbourg, sur terre wurtembergeoise, aux portes de la ville.
Lorsque les protestants de Colmar virent grossir leur chiffre, le
Magistrat se montra même disposé à consentir à l'organisation d'un

---

1. Voy. sur eux l'attachante étude de M. X. Mossmann, dans ses *Mélanges
alsatiques* (Colmar, 1891, in-8°).

prêche dans la ville même (1568), mais cette tentative échoua grâce aux efforts des bourgeois catholiques et du clergé. Sept ans plus tard, la situation changea. Un certain nombre de notables de Schlestadt, expulsés de leur ville natale pour cause d'hérésie, vinrent s'établir à Colmar et furent portés bientôt au Magistrat, dont la majorité se trouva ainsi gagnée à la foi nouvelle. Aussi, soutenu par une partie notable de la bourgeoisie, le Conseil décréta-t-il, en 1575, l'introduction officielle du luthéranisme à Colmar. Aux remontrances de l'empereur Rodolphe II, il répondit qu'il ne faisait qu'user d'un droit formel, reconnu par le traité d'Augsbourg à tout État de l'Empire [1], et dans l'équilibre instable où se trouvaient alors toutes choses, on n'osa pas employer de moyens de répression matériels.

Pendant une quarantaine d'années, le protestantisme domine donc dans la cité, sinon dans les rangs de la bourgeoisie elle-même, du moins dans ceux du Magistrat permanent; celui-ci, formé de partisans décidés de Luther, exclut à son tour les adversaires de toute participation au pouvoir exécutif de la cité, ou ne leur accorde du moins qu'un certain nombre de places parmi les conseillers annuellement élus [2]. Cette situation pénible devait naturellement aigrir les catholiques, et ils attendaient avec impatience une occasion favorable pour prendre leur revanche. Une fois l'électeur palatin écrasé et le roi de Danemark refoulé dans ses îles, l'empereur Ferdinand II s'empressa d'accueillir leurs doléances; dans un rescrit du 17 juillet 1627, il sommait le Magistrat protestant de revenir à l'ancienne foi ou d'abandonner le pouvoir, et comme celui-ci ne faisait pas mine d'obéir, des commissaires impériaux vinrent, en 1628, hâter la révolution politique et religieuse. Le culte protestant fut supprimé, les luthériens non seulement éloignés du Conseil, mais bannis en grand nombre, et le catholicisme régnait en maître à Colmar quand un nouveau revirement s'y produisit par l'intervention des armes suédoises.

La ville avait une garnison de troupes impériales, peu nombreuse d'ailleurs, quand Gustave Horn, après avoir occupé Benfeld, Molsheim, Schlestadt, etc., déboucha dans la Haute-Alsace vers la fin

---

1. C'est ce que l'empereur qui, par son représentant, le *landvogt*, croyait avoir des droits beaucoup plus étendus sur les villes de la Décapole que sur les villes *libres* impériales, niait catégoriquement.

2. En 1619, dans une conférence secrète avec MM. de Strasbourg, les délégués du Magistrat de Colmar avouaient eux-mêmes que les protestants y étaient moins nombreux que les catholiques, que la moitié du *Conseil* est catholique, et que le Magistrat, qui, lui, est évangélique, se trouve dans une position très difficile et ne peut songer à entrer avec Strasbourg dans l'Union protestante. (XIII, 20 octobre 1619.)

de l'année 1632. La bourgeoisie de Colmar, mécontente de la conduite des soldats et sans confiance en leur chef, refusa de s'associer
à la résistance du colonel Vernier et capitula, le 19 décembre, après
quelques scènes tumultueuses qui faillirent amener, dans la ville
même, de sanglants conflits. Le général suédois rétablit les protestants dans leurs droits et leur rendit leur église, mais le nouveau
Magistrat luthérien se vit bientôt aux prises avec les difficultés les
plus graves. Les vainqueurs amis demandaient de l'argent et
des fournitures en nature énormes, et le commerce des vins et des
céréales, ressource principale de Colmar, était à peu près paralysé
par la guerre. Des 1,400 bourgeois que l'on comptait en 1627, il en
restait à peine 800, dont 200 prolétaires et une centaine de veuves [1].
Sans doute Oxenstierna tâchait d'augmenter les revenus de ses
alliés colmariens ; en avril 1634, il leur faisait don de quelques villages, attenant à leur bailliage de Sainte-Croix ; en mai, il leur donnait, de compte à demi avec la ville de Munster, l'administration de
l'abbaye de ce nom. Mais après la bataille de Noerdlingen, se sentant
trop faible pour porter seule le poids de la guerre en Alsace, la Suède
s'effaçait devant la France et lui confiait désormais la protection de
ses alliés dans la province.

Le Magistrat de la ville impériale ne fut pas médiocrement ému
de la signature de ce traité du 1er novembre, qui le mettait, pour
ainsi dire, à la disposition d'un tiers. Il y avait à craindre que les
villes d'Alsace ne préférassent encore faire leur paix avec Ferdinand
qui, selon le mot de Melchior de l'Isle, « les appelait à soi et leur
donnait carte blanche [2] ». Sans doute Richelieu aurait préféré tenir
Colmar comme une conquête cédée par la Suède, que comme un
client qu'il faut ménager, mais le moment n'était pas venu d'effaroucher les esprits. Aussi consentit-il à rassurer les gouvernants de la
ville impériale en faisant ratifier par Louis XIII, le 2 août 1635, le
traité de Rueil qui lui garantissait toutes ses libertés et lui assurait
la protection royale jusqu'à la paix, après laquelle elle serait remise
en l'état qu'elle occupait avant les troubles d'Allemagne. Ce fut un
gentilhomme réformé, M. de Manicamp, qui fut nommé gouverneur
de la Haute-Alsace et quand l'envoyé colmarien, le syndic Mogg, prit
congé du cardinal, celui-ci lui promit « que Colmar serait secouru
avec autant de zèle que Paris [3] ».

1. Mossmann, *Matériaux*, *Revue d'Alsace*, 1877, p. 446.
2. Lettre de Melchior de l'Isle au maréchal de Caumont de La Force,
24 novembre 1634. *Revue d'Alsace*, 1877, p. 468.
3. Rapport de Mogg, *Revue d'Alsace*, 1879, p. 263. Voy. aussi plus haut,
p. 135.

Manicamp eut fort à faire en arrivant dans sa nouvelle résidence ;
la misère y était grande, les blés manquaient ; déjà l'on y mangeait
du pain fait avec des glands, on rognait la maigre pitance des pen-
sionnaires de l'hospice, on diminuait le nombre des mercenaires de
la garnison[1], et cependant l'on succombait presque sous le fardeau
de la dépense quotidienne[2]. Quand le gouverneur français, tombé
en disgrâce à la cour, fut remplacé par M. de Montausier, le futur
duc et pair, les affaires se trouvèrent encore en plus mauvais état,
car le nouveau venu, « jeune, fâcheux et suffisant », négligeait le
service, ne se levait qu'à onze heures du matin et blessait le Magistrat par ses dédains et sa hauteur[3]. On comprend que l'opinion
publique, au moins parmi les protestants de Colmar, se soit prononcée dans cette situation pour Bernard de Weimar dont on n'ap-
préhendait, peut-être à tort, aucune usurpation dans l'avenir. Mais
une fois le conquérant de Brisach disparu, rien ne pouvait faire
contrepoids à l'influence française en Alsace, et bien que Mazarin
fît ratifier au printemps de 1644 le traité de Rueil par le petit roi,
pour calmer les appréhensions des Colmariens, ceux-ci n'en ressentirent pas moins, dès ce moment, des inquiétudes mortelles,
nourries par les rapports de leur délégué au Congrès[4].

Un fait, d'ordre secondaire par lui-même, vint aviver encore les
craintes du Magistrat de Colmar. Le 28 novembre 1645, un religieux de l'ordre de Cluny, Dom Charles Masuer, se présentait devant
lui, porteur de lettres royales, contre-signées Brienne, par lesquelles il était autorisé à prendre possession du prieuré de Saint-
Pierre, qui, depuis plus de cent ans, appartenait à la ville impériale, par suite d'un contrat de vente absolument régulier. Le
commandant de place, Clausier, était chargé de procéder à l'évic-
tion des détenteurs actuels. Ainsi donc, au milieu des négociations
ardues, au cours desquelles il avait tout lieu de conserver la confiance des protestants d'Allemagne, le gouvernement français s'exposait à les froisser et à les désaffectionner, pour appuyer un
coureur de bénéfices[5] ! C'est qu'il se sentait déjà presque assuré

---

1. *Revue d'Alsace*, 1879, p. 499, 505, 509.
2. Du 13 janvier au 14 avril 1637, au milieu de la famine, Colmar dut fournir à Manicamp 73,950 rations de pain et 19,127 livres en argent comptant.
(*Revue d'Alsace*, 1880, p. 343.)
3. *Revue d'Alsace*, 1881. p. 193.
4. Nous en avons parlé à propos des négociations de Westphalie, p. 147.
5. *Revue d'Alsace*, 1887. p. 336. Voy. aussi Mossmann, *L'Ordre de Cluny,
le prieuré de Saint-Pierre et la ville de Colmar*, dans le *Bulletin du Musée
historique de Mulhouse*, 1891, p. 1-27.

du résultat définitif, et c'est sur un ton presque dédaigneux que Brienne répondait, le 15 novembre 1646, à un mémoire de l'agent Beck sur les droits de Colmar : « Toute l'Alsace aurait dû nous revenir, y compris Colmar et les autres villes impériales. Mais comme on a objecté que c'étaient des villes libres... on leur laissera leur indépendance[1]. »

On a vu dans le chapitre relatif aux négociations de la paix de Westphalie comment furent enfin rédigés, en novembre 1647, en deux versions contradictoires juxtaposées, les paragraphes qui, aux yeux de la France, tranchaient en droit, à son profit, la question des villes impériales, des grandes comme des petites, pour Colmar aussi bien que pour Turckheim et Kaysersberg. En fait, il y eut pour l'exécution de la sentence, un répit qui ne dura pas moins d'un quart de siècle, et l'on peut constater que l'impression générale des habitants de Colmar, fort pessimiste au moment de la signature du traité de Munster, était devenue fort optimiste, quand immédiatement après la fin de la lutte, ils avaient vu sortir de leurs murs la petite garnison française qui y était depuis quinze ans. Puisque le coup fatal qu'ils appréhendaient ne les avait pas immédiatement frappés, ils se croyaient sauvés. « La ville est rentrée dans son état antérieur de ville libre impériale ; que Dieu en soit loué, béni et remercié ! » écrivait à ce moment l'auteur de la *Chronique de la Douane*. Les événements de 1673 devaient leur faire voir que cette joie était prématurée, et en même temps que ses murs, dont les paysans du Sundgau arrachaient avec entrain les fondements eux-mêmes[2], Colmar vit disparaître alors ce qui lui restait d'importance politique. Ses habitants ne trouvèrent qu'une faible consolation à cette disgrâce en pouvant désormais s'étendre librement au dehors, car la nouvelle enceinte, établie d'abord par ordre de Louis XIV, fut enlevée bientôt après, et il ne resta tout autour de la ville qu'un mur de briques, « un peu plus haut qu'une pique, et tel qu'on en voit autour des parcs à gibier des grands seigneurs[3] ». Très malheureux d'abord du sort qui l'avait frappé, très hostile, dans certaines couches de sa population du moins, aux éléments nouveaux qui venaient s'y établir[4], Colmar fut néanmoins

---

1. *Revue d'Alsace*, 1889, p. 100.
2. *Chronique anonyme* chez Rathgeber, *Ludwig XIV und Colmar*, p. 135.
3. Ichtersheim, *Topographie*, Ii, p. 23.
4. M⁺ Nicolas Klein, dans ses *Miscellanea Colmariensia* rendait certainement l'opinion de bon nombre de ses concitoyens, en notant à l'année 1698, ces mots qui font sourire aujourd'hui, mais qui exprimaient alors un désespoir très sincère : « Nous possédons maintenant à peu près tout ce qui peut

la ville d'Alsace qui changea le plus rapidement de physionomie ; dès
la première moitié du XVIIIᵉ siècle, elle devint presque française
de mœurs et de langage, grâce à l'influence considérable de la cour
souveraine, et plus tard elle constitua un centre scientifique et littéraire capable de rivaliser sur certains domaines avec Strasbourg.

La constitution de Colmar avait été revisée dans un esprit démocratique au XIVᵉ siècle ; la noblesse, de tout temps peu nombreuse,
n'existait plus même à l'époque qui nous occupe. La prévôté impériale, autrefois la magistrature la plus importante de la cité, avait
été rachetée par la ville dans la seconde moitié du XVᵉ siècle,
et ce fut dorénavant un des magistrats annuels qui en remplit les
fonctions. Au moyen âge, les bourgeois étaient partagés en vingt
tribus ou corporations de métiers, déléguant chacune un représentant au Conseil, mais une modification du statut municipal, faite en
1521, d'accord avec le *landvogt*, Jacques de Morimont, réduisit le
nombre des tribus à dix, dont chacune avait à nommer deux sénateurs. Les nobles, réunis en curie à l'auberge de la Couronne, désignaient quatre représentants. Cela donnait un Conseil (*Rath*) de
vingt-quatre membres. En outre, chaque *tribu* élisait plusieurs èche-
vins (*Schoeffen*) et un maître échevin (*Obristzunftmeister*) qui, dans
les occasions politiques plus importantes, étaient appelés à donner
leur avis sur les décisions à prendre. Mais en temps ordinaire, ce
grand conseil des échevins (*Schoeffenrath*) ne fonctionnait que pour
choisir les quatre bourgmestres (*Stettmeister*) qui se succédaient par
trimestre dans la régence, et le prévôt. Vers la fin du XVIᵉ siècle,
l'élection des représentants de la noblesse cessa d'elle-même, les
familles nobiliaires étant éteintes ou ayant quitté la ville. Dès 1680,
l'*alternative* confessionnelle fut établie par les élections au Magistrat[1], et pour mieux surveiller celui-ci, le gouvernement y créa, de
même qu'à Strasbourg, un préteur royal, qui devint naturellement
le vrai chef du pouvoir exécutif (1686).

Le prévôt et ses quelques assesseurs (*Gerichtsherren*) formaient

---

contribuer à notre anéantissement, le Conseil (souverain), les Jésuites, les
Juifs et des garnisaires pour l'hiver. Voilà les fruits de la paix ! » Rathgeber,
Ludwig XIV und Colmar, p. 85.

1. Ce fut un tisserand gascon, François Séraphon, que M. de La Grange
introduisit dans le Magistrat, comme premier catholique, le 18 novembre
1680. A Colmar, l'alternative était d'ailleurs une mesure tout à fait équitable, le nombre des catholiques étant, nous l'avons vu, à peu près égal, et
bientôt supérieur à celui des protestants, et ne cessant d'augmenter durant
tout le XVIIIᵉ siècle, puisque tout le plat pays environnant était presque
exclusivement peuplé par eux. Aujourd'hui, c'est à peine si la population
civile de Colmar compte un cinquième de protestants.

l'instance judiciaire inférieure. On en appelait pour les affaires civiles et criminelles au Sénat ou Conseil (*Meister und Rath*). Si l'objet en litige dépassait une valeur de cinquante florins, il était permis d'en appeler une seconde fois à la Chambre impériale de Spire ; au criminel cependant, la sentence restait acquise. Colmar avait de plus, comme Strasbourg, une série de corps judiciaires spéciaux, juges matrimoniaux (*Ehegericht*), commissaires aux tutelles (*Waisenvoegte*), etc[1].

Colmar était inscrit à la matricule de l'Empire pour 4 cavaliers et 30 fantassins, ou pour un « mois romain » de 168 florins. Elle contribuait pour 80 florins aux frais d'entretien de la Chambre de Spire. Ses revenus, bien diminués au moment de sa soumission à la France[2], se montaient, vers le milieu du XVIIIe siècle, à environ 90,000 livres[3].

En dehors de ses murs, Colmar possédait au XVIIe siècle le village de Sainte-Croix-en-Plaine, acquis en 1536 d'un des membres nobles de son Conseil. Durant l'occupation suédoise, le chancelier Oxenstierna lui fit cadeau, comme nous l'avons indiqué déjà, de quelques villages, Herrlisheim, Soultzbach, Holtzwihr et Wickerswihr, enlevés à la famille de Schauenbourg, très attachée à la cause impériale et catholique. Mais ces terres furent restituées, même avant la signature des traités de Westphalie. Quant à la seigneurie de Hoh-Landsberg, c'est au XVIIIe siècle seulement que Louis XIV en conféra le domaine utile à la ville, en échange des biens du prieuré de Saint-Pierre, qu'il lui demanda de céder au Grand-Chapitre de Strasbourg[4].

§ 4. SCHLESTADT

La ville de Schlestadt se trouve à proximité des Vosges, dont elle n'est séparée que par quelques kilomètres, un peu au nord des confins de la Haute et de la Basse-Alsace, sur un bras de l'Ill et de la Scheer, au milieu d'une campagne fertile et non loin des vastes forêts du Ried, qui la séparent du Rhin.

1. Voy. pour les détails, Véron-Réville, *Institutions judiciaires*, p. 84-86.
2. Elle amodiait ses revenus en 1635 pour 49,300 livres seulement, en 1741 pour 84,500 livres. (Billing, *Kleine Chronik von Colmar*, p.175, 192.)
3. Voy. aussi, en général, sur Colmar, Schœpflin-Ravenez, V, p. 185-215, X. Mossmann, *Recherches sur la Constitution de la Commune de Colmar* (1878, 1 vol. in-8°.)
4. Il lui conféra le domaine, mais la province d'Alsace dut payer les frais d'achat aux héritiers du marquis de Rebé. (Billing, *ad ann. 1714*, p. 185.)

Par certaines périodes au moins de son passé, c'est une des plus intéressantes parmi les villes de la Décapole, comme c'en était une des plus fortes et des plus peuplées. Ses origines sont anciennes, mais très discutées. Qu'elle ait déjà existé à l'époque romaine, qu'elle ait dû sa naissance à une villa carlovingienne, ou qu'elle ait été primitivement le port où l'on chargeait sur des barques plates les céréales et les vins de la contrée, à destination du cours inférieur de l'Ill, peu importe en définitive. Ce qui est certain, c'est que Schlestadt ne fut pendant longtemps qu'un village, appartenant en majeure partie au prieuré de Sainte-Foy, dont la magnifique église fut construite à la fin du XIᵉ siècle par Hildegarde de Souabe, sur le modèle de l'église du Saint-Sépulcre. C'est à l'empereur Frédéric II seulement que la localité doit ses murs et ses premiers privilèges; Rodolphe Iᵉʳ les étendit plus tard, ainsi que Charles IV (1358), et Frédéric III les renouvela tous ensemble (1477). Le XVᵉ siècle fut l'époque la plus brillante de l'histoire de la ville impériale, et sa belle cathédrale de Saint-Georges, haute de soixante mètres, qu'on aperçoit dominant au loin la plaine, de quelque côté qu'on approche de la cité, en reste aujourd'hui encore l'éclatant témoignage. Mais c'est surtout au point de vue intellectuel, que le petit Schlestadt fut alors vraiment remarquable. L'humaniste Jacques Wimpheling, celui que ses contemporains avaient surnommé « le pédagogue de la Germanie », y avait fait de l'école latine, créée par le Westphalien Dringenberg, dès le milieu du XVᵉ siècle, la plus célèbre de toutes celles de l'Allemagne. Son neveu, Jean Sapidus, y compta jusqu'à neuf cents élèves, dont beaucoup devinrent à leur tour des maîtres distingués. Il faut lire dans les mémoires si originaux de Félix Platter, la description de ces bandes d'écoliers, plus ou moins studieux, accroupis sur la paille, jusque dans les rues de Schlestadt, avec leurs livres déchirés et parfois couverts de vermine. De bonne heure les imprimeurs de la ville étaient connus partout; même on a voulu opposer Jean Mentel de Schlestadt à Jean Gutenberg de Mayence. L'officine de Mathias Schurer a produit des centaines d'éditions nouvelles de classiques, de sermonnaires, de canonistes, de grammairiens. En un espace de temps relativement très court, la petite cité donna le jour ou réunit dans ses murs une pléiade d'hommes remarquables, Paul Voltz, l'abbé de Honcourt, Jacques Spiegel, le secrétaire de Maximilien Iᵉʳ, Beatus Rhenanus, l'un des plus célèbres humanistes du temps, Martin Bucer, le futur réformateur de Strasbourg; ils ont été les vrais initiateurs et fauteurs de ce mouvement de la Renaissance alsacienne qui illustra d'abord Schlestadt avant d'émigrer à Strasbourg, quand l'air respirable lui fit défaut à son lieu d'origine. Il ne tarda pas en effet, à se produire un schisme moral entre ces couches supérieures de la société urbaine, qui penchaient vers la Réforme et le gros de la population, demeurée très attachée à la foi de ses pères et intimement liée par ses traditions à ces églises et à ces nombreux couvents qui occupaient, à eux seuls, dans l'enceinte des murs, autant de place que tous les édifices civils et les maisons bourgeoises réunis[1]. Il s'y mêla des raisons politiques. Les gouvernants eurent peur qu'un courant d'idées trop démocratique ne se dégageât à la fin de ce mouvement d'abord purement intellectuel ; déjà, plusieurs habitants de Schlestadt, et parmi eux l'ex-bourgmestre Ulmann, avaient trempé dans le soulèvement rural, dans le *Bundschuh* de 1493, précurseur de la grande révolte des rustauds de 1525. On battit froid désormais à ces savants irrespectueux ou du moins indifférents vis-à-vis du culte catholique, et quand les premiers symptômes d'une adhésion plus nette aux idées nouvelles se furent manifestés, le Magistrat et le clergé les combattirent avec des procédés si énergiques, qu'ils ne resta bientôt que très peu de luthériens secrets dans la ville[2]. Le refus de sépulture à ceux qui ne recevraient pas les derniers sacrements, l'impossibilité de célébrer un culte, une série d'exécutions capitales pour cause d'hérésie (1535)[3] eurent raison de l'affection qui les attachait au foyer natal. Sans doute le danger de l'hérésie était écarté de la sorte pour longtemps, mais aussi le rôle brillant joué pendant un demi-siècle par Schlestadt était bien fini[4].

Sa population, que l'un des plus illustres parmi ses enfants, Beatus Rhenanus, appelait « une race naïve et légère, un peu trop adonnée à la gourmandise », vécut dorénavant pendant un demi-siècle obscure et tranquille, sous ses nombreux guides spirituels, dominicains, franciscains, capucins, augustins, dont les vastes couvents

---

1. Kentzinger, *Mémoire historique sur Schlestadt*, publié par M. l'abbé J. Gény, p. 59.

2. Il en rentra quelques-uns durant l'occupation suédoise, mais le dernier d'entre eux dut renoncer à son droit de bourgeoisie en 1662 ; le dernier israélite fut expulsé en 1697, et à partir de ce moment Schlestadt fut « une ville sainte » jusqu'à la Révolution. (Kentzinger, p. 50.)

3. Dorlan, *Notices sur Schlestadt*, 1843, t. II, p. 157.

4. La plupart des hommes nommés plus haut, Sapidus, Schurer, Voltz, Bucer, se retrouvent plus tard à Strasbourg ; Wimpheling cependant revint mourir, aigri et mécontent de tous et de tout, dans sa ville natale et Beatus Rhenanus se désintéressa suffisamment, du moins en apparence, du mouvement religieux, pour qu'on le laissât tranquillement étudier ses classiques.

remplissaient une bonne partie de l'enceinte de la ville, et auxquels vinrent plus tard se joindre encore les Pères de la Compagnie de Jésus[1]. Mais avec la guerre de Trente Ans commença pour Schlestadt une longue série de cruelles épreuves. C'était, au jugement des hommes du XVIᵉ siècle, une place très forte, de forme presque circulaire, avec de beaux murs en briques, de nombreuses et solides tours[2], et trois fossés, dont deux remplis d'eau ; elle n'était néanmoins pas de taille à résister aux attaques de l'artillerie moderne. Malgré sa garnison d'Impériaux, elle dut ouvrir ses portes à Gustave Horn, après quelques semaines de résistance, en décembre 1632, et le général suédois lui imposa, outre une lourde contribution de guerre, le chagrin de voir le culte protestant officiellement célébré dans une de ses églises. Un complot se forma parmi les bourgeois pour ramener les troupes impériales ; mais il fut découvert, quatre des conjurés furent écartelés, quatre autres pendus, et l'occupation devint plus dure encore et plus arbitraire. Le changement qui se produisit en Alsace après la défaite de Noerdlingen et l'occupation de Schlestadt par une garnison française n'apportèrent point aux habitants les soulagements qu'ils attendaient sans doute de leurs coreligionnaires. Nous avons raconté plus haut qu'en décembre 1635, le comte d'Hocquincourt, gouverneur de la ville, en chassa tous les hommes valides, célibataires ou mariés, sous prétexte que les impôts étaient mal payés ; la population de la malheureuse cité se trouva de la sorte réduite à 240 bourgeois infirmes, aux femmes et aux enfants[3]. Des actes de violence aussi déraisonnables ne pouvaient que maintenir les gens de Schlestadt dans leurs sentiments d'attachement à Sa Majesté Apostolique. Aussi quand, en 1649, la garnison française eut quitté la ville, et qu'un peu plus tard le nouveau grand-bailli vint réclamer, au nom du roi de France, le serment de fidélité des villes de la Décapole, ils furent des premiers à refuser de lui ouvrir leurs portes[4], et ils ne le laissèrent entrer chez eux que lorsqu'il eut juré tout d'abord de respecter leurs libertés. L'avènement de Léopold Iᵉʳ fut célébré en grande pompe à Schlestadt, le 4 août 1658, l'établissement du Conseil souverain accueilli par une protestation non moins solennelle. Le roi patienta

---

1. *Die Stadt ist der roemisch-catholischen religion eyfferig sugethan*, dit Mérian, p. 34.
2. Voy. Martin Zeiller, *Itinerarii Germanici Continuatio* (1674), p. 150, et le plan de Mérian (éd. 1644), *loc. citat.*
3. *Chronique de Frey*, citée par Dorlan, II, p. 230.
4. Le 3 juillet 1651.

longtemps ; mais lorsqu'il résolut de montrer aux dix villes impériales qu'il entendait enfin être reconnu comme leur vrai souverain, Schlestadt fut, après Colmar, la première dont il ordonna d'abattre les murs et dans laquelle il mit garnison. Ce fut une charge terrible pour les finances de la cité, car l'occupation dura du 3 septembre 1673 au 4 mai 1674, et il fallut vendre l'argenterie de l'Hôtel de Ville et le vin du cellier public, pour en couvrir les frais. Puis revinrent, on le sait, les Impériaux ; leur séjour cependant ne fut pas de longue durée, et en 1676, Louis XIV donnait l'ordre à Vauban de tracer une nouvelle enceinte qui, concurremment avec le canal de Châtenois, fît de Schlestadt le point central de la défense de la Haute-Alsace contre un ennemi venant du Nord, à l'endroit même où la plaine alsacienne se resserre le plus entre les Vosges et le Rhin. La ville prit dès lors un cachet essentiellement militaire, et l'élément civil n'y joua plus qu'un rôle insignifiant, entre le corps d'officiers et un clergé régulier et séculier très nombreux. Peu de villes d'Alsace ont eu, dans les dernières années du XVIIe et durant tout le XVIIIe siècle, une existence aussi peu accidentée que Schlestadt, et s'il est vrai que les peuples heureux sont ceux qui n'ont point d'histoire, on peut dire que son bonheur a dû être parfait.

Le régime intérieur de la ville de Schlestadt était, en réalité, oligarchique. Dès 1358, Charles IV avait exclu les nobles du Magistrat, qui se composait de huit bourgmestres ou *stettmeistres*, jusqu'en 1575, de six entre 1575 et 1652, et de cinq seulement depuis cette dernière date. A côté d'eux, les douze tribus désignaient 24 sénateurs. Tous ces personnages étaient nommés à vie[1], les *stettmeistres* par les sénateurs et les élus de la bourgeoisie, au nombre de cent[2]. les sénateurs par les stettmeistres, et deux des sénateurs en exercice. Plus tard, depuis 1747, quand on créa dans le Magistrat la charge de préteur royal, ce fut ce dernier qui fut le grand électeur de la commune. On le voit, un pareil pouvoir ne pouvait être ni très populaire, ni très redoutable, si ce n'est aux revenus de la ville, qui étaient entièrement à la merci d'un petit nombre de personnes plus

1. Un édit royal du 21 mai 1683 prescrit, il est vrai, que les places devenues vacantes seraient remplies dorénavant pour trois ans seulement, mais il ne fut guère observé et finalement révoqué par une nouvelle ordonnance du 23 août 1717.(Dorlan, I, p. 168, 171.)

2. Ces élus devaient aussi être convoqués par le Magistrat dans les occasions critiques, mais il ne semble pas que cela ait eu lieu fréquemment, du moins au XVIIe siècle. D'ailleurs, la concorde ne paraît guère avoir régné entre le Magistrat et la population de Schlestadt, à en juger par les plaintes portées aux intendants d'Alsace et par les arrêtés de ceux-ci.

intéressées à élargir leurs propres revenus qu'à bien administrer le
patrimoine de tous[1]. Comme les autres villes de la Décapole,
Schlestadt avait eu autrefois son prévôt impérial, mais dès la fin du
XVe siècle, elle avait racheté cette charge avec promesse qu'elle ne
serait jamais rétablie, et l'un des bourgmestres en exerçait depuis
lors les fonctions. Le Conseil de la ville obtint en 1685 la faveur de
juger les affaires de police et les différends au-dessous de 100 livres,
définitivement et sans appel au Conseil souverain de Brisach ; deux
ans plus tard, en 1687, le roi l'autorisa également à siéger en robes,
comme cour de justice, privilège unique en Alsace, et qui lui fit
beaucoup d'envieux[2].

Avant la réunion à la France, Schlestadt devait, d'après la matricule de l'Empire, un contingent de 4 cavaliers et de 24 fantassins,
ou des mois romains de 144 florins. Elle déboursait 80 florins pour
l'entretien de la Chambre de Spire. En 1697, La Grange y comptait
700 maisons, 1,100 familles, environ 5,000 âmes. Les revenus
annuels se montaient à 36,000 livres, provenant en bonne partie des
terres qui lui appartenaient dans sa banlieue, forêts et pâturages[3].

Schlestadt avait possédé jadis deux localités hors de ses murs ;
l'une, le village de Burner, avait disparu dès le milieu du XIVe siècle ;
l'autre, le village de Kientzheim avec son château, fut vendue en 1649
par elle à l'un de ses bourgmestres, Guillaume de Goll, pour couvrir une partie des dettes accumulées pendant la guerre de Trente
Ans[4].

§ 5. WISSEMBOURG

La ville de Wissembourg, située sur la Lauter, au pied des
Vosges septentrionales, au milieu de collines couvertes de vignobles,
est d'origine relativement récente. C'est au milieu de vastes forêts,
dans une profonde solitude, que fut établie, au cours du VIIe siècle
d'après la tradition courante, l'abbaye de ce nom, bientôt célèbre
par le nombre de ses religieux et l'étendue de ses propriétés. Terre
exempte, le *Mundat inférieur* vit bientôt de nombreux villages se
bâtir au milieu de ses forêts et le désert ombreux se changer en une

---

1. En 1677, chaque membre du Magistrat touchait 600 livres en argent et
30 cordes de bois, et avait la jouissance de 7 arpents de prairies. Mais ils
s'attribuaient en outre, de leur propre autorité, toute une série de compétences
spéciales. (Dorlan, I, p. 154.)

2. Ordonnance du 10 juin 1687, Dorlan, I. p. 171.

3. Les revenus de Schlestadt furent amodiés pour la première fois, par
ordre de La Grange, en 1685, et rapportèrent alors environ 25,000 livres. Cf.
Mémoire de La Grange, fol. 301.

4. Dorlan, I. p. 267.

belle principauté ecclésiastique[1]. Autour de l'abbaye elle-même se groupa assez lentement une petite ville dont on n'entend guère parler avant le XIIIᵉ siècle. En 1275, Rodolphe Iᵉʳ lui octroyait quelques privilèges précieux, l'usage, commun avec l'abbé, des forêts voisines, le droit de percevoir des octrois, etc. L'empereur Henri VII y joignit en 1310 le droit *de non evocando*, Sigismond supprima le serment de fidélité qui liait la ville à l'abbaye, Frédéric III lui accorda le droit de battre monnaie (1471), Maximilien Iᵉʳ enfin la débarrassa du dernier vestige de la tutelle ecclésiastique, en interdisant à l'abbé d'intervenir dans les élections du Magistrat, et conféra aux bourgeois le droit de chasse et de pêche que le prélat avait jusque-là revendiqué comme un monopole (1518).

Pendant que la ville de Wissembourg étendait de la sorte ses droits politiques, l'abbaye, autrefois si florissante, était dépouillée d'une partie de ses possessions par des voisins puissants et peu scrupuleux, particulièrement par les électeurs palatins[2], en même temps qu'elle était affaiblie par des désordres intérieurs. A la demande de l'abbé Roger Fischer (1524), le pape Clément VII la sécularisait et la changeait en une collégiale dont Fischer fut le premier et unique prévôt particulier. A sa mort en effet, advenue en 1545, la prévôté passa à l'évêque de Spire et le pape Paul III décida qu'elle resterait indissolublement unie à ce siège épiscopal. De son côté, la petite cité impériale s'était prononcée pour la Réforme, et elle devint même, grâce à l'influence et au voisinage de Strasbourg, l'une des villes de la Décapole les plus zélées pour la cause protestante. Malgré la crise passagère de la guerre des Paysans, elle fut très prospère, en somme, pendant tout le XVIᵉ siècle ; mais le siècle suivant, par contre, fit peser sur elle un terrible contingent des maux les plus divers. Ville frontière protestante exposée aux entreprises des Impériaux, des Espagnols et des Ligueurs, trop peu riche pour entretenir une garnison nombreuse ou pour réparer ses murs délabrés, elle fut, de 1621 à 1648, prise et reprise une dizaine de fois, et successivement ravagée, pillée, incendiée par les bandes de Mansfeld comme par les soldats de Ferdinand II, de Philippe IV et de Maximilien de Bavière, les Suédois, les Weimariens

1. Voy. Rheinwald, *L'abbaye et la ville de Wissembourg*. Wissembourg, Wetzel, 1863, p. 22.
2. Ses luttes contre Jean de Dratt, l'homme de confiance des électeurs Frédéric le Victorieux († 1476) et Jean l'Ingénu († 1507), furent si longues et si retentissantes, que le nom de celui-ci est resté vivant jusqu'à ce jour dans la légende et dans les superstitions du pays, C'est en effet le *Hans Trapp* de la légende de Noël.

et les Français. Quand enfin la longue lutte fut terminée, la malheureuse cité ne comptait plus que 140 bourgeois. Cela n'empêcha pas que les indemnités de guerre suédoises imputées à cette poignée de gens absolument ruinés par la guerre ne se montassent à 14,952 florins !

Wissembourg ne fut guère plus heureux dans la seconde moitié du siècle. Pour lui faire passer toute nouvelle envie de protester contre la suprématie royale, Louis XIV la fit entièrement démanteler en 1673, au moment où venait de commencer la guerre de Hollande. Elle fut ainsi livrée sans défense aux incursions alternatives des maraudeurs impériaux et français, et en janvier 1677, le chef de partisans que nous avons déjà nommé, le terrible La Brosse, y mit le feu et réduisit la majeure partie de la ville en cendres. Des faits analogues se produisirent pendant les guerres du Palatinat et de la succession d'Espagne, et ce n'est qu'en 1746 que des fortifications nouvelles la mirent enfin, momentanément, à l'abri d'un coup de main.

Cette série presque ininterrompue de malheurs explique pourquoi Wissembourg, malgré son antique origine, n'a que très peu de bâtiments anciens et remarquables, sauf la belle église abbatiale de Saint-Pierre-et-Saint-Paul. Ses nombreux couvents avaient été sécularisés au XVIe siècle, mais après la réunion à la France, beaucoup d'ordres monastiques, capucins, augustins, etc., revinrent s'y établir. La population n'avait cessé d'être mixte, en ce sens que bon nombre d'habitants appartenaient au culte catholique, et n'étaient point inquiétés au point de vue religieux ; mais le Magistrat était exclusivement luthérien, jusqu'au moment où Louis XIV fit introduire, là comme ailleurs, l'alternative dans les élections annuelles. Les bourgeois, divisés en sept tribus de métiers [1], nommaient dans chacune d'elles deux membres du Sénat. Autrefois il y avait eu, en dehors de ces quatorze élus plébéiens, huit sénateurs patriciens ; pour les mêmes raisons qu'ailleurs ils disparurent au cours du XVe siècle. Quatre des membres du Conseil, patriciens à l'origine, portaient le titre de bourgmestres et étaient en régence chacun pendant trois mois. A Wissembourg, comme ailleurs, le Gouvernement français introduisait un préteur royal dans le Magistrat, pour le contrôler et le contenir au besoin.

La matricule de l'Empire demandait à Wissembourg 2 cavaliers et 22 fantassins ou un mois romain de 112 florins. Elle payait

---

1. C'étaient les vignerons, les tisserands, les serruriers, les cordonniers, les marchands, les boulangers et les bouchers.

56 florins et demi pour l'entretien de la Chambre de Spire. La justice criminelle y était exercée par le *stattvogt*, fonctionnaire désigné par le Magistrat pour le Mundat tout entier, grâce à un privilège accordé par l'empereur Ferdinand Ier; la justice civile était dispensée par le *Staffelgericht*, qui siégeait autrefois sur les gradins des quais de la Lauter, et se composait du *stattvogt*, de sept échevins et d'un prévôt nommé par l'évêque de Spire.

En 1697, .Wissembourg comptait 300 maisons, 300 familles, « dont bien peu riches », et 1,300 âmes. Les revenus de la ville étaient évalués de 10 à 11,000 livres [1].

§ 6. LANDAU

Au moment où Landau vint prendre son rang parmi les villes de la Décapole, elle avait derrière elle un passé, sinon fort notoire, du moins long de plusieurs siècles. Située sur la Queich, qui traverse le Spirgau [2] dans le sens de sa largeur, elle formait comme le centre naturel d'une plaine parsemée de collines, touchant à la Hardt et aux Basses-Vosges d'une part, au Rhin de l'autre, et couverte de bourgs, de villages et de hameaux. Sébastien Munster disait au XVIe siècle, qu'en traçant un cercle de deux lieues de rayon autour de ses murs, on n'y engloberait pas moins de trois cent cinquante localités diverses, qui toutes entretenaient un trafic ininterrompu avec la ville impériale. Mérian, copiant la *Cosmographie* de son savant devancier, répétait la même phrase en 1663, alors que la guerre de Trente Ans avait déjà fait disparaître beaucoup de ces agglomérations rurales et à la veille de guerres nouvelles qui allaient changer ce jardin riant en un lugubre désert [3].

Landau appartenait aux comtes de Linange quand Rodolphe de Habsbourg lui conféra, en 1274, ses premiers privilèges. Albert Ier les étendit en 1307; mais s'étant imprudemment compromise dans la lutte entre les Wittelsbach et les Habsbourgs, la petite ville fut engagée par le vainqueur, Louis de Bavière, à l'évêque de Spire. Cet engagement qui dura plus d'un siècle et demi, n'en fit pas cepen-

1. La Grange, *Mémoire*, fol. 318.
2. Nous avons expliqué dans l'introduction géographique notre manière de voir sur les frontières septentrionales de l'Alsace. Le Spirgau n'en faisait pas partie. Il est utile cependant de remarquer que dès 1511, longtemps avant toute idée d'annexion française, Maximilien Ier, bon patriote allemand, s'il en fut, écrivait dans une lettre du 3 janvier : *Landaw im undern Elsass gelegen*. (Schoepflin-Ravenez, V, p. 261.)
3. Dans Mérian (éd. 1644), p. 22, où trouvera le plan de Landau au XVIIe siècle. ·

dant une simple villette épiscopale ; ses privilèges furent respectés, augmentés même par Charles IV, et en 1509, l'empereur Maximilien chargeait Gaspard de Morimont, *unterlandvogt* d'Alsace, de la prendre sous sa protection. Deux ans plus tard, elle entrait dans l'alliance des villes d'Alsace presque au même moment où Mulhouse en sortait. S'étant rachetée des mains de l'évêque en 1517, elle obtint le 14 avril 1521 de Charles-Quint qu'il lui confirmât à la diète de Worms tous ses anciens privilèges, et se trouva définitivement ville libre, sans autre suzerain que l'empereur.

Dans les cent années qui suivirent, Landau fut exempte de grandes secousses et de grands dangers. Elle passa presque indemne par les crises de la Réforme et de la guerre des Paysans, et ne souffrit pas trop des passages incessants des reîtres et des lansquenets allant participer aux guerres de religion françaises. Le XVIIe siècle fut d'autant plus calamiteux pour elle. Comme sa voisine Wissembourg, Landau peut servir à illustrer les tristes destinées de ces petites villes fortes sur les frontières, incapables d'arrêter sérieusement les armées modernes et néanmoins tentées de résister par le souvenir de leurs exploits de jadis. Elles attirent la convoitise de tout chef militaire qui passe, par l'appât des provisions que les paysans du dehors ont entassées dans leurs murs et surtout par celui des trésors qu'on imagine cachés dans les coffres des bourgeois[1], alors que leur population n'est plus assez aguerrie pour se défendre elle-même, ni assez riche pour se payer les défenseurs nécessaires. Aussi Landau est-il insulté, puis occupé, dès le début de la lutte trentenaire, en 1621, par les soudards de Mansfeld, repris l'année d'après par les Espagnols de Spinola, tenu, de 1626 à 1631, par une garnison impériale qui y met en vigueur l'Édit de restitution, et l'écrase de réquisitions exagérées. En 1632, le comte palatin de Birckenfeld, au service de la Suède, s'en saisit momentanément, mais ne tarde pas à céder la place aux soldats de Ferdinand; puis ce sont les premiers régiments français qui y entrent (1634). Ils sont refoulés par les Impériaux, qui, pendant quatre ans, épuisent les dernières ressources des malheureux habitants[2]. Bernard de

---

1. Il y avait alors à Landau environ 800 bourgeois, ce qui suppose une population de 3,200 à 4,000 âmes. Or tout bourgeois, d'après un arrêté du Magistrat, de 1616, devait justifier de 100 florins de fortune et chaque couple de 200 florins comme *minimum;* il est donc certain qu'il y avait, même dans une petite ville pareille, de quoi tenter les pillards. (Lehmann, *Geschichte von Landau*, p. 172.)

2. Ils leur enlevèrent 38,325 florins en argent comptant et les forcèrent à signer des reconnaissances pour des sommes énormes. (Lehmann, p. 180.)

Weimar n'apparait qu'un instant, pour être presque immédiatement chassé ; un peu plus tard, reviennent les troupes françaises (1639). En 1644, dernière occupation par les soldats de la maison d'Autriche, qui se retirent après la bataille de Fribourg, et c'est une garnison royale qui protège la ville, à peu près ruinée, de 1645 à l'automne de 1650.

Alors que les villes de la Décapole entraient, par suite de la double interprétation si différente des stipulations du traité de Munster, dans leur long et pénible conflit avec la couronne de France, Landau sembla un instant devoir échapper au sort commun. En effet, aux conférences de Nuremberg, en octobre 1649, les commissaires impériaux proposèrent à ceux de Louis XIV de lui substituer la forteresse de Franckenthal, dans le Palatinat, qu'on regardait alors comme plus importante, au point de vue stratégique ; mais après d'assez longues discussions cette offre fut repoussée, sans doute parce que Franckenthal, en cas de guerre nouvelle, paraissait plus difficile à protéger et à défendre[1].

Landau resta donc adjointe aux autres villes impériales de l'Alsace et prit sa part à la résistance de la Décapole, voire même une part assez considérable. Aucune des dix cités ne protesta plus vivement qu'elle contre les prétentions du grand-bailli de Haguenau, contre l'établissement du Conseil souverain, contre les quatre articles du duc de Mazarin, etc.[2]. Elle en fut sévèrement punie. En 1674, en pleine guerre de Hollande, le roi fit raser ses vieilles fortifications, et comme elle n'était plus défendue que par des ouvrages provisoires et tout à fait insuffisants, le duc Charles de Lorraine put la saccager à son aise après une conquête facile. Après la paix de Nimègue, le gouvernement, désireux d'amener au milieu des ruines et des débris de la population ancienne des éléments nouveaux, et caressant sans doute aussi des projets de conversion religieuse, décréta que tous les catholiques qui voudraient s'établir à Landau n'auraient point à y acquitter de droits de bourgeoisie, tandis que les nouveaux venus luthériens seraient tenus d'obéir aux anciens statuts municipaux (1684)[3]. L'appel ne sembla pas d'abord trouver

Les représentants de Landau protestèrent dès le 7 décembre 1645, à Osnabruck, contre la validité de leur signature et le traité de paix du 5 septembre 1648 répudia formellement l'obligation pour Landau de payer ces traites. (Meyern, *Acta pacis*, II, 167-168; IV, p. 490; VI, 380.)

1. Meyern, *Executions-Acta*, I, p. 400; II, p. 255-266.
2. L'énergie de cette résistance est d'autant plus remarquable que Landau comptait à peine 400 bourgeois en 1670. (Lehmann, p. 194.)
3. Les résultats obtenus répondirent à la longue aux vœux de l'adminis-

beaucoup d'écho, — encore en 1687 il n'y avait dans la ville que
369 ménages, — mais peu à peu les immigrants arrivèrent en
nombre, et dix ans plus tard, en 1697, on y comptait 900 familles avec
3,800 âmes[1]. Une des principales raisons de cet accroissement rapide
fut la construction d'un nouveau Landau, tracé en 1689 par Vauban
sur un terrain plus vaste, et dont les maisons plus nombreuses, les
places publiques, les vastes casernements, un hôtel de ville moderne, etc., remplacèrent avantageusement les rues étroites de la
vieille ville et ses maisons en bois, presque toutes détruites par un
terrible incendie[2]. Ce fut donc sous d'assez favorables auspices que
la nouvelle forteresse française entra dans le XVIIIe siècle dont
les premières et les dernières années devaient lui amener de si
cruelles épreuves[3].

Le gouvernement et l'administration de la justice étaient organisés
à Landau à peu près de la même façon que dans la plupart des
autres villes impériales de la Basse-Alsace. Plus ou moins démocratique à l'origine, le gouvernement était devenu franchement
oligarchique au cours du XVIIe siècle. A sa tête se trouvaient quatre
bourgmestres, qui, à chaque vacance, cooptaient leurs nouveaux
collègues, soit parmi les sénateurs, soit parmi les bourgeois, et
c'était le Magistrat en corps qui, s'étant substitué aux treize tribus,
choisissait dans la bourgeoisie les 48 membres du Conseil ou Sénat,
dont la moitié seulement était en exercice. En 1670, le nombre des
citoyens ayant considérablement diminué, on fusionna les deux
moitiés du Conseil et l'on réduisit le chiffre total des sénateurs à
vingt-quatre, dorénavant désignés à vie. Le premier d'entre eux
portait le nom de maréchal (*Marschalk*), que nous avons déjà rencontré à Haguenau, et secondait le bourgmestre en régence[4].

tration provinciale; en 1650, tout Landau était encore protestant; un siècle
plus tard, en 1750, on y comptait 1,810 protestants et 1,560 catholiques.

1. La Grange, *Mémoire*, fol. 320.

2. Cet incendie, l'opinion publique contemporaine et le récit des historiens
modernes s'accordent à l'attribuer à l'intention criminelle de déblayer le
terrain pour les constructions nouvelles. Voy. Lehmann, p. 252-255. Quelle
que soit l'animosité de l'auteur contre tout ce qui est français, son récit,
puisé dans les procès-verbaux du Magistrat, ne peut être simplement écarté
comme invraisemblable.

3. Sur les sièges de 1702, 1703, 1704, etc., voyez les ouvrages généraux de
Birnbaum et Lehmann, relatifs à Landau, et les nombreuses monographies
militaires sur la matière. Le seul travail d'ensemble un peu détaillé sur la
ville, écrit en français est celui de Louis Levrault, dans la *Revue d'Alsace*,
année 1858, p. 40, 97, 257, 313, 352, 402, 445, 493, 529. Cf. aussi Schœpflin-
Ravenez, V, p. 252-262.

4. Les quatre bourgmestres étaient les derniers survivants, pour ainsi
dire, des douze échevins qui avaient administré la justice sous la présidence

Une fois les arrêts de réunion devenus définitifs, le gouvernement français installa en 1682 à Landau un préteur royal, qui désormais fut la seule personne agissante dans le Conseil, et l'interprète des volontés de l'intendant vis-à-vis de la bourgeoisie; il y eut cependant une position plus modeste que dans d'autres villes de la Décapole, puisque dans Landau, forte place de guerre, toujours menacée, l'élément militaire primait naturellement l'élément civil[1].

La ville de Landau était portée autrefois à la matricule de l'Empire pour 2 cavaliers et 18 fantassins: sa contribution annuelle aux frais d'entretien de la Chambre de Spire se montait à 45 florins. Elle possédait dans sa banlieue les trois villages de Damheim, Queichheim et Nussdorf, qui partagèrent, durant tout le XVIIe siècle, et plus tard, les dures épreuves de leur petite métropole.

§ 7. OBERNAI

Située sur l'Ehn, un affluent de gauche de l'Ill, entre les premières ondulations des collines descendant des Vosges, à l'entrée de la vallée du Klingenthal, Obernai[2] présente aujourd'hui au voyageur un aspect des plus pittoresques, avec ses remparts couverts de lierre, et que surplombent quelques tours à créneaux, avec son vieil et curieux hôtel de ville, sa vaste halle aux blés du XVIe siècle, ses maisons à pignons et sa moderne cathédrale. Ce fut d'abord une *villa* royale, à laquelle la légende rattache le nom de sainte Odile, la patronne de l'Alsace, qu'elle y fait naître; plus tard, on y trouve un château, construit par les Hohenstaufen, et c'est d'ordinaire au dernier d'entre eux qui ait fait sentir son influence dans le pays, à l'empereur Frédéric II, qu'on attribue l'octroi des premiers privilèges de la cité. En tout cas, celle-ci existait, comme ville entourée de murs, dès 1260. Louis de Bavière en affranchit les bourgeois de toute juridiction étrangère (1330), Charles IV et Wenceslas élargirent encore ses privilèges, en même temps que sa population

du prévôt impérial jusqu'au XVIe siècle où la charge fut rachetée par la ville; on les appelait encore de ce nom quand, avec le *Schultheiss* ou prévôt, ils formaient cour de justice.
1. Landau fut également, pour cette raison, la ville où l'élément français fit, de bonne heure, le plus de progrès, l'immigration des cantiniers, fournisseurs et fonctionnaires de tout grade venus de l'intérieur de la France y ayant été considérable dès le premier jour, et n'ayant rencontré qu'une population autochtone peu nombreuse.
2. L'ancien et véritable nom est Ober-Ehnheim, dont la contraction en Obernai a passé du dialecte alsacien dans la prononciation française.

s'augmentait par l'absorption de quelques villages voisins. Durant
tout le moyen âge cependant, Obernai ne joue qu'un rôle assez
effacé dans l'histoire de la Décapole et dans le développement
général de l'Alsace. En dehors de la défaite des Armagnacs, qui
sont repoussés sous ses murs en 1444, les chroniques n'ont pas
grand'chose à en raconter. Mais quand au XVIe siècle elle refuse de
s'associer au mouvement de la Réforme, son rôle politique grandit
comme champion dévoué des anciennes croyances, au milieu des
populations hérétiques de la Basse-Alsace. Après avoir étouffé les
germes assez sérieux de dissidence qui se manifestent dans sa
propre enceinte [1], la patrie de Thomas Murner [2], s'allie étroitement
aux évêques de Strasbourg et à la maison d'Autriche pour empêcher
la propagande luthérienne ; grâce à leur appui, elle résiste aux
menaces et aux prétentions de Strasbourg [3] et elle peut être considérée, au début de la guerre de Trente Ans, comme un boulevard
de la foi catholique et de la cause impériale.

Aussi fut-elle fort maltraitée, de même que sa voisine Rosheim,
par les troupes de Mansfeld qui la surprirent et la pillèrent en 1622.
Elle fut prise une seconde fois et rançonnée de nouveau dix ans
plus tard, en août 1632, par le colonel suédois Houbwald, devant
lequel sa garnison impériale avait pris la fuite. Elle le fut une
troisième fois, en 1636, par les soldats de Bernard de Weimar, qui
l'occupèrent jusqu'au moment où ils furent remplacés par les troupes
françaises. Évacuée par celles-ci en 1649, Obernai prit une part
assez active aux contestations entre le gouvernement royal et les
villes de la Décapole. Elle s'opposa comme ses collègues à ce qu'elle
appelait les usurpations des nouveaux grands-baillis et comme elles,
elle se fit confirmer tous ses privilèges, en 1651, par l'empereur
Ferdinand III. Ce sont ses délégués, nous l'avons vu, qui, de 1652
à 1672, protestèrent à la diète de Ratisbonne contre les projets de

---

1. Les seigneurs d'Oberkirch, village qui formait presque un faubourg
d'Obernai, puissamment appuyés par Strasbourg, soutinrent de leurs efforts
et de ceux de leurs aumôniers, les quelques notables d'Obernai qui se
prononcèrent pour la Réforme. Mais ils ne purent jamais obtenir pour eux
autre chose qu'une tolérance précaire. Les derniers dissidents furent expulsés
de 1626 à 1629.

2. Le célèbre moine poète franciscain, le polémiste le plus fougueux d'une
époque riche en esprits batailleurs, en venant passer ses dernières années
comme curé dans sa ville natale, a certainement beaucoup contribué à la
rendre hostile aux innovations religieuses qu'il avait combattues en prose
et en vers, avec une verve peu commune.

3. Nous avons dit (p. 30), que Strasbourg prétendait exercer la justice
prévôtale à Obernai, en vertu de l'achat de la seigneurie de Barr.

la couronne de France[1]. Aussi se vit-elle englobée dans la répression sévère ordonnée par Louis XIV. Les habitants furent désarmés, mais ses fortifications parurent sans doute moins redoutables que celles de Colmar et de Schlestadt, car on ne les détruisit pas de fond en comble, se bornant à y pratiquer quelques brèches suffisantes. Occupé par les Impériaux en 1674, Obernai fut repris après la victoire de Turckheim, et depuis il se montra soumis à ses nouveaux maîtres. Sept ans plus tard déjà, le Magistrat envoyait une députation à Strasbourg pour féliciter Louis XIV de la capitulation et de la prise de possession de la grande ville libre, qui devait obéir désormais aux mêmes lois que les cités de la Décapole.

La population d'Obernai se partageait d'ancienne date en deux groupes; il y avait d'abord les cinq corporations d'arts et métiers, les tribus du Miroir (négociants, apothicaires, etc.), des Tonneliers, des Boulangers, des Bouchers et des Cordonniers; puis les habitants des quatre quartiers de la ville, divisions topographiques qui n'englobaient que les vignerons et les agriculteurs[2]. C'est par ces neuf curies qu'étaient nommés les échevins qui formaient l'assemblée générale représentative de la bourgeoisie (die Ordnungsleut)[3]. Mais le gouvernement effectif de la cité était entre les mains du Conseil ou Sénat, composé de quatre stettmeistres ou bourgmestres et de onze conseillers (Rathsherren) proprement dits[4]. Les premiers étaient en régence, chacun pendant un trimestre. Quant aux sénateurs, ils étaient censés renouvelés par des élections partielles qui se faisaient annuellement, d'ordinaire le 29 septembre, en présence d'un délégué du grand-bailli; mais, en réalité, leur magistrature était bien une fonction à vie, dès le commencement du XVIIe siècle. Une fois nommés, ils reparaissent immanquablement sur la liste des élus. Plus tard, l'inamovibilité fut même érigée en principe, et l'on ne procéda plus dans les vingt dernières années du siècle qu'à des élections pour les charges devenues vacantes par

1. On trouvera tous les détails désirables sur l'histoire particulière d'Obernai à cette époque, dans l'excellente *Histoire de la ville d'Obernai* de M. le chanoine Gyss. (Strasbourg, 1866, 2 vol. in-8.) Le livre allemand du même auteur, paru en 1895, n'est qu'un résumé très raccourci de l'ouvrage français, sans les renvois aux sources d'archives qui rendent celui-ci si utile.

2. Après la guerre de Trente Ans, on supprima les quatre *Viertel* en faisant des Vignerons une tribu nouvelle, et une autre avec les agriculteurs des faubourgs.

3. Il y avait 83 échevins en tout, mais dix d'entre eux représentaient le village annexe de Bernhardswiller.

4. Vers 1650, le Sénat fut réduit de 15 à 12 membres, vu la difficulté de le recruter convenablement dans une population très diminuée et sans doute aussi pour faire des économies.

décès. Seulement, les bourgeois se rebiffèrent finalement à l'idée
d'être privés de tout droit de contrôle, et les abus de ce régime
oligarchique devinrent si visibles qu'on revint en 1699 à des élections
triennales, qui naturellement ne changèrent rien au fond des choses[1].
Comme dans toutes les villes d'Alsace, tant libres et impériales
qu'épiscopales et seigneuriales, les assesseurs du Magistrat d'Obernai se partageaient en commissions de deux ou trois membres pour
la gestion des biens et revenus communaux et pour l'administration
des fondations pieuses. Il y avait les administrateurs des hôpitaux
(*Spitalpfleger*), des fabriques d'église (*Heiligenpfleger*) des écoles
(*Schulherren*), etc. A côté d'eux, nous rencontrons aussi les mêmes
fonctionnaires supérieurs et subalternes, depuis le syndic ou secrétaire de la ville (*Stattschreiber*), jurisconsulte de profession, et
d'ordinaire, sinon en droit, du moins en fait, le plus important
personnage de la cité au XVIIᵉ siècle, jusqu'aux surveillants de la
banlieue (*Banngeschworene*) qui devaient protéger les vignobles[2].
Obernai, comme Schlestadt, n'eut de préteur royal que fort tard,
en 1731 seulement[3]; on jugeait évidemment moins nécessaire à
Versailles, de surveiller ces villes entièrement catholiques d'aussi
près que les villes protestantes ou mixtes de Strasbourg, Colmar,
Wissembourg et Landau, plus riches d'ailleurs et, du moins en
partie, autrement considérables.

Jusqu'au XVIᵉ siècle le principal fonctionnaire judiciaire d'Obernai fut l'*Oberschultheiss* ou prévôt impérial. En 1566, le Magistrat de
Strasbourg ayant acheté cet office aux Ziegler, seigneurs de Barr,
qui le détenaient en fief, essaya de s'en servir pour exercer une
pression politique sur la ville; mais celle-ci se refusa toujours à
reconnaître ses prétentions, si bien que de guerre lasse, Strasbourg consentit enfin, en 1669, à le lui céder à elle-même, pour
une somme de 6,000 florins. Obernai jouit ainsi, pendant quelques
années encore, d'une administration judiciaire absolument autonome. Depuis longtemps d'ailleurs, l'*Oberschultheiss* déléguait d'ordinaire l'exercice de ses fonctions à un *Unterschultheiss* ou sous-

---

1. Voy. Gyss, Iᵢ, p. 288-289.
2. Il y avait, entre autres, le *Zoller* ou péager de la ville, le *Weinsticher*
ou gourmet chargé de prélever la gabelle sur les vins, le *Heimburger* qui
avait à lever l'impôt de la taille, les différents receveurs (*Schaffner*) des
fondations pieuses, etc.
3. A cette date, il ne s'agissait plus de surveiller personne, puisque la
soumission la plus absolue régnait partout; on créait encore des places de
préteurs pour satisfaire certaines vanités locales ou récompenser, aux frais
des villes, certains dévouements officiels.

prévôt, choisi parmi les bourgeois, et c'était ce dernier qui présidait le tribunal des treize jurés désignés chaque année par le Conseil, et qui faisait exécuter les sentences[1]. Le Magistrat jugeait les cas correctionnels, injures, coups et blessures, vols de médiocre importance, et même les cas d'adultère et d'attentats à la pudeur. La juridiction civile était partagée entre le Magistrat et le tribunal ordinaire. Quant aux appels, ils étaient adressés, même encore au XVIIe siècle, au tribunal de la ville d'Ulm, en Souabe, jusqu'au moment où la Cour de Brisach remplaça les juges des bords du Danube.

La population d'Obernai a beaucoup varié durant la seconde moitié du XVIIe siècle. En 1632, elle comptait encore 800 bourgeois, avec les faubourgs et le village de Bernhardswiller. En 1650, ce chiffre avait baissé de plus d'un tiers ; mais dans les années de calme qui suivirent la paix de Nimègue se produisit une augmentation sensible. Le *Mémoire* de La Grange y compte 400 maisons, 600 familles et environ 3,000 âmes[2].

La ville tirait des revenus assez considérables de ses forêts et pâturages, sans compter le produit de ses octrois et péages et le montant de la taille. En 1697, l'intendant en estimait le total annuel à 12 ou 13,000 livres. Elle avait été taxée autrefois sur la matricule de l'Empire à 2 cavaliers et 14 fantassins ou à 80 florins par mois romain. Elle versait 84 florins, 26 kreutzer comme subvention à la Chambre impériale de Spire[3]. Outre le village de Bernhardswiller mentionné tout à l'heure, Obernai possédait, comme fief épiscopal, le château de Kagenfels, qui était en ruines dès le milieu du XVIIe siècle[4].

§ 8. ROSHEIM

Le petit territoire de la ville de Rosheim s'étendait entre les bailliages de l'Évêché et du Grand-Chapitre, sur les deux rives de la Magel, petit affluent de l'Ehn ou Ergers, qui se jette elle-même dans l'Ill. C'était à l'origine un simple village, Rodesheim, qui fai-

---

1. Après l'accord de 1669, les fonctions d'*Unterschultheiss* furent supprimées et l'un des bourgmestres exerça dorénavant celles de prévôt.
2. *Mémoire*, fol. 310.
3. Détail curieux ; pendant la guerre de Hollande, elle n'avait naturellement rien versé ; après la conclusion de la paix et les arrêts de réunion, elle voulut économiser les sommes restées en souffrance, mais l'intendant, scrupuleux observateur des règles, la contraignit à envoyer à Spire tous les arriérés de 1673 à 1679. (Gyss, II, p. 267.)
4. Rapport de l'économe Stumpf, 1664. (Gyss, I₁, p. 263.)

sait partie au XIIᵉ siècle des terres domaniales des Hohenstaufen
en Alsace. Il est probable que c'est à l'un d'eux qu'il dut d'être
entouré de murs et élevé au rang de la ville impériale ; mais comme
Rosheim a subi plusieurs fois, au cours des siècles, des pillages et
des incendies qui ont anéanti ses archives, il est difficile de rien
affirmer de bien précis à ce sujet. A partir du XIVᵉ siècle, la ville
figure toujours parmi les villes libres d'Alsace, et l église de Saint-
Pierre-et-Saint-Paul, l'une des plus belles églises romanes de la
province, commencée au XIᵉ siècle, achevée au XVᵉ, montre bien
que Rosheim était à la fin du moyen âge une cité relativement riche
et puissante. Mais cette prospérité n'eut point de lendemain ; la
localité n'avait aucune industrie, le mouvement général du trafic
se faisait en dehors d'elle[1], et ses habitants ne paraissent pas
avoir eu des besoins intellectuels bien accentués, à en juger par
l'absence de toute école supérieure. A aucun moment de son histoire, Rosheim n'a donc brillé, ni dans la politique, ni dans la
science, et l'on prononcerait à peine son nom, si une série de catastrophes n'était venue, de siècle en siècle, s'abattre sur elle. Sac-
cagée par les Lorrains au XIIIᵉ siècle, dévorée par un incendie
terrible en 1385, elle fut encore une fois prise et pillée par les
Armagnacs en 1444. Elle se releva cependant de chacune de ces
épreuves, et en 1524, l'empereur Charles-Quint, élargissait même
ses privilèges, en les égalant à ceux de Schlestadt et d'Obernai[2].
Mais cent ans plus tard, durant l'invasion de Mansfeld, elle fut
attaquée par les bandes du général palatin, emportée d'assaut, mise
à sac et presque entièrement détruite par un nouvel incendie.
Rosheim eut bien de la peine à se tirer de cette crise terrible, et
l'on peut même dire qu'elle ne s'en est jamais entièrement remise.
C'est désormais la plus insignifiante des villes de la Décapole,
bourg plutôt que cité, faiblement peuplé de petits artisans et
d'agriculteurs, et n'ayant ni les moyens ni l'envie de jouer un rôle
politique comme ses sœurs aînées. Elle est à peine nommée dans
les longues négociations de la Décapole, qui remplissent le troisième quart du XVIIᵉ siècle et n'est plus jamais sortie de la pé-

1. Dans les premiers siècles du moyen âge, la grande route d'Alsace longeait le flanc des Vosges, loin des plaines marécageuses et couvertes de
forêts qui bordaient le Rhin ; mais quand une fois la voie commerciale d'Italie
aux Pays-Bas longea le fleuve, de Bâle à Strasbourg et à Worms, toutes
les localités plus à l'ouest furent condamnées à un dépérissement plus ou
moins rapide.

2. Cependant, même alors, Rosheim n'était ni bien riche ni très peuplé,
puisqu'il n'était taxé qu'à 1 cavalier et 3 fantassins, ou 24 florins de mois
romain.

nombre, même de l'histoire locale, si ce n'est pour être louée comme une des villes d'Alsace les plus immuablement fidèles à la foi catholique[1].

L'administration intérieure de Rosheim ressemblait à celle d'Obernai ; on y trouve un nombre égal de bourgmestres et de sénateurs ou conseillers ; la nomination d'un préteur royal n'eut lieu qu'au milieu du XVIIIe siècle, tant il semblait inutile de surcharger le budget d'une ville qui n'avait que 5,000 livres de revenus en 1697. La justice était administrée par un prévôt impérial, dont l'office était héréditaire durant la première moitié du XVIIe siècle dans la famille de Rumelin. A cette charge était même attaché le droit de confiscation, fort extraordinaire entre les mains d'un particulier[2]. La famille s'étant éteinte, l'empereur Ferdinand III décida, en 1653, que le plus ancien des bourgmestres exercerait dorénavant les fonctions de prévôt ; plus tard, sur les réclamations du duc de Mazarin, la charge cessa d'exister.

Lorsque l'intendant La Grange fit faire le recensement de la population de l'Alsace, Rosheim n'avait pas plus de 200 maisons avec 280 familles, formant un total de 1,200 âmes.

§ 9. MUNSTER AU VAL DE SAINT-GRÉGOIRE

Les origines de la ville de Munster se rattachent à la célèbre abbaye de ce nom, dont nous avons parlé plus haut, et que fondèrent au VIIe siècle des moines bénédictins, venus d'Italie, dans ces parages alors inconnus et sauvages des Vosges qu'ils appelèrent le val Saint-Grégoire en l'honneur du grand pape de ce nom. L'abbé de Munster était, au commencement du XIIIe siècle, le maître incontesté de toute la vallée et des hameaux et villages qui s'y étaient peu à peu formés. Mais en 1235, il céda une partie de ses droits à l'empereur Frédéric II, et, à partir de ce moment, Munster, la ville, commence à avoir une existence distincte de Munster, l'abbaye. Le vrai créateur de son indépendance, cependant, c'est l'empereur Charles IV qui lui accorde, en 1354, les mêmes privilèges qu'à

---

1. Grâce à l'absence de commerce et d'industrie, c'est encore probablement la localité la plus homogène, au point de vue confessionnel, qui existe, en Alsace. En 1865, il y avait à Rosheim 3,600 catholiques et seulement 5 luthériens. Les Juifs, par contre, intermédiaires nécessaires du trafic du bétail, y furent assez nombreux dès le XVIIe siècle.

2. Martin Zeiller, *Itinerarii Germanici Continuatio*, p. 474. En 1624, un François-Bernard Rumelin cumulait cet office avec celui de secrétaire de la ville épiscopale de Benfeld, et cette dernière charge étant probablement mieux rétribuée, il avait à Rosheim un sous-prévôt qui y exerçait pour lui.

Colmar et à Schlestadt. Mais la nouvelle ville impériale cachée, pour ainsi dire, dans un repli des Vosges, loin de la plaine et loin des grandes voies de communication, n'a jamais acquis une importance politique sérieuse, et c'est tout au plus si elle a figuré dans les querelles féodales de la Haute-Alsace, au dernier siècle du moyen âge.

Elle parut en voie d'élargir sa sphère d'influence quand sa population, presque tout entière, se prononça au commencement du XVIe siècle pour les idées religieuses nouvelles, et surtout lorsque l'abbé Bourcard Nagel lui-même adhéra à la Réforme, en 1536. Alors commença dans la vallée une lutte d'autant plus âpre qu'elle était à la fois politique et confessionnelle et qui amena l'intervention, à la fois des grands-baillis de la maison d'Autriche et de l'évêque de Bâle, suzerain spirituel de l'abbaye. Jusqu'au commencement du XVIIe siècle, la ville impériale luthérienne garda l'ascendant dans la vallée, et si elle ne put pas définitivement absorber le domaine ecclésiastique, comme elle l'aurait désiré, elle réduisit du moins l'abbaye à une situation très secondaire. Mais ce succès relatif la désigna précisément à la vindicte spéciale des Habsbourgs et quand la guerre de Trente Ans eut enfin permis aux haines religieuses de se déchaîner librement, les troupes impériales maltraitèrent et spolièrent la ville et la vallée longtemps avant qu'un seul ennemi eût pénétré dans la Haute-Alsace. De 1629 à 1632, les sommes extorquées au Conseil et aux particuliers se montèrent à un total énorme pour une cité si peu considérable, et pour satisfaire, en pleine paix, de prétendus amis et protecteurs, il fallut, après avoir épuisé les ressources publiques[1], abattre toute une belle forêt de chênes.

Quand les Suédois arrivèrent en 1633, ces prétendus sauveurs, loin de délivrer les habitants des exactions ruineuses subies jusque-là, les continuèrent à leur profit, en frappant de lourdes contributions une contrée déjà ruinée[2]. En 1634, apparaît dans la vallée une garnison française, et depuis lors, ce sont des escarmouches

---

1. On trouvera des détails très précis, empruntés aux archives de Munster, dans l'histoire de cette ville, écrite par M. Fred. Hecker, et que nous avons déjà citée. En outre des réquisitions militaires, il fallait encore payer les frais des banquets que les officiers offraient à leurs maîtresses.

2. Dans une supplique à l'empereur, le Magistrat disait en 1630 qu'il n'y avait plus à Munster qu'une vingtaine de bourgeois à l'aise, que le reste ne savait plus comment vivre, leur bétail étant enlevé, si bien que beaucoup de gens qui avaient autrefois vingt vaches n'en possédaient plus une seule, etc. Hecker, *Stadt und Thal Munster*, p. 108.

incessantes et des pilleries non moins fréquentes de la part des
Lorrains qui, débouchant subitement des passages de la montagne,
essaient de surprendre les Français ou leurs alliés. Dans la seule
année de 1638, plus de deux cents habitants du val de Munster
furent massacrés et plus de 1,800 bêtes à cornes, à peu près tout ce
qui y restait de bétail, razziées sans merci. Les habitants désespé-
rés, parlaient d'émigrer en masse, quand, heureusement pour eux,
le théâtre de la guerre se déplaça. Mais la vallée resta en grande
partie déserte, et en 1647, les loups qui ne trouvaient plus de proie
dans les campagnes désolées, venaient la chercher jusque dans
l'enceinte de la ville elle-même[1].

La paix de 1648 ne vint pas rendre le repos au malheureux val de
Saint-Grégoire. Les souffrances causées par la nouvelle invasion
des troupes de Charles de Lorraine dépassèrent en acuité, sinon
en durée, celles de la lutte trentenaire. Les incendies et les sacrilèges, les massacres et les brutalités sans nom des soudards de Bas-
sompierre et d'Haraucourt, les tortures employées par eux pour
arracher aux misérables habitants des richesses qu'ils n'avaient plus
depuis longtemps, les fuites désespérées dans les bois au cœur de
l'hiver, pour y périr sous la neige, forment un tableau navrant dans
les récits des contemporains. Quand cette « Terreur lorraine » de
1652 eut passé, comme un cauchemar hideux, des 1,500 habitants de
la vallée de Munster, il en restait à peine la moitié[2].

Puis il y eut un répit de vingt ans ; cette race sobre et énergique se
remit à ses travaux préférés, l'élève et le trafic du bétail, les ruines
se relevèrent, l'aisance revenait, quand la guerre refit son apparition dans ce canton si écarté pourtant de la scène du monde. De
1673 à 1675, ce furent de nouvelles scènes de violence, la démolition des murs de la cité, son occupation successive par les Impériaux, les Brandebourgeois et les Français ; cette fois encore, ce
furent les Lorrains à la solde de Léopold Ier qui dépassèrent de
beaucoup tous les autres belligérants par leurs rapines et leurs
cruautés, et firent également souffrir la ville protestante et l'abbaye
catholique[3]. Ce fut la dernière invasion, pour longtemps, de la
vallée de Munster ; la Haute-Alsace ne fut plus attaquée depuis, à
revers, par les passages des Vosges, et l'occupation de Strasbourg

---

1. Hecker, p. 119. — Voy. aussi l'étude de M. F. Bresch, *Stadt und Thal
Munster im Elsass im dreissigjaehrigen Krieg*, dans la *Zeitschrift für Gesch.
des Oberrheins*, nouvelle série, vol. X, p. 383,
2. Hecker, p. 120-121.
3. Id., p. 123-125.

mit fin à tout danger d'irruption du côté du nord. Aussi les
populations rustiques se groupèrent-elles de nouveau peu à peu
dans la partie supérieure de la vallée pendant longtemps presque
entièrement déserte; sur les flancs des Hautes-Vosges elles réta-
blirent leurs censes rustiques et les pâturages du haut se couvrirent
de troupeaux nombreux[1]. Sans doute, la ville ne reprit pas toute
son ancienne importance, puisque l'abbaye, restaurée, protégée de
haut, la primait dorénavant dans la hiérarchie officielle, et que
d'ailleurs sa situation topographique ne comportait ni un grand
mouvement économique, ni un afflux de population bien considérable; dix ans avant la Révolution, elle ne comptait que 2,000 habitants à peu près, auxquels la vallée tout entière en ajoutait encore
environ six mille autres; mais ils vivaient « contents de leur 'médiocrité, ne recherchant ni les richesses ni les honneurs[2] ».

La constitution de la ville impériale de Munster était fort différente de celle des villes que nous avons passées en revue jusqu'ici.
Tout d'abord, elle ne s'appliquait pas seulement aux habitants de
l'enceinte urbaine, mais aussi à ceux des neuf villages disséminés
dans les deux embranchements de la vallée supérieure de la Fecht.
Tous les agriculteurs du *Grossthal* et du *Kleinthal*, gens de Muhlbach
et de Metzeral, de Stosswihr et de Soultzeren, étaient bourgeois
effectifs de la commune de Munster, au même titre que ceux qui
demeuraient derrière les murs de la cité. Le Conseil ou Sénat, composé de seize membres, comptait sept représentants des villages et
neuf de la ville; au XVIIᵉ siècle, ils étaient nommés à vie et présidés
alternativement par deux bourgmestres annuels, élus par les délégués des bourgeois et par le Sénat lui-même. Primitivement, leur désignation se faisait d'une manière assez bizarre, par la coopération de
l'abbé, du syndic ou secrétaire de la ville et du prévôt impérial de
Kaysersberg (*Reichsvogt*), qui présidait, à l'abbaye même, cette
espèce de commission électorale. Mais une fois la Réforme établie
à Munster, l'abbé perdit naturellement toute influence sur les élections, et ce n'est que sous le régime français qu'il reprit le droit de
désigner trois des sénateurs urbains. D'ailleurs, dès 1680, Louis XIV
ordonna que le Magistrat, jusque-là tout luthérien, serait désormais
mi-partie protestant et catholique. Quelques années plus tard, nous
voyons apparaître également un prévôt royal[3]. C'est dans le Sénat

---

1. Alors déjà se fabriquaient, dans ces « marquairies » des hauteurs, les
fromages de Munster, si renommés aujourd'hui.
2. Schoepflin-Ravenez, V, p. 280.
3. Il était censé remplacer le *schultheiss* impérial délégué par le prévôt

qu'étaient pris les huit membres qui formaient le tribunal ordinaire; ils restaient en exercice durant un semestre, puis étaient remplacés par leurs collègues. Le Magistrat en corps fonctionnait comme chambre d'appel. La charge de procureur fiscal était remplie alternativement par l'un des bourgmestres [1].

Munster avait pour revenu principal ses péages, peu considérables d'ailleurs, sa vallée étant close au grand trafic par l'absence de toute grande route communiquant avec la Lorraine; elle bénéficiait en plus d'un droit sur la vente du sel et de ce que lui rapportaient ses foires de bestiaux. Vers le milieu du XVIIIe siècle, le total de ses revenus montait à 12,000 livres. La dernière matricule de l'Empire où elle figurât l'avait taxée à 12 fantassins ou à un mois romain de 48 florins.

Les habitants de Munster, peu nombreux et presque tous agriculteurs, n'étaient point groupés en corporations de métiers comme ailleurs. C'est en 1774 seulement qu'on eut la singulière idée de les organiser de la sorte, pour les punir d'avoir réclamé la conservation de certaines antiques coutumes; mais la nouvelle constitution par laquelle on voulait les dépayser et les désagréger ne dura pas vingt ans [2].

§ 10. KAYSERSBERG

Au nord de Turckheim, sur une colline baignée par la Weiss, à l'entrée de la vallée dont les deux embranchements remontent, l'un vers Orbey, l'autre vers le Bonhomme, se dressait au moyen âge l'imposant château de Kaysersberg, établi par l'empereur Frédéric II sur le domaine des seigneurs de Ribeaupierre et de Horbourg, pour empêcher les incursions lorraines en Alsace. Placée sous les ordres d'un avoué impérial, d'un *Reichsvogt*, chef purement militaire d'abord, la forteresse, — dont les restes subsistent jusqu'à nos jours, — fut soigneusement entretenue par les souverains allemands comme une pierre angulaire de la défense du pays, ainsi que le disait encore Charles-Quint, dans une charte confirmative des privilèges de la ville, datée de 1530. Autour de ce château, se groupa immédiatement une bourgade, qui grandit assez rapidement pour déborder sur le

---

de Kaysersberg, et fut d'abord comme celui-ci un officier de justice, subordonné au bourgmestre. Mais en 1736, une nouvelle ordonnance royale, tout en lui laissant son nom de prévôt, lui assigna les fonctions de surveillant du Magistrat, exercées par les préteurs royaux dans les autres villes.
1. Voy. pour les détails, Véron-Réville, *Institutions judiciaires*, p. 92-95.
2. Hecker, p. 147-152.

territoire des communes voisines. Les Hohenstaufen avaient promis à leurs voisins de ne pas établir de cité nouvelle à l'abri de leur château fort, sur un territoire qui ne leur appartenait pas. Mais, en 1293, le roi Adolphe de Nassau octroyait à Kaysersberg les privilèges déjà conférés à Colmar, et un demi-siècle plus tard, en 1347, Charles IV compléta ces franchises politiques en soustrayant encore ses habitants à toute juridiction extérieure. L'insignifiance de la petite ville impériale l'empêcha, à vrai dire, d'avoir une histoire ; elle a eu la chance de ne pas exciter la convoitise de puissants voisins et, de son côté, elle s'est mêlée le moins possible aux querelles d'autrui. Son développement interne ne connut pas davantage les crises violentes et les luttes acharnées que nous rencontrons ailleurs ; si quelques dissensions religieuses s'y manifestèrent passagèrement au début de la Réforme, elles furent rapidement et sévèrement réprimées avec le concours empressé de la maison d'Autriche [1].

Kaysersberg était placé, de même que Munster et Turckheim, sous la surveillance du haut-prévôt impérial qui résidait dans ses murs ; c'est lui qui nommait le prévôt (*Schultheiss*) de la ville. Grâce à son importance stratégique, celle-ci comptait à la fin du moyen âge un certain nombre de familles nobles qui participaient à son gouvernement. Les roturiers étaient, depuis la fin du XVᵉ siècle, groupés en quatre corporations, les tonneliers, les vignerons, les tanneurs et les boulangers. On voyait à Kaysersberg une belle église, construite du XIIᵉ au XIVᵉ siècle, et un coquet hôtel de ville, datant de 1604. Mais ce n'en était pas moins une localité sans importance réelle, et si un humaniste l'a chantée dans d'assez mauvais vers latins comme une « cité populeuse et d'imposant aspect », il ne faudrait pas l'en croire sur parole [2]. Dans la matricule de l'Empire, elle était inscrite pour 2 cavaliers et 15 fantassins, soit 84 florins par mois romain, ce qui peut sembler beaucoup, pour une ville que Mérian, en 1644, appelle carrément « un petit endroit » ; il ajoute, il est vrai, qu'il y croît le meilleur vin du pays [3]. Elle a été pillée, elle aussi, plus d'une fois, pendant la guerre de Trente Ans, et son château, si célèbre autrefois, ne servait plus à la défense du

---

1. Voy. Alfred Erichson, *Le protestantisme à Kaysersberg*, Strasbourg. 1871, in-8°.

2. *Urbs populosa jacet firmis circumdata muris, Ardua conspicuis turribus*, etc.

3. Mérian, *Topographia*, p. 21. Un auteur grave, le jurisconsulte Nicolas Reussner, qui sans doute avait bu du vin de Kaysersberg, alors qu'il était professeur de droit à Strasbourg, a été jusqu'à affirmer, dans son ouvrage sur les villes impériales de la Germanie, que « l'Alsace est le cœur et la vie de l'Empire, et Kaysersberg le cœur du cœur et la vie de la vie ».

pays, ni même de résidence à personne, quand Colbert de Croissy rédigea en 1661 son *Mémoire sur l'Alsace*[1]. A la fin du XVIIe siècle, on donnait officiellement à Kaysersberg 150 maisons, 200 familles, environ 1,100 âmes[2]; ce n'était pas beaucoup après de longues années de paix. A cette époque, les familles nobles avaient depuis long-temps disparu de la ville et du Conseil. Le Magistrat était donc uniquement composé de bourgeois : savoir de quatre *stettmeistres*, alternativement en régence, de six conseillers et de quatre délégués des tribus. La justice était rendue par un prévôt, nommé par le *Reichsvogt* de Kaysersberg, et par des assesseurs désignés par le Conseil; on en appelait de leurs décisions au Magistrat tout entier.

Bâtie primitivement sur le terrain d'autrui, la ville ne possédait aucune dépendance hors de ses murs, sauf quelques fermes disséminées dans la montagne. La prospérité de ses finances dépendait donc de ses péages, qui furent, en effet, d'un rapport assez considérable, aussi longtemps que le trafic entre l'Alsace et la Lorraine traversa de préférence le col du Bonhomme, l'un des plus faciles à franchir dans les Vosges, et que les sels consommés en Alsace arrivèrent surtout par ce chemin. Mais après la conquête de l'Alsace et de la Lorraine par la France, les voies commerciales se modifièrent, et l'abandon de cette route du Bonhomme scella la déchéance définitive de l'ancienne forteresse de Frédéric II.

§ 11. TURCKHEIM

La petite, mais industrieuse cité de Turckheim, renommée surtout par les vignobles auxquels elle est adossée, est située à l'entrée de la vallée de Munster, sur la rive gauche de la Fecht, à quelques kilomètres seulement de Colmar. Elle était au XVIIe siècle, — elle avait toujours été, — la moins importante des villes impériales de la Décapole[2]. Élevée, semble-t-il, près de l'emplacement d'une ancienne cité gallo-romaine, la petite localité fit partie d'abord du domaine de l'abbaye de Munster, qui y garda toujours de grands biens colongers. Plus tard, elle appartint partiellement aux ducs d'Autriche, en leur qualité de seigneurs de Hohlandsberg, tandis que pour une autre part, elle relevait directement de l'Empire. Henri VII lui permit de s'entourer de murailles et lui conféra en 1312 les privilèges d'une ville libre, tout en réservant les droits des abbés

---

1. Il y est dit: « Ce château est à présent ruiné. » (Fol. 180.1
2. Elle n'avait à fournir, d'après la matricule de l'Empire, que cinq fantassins ou vingt florins par mois romain.

et ceux des Habsbourgs. Charles IV élargit encore ses franchises en
l'exemptant en 1347 de toute juridiction étrangère. Il en résulta
pour Turckheim une situation des plus bizarres, car il y eut dorénavant dans .ses murs triple justice, celle des abbés, celle des
Habsbourgs et celle de l'Empire, et tout en étant soumise au *Reichsvogt* de Kaysersberg, représentant direct du souverain, et au *landvogt*
son supérieur, elle échangeait en même temps des serments de fidélité réciproque avec les seigneurs de Hohlandsberg et les abbés de
Munster.

Comme Kaysersberg, la cité voisine, elle resta trop insignifiante
pour avoir une histoire; comme elle, dominée par l'influence antrichienne, elle resta fidèle au culte catholique, bien que placée entre
Colmar et Munster, qui s'étaient déclarées toutes deux en faveur
des idées nouvelles. Comme elle aussi, elle se vit pillée bien des
fois par les armées amies et ennemies durant les guerres du
XVIIᵉ siècle[1], mais le seul fait marquant qui se rattache à son nom,
est celui de la victoire remportée par Turenne sous ses murs le
5 janvier 1675, sur le duc de Bournonville et sur l'électeur Frédéric-Guillaume et dont le prix fut l'évacuation de l'Alsace par les
alliés.

Peu après, en 1681, Louis XIV fit démolir les murs de la ville,
qui ne s'agrandit guère pourtant, après avoir été débarrassée de son
enceinte, car soixante-dix ans plus tard, elle ne comptait encore que
160 feux, soit au plus 800 habitants[2].

La ville de Turckheim était administrée par un Magistrat, composé
d'un *Schultheiss*, qu'instituait l'avoué impérial de Kaysersberg et
qui devint *prévôt royal* en 1682; de deux bourgmestres, d'un secrétaire de la ville ou syndic, et de six conseillers ou sénateurs dont
l'un exerçait la charge de procureur fiscal. Tous ces dignitaires, au
XVIIᵉ siècle, étaient nommés à vie. En certaines occurrences le
prévôt de la seigneurie de Landsberg et un délégué de l'abbé de
Munster siégeaient avec le Magistrat. En cas de décès d'un des
fonctionnaires, son remplacement s'opérait de la façon la moins
démocratique possible. La bourgeoisie, bien qu'organisée en deux
tribus, celle des vignerons et celle des artisans, n'y prenait aucune

---

1. Elle s'endetta tellement durant la guerre de Trente Ans que l'em-
percur Ferdinand III dut l'autoriser à lever sur ses bourgeois des impôts
plus considérables (1653) et que Léopold Iᵉʳ dut réitérer cette permission en
1659.
2. Horrer, note manuscrite au *Mémoire* de La Grange, fol. 323. — Au
dehors, Turckheim ne possédait que la moitié du village de Zimmerbach et
puis de belles forêts.

part. C'est le *Reichsvogt* de Kaysersberg, le prévôt de Haut-Landsberg
et l'abbé de Munster qui étaient les grands électeurs de la cité.
C'étaient eux, en effet, qui choisissaient le candidat agréable sur une
liste multiple présentée par le Magistrat, c'est-à-dire par les collègues
du défunt ! Ce n'est pas ainsi qu'on se représente d'ordinaire le
gouvernement de ces petites « républiques » du « bon vieux temps[1] ».

1. On comprend que nous ne puissions nous arrêter longuement aux
détails pour des organismes politiques d'une importance si minime. On les
trouvera dans Véron-Réville, *Institutions*, p. 93, dans la *Continuatio
Itinerarii Germaniae* de Martin Zeiller, p. 442, et dans Schoepflin-Ravenez,
V, p. 296-303.

CHAPITRE SEPTIÈME

Seigneuries de la Haute et de la Basse-Alsace

Après avoir étudié de plus près les territoires des principaux États immédiats de l'Empire appartenant exclusivement ou du moins notablement à l'Alsace, il nous reste à parler d'un certain nombre d'autres seigneuries qui en diffèrent, soit qu'elles n'aient pas toujours joui, au même degré que les précédentes, de cette situation d'État souverain, soit qu'elles appartiennent à des princes, domiciliés au dehors de la province et soient rattachées par un lien plutôt féodal et d'une façon moins directe à la couronne de France. D'étendue très variée, et par suite d'importance très inégale, ces territoires, disséminés au nord et au sud du *Landgraben*, nous ocenperont en proportion de l'intérêt qu'ils présentent pour l'histoire générale du pays et du rôle qu'ils y ont joué au XVIIe siècle.

§ 1. LA SEIGNEURIE DE RIBEAUPIERRE

On s'étonnera peut-être de voir nommer en tète de la liste une simple baronnie, changée plus tard, il est vrai, en comté, mais qui avait perdu de bonne heure son immédiateté et dont le propriétaire était un vassal autrichien. Mais, à part cette sujétion féodale, qui ne pesait pas d'ailleurs d'un poids bien lourd sur les seigneurs, il est certain que Colbert de Croissy ne se trompait pas en disant que « le comte de Rappschwyr, autrement Ribeaupierre, était le plus considérable de toute cette noblesse d'Alsace[1] ».

Les sires de Ribeaupierre, l'une des plus anciennes familles nobiliaires de la province, aux origines légendaires[2], avaient ajouté successivement à leurs domaines héréditaires de nombreux fiefs,

---

1. *Mémoire de 1661*, fol. 36.
2. Je renvoie pour tout ce paragraphe aux introductions du grand cartulaire, *Rappolsteinisches Urkundenbuch*, dont les quatre premiers volumes ont été publiés par M. le professeur K. Albrecht, de Colmar. (Colmar, Barth 1891-96, in-4°); à J. Rathgeber, *Die Herrschaft Rappoltstein* (Strassburg, 1874, in-8°); à F. Piton, *Promenades en Alsace: Ribeauvillé* (Strasbourg, 1856, in-18); à B. Bernhard, *Recherches historiques la surville de Ribeauvillé.* p. p. X. Mossmann (Colmar, 1888, in-8°); à F. A. Ortlieb, *Histoire de la Réformation dans la ci-devant seigneurie de Ribeaupierre* (Strasbourg, 1842, in-4°).

relevant principalement de l'évêché de Bâle, et dès le XIVe siècle, ils jouaient un rôle important dans l'histoire de l'Alsace, témoin ce Brunon de Ribeaupierre qui, vers 1390, fut l'instigateur de la grande coalition des seigneurs ecclésiastiques et laïques du pays contre les villes libres d'Alsace et particulièrement contre Strasbourg. Quarante ans plus tard, un Maximin de Ribeaupierre avait été nommé protecteur du concile de Bâle par l'empereur Sigismond (1431). Mais au XVIe siècle, ces puissants barons du Saint-Empire, se voyant enserrés de toutes parts par les terres de la maison d'Autriche, se résignèrent à échanger une indépendance dangereuse contre une subordination féodale qui promettait de leur être très utile. On peut douter que ce soit uniquement « attirés par les caresses de l'archiduc d'Autriche, qui les admettait dans tous ses divertissements de chasse et autres plaisirs », qu'ils le reconnurent pour suzerain et « incitèrent par leur exemple toute la noblesse de ce pays de faire de même[1] » ; toujours est-il qu'après avoir prêté le serment d'allégeance aux Habsbourgs, ils devinrent leurs auxiliaires influents dans l'administration de leurs terres du Sundgau et du Brisgau, et agrandirent ainsi considérablement leur propre influence. Guillaume II de Ribeaupierre fut même, durant des années, le président de la Régence autrichienne, le grand-bailli, l'*alter ego* des archiducs dans les districts de l'Autriche antérieure.

Cette intimité, si profitable, diminua quelque peu à partir du moment où, vers le milieu du XVIe siècle, les Ribeaupierre passèrent à la Réforme, et s'affaiblit à mesure que la politique ultra-catholique des Habsbourgs s'accentua. Malgré leur vif désir d'implanter les doctrines nouvelles dans tous leurs domaines, ils ne purent y parvenir, parce que leur suzerain, la maison d'Autriche, veillait soigneusement à ce que l'hérésie ne contaminât ni ses propres territoires, ni ceux de l'évêché de Bâle, qu'elle couvrait de la même protection. Une autre cause de décadence, celle-ci toute matérielle, vint enrayer un peu plus tard la prospérité de la seigneurie ; ce fut la diminution rapide du rendement des mines d'argent du val de Liepvre, si célèbres alors. Cependant c'était encore l'un des domaines les plus riches de la Haute-Alsace, quand éclata, pour son malheur, la guerre de Trente Ans. Peu de contrées en Alsace en ont souffert autant que ces terres ouvertes à tout venant, attaquées au sud par les Impériaux, au nord par les Suédois et prises à revers par les Lorrains et les Français ; sans places fortes pour les défendre, elles offraient un champ de bataille naturel à

1. Colbert de Croissy, *Mémoire de 1661*, fol. 63.

toutes les armées qui se disputaient la plaine alsacienne. Leur malheureux possesseur, Everard de Ribeaupierre, finit par abandonner ses sujets à leur triste sort et se sauva derrière les murs de Strasbourg, où il mourut en exil (1637). L'aîné de ses fils, Georges-Frédéric, essaya vainement de récupérer au congrès de Munster l'immédiateté que ses ancêtres avaient jadis répudiée[1]. Dans la séance du 22 février 1648, les commissaires impériaux le revendiquèrent comme un sujet de la maison d'Autriche[2], et il n'obtint pas, en définitive, la garantie, si trompeuse d'ailleurs, du paragraphe où l'on énumérait les États immédiats de l'Alsace. Soit calcul prudent, soit crainte salutaire, il chercha des appuis au dehors et fut l'un des premiers dynastes alsaciens qui entrèrent en rapports amicaux avec la couronne de France. Son frère cadet, Jean-Jacques, qui hérita des domaines paternels en 1651, suivit la même politique; c'est au roi et à ses représentants à la diète de Ratisbonne, — non pas à ses adversaires, — qu'il s'adressa pour faire reconnaître ses droits utiles, tout en maintenant d'ailleurs ses prétentions à l'immédiateté qu'il ne sacrifiera qu'un peu plus tard. Nous avons retrouvé le mémoire qu'en 1655 il fit tenir par son chancelier à M. de Lumbres, envoyé du roi auprès des princes d'Allemagne; il y rappelle les lettres royales du 28 novembre 1654 et du 14 janvier 1655, par lesquelles il était enjoint à M. de Saint-Geniez, gouverneur de Brisach, et à M. de Baussan, l'intendant d'Alsace, de maintenir le comte de Ribeaupierre dans tous ses droits; constate que ces lettres de cachet n'ont pas été suivies d'effet; que les sujets du comte sont molestés par toutes sortes d'impositions, servitudes, tailles et gabelles; que lui-même a été obligé de quitter sa seigneurie, et supplie finalement le représentant du monarque de donner ordre à M. de Baussan, de le rétablir dans ses anciens droits et privilèges[3].

Cet appel à la loyauté du gouvernement français, qu'il tâchait du reste de satisfaire dans toutes ses réquisitions, souvent fort lourdes, dans toutes ses demandes, parfois bien indiscrètes[4], fut entendu, et

---

1. Proposition suédoise du 14 avril 1647. Meyern, *Acta*, tome V, p. 461.
2. Meyern, *Acta*, tome V, p. 504.
3. A.H.A. E. 2408.
4. A titre d'exemple, nous citerons la lettre de l'intendant Colbert, du 6 octobre 1664, au conseiller Daser, réclamant dans la quinzaine un état complet de toutes les églises et chapelles de la seigneurie, avec énumération de tous leurs revenus, à l'usage de Dom Bernardin Buchinger, abbé de Lucelle, chargé par l'intendant de dresser le tableau détaillé des biens du clergé d'Alsace. C'était là, en somme, une véritable inquisition; le comte n'en fit pas moins expédier le dossier demandé. (A.H.A. E. 648.)

dès que la fin des troubles de la Fronde eut permis de remettre quelque ordre en Alsace, le seigneur de Ribeaupierre, auquel Louis XIV avait reconnu le titre de comte, fut réintégré dans ses droits et revenus. Aussi longtemps que vécut ce dernier rejeton d'une race illustre, le roi lui témoigna toujours une véritable bienveillance et lui laissa une certaine latitude dans l'administration de ses territoires. Quand il mourut, âgé de soixante-quinze ans, le 28 juillet 1673, il eut pour successeur l'époux de sa fille unique, Catherine-Agathe, le comte palatin Chrétien II de Birckenfeld, colonel du régiment Alsace-Infanterie, auquel le roi avait promis, dès septembre 1668, l'héritage de son beau-père, d'accord avec ce dernier[1]. Le nouveau seigneur prêta hommage au roi, en septembre 1673, au moment où celui-ci passa par Ribeauvillé pour forcer à l'obéissance Colmar et les autres villes de la Décapole[2].

Docile aux ordres de la cour et à ceux des intendants, Chrétien II gouverna ses sujets d'une manière assez paternelle, tout en conservant la bienveillance royale. Il prépara de la sorte, en s'assurant l'appui de la couronne, la fortune de sa maison. Son fils Chrétien III, qui lui succéda comme comte de Ribeaupierre, en 1699, devint duc de Deux-Ponts en 1734, et le petit-fils de ce Chrétien fut le prince Max, colonel du régiment de Royal-Alsace en 1789, et quelques années plus tard Maximilien Ier-Joseph, roi de Bavière par la grâce de Dieu et de Napoléon Ier.

Les territoires de la seigneurie de Ribeaupierre, les plus vastes de la Haute-Alsace après ceux de la maison d'Autriche, étaient en majeure partie d'un seul tenant, qui s'appuyait à la crête des Vosges, depuis la vallée de la Liepvre jusqu'à celle de la Fecht, et s'avançait plus ou moins dans la plaine, sans dépasser généralement le cours de l'Ill. Certaines parcelles allaient cependant jusqu'au delà de la Blind, petit affluent de droite de la grande rivière alsacienne, et l'un des bailliages, celui de Heiteren, atteignait même les bords du Rhin[3].

1. Il avait un concurrent, plus autorisé peut-être, au point de vue légal, à réclamer l'héritage ; c'était le comte de Waldeck, le mari de la fille du frère aîné de Jean-Jacques. Mais Louis XIV devait naturellement préférer un officier général au service de la France à un dynaste allemand.
2. C'est durant le séjour du roi au château que le corps du pauvre comte défunt, exposé depuis cinq semaines sur son lit de parade, fut caché à la hâte dans une armoire; les filles d'honneur de la duchesse de Montpensier faillirent mourir de frayeur en découvrant le cadavre du vieillard dans leur chambre à coucher. (*Mémoires de Mme de Montpensier*, éd. Chérnel, Paris, 1858, tome IV, p. 340.)
3. Dénombrement des bailliages, villes, bourgs, villages et métairies dépendant de la seigneurie de Ribeaupierre. A.H.A. E. 2395. — On peut faire

Le territòire, ou si l'on veut, le comté de Ribeaupierre était partagé en une série de bailliages (*Aemter*), d'étendue inégale et de
provenance très diverse. Les terres allodiales y étaient rares ; d'autant plus nombreux les fiefs relevant des évêchés de Bâle et de
Strasbourg, de l'abbaye de Murbach ou du duché de Lorraine. Il y
avait tout d'abord le bailliage de Ribeauvillé, comprenant la ville
de ce nom, dont nous parlerons tout à l'heure, et sa banlieue ; celui
de Zellenberg, petite ville fortifiée, pittoresquement assise sur une
colline, avec Bennwihr [1] ; celui de Guémar, dans le Ried, avec son
chef-lieu, également fortifié au moyen âge, renfermant une résidence
favorite des Ribeaupierre. Situé au confluent du Strengbach et de
l'Ill, Guémar fut souvent pris et repris pendant la guerre de Trente
Ans et cruellement maltraité par les Impériaux, les Lorrains et les
Français. Le bailliage de Wihr-au-Val, à l'entrée de la vallée de
Munster, renfermait, outre le chef-lieu, les gros villages de Gunsbach
et de Walbach, et descendait jusqu'à Wasserbourg, le point le plus
méridional de la seigneurie. Le bailliage du Hohenack ou d'Orbey,
le plus vaste de tous et le plus sauvage, contenait d'immenses
forêts, qui s'étendaient depuis la crête des Vosges jusqu'aux abords
de la plaine rhénane ; il tirait son nom du château de Hohenack,
rasé pendant les guerres de Lorraine, et comprenait les communes
d'Orbey, Freland, Hachimette, La Poutroie, La Baroche, ce petit
coin de terre romande qui, du Bonhomme, descend sur la plaine
alsacienne. Plus au nord, se trouvait le bailliage de Sainte-Marie-
aux-Mines, avec la moitié de la ville de ce nom, située au sud de la
Lièpvre (le côté nord appartenant au duché de Lorraine), et où
« l'on parlait l'allemand et le lorrain », comme dit Ichtersheim [2].
Les mines d'argent de la vallée avaient cessé d'être exploitées depuis
l'invasion suédoise, mais les deux longues rues de la petite cité
abritaient d'habiles ouvriers en métaux et surtout des horlogers. Le
bailliage d'Oberbergheim avec la petite ville fortifiée de ce nom, qui
a changé bien souvent de maîtres au XVIIᵉ siècle [3], et qui est connue

remarquer ici que ce n'est pas seulement aux Archives de la Haute-Alsace
que se trouve le fonds de Ribeaupierre, mais qu'il existe des dossiers fort
nombreux sur cette seigneurie dans celles de la Basse-Alsace, à Strasbourg.
(Série E, nᵒˢ 576-640.)

1. « Ein lustig staettlein, » l'appelle Mérian dans sa *Topographie*, p. 53.

2. *Topographie*, II, p. 54.

3. Fief autrichien, Louis XIII l'avait donnée, en 1639, au comte de Nassau,
colonel au service de Suède. Celui-ci la revendit en 1641, à M. de Montausier. En 1679, Chrétien de Birckenfeld la racheta, pour la revendre, en 1686,
à M. Reding, baron de Biberach. Quatre ans plus tard, trois bourgeois de
Strasbourg, D. Richshoffer, Wurtz et Hahn, en devinrent les propriétaires ;
elle finit par rester à la veuve de Hahn, qui s'en défit en faveur du baron de

surtout par son droit d'asile en faveur des meurtriers, se trouvait intercalé entre ceux de Guémar et de Ribeauvillé. En dernier lieu, venait le bailliage de Heitern, qui s'étendait, en deux parcelles, au sud-ouest de Brisach et longeait en partie la rive gauche du Rhin. Pour ne rien oublier, disons encore que les Ribeaupierre étaient seigneurs, pour un tiers, de la petite ville d'Ammerschwihr, située vers l'entrée de la vallée de Munster.

De toutes les localités soumises à leur autorité, au nombre de plus de quarante, quelques-unes seulement pouvaient réclamer le nom de villes, c'étaient : Guémar, Sainte-Marie-aux-Mines, Bergheim et surtout Ribeauvillé, la capitale, — si ce mot n'est pas trop ambitieux, — de la seigneurie. Elle couvrait un terrain inégal, au pied de la montagne abrupte, au sommet de laquelle se dressait, dès le XIe siècle, menaçante et presque inaccessible, la tour carrée massive du Haut-Rappolstein, et sur les flancs de laquelle s'étaient élevés plus tard les châteaux de Giensberg et de Saint-Ulric. De plus près elle était dominée, — et l'est encore, — par une résidence plus moderne, que Guillaume de Ribeaupierre avait bâtie sur une large terrasse dans le style de la Renaissance allemande. Dotée de droits étendus par Rodolphe de Habsbourg, exemptée par ses successeurs de toute juridiction étrangère, et administrée, depuis 1550, selon un nouveau statut municipal, très libéral, Ribeauvillé avait coulé des jours généralement prospères au milieu de ses riches vignobles, depuis la guerre des Rustauds, jusqu'à celle de Trente Ans. C'était alors une jolie villette fière de sa belle église de Saint-Grégoire, de ses fontaines d'eau courante, de sa belle promenade du Herrengarten, établie en 1617, par Everard de Ribeaupierre. Mais pendant les années de luttes incessantes qui suivirent, elle souffrit énormément, malgré les lettres patentes et sauvegardes que ne cessèrent de lui prodiguer les belligérants[1] ; vers 1673, la population ne semble guère avoir dépassé six cent cinquante âmes[2]. Mais elle se releva

---

Rolle, en 1694, et le baron la revendit une seconde fois aux Birckenfeld; en 1716. On voit que ce n'est pas d'aujourd'hui que les propriétés immobilières changent souvent de main.

1. Il existe aux Archives de la Haute-Alsace un dossier (E. 536), véritable album d'autographes historiques, qui se compose uniquement des lettres de protection délivrées successivement aux Ribeaupierre par Gustave Horn (1633), le maréchal de La Force (1634), le cardinal de La Valette (1636), Louis XIII (1637), Turenne (1644), le comte de La Suze (1653), Charles de Lorraine et Frédéric-Guillaume de Brandebourg (1674), le maréchal de Luxembourg (1676), etc. Combien peu elles ont servi, c'est ce que démontrent les dossiers voisins, remplis de réquisitions et de plaintes sans nombre.

2. Nous avons un relevé minutieux des *protestants* de Ribeauvillé, dressé à cette date; il s'élève à un total de 444 (A.H.A. E. 1805). Or, encore en 1697,

rapidement sous l'administration soigneuse des comtes palatins, et
en 1697, l'on y comptait 350 maisons et près de 2,200 âmes [1].

Après la conversion des sires de Ribeaupierre à la confession
d'Augsbourg, ils avaient confié toutes les charges de la magistrature
locale aux luthériens, qui les gardèrent de 1575 à 1628 et de 1632
à 1680. A cette dernière date, un arrêt du Conseil d'État prescrivit
d'organiser un Conseil de ville mi-partie, en s'appuyant par une
méprise bizarre sur l'article du traité de Westphalie, qui faisait du
1ᵉʳ janvier 1624 la *date normale,* pour régler la situation confessionnelle de tous les États de l'Empire [2].

Les revenus de la ville de Ribeauvillé s'élevaient en 1683 à
2,385 livres 11 sols et 15 deniers, provenant en majeure partie des
droits sur la vente des vins et de l'eau-de-vie en gros et en détail [3].

Bien qu'ils ne fussent plus reconnus comme État immédiat, les
sires de Ribeaupierre jouissaient pourtant de tous les droits utiles
de la souveraineté. On les trouve énumérés dans une espèce de
code, dressé le 29 novembre 1688, à la requête du procureur fiscal,
Louis Bonnay, par-devant MM. de Haering, conservateur des
forêts, Stoltz et Ehrentraut, conseillers de Son Altesse, et Schmidt,
receveur [4]. D'après cette *Déclaration des droits de la Seigneurie,* le
sire de Ribeaupierre possédait : 1° le droit de haute et basse justice ; 2° le droit de nomination à tous les offices ; 3° le droit de
réception des bourgeois et manants ; 4° le droit de prélever un droit
d'émigration et de détraction [5] ; 5° la perception de la taille en
argent ; 6° la dîme sur les vins et les céréales ; 7° le produit des
amendes et des confiscations ; 8° les droits de péage et d'octroi ;

il n'y avait dans la ville qu'un tiers de catholiques et deux tiers de luthériens,
au dire de La Grange ; en admettant la même proportion pour l'année 1673,
cela donnerait donc au plus 220 catholiques, soit le total approximatif que
nous indiquons dans le texte.

1. La Grange, *Mémoire,* fol. 304. En 1709, il y avait déjà 2,857 habitants ;
en 1789, 4,625, dont la majorité appartenait à l'Eglise catholique. (Horrer,
note manuscrite de La Grange, et Bernhard, p. 190.)

2. A.H.A. E. 2752. Comme en 1624, le Magistrat de Ribeauvillé était incontestablement luthérien, l'on ne comprend pas ce que *l'année normale* vient
faire en cette occurrence.

3. Bernhard, *Recherches,* p. 168.

4. A.H.A. E. 1602. Le fort curieux préambule du document explique les
raisons de cette codification générale. On se trouve, dit-il, à la veille d'une
grande guerre ; or, en ces moments-là, la mémoire des choses périt plus vite
qu'en tout autre temps, tant à cause de la mort ou de la fuite des personnes
que par la perte des titres énonciatifs, enlevés ou détruits par l'incendie, etc.

5. Par suite de conventions spéciales, renouvelées pour la dernière fois
le 7 mars 1609, les Ribeaupierre et la ville de Strasbourg renoncèrent mutuellement pour leurs sujets à ce droit de transmigration (*Abzug*), passablement
élevé. (A.H.A. E. 2416).

9° les droits sur le débit du vin et du sel ; 10° le droit de chasse et de
pêche ; 11° le droit de demander à chaque sujet cinq jours de corvée
annuelle ; 12° le droit de requérir les bourgeois pour garder son
château en cas de guerre ; 13° le droit de faire cultiver les vignobles
seigneuriaux par les vignerons de Ribeauvillé ; 14° le droit d'établir
des statuts pour les corporations de métiers. Il faut y ajouter encore
le droit de percevoir un impôt sur tous ceux qui achèteraient des
terres dans l'étendue de la seigneurie[1].

Si l'on ajoute à ces nombreuses redevances et impôts le produit
des mines du val de Lièpvre, à l'époque où elles donnaient encore
un rendement sérieux, l'on peut dire que les Ribeaupierre, qui
n'avaient point de grosses dépenses politiques (troupes à solder,
forteresses à défendre, diplomates à payer), étaient probablement
au commencement du XVIIe siècle, les plus riches seigneurs terriens
de l'Alsace. Ils l'étaient d'autant plus qu'ils étaient généralement
économes et enjoignaient de l'être à leurs subordonnés[2]. On conserve aux Archives de la Haute-Alsace la longue série des comptes
de leur cour seigneuriale, soigneusement établis par leurs maîtres
d'hôtel, Louis Bechtold, Conrad Grimm, Jean Birckel, etc. Quand
on compare leurs dépenses à celles qui se faisaient dans mainte
autre petite cour allemande de l'époque, on les trouve bien modestes, même en les calculant au pouvoir actuel de l'argent[3].

§ 2. TERRES DE WURTEMBERG-MONTBÉLIARD

La famille comtale, puis ducale de Wurtemberg avait pris pied en
Alsace dans la première moitié du XIVe siècle. En 1324, le comte
Ulric III achetait aux comtes de Horbourg la seigneurie de ce nom

1. Cet *Einstandsrecht* fut établi par une ordonnance de Chrétien II, du
4 janvier 1681 (A.H.A. E. 2411.) — Nous ne parlons pas ici du plus connu
peut-être, et du plus singulier des droits utiles du sire de Ribeaupierre, qui
en se qualifiant de « roi des ménétriers » de l'Alsace, prélevait un tribut
régalien sur tous les musiciens ambulants exerçant leur métier, entre la
frontière suisse et la forêt de Haguenau. C'est dans l'histoire des mœurs
qu'il sera plus indiqué d'en dire quelques mots.
2. Nous avons trouvé un exemple amusant de cette économie louable dans
les comptes de 1621, où l'on apprend que l'intendant du château de Guémar
avait fait fabriquer six couvercles de marmite en fer (coût : 1 florin 6 deniers),
avec une vieille armure que les Espagnols y avaient abandonnée jadis.
(A.H.A. E. 1212.)
3. Ainsi, pour citer quelques exemples, la dépense, en 1611, est de
3,262 florins ; en 1630, de 4,040 florins ; en 1662, de 2,964 florins ; en 1688,
de 2,063 florins (A.H.A. E. 753-761.) Sans doute il ne faut pas oublier les
nombreuses fournitures en nature (gibier, chapons, poulets, vins, céréales)
qui n'entraient pas dans le compte de la dépense en numéraire.

qui s'étendait, mais non pas d'un seul tenant, entre les Vosges et le Rhin, du voisinage de Ribeauvillé à celui de Colmar et de Brisach. Quand les comtes de Wurtemberg succédèrent en vertu d'une alliance de famille, à la lignée des comtes de Montbéliard, éteinte dans les mâles en 1397, ils joignirent tout naturellement la seigneurie de Horbourg à leur nouvelle acquisition, et elle suivit le sort du comté princier de Montbéliard, les trois fois que celui-ci devint, en 1473, en 1550 et en 1608, l'apanage de branches cadettes de la maison ; les trois fois aussi que l'apanage fut réuni de nouveau à l'ensemble des possessions wurtembergeoises, les deux premières fois, en 1498 et en 1593, parce que les princes apanagés furent appelés à succéder à la ligne principale éteinte, la troisième fois, en 1723, après l'extinction de la ligne apanagée elle-même[1].

Les princes de Montbéliard dirigeaient les affaires de leurs possessions alsaciennes depuis leur capitale franc-comtoise où résidait la Régence dont dépendaient Riquewihr et Horbourg. Mais, vu la distance, elle était bien obligée de laisser une certaine latitude aux baillis de la Haute-Alsace. Il arriva d'ailleurs à plusieurs reprises, au XVIIᵉ comme au XVIIIᵉ siècle[2], que les terres wurtembergeoises furent mises sous séquestre, puisque leur possesseur ne voulait pas reconnaître la suzeraineté du roi de France ou qu'il s'était joint à ses ennemis. Pendant ces entr'actes historiques c'était naturellement de l'intendant d'Alsace que relevaient les fonctionnaires locaux.

Le sort de ces territoires au XVIIᵉ siècle fut le même que celui de toutes les terres environnantes de la Haute-Alsace ; ils furent affreusement ravagés pendant la guerre de Trente Ans et pendant les guerres suivantes. Horbourg fut pris par les Suédois en 1632, et brûlé par les Français en 1675, Riquewihr pris et saccagé par les Impériaux en 1645, et les deux princes de Montbéliard qui régnèrent pendant la majeure partie du siècle[3] reçurent plus souvent, de leurs possessions d'Alsace, des nouvelles affligeantes que des versements considérables.

Elles comprenaient en 1661 dix-huit bourgs et villages. Le comté de Horbourg proprement dit en renfermait onze pour sa part ; c'étaient d'abord la petite ville de Horbourg, bâtie dans la plaine, entre Colmar et Brisach, sur les fondations d'un vieux *castrum*

1. Aug. Himly, *Formation territoriale*, II, p. 291.
2. Durant la guerre de Hollande, celle du Palatinat, etc. La Grange. en 1697, parlait de ces terres « présentement confisquées » (fol. 253).
3. Léopold-Frédéric régna de 1631 à 1662, et Georges II de 1662 à 1699.

romain[1], qui avait un beau château seigneurial et un parc magnifique[2], puis les villages de Sundhoffen, Andolsheim et Volgelsheim, dont le dernier devait fournir l'emplacement de la forteresse de Neuf-Brisach; les autres étaient de pauvres hameaux disséminés sur le terrain stérile de la Hardt[3]. La seigneurie de Riquewihr comprenait au contraire surtout un pays de collines, couvertes de vignobles, qui s'adossait à la chaîne principale des Vosges, mais grimpait aussi, pour ainsi dire, sur le flanc de celles-ci jusqu'aux hauteurs agrestes du village d'Aubure. Son chef-lieu, la petite ville de Riquewihr, bâtie près des ruines du château de Bielstein, contenait également une résidence princière, où siégeait la Régence, et qu'on peut voir encore aujourd'hui[4]. Elle était célèbre par toute l'Alsace par ses trois églises[5], tout comme Ribeauvillé par ses trois châteaux; plus célèbre encore par les crus capiteux de ses vignobles, avec lesquels rivalisaient ceux des localités voisines de Hunawihr, Bebelnheim et Mittelwihr. Nommons encore Ostheim, qu'en 1686 Georges II constitue, avec Aubure, en apanage distinct, en faveur de sa fille Anne, cette princesse énergique, mais plus que fantasque qui donna tant de motifs de plainte à ses quelques sujets comme à l'administration française.

Les baillis de Riquewihr, fonctionnaires administratifs et judiciaires à la fois, exerçaient au nom de leur maître le droit de haute et basse justice. Ils avaient toujours été jusque vers 1680 des gentilshommes luthériens. L'arrêt du Conseil souverain qui les soumit à l'obligation d'être présentés à la Cour de Brisach et d'être agréés par elle, exigea aussi d'eux d'être gradués en droit et de professer la religion catholique. En outre, le Conseil introduisit, là comme partout, une instance d'appel qui lui permettait de contrôler toute l'administration de la justice locale. Le bailli fixait en outre le montant de la taille seigneuriale dans les différentes communes, il répartissait la taille royale, dont le chiffre lui était transmis en bloc par les bureaux de l'intendant; pour l'administration des revenus du

1. On l'identifie d'ordinaire avec l'*Argentovaria* de l'*Itinéraire* d'Antonin (Voy. E. A. Herrenschneider, *Roemercastell und Grafenschloss Horbourg*, Colmar, 1894, in-8°), mais les archéologues locaux ne sont nullement d'accord sur ce point.

2. Ichtersheim, *Topographie*, II, p. 79.

3. Voy. aussi l'excellente étude de M. Ch. Pfister sur le *Comté de Horbourg*, dans la *Revue d'Alsace*, année 1888, p. 24, 145, 232, 365.

4. Voy. J. Dietrich, *Notice sur Riquewihr* dans la *Revue d'Alsace*, 1856, p. 406.

5. Le vieux dicton . *Drey Kirchen auff einem Kirchhoff*, etc., est cité déjà par Balthasar Han dans son livre *Seelsagendes Elsass*, p. 7 et 207.

territoire, il avait à côté de lui deux receveurs, l'un pour les domaines séculiers, l'autre pour les rentrées ecclésiastiques.

La ville de Riquewihr était administrée par un Magistrat dont la la composition devint de plus en plus oligarchique du XV° au XVIII° siècle. Ses douze membres primitifs furent réduits à huit, puis à six seulement. Tous étaient nommés à vie. A chaque décès, les conseillers survivants présentaient une liste de trois candidats et le prince choisissait parmi eux le successeur du défunt[1]. Ce n'est qu'au XVIII° siècle que l'alternative fut introduite et que trois des membres du Magistrat durent être catholiques. Le corps était présidé par le prévôt (*Schultheiss*), directement nommé par le seigneur; le gouvernement français exigea qu'il fût toujours catholique[2]. En face de cette oligarchie, la corporation des vignerons (*Rebleute*) qui nommait annuellement deux maîtres (*Stubenmeister*), l'un protestant et l'autre catholique, représentait en quelque sorte l'élément populaire. Les anciens *Stubenmeister*, et ceux en charge, formaient en effet une espèce de commission (*Ausschuss*), chargée de contrôler les comptes du Magistrat.

Dans les villages, les prévôts, nommés par le seigneur, durent être également catholiques à partir de 1680. Ils administraient les affaires de la commune et la police locale de concert avec les jurés de justice, au nombre de quatre d'ordinaire ; quant aux véritables sentences judiciaires, depuis qu'il était établi qu'elles devaient émaner de jurisconsultes professionnels, elles étaient naturellement réservées au bailli, et le *Gericht* villageois ne fonctionnait plus guère que comme bureau de conciliation entre les parties[3]. L'indépendance administrative fut peu à peu restreinte, tout comme l'autonomie judiciaire, mais un peu plus tard cependant. Ce n'est qu'au XVIII° siècle que tous les budgets communaux, même après avoir passé sous les yeux de la Régence, durent recevoir encore le visa de l'intendant. Il vint un moment où ni coupe dans les forêts seigneuriales, ni construction d'un bâtiment public, ne pouvaient être exécutées sans avoir été approuvées dans les bureaux de Strasbourg[4]. A partir de ce moment, il ne reste plus guère au seigneur, en fait de droits souverains, que celui d'encaisser une série d'impôts, déjà plus d'une fois énumérés dans ces pages, car ce sont à

---

1. Détail curieux et peu fait pour rehausser le respect du public à l'égard de ces dignitaires municipaux: le prince leur fournissait chaque année des culottes neuves, dites *Rathhosen*.
2. Pfister, *Revue d'Alsace*, 1888, p. 47.
3. Id., *ibid.*, p. 52.
4. *Ibid.*, p. 53.

peu près les mêmes, d'un bout à l'autre de l'Alsace : la taille seigneuriale (*Gewerff*), les corvées, les droits sur la vente des vins et
céréales, les droits de bourgeoisie, de manance et d'émigration,
les revenus directs du domaine princier, certaines redevances féodales, etc.

Au point de vue de l'organisation ecclésiastique, les différentes
paroisses, toutes luthériennes, du bailliage formaient un Consistoire ; avant 1630, il était composé du bailli, du surintendant ecclésiastique, du sous-bailli et du diacre, ou second pasteur du chef-
lieu. Le greffier seigneurial fonctionnait comme secrétaire. Quand
plus tard le bailli et le greffier furent forcément catholiques et que
la charge de sous-bailli fut supprimée, il fallut joindre au surintendant et au diacre deux autres pasteurs, et le Consistoire fut présidé
par un conseiller de régence. Le Consistoire désigna dorénavant
lui-même son secrétaire, et l'élément ecclésiastique y eut la prépondérance. Ce corps ne veillait pas seulement aux affaires du culte,
mais il surveillait aussi les écoles et contrôlait la moralité publique.
Le bailli était tenu d'exécuter ses arrêts. Mais on pouvait appeler, comme d'abus, de ses décisions au Conseil souverain d'Alsace.

§ 3. LES TERRES DE LA MAISON PALATINE EN ALSACE

Les possessions territoriales de la maison palatine dans l'Alsace
septentrionale datent, pour la plupart, de l'époque où, investis
de la préfecture de Haguenau, les électeurs palatins exploitèrent de
leur mieux cette charge afin de réunir à leur domaine propre des
terres d'Empire engagées par des souverains nécessiteux, en
même temps qu'ils acquièrent à prix d'argent ou gagnent à
la pointe de l'épée de nouveaux territoires. C'est surtout dans la
seconde moitié du XVᵉ siècle et durant le règne de l'électeur
Frédéric Iᵉʳ dit le Victorieux, que cette extension fut le plus considérable. Mais dès les premières années du siècle suivant, l'empereur Maximilien, diminua par la guerre dite de Bavière et par la
proscription de l'électeur Philippe, la puissance de la maison de
Wittelsbach ; elle perdit décidément toute prépondérance dans la
Basse-Alsace, quand Ferdinand Iᵉʳ eut assuré aux Habsbourgs la
landvogtei de Haguenau. Comme d'ailleurs les possessions de la
maison se morcelèrent de plus en plus entre la branche électorale,
celle des Deux-Ponts et celle de Veldence, l'influence des archiducs autrichiens, des évêques de Strasbourg et de Spire, régna

désormais sans contrepoids dans les régions où les Palatins s'étaient déjà crus les maîtres.

Avant d'examiner au point de vue territorial les possessions alsaciennes de la maison palatine, il nous faut aborder, une fois de plus, le problème très délicat de la géographie politique de l'Alsace au XVIIᵉ siècle que nous avons touché dans l'introduction générale : Quelles ont été alors, et pour longtemps, les limites septentrionales de la province ? On le sait, au point de vue purement historique, l'Alsace inférieure ou le *Nordgau* s'arrêtait en deçà de la Lauter, où commençait le *Spirgau*, comme en témoignent suffisamment les antiques limites des deux diocèses de Spire et de Strasbourg. Mais le souvenir de cette frontière historique était, au XVIIᵉ siècle, devenu fort confus et obscur, et cela précisément à la suite de la longue prédominance de la maison palatine au nord comme au sud de la Lauter, des acquisitions qu'elle avait faites d'anciennes terres ecclésiastiques, par exemple de celles de l'abbaye de Seltz. sur territoire incontestablement alsacien, et de l'effort très naturel qu'elle fit, au XVᵉ et au XVIᵉ siècle, de fondre en un tout compact et solide, les domaines divers qu'elle avait dans ces parages. Quand la France prit pied en Alsace, la province comprenait quatre grands districts, le Sundgau, le landgraviat de la Haute-Alsace, celui de la Basse-Alsace, jusqu'au Seltzbach, enfin, tout au nord, entre le Seltzbach et la Queich, des dépendances de la grande préfecture de Haguenau, en assez petit nombre. « On y avait d'ailleurs englobé, — c'est ainsi que s'exprime au dernier siècle l'avocat général du Conseil souverain d'Alsace, F. Xavier Loyson[1], — *une vaste étendue de terres qui n'eurent originairement rien de commun avec l'Alsace,* une partie considérable de la principauté de l'évêché de Spire, la principauté ecclésiastique de Wissembourg, quelques bailliages du duché des Deux-Ponts, la plus grande partie du bailliage de Germersheim. appartenant à l'Electeur palatin, plusieurs seigneuries ci-devant libres et souveraines et les villes autrefois impériales de Wissembourg et de Landau... » Mais, continue l'auteur du *Mémoire* que nous citons, « l'Empereur et l'Empire ayant paru abandonner la cause des Etats d'Alsace à la paix de Nimègue, le roi crut pouvoir profiter de la circonstance pour faire prononcer par la Chambre royale de Metz et par le Con-

---

1. Ce très curieux *Mémoire* de François-Xavier Loyson, avocat général au Conseil souverain en 1759 († 1798), a été publié par M. Ed. Reucker, ancien membre de l'Assemblée nationale de Bordeaux, dans la *Revue d'Alsace*, 1887, p. 44, 145.

seil de Brisach la réunion à la France de toutes les terres libres et
souveraines dont la suprématie avait été cédée à Sa Majesté par le
traité de Westphalie... Ce fut alors *pour la première fois* que les
terres comprises dans le quatrième district désigné ci-dessus
grossirent le nombre des Etats de l'Alsace et que les limites de la
province s'approchèrent des rives de la Queich ».

« L'article 4 de la paix conclue en 1697 à Ryswick anéantit toutes
les réunions que les tribunaux avaient prononcées *touchant les
terres situées hors de l'Alsace*[1]. Cette stipulation ayant laissé indécise
la question de savoir jusqu'où s'étendaient les limites de l'Alsace,
son exécution devint un nouvel objet de litige entre la France et
l'Empire, l'empereur, la diète et les princes intéressés au maintien
de l'indépendance du quatrième district soutenant invariablement
qu'elles suivaient les rives de la Seltzbach, et la France persistant
dans le système qu'elle avait manifesté au Congrès de Ryswick,
que l'Alsace était bornée vers le nord par les rives de la Queich,
petite rivière qui passe à Landau. »

« Comme ni la paix de Bade, ni celle de Vienne, ne statuent rien
sur le différend et que le Congrès, résolu par le dernier de ces
traités, à l'effet de déterminer les limites de l'Alsace, ne fut
jamais mis en activité, le gouvernement reprit le plan du comte de
Servien et négocia avec tant de succès que la plus grande partie
des États immédiats du quatrième district et tous ceux du troisième,
que la paix de Ryswick avait rétablis dans leur ancienne indépendance, se soumirent à la domination du roi, sous la condition
rigoureuse de conserver la jouissance de leurs anciens revenus et
d'être maintenus dans l'exercice de leur supériorité territoriale dans
tous les points qui seraient compatibles avec le service de Sa
Majesté. »

« C'est de cette manière qu'à très peu d'exceptions près, toute
l'Alsace, dans le sens le plus étendu que les plénipotentiaires du
roi au Congrès de Ryswick s'efforcèrent de donner à cette dénomination géographique, se trouve aujourd'hui réunie à la monarchie
française, et que nos rois, secondés par la connivence de l'Empereur
et de l'Empire, ont obtenu ce que l'Europe entière disputait à
Louis XIV en 1688[2]. »

S'il n'est pas absolument exact d'affirmer que, même au milieu du

---

1. *Quæ extra Alsatiam sunt.* Mais il n'y eut de *nominativement* indiqués
que Germersheim et les prévôtés qui en dépendaient; cela servit d'argument
à la diplomatie de Louis XIV pour affirmer qu'elle pouvait garder tout le
reste.

2. *Revue d'Alsace.* 1887, p. 48.

XVIIIᵉ siècle, toute l'Alsace, telle que les envoyés du roi la défi-
nissaient aux conférences de Ryswick, était réunie sans conteste à
la monarchie française[1], il ressort du moins de l'exposition si nette
et si lucide de Loyson, qu'avant 1697 la couronne de France n'avait
aucun titre sérieux à faire valoir pour réclamer la totalité des terres
situées entre le Seltzbach et la Queich. En dehors des anciennes
villes impériales de Wissembourg et de Landau, ces droits étaient
plus que douteux et absolument niés par les intéressés. C'est seulement par des négociations particulières, assez longues et pénibles,
qu'*après le traité de Ryswick*, une partie des terres entre la Seltz et
la Lauter furent soumises par leurs possesseurs directs à l'autorité
souveraine de la couronne de France. Quant aux bailliages palatins
et spirois entre la Lauter et la Queich, ils demeurèrent « bailliages
contestés » et s'appelaient encore ainsi à la veille de la Révolution[2].

Nous ne les mentionnerons donc qu'en passant et uniquement
pour indiquer l'étendue des territoires prétendus par la France au
moment où finissait l'ancien régime[3].

La branche électorale de la maison palatine possédait, entre le
Seltzbach et la Queich, une dizaine de bailliages qui constituaient,
en majeure partie, le grand-bailliage de Germersheim ; nous nous
contenterons d'énumérer neuf d'entre eux, ceux de Germersheim,

---

1. Voy. sur les contestations qui duraient encore entre la France et le
Palatinat, peu avant la Révolution, Legrelle, *Louis XIV et Strasbourg*,
p. 697. Voy. aussi le travail de M. Pfister, *Un Mémoire de l'intendant
Colbert sur l'Alsace en 1663*. (Belfort, 1895, in-8°) p. 12, en note.

2. Je dois mentionner pourtant que dans sa *Topographie*, F. R. d'Ichtersheim, bien que fort hostile à la France, énumère en 1710 les territoires entre
la Lauter et la Queich comme appartenant à la France (I, p. 7-9).

3. J'ai tâché de réunir le plus de cartes d'Alsace possible, publiées soit en
France, soit en Suisse, soit en Allemagne, de 1675 à 1791, et j'ai constaté qu'il
n'y en avait pas deux où les frontières septentrionales de la Basse-Alsace
fussent absolument identiques. [J.-C. Walther, Francfort, 1675. — J.-F. Meyer,
Bâle, 1676. — J.-B. Nolin (Lorraine et Alsace), Paris (après 1680). — H. Jaillot,
Paris, 1707. — Homann, Nuremberg (première moitié du XVIIIᵉ siècle). —
Janvier, *Gouv. militaires de France*, Paris, 1776. — Weis, *Grandes routes
d'Alsace*, Strasbourg (vers 1780). — Weis, *France en départements*, Strasbourg,
1791.] Tantôt la frontière ne dépasse pas sensiblement le cours de la Lauter,
et laisse Landau, comme un îlot français au milieu des terres palatines ; tantôt Landau s'y soude au reste de l'Alsace, mais les bailliages de Rheinzabern
et de Hagenbach, près du Rhin, restent en dehors des limites, qui comprennent cependant à l'ouest encore celui de Dahn. Parfois la frontière remonte
à Germersheim, puis fléchit vers le sud-ouest, englobant les bailliages de
Billigheim, Klingenmunster et Annweiler dans le territoire français, mais
laissant Landau à l'état d'enclave. Dans l'une des cartes de Nolin, la frontière
dépasse même considérablement la Queich et va de Philipsbourg à peu près
en ligne droite vers l'ouest, passant tout près de Neustadt. — On peut voir
pour le détail de ces territoires contestés, Schoepflin-Ravenez, IV, p. 411-434.

Hert, Hagenbach, Billigheim, Klingen, Landeck, Birckenhart, Sibel-
dingen (ou Godramstein) et Euwersthal, compris dans la Bavière
rhénane actuelle, et nous ne nous arrêterons un instant qu'au bailliage de Seltz, situé au sud de la Lauter. Il était formé d'une partie des
terres données au moyen âge à la célèbre abbaye bénédictine qu'avait
fondée en 968 l'impératrice Adélaïde, épouse d'Othon le Grand, et
dont le supérieur obtint, au XIVe siècle, le titre de prince du Saint-
Empire. Peu à peu, la plupart des domaines de l'abbaye sur la rive
droite du Rhin furent usurpés par ses avoués, les margraves de
Bade ; les seigneurs de Fleckenstein la débarrassèrent d'un certain
nombre de villages dans la Basse-Alsace ; en 1560 enfin, l'électeur
palatin s'empara de ce qui restait encore et le rattacha au grand
bailliage de Germersheim. A cette époque, il possédait déjà depuis
longtemps la petite ville de Seltz, qui avait obtenu de l'empereur
Charles IV les privilèges d'une ville impériale et avait même
fait partie un moment de l'alliance de la Décapole, mais qui, engagée
dès 1408 aux comtes palatins, n'avait jamais recouvré son autonomie.
Outre la petite ville, le bailliage de Seltz ne renfermait que quelques
villages insignifiants.

Les terres alsaciennes appartenant à la branche ducale de Deux-
Ponts sont plus nombreuses, bien qu'une bonne partie d'entre elles
doive rester également en dehors de notre description comme faisant
partie des territoires contestés entre la Lauter et la Queich. Ce sont
en premier lieu le grand-bailliage de Bergzabern, qui s'étendait
entre Wissembourg et Landau, le long de la Hardt, et la seigneurie
de Guttemberg. De tous leurs bailliages, nous n'avons à retenir que
celui de Cléebourg, conféré aux palatins de Deux-Ponts, en 1504,
par Maximilien Ier, aux dépens des électeurs qui l'avaient usurpé sur
le Mundat inférieur ou de Wissembourg. Il comptait une dizaine de
localités, dont les plus connues sont Hundspach, Riedseltz et Birlenbach ; c'est près de ce dernier village que s'éleva le beau château
de Catharinenbourg, commencé en 1620 par le duc Jean-Casimir,
et baptisé du nom de sa femme, sœur de Gustave-Adolphe de Suède,
résidence princière souvent décrite au XVIIe siècle et plus souvent
encore pillée durant les guerres de cette époque.

Le second des territoires bipontins se trouvait plus au sud, sur le
cours de la Moder, entre les terres de la préfecture de Haguenau,
celles du comté de Hanau-Lichtenberg et celles de l'évêché de
Strasbourg ; c'est le bailliage de Bischwiller, comprenant la ville et
le château de ce nom, plus le village de Hanhoffen. Ancienne terre
de l'évêché de Strasbourg, vendu plus tard à des particuliers,

Bischwiller fut, au XVIᵉ siècle, offert en fief au duc Wolfgang de Deux-Ponts, par son possesseur, Louis d'Eschenau, désireux de procéder, avec l'appui de ce prince, à sa propre conversion et à celle de ses sujets. Plus tard, les comtes palatins dépossédèrent leurs vassaux, les Flach de Schwartzenbourg, héritiers des Eschenau, et les ayant dédommagés en 1609, ils devinrent légalement les possesseurs directs de ce coin de terre, qui ne tarda pas à se développer rapidement, grâce à leur habileté politique. Il s'y était déjà produit un premier courant d'immigration, dans la seconde moitié du XVIᵉ siècle, par l'arrivée de nombreux huguenots fugitifs, qui y fondèrent une paroisse française ; en 1617, eut lieu une immigration plus considérable encore, quand la population presque tout entière de la ville de Phalsbourg, vendue au duc Henri de Lorraine par le comte palatin de Veldence, préféra quitter ses demeures plutôt que de retourner au catholicisme. Le duc de Deux-Ponts leur promit le libre exercice du culte réformé et l'exemption de tout impôt pour dix-huit ans. Ce sont ces travailleurs de race française, habiles ouvriers et cultivateurs émérites, qui introduisirent à Bischwiller l'industrie textile et la culture du tabac. Dès 1614, la petite ville comptait 250 bourgeois, et elle était en plein progrès quand elle faillit périr durant la guerre de Trente Ans. Pillée une première fois par Mansfeld, en 1622, elle fut incendiée par les Suédois, en 1633, et ce qui en restait fut détruit par les Impériaux deux ans plus tard. Mais, en 1640, le comte palatin Chrétien Iᵉʳ de Birckenfeld, qui avait épousé la fille du duc de Deux-Ponts, devint, par engagement, seigneur de Bischwiller et vint y résider au milieu des ruines. Malgré la guerre qui continuait encore, il sut réunir de nouveaux habitants, reconstruire la ville et le château, et réussit si bien dans ses efforts, qu'en 1655 déjà, Bischwiller comptait derechef près de 1,100 habitants [1]. Malheureusement, sous son fils Chrétien II, les années 1674 à 1678 amenèrent de nouveau les armées ennemies à Bischwiller, encore une fois le pillage et l'incendie en dispersèrent les habitants. Cette fois-ci, le relèvement de la ville se fit avec lenteur ; en 1696, elle ne comptait encore que 120 bourgeois de langue française, 119 de langue allemande et 60 manants [2].

La troisième branche de la maison palatine, possessionnée

1. Culmann, *Geschichte von Bischweiler*, p. 58.
2. Nous avons dit plus haut déjà, en parlant des Ribeaupierre, que les comtes palatins de Birckenfeld, après avoir hérité de leur comté, succédèrent aussi à leurs agnats de Deux-Ponts, si bien que le bailliage de Bischwiller retourna, en 1731, au territoire plus étendu dont il avait fait partie avant 1640.

en Alsace, les comtes de Veldence[1], y détenait au XVIIᵉ siècle
le comté de la Petite-Pierre et la seigneurie de La Roche, dans la
vallée de la Bruche. Le comté de la Petite-Pierre (*Lutzelstein*) se
trouve sur le versant occidental des Basses-Vosges, au nord de
Saverne, et s'étend vers l'intérieur du plateau lorrain, entre les
comtés de Bitche, de Saarwerden et de Salm. Fief de l'Église de
Strasbourg depuis le XIIIᵉ siècle, il fut, vers le milieu du XVᵉ siècle,
enlevé aux derniers descendants des Lutzelstein par le comte palatin Frédéric et fut possédé depuis par différents rameaux de la
maison des Wittelsbach. Au XVIIᵉ siècle, il était entre les mains
des palatins de Veldence. On peut discuter longuement sur la question de savoir si le comté de la Petite-Pierre appartenait à l'Alsace
ou plutôt à la Lorraine allemande ou *Westrich*, ce qui, géographiquement, peut sembler préférable. Mais au point de vue historique,
il est incontestable que les seigneurs de Lutzelstein se sont toujours
considérés comme des seigneurs alsaciens et qu'ils dépendaient de
l'évêque de Strasbourg. La question a d'ailleurs été débattue dès
1682 par les autorités intéressées et résolue dans le sens de l'affirmative[2]. Outre le château fort et le bourg de la Petite-Pierre, — on
peut à peine l'appeler une ville, — qui avaient une certaine importance militaire « comme clef de Saverne et de Lichtenberg en
venant de Lorraine [3] » et où Louis XIV installa une compagnie de
vétérans, il n'y avait dans le comté que des villages insignifiants ;
les plus considérables, Lohr, Eschbourg, avec le hameau de
Graufthal aux maisons taillées dans le roc, méritent à peine d'être
nommés. Mais d'immenses forêts couvraient le pays et garantissaient, même alors, de beaux revenus aux seigneurs. On a vu déjà
plus haut qu'une localité plus importante avait fait partie du domaine des Veldence au XVIᵉ siècle, à savoir, Phalsbourg, construit
en 1570 sur l'emplacement du vieux château d'Einartzhausen, par le
fantasque comte palatin Georges-Jean, et peuplé par des émigrés
huguenots ; mais il l'avait engagé dès 1583 au duc Charles II de
Lorraine, pour payer une partie de ses dettes, et elle devint ainsi

---

1. Veldentz (qu'on a pris l'habitude de franciser en écrivant Veldence)
est une petite localité près de Berncastel, dans la régence de Trèves, aujour-
d'hui Prusse rhénane.
2. M. de La Goupillière, intendant des pays de la Sarre, et M. de La
Grange, intendant d'Alsace, eurent à ce sujet une longue controverse. La
Grange envoya à son collègue Jean-Marie de Steincallenfels, baron d'Ass-
willer, pour lui expliquer les raisons historiques qui rattachaient le comté à
l'Alsace. Il eut gain de cause et le pays fut attribué à l'intendance d'Alsace.
(Dag. Fischer, *Le comté de la Petite-Pierre, Revue d'Alsace*, 1880, p. 120.)
3. Ichtersheim, I, p. 20.

étrangère à l'Alsace. Quant au comté de la Petite-Pierre, il resta aux mains des Veldence jusqu'à la mort du dernier représentant mâle de la famille[1]. Comme il n'avait que des filles, le comté fut revendiqué à la fois par les comtes palatins de Birckenfeld, les comtes palatins de Soultzbach et l'électeur palatin lui-même : le dévouement éprouvé des Birckenfeld à la politique française le leur fit adjuger par deux arrêts successifs du Conseil souverain d'Alsace, en 1695 et 1699.

L'autre seigneurie alsacienne de Veldence, également lorraine peut-être au point de vue géographique[2], mais rattachée de tout temps à l'Alsace, était celle du Ban-de-la-Roche, qui devait son nom au château de la Roche (*zum Stein*) bâti sur un des promontoires du versant méridional de la vallée de la Bruche, à peu près vers son milieu. Elle avait appartenu à une famille noble très ancienne et très répandue jadis en Alsace, celle des Rathsamhausen, qui la vendit en 1584 pour 47,000 florins au comte palatin Georges-Jean[3]. Elle se composait de huit pauvres hameaux, Rothau, Fouday, Waldersbach, etc., absolument inconnus alors et dont le nom ne s'est guère répandu à travers le monde que depuis la fin du XVIIIe siècle, grâce aux vertus apostoliques du pasteur Oberlin, « le civilisateur du Ban-de-la-Roche[4] ». A la mort de Louis-Léopold de Veldence (1694), ce fut sa fille Dorothée qui en hérita et qui l'apporta à son mari, le duc Gustave-Samuel de Deux-Ponts. Mais la seigneurie de la Roche ne demeura pas réunie longtemps aux terres palatines. Le mariage de Gustave-Samuel et de Dorothée étant resté sans héritiers, l'intendant d'Alsace, M. d'Angervilliers, l'obtint du roi (1733); plus tard, elle passa au marquis de Paulmy, qui la vendit en 1771 à la famille de Dietrich. Elle était entre ses mains au moment de la Révolution.

En 1634, le comte de Lutzelstein, Georges-Gustave de Veldence, avait reçu de la couronne de Suède une donation qui aurait singulièrement agrandi ses domaines dans la région vosgienne, si elle

---

1. Le comte Louis-Léopold mourut à Strasbourg, le 29 septembre 1694, à l'hôtel de la *Cave profonde*, âgé de soixante-dix ans.
2. Je dis *peut-être*, car ici point de montagnes à gravir; la vallée fait naturellement partie du bassin de l'Ill, et c'est la Révolution seulement qui a donné au département des Vosges les cantons de Schirmeck et de Saales qui faisaient auparavant corps avec le reste de la Basse-Alsace.
3. Voy. pour les détails, Em. Dietz, *L'ancienne seigneurie du Ban-de-la-Roche*, dans la *Revue d'Alsace*, 1878, p. 343.
4. C'est du XIXe siècle seulement que date le développement industriel de ces petites localités aujourd'hui bien connues dans le monde des économistes.

avait été moins précaire, et ne s'était évanouie quelques mois plus tard avec la défaite de Gustave Horn et de Bernard de Weimar à Noerdlingen. C'était le bailliage de Schirmeck, enlevé à l'Évêché, et le Comte-Ban pris au Grand-Chapitre dans le val de Villé[1]. Il semble bien que le prince ait pris possession de la donation suédoise[2]; mais il fut obligé de la restituer, tout comme Strasbourg et Colmar durent renoncer aux leurs, dès que la France eut remplacé la Suède comme protectrice des États d'Alsace.

§ 4. LA BARONNIE DE FLECKENSTEIN

Tout contre la frontière actuelle de l'Alsace, sur le cours supérieur de la Sauer et du Seltzbach, s'étendait, en trois parcelles inégales, et coupée par d'autres territoires palatins, badois, hanoviens et autres, la baronnie de Fleckenstein, qui touchait d'un côté au Rhin, de l'autre aux Basses-Vosges et à la Hardt. Elle tirait son nom du château de Fleckenstein, dont les ruines imposantes, avec ses fortifications et ses galeries, taillées dans le roc vif, constituent l'un des plus curieux restes de l'architecture militaire du moyen âge dans la vallée rhénane[3].

Les sires de Fleckenstein occupaient une situation territoriale importante dans la Basse-Alsace septentrionale, dès le milieu du XIVe siècle, et des acquisitions successives, ainsi que l'investiture de nombreux fiefs, soit de la maison palatine, soit de l'électeur de Cologne leur constituèrent d'assez vastes domaines; mais, divisés de bonne heure en plusieurs branches et primés d'ailleurs par les forces infiniment supérieures des Wittelsbach, ils n'arrivèrent jamais à jouer un rôle marquant dans l'histoire politique de la province. Des trois rameaux de Dagstul, de Roedern et de Soultz, le dernier survivait seul au XVIIe siècle et dut se résigner à reconnaître la suzeraineté de la France, après que le marquis de Vaubrun se fut, en 1675, emparé par surprise du Fleckenstein, que Louis XIV fit démanteler en 1680. Mais ces dynastes qui, pour l'étendue de leur territoire, auraient mérité de porter le titre de comtes au moins

1. « Instrument libellé sur la saisine et réelle prinse d'icelle, de deux vallées que l'on dit en allemand le Wyler et Brüschthal, faites de la part de la couronne de Suède à très illustre seigneur George-Goustave, etc., » signé le 6-16 juillet 1634. (A.B.A. E. 5527).
2. *Copia relationis über die Huldigung der Weylerthaelerischen Underthanen*, 21 juin 1634. (A.B.A. E. 5527).
3. Daniel Specklin a donné, dans son *Architectura von Vestungen*, fol. 89 (2e édit. 1595), une vue, légèrement exagérée d'ailleurs en hauteur, du Fleckenstein, et Mérian l'a reproduite dans sa *Topographie* (p. 50).

autant que les Ribeaupierre, ne purent et he voulurent pas se
résigner à l'obéissance que les temps nouveaux exigeaient d'eux ;
ils vécurent en exil jusqu'à la paix de Ryswick, et c'est en plein
procès avec la couronne que le dernier d'entre eux, Henri-Jacques,
mourut en 1720, Louis XIV ayant promis, dès 1712, l'investiture de
ses fiefs à Hercule-Mériadec de Rohan, et le vieux baron prétendant
les laisser à l'une de ses filles et à son petit-fils. Mais c'est en vain
qu'il fit plaider leur cause au Conseil souverain ; les Rohan l'emportèrent et quelques alleux furent seuls laissés aux héritiers
naturels, tels une partie de Lembach, au sud-ouest de Wissembourg,
et une partie du bailliage de Roedern[1].

La localité principale de la seigneurie de Fleckenstein, la seule
qui dans ses six bailliages pût prétendre au nom de ville, était
Soultz-sous-Forêts, dont les murs ne la préservèrent d'ailleurs jamais
du pillage pendant les guerres du XVIIᵉ siècle, mais elle est connue
surtout par ses sources salines, les seules en Alsace qui fussent
abondantes. Après la destruction du Fleckenstein, les seigneurs
résidaient généralement au château de Roedern, dans le bailliage de
ce nom. Ils possédaient aussi Lobsann, alors déjà connu par ses
sources d'asphalte ; le long du Rhin, s'étendait le comté du Ried
(*Uffried, Riedgau*), avec des communes rurales assez importantes
parmi lesquelles Reschwoog, Dangolsheim et Sessenheim, cher aux
admirateurs de Goethe. Le domaine des Fleckenstein embrassait
au total, vers la fin du XVIIᵉ siècle, une trentaine de bourgs et de
villages[2].

§ 5. LES TERRES DES COMTES DE LINANGE EN ALSACE

Les seigneurs, puis comtes de Linange (*Leiningen*) étaient une
vieille famille de dynastes rhénans, dont les terres patrimoniales
étaient disséminées dans la Bavière et la Prusse rhénanes actuelles.
Ils y possédaient, entre autres, le comté d'Obernstein, sur la Nahe,
sous le nom duquel ils sont mentionnés au traité de Westphalie
comme États immédiats de l'Empire possessionnés en Alsace ; puis
aussi les prévôtés de Falkenbourg et de Sindelbronn dans les bailliages
contestés au nord de la Lauter. Plus au sud, ils ont fait, dans le

---

1. Voy. sur les Fleckenstein, Schoepflin-Ravenez, V, p. 637-639.
M. Ernest Lehr ne leur a point consacré de chapitre spécial dans son
Alsace noble, où ils auraient pu figurer pourtant parmi les familles souve-
raines.

2. Voy. aussi *Die alten Territorien des Elsass 1648* (Strassburg, 1896),
p. 146-150.

nord-ouest de la Basse-Alsace et sur les rebords du plateau lorrain des acquisitions assez considérables dont la plus ancienne, comme aussi la plus étendue, était le comté de Dabo (*Dagsburg*), qu'ils détenaient depuis le XIIIᵉ siècle. Mais la plus grande partie de ce territoire a toujours été regardée comme étant en dehors de l'ancienne Alsace[1], et d'ailleurs, sauf Dabo lui-même, château très fort, pris et détruit pendant les guerres de Hollande, en novembre 1679, il n'y aurait à mentionner que de petits hameaux, perdus au milieu d'immenses forêts, qui font encore aujourd'hui de ce pays peu cultivé l'un des recoins les plus pittoresques des Vosges[2].

Incontestablement en Alsace, au contraire, était la seigneurie d'Oberbronn déjà mentionnée à l'occasion des domaines des Hanau-Lichtenberg; au XVIIᵉ siècle, les Linange-Westerbourg en possédaient une partie et réclamaient le reste, comme alliés et héritiers des comtes de Bitche. En effet, les comtes de Hanau s'étaient, dès 1570, emparés de la moitié de ce territoire, divisé en deux bailliages, Oberbronn et Niederbronn, et en refusaient la restitution à leurs voisins, incapables de le leur arracher de force. Ils avaient donc engagé devant la Chambre impériale de Spire un procès qui dura plus de trois quarts de siècle[3]. La cour suprême décida bien, en 1667, que Niederbronn devait être rendu aux Linange ; mais la famille ne put entrer en possession qu'en 1709, après que l'affaire eût été replaidée devant le Conseil souverain d'Alsace et une seconde fois jugée en sa faveur.

Le bailliage d'Oberbronn avait pour chef-lieu le bourg de ce nom, dont le château, situé sur le flanc de la montagne, était assez important au point de vue militaire. Il n'en fut pas moins pris d'assaut par surprise et incendié en mars 1669, par une bande de chenapans envoyée par le comte palatin Adolphe-Jean de Cléebourg, qui voulait se venger du comte Evrard-Louis de Linange-Westerbourg, président de la Chambre impériale de Spire. Cet acte de brutalité, commis en pleine paix et qui fit beaucoup de bruit en son temps,

---

1. Nous rappellerons pour mémoire l'interminable controverse sur le lieu de naissance du pape saint Léon IX; les uns parmi ses biographes préfèrent Eguisheim, les autres Dabo, selon qu'ils voudraient en faire un pape alsacien ou un pontife lorrain. Lors de la division de l'Alsace en départements, une très petite parcelle du comté de Dabo (Engenthal et quelques autres hameaux) fut seule réunie au département du Bas-Rhin.

2. Voy. aussi Dugas de Beaulieu, *Recherches sur le comté de Dagsbourg, aujourd'hui Dabo (ancienne Alsace)*, Paris (2ᵉ édit.), 1858, vol. in-8°.

3. Ce ne furent plus les Linange-Westerbourg, éteints en 1691, mais les Linange-Dabo, leurs héritiers, qui bénéficièrent de la sentence.

fut comme le dernier écho de ces petites guerres féodales du moyen âge, si fréquentes autrefois en Alsace[1]. Le bailliage comptait une douzaine de localités dont la plus considérable était Zinswiller, avec ses forges et ses fonderies, très actives au XVIIe siècle. Quant au bailliage de Niederbronn, qui ne fut réellement aux Linange qu'au XVIIIe siècle, il comprenait la petite ville d'eau bien connue de ce nom, déjà renommée au XVIe siècle, et de plus, quatre villages.

Mentionnons encore ici, puisqu'il faut aussi bien le faire quelque part, deux autres petites seigneuries de la Basse-Alsace, qui se trouvaient enchevêtrées dans les terres des Palatins, des Fleckenstein et des Linange, et qui sont réellement trop insignifiantes pour avoir droit à un paragraphe spécial.

L'une, celle de Schoeneck, s'étendait vers Niederbronn et Woerth, sur un district montagneux, autrefois riche en châteaux forts, et dont le débouché vers la plaine rhénane se fait par la vallée du Jaegerthal. Acquise en toute propriété, au XVIe siècle, par une famille d'origine franconienne, les Eckebrecht de Durckheim, elle s'agrandit par l'adjonction de divers fiefs et arrière-fiefs conférés principalement par les maisons de Hanau et de Deux-Ponts[2], et constitua pour ses possesseurs un territoire féodal, resté indépendant jusqu'à la Révolution ; parmi les neuf villages qu'elle renfermait il en est deux, Elsasshaussen et Frœschwiller, qui ont acquis une célébrité lugubre, mais glorieuse en 1870. L'autre de ces seigneuries, celle de Hohenbourg, se trouvait tout au nord de l'Alsace, vers la Lauter, et n'avait qu'une minime étendue. Elle tirait son nom d'un château, situé non loin du Fleckenstein et resté, par un singulier hasard, franc-alleu jusqu'à la fin de la féodalité, malgré, ou plutôt à cause de son peu d'importance. Ses deux insignifiants villages ont appartenu jusqu'en 1789 à la famille des Sickingen, illustrée au XVIe siècle par le fameux condottiere François de Sickingen, et très répandue dans le Spirgau et le Palatinat[3].

---

1. Voy. Louis Spach, *Le château d'Oberbronn, Œuvres choisies*, III, p.323.
2. C'est à cause de cette situation de vassaux pour la majeure partie de leurs terres, qu'on n'énumère pas d'ordinaire les possesseurs de la seigneurie de Schoeneck parmi les petits dynastes de l'Alsace ; mais ils ont le droit de figurer sur leur liste.
3. Ils les obtinrent comme alliés des Puller de Hohenbourg, éteints dans les mâles à la fin du XVe siècle ; Charles-Quint leur confirma leurs possessions, en 1544, comme fief immédiat d'Empire.

§ 6. TERRES DU MARGRAVIAT DE BADE EN ALSACE

Les deux parcelles de territoire alsacien qui, au XVIIe siècle, appartenaient aux margraves de Bade ont été toutes deux démembrées de la seigneurie de Fleckenstein. La première était formée par le bailliage ou la seigneurie de Beinheim, située entre le cours inférieur de la Sauer et le Rhin. Elle fut vendue aux margraves de Bade, en 1404, et resta entre leurs mains jusqu'à la Révolution [1], sauf pendant les quelques années qu'elle fut sous séquestre, ses propriétaires s'étant refusés à reconnaître la validité des arrêts de réunion et à prêter hommage à Louis XIV. Le chef-lieu en était Beinheim, petite ville forte, souvent mentionnée dans les guerres badoises et palatines du XVe et du XVIe siècle, dont les murs furent rasés, par ordre du roi, en 1687 ; ce n'est plus aujourd'hui qu'un gros village. Sur le territoire de Beinheim, et en partie avec les pierres de ses remparts, fut construite la citadelle de Fort-Louis (1688).

Quant au bailliage de Kutzenhausen, situé entre le bailliage hanovien de Goersdorf et celui de Soultz, appartenant aux Fleckenstein, il ne fut badois que pendant la seconde moitié du XVIIe siècle. Le comte palatin Charles-Gustave de Cléebourg, qui l'avait acquis des Fleckenstein, une fois devenu roi de Suède, en fit en effet don à sa sœur Christine, épouse du margrave Frédéric VI de Bade-Dourlach (1656) ; mais en 1705, leur petite-fille, l'enfant unique du margrave Charles-Gustave, filleul du roi, s'en défit en faveur du dernier comte de Hanau-Lichtenberg, et c'est ainsi qu'il figurait, vers le milieu du XVIIIe siècle, avec tout l'héritage de Jean-Regnard III, parmi les possessions alsaciennes des landgraves de Hesse-Darmstadt.

Pour être complet, il faut mentionner encore les droits badois sur le territoire minuscule de Landscron, perdu à l'extrémité sud-ouest du Sundgau ; jusqu'au milieu du XVIIe siècle, il appartenait en partie au comté de Ferrette, et en partie au margraviat de Bade. Pour s'assurer la possession sans partage du château, très fort et servant encore de véritable place de guerre, Louis XIV, après avoir pris possession de l'héritage de la maison d'Autriche, fit, en 1664, l'acquisition de la moitié badoise, en assignant une rente perpétuelle de 3,000 livres aux margraves, comme suzerains, et un dédommagement moindre aux seigneurs de Reichenstein, leurs vassaux, qui en étaient alors les détenteurs.

---

1. Elle appartint à la branche de Bade-Bade jusqu'à son extinction, en 1771.

§ 7. TERRES LORRAINES EN ALSACE

L'histoire de Lorraine a si peu de points de contact avec celle
d'Alsace, que nous ne songeons point à détailler longuement les
territoires alsaciens que des héritages, des liens féodaux ou le
hasard des événements ont placés, dans le cours des siècles, aux
mains des ducs de Lorraine. Cependant le tableau topographique
de l'Alsace au XVIIᵉ siècle ne serait pas complet si nous n'énumé-
rions pas dans un paragraphe spécial ces enclaves lorraines, ou,
pour mieux dire, ces prolongements de la région voisine qui,
dépassant la crête des Vosges, descendaient vers la plaine rhénane.

Dans la Haute-Alsace, les ducs de Lorraine possédaient, en
dehors de quelques fiefs de peu d'importance perdus plus tard[1], la
ville de Saint-Hippolyte et la moitié de la vallée de Sainte-Marie-
aux-Mines. La première était située dans la plaine, au pied du massif imposant du Hohkœnigsbourg. Confisquée sur le duc Charles IV,
avec tous ses autres domaines, au profit du roi, elle resta jusqu'après la fin du XVIIᵉ siècle terre française, n'ayant été restituée
à la Lorraine que par l'article XXIII du traité de Paris, de 1718. La
ville était administrée par un bourgmestre et douze conseillers, la
justice rendue par un bailli désigné par le souverain, à la fois selon
la coutume du val de Lièpvre et selon les coutumes d'Alsace[2]. Plus
avant dans la montagne, en face des terres des Ribeaupierre, la moitié
lorraine de la vallée de Sainte-Marie-aux-Mines, la moins riche en
métaux précieux, comprenait une partie de cette ville, et les villages de Lièpvre, Sainte-Croix-aux-Mines, etc.

Au nord-ouest de la province, la seigneurie lorraine de Bitche ne
descendait guère du versant lorrain jusqu'à la plaine et regardait
bien plutôt vers le *Westrich* que vers l'Alsace ; cependant, au
moyen âge, ce territoire a souvent été considéré comme faisant
partie de l'Alsace inférieure, dans le sens le plus compréhensif de
ce mot, et, au point de vue historique, il est certain que le récit des
faits et gestes des dynastes de Bitche s'entremêle autant à l'histoire de la seigneurie de Lichtenberg ou de l'évêché de Strasbourg,
qu'à celle des comtes de Saarwerden et des Deux-Ponts. Néan-

---

1. Soultzbach et Thanvillé, le premier à l'entrée de la vallée de Munster,
le second à celle du val de Villé. Il existe sur ce dernier une bonne monographie de M. Maurice de Castex. (*Histoire de la seigneurie lorraine de
Tanviller-en-Alsace*, Paris, 1886, in-8°.)

2. Voy. pour les détails, une *Notice historique sur Saint-Hippolyte*
rédigée par un anonyme en 1759 et insérée dans la *Revue d'Alsace*, 1880,
p. 282.

moins, comme il est certain qu'au XVIIᵉ siècle, on n'englobait pas
le comté de Bitche dans l'Alsace proprement dite, qu'il a aussi peu
fait partie de la province d'Alsace, après 1680, qu'après la Révolution, du département du Bas-Rhin, nous ne nous y arrêterons pas
ici. Mais une autre possession voisine des ducs de Lorraine était
incontestablement alsacienne ; c'était, au sud-est du comté de Bitche,
la seigneurie de Reichshoffen. L'évêque de Strasbourg, Jean de
Manderscheid, s'était emparé de cette terre en 1570, à la mort du
dernier des comtes de Bitche, qui la tenaient en fief des Lorrains.
Ses successeurs sur le siège épiscopal la gardèrent jusqu'à ce que
François-Egon de Furstemberg la rendît au duc Charles IV, qui en
fit don, en même temps que de Bitche, au prince de Vaudemont, son
fils naturel. A la mort de celui-ci, elle fit retour au duché dont elle
redevint partie intégrante jusqu'en 1761 ; à cette date, M. Jean de Dietrich s'en rendit acquéreur pour y établir les grands établissements
métallurgiques qui subsistent encore aujourd'hui.

§ 8. LA RÉPUBLIQUE DE MULHOUSE

Une série d événements, souvent de petite importance en eux-
mêmes, ont amené la séparation de Mulhouse du reste de l'Alsace
pendant la majeure partie du XVIᵉ, tout le XVIIᵉ et presque tout le
XVIIIᵉ siècle. Au point de vue strictement chronologique, nous
pourrions donc nous dispenser de parler de cette petite cité, bien
qu'elle ait exercé une certaine influence sur ses voisins, au point
de vue économique, et qu'elle ait fréquemment servi d'intermédiaire entre les villes protestantes d'Alsace et les cantons réformés
de la Suisse. Mais il nous semblerait laisser une véritable lacune
dans notre travail, si nous ne consacrions au moins quelques lignes
à la métropole actuelle de l'industrie alsacienne, qui, pour être
officiellement l'alliée des *Eidgenossen*, n'en restait pas moins en
contact immédiat et constant avec ses compatriotes du reste de
l'Alsace.

Mulhouse a vécu pendant des siècles de la vie commune de la
province ; elle a fait partie, pendant un temps, de la ligue de la
Décapole. Menacée d'une façon passagère et brutale par la puissance de Charles le Téméraire, d'une façon moins violente, mais
plus dangereuse peut-être, par les appétits croissants de la maison
d'Autriche, la petite ville impériale chercha un abri sûr contre les
convoitises de Maximilien Iᵉʳ dans l'alliance perpétuelle des treize
cantons helvétiques (1515). Son passage à la Réforme, en lui atti-

rant l'inimitié croissante des archiducs et celle même des vieux cantons catholiques, resserra d'autant plus les liens particuliers qui
la rattachaient aux villes de Bâle, de Zurich et de Berne, et l'on peut
dire que depuis la seconde moitié du XVIᵉ siècle son histoire
extérieure et même intérieure appartient à l'histoire de la Suisse
plutôt qu'à celle de l'Alsace. La protection des cantons et celle de
leur patron traditionnel, le roi de France, l'empêchèrent de trop
souffrir pendant les longues guerres qui se déroulèrent autour de
ses murs, sans jamais les menacer sérieusement. Les traités de
Westphalie reconnurent solennellement son appartenance à la Confédération helvétique[1] et, même au temps des Chambres de réunion,
il ne semble pas que Louis XIV ait songé à l'annexer. Il est vrai que
pareil acte aurait été maladroit autant que coupable, puisque le bénéfice matériel en aurait été presque nul, tout en amenant certainement la rupture de l'alliance séculaire avec les Suisses. Or, ceux-ci
couvraient par leur neutralité amie l'un des côtés les plus vulné-
rables du territoire français, et si les armées de la coalition européenne avaient pu pénétrer plus tard par le territoire des cantons
en Bourgogne et en Franche-Comté, la situation du royaume aurait
été gravement compromise.

Le territoire de Mulhouse ne comprenait, outre la ville elle-même,
que les deux villages de Modenheim et d'Illzach. Défendue par un
triple fossé qu'alimentaient les eaux de l'Ill, mais sans remparts
bien formidables, la cité était industrieuse et commerçante sans
être fort étendue. C'est « une jolie petite place, où l'on ne
remarque rien de bien considérable », écrit l'un de ceux qui la visitèrent dans la seconde moitié du XVIIᵉ siècle. Entourée de jardins
« où il y a des pavillons et des maisonnettes bâties à la légère, fort
agréables dans la belle saison[2] », elle présentait un aspect plus pittoresque probablement que de nos jours avec sa forêt de cheminées
gigantesques et le bruit de ses immenses usines. Sa bourgeoisie
s'occupait surtout d'expédier à Bâle les vins et les céréales de la
Haute-Alsace; elle n'était pas nombreuse d'ailleurs, et ne dépassait
pas quelques milliers d'âmes, même en y ajoutant les manants,

---

1. Une seule trace des anciennes relations de Mulhouse avec la Décapole
persista jusqu'au XVIIIᵉ siècle; c'était une cotisation annuellement versée à
la recette de la préfecture de Haguenau. « Elle paye encore annuellement
le droit de protection... il est de 200 livres. Les Mulhousiens ont souvent
sollicité, mais en vain, la décharge de cette redevance annuelle qu'ils
auraient volontiers payée fort cher. » *Mémoire concernant les Oberlandvogt*, etc. (Bibliothèque municipale de Strasbourg.)
2. *Mémoires de deux voyages en Alsace*, p. 72-73.

plus nombreux, semble-t-il, au début du XVIIe siècle, que les bourgeois[1]. « Les gens de Mulhouse sont tous des gens de commerce
et de métier, tels qu'ils sont dans les républiques démocratiques, »
dit encore notre touriste parisien, si souvent déjà cité, et en effet, il
n'y avait chez eux ni patriciat, ni classes dirigeantes. On les louait
néanmoins d'avoir un gouvernement sage et prudent, d'être gens
« humains » et polis vis-à-vis des étrangers; on leur enviait aussi
quelque peu leur tranquillité, la douce jouissance de vivre sans
soucis, qui contrastait si fort avec l'existence tourmentée des localités alsaciennes environnantes[2]. Mais leur aisance était très modeste, et ne pouvait tenter la cupidité de personne, tout comme
leur territoire exigu, voué à une neutralité perpétuelle, ne pouvait
exciter les convoitises ambitieuses d'aucun conquérant.

1. Voy. à cet égard le travail de M. Paul Stoeber dans le *Bulletin du
Musée historique de Mulhouse*, 1883, p. 53.
2. Ichtersheim, *Topographie*, II, p. 47-48 : *Die ehrbaren burger seind
hier sehr human und ein sehr weiser, hoeflicher raht, und werden die
fremden civiliter tractiert, etc.*

CHAPITRE HUITIÈME

La Noblesse immédiate d'Empire

Les siècles du moyen âge n'ont pas vu éclore sans doute plus de familles nobiliaires sur le sol de l'Alsace que dans d'autres parages de la chrétienté[1]. Mais, tandis que dans d'autres pays et même en mainte contrée de l'Allemagne elle-même, le pouvoir territorial des rois, des électeurs, des ducs, de certains comtes plus puissants, réussissait à faire disparaître, dans le cours des temps, l'autonomie de la noblesse inférieure, celle des contrées rhénanes échappa, dans une certaine mesure, à une destinée semblable. Il ne se trouva pas dans cette région sud-ouest du Saint-Empire romain, dans cet ancien duché d'Allémanie surtout, de bonne heure si morcelé, d'autorité, ecclésiastique ou laïque, assez solidement constituée pour balayer tous les petits dynastes ou pour leur imposer une souveraineté plus effective que la suzeraineté presque illusoire de l'Empereur. Ni les anciens, ni les nouveaux landgraves d'Alsace, ni les archiducs d'Autriche, ni les électeurs palatins, ni les évêques de Strasbourg ne furent jamais assez forts pour mener à bonne fin pareille entreprise, qu'ils auraient bien voulu tenter comme d'autres princes, leurs collègues.

Sans doute il y eut un grand nombre de seigneurs alsaciens, surtout dans la Haute-Alsace, qui se reconnurent vassaux des Habsbourgs; un certain nombre aussi, dans la partie septentrionale de la Basse-Alsace, se décidèrent à prêter hommage aux Wittelsbach; d'autres enfin, plus au centre du pays, reprirent leurs fiefs des mains des détenteurs du siège épiscopal de Strasbourg. Mais il resta toujours un contingent notable de familles qui se refusèrent à reconnaître d'autre suzeraineté que celle du chef même de l'Empire, et qui réussirent à maintenir leur prétention à l'encontre de leurs voisins plus titrés et plus puissants. Ce sont elles qui consti-

---

1. A peine ai-je besoin de dire que l'affirmation de La Grange (*Mémoire*, fol. 262) qu'il y avait autrefois 700 familles nobles dans la seule Basse-Alsace repose évidemment sur un malentendu. On lui aura raconté que successivement, au cours des siècles, il se rencontre trace d'un pareil nombre de familles, ce qui à la rigueur est possible, et il aura mal compris.

tuèrent plus tard ce qu'on appela la Noblesse immédiate (*Die unmit-
telbare Reichsritterschaft*)[1].

Les noms de la noblesse alsacienne out beaucoup varié à travers
les siècles, ce qui revient à dire que le personnel en a été fréquemment renouvelé, et cela soit par l'effet des petites guerres
féodales, incessantes au moyen âge, et, plus tard, par suite de
l'ardeur guerrière qui lui faisait rechercher le service étranger,
soit aussi en vertu de la loi fatale qui décime les couches dominantes de toute société politique, infiniment plus vite que les couches
infimes. On peut affirmer que, sauf de rares exceptions, trois siècles
ont suffi d'ordinaire pour faire disparaître les familles qui jouèrent
un rôle plus ou moins marquant dans l'histoire locale. Plus rapide
encore que la ruine des châteaux dressés par centaines sur les contreforts des Vosges ou à l'entrée de leurs vallons[2], a été celle des

1. Nous transcrivons ici, en le résumant, un passage du *Mémoire sur
l'Alsace* de 1702, qui donne un certain nombre de renseignements, techniques
pour ainsi dire, sur la nature des tenures de la noblesse alsacienne; il ne sera
pas inutile, je pense, de les mettre à la disposition du lecteur. Avant les
arrêts de réunion de 1680, on faisait une différence entre la *noblesse immédiate*, qui était « celle qui possédait des fiefs dont elle avait été investie par
l'empereur comme chef de l'Empire », tandis que la *noblesse médiate* était
« celle qui ne possédait que des arrière-fiefs, dont elle estoit investie par des
seigneurs particuliers ». Or, il est à remarquer, à propos de ces fiefs, qu'il y a
une grande différence entre les *biens nobles* et ceux qui ne le sont pas. Les
biens qui ne sont pas nobles s'appellent *allodiaux;* ils se transportent par
succession des parents aux enfants, sans distinction de sexe, et sont susceptibles des dispositions testamentaires autorisées par le droit romain; les
fiefs au contraire se gouvernent d'après les conditions attachées aux *investi-
tures* données. Ces fiefs ou biens sont donnés par un prince ou par un seigneur, ou bien encore offerts, comme anciens allodiaux, en *oblation*, au
prince ou seigneur pour en obtenir une protection plus particulière. Le service personnel dû en exclut les filles et les ecclésiastiques. On ne peut les
aliéner ni hypothéquer sans le consentement du seigneur féodal. « Le droit
de donner ces fiefs, lorsqu'ils viennent à vaquer, est un des plus beaux que
le Roy ait en Alsace. Sa Majesté pourrait dans ce cas, si elle voulait, les
réunir à son domaine... mais cela ne s'est point pratiqué jusqu'à présent
et cela n'est point en usage dans l'Empire. » (Fol. 20a 21b).
2. On peut en compter au moins trois cents pour l'Alsace (voy. Schoepflin-
Ravenez, V, p. 327-346). Ils ont subi des destinées très diverses. Un assez
grand nombre, occupés par des chevaliers pillards, ou par de simples brigands qui s'en étaient emparés, ont été détruits dès le XIVᵉ et le XVᵉ siècle
par les grands seigneurs ou par les villes (Strasbourg, Colmar, etc.). Beaucoup d'autres ont été incendiés par les paysans en 1525, ou volontairement
abandonnés au XVIᵉ siècle par leurs propriétaires qui, trouvant la vie dans
les forêts et les montagnes trop pénible, trop monotone et trop peu lucrative,
se construisirent de nouveaux châteaux dans la plaine, et délaissèrent leurs
anciennes demeures à quelque garde ou fermier, c'est-à-dire à la ruine. Un
certain nombre cependant, transformés, plus ou moins tard, en forteresses
modernes, subsistèrent encore un temps; tels le Hohkœnigsbourg, Wildenstein, Herrenstein, Dabo, Fleckenstein, la Petite-Pierre, Lichtenberg, etc.;

2. On peut en compter au moins trois cents pour l'Alsace (voy. Schoepflin-Ravenez, V, p. 327-346). Ils ont subi des destinées très diverses. Un assez grand nombre, occupés par des chevaliers pillards, ou par de simples brigauds qui s'en étaient emparés, ont été détruits dès le XIVe et le XVe siècle par les grands seigueurs ou par les villes (Strasbourg, Colmar, etc.). Beaucoup d'autres ont été incendiés par les paysans en 1525, ou volontairement abandonnés au XVIe siècle par leurs propriétaires qui, trouvant la vie dans les forêts et les montagnes trop pénible, trop monotone et trop peu lucrative. se construisirent de nouveaux châteaux dans la plaine, et délaissèrent leurs anciennes demeures à quelque garde ou fermier, c'est-à-dire à la ruine. Un certain nombre cependant, transformés, plus ou moins tard, en forteresses modernes, subsistèrent encore un temps; tels le Hohkoenigsbourg, Wildenstein, Herrenstein, Dabo, Fleckenstein, la Petite-Pierre, Lichtenberg, etc.;

familles elles-mêmes qui les ont bâtis. Une ou deux à peine se
perpétuent jusqu'à nos jours, pouvant justifier de six à sept siècles
d'existence, et la plupart même des noms que nous rencontrons au
début du XVIIe siècle ne comptent plus de représentants parmi nous.

C'est de cette petite noblesse, en majeure partie non titrée jusqu'au XVIIIe siècle, que nous avons à dire encore quelques mots,
après avoir énuméré dans les chapitres précédents toutes les seigneuries plus considérables de l'Alsace. Elle ne jouissait pas, généralement, de territoires quelque peu étendus et beaucoup de familles
ne possédaient qu'un seul village, d'autres deux ou trois, un très
petit nombre seulement, davantage. La Grange écrivait d'elle en
1697 : « Il y a parmi les gentilshommes de la province quelques
familles riches, la plupart jouissent d'une aisance médiocre, le reste
est fort pauvre, ce qui vient de ce qu'ils ne se mésallient pas... et
qu'ils se marient avec des filles de qualité, qui n'ont aucun bien ou
qui ne leur apportent en dot que 3 ou 400 livres au plus; aussi
peut-on dire que c'est la plus pauvre noblesse du royaume [1]. » Mais
ils étaient fiers de leur indépendance et veillaient avec un soin parti-
enlier à la pureté de leur race. Le *Mémoire* de 1702 explique celle-
ci en donnant les raisons à l'appui. « La noblesse d'Alsace, dit-il,
est non seulement illustre par son ancienneté... mais elle a l'avantage de prouver cette pureté avec une certitude et une facilité particulière. Il est facile d'expliquer d'où elle tire cet avantage; c'est
par l'entrée dans plusieurs chapitres de chanoines et de chanoinesses, abbayes d'hommes ou de filles, où l'on n'est admis qu'en
faisant des preuves de noblesse plus ou moins estendues... Il ne se
passe pas cinquante ans sans que quelqu'un de chaque famille ne
soit reçu dans les uns ou les autres de ces chapitres ou abbayes; à
chaque réception l'on dresse des procès-verbaux exacts de la représentation des titres, dont on garde dans les archives, des copies en

---

mais la plupart de ceux-là aussi ne résistèrent pas aux guerres de Louis XIII
et de Louis XIV. Depuis lors, leur sort à tous a été de servir de carrières
de pierre de taille aux localités les plus proches, et aujourd'hui encore, au
déclin du XIXe siècle, malgré les efforts des Sociétés archéologiques et du
gouvernement, nous voyons ces témoins du passé s'écrouler lentement sous
les intempéries des saisons, sous les pieds des visiteurs, et disparaître si complètement, que l'on peut dire pour beaucoup d'entre eux déjà : *Etiam
periere ruinae.*

1. C'est, en partie du moins, cette honorable pauvreté qui la poussait vers
le métier des armes, soit au service de l'Empire, soit plus tard à celui de la
France, « où elle a appris l'art militaire avant qu'elle ait eu l'honneur d'être
sous l'heureuse domination de cette couronne ». La Grange, *Mémoire,*
fol. 262.

forme... Communément un simple gentilhomme, en un mois de temps, fera plus facilement une production de quatre ou cinq cents années en Alsace qu'un gentilhomme d'une autre province du royaume ne le ferait de 150 ans [1]. »

Dans les cercles de Souabe, de Franconie et du Bas-Rhin, la noblesse immédiate avait formé depuis longtemps des confédérations qui lui permettaient de se prêter un appui réciproque et possédait dès le commencement du XVIe siècle une organisation politique, reconnue par le chef de l'État. En Alsace, il n'en était pas de même. La noblesse immédiate y formait bien un groupe compact, en ce sens qu'elle soutenait volontiers les prétentions individuelles de ses membres, revendiquait une place à part aux assemblées des États provinciaux, y disputait la préséance aux villes de la Décapole, etc. Elle jouissait aussi de certains privilèges, qui n'étaient pas à dédaigner. Ainsi Charles-Quint, par un diplôme du 8 octobre 1550, lui avait accordé la franchise de certains impôts, et l'empereur Mathias y avait ajouté, le 10 février 1614, le droit de ne pouvoir être traduit devant la justice d'aucun autre État de l'Empire. Mais, malgré ces concessions gracieuses, aucun souverain du Saint-Empire n'avait jamais voulu reconnaître officiellement la qualité d'États immédiats aux terres de la noblesse alsacienne, soit qu'elle ne leur parût pas assez nombreuse pour former un corps constitué comme celle des trois cercles cités plus haut, soit plutôt que les princes de la maison d'Autriche, landgraves d'Alsace, détenteurs de la préfecture de Haguenau, parfois évêques de Strasbourg, ne se souciassent point de conférer des immunités nouvelles à ces petits propriétaires terriens qu'ils ne désespéraient pas d'absorber tôt ou tard. Cette manière de voir ne changea que quand il leur fallut abandonner à la France leurs droits sur l'Alsace. Pour la première fois ils introduisirent dans un document valable en droit public la dénomination de noblesse immédiate de la Basse-Alsace, soit pour donner à la noblesse alsacienne une preuve d'affection, qui ne pouvait plus compromettre leurs propres intérêts, soit pour entraver par là l'action future du gouvernement français, comme plus tard on l'a cru et dit dans le monde officiel [2].

1. Cela est absolument exact; le premier Rohan qui fut évêque de Strasbourg après Guillaume de Furstemberg, ne put fournir ses *preuves* de noblesse, selon la rigueur des règlements en vigueur, quand il s'agit de le faire entrer au Grand-Chapitre, et ce fut par une véritable fraude, déjà signalée par Saint-Simon, qu'on lui en ouvrit l'accès. Nous l'avons constaté autrefois, en vérifiant pour M. de Boislisle les originaux déposés aux archives de la Basse-Alsace.

2. « Non sans dessein de la part des plénipotentiaires de l'Empereur, » dit

Quoiqu'il en soit, la noblesse de la Basse-Alsace s'empressa de profiter des bonnes dispositions de Ferdinand III et de l'état de désordre où la Fronde avait jeté la France, et s'efforça de tirer des conséquences pratiques de cette reconnaissance théorique de ses droits. Elle s'adressa à ses collègues d'outre-Rhin, qui convoquèrent une assemblée générale de la noblesse des cercles à Mergentheim, et dans cette réunion les quatre délégués alsaciens obtinrent, le 28ᵉ juin 1651, la signature d'un pacte qui reconnaissait solennellement leurs commettants comme affiliés à la noblesse immédiate de Souabe, de Franconie et du Bas-Rhin. Au mois de novembre suivant, les membres de la noblesse de la Basse-Alsace se réunirent, dressèrent une matricule, arrêtèrent des statuts et nommèrent un Directoire, pareil à celui des autres corps de la noblesse immédiate. Soumis à l'approbation de l'empereur, ces statuts, datés du 6 novembre 1651, furent confirmés par lui le 10 juin 1652[1], ce qui valut l'année suivante à Sa Majesté césarienne un don gratuit de 5,000 florins[2].

Dans les vingt années qui suivirent, le gouvernement français, fidèle à la prudente ligne de conduite tracée par Mazarin, ne sembla pas s'inquiéter autrement de voir ces petits propriétaires terriens se gérer en quasi-souverains[3], entretenir un chargé d'affaires à

un rapport adressé au régent Philippe d'Orléans sur les demandes formulées par la noblesse de la Haute-Alsace, et qui se trouve à la Bibliothèque municipale de Strasbourg. (Manuscrits, n° 151.)

1. Ces statuts furent publiés en 1653 sous le titre : *Dess Heyligen Roemischen Reichs Frey- ohnmittelbarer Ritterschaft im Undern Elsass adeliche Ritterordnung* (in-4°), et réimprimés plus tard, avec une traduction française : *Statuts et privilèges de la Noblesse de la Basse-Alsace*, avec quelques modifications, en 1713 (in-folio).

2. Les rapports et les procès-verbaux sur l'organisation du Directoire et une foule de pièces relatives à l'histoire de la noblesse de la Basse-Alsace, de 1636 à 1680, se trouvent aux Archives de la Basse-Alsace, E. 664-667 et 1293. Voy. aussi le *Mémoire* de l'avocat général Loyson dans la *Revue d'Alsace*, 1887, p. 162-163.

3. Les noms énumérés à la matricule de 1653 sont tous reproduits dans la *Topographie* d'Ichtersheim (I, p. 91-94), mais il s'y trouve une série de familles sans aucune importance au point de vue *territorial*, puisqu'elles ne possèdent ni bourgs, ni villages, mais seulement des hôtels dans les villes. Quant aux familles nobles inscrites à la nouvelle matricule, dressée en 1676, en voici la liste d'après un manuscrit : *Niederelsaessische Matricul, sowohl der persohnen alss der doerffer*, etc., de la Bibliothèque municipale de Strasbourg (n° 150) : Andlau, Berckheim, Bernhold, Berstett, Bietenheim, Bock de Blaesheim, Boecklin de Boecklinsau, Boedigheim, Botzheim, Buch, Dettlingen, Flachslanden, Gail, Gaylingd Altenheim, Grempp de Freudenstein, Haffner de Wasselnheim, Haindel, Holtzappfel de Berxheim, Hornbourg, Huffel, Ichtratzheim, Ioham de Mundolsheim, Kageneck, Kippenheim, Kirchheim, Kloeckler, Landsperg, Mueg de Bofftzheim, Mullenheim,

Vienne (1674), correspondre officiellement avec l'évêque de Gurk, plénipotentiaire de Léopold Ier au congrès de Nimègue (1678), etc. Mais quand la signature de la paix l'eut débarrassé des adversaires du dehors, la noblesse immédiate dut, comme tous les autres anciens États de l'Empire en Alsace, céder aux injonctions de la Chambre de Brisach, et se résigner à prêter le serment de fidélité et d'obéissance au roi, afin d'éviter la confiscation de ses terres.

D'abord, pour la soustraire à l'influence de Strasbourg, qui jouissait alors des derniers mois de son indépendance, déjà directement menacée, Louis XIV transféra le pouvoir exécutif ou Directoire de la noblesse, hors de cette ville, « qui n'est pas de notre obéissance », au château de Niederehnheim, « pour le bien de notre service, leur plus grande commodité et celle du public[1]. Sûr de l'avoir à sa discrétion dans ce petit bourg isolé, il fit travailler le corps de la noblesse et ses représentants officiels par un de ses plus zélés serviteurs, le baron Frédéric de Wangen, qu'il avait fait nommer président à cette fin. Quand tout fut soigneusement préparé, l'intendant La Grange vint à Nidernai, le 12 mai 1681, pour faire une très expressive harangue, et leur raconter qu'aux conférences de Francfort, l'empereur venait de les céder pour vingt ans au roi, que néanmoins celui-ci leur confirmerait volontiers tous leurs prilèges, à la seule condition qu'ils prêtassent serment. Un régiment des dragons d'Asfeld campait, — il est peu probable que ce fût par hasard, — dans les prairies voisines. Nos gentilshommes se résignèrent à jurer fidélité. Sur la table on avait placé des plumes et du papier : chacun des membres présents dut inscrire sur un feuillet ses noms et prénoms ; puis, quand le dossier fut complet, l'intendant les convia, de la façon la plus aimable, à un somptueux festin[2]. Ils étaient au nombre de quatre-vingt-un, plus quelques

Neuenstein, Niedheim, Oberkirch, Papst de Bolsenheim, Plittersdorf, Rathsamhausen, Reich de Platz, Schellenberg, Schoenau, Streitt d'Immendingen, Voltz d'Altenau, Wangen de Geroldseck, Weitersheim, Wetzel de Marsilien, Wickersheim, Wurmser de Vendenheim, Zorn de Bonlach, Zorn de Plobsheim, Zuckmantel. — Quatre-vingts ans plus tard, quand Schoepflin rédigeait son *Alsace illustrée*, quatorze de ces familles avaient déjà disparu ; aujourd'hui, sur les quarante-huit, c'est à peine s'il en subsiste une douzaine, dont trois ou quatre seulement sont encore représentées en Alsace. — Dans le *Mémoire de 1697*, La Grange énumère 44 familles immatriculées, mais il ajoute qu'il y a encore quelques familles nobles qualifiées ne figurant pas à la matricule. « Ce qui se distingue le plus en Basse-Alsace, en fait de noblesse, peut aller à 120 familles. » (Fol. 280.) Il comptait à part, évidemment, tous les rameaux d'une même souche nobiliaire.

1. *Ordonnances d'Alsace*, I, p. 98.
2. Ichtersheim, dont cinq frères ou cousins assistaient à la scène, nous l'a décrite d'une façon très dramatique, dans sa *Topographie*, I, p. 41. Reisseis-

abbés, détenteurs de fiefs, et les députés des comtes de Birckenfeld, de Hanau-Lichtenberg et de Linange¹. Ceux qui avaient cru échapper à l'obligation du serment, en manquant au rendez-vous, furent forcés peu après de comparaître devant La Grange ou Montclar et de s'exécuter de même, à peine de forfaiture de leurs biens.

Peu de jours auparavant d'ailleurs, on avait récompensé d'avance cet acte d'obéissance, sur lequel on comptait, en faisant signer à Louis XIV des lettres patentes autorisant le corps de Noblesse de la Basse-Alsace à juger souverainement et en dernier ressort, pour toutes les affaires ne dépassant pas 250 livres. Ce n'est que pour des sommes plus élevées qu'il était loisible d'en appeler au Conseil souverain de Brisach ². On livrait ainsi provisoirement et dans une certaine mesure les paysans à leurs seigneurs ou aux baillis seigneuriaux, dans les multiples petites querelles d'intérêt entre maîtres et sujets ; mais c'était là chose secondaire, en comparaison du grand résultat politique acquis par la soumission de toute la noblesse alsacienne.

Quand Strasbourg eut à son tour reconnu la souveraineté du roi, le gouvernement ne tarda pas à délivrer le Directoire des inconvénients et des ennuis multiples que lui causait l'obligation de siéger au château de Niedernai, et par de nouvelles lettres patentes du 7 juillet 1682, il le transféra derechef à Strasbourg, toujours en invoquant « la plus grande commodité du public », qu'on n'avait guère consulté dans toute cette affaire ³. A partir de ce moment, le Directoire de la Noblesse immédiate de la Basse-Alsace tint ses assises régulières dans la capitale de la province, et la présence, beaucoup plus fréquente, de ses membres contribua à créer dans le Strasbourg du XVIIIᵉ siècle cette société indigène, élégante et polie, qui, frayant volontiers avec les hauts fonctionnaires civils et militaires de l'administration royale, lui donne un cachet si différent de la physionomie quelque peu puritaine de l'ancienne République. L'élé-

---

sen aussi en a parlé dans son *Mémorial* (p. 101); c'est à propos des agissements de M. de Wangen qu'il a écrit ces mots mélancoliques : *Sic itur ad astra aut verius de libertate in servitutem.*

1. Outre les noms déjà cités dans la matricule de 1676, nous rencontrons dans la liste des assermentés de 1681 un certain nombre de noms nouveaux : Dormentz, Durckheim, Entzberg, Fleckenstein, Lutzelbourg, Roeder de Dierspourg, Rothenbourg, Schenk de Schmiedtberg, Schauenbourg, Sickingen, Ulm, Vitzthumb, Zint de Kintzingen; c'étaient ou des dynastes d'un rang plus élevé, comme les Fleckenstein, ou des seigneurs d'outre-Rhin, possessionnés en Alsace, ou des membres nouvellement admis par le Directoire de la noblesse.

2. *Ordonnances d'Alsace*, I, p. 101.

3. *Ibid.*, p. 115.

gant Hôtel du Directoire, construit alors sur la place Saint-Étienne, et devenu de nos jours un simple café, subsiste comme un dernier souvenir de ces temps passés.

Le Directoire ou Présidial de la Noblesse était « dirigé par un directeur, choisi dans le nombre des sept conseillers qui le composent et qui remplissent cette fonction l'un après l'autre par semestre. Lorsque l'une des sept places de conseiller vient à vaquer, on la remplit par élection à la pluralité des voix de tous les membres du corps. Cette élection est ensuite confirmée par le roi, et lorsque Sa Majesté l'agrée, elle accorde une commission au gentilhomme élu. Il y a de plus trois assesseurs, aussi gentilshommes, qui prennent séance au défaut des conseillers, lorsque par absence, maladie ou autre légitime empêchement, quelques-uns d'eux ne peuvent pas se trouver aux assemblées... Il y a outre les sept conseillers et les trois assesseurs, un syndic, un secrétaire, un receveur et autres officiers subalternes [1] ».

Le Directoire connaissait en première instance de toutes les affaires personnelles qui concernaient les membres du corps de la noblesse ; il était saisi en appel des affaires des communautés dépendant de sa juridiction, et qui étaient jugées en première instance par les baillis seigneuriaux des terres de la noblesse immédiate. Nous avons déjà vu que les jugements au civil étaient en dernier ressort pour les litiges qui ne dépassaient pas 250 livres. Pour les contestations d'une importance supérieure à ce chiffre, comme aussi pour les jugements en matière criminelle, les appels étaient portés au Conseil souverain d'Alsace.

Les membres du « Corps de la Noblesse immédiate » n'avaient pas d'ailleurs uniquement des terres relevant autrefois directement de l'Empire. Rien ne les empêchait d'être, — et, de fait, ils étaient fort souvent, — les vassaux d'autres seigneurs et dynastes, autochtones ou simplement « possessionnés » en Alsace. Louis XIV fit prescrire, pour ce dernier cas, une procédure spéciale. « Le Roy permet, est-il dit dans l'arrêt du 16 mars 1681, à la Noblesse de la Basse-Alsace qui a des fiefs en sa souveraineté, mais mouvans de divers princes étrangers, de se pourvoir auprès du Conseil souverain d'Alsace, pour obtenir permission d'aller prêter foi et hommage

---

1. *Mémoire de 1702*, fol. 27. — Le syndic, jurisconsulte émérite, et qui était forcément le véritable directeur, au moins dans les affaires judiciaires, était fréquemment anobli lui-même au cours de sa carrière. Le dernier syndic de la Noblesse immédiate de la Basse-Alsace fut François-Joseph Schwendt, l'un des députés de Strasbourg aux Etats-Généraux de 1789, et qui mourut conseiller à la Cour de Cassation.

aux dits princes, à la charge d'insérer dans ces actes la clause essentielle « sauf la fidélité qu'ils doivent, à Sa Majesté, leur souverain
prince et seigneur ». Le Roy ne souffrira pas que d'autres que ses
sujets soient investis de ces fiefs [1]. »

Il serait trop long, et surtout parfaitement inutile, d'énumérer ici,
soit les quatre-vingt-deux localités qui figurent comme terres de la
noblesse immédiate à la matricule de 1651, soit les quatre-vingt-dix
dénombrées dans l'*Alsace illustrée* [2]. Aucune d'elles n'est assez considérable pour mériter une mention spéciale. Les deux plus riches en
terres, parmi les familles nobles immédiates, étaient les Andlau et
les Rathsamhausen. Les premiers possédaient, dans leurs diverses
branches, une dizaine de villages, soit entièrement, soit en partie,
et de plus, une part de la petite ville qui portait leur nom. Les
seconds, également divisés en plusieurs rameaux, possédaient dans
la seconde moitié du XVIIᵉ siècle, jusqu'à une vingtaine de localités,
disséminées dans la Basse et la Haute-Alsace, terres allodiales ou
fiefs de différents seigneurs. En thèse générale, et sans entrer dans
aucun détail, on peut dire que les domaines du Corps de la Noblesse
(*Reichsritterschaftscorpus*) étaient situés dans la plaine de l'Alsace
moyenne, limitée vers le sud par l'Eckenbach, et vers le nord par
la forêt de Haguenau [3].

La noblesse de la Haute-Alsace, plus nombreuse peut-être à l'origine que celle de la Basse-Alsace [4], et plus puissante, fut empêchée, nous l'avons vu, par les circonstances historiques d'arriver à l'immédiateté, ou plutôt de la maintenir vis-à-vis de l'influence croissante de la maison d'Autriche. Elle s'y efforça moins
aussi, voyant des avantages palpables dans une protection plus effective, dans les fonctions administratives, dans les charges de cour
que celle-ci pouvait accorder à ses vassaux. Il existait néanmoins,
au commencement du XVIIᵉ siècle, une organisation des nobles de
la Haute-Alsace, analogue à celle de leurs collègues au nord du
Landgraben. A côté du Conseil de Régence, les archiducs avaient

1. *Ordonnances d'Alsace*, I, p. 101.
2. J. D. Schoepflin, *Alsatia illustrata*, II, fol. 263 suiv. — Voy. aussi
La Grange, qui énumère l'état des possessions et des familles en 1697,
Mémoire, fol. 263-279.
3. Les cartes de M. Maurice Kirchner (*Elsass im Jahre 1648*, Duisburg,
1878) et de M. Ulric Schulze (*Die alten Territorien des Elsass*, Strassburg,
1896) orienteront suffisamment le lecteur curieux de se rendre compte plus
en détail des territoires appartenant à la Noblesse immédiate.
4. C'était du moins l'opinion de La Grange, qui dit dans son *Mémoire*
(fol. 261) : « La Haute-Alsace contenait autrefois plus de noblesse qu'aucune
autre province. »

ordonné, ou du moins autorisé l'institution à Ensisheim d'un présidial ou Directoire de la Noblesse de l'Alsace supérieure, qui est donc antérieur, et même de beaucoup, à celui de la Basse-Alsace. Ce Directoire connaissait de toutes les affaires concernant les gentilshommes entre eux ; il jugeait en appel les affaires des communautés de leur dépendance. Il était composé de sept assesseurs, nommés à la pluralité des voix, de huit adjoints, qui ne siégeaient pas d'ordinaire, mais étaient convoqués pour discuter les questions intéressant tout le corps de la noblesse, et il avait à ses ordres un syndic, un secrétaire, un receveur. Le présidial jugeait en dernier ressort jusqu'à concurrence de 500 livres ; au-dessus, comme aussi pour les affaires criminelles, il y avait appel à la Régence d'Ensisheim et à la Chambre impériale de Spire[1]. C'est donc seulement l'absence de certains droits politiques, conférés par l'immédiateté (par exemple, celui de figurer par délégation aux diètes de l'Empire) qui différenciait les nobles de la Haute-Alsace, de la noblesse immédiate d'outre-Rhin. Mais l'occupation suédoise bouleversa cette organisation plus ou moins autonome, et quand une fois la France eut remplacé les Habsbourgs dans la possession du Sundgau et de la majeure partie de la Haute-Alsace, elle n'éprouva naturellement nul besoin d'affranchir les seigneuries vassales de leurs liens féodaux. Aussi tandis que les seigneurs de la Basse-Alsace établissaient à ce moment même, pour un assez court espace de temps d'ailleurs, leur autonomie complète, ceux de la partie supérieure de la province devinrent tout simplement une noblesse inféodée (*landsaessischer Adel*) et se virent directement rattachés à l'obédience du Conseil souverain.

A vrai dire, la différence de situation des deux groupes nobiliaires ne fut guère effective que de 1652 à 1680. Du moment que la Chambre de réunion de Brisach réclamait le serment aux nobles de la Basse-Alsace aussi, il importait assez peu, au fond, qu'ils le prêtassent au roi de France, en sa qualité de chef de l'État, ou comme successeur des archiducs d'Autriche ; c'était tout au plus une question d'amour-propre plus ou moins ménagé. Le seul point où se manifeste une infériorité véritable pour la noblesse de la Haute-Alsace, — et encore je doute fort que les plus intéressés y aient vu un sujet de plainte, — c'est l'administration de la justice en première instance. Elle n'a pas, en effet, de baillis particuliers sur ses terres, mais celles-ci ressortissent aux bailliages royaux dans lesquels elles sont enclavées.

1. Mercklen, *Histoire d'Ensisheim*, I, p. 310-312.

Vers la fin du XVIIe siècle, cette noblesse de la Haute-Alsace comptait une quarantaine de familles antérieures à la prise de possession française, et une trentaine d'autres, françaises, suisses ou allemandes, immigrées depuis lors[1]. La plus nombreuse et surtout la plus riche, était celle des Reinach, dont les différentes branches possédaient ensemble une trentaine de villages ; après eux, on peut citer encore, parmi les familles anciennes, les Flachslanden, les Kempff d'Angreth, les Ferrette, les Zu Rhein, les Schauenbourg, les Waldner de Freundstein, et parmi les nouveaux venus, les Besenval (Bœsenwald) de Soleure, les Rosen de Livonie, et surtout les Mazarin, qui possédaient, à eux seuls, plus de terres en Haute-Alsace que toutes les autres familles réunies[2].

1. La Grange en parlant de « cent familles » (fol. 261) compte séparément les différents rameaux d'une même souche.
2. Voy. Ichtersheim, *Topographia*, II, p. 83-90, 105-106.

LIVRE CINQUIÈME

ÉTAT ÉCONOMIQUE DE L'ALSACE AU XVIIᵉ SIÈCLE

CHAPITRE PREMIER

La Culture du Sol

§ 1. L'AGRICULTURE

Sur un sol fertile comme celui de l'Alsace, avec une population relativement dense, médiocrement commerçante, et moins encore industrielle, l'exploitation de la terre devait forcément constituer l'occupation dominante des habitants du pays. Elle avait en effet atteint, au commencement du XVIIᵉ siècle, un développement considérable. Si pendant la guerre de Trente Ans et les guerres subséquentes, elle fut soumise à de terribles épreuves, les richesses naturelles du sol permirent toujours aux paysans de réparer, en un temps relativement court, les désastres dont leurs enclos, leurs vignobles, leurs vergers avaient été frappés, et vers la fin de ce siècle si tourmenté, si peu propice aux travaux paisibles des champs, l'agriculture alsacienne était plus florissante que jamais.

On peut en juger par la longue énumération de tous les produits du sol natal qu'Ichtersheim a mise en tête de sa *Topographie*, et qui trouvera sa place naturelle en tête de ce chapitre. « Par tout le pays, dit-il, la terre produit du froment, de l'épautre, du seigle, de l'orge, de l'avoine, du blé de Turquie, du sarrazin, du fenouil, du mil, du tabac, du safran, de la garance, du colza, des lentilles, des pois, des haricots, des fèves, du chanvre, du lin, des choux... des oignons, des navets, des carottes, des panais[1] et des pommes de terre. Sur les collines arides, et dans les forêts, on rencontre le

---

1. Je traduis ainsi le mot *Pastenaten*, mal imprimé peut-être pour *Pastinaken*.

bolet cervin[1]... Les arbres fournissent des faînes pour fabriquer de l'huile, des glands pour nourrir les porcs, de belles noix et des noisettes, des amandes, des griottes[2], des abricots, des pêches, des prunes, des sorbes[3] et des cerises, des cornouilles, des écherolles, des nèfles, des mûres, des figues de jardin[4]. »

Sans doute, il ne faudrait pas croire que tous les terrains de la vallée rhénane fussent également aptes à produire les céréales, les légumes et les fruits dont le géographe alsacien dresse ici le substantiel catalogue. La description s'applique avant tout à cette partie de la province qui se trouve comprise entre la forêt de la Hardt, et celle de Haguenau. Plus au nord et plus au sud, les grands bois s'étendaient au loin dans la plaine, et le long du fleuve, le sol était pierreux et stérile. Ces régions n'ont été attaquées par la charrue que beaucoup plus tard, lorsque tous les anciens champs en friche ayant peu à peu retrouvé des possesseurs, l'emplacement de certaines forêts, exploitées à outrance, fut alloti pour être mis en culture, à des colons nouveaux[5]. On n'avait pas encore besoin, au XVIIᵉ siècle, de s'attaquer à d'aussi médiocres terrains, et des plaines depuis longtemps cultivées, comme l'Ochsenfeld, restaient elles-mêmes couvertes de ronces et de taillis ou se voyaient utilisées seulement comme pâturages ; l'absence de cours d'eau ou d'irrigations artificielles, empêchait en bien des endroits l'extension des prairies et la culture des céréales.

Autant les données abondent sur l'état de l'agriculture alsacienne au XVIIIᵉ siècle, alors que les économistes, physiocrates et autres, s'adonnent à l'étude de la production naturelle, autant elles sont rares pour le siècle précédent. Tout ce que nous pouvons dire, c'est que les terres semblent alors être restées en jachère nue, une année sur trois ; on leur imposait deux années de travail consécutif, puis on leur accordait une année de repos[6]. L'alternative pratiquée

1. C'est de cette espèce de champignon sans doute que veut parler l'auteur en mentionnant *die welsche Artofille oder Hirschbrunst.* Il y avait d'ailleurs aussi de véritables truffes en Alsace, car en 1673, l'intendant Poncet de la Rivière envoyait « une boîte de triffles » à Louvois, alors à Nancy. (Gérard, *L'Alsace à table*, p. 36.)

2. Le texte allemand dit *Marillen,* sans doute pour *Amarellen.*

3. *Spierling,* les baies de sorbier, qu'on mangeait, paraît-il, en ce temps-là.

4. Ichtersheim, 1, p. 3-4.

5. Assurément il y eut des concessions de terrains forestiers à défricher avant ce moment, et dès le XVIᵉ siècle, nous avons rencontré des suppliques de villageois (p. ex. dans le comté de la Petite-Pierre) demandant qu'on leur assignât des lots de terrain dans ce but (A.B.A. E. 239) ; mais c'était dans des districts montagneux où les champs naturels faisaient défaut.

6. Ch. Grad, *Aperçu statistique et descriptif de l'Alsace, Revue d'Alsace,* 1872, p. 156.

de nos jours est d'origine moderne; on ne l'a connue en Alsace qu'au XIXe siècle[1]. Il est bien inutile d'ajouter, après les détails donnés ailleurs sur les misères de la guerre de Trente Ans et des guerres subséquentes, que certaines terres, et non des moins fertiles, sont restées incultes, dans les contrées particulièrement exposées au passage des troupes, pendant la majeure partie du siècle[2].

Sans doute, ce furent là des cas exceptionnels, car de 1600 à 1630 presque toute la Haute-Alsace et même une partie de la Basse-Alsace restèrent à peu près indemnes, mais une fois les Impériaux, les Suédois, les Français, les Lorrains inondant le pays, l'insécurité fut telle en maint endroit que l'exploitation agricole s'arrêta net. Même sous le canon des places fortes, il y avait péril à sortir des murs pour ensemencer les champs[3]. Quand après l'invasion lorraine de 1652, pour quelque temps la dernière et l'une des plus cruelles, on put s'occuper de remédier enfin, d'une façon plus suivie, aux maux de la population rurale, la première constatation qui s'imposa fut celle de la disparition d'une foule de propriétaires ou de tenanciers du sol. Certains villages avaient été complètement détruits dans la tourmente et toute leur banlieue était retournée à l'état de nature[4]; ailleurs les champs étaient bien là, mais les usufruitiers ou leurs ayants droit avaient été enlevés par la misère ou la famine, ou s'étaient sauvés autre part pour ne pas succomber à leur tour[5]. Ailleurs encore les anciens propriétaires restaient sur place, mais ils avaient aliéné leurs terres à des prix dérisoires, et parfois, à la lettre, pour un morceau de pain[6]. Au milieu de l'abondance de

1. Voy. J.-N. Schwertz, *Beschreibung der Landwirthschaft im Nieder-Elsass,* Berlin, 1816, in-8°.

2. Ainsi l'acte de concession des terres du Martelsberg, dressé par l'abbesse de Saint-Jean-des-Choux, le 1er mars 1691, dit que ces terres étaient restées en jachère *depuis plus d'un siècle.* (Dag. Fischer, *Monswiller, Revue d'Alsace,* 1874, p. 469.

3. A Landau, p. ex., où pourtant il y avait une garnison française, on avait cessé de cultiver les champs tout autour de la ville. Ce n'est que le 30 juillet 1650, deux ans après la signature du traité de Munster, que le Magistrat décida les semailles pour l'année prochaine, quand on aurait défriché le terrain « la plus grande partie de la banlieue étant couverte de ronces et de broussailles. (Lehmann, *Geschichte von Landau,* p. 186.

4. Encore en 1660, le cimetière du village d'Ittlenheim était à l'état de forêt vierge. (Hoehe, *Der Kochersberg,* Strassb., 1895, p. 18.)

5. Rapport des administrateurs de l'hospice des orphelins. à Balbronn, en 1687; à cette date, la banlieue, encore déserte, est couverte de broussailles, et la plupart des personnes d'autrefois étant mortes, les survivants cultivent les champs au hasard, à l'insu des anciens propriétaires. (Kiefer, *Balbronn,* p. 162.)

6. A Ingwiller, un champ s'appela longtemps *Kaesacker,* parce qu'il avait été vendu pour un fromage. (Letz, *Ingwiller,* p. 38.)

terres vacantes, n'osant s'emparer du bien d'autrui, ils restaient dans la plus grande misère. Les pouvoirs publics prirent à cœur cette situation lamentable. Dès le mois de novembre 1650, la Régence épiscopale fit imprimer à Strasbourg et placarder partout dans les terres de l'évêché, un avis aux propriétaires, usufruitiers et créanciers hypothécaires, les invitant à faire valoir avant six mois leurs droits sur les champs, prés et vignobles abandonnés; le terme écoulé, ceux-ci seraient attribués ou laissés à ceux qui voudraient les mettre en culture ou qui les cultivaient déjà[1]. D'autre part, une instruction de la Régence de Brisach, adressée aux baillis de la Haute-Alsace, en date du 11 janvier 1653, leur ordonnait de porter à la connaissance de leurs administrés que tous les biens vendus au temps des guerres, au-dessous de leur valeur, pourraient être rachetés par les vendeurs, par leurs héritiers, ou, à leur défaut, par un habitant quelconque, ou par le seigneur du lieu, en remboursant à l'acquéreur une fois et demie le prix de la vente. La même ordonnance permettait aussi de libérer les terres des rentes foncières qui les grevaient[2]. Cette mesure, quelque révolutionnaire qu'elle pût paraître, car elle permettait de résilier tout à coup des contrats de vente usuraires qui dataient parfois de vingt ans, rendit à bon compte beaucoup de biens aliénés en un moment de crise, à leurs anciens possesseurs ou à leurs descendants. On s'explique que certains seigneurs, qui avaient autrefois indûment profité de la situation de leurs paysans, fissent à cet arrêté une opposition énergique, mais rarement efficace[3].

Mais, ces restitutions et ces réintégrations opérées, il restait

1. Archives de la Basse-Alsace, G. 198. La date exacte est restée en blanc dans l'imprimé.

2. Les rentes, dites *rachetables*, pourraient être rachetées sur le pied suivant: 20 florins pour un rézal de 6 boisseaux d'avoine, d'épautre ou une mesure de vin; 25 florins pour un rézal d'orge, 30 florins pour un rézal de seigle, 40 florins pour un rézal de froment. Quant aux rentes *non rachetables*, on ajoutera 10 florins pour le rézal de froment et 5 florins seulement pour les autres céréales. (A.H.A. C. 956.)

3. Nous en avons trouvé un exemple curieux dans le procès d'un paysan de Gueberschwihr, Laurent Becker et sa femme, contre le baron Rodolphe de Schauenbourg, leur seigneur. La femme Becker, non encore mariée, aliéna, lors de la grande famine de 1636, sa part de l'héritage paternel, pour *trois florins*, à deux bourgeois de Hattstatt, qui la revendirent au baron. Becker offrait de payer le prix fixé par l'ordonnance et réclamait, en échange de ces neuf livres, les biens de sa femme. La justice seigneuriale le débouta de sa demande; il en appela à Brisach, et non seulement il obtint gain de cause par arrêt du 8 février 1654, mais M. de Schauenbourg fut sévèrement réprimandé, *acerbo sale perfricatus fuit, quod edicto regio non paruerit*, comme l'a écrit le rubricateur contemporain de la pièce au haut du dossier. (A.H.A. C. 1007.)

d'innombrables arpents de terres en friche, dont les propriétaires ou les ayants droit avaient disparu sans laisser de trace. C'était parfois la majeure partie du ban de la commune[1]. Il n'était pas possible, en ce cas, de compter sur le seul concours des habitants qui restaient dans la province, et le gouvernement ne pouvait attendre que l'accroissement naturel de la population remédiât à cette situation douloureuse. Aussi, dès la conclusion de la paix, favorisa-t-il l'immigration étrangère, et pour certaines contrées, notamment dans la plaine fertile de la Basse-Alsace, les immigrants ne firent pas défaut. Dans un *Mémoire* manuscrit sur l'Alsace, rédigé vers 1656, M. de Rosselange, parlant de la préfecture de Haguenau et des communautés rurales qui en faisaient partie, écrivait que « il s'y est habitué et établi tant de monde que la ville est garnie de plus de 500 habitants et que dans 44 villages dépendants qui se sont remis, il y en a plus de 2,000 à présent à l'aise[2] ».

D'autres colons préféraient les montagnes et les vallées, plus abritées que la plaine contre une invasion nouvelle, et parfois ils venaient de loin ; ainsi nous trouvons dans le val de Villé, vers la même époque, un mélange de races assez curieux : à Steige, il y a des Provençaux ; à Saint-Pierre-Bois (Petersholz), des Lorrains et des Allemands ; à Scherwiller, des Suisses. En 1659, un Français, « de près de Paris » et un Bavarois s'y fixent simultanément[3]. Mais cette immigration ne fut d'abord que très partielle, et sans doute peu nombreuse. Car il y avait partout, en ce temps-là, de vastes terrains en friche dans l'Europe centrale ; il y en avait même en France assez pour que les paysans d'outre-Vosges, si attachés au sol natal, ne pussent songer à venir s'établir bien nombreux en Alsace. Il fallait donc nécessairement attirer les étrangers en leur faisant des promesses particulièrement tentantes ; c'est là le but principal de l'Édit royal de novembre 1662. Il veut mettre fin, d'une part, à l'insécurité des tenures actuelles, et de l'autre faciliter la réoccupation des terres abandonnées, en les promettant à ceux dont le travail assidu les mettrait en culture. Il prescrit donc que dans les trois mois, tous les habitants originaires de l'Alsace auraient à se présenter devant les commissaires députés par Sa

---

1. En 1659, il y avait dans la banlieue du village de Gries, tant de biens « caducs » qu'il fallut les grouper en 60 lots différents, avant de les mettre aux enchères, pour trouver des acquéreurs. (Kiefer, *Pfarrbuch,* p. 175.)

2. Cela montre en même temps l'affreuse misère des temps antérieurs, puisque 45 habitants par village et 500 dans une ville comme Haguenau, paraissaient un résultat fort remarquable à l'administrateur lorrain. (Manuscrit Roehrich, n° 730, à la Bibliothèque municipale de Strasbourg.)

3. Nartz, *Val de Villé,* p. 307-308.

Majesté pour exhiber leurs titres de propriété sur leurs châteaux, maisons, terres, etc., faute de quoi les détenteurs actuels en seraient privés pour toujours. La quotité disponible des terres ayant été nettement établie par cette opération préalable, le roi invitait ses sujets et les étrangers de la religion catholique, apostolique et romaine à venir « se retirer dans lesdits pays d'Alsace, » où les commissaires leur distribueront des lots « à proportion de ce qu'ils auront de famille et de facultés à les faire valoir ». Le terrain obtenu de la sorte deviendra la propriété incommutable des colons, et pendant six ans ils resteront déchargés de toutes tailles, subsides et impositions, corvées, taxes et levées. En outre, il leur est permis, durant ce même laps de temps, de prendre dans les forêts royales tout le bois nécessaire pour le chauffage et les usages domestiques, sans rien payer. Le gouverneur de la province, le duc de Mazarin, est autorisé de plus à leur faire construire « telle quantité de maisons qu'il verra bon être », évidemment aux frais du Trésor royal. Mais ces largesses souveraines étaient strictement réservées aux catholiques. « Nous défendons, disait l'édit, à toutes personnes de quelque qualité et condition qu'elles puissent être, faisant profession d'autre religion, de s'y retirer ni habituer, sous quelque prétexte que ce soit, n'entendons qu'elles jouissent de la liberté et autres avantages portés par l'Édit de Nantes et cesdites présentes, ains au contraire qu'il soit procédé contre les contrevenans[1]. »

Il est certain que cet édit de 1662 contribua notablement à réduire le nombre des terres en friche, bien que nous n'ayons pas de données statistiques exactes à ce sujet ; nous pouvons seulement constater, par des renseignements accidentels, conservés par hasard, qu'il vint en effet, dans les années suivantes, un nombre assez considérable d'immigrants de la Suisse catholique, du Palatinat, de la Lorraine, de la Haute-Bourgogne, etc., journaliers, domestiques de ferme, paysans ruinés qui désiraient se créer ou retrouver une modeste indépendance. Bien des calvinistes allemands et suisses se trouvaient parmi eux, malgré les défenses du roi, et même un certain nombre d'anabaptistes qu'on recommençait à persécuter alors dans les cantons helvétiques[2]. Il resta néanmoins encore de si vastes étendues

---

1. *Ordonnances d'Alsace*, I, p. 21.
2. Il est aussi difficile d'affirmer que de nier l'entrée de colons luthériens ou calvinistes *après* 1662. Elle eut certainement lieu sur une assez grande échelle auparavant, s'il est vrai, comme l'affirme M. de Rosselange, dans son *Mémoire* déjà cité, que les gouvernements de Hanau-Lichtenberg et de Wurtemberg envoyèrent, eux aussi (cela se passait avant 1656, date du

de terrain sans culture que vingt ans plus tard, Louis XIV, par ordonnance du 13 décembre 1682, enjoignait à tous les propriétaires de mettre immédiatement en labour et en état d'être ensemencées, « les terres demeurées en friche à l'occasion des anciennes guerres de Suède, soit par impuissance ou autrement, à cause des grands frais qu'il convient de faire pour les convertir en prairies, terres labourables ou vignes, le bois qui s'y trouve étant de nulle valeur [1] ». Mais, soit que les propriétaires ne se fussent pas hâtés d'obéir à cet ordre, soit qu'il y eût encore, à ce moment, des terres restées sans maître [2], les défrichements furent loin de se faire « avec la diligence qui serait à désirer ». Pour l'activer, une ordonnance royale de novembre 1687 déclarait que, dorénavant tous ceux qui défricheraient des terres, des bois et des taillis dans toute la province, et même dans les îles du Rhin, aux alentours des places fortes et ailleurs, étrangers ou sujets du roi, demeureraient possesseurs incommutables des terres changées par eux en prés, champs ou vignobles, à seule condition de payer à l'ancien propriétaire vingt sols par arpent de bonne terre à froment, et dix sols pour toute autre. Les magistrats des différentes localités dresseront procès-verbal et état des lieux qu'ils voudront défricher. Après douze ans de jouissance, cette cense ou rente de 10 et 20 sols sera rachetable. Si les propriétaires du sol ne peuvent plus être retrouvés, la rente sera versée au seigneur territorial ou au domaine. En outre, il sera payé un droit de reconnaissance de quatre deniers par arpent au seigneur et au fisc royal. Les seuls bois de haute futaie, et particulièrement « les chênes propres à bâtir » étaient protégés contre la hache des défricheurs, « notre service et celui du public pouvant en souffrir [3] ».

Tous ces efforts sagement combinés de l'administration supérieure ne restèrent pas sans résultats [4]. Dès avant la fin du siècle, la pro-

document), des hérauts et des trompettes dans les pays voisins, invitant les étrangers à s'établir chez eux; ceux-ci s'adressèrent certainement en première ligne à des coreligionnaires. (Roehrich, *Mittheilungen*, II, p. 185.) Mais, même après 1662, le contrôle ne fut peut-être pas bien sévère, surtout dans les seigneuries protestantes, où des baillis catholiques ne furent imposés qu'après 1680.

1. *Ordonnances d'Alsace*, I, p. 170.

2. Encore en 1684, on signale à Mittelwihr, p. ex., des biens pour lesquels il ne s'était présenté jusque-là aucun héritier. (A.H.A.E. 164.)

3. *Ordonnances d'Alsace*, I, p. 170.

4. « Il est hors de doute, écrivait La Grange en 1697, que le païs étant fertile comme il l'est, se remettra entièrement à la paix. Les habitans sont pour la plupart propriétaires de terres, ce qui y contribuera beaucoup. D'ailleurs, il y en a plusieurs qui ont fait des défrichemens considérables, qui se remettront facilement en valeur, et n'aïant plus de corvées à faire, ils seront entièrement appliqués à la culture des terres. » (Fol. 232.)

duction des céréales avait notamment augmenté, et en général, la
mise en culture de la plupart des terres susceptibles de rémunérer convenablement les cultivateurs avait fait disparaître une bonne partie
des solitudes créées par la guerre sur le territoire alsacien. Non
pas cependant d'une manière absolue. Au moment présent encore,
les forêts couvrent en plaine et dans la montagne plus d'un village
florissant au XVe et au XVIe siècle et dont les chartes seules et les
chroniques nous ont conservé le nom.

Si nous passons à l'examen des produits principaux de l'agriculture alsacienne, nous pouvons affirmer sans hésitation que la culture
des céréales occupait l'immense majorité des paysans de la province
au XVIIe siècle ; toutes les autres cultures réunies n'ont pas donné,
du moins pendant la première moitié de cette période, le tiers,
peut-être même le quart, de la production totale. Cela était nécessaire, tout d'abord pour nourrir la population indigène, puis pour
payer les impôts, acquittés partiellement en nature, pour satisfaire
à la consommation prodigieuse des armées qui occupèrent successivement le pays pendant une cinquantaine d'années, pour remplir
enfin les greniers d'abondance des villes d'Alsace plus considérables,
qui restaient fidèles encore aux traditions prudentes du passé. Souvent même, — nous le verrons plus tard, — la production indigène
fut insuffisante et l'introduction des grains du dehors fut une des
branches importantes du commerce local.

Parmi les différentes espèces de céréales, l'avoine paraît avoir été
la plus répandue, puis le seigle, le froment, l'orge et l'épautre, qui,
jusqu'au commencement de notre siècle, remplaçait le froment aux
deux extrémités de l'Alsace, vers Bâle et vers Wissembourg, et y
jouissait, convenablement égrugé, de la même estime[1]. Les autres
produits analogues, méteil, sarrazin, millet, maïs, etc., existaient
certainement, puisqu'ils figurent dans les traités botaniques alsaciens
du XVIe siècle[2], mais ils ne semblent pas avoir été cultivés d'une
façon un peu générale, car nous les rencontrons fort rarement dans
les données fournies çà et là sur la production locale, et, pour ainsi
dire, jamais, dans les rares statistiques sur la production générale
du pays. Celle-ci fut en 1700, année « plustost bonne que mauvaise »,
de 58,150 muids, mesure de Paris, « selon les estats qu'on en a
retirés ». Sur ce total, il y avait 14,800 muids de froment ; 15,800
muids d'espiotte, « qui est une autre espèce de froment, moindre

---

1. Hanauer, *Études économiques*, I₁, p. 61.
2. Voy. le travail de F. Kirschleger sur le *Kraeuterbuch de* Jérôme Bock,
dans l'*Alsatia* de Stoeber, 1867, p. 237.

que le premier »; 12,400 muids de seigle; 1,330 muids d'orge; 1,850 muids de méteil[1].

Le prix auquel se vendaient ces céréales était naturellement plus ou moins rémunérateur, selon les circonstances extérieures, et cela dans des proportions excessivement variables, d'un bout de la province à l'autre. Les données ne manquent pas sur les prix de vente; mais leur abondance même, autant que leur dissemblance, rendent difficile la tâche d'en dégager des conclusions générales à l'abri de toute controverse[2], d'autant plus que les économistes les plus autorisés en la matière n'ont pas évité d'assez sérieuses contradictions à ce sujet[3]. Ce qui empêchait cependant les variations des prix de s'exagérer encore davantage, c'est la tendance très marquée des autorités de fixer aux vendeurs un maximum qui ne pouvait être dépassé[4], en même temps que d'autres mesures de police administrative paralysaient la libre offre de la marchandise au plus offrant et assuraient, dans une certaine mesure, aux gouvernements la facilité d'acquérir cette denrée de première nécessité. Sous ce rapport, les ordonnances du Magistrat de Strasbourg sur le commerce des grains sont intéressantes à étudier. Celle du 22 octobre 1636 défendait aux paysans de garder leurs blés en grange et leur ordonnait de les amener au marché; on peut croire d'ailleurs qu'ils le faisaient volontiers et sans attendre des ordres, car ils couraient trop de risques d'être pillés et de perdre ainsi le fruit de leur

---

1. *Mémoire de 1702*, fol. 3b-4a. Le muid de Paris contenait douze setiers, et le setier équivalait *à peu près* à un hectolitre. Cela ferait donc pour la fin du XVIIe siècle une production approximative de 700,000 hectolitres pour l'ancienne province d'Alsace.

2. On conservait aux archives de Strasbourg un registre du garde-magasin des greniers de la ville, Chrétien Haenlé, renfermant la série complète des prix du blé, de 1615 à 1746. (Hermann, *Notices*, II, p. 141.) M. Hanauer a dressé des tables plus complètes encore; nous y voyons (II, p. 91-101) comme prix le plus bas (1655-1657), le rézal à 12 schellings; comme prix le plus élevé, durant la grande famine de 1636-1638, le rézal à 140 schellings. La moyenne des quatre-vingt-cinq années du XVIIe siècle, à nous connues, serait de 45 schellings le rézal, à peu près.

3. Ainsi, M. l'abbé Hanauer, le savant qui s'est le plus occupé de ces questions délicates en Alsace, donne dans ses *Etudes* deux tableaux des prix moyens du froment (II, p. 60 et 102) qui ne concordent nullement. Dans l'un, il indique pour les années 1601-1615 le prix de 12 fr. 85, dans l'autre, 10 fr. 96; pour 1625 à 1650, d'abord 18 fr. 90, puis 19 fr. 97; pour 1651-1675, 7 fr. 93 et 7 fr. 41, etc. — La valeur moyenne du seigle varie entre 16 fr. et 5 fr. 50 (de 1626 à 1675); celle de l'avoine, pour les mêmes années, de 8 fr. 75 à 3 fr. 53. (Hanauer, II, p. 102.) Rappelons encore une fois que le rézal équivalait à 116 litres environ.

4. Le premier exemple que nous ayons rencontré de la fixation d'un pareil maximum, est celui d'une ordonnance des Etats de la Basse-Alsace du 1er novembre 1531, mais il y en a eu peut-être d'autres auparavant déjà.

travail. Mais les céréales ainsi voiturées à Strasbourg ne pouvaient être achetées qu'en quantité limitée par les bourgeois; le règlement spécial, la *Kornmarcktordnung* de 1609, défendait tout d'abord tout achat en vue d'une revente à des tiers, manants, bourgeois ou étrangers; puis il était interdit à un particulier d'acheter plus de dix rézaux de froment ou de seigle, de six rézaux d'orge, et, s'il avait des chevaux, de dix rézaux d'avoine. Les boulangers eux-mêmes ne pouvaient acheter en une fois que ce qu'il leur fallait pour la consommation de la semaine. Quant aux marchands de farine et aux brasseurs, il leur était absolument interdit de rien acheter directement au marché. En 1623, le nombre de rézaux de céréales que pouvait acheter un bourgeois fut même réduit à deux. Il résultait de ces mesures que le principal acheteur, et, par suite, le régulateur du commerce des céréales, c'était, en temps ordinaire, — et quand il n'y avait pas d'armées à nourrir, — dans chaque canton de la province, soit quelque commune urbaine plus impor-tante, soit le gouvernement du territoire, qui veillait à avoir en lieu sûr, forteresse ou château fort, des provisions relativement consi-dérables[1]. Il arrivait à se les procurer ainsi, sans les payer trop cher, puisque le paysan ne pouvait guère songer à ramener au village sa marchandise, une fois qu'il l'avait conduite à la ville, et à perdre ainsi toute sa journée en fatiguant son attelage[2].

A côté de la culture des céréales, la plus répandue de toutes semble avoir été celle des différentes espèces de choux, qui four-nissaient, soit au naturel, soit en saumure, le plat de résistance de la cuisine rurale. « Ces gros choux hachés et pommés font les délices de la table et la principale nourriture des naturels du pays, » écrivait à la fin du XVIIᵉ siècle le médecin Mangue[3], et dès le XVᵉ

---

1. En 1610, il y avait dans les greniers de la ville de Strasbourg 52,562 hec-tolitres (XV, 21 déc. 1610); en janvier 1622, le Magistrat ayant fait faire le recensement des céréales emmagasinées par 22 établissements ecclésias-tiques, etc., constatait la présence de 63,043 rézaux ou 73,407 hectolitres dans leurs greniers (XV, 2 février 1622). — En 1633, les magasins de la ville comptaient encore des blés achetés en 1591; on en conservait même, — à titre de curiosité, — qui dataient de 1439. Seulement blés et farines étaient susceptibles de se gâter, et en 1620 p. ex., on déclarait au Conseil que « la vieille farine » des greniers rendait les gens malades (XIII, 7 sept. 1620).

2. Les temps n'étaient plus les mêmes qu'au commencement du siècle, alors que le dessinateur de l'album de types et de costumes intitulé *Eviden͂s designatio*, etc., publié à Strasbourg en 1606, montrait à la planche XXI un paysan du Kochersberg, appuyé sur ses sacs de blé en face d'un bourgeois, essayant de marchander, et lui disant d'un air narquois : *Wilts nicht kauffen, so lass stahn!*

3. *Histoire naturelle de la nouvelle province d'Alsace*, I. p. 125. Ce curieux manuscrit de la Bibliothèque Nationale ne nous était connu jusqu'ici

le jour où l'on fabriquait la choucroute dans les familles, le *Gumpesttag*, était un grand jour de fête. On plantait donc des quantités énormes de choux, dans la plaine de la Basse-Alsace surtout, et l'on prétend qu'en cas de pénurie monétaire, le paysan préférait encore renoncer au vin qu'à son *Kappeskraut* favori[1].

Les différentes espèces de fèves étaient également fort cultivées dans les deux parties de l'Alsace, particulièrement les pois et les lentilles, qui devaient rapporter aux producteurs des bénéfices assez considérables, à en juger par les mercuriales du temps[2]; les navets au contraire, qui se consommaient frais ou « confits », étaient d'un bon marché qui peut également indiquer, soit une production très considérable, soit le fait qu'ils étaient peu recherchés[3]. Quant à la pomme de terre, il est aujourd'hui prouvé qu'elle figurait sur les menus, dès la première moitié du XVIIe siècle[4]. Mais rien n'établit qu'elle ait été cultivée dès lors, dans la plaine d'Alsace. C'est dans les Hautes-Vosges que son acclimatation s'est faite tout d'abord; dans le val de Villé nous la trouvons soumise à la dîme dès 1676[5], mais c'est vers la fin du XVIIe et au commencement du XVIIIe siècle seulement que des arrêts du Conseil souverain imposent pareille prestation aux paysans de Munster, d'Orbey, etc., ce qui paraît bien prouver que l'introduction de sa culture dans ces vallées était récente, puisque dans le cas contraire l'action de la justice n'aurait pas attendu si longtemps pour se faire sentir[6]. Ce qui est également certain, c'est que l'usage ne s'en généralisa dans la Basse-Alsace et en particulier à Strasbourg, que dans le premier tiers du XVIIIe siècle[7].

que par quelques extraits faits par Charles Gérard. On apprendra avec satisfaction qu'il va être l'objet d'une étude détaillée de la part de M. Ch. Nerlinger, archiviste-paléographe, attaché à la Bibliothèque Nationale.

1. Kirschleger, *Hieronymus Bock, Alsatia*, 1868, p. 240. — Aussi étaient-ils à bon marché. M. Hanauer a trouvé dans un compte de 1502 que l'on en avait vendu 400 têtes pour 8 fr. 06 (II, p. 231); au XVIIe siècle, les prix avaient notablement haussé, puisqu'on payait le cent 14 schellings, soit environ 8 fr. 75; mais plus tard, ils baissèrent de nouveau jusqu'au chiffre moyen de 5 fr. 09 le cent (1651-1675), voire même de 4 fr. 06 le cent (1651-1675). Voir les *Tableaux* de M. Hanauer (II, p. 245).

2. Hanauer, II, p. 241-242.

3. Le prix moyen de l'hectolitre a été de 1601 à 1625, 1 fr. 53, de 1675 à 1700, 1 fr. 89. On voit qu'il n'a guère varié pendant tout le siècle. (Hanauer, II, p. 245.)

4. M. Hanauer a signalé les *erdaepfel* dans les comptes d'un délégué du Grand-Chapitre à Châtenois, dès 1625. (II, p. 232.)

5, Nartz, *Val de Villé*, p. 381.

6. Arrêts du Conseil souverain du 17 juin 1699 et du 26 novembre 1709. (*Notes d'arrêts*, Colmar, 1742, p. 300.)

7. Ch. Boersch dit, entre 1714 et 1724, Ch. Gérard, entre 1724 et 1730; la vérité est que nous ne pouvons fixer aucune date précise.

Parmi les plantes non comestibles et les produits industriels du sol, on paraît avoir cultivé d'abord la garance (*roeth*), qui est mentionnée en Alsace dès le XVIe siècle, y est achetée au XVIIe même par les teinturiers du dehors, et continue à fournir des récoltes considérables pendant tout le XVIIIe siècle. En 1778, les environs de Haguenau seuls en fournissaient 50,000 quintaux. Le houblon, au contraire, qui rivalisa longtemps avec elle dans ces parages et qui s'y maintient seul aujourd'hui, bien que connu et décrit déjà par Jérôme Bock, au XVIe siècle, n'y fut sérieusement cultivé que depuis le début du XIXe siècle[1].

Le tabac est d'importation plus récente que la garance, mais nous le rencontrons néanmoins dès le premier tiers du XVIIe siècle. La culture en semble avoir été introduite, presque simultanément, en deux endroits différents de la Basse-Alsace. En aval de Strasbourg, à une lieue environ de ses murs, se trouvait entre des bras. de l'Ill et du Rhin une île, le *Fachwoerth*, qui reçut plus tard le nom de « Cour d'Angleterre » (*Englischer Hof*) parce qu'un négociant strasbourgeois, revenu d'Angleterre, y établit une exploitation rurale; c'est là que furent faites en 1620 des plantations de tabac avec des graines rapportées d'outre-mer[2]. Mais la ville de Bischwiller avait quelque peu précédé celle de Strasbourg, dans la culture du tabac. Un des colons français introduits par le duc Jean de Deux-Ponts, Benjamin Maucler, en établit des plantations, soit autour de Bischwiller même, soit au village voisin de Hanhoffen, dès l'année 1618, et il sut traiter ses produits avec tant de succès qu'il les plaça jusque dans les Pays-Bas comme véritable tabac des colonies. Il fit malheureusement de trop bonnes affaires. Deux autres immigrés, Aubertin et Solcourt, passementiers de leur métier, voulurent lui faire concurrence, en furent empêchés par le bailli en vertu du privilège exclusif que Maucler avait obtenu du prince, et pour se venger, répandirent alors dans les campagnes environnantes le bruit absurde que la culture de la « nicotine » était malsaine et produisait de la pluie et des brouillards malfaisants. Les paysans ainsi ameutés se mirent de la partie, et après deux ans de querelles, le gouvernement finit par décider, en 1631, pour calmer l'effervescence générale, que personne n'aurait plus l'autorisation

---

1. C'est d'ordinaire à un agriculteur de Haguenau, nommé Derendinger, et à l'année 1802, qu'on rapporte l'introduction de la culture du houblon en Alsace.

2. Grandidier, *Œuvres inédites*, V, p. 280. D'après une autre version, ce Robert Koeuigsmann aurait été un Anglais, immigré à Strasbourg ; peu importe d'ailleurs.

d'en planter[1]. La défense a dû être retirée cependant, car la culture
du tabac était assez répandue, trente ans plus tard, dans les environs de Bischwiller, et elle avait cessé d'être un monopole. Pour
mille pieds de tabac qu'on plantait, on payait au gouvernement un
florin et, en 1668, cette taxe fut portée à un thaler[2]. Vers la même
époque, les « fileurs de tabac « (*Tabackspinner*) de Strasbourg
étaient également à la tête d'une industrie importante, qui pré-
suppose une production agricole assez considérable; mais pour
ce qui est de l'exploitation industrielle proprement dite du tabac,
nous en réservons l'étude pour un des chapitres suivants.

Une autre culture industrielle, au moins aussi développée que
celle du tabac, c'était celle du pavot, dont l'huile subvenait alors,
en bonne partie, aux besoins spéciaux de la population alsacienne;
tout au plus l'huile de noix et celle de faîne, cette dernière tirée
des fruits du hêtre, lui faisaient-elles une sérieuse concurrence.
L'huile de colza ne paraît que vers la fin du XVIIe siècle; celle de
lin et celle de navette ne se répandent qu'au siècle suivant[3]. Pour
que l'huile de pavot pût répondre à tout ce qu'on demandait d'elle,
éclairage, assaisonnement, etc., il fallait couvrir des espaces considérables de cette plante, bien abandonnée de nos jours[4].

A côté de l'agriculture proprement dite, les paysans d'Alsace s'a-
donnaient d'ancienne date à la culture des arbres fruitiers dans des proportions qui dépassaient de beaucoup les besoins de la consommation
locale. Aussi fournissait-elle un appoint de conséquence aux revenus
des populations rurales, qui vendaient leurs produits dans les villes;
pour certaines espèces de fruits, l'exportation se faisait même à
l'étranger[5]. On a pu voir, par la citation d'Ichtersheim, placée en
tête de ce chapitre, que l'Alsace possédait, alors déjà, à peu près
tous les arbres fruitiers répandus aujourd'hui dans le pays[6]. On

1. Archives de la Basse-Alsace, E. 27.
2. Culmann, *Geschichte von Bischweiler*, p. 60.
3. Lehr, *Mélanges alsatiques*, p. 48, d'après les papiers de l'intendant,
M. de Serilly.
4. M. Hanauer nous apprend qu'au XVIIe siècle un rézal de pavots
donnait 36 livres d'huile, soit, en évaluation moderne, 1 hectolitre de graines
de pavot, 15 litres 2/3 d'huile. (II, 372.) Le *pot* d'huile a coûté, de 1600 à
1650, environ 55 pfennings en moyenne, soit de 1 fr. 30 à 1 fr. 40 le kilo.
5. « Il se faisait aussi avant la guerre un petit commerce de châtaignes en
Alsace et de prunes... On les envoïait du côté de Cologne où elles sont
recherchées. » (La Grange, *Mémoire*, p. 237.)
6. Ils y étaient depuis longtemps déjà, apportés soit par les Romains, soit
par les Croisés; les poires et les pêches étaient communes au XIIIe siècle
(*Annales de Colmar*, p. 75); au XIVe siècle, on parle de figues (Closener,
Chronik, p. 112); rien ne prouve, il est vrai, qu'elles n'aient pas été sèches.

plantait sur les pentes inférieures des Vosges des châtaigniers, qui
ne prospéraient pas dans la plaine, et dont les fruits farineux
entrèrent de bonne heure dans l'alimentation populaire. Les noyers,
dont certains exemplaires existants remontent certainement au
XVIIᵉ siècle, bordaient les grandes routes. Les poiriers et les pom-
miers fournissaient non seulement un cidre, très recherché dans
les districts privés de vignobles, et qui remplaçait la bière dans les
campagnes[1], mais encore et surtout ces *chneits*[2] dont parle le docteur Mangue, « quartiers de pommes et de poires, séchées au four
et cuites dans un pot avec de la graisse et du lard[3]. » Les cerises et
les différentes espèces de prunes, parmi lesquelles les *quetsch*,
tenaient le premier rang, fournissaient, elles aussi, en dehors de
leur consommation en nature[4], une boisson, moins inoffensive à coup
sûr, que le cidre, mais plus prisée par les populations rurales, de
l'alambic primitif desquelles elle sortait[5].

Il faut dire pourtant que, si les Alsaciens faisaient une grande
consommation de tous les fruits que nous venons de nommer[6], et
d'autres encore, moins répandus, si malgré des octrois à l'entrée
des villes relativement élevés, les acheteurs ne faisaient pas défaut
aux producteurs[7], les étrangers ne prisaient pas autant que les
autochtones, les produits de notre sol natal. Ils ne les trouvaient

---

Dès cette époque aussi, l'on cueillait les fraises dans les montagnes et les
pauvres gens allaient les vendre à la ville. (*Annales de Colmar*, p. 99.)

1. Ichtersheim, I, p. 4.

2. Orthographe fantaisiste, mais prononciation assez exacte du mot *schnitz*
qui désigne en dialecte alsacien un quartier de pomme.

3. *Histoire naturelle de la nouvelle province d'Alsace*, I, p. 129.

4. Les marmelades et confitures de fruits semblent avoir été très peu
répandues au XVIIᵉ siècle. Ce sont d'ordinaire encore les *pharmaciens* qui
les fabriquent et les vendent; à Strasbourg, jusque dans les premières
années du XIXᵉ siècle, c'étaient également eux encore qui vendaient le
meilleur chocolat.

5. C'est même pour pouvoir en distiller davantage qu'on augmente la
production de ce fruit, qui doit s'être beaucoup multiplié au XVIIᵉ siècle,
car en 1609, la livre de *quetsch* coûtait 1 schelling (83 cent.); en 1630,
2 schellings (1 fr. 64), et en 1670, elle ne se payait plus que 6 pfennings
(41 cent.), quand tous les autres prix avaient considérablement haussé.

6. La *Chronique de la Douane* de Colmar nous apprend, p. ex., que le
14 août 1632, il entra dans Colmar, dans une seule journée, 83 chariots
chargés de fruits à vendre et que tout fut vendu. Or, Colmar comptait alors
au plus 5,000 à 6,000 habitants. (*Revue d'Alsace*, 1876, p. 268.)

7. Le *Tarif des droits qui se paient pour raison des fruits, man-
geailles, etc., en la ville de Strasbourg* (Strasbourg, Spoor, 1686, folio) mentionne p. ex. les coings, les abricots, etc. La hottée de cerises et de coings
payait 4 pfennings d'octroi; le sac de noix et de châtaignes 2 schellings; la
hottée de fraises 1 schelling 4 pfennings; le grand chariot de pommes,
poires, pêches, prunes, abricots, 5 schellings 4 pfennings.

ni suffisamment beaux de forme, ni surtout assez succulents, soit que
le sol sablonneux ou pierreux ne fût pas favorable aux arbres à
racines pivotantes, soit que le soleil d'Alsace ne fût pas assez ardent,
soit enfin que les soins de culture fussent insuffisants. L'auteur
des *Mémoires de deux voyages en Alsace*, qui ne dénigre nullement
d'ordinaire ce qu'il rencontre dans le pays, constate, à plusieurs
reprises que les fruits n'y ont pas bon goût. Il avait longuement conféré sur la matière avec un des assesseurs du Conseil souverain
d'Alsace, M. Hold, auquel il rendit visite à sa campagne d'Altkirch,
et ce docte jurisconsulte lui apprit que « les entes (greffons) qu'il
faisait venir d'Orléans et des meilleurs cantons de France, y dégé-
néraient en sept à huit années, et qu'ils prenaient enfin le mauvais
goût du pays[1] ». Les intendants d'Alsace établirent quelques pépinières dans la province ; de riches seigneurs, M. de Montclar à
Kientzheim, plus tard M. d'Huxelles aux environs de Haguenau,
d'autres encore, suivirent cet exemple ; on distribuait à très bon
compte des plants de ces « espèces françaises » (*franzoesisch Obst*)
aux paysans désireux d'améliorer leurs vergers. Dès 1697, M. de
La Grange pouvait affirmer qu'il commence à y avoir d'assez bons
fruits en Alsace, et qu'il y a plusieurs particuliers, ayant fait venir
des arbres de France qui réussissent parfaitement ; ils « rapportent
d'aussi bon fruit que celui qui se recueille aux environs de Paris ;
pour peu qu'on en ait soin, il deviendra commun en peu de temps[2] ».

Pour clore ce chapitre, nous ajouterons encore un mot sur l'horti-
culture alsacienne au XVIIe siècle, tant en ce qui concerne les jardins
potagers que les jardins d'agrément. Étant donnés les goûts pratiques
de la population alsacienne, — et ces goûts étaient encore plus prononcés alors qu'aujourd'hui, où nous voyons souvent aux fenêtres
étroites des plus modestes chaumières d'une vallée vosgienne s'épa-
nouir de beaux géraniums, des pétunias ou des verveines, — on ne s'é-
tonnera pas que le jardin potager prédominât partout ; il n'y en avait
pas d'autres à la campagne et la bourgeoisie des villes elle-même
consacrait, en majeure partie, les siens au culte de la cuisine. Tout
autour des remparts, de l'autre côté des glacis, le voyageur entrant
ou sortant voyait des carrés de légumes, de petites tonnelles

---

1. *Mémoires de deux voyages*, p. 184.
2. La Grange, *Mémoire*, p. 238. Ce n'est pourtant que vers le milieu du
XVIIIe siècle que l'arboriculture alsacienne prit un développement nouveau,
quand Jean Baumann, de Dornach, jardinier de M. de Rosen à Bollwiller
établit, vers 1740, les grandes pépinières de cette localité, qui subsistent
encore aujourd'hui et ont fait connaître son nom et celui de ses descendants
par toute l'Europe.

recouvertes de vignes grimpantes, des haies de buis ou des palissades en bois léger, quelques fleurs résistantes et à bon marché : c'était tout ce qu'il fallait à la petite et à la moyenne bourgeoisie d'alors. Dans certains de ces jardins, on rencontrait des couches pour y faire des semis de primeurs ; quelques amateurs se payaient même le luxe de fleurs plus rares, venant du dehors, et conservées en pots, pour orner à l'occasion l'intérieur de leurs demeures[1].

Les grands seigneurs ne dédaignaient pas non plus les produits maraîchers du pays, ni ceux du dehors[2] ; ils cultivaient cependant de préférence les plantes d'agrément et tenaient à en avoir de rares, venues de loin. L'obligeant bailli de Sainte-Marie-aux-Mines, Pierre Fattet, envoyait jusqu'à Milan pour trouver les fleurs que lui demandait Agathe-Marie de Ribeaupierre, et la correspondance d'Éverard de Ribeaupierre avec Frédéric Meyer, de Strasbourg et avec le professeur Platter, de Bâle, conservée aux archives de Colmar, montre avec quel zèle il s'occupait d'acquisitions nouvelles pour les jardins seigneuriaux de Guémar et de Ribeauvillé[3]. Les jardins des comtes de Hanau-Lichtenberg à Bouxwiller, étaient également renommés en Alsace dès le XVIIe siècle. Mais la plus admirée des créations de l'époque en ce genre, semble avoir été le parc établi en 1665, par le comte palatin de Birckenfeld, Chrétien II, à côté de sa résidence de Bischwiller ; on vantait ses longues allées de tilleuls, son orangerie, et la vaste pièce d'eau, agrémentée de deux lions crachant l'eau dans un bassin de marbre[4].

L'influence du goût français se fit naturellement sentir, dans la seconde moitié du siècle, sur ce domaine comme partout, et les promenades publiques, de même que les parcs princiers, furent tracés dorénavant d'après le modèle de Versailles, par les artistes spéciaux protégés par Louis XIV. La promenade Le Nôtre, autrefois aux portes de Strasbourg, englobée maintenant dans la nouvelle enceinte, conserve encore le nom du célèbre artiste en jardins qui

1. La correspondance du syndic Mogg, de Colmar, pour l'année 1634, nous révèle un de ces amateurs intelligents et passionnés. Pendant qu'il exerce son métier de diplomate à Heilbronn, Francfort, etc., il ne cesse de s'inquiéter de ses semis et de ses pots de fleurs et se fait tenir au courant par son secrétaire, le jeune Reichenstein, des péripéties de la température qui menacent ses plants venus de Bâle, de Thann, etc. (X. Mossmann, *Scènes de mœurs colmariennes, Bulletin du Musée historique de Mulhouse*, 1886, p. 49.)

2. Éverard de Ribeaupierre, p. ex., se faisait envoyer d'Augsbourg de la semence de choux-fleurs. (A.H.A. E. 723.)

3. Les catalogues (*samenzeddel*) et les factures même sont conservés en partie, pour les années 1606-1611. (A.H.A. E. 663.)

4. Culmann, *Geschichte von Bischweiler*, p. 63.

en traça les contours et y fit planter les ormes aujourd'hui deux fois séculaires, qui ont été témoins de tant de changements et de tant de catastrophes.

§ 2. LA VITICULTURE

La plaine d'Alsace, même en laissant de côté pour le moment les prairies et les forêts, n'appartenait pas exclusivement à l'agriculture. Dans l'Alsace moyenne surtout, de Schlestadt à Mulhouse, les champs entre l'Ill et les hauteurs étaient coupés de vignobles plus ou moins étendus ; mais ils n'étaient là pourtant qu'à titre d'exception. La véritable région viticole s'étendait alors déjà, comme aujourd'hui, sur la zone des collines qui, à des hauteurs variant de 200 à 400 mètres au-dessus du niveau de la mer, longent la chaîne des Vosges ; elle occupait les plans inférieurs des saillants qui se détachent, à angle plus ou moins prononcé, de la crête principale, pour se perdre dans la grande vallée rhénane. Ces *éperons* qui se dressent à l'entrée des vallées vosgiennes, présentent au soleil levant leurs surfaces pierreuses, chauffées pendant la journée presque tout entière, et sont garantis en même temps, sur leurs versants intérieurs surtout, contre les vents glacés du Nord[1]. Dans son long développement, la zone des collines n'a au centre que deux kilomètres de largeur ; elle s'élargit vers le nord, entre Saverne et Wissembourg, et couvre une surface plus considérable encore vers le sud, entre Thann, Mulhouse et Belfort. Mais de ce côté, les collines sont plus élevées, elles sont exposées davantage aux rudes bises de l'hiver, et dans cette région montueuse qu'on a parfois dénommée la Sibérie de l'Alsace, les vignobles ne sont plus aussi prospères[2].

Quels qu'aient été les pères de la viticulture alsacienne, et soit qu'on veuille remonter aux légionnaires de Probus ou s'arrêter aux moines chrétiens du VIe et du VIIe siècle, il est certain que les produits des vignobles de la province étaient connus et appréciés dès l'époque carolingienne. Ermoldus Nigellus en parle dans ses plaintes d'exilé sous Louis le Débonnaire ; Froissart raconte que les « bons vins d'Ausay » se buvaient en Angleterre, en 1327, en concurrence avec les crûs célèbres de Gascogne ; Félix Fabri, le moine souabe, les vante au XVe siècle[3], Marguerite de Parme, la

---

1. Cela n'empêchait pas, naturellement, des désastres dans les vignobles, durant certains hivers rigoureux. Au XVIIe siècle, les chroniques signalent les années 1612, 1626, 1658, 1662, 1691, comme particulièrement néfastes sous ce rapport.
2. Ch. Grad, *Heimathskunde*, p. 10.
3. « Vinum alsaticum illud nobile jam per mundum longe lateque circumducitur. » (Schilter, *Thesaurus Antiquitatum teutonicarum*, II, p. 25.)

régente des Pays-Bas, au XVIe siècle, en demande pour sa table[1], et au milieu du XVIIe siècle encore, on en achetait pour celle du roi de France[2].

Quelques amateurs affirmaient dès cette époque que les vins d'Alsace n'étaient ni aussi bons ni aussi sains que les vins du Rhin et du Neckar, « bien que les Alsaciens eux-mêmes, y étant habitués de longue date, ne veuillent pas en convenir[3] ». L'intendant La Grange se montrait moins sévère : « Les vins du crû de la Haute-Alsace, dit-il dans son *Mémoire*, et ceux d'une partie de la Basse sont très bons et ceux qui croissent plus bas, en tirant vers Landau, sont moins forts et plus délicats, et il ne s'y en recueille pas une si grande quantité. Tous ces vins... ont la propriété de se conserver autant qu'on veut, et augmentant toujours en bonté, jusqu'à douze ou quinze ans. Il y a de même des cantons qui ne diffèrent guère de ceux du Rhin. Il ne s'y recueille du vin rouge qu'en petite quantité[4]. » En effet, les vignobles produisant du vin rouge ont été rares de tout temps en Alsace, et le sont encore ; au XVIIe siècle, on ne nomme guère que ceux d'Ottrott dans la Basse-Alsace, au pied de la montagne de Sainte-Odile, et ceux de Sainte-Hippolyte, au pied du Hohkoenigsbourg. Quant aux vins blancs, il y avait toute une série de crûs renommés, augmentant en bouquet et en force, dans des proportions menaçantes pour les consommateurs, à mesure qu'on remontait vers le sud. Dans la Basse-Alsace, Ichtersheim nous vante le *Vorlauf* de Marlenheim, l'*Altenberger* de Wolxheim, le *Finckenwein* de Molsheim, le *Kastelberger* d'Andlau ; mais leur réputation pâlissait devant celle du *Canzelberger* de Bergheim, du *Riessling* de Ribeauvillé, du *Suppelsberger* de Riquewihr ; les plus robustes « humeurs de piots » craignaient l'action subite du *Kitterlé* de Guebwiller, du *Brand* de Turckheim, du *Rangen* de Thann sur leurs muscles locomoteurs[5].

Les méthodes de culture différaient alors quelque peu, pour autant que nous pouvons en juger, des procédés en usage de nos jours. En tout cas, la vigne était dès cette époque l'objet de soins assidus de la part des propriétaires, et les plus riches y mettaient même une certaine coquetterie, ainsi qu'il ressort de la description

1. Elle priait, en 1566, le Magistrat de Strasbourg de lui expédier quelques fûts de bon vin du pays. (Archives municipales, de Strasbourg, A.A. 1797.)
2. Achats faits en 1647 dans les environs de Schlestadt. (Arch. municipales, A.A. 1902.)
3. Mart. Zeiller, *Itinerarium Germaniae*, p. 208.
4. La Grange, *Mémoire*, fol. 16-17.
5. Ichtersheim, I, p. 31. Voy. aussi Gérard, *L'Alsace à table*, p. 315-322.

suivante que nous empruntons aux *Mémoires de deux voyages en Alsace*. « En ce païs là, dit leur auteur, on fait monter les seps de vigne sur de si grands échalas qu'on y en trouve qui ont plus de vingt pieds de haut. Ce sont en quelque façon des arbres entiers, parce qu'ils ont des branches, mais elles sont dépouillées de leur écorce. Quelques-uns même sont ornés des armoiries ou des chiffres du maître de la vigne en sculpture, sans oublier l'année qu'ils ont esté plantez, de sorte que par ce soin là on trouve de ces grands échalas qui ont quatre vingt ou cent ans. » Notre touriste ajoute que bon nombre de ces vieux vignobles ont été dévastés pendant les récentes guerres par les Impériaux, vu que l'infanterie française, sous Turenne et d'autres généraux, se retranchait volontiers et d'une manière fort avantageuse sur les coteaux où vignes et échalas lui servaient de palissades, inaccessibles à la cavalerie allemande [1].

Les rigueurs des hivers se joignaient parfois aux ravages des hommes pour faire disparaître ces plantations séculaires. Après les longues guerres du XVIIe siècle, certains bans de villages viticoles sont restés longtemps incultes, les ronces et les broussailles étouffant ce qui restait des plants tués par le gel ou arrachés par les soldats [2]. Mais, naturellement, dès que l'état du pays le permettait, l'on procédait à la restauration des vignobles maltraités ou détruits. Les frais du repiquage n'étaient pas aussi considérables qu'ils le seraient de nos jours, et les jeunes plants dont on avait besoin semblent avoir été toujours faciles à trouver [3]. Quant aux échalas, les forêts, infiniment plus nombreuses et moins sévèrement surveillées qu'aujourd'hui, fournissaient le bois nécessaire (quand on l'achetait) à un bon marché étonnant [4].

Chose curieuse, la culture de la vigne ne semble pas avoir été partout libre en Alsace au XVIIe siècle, soit que certains seigneurs eussent peur de voir trop diminuer la production des céréales, soit qu'ils ne voulussent pas favoriser le penchant des paysans à l'ivrognerie, soit enfin que le but poursuivi fût simplement la levée d'une nouvelle taxe fiscale. Ainsi, il était défendu de planter des vignes à Eguisheim, dans un champ où il n'y en avait pas encore eu ; et même au cas où il y en aurait eu jadis, il fallait payer un

---

1. *Mémoires de deux coyages,* p. 44.
2. D'après un procès-verbal cité par M. Kiefer (*Balbronn,* p. 338), une partie des vignes de Balbronn n'avaient pas encore été débroussaillées en 1702, depuis la guerre de Trente Ans.
3. Un habitant de Balbronn put s'en procurer 10,000 à la fois. On payait, en 1666, pour 250 boutures ayant pris (*Würzlinge*), une livre.
4. Un lot de 1,500 échalas est coté, dans une pièce reproduite par M. Kiefer, 2 livres 10 schellings. (*Balbronn,* p. 241.)

impôt (*Satzgeld*) pour le remettre en vignoble. A Herlisheim, la coutume locale défendait, d'une façon générale, de placer des vignobles dans la plaine, là où il n'en existait pas auparavant. A Turckheim aussi, pays de viticulture par excellence pourtant, le règlement communal défendait de convertir les terres labourables de la plaine en plantations de vignes[1].

Ce qui s'explique beaucoup plus facilement, c'est que les vendanges n'étaient pas libres non plus, et sur ce point les usages sont restés à peu près les mêmes jusqu'à ce jour, non plus comme autrefois, pour faciliter la levée de la dîme, abolie depuis longtemps, mais pour permettre le contrôle mutuel des propriétaires. Quand les autorités communales avaient fixé le jour des vendanges, chacun se rendait à sa vigne avec tous les siens, et avec les journaliers, hommes et femmes, nécessaires pour la besogne. Des notables jurés, désignés par le seigneur, le bailli ou le bourgmestre, surveillaient la mise en cuves ou en tendelins des raisins récoltés, et les valets dîmiers prélevaient immédiatement sur chaque récipient la redevance qui leur était due. Quelquefois le seigneur demandait qu'on ne vendangeât qu'un canton à la fois, pour n'avoir pas à faire les frais d'un trop grand nombre de valets; mais ces prétentions rencontraient généralement une opposition décidée de la part des habitants, puisque quand la banlieue était vaste, ils craignaient que la récolte des cantons retardés ne se gâtât avant que leur tour ne fût venu. L'autorité supérieure donnait raison, d'ordinaire, à ces plaignants qui invoquaient le bon sens en faveur du maintien des anciennes coutumes[2].

Dans certaines localités, où la culture de la vigne formait l'occupation principale de la population, même urbaine (comme à Colmar, Turckheim, Ribeauvillé, etc.,) les vignerons (*Rebleute*) étaient organisés en corps de métier, et l'on y entrait comme dans les autres corporations d'artisans, après épreuves subies devant un jury spécial[3]. Mais à côté des vignerons propriétaires, il y avait, surtout dans les bonnes années, de nombreux ouvriers agricoles, attachés aux travaux du vignoble; quelquefois ils venaient du dehors, mais le plus souvent ils formaient le prolétariat des villages vinicoles. Ils n'étaient d'ordinaire rétribués que pour une faible

---

1. Ces règlements sont allégués dans un procès, plaidé devant le Conseil souverain, en 1699, et relaté *Notes d'arrêts*, p. 153.

2. Voy. un procès plaidé à Colmar entre le Chapitre de Wissembourg et le Magistrat de cette ville, en décembre 1695. *Notes d'arrêts*, p. 87.

3. On trouvera tout le détail de cette organisation dans l'ordonnance du Magistrat de Colmar, du 2 novembre 1605, renouvelée le 9 février 1664.

part en numéraire; on les payait en grains, qui fournissaient à leurs familles la nourriture d'hiver, et le patron leur donnait en outre le boire et le manger; parfois cependant ils étaient tenus de pourvoir eux-mêmes à leur entretien, et alors leur salaire en argent était un peu augmenté. Ce salaire n'était pas, d'ailleurs, bien considérable, puisqu'il oscilla, pendant tout le XVIIᵉ siècle, entre 1 franc et 1 fr. 50 par journée de travail[1].

Quant à la façon diverse de traiter le jus de la treille, une fois la récolte terminée, nous nous contenterons de répéter ici ce qu'en dit le voyageur, déjà si souvent cité comme observateur sagace des habitudes du pays. Il y a, dit-il, du vin « que l'on entonne tout sortant de la cuve et qu'on serre dans des vaisseaux reliés de cercles de fer, dans lesquels on l'empêche de bouillir et de s'évaporer, en le bouchant bien soigneusement. De tel vin se conserve dans sa force, jusqu'à trente années et l'on en boit par régal, en petite quantité, à la fin des repas d'amis... La coutume d'Allemagne est de tirer le vin à clair après qu'il a bouilly; mais on enfume les tonneaux, tant grands que petits, avec un morceau de linge soufré qu'on allume dedans et qu'on y laisse consumer afin que l'odeur en pénètre le fust. L'expérience montre que le vin s'y conserve mieux que sur sa lie, et qu'il n'en souffre aucune altération par le transport. Ceux qui font grosse provision de vin le gardent dans de grands tonneaux, dont il y en a qui tiennent bien vingt muids chacun..... Il faut remarquer un expédient fort singulier dont les Allemans se servent pour vuider un tonneau dans un autre, sans les remuer de leur place, fussent-ils à vingt-cinq pas l'un de l'autre, et même dans deux différentes maisons. C'est par le moyen d'un syphon, fait en long tuyau de cuir, qui s'embouche dans les deux futailles, dans lequel on fait entrer à l'aide d'un gros souflet le vin, qui passe comme dans un canal d'un tonneau à l'autre, jusqu'à la dernière goutte [2] ».

Nous retrouverons les produits des vignobles d'Alsace dans le chapitre relatif au commerce de la province.

§ 3. L'ÉLÈVE DU BÉTAIL

Si la plaine d'Alsace était principalement recouverte de champs et de forêts, si les collines étaient ornées de leurs riches vignobles, il y avait cependant aussi, surtout dans la Haute-Alsace, d'assez

---

1. M. Hanauer fixe le salaire moyen des ouvriers vignerons à 1 fr. 11, de 1601-1625; à 1 fr. 54, de 1626-1650; à 1 fr. 41, de 1651-1675; à 1 fr. 01, de 1676-1700. (*Études économiques*, II, p. 543.)
2. *Mémoires de deux voyages*, p. 184-185.

nombreuses prairies, le long des cours d'eau, grands et petits, aux
inondations capricieuses desquels elles étaient fréquemment exposées. Il y avait d'autre part de vastes étendues de bruyères et des
landes, trop desséchées pour attirer les agriculteurs, mais capables
de fournir une certaine subsistance, au moins au menu bétail; il y
avait surtout sur les flancs et sur les crêtes déboisées des Hautes-Vosges de magnifiques pâturages où l'on rencontrait ces nombreux troupeaux de bêtes à cornes qui constituaient une autre des richesses
du pays.

On ne saurait prétendre cependant que l'Alsace fût au XVIIᵉ siècle,
pas plus que de nos jours, une contrée particulièrement propre à
l'élève des bestiaux, ni qu'elle s'y vouât avec un succès particulier.
Elle ne pouvait rivaliser, même de loin, avec la Suisse et la Frise, et
les étrangers remarquaient volontiers que les types de ses races
chevalines, bovines et ovines n'étaient nullement de premier choix.
Mais si la qualité faisait défaut, le nombre des sujets compensait,
dans une certaine mesure, l'infériorité des produits locaux.

Les chevaux semblent n'avoir pas été très abondants dans la Basse-
Alsace, car on s'y servait beaucoup de bœufs comme bêtes de trait
ou de labour. Ils étaient d'ailleurs d'assez petite taille. Il est
même question de tout petits chevaux de montagne, espèce de
ponies écossais, qui auraient été les descendants des chevaux sauvages mentionnés dans les Basses-Vosges et sur le versant lorrain à
la fin du XVIᵉ siècle. Dans la Haute-Alsace, la population chevaline
était beaucoup plus nombreuse[1]; et, dans le Sundgau surtout, les
paysans aisés avaient des chevaux de belle apparence[2]. Naturellement, les guerres perpétuelles de l'époque eurent une influence des
plus funestes sur l'élève du cheval dans la province. Tout animal un
peu convenable était tôt ou tard réquisitionné ou simplement enlevé
par les troupes qui l'occupaient, et il ne restait aux paysans[3], — s'il
leur en restait, — que des bêtes chétives et malingres, dont les rejetons partageaient nécessairement tous les défauts[4]. Quand par hasard

1. Dans une razzia faite aux environs de Colmar par la garnison de cette
ville, en avril 1634, on enleva d'un coup 400 chevaux aux populations rurales
environnantes, et le Magistrat se plaignit de ce qu'*en quelques mois*, la ville
avait perdu plus de *mille chevaux* dans sa banlieue. (*Revue d'Alsace*, 1877,
p. 471.)

2. Ichtersheim, II, p. 6.

3. Pour ne citer qu'un exemple, pris au hasard, la commune d'Ebersheim
comptait, vers 1630, 280 chevaux; en 1649, elle en avait 34. (A.B.A. G. 1470.)

4. Si l'auteur des *Mémoires de deux voyages* déclare (p. 200) que les chevaux d'Alsace « sont fort bons », tout en les disant « un peu sujets à la vüe »
(grasse ou tremble), c'est qu'il a vécu à peu près exclusivement dans le
Sundgau où la situation était meilleure.

un paysan avait réuni assez d'écus pour acquérir de bons chevaux
de labour, il s'adressait aux Juifs, alors déjà les maquignons par
excellence dans toute l'Alsace. Ceux-ci allaient faire leurs emplettes
en Suisse, au grand déplaisir de l'administration nouvelle, qui
voyait avec regret cet argent sortir du royaume.

Aussi le gouvernement français essaya-t-il de remédier à cet
inconvénient en appliquant à l'Alsace les arrêts du Conseil du
17 octobre 1665 et du 11 avril 1669, relatifs à l'organisation des
haras en France. Mais les haras établis en Alsace vers 1680 ne réalisèrent nullement les espérances de ceux qui les avaient créés.
« Depuis douze ans qu'ils existent, dit La Grange, on n'y a pas
encore trouvé un seul cheval à vendre pour la cavalerie ou les dragons... Les cavales sont trop petites et trop basses pour les étalons
qui sont de grands chevaux qui viennent de païs étrangers. » Le
manque de soins et celui d'une nourriture plus abondante entraient
également pour beaucoup dans cet abâtardissement de la race,
ainsi que l'indique encore le *Mémoire* : « Le travail qu'on leur fait
faire pendant qu'elles sont pleines et dans le temps qu'elles nourrissent fait que les poulains ne réussissent pas... Sans doute on
pourrait obliger les habitants de la province à se procurer des
juments plus grandes, mais alors ils n'auraient pas de quoi les
nourrir, tous les fourrages étant consommés par les troupes, tandis
que les petites cavales natives se nourrissent, comme elles peuvent,
sur les pâturages, toute l'année durant [1]. »

Après de longues discussions théoriques sur la possibilité d'améliorer la race chevaline du pays, le résultat peu encourageant de ses
expériences pratiques finit par engager le gouvernement à supprimer
les haras établis dans la province d'Alsace, par arrêté du 2 décembre 1698 [2].

A la fin du siècle, la statistique gouvernementale admettait, en
chiffres ronds, l'existence en Alsace de 22,000 chevaux, étalons et
hongres, et de 10,000 juments, presque tous « d'une mauvaise et
petite espèce », disait le document officiel [3].

Le nombre des bêtes à cornes était infiniment plus considérable,
d'abord parce qu'elles étaient plus facilement utilisables à des fins

---

1. La Grange, *Mémoire*, fol. 238.
2. E. de Neyremand, *Petite Gazette des tribunaux d'Alsace* (Colmar,
1861), III, p. 171. On trouve de nombreux mémoires sur la création de haras
en Alsace, sur leur utilité, sur les frais qu'ils entraînent, etc., pour la fin du
XVIIe et le XVIIIe siècle (1683-1787) aux Archives municipales de Strasbourg,
A.A. 2315.
3. *Mémoire sur l'Alsace*, 1702, fol. 6b.

diverses, et surtout parce que l'élevage en était plus facile, grâce aux vastes pâturages de la montagne[1]. D'ailleurs, ce n'étaient pas les campagnes seules qui avaient alors leurs troupeaux. La plupart des villes, grandes et petites, de l'Alsace en possédaient encore au XVIIᵉ siècle. A Strasbourg, en 1611, le berger du faubourg de Saverne avait à en garder un de cinq cents vaches ; en 1634, on enlevait celui de Colmar qui comptait deux cents têtes de gros bétail, et 30 vaches à la ville de Guémar[2] ; à Lauterbourg, un recensement de 1654 constate la présence de 119 vaches dans la ville[3], et encore en 1680, un règlement spécial du Magistrat de Strasbourg (*Hirtenordnung*) obligeait les six bergers de la ville à conduire chaque jour au pâturage le bétail des citoyens et leur indiquait les maisons de chaque quartier où ils devaient sonner du cornet pour rassembler leurs ouailles[4]. Dans la ville de Cernay, depuis le milieu du XVIᵉ jusque vers la fin du XVIIIᵉ siècle, on mettait en adjudication le taureau, ainsi que le verrat des troupeaux de la ville[5].

En général, c'était l'une des obligations du seigneur territorial ou du décimateur, de fournir à la communauté les animaux reproducteurs, étalons, taureaux, verrats, boucs, béliers, et jusqu'aux jars et aux coqs. Dans certaines localités cependant, ce soin incombait à tel ou tel personnage, en vertu d'obligations traditionnelles. A Westhoffen, c'était l'abbé de Marmoutier qui avait à entretenir le taureau banal[6] ; ailleurs, c'était le curé, le pasteur[7], ou tel autre usufruitier d'un bien curial ou communal. L'entretien de l'animal était parfois aussi à la charge d'un paysan qui jouissait en échange de certaines terres situées dans le ban de la commune, et destinées à rémunérer cet office[8]. Quant à la surveillance du troupeau, elle était confiée à un ou à plusieurs pâtres, assermentés et responsables,

---

1. Cependant il n'y avait pas de gros bétail dans la partie méridionale du Sundgau, ou du moins très peu. Les villages qui envoyaient leurs bêtes à cornes paître sur les terres seigneuriales payaient un droit de dépaissance (*Vichweidt*), d'ailleurs très faible, même en admettant un très petit nombre de bestiaux, puisqu'en 1623 pour tout le comté de Ferrette, il ne rapporte que 1 livre bâloise 5 sols. (Bonvalot, *Coutumes de Ferrette*, p. 59.)

2. *Revue d'Alsace*, 1877, p. 461-462.

3. Bentz, *Description de Lauterbourg*, p. 165.

4. Heitz, *Zünfte von Strassburg*, p. 10.

5. Ingold, *Inventaire des Archives communales de Cernay*, H.H. 1 (1551-1786).

6. Kiefer, *Balbronn*, p. 259.

7. De là ce terme, qui, à première vue, paraît si bizarre, de *Stiergut* (champ du Taureau), appliqué jusqu'à ce jour, dans la nomenclature villageoise, à certains biens curiaux.

8. C'est ainsi qu'en 1605 un paysan de Balbronn était chargé de l'entretien du verrat de cette localité en échange de l'usufruit de l'*Ebermatt*. (Kiefer, *Balbronn*, p. 259.)

auxquels les propriétaires du bétail payaient un droit de garde, en dehors du très modeste salaire en grains, paille et vin que leur donnait généralement la commune.

La race bovine d'Alsace était médiocre, les vaches petites et mauvaises laitières; aussi, de temps à autre, les seigneurs territoriaux les plus riches et les plus soucieux du bien-être de leurs sujets faisaient acheter en Suisse des bêtes de choix, afin d'améliorer l'espèce. C'étaient surtout les sires de Ribeaupierre, possesseurs des vastes pâturages alpestres des Hautes-Chaumes, entre la vallée de Sainte-Marie-aux-Mines et celle de Munster, qui se distinguent au XVIIe siècle par l'intérêt qu'ils témoignent à l'élève du bétail, et y consacrent des sommes assez considérables. De belles vaches suisses, achetées en 1608, et en 1636 coûtèrent chaque fois 44 florins, soit la première 174 francs et la seconde 159 francs environ de notre monnaie actuelle [1]. Le bétail indigène qui s'achetait par l'intermédiaire des brocanteurs israélites, coûtait généralement bien moins cher. Au commencement de la guerre de Trente Ans, une vache ordinaire se payait de 16 à 20 florins [2], soit environ 55 à 70 francs. Mais, même en dehors des prix de famine, il y a de notables exceptions à la règle; nous relevons dans un compte de Balbronn, datant de 1631, le prix de 20 livres pfenning pour un bœuf, ce qui fait 149 francs environ. Un autre bœuf, vendu la même année par un juif de Pfalzweyer coûte 26 livres à la communauté [3].

Naturellement, après quelques années de guerre en Alsace, les pertes en bétail consommé sur place ou emmené par les troupes faisaient monter ces prix dans des proportions effrayantes. Il en était de même à la suite des épizooties qui ravagèrent souvent la province au XVIIe siècle. Après la guerre, fort courte cependant dans ces parages, dite de l'Union ou de Juliers (1610), il y eut, de 1611 à 1613, une crise très violente de peste bovine dans la Haute-Alsace. Un chroniqueur raconte que, dans l'espace de quatre semaines, mille têtes de gros bétail périrent dans quatre villages seulement [4]. A Strasbourg, en 1611, sur un troupeau de 500 bêtes, 300 crevèrent [5].

1. *Comptes du bailliage d'Orbey*, 1606 (A.H.A. E. 1586), et *Comptes du bailliage de Zellenberg*, 1636 (A.H.A. E. 2894).
2. Archives de la Haute-Alsace, E. 1211.
3. Kiefer, *Balbronn*, p. 241. — Voici encore quelques prix, choisis dans l'ouvrage de M. l'abbé Hanauer, pour indiquer les prix moyens du bétail pendant le XVIIe siècle. Un veau se vend à Ribeauvillé (1619) : 29 schellings, soit 8 fr. 06; une vache à Oelenberg (1633) : 17 florins, soit 65 fr. 79; un bœuf à Strasbourg (1690) : 16 livres et demie, soit 106 fr. 60 de valeur actuelle.
4. A Reiningen, 300; à Burnhaupt, 300; à Aspach, 200; à Schweighausen, 200. Tschamser, *Annales*, II, p. 341.
5. Schadæus, *Chronique manuscrite*, fol. 351.

On ne connaissait guère de moyens scientifiques pour venir en aide aux animaux atteints de maladies, surtout quand celles-ci étaient contagieuses. Nous avons bien rencontré l'une ou l'autre fois, dans les comptes d'exploitations rurales la mention de « thériaque pour les bestiaux », mais nous ignorons ce que ce pouvait être et comment l'on en faisait usage[1]. Les paysans allaient demander aux curés et aux religieux de l'eau bénite pour la faire boire à leurs bêtes, et le remède était efficace, à ce que nous assure l'une de nos sources[2]. Lors de la peste bovine de 1682, au dire d'un chroniqueur, une partie des bêtes malades fut sauvée parce qu'on leur râclait la langue jusqu'au sang avec une cuiller d'argent, et qu'on la frottait ensuite avec un chiffon de laine rouge, trempé dans du sel et du vinaigre[3]. Malgré toutes les épidémies pourtant, dont quelques-unes étaient récentes, la statistique enregistrait à la fin du XVIIᵉ siècle un total de 51,000 bœufs et vaches pour la Haute et Basse-Alsace[4].

L'élevage des moutons était assez considérable, surtout dans la seconde moitié du XVIIᵉ siècle, et il se développa encore au XVIIIᵉ. Nous trouvons sur les terres des Hanau-Lichtenberg, des comtes palatins de Veldence, des Ribeaupierre,.etc., de nombreuses bergeries seigneuriales, établies, soit dans le but plus immédiat de produire de la viande de boucherie, soit dans un but plus industriel, afin de fournir de la laine aux fabricants de tissus. Les comptes administratifs relatifs à ces établissements domaniaux qu'on conserve dans les archives, permettent d'en suivre de près l'organisation matérielle et le fonctionnement, soit dans la Haute, soit dans la Basse-Alsace[5]. Là aussi, les Ribeaupierre méritent d'être nommés au premier rang pour le soin qu'ils apportent à la gestion de cette branche de leurs domaines[6].

Ces bergeries étaient généralement bien garnies; celle de Heitern,

1. A.H.A. E. 1211.
2. « Aquae item Ignatianae praesentem vim senserunt variae diversis afflictae morbis brutae animantes. » J. Geny, *Jahresberichte der Jesuiten* (ad annum 1669), I, p. 142.
3. Mieg, *Geschichte von Mulhausen*, II, p. 34.
4. *Mémoire de 1702*, fol. 6ᵇ.
5. Voy. p. ex. les dossiers de Berlingen (comté de la Petite-Pierre), pour 1669-1673, A.B.A. E. 118 et 217; ceux de Haugwiller (1671-1787), A.B.A. E. 136; ceux des bergeries d'Imbsheim, Uttwiller, Brumath, Ingwiller, Wimmenau, Haegen, Morsbronn, Preuschdorf (Hanau-Lichtenberg), A.B.A. E. 1514, 1557, 1642, 1930, 2090, 2467, 2640, 2661. Pour la Haute-Alsace, voy. les comptes de Guémar (A.H.A. E. 1209), de Weckolsheim, de Heitern, de Hettenschlag, de Balgau, etc. (Ribeaupierre), A.H.A. E. 1338, 1339.
6. En 1660, Jean-Jacques de Ribeaupierre se faisait présenter par un nommé Ulric Goll un mémoire détaillé « Vorschlag wie die Schaeffereyen zu verbessern und anzurichten ». (A.H.A. E. 1339.)

dans la Haute-Alsace, par exemple, comptait 409 moutons, jeunes et vieux, en 1670, et 577 moutons en 1672[1]; le rapport présenté le 9 mai 1687 sur celle d'Obermodern, dans la Basse-Alsace, mentionne également plus de quatre cents animaux[2]. Chaque année, à l'époque de la tonte, le personnel ordinaire, assez restreint, était renforcé par des bergers-adjoints et surtout par des tondeurs ambulants, qui étaient nourris et recevaient, en outre un salaire, soit fixe, soit proportionnel au nombre de bêtes qu'ils débarrassaient par jour de leur toison[3]. La tonte des 130 moutons de la bergerie de Guémar, en 1612, coûta à la seigneurie de Ribeaupierre 116 livres de bœuf, et dix schellings dix deniers seulement en numéraire, soit un total de 4 florins 8 schellings[4]. En 1670, à Heitern, on payait 3 pfennings pour la tonte de chaque mouton, et de plus 3 *batz* (soit environ 60 centimes de valeur actuelle) pour la nourriture des quatorze personnes employées à tondre les 409 moutons. A ces sommes il faut ajouter le prix de seize mesures de vin bues par les travailleurs, et les frais du transport de la laine à Mulhouse, ce qui donne un total général de 15 florins 1 batz 3 deniers de dépenses pour toute l'opération[5].

C'était en effet aux tisseurs de Mulhouse, à moins que ce ne fût aux fabricants de bas de Colmar, que se vendaient d'ordinaire les toisons des bergeries de la Haute-Alsace; celles de l'Alsace septentrionale étaient transportées d'habitude à Strasbourg ou encore à d'autres villes voisines[6].

Les particuliers et les communes qui envoyaient leurs troupeaux de moutons pâturer sur les terres seigneuriales, ne payaient également, comme pour le gros bétail, qu'une redevance assez faible, ayant le plus souvent le caractère d'un droit de reconnaissance plutôt que d'un impôt fiscal[7].

1. A.H.A. E. 1339.
2. A.B.A. E. 2345.
3. D'après les chiffres donnés çà et là sur le nombre des journées de travail, celui des travailleurs et celui des animaux, on peut admettre qu'un ouvrier expert tondait au moins une vingtaine de bêtes par journée.
4. *Comptes de Georges Bentz, prévôt du château de Guémar*, A.H.A. E. 1209.
5. A.H.A. E. 1339.
6. Les prix de vente de la laine (peut-être aussi la qualité des toisons) semblent avoir beaucoup varié; la laine des 409 moutons de Heitern, vendue en 1670 à Mulhouse, ne rapporte que 112 florins; celle des 410 moutons d'Obermodern, vendue en 1687, donne au contraire 304 florins 4 schellings 4 deniers.
7. Ainsi dans le comté de Ferrette, chaque village payait soit un mouton en nature, soit un florin en argent. En 1623, dans tout le comté. cet impôt ne rapportait que 84 livres bâloises. (Bonvalot, *Coutumes*, p. 59.)

Dès le XVIe siècle, les bergers de l'Alsace, du Sundgau et du Brisgau s'étaient groupés en une *Confrérie des bergers*, dont Egenolphe
de Ribeaupierre avait accepté d'être le protecteur (*Oberherr*) et à
laquelle un règlement intérieur de 1584 avait donné pour centre de
réunion le village de Hirtzfelden, dans le voisinage d'Ensisheim.
Elle était sous le contrôle direct de quatre *maîtres-bergers;* dans
les assemblées générales, on discutait les intérêts professionnels des
adhérents, réglait les questions disciplinaires, fixait les amendes des
membres récalcitrants, etc. Pendant la guerre de Trente Ans, il y
eut interruption des séances, mais, la paix de Westphalie signée,
les réunions régulières reprirent; dans une assemblée solennelle
qui eut lieu à Hirtzfelden, le 19 août 1649, sous la présidence du
bailli de Landser, les statuts de 1584 furent revisés. Revus une
seconde fois en 1658, ils furent confirmés et approuvés par le Conseil souverain, le 11 juin 1682[1].

Les chèvres semblent avoir été peu nombreuses en Alsace au
XVIIe siècle. Il n'en est guère fait mention que dans de petites
localités de montagne, aux pâturages abrupts et pauvres, où
par unités ou par très petits groupes, elles appartiennent aux
plus déshérités des habitants. Dans certaines régions du comté de
Ribeaupierre, elles passaient dehors les nuits de la belle saison et
devenaient ainsi presque sauvages[2]. Leur lait servait à faire un fromage peu apprécié dans la plaine, et leur valeur marchande ne doit
pas avoir été considérable[3].

Le porc était, par contre, l'animal domestique, ou du moins le
quadrupède le plus répandu en Alsace, et fournissait la viande de
boucherie par excellence au XVIIe siècle. « Fraîche ou salée, écrivait Maugue, elle fait la principale nourriture des Alsaciens[4]. »
Aussi la race porcine, plus petite d'ailleurs que celle de France,
« à la taille courte et ramassée », au « poil roux ou noir[5] », a-t-elle
partout ses représentants, dans l'enceinte des villes les plus importantes comme Strasbourg ou Colmar, aussi bien que dans le plus
petit village. Le chiffre des animaux qu'il est loisible d'y héberger
sous son toit, est sans doute fixé d'une façon sévère par les ordonnances des gouvernants des cités, — à Strasbourg, le Magistrat n'en

1. A.H.A. E. 670.
2. A. Kahl, *Forstgeschichtliche Skizzen von Ruppoltsweiler*, p. 29.
3. On ne les trouve que rarement mentionnées dans les comptes, et quand
elles y figurent, c'est à un prix fort minime; ainsi, à Ribeauvillé, lors de la
grande famine de 1636, alors qu'un agneau se vendait six florins, une chèvre
ne coûtait que 14 schellings.
4. Maugue, *Histoire naturelle d'Alsace*, III, p. 129.
5. *Mémoires de deux voyages*, p. 200.

permettait que trois par maison, — mais ces ordonnances sont sans
cesse éludées, et il résulte même de cette désobéissance générale
de véritables dangers pour la santé publique[1]. La plupart des porcs
heureusement habitent la campagne, dans les petites villes et les
villages disséminés sur le pourtour des immenses forêts de plaine
de la Hardt, de Haguenau, du Bienwald, etc. Ils y pullulent; les
seuls bourgeois de la petite ville d'Ensisheim possèdent, à la date
du 6 septembre 1603, 626 porcs, et en 1605, l'ensemble de tous
ceux qu'on mène à la glandée dans la forêt de la Hardt se monte à
2,340 têtes[2]. Sans doute, la guerre de Trente Ans fait d'énormes
trouées dans les réserves animales, comme dans la population
humaine de l'Alsace. Mais dès 1648, le garde-forestier de Gross-
Kembs signale dans son petit triage la présence de 486 bêtes, et
l'état général des participants à la glandée de la Hardt soumis à la
Régence royale pour l'année 1650, indique déjà de nouveau un
total de 2,614 animaux[3].

Ces chiffres si élevés n'ont rien qui doive nous étonner, quand
nous voyons quelles larges concessions de droits de glandage les
seigneurs ou les communes propriétaires de forêts accordent à leurs
ressortissants et, contre un payement modique, aux riverains[4].
Dans le comté de Ferrette, par exemple, chaque bourgeois d'un des
villages de la seigneurie était autorisé à mener à la glandée le
nombre de porcs nécessaires à l'entretien de son ménage. Celui qui
cultivait au moins douze journaux de terre, pouvait en avoir de
douze à quatorze, les autres de huit à dix, et les simples manouvriers eux-mêmes, qui ne possédaient que leurs bras, étaient admis
à en envoyer trois. Si la glandée avait été suffisamment abondante
pour le permettre, les étrangers étaient, eux aussi, admis à en profiter, contre payement d'une redevance, dite Rantzgeld[5].

Naturellement ces droits ou ces privilèges donnaient lieu à des
abus constants, difficiles à contrôler, et occasionnaient de fréquentes
discussions entre les seigneurs et les usagers. Dans maint endroit,

---

1. Le Conseil d'hygiène de la ville libre de Strasbourg constata, lors d'une
revision des immeubles, qu'il y en avait où *trente* cochons étaient parqués.
(Strohl, *Le Conseil d'hygiène au commencement du XVIII* siècle*. Strasbourg,
1879, p. 18.)
2. A.H.A. C. 816.
3. A.H.A. C. 816.
4. Il n'y avait pas seulement le glandage (*Eichelmast*) dans les forêts
de chênes; mais, plus au nord surtout, la pâture des faines (*Eckerich*),
dans les forêts de bêtres, était presque également recherchée.
5. Mandement de la Régence d'Ensisheim, du 28 septembre 1600. (A.H.A.
C. 1358.)

les paysans n'envoyaient pas seulement pâturer les bêtes qui leur appartenaient en propre, mais ils en prenaient en louage du dehors, — contre rétribution s'entend, — et les faisaient ainsi nourrir gratis[1]. En 1669, la glandée fut si abondante dans la Forêt-Sainte que le Magistrat de Haguenau décida en séance, d'abord d'adresser au Tout-Puissant des actions de grâce pour un pareil bienfait, puis de racoler partout autant de cochons que possible, afin de tirer le plus de profit de cette aubaine inespérée[2].

Ce droit de glandage s'exerçait d'ordinaire depuis la Saint-Michel (29 septembre) jusqu'au jour des Rois (6 janvier)[3]. On peut se figurer avec quelle énergie les localités, qui ne se sentaient pas trop faibles pour lutter, maintenaient vis-à-vis des seigneurs les privilèges qui assuraient à leurs troupeaux plus de trois mois de franche lippée et les engraissaient aux frais d'autrui. Un exemple typique s'en rencontre dans l'histoire des différends de la ville de Saverne avec les seigneurs copropriétaires de la Marche de Marmoutier. Elle possédait de temps immémorial le droit de parcours et de glandage dans les forêts de ce district. Tous les sept ans, le Magistrat s'y rendait en procession avec ses troupeaux de porcs et dressait procès-verbal officiel de la cérémonie. En 1607, le duc Henri de Lorraine, le comte Jean Regnard de Hanau-Lichtenberg, le sire Éverard de Ribeaupierre et Christophe de Wangen avec son frère, tous co-propriétaires de ladite Marche de Marmoutier, se mirent à contester ce privilège ; le porcher de la ville fut insulté et expulsé de la forêt du *Marckwald,* son fouet et son cornet à bouquin emportés comme dépouilles opimes. Saverne porta l'affaire devant la Chambre impériale de Spire, qui lui donna gain de cause par arrêt du 28 avril 1609 et condamna les agresseurs à la restitution des objets enlevés[4].

Nous préférons réserver pour le chapitre relatif au commerce, une série de renseignements sur le trafic des bestiaux en Alsace, qui pourraient évidemment se rattacher tout aussi bien au présent paragraphe, mais qui seront pourtant mieux à leur place dans un

1. C'est sur ce point qu'il y eut durant tout le XVIᵉ et le XVIIᵉ siècle des contestations entre la Régence épiscopale et les habitants de Balbronn et d'autres villages voisins. lesquels prétendaient envoyer dans la forêt de la Struth autant de porcs qu'il leur plairait, en vertu d'anciennes traditions du moyen âge. (Kiefer, *Balbronn,* p. 180.)

2. *Sich umb frembde, salca venia, schwein zu bewerben.* Voy. Ney, *Geschichte des Heiligen Forstes,* II, p. 31.

3. F. von Bodungen. *Die Grafschaft Lützelstein,* p. 85, et Ney, *Geschichte des Heiligen Forstes,* I, p. 36.

4. Le Roy de Sainte-Croix, *L'Alsace en fête,* I, p. 159. Le cornet à bouquin, précieusement conservé dans les archives de la ville épiscopale. se voit encore aujourd'hui au Musée de Saverne.

tableau d'ensemble des transactions commerciales de la province
au XVIIᵉ siècle. C'est également à ce chapitre que nous renvoyons
pour quelques autres articles d'importance d'ailleurs secondaire,
comme laiterie, fromagerie, basse-cour, etc., qu'on a l'habitude de
joindre à l'élève du bétail traitée plus haut, puisque aussi bien c'est
au point de vue de leur échange surtout, que ces produits intéressent
plus particulièrement l'économiste et l'historien.

§ 4. LA SYLVICULTURE

Le tableau de l'exploitation du sol alsacien ne serait pas complet
si, après avoir parlé des champs, des vignobles et des pâturages,
nous n'examinions pas encore avec quelque détail la superficie
boisée du pays dont nous venons de dire déjà quelques mots en traitant de l'élève du bétail. Une étude pareille nous paraît mieux placée
ici, à côté de l'agriculture, dont la silviculture est proche parente,
que sous la rubrique du commerce, cette dernière n'embrassant, à
vrai dire, que l'exploitation financière des forêts.

D'épaisses forêts couvraient encore, à la fin du XVIᵉ siècle, des
espaces fort considérables du territoire alsacien. Assurément l'on
ne voyait plus dans la plaine rhénane, ni même sur les collines
bordant la chaîne des Vosges, les immenses chênaies et hêtrées
continues dont parlent les Vies des Saints du VIIᵉ et du VIIIᵉ siècle
de notre ère. Les défrichements opérés au moyen âge y avaient
fait de larges trouées, et dès le temps de la Réforme il existait des
règlements forestiers très détaillés, qui nous font voir avec quelle
attention l'on surveillait, alors déjà, les surfaces boisées, tout au
moins dans la plaine[1]. Quant aux forêts situées plus haut et, pour
ainsi dire, au cœur de la montagne, il n'existait encore, à la fin du
XVIᵉ siècle, aucune règle fixe pour les droits d'affouage et de maro-
nage, et les voisins allaient y chercher soit leur bois de chauffage,
soit leurs bois de construction, sans contrôle, pour ainsi dire[2]. Mais
même là où elle existait, la surveillance ne visait pas tant la protection des bois eux-mêmes, ils semblaient inépuisables et l'on
n'était pas encore assez avancé en économie politique pour se

---

1. Voy. p. ex. la *Waldordnung* de 1543 de la seigneurie de Ribeaupierre
chez Kahl, *Forstgeschichtliche Skizzen*, Strassb., 1894, p. 37.
2. C'était le cas dans le comté de Bitche dont certaines parties ressemblaient à cette époque aux solitudes boisées du Nouveau-Monde. Voy.
Ad. Marcus, *Les Verreries du comté de Bitche*, Paris, 1887, *passim*. On peut
voir la description un peu emphatique, selon le goût du jour, mais vivante,
que Frédéric de Dietrich faisait, cent ans plus tard encore, de la solitude
absolue de nos forêts. (*Description des gîtes de minerai*, etc., 1789, t. II,
p. 6 *bis*.)

préoccuper beaucoup de l'avenir; — elle était motivée d'une part
par le besoin de protéger les plaisirs cynégétiques des seigneurs et
de l'autre, par celui de maintenir les droits usagers des communautés sur les pâturages en forêt : chasse et glandée, ce sont, au
fond, les seuls soucis sérieux des propriétaires forestiers d'alors.

La montagne entière, sauf les hautes chaumes de sa crête, et ses
pentes les plus basses, formait donc au XVIIe siècle une forêt presque
continue, rarement entrecoupée de prés ou de petites exploitations
agricoles ; dans la plaine subsistaient les trois grands massifs boisés
de l'Alsace supérieure, moyenne et inférieure que nous nommions
tout à l'heure celui de la Hardt, celui de Haguenau ou de la Forêt-
Sainte, et celui du Bienwald. Le premier s'étendait entre l'Ill et le
Rhin, de Mulhouse à Schlestadt ; le second barrait, pour ainsi dire,
tout le pays, du fleuve à la montagne; le dernier remplissait
l'espace entre Lauterbourg et Wissembourg, entre la Lauter et la
Queich. La place que ces forêts tiennent aujourd'hui sur les cartes
spéciales ne peut donner qu'une idée tout à fait insuffisante de leur
étendue il y a deux siècles[1]. La plus vaste d'entre elles était la Sainte
Forêt de Haguenau (*Sylvia sancta, Sacrum nemus, Heiliger Forst*),
qui allait en masse compacte de la Sauer, au nord, jusqu'à la Moder,
au sud, et qui bien qu'un peu échancrée déjà par des défrichements
successifs, couvrait au XIIe siècle environ 25,000 hectares de terrain,
au lien des 14,000 qu'elle embrasse de nos jours[2]. C'est celle aussi
dont l'histoire nous est le mieux connue. Propriété par indivis des
empereurs saliens, des Hohenstaufen et des comtes de Lutzelbourg-
Montbéliard, partagée plus tard entre les Hohenstaufen et l'abbaye
de Neubourg, elle fut, comme tant d'autres terres d'Empire, partiellement aliénée, et la ville de Haguenau finit par en devenir copro-
priétaire. Dès lors, les discussions et les querelles entre la ville
impériale et les grands-baillis (*landvogt*) ne cessèrent plus, et du
XVe au XVIIe siècle, c'est une suite non interrompue de récriminations mutuelles, chaque partie accusant sa rivale de méconnaître
ou de violer les droits usagers en vigueur.

L'exploitation rationnelle des bois eux-mêmes semble avoir peu
préoccupé tant les autorités administratives que les gardes forestiers

1. Voy. la grande carte forestière accompagnant l'ouvrage de M. de Berg,
Mittheilungen über die forstlichen Verhaeltnisse von Elsass-Lothringen,
Strassburg, 1883, 1 vol. in-8°.

2. Les données qui suivent sont empruntées à l'excellente monographie
de M. C. E. Ney (*Geschichte des Heiligen Forstes bei Hagenau im Elsass*,
Strassb., t. I-II, 1888-1890, in-8°), qui est écrite d'après les documents des
Archives de Haguenau.

proprement dits, trop peu nombreux, il est vrai, pour une surveillance efficace des 18,000 hectares de forêt qui devaient exister encore, pour le moins, au commencement du XVIIe siècle. Ils n'étaient en effet que huit, en 1615, dont quatre nommés par la ville et quatre par le grand-bailli; tous ensemble sous la tutelle collective de trois administrateurs (*Waldmeister*), dont deux étaient membres du Magistrat de Haguenau, tandis que le troisième, qui était d'ordinaire aussi le trésorier (*Zinsmeister*) du syndicat, représentait le souverain et son délégué. Ils avaient pour mission d'inspecter journellement la forêt, parcourant chaque fois, sans doute, un district différent; mais ils n'habitaient pas la forêt elle-même, ce qui laissait une singulière latitude aux fraudeurs et aux braconniers [1].

La silviculture scientifique et l'administration forestière étaient alors également dans l'enfance. Si dès la fin du XVe siècle on a entrepris çà et là quelques drainages pour assécher des terrains trop marécageux, si, plus tard, on extirpa systématiquement les pins, qui venaient très bien dans les terres sablonneuses de la forêt, pour les remplacer par des chênes, si même le règlement de 1615 prévoit la création de semis de chênes (*Eichelgaerten*) pour replanter les endroits défrichés, ces mesures semblent avoir été prises sans aucun esprit de suite, et le plus souvent mal exécutées [2].

La guerre de Trente Ans fut plutôt favorable à l'extension des grandes forêts de la plaine. Toute exploitation régulière avait à peu près cessé; les seigneurs ne songeaient guère à se livrer aux plaisirs de la chasse; les communautés urbaines et rurales voyaient fondre et disparaître leurs troupeaux et n'avaient plus qu'un faible intérêt à faire valoir leurs droits de parcours et de glandage; leurs habitants disparaissaient eux-mêmes dans la tourmente, et loin d'usurper le sol de la forêt sans défense, ils laissèrent celle-ci absorber des champs jadis fertiles et parfois les ruines d'un village tout entier. Même quand la paix fut signée, l'état des choses ne changea guère pour le moment. Les propriétaires accordaient volontiers tout le bois nécessaire à la reconstruction des maisons incendiées ou démolies, afin d'attirer dans le voisinage de leurs bois des clients nouveaux, et le bois mort était donné gratis, pour nettoyer un peu

1. Ney, I, p. 110.
2. Ney, I, 62, 64, 76, etc. — Le déblayage du bois mort (*daub holtz*) ne se faisait que par le travail volontaire des riverains qui allaient en chercher pour leurs besoins, et prenaient naturellement de préférence le gros bois; aussi les menus branchages qu'ils laissaient sur place, encombraient-ils les sentes et causaient-ils parfois de vastes incendies, éteints à grand'peine.

la forêt depuis longtemps abandonnée quasiment à elle-même[1]. Les troupeaux, qui se reconstituaient lentement, trouvaient plus près des villages, des champs en friche et des communaux sans emploi; le temps était bien passé où jusqu'à dix mille porcs grouillaient dans la Forêt-Sainte[2].

Quant à la vente des bois en grand, à l'exploitation industrielle, elle était à peu près nulle, pour une raison bien simple; la pénurie de bras portait les frais d'exploitation à un taux si élevé, et les acheteurs étaient si rares, que la vente des plus beaux bois de construction, — à plus forte raison du bois de chauffage, — ne les couvrait pas toujours ou les couvrait à peine[3]. Il en était à peu près partout de même, dans la Haute-Alsace, comme dans la Basse-Alsace, les mêmes causes produisant les mêmes effets.

Peu à peu cependant la situation se modifia. Elle ne s'améliora pas précisément tout d'abord. Les villages une fois rebâtis, leurs habitants devinrent plus entreprenants, trouvèrent bon de se chauffer et de s'arrondir aux dépens du seigneur, et surtout les troupeaux de gros bétail et de porcs revinrent bientôt, en nombre plus considérable, parcourir et ravager quelque peu les taillis des chênes et des hêtres, ou brouter l'herbe des clairières. La plupart des seigneurs territoriaux d'Alsace étaient assez près de leurs forêts pour les défendre; mais le plus important de tous, l'héritier des possessions de la maison d'Autriche, voyait ses droits méconnus, soit par les usagers, soit par ses voisins, et les rares fonctionnaires qui subsistaient encore au milieu de la désorganisation générale n'étaient guère disposés à défendre péniblement des droits oubliés par les uns et odieux à ceux qui s'en souvenaient encore.

C'est ce qui amena Louis XIV à créer en 1661, immédiatement après la mort du cardinal de Mazarin, une *Maîtrise des eaux et forêts* pour l'Alsace, comme il en existait déjà pour le reste de la France. Mais les droits de la couronne ne furent guère mieux sauvegardés d'abord. Pendant près de trente ans encore, le duc de Mazarin, puis le baron de Montclar, grands-baillis de Haguenau, paraissent avoir agi dans les questions forestières comme ils l'entendaient, et ils eurent

1. En 1652, la forêt de Haguenau tout entière n'était plus surveillée que par *deux* gardes.
2. Ney, I, p. 36.
3. Lorsque la ville de Haguenau, criblée de dettes et ne sachant où trouver de l'argent, vend ses cloches et met en gage ses vases sacrés, vers la fin de la guerre, elle ne songe pas à faire abattre ses chênes séculaires, qui représenteraient aujourd'hui des centaines de milliers de francs; ses gouvernants savaient trop bien qu'ils n'en tireraient aucun profit appréciable.

bien plus en vue, — les faits le démontrent, — leurs intérêts partien-
liers que le bien public. La ville de Haguenau accusa le premier
d'avoir créé dans leur forêt commune de nombreux charbonnages
et d'avoir déboisé des espaces considérables, afin d'y établir des
métairies, avec des pâturages. Elle porta même ses doléances, en vain,
il est vrai, jusqu'à la diète de Ratisbonne, en 1667. Quant à Montclar, Mazarin, après la mort du baron, qui fut, on le sait, à la fois,
son successeur et son prédécesseur à la préfecture de Haguenau,
l'accusait d'avoir vendu, sous main, pour plus de 100,000 livres de
bois aux Hollandais [1].

Il s'était opéré, en effet, un changement considérable dans la
situation du marché forestier en Alsace ; les Hollandais revenaient
y chercher pour leurs constructions navales des bois plus durs et
plus solides que les sapins de la Forêt-Noire. Dès 1665, le grand-
bailli signait des contrats avec plusieurs gros marchands des Pays-
Bas, pour la livraison de troncs de chênes[2]. Il fut imité par les seigneurs de la Petite-Pierre[3], puis par la ville de Haguenau; mais
celle-ci jouait de malheur ; elle venait à peine de conclure un premier
marché, pour quatre cents troncs de vieux et beaux arbres (vendus
au prix moyen de quatre rixdales et demie la pièce) quand l'intendant
Charles Colbert, par ordre du 22 septembre 1669, défendit ce trafic
d'exploitation, et en général, tout abattage extraordinaire, sans autorisation du gouvernement. Déjà alors le roi méditait une guerre
prochaine contre la République des Provinces-Unies et ne voulait
pas fournir les matériaux nécessaires à la flotte des ennemis de
demain.

Quelques années plus tard, un arrêt du Conseil d'État, du 1er septembre 1674, introduisait en Alsace, au moins partiellement, l'Ordonnance sur les eaux et forêts de 1669, cette loi dont un auteur
allemand très compétent a pu déclarer naguère que, pour la clarté
et la compréhension facile, elle laissait loin derrière elle tous les
règlements analogues de l'époque, et qu'elle semblait créée pour

---

1. Archives municipales de Haguenau, D.D. 35; pièce citée par M. Ney,
II. p. 21.
2. Ney, *Geschichte der Heil. Forstes*, II, p. 15.
3. Comme le flottage sur les petits cours d'eau du comté était plus difficile
que sur la Moder, on donnait à ces troncs, dits *troncs de Hollande*, une
longueur moindre. Cette exportation constitua, dans ces régions pauvres de
la montagne, une des principales ressources des populations laborieuses,
comme un des principaux revenus du seigneur. Voy. le fascicule sur les
forêts de la Petite-Pierre (1590-1785), aux Archives de la Basse-Alsace,
E. 233.

mettre l'ordre dans le chaos[1]. Cependant la défense générale d'abattage fut retirée plus tard, Haguenau, complètement incendiée par
les troupes royales durant la guerre de Hollande, ayant un urgent
besoin de bois de construction et aussi de numéraire pour payer
les ouvriers chargés de la rebâtir. Les vieux chênes de la Forêt-
Sainte recommencèrent donc à tomber sous la cognée, d'autant plus
abondamment que, la paix de Nimègue signée, les marchands hollandais revinrent également. De 1680 à 1687, Haguenau ne vendit
pas moins de 5,200 troncs, d'une taille énorme, à ce qu'on assure, à
un entrepreneur nommé Van Stockum, qui ne les payait que quatre
livres neuf deniers, la pièce[2]. Ce Hollandais (qui d'ailleurs était
un Brandebourgeois de Wesel) fit cependant, en fin de compte, une
assez mauvaise affaire. Il avait payé d'avance la coupe entière, et
quand survint la guerre du Palatinat, il n'avait pris livraison que de
1,387 troncs ; les communications avec les Pays-Bas restèrent longtemps fermées, et douze ans plus tard, après la paix de Ryswick,
l'affaire n'était pas encore réglée.

Cependant le gouvernement commençait à s'émouvoir d'une
exploitation trop peu soucieuse de l'avenir. On appliqua donc en
Alsace les arrêtés du Conseil d'État de 1683 et de 1685, qui,
dans l'intérêt de la marine royale, défendaient de couper
sans permission spéciale du grand-maître des eaux et forêts,
des bois de haute futaie dans tout endroit éloigné de moins
de quinze lieues de la mer et de moins de six lieues d'un
cours d'eau navigable. En août 1694 enfin, un conseiller d'État,
M. de Gallois, fut nommé « grand maistre des eaux et forêts d'Alsace, et commissaire pour la réformation desdites forêts ». C'est
lui qui inaugura l'aménagement rationnel et l'exploitation commerciale systématique des grandes forêts de la province ; pour la forêt
de Haguenau, en particulier, la ville y conserva tous ses revenus,
mais n'eut plus à y faire acte d'administration supérieure, et les
grands-baillis, déchus de tout droit d'immixtion dans les affaires,
durent se contenter désormais de certaines *compétences* forestières
en nature que leur laissait le gouvernement.

La nouvelle administration avait à sa tête un grand-maître, résidant à Ensisheim et deux maîtres des eaux et forêts résidant à
Ensisheim et à Haguenau, tous trois possédant leur office à titre

1. Ney, II, p. 40.

2. Pour comprendre toute la modicité d'un prix pareil, il faut se rappeler
qu'en 1876 un sapin centenaire se vendait en Alsace 200 francs et le bois de
chêne massif environ 100 francs le mètre cube. (Grad, *Heimatskunde*,
p. 50.)

héréditaire, et ayant chacun sous lui un lieutenant du roi, un procureur du roi, un garde-marteau, un greffier, deux huissiers, un arpenteur, un réarpenteur-soucheteur, un sergent collecteur des amendes et huit sergents à garde, qui tous, pour écarter les influences locales, devaient être étrangers au pays[1], tous aussi, — car la question religieuse s'immisçait alors partout, — catholiques-romains[2]. Quelques années plus tard cependant, un arrêt du Conseil d'État, du 29 novembre 1700, supprima les deux maîtrises particulières, pour donner une autorité plus grande à l'unique chef qui subsiste[3], et dont les décisions étaient soumises d'ailleurs à l'appel devant la Table de Marbre du Parlement de Metz[4].

Avec un personnel homogène et docile on put entreprendre dès lors la mise en valeur des réserves accumulées dans les grandes forêts d'Alsace. Sans doute, dès 1670, un arrêté du Conseil d'État avait prescrit des coupes régulières annuelles[5], mais il était resté à peu près lettre morte; le plus souvent on n'avait enlevé jusque-là que les arbres décrépits, qui ne semblaient plus pouvoir contribuer à la nourriture des troupeaux[6], et même de ceux-là on en avait tant laissés sur pied que M. de Gallois, dans son rapport de 1696, déclarait que tout Haguenau pourrait abondamment se chauffer pendant dix ans avec le bois pourrissant dans la forêt sans aucune utilité pour personne[7].

L'activité du premier grand-maître a été jugée d'une façon fort divergente de son temps et de nos jours. M. de La Grange, soit qu'il eût des raisons personnelles pour ne pas aimer une autorité qui ne lui était pas subordonnée, soit qu'il fût simplement l'écho des doléances de ses administrés alsaciens, parle avec une certaine amertume de l'action de la maîtrise des eaux et forêts, et voudrait évidemment insinuer qu'elle a été fâcheuse pour le calme et le bien-être matériel des populations, « qui ne connaissant rien aux prescriptions nouvelles, tombent en faute et sont ruinées par les amendes. Ce qui fait, ajoute-t-il, qu'au milieu des bois qui leur appartiennent, ils aiment mieux ne point se chauffer que d'étudier

---

1. La liste des noms donnée par M. Ney (II, p. 42) ne porte en effet aucun nom d'origine alsacienne.
2. Ney, II, p. 97.
3. Archives de la Haute-Alsace, E. 679.
4. La Grange, *Mémoire*, p. 221.
5. Il décidait que dans la forêt de Haguenau, 150 arpents seraient défrichés chaque année; on voit que les triages dénudés avaient le temps de se reboiser. Ney, *Jahrbuch des Vogesenklubs*, 1894, p. 15.
6. *Die keine Eicheln mehr tragen moechten.*
7. Ney, *Jahrbuch*, p. 19.

les ordonnances[1] ». Il y revient encore dans un autre endroit de
son *Mémoire*, tant la question lui tient à cœur : « Les habitans (de
la province) tiraient aussi leur subsistance du bois et du charbon
qu'ils faisaient dans les forêts et vendaient dans le païs. Ce petit
commerce a cessé depuis l'établissement de la Maîtrise des eaux et
forêts qui les a empêchés de les continuer. Ceux de la Haute-Alsace
sont privés de l'usage qu'ils en avoient sur la forêt de la Hart, en
païant une petite redevance, et les officiers, au lieu d'instruire le
peuple et de l'accoutumer à observer les ordonnances, l'ont accablé
tout d'un coup d'amendes et de contraintes pour les moindres
fautes, et comme les appellations de leurs sentences ressortissent à
la Table de Marbre du Parlement de Metz, où les Alsaciens ne
peuvent se résoudre d'aller plaider, ils souffrent plutôt toutes les
rigueurs des sentences que de s'y pourvoir en appel[2]. »

On se rend mieux compte encore des motifs du mécontentement
de la population alsacienne, en examinant les changements que l'intendant propose d'introduire dans les agissements de la Maîtrise.
« Pour rétablir l'ordre, dit-il, il serait nécessaire, en faisant valoir
les droits du Roi, de donner aussi moïen au peuple de pouvoir subsister, en indiquant à chaque communauté un certain canton de
bois pour son usage, en païant un droit proportionné à la valeur
du bois et en observant pour les coupes ce qui est prescrit par l'ordonnance, autrement le païsan sera ruiné et ne pourra pas subsister
s'il est obligé d'acheter des bois en corde, pour se chauffer et en
trafiquer, lui qui le façonne lui-même dans les saisons où il n'a pas
autre chose à faire. D'ailleurs les bois sont en si grande quantité
qu'on peut dire sans exagération qu'il est impossible de les dé-
grader[3] et d'en tirer un plus grand avantage par plus de sévérité.
Il en est de même du pâturage, puisque l'herbe se perd dans les
bois sans que le Roy ni ses sujets en profitent; il seroit aisé d'y
remédier en indiquant de même aux communautés, qui veulent être
guidées et instruites, des endroits dans les forêts où elles pourraient faire paître leurs bestiaux sans y causer de dommages[4]. »

1. La Grange, *Mémoire*, p. 221.
2. La Grange, *Mémoire*, p. 236. Les Tables de marbre étaient des tribunaux des eaux et forêts; il n'y en avait d'abord qu'un seul, qui siégeait
à Paris, devant la grande table de marbre de la Grand'Salle du Palais de
justice (de là le nom), puis on en créa dans les différents parlements; elles
furent supprimées par l'édit de février 1704 et remplacées par des Chambres
de Réformation.
3. En présence des dégâts commis par certaines communes, et que nous
citerons tout à l'heure, on ne peut s'empêcher de trouver La Grange bien
optimiste pour un administrateur émérite qu'il était.
4. La Grange, *Mémoire*, p. 237.

Il est assez piquant d'opposer à ce jugement de l'administrateur français contemporain, l'opinion toute différente d'un haut fonctionnaire actuel de l'administration forestière allemande, des plus compétents, à coup sûr. Voici comment il parle de l'activité de M. de Gallois et de ses subalternes. « On ne saurait leur refuser le témoignage d'avoir rempli leurs obligations, dans les premières années surtout, de la façon la plus complète. Les moyens d'action furent despotiques, sans doute, mais complètement justifiés par la situation générale, et leur application prudente leur faisait perdre d'ailleurs beaucoup de leur dureté[1]. » Il ajoute ailleurs : « Les employés de la Maîtrise, bien qu'ayant *financé* leurs emplois, et cela, en partie du moins, à un taux très élevé, ont su non seulement aborder la tâche si difficile d'abolir d'antiques abus dans un pays à peine annexé, mais encore ils ont su la résoudre de la seule façon rationnelle. Ils n'appliquèrent les lois pénales dans toute leur sévérité que là où un personnage haut placé, une ville, un grand seigneur terrien méconnaissait, pour ainsi dire, par principe, les prescriptions de l'ordonnance ; quant aux délits forestiers des petites gens, ils usaient de la latitude qui leur était donnée, pour ne point punir du tout, ou pour n'infliger qu'une amende moindre que la taxe légale. Là où aucune intention frauduleuse n'était établie, là où le dommage était minime, ils acquittaient même parfois quand la lettre de la loi aurait exigé une condamnation[2]. »

On ne peut véritablement blâmer les autorités forestières de Louis XIV d'avoir introduit un peu d'ordre et de sévérité dans l'application des règlements, quand on voit avec quelle coupable légèreté des individus et des communautés entières, usufruitiers d'une parcelle de forêt, abusaient de leurs droits usagers pour détruire en réalité la propriété forestière des seigneurs territoriaux. C'est ainsi que, dès le premier tiers du XVIIe siècle, la Régence épiscopale de Saverne se plaignait à bon droit de la conduite des villageois limitrophes de la forêt de la Struth, qui prétendaient avoir le droit d'y couper autant de bois qu'il leur plairait. « Ils arrivent, dit un des rapports de la Régence, de jour et de nuit dans nos forêts, comme des brigands, voir même les jours de fête, et font effrontément le commerce de bois avec les arbres qu'ils abattent de la sorte[3]. » Dans une requête présentée vers la fin du siècle par le prince Chrétien de Birckenfeld (1693), nous apprenons qu'en

1. Ney, *Geschichte*, II, p. 89.
2. Ney, *Jahrbuch*, p. 21.
3. Kiefer, *Balbronn*, 180.

deux années seulement, les habitants de La Baroche lui ont coupé plus de 30,000 arbres dans ses forêts du val d'Orbey, non pas pour se chauffer eux-mêmes, mais pour les vendre sous forme de bois ou de charbon, sans observer aucun règlement de gruerie ni s'arrêter à ses inhibitions [1]. Le Conseil souverain d'Alsace défendit aux habitants du val d'Orbey d'abattre dorénavant aucun bois sans la permission du seigneur, à peine de prison et de confiscation de tous leurs biens.

Mais si la destruction des arbres en pleine sève et de haute futaie était enfin sévèrement punie par les règlements nouveaux, si un personnel plus nombreux faisait exécuter ceux-ci avec plus de rigueur qu'autrefois [2], la valeur du bois restait toujours encore si faible, que l'on ne songeait pas à lésiner sur le bois mort ou sur les arbres dépéris, ni même sur les bois de construction, et qu'ils étaient octroyés largement aux riverains, pourvu qu'ils ne prissent point prétexte de leurs excursions à la forêt pour se livrer au braconnage. A cet égard, la tolérance était ancienne ; ainsi le règlement de la forêt de l'Oedenwald, appartenant à la ville de Strasbourg, promulgué en 1657, se préoccupe tout d'abord d'en interdire l'entrée aux chiens des paysans, de la Saint-Georges à la Saint-Jacques, et ne les y tolère de la Saint-Jacques à la Saint-Georges, qu'encombrés d'une trique, longue de cinq quarts d'aune et solidement fixée au cou, afin de les empêcher de courir après le gibier ; mais les habitants des communes de Northeim, Marlenheim, Kirchheim et Odratzheim sont autorisés à y chercher tout le bois mort et les branches cassées dont ils auraient besoin pour leur propre usage ; seulement, ils ne devront pas en vendre [3].

L'ordonnance palatine qui règle les droits forestiers du comté de la Petite-Pierre, et qui date à peu près de la même époque, est tout aussi libérale au sujet de la consommation du bois de chauffage et même de construction, qu'elle accorde non seulement aux fonctionnaires civils et ecclésiastiques, mais « à tous et à chacun de

---

1, A.H.A. E. 2620.

2. Il ne faudrait pas croire en effet que les anciens règlements ne visaient point de pareils délits. La *Forstordnung* des Ribeaupierre, de 1605, déclarait que le vol d'un jeune chêne serait puni de 6 florins d'amende, et celui d'un jeune sapin de deux florins d'amende. (Kahl, *Forstgeschichtliche Skizzen*, p. 30.) Mais combien de fois ces pénalités ont-elles été réellement appliquées?

3. *Ordonnance du 7 juin 1657*, placard in-folio imprimé. On y lit l'obligation imposée aux fonctionnaires de la ville libre à Marlenheim et à Wasselonne de prendre leurs compétences sous forme de tant et tant de cordes de bois, là où les forestiers les auraient préparées, au lieu de se faire abattre des gros troncs à proximité de leur résidence, ce qui dévastait trop certains cantons.

nos sujets ». Sans doute, on ne doit abattre des arbres sains pour les brûler que dans le cas où il n'y aurait plus de bois mort (*liegend holtz*), mais ce dernier était fourni par les gardes forestiers par lots égaux à tous les ménages, et dans la quantité requise pour leurs besoins[1]. S'agissait-il de construire une nouvelle maison, on avait également droit au « nécessaire », terme élastique, il est vrai, mais qui devait être le plus souvent interprété dans un sens large par les autorités locales du XVIIe siècle[2].

Dans la Haute-Alsace, les allocations pour bois de construction existaient encore vers la fin du siècle. Un procès-verbal, dressé le 29 janvier 1688, nous a conservé les chiffres suivants pour une série de villages du comté de Ferrette ; la nature du bois s'explique sans doute par la proximité des forêts de telle ou telle essence dominante. A Werentzhausen, on donnait aux habitants du bois de chêne pour les seuils et les planchers des maisons ; à Bouxwiller, dix pins et sept à huit chênes par demeure ; à Fislis, seize pins ; à Linsdorf, six à dix chênes ; à Wollschwiller, autant de sapins qu'il en faut, et quatre chênes ; à Liebsdorf, quatre chênes et douze sapins ; à Vieux-Ferrette, treize sapins et douze chênes ; à Riespach, tout le bois de construction nécessaire ; pour une construction de peu d'importance, on y a fourni jusqu'à trente-cinq troncs d'arbres, etc.[3].

La délivrance de ces bois seigneuriaux n'était pas toujours absolument gratuite. Ainsi l'on payait dans la seigneurie de Ribeaupierre un droit de toccage (*Stammgeld*) pour chaque tronc délivré par les gardes ; il est vrai que la redevance était minime, car elle ne dépassait pas quelques pfennings[4].

L'administration des forêts d'Alsace était parfois assez compliquée ; car, en dehors des vastes étendues appartenant à un seul maître, il y avait aussi des propriétés collectives, des *Marches forestières*, qui relevaient de propriétaires ou d'usufruitiers divers.

1. *So viel Einer das Jahr durch bedürftig ist.* Il devait cependant y avoir une limite, puisqu'il est dit plus bas qu'on pouvait encore en acheter, d'après un tarif raisonnable (*leidige tax*), si l'on en consommait davantage que sa part.

2. *Lützelsteiner Waldordnung*, du 17 février 1658. Au milieu du XVIIIe siècle, alors que les forêts avaient déjà notablement diminué, on ne donnait plus que 4 mètres cubes de bois et 10 fagots gratuitement à chaque ménage. (Bodungen, *Lützelstein*, p. 85.) — L'ordonnance de 1658 excluait du partage les gens si pauvres qu'ils *demeuraient en location dans la chambre d'un autre.*

3. Bonvalot, *Coutumes de Ferrette*, p. 282-289.

4. On voit par une pétition des gens de Saint-Blaise, Échery, etc., présentée à Everard de Ribeaupierre, le 9 février 1602, que ce droit de toccage avait été autrefois de trois pfennings et qu'il avait été porté au double. Ils demandent qu'on revienne à l'ancien usage. (A.H.A. E. 1880.)

Plusieurs d'entre elles ont subsisté jusqu'à la Révolution. L'une des plus connues était la « Marche Commune » (*die Gemeine Mark*) qui s'étendait des deux côtés du *Landgraben*, c'est-à-dire du fossé, séparant de temps immémorial, la Haute et la Basse-Alsace. Cette association forestière comprenait les sept communes de Ribeauvillé, Guémar, Bergheim, Saint-Hippolyte, Ohnenheim, Elsenheim et Orschwiller, qui elles-mêmes appartenaient à quatre seigneurs différents, le sire de Ribeaupierre, le duc de Lorraine, l'évêque de Strasbourg et le seigneur de Hohkoenigsbourg[1]. Elle avait une administration commune et une juridiction propre. Son chef héréditaire (*Obermaerker*), le sire de Ribeaupierre, tenait chaque année un plaid solennel au village d'Illhaeusern, où l'on renouvelait le serment d'observer les statuts de l'association ; tous les sept ans, un cortège, formé par les représentants des communautés usagères inspectait à cheval le domaine de la Marche, et en vérifiait avec soin l'abornement.

Un exemple plus curieux encore d'une administration commune, parce qu'elle est composée exclusivement de simples paysans, est celui que nous offre la forêt de l'Aspruch, appartenant aux quatre villages de Hatten, Rittershofen, Oberbetschdorf et Niederbetschdorf. Elle était surveillée par des fonctionnaires spéciaux (*Waldmeister*) assermentés et soldés, qui réglementaient les droits de parcours et marquaient les coupes nouvelles[2]. Le tribunal des vingt échevins se réunissait sur « la colline du jugement » (*Rügberg*) et prononçait des amendes contre ceux qui ne respectaient pas les règlements, qu'ils fussent nobles ou roturiers, bourgeois ou manants. C'est ainsi que nous les voyons condamner en 1601 l'intendant de l'abbesse de Kœnigsbruck à vingt livres d'amende, pour avoir fait curer le canal du moulin de l'abbaye sans le consentement des communes, bien que ce canal traversât la forêt ; et cette même année, le sire Philippe de Fleckenstein s'étant permis d'y faire enclore un défrichement, ordonné par lui, les communes firent arracher la clôture. Le noble délinquant s'obstinant à envoyer des ouvriers pour la refaire, les agents forestiers du syndicat les arrêtent, les conduisent au *Rügberg* et les font mettre à l'amende[3].

---

1. Cela prouve, comme l'a déjà fait remarquer d'ailleurs M. Véron-Réville (*Juridictions*, p. 145), que l'organisation de la Marche est certainement très ancienne, et qu'elle existait avant le fractionnement territorial du pays dans la seconde moitié du moyen âge.

2. Voy. pour les détails le travail très complet de M. D. Hückel, *Réglementation d'une forêt communale*, *Revue d'Alsace*, 1882, p. 363.

3. *Revue d'Alsace*, 1882, p. 366-367.

Ce qui empêchait, plus que tout le reste peut-être, l'exploitation lucrative des forêts du pays, c'était l'absence de voies de communication faciles au sein de ces immenses surfaces boisées, dont les confins seuls étaient, pour ainsi dire, exploitables aux communautés voisines. Assurément, il y avait des chemins tracés, dès le XVIᵉ siècle, mais ils n'étaient guère praticables pour les lourds fardeaux. C'est ce que nous apprend une ordonnance des seigneurs de Ribeaupierre, du 24 octobre 1561, qui défend d'y transporter des chênes et d'autres gros troncs d'arbres, de peur de les défoncer[1]. Ils ne servaient donc qu'au passage des légères charrettes de paysans ou à celui des chasseurs à cheval, à la poursuite du gibier. Le flottage des bois, de son côté, n'a été pratiqué dans l'Alsace du XVIIᵉ siècle que dans des proportions fort modestes, la plupart des cours d'eau permettant tout au plus le transport de bois légers et peu encombrants. L'Ill ne traversait d'ailleurs que peu de forêts de haute futaie, et le long du Rhin, les espaces boisés étaient couverts surtout de taillis ; quant aux cours d'eau secondaires, quelques-uns seulement étaient vraiment utilisables. On transportait sur la Moder, durant la guerre de Trente Ans, des céréales et même de l'artillerie[2] ; à plus forte raison devait-on pouvoir y faire descendre du bois. La Zorn, elle aussi, charriait des bois[3], et la Zinsel menait vers le Rhin une partie des coupes des forêts de la Petite-Pierre[4]. Mais c'était sans doute principalement du bois de chauffage ou du bois de construction de dimensions très restreintes que ces rivières portaient ainsi au grand fleuve, puisque ce n'est qu'au XVIIIᵉ siècle que, par des curages répétés, des écluses et d'autres travaux d'art, on réussit à leur donner une profondeur suffisante pour les rendre navigables. Il ne semble pas non plus, qu'avant cette époque, on ait eu l'idée d'établir dans les vallées des Hautes-Vosges des réservoirs destinés à grossir à certains moments les torrents de la montagne et à faciliter ainsi le flottage. Pourtant l'abbé de Murbach fit construire, de 1696 à 1698, une puissante machine qui faisait passer l'eau du lac du Ballon dans la Lauch, dans le but évident d'augmenter le volume de cette

1. Archives de la Haute-Alsace, E. 676.
2. Archives de la Basse-Alsace (1629-1635), C. 9.
3. Voici un fait qui prouve combien peu importants y étaient les transports. Saverne avait le monopole du flottage sur son territoire. Tout le bois qui n'était pas destiné à ses propres chantiers devait donc être débarqué avant son entrée dans la banlieue, traversait celle-ci en charrette, et n'était remis à l'eau qu'à Steinbourg. Or, chaque charrette payait un schelling et demi de droit de passage, et en 1615, ce droit ne rapporte au fisc municipal que 45 livres 15 schellings 4 deniers. (*Revue d'Alsace*, 1865, p. 263.)
4. Archives de la Basse-Alsace, E. 279.

petite rivière et d'activer ainsi le transport des bois de ses domaines[1].

C'est également assez tard, dans la seconde moitié seulement du XVIIe siècle, que l'on essaya de remédier à la difficulté des transports, en convertissant sur place les troncs en planches et en madriers. Il y avait encore tant de forêts en plaine qu'on n'avait pas besoin d'aller chercher les bois de construction à pareille distance. La plupart des scieries de montagne ne datent que d'après 1648[2]. Cinquante ans plus tard, la situation avait déjà notablement changé ; La Grange pouvait dire dans son *Mémoire* : « Les habitans des vallées et ceux qui sont au pied des montagnes... fournissent aussi à la province beaucoup de planches et de madriers de sapin, dont ils tirent un gros profit[3]. »

Il ne restait donc guère aux propriétaires de forêts de ce temps, d'autre alternative que de laisser pourrir leur bois sur place et d'augmenter ainsi la couche d'*humus* fertile au profit des générations futures, ou de vendre le plus de bois de chauffage et de construction possible dans les communes du voisinage, qui n'avaient pas de forêts à elles. Quelques-uns cependant, plus industrieux ou plus dépourvus de clientèle immédiate, établissaient des charbonniers sur leur domaine forestier et faisaient réduire en charbons leurs chênes et leurs hêtres centenaires[4], plus faciles à transporter après une transformation aussi radicale ; ils étaient sûrs de trouver des acheteurs chez les nombreux forgerons de la ville et de la campagne, chez les bourgeois[5] et chez les pouvoirs publics eux-mêmes. La ville de Strasbourg, par exemple, achetait en gros les apports des charbonniers et les revendait parfois avec 20 0/0 de bénéfice à ses bourgeois[6]. Le charbon de terre ne faisait point encore concurrence, au XVIIe siècle, au charbon de bois en Alsace. Il n'y était pas inconnu sans doute, et on l'utilisait même, dans les forges, dès la fin du siècle précédent. Mais la cherté du transport, et surtout la malpropreté du chauffage par la houille, détournèrent longtemps

---

1. Voy. le *Diarium* de Bernard de Ferrette, chanoine de Murbach, publié par M. A. Ingold, p. 22.

2. Kahl, *Forstgeschichtliche Skizzen*, p. 41.

3. La Grange, *Mémoire*, fol. 248.

4. Ce que Fréd. de Dietrich dit de l'activité des charbonniers vosgiens du XVIIIe siècle, du transport des bois sur des *schlittes* jusqu'aux fourneaux, etc. (*Description des gîtes de minerai*, I₁, p. 7) s'appliquerait déjà sans doute à ceux du siècle précédent.

5. On peut voir dans l'album déjà cité de types strasbourgeois (*Evidens designatio*, 1609) à la planche 17, les « Bajuli carbonarii cum corbibus carbones dimetientes », apportant dans d'immenses hottes leur marchandise à leurs clients.

6. Hanauer, II, p. 389.

encore les habitants de notre province d'un usage plus général de
ce combustible, qui ne leur est devenu véritablement familier que
dans la seconde moitié du XIXe siècle[1].

Une autre exploitation forestière, exercée surtout dans les districts où croissaient le pin et le sapin, c'était la récolte de la résine,
faite chaque année par des montagnards ou des paysans du Tyrol,
particulièrement experts en cette industrie. On la transportait
ensuite à Venise, où elle était manipulée d'après des procédés
secrets, et d'où elle se répandait dans le monde sous le nom de
térébenthine de Venise[2]. Nous ne pouvons démontrer positivement
que ce trafic, assez considérable au XVIIIe siècle, ait été déjà fait
à l'époque qui nous occupe, mais cela nous semble fort probable ;
les sujets autrichiens n'ont pas dû commencer à venir dans le pays
après sa prise de possession par la France ; ils y ont sans doute
fait leur première apparition, alors que le Tyrol et la Haute-Alsace
étaient encore gouvernés par les mêmes archiducs. Enfin on tirait
aussi des sapinières l'encens officinal vulgaire qui se consommait
en grandes quantités dans le pays[3].

Un mot en terminant sur le prix du bois de chauffage. On se
figure aisément, d'après ce qui précède, qu'il ne pouvait être bien
élevé nulle part, et qu'il n'avait, pour ainsi dire, aucune valeur
marchande, dans les endroits trop éloignés d'un centre plus important ou de quelque voie de communication terrestre ou fluviale. Au
commencement du siècle, dans la Haute-Alsace du moins, le bois
de chêne était généralement moins cher que le bois de sapin, mais
tous deux étaient à bon marché[4]. Plus tard, les rapports des prix des
deux essences fut interverti, le chêne étant plus recherché comme
bois de construction au dehors, et les sapins de la Forêt-Noire,
abattus plus près du Rhin, plus faciles à y amener en tout cas, faisant une rude concurrence à ceux d'Alsace. Les prix, en général,
montèrent, lentement, il est vrai, mais d'une façon appréciable. En
1601, la corde de bois dur (chêne, hêtre) se vendait 18 schellings
(soit 2 fr. 41 le stère) ; elle coûtait 28 schellings (soit 3 fr. 03 le
stère) en 1686[5]. Le bois tendre (sapin, pin, bouleau), estimé 15 schel-

1. *Weil sie (die Kohle) auch verdirbt und zu mist wird*, dit un document
cité par M. Hanauer, II, p. 390.

2. Schoepflin-Ravenez, I, p. 40.

3. Marcus Mappus, *Historia plantarum alsaticarum*, p. 1.

4. Ney, I, p. 97. D'après la *Waldordnung* des Ribeaupierre, de 1615, la
grande charretée de bois de chêne devait se payer 5 schellings 6 deniers ;
une charretée de bois de sapin, 6 schellings.

5. Hanauer, *Études*, II, p. 396.

lings la corde, encore en 1650 (1 fr. 88 le stère), avait atteint en
1681 25 schellings, soit 2 fr. 70 le stère. Le prix du cent de fagots
avait varié de 1601 à 1700 de 2 fr. 40 à 5 fr., mais oscillait, en
moyenne, entre 3 et 4 francs[1]. Le façonnage des bois était payé
différemment, selon la facilité de se procurer la main-d'œuvre. A
Strasbourg, en 1631, on payait la façon d'une corde de bois 56 pfennings (1 fr. 73) : la journée d'un fendeur de bois y était en 1634, de
36 pfennings (1 fr. 11). A Riquewihr, en 1648, on payait au journalier chargé de façonner une corde de bois 12 *batz* (2 fr. 76), et on
lui donnait en plus deux mesures de vin[2].

1. M. Hanauer a dressé le tableau du prix *moyen* des bois pour le
XVIIe siècle de la façon suivante :

	Le stère de bois de chêne.	Le stère de bois de sapin.	Le cent de fagots.
1600-1625 :	1 fr. 91	0 fr. 82	4 fr. 10
1626-1650 :	2 fr. 46	2 fr. 12	3 fr. 99
1651-1675 :	3 fr. 50	2 fr. 04	3 fr. 28
1676-1700 :	3 fr. 62	2 fr. 47	4 fr. 71

On peut se faire une idée de la hausse des prix, en constatant que le prix
moyen du stère de bois de chêne a été de 1850 à 1875, en Alsace, de 13 fr. 04,
et celui du bois de sapin de 10 fr. (Hanauer, II, p. 401.)

2. Kahl, *Forstgeschichtliche Notizen*, p. 37.

CHAPITRE DEUXIÈME

Industrie

§ 1. L'ORGANISATION INDUSTRIELLE. LES CORPORATIONS D'ARTS ET MÉTIERS

L'industrie de l'Alsace au XVIIᵉ siècle, — ou ce qu'il faut bien appeler ainsi à défaut d'autre nom, — ne rappelle en rien le mouvement économique, si intense et si varié, que nous y admirons aujourd'hui, avec son millier de fabriques, ses masses ouvrières, ses amas de produits, à la réputation européenne. Elle était modeste par le chiffre de ceux qui la représentaient, limitée dans sa production, et le renom de ses manufactures ne dépassait pas les contrées les plus rapprochées de son propre territoire.

La grande industrie n'y existait pas encore, ou si telle branche de l'activité industrielle qu'on peut y rattacher, — telle l'exploitation des mines, — avait eu ses jours d'éclat, elle était en pleine décadence. La production presque tout entière de l'Alsace, dans les différents domaines exploités alors par la main de l'ouvrier, ne sortait pas du cadre traditionnel des corporations d'arts et métiers. Ce sont elles qu'on retrouve, en nombre variable, dans toutes les localités un peu considérables du pays, et leur constitution, remontant à des siècles en arrière, était infiniment plus propre à limiter, à étouffer le mouvement industriel, qu'à le développer, comme l'aurait pu faire une concurrence sérieuse.

Le principe générateur de ces corporations ou *tribus* d'artisans avait été une pensée généreuse et pratique à la fois. On avait voulu réunir en un même groupe et syndiquer, pour ainsi dire, tous les tenants d'une même industrie, leur fournir un point d'appui solide dans la lutte pour l'existence, protéger leurs intérêts collectifs contre les agressions d'autrui ; on entendait également veiller au bon renom des produits de leur travail, au moyen d'un contrôle journalier et consciencieux. A ces différents points de vue, la formation des tribus d'arts et métiers avait été non seulement utile, mais nécessaire. Elles avaient eu une haute valeur éducative sociale et morale, aux temps les plus durs et les plus troublés du moyen âge[1]. Avec leur

---

1. M. Gustave Schmoller a très bien développé cette manière de voir dans son livre *Die Strassburger Tuchmacherzunft* (Strassb., 1879, in-4°), p. 531-532.

action sur la vie économique avait marché de pair leur influence
sur le développement politique des cités. Du XIVᵉ au XVᵉ siècle,
elles avaient obtenu partout, dans les villes libres et impériales, le
partage de pouvoir avec le patriciat urbain, et l'avaient même, en
général finalement emporté sur lui. Dans certaines des villes épiscopales et seigneuriales elles-mêmes, les corporations d'artisans
avaient acquis le droit incontesté de participer, dans une mesure
plus ou moins large, à la gestion des affaires purement municipales.
Mais ces temps étaient bien éloignés déjà. Dès avant la crise décisive du XVIIᵉ siècle, l'action politique des *tribus* d'arts et métiers
dans les grandes villes était insignifiante : les petits bourgeois
d'alors, aussi dociles que pacifiques, n'exerçaient plus qu'une
influence apparente sur les décisions des hommes de loi, des capitalistes, des fonctionnaires étrangers qui administraient leur cité.
Quant à leur action économique, la seule que nous ayons à étudier
ici, elle était devenue plus insignifiante encore.

Cela s'explique aisément. Créées jadis dans un but d'activité
féconde et d'expansion au dehors, ces associations d'artisans, —
maîtres et compagnons, — ne visaient plus, en général, qu'à conserver leur monopole industriel, sans se préoccuper, dans leur
égoïsme, si le gros du public en pâtirait ou non. Chacune d'entre
elles surveillait d'un œil jaloux la corporation voisine, afin qu'elle
n'empiétât pas sur le domaine nettement délimité que les règlements
et les usages lui avaient attribué. Elles devenaient forcément hostiles, par cela même, à toute innovation comme à toute découverte
qui menaçait d'effacer ou de transposer ces limites. D'autre part,
les membres de ces groupes fermés, en possession du droit exclusif
de fabriquer l'objet ou les objets qui leur étaient assignés, se préoc-
cupaient naturellement beaucoup moins de satisfaire la clientèle,
obligée de s'adresser à eux pour avoir ces produits manufacturés,
que de tirer de cette fabrication le plus gros bénéfice possible. Or,
ce bénéfice ne pouvait s'accroître indéfiniment par le rehaussement
du prix des objets mis en vente, parce qu'au XVIIᵉ siècle, — et
longtemps auparavant déjà, — les pouvoirs politiques et municipaux taxaient la valeur vénale de ces objets et fixaient un maximum
qui ne pouvait être dépassé. Il ne restait donc qu'un moyen pratique d'augmenter les gains d'un chacun, c'était de restreindre, dans
la mesure du possible, le nombre des participants aux bénéfices, en
d'autres termes, le nombre des maîtrises de chaque corporation. Le
chiffre des patrons restant le même ou, du moins, n'augmentant
que dans une assez faible mesure, alors que le nombre des habitants

d'une localité augmentait dans des proportions bien plus considérables, les représentants d'un métier, cordonniers, tailleurs ou menuisiers, avaient toute chance de fournir plus de travail et de
toucher ainsi plus d'argent que par le passé. De là ces nombreuses
prohibitions qui nous paraissent aujourd'hui si bizarres, la défense
faite aux pâtissiers de Strasbourg d'apprendre à une femme l'art de
faire des tartes et des pâtés, à peine de trois livres d'amende[1], ou
l'interdiction faite aux bonnetiers de Ribeauvillé d'enseigner à
femme ni fille, welche ni allemande, l'art de tricoter un bas ou une
camisole, s'ils ne voulaient payer deux florins par contravention[2].

Si cette préoccupation toute égoïste, quelque compréhensible
qu'elle pût être, paralysait déjà la petite industrie, — la seule qui
existât, — en pleine prospérité économique, quelle ne devait pas être
la situation déplorable des artisans quand les temps étaient aussi
mauvais qu'ils le furent durant la majeure partie du XVIIe siècle ?
La clientèle étrangère, amenée d'ordinaire par les grandes foires
bisannuelles, a presque entièrement disparu ; la clientèle bourgeoise
locale, foulée par les impôts et les charges multiples de la guerre,
a notablement restreint ses dépenses ; la clientèle rurale enfin, qui
fournissait les matières premières, ne les produit plus, n'alimente
plus les marchés et se voit absolument hors d'état d'acheter en
échange, en ville, les articles courants de manufacture plus grossière
qu'elle lui demandait en temps d'abondance et de paix. Telle est la
situation générale de l'industrie en Alsace, d'un bout à l'autre du
pays, jusque vers la fin du XVIIe siècle[3], et cela suffit pour nous
expliquer son irrémédiable décadence à cette époque, alors qu'elle
paraissait encore si florissante au XVIe siècle. Ce n'est qu'à partir
des premières années du XVIIIe siècle, ou, mieux encore, après la
signature des traités d'Utrecht et de Rastatt, que l'on peut constater
une reprise et bientôt un développement remarquable de l'industrie
alsacienne, naguère encore si misérable.

Il ne sera pas inutile d'étudier un peu plus en détail l'organisation du travail industriel, telle qu'elle subsiste, avec ses vieilles
formes traditionnelles, à l'époque dont nous nous occupons. Cette
étude, nous pouvons la faire de la façon la plus compréhensible et
la plus claire pour le lecteur, en envisageant spécialement l'in-

1. *Règlements* de 1660. Hanauer, *Études économiques*, II, p. 119.
2. *Règlement des bonnetiers de la seigneurie de Ribeaupierre* du 9 mars
1711. (Archives de la Haute-Alsace, E. 2441.)
3. Quelques branches nouvelles de l'industrie reprennent ou s'organisent
dans le dernier tiers du XVIIe siècle, mais dans l'ensemble, la stagnation des
affaires, la décadence technique est incontestable.

dustrie strasbourgeoise, la plus développée de toute la province, même à ce moment de son histoire, malgré tant de malheurs et l'éclipse de ses beaux jours [1].

Strasbourg, où le nombre des *tribus* ou corporations d'arts et métiers avait plusieurs fois varié, selon le développement de son industrie locale, en comptait, depuis 1482, vingt qui subsistèrent jusqu'en 1789. Elles comprenaient, — on s'en souvient peut-être, — en tant que *corps politiques*, des citoyens étrangers aux professions manuelles, professeurs, ecclésiastiques, jurisconsultes, médecins, inscrits, à leur choix, dans l'une ou l'autre section du corps électoral urbain [2]. Mais en tant que *groupes industriels*, elles n'admettaient dans leur sein que des confrères du métier même, ou de métiers voisins, réunis depuis plus ou moins longtemps en un groupe commun, par décision des autorités municipales [3].

Un certain nombre de ces tribus étaient désignées couramment d'après le nom du local public où, dans la journée, les artisans participaient aux séances d'affaires et où ils se délassaient, le soir, en raisonnant politique, autour d'un broc ou d'une cruche de bière. Elles étaient classées depuis la fin du moyen âge, d'après un protocole officiel qui n'a plus été modifié jusqu'à leur disparition. La tribu de l'*Ancre* comprenait les bateliers et les constructeurs de bateaux ; celle du *Miroir*, les négociants, les merciers, les peigniers, auxquels on adjoignit plus tard les pharmaciens et les pâtissiers ; celle de la *Fleur*, les bouchers et les saucissiers ; celle des *Fribourgeois,* ou plus correctement des Francs-Bourgeois, réservée au début aux bourgeois n'exerçant pas de profession manuelle, finit par ne plus embrasser que les aubergistes et les traiteurs ; celle des *Drapiers* comprenait aussi les tisserands, les cardeurs, les foulons, etc. ; celle de la *Lanterne,* à côté des meuniers, fariniers, grainetiers, englobait, par un hasard difficile à expliquer, les chirurgiens. La tribu de la *Mauresse* était constituée par un plus bizarre assemblage encore de professions diverses, fabricants de chandelles, marchands de sel, revendeurs de vieux habits, trafiquants en pois-

---

1. Les principaux ouvrages relatifs à ce sujet sont : J.-H. Heitz, *Das Zunftwesen in Strassburg,* Str., 1856, in-8°. — G. Schmoller, *Die Tuchmacherzunft in Strassburg,* Str., 1879, in-4°. — H. Meyer, *Die Goldschmiedezunft zu Strassburg.* Leipz., 1881, in-8°. — F. Como, *Zunft und Gewerbe der Schneider.* Strassb., 1893, in-4°.

2. Voy. p. 428. Ces éléments hétérogènes (*Zudiener*) ne se mêlaient naturellement en rien à la vie *économique* de leur groupe.

3. Les adjonctions se faisaient parfois aussi pour rétablir l'équilibre numérique entre les membres des tribus, sans tenir précisément compte des affinités industrielles.

sons salés, auxquels furent adjoints plus tard les ouvriers en tabac.
La tribu des *Echasses* comprenait les imprimeurs, relieurs, graveurs,
orfèvres, doreurs et vitriers. Venaient ensuite les tribus des *Boulangers*, des *Pelletiers*, des *Tonneliers*, auxquels furent réunis les
brasseurs, des *Tanneurs*, des *Gourmets*, submergés plus tard par le
flot montant des perruquiers et des friseuses qu'on fit entrer dans
leur corporation, des *Tailleurs* et des *Maréchaux-ferrants*, auxquels
étaient joints les armuriers, cloutiers, couteliers, ferblantiers, etc.
Les cinq dernières tribus étaient formées par les *Cordonniers*, les
Pêcheurs, les *Charpentiers* (avec les tourneurs et les vanniers), les
Jardiniers et les *Maçons*, auprès desquels se rangeaient les potiers,
les ramoneurs, les paveurs, les couvreurs, les ouvriers en porcelaine, etc. [1].

Il fut de plus en plus difficile, à partir du XVIe siècle, d'entrer
dans ces corporations professionnelles ou du moins d'y arriver à la
maîtrise. Les principes de la morale eux-mêmes étaient mis en
réquisition pour en barrer le plus possible l'accès. Non seulement
les compagnons vivant en concubinage étaient écartés de la tribu,
mais encore tous ceux qui avaient eu le malheur de naître en dehors
d'une union légitime. Le fils d'un bourgeois pouvait entrer, il est
vrai, gratuitement dans la corporation paternelle, mais s'il pratiquait
un autre métier que son père, il était tenu de verser annuellement
à la caisse particulière de cette autre tribu, dont il aurait dû relever
au point de vue professionnel, une somme fixée par les règlements [2].
C'est une des raisons pour lesquelles les fils suivaient d'ordinaire
la profession des ancêtres, à travers de longues générations successives. Il arrivait aussi que tel bourgeois fût astreint à payer dans
deux *tribus* à la fois, par suite de ses occupations ; ainsi, les brasseurs appartenaient de fondation à la corporation des tonneliers,
mais comme ils servaient chez eux à leurs clients des harengs saurs
avec leur pot de cervoise, ils étaient également obligés de fournir
leurs cotisations à la tribu des Fribourgeois.

Lors de sa réception, chaque nouveau maître payait une somme
relativement considérable (6-7 florins) à la caisse de la corporation,
sans compter les versements pour la caisse de secours, la caisse

1. J'ai à peine besoin de faire remarquer que deux de ces tribus, celles des
Jardiniers et des Pêcheurs, n'étaient pas des groupes industriels, au sens
ordinaire du mot; leur trafic de légumes et de poissons et la nécessité de
leur assigner une place dans l'organisme politique les avaient fait joindre
aux autres corporations.
2. On appelait cela payer de sa personne et payer de sa bourse (*leibzünftig*
et *geldzünftig*).

des veuves, etc., qui étaient plus ou moins volontaires. Le compagnon, lui aussi, devait verser une somme modeste (15 schellings 6 deniers) en entrant dans l'association, et l'apprenti lui-même apportait ses 5 schellings au patrimoine commun. En outre, chaque membre de la tribu avait à y verser sa cotisation de 5 schellings chaque année. L'étranger n'avait guère d'autre chance de s'établir pour son compte à Strasbourg, que de trouver un maître de sa profession n'ayant que des filles, ou une veuve de maître, désireuse de convoler une seconde fois. S'il réussissait son chef-d'œuvre, que tout candidat à la maîtrise devait présenter, et s'il pouvait entrer ensuite dans une famille strasbourgeoise, de la façon indiquée tout à l'heure, il n'avait plus qu'à verser dans la caisse commune une somme un peu plus considérable, au moment de son établissement (11 florins 5 schellings). Mais si cette occasion ne se présentait pas, il était bien difficile à un compagnon du dehors, voire même au fils cadet d'un maître indigène, d'obtenir de ses confrères jaloux, le droit de leur faire dorénavant concurrence.

Les corporations d'arts et métiers avaient été toutes à l'origine des associations de secours mutuel et continuaient à l'être; les unes bornaient leurs secours aux compagnons de la localité même, les autres secouraient également les compagnons de passage[1]. Dans le cas où un compagnon ne trouvait pas de travail dans la localité, il était tenu d'ailleurs de la quitter au plus tard le troisième jour. Compagnons et apprentis étaient logés sous le toit du maître et nourris par lui. Il instruisait les seconds dans la pratique du métier, mais les utilisait aussi au service domestique, quelquefois au détriment de leur apprentissage professionnel[2].

Les années de compagnonnage prescrites par les règlements sembleraient bien nombreuses aujourd'hui; généralement, on en exigeait de huit à dix[3]; quelquefois même il fallait attendre plus

---

1. On les appelait, pour cette raison, Geschenkte et Ungeschenkte Handwercke.

2. C'est une plainte souvent répétée contre les patrons, et surtout les patronnes, au XVIIᵉ et au XVIIIᵉ siècle, qu'ils utilisaient leurs apprentis à la cuisine et ailleurs, comme bonnes d'enfants et commissionnaires et ne leur apprenaient pas suffisamment le métier. On leur reprochait aussi de les faire jeûner trop souvent, sous prétexte que leur conduite ou leur travail laissait à désirer. L'ordonnance de 1659 le leur défendait sévèrement.

3. Les orfèvres, p. ex., devaient passer par un compagnonnage de dix ans, dont quatre ans au moins à Strasbourg même (Meyer, Goldschmiedezunft, p. 206). Ailleurs, on était moins exigeant. A Riquewihr, le règlement de la corporation des tonneliers, du 25 septembre 1688, permettait de ne faire que trois années d'apprentissage sur les terres de Montbéliard, avant de présenter son « chef-d'œuvre », un tonneau jaugeant soixante-six mesures; mais

longtemps pour pouvoir se présenter aux examens de la maîtrise. Seuls, les fils d'un maître établi dans la ville étaient plus favorisés à cet égard; ils pouvaient concourir après deux ans déjà de compagnonnage au dehors. Le « chef-d'œuvre » (*Meisterstück*) prescrit par les statuts de presque toutes les corporations, devait être exécenté dans un temps donné, variant naturellement selon les professions, sous la surveillance des inspecteurs-jurés (*Schauer*) du métier. En général, ce temps était largement mesuré et devait pleinement suffire à tout ouvrier tant soit peu expert et consciencieux: on ne peut pas dire non plus que les preuves de savoir technique exigées des concurrents aient été particulièrement difficiles[1]. Mais ce n'était pas la création d'un « chef-d'œuvre », quelque parfait qu'il fût, qui pouvait assurer l'existence matérielle d'un compagnon, et pour la plupart d'entre eux la possibilité de créer une « affaire » personnelle, de s'établir pour leur compte, n'existait pas, à vrai dire. Ils avaient besoin de leur salaire pour vivre; comment établir boutique, acheter les matières premières, attendre le client, quand on n'avait pas la chance extraordinaire, — qu'on me pardonne l'expression,— de chausser les pantoufles du maître défunt ? Comme, d'autre part, on en était venu à défendre, par les statuts des corporations, le mariage à qui n'était pas établi maître, on enlevait le reconfort du foyer domestique aux humbles et aux petits qui en auraient eu le plus besoin. On croyait éviter par là, la création d'un prolétariat industriel, et peut-être y réussit-on, dans une certaine mesure; mais on amena aussi de la sorte la chute rapide des tribus les plus riches et les plus considérables de Strasbourg, qui, la misère des temps aidant, fondent et diminuent d'une manière effrayante au XVIIe siècle. En 1620, la tribu des Drapiers y compte encore 404, en 1630 même 415 membres; mais en 1650, elle est tombée à 281 membres, en 1680 à 231, et après vingt ans de paix, elle n'en compte encore que 243 dans la dernière année du siècle[2]. Pour la tribu des Échasses, renfermant des industries que l'on peut qualifier de luxe, la décadence est encore plus sensible. On y comptait cinquante à soixante orfèvres à la fin du XVIe siècle; vers 1680, on n'en trouve plus que quinze[3].

après la réception, il fallait rester encore simple compagnon pendant les trois années suivantes. (Ch. Pfister, *Comté de Horbourg, Revue d'Alsace,* 1888, p. 55.)

1. Dans la grande ordonnance de 1629 sont énumérés les travaux de concours à exécuter par les orfèvres, maçons, relieurs, peintres, passementiers, bonnetiers, etc. (Heitz, p. 159-163.)

2. Schmoller, *Tucherzunft,* p. 541.

3. Meyer, *Goldschmiedezunft,* p. 213.

Admettons cependant que le compagnon ait réussi, par un moyen quelconque, à pénétrer dans ce paradis, si strictement gardé, de la maîtrise; peut-il espérer au moins qu'à force d'énergie, de bonne volonté, il pourra se frayer un chemin, sinon vers la richesse, au moins jusqu'à une honnête aisance ? Ce lui sera bien difficile; on lui prescrit tout d'abord le nombre des compagnons qu'il pourra employer, comme aussi le nombre des apprentis. Ce chiffre est fort limité : deux des premiers d'ordinaire, tout au plus un troisième, et un seul des seconds. S'il prend un second apprenti, il est tenu de congédier un des trois ouvriers[1]. On ne veut pas que, de boutique à boutique, puisse s'élever une concurrence dangereuse pour les confrères, en accumulant au profit d'un seul maître des forces peu payées. Certains statuts professionnels vont même jusqu'à prescrire au jeune maître, qui a formé un apprenti, de travailler seul un ou deux ans, afin que le nombre des ouvriers n'augmente pas trop rapidement. Toutes ces prescriptions méticuleuses nécessitant une surveillance jalouse de corporation à corporation, d'individu à individu, se retrouvent, à quelques variantes près, dans les différents statuts, non seulement des corporations d'arts et métiers de chaque ville, mais encore dans ceux des grandes confréries provinciales dont il sera question tout à l'heure. C'est l'esprit même de l'époque[2].

Et pourtant ce n'est pas tout encore ; ce que l'artisan fabrique dans son atelier, il n'est pas libre de le vendre, comme il l'entend, au client. L'autorité supérieure, bienveillante, mais gênante protectrice des uns et des autres, fixe un tarif officiel pour tout article de vente. Nous avons peine à comprendre aujourd'hui un pareil état de choses ; mais alors on y était façonné par une habitude séculaire, datant du moyen âge. Quand on parcourt la grande *Tax-Ordnung*, le tarif général du 22 juin 1646, on se dit qu'il a dû coûter bien du travail à Messieurs de la Chambre des Quinze. Il s'y trouve près de quinze cents articles, à peu près tout ce qui se pouvait acheter ou vendre alors en public, depuis les vieux fers à cheval usés jusqu'au ramonage d'une cheminée, depuis un pâté de lièvre et un cent de gaufres jusqu'au transport d'un sac de blé de la barque à la douane, depuis la ventouse du chirurgien jusqu'au corsage en velours de l'élégante

---

1. S'il a un travail très urgent à faire, il peut prendre un aide, mais il ne le gardera pas plus de quinze jours.
2. Voy. le travail si documenté de M. Eugène Waldner, archiviste de Colmar, *L'ancienne Confrérie des bonnetiers du Haut-Rhin*, dans le *Bulletin du Musée historique de Mulhouse*, 1894, p. 5-51.

patricienne, depuis la casserole et la pince à feu de la ménagère jusqu'à la reliure en peau de truie de l'in-folio du savant[1].

Ainsi tout est prévu, limité, fixé ; cette limitation, supportable encore cent ans auparavant, devient véritablement intolérable quand les institutions corporatives ne semblent plus être là que pour se sustenter égoïstement elles-mêmes, au lieu d'être des instruments d'un travail fécond pour tous. D'une part, l'industrie existante, traditionnelle, s'ossifie de plus en plus ; d'autre part, tout besoin et toute idée nouvelle, toute transposition de cette idée et de ce besoin dans le domaine des faits tendent à échapper forcément à cette réglementation surannée. On n'a pas su prévoir à temps ces idées et ces besoins nouveaux, et maintenant les vieux cadres ne sont plus assez élastiques pour se prêter facilement à l'assimilation d'activités nouvelles.

Dans les autres localités alsaciennes, l'organisation des *tribus* était sensiblement la même, bien que la nomenclature des fonctionnaires des corporations différât parfois. Mais leur nombre était fort variable ; presque partout il était de beaucoup inférieur à celui des tribus strasbourgeoises, ce qui s'explique tout naturellement par le fait que ces localités moins importantes comptaient des industries infiniment moins nombreuses. A Colmar, où il y avait eu vingt *tribus* au moyen âge, depuis 1520, il n'en existait plus que dix, désignées, elles aussi, par le nom de l'auberge, qui servait de local ou de *poêle* aux membres de la corporation. Les merciers, les tailleurs, les négociants formaient la tribu de la *Bonne-Foi ;* les agriculteurs se réunissaient au *Bateau ;* la tribu du *Dévidoir* comprenait les jardiniers et les marchands de céréales ; celle du *Lion-Rouge* était formée par les vignerons, celle de la *Petite-Couronne* par les boulangers et les meuniers. Les bouchers et les pêcheurs étaient groupés dans la tribu du *Lion*, les tisserands et les pelletiers dans celle de l'*Aigle*, les maréchaux-ferrants et les tailleurs de pierres dans celle du *Sureau*. Les tonneliers et les marchands de vin formaient la tribu du *Géant*, les cordonniers et les tanneurs celle de la *Bombance*[2].

A Mulhouse, ville alors relativement petite, il est vrai, — nous la citons ici, car bien qu'elle n'ait pas fait partie, *politiquement* parlant, de l'Alsace au XVIIe siècle, elle a intimement participé à son existence économique, — on ne comptait que six corporations, et

---

1. Ce tarif général est reproduit dans l'ouvrage de Heitz, *Zunftwesen*, p. 120-126.
2. Mossmann, *Recherches sur la commune de Colmar* (2e édit.), p. 115.

encore deux d'entre elles n'étaient pas des corporations d'arts et
métiers. C'étaient celles des *Tailleurs*, des *Vignerons*, des *Bouchers*,
des *Boulangers*, des *Maréchaux* et des *Laboureurs*[1].

A Turckheim, il n'y avait que deux corporations, celle des *Vignerons* et celle des *Artisans*, groupement sommaire, s'il en fût, et qui
montre combien modeste était la production industrielle de la
petite voisine de Colmar.

A Obernai, la population était partagée, au point de vue politique,
en neuf curies; mais cinq de ces groupes seulement étaient des
tribus d'artisans, celles des *Tonneliers*, des *Marchands*, des *Boulangers*, des *Bouchers* et des *Cordonniers*[2].

A Haguenau, l'on comptait vingt-quatre tribus, celles des *Négo-
ciants en gros*, des *Barbiers*, *Bouchers*, *Boulangers* et meuniers, *Cor-
donniers*, *Aubergistes*, *Tanneurs*, *Marchands en détail*, *Chapeliers*,
Tisserands, *Tailleurs*, *Drapiers*, *Pêcheurs*, *Jardiniers*, *Tonneliers*,
Pelletiers, *Cloutiers*, *Forgerons*, *Serruriers*, *Maçons*, *Menuisiers*,
Charpentiers, *Charrons* et *Potiers*[3].

A Wissembourg, il n'existait que sept tribus, et encore la première,
celle des *Vignerons*, n'était-elle pas une corporation d'artisans; les
autres étaient celles des *Tisserands*, des *Maréchaux* et serruriers,
des *Tanneurs* et cordonniers, des *Marchands* et des tailleurs, des
Bouchers, des *Boulangers* et des meuniers[4].

Landau, au contraire, comptait jusqu'à treize corporations. La
tribu au *Chevalier* renfermait les aubergistes, les barbiers, les
vitriers, etc.; puis venaient celle des *Tailleurs*, celle des artisans
travaillant le bois (*Holzzunft*), qui comprenait les menuisiers, tonneliers, charpentiers et charrons; celle des *Cordonniers*; celle des
Maçons, auxquels étaient joints les potiers et les tailleurs de pierres;
celle des *Marchands*, qui se partageait en deux groupes distincts;
les négociants en gros, et les petits marchands de détail, épiciers,
pâtissiers, etc.; celle des métiers qui utilisaient un feu de forge,
la *Feuerzunft*, serruriers, forgerons et armuriers. Les dernières
étaient celles des *Tanneurs*, des *Bouchers*, des *Boulangers*, des *Brasseurs*, des *Vignerons* et des *Laboureurs*[5].

Nous n'avons cité jusqu'ici que des villes libres ou impériales,
mais l'organisation était à peu près la même, au point de vue économique et technique, dans les villes épiscopales et seigneuriales de

1. Math. Mieg, *Geschichte von Mulhausen*, II, p. 311.
2. Gyss, *Histoire d'Obernai*, II, p. 25.
3. V. Guerber, *Histoire de Haguenau*, II. p. 343.
4. Rheinwald, *L'abbaye et la ville de Wissembourg*, p. 317.
5. Birnbaum, *Geschichte von Landau*, p. 115-116.

grandeur moyenne. A Saverne, résidence épiscopale, l'on comptait dans les premières années du XVIIᵉ siècle sept tribus; en 1630, on en augmenta le nombre, en le portant à dix ; c'étaient celles des *Boulangers* (avec les meuniers), des *Bouchers,* des *Tanneurs* (avec les tonneliers), des *Maréchaux-ferrants* (avec les selliers et les cordiers), des *Menuisiers* (avec les vitriers et les tourneurs), des *Cordonniers,* des *Charpentiers* et maçons, des *Serruriers* (avec les couteliers et les brossiers), des *Tailleurs* (avec les tisserands, teinturiers, pelletiers et négociants), des *Aubergistes* et vignerons[1].

A Erstein, qui relevait du Grand-Chapitre de Strasbourg, nous avons les corporations des *Pêcheurs* et des *Laboureurs,* celle des *Artisans* et *journaliers,* qui embrasse tous les métiers, sauf deux, les *Tisserands,* et les *Cordonniers,* assez nombreux pour s'organiser d'une façon individuelle[2].

A Ribeauvillé, centre administratif de la seigneurie de Ribeaupierre, il n'y avait pas de groupement en tribus exerçant un rôle politique, puisque le seigneur était resté le régulateur de l'administration communale; mais soit en 1518, soit en 1550, il avait octroyé aux différents métiers des statuts professionnels, qui ne diffèrent pas beaucoup de ceux des villes libres ; ce sont ceux des *Forgerons,* des *Charpentiers,* des *Maçons,* des *Charrons,* des *Drapiers,* des *Tailleurs,* des *Tanneurs,* des *Cordonniers* et des *Vignerons*[3].

A Sainte-Marie-aux-Mines, principale localité industrielle de la même seigneurie, nous relevons l'existence de dix-huit corporations organisées par règlement seigneurial : les *Bouchers, Bonnetiers, Bourreliers, Fabricants de boutons, Charpentiers, Chapeliers, Cloutiers, Cordonniers, Marchands, Maçons, Maréchaux-ferrants, Menuisiers, Passementiers, Savetiers, Serruriers, Tailleurs, Tisserands* et *Tonneliers*[4]. On voit que dans cette petite ville, où la population ne jouait aucun rôle politique et où le groupement était, par suite, absolument professionnel, les différentes branches de l'industrie étaient encore infiniment plus spécialisées que dans le grand Strasbourg, et que tout ce qui n'était pas véritablement industriel (à l'exception de la boucherie) se trouvait écarté de la nomenclature, du moins des corporations.

Il y a même des localités rurales, absolument insignifiantes, qui, pour des raisons qui nous échappent, constituent jusque dans la

---

1. Dag. Fischer, *Geschichte von Zabern,* p. 173.
2. J. Bernhard, *L'abbaye et la ville d'Erstein,* p. 132-134.
3. B. Bernhard, *Recherches sur Ribeauvillé,* p. 198-199.
4. Risler, *Histoire de Sainte-Marie-aux-Mines,* 1873, p. 74.

seconde moitié du XVIIᵉ siècle, des corporations d'artisans particulières. C'est ainsi que dans le village de Willgottheim, au bailliage épiscopal du Kochersberg, on crée en 1673 une tribu des
Menuisiers et Maçons[1].

Dans les localités restées entièrement catholiques, la corporation
conserve son cachet plus religieux de *confrérie*, qu'elle avait partout
au moyen âge, mais qui s'efface ailleurs par le triomphe de la
Réforme. Elle possède alors son protecteur spécial, ses messes
solennelles, ses fêtes patronales, etc.[2].

En dehors des corporations d'arts et métiers de chaque localité,
les seigneurs territoriaux organisaient parfois des associations
industrielles entre tous les artisans de leur domaine, pour leur
donner une cohésion plus grande et leur faciliter ainsi la lutte contre
la concurrence des voisins. C'est en effet après la grande dépres-
sion économique causée par la guerre de Trente Ans que ces groupes
plus étendus sont créés ou du moins réorganisés pour la plupart.
C'est ainsi qu'une ordonnance épiscopale du 2 novembre 1669 réunit les teinturiers de Mutzig, de Molsheim et de Saverne en une
confrérie spéciale, dont les représentants devaient se réunir tous
les deux ans dans la dernière de ces trois villes[3]. C'est ainsi que
l'évêque François-Égon de Furstemberg força en 1670 tous les
artisans du bailliage du Kochersberg à se faire inscrire à l'une des
corporations savernoises[4]. C'est ainsi que la Régence palatine
constitua dans le comté de la Petite-Pierre les quatre « communautés »
des tailleurs, des maréchaux, des tisserands et des charpentiers[5].
Les armes de ces groupes de petits artisans ruraux figurent à l'Armorial d'Alsace[6].

Parfois ces associations s'étendaient au delà des limites d'un seul
territoire, et comprenaient les artisans d'une même spécialité dans
toute la province. Nous les voyons même dépasser les frontières de
l'Alsace, et comprendre, soit certaines villes du Brisgau, soit certaines localités de l'évêché de Strasbourg, situées sur la rive droite

1. Les statuts de cette corporation rurale se trouvent à la Bibliothèque de
l'Université de Strasbourg, manuscrits, nº 252. Peut-être sa création est-elle
due à un esprit d'opposition locale, les artisans du lieu refusant d'aller s'im-
matriculer aux *tribus* savernoises comme le prescrivait l'édit de 1670, dont
il va être question à l'instant.
2. Voy. J. Bernhard, *Erstein*, 132-137.
3. Dag. Fischer, *Geschichte Zabern's*, p. 173.
4. Id., *ibidem*.
5. Dag. Fischer, *Le comté de la Petite-Pierre*, *Revue d'Alsace*, 1880,
p. 464.
6. A. de Barthélemy, *Armorial d'Alsace*, p. 64.

du Rhin. Plusieurs des problèmes économiques qui tourmentent notre époque ont certainement déjà joué un rôle dans ces organisations du XVIIe siècle ; on voulait empêcher par leur moyen la surproduction, en fixant le nombre des ouvriers à employer et les heures de travail, empêcher aussi une trop grande inégalité de fortune entre confrères. Peut-être même est-il permis de voir une certaine intention politique dans la rédaction ou la confirmation des statuts de ces associations, qui se produit entre les années 1650 et 1670 ; Ferdinand III et Léopold Ier n'étaient pas fâchés, sans doute, de faire acte de souveraineté dans les territoires plus ou moins explicitement cédés à la France par les traités de Westphalie. La physionomie générale de ces associations est à peu près toujours la même. Elles sont dirigées ou contrôlées d'ordinaire par une commission de douze *maîtres-jurés*, à la tête desquels se trouve un chef de métier (*Obmann*). Il est nommé soit par ses collègues, soit, plus souvent, par l'empereur ou par les seigneurs qui détiennent une maîtrise comme fief héréditaire ; tels les sires de Ribeaupierre pour les musiciens, les sires de Rathsamhausen pour les chaudronniers. Ces maîtres-jurés jugent les différends entre gens de métier, punissent par des amendes les infractions au règlement, poursuivent les fraudeurs, etc. Mais en même temps ils interviennent dans les conflits qui se produisent fréquemment au sujet des privilèges de leurs membres entre les localités de la province [1].

La plus ancienne peut-être de ces corporations provinciales, celle dont nous connaissons en tout cas le mieux l'histoire, c'est celle des bonnetiers et chaussetiers (*Hosenstricker und Baretlinmacher*) de la Haute-Alsace, qui fabriquaient d'ailleurs aussi des tapis, des camisoles, des bas, des gants, etc. Dès la fin du XVIe siècle, ils avaient dressé avec les délégués du Brisgau et du Sundgau des statuts communs que la Régence d'Ensisheim approuva, le 8 novembre 1597. Ces statuts avaient eu d'abord un caractère politique assez prononcé, car ils exigeaient en première ligne que tous les adhérents fussent catholiques et prêtassent un serment de fidélité à la maison d'Autriche. Mais dans une réunion générale tenue à Brisach, le 28 janvier 1598, les représentants de Strasbourg, Bâle, Colmar, Mulhouse, Sainte-Marie-aux-Mines et de quelques autres

1. En 1648, ils ont un différend à régler entre les chaussetiers de Saverne et un tisserand de Wasselonne ; en 1653, entre les chaussetiers de Strasbourg et ceux de Bouxwiller qui ne veulent pas leur obéir ; en 1654, plaintes de Sainte-Marie-aux-Mines contre Schlestadt et Ribeauvillé qui maltraitent ses bonnetiers à leurs marchés, etc. (Schmoller, *Tuchmacherzunft*, p. 285, 306, 311.)

localités protestèrent contre l'article Ier des statuts, et l'intérêt professionnel l'emporta sur l'antipathie contre les hérétiques, qu'on tenait à
englober dans la confrérie. Revisés et confirmés en 1605 par l'empereur Rodolphe II[1], les nouveaux statuts fixèrent le siège alternatif de l'association à Schlestadt, Strasbourg et Haguenau. Strasbourg, tout en accédant à la convention, garda cependant son auto
nomie industrielle, et fit même mine, un instant (1650) de se séparer
tout à fait de la corporation. On ne put calmer ces dissensions
intérieures qu'en groupant les bonnetiers en deux sections distinctes, l'une, celle de la Haute-Alsace, ayant pour centres Colmar
et Schlestadt, qui est pourtant au nord du *Landgraben*, l'autre, celle
de la Basse-Alsace comprenant Strasbourg, Sainte-Marie-aux-
Mines, Haguenau, Obernai, Bischwiller, Saverne, Molsheim, Barr,
et de plus les villes de la rive droite du Rhin, Oberkirch, Lahr,
Offenbourg, etc. Cet arrangement ratifié par Ferdinand III à Ratisbonne, le 11 juillet 1653[2], subsista jusqu'à la Révolution française
sans ramener les beaux jours que l'association avait connus dans
les premières années du XVIIe siècle. La concurrence étrangère lui
fait une guerre de plus en plus sensible; après 1648, ce sont surtout
les négociants bâlois, qui délivrés de toute entrave corporative, et
travaillant avec quarante ou cinquante ouvriers chacun, libres aussi
dans le choix de leurs matières premières, fournissent à l'Alsace des marchandises à un prix presque dérisoire. En vain les
bonnetiers portent leurs doléances devant la Cour suprême. Le Conseil souverain, soit qu'il ne voulût pas froisser les Confédérés suisses,
soit qu'il comprît les avantages du libre trafic, refusa à plusieurs
reprises[3] de contrarier le commerce bâlois. Les commerçants
savoyards, qui travaillaient déjà avec des métiers à tricoter, n'étaient
pas moins redoutables, le Conseil ayant également opposé une fin
de non-recevoir aux plaintes portées contre eux[4]. Aussi la prospérité de l'association diminue de plus en plus; ses maîtres jurés n'ont
bientôt plus aucune influence. D'ailleurs ils abandonnent eux-mêmes
les principes si longtemps défendus; ils autorisent enfin les ouvriers en chambre (*Stückwercker*) qui travaillent pour le compte
d'un patron, et même dans d'autres localités que lui; ils ne s'opposent
plus, — ce qui était d'ailleurs bien difficile à contrôler, — à ce que
les femmes et les servantes tricotent pour leurs maîtres et leurs

1. L'empereur se fit payer le diplôme et sa signature 740 florins. Waldner,
op. cit., p. 14.
2. Schmoller, *Tucherzunft*, p. 303-306.
3. Arrêts du 4 novembre 1673 et du 30 septembre 1683.
4. Arrêt du 13 mars 1683.

maris. Quand un arrêt du 8 avril 1718 réduit comme sphère d'activité la corporation, (ainsi que toutes celles d'Alsace),à la rive gauche du Rhin, et lui donne Colmar comme chef-lieu, elle ne fonctionnait déjà plus que comme « boite de secours » ou société de secours mutuels, et se bornait presque à faire célébrer avec pompe certaines fêtes religieuses, afin de raviver parmi ses membres la piété catholique[1].

Une autre association du même genre est la confrérie des charrons d'Alsace, qui réunissait « tous les charrons établis à Colmar, Schlestadt, villes et villages circonvoisins de Bâle à Strasbourg et entre les Deux-Ponts en Alsace ». Ses statuts, confirmés par l'empereur Ferdinand II, sont datés du 18 février 1636 et ont été approuvés plus tard par le Conseil souverain, le 10 janvier 1680[2]. On peut citer encore la confrérie des Chaudronniers, placée sous la tutelle des seigneurs de Rathsamhausen par une investiture impériale, et dont la sphère d'activité s'étendait du Hauenstein (Jura bâlois) jusqu'à la forêt de Haguenau. L'assemblée générale avait lieu, d'ordinaire, le jour de la Sainte-Marguerite,à Colmar[3]. N'oublions pas la « Corporation des Teinturiers de Strasbourg et lieux environnants », créée le 17 août 1651, et dont les statuts furent confirmés par Ferdinand III le 2 mai 1652. Ils sont signés par les délégués de Strasbourg, Munster, Obernai, Wasselonne, Molsheim et Fribourg-en-Brisgau[4]. Mentionnons enfin, — car nous ne pouvons épuiser ici la liste de ces associations, — la Confrérie des Selliers de la Basse-Alsace, qui formée presque exclusivement de sujets de l'évêché, s'étendait aussi sur Lahr, Offenbourg, Gengenbach, etc., et dont les réunions générales se tenaient alternativement sur l'une ou l'autre rive du Rhin[5]. Encore au XVIIIᵉ siècle, le gouvernement français continuait à donner son visa à ces vieilles organisations corporatives, plutôt pour satisfaire au désir des impétrants qui demandaient à établir entre eux « la police et l'ordre nécessaire pour le service du public et le bien particulier de leur

1. Les statuts des maîtres bonnetiers ont été confirmés une dernière fois par Louis XV, à Marly, le 7 septembre 1739, et homologués par le Conseil souverain, le 19 avril 1741.
2. X. Mossmann, *La Confrérie des charrons d'Alsace, Bulletin du Musée historique de Mulhouse*, 1879, p. 99 et suiv.
3. Les statuts de cette confrérie se trouvent *Ordonnances d'Alsace*, I, p. 293-295.
4. *Ordnung für das Schwartz- und Schoenfaerberhandwerck von Strassburg und andern umbliegenden Orten*, chez Schmoller, *Tuchmacherzunft*, p. 297-302.
5. D. Fischer, *Geschichte Zabern's*, p. 174.

communauté » que par persuasion de l'utilité de leur œuvre. C'est
au milieu de la campagne des Pays-Bas, au camp près de Tongres,
que Louis XV signa, en juillet 1747, les « Lettres patentes sur
arrest portant confirmation des statuts pour les maîtres-maçons,
tailleurs de pierres et charpentiers de la Haute et de la Basse-
Alsace, entre Strasbourg et Bâle[1] » ; ce sont les dernières de ce genre
que nous connaissions.

Ce que nous venons de dire des corporations industrielles au
XVIIᵉ siècle, suffit pour donner une idée d'ensemble de leur organisation ; nous n'entrerons pas dans tous les détails de leur histoire
et surtout nous n'aborderons pas le côté technique de la fabrication
locale, pour lequel nous serions un guide trop incompétent[2]. Ceux
qui, s'intéressant à ces questions spéciales, voudraient les approfon-
dir, n'auront qu'à consulter les ouvrages cités plus haut et dont
quelques-uns sont faits de main de maître. S'ils sont friands d'inédit,
ils trouveront des liasses nombreuses de documents non exploités dans
les archives municipales de Strasbourg et de Colmar, où ont été
recueillis les restes des archives des *tribus* d'arts et métiers de
ces deux villes principales de la province. Cependant il n'est pas
probable que, tout en y découvrant des détails curieux, on y trouve
des données vraiment nouvelles, l'organisation intérieure de ces
corporations industrielles étant à peu près partout la même, non
seulement en Alsace, mais dans tout le Saint-Empire romain[3].

Il reste donc constant que ces organismes, datant du moyen âge,
n'offrent absolument plus, à l'époque dont nous parlons, de terrain
favorable pour le développement, ni même pour le maintien d'une
activité normale. Les capitalistes, dont le règne allait commencer,
ne pouvaient songer à engager leurs ressources dans un milieu si
réfractaire aux réformes, et sans capital, toute l'intelligence du
monde ne pouvait évidemment opérer une révolution dans l'industrie
locale. Cette étroitesse de vues s'est perpétuée dans ces milieux
jusqu'à la Révolution française ; elle a trouvé son expression dernière dans certains alinéas bizarres du Cahier des vœux du Tiers-
État de Strasbourg et, la nature humaine étant au fond toujours la

1. Colmar, 1747, 23 pages in-folio (texte français et allemand).
2. Pour certaines branches d'industrie corporative, nous les retrouverons
plus bas, dans leurs paragraphes spéciaux ; l'activité d'autres corporations,
comme celles des boulangers, des bouchers, des tailleurs, etc., touche plutôt
au *commerce* qu'à l'*industrie*, et c'est là que nous en dirons quelques mots.
3. C'est précisément l'un des mérites du beau travail de M. Gustave
Schmoller sur la corporation des drapiers de Strasbourg de renvoyer sans
cesse aux faits parallèles.

même, on peut croire que cette même étroitesse ne tarderait pas à reparaître si les anciennes corporations d'arts et métiers se reformaient, en groupes fermés, sous quelque vocable nouveau.

Mais ce n'est pas au point de vue de l'intelligence professionnelle seulement que ces corporations, jadis indispensables, ont fini par être au XVIIe et au XVIIIe siècle des obstacles à tout progrès. Elles ont nourri en même temps des préjugés ridicules et souvent barbares, réclamé des séparations de caste, l'exclusion de certaines catégories de travailleurs, etc. Avec quelle ténacité n'y a-t-on pas maintenu, contre les arrêts de la justice elle-même, l'expulsion de ceux qui s'étaient trouvés en contact, ne fût-ce que par hasard, avec certaines professions « impures », équarrisseurs ou bourreaux ? On comprend qu'un maître soit rayé du rôle de sa tribu parce qu'il a été atteint à plusieurs reprises d'une maladie honteuse ; on comprend encore qu'il le soit pour avoir écrit un pamphlet contre les autorités. Mais n'est-il pas absurde d'en mettre un autre à l'amende parce qu'il a épousé une femme, très honnête d'ailleurs, qui a le malheur d'être enfant illégitime[1] ? A Mulhouse, charpentiers et charrons se mettent en grève, quand il s'agit de dresser le gibet et de fournir une roue à l'exécuteur des hautes œuvres ; il faut que le Magistrat les fasse tirer au sort, tous ensemble, impose le travail d'office au perdant et menace d'une punition sévère ceux qui se gausseraient de la victime désignée par le hasard[2]. A Wissembourg, un brave boulanger, qui, dans le cours de ses pérégrinations, avait épousé la fille, irréprochable cependant, d'un bourreau hessois, est exclu de la corporation par ses confrères, déclaré déchu de ses droits par le Magistrat et ne doit qu'au bon sens du Conseil souverain sa réhabilitation définitive[3]. En 1695, un tanneur de Landau, natif de Montbéliard, est accusé par un confrère jaloux, d'avoir déshonoré sa profession en tannant des peaux de chien, « ce qui est contraire aux statuts et à l'honneur du métier ». Lui aussi fut condamné par le Magistrat à une amende de vingt livres et à l'exclusion de la tribu, et ne fut acquitté que sur appel au Conseil de Colmar[4]. En plein dix-huitième siècle, il fallait que le Magistrat de Strasbourg déclarât

---

1. Ces premiers exemples sont empruntés au mémoire, déjà plusieurs fois cité, de M. Eug. Waldner, sur les bonnetiers d'Alsace.

2. *Alsatia*, 1857, p. 125.

3. *Notes d'arrêts*, p. 348. Cependant le Conseil souverain lui-même n'osait encore, en 1738, réhabiliter les enfants du bourreau de Hatten, puisque sur les douze, deux continuaient le métier paternel ; « ce serait mortifier bien des corps de métier », disent les considérants de la sentence. (*Notes d'arrêts*, p. 349.)

4. *Notes d'arrêts*, p. 108.

dans une ordonnance spéciale que l'artisan qui tuerait ou noierait un chat ou un chien n'était pas « impur » (*unredlich*) pour cela, pas plus que celui qui, sans se douter de son méfait, aurait partagé le véhicule de l'équarrisseur ou bu à la même table que lui. Dans le même document officiel, du 11 octobre 1732, il blâmait les gens des corps de métiers d'attaquer et de vilipender les personnes qui osent décrocher le corps d'un malheureux suicidé, ou qui consentent à le porter en terre[1].

Cet *obscurantisme* des artisans, — si je puis m'exprimer ainsi, — s'explique d'ailleurs dans une certaine mesure, par leur triste situation. Sans espoir, pour la plupart, d'arriver jamais à la maîtrise, s'ils ne sont fils de maîtres et bourgeois eux-mêmes, et assurés, même s'ils y parviennent, de ne jamais sortir d'une médiocrité peu dorée, les artisans de cette époque n'ont, pour les stimuler dans leur torpeur intellectuelle et morale, aucune perspective d'améliorer leur sort matériel ni de s'élever sur l'échelle sociale. Aussi ne font-ils pas de véritable effort pour remédier à la décadence du métier. Ils se laissent aller au courant, passent une partie de la journée au cabaret à raisonner ou à gémir, au lieu d'être à leur établi, et abandonnent la besogne à des compagnons et à des apprentis, qui n'ont guère de raison pour faire du zèle puisqu'ils n'en tireront aucun profit personnel. Comme la succession de leur situation personnelle, leur droit de bourgeoisie et leur droit de maîtrise, est d'ordinaire le seul héritage qu'ils puissent laisser à leur fils, celui-ci s'attelle à la tâche paternelle, dans le vieil atelier de famille, sans goût souvent, et presque toujours sans entrain. Son activité sera intermittente, sa capacité professionnelle médiocre, son travail souvent peu consciencieux. Un observateur parisien, qui a vu les artisans alsaciens à l'ouvrage durant plusieurs années, écrivait d'eux vers 1680 : « Ils sont, généralement parlant, lents au travail, fort amis du repos et de la bonne chère. Ce qui désespère les étrangers, c'est leur lenteur insupportable... Il semble qu'ils ne sauraient rien terminer. Un tailleur sera dix jours à vous faire un habit ordinaire et un cordonnier au moins trois jours sur une paire de souliers ; il en est de même pour les autres ouvrages de mécanique. Il faut pourtant dire à leur louange qu'ils sont inventifs dans les arts et patiens dans le travail[2]. » On peut ajouter à cette dernière observation, pour la justification des artisans alsaciens, que, par suite des

---

1. *Recidirte Ordnungen der Stadt Strassburg deren Handwercker abgestellte Missbraeuche betreffend*, Strassb., Le Roux, 1780, in-fol.
2. *Mémoires de deux voyages*, p. 193-194.

guerres, des troubles politiques et religieux, « il y a eu tout plein de
bons ouvriers qui s'en sont retirés, à cause des quartiers d'hiver,
des milices et des fréquens passages de troupes ». Les uns allaient
déjà chercher fortune en France, d'autres se rendaient en Allemagne, en Suisse ou aux Pays-Bas, et c'étaient souvent les moins
actifs et les moins intelligents qui demeuraient dans une contrée où
le commerce était interrompu et que les étrangers avaient cessé de
visiter[1].

Ce qui est certain, c'est que l'industrie petite et moyenne repré
sentée par les corporations d'arts et métiers, par suite de son
organisation même, et pour les raisons que nous indiquions plus
haut, ne pouvait songer à se transformer elle-même, et que, d'autre
part, sa situation misérable même la rendait hostile à toute transformation imposée du dehors et la faisait se cramponner aux règlements surannés du moyen âge. « Un régime quasiment myope
dominait dans la cité, » a dit avec raison un savant économiste en
parlant de ce temps ; « l'égoïsme le plus étroit régnait dans les tribus;
chaque métier ne connaissait qu'un mot d'ordre : l'exclusion d'au-
trni. Mais déjà dans les territoires plus considérables, une bureau-
cratic énergique avait pris en main les fonctions de ces corporations
industrielles autonomes, tombant en pourriture. C'est uniquement
de cette adjonction à un territoire plus vaste que Strasbourg pouvait espérer une renaissance de son activité industrielle, si tristement avachie[2].»

Ce fut, en effet, le changement de régime politique qui donna
l'impulsion nécessaire pour une transformation lente, mais féconde,
de la production industrielle du pays. Les nouveaux venus, immigrants d'outre-Vosges ou des cantons helvétiques, habitants des
campagnes, attirés vers les villes, n'avaient aucune sympathie particulière pour les cadres étroits des *tribus*, considérés par la petite
bourgeoisie autochthone comme le seul organisme économique
possible. On faisait d'ailleurs peu d'efforts pour les y attirer, et,
par une espèce de résistance passive, on tenait fermées, le plus
possible, les portes de ces *poêles* fumeux où l'on se consolait du
marasme désolant des affaires en discutant à mi-voix les fautes et
les travers des gouvernants. L'importance politique des corporations d'arts et métiers, qui depuis longtemps n'était en fait qu'un
vain mot, ne pouvait plus être qu'un souvenir après la complète
soumission de l'Alsace. La protection matérielle de la France

1. La Grange, *Mémoire*, fol. 249.
2. H. Meyer, *Goldschmiedezunft*, p. 205.

s'étendait également à tous ses sujets ; on n'avait donc plus de raison majeure pour acquérir le droit de bourgeoisie, et pour s'incorporer, dans ce but, au microcosme des tribus. On se contentait de
payer un droit de protection ou de « manance » (*Schirmgeld*), et ce
sont ces couches nouvelles, des déclassés parfois, des paysans
ruinés, des journaliers sans travail, venus du dehors, qui, dans les
grands centres, comme Strasbourg, Colmar, Mulhouse, Sainte-Marie-
aux-Mines, Haguenau, constituèrent une véritable *classe ouvrière*,
libre de toutes attaches avec les *tribus*, et n'obéissant pas à leurs
règlements. Ces *irréguliers* du travail furent dédaignés sans doute au
début par les *professionnels* astreints au compagnonnage et aspi-
rant à la maîtrise ; mais ce sont eux qui, par leur labeur obscur,
dirigé par des spécialistes habiles, finirent par doter l'Alsace de la
grande industrie qui la caractérise aujourd'hui. Pour obtenir ce
résultat, il ne fallait que quelques capitalistes intelligents, libres de
tout esprit de routine, soutenus contre la concurrence étrangère
par un bon privilège royal ; ils arrivent, et voici les manufactures
de draps, de toiles, de faïence, de tabac, de savon qui surgissent,
assez peu nombreuses au commencement, traversant bien des crises
difficiles, mais donnant, au bout d'un siècle de luttes, une prédominance absolue au travail de la fabrique sur celui de l'atelier domestique. Cette révolution économique, l'Alsace du XVIIe siècle la voit
poindre ; au XVIIIe, elle avance à grands pas, et le XIXe, qu'il la
regrette ou y applaudisse, la constate comme un fait accompli.

Après avoir groupé dans ce paragraphe les indications les plus
nécessaires sur les corporations industrielles de l'Alsace au
XVIIe siècle, nous donnerons, dans ceux qui suivent, les renseignements bien incomplets malheureusement, que nous avons pu réunir
sur les différentes branches de l'industrie du pays, qui s'exerçaient
en dehors du cadre étroit des tribus d'arts et métiers, et se rappro-
chaient plus ou moins de ce que nous appelons la *grande industrie*
moderne. Il n'y a point lieu de s'étonner si les détails à cet égard
sont clairsemés et ne présentent qu'un assez faible intérêt, même
pour le lecteur qu'attirent les problèmes économiques. L'époque
dont je retrace l'histoire ne voit encore que la première enfance,
pour ainsi dire, de l'industrie alsacienne ; c'est le siècle suivant qui
assiste à ses véritables débuts, et nous ne pouvons noter ici que
les points de départ bien modestes d'un des plus brillants développements de l'avenir.

§ 2. INDUSTRIE MINIÈRE

Nous commencerons cette revue par un aperçu rapide sur l'industrie minière en Alsace, non seulement parce que, parmi toutes les industries qui y existaient au XVIIe siècle, c'était la plus ancienne, mais encore parce qu'elle peut le mieux se comparer aux exploitations analogues modernes, tant par le nombre des travailleurs que par l'organisation spéciale à laquelle les mines sont soumises.

La plupart des mines importantes dont nous aurons à parler se trouvaient dans la Haute-Alsace, au fond des vallées plus ou moins étroites, et au pied même du massif principal des Vosges. Parmi elles, il faut mentionner en première ligne les exploitations de la vallée de la Lièpvre, tout autour de Sainte-Marie-aux-Mines, Échery, Saint-Blaise, Fertrupt, etc. Il est difficile de fixer exactement les débuts de l'extraction des minerais argentifères dans ce recoin des montagnes d'Alsace. On assure que, dès le XIIe siècle, les sires d'Échery y faisaient creuser en différents endroits, et il est probable, en effet, que la richesse en métal précieux de certaines couches superficielles aura attiré de bonne heure l'attention des habitants et celle des seigneurs du sol. Toutefois, ce n'est guère que de la fin du XVe siècle que date une exploitation régulière, entreprise en grand, et avec des moyens d'action plus considérables. C'est en 1486 que l'archiduc Sigismond d'Autriche s'associa à Guillaume de Ribeaupierre pour l'exploitation des mines de la vallée, sur la rive alsacienne de la Lièpvre, qui, on se le rappelle, séparait les terres des Ribeaupierre de celles de Lorraine. Il se réservait deux tiers des bénéfices et laissait le troisième à son associé. Le contrat fut renouvelé entre les archiducs et leur vassal en 1527 ; par un diplôme du 15 août 1530, l'empereur Charles-Quint les investissait conjointement de la propriété de ces mines comme d'un fief d'Empire. Auparavant les bénéfices ne semblent pas avoir été très considérables, — la mine de Fertrupt n'était affermée en 1506 que pour deux cents florins, — mais vers la fin du premier tiers du XVIe siècle les chances augmentèrent, et, précisément, en 1530, on retira de l'un des puits de Fertrupt, nommé le Four, des blocs d'argent presque massif, du poids de trois quintaux. Aussi se fit-il alors de grandes constructions au val de Lièpvre, maison de justice, maison seigneuriale, une belle église, etc. Quand Sébastien Munster visita en 1545 cette région, dont il nous a laissé une description si curieuse dans sa *Cosmographie*[1], il s'y trouvait 35 puits de mine en pleine

---

1. Les dessins qui l'accompagnent, fournis par le juge des mines, Jean Haubensack, lui-même, nous initient au travail des mines, d'une façon très curieuse et très détaillée.

activité[1], soit dans la vallée principale, soit dans les vállons latéraux ; dix fonderies étaient occupées d'une façon presque continuelle à séparer les divers métaux, argent, plomb, cuivre, par la
fonte des minerais. On ne comptait pas moins de 3,000 mineurs
proprement dits et employés des mines ; 1,200 maisons et 72 auberges, construites en quelques années, se groupaient autour de
ces fosses ; un hôpital était organisé pour le service de la grande
confrérie des mineurs (*Knappschaft*), à laquelle la seigneurie avait
accordé des privilèges assez étendus. La population minière s'étant
déclarée pour la Réforme dans la seconde moitié du XVIe siècle, et
beaucoup de huguenots lorrains étant venus se réfugier sur le
territoire alsacien, le nombre des habitants s'accrut encore ; il y eut
une paroisse réformée et une paroisse luthérienne à Sainte-Marie-
aux-Mines. Mais cette prospérité si rapidement développée par
l'abondance du précieux métal, diminua presque aussi rapidement
avec le produit des mines. A mesure qu'on descendait davantage
sous terre, les travaux d'excavation devenaient plus dispendieux,
les filons les plus riches étaient épuisés, et l'infiltration des eaux
menaçait de noyer les puits. Dès 1596, l'ensemble de toutes les
exploitations ne donnait plus qu'un bénéfice net assez maigre de
1,300 florins. Au milieu du XVIe siècle, la masse annuelle des
minerais extraits représentait une moyenne de 5,000 marcs d'argent
fin ; au commencement du XVIIe siècle on n'arrivait plus même au
tiers de ce poids, soit à 1,500 marcs d'argent. Aussi voyons-nous
l'exploitation changer entièrement de nature. Ce ne sont plus les
Ribeaupierre ou d'autres entrepreneurs qui en font les frais[2] ; évidemment les capitalistes, comme nous dirions aujourd'hui, n'ont
plus confiance, car tous les risques de l'entreprise, de plus en
plus aléatoire, sont rejetés sur les ouvriers eux-mêmes. Chaque
année, les mineurs se présentent devant le juge des mines (*Berg-
richter*) seigneurial et afferment un lot qu'ils exploitent seuls ou
avec quelques associés, de la façon la plus économique, s'entend,
en évitant les travaux coûteux et en comptant sur quelque *bonanza*
imprévue, plutôt que sur un labeur méthodique pour faire une
bonne affaire. Le seigneur leur donne en échange les outils néces-

---

1. Sur ce nombre, 27 puits appartenaient aux Ribeaupierre, 8 au duc de
Lorraine.

2. Il semblerait cependant qu'il y eut des capitaux particuliers engagés
dans ces exploitations minières ; il y a aux Archives municipales de Strasbourg une lettre de la Régence d'Ensisheim, du 13 mars 1625, invitant le
Magistrat à faire payer une somme de 2,000 florins due par quelques-uns de
ses bourgeois à des ingénieurs occupés au val de Lièpvre (A.A. 1636).

saires, et douze batz par semaine pour leur nourriture (3 fr. 40), mais il se désintéresse de leur travail, son profit consistant uniquement en la redevance du mineur, qui ne varie pas selon le résultat plus ou moins fructueux de ses fouilles souterraines[1]. Malgré la diminution constante du rendement des mines, la population ouvrière de la vallée lutta pendant longtemps contre la mauvaise chance qui la poursuivait ; elle ne voulait pas abandonner un travail qu'elle aimait[2], ni quitter ces villages où plusieurs générations déjà s'étaient succédé, et l'on persistait à croire que l'on tomberait enfin sur des filons plus riches et d'un rendement rémunérateur[3]. Il fallut cependant se rendre à l'évidence ; la population baissa très rapidement de 1620 à 1630 ; en 1627, on ne comptait plus que 250 mineurs à Sainte-Marie-aux-Mines ; les autres étaient partis ou s'étaient faits agriculteurs, artisans, etc. La guerre de Trente Ans ne provoqua donc pas la décadence de l'industrie minière de ces régions, mais elle l'accentua. En 1632, on avait encore extrait environ 1,200 marcs d'argent ; en 1633, le chiffre tombe à 900 marcs, et puis tout s'arrête. C'est que les Suédois de Horn ont pénétré jusque dans ce recoin des Vosges et le juge des mines, Paul Genault, s'est vainement adressé au seigneur de Ribeaupierre pour obtenir une sauvegarde contre l'ennemi[4]. Grand ami des Habsbourgs, bien que protestant, celui-ci n'était pas en odeur de sainteté auprès des généraux de la reine Christine, et comme le val de Lièpvre était un passage important vers la Lorraine, les Suédois ne se gênèrent pas pour s'établir à Sainte-Marie-aux-Mines, comme en terre conquise, et foulèrent terriblement le pays dans les années qui suivirent. Après l'occupation vint la famine, puis une peste terrible acheva l'œuvre de destruction. Les derniers mineurs se dispersèrent en 1635, et quelques-uns d'entre eux allèrent, nous dit-on, chercher du travail jusqu'en Espagne[5]. Sans doute la population ne disparut pas tout

1. Voy. pour les détails le long et intéressant rapport du juge des mines Guillaume Prechter, chez Hanauer, *Études économiques*, I, p. 185.
2. Encore au XVIIIe siècle, F. de Dietrich faisait remarquer que c'était par goût que l'habitant des Vosges travaillait aux mines, plutôt que par nécessité. (*Description*, II, 4 *bis*.)
3. En 1625, il y avait encore 25 puits ouverts dans la région, mais quelques-uns à peine exploités, ou exploités sans méthode, tout à fait au hasard. Par économie, l'on ne boisait plus les galeries nouvelles, on entretenait mal les boiseries anciennes, et pourtant certaines galeries étaient bien longues. La galerie profonde de Fertrupt, examinée en 1766, avait 4,000 toises de longueur. (Dietrich, II, p. 184.)
4. Archives de la Haute-Alsace, C. 395. — En général on trouve des matériaux surabondants pour écrire une histoire technique détaillée des mines du val de Lièpvre, dans la série E de ces Archives (fascicules 1930-1979).
5. Sur la misère des mineurs, les violences de la soldatesque, etc., l'on

entière [1] ; les cultivateurs, certains artisans restèrent, mais on se
rend compte de la réduction énorme dans le chiffre des habitants
par ce seul fait que la paroisse luthérienne de Sainte-Marie ne compte
plus annuellement que 8 à 10 naissances vers la fin du siècle, alors
que, de 1615 à 1630, la moyenne annuelle avait été de 90 à 100 [2].

Quelques années après la signature de la paix, vers 1653, les
comtes de Ribeaupierre essayèrent de reprendre le travail des
mines et firent venir pour cela des ouvriers des cantons de Berne et
de Zurich, mais les résultats obtenus furent en général assez peu satisfaisants, et si quelques trouvailles extraordinaires vinrent encore
par moments stimuler le zèle des travailleurs [3], néanmoins vers la
fin du siècle, La Grange écrivait en parlant des galeries de Sainte-
Marie : « Elles étaient autrefois les plus riches de l'Alsace, mais
elles sont abandonnées depuis longtemps et il n'y a plus que le Roy
qui puisse les rétablir [4]. » Cette affirmation n'est pas absolument
exacte, — car l'exploitation se continua pendant la majeure partie
du XVIIIe siècle, — mais elle prouve en tout cas que les mines de
Sainte-Marie n'occupaient qu'un nombre bien restreint de personnes et que le rendement en était minime, au moment où l'intendant rédigeait son *Mémoire* [5].

Après les mines d'argent du val de Lièpvre, les plus importantes
de l'Alsace étaient celles de Giromagny ou du Rosemont comme on
les appelait d'ordinaire. Elles appartenaient à la maison d'Autriche,
mais les archiducs en avaient fait la concession aux seigneurs de
Stadion, hauts fonctionnaires de la Régence [6]. Elles renfermaient
également des dépôts de plomb argentifère, et le métal précieux
qu'on en tirait était employé à la monnaie d'Ensisheim pour la

peut consulter les rapports du juge des mines, Paul Genault, de 1633 à 1651.
(A.H.A. C. 398.)

1. Les comptes du bailli de Sainte-Marie pour 1637 mentionnent encore
une recette de 3,819 florins, mais ce sont presque entièrement des revenus
(fermages, redevances pour des prés, etc., qui n'ont rien à faire avec le
travail des mines. (A.H.A. C. 410.)

2. Risler, *Hist. de Sainte-Marie*, p. 69.

3. En 1696, un ouvrier trouva, dit-on. un bloc d'argent massif, estimé à
1,400 florins (Risler, p. 73).

4. *Mémoire*, fol. 243. Les mines sont mentionnées dans l'opuscule du
géographe P. Duval, *Les acquisitions de la France*. Paris, 1649, in-18 (p. 41).
D'après lui, le travail des ouvriers y est si pénible que « presque toujours
ils portent la tête de travers ».

5. Du côté lorrain les mines avaient été également abandonnées vers 1630.
Le duc Léopold ordonna la reprise des travaux, et en 1700 on y ouvrait
quelques galeries si riches que 120 livres de minerai donnèrent 80 livres
d'argent pur.

6. Le règlement général des mines, promulgué par Ferdinand Ier, est de
1562.

frappe des rixdales autrichiens. Leur rapport était assez considérable au commencement du XVIIᵉ siècle, puisqu'elles fournissaient 1,867 marcs d'argent fin en 1602, 2,289 marcs en 1627, 2,846 marcs en 1630[1]. Mais bientôt arrivent les Suédois, et avec eux la ruine. Ils commencent par piller les mines, puis en cèdent l'exploitation à un négociant bâlois. Quand ils sont remplacés par les Français, en 1634, la situation reste mauvaise[2]; en 1649, le comte de La Suze, gouverneur de Belfort, y appelle comme administrateur pour les exploiter à son profit, un bourgeois de Montbéliard, Gerson-Vernier; mais les frais semblent avoir été trop considérables, car bientôt après, c'est de nouveau un syndicat bâlois que nous voyons en possession des mines. En 1659, Louis XIV en fait cadeau au cardinal de Mazarin, qui les donne d'abord à bail, puis les fait exploiter directement. Elles n'étaient pas épuisées, à coup sûr, puisqu'en 1667 elles donnaient encore au duc de Mazarin 2,254 marcs d'argent; mais l'exploitation en était devenue très coûteuse, ce qui s'explique quand on songe à leur étendue. Celle du *Pfenningthurm*, par exemple, avait des galeries de 1,500 toises et consistait en « douze puits percés les uns sur les autres et approfondis chacun de 100 pieds; ainsi la profondeur totale des travaux était de 1,200 pieds»; celle du *Teutsch-Grund*, que La Grange appelle la mine de *Teiche-Grande*[3], avait deux galeries de 700 et de 1,100 toises[4]. Aussi le duc en cède-t-il l'usufruit pour 4,000 livres de canon annuel, plus les forges y attenant, pour 12,000 livres. A partir de ce moment, le revenu baisse de plus en plus; en 1678, il n'y a plus que 1,158 mares d'argent fin extrait des minerais, et si l'on en croyait un rapport du prévôt des mines Dupin, il y aurait même eu, de 1692 à 1698, un déficit annuel de 11,500 livres[5]. Mais nous avons peine à croire qu'il en ait été ainsi, puisque le *Mémoire officiel sur l'Alsace*, de 1702, affirme que le duc de La Meilleraye tirait des mines du Rosemont environ 1,600 mares d'argent et 24,000 livres pesant de cuivre. Tout en avouant que « la despense pour avoir et façonner ces métaulx égale *presque* le profit », ce document assure pourtant que le pro-

---

1. Les comptes détaillés des produits des mines de Rosemont de 1612 à 1632, dressés par Jean Fisch, juge des mines, se trouvent A.H.A. C. 379, 380, 381.

2. Correspondance de Paul Heid de Heidenbourg sur l'invasion des Français dans le Rosemont (1634-1635), A.H.A. C. 376.

3. «Elle est présentement enfoncée et remplie d'eau et de roches, et on n'y peut entrer,» dit La Grange, fol. 242.

4. F. de Dietrich, *Description des gîtes de minerai*, II, p. 71.

5. Hanauer, *Etudes*, I, p. 206.

priétaire en touchait « tout frais faitz » 5-6,000 livres de rente[1]. Il
paraît toutefois, d'après notre texte même, que l'exploitation n'était
pas régulière et qu'on n'y pouvait travailler que « lorsqu'il y a
assez d'eau pour faire tourner les machines qui épuisent celle qui
est au fond des mines[2] ».

Il y avait eu encore au XVIIe siècle des mines de plomb argentifère de
même nature, beaucoup moins importantes, il est vrai, au village de
Steinbach entre Thann et Cernay ; dans le val de Munster[3] ; à Saint-
Nicolas près Rougemont ; elles avaient été « abandonnées pendant
les guerres », mais le travail y avait été repris, au moins momentanément, au moment où La Grange compilait son *Mémoire*. D'autres
avaient complètement cessé d'être exploitées. « Il y en avait encore une,
dit l'intendant, à Auxelle-le-Haut, appelée *Gesellschaft*, qui produisait
aussi de l'argent et du cuivre et pouvait se fondre sans mixtion de
mine de plomb. Elle est aussi ruinée depuis les guerres d'Allemagne. Il y a encore en ce lieu plusieurs endroits où l'on a travaillé
autrefois, mais comme il n'y a plus personne qui soit de ce temps-là
et que les titres des mines ont été perdus pendant les guerres, on
ne peut savoir ce qu'elles ont produit[4]. »

Des mines de cuivre et d'argent avaient été découvertes dès 1565,
au val Saint-Amarin, sur les terres de l'abbaye de Murbach ; mais
elles semblent avoir été peu exploitées pendant plus d'un demi-siècle,
puisque dans une correspondance officielle du Chapitre, il est dit,
en juin 1619, qu'elles « ne sont ouvertes que depuis peu de temps,
mais qu'elles promettent d'être aussi riches que n'importe quelle
mine d'Allemagne ; plusieurs centaines de mineurs trouvent leur
gagne-pain dans nos galeries et nous fournissent chaque année des
quantités considérables d'argent fin[5] ». Là aussi, la guerre de Trente
Ans fit interrompre le travail, mais le désastre semble avoir été
moins complet, car plus tard nous retrouvons le corps des mineurs
de la vallée solidement organisé, assez riche pour faire célébrer

---

1. *Mémoire de 1702*, fol. 4ª.

2. *Mémoire de 1702*, fol. 4ᵇ. Lorsqu'au milieu du XVIIIe siècle, on fit un
effort pour débarrasser les mines noyées de Giromagny de leurs eaux d'infiltration, les ingénieurs ne parvinrent pas à les faire baisser au-dessous du
septième étage, sur les douze dont se composait la mine. (Dietrich, II,
p. 72.)

3. Au XVIIIe siècle, il ne restait plus à Steinbach que des « baldes assez
considérables » de ces mines d'argent. Mais on y trouvait encore du fer
(Dietrich, II, p. 128). Dans le val de Munster, les vestiges des mines étaient
aussi à peu près effacés. (*Ibid.*, II, p. 134.)

4. La Grange, *Mémoire*, fol. 243.

5. Hanauer, *Études*, I, p. 101.

annuellement des messes en musique en l'honneur de sa patronne, sainte Barbe, et procédant à l'ouverture de fosses nouvelles [1].

La Basse-Alsace était infiniment moins riche en minerais et surtout elle ne produisait pas de métaux précieux, sauf l'or du Rhin, que nous réservons pour plus tard. Il est vrai qu'il est question parfois de mines d'argent sur les terres de l'évêché et dans la vallée de la Bruche ; elles ont même été inféodées en 1513 par l'évêque Guillaume de Honstein à Pierre de Rohrbach [2]. Mais elles devaient être bien insignifiantes, puisqu'en 1577 déjà, le comte palatin Georges-Jean demandait à l'évêque la permission de faire des fouilles aux environs de Schirmeck et de Haslach [3], à la recherche de minerais argentifères, dans des termes qui semblent prouver que tout souvenir et toute trace des travaux précédents avaient disparu. Les recherches de ce grand faiseur de projets n'aboutirent pas d'ailleurs, pas plus que celles que prônait, quatre-vingts ans plus tard, un fonctionnaire de l'évêché [4]. Cependant, comme on nous affirme d'autre part, sur la foi de renseignements authentiques, que certains filons d'argent ont été exploités au XVIIe siècle sur le territoire du hameau de Belmont, il n'y a pas lieu de douter du fait, mais l'exploitation n'a sans doute été que passagère, et la fosse peu profonde [5].

Quant à des minerais de fer et de cuivre, le nord de la province en fournissait en assez grande quantité, et cela tout d'abord dans la vallée de la Bruche que nous venons de nommer, tant à Rothau même, qu'à Solbach, Waldersbach, et surtout à Schirmeck, Framont et Grandfontaine. Ces mines étaient exploitées par les seigneurs locaux eux-mêmes [6], ou amodiées par eux à des entrepreneurs

---

1. Le curé Stippich y bénissait solennellement, le 6 octobre 1670, une mine de cuivre (*cupri/odina*), nouvellement ouverte. Extraits du registre paroissial de Saint-Amariu dans l'*Ecclesiasticum Argentinense*, 1890, p. 91. — Nous parlerons des nombreuses mines de fer de la Haute-Alsace en traitant de l'industrie métallurgique de la province.

2. A.B.A. G. 1158.

3. A.B.A. G. 1376.

4. Louis Weinemer, en 1661. (Hanauer, *Etudes*, I, 169.) Le fascicule G. 908 des Archives de la Basse-Alsace, cité par M. Hanauer, a dû être remanié depuis; il ne renferme plus que des pièces relatives au moyen âge.

5. M. de Dietrich (*Gîtes de minerai*, II, p. 214), cite un rapport officiel de 1629 et une note de 1633, trouvés dans ses archives de famille, mais il dit lui-même que ce filon, dit de Sainte-Elisabeth, était au sol d'un puits de sept toises de profondeur seulement.

6. *Registratur Hertzog Georg Hannssen belangendt dass eysenbergwerckh im Schirmeckerthal*, comptes de juin 1577 à novembre 1581. (A.B.A. G. 1158.)

particuliers[1]. Abandonnées au milieu du siècle, alors que la vallée tout entière avait été dépeuplée et ravagée par les incursions continuelles des gens de guerre, elles furent rouvertes et vigoureusement exploitées au commencement du XVIIIe siècle, surtout quand l'intendant d'Alsace, M. Banyu d'Angervilliers eut été investi du comté de La Roche en 1720. Il y avait aussi des mines de fer sur le territoire des Linange, à Goersdorf[2], et sur celui des Hanau-Lichtenberg à Mietesheim, près d'Ingwiller; celles-ci ouvertes depuis les premières années du XVIIe siècle, à une cinquantaine de pieds au-dessous de la surface du sol[3]. A Zinswiller au contraire, le minerai affleurait ou ne se trouvait qu'à deux pieds sous terre[4], ce qui explique le grand nombre des fosses établies dans le voisinage pour alimenter les hauts-fourneaux du village. Dans la banlieue de Lampertsloch, connu par ses dépôts d'asphalte, il y avait également d'assez nombreux puits exploités pour leurs minerais de fer, et même pendant les premières années de la guerre de Trente Ans on en ouvrit encore de nouveaux[5]. Il est vrai que certaines de ces exploitations devaient être fort modestes, puisque le gouvernement hanovien les louait à des prix dérisoires[6]. C'étaient sans doute aussi des fosses à ciel ouvert, ne nécessitant pas de véritables travaux de mine. D'autres exploitations minières du comté, plus importantes jadis, avaient cessé leur activité au XVIIe siècle ; tel était le cas pour Westhoffen, qui semble avoir eu ses jours de splendeur dans la première moitié du siècle précédent, puisqu'il s'y trouvait un juge des mines et qu'un bailli des mines y prélevait la dîme du seigneur sur tous les produits fondus en lingots. Encore en 1559, on y avait mis au jour 537 quintaux de minerai, mais il paraît qu'on était arrivé au bout du filon bientôt après, car les comptes administratifs du second semestre de 1570 se balancent en recettes et en dépenses, ou, pour être plus exact, ne marquent plus qu'un bénéfice

1. Articles accordés entre l'évêque de Strasbourg et Élias Gautzer, marchant de Sainte-Marie-aux-Mines, contrat d'amodiation pour les mines de Schirmeck, 1597. (A.B.A. G. 1158.)

2. A. B. A. E. 4341. Encore en 1617, le bailli, Daniel Hammer, de Niederbronn, y présidait à l'ouverture d'un puits nouveau sur la *Cappelmatten*, en présence du surveillant-général ou *bergvogt* Adam Jaeger.

3. Dietrich, *op. cit.*, II, p. 294.

4. Dietrich, II, p. 296.

5. Le 26 mai 1627, ou donnait licence au directeur des forges de Zinswiller, Jacques Bolssen, de rechercher du minerai dans le ban de Lampertsloch pendant une durée de huit ans. (A.B.A. E. 2616.)

6. La Régence de Bouxwiller approuvait le 17 juin 1697 uu contrat de location de la mine dite *Rothefarbgrub*, pour la somme annuelle de 5 florins 1 schelling. (A.B.A. E. 2616.)

net de 3 kreutzer, et 4 *heller* et quart! On comprend que les comtes de Hanau n'aient pas continué l'exploitation dans des conditions pareilles[1].

D'autres exploitations minières datent du XVIIIe siècle ou du moins ne se trouvent pas mentionnées dans des documents antérieurs; telles les « mines d'acier » de Dambach, qui furent célèbres un instant[2], les houillières de Saint-Hippolyte et de Rodern[3], qui eurent aussi peu d'importance que les mines d'arsenic, de cobalt, d'ocre, de vitriol, de manganèse, d'antimoine, etc., énumérées dans le tableau général de M. de Dietrich[4].

§ 3. MÉTALLURGIE

Les produits des mines de fer de l'Alsace ont été utilisés industriellement de bonne heure en bien des endroits de la province, et généralement sur le lieu même de leur extraction. C'est donc dans les vallées orientales du massif vosgien que nous rencontrons, dès le XVIe siècle, une série de hauts-fourneaux en pleine activité, depuis les environs de Masevaux jusqu'à ceux de Niederbronn. L'autorisation d'établir des forges s'obtenait d'ordinaire en même temps que celle de rechercher des minerais, et impliquait le droit d'utiliser, dans un certain périmètre, les bois nécessaires à l'entretien des hauts-fourneaux et à la production de la fonte. Cette consommation de combustible était naturellement considérable ; c'est à l'absence des forêts ou plutôt à leur disparition trop rapide au XVIIe siècle, qu'est due l'interruption de l'activité métallurgique de certaines régions. Les mines n'avaient pas cessé de rendre, mais on n'avait plus les moyens d'en faire fondre les produits[5].

Dans la Basse-Alsace, les fonderies les plus importantes, au com-

---

1. *Bergwercksrechnungen*, 1570. (A.B.A. E. 2520.)

2. Voy. Basin, *Traité sur l'acier d'Alsace,* Strasbourg, 1737, in-12. Depuis longtemps on n'exploite plus le sable ferrugineux de cette localité.

3. Dietrich, *Description*, III, p. 78-80. Elles furent découvertes en 1747.

4. État général des mines d'Alsace en 1789, à la fin du tome II de l'ouvrage de Dietrich. Sur les 256 exploitations énumérées la moitié au moins était insignifiante; certaines n'existaient plus que de nom; il n'y avait certainement plus 48 mines d'argent en plein rapport à ce moment; les chiffres de 105 mines de fer, de 37 mines de plomb, de 37 mines de cuivre, même celui de 16 mines de charbon de terre nous semblent également bien exagérés, à moins qu'on n'ait fait entrer en ligne de compte le moindre trou où l'on grattait la terre pour en tirer quelques parcelles de minerai ou de combustible.

5. C'est ainsi que les fourneaux de l'abbaye de Lucelle durent s'éteindre au XVIIIe siècle, non parce que le minerai manquait, mais parce que les bois de l'abbaye ne suffisaient plus à les alimenter. (Dietrich, *Description*, II, fol. 12b.)

mencement du XVIIe siècle semblent avoir été celles de la vallée de
la Bruche, à Framont et à Rothau ; en 1600, l'évêque de Strasbourg
accordait l'autorisation d'établir une nouvelle usine à Schirmeck, au
maître de la Monnaie de Nancy, Nicolas Genetaire[1]. Tous ces établissements furent prospères pendant une trentaine d'années, puis à
peu près abandonnés pendant la crise la plus intense de la lutte trentenaire, comme les mines elles-mêmes, dont dépendait leur existence ;
mais ils reprirent peu à peu, dans le dernier tiers du siècle[2].

C'est également aux premières années du XVIIe siècle qu'appartient, sinon la création, du moins l'agrandissement des forges du
Jaegerthal, près de Niederbronn, qui sont encore en activité de nos
jours. Le 9 janvier 1605, trois associés, Adam Jaeger, juge des
mines du comté de Hanau-Lichtenberg, Georges et Philippe
Schwarzerd, de Wissembourg, signèrent un pacte pour l'exploitation des hauts-fourneaux de cette région montueuse des Basses-
Vosges ; quelques années plus tard, le 1er janvier 1612, les trois
frères Schwarzerd (un troisième s'était substitué à Jaeger, en 1608)
prirent à bail héréditaire ces établissements métallurgiques seigneuriaux, pour une durée de quarante années. Leurs capitaux ne suffisant
pas, sans doute, à élargir leur sphère d'activité, ils admirent comme
partenaire, le 12 janvier 1624, Cunon-Eckbrecht de Durckheim, qui
leur apporta les fonds voulus, puisque bientôt après (4 février 1617),
le comte Jean Regnard les autorisait à établir d'autres forges de
même nature sur ses domaines. Bientôt cependant des querelles,
nées de discussions d'intérêts, s'élevèrent entre le noble baron et
ses associés roturiers ; elles durèrent une quinzaine d'années.
Néanmoins, et malgré les troubles de la guerre, les hauts-fourneaux
du Jaegerthal ne paraissent pas s'être éteints. Ils restèrent sous la
direction des descendants des premiers organisateurs jusqu'à ce
que, le 10 avril 1676, le dernier des Schwarzerd, Georges, fils de
Sigismond, les vendit à un nommé Joachim Ensinger. C'est à l'un
des héritiers de celui-ci que Jean Dietrich, le fils du vieil ammeistre
strasbourgeois, Dominique Dietrich, acheta, en 1685, les forges
dont le comte de Hanau lui concéda, en 1690, le bail emphytéotique.
Ses arrière-petits-neveux les possèdent encore aujourd'hui[3].

1. Concession du 8 novembre 1600. (*Revue d'Alsace*, 1876, p. 356.)
2. Voy. sur les forges épiscopales du val de Bruche (1589-1694), A.B.A.
G. 1660, 1661.
3. J'emprunte ces détails à une note rédigée par M. Th. Scheffer, d'après
les papiers de la famille de Dietrich, et conservée parmi les manuscrits de
T.-G. Roehrich à la Bibliothèque municipale de Strasbourg (manuscrits
n° 734, tome II. Voy. aussi Dietrich, *Description*, II, p. 332. La cession fut

Nous avons parlé, dans le paragraphe précédent, des mines de Zinswiller. Les fonderies de cette petite localité, située dans le voisinage de Niederbronn, sont bien connues par les produits divers qu'elles fabriquaient au XVIIe siècle. En activité dès le siècle précédent, elles avaient été reconstruites en 1601, par les comtes de Linange, seigneurs d'Oberbronn [1] ; c'est d'elles que provenait la majeure partie des marmites et des réchauds utilisés dans la Basse-Alsace, et surtout les grands poêles de fonte, aux plaques carrées, ornées de scènes de l'Ancien et du Nouveau-Testament. On en rencontre encore çà et là dans les villages du « pays de Hanau » ; on peut en voir aussi dans les musées archéologiques de Strasbourg, de Saverne et de Metz, représentant Joseph et Pharaon, David et Goliath, la mort d'Absalon (avec l'artillerie juive au fond du tableau), Élie et la veuve de Sarepta, les Noces de Cana, la Fin du monde, etc. [2]. A côté de ces productions d'un art naïf et pacifique, Zinswiller fondait aussi des boulets de canon [3]. On pourrait mentionner encore ici les forges voisines de Moderhausen ou Mouterhouse, dans la vallée de la Zinzel, qui ne furent pas sans importance jusque vers 1630 ; mais, situées dans le comté de Bitche, elles appartiennent de droit à l'industrie lorraine. Elles furent détruites d'ailleurs pendant la guerre de Trente Ans et ne furent rétablies qu'en 1723 [4].

Enfin il nous reste à mentionner, à l'autre bout de la Basse-Alsace, dans le val de Villé, des forges qui furent assez florissantes, vers la fin du XVIIe siècle. Elles y furent établies par le seigneur local, le sieur de Zurlauben, capitaine au régiment étranger de Koenigsmarck, plus tard comte et lieutenant-général, en vertu de lettres patentes du 21 décembre 1683[5]. Mais les riches filons de minerai de la vallée une fois épuisés, elles semblent avoir rapidement dépéri[6].

Dans la Haute-Alsace, les forges et les hauts-fourneaux étaient

---

faite contre une redevance annuelle de 10,000 livres en argent et de 15 quintaux de fer). Voy. enfin aux archives de la Basse-Alsace les liasses E. 2846-2848, qui renferment des pièces diverses relatives à ces forges, de 1602-1738.

1. Dietrich. *Description*, II, p. 350.

2. Kassel. *Oefen im alten Hanauerland*, Strassb., 1894, in-8°. Quelquefois ces plaques sont datées ; mais les plus anciennes ont probablement été détruites pendant les guerres du XVIIe siècle. M. Kassel n'en a point trouvé d'antérieures à 1661, 1664, 1671.

3. On en fabriqua, en 1634, pour le compte de Strasbourg et de Colmar. (*Revue d'Alsace*, 1877, p. 470.)

4. Dietrich. *Description*, III, p. 264.

5. *Ordonnances d'Alsace*, I, p. 136.

6. Dietrich, II, p. 205-208.

naturellement encore plus nombreux, les mines de fer y étant elles-
mêmes en plus grand nombre. On les y exploitait, en partie, depuis
la fin du moyen âge, surtout ceux du Sundgau. A la fin du
XVIIᵉ siècle, « les plus considérables de la province », au dire de
M. de La Grange, étaient ceux de Belfort[1] ; très florissants sous les
archiducs, ruinés par la guerre, ils avaient été rétablis par le cardinal de Mazarin et par ses héritiers. Un arrêté du Conseil de 1668
leur avait accordé l'entrée en franchise des charbons nécessaires,
par la Franche-Comté, et l'exportation, sans droits à payer, de la
fonte qu'ils fabriquaient[2]. Vers la même époque, le sieur Barbeau,
seigneur de Grandvillars, faisait restaurer les hauts-fourneaux de
ses domaines, éteints depuis les guerres, et successivement tous
les anciens et nouveaux seigneurs terriens de la région, trouvant
leur domaine de « médiocre revenu », s'adressent au roi pour obtenir l'autorisation d'établir des forges sur leur territoire et d'y
creuser des mines pour les alimenter, soit pour exploiter ensuite
eux-mêmes ce droit, soit pour le vendre à un tiers[3]. C'est ainsi que
le sieur de Rottembourg, mestre de camp de cavalerie. obtient la
permission d'établir une forge et un fourneau dans son domaine de
Masevaux, ainsi que celle d'y rechercher le fer, par lettres patentes
de juin 1686[4] ; que le sieur de Reinach, major au régiment d'Alsace,
sollicite et reçoit le même privilège pour sa terre de Rougemont, en
octobre de la même année[5]. Les établissements religieux eux-mêmes
sont pris de cette fièvre industrielle. L'abbé et les moines de Lucelle
demandent à « bâtir des forges et un martinet à battre le fer », dans
le but, assurément louable, de désintéresser peu à peu leurs nombreux créanciers. Les lettres patentes de février 1681 les autorisent « d'en tirer tout le profit et autorité qu'il se pourra, par leur
économie et la vente du fer qui y sera fabriqué, lequel leur appar-

1. La Grange, *Mémoire*, fol. 244.
2. Dietrich, *Description*, II, p. 40.
3. C'est ainsi que les seigneurs de Roppe, Conrad et Melchior, colonel au
régiment d'Alsace, vendent, le 12 janvier 1688, le privilège d'établir des
hauts-fourneaux dans leurs terres à leur voisin, le duc de La Meilleraye. Ces
concessions, toujours accordées, embrassaient d'ordinaire aussi le droit
d'utiliser les bois sur le périmètre de la concession et parfois, ces circonfé-
rences, trop largement calculées, venaient empiéter sur la concession du
voisin, ce qui donnait lieu à des procès, p. ex. entre M. de La Meilleraye
et M. de Rottembourg. (Dietrich, II, p. 53-55.)
4. Les forges de Masevaux existaient déjà au XVIᵉ siècle ; elles furent
seulement reprises « après les guerres » par M. de Rottembourg. (Dietrich,
II, p. 91.)
5. *Ordonnances d'Alsace*, I, p. 162.

tiendra », à charge d'une redevance annuelle de dix livres, payable au domaine d'Alsace[1].

Toutes les autorisations royales, accordées à ces « établissements, utiles pour notre service, commodes pour le public[2] », sont aecompagnées de la réserve expresse que ni la recherche du minerai, ni l'entretien des hauts-fourneaux n'amènent la dégradation des forêts dépendant du domaine. Il n'est pas douteux cependant que cela n'ait été souvent le cas, les administrateurs à courte vue trouvant plus économique de couper leurs bois que de faire venir des charbons du dehors. Nous avons déjà fait remarquer plus haut que c'est à cette exploitation à outrance de son domaine forestier que l'abbaye de Lucelle a dû, plus tard, l'extinction de ses fourneaux.

§ 4. LES ORPAILLEURS DU RHIN

On peut intercaler ici les quelques renseignements nécessaires sur l'exploitation des sables aurifères du Rhin, provenant des blocs quartzeux des Alpes, que les eaux tumultueuses du grand fleuve avaient roulés jusqu'à proximité de la plaine rhénane. Pulvérisés par le choc et par l'action des eaux, ils déposaient sur les rives, en même temps que du sable, des paillettes d'or plus ou moins nombreuses. Le fait était connu dès les premiers temps du moyen âge et ces dépôts attiraient dès lors des travailleurs patients et laborieux[3]. « Après les inondations, dit La Grange, les habitants domiciliés le long (du Rhin) s'occupent de le chercher (l'or) et en tirent un profit, peu considérable à la vérité, mais qui ne laisse pas de faire subsister beaucoup de pauvres gens, habitués dans les îles et sur les bords de ce fleuve[4]. L'or qu'ils ramassent est très fin et les orfèvres s'en servent pour dorer l'argenterie. Les seigneurs souverains et limitrophes afferment le droit de pêche[5]. » Ce droit était modéré d'ailleurs ; dans la seconde moitié du XVIIe siècle, l'évêque de Strasbourg ne demandait qu'une redevance annuelle de 15 livres pfenning pour le fermage des « pâturages d'or » (Goldweyden) de tout le bailliage de la Wantzenau. La ville de Strasbourg fait payer en 1617 un canon annuel de trois florins aux orpailleurs (Goldwae-

---

1. *Ordonnances d'Alsace*, I, p. 100.
2. C'est la formule traditionnelle ; voy. *Ord. d'Alsace*, I, p. 157.
3. Treitlinger, *De aurilegio in Rheno*, Argentorati, 1776, in-4°.
4. Ce n'étaient pas, à vrai dire, des *professionnels*, mais des gens ayant d'autres occupations, pêcheurs, gardes-pêche, paysans, chasseurs et braconniers *(schlechte und gemeine leutt)* qui se livraient à ce travail peu rémunérateur.
5. La Grange, *Mémoire*, fol. 3,

scher) du Neuhof et de la Gantzau[1]. Mais la ville exigeait toujours
que le métal précieux, recueilli de la sorte, fût cédé, d'après un tarif
fixé d'avance, à la Monnaie de la République qui, selon les circonstances, le revendait aux orfèvres ou le gardait, afin d'avoir, le cas
échéant, une certaine réserve d'or à sa disposition[2]. En 1678,
durant la guerre de Hollande, alors que les armées impériales et
françaises manœuvraient dans le voisinage de la ville, la redevance
fut supprimée, l'exploitation n'ayant pu se faire dans les conditions
ordinaires[3].

L'opération du lavage des sables aurifères est décrite en détail par
un chroniqueur strasbourgeois du XVIIe siècle et se pratiquait de la
façon la plus primitive. On dressait obliquement, sur le bord même
du fleuve, une espèce de coffre, ouvert aux deux bouts, et formé de
trois planches non rabotées, et on le chargeait d'un certain nombre
de pelletées de gravier et de sable. Puis on puisait l'eau du Rhin
avec des récipients, emmanchés à de longues perches, et on la faisait couler sur ce plan incliné, enlevant ainsi la majeure partie des
matières accumulées. Le sable le plus lourd, chargé de paillettes
d'or, restait seul accroché aux rugosités des planches. On les
raclait soigneusement dans un vase de bois ou dans une écuelle, et
après un second lavage qui enlevait les dernières impuretés, il ne
restait qu'un sable aurifère de couleur noirâtre. On le versait dans
un vase en terre placé sur un feu de charbon, on ajoutait un peu de
vif-argent au sable échauffé, et l'or, attiré par l'autre métal, se coa-
gulait immédiatement en une boule blanchâtre. Puis le feu de
charbon faisait évaporer le mercure, et il ne restait au fond du vase
qu'une petite boule d'or pur[4].

Cet or était renommé pour son extrême pureté et c'est à lui, au
moins autant qu'à leur habileté professionnelle, que les orfèvres de
Strasbourg durent au XVIe et encore au XVIIe siècle, une partie de
leur réputation, puisqu'ils passaient pour y mettre beaucoup moins
d'alliage que leurs confrères de Nuremberg, d'Augsbourg ou de

1. Cent ans plus tard, en 1727, la redevance annuelle était de vingt-cinq
livres pfenning. Voy. Schnéegans, *Strassburgische Geschichten*, 1855,
p. 75. A la fin du XVIIIe siècle, le canon n'était plus que de 15 livres. *Ibid.*,
p. 76.
2. Elle payait le marc d'or fin 463 francs. Voy. Hanauer, *Études*, I, p. 175-
177.
3. Il y a aux archives municipales de Strasbourg un *Rapport sur le
lavage des paillettes d'or tirées du Rhin*, daté de 1716 et qui montre comment
l'orpaillage se pratiquait au commencement du XVIIIe siècle. (A.A. 2576.)
4. Trausch, *Chronique* (1617), dans les Fragments édités par L. Dacheux,
III, p. 46, 47. C'est surtout en amont et en aval du pont du Rhin, près
d'Auenheim et d'Altenheim que travaillaient les orpailleurs strasbourgeois.

Franckenthal, leurs principaux concurrents dans l'Allemagne du Sud[1].

« Quoiqu'il se trouve en petite quantité, écrivait La Grange,… il peut récompenser ceux qui se donnent la peine de le chercher, et un bon ouvrier peut gagner jusqu'à quinze et dix-huit sous par jour[2]. » De nos jours, avec des procédés moins primitifs et une égale patience, ceux qui se livrent à ce métier, — il y a, paraît-il, encore des orpailleurs en Alsace et dans le pays de Bade, — peuvent compter sur un gain journalier de un à deux francs, et dans certains cas, très exceptionnels, on a vu monter leur profit jusqu'à dix francs[3].

§ 5. SALINES

L'Alsace, malgré le nombre de ses localités connues d'ancienne date pour leurs eaux minérales plus ou moins salées (Soultz, Soultzbach, Soultz-les-Bains, Soultzmatt) n'a pourtant jamais produit qu'une quantité minime de sel sur son propre territoire. Sans doute, le voisinage immédiat des dépôts si riches de la Lorraine[4], la facilité commerciale d'en tirer des terres du Tyrol, également gouvernées par la maison d'Autriche, ont fait juger inutile d'y entreprendre des travaux longs et coûteux pour rechercher l'existence assez problématique d'une denrée, si facile à trouver ailleurs. En tout cas, il ne semble pas qu'on ait jamais songé à exploiter industriellement aucune des sources du pays, à l'exception de celle de Soultz-sous-Forêts, située dans la Basse-Alsace, à l'entrée du bourg de ce nom, près de la grande route de Wissembourg à Strasbourg, et sur les terres de la seigneurie de Fleckenstein ; elle était connue et utilisée déjà au XVIe siècle, mais ne semble jamais avoir été très abondante[5]. Voici ce qu'en dit La Grange dans son *Mémoire :* « Il s'y fait du gros sel gris d'une manière toute différente que dans les autres salines. Car l'eau qui passe sous terre au moïen d'une roue qui la tire d'un puits, se jette par des pompes sur une espèce de grenier, d'où elle retombe dans la paille, qui retient l'eau douce, comme étant la plus légère, que l'air sèche, et celle qui est salée, comme la plus pesante, tombe dans des tonnes qui sont dessous, où elle se con-

1. Meyer, *Strassburger Goldschmiedezunft,* p. 212.
2. La Grange. *Mémoire,* fol. 245.
3. Hanauer, *Études,* I, p. 175.
4. Nous parlerons dans le chapitre suivant du sel comme article de commerce.
5. En 1663, l'exploitation de la source fut donnée en bail emphytéotique par Henri-Jacques de Fleckenstein à Regnard Krug de Nidda et à Louis-Jacques Gambs. (Dietrich, *Description,* II, p. 316-317.)

vertit en sel par la chaleur du soleil. Cette saline peut produire deux cents quintaux de sel par an; cette quantité pourrait estre augmentée, si on prenait soin de la séparation de l'eau douce de la salée, et qu'on fît travailler à la sauce[1]. »

§ 6. FABRICATION DE LA POUDRE

« Il se trouve beaucoup de salpêtre dans la province, dit le *Mémoire* de La Grange, et particulièrement dans les montagnes qui séparent l'Alsace de la Lorraine[2]. » Aussi voyons-nous, dès le XVIᵉ siècle, la fabrication de la poudre assez active sur différents points du pays, notamment à Strasbourg, où la fonte des pièces si renommées, de petit et de gros calibre, amenait tout naturellement les amateurs d'armes et de munitions en tout genre. Il existe encore dans une série de localités des dénominations rappelant les anciens « moulins à poudre » qui se trouvaient dans leur voisinage, et dans certaines d'entre elles, — à Strasbourg, par exemple, — on permit longtemps l'exercice de cette industrie dangereuse jusque dans l'intérieur de la cité[3]. Parmi les fabriques de la Haute-Alsace, Colmar semble avoir été la plus importante[4]. Mais elle n'égalait pas de loin la capitale de la province, dont les produits spéciaux étaient classés parmi les meilleurs de l'Europe[5]. Aussi les « marchands poudriers » de la ville en vendaient-ils au roi pour des sommes considérables. La « poudre à giboyer » de la même ville était aussi « en grande réputation », si l'on en croit le *Mémoire de 1702*[6].

Contrairement à tant d'autres industries du temps, celle-ci, l'une des plus dangereuses pourtant et des plus qualifiées en apparence pour être contrôlée par l'autorité politique, paraît avoir été libre dans ses allures, et la fabrication, pas plus que le commerce de la poudre, ne semble avoir été particulièrement surveillée en Alsace.

---

1. Cette description n'est pas précisément d'une netteté très scientifique, mais elle permet de comprendre qu'il s'agit du procédé par évaporation, tel qu'il est encore pratiqué dans les salines voisines du Palatinat. *Mémoire*, fol. 230.
2. La Grange, *Mémoire*, fol. 245.
3. Aussi arrivait-il assez souvent des catastrophes entraînant mort d'homme. Le 28 novembre 1581, une maison de la place du Corbeau sauta à Strasbourg et 13 personnes furent tuées. C'est alors seulement qu'une ordonnance du 2 décembre exila les fabricants de poudre hors des murs. (*Chronique d'Imlin*, publiée par Rod. Reuss, p. 102.) Les moulins à poudre continuèrent à sauter de temps à autre, mais sans causer d'aussi grands dégâts.
4. La Grange, *Mémoire*, fol. 245. Il y en avait une également à Ribeauvillé. (A.H.A. E. 1672.)
5. La Grange, fol. 245.
6. *Mémoire sur l'Alsace*, 1702, fol. 5ᵃ.

Ce n'est qu'assez longtemps après la capitulation de Strasbourg, en 1696, que le gouvernement essaya, bien moins assurément pour des motifs politiques que pour des raisons fiscales, de restreindre ou plutôt d'abolir cette liberté de fabrication, entière jusque-là. L'arrêt du Conseil d'État, du 3 octobre 1699, en concédant au sieur Deshayes le monopole de la vente de la poudre et du plomb pour les armes à feu, dans toute l'étendue de la province, faillit ruiner cette branche d'industrie. Mais les Magistrats de Strasbourg, de Colmar, de Wissembourg et de Landau, protestèrent contre cette diminution des ressources locales. Leurs attestations officielles établirent que la fabrication et le commerce des poudres s'étaient toujours faits librement chez eux, et M. de Chamillart promit de laisser les choses en l'état, au moins quant à Strasbourg[1]. Ces promesses furent cependant oubliées au siècle suivant, car le dossier auquel nous empruntons ces détails, renferme un Mémoire du Corps des marchands de Strasbourg au Roi, exposant au monarque la ruine des moulins à poudre de la ville, par suite des entraves mises au commerce de ce produit[2].

§ 7. VERRERIES

Il y avait des verreries sur le versant oriental des Vosges inférieures, dès la fin du XVIe siècle, et d'après ce qu'on nous rapporte de leurs produits, il semblerait même qu'elles fussent arrivées dès lors à une science technique très respectable. Le président de la Chambre des comptes de Nancy, Thierry Alix, nous parle en effet dans un travail manuscrit[3] « des grandes tables de toutes couleurs qui se font ez haultes forêts des Vosges, ez quelles se tiennent à propos les herbes et aultres choses nécessaires à cet art, qui ne se rencontrent que fort rarement en aultres pays ». Nous les trouvons établies surtout dans le comté de Bitche, occupé depuis 1570 par les comtes de Hanau-Lichtenberg, mais repris de force quelques années plus tard par le duc Charles III de Lorraine et assuré défi_

---

1. La lettre par laquelle Chamillart fait savoir au Magistrat que le traité signé avec Deshayes ne s'étendra pas à Strasbourg, se trouve aux Archives municipales, A.A. 2520.

2. Il n'avait pas tort de se plaindre de chicanes mesquines. On voit que le Conseil de guerre décidait d'une part que les habitants devaient être maintenus dans leur privilège de *fabriquer* et de *vendre* de la poudre à giboyer, et d'autre part autorisait la Compagnie des poudres à saisir chez tous les particuliers de la province tout ce qu'on trouvera chez eux au delà d'*une livre* de ce produit, provenant de ladite ville.

3. *État des lieux dépendant des duchés de Lorraine et de Bar*, Manuscrits de la Bibliothèque de Metz, n° 238, p. 32.

nitivement aux Lorrains par la transaction du 8 février 1606, ce qui nous empêche de nous arrêter plus longuement sur ce territoire qui, pendant le XVIIe siècle, n'est plus, à vrai dire, alsacien. Rappelons seulement que ces verreries y avaient été établies par des ouvriers appelés de l'Allemagne méridionale, du « pays de Schwaben », comme dit Alix; ils y travaillaient pour le compte du seigneur, dans des fabriques domaniales, sous la surveillance d'un fonctionnaire administratif et technique. Quelquefois ils formaient des établissements plus durables; autour de la fabrique s'élevaient quelques chaumières, une maison pour le *Hüttenmeister* officiel, parfois même une chapelle, visitée de temps en temps par un desservant du voisinage; quelques champs étaient défrichés, et il y avait un village.

La plupart du temps, les verreries de la montagne d'Alsace ne se présentaient pas avec des dehors aussi ambitieux, et encore moins songeaient-elles à produire « de grandes tables de toutes les couleurs ». Qu'on se figure des huttes et des hangars plus que modestes (*Glashütten, Stützhütten, Blockhütten*), établis avec plus ou moins de hâte au fond des grands bois, et occupés par une population généralement nomade d'ouvriers isolés par petits groupes perdus dans la forêt, comme les pionniers du Far-West, alors qu'il en existait encore. Quatre troncs d'arbres à peine équarris en formaient les angles, les murs et le toit consistaient en planches grossières[1]; d'ordinaire le chantier se trouvait au fond d'un creux, ou dans un petit vallon, où il était plus facile de trouver le sable nécessaire, et de faire arriver les troncs et les branches de bois mort, en les faisant rouler du haut de la montagne. Les fours, fort grossiers, étaient alimentés avec les branches des arbres qui servaient aux constructions; quant à la potasse nécessaire, on la tirait du bois mort, qui commençait à pourrir et fournissait alors une cendre excellente. On employait aussi la bruyère, mais surtout la fougère arborescente, si répandue dans nos montagnes et qu'on regardait comme plus particulièrement propre à fournir les éléments d'un verre excellent. Quand tout le bois disponible aux environs du campement était utilisé, les travailleurs quittaient la place et s'établissaient ailleurs. C'est pourquoi l'on trouve encore, de temps à autre, dans les forêts d'Alsace, des restes de vitrifications grossières, essais imparfaits, vestiges de fours éteints, témoignant d'une activité depuis longtemps oubliée.

La matière première, le bois mort, faisait d'ailleurs bien rarement

---

1. Marcus, *Les Verreries du comté de Bitche*, p. 39.

défaut. Si nous en croyons Ichtersheim [1], les ouvriers verriers, auxquels les seigneurs permettaient d'ordinaire de prendre dans leurs forêts tout le bois nécessaire, trouvaient en outre des auxiliaires bénévoles dans les populations des Hautes-Vosges ; celles-ci s'associaient, dans un but tout égoïste, à leurs travaux. Chaque printemps, au moment de la poussée de la sève, les pâtres montaient aux Chaumes, et y enlevaient, sur une largeur de plusieurs centimètres, l'écorce des arbres, aux endroits où ils auraient aimé voir s'étendre leurs pâturages. L'arbre périssait naturellement sur pied, et son tronc, desséché et légèrement pourri, qu'on roulait au bas de la montagne, fournissait aux ouvriers verriers un excellent résidu de cendres.

On comprend que les produits fabriqués dans de pareils ateliers ne pouvaient être bien parfaits. Aussi n'est-il guère probable qu'on y ait jamais fabriqué autre chose que des bouteilles très ordinaires, des verres de vitre de dimensions fort restreintes [2] et peut être aussi des verres à boire grossiers [3].

La plupart de ces petites verreries que j'appellerais volontiers ambulantes, ont dû disparaître pendant la guerre de Trente Ans ; durant de longues années, le séjour dans les épaisses forêts entre l'Alsace et la Lorraine dut être particulièrement dangereux, tant à cause des « chenapans » que des bêtes féroces. La clientèle disparut sans doute aussi, et quand la paix revint, les fours ne furent plus rétablis, soit que les ouvriers spéciaux manquassent, soit qu'on trouvât plus simple et moins coûteux de faire venir les marchandises du dehors [4], ou qu'on voulût ménager dorénavant davantage les forêts. Dans tout le comté de Bitche, centre des verreries, un demi-siècle auparavant, l'*Aveu et dénombrement* du 22 décembre 1681 n'en mentionne plus qu'une seule, et celle-ci s'éteint en 1700 [5].

1. Ichtersheim, *Topographie*, II, p. 3.
2. Il est vrai que le président Alix nous dit qu'à Holbach on fabriquait, dès 1594, « des tablettes de verre à fenêtre d'un pied de large et d'un pied et demi de haut ». Mais je ne pense pas que les paysans d'Alsace, pour autant qu'ils avaient des fenêtres vitrées, — beaucoup n'en avaient pas, — aient utilisé d'autre verre de vitre que les petits ronds reliés par des lamelles de plomb flexible, qu'on appelait *Hornaffen* à Strasbourg (*Taxordnung* de 1645) et qui coûtaient 3 pfennings la pièce.
3. Au XVIIe siècle. la plupart des récipients pour boire étaient en métal (argent ou étain), en bois ou en grès.
4. Ce n'est pas seulement la verroterie de luxe, « tables à miroir » de Venise ou calices de même provenance, qu'énumère le tarif des douanes de 1685, mais aussi les vitres de Heilbronn. les vitres rondes de Bohême, les flacons dont la douzaine ne paie que 4 kreutzer d'entrée, le cent de bouteilles qui paie 5 sols, les verres à boire communs qui paient 2 kreutzer la douzaine à la douane de Strasbourg.
5. Marcus, *Les Verreries*, p. 60.

L'industrie verrière semble s'être mieux conservée dans le Sundgau ; nous trouvons des maîtres verriers, dans la seconde moitié du
XVIIe siècle, dans le comté de Ferrette, dans les seigneuries de
Montjoye et de Morimont ; c'est de là qu'on les fait venir en 1699,
quand il s'agit de créer, peut-être aussi de rétablir seulement, cette
branche de l'industrie, tout au fond de la vallée de Saint-Amarin, à
Wildenstein, sur les terres de l'abbaye de Murbach, afin d'utiliser,
au moins dans une faible mesure, « ces forêts inutilisables [1] ». Auparavant déjà, en 1672, le dernier des comtes de Ribeaupierre, Jean-
Jacques, avait créé une verrerie au pied du massif du Taennichel,
et elle était devenue assez importante pour se métamorphoser rapidement en village. Ce devait être évidemment une création de
quelque importance, puisqu'on n'avait pas reculé devant la dépense
de faire venir un gentilhomme vénitien, le cavaliere Fingano, pour
en diriger l'exploitation [2].

Cependant tous ces ateliers dispersés le long des Vosges n'avaient
en somme qu'une faible valeur économique pour la population alsacienne, à la fin du XVIIe siècle. En 1718, répondant à une demande
d'information venue de Paris, l'intendant de la province à cette date,
M. d'Angervilliers, répondait que les verreries d'Alsace « ne pourraient suffire ny par rapport à la qualité, ny par rapport à la quantité », aux besoins du pays. Les verres à boire les plus fins viennent
de Bohème, les moindres de Lorraine, les plus communs sont seuls
fabriqués en Alsace. « La verrerie de Rappolsweyler n'est en
aucune estime. » Les verres pour vitres viennent en grandes quantités de Gengenbach et autres endroits de l'autre côté du Rhin. Les
glaces de carrosse et les carreaux des miroirs viennent tous de
Venise ou de Bohème ; on n'en fait point en Alsace [3]. » Encore
soixante ans plus tard, le savant archiviste strasbourgeois Xavier
Horrer, annotant le *Mémoire* de La Grange, résumait l'activité de
l'industrie verrière de la province par ces mots, qui étaient assurément tout aussi vrais cent ans auparavant : « Il y a des verreries
dans la Haute et Basse-Alsace ; quoique elles ne soient pas d'un
grand rapport, elles ne laissent pas de faire subsister beaucoup de
pauvres gens qui y sont emploiés [4]. » C'est effectivement tout l'éloge
qu'on en peut faire.

1. Gatrio, *Die Abtei Murbach*, II, p. 513.
2. Kahl, *Forstgeschichtliche Skizzen*, p. 31.
3. Lettre du 23 mars 1718. Archives municipales de Strasbourg, A.A. 2421.
4. La Grange, *Mémoire*, fol. 245.

§ 8. TUILERIES, POTERIES, FAÏENCERIES, ETC.

Le sol de l'Alsace, et particulièrement celui de la Basse-Alsace, est riche en terres glaises, faciles à pétrir, et les dépôts argileux de la plaine rhénane étaient largement exploités dès le temps des Romains. Aussi les tuileries et les briqueteries y ont-elles été nombreuses de tout temps[1], et la plupart des localités d'une certaine importance au XVIIe siècle avaient la leur[2]. Ce n'étaient point d'ailleurs toujours des propriétés privées ; beaucoup étaient exploitées pour le compte de l'autorité territoriale, seigneur ou cité[3] ; des localités passablement insignifiantes en avaient parfois plusieurs[4], et leur exploitation devait certainement rapporter des bénéfices, bien que la vente des produits se fît dans des conditions d'un bon marché tout au moins relatif[5]. Aussi, dès le XVIIe siècle, la plupart des villages de la plaine avaient-ils les toits recouverts de tuiles, contrairement à l'usage de beaucoup d'autres contrées, et c'est dans les vallées pauvres seulement, au milieu des montagnes, qu'on voyait les toitures recouvertes de bardeaux ou de chaume.

La fabrication des poteries occupait également un certain nombre de travailleurs ruraux, dans la Basse-Alsace surtout. « Dans aucune partie de la France, on ne rencontre plus abondamment qu'en Alsace et en Lorraine les terres et les matériaux propres à la fabrication des poteries[6]. » La terre grise de Soufflenheim et de Haguenau, l'argile rougeâtre de Niederschaeffolsheim[7], y furent employées

1. Dans les seuls débris de *Tabernae* (Rheinzabern) on a retrouvé les noms authentiques (car il y a eu des falsifications en grand nombre, commises en cet endroit) de soixante-huit potiers romains. Voy. Jung, dans le *Bulletin des monuments historiques d'Alsace*, I, p. 117.
2. Les noms de *Leimacker, Leimen, Leimengrub, Leimenloch*, etc , ainsi que ceux de *Ziegelacker, Ziegelfeld, Ziegelmatt, Ziegeloffen, Ziegelschaur*, etc., se retrouvent par centaines dans les cadastres des communes d'Alsace. Voy. pour la Haute-Alsace, le *Dictionnaire topographique* de G. Stoffel (2e édit.), p. 325-326 et 606-607.
3. Voy. les Comptes des tuileries hanoviennes de Brumath, Hatten, etc. (A.B.A. E. 1778, 1779; ceux de la tuilerie d'Obernai à Bernhardswiller. (Arch. communales d'Obernai, DD. 37.)
4. Lauterbourg en avait 2 en 1673, pour quelques centaines d'habitants. (Bentz, *Lauterbourg*, p. 121.)
5. M. Hanauer a calculé le prix moyen du cent de briques au XVIIe siècle (II, p. 437); il oscille entre 2 fr. 79 et 5 fr. 03; le cent de tuiles, entre 2 fr. 44 et 3 fr. 49. Mais à Sainte-Marie-aux-Mines, en 1662, elles ne coûtaient que 2 fr. le cent. (*Documents concernant Sainte-Marie a./M.*, p. 300.)
6. Tainturier, *Anciennes industries d'Alsace. Manufactures de porcelaine et de faïence*, dans le *Bibliographe alsacien*, publié par M. Ch. Mehl, Strasbourg, 1864, p. 283.
7. Dietrich, *Description*, II, p. 272.

de bonne heure. Une tradition, assez vague du reste, veut que l'Alsace ait eu la primeur de l'usage de l'émail en poterie[1]. Soufflenheim avait, dès le XVIIe siècle, la spécialité qu'elle cultive encore aujourd'hui, des brocs et des cruches en terre grise, veinée de bleu, broyée et durcie par des procédés traditionnels, qui donnaient aux ustensiles une solidité plus grande. L'argile de Goersdorf passait pour particulièrement appropriée aux travaux de poterie plus soignés[2]. A Strasbourg même, les potiers fabriquaient, avec des formes plus élégantes, les brocs à bière, ou les grands hanaps cerclés d'étain; ils avaient affermé comme terre spécialement propre à leurs produits les fosses de terre glaise de la Mittelhart, forêt près de Niederschaeffolsheim[3]. Ils construisaient aussi, dès le XVIe siècle, des poêles en faïence vernie, imités de ceux de Nuremberg et d'Augsbourg, mais dont l'émail unicolore, brun, vert ou noir, représentait des scènes bibliques moulées, séparées par des encadrements de fruits ou de fleurs[4], telles que le Sacrifice d'Abraham, le Jugement de Salomon, les Apôtres, ou bien encore des groupes allégoriques, tels que les Quatre Ages du Monde, les Quatre Éléments, etc. Le prix de chaque carreau (*Kachel*) variait de un à trois schellings[5]. Cette industrie garda d'ailleurs pendant tout le XVIIe siècle un caractère très local, et il est fort douteux que ses produits se soient répandus, alors déjà, au delà des frontières de l'Alsace[6].

Quant aux ustensiles de ménage d'un usage quotidien, et surtout quant aux services de table d'un cachet plus artistique, il ne paraît pas qu'on en ait fabriqué de si bonne heure dans le pays. Le tarif des douanes de 1685 permet d'établir qu'à cette date on est obligé de demander à l'industrie étrangère jusqu'aux simples pots à onguent des pharmacies strasbourgeoises[7]. Ce n'est que vers 1690, peut-être même un peu plus tard, que des capitalistes, alsaciens ou d'outre-

---

1. Les *Annales des Dominicains de Colmar* disent à l'année 1283 : *Obiit figulus in Slezistat qui primus in Alsatia vitro vasa fictilia vestiebat* (éd. Gérard, Colmar, 1854, p. 110).
2. Kassel, *Oefen im Hanauerland*, p. 27-28.
3. A.B.A. E. 1691.
4. Tainturier, *Bibliographe alsacien*, II, p. 288.
5. *Strassburger Taxordnung* de 1646. — Le règlement du 13 avril 1661, qui fixait les conditions du chef-d'œuvre des aspirants à la maîtrise, prescrivait la confection d'un bon poêle en fayence verte, haut de sept carreaux, avec moulures.
6. M. Tainturier signale des poêliers strasbourgeois à Lille, p. ex., mais pour le milieu du XVIIIe siècle seulement. (*Bibliographe alsacien*, II, p. 290.)
7. Les « porcellaines pour apothicaires » payaient 13 sols de droit d'entrée par quintal. (*Kaufhaustarif*, 1685.)

Vosges, spéculant non sans raison, sur les profits vraisemblables d'une entreprise de ce genre, obtinrent un privilège royal pour fonder une manufacture de porcelaines ou de *faïencerie* à Haguenau. Elle y fut établie en effet, et entra en activité, mais il paraît, d'après ce qu'en dit La Grange, que les propriétaires ne purent se procurer ni un directeur technique suffisamment capable, ni même des ouvriers intelligents en nombre suffisant, ce qui prouve bien le faible développement de l'industrie alsacienne d'alors. Aussi ne réussit-on pas, malgré les matériaux excellents dont on disposait sur place, à faire prospérer la manufacture au point de vue pécuniaire[1]. Elle dut arrêter ses travaux vers l'époque de la paix de Ryswick, bien qu'au dire de l'intendant, elle produisît des émaux « aussi beaux que ceux de Hollande[2] ». On n'était plus bien éloigné cependant, à ce moment, d'une époque de progrès et de prospérité à la fois artistique et industrielle. Douze ans plus tard, en 1709, Charles-François Hannong, de Maestricht, venait s'établir à Strasbourg comme fabricant de pipes hollandaises en terre blanche et y faisait de bonnes affaires. Il s'associa en 1719, sur la recommandation du maréchal Du Bourg, avec un certain Wackenfeld qui était sans doute un transfuge de la manufacture électorale de Meissen. C'est avec le concours de cet homme, initié aux secrets de la fabrication saxonne, qu'il ouvrit en 1724 l'établissement de Haguenau, dont les porcelaines allaient rendre célèbres au loin les produits de l'Alsace, puis un peu plus tard, les fabriques de Strasbourg et de Niederwiller; Hannong est le créateur de l'article « Vieux Strasbourg », si recherché de nos jours par tous les amateurs de faïences authentiques du XVIIIᵉ siècle.

§ 9. INDUSTRIE TEXTILE

Dans une contrée où croissent en abondance le chanvre et le lin, où les troupeaux de moutons étaient assez nombreux, la confection des tissus fut de bonne heure un des principaux articles de la manufacture locale, et au moyen âge déjà, les toiles, les tricots et les draps d'Alsace sont répandus au dehors; dès le XIVᵉ siècle, des localités de moyenne importance, comme Saverne et Haguenau, expédient en Suisse des toiles fort appréciées[3]. Ces tissus divers étaient fabriqués

1. Le gouvernement essaya de soutenir l'entreprise; un arrêt du Conseil d'État, du 19 juillet 1696, ordonnait que les faïences manufacturées à Haguenau ne payeraient que dix livres du cent pesant, à l'entrée du royaume.
2. La Grange, *Mémoire*, fol. 249.
3. Gérard, *L'ancienne Alsace à table*, p. 286.

soit dans les petits ateliers des maîtres tisserands et maîtres drapiers
des villes, soit par le travail individuel à domicile, d'ouvriers aidés
parfois par leurs épouses et leurs enfants. La femme, les filles,
la servante, s'il y en avait une dans la modeste demeure de l'artisan,
filaient le chanvre ou la laine, et le père de famille, assis à son métier,
changeait le labeur de leurs mains en un produit mercantile. Près
des localités situées sur un cours d'eau plus considérable, on trouvait généralement un ou plusieurs moulins à foulon (*Walkmühlen*)
où l'on battait le drap nouvellement tissé, pour en mieux emmêler
les fils. Ces moulins appartenaient d'ordinaire à des particuliers,
mais nous les voyons aussi parfois aux mains des municipalités[1].
Encore au XVIIᵉ siècle, il y avait dans les villes beaucoup de petits
tisserands qui opéraient seuls, sans l'aide d'aucun compagnon, ni
même d'un apprenti[2]. A la campagne aussi, dans le Hattgau par
exemple, toute la famille, mari et femme, filles et garçons, travaillait
ensemble au filage et au tissage de la toile[3].

A côté de ces modestes efforts individuels, il y a l'activité des
corporations importantes, drapiers de Strasbourg, bonnetiers et
chaussetiers de la Haute et Basse-Alsace, etc. Cependant leur
importance avait beaucoup diminué à la suite des longues guerres
du XVIIᵉ siècle; les vrais drapiers, fabriquant des étoffes de luxe,
ont presque disparu devant les simples tisserands, et avec eux les
foulons et les cardeurs de laine (*Wollscherer*); dès 1650, la situation
est lamentable à Strasbourg. C'est à peine s'il existe encore une
vingtaine de fileurs de laine (*Wollweber*) constamment en querelle
avec les fileurs de chanvre (*Leineweber*), qui leur disputent une
clientèle de plus en plus réduite [4]. Les anciennes relations commerciales longtemps interrompues, le trafic dans le voisinage le plus
proche soumis à tant de risques et de dangers par l'occupation
presque continuelle du pays, l'établissement de nombreux concurrents dans les bourgs et les campagnes, où la vie était à meilleur
marché que dans les villes, l'invasion des étoffes étrangères à bon
marché, tout avait contribué à cette irrémédiable décadence de l'industrie textile en Alsace. « Autrefois, écrit La Grange, il s'y faisait
un grand débit, surtout des draps qu'on appelle communs, du prix
de 6 livres et au-dessous, et il s'y consommait par an plus de
100,000 quintaux de laine. Les draps de Meniers étant venus en

1. Celui de Mulhouse fut acheté en 1641, par le Magistrat, pour la somme
de 1,200 florins. Mieg, *Geschichte von Mulhausen*, iI, p. 29.
2. *Notes d'arrêts*, p. 192.
3. Mérian, *Topographia Alsatiae* (éd. 1663), p. 25.
4. Voy. Schmoller, *Strassburger Tucherzunft*, p. 542.

vogue à cause de leur bas prix, ces manufactures sont tombées[1]. »

Le gouvernement français essaya de venir en aide à l'industrie locale, d'autant plus qu'il tenait à toujours avoir sous la main les objets de première nécessité pour l'habillement des troupes qui stationnaient en Alsace. D'ailleurs, déjà auparavant, le Magistrat de Strasbourg avait fait quelques tentatives en ce sens : le 8 décembre 1666, il avait accordé un privilège exclusif pour la fabrication de tapis et de certaines étoffes de laine, au Bâlois Jean-Nicolas Herff, en l'autorisant même à amener avec lui quelques ouvriers d'élite de ses manufactures d'Ottersberg et de Saint-Lambert, fondées par son père une douzaine d'années auparavant; puis le 18 octobre 1675, il lui avait renouvelé ce privilège pour la durée de cinq ans[2]. C'est à ce même Herff et à son associé Hoffer, Suisse et réformé comme lui, qu'après la capitulation de la ville, Louvois fit accorder un privilège encore plus étendu pour la fabrication de draps et de couvertures en laine, par arrêt du Conseil d'État du 31 décembre 1683. « Leur privilège, dit à ce propos La Grange, était pour vingt années; ils étaient obligés de fournir des draps de leur fabrique suffisamment pour la consommation de la province et de fournir aux drapiers, fabricants, dans toute l'étendue d'icelle, les laines nécessaires pour leur travail. Et lesdits Herff avaient non seulement l'exemption de tous droits pour leurs laines et draps, mais par le même arrêt on avait encore établi un droit de douze sols par aune sur les draps venant des pays étrangers, à leur entrée dans la province... Cette manufacture a eu un succès si favorable pendant vingt années que plus de deux cents maîtres drapiers établis à Strasbourg, Barr, Wasselonne et Sainte-Marie employaient un nombre considérable d'ouvriers, et subsistaient commodément avec leurs familles, sans compter que le sieur Herff avait toujours 300 ouvriers dans la seule manufacture établie à Strasbourg[3]. » Cette situation relativement prospère dura peu, néanmoins. Le privilège ne fut pas renouvelé à son expiration, en 1703, et quand Herff

1. La Grange, *Mémoire*, p. 247. Dans les trois exemplaires de La Grange que j'ai comparés, je n'ai pu jamais lire autre chose que « draps de Meniers », ce qui ne répond à aucun nom de localité. M. E. Lehr dans les extraits de La Grange qu'il a publiés dans la *Description du département du Bas-Rhin* (t. I, p. 546) a lu « draps des muniers », ce qui ne me semble pas plus heureux. Serait-ce Menin en Flandres ? Ce sont évidemment des étoffes venant d'assez près pour pouvoir faire concurrence aux draps d'Alsace par leur prix inférieur.

2. G. Schmoller, *Tuchersunft*, p. 337, 339.

3. *Mémoire concernant le commerce d'Alsace*, document officiel du XVIIIe siècle, cité par Hanauer, II, p. 463.

mourut, ses fils abandonnèrent l'entreprise et continuèrent seulement à faire fabriquer à Strasbourg des couvertures de laine et
quelques autres articles.

Une autre fabrication, également favorisée par un privilège royal,
fut celle des bas tissés au métier. La concession en fut accordée en
1683 au sieur Jean-Georges Deucher, négociant en étoffes d'Angleterre ; sa marchandise était bonne ; « le débit en était considérable
et la province en tirait une grande utilité, tant par la consommation
qui s'y en faisait, que parce qu'il en passait beaucoup à l'étranger ». Mais quand, en 1703, les nouveaux droits établis sur les
marchandises étrangères furent supprimés, quand la guerre de la
succession d'Espagne empêcha l'exportation en Allemagne, l'entrepreneur fut obligé « de quitter, avec beaucoup de pertes, cette
entreprise[1] ».

En dehors de Strasbourg, il n'y a guère que Sainte-Marie-aux-
Mines, où il y ait eu, au XVIIᵉ siècle, des essais de fabrication en
grand. L'industrie textile, surtout celle des gros draps communs,
s'y était de plus en plus substituée à l'industrie minière depuis le
milieu du siècle et avait rendu un peu de vie à la pauvre petite ville,
mi-alsacienne, mi-lorraine, si durement éprouvée par la guerre.
La Grange mentionne nommément deux des fabricants de la localité,
les sieurs Antoine et Jean de Wenga, et si l'on en croit les historiens
locaux, la situation industrielle y était assez florissante vers 1700[2].
Néanmoins, la production ne doit pas avoir été considérable, et en
tout cas, celle de Strasbourg et de Sainte-Marie réunie, ne satisfaisait
en aucune manière aux besoins de la consommation générale du
pays[3].

La petite industrie, soit à Strasbourg même[4], soit dans les localités plus petites de la Basse-Alsace, ne fabriquait plus alors que
des étoffes tout à fait communes, « moitié laine, moitié fils, nommées
tiretaines, » à l'usage des paysans de la province[5]. Les malheureux

1. Hanauer, II, p. 465. Le *Mémoire* de 1698 mentionne encore à Strasbourg
une manufacture de « bergamme ou tapisserie façon de Rouen » et une
de « futaine, façon d'Augsbourg ou d'Aix-la-Chapelle ». En 1716, il y restait
une seule fabrique, celle de Herff fils, « et encore celle-ci est-elle peu considérable ».

2. D. Risler, *Histoire de la vallée de Sainte-Marie-aux-Mines*, p. 75.

3. La Grange, *Mémoire*, fol. 247.

4. La réponse du préteur royal de Strasbourg à la demande de l'intendant
(du 9 mai 1716), relative à l'état de l'industrie locale, déjà citée plus haut,
porte qu'il n'y a plus dans la ville que 22 maîtres drapiers, fabriquant des
étoffes de 4, 5, 6 livres l'aune, 8 tisserands en laine et 100 tisserands en toile.
(Arch. municipales, A.A. 2421.)

5. La Grange, fol. 247.

artisans, ne gagnant plus grand'chose, et n'osant s'attaquer aux puissants concurrents que protégeaient les privilèges royaux, se jalousaient à outrance, et tâchaient de s'écraser mutuellement par les procédures judiciaires les plus absurdes. Témoin le procès que la corporation des tisserands de Molsheim intenta à un bourgeois de cette ville, nommé Arnold Henck, qui tissait du droguet ou de la halbeline [1] pour son compte, sans faire de tort à personne, sous prétexte qu'il travaillait la laine et que les statuts de leur corporation ne permettaient pas « que les tisserands de laine se servissent d'un fond de fil pour travailler la laine ». L'intimé eut beau répondre qu'il n'avait jamais fait que de la halbeline ; que le public était intéressé à ce qu'il y eût des ouvriers en halbeline, bien des gens n'ayant pas les moyens d'acheter des étoffes d'un plus grand prix ; que payant, très exactement tous les impôts, il devait lui être permis et possible de gagner sa vie à son métier. Il fut condamné par la Régence épiscopale à cesser son travail. Mais il en appela au Conseil souverain d'Alsace, et l'avocat général Le Laboureur fit admettre son appel et condamner les tisserands de Molsheim aux dépens, après avoir établi que leurs prétentions étaient ridicules et la décision de la Régence inconcevable. « Aussi bien, avait-il dit dans son réquisitoire fort sensé, aussi bien les maréchaux pourraient empêcher les serruriers de travailler le fer, ou les menuisiers défendre aux tourneurs de travailler le bois [2]. ».

Dans toute la Haute-Alsace, l'intendant ne voyait à signaler, à la fin du XVIIe siècle, en fait d'industrie plus développée, que les filatures de Masevaux, c'est-à-dire les ateliers connus depuis longtemps déjà, où l'on filait pour l'exportation des fils à broder, sans doute aussi des fils à faire de la dentelle [3]. Les guerres du milieu du siècle avaient interrompu, paraît-il, cette activité locale, car la *Topographie* de Mérian en parle, en 1663, comme d'une chose appartenant au passé [4]. Les années de paix auront fait refleurir l'industrie traditionnelle, qui s'exerçait aussi dans le bourg de Dannemarie, et « donnait à vivre aux habitans ».

« Dans toutes les autres villes, ajoute La Grange, il n'y a que des laboureurs ou des vignerons qui ne subsistent que de la culture de leurs terres, et des ouvriers qui n'ont aucune émulation entre eux

1. Ce mot vient de l'allemand *halbleinen* (mi-laine, mi-fil).
2. Arrêt du 20 décembre 1700. *Notes d'arrêts*, p. 192.
3. Peut-être même y fabriquait-on des dentelles sur place, puisque La Grange parle de « broderies de fils ».
4. *Topographie* (éd. 1663), p. 33.

pour attirer les étrangers [1]. » Déjà vingt ans auparavant, un visiteur de passage, intelligent observateur des hommes et des choses, avait été frappé de ce manque d'activité industrielle dans les localités où il s'arrêtait. « Je me suis informé souvent, raconte-t-il, dans ces petites villes, s'il y avait quelque manufacture extraordinaire, et je n'y en ai point rencontré qui ne fût très commune [2]. » Cet esprit de routine et cette apathie intellectuelle devaient s'évanouir d'ailleurs rapidement au siècle suivant. Cinquante ou soixante ans après que La Grange écrivait son *Mémoire*, des manufactures nombreuses surgissaient à Altkirch, Belfort, Colmar, Dornach, Kingersheim, Rixheim, etc., sans parler de Mulhouse, qui était encore territoire helvétique, au moment où l'introduction des fabriques d'indienne vint y jeter les germes de la merveilleuse activité que nous y admirons aujourd'hui [3].

§ 10. BRASSERIE ET FABRICATION D'EAU-DE-VIE

La fabrication de la bière, l'une des plus florissantes industries de l'Alsace contemporaine, ne jouait qu'un rôle fort insignifiant dans l'ensemble du mouvement industriel de la province au XVIIᵉ siècle. Cela n'a rien qui doive étonner, pour peu que l'on songe à l'abondance des vignobles alsaciens et au bon marché de leurs produits à cette époque. Assurément la bière était connue depuis longtemps en Alsace, — on l'y mentionne dès le IXᵉ siècle[4], — mais on la brassait autrefois à domicile, pour la consommation domestique, et les brasseurs de profession, les *cerevisarii*, ne font leur apparition, même à Strasbourg, qu'au XIIIᵉ siècle[5]. Encore leur nombre a-t-il dû être peu considérable d'abord et leur sphère d'activité fort restreinte, puisqu'une des chroniques de la ville a pu raconter qu'on ne commença à y brasser de la bière qu'en 1446[6]. Sans doute qu'à

1. La Grange, *Mémoire*, fol. 248.
2. Claude Joly, *Relation du voyage de l'arrière-ban de France en Allemagne* (Paris, 1836), p. 55.
3. Il se trouve aux Archives de la Haute-Alsace tout un dossier sur des fabriques à créer ou créées dans ces régions. Mais malgré les dates (1680-1789) inscrites sur l'enveloppe du fascicule (A.H.A. C. 1123), je n'y ai rien trouvé qui soit antérieur au XVIIIᵉ siècle.
4. F. Reiber, *Études gambrinales* (Paris, 1882), p. 32. Cet ouvrage est, sous une forme un peu fantaisiste, un travail très documenté sur l'histoire de la bière à Strasbourg.
5. Reiber, p. 35, 38.
6. Voy. *Archiv-Chronik*, dans le *Code historique et diplomatique de la ville de Strasbourg*, II, p. 176-177. — Le chroniqueur raconte que « la bière fut vendue en plus de quarante endroits à Strasbourg, et que riches et pauvres en burent ». Cela s'explique : le vin coûta cette année-là 7 pfennings le pot, la bière 2 ou 3 pfennings seulement.

cette date, des vendanges manquées ou médiocres obligèrent les gosiers altérés à recourir plus fréquemment à une boisson moins agréable, mais moins chère aussi que le vin. Pendant tout le XVIe siècle encore, la bière paraît rarement, soit dans la littérature de l'Alsace, soit dans les comptes administratifs de ses gouvernants ; elle est évidemment considérée comme une boisson vulgaire, et tandis que les princes de l'Allemagne du Nord la dégustent dans leurs grands hanaps d'argent, le petit bourgeois de la Haute et de la Basse-Alsace la dédaigne et ne la fait point figurer sur sa table.

C'est la guerre de Trente Ans qui, ravageant les vignobles et empêchant le trafic des vins, source de richesse pour le pays, répandit l'usage de la bière en Alsace. Ce qu'il s'y produisait encore de vin était absorbé en majeure partie par les armées sans cesse répandues dans le pays et suffisait à peine à la consommation des classes aisées. D'ailleurs, parmi ces multitudes de mercenaires qui foulèrent successivement pendant de longues années le sol de l'Alsace, il y avait beaucoup d'hommes du Nord, Allemands, Suédois, Wallons, etc., habitués à la bière, et qui inculquèrent leurs goûts à la population autochthone. Même après la tourmente, le paysan, trouvant à placer à un prix rémunérateur le produit de ses vignobles, continua d'absorber une boisson plus économique et qui lui permettait des libations plus fréquentes[1]. L'usage de plus en plus répandu du tabac à fumer, — autre importation des soudards de l'époque, — ne fut pas étranger non plus à l'adoption de la bière par beaucoup de buveurs, qui ne pouvaient plus déguster un bon crû comme autrefois, maintenant que la pipe hollandaise ne quittait plus leurs lèvres au cabaret.

Dans l'Alsace supérieure, où la culture des vignes est infiniment plus répandue qu'en Basse-Alsace, la bière n'a joué d'ailleurs qu'un rôle secondaire, même au XVIIe siècle, bien que, là aussi, dès le moyen âge, elle ait été connue et fabriquée au sein des familles. Nous avons rencontré dans un des dossiers de la seigneurie de Ribeaupierre un rapport, non daté, d'une brave aubergiste de Guémar, qui exerçait en même temps la profession de boucher, sur

---

1. Il faut pourtant insister sur ce point que la bière n'a jamais été, comparativement aux prix actuels, aussi bon marché que le vin, en Alsace. Malgré ce que disent certains auteurs, les prix moyens pour le XVIIe siècle, tels qu'ils sont calculés par M. Hanauer, nous semblent plutôt élevés (1602 : 14 centimes le litre; 1627 : 20 cent.; 1639 : 19 cent. ; 1649 : 12 cent.; 1655 : 8 cent. ; 1661, 14 cent. ; 1674 : 12 cent., etc., etc.). En tout cas, M. Reiber (p. 103) place le prix moyen trop bas, par rapport au XVIIe siècle, en disant qu'il y fut de 10 centimes.

la façon de fabriquer la bière. Dans cette pièce, qui nous paraît appartenir au milieu du siècle, on parle de cette fabrication comme d'une chose sinon absolument inconnue, du moins fort peu connue dans ces parages[1]. Encore en 1696, quand le prince-abbé de Murbach voulut organiser une brasserie dans ses domaines, il ne put trouver dans le pays un homme compétent pour la diriger, et il fut obligé de faire venir de Bavière un nommé Léonard Pirmanch, « habile à fabriquer cette boisson ». Toute l'habileté néanmoins de ce brasseur émérite ne put empêcher le contenu de ses brassins d'aigrir très vite, si bien que la fabrication fut bientôt interrompue. « Les eaux de ce pays, dit le chanoine de Murbach qui raconte cette déconvenue, ne sont pas favorables, croit-on, à la fabrication de la bière[2]. »

A Strasbourg, on comptait en 1586 une demi-douzaine de brasseries au moins, et leur production collective s'était montée, cette année-là, à 1,373 hectolitres[3] ; un demi-siècle plus tard, le nombre des brasseurs avait augmenté sans doute, mais non pas d'une façon bien considérable, car Daniel Martin, le « linguiste » ou maître de la langue française, originaire de Sedan, qui nous a laissé de si curieux tableaux de mœurs et de si précieux renseignements statistiques dans son *Parlement nouveau*, n'en mentionne qu'une dizaine[4]. Le grand développement dans la fabrication de la bière s'est produit évidemment dans les dernières années du XVIIᵉ et les premières du XVIIIᵉ siècle ; puisqu'en 1723 nous trouvons déjà vingt-six brasseries en exercice à Strasbourg[5].

C'était le Magistrat, la Chambre des Quinze, qui fixait le prix de la denrée, et non pas le producteur, auquel il était absolument défendu de majorer les prix officiels[6]. C'était aussi le gouvernement qui faisait officiellement déguster la boisson, par des experts-jurés,

---

1. « Ausführlicher Bericht Christen Michel Riel, metzgers und würts zu Gemar, wie und welcher gestalt das biersieden angestellt werden koennte. » (A.H.A. E. 1807.)

2. *Diarium* de Bernard de Ferrette, p. 17. L'abbé vendait cette bière à ses sujets 1 sol 4 deniers la pinte.

3. Hanauer, *Études*, iI, p. 346.

4. D. Martin, *Parlement nouveau ou centurie interlinéaire de devis facétieusement sérieux... servant de dictionnaire et nomenclature aux amateurs de deux langues*, etc. Strasbourg, Zetzner, 1637, in-16, p. 234.

5. Il s'agit de brasseries fabriquant la bière, car pour les « cabarets de bière », où on la débitait, ils étaient autrement nombreux : fréquentés au XVIIᵉ siècle par les seules gens du commun, « parce qu'il y a toujours des gens qui y pétunent ou prennent du tabac, la fumée duquel je ne puis souffrir » (comme l'écrivait Martin en 1637) ; ils attirèrent une clientèle de plus en plus nombreuse au XVIIIᵉ, à mesure que le vin devenait plus cher.

6. *Taxe de l'Umguelt*, 1689.

avant qu'elle pût être mise en vente. Il y avait différentes espèces de bière brassées à Strasbourg, — je ne parle pas de bières étrangères, — l'une, plus corsée à cause de la grande quantité de houblon qu'on y mettait, « qui pique un peu sur la langue, comme celle de Brunswick et a une petite amertume qui n'est pas désagréable », l'autre plus douce, et aigrissant plus vite, mais un peu moins chère, et qui, par cette raison même, paraît avoir été plus répandue. Le nom de « bière de mars » (*Lagerbier*), donné jusqu'à nos jours à la première, se trouve déjà au XVIIe siècle[1]; il lui venait de ce que mars et avril furent longtemps les derniers mois où l'autorité permît la fabrication de la bière. Dans les dernières années du XVIe siècle, on autorisa les brasseurs à faire aussi de la « bière jeune » (*Schankbier*) durant l'été; une ordonnance du 15 septembre 1665 leur permit même de faire de la bière de conserve ou de mars jusqu'au 31 mai, et bientôt la fabrication ne semble plus avoir été en fait interrompue pendant tout le cours de l'année, bien que, officiellement, les anciennes ordonnances à ce sujet n'aient été révoquées qu'en 1783[2].

Si l'industrie gambrinale n'a donc joué, en définitive, qu'un rôle médiocre dans l'histoire économique de l'Alsace au XVIIe siècle, si à cette époque, personne n'y semble avoir songé à exporter de la bière de Strasbourg ou de Mulhouse, il en a été autrement d'une industrie voisine, celle des eaux-de-vie. Tous les petits vins du pays ne pouvant y être absorbés, malgré la bonne volonté des buveurs locaux, dans les années de vendanges prospères[3], et n'étant d'autre part ni assez riches en alcool pour être transportés au loin, ni assez riches en bouquet pour attirer les consommateurs des pays voisins, également vinicoles, ils donnèrent lieu, d'assez bonne heure, à une industrie très prospère jusqu'au moment des grandes guerres, et qui se maintint même au XVIIIe siècle. « Les petits vins blancs n'aïant point de débit, écrivait La Grange en 1698, on en fait des eaux-de-vie et du vinaigre, dont les habitans font commerce avec les Hollandois et autres païs étrangers[4]. »

---

1. Martin, p. 234.

2. Sur la fabrication de la bière, les substances qu'on y mêlait encore à cette époque, nous renvoyons au septième chapitre du livre de M. Reiber, p. 90-107.

3. Le XVIIe siècle n'a plus revu sans doute ces récoltes légendaires, un peu fabuleuses peut-être, du moyen âge, où l'on faisait tant et de si bon vin que, pour avoir un tonneau vide, on passait volontiers à celui qui le cédait, le contenu d'un autre, en échange. Cependant les chroniques nous ont conservé le souvenir de mainte vendange brillante. Ou bien le sol était moins épuisé alors, ou bien les vignerons étaient plus facilement contents.

4. L'ordonnance du 9 mars 1629 prescrivait que l'eau-de-vie fût faite de

La fabrication de l'eau-de-vie avait deux centres principaux au
XVIIe siècle, Colmar et Strasbourg, mais la première de ces deux
villes, située au cœur même de la région vinicole, était à cet égard
de beaucoup la plus importante. Cette industrie y occupait en
moyenne une quinzaine de fabricants, qui comptaient tous parmi
les notables de la localité; alors déjà l'alcool enrichissait ceux qui
le manipulaient au profit ou au détriment d'autrui. Chaque bourgeois
d'ailleurs avait le droit de faire distiller ses raisins pour son propre
usage, à condition de ne point en mettre le produit dans le commerce. La guerre de Trente Ans fit baisser rapidement une industrie
jusque-là si prospère; dès 1640, on ne comptait plus que trois
Brennherren ou brûleurs d'eau-de-vie à Colmar. Cependant, après
la paix de Westphalie, une reprise marquée se produisit dans les
affaires. En 1666, on expédiait de Colmar au dehors 6,403 mesures
d'eau de-vie; en 1672, le total s'élevait à 11,134 mesures. Mais les
guerres continuelles sur le Rhin et particulièrement les conflits avec
la Hollande, à partir de cette dernière année, fermèrent peu à peu
le débouché principal de l'industrie colmarienne. Dès 1684, elle n'exportait plus que 843 mesures, et au commencement du XVIIIe siècle
le trafic au dehors avait entièrement cessé; l'industrie elle-même ne
tardait pas à disparaître, la consommation intérieure ne suffisant pas
à la maintenir, puisque presque tous les consommateurs, distillant
eux-mêmes les produits de leurs vignobles, n'achetaient guère aux
fabricants qui, d'autre part, n'avaient pas encore la grande ressource du débit dans les auberges des villes et des villages.

Les eaux-de-vie de l'industrie alsacienne étaient de nature et de
valeur très diverses. Les meilleures provenaient de la distillation
directe des raisins ; les autres étaient fabriquées avec du marc et de
la lie (*Drusenbranntwein*)[1]. Quoique de beaucoup inférieures en qualité, ces dernières étaient plus recherchées en Allemagne et dans
les Pays-Bas, peut-être parce qu'elles supportaient mieux le transport par eau, peut-être simplement parce qu'elles étaient moins
chères. On ne fabriquait point d'eaux-de-vie de grains en Alsace et
les Colmariens relevèrent comme une injure grave l'accusation
portée contre eux par les habitants de Worms de leur en avoir
fourni.

bonne lie de vin, relevée par un peu d'eau-de-vie italienne ou française;
celle du 13 octobre 1666 disait qu'elle devait être faite. pour les 2/3, de lie de
vin, et pour 1/3, de moût de raisin.

1. E. Waldner, *La distillation et le commerce de l'eau-de-vie à Colmar au
XVIe et au XVIIe siècle*, dans le *Bulletin du Musée historique de Mulhouse*,
1890. p. 27 et suiv. Nous aurons à revenir, en quelques mots, sur le *commerce*
de l'eau-de-vie, dans le chapitre suivant.

Dans le reste de l'Alsace, la distillation, soit des raisins eux-mêmes, soit des marcs de raisin, soit enfin des fruits tels que cerises, prunes, prunelles, myrtilles, etc., ne semble avoir présenté nulle part un caractère industriel, chaque bourgeois opérant pour sa propre consommation seulement, ou du moins ne se livrant qu'à des opérations commerciales tout à fait insignifiantes. Il ne nous paraît même pas absolument prouvé que tous les seigneurs aient, pour employer une expression moderne, reconnu le privilège des bouilleurs du crû, et aient permis cette fabrication « familiale » sans la soumettre à des restrictions administratives ou du moins à des impôts particuliers[1]. En tous cas, nous n'avons point rencontré, dans nos documents, des données relatives aux eaux-de-vie de cerises ou de prunes pour tout le XVIIe siècle, bien qu'il nous semble impossible qu'on n'ait pas songé dans les vallons des Vosges et dans les villages entourés de vergers de la région des collines, au *Kirsch* et au *Quetsch* si appréciés de nos jours[2]. S'ils ne figurent ni dans les tarifs de marchandises officiels, ni même parmi les médicaments des pharmaciens, c'est sans doute parce que les règlements administratifs, jaloux de conserver la réputation des eaux-de-vie de Strasbourg et de Colmar, défendaient absolument d'y mêler des fruits et autres substances étrangères au raisin[3], sans pouvoir toujours les protéger contre des fraudes intéressées.

§ 11. FABRICATION DU TABAC

Dans le chapitre précédent, nous avons mentionné la culture du tabac sur différents points de l'Alsace et signalé son importance croissante vers la fin du XVIIe siècle et surtout dans les premières

1. Dans le livre de M. Kiefer sur Balbronn (p. 235) nous voyons un tonnelier d'un village du comté de Hanau, qui, en 1606, s'était construit une petite distillerie (*Brennheusslin*), dénoncé par un voisin et obligé par le bailli à la démolir immédiatement. Ayant interpellé ce fonctionnaire, pour savoir où il devait la placer, celui-ci lui répondit : « Sous le gibet ! »
2. M. l'abbé Hanauer n'a trouvé la première mention du *Kirschwasser* pour les temps modernes qu'en 1710 (II, 350). Quant à l'eau-de-vie de cerises qu'il croit avoir trouvée dans les comptes de l'Œuvre Notre-Dame de Strasbourg en 1415 et 1420, j'ai des doutes, je l'avoue; ces mesures (*Ohmen*) de « vin de cerises » (*Kirsewin*) pourraient bien avoir été une espèce de vin, au bouquet particulier.
3. Ordonnances du Magistrat de Strasbourg, du 9 mars 1629, du 13 octobre 1669. Elles devaient être goûtées par les experts-jurés et brûlées ou versées à la rivière, si elles n'étaient pas pures. Le fabricant devait affirmer par serment leur « honnêteté ». Puis les tonnelets contrôlés étaient estampillés d'une marque de garantie officielle.

vingt annéee du siècle suivant. De 50,000 quintaux, vers 1700[1], la production de la province avait atteint 80,000 quintaux en 1718[2]. Une partie de ces tabacs passait sans doute la frontière en feuilles, et leur fabrication s'opérait soit en Suisse, soit dans le sud de l'Allemagne; il n'en restait pas moins beaucoup de marchandise dans le pays où elle était convertie, soit en tabac à priser, soit en tabac à fumer, peut-être aussi en tabac à chiquer, par les manufactures de Strasbourg. Cette ville devient en effet, dès le début, le centre de l'industrie nouvelle.

Au commencement du siècle, le tabac n'y était encore guère employé que comme médicament[3]. Vers 1640, — nous l'avons vu par la citation de Daniel Martin, — l'on fume déjà le « pétun » dans beaucoup de cabarets de la République[4]. Cependant, il ne paraît pas que la marchandise fût dès lors fabriquée à Strasbourg, ou du moins qu'elle y fût de qualité supérieure[5]. En tous cas, il y a des « fileurs de tabac » (*Tabackspinner*) en assez grand nombre dès 1657; à cette date, et en 1669, ils se plaignent au Magistrat de la concurrence déloyale que leur font certains *manants* ou protégés de la ville, qui manipulent le tabac avec femme et enfants, et dont quelques-uns emploient même dix à quinze ouvriers, sans payer pour eux les redevances prescrites[6]. C'était, on le voit, une fois de plus, la grande industrie future qui essayait de s'émanciper des liens étroits des corporations d'arts et métiers. Et peut-être bien, est-ce à ce point de vue aussi qu'il faut juger la lutte âpre et curieuse qui s'engage, dans la Haute-Alsace surtout, entre les amateurs du « poison » d'Amérique et les pouvoirs publics, résolument hostiles à cette innovation diabolique « de boire du tabac[7] ». Ce n'était pas sans doute

---

1. *Mémoire de 1702*, fol. 5a.

2. Rapports officiels cités par le préfet Laumond, dans sa *Statistique sur le département du Bas-Rhin* (Strasbourg, an X), p. 14.

3. M. Hanauer en signale l'emploi à l'hôpital de Strasbourg, en 1606. (II, p. 600.)

4. M. Ferdinand Reiber a fourni une autre preuve encore pour fixer à peu près l'introduction de cet usage nouveau à Strasbourg. Dans l'album strasbourgeois, représentant les scènes de la vie d'étudiant, connu sous le nom de *Speculum Cornelianum* et édité par J. von der Heyden, en 1620, il y a une planche représentant l'étudiant Cornelius chez lui; or, dans la reproduction, modifiée çà et là par Pierre Aubry, vers 1650, l'artiste, pour plus de couleur locale, a ajouté une pipe en terre et une boîte à tabac, qui manquent sur la gravure de 1620.

5. Lettre du baron d'Eggk au professeur Gloner, 16 juin 1641, le priant de lui acheter à Strasbourg du bon tabac chez les marchands qui viendront de Francfort. (Reuss, *Samuel Gloner*, p. 74.)

6. Hanauer, II, p. 596.

7. C'était là l'expression consacrée de tous les arrêtés de police : *tobak*

la morale seule qui excitait l'indignation des Magistrats de Colmar et de Mulhouse, mais aussi la crainte de voir une branche d'activité nouvelle s'implanter chez eux, au détriment des vieilles *tribus* d'où ils sortaient eux-mêmes. A Mulhouse, l'ordonnance du 28 juin 1649 défendait absolument de fumer, à peine d'une livre d'amende ; dix ans plus tard, le 10 juillet 1659, l'autorité renouvelait la défense, et sommait tout citoyen de dénoncer les contraventions, à peine de forfaiture à son serment de bourgeoisie ; elle promettait en outre la moitié de l'amende au dénonciateur. Le 18 juin 1662, nouvelle ordonnance qui frappait d'une amende de dix livres toute personne qui vendrait du tabac à Mulhouse[1]. A Colmar, le décret du 20 août 1659 interdisait également aux bourgeois, aux manants et même aux soldats, mercenaires de la ville, de « boire du tabac ». Chaque contravention était punie de deux livres d'amende et les marchands chez lesquels on trouverait cette denrée dangereuse, devaient être pareillement punis[2]. A Strasbourg, la lutte semble avoir été moins vive, le Magistrat, à moins d'être aveugle, ne pouvant se dissimuler que l'industrie du tabac était d'une très grande importance pour la ville. Cependant, là aussi, il y eut d'abord mauvaise volonté bien évidente des gouvernants à l'égard des consommateurs. Une ordonnance du Magistrat du 18 septembre 1651 défendait de fumer, sans que l'on puisse décider cependant si la défense était absolue, ou si elle ne s'applique qu'aux cabarets et à la voie publique[3]. La seconde interprétation nous semble plus vraisemblable ; elle expliquerait mieux la démarche des brasseurs, faite en 1668, pour obtenir la permission de laisser fumer la clientèle de leurs débits ; si l'on n'avait pu se livrer aux douceurs de la pipe à domicile, ils n'auraient pas eu à craindre la désertion de leurs habitués, qui voulaient évidemment fumer en buvant et menaçaient de se mettre en grève ; il fallait donc bien qu'ils fussent des fumeurs invétérés, sourds aux imprécations lancées du haut de la chaire contre le « démon du tabac » (*Rauch-*

trincken; il faut croire qu'on gardait en bouche plus longtemps qu'aujourd'hui la fumée de sa pipe, avant de l'expirer.

1. Aug. Stoeber, *Notes sur le tabac*, *Revue d'Alsace*, 1881, p. 393 suiv.
2. *Ibid.* Au même moment, le fils d'un des bourgmestres de Colmar, Valentin Barth, soutenait une thèse, *De ebrietate*, où il fulminait aussi contre l'ivresse du tabac, et ajoutait, pour l'avoir vu sans doute de près, que l'abus de la plante est plus fréquent dans les universités, où on a l'habitude de s'enivrer de bière. (Argentorati, Frid. Spoor, 1659, in-4°.)
3. En tout cas, M. Hanauer, a eu une légère distraction en traduisant (II, p. 599) le mot de *lundten* (mèches pour allumer les pipes, qui se consumaient lentement, et qu'on employait pour s'épargner l'ennui de battre le briquet) par celui de cigares. On n'a pas connu le cigare en Alsace, ni peut-être ailleurs, en Europe, au XVIIe siècle.

teufel), comme aux satires des poètes et aux dissertations des
savants[1]. Le Conseil des XV commença par écarter la requête, mais
il dut céder quelques années plus tard. Aussi la production du tabac
en carottes et du tabac en poudre allait-elle augmentant sans cesse.
En 1691, l'un des fabricants de Strasbourg, Jean Dreher, comptait
déjà vingt agents qui parcouraient à ses frais les campagnes, pour
faire les achats nécessaires chez les cultivateurs[2]. En 1698, il s'employait à la fabrication, au dire de La Grange, jusqu'à 1,500 personnes. Vingt ans plus tard, en 1718, la ville comptait soixante-
douze fabriques et, dit-on, environ huit mille ouvriers[3]. La cause
du tabac y était définitivement gagnée et, depuis de longues années
déjà, le Magistrat avait consenti à installer un fonctionnaire spécial,
le *Tabackschauer*, ou inspecteur des tabacs, qui, siégeant à la
Douane, contrôlait tous les arrivages en feuilles, leur faisait payer
un droit d'entrée minime (1 puis 2 kreutzer par quintal) et faisait
détruire et brûler les tabacs qui lui semblaient de trop mauvaise
qualité[4].

Tout le tabac cultivé en Alsace n'y était pas, tant s'en faut, consommé sur place; il semblerait même que, plus tard, la majeure
partie des récoltes de la province ait été dirigée sur le dehors[5]. Le
tabac d'Alsace n'avait pas, il faut l'avouer, beaucoup de goût ni
d'arome. Les feuilles en étaient minces et dénuées de saveur; expédiées en Franche-Comté, en Suisse, en Allemagne et jusqu'en Savoie,
elles servaient surtout à faire un tabac à priser, très inoffensif. Par
contre, on mêlait du tabac du Palatinat, plus gras et plus fort, à
celui qu'on mettait en carottes à Strasbourg, pour en relever le
goût. Plus tard, les fabricants alsaciens firent même venir du tabac
de Virginie pour opérer certains mélanges[6]. Mais il paraît que la

1. Il faut voir avec quelle véhémence Michel Moscherosch dans ses *Visions*
parle des « ivrognes du tabac » qu'il faut exorciser comme des démoniaques.
Un éditeur strasbourgeois, qui fut en même temps un érudit, Simon Paulli,
publia en 1665 un traité, *De abusu tabaci*, qui ne convertit pas davantage ses
compatriotes.
2. Hanauer, II, p. 596.
3. Laumond, *Statistique*, p. 22. J'ai peine à croire, je l'avoue, que ce
chiffre d'ouvriers soit tant soit peu exact; la ville n'avait alors que 35,000 âmes
environ, et il me paraît impossible qu'un cinquième de la population ait été
employé à l'industrie des tabacs.
4. L'office d'inspecteur fut créé en 1689.
5. Le même préfet Laumond, que nous citions tout à l'heure, prétend
même qu'avant la Révolution, la *totalité* des produits du pays allait à Francfort (p. 17), ce qui est certainement une exagération flagrante.
6. Ern. Lehr, *Mélanges de littérature et d'histoire alsatiques*, p. 42
(d'après les papiers inédits de l'intendant d'Alsace, Maigret de Serilly, conservés aux Archives de la Basse-Alsace).

grande vogue du tabac de Strasbourg ne date que des premières
années du XVIIIe siècle, où un industriel habile inventa une « sauce »
particulière, dont le secret se transmit longtemps dans la profession
locale, et qui donnait au tabac en carottes, comme à celui en poudre,
un arome tout particulier. On en vendit, à partir de ce moment,
jusqu'en Hongrie et jusque dans l'Empire russe[1]. Nous ne connaissons malheureusement, pour le XVIIe siècle, qu'une seule indication,
celle de La Grange, sur l'importance en chiffres de la fabrication
des tabacs alsaciens ; il affirme qu'elle a donné jusqu'à douze cents
quintaux par semaine, dont les deux tiers étaient vendus en Allemagne, et le troisième du côté de la Lorraine et des pays de la
Sarre[2]. En 1702, la fabrication était, momentanément au moins,
ralentie, puisqu'elle ne fournissait plus que 50,000 quintaux par
an[3].

§ 12. FABRICATIONS DIVERSES

Il nous reste à énumérer sommairement, un certain nombre d'industries, de moindre étendue, sans doute, mais qu'on doit mentionner pourtant, comme sortant en quelque manière des cadres des
corporations d'artisans, ou comme fournissant des articles d'exportation. Nommons d'abord la tannerie, qui vers la fin du XVIIe siècle,
semble avoir dépassé la sphère plus étroite des *tribus* locales des
tanneurs, puisque le *Mémoire de 1702* nous parle de « manufactures de cuirs » qui se trouvent en quelques endroits de la province[4], sans compter celles de Strasbourg, « où il y en a beaucoup,
ce qui fait une grosse consommation d'écorces d'arbres, qui sont
nécessaires aux tanneurs, pour préparer leurs cuirs[5] ». C'est également à Strasbourg qu'était le centre de la fabrication et de l'exportation du vinaigre d'Alsace, célèbre dès le XVIe siècle et « si
légitimement renommé » encore dans les vingt premières années
du siècle suivant[6], mais déprécié depuis par les agissements de
trafiquants peu scrupuleux ; des règlements sévères, une inspection
officielle s'efforcèrent de rendre à ce produit strasbourgeois son ancienne renommée ; ce n'est qu'après un examen attentif que le fonc-

1. Lehr, p. 43.
2. La Grange, *Mémoire,* fol. 235. Il estimait le produit pécuniaire de la
vente à 4 ou 500,000 livres par an.
3. *Mémoire de 1702,* fol. 5a.
4. *Ibid.,* fol. 5b.
5. La Grange, *Mémoire,* fol. 248.
6. Dans son ordonnance du 4 juillet 1629, le Magistrat de Strasbourg parle
lui-même du *beruhmter Namen des gerechten Strassburger Essigs,* qui avait
été tristement déprécié par les contrefacteurs (*Stimpler*) du temps présent.

tionnaire spécial, l'*Essigkieser*, donnait aux tonnelets l'estampille officielle et les marquait de la lettre S, qui garantissait leur origine. La fabrication du savon se pratiquait d'ancienne date à Strasbourg ; mais ses produits étaient peu estimés et quand les gens qui se respectaient y achetaient du savon pour leur usage personnel, c'était du savon de Venise[1]. Vers la fin du siècle seulement, on essaya d'opposer à la marchandise du dehors, qu'elle vînt d'Italie ou d'Allemagne, une concurrence sérieuse. « Actuellement, dit La Grange, on travaille à Strasbourg, par privilège du Roy, à l'établissement d'une manufacture de savon. On prétend l'y faire meilleur et le donner à meilleur prix que celui qui vient de l'étranger[2]. »

Le parfilage de fils d'or et d'argent, et la fabrication de galons de ces deux métaux précieux représentait l'une des principales industries de Sainte-Marie-aux-Mines, à la fin du XVIIᵉ siècle[3]. Les produits de l'orfèvrerie, par contre, pour lesquels Strasbourg avait été si célèbre au siècle précédent, avaient perdu beaucoup de leur renommée depuis la guerre de Trente Ans. Les fortunes notablement diminuées empêchaient les dépenses de luxe, et le talent comme le goût des ouvriers s'était détérioré peu à peu dans les longues crises économiques et politiques. Par contre, on y fabriquait encore, dans la première moitié tout au moins du XVIIᵉ siècle, de grandes horloges mécaniques, qui étaient fort recherchées, et que le Magistrat envoyait parfois comme cadeaux, très bien reçus, à des ministres ou à des diplomates influents qu'il désirait se rendre favorables[4].

D'autres industries, très florissantes déjà, trente ou quarante ans plus tard, comme les manufactures d'armes[5] ou les papeteries[6], n'existaient pas encore à la date où s'arrête notre tableau.

1. Reuss, *Sam. Gloner*, p. 14.
2. La Grange, *Mémoire*, fol. 249.
3. Risler, *Histoire de Sainte-Marie-aux-Mines*, p. 81, 83. On en fabriquait également à Strasbourg. (Meyer, *Goldschmiedezunft*, p. 212.)
4. C'est ainsi qu'il en fit don, en 1648, à MM. de Chavigny et de Lyonne, pour les bien disposer en faveur de la République. (Lettres de l'envoyé strasbourgeois Gaspard Bernegger au docteur Imlin, avocat de la Ville, des 11-21 mars et des 6-16 mai 1648. Archives de la Ville.)
5. La manufacture d'armes blanches du Klingenthal fut créée en 1730.
6. Les papeteries de Wasselonne et de Munster datent de 1734 et de 1746.

CHAPITRE TROISIÈME

Commerce

§ 1. ROUTES

Le développement du commerce alsacien a été singulièrement facilité, pour le transport des marchandises au dedans, comme pour leur exportation au dehors, par la configuration même du territoire de la province. Ouverte au nord vers les Pays-Bas, et la Moyenne-Allemagne, au sud vers la Suisse et la Bourgogne, limitée à l'ouest par une chaîne de montagnes qu'on traversait par des cols, pour la plupart facilement accessibles, limitée du côté de l'est par un grand fleuve dont le cours formait alors moins une barrière qu'une route commerciale de premier ordre, la plaine d'Alsace était sillonnée de voies de communication nombreuses. Beaucoup d'entre elles dataient de l'époque romaine et avaient été construites par les légions impériales ; certains fragments en subsistent encore aujourd'hui, dans le réseau des chemins vicinaux, et d'autres de leurs restes n'ont disparu qu'au siècle dernier, devant les travaux plus étendus de l'administration française. Quand on étudie sur les cartes de l'Alsace romaine [1] le tracé des grandes routes militaires, établies durant les trois premiers siècles de l'ère chrétienne pour les besoins de la défense du pays et celui, moins certain sans doute, des lignes de communication secondaires, on constate que la plupart des routes qui, au XVIIe siècle, conduisaient de la Birs à la Queich et des Vosges au Rhin existaient alors déjà. Les chemins de traverse eux-mêmes étaient en grand nombre ; pour s'en assurer on n'a qu'à relever dans les cadastres de nos banlieues modernes tous ceux qui portent encore de nos jours l'appellation significative de « chemin des payens » (*Heidenweg*) ou « chemin des Romains [2] ».

---

1. Voy. A. Coste, *L'Alsace romaine* (avec deux cartes), Mulhouse, Risler, 1859, les travaux du colonel de Morlet, dans le *Bulletin des monuments historiques de l'Alsace*, et J. Naeher, *Die roemischen Militaerstrassen und Handelswege in Süd-West-Deutschland, in Elsass-Lothringen und der Schweiz*, Strassburg, Noiriel, 1887, in-4°.
2. Il est évident d'ailleurs que cette indication n'est pas toujours historiquement exacte et que plus d'un de ces *Roemerwege* date seulement du moyen âge. M. Naeher l'a démontré pour un certain nombre ; il reste encore beaucoup à faire pour tirer entièrement au clair le problème des voies de communication romaines en Alsace.

Sans doute, on a ouvert des voies nouvelles au cours du moyen
âge; la tradition attribue à l'abbé Fulrade de Lièpvre celle de
Saint-Dié à Sainte-Marie-aux-Mines¹, construite au temps de Pépin
le Bref; dès la seconde moitié du VIIᵉ siècle, la charte de fondation
de Senones en mentionne une autre, passant de Saales au val de
Villé, vers Scherwiller et Schlestadt². Une foule de villages se sont
formés peu à peu sur des territoires non défrichés à l'époque
romaine, et il a bien fallu les mettre en contact avec les centres
existants les plus proches, pour qu'ils y pussent vendre les produits de leurs champs et de leurs vignes, et leur gros ou menu
bétail. On a tracé également des chemins nouveaux, pour raccourcir
la distance entre deux points mal reliés entre eux, pour éviter un
péage, pour exploiter quelque bois ou quelque carrière, etc. Dès le
XIVᵉ siècle, il existe des routes régulières à travers l'immense
forêt de Haguenau³. Plus tard, nous voyons les chanoines du chapitre de Saint-Adelphe, à Neuwiller, entreprendre la construction
d'une grande route, allant de Neuwiller, au pied des Vosges, par
Dossenheim et Brumath jusqu'à Strasbourg, achetant partout les
terrains nécessaires pour rester chez eux durant toute la durée de
ce long trajet⁴. Si une collégiale, de médiocre grandeur après tout,
pouvait se payer le luxe d'une dépense de ce genre, à plus forte
raison les seigneurs plus puissants ont dû perfectionner le réseau
des voies commerciales, en l'élargissant, ou du moins veiller à son
entretien, par le travail de leurs corvéables. Cependant c'est pour
les terres d'Autriche seulement, que nous avons pu constater, dès le
premier tiers du XVIIᵉ siècle, l'existence de fonctionnaires chargés
d'inspecter et d'entretenir les routes⁵, et même celle de véritables
cantonniers qui y travaillaient sous leur surveillance⁶. Les autres
gouvernements faisaient bien bâtir les ponts, par exemple, mais ils
ne paraissent pas avoir chargé leurs budgets de la réfection des
routes elles-mêmes. Si, à la fin du siècle, la nouvelle administration
française n'avait pas encore pris directement en main la surveillance de la grande voirie, c'est assurément qu'en prenant possession du pays, elle avait trouvé cet état de choses traditionnellement

1. Risler, *Sainte-Marie-aux-Mines*, p. 5.
2. Grandidier. *Œuvres inédites*, VI, p. 293.
3. Dans l'accord de 1385, il est question de la *Morzbronner Strasse* et du
Sweighuser Weg. Ney, *Geschichte des Heiligen Forstes*, I, p. 37.
4. Rathgeber, *Hanau-Lichtenberg*, p. 24. Pour expliquer cette grande
dépense, il faut dire que l'abbaye avait à Strasbourg des propriétés considérables.
5. Archives de la Haute-Alsace, C. 343.
6. A.H.A. C. 336.

établi[1]. Or, voici ce que dit le *Mémoire* officiel de 1702 : « Le Roy ne fait point de fonds pour l'entretien des chemins d'Alsace. Ce sont les communautez les plus voisines qui réparent les endroits où il faut travailler ; cela se fait par corvées et l'on choisit le temps où les gens de la campagne ont le moins d'occupation[2]. » Encore à la veille de la Révolution, c'était ce régime qui était appliqué en Alsace. Seulement la bureaucratie, plus pressée, n'attendait pas que les paysans eussent des loisirs pour les envoyer à l'ouvrage, et la réparation des routes suivait immédiatement les dégâts, causés par les hommes ou la nature[3].

La grande artère commerciale de l'Alsace est la route qui, de Bâle, conduit par Mulhouse, Colmar, Schlestadt, Benfeld, Erstein, à Strasbourg et tire de là vers Haguenau, Wissembourg et Landau, tenant à peu près le milieu du pays entre la montagne et le grand fleuve. Elle était flanquée de deux routes parallèles ; l'une, plus courte, mais plus solitaire, serrant la rive du Rhin, allait de Bâle à Grosskembs, Ottmarsheim, Marckolsheim, Strasbourg, Drusenheim et Lauterbourg ; l'autre, fort importante au moyen âge, mais déjà moins fréquentée au XVIIᵉ siècle, parce qu'elle était la plus longue, traversait de nombreuses petites villes pittoresquement établies au pied des Vosges, Thann, Cernay, Turckheim, Kaysersberg, Riquewihr, Ribeauvillé, Saint-Hippolyte, Andlau, Barr, Molsheim, Marmoutier, Saverne, Bouxwiller, Niederbronn, etc. Après tant de siècles de vicissitudes politiques et sociales, ces tracés indiqués, pour ainsi dire, par la nature, n'ont guère changé, et les lignes du trafic d'alors sont encore marquées par les lignes de chemins de fer générales et locales, établies de nos jours. Les stations, lieux d'achat et de vente, étaient nombreuses sur le parcours de ces routes, sauf là où les forêts de la Hardt et de Haguenau occupaient le voisinage du fleuve et coupaient la chaîne presque ininterrompue des villes, villettes et villages qui se succédaient sur les quarante-quatre lieues de route, séparant, d'après les calculs du XVIIIᵉ siècle, les portes de Bâle de celles de Landau[4]. Au bon pas d'un cheval

---

1. Du moins le gouvernement français donna ordre, dès 1682, de mettre des poteaux indicateurs sur toutes les grandes routes. (Ney, II, p. 30.)
2. *Mémoire de 1702*, fol. 25ᵃ.
3. Voici ce qu'écrivait F. de Dietrich, en 1785 (*Description des gîtes de minerai*, II, p. 10) : « Partout on admire le zèle avec lequel on entretient les communications. Elles sont telles que le charroi est généralement établi d'un endroit à l'autre. Survient-il quelque orage qui dégrade le chemin, bientôt les dégâts sont réparés. »
4. On comptait 26 lieues de Bâle à Strasbourg, 17 lieues 3/4 de Strasbourg à Landau. Voy. J.-D. Pack, *Die Landstrassen und Wege der Ober- u.*

solide, on allait depuis la frontière suisse à Strasbourg, en deux
jours et demi[1]; de Belfort à Strasbourg, il y avait 28 lieues; on en
comptait 14 du chef-lieu de la Basse-Alsace à Colmar. Des voies
latérales reliaient partout les lignes principales ; dans la direction plus
ou moins exacte de l'Ouest à l'Est, il y avait de Colmar à Marckolsheim 4 lieues, de Haguenau à Drusenheim 3 lieues et 1/4, de
Wissembourg à Landau 4 lieues et 1/2 ; dans celle de l'Est à
l'Ouest, Strasbourg était distant de 8 lieues de Saverne; on comptait 3 lieues 3/4 pour aller de Colmar à Munster, 4 lieues 1/4 pour
se rendre de Mulhouse à Thann, etc. ; on le voit, c'étaient des distances, en somme peu importantes, qu'avait à franchir le commerce
intérieur de la province.

Une partie au moins de ces itinéraires d'Alsace ont été décrits
dès le XVIIᵉ siècle, dans le premier *Guide du voyageur* publié à
Strasbourg, en 1632, par un bourgeois d'Ulm, Styrien de naissance,
nommé Martin Zeiller; le livre eut assez de vogue pour qu'on le
réimprimât, et pour qu'en 1674 encore, un éditeur strasbourgeois en
donnât une édition nouvelle avec continuation ; il renferme une foule
de données géographiques, historiques et économiques curieuses sur
l'Allemagne dans la première moitié du XVIIᵉ siècle[2].

De toutes les routes transversales qui menaient du plateau de
Lorraine au Rhin, la plus importante de beaucoup, était celle de
Saverne à Strasbourg, parce qu'elle était la ligne de communication
la plus directe entre la France et l'Allemagne transrhénane. C'est
par là qu'avaient passé, de temps immémorial, les grandes invasions germaniques dirigées vers l'intérieur des Gaules ; c'est par
là que vinrent aussi, dix siècles plus tard, les premières invasions
dans la direction de l'Est, celle des Anglais de Coucy, celle des
Armagnacs. Au cours du XVᵉ siècle, l'évêque de Strasbourg,
Guillaume de Diest, avait fait élargir la sente primitive de la montée
de Saverne; encore améliorée en 1616, elle constitua une route à

Niederrheinischen Departemente, 2ᵗᵉ Ausg. Strassburg, 1798, 1 broch. in-12.
1. Le théologien bâlois Wolfgang Mayer y mit bien quatre jours en 1618,
mais il s'arrêta longuement en chemin pour banqueter avec ses amis.
2. *Itinerarium Germaniæ d. i. Reissbuch durch Hoch- und Niderteut-
schland*, etc. Strassburg, Zetzner, 1632, in-8⁰. — *Itinerarii Germaniæ Continuatio…, darinn das Reysebuch…, continuirt wird*, Strassburg, Paulli,
1674, in-fol. Ce Zeiller est aussi le véritable compilateur des *Topographies*
citées d'ordinaire sous le nom de Mathieu Mérian, l'artiste célèbre qui en
dessinait les planches et les éditait à Francfort. Les itinéraires alsaciens du
Reissbuch ont été rédigés d'après les notes de Zeiller lui-même, alors qu'il
accompagnait, de 1619 à 1623, deux jeunes barons autrichiens dans leur tour
d'Europe.

peu près carrossable, mais raboteuse[1], dominée d'un côté par le
massif des rochers du « Saut du prince Charles », surplombant de
l'autre le petit vallon du Schlettenbach. Cet étroit passage, où
quelques centaines d'hommes déterminés auraient pû arrêter jadis
toute une armée venant de l'Est, suffit pendant longtemps aux
besoins croissants du trafic d'outre-Vosges ; c'est au XVIIIe siècle
seulement qu'on entreprit la construction de la magnifique chaussée
qui déroule encore aujourd'hui ses zigzags blanchâtres au milieu de
la verdure des bois de la côte de Saverne[2].

Une autre route importante, traversant dans une direction analogue la plaine de la Basse-Alsace, était celle de Saales à Mutzig et
à Strasbourg, qui s'appelle la *Via Salinatorum* dans les chartes du
moyen âge, parce que c'est par là qu'arrivaient, en partie du moins,
les produits des salines lorraines aux consommateurs d'Alsace.
Dans la Haute-Alsace, deux chemins latéraux surtout avaient une
véritable importance commerciale ; l'un était celui qui, de Saint-
Dié conduisait par le Bonhomme (en allemand *Diedolshausen*) à
Sainte-Marie-aux-Mines et à Schlestadt ; l'autre, le chemin du
Rotabac, menait de la Bresse à Munster et à Colmar. C'est par eux
que les pâtres et les marquaires des montagnes venaient échanger
leurs fromages et leur boissellerie contre les produits divers et
principalement contre le vin de la plaine ; le second cependant était
loin d'être commode, et parfois les tempêtes de neige y ensevelis-
saient les imprudents qui le fréquentaient à une saison trop avancée
de l'année[3]. Tous ces chemins à travers la montagne suivaient timi-
dement les dépressions les plus accentuées de la chaîne des Vosges
et ne ressemblaient en rien à ces belles et larges routes qui, un
siècle plus tard, devaient monter, comme celle du Ballon de Giromagny, « jusqu'à quatre mille pieds de hauteur, avec ses spirales si
admirablement dessinées que partout un cheval peut y galoper,
tant à la montée qu'à la descente[4] ». C'est la seconde moitié seu-

---

1. Les inscriptions commémoratives de ces travaux se lisent encore à la
base du Rocher du prince Charles, ainsi nommé parce que la légende prétend qu'un prince lorrain de ce nom, poursuivi par ses ennemis, y lança son
cheval dans l'abime, sans se faire aucun mal. La *Topographie d'Alsace*
éditée par Mériau en 1644 appelle encore notre route « uu chemiu peu
large, pierreux, rude et mal aplani ». (P. 69.)

2. Elle fut construite de 1728 à 1737 par M. de Régemorte, directeur des
ponts et chaussées d'Alsace.

3. C'est ce qui arriva p. ex. le 20 novembre 1661, aux trois hommes qui
périrent avec leurs bêtes de somme dans une tourmente, près de la Roche-
d'Angoisse. Bleicher, *Les Vosges*, p. 29.

4. Les *Soirées helvétiennes, alsaciennes et fran-comtoises* (sic), Londres,

lement du XVIIIᵉ siècle qui a vu élargir ou nouvellement établir,
depuis le Ballon d'Alsace jusqu'au col du Pigeonnier, les treize
routes de grande communication existant au moment de la Révolution[1]. En dehors des chemins battus, personne, sauf les pâtres et
les chasseurs, ne songeait encore au XVIIᵉ siècle à parcourir les
montagnes, à moins d'être obligé d'y chercher une retraite momentanée contre les soudards ennemis, ou d'être poussé, comme Dom
Alliot ou Dom Ruinart, par une curiosité scientifique excessivement rare[2].

Si les routes commerciales étaient donc, à l'époque qui nous
occupe, suffisamment nombreuses en Alsace pour permettre à toutes
les localités un peu importantes de la province de communiquer
assez rapidement, soit avec Strasbourg, soit avec Bâle, les deux
principaux centres du commerce par terre, une autre condition
indispensable à une activité commerciale soutenue, la sécurité de
ces routes, ne manqua que trop souvent au trafic alsacien durant
tout le XVIIᵉ siècle. Les transports des marchandises sont à tout
moment gênés ou même complètement empêchés par la présence
d'armées ennemies ou de levées en formation; trop heureux les
marchands, quand ils ne sont pas enlevés et pillés par les irréguliers, les « chenapans » en rupture de toute discipline, qui
déclarent de bonne prise tout ce qui circule sur les grandes routes,
sans examiner longtemps si la marchandise est amie ou ennemie.
Sans doute, les généraux et les chefs de corps étaient eux-mêmes
intéressés à ce que les convois de céréales et de vins de la Suisse
et de la Haute-Alsace pussent arriver dans le bas pays et comprenaient la nécessité politique pour leurs maîtres de ne pas froisser
inutilement les gouvernants et la bourgeoisie de ces villes indus-
trieuses qui s'appelaient Bâle, Mulhouse, Colmar et Strasbourg, en
paralysant leur commerce. Ils défendaient donc sévèrement les
pillages, essayaient même de protéger directement la circulation des

1772, I, p. 60. Cet ouvrage du marquis de Pezay est très curieux pour
l'Alsace au XVIIIᵉ siècle.

1. De Dietrich, *Description des gîtes*, II, p. 11.

2. Sur les ascensions du Donon par ces savants bénédictins, en 1693 et
1696, voy. le substantiel travail de M. O. Bechstein, dans le *Jahrbuch* du
Club vosgien, Strasbourg. 1891, tome VII. — Il faut dire aussi que les
régions plus élevées des Vosges étaient véritablement très éloignées pour
les habitants de la plaine, grâce au manque de chemins plus directs ou de
chemins en général. Ainsi, encore dans la seconde moitié du XVIIIᵉ siècle,
on comptait 28 lieues et demie de Strasbourg au lac du Ballon (Pack, *Landstrassen*, p. 150), tandis que dès la seconde moitié du XVIIᵉ siècle, on ne
comptait que vingt-huit lieues de Strasbourg à Francfort-sur-le-Mein.
(Zeiller, *Itinerarium*, 1674, p. 317.)

marchandises, en prescrivant, comme le fit, en 1633, le rhingrave Othon-Louis, de leur fournir des escortes[1]. Mais les subalternes ne tenaient fréquemment aucun compte des ordres officiels et rançonnaient les voituriers ou déchargeaient leurs chariots. Un convoi de vin, expédié de Colmar à Bâle, en avril 1634, fut pillé de la sorte avant d'être arrivé jusqu'à Rouffach[2]. Un autre convoi, de même nature, parti de Riquewihr en novembre 1635, avec un sauf-conduit formel du gouverneur impérial de Brisach, fut intercepté par le commandant impérial d'Erstein, qui en distribua la majeure partie à ses soldats et permit aux bourgeois de la petite ville épiscopale, bourgmestre en tête, d'emporter le reste par baquets[3].

Une fois solidement établis en Alsace, les généraux français s'efforcèrent de réprimer un désordre qui paralysait toute activité commerciale et de nettoyer les routes des « brigands » qui les infestaient. Le 21 janvier 1641, le baron d'Oysonville, intendant de Brisach, instituait dans cette ville un premier corps de maréchaussée, en chargeant un nommé Mathias Robelin d'organiser une compagnie « d'archiers » bien montés, armés de deux pistolets et d'un mousquet, qui feraient des patrouilles régulières à travers le pays. Ils devaient surtout poursuivre les maraudeurs qui se cachaient dans les grandes forêts pour intercepter les convois et pour assassiner les voyageurs qui se risquaient à les traverser sans escorte suffisante[4].

Les routes semblent être devenues plus sûres pendant les vingt-cinq années qui séparent le traité de Westphalie de la guerre de Hollande. Mais dès que les hostilités recommencent sur le territoire alsacien, les mêmes causes paralysent de nouveau le commerce de la région. Condé, de son camp de Châtenois, déclare bien qu'il veut que le trafic de Strasbourg avec Bâle, Montbéliard, Metz, Nancy et autres places de Lorraine et de Franche-Comté soit libre, et défend de rien prendre ni faire aucun tort aux marchands et rouliers de ladite ville. Il menace même de la peine de mort les soldats désobéissants et rend responsables de ce qui pourrait arriver les officiers, « en leur propre et privé nom ». Il ordonne de plus de fournir une escorte à chaque marchand qui la réclamerait, sans rien demander pour cela[5]. Mais les habitudes invétérées de la sol-

---

1. Lettre du 18 juillet, 1633. Mossmann, *Matériaux, Revue d'Alsace*. 1877, p. 450.
2. *Revue d'Alsace*, 1877, p. 460.
3. Eusfelder, *Riquewihr, Revue d'Alsace*, 1877, p. 379.
4. Archives de la Haute-Alsace, C. 548.
5. Ordre du 10 novembre 1675. Kentzinger, *Documents*, II, p. 227.

datesque sont difficiles à changer et les pillages recommencent. On a toute la peine du monde à décider les paysans à voiturer les marchandises, même avec des passeports royaux; il faut mêler les menaces aux prières et surtout payer des sommes exorbitantes pour les amener à exposer leurs chevaux et leurs chariots au danger d'être volés. Au moment même où Condé donnait les ordres que nous venons de citer, un voyageur français, traversant l'Alsace, raconte qu'on ne rencontrait sur les routes que « des soldats allant en parti ou à la picorée, des bandes de fourrageurs qui pillaient les villages. On était sans cesse sur le qui-vive. Dès qu'on rencontrait quelques cavaliers, on commençait par mettre le pistolet à la main, ou à lever le mousqueton, pour se mettre en défense, jusqu'à ce qu'on se fût reconnu[1] ».

On pense bien que dans une situation pareille, — et cette crise nouvelle dura près de six ans, — les routes n'étaient guère encombrées de convois de marchandises, et que le commerce se trouvait par moments entièrement paralysé. L'état des routes ne devint définitivement meilleur, au point de vue de la sécurité générale et de la facilité des transports, qu'à partir du moment où la France, maîtresse indiscutée du pays, et ne rencontrant plus devant elle l'obstacle de tant de petites souverainetés embarrassant la sienne, put assurer l'ordre au dedans par la police vigilante de sa maréchaussée, et la paix à la frontière par les succès de ses armées.

§ 2. L'ORGANISATION POSTALE

Si les routes d'Alsace remontent, en partie, jusqu'à l'époque romaine, les communications régulières qu'elles appelaient, tant pour les besoins de la politique que pour ceux du commerce et des intérêts particuliers, firent longtemps défaut. Les nouvelles arrivaient durant tout le moyen âge, un peu au hasard, soit qu'on confiât sa correspondance à quelque voyageur plus ou moins personnellement connu, qui voulait bien s'en charger, sans en garantir l'arrivée, soit que certains trafiquants, visitant à intervalles réguliers, les foires locales, consentissent à les délivrer contre salaire. En Alsace, il semble que ce furent principalement les marchands de bétail et les bouchers qui, pendant longtemps, fonctionnèrent ainsi comme intermédiaires entre le public de localités différentes[2]. Les affaires poli-

---

1. *Mémoires de deux voyages*, p. 136.
2. Cette « poste des bouchers, » ne fonctionnait pas avec une grande célérité; c'est pourquoi l'on emploie encore aujourd'hui en Alsace le mot de *Metzgerpost* quand on veut parler d'une communication lente et tardive.

tiques amenaient bien les princes, les seigneurs et les villes à échanger de fréquentes missives, mais ces envois se faisaient par des messagers spéciaux qui ne songeaient pas à travailler pour le public, et n'en avaient ni le loisir ni le droit[1]. Ce n'est que vers le milieu du XVIe siècle qu'une espèce de service postal fut organisé, pour les besoins du gouvernement tout d'abord, l'énorme étendue des territoires qui obéissaient alors à la maison d'Autriche exigeant impérieusement des communications régulières entre les nombreuses provinces et dépendances du vaste empire de Charles-Quint. Des *postreuter* ou courriers officiels portaient les valises avec les missives et les dossiers administratifs, et peu à peu ils y joignirent la correspondance commerciale des villes par lesquelles ils passaient. Une fois par semaine, un de ces courriers partait de Vienne, ou de tel autre point, où se trouvait la cour impériale, après avoir reçu les lettres de Venise, de Rome et de Milan; il se rendait d'abord à Augsbourg; de là, passant par le Wurtemberg, il arrivait à Rheinhausen[2], puis à Kreuznach, et finalement à Bruxelles. Après avoir remis ses dépêches, il refaisait la même route, en sens inverse. Vers 1580 fut organisé un second tracé postal; le courrier quittait Cologne, après avoir reçu les correspondances des Pays-Bas septentrionaux, traversait le Hunsrück et rejoignait à Kreuznach son collègue de Bruxelles. Les princes et dynastes, par les territoires desquels passaient ces messagers officiels, désignaient des locaux où l'on pouvait déposer des lettres et des paquets à leur confier, assermentaient des fonctionnaires pour surveiller les dépôts de ces *posthaeuser*, payaient même parfois des subsides à ceux qui faisaient le service; mais celui-ci n'avait rien d'obligatoire. Les lettres de commerce n'étaient d'ailleurs pas bien nombreuses en ce temps, où la plupart des affaires de conséquence se traitaient de vive voix aux grandes foires de l'Empire, après inspection des marchandises. Ce n'est que dans les vingt premières années du XVIIe siècle, grâce précisément à la création du monopole des postes, en 1615, que l'organisation du

1. Encore au XVIIe siècle ces messagers officiels étaient parfois assez lents. Quand l'évêque de Worms, directeur du cercle du Haut-Rhin, eut à envoyer en 1630 des dépêches assez pressantes aux villes d'Alsace, il les fit porter par un « piéton » (*lauffender bott*), qui devait toucher 3 batz par heure de marche de chaque intéressé. Au lieu de se hâter, il s'arrêta successivement à Haguenau, Colmar, etc., essayant d'escroquer à chaque Magistrat la somme totale des frais, comme s'il avait été envoyé spécialement vers lui. (Mossmann, *Matériaux, Recue d'Alsace*, 1876, p. 327.)

2. Ce petit village qui fut longtemps un des centres du réseau postal de l'Empire, se trouve dans le grand-duché de Bade actuel, à peu près en face de Spire, vers Philipsbourg.

service des courriers, en s'étendant dans des directions nouvelles, put
rendre ' enfin de véritables services aux particuliers. Dès 1604, le
service entre Rheinhausen et Francfort, de 1615 à 1618, ceux de
Hambourg à Cologne et d'Augsbourg à Nuremberg, réunirent enfin
tous les principaux centres commerciaux de l'Allemagne en un réseau
commun. Mais des inconvénients majeurs ne tardèrent pas à se produire. La guerre de Trente Ans fournit au gouvernement impérial[1],
et surtout aux détenteurs du monopole octroyé par lui, les comtes
de Taxis, l'occasion de s'émanciper de la tutelle, parfois gênante,
des autorités locales. Ils désignèrent comme maîtres des postes,
non plus des bourgeois des villes ou des bourgs où s'arrêtaient
leurs courriers, mais des étrangers, voire même des agents catholiques dans des villes toutes protestantes. Ces personnages, fiers de
l'exemption de tous droits et impôts, que leur garantissait le privilège impérial, se souciaient fort peu d'obéir au Magistrat, et même
l'espionnèrent parfois ; le contrôle des correspondances était mal
fait, les lettres distribuées trop tard, le secret épistolaire violé, en
dépit des règlements les plus sévères, etc.[2]. Aussi les villes libres
impériales, principaux centres du commerce d'alors, réclamèrent-
elles énergiquement contre ces abus, lors de la discussion du traité
de paix de Westphalie. L'article VII des propositions de paix, présentées aux ambassadeurs suédois en juin 1647, portait que dorénavant
les maîtres de poste seraient des nationaux et non plus des étrangers[3].

   Pendant fort longtemps Strasbourg, malgré son importance
commerciale, et à plus forte raison, aucune autre ville d'Alsace,
n'eut de service postal régulièrement organisé. Les courriers impériaux circulaient depuis longtemps déjà, qu'on se contentait de faire

---

1. Déjà l'empereur Maximilien II avait désigné l'électeur de Mayence
comme directeur suprême des postes de l'Empire, mais en réalité, celui-ci
ne s'était jamais immiscé dans les mesures locales, autrement que pour s'informer auprès de ses collègues princiers s'ils désiraient que les courriers
s'arrêtassent chez eux, ce qu'aucun d'eux n'avait refusé, d'autant qu'il y
avait franchise de port pour les correspondances officielles.
   2. Nous ne saurions entrer ici dans les détails, qui feraient voir l'extrême
désordre des services à cette époque, où l'on vit même les comtes de Taxis
faire attaquer à main armée et dépouiller de leurs valises les courriers organisés par d'autres États de l'Empire, afin de maintenir leur monopole. On
trouvera le très curieux rapport présenté sur la question au congrès de
Westphalie, en décembre 1647, par l'ex-maître des postes de Francfort,
Birchden, l'homme de confiance, puis l'adversaire des Taxis, dans Meyern,
Acta, tome V, p. 444-456.
   3. « Postarum magistri in urbibus sint Germani natione. » Meyern, *Acta*,
t. IV, p. 577.

porter par des messagers privés, plus ou moins bien montés, la correspondance strasbourgeoise au village de Rheinhausen, où on la versait au maître de poste impérial. C'était un particulier, un négociant nommé Jean de Turckheim, qui vers la fin du XVIe siècle encore, était chargé par ses collègues de centraliser leurs lettres et de les faire partir par des messagers plus ou moins sûrs [1]. Le service régulier date de 1615, où le maître de poste de Francfort-sur-le-Mein, Birchden, qui fut entendu plus tard comme expert au Congrès de Westphalie, invita le Magistrat à nommer un maître de poste, natif de Strasbourg; celui-ci organisa également, en 1619, un service régulier de voitures circulant entre les deux villes [2]. Au commencement de la lutte trentenaire, après les succès de Tilly et de Wallenstein, le directeur général des postes impériales imposa à Strasbourg un maître de poste à lui, qui, pendant plusieurs années, dirigea le service; mais dès que les succès des Suédois s'accentuèrent, Strasbourg réclama son indépendance, déposa l'intrus et nomma l'un de ses bourgeois, Balthasar Krauth, à l'office qu'il occupa pendant de longues années [3]. La poste aux chevaux resta longtemps en dehors de l'enceinte de la ville, devant la porte des Bouchers, sans doute pour pouvoir loger plus commodément les nombreux chevaux que réclamait le service des voyageurs, mais durant les guerres de Louis XIV elle fut établie dans l'intérieur de la ville [4]. Quant à la poste aux lettres, elle se trouvait, à l'époque de la guerre de Trente Ans, dans la rue du Vieux-Seigle, tout près de l'*Ammeisterstube,* à la *Lanterne;* sans doute l'emplacement avait été choisi afin que les autorités pussent être immédiatement saisies des correspondances et des « avis » ou gazettes manuscrites et imprimées, apportées par le courrier [5].

1. F. Piton, *Strasbourg illustré*, t. II, p. 46.

2. Piton, II, p. 47. C. Loeper (*Zur Geschichte des Verkehrs in Elsass-Lothringen*, Strasbourg, 1873, p. 34-35) n'a fait que paraphraser les indications sommaires de l'archéologue strasbourgeois, dont je n'ai pu retrouver les sources, qu'il n'indique malheureusement jamais.

3. Il mourut comme membre du Conseil des XXI en 1668. Reisseissen, *Aufzeichnungen*, p. 80.

4. Elle se trouvait encore en dehors de l'enceinte en 1662. (XIII, 10 février 1662.)

5. Daniel Martin, *Parlement nouceau*, p. 107. Ce chapitre XII : *De la poste*, du recueil de l'honnête « linguiste » de Sedan, nous donne une idée très exacte du service postal d'alors. On dressait une liste alphabétique des lettres arrivées, et on la communiquait à ceux qui venaient demander s'il n'était rien arrivé pour eux; ils choisissaient dans le tas, eux ou les domestiques qu'ils envoyaient, et payaient le port avant d'emporter les paquets de lettres à leur adresse. Pour ce qui est du port, il m'est difficile d'indiquer un prix exact, car si Martin fait payer à son page « un demi-teston » (*ein halb*

Colmar [1], et sans doute aussi les principales autres villes impériales de l'Alsace, avaient à cette époque des maîtres de poste analogues. Pour ce qui est de l'évêché de Strasbourg, l'administrateur
civil du diocèse, le comte Hermann-Adolphe de Salm, qui résidait à
Saverne, et avait naturellement le plus pressant intérêt à savoir ce
qui se passait, soit en Lorraine, soit dans la plaine d'Alsace et surtout au delà du Rhin, enjoignit, en juin 1630, au Magistrat de la
résidence de désigner un maître de poste. Le nouveau fonctionnaire
devait avoir toujours un certain nombre de chevaux à la disposition
des courriers [2] et des voyageurs ordinaires, qu'il pourrait faire conduire jusqu'à Sarrebourg, Strasbourg et Haguenau, mais non pas
plus loin [3]. Il était autorisé à demander deux florins, payables
d'avance, pour la location de chaque cheval [4] et, — mesure de prudence indispensable ! — ne devait pas laisser partir les voyageurs
sans les faire accompagner par un postillon qui ramènerait les chevaux [5]. De plus, il ne devait organiser aucun départ, sans le consentement du gouverneur. Mais il ne semble pas, quoi qu'on ait dit,
qu'un passeport fût nécessaire alors pour circuler sur les grandes
routes [6].

En 1631, un entrepreneur de transports, lorrain semble-t-il,

Kopffstuck) pour un paquet venant du Wurtemberg, nous ignorons s'il s'agit
de testons lorrains ou français. Ces derniers étaient évalués en 1637 à 1 fr. 81.
(Hanauer. I. p. 263.) Les courriers partaient deux fois par semaine, à ce
moment, le lundi et le vendredi.

1. Mossmann, *Matériaux, Revue d'Alsace*, 1885, p. 477.

2. Si le règlement savernois prescrit au maître de poste d'avoir au moins
quatre chevaux à l'écurie (chiffre qui peut paraître dérisoire pour une route
aussi suivie), il ne faut pas oublier que la plupart des gentilshommes et des
personnes aisées voyageaient soit avec leurs propres chevaux, soit avec des
montures qu'on louait pour toute la durée d'un voyage.

3. On trouvait des chevaux de relais à ces stations.

4. En 1638, le maître de poste Krauth, de Strasbourg, se faisait payer
6 livres 10 schellings pour l'envoi d'un postillon à Colmar. (A.B.A. E. 1350.)
Si le cavalier abimait sa monture, il était tenu de la remplacer. Ainsi le maître
de poste de Haguenau s'étant plaint de ce que le sire de Bietenheim lui eût
crevé un cheval, le bailli de Benfeld ordonna, le 28 février 1625, de saisir les
biens du gentilhomme jusqu'à ce qu'il eût payé le maître de poste. (A.B.A.
G. 287.)

5. Dag. Fischer, *Organisation municipale de Saverne, Revue d'Alsace*,
1865, p. 293. D. Martin donne de bons conseils à ceux qui monteront ces
chevaux de poste « qui n'ont que faire d'estre piquez ou frappez d'un nerf de
bœuf, mais suyvent d'eux-mesmes le postillon qui galope devant, sonnant de
son cor. Seulement il se faut fournir de bons coussinets pour n'estre es-
corché, etc. » (p. 116).

6. Le cas cité par Loeper (*Verkehrswesen*, p. 281) ne se rapporte nullement
à un passeport; il s'agit d'une lettre de créance, donnée par le Magistrat
d'Ensisheim à trois boulangers de cette ville, pour leur faciliter des achats de
grains à Thann, en mars 1636.

obtint le privilège de faire circuler régulièrement des voitures sur
la route de Paris à Strasbourg, en passant par Nancy ; mais les
guerres de Lorraine ayant commencé peu après, le service fut bientôt interrompu, si tant est qu'il ait vraiment été mis en train [1].

Tous les moyens de transport dont nous venons de parler ne se
rapportaient évidemment qu'aux voyageurs aisés et aux paquets
peu encombrants qu'un courrier pouvait placer dans sa valise. Les
gens moins riches et moins pressés n'avaient d'autre moyen de loco-
motion que de cheminer modestement à pied, ce qui se faisait infiniment plus souvent alors que de nos jours [2], ou de s'embarquer, dans
une de ces grandes « roulottes » (*Rollwagen*) qui servaient principalement au transport des marchandises. Le fond était encombré de
ballots, de caisses ou de tonneaux ; sur le devant on ménageait un certain nombre de places pour le conducteur, le marchand, son commis,
parfois même sa femme, puis des amis ou des compatriotes payants,
tous abrités sous la vaste bâche de toile plus ou moins imperméable.
On n'allait pas vite, on tuait le temps en se racontant des histoires [3],
mais aussi l'on ne payait pas bien cher, en comparaison des prix de
transport pour un carrosse véritable [4]. Quand il n'y avait aucune
voiture de roulage en partance, il fallait bien employer les messagers spéciaux pour porter les paquets ; il fallait les employer encore
quand l'endroit, où l'on devait expédier un objet quelconque, était en
dehors des lignes du trafic habituel, et bien souvent la valeur de
la marchandise transportée était hors de proportion avec les honoraires du messager [5].

1. Piton, *Strasbourg illustré*, II, p. 49. Dès 1607, il paraît d'ailleurs y
avoir eu à Strasbourg un « carrosse de Strasbourg » qui allait à Paris. Le
gentilhomme brandebourgeois dont M. P. Hassel a publié le journal de
voyage, déjà cité par nous, raconte qu'il vendit ses chevaux dans cette ville
pour prendre *die Strassburger Kutschen*, ce qui semble bien indiquer un
service plus ou moins régulier.
2. Les étudiants, comme les soldats, ne voyageaient alors qu'à pied ; à plus
forte raison tous les compagnons de métier. Quand le jeune Daniel Richshoffer,
de Strasbourg, revint en 1632 du Brésil, où il avait servi chez les Hollandais,
il envoya son argent, une somme rondelette pour le temps, par lettre de
change à Strasbourg et fit à pied tout le trajet d'Amsterdam à sa ville
natale.
3. On sait qu'un poète alsacien de la fin du XVIᵉ siècle, Georges Wickram,
de Colmar, a intitulé l'un de ses recueils de contes, pour cette raison, *Das
Rollwagenbuechlein*.
4. Dag. Fischer (*Elsaess. Samstagsblatt*, 1863, p. 47), dit qu'on payait
au XVIᵉ siècle 12 pfennings en été, 1 schelling 4 pfennings en hiver pour
aller de Saverne à Strasbourg. En 1618, le docteur Wolfgang Meyer, de
Bâle, paya 8 florins 5 batz au voiturier qui le menait, avec quelques amis,
de Bâle à Strasbourg.
5. En juin 1637, le bailli de Sainte-Marie-aux-Mines envoyait à M. de

Ce ne fut qu'après la fin de la guerre de Trente Ans qu'on put
songer à remettre quelque ordre dans les communications postales
déjà existant en Alsace, ou à en créer de nouvelles. Le gouvernement
français ne semble avoir pris aucune initiative à cet égard, — il est
vrai qu'il avait d'autres soucis plus urgents, — et les villes restèrent
tout d'abord avec leurs organisations plus ou moins rudimentaires,
stations de la poste de Taxis, ou messagers à leur solde individuelle.
En 1659, nous voyons le nommé Claude Lefebvre obtenir l'autorisation de faire partir une fois par semaine en hiver, et deux fois en
été, un coche de Strasbourg à Paris et de Paris à Strasbourg[1]. En
1661, le Magistrat de cette ville approuve un arrangement pris par
son maître de poste, Balthasar Krauth, toujours encore en fonctions,
avec Nicolas Socin, son collègue de Bâle, pour faciliter le transport
des correspondances à travers la Haute-Alsace[2]. Mais le service des
courriers et des voyageurs en général devait être peu satisfaisant,
puisque le stettmeistre en fonctions, Philippe-Jacques Wormser,
crut nécessaire de promulguer le 30 juin 1662 un long règlement
y relatif, le premier imprimé que nous connaissions pour cette
branche des services publics. Les voyageurs, est-il dit dans le préambule, se plaignent de ne point trouver ici de montures, et d'être
obligés par suite de s'y arrêter trop longtemps, ou bien encore d'en
recevoir de très mauvaises et d'avoir à les payer fort cher. En conséquence, le Magistrat prescrit une série de mesures à observer strictement désormais. Le maître de poste veillera à ce qu'il y ait
toujours des chevaux prêts à partir pour ceux qui veulent voyager
à cheval, sans être accompagnés d'un postillon[3]. Aucun bourgeois
ne pourra offrir ses services à un voyageur étranger, avant d'avoir
pris langue à ce sujet avec le maître de poste, et moins encore
un postillon étranger. Défense absolue de dépasser les prix fixés
par la taxe officielle. Les bourgeois pourront cependant prêter leurs
chevaux aux étudiants et à d'autres habitants de la ville, désireux
de faire une promenade à la campagne, mais il leur est interdit de
les faire accompagner par un postillon ou par un valet. Si un voyageur préfère cheminer en voiture, il s'adressera aux entrepreneurs

Manicamp, gouverneur de Colmar, un panier avec des poulets. Les bêtes
elles-mêmes lui coûtèrent 2 florins 48 kreutzer, le port du panier 1 florin
36 kreutzer. (*Documents concernant Sainte-Marie-aux-Mines*, p. 318.)
  1. Piton, II, p. 49.
  2. XIII, 7 janvier 1661.
  3. Loeper, *Zur Geschichte des Verkehrs*, p. 231. Il s'agit ici probablement
de gens connus et qui comptaient revenir à Strasbourg, qui peut-être même
y avaient leur domicile légal.

de messageries (*landgutscher*) ou propriétaires de diligences locales[1].
Ceux-ci pourront employer pour le transport des étrangers des
carrioles ou des carrosses[2]; mais cette permission est refusée absolument aux autres bourgeois. On ne voulait ou ne pouvait évidemment
pas faire concurrence au monopole postal.

Une ligne de relais postaux fut établie quelques années plus tard
de Nancy à Strasbourg, à travers les terres de l'évêché ; elle passait
par la vallée de la Bruche, et un bourgeois de Mutzig fournissait
tous les lundis les chevaux nécessaires au courrier qui retournait
« *recte* » de Strasbourg à la capitale lorraine[3].

Le nombre des voyageurs profitant de ces relais de poste, sur
les grandes lignes tout au moins, devait être dès lors assez considérable, puisqu'en 1671, d'accord avec le maître de poste, trois
bouchers de Strasbourg, Abraham Hansmetzger, Antoine Schmidt
et Guillaume Goeppel, tenaient réunis, à la disposition du public,
une soixantaine de chevaux. Ils payaient un droit annuel de 100 rixdales pour cette préférence[4]. Le tarif de 1669 portait pour un cheval
jusqu'à Colmar 12 schellings; jusqu'à Wissembourg 2 florins ;
jusqu'à Brisach 2 florins 4 schellings ; jusqu'à Landau 2 florins
5 schellings ; jusqu'à Bâle 3 florins 5 schellings ; jusqu'à Nancy, Metz
et Mayence 6 florins ; jusqu'à Francfort-sur-le-Mein 6 florins
5 schellings ; jusqu'à Genève 10 florins ; jusqu'à Paris 15 florins ;
jusqu'à Lyon 16 florins[5]. Il n'est pas dit (ce qui est probable) s'il
fallait payer en outre l'entretien de la bête pendant la durée du
voyage.

Nous possédons également pour cette époque le tarif des postes
impériales qui, depuis Rheinhausen, desservaient l'Alsace. On
comptait de Rheinhausen à Strasbourg quatre relais et demi, de
Strasbourg à Saverne 2 relais, de Strasbourg à Colmar 3 relais,
de Strasbourg à Brisach 4 relais et demi, etc. Ce tarif était
appliqué d'ordinaire à des voitures à deux chevaux, pour lesquelles

1. Les deux expressions françaises par lesquelles j'essaie de traduire le
mot *Landgutsche* ont quelque chose de trop moderne peut-être ; ce n'étaient,
à vrai dire, ni des *messageries*, ni des *diligences*, plutôt des commissionnaires, des messagers de certaines localités, qui, par surcroît, transportaient
des voyageurs.

2. On comptait alors deux espèces de véhicules, les carrioles, plus légères
et moins commodes (*caletschen*), pour les distances peu considérables, les
coches ou carrosses (*gutschen*), plus lourds, mais un peu plus confortables.

3. Ordonnance du bailli épiscopal Wolf-Louis de Neuenstein, datée de
Molsheim, 9 janvier 1669. (A.B.A. G. 1162.)

4. Piton, *Strasbourg illustré*, II, p. 49.

5. Piton, *loc. cit.*, Loeper, *Verkehrswesen*, p. 42. Pour la traduction des
prix de ce tarif en valeurs actuelles, voy. Hanauer, II, p. 575.

on comptait 3 florins par relais, plus 10 kreutzer de pourboire[1],
soit en monnaie actuelle 48 fr. 70 pour la route de Rheinhausen à
Strasbourg, 32 fr. 55 pour le trajet de Strasbourg à Colmar,
49 fr. 70 pour celui de Strasbourg à Brisach, etc. Il existait de
plus des communications régulières par bateaux spéciaux, sur le
Rhin et sur l'Ill, qui sont comprises au même tarif[2].

A la longue cependant, le gouvernement français trouva cette multiplicité de services de transports locaux aussi gênante que difficile
à surveiller, et il introduisit en Alsace le monopole postal qui existait déjà dans le reste du royaume. Peu de semaines après la capitulation de Strasbourg, le 21 novembre 1681, il était fait défense,
d'ordre de M. de Louvois, « grand maistre des courriers et surintendant général des postes de France », d'expédier n'importe quelle
correspondance autrement que par les postes royales (ordinari-post).
Tout bourgeois ou négociant qui emploierait à cet usage un messager, conducteur de coche, postillon ou roulier quelconque,
paiera trois cents livres d'amende par contravention, un tiers étant
attribué au dénonciateur, le second à l'hôpital, le troisième aux
employés de la poste, « Sa Majesté voulant que tous ceux qui
seront pris avec les lettres et qui n'auront pas de quoy payer
ladite amende, seront condamnés au foüet et la fleur de lys[3] ». Sur
toutes les grandes lignes nous voyons établir alors des relais « des
postes royales de France », dans des localités même insignifiantes[4],
et Louvois recommander aux autorités locales tel ou tel candidat pour
qu'elles lui confèrent le privilège de tenir la poste aux chevaux[5]. En
dehors de ces lignes principales, les seules que le gouvernement
eût intérêt à se réserver, l'ordonnance du 21 novembre 1681 pro-

---

1. *Zeitschrift für Geschichte des Oberrheins*, tome XII, p. 138. Il
semblerait qu'en 1673, date de ce tarif, on courait déjà moins la poste à
cheval qu'on n'utilisait les carrosses de louage. Vers la fin du siècle, on ne
voyageait plus guère autrement qu'en voiture.

2. On descendait de Schlestadt à Graffenstaden sur l'Ill pour 3 florins;
nous parlerons tantôt, en détail, de la navigation sur le Rhin.

3. Lœper, *Verkehrswesen*, p. 233.

4. Il devait y avoir 3 entrepreneurs de transports ou maitres de poste à
Strasbourg, deux dans les gros bourgs, un dans les villages (sur le parcours
des postes bien entendu). D'ordinaire c'était l'aubergiste de la localité qui
était chargé d'entretenir les chevaux de relais (*Lehenrosse*). M. de Coureelle,
le directeur général des postes, représentant de Louvois, se faisait payer
2 rixdales par cheval, et par trimestre. (Ordonnance du 12 janvier 1682).
Loeper, *op. cit.*, p. 240.

5. C'est ainsi que le Magistrat de Saverne donne le privilège de la poste
aux chevaux pour 9 ans à un nommé Jean Würmel, sur la recommandation de Louvois, contre un canon annuel de cent onze livres. (Dag. Fischer,
Revue d'Alsace, 1865, p. 293.)

duisit une perturbation beaucoup moins considérable dans les transports des correspondances et des paquets qu'on n'aurait dû le
croire, par la bonne raison qu'elle fut suivie quelques jours plus
tard d'une ordonnance explicative qui en restreignait singulière-
rement la portée. Il était dit dans ce second document que tous les
envois se faisant en des localités et pour des localités où ne passaient point les postes royales pourraient se faire à l'avenir aussi,
par n'importe quel moyen et par l'entremise de toute personne;
que les étudiants pourraient porter sur eux des lettres de recommandation; que les conducteurs de coches et diligences (*landgutscher*) étaient autorisés à transporter les lettres de charge et les
connaissements de leurs marchandises, pourvu qu'ils ne fussent
pas cachetés; que les messagers de Tubingue et de Nuremberg
pourraient apporter, comme par le passé, les sommes d'argent, les
dissertations, etc., destinées aux étudiants de Strasbourg[1].

A partir de la capitulation de Strasbourg, la circulation postale
prend une extension rapide, surtout dans la direction d'outre-
Vosges. Le gouvernement français a désormais trop d'affaires à traiter, trop d'ordres à faire parvenir en Alsace, pour se contenter d'un
courrier hebdomadaire. Dès 1682, le *Tableau des courriers ordinaires
partant de Strasbourg* porte trois départs par semaine pour Paris,
et trois arrivées de la capitale. Deux fois par semaine un courrier
partait pour Spire, Francfort et la Basse-Allemagne; une fois par
semaine pour Ulm, Augsbourg et la Haute-Allemagne; une fois
par semaine pour la Suisse orientale et l'Italie; deux fois pour Colmar et la Haute-Alsace, Bâle, Genève, Lyon et la Provence; deux
fois par semaine enfin pour Haguenau et les principales localités
de la Basse-Alsace[2]. C'était un progrès énorme pour les communications commerciales au dehors, car encore en 1680, il n'arrivait
qu'un courrier par semaine de Paris[3]. L'affranchissement n'était pas

1. Ordonnance du 26 novembre 1681. Loeper, *op. cit.*, p. 235.
2. Ce *Tableau* est reproduit par M. Loeper, p. 236-237. La plupart des
courriers partaient « à midy précisément »; ceux de Paris seuls quittaient
Strasbourg à minuit; ils y arrivaient dans la matinée. Le bureau des
postes avait été transféré à ce moment « chez la veuvfe Zeissollf dans la
Schlossergass ». A côté des postes royales, il y avait encore les entreprises
de transport particulières. En 1697, nous trouvons à Strasbourg un André
Revel, « directeur des carrosses de Strasbourg à Besançon ». (*Armorial d'Alsace*, p. 155.)
3. Tous les jeudis (XXI, 13 octobre 1680). On fut même obligé de déplacer
le culte en langue française, du jeudi au mercredi, pour que les négociants pussent dépouiller et expédier leur courrier. Reuss, *L'Église
française de Strasbourg*, p. 76.

de rigueur pour les postes françaises, semble-t-il; du moins ce n'est que pour les lettres destinées à l'Allemagne que le public est averti qu'il est obligatoire et « qu'elles resteront », si le port n'en est payé d'avance[1]. Quant au montant de la taxe d'affranchissement, nous n'avons point trouvé dans nos sources de renseignements remontant au XVIIᵉ siècle.

§ 3. péages

La liberté du commerce n'était pas en honneur au moyen âge, ni même au XVIIᵉ siècle. Les théories de la libre concurrence n'y avaient point cours et le principe d'économie politique le plus approuvé du souverain puissant comme du plus petit État de l'Empire, c'était de faire payer le plus possible aux marchandises qui traversaient leur territoire. On ne se préoccupait guère de rester dans de justes limites et parfois il arrivait à des gouvernements maladroits de faire trépasser la poule aux œufs d'or. L'Alsace, avec ses produits naturels encombrants, qu'elle exportait par terre et par eau, prêtait fatalement à l'établissement de lignes douanières multiples, et les nombreux dynastes qui étaient établis sur son sol ou demeuraient sur ses frontières ne se firent pas faute d'en créer un peu partout. Ce fut surtout le long des rives du grand fleuve, faciles à surveiller, et sur la ligne des Vosges, que ces péages furent établis. Les archiducs autrichiens, l'évêque, le comte palatin du Rhin, la ville de Strasbourg, le comte de Hanau-Lichtenberg, etc., tous ceux, en un mot, qui se trouvaient sur la grande route du commerce, n'ouvraient le passage qu'aux producteurs ou aux intermédiaires commerciaux leur payant tribut, et ils faisaient ainsi des bénéfices très appréciables, à condition que la circulation des marchandises ou du moins l'acquit des droits ne fussent pas paralysés par les événements politiques ou militaires[2].

---

1. Loeper, *Verkehrswesen*, p. 237.
2. Nous avons étudié aux Archives de la Haute-Alsace les comptes spéciaux d'un de ces péages, celui d'Ottmarsheim, sur les terres d'Autriche, pour nous rendre compte de la circulation sur une route d'importance secondaire. Le journal du péager Thierry Gast marque le nombre des chariots qui passaient chaque jour. Dans l'année 1622, au moment où Mansfeld avait déjà envahi l'Alsace, il passait par jour, en janvier, de 6 à 35 voitures de marchandises, montant ou descendant le pays. (A.H.A. C. 236.) Le total des recettes de cette année est de 816 florins. En 1626, il était de 987 florins. (A.H.A. C. 343.) En temps de guerre, on passait en fraude des quantités de bétail, etc. Dans un de ses rapports, le péager, à défaut de recettes, inscrit les noms de ceux qui ont fraudé ainsi le fisc et dont il n'osait saisir la marchandise. (A.H.A. C. 259.)

Le plus important de ces péages était celui de la République de Strasbourg, au pont du Rhin. C'était, entre Bâle et Worms, le seul passage ouvert aux marchandises d'une rive à l'autre du fleuve [1] et la circulation, tant des produits du pays que de ceux du dehors, y était de tout temps très active, surtout vers l'époque des grandes foires dont nous aurons à parler tantôt. Fondé sur des privilèges impériaux datant du moyen âge, qu'on avait grand soin de faire renouveler à chaque règne, ce droit de frapper d'un impôt de passage les marchandises arrivant par cette voie amenait des sommes notables dans la caisse de la ville libre, surtout depuis que Maximilien II, par diplôme du 8 novembre 1570, avait autorisé Strasbourg à en élever le taux [2]. Le rendement était, il est vrai, diminué d'une manière assez notable par le fait de certaines exemptions accordées par la ville à des seigneurs et souverains voisins dont elle désirait, à son tour, obtenir des concessions analogues ou gagner les services. L'un des plus anciens privilégiés de cette catégorie était le comte de Hanau-Lichtenberg, mais il devait reconnaître par écrit, à chaque renouvellement de la concession primitive, que l'exemption des droits de péage au pont du Rhin n'avait lieu que par suite du bon vouloir de la ville et ne l'engageait aucunement au point de vue légal [3]. En 1656, nous trouvons parmi les autres États dispensés du péage l'évêque et le Grand-Chapitre de Strasbourg, le margrave de Bade-Dourlach, etc. [4].

La guerre de Trente Ans vint mettre naturellement un désarroi presque complet dans l'organisation des péages de la province. Les anciens fonctionnaires furent écartés en maint endroit (sur les terres autrichiennes surtout), les armées empêchèrent la circulation des marchandises, pillèrent les convois, ou en traînèrent à leur suite, naturellement sans payer de droits. Certains chefs militaires, pour

---

1. On pense bien qu'il y avait alors, comme plus tard, des fraudeurs qui faisaient passer leurs marchandises en barques sur le Rhin; nous voyons, par exemple, que les commerçants de Lahr se faisaient transborder en cachette par le garde forestier du Neuhof, et passaient ensuite par des sentiers détournés de cette forêt vers Strasbourg, échappant ainsi au péage de Kehl (XXI, 30 septembre 1633); mais on ne pouvait néanmoins frauder ainsi que pour une partie minime du trafic général.

2. Archives municipales, A.A. 2493. Cet édit fut confirmé le 28 mars 1612, par l'électeur palatin, comme vicaire impérial.

3. Déclaration du comte Philippe Wolfgang de Hanau, du 21 janvier 1634. A.A. 2493.

4. XXI, 8 décembre 1656. Une liste du 22 juillet 1699 (Archives municipales, A.A. 2493) contient tous ceux qui, à la fin du siècle, jouissaient de la franchise : le roi, les ministres, le Conseil souverain d'Alsace, le curé de Kehl, l'hôpital civil, etc., etc.

se créer des ressources, frappaient de taxes exorbitantes les envois
qui passaient par les villes dont ils étaient les maîtres [1], ou bien
encore, se souciant fort peu des règlements administratifs des contrées occupées, ils appelaient des marchands du dehors, en leur permettant d'introduire en franchise leurs caisses ou leurs ballots et de
faire de la sorte une concurrence ruineuse à l'industrie locale [2].

Les plaintes s'élevèrent de toutes parts et le gouvernement français comprit qu'il était de son intérêt de remédier à un état de
choses dont ses troupes seraient les premières à souffrir, si l'approvisionnement du pays venait à s'arrêter. En 1638, Étienne
d'Haligre, le futur chancelier de France, fut chargé, comme commissaire du roi, de faire une enquête sur la question et de dresser un
état indicatif de tous les droits de douane anciennement perçus aux
différents péages d'Alsace. Sur le vu des renseignements recueillis
par lui, et après étude du procès-verbal de son enquête, une ordonnance de Louis XIII interdit aux officiers commandant en Alsace de
percevoir aux péages de Sarrebourg, Phalsbourg, Saverne, Schlestadt, Guémar, Sainte-Marie-aux-Mines, Illhausern et Colmar
d'autres droits que ceux établis d'ancienne date [3].

Quand l'occupation de l'Alsace fut devenue régulière, qu'il n'y
eut plus que des troupes françaises sur le territoire de la province, —
les incursions lorraines ne furent qu'un mal passager, — la perception des péages reprit sa marche régulière et le calme relatif qui
régnait sur la rive gauche du Rhin rendit au commerce une partie
de son importance. Aussi peut-on constater par les registres des
receveurs de ces stations douanières les quantités notables, non
seulement de produits naturels du sol, mais aussi d'objets manufacturés qui entraient en Alsace ou qui en sortaient [4].

Une réorganisation plus générale du service eut lieu en 1654 et
en 1655. par l'établissement d'un nouveau tarif général; en même
temps les intendants veillaient à fermer les frontières du côté de la
Lorraine, afin de sauvegarder les intérêts du fisc. C'est ainsi que

1. En 1638, M. de Montausier, gouverneur de Colmar, exigeait douze
thalers de chaque chariot, six thalers de chaque charrette passant par la ville,
et avait arrêté de la sorte tout le trafic entre Bâle et Strasbourg. (Mossmann
Matériaux, *Revue d'Alsace*, 1881, p. 194.)
2. Id., *Revue d'Alsace*, 1877, p. 456.
3. Archives municipales de Strasbourg, A.A. 1884.
4. Nous avons feuilleté à ce point de vue les comptes des péages d'Ottmarsheim de 1642 à 1658. (A. H. A. C. 268-332.) Outre les vins, céréales,
bétail, victuailles diverses, il y a des masses de tissus et de verreries; des
métaux bruts et façonnés, des armes, des épices, des drogues, des livres, des
chapelets, etc.

nous voyons M. de Baussan notifier au seigneur de Ribeaupierre
son intention d'établir incessamment un péage au val d'Orbey, sur
la frontière du duché, afin d'empêcher que toutes les marchandises
y passent en fraude et que les péages de Sainte-Marie-aux-Mines et
de Villé ne soient ruinés de la sorte. Il ajoutè très aimablement que
si M. de Ribeaupierre ne veut pas de ce bureau de douane sur son
territoire, à Orbey, le roi le fera rétablir à Plainfaing, sur terre de
Lorraine, où il était autrefois. « Il m'est indifférent que Sa Majesté
reçoive ses droicts en Alsace ou en Lorraine[1]. »

Sept années plus tard, l'introduction de la ferme générale en
Alsace permit enfin d'établir d'une façon plus uniforme les droits
de douane perçus au nom du gouvernement d'un bout à l'autre de la
province. C'est par une ordonnance du 1er août 1662 que Louis XIV
enjoignit de procéder à « la publication et adjudication de la ferme
générale de ses droits souverains en Alsace, entre lesquels se
trouvent ceux qui se lèvent sur les péages et passages de toutes
marchandises par eau et par terre ». Le sieur Fileau ayant été le
dernier enchérisseur, c'est avec lui que fut passé le bail du 28 novembre 1662, confirmé par le roi, en son conseil, le 16 décembre
suivant. Le bail était conclu pour dix ans et devait courir du 1er octobre 1662 au 1er octobre 1671. L'adjudicataire s'engageait à observer le tarif révisé en 1654 et 1655, et à le faire réimprimer en placard, pour l'afficher partout où cela serait nécessaire. Les marchandises se pèseront dorénavant toutes « au poids du Roy », et non
plus d'après les anciennes mesures locales, et seulement dans les
bureaux de la ferme, « pour obvier aux fraudes et aux abus qui se
sont commis ». Toutes les marchandises qui ne se trouveraient pas
consignées dans les lettres de voiture seront confisquées au profit de
Fileau. Défense expresse était faite « de chercher à passer par voies
obliques et détournées, à dessin de frauder lesdits péages. Tous
les fonctionnaires subalternes et supérieurs, baillis, bourgmestres
et prévôts, sont tenus de prêter main-forte audit Fileau, quand ils
en seront requis, à peine de répondre des évènemens[2] ».

Le tarif lui-même[3] est particulièrement intéressant en ce qu'il
nous permet d'embrasser d'un-coup d'œil le mouvement commercial
de l'Alsace à cette époque, et de constater qu'il témoigne d'une

1. Lettre du 25 février 1655. (A.H.A. E. 2640.)
2. Ordonnances d'Alsace, 1, p. 22.
3. *Tarif des péages et passages par eau et par terre par toute l'Alsace,
fait à Brisach le 12 janvier 1663*. S. lieu ni date, 16 pages in-folio. Le tarif
a été également réimprimé dans les *Ordonnances d'Alsace, loc. cit.*

aisance certaine dans les couches supérieures au moins de la société
d'alors, car, à côté des articles de première nécessité, il n'y a guère
d'article de luxe qui ne figure également dans cette longue
nomenclature. Celle-ci s'ouvre par les métaux précieux, or et argent
fin travaillé (payant 8 florins le quintal), les perles et pierres précieuses (8 florins le quintal) l'or et l'argent faux et le laiton doré
(1 florin le quintal). Les tissus de luxe (soie, velours, moire) sont
taxés à 8 florins le quintal, les draps d'Angleterre, de Hollande et
d'Espagne à 40 kreutzer, les draps plus communs à 24 kreutzer, les
draps tout à fait grossiers à 6 kreutzer seulement[1]. La dentelle et la
toile de Hollande payaient 1 florin par quintal, celles de Saint-Gall
et de Souabe 28 kreutzer seulement. La « pelleterie du septentrion »
et les « zibelines de Poulogne » étaient tarifiées 8 florins, les loutres
et les bièvres (castors) 3 florins, les renards 1 florin 20 kreutzer,
les peaux de mouton et de chèvre 40 kreutzer le quintal. L'acier,
le fer-blanc, les clous, les menus articles de serrurerie payaient
14 kreutzer, le fer et le plomb 6 kreutzer. Les armes de guerre
(mousquets, épieux, corselets, chemises de maille) étaient taxées à
14 kreutzer. On demandait la même somme pour le quintal de livres,
d'almanachs, de caractères d'imprimerie et pour la balle de papier
ordinaire; le papier fin payait 20 kreutzer par ballot. La tonne de
harengs et de morues, le quintal d'épices (sucre, cannelle, muscade,
girofle, gingembre, poivre, safran) entraient pour 24 kreutzer le quintal. Les figues, les citrons, les amandes, le riz, les marrons, la
réglisse, les raisins de Corinthe ne payaient que 6 kreutzer. Les
miroirs et les lunettes étaient cotés 14 kreutzer, les pipes 6 kreutzer,
ainsi que le fromage, le beurre, le lard et l'huile d'olives. C'était le même
droit de 6 kreutzer qui était appliqué aux couleurs, à la poix, à la choucroute, aux saumons « et autres poissons grossiers ». L'eau-de-vie,
les muscats, les vins de la Valteline « et autres vins exquis étrangers » payaient 12 kreutzer la mesure de vin ordinaire, et le vinaigre
6 kreutzer, la bière 4 kreutzer. Le froment et le seigle étaient
tarifés 4 kreutzer, l'orge et l'avoine 2 kreutzer le quintal. Un grand
chariot de sel payait 4 florins, une charrette 2 florins, un tonneau
de sel 24 kreutzer de droits; le chariot d'écorces était tarifé
24 kreutzer, celui de planches 16 kreutzer, celui d'échalas de vignes
12 kreutzer, un chariot de tuiles ou de briques également 12 kreut-

---

1. On le voit, même pour les étoffes les plus grossières, il fallait aussi avoir
recours alors à l'importation étrangère, tant l'industrie du pays était faible
encore.

zer. Pour ce qui est des animaux, les chevaux entiers payaient
36 kreutzer, les hongres 24 kreutzer, les chevaux de labour
16 kreutzer, ainsi que les ânes et les mulets. Un bœuf gras était coté
12 kreutzer, une vache 6 kreutzer, un veau 2 kreutzer, un porc de
1-2 kreutzer, un mouton 1 kreutzer seulement.

N'oublions pas de mentionner, — trait de mœurs tristement caractéristique de l'époque! — entre les comestibles et le bétail, les
« Juifs et Juives à cheval, ou envoyant un messager chrétien pour
leurs affaires »; chacun paiera, avec ce qu'il porte, 1 florin
12 kreutzer; s'il est à pied, il paiera 36 kreutzer. Un « Juif mendiant » est taxé à 7 kreutzer[1].

Il y eut ainsi un réseau de douanes, avec un personnel assez
nombreux, étendu sur toute l'Alsace; en 1675, il y avait dans la province quatre recettes générales des fermes : Haguenau, Ammerschwihr, Altkirch et Belfort, et nous pouvons nous faire une idée
assez exacte du fonctionnement de la nouvelle administration,
grâce au spirituel observateur parisien, déjà tant de fois cité, qui
dirigeait à cette date la recette générale d'Altkirch[2]. Cette circonscription fiscale embrassait les trois bailliages d'Altkirch, de Ferrette et de Landser, et il s'y trouvait trente-deux commis allemands
pour les péages, dans les bourgs et villages des bords du Rhin,
vers les frontières de Bâle et de Soleure et aux environs de l'enclave
de Mulhouse. Tous les trois mois les commis venaient rendre
compte de leur gestion à leur supérieur et lui versaient leurs
recettes. Mais cette organisation, satisfaisante pour les finances
royales, avait de graves inconvénients ; comme les douanes françaises n'empêchaient pas les péages seigneuriaux d'exister, de même
que par le passé, les doubles ou triples taxes que payait une marchandise circulant dans le pays, augmentaient d'autant les débours du
négociant, et de plus une situation pareille ne donnait guère aux
populations le sentiment d'habiter un seul et même pays.

Aussi, quand Louis XIV, après la paix de Nimègue, accentua sa
prise de possession par l'institution des Chambres de réunion, il

---

1. « N. B. — Les Juifs qui auront payé le péage une fois seront francs
d'iceluy pour sept jours avec les marchandises qu'ils porteront avec eux. »
— Il y a eu d'ailleurs dans les inventions fiscales du XVIIᵉ siècle des choses
plus bizarres encore que ces taxes sur les Israélites. Une ordonnance du
Magistrat de Mulhouse, avait bien imaginé, en 1634, entre autres taxes,
celle d'un florin « pour conduire hors ville le corps d'un défunt ». Aug.
Stoeber, *Droits de péage à Mulhouse*, *Bulletin du Musée historique*, 1881,
p. 54.

2. *Mémoires de deux voyages*, p. 65-66.

prit en même temps une mesure de la plus haute importance pour
le commerce de la province. Un arrêté du Conseil d'État, daté de
Versailles, le 3 octobre 1680, supprima tous les péages dans le plat
pays d'Alsace, tant ceux royaux que particuliers, en ne conservant
que ceux sur la frontière de Strasbourg, de Suisse, de Lorraine et
du Palatinat, « par les droits dûs à Sa Majesté à l'entrée et à la
sortie de la province ». Il était fait défense expresse aux fermiers
des domaines d'Alsace d'en lever d'autres et défense expresse aux
seigneurs territoriaux d'en faire lever aucun, à peine de cinq cents
livres d'amende pour chaque contravention[1]. C'était une mesure
d'affranchissement pour le commerce général; c'était aussi une
mesure de guerre fiscale contre la ville de Strasbourg, autour de
laquelle on établissait une ligne de douanes qui allait notablement
entraver son activité commerciale, sans pouvoir nuire au commerce
français. En effet, les instructions de M. de La Grange permettaient
d'affranchir de ces droits nouveaux, au moyen d'acquits-à-caution,
toutes les marchandises qui ne faisaient que transiter par la ville
libre[2].

Le Magistrat de Strasbourg fut fort embarrassé de cette situation;
il essaya de démontrer l'inutilité et l'injustice d'une pareille façon
d'agir; mais on pense bien que ses arguments ne firent pas grande
impression sur Louvois et sur son maître, qui n'ignoraient nullement
les conséquences de leurs ordres; peut-être même le premier
prenait-il un certain plaisir à voir la cité récalcitrante, si fière autrefois de ses bureaux de péage, concédés par l'empereur Sigismond,
dès 1425, et confirmés par Ferdinand II en 1621[3], comme prise dans
le propre filet de son réseau douanier, et devenue captive de ses
propres privilèges, retournés contre elle.

Cette situation ne se prolongea pas, on le sait; après la capitulation, nulle raison politique ne militait plus en faveur d'un interdit
jeté sur Strasbourg, et beaucoup au contraire parlaient en faveur
d'une satisfaction à donner aux vœux du commerce et du gouver-

---

1. *Ordonnances d'Alsace*, t. I, p. 95. L'arrêté a été aussi réimprimé dans
le *Recueil des titres concernant les droits et privilèges de la ville de Strasbourg, relativement à son commerce*, Strasbourg, Levrault, 1783, in-4°.
2. Archives municipales, A.A. 2163.
3. La plupart de ces anciens titres autorisant Strasbourg à établir des
péages sur terre et sur eau (Rhin, Ill, Kinzig, Bruche) sont conservés aux
Archives de la ville, A.A. 2497. Le péage du Rhin était d'ailleurs le seul
vraiment lucratif; celui de Graffenstaden p. ex. n'établissait que des taxes
minimes, 2 deniers par homme, 4 deniers par cheval et par chariot de marchandises ou par carrosse. (*Tarif du droit de chemin... à Gracenstaden*,
Strasbourg, 1686, 4 pages in-4°.)

nement de la nouvelle ville libre royale. On écouta donc les doléances que les Conseils firent parvenir à Versailles, par l'intermédiaire des frères Bennelle, leurs agents commerciaux à la cour[1]. Ceux-ci, dans un premier mémoire du 18 avril 1682, établirent combien les bureaux établis sur les frontières d'Alsace étaient nuisibles au commerce de leurs mandataires; puis, dans une lettre pressante, le Magistrat s'adressa directement à Louvois, le 1er mai suivant, et l'un des frères se rendit à Versailles « pour y prendre l'air du bureau, et selon cela, parler à M. Colbert ou lui adresser un nouveau mémoire... pour renverser les machinations des fermiers[2] ». La réponse ne se fit pas attendre; dès le 13 juin 1682, un nouvel édit du Conseil d'État, rendu sur le rapport de Colbert, contrôleur général des finances, permettait que toutes les marchandises passant par les bureaux de la Basse-Alsace, à destination de Strasbourg, prissent des acquits-à-caution, « pour être déchargées, lorsqu'elles entreront dans icelle, par les commis des bureaux établis aux environs de la ville. A l'égard des marchandises sortant de la ville, pour passer en Haute et en Basse-Alsace, les droits pourront en être modérés par les fermiers, de gré à gré, avec les marchands et les voituriers de Strasbourg[3] ». C'était un notable allègement à la situation antérieure; elle fut améliorée davantage encore par un nouvel édit délibéré en Conseil d'État, le 20 février 1683, qui interprétait et amplifiait le précédent. Au lieu des bureaux établis aux alentours de la ville, il ne devait plus y avoir dorénavant qu'un seul bureau, fonctionnant dans Strasbourg même, « pour y être payés les droits sur toutes les marchandises sortant ou destinées à la consommation dans la Haute et la Basse-Alsace. Toutes les denrées qui passeront par les bureaux d'Alsace, à destination de la ville, seront exemptes en conséquence de tout droit, en prenant des acquits-à-caution au bureau d'entrée, lesquels acquits seront déchargés au bureau de Strasbourg, après que les employés auront vérifié et contrôlé le nombre des tonnes, ballots, etc., ainsi que leur poids. Les marchandises sortant de la ville, pour être exportées hors d'Alsace, seront également exemptées de tout droit, mais les ballots pourront être soumis à la visite, si les contrôleurs la jugent nécessaire[4] ».

---

1. M. Brucker dans son *Inventaire* les appelle *Brunelle;* je ne puis lire autre chose que *Bennelle* sur les pièces originales, A.A 2494.
2. Lettre au Magistrat du 6 mai 1682. (A.A. 2494.)
3. *Recueil des titres*, etc., n° II.
4. *Ordonnances d'Alsace*, I, p. 124.

C'est en exécution de cet édit que l'intendant La Grange rendit
l'ordonnance du 30 juin 1683, établissant le bureau des domaines
proche la Douane de Strasbourg, pour la plus grande commodité
du public, et déclarant que jusqu'à ce que la question du commerce
fût entièrement réglée les quantités de céréales moindres que six
boisseaux, le vin, le vinaigre, la bière en quantités au-dessous d'une
mesure, l'eau-de-vie au-dessous de six pots, n'auraient aucun droit
à payer, pas plus que les légumes, les fruits non séchés et la viande
de boucherie[1]. Mesure éminemment favorable aux petits consommateurs et bien faite pour rendre le gouvernement populaire dans
les couches inférieures de la cité nouvellement conquise. Mais le Magistrat se plaignit à la cour de ce que l'arrêté du 20 février avait
notablement diminué l'importance du commerce entre la ville et la
province, vu que « toutes les marchandises et denrées du crû d'Alsace, portées à la ville, venant à sortir, soit qu'on les y achète, soit
qu'elles soient retirées pour l'usage et la consommation des habitants du pays, sont assujetties à payer des péages, ce qui fait que
les populations rurales cessent de fréquenter la ville et d'y porter
leurs marchandises ». Naturellement, puisqu'elles ne viennent plus
vendre, elles ne peuvent acheter davantage et les artisans de Strasbourg pâtissent de l'absence de cette clientèle rurale . Le Conseil
d'État, saisi de ces doléances, n'en méconnut pas le bien fondé, et,
sur le rapport du contrôleur général Le Pelletier, déchargea de
tout droit de douane, les vins, eaux-de-vie, blés et légumes, le tabac,
le chanvre et le lin, le bois, la paille et le foin, qui sortiraient de
Strasbourg pour être consommés en Alsace[2].

La Grange publia cet édit par ordonnance du 20 décembre 1684;
néanmoins la lutte sourde entre les marchands de la ville libre
royale et les commis de la ferme d'Alsace ne cessa pas et le « Corps
des marchands » s'adressa bien souvent, soit à Strasbourg, soit à
Versailles, au gouvernement et à ses représentants, afin d'obtenir
son intervention dans les chicanes fiscales, plus ou moins fondées,
qu'il accusait les agents de la ferme de soulever volontiers. C'est à
l'une de ces plaintes que répond la lettre d'un fermier général, du
23 janvier 1686, lettre que nous avons retrouvée aux archives de
la ville et qui montre toute la désinvolture de la bureaucratie
d'alors : « Ce n'est pas d'aujourd'huy que les marchands sont
accoustumés de se plaindre des fermiers du Roi et de leurs commis,

---

1. XIII, 3 juillet 1683.
2. Arrêt du Conseil d'État du 25 novembre 1684. (Archives municipales,
A.A. 2163.)

et que, si on les croyait, on réglerait leurs procès à l'extraordinaire. Mais les fermiers et leurs commis ne s'en estonnent pas, et
en faisant leur debvoir, selon les intentions du Roi, ils n'ont aucun
esgard à tontes ces paroles injurieuses, qui d'ordinaire n'ont lieu
que quand on manque de raison[1]. » Les querelles devinrent si
vives que M. de La Grange dut intervenir en faveur des négociants
strasbourgeois contre le fermier général des domaines d'Alsace,
Nicolas Fauville, dont les commis Richemont et Fleuru voulaient
exiger des droits non dus en vertu des lois existantes. Une ordonnance du 19 novembre 1687 condamna Fauville à 138 livres de dommages[2].

Les marchands strasbourgeois s'étaient plaints, entre autres, de
l'inexactitude des employés de la ferme, qu'on ne trouvait pas dans
leurs bureaux quand on avait à faire à eux. Ce point de litige et
quelques autres, furent réglés par un accord signé, d'une part, au
nom du corps des marchands, par Jean-Christophe Kellermann, le
grand-père du héros de Valmy, et d'autre part par les sieurs
Jacques Costé, directeur, et Pierre de Bures, contrôleur général
des domaines d'Alsace. Pour lui donner une valeur légale, La
Grange le contresigna, le 30 mars 1696. Les bureaux devaient
rester dorénavant ouverts de 6 à 11 heures du matin et de 1 à
6 heures du soir en été. En hiver, on les tiendrait à la disposition
du public, de 7-11 heures du matin, et de 1 à 4 heures du soir.
Si le commis n'était pas à son poste quand le voiturier passait au
péage, ce dernier n'était pas tenu de l'attendre ; il n'avait qu'à se
munir d'un certificat du prévôt ou du curé de l'endroit, constatant
qu'il avait réellement passe par là[3]. Le règlement révisé n'empêcha pas cependant de nouvelles dissensions enire ces deux antagonistes naturels, le fisc et le commerce[4]. Le successeur de La
Grange, l'intendant Claude de La Fond, dut renouveler, le
25 juin 1698, l'ancienne ordonnance déchargeant « de toutes sortes

1. Archives municipales, A.A. 2332.
2. *Recueil de titres*, etc., p. 25.
3. *Ibid.*, p. 29.
4. Le gouvernement central avait établi de nouveaux droits d'entrée pour les
marchandises qui venaient du dehors. Le Magistrat s'adressa à l'intendant
pour lui montrer quel tort cela ferait à la ville, si tous les marchands étrangers, arrivant à la foire semestrielle, se voyaient subitement grevés de frais
de douane inattendus. La Fond défendit, le 21 juin 1698, au contrôleur et
aux commis de la ferme de molester les marchands, M. le préteur Obrecht,
venant de Paris, lui ayant assuré que le roi avait bien voulu supprimer ces
droits nouveaux pour Strasbourg. Quatre jours plus tard, ayant reçu sans
doute des instructions officielles, il publiait la pièce dont nous donnons le
résumé dans le texte.

de droits toutes les marchandises qui passeraient par les bureaux
d'Alsace pour entrer à Strasbourg » en prenant des acquits-à-
caution aux bureaux d'entrée, « lesquels acquits seront déchargés
aux bureaux de la ville après vérification des ballots, caisses et
tonneaux ». Pareillement « toutes marchandises qui sortiront de
Strasbourg pour les pays en dehors de l'Alsace, par le pont pour
l'Allemagne et par la Basse-Alsace pour l'étranger, sont exemptes
de droits. Celles qui iront par la Haute-Alsace au dehors payeront huit sols tournois par quintal de n'importe quelle marchandise[1] ». Les traitants essayèrent bien de faire casser cette ordonnance, afin de prélever dans la province les nouveaux droits établis
dans le reste du royaume, mais, malgré l'intervention du sieur
Templier, alors adjudicataire des fermes générales de Sa Majesté,
le Conseil d'État, par un arrêt du 26 août 1698, maintint la situation
existante, en confirmant les règlements de 1683 et de 1684[2].

§ 4. FOIRES ET MARCHÉS

Le grand commerce, comme le petit trafic, ne s'alimentaient guère
au XVIIᵉ siècle par le contact direct et permanent du producteur et du
client ni par une correspondance régulière et presque journalière
entre les différents centres commerciaux. L'échange des produits
naturels d'un pays et surtout la vente de ses objets manufacturés
s'opérait d'ordinaire dans les grandes foires annuelles de ses villes
principales. Au-dessous de ces foires d'un cachet plutôt universel
(*Jahrmaerkte*), il y avait alors les marchés locaux (*Wochenmaerkte*),
plus modestes, qui se tenaient dans les villes secondaires et les gros
villages de la province, une fois par semaine ou tous les quinze
jours[3]. Les premiers intéressaient surtout le commerce en gros ;
les seconds étaient le théâtre favori des opérations du marchand
détaillant, le centre aussi des réjouissances locales.

On peut affirmer qu'avant la période des grandes guerres, chaque

1. Archives municipales, A.A. 2163.
2. Pour être équitable, en ce qui concerne les plaintes des traitants, il
semble bien que l'on ait triché parfois à l'aide des acquits-à-caution, et
qu'on se soit dispensé de la sorte de payer certains droits, évidemment dus
au fisc. Cela fut reconnu, une quinzaine d'années plus tard, pour certains
négociants bâlois, dénoncés par le fermier-général Nicolas Chambon.
(Ordonnance de l'intendant Félix Le Pelletier de la Houssaye, du 4 septembre 1714.)
3. Nous ne nous arrêtons pas à ces marchés hebdomadaires des petites
localités, où l'on s'approvisionnait surtout en victuailles, produits agricoles, etc.
C'étaient des marchés dans le sens moderne du mot, plutôt que des foires,
et les colporteurs y étaient plus nombreux que les vrais marchands.

localité d'Alsace un peu importante avait ses foires régulières ; on y venait souvent d'endroits assez éloignés de la province pour y acheter les vins, les céréales, le bétail du voisinage, pour y vendre au client rural, qui n'aimait pas à se déplacer, les objets fabriqués dans d'autres régions[1]. Le droit de tenir une foire ou un marché régulier était un privilège que se disputaient toutes les villettes et tous les bourgs du pays et que les seigneurs territoriaux n'accordaient pas à tous ceux qui le réclamaient. Il y en eut qui ne l'obtinrent qu'au XVIIe siècle[2]. Les plus importantes cependant de ces foires datent toutes du moyen âge ; célébrées d'ordinaire le jour de la fête patronale, elles étaient disséminées par toute l'année, de manière à permettre aux petits marchands, ou aux artisans des villes, de déballer successivement leurs marchandises dans une série de localités, comme le font encore nos forains actuels pour les foires de village, et de même que les commis-voyageurs vont aujourd'hui en tournée régulière offrir leurs produits à leurs clients. Certaines villes d'une importance commerciale exceptionnelle ne se contentaient pas d'une foire annuelle unique, mais avaient obtenu des pouvoirs publics le privilège d'en tenir une seconde, en même temps que des privilèges accessoires spéciaux, destinés à en rehausser l'importance et à y attirer une affluence plus considérable[3].

Les plus célèbres de toutes ces foires d'Alsace, les seules, à vrai dire, qui aient amené, au XVIIe siècle, des visiteurs étrangers de plus loin que des contrées immédiatement voisines de la province, étaient celles de Strasbourg. Elles devaient leur existence à un privilège de Louis de Bavière, daté du mercredi après la Pentecôte de l'année 1336[4]. Primitivement, elles devaient être tenues dans la quinzaine avant la Saint-Martin et dans la quinzaine d'après. Tous ceux qui s'y rendaient étaient placés, par là-même, sous la protection spéciale du souverain, protection que garantissait, soit un sauf-conduit écrit (*schriftlich geleit*), soit une escorte (*lebendig geleit*. Cette dernière pouvait être fournie soit par l'État d'Empire dont on

---

1. M. Ch. Gérard a donné dans la *Revue d'Alsace* (1850, p. 66-67) la liste complète des foires d'Alsace, avec la date de leur création.

2. Celle de Brumath, par exemple, n'a été créée qu'en 1603. (Kiefer. *Pfarrbuch*, p. 141.)

3. Parmi ces privilèges, il y en avait de bien curieux. Tout visiteur de la foire était protégé contre les importunités de ses créanciers depuis la sonnerie d'ouverture jusqu'à la sonnerie de clôture, et nul ne pouvait le faire arrêter pour dettes. Il était même défendu de lui faire aucun mal, s'il était au ban de l'Empire. (J. Wencker, *De solemnibus in Germania nundinis et specialia de nundinis Argentoratensibus*. Argent., Kürssner, 1704, in-4°, p. 16, 18.)

4. Wencker, *op. cit.*, p. 22-23.

traversait le territoire, soit par celui sur les domaines duquel la
foire devait avoir lieu, et parfois il résultait de leurs compétitions
des conflits assez désagréables entre voisins [1]. Au XVᵉ siècle, la
foire fut déplacée sur la demande des négociants de Strasbourg,
qui trouvaient sans doute qu'elle se tenait trop tard dans l'année
pour les marchands du dehors, et particulièrement pour ceux
d'Italie, qui avaient à traverser les Alpes. Pour répondre à leur
vœu, l'empereur Sigismond la transféra, en 1415, à la quinzaine
avant et à la quinzaine après la fête de Saint-Jean-Baptiste. Un peu
plus tard, l'ouverture fut fixée au jour même de la Saint-Jean, et c'est
à cette date que nous la trouvons encore arrêtée à l'époque qui nous
occupe [2].

La foire de la Saint-Jean (*Johannismesse*) resta toujours de beaucoup la plus fréquentée de la ville, mais elle ne resta pas la seule.
Au XVIᵉ siècle, à un moment qu'il est difficile de préciser, fut établie une seconde foire qui se tenait à Noël (*Weihnachtsmesse*) ; ce fut
d'abord, paraît-il, un marché de peu d'importance, comme d'autres
foires locales strasbourgeoises qu'il suffira de mentionner en note [3].
Une ordonnance du Magistrat, du 10 janvier 1611, en fit un rendez-
vous commercial de premier ordre, sans que cependant les privilèges obtenus pour elle fussent jamais aussi étendus que ceux de la
foire de la Saint-Jean [4].

Le plus notable de ces privilèges était la franchise de tous droits
accordée aux marchandises amenées à Strasbourg, soit par terre,
soit par eau ; ni les acheteurs, ni les vendeurs ne voyaient leurs
transactions grevées par les taxes imposées d'ordinaire au trafic,
sauf certains droits sur les produits naturels du sol, vins, céréales, etc., qu'on ne voulait pas laisser introduire gratuitement, en
quantités plus considérables, dans la cité, et qui furent toujours
spécialement réservés depuis, soit par la charte de 1415, soit par
l'ordonnance de 1611 [5]. Les marchandises proprement dites, les

---

1. Ainsi, en 1616, il y eut de longues querelles entre l'évêque Léopold et
la ville de Strasbourg, le bailli de Dambach ayant voulu interdire l'entrée
de ce bourg épiscopal aux cavaliers chargés de battre le pays (*Johannisstreiff*),
et d'assurer la sécurité des routes à l'occasion de la foire. (Arch. munic.
A.A. 1638. Arch. de la Basse-Alsace, G. 496.)
2. Wencker, *op. cit.*, p. 25.
3. Il y avait celle de la Saint-Adolphe, celle qu'on tenait le jour de la con-
sécration de la cathédrale (*Kirchweih*), etc. Elles avaient perdu toute importance commerciale dès le temps de la Réforme. Wencker, p. 22.
4. Wencker, p. 33.
5. C'étaient l'*umgelt* (octroi des vins), le *mahlgelt* (droit de mouture), le
risiergelt (droit de contrôle des boissons), le *krangelt* (droit pour décharger
es bateaux) et le *bräckengelt* (droit de pontenage).

objets manufacturés, n'étaient soumis qu'à un droit de magasinage, prélevé soit à la Douane, soit au local des Grandes-Boucheries où se tenait la foire, et à un droit de pesage ; ce dernier était minime et représentait plutôt un contrôle de statistique qu'un impôt fiscal. Certains alliés et bons amis de la République, surtout parmi les villes libres impériales (Nuremberg et Francfort, par exemple), étaient exempts de tout droit quelconque ; les Strasbourgeois jouissaient chez eux d'un privilège pareil. L'ordonnance du Magistrat, du 14 mai 1655, énumère, en les confirmant, ces concessions particulières, qui se retrouvent aussi dans d'autres localités alsaciennes, et même d'une façon plus générale [1].

Il était défendu aux négociants du dehors de s'établir avec leurs marchandises, soit devant la Cathédrale, où se trouvait à peu près la seule grande place de Strasbourg au XVIe siècle [2], soit nulle part ailleurs, en plein air. Il ne faudrait donc point se figurer ces foires comme les nôtres, avec des étalages en plein vent, des baraques ou des tentes plus ou moins élégantes, etc. Les trafiquants étrangers devaient louer des chambres ou des boutiques aux bourgeois pour la durée de leur séjour. Il leur était permis de les retenir une semaine d'avance et d'y rester encore huit jours après la clôture de la foire. Passé ce terme, celui qui continuait à héberger un étranger, payait trente schellings d'amende par jour et par personne [3]. Beaucoup de négociants étrangers, ceux-là surtout qui amenaient des marchandises encombrantes, laissaient leurs marchandises en consigne à la Douane (*Kaufhaus*), qui devint ainsi une espèce d'entrepôt [4], et y livraient directement leurs ballots aux collègues de Strasbourg ou du dehors, pour s'éviter des déplacements coûteux. Les marchands de détail étalaient aussi, avec permission des autorités, dans certains passages couverts, comme par exemple, le cloître de l'ancien couvent des Dominicains, le *Colleim*, détruit par un terrible incendie en 1860 seulement [5]. Mais une amende de

1. L'ordonnance du Magistrat de Mulhouse, du 6 mars 1661, dispensait tous les marchands venant à la foire urbaine de payer les droits d'entrée. (*Bulletin du Musée historique*, 1881, p. 55.)
2. Ce n'est qu'au cours du XVIe siècle que, par la démolition de certaines églises et l'abandon des cimetières intra-muros, on vit certaines places du vieux Strasbourg atteindre leurs dimensions actuelles (place Gutenberg, place Kléber, Marché-Neuf, etc.).
3. *Strassburger Ungeltsordnung* de 1637, § 32.
4. On peut encore voir aujourd'hui sur le bord de l'Ill le bâtiment de l'ancienne Douane, aujourd'hui grenier d'abondance de l'intendance militaire ; construit à côté du pont du Corbeau, dès l'année 1358, deux fois élargi au XVIIIe siècle, c'est un des plus vastes bâtiments du vieux Strasbourg.
5. A. Erichson, *Das Collegium Wilhelmitanum*. Strassb., 1894, p. 62.

dix thalers frappait celui qui s'avisait de fumer ou d'allumer du feu dans l'enceinte du vieux cloître, qui, pendant les foires de Noël, devait être un séjour peu confortable pour les acheteurs et les vendeurs. Il était également interdit aux marchands d'y camper, la nuit, sur de la paille, près de leurs étalages. Plus tard, — mais nous n'osons affirmer que ce fut déjà au XVIIe siècle, — les tréteaux des marchands se serraient tous en masse au premier étage du bâtiment des Grandes-Boucheries, vaste édifice construit en 1587 dans le style de la Renaissance, en face de la Douane, et qui a renfermé dans ces dernières années successivement la nouvelle Bibliothèque municipale et le Musée des arts industriels. On était à l'abri des intempéries des saisons dans cette immense halle couverte, où tous les déballages étaient réunis sous les yeux émerveillés des acheteurs et des acheteuses. Durant quatre semaines, ils montaient et descendaient en foule l'escalier à double rampe qui, sur la façade septentrionale de l'édifice, donnait accès à l'étage supérieur[1].

Une commission de membres du Magistrat, les *Messherren*, était spécialement chargée de faire observer les règlements, d'aplanir et de trancher les contestations entre indigènes et étrangers. Les commissaires étaient généralement au nombre de cinq, et devaient être choisis parmi ceux des conseillers « qui n'ont pas de comptoir ouvert et n'emploient ni aune ni balance », en d'autres termes, parmi les gros commerçants seulement[2]. Quand les longues guerres eurent réduit de beaucoup le commerce de Strasbourg, on jugea inutile d'avoir plus de trois *Messherren*, dont l'un devait être dorénavant un stettmeistre, le second un ammeistre, le troisième un membre du Conseil des Quinze[3].

On ne surveillait pas seulement les transactions des marchands étrangers, on travaillait aussi à leur moralisation. Des prières solennelles se faisaient en leur faveur, au départ comme à l'arrivée, et des sermons spéciaux étaient prêchés pour leur profit spirituel par les orateurs les plus distingués de l'Église luthérienne de Strasbourg[4]. Peut-être pourtant que ces *Messpredigten* étaient moins

1. Cet escalier, descendant vers la place du « Marché-aux-Cochons-de-lait », a été démoli au commencement du XIXe siècle.
2. Ordonnance du Magistrat, du 16 septembre 1654.
3. Ordonnance du Magistrat, du 6 juin 1657.
4. On ne priait pas seulement pour ceux qui venaient aux foires de Strasbourg; on faisait aussi des prières solennelles pour les négociants strasbourgeois qui se rendaient aux foires de Bâle, de Francfort, etc. Voy. par ex. les *Acta conventus ecclesiastici* (de 1613), extraits par T. G. Roehrich, Bibliothèque municipale de Strasbourg.

suivies que les autres distractions, plus ou moins innocentes, qui
en temps de foire attendaient les commerçants du dehors et les
indigènes. En effet, en même temps que les marchands, on voyait
affiner en ville une foule de jongleurs et de comédiens, auxquels se
mêlaient des filous émérites et des vagabonds de toute espèce.
Malgré les règlements très sévères sur la police des mœurs, il y
avait aussi beaucoup de filles de mauvaise vie qui se faufilaient
dans l'enceinte de la ville et y recrutaient une clientèle précaire
parmi les étrangers, à la bourse bien remplie. On avait beau les
arrêter de temps à autre, les raser, les battre de verges et les faire
expulser de la ville par le bourreau, il y en avait toujours d'autres
à chasser[1].

Mais ces foires, si commodes pour le commerce local, auquel
elles apportaient le contingent annuel de marchandises en gros
qu'il débitait à son tour, n'étaient pas toujours également animées.
Si, grâce à la proximité du Rhin, et grâce à la position neutre de
la ville libre, elles n'ont jamais été totalement interrompues à
Strasbourg, il y eut cependant des années au XVIIe siècle où le
nombre des visiteurs et des acheteurs y fut fort faible. Quant aux localités d'Alsace moins considérables, moins bien situées, moins bien
défendues, souvent les chroniques locales nous apprennent que la
foire n'a pu être tenue, soit à cause de l'occupation de l'endroit
par une garnison étrangère, soit à cause de l'insécurité des routes,
soit aussi parce que le commerce local, ruiné par la guerre, n'avait
plus ni capitaux, ni crédit. Même quand la paix fut momentanément
rétablie en 1648, les négociants étrangers semblent avoir eu de la
peine à retrouver le chemin de l'Alsace. Peut-être le changement de
régime politique y était-il pour quelque chose ; mais, à notre avis,
ce fut surtout la situation économique du pays qui empêcha une
reprise sérieuse des affaires. Le gouvernement français eut beau
créer, en divers endroits, des foires et des marchés nouveaux,
comme celui de Huningue, en 1679[2] ; il ne pouvait évidemment
leur assurer des clients, surtout dans des localités peu considérables. Les guerres de Hollande et du Palatinat, qui pendant de
longues années entravèrent la circulation fluviale, portèrent le
coup de grâce à l'antique prospérité des foires, dont elles écar-
tèrent pour longtemps les marchands allemands et néerlandais.

1. Voy. par ex. la *Chronique de Walter*, fol. 262ᵃ et Reuss, *Justice criminelle et police des mœurs*, p. 202.
2. Lettres patentes créant un marché-franc à Huningue. *Ordonnances
d'Alsace*, I, p. 78.

En 1698, La Grange pouvait déclarer dans son *Mémoire* qu'il n'y
avait plus de foires ni de marchés importants en Alsace. « On n'en
excepte pas même les foires de Strasbourg, qui étaient très fré-
quentées pendant la paix, par le concours d'un grand nombre de
marchands de Francfort, Nuremberg et autres lieux d'Allemagne...
Depuis les guerres, il n'y a eu que les marchands de Strasbourg et
ceux des environs qui y ont apporté leurs marchandises[1]. » L'intendant ajoute un peu plus loin : « Les autres foires et marchés
de la province sont peu fréquentés ; il ne s'y fait guère d'autre
trafic que celui des bestiaux[2]. »

Il n'en avait pas toujours été ainsi. Avant la guerre de Trente Ans,
les foires de Pfaffenhoffen, par exemple, tenues le samedi après
la Saint-Georges[3] et le samedi avant l'Exaltation de la Sainte-
Croix[4], jouissaient d'une réputation sérieuse comme centre du
commerce de la laine pour la plus grande partie de la Basse-
Alsace[5]. Le marché de Nidernai servait, « de temps immémorial »,
de point de ralliement à un autre trafic, celui des oignons d'Alsace, très recherchés dans le pays et au dehors. Mais ce marché,
« nommé en langue vulgaire Zwibelmarckt », avait également cessé
pendant les longues luttes du milieu du siècle, et ce n'est qu'en
mai 1699, que de nouvelles lettres patentes autorisèrent Sigismond
de Landsperg, seigneur du lieu, à le rouvrir « pour contribuer au
bien et utilité publique[6] ».

Quand le pays était tranquille, quand les paysans et les bourgeois
vendaient bien leurs vins et leurs céréales, et qu'ils avaient de
l'argent dans leurs poches, les foires d'Alsace, surtout celles des
petites villes, présentaient d'ailleurs, même au XVIIᵉ siècle, un
aspect suffisamment animé, et nous pouvons en croire là-dessus le
témoignage de témoins oculaires. Voici la description de celle
d'Altkirch, faite en 1675 par l'auteur anonyme des *Mémoires de
deux voyages en Alsace.* « Cette foire du mois de juillet, dit-il, fut
assez belle. Toutes les rues étaient remplies de tentes de marchands.
On y était étourdi par les bruits des bateleurs et des chanteurs de

1. La Grange, *Mémoire*, fol. 249.
2. Id., *ibid.*, fol. 250.
3. Le 23 avril.
4. Le 14 septembre.
5. Un édit du comte de Hanau-Lichtenberg, promulgué en 1602, ordonnait à tous ses sujets de porter la laine de leurs moutons à Pfaffenhoffen et
leur défendait de la vendre en quelque autre endroit que ce fût. (Kiefer,
Pfarrbuch, p. 305.)
6. *Ordonnances d'Alsace*, I, p. 283.

chansons[1], sans compter celui des garçons chirurgiens qui allaient
de tous côtés frappans d'un bâton sur un bassin de cuivre, qui est
le signal pour ceux qui se veulent faire ventouser. Ce remède
fâcheux qu'on n'admet en France que dans les maladies pressantes
est si commun en Allemagne qu'on en use même par précaution,
durant la pleine santé. Les dehors de la ville servaient de marché
aux bestiaux et aux chevaux que les Juifs y avaient amenés. On ne
voyait que gens buvans et se réjouissans. La noblesse des environs
s'était parée de ses habits à la française du temps passé pour venir
à la fête et les villageoises avec leurs cotillons à bandes de toutes
couleurs, y dansaient au son des musettes, des tambours et des
fluttes champêtres[2]. »

Mais les foires n'offraient pas toujours, ni partout, des spectacles
aussi idylliques. La rude concurrence des industriels locaux et des
commerçants du dehors, amenait parfois des querelles d'autant plus
vives que le nombre des clients était plus restreint. La lutte pour
l'existence faisait oublier, surtout dans les petites villes, non pas
seulement les devoirs de l'hospitalité, mais les pactes solennels et
les règlements des corporations industrielles. On peut juger de
l'âpreté de ces discussions par les plaintes, en apparence très fondées, des tisserands en laine de Sainte-Marie-aux-Mines, contre la
façon inique dont on les traite aux foires et aux marchés de la Haute-
Alsace, à Kaysersberg, Munster, Ribeauvillé, etc. On ne leur permet de procéder à leur déballage que lorsque l'installation de leurs
concurrents locaux est achevée; les inspecteurs des marchandises
mettent tant de lenteur à vérifier et à contrôler leurs divers ballots
qu'il leur reste à peine quelques heures pour la vente elle-même,
alors que les amateurs ont déjà fait autre part provision du nécessaire[3].
Ailleurs, ce sont des gros mots, ce sont même des horions qu'on
échange. A la foire de Schlestadt, en 1652, le Colmarien Jean
Reinhold déclare à haute voix que les marchands strasbourgeois
sont des fourbes et des menteurs, et ceux-ci ripostent en l'appelant
infâme fripon[4]. Les antipathies confessionnelles elles-mêmes

1. Il s'agit de ces chanteurs de complaintes (*Mordthaten*) qui se prome-
naient naguère encore de foire en foire, en Alsace, avec des tableaux représentant quelque crime célèbre, dont ils expliquaient le sujet en rimes
macabres aux populations ébahies.
2. *Mémoires de deux voyages*, p. 132.
3. Plaintes des tisserands de Sainte-Marie à ceux de Strasbourg, du
12 février 1654. (Schmoller, *Tuchmacherzunft*, p. 311, et Waldner, *op. cit.*,
p. 10.
4. Waldner, *op. cit.*, p. 21.

viennent parfois aggraver les rivalités commerciales et, tandis que les
marchands des villes catholiques se plaignent d'être mal reçus et même
insultés dans l'hérétique Strasbourg, les négociants de cette dernière cité font entendre des doléances semblables, et sans doute
également fondées, au sujet d'expériences analogues faites par eux
à Schlestadt, Haguenau et autres lieux[1].

§ 5. LA NAVIGATION SUR LE RHIN

Au XVIIe siècle, alors que la lenteur des communications par terre,
jointe à l'insécurité des routes, rendait tout trafic à de grandes distances singulièrement difficile, puisque les frais de transport dépassaient rapidement la valeur propre de la plupart des marchandises,
la navigation fluviale avait une importance infiniment plus grande
que dans le siècle des chemins de fer. Il est vrai que l'Alsace n'avait
pas, à ce point de vue, de bien nombreuses lignes de communication.
La plupart des petites rivières du pays n'étaient pas vraiment navigables, ainsi que nous l'avons vu plus haut ; si l'Ill l'était sur une
partie tout au moins de son cours, elle n'était pas toujours également
propre au service des transports[2], et les contrées qu'elle traversait
fournissant sensiblement les mêmes produits naturels, ceux-ci ne
pouvaient alimenter sérieusement le trafic, à moins de disettes
partielles ou d'événements militaires ou politiques imprévus, coupant d'autres routes de communication plus directes ou plus commodes[3]. Quant aux canaux d'Alsace, on sait que c'est vers la fin du
XVIIe siècle seulement qu'ils apparaissent, établis dans un but
essentiellement militaire, et nous ne voyons pas, qu'à cette époque
au moins, ils aient été utilisés par le commerce[4]. Mais il existait

---

1. Gény, *Jahrbücher der Jesuiten*, p. 22.
2. Tantôt le curage de la rivière était mal fait, tantôt des barrages empêchaient la navigation. D'après le règlement de 1651, Colmar devait surveiller
le curage et l'endiguement de l'Ill depuis Ensisheim jusqu'à Illhaeusern,
Schlestadt d'Illhaeusern à Ebersheimmunster, Benfeld d'Ebersheimmunster
à Erstein, Strasbourg d'Erstein jusqu'au bout. Sur un curieux cas de bar-
rage de l'Ill par un meunier de Hanau-Lichtenberg à Ebenweyher, en 1605-
1607, voy. A.B.A. G. 1256 (rapport du bailli de Benfeld, Jean Adam de Reinach, 30 août 1607).
3. D'ailleurs les barques qui marchaient sur l'Ill, conduites à la perche, ne
pouvaient avoir, d'après les règlements, plus de 40 pieds de long, 10 de large,
deux et demi de haut, et charger plus de 250 quintaux. Loeper, *Rheinschiffahrt*, p. 72.
4. « Il y a, disait le *Mémoire sur l'Alsace*, de 1702, deux canaux faits de
mains d'hommes, l'un sur la Branche (*sic*), depuis Soultz, près Molsheim,
jusqu'à Strasbourg. Le Roy l'a fait construire pour servir au transport des
matériaux nécessaires pour les fortifications de cette place. L'étendue de ce

une artère fluviale qui fut pendant des siècles la véritable grande
route du commerce d'importation et d'exportation de la province.
Quelle qu'ait été l'activité des négociants alsaciens dans d'autres
directions, c'est bien le cours moyen du Rhin, de Bâle à Mayence,
qui fut leur champ de travail préféré, et c'est pour ce motif qu'il
mérite que nous l'examinions de plus près.

Le transport des marchandises sur le grand fleuve date de loin.
Dès 775, Charlemagne accordait aux sujets de l'Église de Strasbourg
le privilège de trafiquer par eau, sans payer aucun droit de péage,
jusqu'aux bouches du Rhin et de l'Escaut[1]. Ces privilèges, avec
d'autres qui vinrent s'y joindre successivement[2], furent confirmés
à la ville de Strasbourg par vingt empereurs et rois d'Allemagne,
mais surtout par Sigismond en 1425 et par Ferdinand II en 1621.
Ils étaient et restèrent longtemps de la plus haute importance pour
la ville libre. La route principale du trafic de l'Europe occidentale
fut, on le sait, pendant la majeure partie du moyen âge et jusqu'au
XVIIe siècle, celle qui, partant de l'Adriatique, traversait l'Italie
septentrionale, la Suisse, l'Allemagne du Sud et la vallée rhénane,
pour aboutir aux Pays-Bas. Pour relier Venise et Milan à Cologne
et à Anvers, on emprunta de bonne heure le secours des lacs suisses,
celui des affluents du Rhin supérieur et celui du fleuve lui-même.
On allait par les cols des Alpes rhétiques aux lacs de Wallenstadt
et de Zurich ; l'on descendait la Limmat jusqu'à sa jonction avec le
Rhin ; de là jusqu'à Bâle le transport des marchandises était entravé
dans une certaine mesure par les transbordements nécessaires aux
endroits où les rapides du Rhin étaient infranchissables aux bateaux.
Mais à partir du moment où le fleuve, se buttant contre les contreforts du Jura près de la vieille cité bâloise, s'élance vers le Nord,
aucun obstacle majeur n'arrêtait plus la marche des bateaux jusqu'à
l'entrée du Rhin dans la mer. Aussi est-ce dans cette dernière des

canal est de quatre lieues, sa largeur de vingt-quatre pieds et sa profondeur
de huit. L'autre canal fait aux dépens de Sa Majesté est tiré depuis Allsber-
scheviler (*sic*) jusque à Landau, où il a esté construit pour le transport des
matériaux nécessaires pour les fortifications de cette place. Il a cinq quarts
de lieue de long ; il est un peu moins large que l'autre. » (fol. 2 b 3 a). Voy.
aussi Ichtersheim, *Topographie,* I, p. 35. Quant à la concurrence de la batellerie de la Sarre et de la Moselle, elle ne se faisait pas encore sentir au
XVIIe siècle. Voy. aux Archives municipales de Strasbourg un *Mémoire
exposant les dommages que le transport sur la Sarre et la Moselle fait
éprouver à la batellerie du Rhin,* daté de 1764. (A.A. 2456.)

1. *Urkundenbuch der Stadt Strassburg,* I, p. 10.
2. L'exemption du droit d'aubaine, le droit de n'être soumis à aucun nou_
veau péage, celui de ne pas voir établir d'entrepôt de marchandises (*ladstatt*)
à moins d'une lieue de la ville, etc.

villes confédérées seulement que commençait un système régulier de batelage, organisé depuis le XIIIᵉ siècle déjà[1].

Cependant, à l'origine, les bateliers des localités riveraines les plus importantes, et en particulier ceux de Strasbourg, ne paraissent pas avoir formé de corporation de métier ; ils étaient simplement un personnel de travailleurs aux ordres des gros commerçants, propriétaires des bateaux. Mais à mesure que le trafic se développa, le besoin d'une institution permanente, plus étendue et plus régulière, se fit sentir ; les bateliers de Strasbourg (*Schiffleute*) se groupèrent en une *tribu* d'arts et métiers, celle de l'Ancre, dont les statuts furent rédigés en 1350 [2], et qui obtint, en 1417, la première place dans la hiérarchie des corporations strasbourgeoises. A partir de cette époque, et pour plus de deux siècles, les Strasbourgeois furent les maîtres du commerce fluvial sur le Rhin moyen. Les Bâlois amenaient leurs marchandises jusqu'à Strasbourg, mais généralement ils ne descendaient pas plus loin [3] ; les bateliers de Brisach et de Neubourg, les seules localités un peu considérables entre les deux grandes cités, ne pouvaient embarquer que des voyageurs [4]. Depuis Strasbourg, c'étaient les chalands de la ville libre qui transportaient la marchandise à Mayence ou à Francfort. Au moyen âge, ils descendaient même d'ordinaire jusqu'à Cologne, mais au XVIIᵉ siècle, la chose était devenue assez rare, et leur sphère d'action ne dépassait guère l'embouchure du Mein. Cet espace, par contre, les bateliers de Strasbourg le surveillaient avec une jalousie toujours en éveil, et ils n'y admirent aucun concurrent sérieux, aussi longtemps que cela leur fut possible.

Comme nous l'avons déjà dit, dans l'esquisse géographique de la province, le fleuve, plus libre de ses mouvements qu'aujourd'hui, moins étroitement resserré par des digues, avait une allure moins vive et déplaçait moins souvent ses immenses bancs de galets, de

---

1. Voy. Loeper, *Die Rheinschiffahrt Strassburgs*, Strassb., 1877, in-18. Voy. aussi le *Mémoire historique sur l'état de la navigation du Rhin à différentes époques*, écrit en 1769, aux Archives municipales, A.A. 2457.

2. Les statuts revisés du 16 février 1629, qui firent loi durant le XVIIᵉ siècle, sont imprimés chez Loeper, *op. cit.*, p. 148-184.

3. « De mémoire d'homme, ils ne l'ont fait, » disait un témoin dans l'enquête de 1699. Il est certain néanmoins que durant les guerres de Hollande et du Palatinat, alors que les bateliers strasbourgeois, étaient écartés comme alliés ou sujets de Louis XIV, par les belligérants ennemis, les Bâlois neutres avaient plus d'une fois franchi le pont de bateaux de Strasbourg pour descendre plus bas. Par une transaction signée le 19 septembre 1711, Strasbourg se résigna à reconnaître ce droit de Bâle, en échange de certains avantages faits à son commerce. (Loeper, *op. cit.*, p. 95.)

4. Loeper, *op. cit.*, p. 102.

gravier et de sable. Il était donc assez facile de le descendre et possible de le remonter sans de trop grandes fatigues, et sans procéder avec une lenteur destructive de tout profit commercial.

Le port d'attache des négociants strasbourgeois était de vieille date la Wantzenau, gros village situé près de l'embouchure de l'Ill dans le Rhin, à quelques kilomètres de Strasbourg. C'est là qu'on amenait sur des chalands de taille moyenne les ballots et tonneaux qu'on rechargeait ensuite sur les grands bateaux (*Lastschiff*), sous la direction d'arrimeurs-jurés (*Fertiger*) qui devaient inspecter soigneusement la cargaison avant le départ. C'est de là que le pilote introduisait les navires dans le grand courant au delà du Kaelberkopf, en invoquant à haute voix la protection divine. Dans le cours du voyage, le ton des matelots et du pilote lui-même ne cadrait pas toujours avec un si pieux début. Les bateliers étaient de grands jureurs devant l'Éternel, et leurs conversations prenaient parfois un tour assez rabelaisien, comme nous le prouve un mot de l'auteur du *Rollwagen*, Georges Wickram, le poète colmarien mentionné déjà plus haut[1]. Comme la Wantzenau était à l'évêque, le Magistrat profita, en 1615, de ce que Kehl, situé sur la rive droite du fleuve, en face de Strasbourg, appartenait à la République pour y faire bâtir des retranchements à l'abri desquels on pût dorénavant embarquer les marchandises sur le territoire même de la ville, et cela, par un chemin plus court, la ville communiquant directement avec le fleuve par le Rheïngiessen, qui débouchait dans l'Ill, sur l'emplacement actuel de la rue de Zurich[2].

Le courant principal (*thalweg*) du Rhin était marqué par des pieux solides, fichés dans le fleuve, et pour qu'il arrivât le moins d'accidents possible[3], deux fois par an sa direction (*verborgener Cursus*) était vérifiée par des pilotes-experts entre Strasbourg et Germersheim. D'ailleurs, tous ceux qui aspiraient à être bateliers-chefs ou timoniers devaient faire, au moins deux fois par an, « une course d'essai » pour s'orienter sur les déplacements que le courant du fleuve pourrait avoir subis dans l'intervalle[4].

---

1. Un de ses personnages répond à une anecdote particulièrement égrilarde: « Stilla, Mutz, diss gehoert auff den Rollwagen oder auff's Schiff! »
2. Loeper, *op. cit.*, p.35. C'est par là qu'en 1576 les Zurichois apportèrent à leurs amis de Strasbourg leur marmite de bouillie chaude, chantée par Jean Fischart.
3. Il en arrivait assez souvent; le lit du fleuve roulait des troncs d'arbres et des quartiers de roc; il y avait aussi des tourbillons qui firent sombrer plus d'un bateau, au dire des chroniqueurs du XVIe et du XVIIe siècle.
4. Règlement du 16 septembre 1653.

La longueur des bateaux fut fixée par l'ordonnance du Magistrat de 1619 à 120 pieds de Strasbourg ; ils devaient être larges de 11 pieds et hauts de 5 pieds et demi ; ils étaient tous construits à fond plat. Une ordonnance de 1645 défendait d'y charger plus de 800 quintaux de marchandises. Plus tard cependant, on en construisit de plus grands, qui portaient 1,000 et 1,500 quintaux ; mais alors les négociants se plaignirent de ce que l'expédition des ballots se trouvât retardée ainsi outre mesure, aucun batelier ne voulant naturellement partir avant d'avoir complété sa cargaison[1]. C'est pour cela, sans doute, qu'en 1667 deux bateliers de Strasbourg, Daniel Jung et Daniel Russ, présentèrent une pétition au Conseil pour obtenir la permission de construire des bateaux de forme nouvelle, appelés *Rheinberger*[2], un peu plus longs, mais moins pansus que les barques ordinaires, qui, en fendant plus facilement le courant, hâteraient ainsi la circulation des marchandises. Le Magistrat accorda d'autant plus volontiers cette autorisation que pour chaque nouvelle barque on lui payait un impôt spécial (*Pfundzoll*) de deux à quatre pfennings par florin, sur le prix obtenu pour les marchandises vendues. L'un des deux contrôleurs ou *Zoller*, établis en aval de la ville, à la Robertsau, et en amont, près des Ponts-Couverts, les marquait d'un poinçon officiel au fer rouge[3].

Les bateaux étaient, au XVIIᵉ siècle, généralement construits en bois de chêne ; au moyen âge, on employait au contraire, semble-t-il, de préférence des barques en sapin, dont on vendait les matériaux, dans les villes de Mayence ou de Cologne, pour s'épargner la peine de la remonte, et sans doute aussi pour n'avoir pas à attendre trop longtemps un fret lent à venir. Il est encore question, vers 1660, de grands bacs, grossièrement menuisés, en troncs de sapins, nommés *luhrdannen*, qu'on chargeait de marchandises et qu'on vendait en même temps qu'elles, dans les ports du Rhin inférieur. C'étaient plutôt des espèces de planchers grossiers, fixés sur un radeau et rattachés par des coins en bois, que de véritables barques, à mâture[4]. Les ballots et les tonneaux, formant la car-

1. Loeper, *op. cit.*, p. 131. Ce qui est curieux, c'est que le règlement du 10 décembre 1712 permettait aux bateliers de transporter plus de quintaux de marchandises (1500) en remontant le Rhin, qu'en le descendant (6,800). (Loeper, p. 221.)

2. On disait *zu Berg fahren* pour *remonter* le fleuve ; des *Rheinberger* étaient donc vraisemblablement des bateaux plus solides et plus maniables à la fois, spécialement construits pour remonter le courant. Sur leurs proportions voy. les Statuts de 1717. Loeper, *op. cit.*, p. 213.

3. Loeper, *op. cit.*, p. 73.

4. Id., *ibid.*, p. 85.

gaison du bateau, étaient entassés tout autour du mât central, sur des poutres et des planches, afin de les soustraire à l'humidité, et simplement recouverts d'une grande toile, qui à l'arrière de la nef formait une espèce de tente à l'usage des voyageurs. Il n'y avait pas, ce semble. au XVIIe siècle, de barque vraiment pontée. Le mât, — parfois aussi il y en avait deux, — était mobile ; l'on ne s'en servait d'ordinaire que pour remonter le fleuve. A la descente, c'était avec de longues perches à double pointe que les bateliers dirigeaient leur pesant esquif, moins occupés à le faire avancer rapidement, — le courant du *thalweg* suffisait à cela, — qu'à empêcher l'ensablement du bateau sur quelque banc de formation nouvelle. Parfois aussi les barques remontant le Rhin étaient, là où l'on pouvait se tenir assez près de la rive, halées à bras d'homme, mais c'était naturellement une opération très coûteuse et que toute espèce de fret ne permettait point.

Entre Bâle et Strasbourg, le courant du grand fleuve est encore si fortement accentué par la déclivité du terrain, qu'on regardait alors déjà comme passablement difficile de le faire remonter par des bateaux pesamment chargés. Aussi la navigation en amont de Strasbourg n'était-elle pas d'usage fréquent pour les bateliers de la ville, et c'est plus souvent par la voie de terre qu'on transportait à Bâle les produits industriels ou agricoles de la Basse et de la Haute-Alsace. Nous relevons dans un document officiel le chiffre minime des bourgeois de Strasbourg qui, de 1660 à 1667, c'est-à-dire durant une période de paix complète, ont conduit par eau des marchandises à la ville confédérée ; ils étaient onze en tout, et l'on ajoute qu'aucun bourgeois de Brisach n'a suivi leur exemple [1]. Cela n'exclut point, bien entendu, un mouvement commercial infiniment plus considérable en sens inverse, sans quoi les huit postes de douane, échelonnés entre Bâle et Strasbourg n'auraient pas été maintenus par les États riverains qui avaient à les entretenir.

Le commerce en aval de Strasbourg, souvent paralysé pendant la guerre de Trente Ans, violemment interrompu même[2], soit par les embuscades des troupes dites régulières, soit par celles des « chenapans », qui se cachaient dans les îles ou sur les bords du Rhin pour surprendre les bateaux descendant ou remontant le fleuve, reprit après la paix de Westphalie, qui avait proclamé catégorique-

1. Archives municipales, A.A.2498.
2. En 1635, les Strasbourgeois fermèrent eux-mêmes le passage avec de doubles chaînes en fer pour empêcher la circulation des troupes impériales ou espagnoles. (Han, *Seelzagendes Elsass*, p. 299.)

ment la liberté de la navigation sur le Rhin, par l'article 87 (85) du
traité de Munster [1]. « Que surtout la navigation du Rhin, y est-il
dit, soit libre et qu'il ne soit permis à aucune des parties d'empêcher, retenir, arrêter ni molester, sous quelque prétexte que ce
soit, les bateaux passans, descendans ou montans, excepté pour la
seule inspection et visite qu'on a accoutumé de faire des marchandises ; et qu'il ne soit point aussi permis d'établir sur le Rhin de
nouveaux impôts, péages, droits de passage, daces et autres telles
exactions ; mais que, de part et d'autre, l'on demeure content des
impôts et des daces ordinaires, que l'on avait accoutumé de payer
avant cette guerre, sous le gouvernement des princes d'Autriche [2]. »

Une demi-douzaine d'années plus tard, le mouvement commercial
avait déjà acquis de nouveau une sérieuse importance ; un relevé
officiel nous apprend qu'en 1654 on avait transporté, en cin-
quante-sept voyages, depuis Mayence et Francfort jusqu'à Strasbourg, 26,252 quintaux de marchandises, sans compter la grande
quantité de tonnes de harengs et les ballots de morue séchée, destinés à l'alimentation de l'Alsace catholique, qui formaient une partie
notable du trafic de la ville [3]. Cette amélioration se soutint jusqu'à
la guerre de Hollande de 1672, des suites de laquelle la batellerie
strasbourgeoise ne se remit jamais complètement.

Elle ne fut pas cependant l'unique cause d'une décadence désormais indéniable. L'organisation technique du batelage et les règlements minutieux de la profession empêchaient les intéressés d'en
tirer un profit considérable. Tout d'abord, comme au milieu du
XVIIᵉ siècle il y eut surabondance de professionnels, le Magistrat
crut devoir intervenir et organisa en 1660 un roulement de service,
ce qu'on appela l'*Umgang*, d'après lequel chaque batelier entrepre-
nait, à son tour seulement, une course en aval du fleuve ; chacun de
la sorte avait un peu de besogne, aucun n'en avait assez. Il intervint
d'une manière non moins autoritaire en d'autres circonstances. Il y
avait deux façons de procéder à ce voyage de Strasbourg à Mayence ;
on partait sans hâte, quand le bateau était rempli, se laissant
entraîner au fil de l'eau, tout à l'aise, se contentant d'arriver au
temps voulu aux foires de Francfort, etc. ; mais le commerce réclamait aussi des voyages accélérés (*eilige Güterfahrten*) qui deman-

---

1. Vast, *Les grands Traités de Louis XIV*, p. 43.
2. *Ordonnances d'Alsace*, I, p. xv.
3. Pour apprécier ce chiffre, il faut le comparer avec celui qu'on relevait
cent trente ans plus tard, en 1783 ; le total des marchandises amenées d'aval
à Strasbourg était alors de 49,965 quintaux ; c'était beaucoup moins du double
du chiffre de 1654. Voy. Loeper, *op. cit.*, p. 100.

daient un travail plus dur aux bateliers et qui, pourtant, étaient moins rémunérateurs, puisqu'on n'avait pas le temps de s'arrêter en chemin pour racoler cargaisons ni passagers. Si personne parmi les entrepreneurs de batellerie ne s'offrait pour partir dans des conditions pareilles, on faisait tirer au sort ou désigner par un coup de dé le nautonnier qui se chargerait de ces livraisons à grande vitesse.

Les profits réalisables sur le fret étaient, de leur côté, réglementés d'avance par le Magistrat qui avait, d'ancienne date, dressé les tarifs pour les frais de transport [1]. Nous possédons une série de ces tarifs, imprimés en petits volumes (*Frachtbuechlein*), à la fin du XVIIe et au XVIIIe siècle [2], et ils nous font voir que le salaire était médiocre pour un grand labeur. Les bateliers essayèrent d'améliorer leur situation en ne se bornant pas à transporter les marchandises d'autrui, mais en faisant un peu de trafic clandestin pour leur propre compte, soit en descendant, soit en remontant le Rhin. Mais les commerçants de la tribu du Miroir veillaient sur leur monopole et protestèrent contre cette infraction aux règlements. Il y eut des querelles continuelles entre les deux corporations, pendant une vingtaine d'années, jusqu'à ce que le Conseil des XV se prononçât finalement, en 1670, contre les prétentions des bateliers [3].

On comptait, vers la fin du XVIIe siècle, un jour pour aller de Bâle à Strasbourg; les barques qui ne portaient que des voyageurs (*Personenschiffe*) mettaient deux à trois jours, celles qui étaient chargées de marchandises (*Lastschiffe*) trois à cinq jours pour aller de Strasbourg à Mayence. La remonte, de Mayence à Strasbourg, demandait au moins une dizaine de jours; mais quand, au XVIIIe siècle, les digues construites par l'administration française eurent resserré le chenal et renforcé le courant, la durée de ce « voyage d'amont » augmenta rapidement [4].

Pour ce qui est du transport des personnes, les voyageurs, désireux de prendre la voie fluviale, diplomates, négociants, pèlerins [5] ou simples touristes, s'adressaient d'ordinaire à un fonction-

1. Le tarif des frais de transport payés aux bateliers ainsi que le tarif du fret jusqu'en 1668 se trouvent aux Archives municipales, A.A. 2447.
2. Le plus ancien de ceux que nous connaissons porte la date de 1677, mais ce n'était certainement pas le premier.
3. M. Loeper a tiré les textes, relatifs à ces disputes, des procès-verbaux des XV. Voy. *op. cit.*, p. 79-86.
4. En 1753, un bateau chargé mettait 18 jours pour aller de Mayence à Strasbourg; en 1786, il lui fallait 27 jours au moins, et, à eaux basses, en hiver, le voyage exigeait parfois jusqu'à 36 jours. (Loeper, *op. cit.*, p. 70.)
5. Avant la Réforme, la foule des pèlerins, venant du Nord, qui se rendaient

naire assermenté de la tribu de l'Ancre, nommé le *Harrer* [1] et débattaient avec lui le prix d'un bateau plus ou moins grand et d'une
équipe suffisante. Puis celui-ci se rendait au poële de l'Ancre, quai
des Bateliers, où se réunissaient les patrons présents à Strasbourg;
un coup de dé décidait qui serait le convoyeur du groupe, et trois
heures plus tard le maître-pilote et ses aides devaient être prêts à
prendre le large. Les prix ne semblent pas avoir été trop élevés,
même pour les voyageurs riches et qui voyagaient à l'aise dans un
bateau loué pour eux seuls. Naturellement les pèlerins, entassés
dans de grandes nefs, payaient une somme infiniment moindre [2].
Entrepris selon les hasards de l'affluence des voyageurs, ces départs
vers le bas du fleuve n'eurent, pendant la majeure partie du
XVIIᵉ siècle, absolument rien de régulier. Ce n'est qu'en 1689 que
le Magistrat organisa un service de transports fluviaux de Strasbourg
à Landau, ou plutôt à Hoerdt, tête de ligne de Landau, situé dans
l'intérieur des terres [3]. On partait deux fois par semaine, le mardi
et le vendredi, à midi précis, du poële de l'Ancre, sur l'Ill. De
Strasbourg à Fort-Louis on ne payait par personne que 13 sols et
4 deniers; jusqu'à Hoerdt le prix était de 32 sols. Ces omnibus ou
diligences aquatiques, imitation des *treckschuyten* hollandaises,
transportaient également des marchandises, qui étaient taxées par
quintal à 10 sols 8 deniers, à destination de Fort-Louis; à 29 sols
4 deniers, à destination de Hoerdt. On voit par la nature des marchandises énumérées dans le tarif officiel, — et il devait en être forcément ainsi, — que les voyageurs étaient surtout des paysans
apportant leurs denrées comestibles au marché le plus proche, ou du
moins le plus rémunérateur. Pour remonter le fleuve, de Landau
jusqu'à Strasbourg, les prix étaient les mêmes. C'étaient les bateliers

---

à Notre-Dame d'Einsiedeln ou à Lorette, passaient par Strasbourg et remontaient le Rhin jusqu'à Bâle. On descendait aussi le fleuve pour visiter les
sanctuaires de Cologne, la Sainte-Tunique de Trèves, ou le pèlerinage de
Marienthal en Basse-Alsace. Il est question de ces convois de pèlerins
(*Bruderfarten*) dans l'ordonnance du 16 février 1629 et même encore en 1660
dans une pétition des bateliers au Magistrat.

1. D'après J. G. Scherz (*Glossarium*, col. 617) le mot *Harrer*, qu'il traduit
par *apparitor*, viendrait du verbe *haren, clamare*. Mais le *Harrer* au
XVIIᵉ siècle semble avoir été plus qu'un bedeau.

2. Martin Zeiller raconte dans son *Reyssbuch*, déjà cité, qu'il a voyagé en
1630, de Strasbourg à Mayence avec deux Strasbourgeois et un Hollandais et
qu'ils ont payé ensemble au batelier Urbain Bayer et à ses aides la somme de
21 thalers.

3. Le village de Hoerdt (qu'on écrivait Hert au XVIIᵉ siècle) se trouve
près de Germersheim dans la Bavière rhénane.

eux-mêmes qui acquittaient partout les droits de péage sur le prix
du transport, payé d'avance[1].

A ce moment, les affaires de la batellerie au long cours, si je
puis m'exprimer ainsi, marchaient déjà de nouveau fort mal à
Strasbourg, et c'est vraisemblablement pour procurer une occupation
à ses bourgeois en détresse, que le Magistrat avait organisé ce service de communications le long de la frontière alsacienne. Les bateliers de Mayence, qui étaient évidemment mieux placés que ceux de
Strasbourg pour concentrer entre leurs mains le transport des
marchandises sur le Rhin moyen, ne se contentaient plus de mono-
poliser la navigation en aval de leur ville, mais ils visaient aussi
à s'emparer de la navigation en amont, et ils y réussirent dans
une certaine mesure, pendant que les années de guerre 1674-1679
empêchaient les Strasbourgeois de faire un sérieux usage de leurs
antiques privilèges. Même en temps de paix, ceux-ci avaient à
payer, avant d'arriver jusqu'à Francfort, onze péages, échelonnés
sur les deux rives du fleuve, qui leur coûtaient des arrêts nombreux et des sommes assez considérables. Il leur fallait faire successivement escale à Hugelsheim, dans le margraviat de Bade-Bade;
à Seltz et à Neuenbourg, sur les terres palatines; à Schréck, dans
le margraviat de Bade-Dourlach[2]; à Germersheim dans le Palatinat;
à Gerlisheim dans l'électorat de Mayence; à Oppenheim dans le
Palatinat; à Mayence et à Hoechst dans l'électorat de Mayence,
avant qu'ils pussent s'amarrer aux quais de Francfort[3]. Ils ne se soutenaient que par la possibilité de trouver du fret, soit à Francfort, soit
à Mayence, et c'est le bénéfice de la course au retour (*Bergfahrt*) qui
seul leur permettait de gagner encore quelque chose à leur pénible
métier. Aussi l'archevêque de Mayence porta-t-il un coup mortel
à la corporation strasbourgeoise et au commerce alsacien en général, en créant un monopole d'embarquement (*Stapelrecht*) pour ses
propres bateliers et en défendant aux négociants de ses terres de
confier dorénavant leurs marchandises aux bateaux étrangers.

1. « Taxe suivant laquelle les bourgeois et batteliers de Strasbourg vont
avec le batteau ordinaire au Fort Louys, Huguelsheim et Landau. » Strasbourg, 1689, placard in-folio. Archives municipales, A.A. 2498.

2. C'est la localité qui s'appelle aujourd'hui Léopoldshafen.

3. « Estat des bureaux de péage establis depuis Strasbourg jusqu'à Francfort. » — « Mémoire sur les péages d'Alsace tels qu'ils existaient en 1652 et
indiquant les princes et les seigneurs qui en tiraient les revenus. » (Archives
municipales, A.A. 2498.) Durant la guerre, alors que les troupes françaises
occupaient Seltz, Germersheim, etc., tous les péages palatins furent concen-
trés à Mannheim, où il fallait les acquitter tous ensemble avant de pouvoir
passer outre.

Dans ces conditions, la batellerie strasbourgeoise n'avait plus les moyens de vivre. Le Magistrat fit les démarches les plus pressantes pour obtenir le retrait des mesures prises à Mayence. Le 24 mai 1681, quelques mois seulement avant la capitulation, l'avocat de la République, le docteur Stoesser, réussit à faire signer à la Régence électorale un arrangement provisoire, portant que les bateliers strasbourgeois pourraient charger des marchandises à Mayence, pour les conduire en amont, pendant les trois semaines avant, pendant et après chacune des deux foires de Francfort, mais qu'en tout autre temps, les bateliers mayençais jouiraient seuls du droit de faire de pareils changements[1]. Pour que, en échange de cette concession, la ville libre ait accordé aux sujets de l'électeur le droit d'arriver en toute saison jusqu'à Strasbourg, il faut bien admettre que les bateliers d'Alsace avaient cessé déjà de descendre habituellement jusqu'à Mayence, en dehors de l'époque des foires de Francfort. Cet accord, si peu favorable en somme, quand on songe aux prétentions strasbourgeoises du siècle précédent, ne paraît pas même avoir été toujours respecté à Mayence, et tous les efforts tentés pour l'améliorer échouèrent[2]. Deux ans plus tard, le résident de France à la cour archiépiscopale, M. Foucher, annonce au syndic royal Guntzer, que, dans l'affaire de la batellerie, il n'a pas réussi à obtenir la moindre concession pour les nouveaux sujets de Sa Majesté. « J'ay eu quelques conversations avec les ministres de ce conseil et j'ay essayé, mais inutilement, de leur faire entendre vostre bon droit. Ces gens-là ont mesme tellement engagé M. l'Électeur de Mayence à me refuser le règlement que je l'ay pressé de faire, qu'il ne m'a pas esté possible d'obtenir aucun succez[3]. »

Aussi le membre du Magistrat qui était chef (*Oberherr*) de la tribu de l'Ancre, J. Wencker, écrivait-il mélancoliquement en 1684 : « Le Rhin, cette voie de communication naturelle entre l'Italie et les Pays-Bas, qui était autrefois le fleuve le plus fréquenté, le plus célèbre par son commerce, est aujourd'hui le plus délaissé et le plus solitaire... On a essayé de remédier à l'inconvé-

---

1. Archives municipales, A.A. 2447.
2. M. Loeper (p. 106) se trompe du tout au tout en disant que l'accord ne fut jamais ratifié. Il était si bien considéré comme valide par les parties contractantes que jusqu'en 1749 on ne parle à Strasbourg que de son abolition désirable. (A.A. 2248-2250.) D'ailleurs le traité du 28 septembre 1751 commence par reconnaitre (§ 1) la validité des stipulations du 24 mai 1681.
3. Foucher à Guntzer, Aschaffenbourg, 26 juillet 1683. (Archives municipales.)

nient (de ses nombreux péages) par le traité de Munster, mais les décisions de ce dernier n'ont point été exécutées[1]. » En 1692, la corporation, si puissante autrefois, ne comptait plus que trente-sept bateliers, trois timoniers et quarante-sept garçons bateliers admis à la bourgeoisie, plus une soixantaine de protégés ou *manants*, au total 154 personnes[2]. Le commerce fluvial, si florissant encore au début du XVIIe siècle, était donc bien malade à son déclin.

§ 6. LES MONNAIES[3]

Une des conditions indispensables pour la stabilité du commerce et pour sa prospérité, c'est l'existence d'une valeur fiduciaire présentant des garanties suffisantes au double point de vue du titre et du poids. Or, le XVIIe siècle est peut-être de tous ceux de l'histoire

1. Nous citons ce passage d'après M. Loeper, *op. cit.*, p. 122, n'ayant pu retrouver la pièce, non spécifiée par lui, où Wencker s'exprime ainsi.
2. En 1681, il y en avait 160, en 1789, 230. (Loeper, p. 130.)

3. *Note sur la désignation des monnaies et sur la valeur approximative de l'argent en Alsace au XVIIe siècle.*

C'est peut-être ici le moment le plus propice pour réunir en un résumé sommaire, que nous avons essayé de rendre aussi clair que possible, les indications indispensables sur le nom et la valeur des monnaies alsaciennes au XVIIe siècle et sur leur *pouvoir* à cette époque. Nous empruntons ces données aux *Études économiques* de M. l'abbé Hanauer, où le savant historien a réuni d'innombrables séries de chiffres tirés des archives d'Alsace et les a groupés en tableaux instructifs et détaillés que personne après lui n'aura plus la patience de refaire. Il en a résumé lui-même la quintessence dans son petit *Guide monétaire pour l'histoire d'Alsace* (Rixheim, Sutter, 1894, in-8°) où cependant, à force de vouloir simplifier les choses, de grouper les chiffres en périodes trop étendues, il a quelque peu compromis l'exactitude absolue de certaines de ses données.

Dans la *Basse-Alsace* ce fut longtemps la livre strasbourgeoise (*ein pfund pfennige*) ou *livre pfenning* qui représente l'unité monétaire. Elle se subdivisait en vingt schellings (*schilling*) et chaque schelling comptait douze deniers (*pfenning*); le denier lui-même se partageait encore en deux oboles (*heller*). Cette livre strasbourgeoise n'a d'ailleurs jamais existé en réalité; c'était simplement une monnaie de compte, et le *schelling* ou *solidus* n'a été vraiment monnayé qu'au XVe siècle. C'est le denier, le *pfenning*, qui fut à la base de l'évaluation. Il y en avait 240 à la livre. — A côté de la *livre pfenning* de Strasbourg il y avait la *livre de Colmar*, se subdivisant en *rappen*, et la *livre de Bâle*, divisée en *stebler*, très répandues dans la *Haute-Alsace*. La *livre stebler* répond aux deux cinquièmes, la *livre rappen* aux quatre cinquièmes de la livre strasbourgeoise. En 1681, Louis XIV, pour faciliter la transition au système monétaire français, ordonna la frappe d'une *livre d'Alsace*, qui subsista jusqu'en 1718 et qui circulait dans la province ainsi que dans les pays de la Sarre. Elle ne valait que les dix onzièmes de la *livre tournois*, mais elle offrait le grand avantage de représenter exactement le quart de la livre strasbourgeoise; on n'avait plus qu'à faire

moderne celui qui a vu le plus effroyable désordre dans la circulation des espèces, les variations les plus brusques quant à leur valeur officielle et le moins d'honnêteté chez les gouvernants et les particuliers qui les jetaient dans le public. C'est, en Allemagne, le règne triomphant des rogneurs d'or et des faux-monnayeurs (*Kipper und Wipper*), dont les hauts faits ont été mille fois invectivés en vers et maudits en prose durant la guerre de Trente Ans[1] et qui ont été trop souvent imités par ceux-là même dont le devoir était de les réprimer et de les punir.

De toutes les régions du Saint-Empire romain, l'Alsace est peut-être celle qui a le plus souffert de cet état de choses, par suite de sa

une très simple opération d'arithmétique pour fixer l'équivalence de l'ancienne et de la nouvelle monnaie.

Au XVIᵉ siècle, la création d'une nouvelle monnaie, commune à tout l'Empire introduisit en Alsace une seconde série de désignations monétaires. Le *florin*, valant dix schellings, équivalait par suite à une *demi-livre pfenning*. Il se partageait en quinze *batz*, valant chacun huit *deniers*, ou en soixante *kreutzer*, qui valaient chacun *deux deniers*. Le florin valait donc 120 deniers ou *pfennings*. On monnayait aussi au XVIIᵉ siècle des pièces de trois kreutzer (*plappert*), de trois batz (*dreibœtzner*) et de six batz (*dickpfennige*). Le florin de Strasbourg (*Gulden Strassburger Wœhrung*) n'était plus d'ailleurs, lui aussi, au XVIIᵉ siècle, qu'un florin de compte, évalué trois *kreutzer* ou six *pfennings* plus cher que le florin rhénan ordinaire (*rheinischer Gulden*) ; il comptait donc 63 *kreutzer* ou 126 pfennings.

Les *thalers* émis d'abord au XVIᵉ siècle comme équivalents du florin d'or, conservèrent mieux que lui la fixité de leur valeur et dépassaient celle du *gulden* d'un sixième, au début du XVIIᵉ siècle, d'un tiers au milieu du siècle, de près de la moitié dans les années qui précèdent 1700. Cela dit, nous fournirons au lecteur un moyen d'appréciation, *à peu près* exact, de tous les chiffres qu'il a rencontrés dans le cours de cet ouvrage, en empruntant à M. Hanauer le tableau suivant :

Dans les années :	1601 — 1619,[a]	1625-1650	1651-1675.	1675-1700.	
La livre pfenning =	18 f. 50 d'aujourd'hui	12 f. 50	20 f. »»	12 f.	Livre Pfennig.
Le thaler =	13 75 »		9 35	15 »»	9 » Le thaler.
Le florin =	9 25 »		6 25	10 »»	6 » Le florin.
La livre de Colmar=	14 80 »		10 »»	13 30	8 » Livre de Colmar.
La livre de Bâle =	7 40 »		5 »»	6 65	4 » Livre de Bâle.

a) Les années 1620-1624 ont été éliminées par M. Hanauer puisque ce furent les années de la grande crise monétaire en Alsace ; les chiffres afférents auraient faussé complètement les moyennes de la période, alors que déjà, vu l'étendue de chaque période, ces moyennes ne sont plus qu'approximatives. Pour trouver des chiffres absolument exacts, on fera donc toujours bien de se reporter aux tableaux annuels, plus détaillés, du premier volume des *Études économiques*.

1. L'ordonnance strasbourgeoise du 15 mars 1620 contre les mauvaises espèces commence par une véhémente tirade du stettmeistre Adam Zorn contre « les pratiques financières malhonnêtes qui ont diminué, puis fait disparaître le précieux trésor des espèces honnêtes, bonnes et germaniques, et qui plongent ainsi, pour satisfaire la rapacité de quelques individus, tout le pays dans une misère profonde et qui l'épuisent avec une avidité et une insolence peu chrétiennes ».

situation géographique toute particulière. Le monnayage des pièces
nécessaires au trafic ne se faisait qu'en très petite partie dans le
pays même, malgré le nombre d'ateliers monétaires qu'on y rencontre de bonne heure.

L'évêque de Strasbourg y avait été pendant longtemps le seul à
battre monnaie ; vers la fin du XIIIe siècle, il céda son droit à une
association de patriciens de la cité, les *Hausgenossen*, qui l'exploitèrent, de son consentement, à la Monnaie de Strasbourg ; puis,
cent ans plus tard, la ville libre usurpa sur ceux-ci ce droit régalien,
sans posséder pourtant de privilège impérial à cet égard. C'est en
1508 seulement que Maximilien Ier l'autorisa à frapper des florins
d'or ; la frappe des pièces de six *batz* ou *dickpfennige* date de 1613,
celle des pièces de trois *batz* ou *doppelgroschen* de 1615. Malgré
l'activité considérable de la Monnaie de Strasbourg dans les premiers
temps de la lutte trentenaire[1], il faut même descendre jusqu'en 1635
pour trouver des ducats et des doubles ducats strasbourgeois[2]. La
capitulation de 1681 réservait à la ville le droit de monnayage,
mais, dès 1687, un fermier d'origine française, nommé Damont,
fut substitué dans le bail de la Monnaie au fils de l'ammeistre
Dominique Dietrich, et en mars 1690 une ordonnance royale défendait, d'une manière absolue, au Magistrat la frappe de monnaies
quelconques. Jusqu'à ce moment, le travail monétaire y avait conservé une certaine importance, puisque de 1682 à 1690 on avait
fabriqué 7,312,556 livres de monnaie de France, en pièces de quatre
sols, de quinze sols et de trente sols, plus 194,194 livres en sols
d'Allemagne, ce qui donnait un total de 7,506,550 livres[3]. Les
ateliers strasbourgeois se rouvrirent en octobre 1693, mais pour le
compte du gouvernement français, et le Magistrat réclama en vain
le privilège de pouvoir frapper au moins des florins d'or pour le
commerce d'outre-Rhin ; il ne put même obtenir la permission de
continuer à monnayer lui-même les jetons de présence des membres
de ses Conseils[4].

La Monnaie épiscopale avait été transportée à Molsheim au
moment de la rupture entre la ville et l'évêque, et de là Jean de

1. En 1621, on monnayait à Strasbourg, soit au moulin des Huit-Tournants,
soit à l'ancien couvent des Cordeliers, deux mille marcs d'argent par semaine.
(Hanauer, I, p. 309.)

2. Hanauer, I, p. 56. Je tiens à répéter ici combien je dois pour ce paragraphe, — et pour plusieurs autres, — aux *Etudes économiques* de M. l'abbé
Hanauer.

3. La Grange. *Mémoire*, fol. 240.

4. Hanauer, I, p. 58-59.

Manderscheïdt la transféra vers 1580 à Saverne. Ses produits n'étaient pas toujours de bon aloi ; ils furent *décriés* par les princes de la vallée rhénane en 1604, et même par les États de la Haute-Alsace en 1607. La Monnaie de Saverne travaillait encore en 1629, mais elle paraît avoir été définitivement fermée quand celle de Molsheim fut rouverte, en 1630, et placée en 1631 sous la direction du maître-monnayeur de Strasbourg, Jean Hermann, qui fabriqua même pendant quelque temps de la monnaie épiscopale dans la ville libre elle-même[1]. C'est vers 1674 que cessa la frappe pour les terres cisrhénanes de l'évêché de Strasbourg ; elle continua pendant un certain nombre d'années encore, à Oberkirch, pour les districts au delà du Rhin[2].

Les comtes de Hanau-Lichtenberg avaient un atelier monétaire assez actif, à la fin du XVIᵉ siècle. Il cessa probablement son travail après le pillage de Woerth en 1633, fut rouvert à Bouxwiller, chef-lieu de la régence hanovienne, en 1659, et disparut définitivement, comme l'atelier épiscopal, au moment des campagnes de 1673 et de 1674[3].

La ville impériale de Haguenau avait reçu d'importants privilèges monétaires de Charles-Quint. Son atelier était fort actif dans le premier quart du XVIIᵉ siècle[4], mais une certaine suspicion s'attachait dès lors à ses produits[5]. Après 1635, on n'en entend plus parler jusqu'en 1664, où le Magistrat de Strasbourg *décrie* ses pièces. La destruction presque complète de la malheureuse cité durant la guerre de Hollande mit forcément fin à tout monnayage, mais il est probable qu'il avait cessé quelques années auparavant déjà.

La ville de Wissembourg, héritière des privilèges de l'ancienne abbaye, exerçait encore son droit de frappe au XVIIᵉ siècle, mais à de longs intervalles, et ne paraît plus avoir monnayé après 1626[6].

Dans la Haute-Alsace, où il y avait d'ailleurs un très fort afflux

1. Hanauer, I, p. 68.
2. Fondé avant 1682, l'atelier épiscopal d'Oberkirch fonctionna jusqu'à l'époque de la guerre de succession d'Espagne. Vers le milieu du XVIIIᵉ siècle, les cardinaux de Rohan le remirent en activité, mais les Etats du Cercle de Souabe décrièrent ses produits, bien qu'ils fussent supérieurs à leurs espèces, et la frappe dut s'arrêter.
3. Hanauer, I, p. 78-79.
4. Id., *ibid.*, p. 77.
5. Dans une lettre du 20 mars 1620, les officiers de la préfecture de Haguenau informent l'archiduc Léopold des malversations du maître de la Monnaie. Jean-Gaspard Mock ; Strasbourg et Hanau se plaignent du mauvais aloi des *dickpfennige*, etc. (A. H.A.C. 418.)
6. Hanauer, I, p. 72.

de monnaies bâloises, la Régence autrichienne avait d'abord eu des ateliers monétaires à Thann, mais au XVIIe siècle, ils n'ont fonctionné qu'exceptionnellement[1]. C'est à Ensisheim, où le monnayage avait été transféré en 1584, qu'il fut pratiqué pendant près d'un demi-siècle, dans des ateliers bien outillés, avec une grande activité ; les émissions de thalers frappés avec l'argent des mines du val de Lièpvre et du Rosemont ont été nombreuses[2]. En 1633, lors de l'occupation définitive du pays par les forces suédoises et françaises, l'atelier fut transporté à Brisach, mais il cessa d'y fonctionner bientôt après[3].

Les seigneurs de Ribeaupierre ont monnayé au moyen âge, et l'empereur Charles-Quint leur confirma leurs privilèges à cet égard ; mais les archiducs d'Autriche du XVIIe siècle ne leur permirent jamais de les exercer[4]. Les princes-abbés de Murbach, au contraire, avaient encore leur atelier de frappe à Guebwiller, au moment où commençait la guerre de Trente Ans. Fermé en juin 1620 par un arrêté de la diète restreinte de Worms, il fut rouvert par l'abbé, de 1624 à 1632, puis exploité temporairement par les Suédois. En 1659, l'évêque Léopold-Guillaume de Strasbourg, qui était également prince-abbé de Murbach, fit reprendre les opérations du monnayage ; l'atelier marchait encore en 1666 et produisait surtout de bonnes pièces d'or[5].

Des villes impériales et libres de la Haute-Alsace, Colmar fut la seule à posséder un atelier monétaire tant soit peu stable ; il datait du XVe siècle, resta fermé pendant la guerre de Trente Ans.et fut rouvert par le maître-monnayeur de Bâle, en 1659 ; plus tard, en 1670, on y trouve deux directeurs strasbourgeois, qui n'y restent pas longtemps. En 1674, il est question de la venue du maître de la Monnaie de Strasbourg, pour faire frapper à Colmar « l'argent de l'armée française » ; c'est la dernière trace d'une activité monétaire dans la Haute-Alsace[6]. Pour ce qui est de la ville libre de Mulhouse,

1, On les rouvrit un instant, de 1622 à 1623, lors de la terrible crise financière, mais on les supprima peu après, et pour toujours.

2. Voy. l'ouvrage récemment paru de M. Ernest Lehr, *Les Monnaies des landgraves autrichiens de la Haute-Alsace*, Mulhouse, Société industrielle, 1896, in-8°.

3. Quelques pièces posthumes de l'archiduc Léopold, frappées en 1634, « sont les derniers spécimens de la numismatique autrichienne dans notre province ». Lehr, *op. cit.*, p. 132.

4. Ils leur refusèrent même la permission de faire frapper à la Monnaie d'Ensisheim quelques centaines de grosses pièces à leur effigie pour servir de médailles et jetons. (Hanauer, I, p. 104.)

5. Hanauer, I, p. 101.

6. Id., *ibid.*, p. 108.

elle n'a jamais songé à exercer le droit incontestable qu'elle possédait de battre monnaie, sauf pendant la crise financière de 1622-
1623, afin d'en atténuer les effets désastreux pour ses bourgeois et
pour les voisins, et elle cessa ses opérations immédiatement après [1].

On voit par cette énumération succincte que l'Alsace, pays très
commerçant, ne produisait pas tout le numéraire nécessaire à ses
transactions variées, et d'ailleurs, la frappe des monnaies y eût-elle
été plus active, les espèces créées dans la province se seraient rapidement écoulées par toutes les frontières, à cause de leur valeur
intrinsèque, universellement reconnue, et leur fabrication n'aurait
pas empêché l'influx, en quantités considérables, de monnaies allemandes ou étrangères. Les thalers et les pfennings du Nord, les
florins et les kreutzer du Sud s'y rencontraient avec les rappen et
les batz suisses, les blancs de Lorraine, les couronnes de France,
les ducatons d'Italie, les doublons d'Espagne, apportés soit par le
commerce, soit par les mercenaires recrutés dans tous les pays
de l'Europe. Beaucoup de ces monnaies étaient altérées par des
refontes ; d'autres étaient tout simplement de la fausse monnaie [2] :
la plupart en effet des ateliers monétaires d'alors n'avaient point les
beaux coins et les balanciers puissants qui rendent assez difficile
aujourd'hui, aux faux-monnayeurs, d'imiter les pièces authentiques
et de tirer cependant un profit sérieux de leur coupable industrie.
On n'a qu'à regarder les monnaies du XVIIᵉ siècle pour constater
combien, pour les pièces divisionnaires surtout, la frappe en est
grossière et le métal mauvais. Dans une situation pareille, on comprend fort bien que les autorités aient cru de leur devoir strict de
mettre en garde les pauvres gens, les femmes et les paysans contre
la scélératesse des filous [3]. Ces mesures de précaution paternelles
se prenaient d'ordinaire sous forme de grands placards, ornés, ou
pour parler plus correctement, accompagnés de représentations
grossières des pièces de monnaie sur lesquelles les gouvernants
voulaient attirer l'attention du public ; ils y énuméraient les espèces
inférieures au poids légal, celles d'un alliage douteux, et défendaient

---

1. Hanauer, I, p. 112.

2. Il ne semble pas pourtant qu'il y ait eu beaucoup de faux-monnayeurs
en Alsace même ; nous en avons cité quelques exemples au troisième chapitre du livre III. On peut mentionner encore le cas de Christophe Guntzer,
le père ou l'oncle du futur syndic royal de Strasbourg, qui fabriqua de faux
doublons avec l'orfèvre Heldt, en 1663, et qui se jeta dans le Rhin pour
échapper à la justice. Mais en général, on introduisait plutôt la fausse monnaie du dehors.

3. « Den einfältigen armen, das weiber- und baurenvolck, » dit l'ordonnance du 29 décembre 1619.

de les mettre en circulation [1]. C'était le numéraire de bien des pays qui fournissait la liste des monnaies *décriées* de la sorte. A Strasbourg, durant la guerre de Trente Ans, nous voyons le Magistrat frapper successivement les pièces de six *batz* lorrains (1619) et les pièces de trois kreutzer d'outre-Rhin, dites *Schreckenberger* (1619), les albus de l'empereur Ferdinand II lui-même (1622), et les écus de certains princes italiens [2], les pièces d'or du duc de Bouillon (1623) et celles de Venise et des Pays-Bas (1646), la monnaie d'argent enfin de la république de Genève (1647) [3].

Sur ces frontières encore flottantes au gré des événements militaires, dans un pays où successivement Impériaux et Français, Italiens, Espagnols et Suédois se heurtèrent et se remplacèrent à bref délai, les opérations de change devaient être fructueuses pour les banquiers et ruineuses pour le menu peuple. Les spéculateurs achetaient les espèces sonnantes de bon aloi, datant du temps passé, les exportaient au dehors, pour les y faire transformer en espèces aviliès ou bien les faisaient rompre et refondre dans les ateliers mêmes du pays, avec addition d'une part d'alliage plus considérable [4]. C'est surtout dans la direction de la Lorraine et des Trois-Évêchés que s'est fait dès les dernières années du XVIe siècle et au commencement du XVIIe, cet exode des vieux thalers et écus, récoltés, dit un de nos édits, jusque sur le Marché-aux-Guenilles (*Grempelmarkt*). On fabriquait à Nancy et à Metz de la monnaie divisionnaire bien au-dessous du titre légal [5], et puis l'on essayait de réintroduire ce numéraire, si sujet à caution, dans les villes d'Alsace. Le Magistrat de Strasbourg menaçait, il est vrai, dès 1589, de la déchéance de leurs emplois et dignités ceux qui feraient un pareil trafic et promettait le quart de la somme confisquée au dénonciateur [6]. Mais la monnaie française, « qu'on apportait par tas », au dire du règlement de 1593, n'en continuait pas moins d'affiner vers le centre commer-

---

1. Quelquefois aussi il consentait à les laisser circuler, avec une réduction, notable au-dessous de leur prétendue valeur nominale.

2. Comme ils portaient à l'exergue un agnelet, les ordonnances alsaciennes les désignent d'ordinaire sous le nom d' « italiaenische schaaff ».

3. Tous ces décris se trouvent dans ma collection particulière d'ordonnances sur placards du Magistrat de Strasbourg.

4. Ordonnance du 28 février 1618.

5. On constata en 1623, en refondan des pièces de trois batz lorrains à Strasbourg, qu'elles n'avaient qu'un *seizième* de leur valeur normale, un *trentième* du titre exigé par le règlement de 1559. (Hanauer, I, p. 450.)

6. Dans d'autres ordonnances (celle du 15 mars 1620, p. ex.) on promettait aux dénonciateurs jusqu'au tiers des sommes introduites en fraude. Par moments, on était moins généreux et ceux-ci devaient se contenter du huitième ou même du dixième de l'argent confisqué.

cial de l'Alsace. On finit par se résigner à cette invasion, et les
bourgeois de la ville furent autorisés à recevoir en payement l'argent étranger, à la condition de le reverser, dans un délai de trois
jours, à la Monnaie, sans le changer eux-mêmes, ni le remettre en
circulation. Une administration spéciale fut créée dans ce but en
1593, sous les auspices du Gouvernement, le Bureau de change ou
Wechsel[1]. Cet office remboursait aux bourgeois la valeur réelle du
numéraire exotique qu'ils y apportaient, en ne tenant compte que
du poids et du titre des pièces. Il y eut ainsi pour la République
une source de bénéfices assez considérables pendant une série
d'années ; puis la mauvaise monnaie affluant de plus en plus, le
Change municipal, qui était en même temps une banque de prêt et
de dépôts, dut, en 1612, fermer ses bureaux, après avoir ruiné beaucoup de personnes et ses propres gérants[2].

L'altération des monnaies se pratique toujours plus effrontément, à
mesure qu'on avance dans le XVIIᵉ siècle, et en 1623, la moins-value
de certaines pièces atteint à Strasbourg jusqu'aux quatre cinquièmes
de leur valeur officielle. Les fluctuations monétaires sont rapides
autant qu'énormes[3] et l'argent disparaît de plus en plus de la cirenla-
tion, emporté par les armées de mercenaires qui pillent tour à
tour l'Alsace, ou bien enterré par les malheureux paysans qui

1. Il y eut un bureau analogue à Colmar ; même le *Wechsel* de cette ville,
qui opérait forcément sur un pied plus modeste, échappa aux crises qui
emportèrent celui de Strasbourg et fonctionna durant tout le XVIIᵉ siècle.
(Hanauer, I, p. 581-590.)

2. Sur l'histoire curieuse de ce bureau de change et sa catastrophe, voy.
Hanauer, I, p. 576-579. Une autre « maison de prêt » plus durablement utile
que le *Wechsel* fut le bureau établi près la Monnaie de Strasbourg ; tout
bourgeois de la ville pouvait se procurer à la *Müntz* l'argent comptant nécessaire à son trafic, au taux de 5 0/0, sans autres frais, et sans longues
démarches, pourvu qu'il pût fournir une couverture suffisante. Avec une
mise de fonds primitive fort modeste (elle ne dépassait pas 200 florins), la
Monnaie mit à la disposition de la population strasbourgeoise depuis 1503,
date de la fondation de cette caisse de prêt, jusqu'en 1617, 549,320 livres pfennings, soit 4,149,860 francs. (Hanauer, I, p. 557.) Elle continua, mais plus
modestement, après la crise de 1623, à rendre de notables services. Dans
les années 1641-1642, elle avança 203.000 livres au public, soit un million et
demi de francs. Les bénéfices pourtant de la ville diminuaient notablement ;
de 1630 à 1672, ils ne dépassèrent qu'une seule fois 3,000 livres. Le plus
souvent, ils oscillent entre 1,000 et 2,000 livres ; une fois même, en 1667, le
profit se réduit à 650 livres. (Hanauer, I, p. 566.)

3. M. Hanauer a dressé le tableau détaillé des fluctuations prodigieuses
des monnaies (I, p. 256) ; nous lui empruntons quelques chiffres seulement.
En juin 1619, le florin d'or vaut 120 kreutzer ; en mars 1620 : 140 kreutzer ; en
juin 1621 : 180 kreutzer ; en octobre 1621 : 240 kreutzer ; en décembre 1621 :
300 kreutzer ; en mai 1622 : 450 kreutzer ; en juillet 1622 : 480 kreutzer ; en
octobre 1623 : 112 kreutzer ; en 1624 : 108 kreutzer.

essayent de le soustraire de la sorte à leurs convoitises[1]. Il n'est guère remplacé, car l'exploitation des mines a cessé et le commerce du dehors ne visite qu'en hésitant une terre appauvrie et sans cesse menacée.

Même après la paix, le désordre subsiste. Les monnaies sont à ce point rognées et dentelées par la lime des *Kipper* que le Magistrat de Strasbourg, et sans doute aussi d'autres gouvernants en Alsace reviennent aux pratiques primitives du moyen âge. L'ordonnance du 16 juin 1651 prescrit de ne plus accepter une foule de pièces, « rixdales à la couronne et demi-rixdales, quarts d'esen, pièces à la croix, francs et testons, ducats anglais et espagnols, ducats de Bologne, etc. », autrement qu'au poids. Les péagers et les douaniers qui les accepteraient en payement auront à bonifier de leur poche toute la différence, et les bourgeois qui en détiennent les porteront incontinent à la Monnaie, où on les leur paiera selon leur valeur véritable, pour les refondre ensuite. Mais cette mesure et d'autres analogues ne mettent pas fin à la « confusion monétaire ». Le gouvernement français essaye à son tour d'y parer ; dès 1663, l'intendant Colbert invite le comte Jacques de Ribeaupierre à *décrier* sur son territoire les mauvais schellings de Bâle et de Murbach[2]. En 1680, le Magistrat de Strasbourg revient à la charge ; l'ordonnance du 27 novembre décrie *tous les florins* d'argent qui circulent en Alsace, sauf dix espèces : les florins d'Empire, ceux de l'Électeur palatin, ceux de Suède, de Danemark, de l'évêché de Strasbourg, de la ville de Strasbourg, du comte palatin de Veldence, du comte de Hanau, du duc de Brunswick et du landgrave de Hesse. Ceux-là seuls seront comptés à soixante kreutzer. Tous les autres, « quelque nom qu'ils puissent porter », ne seront cotés qu'à cinquante-trois kreutzer.

Avant de juger d'ailleurs trop sévèrement les gouvernements qui détérioraient leur crédit en abaissant le titre et parfois même le poids de leurs monnaies, il ne faut pas oublier que, pour un seul État, au milieu de tant d'autres moins honnêtes, c'était faire un vrai métier de dupe que de continuer à fabriquer de la bonne monnaie. Elle disparaissait avec une rapidité si grande que les habitants même du lieu d'origine n'en profitaient pas, pour ainsi dire[3] ; pour

---

1. On en trouve encore chaque année, enfouis par des malheureux, morts avant d'avoir pu reprendre leur petit trésor ou dévoiler la cachette où ils l'avaient placé.
2. Hanauer, I, p. 470.
3. Ainsi le Magistrat de Strasbourg constatait en mars 1639 que durant les

garder quelque argent dans le pays, pour ne pas favoriser son
accaparement immédiat par les changeurs et autres industriels qui
spéculaient sur la refonte des monnaies, il n'y avait en réalité qu'un
moyen pratique, sinon fort honnête, c'était d'altérer les émissions
monétaires nouvelles pour les mettre au niveau de celles des voisins.

La prise de possession complète de l'Alsace par la France après
le traité de Nimègue mit enfin un peu d'ordre dans ce chaos. La
création de la « livre d'Alsace » en 1681, fut suivie d'une série d'ordonnances de La Grange des 26 décembre 1681, 1ᵉʳ février 1682,
18 mars 1683, 2 octobre 1686, etc., qui fixèrent d'abord les rapports
avec les monnaies anciennes, puis éliminèrent successivement la
plupart des espèces d'appoint, qui abondaient dans le pays, en
prescrivant à ceux qui les détenaient de les porter à la Monnaie.
Quant aux pièces d'or et aux grosses pièces d'argent, venant du
dehors, le commerce alsacien était autorisé à les recevoir comme
par le passé, mais il devait se soumettre au tarif élaboré pour leur
évaluation par la Cour des Monnaies ; il devait les remettre soit à la
Monnaie, soit aux changeurs royaux, sans pouvoir les faire circuler
plus loin ; il ne lui était même loisible de les réexporter au dehors,
en quantité plus considérable, qu'avec un laissez-passer de l'administration centrale[1]. Ces différentes mesures, appliquées avec persis-
tance[2], ne firent pas disparaître, il est vrai, toutes les espèces
étrangères[3] ; mais le cours en fut consolidé, le numéraire ne se
cacha plus ; il ne fut plus aussi sujet à des exagérations de change
inattendues et le pouvoir de l'argent en général subit une baisse
sensible[4], ce qui peut être considéré comme un signe certain, sinon

---

dix dernières années il avait fait frapper des *demi-batz* pour 52,645 marcs
d'argent et que toute cette belle monnaie d'appoint avait absolument disparu.
Il résolut en conséquence d'abaisser le titre des nouvelles émissions et de
cesser complètement la frappe des thalers. (Hanauer, I, p. 392.)

1. Voy. là-dessus Hanauer, I, p. 267-270.

2. Il fallut en 1690 menacer d'une amende de 3,000 livres ceux qu
feraient encore usage du florin. M. Hanauer (I, p. 268) cite plusieurs arrêts
de 1690 à 1697, qui montrent que la résistance des populations à changer
leurs habitudes fut fort tenace.

3. Ni surtout les dénominations, qui survivent partout aux choses elles-
mêmes. De même qu'il y a trente ans, les paysans alsaciens appelaient encore
Fünffliverthaler les pièces de cinq francs, de même on a compté de
préférence dans le pays par *gulden, schellings* et *pfënnings* jusqu'à la Révolution. Mais les pièces elles-mêmes furent dorénavant françaises.

4. M. l'abbé Hanauer, qui, sur toutes ces questions délicates, a fait d'innombrables calculs et dressé des statistiques infinies, admet que, le pouvoir
de l'argent étant représenté de 1851 à 1875 par *un franc*, il aurait été, de
1651 à 1675, de 2 fr. 65, et de 1676 à 1700, de 1 fr. 84 seulement. (*Etudes économiques*, II, p. 607.)

agréable aux particuliers, du développement du bien-être général et de la civilisation [1].

§ 7. ARTICLES DE COMMERCE PRINCIPAUX

Grâce à la fécondité naturelle du sol de l'Alsace, au travail assidu de ses populations urbaines et rurales, à ses routes nombreuses, à la situation favorable de sa ville principale au point d'intersection du trafic entre la France et l'Allemagne, la Suisse et les Pays-Bas, le commerce du pays fut en général prospère pendant la seconde moitié du XVIe siècle et les vingt premières années du siècle suivant[2]. Mais la guerre de Trente Ans modifia rapidement cette situation en appauvrissant les habitants; en éloignant toute sécurité des grands chemins, en ruinant complètement le pays. Il y eut, il est vrai, une reprise accentuée de 1650 à 1670; mais les guerres de Louis XIV sur le Rhin et aux Pays-Bas, eurent leur contre-coup immédiat en Alsace, et l'intendant La Grange évaluait à 250,000 livres la perte qu'y éprouvait annuellement le fisc sur les péages d'entrée et de sortie, tant par terre que sur le Rhin[3]. Il se berçait cependant de l'espoir qu'une reprise prochaine des relations avec l'Allemagne et la Hollande ferait rentrer bientôt des sommes encore plus considérables au Trésor royal; malheureusement la longue guerre de la succession d'Espagne acheva, tout au contraire, de ruiner pour longtemps le commerce extérieur de l'Alsace. Comme il était défendu aux sujets du roi d'entrer ou de rester en correspondance avec ses ennemis, les négociants de Colmar et de Strasbourg furent obligés de recourir

1. Pour être absolument complet, il ne faut pas négliger de dire que ces avantages incontestables furent contrebalancés d'une façon fort fâcheuse par les spéculations financières auxquelles se livra, à partir de 1690, le gouvernement de Louis XIV, sous le nom fallacieux de « réformations des monnaies ». Les changements arbitraires et brusques dans l'évaluation officielle de la valeur du numéraire en cours furent aussi nuisibles au commerce alsacien qu'à celui du reste du royaume. On trouvera sur ces opérations, qui ne s'arrêtèrent que vers 1726, des renseignements détaillés chez M. Hanauer, I, p. 473-482.

2. Il existe aux Archives municipales de Strasbourg un extrait des registres de la Douane, dressé en février 1750, à propos des démêlés commerciaux avec Mayence. C'est un journal chronologique, allant de juillet 1564 à 1617, et détaillant, avec les noms des négociants et des bateliers, toutes les marchandises arrivées à Strasbourg par terre et par eau, le nombre des tonnes, la nature du fret, etc. On y trouverait bien des détails curieux sur le commerce de la ville libre au commencement du XVIIe siècle. (A.A. 2454.)

3. La Grange, *Mémoire*, fol. 232.

aux bons offices des négociants neutres de la Suisse, surtout de
ceux de Bâle, pour continuer leurs relations d'affaires avec les
Hollandais et les Allemands. Les confédérés se prêtèrent, avec
une complaisance facile à comprendre, à ce qu'on demandait d'eux.
Ils profitèrent des circonstances pour acquérir la confiance de leur
clientèle d'occasion, pour s'initier à tous ses besoins et peu à peu
elle passa d'une façon définitive aux suppléants momentanés. Quand
après quinze ans de guerre, les Strasbourgeois voulurent reprendre
leurs relations directes, il était trop tard, et les deux tiers du commerce en gros de Strasbourg se trouvèrent avoir passé entre les
mains des grands négociants bâlois[1].

Il ne saurait être question de faire entrer dans le cadre de cette
étude tout le détail du commerce alsacien de l'époque, lequel tout
naturellement embrassait la majeure partie des articles qui se vendaient et s'achetaient alors dans le reste de l'Europe. Nous nous
bornerons à donner quelques indications spéciales, relevées dans
nos sources, pour les branches de commerce plus particulièrement
importantes, au XVIIᵉ siècle[2].

A. Commerce du sel

Un des principaux articles du trafic d'Alsace était le sel,
qu'hommes et bêtes y consommaient en quantités considérables[3].
La province n'ayant point de mines de sel gemme et fort peu de
sources salines, ainsi que nous l'avons vu plus haut, c'est du
dehors qu'elle devait se procurer cette denrée indispensable. On
pourrait penser que c'est de la Lorraine exclusivement que la
Basse et la Haute-Alsace tiraient leurs provisions de sel, et certainement il en venait de là des quantités très considérables. De
Dieuze, Vic et Moyenvic, on le voiturait par Sarrebourg, Phalsbourg et Saverne vers la Basse-Alsace, par Sainte-Marie et par les
cols du Bonhomme ou de Bussang dans la partie méridionale de la
province. Il existait des traités formels pour la fourniture du sel

---

1. E. Lehr, *Mélanges d'histoire alsatique*, p. 40-41, d'après les papiers de
l'intendant de l'Alsace, M. de Sérilly.
2. On trouvera en outre une foule de données de statistique commerciale,
recueillies dans toutes les archives d'Alsace, dans le second volume des
Études économiques, de M. Hanauer.
3. Pour fournir un chiffre précis, nous dirons que la petite localité de Barr
tira du grenier à sel de Strasbourg, depuis 1695 jusqu'au mois d'août 1698,
703 quintaux, qu'on y expédiait par envois bimensuels. (Arch. municipales,
A.A. 2593.)

entre certains dynastes alsaciens et les ducs de Lorraine. Tel est
celui du 11 décembre 1613 entre le duc Henri II et l'archiduc
Léopold, qui assurait au sel lorrain le monopole dans les États
cisrhénans de la maison d'Autriche et y interdisait l'introduction
des sels du Tyrol[1]. Les sires de Ribeaupierre tiraient également
leur sel de Lorraine. Mais d'autres États d'Empire alsaciens,
Strasbourg par exemple, s'approvisionnaient de préférence, pendant le XVIIe siècle, en Bavière et en Tyrol ; on en faisait même
venir de Cologne, chacun prenant, au dire de La Grange, son sel
« où il le trouvait à meilleur marché. Ce n'est que depuis que les
passages d'Allemagne ont été fermés qu'ils ont été obligés de se
servir de celui de Lorraine[2] ». La Régence de Riquewhir, de son
côté, défendait aux habitants des terres wurtembergeoises d'acheter d'autre sel que celui qu'on y envoyait de Montbéliard, bien que
les salines franc-comtoises fussent plus éloignées que celles de
Lorraine[3].

En 1653, le droit royal du débit de sel fut établi en Alsace et l'on
invita tous les nouveaux sujets du monarque à venir traiter avec la
Chambre de Brisach au sujet du payement de la redevance due au
Magasin à sel royal. Les États du pays réclamèrent contre cette
ordonnance qui menaçait de leur enlever une des sources les plus
assurées de leurs revenus, comme nous le verrons tout à l'heure.
Le comte Jacques de Ribeaupierre, entre autres, écrivit au comte
d'Harcourt pour le prier de retirer un ordre contraire au privilège
exclusif de la vente du sel, dont il avait joui jusqu'à-là sur ses
terres. Mais le gouverneur de la province lui répondait, le 22 octobre 1653, que « l'établissement des droits du roi sur le débit du
sel en Alsace ne préjudiciait pas à ses droits particuliers » ; en
d'autres termes, il l'autorisait à lever un *second* impôt sur cette
denrée nécessaire, après que le roi aurait touché le sien[4].

En effet, le sel était acheté en bloc par le gouvernement d'un territoire, grand ou petit ; il avait le monopole de la revente dans les
magasins seigneuriaux, établis dans les villes et les campagnes, et

---

1. Archives de la Haute-Alsace, C. 212. Il y avait évidemment des raisons
politiques à un arrangement paréil ; car si Strasbourg trouvait plus économique de se fournir aux salines du Tyrol, à plus forte raison la Régence
d'Ensisheim aurait-elle trouvé son profit à utiliser les produits de cette province autrichienne.
2. La Grange, *Mémoire*. fol. 230 et 289, et *Mémoires de deux voyages*,
p. 66.
3. Archives de la Haute-Alsace, E. 166. Arrêté de 1656,
4. Archives de la Haute-Alsace, E. 2410.

comme tout monopole, celui-ci faisait toucher de gros bénéfices aux
seigneurs, au détriment de leurs sujets que frappait une lourde
amende, s'ils osaient s'approvisionner ailleurs qu'au magasin de
leur maître[1]. Généralement, c'était le bailli qui était chargé de la
surveillance de ces greniers à sel locaux[2] ; parfois aussi les gouvernants traitaient avec un entrepreneur[3], israélite ou chrétien[4], qui
affermait le droit de vente pour un nombre limité d'années, et
cédait ensuite des dépôts de détail à des individus solvables[5].

Plus tard, quand la ferme générale française fut établie partout
en Alsace, ce furent les receveurs généraux qui eurent la dircec-
tion des grands greniers à sel de la province. Ils distribuaient la
marchandise en gros, par tonneaux d'environ six quintaux chacun,
aux administrations seigneuriales et locales, qui la revendaient,
en portions plus ou moins grandes, au public. En 1675, le quintal
pris aux magasins royaux, se payait 10 livres 16 sols et 8 deniers
de monnaie française[6]. La ville de Strasbourg, représentée par un
de ses bourgeois, le sieur Würtz, avait, en 1697, un traité spécial
avec les salines de Lorraine. Le rézal de sel lui revenait, livré à
domicile, à 16 livres seulement ; elle le revendait, au détail, à
28 livres 16 sols, et comme il s'en débitait annuellement jusqu'à
5,000 quintaux sur le territoire strasbourgeois, cet article de com-

---

1. C'est ainsi qu'André Munsch, de Mittelwihr, est frappé d'une amende
de dix livres pour avoir acheté du sel en dehors des terres de Ribeaupierre.
(A.H.A. E. 166.) — En décembre 1652, les paysans de Mittelbergheim protestent vivement contre l'obligation d'aller acheter leur sel au grenier de
Barr. (Arch. municipales de Strasbourg, A.A. 2590.)

2. Dans le bailliage strasbourgeois de Wasselonne, le bailli désigne, en
1699, à chaque communauté un entreposeur officiel ; il informe, le 10 décembre, le Magistrat des places de ce genre encore vacantes. (A.A. 2590.)

3. Voyez les traités signés le 25 septembre 1699, avec Jean-Christophe Rein-
hardt pour la fourniture du sel aux bailliages de Barr, Wasselonne et
Nordheim, et le 11 décembre de la même année, avec Mathias Weyl, de
Westhoffen, pour la fourniture de Dorlisheim, Ittenheim, etc. Le bail courra
de la Saint-Michel 1699 à la Saint-Michel 1703. Ce que nous ne pouvons nous
expliquer, c'est que le premier paiera à la caisse du Grenier à sel (Saltzcassa)
le quartaut de sa marchandise, 3 florins 5 schellings, et le second, 2 florins
9 schellings seulement. (A.A. 2592.)

4. En 1660, c'est un Juif de Bouxwiller, en 1681, un Juif de Westhoffen
qui achètent au seigneur de Furdenheim, François Reisseissen, le droit de
la vente locale du sel. (Reuss, Fürdenheim, p. 7-8.)

5. A Landser, par exemple, c'est le cabaretier de l'endroit. (Mémoires de
deux voyages, p. 74.)

6. Quarante livres de sel se vendent à Sainte-Marie-aux-Mines, à 3 florins
36 kreutzer (en 1668) ; on voit quels jolis bénéfices pouvaient encore faire les
seigneurs après avoir acquitté la taxe royale. (Documents sur Sainte-Marie-
a./M., p. 305.)

merce seul procurait, selon La Grange, un bénéfice net de plus de 60,000 livres à la caisse municipale[1].

Le sel de Lorraine n'était pas d'ailleurs uniquement un article d'importation en Alsace ; il en passait encore, du moins au commencement du XVIIe siècle, des quantités assez importantes en transit pour les pays d'outre-Rhin. En 1622, nous voyons même un négociant du margraviat de Bade, nommé Joseph Weyss, s'occuper de faire arriver des sels lorrains dans les cantons helvétiques[2].

B. Commerce des céréales

Nous avons déjà touché au commerce des céréales dans le chapitre relatif à l'agriculture[3]. C'est, avec celui des vins, le plus considérable de la province, durant tout le XVIIe siècle, du moins dans les années où le pays n'était pas désolé lui-même par la famine, et où la présence d'armées ennemies n'avait pas consommé toute la récolte d'un automne et détruit d'avance celle de l'automne suivant. Les larges plaines, bien cultivées, de l'Alsace moyenne permettaient en effet une culture des céréales dépassant de beaucoup les besoins de la consommation locale, et la vente au dehors du surplus, soit dans la direction de l'Est, vers l'Allemagne, soit dans la direction du Sud, vers la Suisse. Le principal centre du commerce d'exportation se trouvait à Strasbourg, où toutes les fondations pieuses, les chapitres de la ville, les hôpitaux, etc., réunissaient leurs récoltes et où bien des petits seigneurs territoriaux mettaient à l'abri ou amenaient en vente le contenu de leurs granges dîmières, longtemps avant que l'administration française eût songé à ordonner qu'en cas de guerre, les récoltes de tout le pays fussent concentrées dans les places fortes, afin de paralyser le ravitaillement de l'ennemi[4]. Nous avons vu plus haut déjà que les ventes de céréales à Strasbourg même (et les règlements de police d'autres villes d'Alsace étaient plus ou moins semblables à ceux de la petite République) étaient sévèrement et

---

1. La Grange, *Mémoire*, fol. 288. Naturellement, à Strasbourg, le nombre des détaillants était considérable ; il était de 36 en 1632, d'après un *Relevé nominatif des marchands de sel*, dressé le 28 octobre. (Arch. munic., A.A. 2590.)

2. Archives municipales, A.A. 2590.

3. Voy. au chapitre de l'*Agriculture*, p. 545.

4. L'ordonnance de La Grange du 23 avril 1690 prescrivait à tous les habitants du pays d'amener leurs grains à l'une des forteresses de Belfort, Huningue, Brisach, Schlestadt, Strasbourg, Fort-Louis, Landau et Philipsbourg, sous peine de trois mois de prison et 500 livres d'amende, en ne gardant que ce qu'il fallait pour nourrir sa famille pendant quatre semaines (A.H.A. E. 545.)

minutieusement réglées par des ordonnances (*Kornmarcktordnungen*),
fréquemment renouvelées au XVIIᵉ siècle, et qui visaient surtout à
empêcher l'accaparement des grains par les particuliers, si bien
qu'un spéculateur était vraiment empêché de faire des achats un peu
considérables [1]. Ces restrictions ne s'appliquaient pas, naturellement, aux gouvernants eux-mêmes, qui veillaient avec soin à l'approvisionnement des greniers publics, afin de pouvoir revendre, en
temps de disette, à des prix modérés, le blé ou la farine à leurs
bourgeois et à leurs sujets.

Mais si ces règlements, strictement appliqués, empêchaient les
abus de se produire au Marché-aux-Grains, et, pour ainsi dire, sous
les yeux de l'autorité [2], une fois que le drapeau, indiquant l'ouverture du marché, avait été hissé, au signal donné par la cloche de
la Cathédrale, on avait trouvé moyen d'éluder les prescriptions du
Magistrat, en créant une espèce de marché irrégulier, en dehors de
l'enceinte de la ville. Des revendeurs clandestins, bourgeois, manants, étrangers, se portaient à la rencontre des paysans qui arrivaient avec leurs chariots chargés de grains, leur payaient à boire,
leur faisaient de petits cadeaux, et les amenaient de la sorte à conclure avec eux des ventes en dehors des conditions fixées par l'autorité. Comme il était évidemment plus commode pour le producteur
de se défaire de sa marchandise en bloc, et sans perdre son temps
à attendre, parfois en vain, les acheteurs, le Magistrat eut beau
défendre ce trafic irrégulier, frapper d'une amende les coupables,
en promettre le tiers au dénonciateur [3]. Le nombre même des édits
promulgués à ce sujet montre bien qu'ils étaient impuissants à
réprimer l'abus. Celui du 26 juin 1622 nous apprend que parfois il
y avait tout un marché qui se tenait devant les portes de la ville, où
l'on n'achetait pas seulement du blé, mais encore du vin, du lard,
du beurre et du fromage apportés par les paysannes, tandis que les
citoyens honnêtes, obéissant à la loi, attendaient au marché officiel
et ne voyaient rien venir. En vain l'autorité s'élevait contre ce
« monopole égoïste » et annonçait des châtiments plus terribles,
« qui inspireraient l'épouvante aux fraudeurs [4] » ; on ne voit pas que

---

1. On appelait ces achats, en vue de spéculations de revente, *auf mehrschatz
kaufen*. Sans doute, la défense était assez élastique, puisque l'ordonnance de
1609 permettait à chaque bourgeois l'achat de dix quartauts de blé, celle de
1635 de quatre quartauts par jour de marché. Mais les accapareurs *en grand*
n'en étaient pas moins exclus.

2. Le marché se tenait tout près de l'Ammeisterstube, à la Lanterne.

3. Ordonnance du 13 mars 1622.

4. Ordonnance du 26 novembre 1627.

ces menaces aient servi à grand'chose. Un quart de siècle plus tard, les mêmes doléances se produisent ; il n'y avait donc rien de changé [1].

L'exportation des blés, hors de Strasbourg, n'était pas soumise à des prescriptions limitatives du même genre. Elle fut importante, dans la première moitié surtout du XVIIe siècle. Nous possédons la statistique officielle des quantités de grains expédiées par le commerce de la ville, de 1571 à 1673 [2], et bien que les chiffres varient énormément d'une année à l'autre, la moyenne n'en est pas moins considérable. Cette exportation ne s'adressait sans doute qu'aux contrées limitrophes, car les frais de transport, par terre ou par eau, étaient trop élevés pour qu'on pût voiturer bien loin une marchandise aussi encombrante. Il faut supposer que les variations, si accentuées d'une année à l'autre, dans les quantités exportées [3], sont dues à l'abondance ou à la disette régnant dans les régions adjacentes à l'Alsace [4] ; bien qu'on ne puisse l'affirmer d'une façon catégorique, il semble probable en effet que ces « céréales exportées » (ausgeführte Früchte) ne restaient pas dans le pays et qu'on n'en aurait point dressé le relevé officiel, si elles avaient été vendues dans le voisinage immédiat de la ville. De 1603 à 1644, le total de l'exportation ne descend que deux fois au-dessous de vingt mille quartauts [5], il oscille d'ordinaire entre trente mille et quarante mille, et dépasse douze fois ce dernier chiffre, atteignant 87,364 quartauts en 1628, et 83,612 quartauts en 1649 [6]. Dans la période suivante, il baisse d'une façon sensible ; il est de 13,613 en 1656, de 9,808 en 1665 et, de 1665 à 1672, il varie entre 8,000 et 15,000 quartauts,

1. Ordonnance du 13 août 1651.
2. Friese qui nous l'a conservée dans ses *Historische Merckwürdigkeiten*, p. 193-208, l'a tirée des papiers de l'archéologue J.-André Silbermann. Nous en trouvons des morceaux détachés dans mainte chronique strasbourgeoise du XVIIe siècle ; le Magistrat publiait sans doute, à la fin de chaque exercice, ces statistiques sommaires sur le transit des blés, vins, eaux-de-vie, vinaigres, etc., d'après les registres de la Douane.
3. En 1601, on exportait 2,940 quartauts, en 1603 : 77.338 ; en 1606 : 29,206, et en 1607 : 55,245 ; en 1613 : 22,690, et en 1614 : 48,639, etc.
4. Peut-être aussi ces différences énormes sont-elles en partie le fait du Magistrat qui, à certains moments, retenait plus de blé dans ses murs pour ravitailler ses greniers publics, épuisés par la famine ou les armées qui occupaient le pays.
5. Nous rappelons que le quartaut (*Viertel*) ou rézal, équivaut à un hectolitre et seize litres.
6. Ce chiffre, si considérable, pour l'année qui suit la paix de Westphalie, alors qu'en 1648 on n'avait exporté que 2,763 quartauts, et à un moment où la culture du sol ne pouvait avoir guère repris encore dans des proportions notables, permet de supposer que le Magistrat, la paix assurée, autorisa la vente d'une partie des provisions accumulées dans ses greniers et dans ceux des fondations contrôlées par lui.

ce qui s'explique soit par une production fort réduite, en Alsace même, soit par la situation plus satisfaisante de la production agricole dans les territoires limitrophes ; les deux causes peuvent aussi avoir simultanément exercé leur influence.

Pour ce qui est du prix des céréales, il a naturellement varié d'une façon continuelle durant les cent années du XVIIᵉ siècle, jusqu'à valoir, à certains moments de famine ou de crise économique, huit fois plus qu'au moment où les prix étaient les plus bas. Mais en négligeant ces écarts extrêmes, la moyenne n'a pas sensiblement augmenté. L'hectolitre de froment, qui valait à Strasbourg 10 francs de notre monnaie actuelle en 1601, y valait 12 fr. 60 en 1700[1]. Les prix les moins élevés (5 fr. 90 et 5 fr. 66) furent payés en 1619 et en 1696; les plus élevés (34 fr. 46 et 44 fr. 54) en 1623 et en 1638. Les chiffres donnés pour la Haute-Alsace sont en général moins élevés que ceux de la Basse-Alsace, mais de peu seulement, peut-être parce que cette dernière avait des débouchés plus faciles[2]. En effet, Colmar, le centre du commerce des grains pour la Haute-Alsace, n'avait guère de communications avec la rive droite du Rhin, ni de commerce fluvial comparable à celui de Strasbourg, et son unique débouché pour les céréales était la Suisse septentrionale, assez fertile elle-même pour fournir des blés à l'Alsace, en temps de disette. On ne voit pas qu'on en ait fait passer, au moins d'une façon suivie, ni en Franche-Comté, ni en Lorraine[3].

L'importation des blés étrangers n'a jamais eu lieu qu'à des moments de famine ou quand le nombre des troupes campées en Alsace avait épuisé les greniers ou empêché les semailles pour l'année prochaine. Mais les frais de transport de Bâle à Colmar étaient fort élevés[4] et par suite, à moins de nécessités pressantes,

1. Voy. les tables détaillées dans Hanauer (II, p. 96 suiv.)

2. D'après M. Hanauer (II, p. 102), la moyenne du prix de l'hectolitre de froment fut :

De 1601-1625 — 10 fr. 96 pour la Basse-Alsace, de 10 fr. 81 pour la Haute-Alsace.
— 1626-1650 — 19 „97 — — — 15 62 — —
— 1651-1675 — 7 41 — — — 7 50 — —
— 1676-1700 — 13 54 — — — 12 18 —. —
— 1875 — 19 93 — — — 19 80 — —

3. Il est quelquefois question de blés venant de Bourgogne (Franche-Comté) pendant les guerres de Louis XIII et de Louis XIV, mais c'est généralement pour l'usage des armées françaises, non pour les particuliers.

4. En mars 1638, quand la ville de Colmar fit venir des grains de Bâle, elle dut payer *quatre* florins par sac pour le transport; il est vrai que c'était temps de famine et que les routes étaient peu sûres. (Mossmann, *Matériaux*, *Revue d'Alsace*, 1880, p. 531.)

on ne songeait guère à s'approvisionner au dehors. C'est dans le second quart du siècle que cette importation a dû forcément être plus active, puisque c'est alors que les blés ont été vendus le plus cher, tandis que dans la période suivante, de 1651 à 1675, les prix ont si considérablement baissé que la concurrence étrangère n'aurait plus couvert ses frais de transport. Cette baisse des prix elle-même a été certainement amenée d'une part par le calme qui règne de nouveau dans le pays et qui permet un travail des champs plus régulier et plus rémunérateur, d'autre part par la diminution de la population, suite de la guerre de Trente Ans qui rompit l'équilibre entre la production et la consommation du pays. Dans le dernier quart du siècle au contraire, la population augmentant rapidement et les guerres reprenant de plus belle, les prix remontent, sans atteindre cependant ceux du temps de la lutte trentenaire [1].

C. Commerce des vins et eaux-de-vie

Les Alsaciens du XVIIe siècle étaient des buveurs émérites ; on peut assurément les reconnaître déjà dans le croquis tracé, d'une plume alerte, par M. l'abbé Hanauer, parlant de leurs descendants contemporains. « L'Alsacien boit et aime à boire ; il boit quand il a soif, et il lui arrive souvent d'être altéré. Mais il boit aussi, alors qu'aucun besoin ne le presse, par habitude, par courtoisie, par bravade, par distraction, par goût [2]. » Si, malgré cette soif bien caractérisée, l'Alsace a fait, en dehors du commerce intérieur, qui amenait dans les villes et les villages de la plaine les produits des coteaux vosgiens, un commerce de vins assez important au dehors, c'est que les récoltes des vignobles du pays dépassaient notablement, dans les années favorables, les besoins de la consommation locale ; mais seuls les vins les plus capiteux, les plus faciles à conserver, sortaient de la province. Cela explique en même temps que les prix

---

1. Le prix du pain suivit au XVIIe siècle une marche analogue ; le prix du kilogramme de pain blanc coûta en moyenne, à Strasbourg, de 1600-1625 : 34 centimes ; de 1626-1650 : 59 cent. ; de 1651-1675 : 22 cent. ; de 1677-1700 : 41 cent. J'ajouterai, comme terme de comparaison, qu'il se payait 53 centimes de 1851-1875. (Hanauer, II, p. 162.) — Outre les prix de Strasbourg, Colmar, Bâle, etc., comparés par le savant auteur des *Études économiques*, on trouverait encore dans d'autres archives alsaciennes des séries de données authentiques sur le prix des céréales au XVIIe siècle. Nous savons par M. Fischer (*Geschichte von Zabern*, p. 218) qu'on conserve aux Archives de Saverne la série complète des mercuriales de la Saint-Martin, le *Fruchtschlag* officiel, dressé par le Magistrat pour les années 1544 à 1673.
2. Hanauer, *Études*, II, p. 313.

du XVIIᵉ siècle soient restés généralement assez bas ; les crûs ordinaires n'étaient pas, en effet, d'un placement facile à l'étranger parce que tout autour de l'Alsace se trouvaient d'autres pays viticoles, et dans l'intérieur même du pays, on ne pouvait transporter bien loin, en temps ordinaire, les espèces inférieures, puisque les frais de transport auraient dépassé bientôt le prix d'achat de la marchandise. La consommation sur place s'imposait donc à peu près pour tout crû qui n'avait pas un renom particulier.

Sans doute on n'en est plus, au XVIIᵉ siècle, aux prix fabuleux de bon marché qu'on rencontre au XVᵉ[1]. Cependant les amateurs du jus de la treille n'avaient pas trop le droit de se plaindre ; en 1602, un litre de bon vin se vendait vingt-cinq centimes de notre monnaie actuelle, et si parfois, à la suite de plusieurs mauvaises récoltes, le prix doublait et triplait même[2], il revenait presque immédiatement à ce taux normal ; en 1631, par exemple, il était retombé à vingt-trois centimes le litre[3]. Si nous en croyons un juge compétent, la moyenne du prix de l'hectolitre de vin nouveau, aurait été, de 1601 à 1625, de 13 à 16 francs ; pour 1626-1650, de 18 à 20 francs ; pour 1651-1675, de 10 à 12 francs ; pour 1676-1700, de 11 à 15 francs environ. Il est vrai qu'au siècle précédent, de 1501 à 1525, il n'aurait été que de 4 fr. 90[4].

Cela n'empêchait pas, bien entendu, certains crûs de certaines années privilégiées d'atteindre, dès alors, des prix fort respectables, encore qu'ils soient singulièrement dépassés de nos jours. En 1602, un bourgeois de Colmar, Jean Dirminger, vendait un foudre de vin de sa récolte pour 115 florins[5], et vingt ans plus tard, un chroniqueur de la même ville note, avec un sentiment de curiosité respectueuse, qu'un foudre de vin vieux de Riquewihr a été vendu 555 florins[6].

---

1. En 1436, le bon vin blanc ordinaire coûtait *au détail, deux centimes* le litre, et l'hectolitre 1 fr. 96. Il est vrai que le tarif prévoyait des hausses jusqu'à 23 centimes le litre et 18 fr. 58 l'hectolitre. (Hanauer, II, p. 319.)

2. En 1628, il se payait 80 centimes.

3. Hanauer, II, p. 320. Même durant la grande famine de 1636, le prix ne dépassa pas 49 centimes le litre.

4. Hauauer, II, p. 339. En dehors de l'ouvrage de l'archiviste de Haguenau, on trouvera aussi la série presque ininterrompue des prix de vente des vins d'Alsace, depuis 1352 jusqu'en 1878, dans une brochure historique et statistique anonyme, *Das Weinland Elsass*, Strassburg, Schultz, 1879, in-8°.

5. *Chronique de la Douane de Colmar*, *Revue d'Alsace*, 1876, p. 260. — Cela fait, en monnaie actuelle, environ 480 francs, soit 43 francs l'hectolitre (Hanauer, II, 500), et non pas 40 fr., comme le dit le traducteur de la chronique.

6. Id., *Revue d'Alsace*, 1876, p. 267. Le florin valant en novembre 1621

Les prix maxima étaient fixés aux environs de la Saint-Martin, par les autorités locales, d'après les estimations des gourmets assermentés (*Weinsticher*), nommés par le bailli ou le Magistrat, quand ils ne l'étaient pas, comme à Riquewihr, par la communauté tout entière. Ces fonctionnaires étaient les intermédiaires obligés entre le producteur et le marchand de vin. Ils s'engageaient sur le « salut de leur âme » de ne pas trafiquer eux-mêmes, et pour bien les mettre en garde contre toute tentation de ce genre, il leur était même défendu, dans certaines localités, de servir de leurs propres crûs, à leur table, quand il s'y trouvait un étranger[1]. Leur estimation officielle, contresignée par l'autorité civile, s'appelait le *Schlag* ou *Weinschlag*, et avait force de loi pour les transactions commerciales de l'année courante. Pour les bourgeois des villes qui possédaient un octroi (*Umgelt*), — et la plupart des localités un peu importantes en avaient organisé un, soit pour leur propre profit, soit pour celui du seigneur, — le prix de la denrée se majorait naturellement dans des proportions assez sensibles[2], sans compter les frais supplémentaires quand on achetait le vin, non pas chez le paysan qui l'amenait à la ville, mais chez les aubergistes, gargotiers et autres personnes autorisées à le vendre en détail[3].

On aurait pu croire que l'abondance même de ce produit naturel du pays empêcherait les fraudes et les falsifications qu'on lui faisait subir ailleurs, où il était plus rare. Mais il n'en était pas ainsi : on fraudait sur les vins, dès le moyen âge, en Alsace, et l'on continuait à le faire au XVIIᵉ siècle[4]. Cependant l'on peut dire que ces fraudes n'étaient relativement pas graves et, grâce au peu de développement des connaissances chimiques, moins nuisibles aussi pour la santé publique qu'aujourd'hui. Ce qui arrivait le plus souvent, c'était qu'on « baptisait » (*taeuffen*) le vin, et les coupables n'étaient pas seulement les débitants, mais déjà les paysans de la

1 fr. 30 seulement, cela fait une somme d'environ 720 francs. Pour ne pas s'étonner de cette discordance si frappante entre les prix de 1602 et de 1621, traduits en valeurs modernes, il faut se rappeler que les années 1622-1623 sont celles de la grande crise financière, qui bouleversa toutes les données économiques du temps.

1. Ch. Pfister, *Le Comté de Horbourg, Revue d'Alsace*, 1888, p. 145.

2. Ainsi, l'*Umgelt* de Strasbourg prélevait, en 1634, treize schellings (4 fr. 81) par foudre de vin, ce qui faisait 44 centimes par hectolitre.

3. Par exemple, à Strasbourg, les pâtissiers, les *Büchsenmeister* (ceux qui tenaient les établissements de tir), les employés du péage (ou *Wasserzoll*) où se trouvait un lieu de promenade très fréquenté par la petite bourgeoisie, etc. *Verbesserte Wein-Ungeltsordnung der Stadt Strassburg*, du 22 mars 1637.

4. Reuss, *Justice criminelle et police des mœurs à Strasbourg*, p. 97.

Basse-Alsace, qui voituraient leurs barriques au marché de Strasbourg[1], ou les bateliers qui, y amenant les vins du vignoble colmarien, charmaient les loisirs de leur navigation trop lente sur l'Ill,
en allégeant les tonneaux qui leur étaient confiés, sauf à remplacer
ensuite le vin par un liquide moins généreux[2].

On pratiquait également au XVIIᵉ siècle l'art de *teindre* le vin,
c'est-à-dire de le colorer, avec des substances rougeâtres, le vin
rouge ayant de tout temps été préféré par les gens d'Alsace, précisément parce qu'il était fort rare dans le pays. Tantôt ce sont
les marchands de vin des villes qui pratiquent cette fraude[3], tantôt
les paysans eux-mêmes manipulent ainsi leur denrée avant de la
livrer au public. En 1671, par exemple, un paysan de Scherwiller,
mortellement blessé par un soldat auquel il refusait à boire, tint à
se confesser de ce grand péché d'habitude et, pour l'expier, léguait
la somme de vingt-cinq florins à trois couvents voisins[4]. Cette
coloration du vin blanc semble s'être faite surtout avec les baies du
mahaleb, appelé par nos sources « baies à encre » (*tintenboerlein*),
et n'a guère pu contribuer à améliorer le bouquet des crûs ainsi
métamorphosés en vins rouges[5].

Ces fraudes ne se pratiquaient pas, cependant, sur les vins
supérieurs destinés à l'exportation. Les fournisseurs des contrées
septentrionales de l'Europe, Allemagne du Nord, Pays-Bas, Scan-
dinavie, etc., avaient trop intérêt à s'y conserver une précieuse
clientèle pour ne pas veiller à la pureté de leurs produits. Tandis
que le commerce, très lucratif, vers la Suisse, se faisait par chariots, de Colmar à Bâle, celui de Strasbourg vers le Nord, s'opé-

1. Martin, dans son *Parlement nouveau* (p. 350), raconte une bien amu-
sante anecdote, arrivée de son temps à un professeur du Gymnase, qui
démasqua le malhonnête rustaud dont le vin avait été ainsi rafraichi.

2. L'ordonnance du Magistrat de Strasbourg, de 1615, défend sous les
peines les plus sévères aux bateliers d'*affaiblir* ainsi (*schwaechen*) leurs
cargaisons.

3. A Mulhouse, un nommé Aaron Biber est condamné, le 25 novembre 1640,
à 20 florins d'amende et à la prison comme *Weinfaerber* (*Alsatia*, 1867,
p. 255).

4. Nartz, *Val de Villé*, p. 358, d'après les registres mortuaires de Scherwiller. Les *Litterae annuae* des Jésuites de Schlestadt (Gény, *Jahrbücher*, I,
p. 147) racontent la même histoire et ajoutent que « quibusdam in locis
Magistratus publico edicto sub gravi mulcta huncce decolorandi vini metho-
dum interdixit ».

5. Cela ressor d'un rapport du sieur Besser à la Chancellerie de Ribeauvillé, qui date, il est vrai, du XVIIIᵉ siècle, et dans lequel il expose combien
la chasse aux grives se loue difficilement, vu que les paysans récoltent partout ces baies, nourriture favorite des grives, pour en colorer les vins blancs.
(A.H.A. E. 1388.)

rait, tout entier, par voie fluviale. On embarquait les tonneaux sur
les batèaux du Rhin, parfois aussi tout simplement sur les vastes
radeaux de troncs de sapins qui partaient de la rive droite ou
gauche du Rhin comme bois de construction pour les Pays-Bas.
De Rotterdam, les Hollandais se chargeaient ensuite de les réexpé-
dier en Danemark et en Suède, où ils passaient couramment
pour des vins du Rhin. On avait remarqué, « qu'au lieu de s'affaiblir en demeurant longtemps sur l'eau, le vin d'Alsace augmentait
en bonté. Le soufre qu'il tire du terroir y contribue ; c'est ce qui
lui donne une force extraordinaire qui se modère par un long
transport[1] ».

Quant aux quantités exportées de la sorte, nous sommes rensei-
gnés, d'une façon un peu suivie, pour le seul commerce spécial de
Strasbourg. Dans les tableaux statistiques dressés par ordre
chronologique, par André Silbermann et déjà cités pour le trafic
des céréales, nous trouvons le nombre des foudres de vin, déclarés
à la sortie de la ville, dans les trente dernières années du
XVIe siècle et les soixante-dix premières années du siècle suivant.
Là aussi nous sommes frappés par les variations extraordinaires
qui se produisent d'une année à l'autre sur la liste des exporta-
tions. Ainsi l'on trouve 3,155 foudres pour 1609 et 675 seulement
pour 1611 ; 1,136 foudres pour 1618, 2,514 foudres pour 1620, et
3,250 foudres pour 1622. En 1631, on n'en compte que 651 ; en
1633, 1,256 ; en 1639, 1,056 foudres. Dans les dix années suivantes,
l'exportation baisse jusqu'à 420 (1644) et 438 (1648). En 1659, il n'y
a pas encore un chiffre supérieur à 807 foudres, et s'il se relève en
1666 jusqu'à 1,253 foudres, nous voyons immédiatement les
chiffres les plus bas de la série (110 foudres en 1672, 317 en 1673)
qui équivalent à une cessation à peu près complète de cette branche
de commerce[2], cessation qui s'explique par le commencement de la
guerre de Hollande.

On trouve assez rarement des indications relatives à l'importa-
tation de vins étrangers en Alsace. Elle ne semble pas avoir été
fort considérable, et s'être bornée à l'introduction des crûs du
margraviat de Bade[3] ; vers la fin du siècle, il semblerait pourtant

---

1. La Grange, *Mémoire*, fol. 234.
2. Friese, *Historische Merckwürdigkeiten*, p. 189 suiv.
3. Nous voyons cependant que le *Cammerrath* Jean-Georges Zeyss, bailli de
la Petite-Pierre, fait venir en 1694 13 *ohmen* ou mesures (la mesure = 45 litres)
de vin rouge de Weinsberg, en Souabe, pour 71 florins, ce qui met la mesure
à environ 15 fr. 60 de notre monnaie. (Einnamb und Aussgab vom 1. Januarii
biss letzten Decembris 1694, etc. A. B. A. E. 412.)

que cette introduction des vins de là rive droite du Rhin ait pris,
du fait même des négociants de Strasbourg, des proportions assez
inquiétantes pour soulever les réclamations des producteurs indigènes. M. de Barbezieux écrivait en 1696 à ce·sujet au préteur
royal : « Puisque cela fait que les habitants de cette province ne
débitent pas les leurs, je mande à M. de La Grange que l'intention
du Roy est qu'il empesche qu'ils (les négociants strasbourgeois)
en fassent entrer à l'avenir[1]. » Il est aussi quelquefois question
dans les tarifs, de vins du Tyrol et d'Italie, ce qui s'explique par
les relations politiques de la Haute-Alsace avec les autres territoires de la maison de Habsbourg jusqu'en 1648. C'est assez tard
seulement que les crûs de Bourgogne ont pénétré dans le pays ;
quant aux vins doux du Midi et surtout aux vins de Bordeaux,
nous ne croyons pas qu'on les ait introduits en Alsace dès le
XVIIᵉ siècle ; les distances étaient trop grandes pour ne pas ren-
chérir extraordinairement une marchandise qui ne fut appréciée
dans la province que beaucoup plus tard[2].

Nous avons déjà dit quelques mots de l'exportation des vinaigres
et des eaux-de-vie d'Alsace, à propos de leur fabrication, au chapitre de l'*industrie*. Les statistiques nous montrent que, pendant
une partie du XVIIᵉ siècle au moins, l'exportation des vinaigres,
qui se faisait principalement vers le Nord, à destination des Pays-
Bas, était d'une importance majeure. Il y avait des années où la
Douane de Strasbourg faisait partir, sous sa marque distinctive et
sous la garantie des autorités, plus de fûts de vinaigre que de vin
vieux[3]. En 1605, elle en expédiait 1,018 foudres, 851 en 1619,
542 en 1629, 686 en 1631, etc. Mais il y avait aussi des années où
l'exportation était minime[4], et dans les dernières années du siècle,
les guerres continuelles[5], la négligence des fabricants et l'incurie

1. Lettre du 28 août 1696. (Archives municipales, A.A. 2163.)

2. Les habitants des villes alsaciennes aimaient bien les vins doux, mais
ils les préparaient eux-mêmes avec toutes sortes d'épices et d'ingrédients
étrangers. On en buvait aux noces et aux grands repas de famille. Ces
Würtzweine s'achetaient chez les aubergistes ou chez les pharmaciens qui
les préparaient. En 1656, l'aubergiste au *Soleil* qui se baignait dans du vin
de ce genre pour réparer ses forces épuisées par ses débauches, eut l'idée de
rentrer dans ses fonds en mettant ses bains en barriques, et comme il les
vendait à fort bon marché, il eut bientôt une nombreuse clientèle. Malheureusement le secret fut découvert, et le drôle condamné à mort. (Reuss, *Justice criminelle*, p. 218.)

3. Ainsi en 1611, on expédia 675 foudres de vin et 692 foudres de vinaigre.

4. En 1597, 29 foudres seulement.

5. *Mémoire de 1702*, fol. 5ᵇ.

des contrôleurs officiels restreignirent beaucoup ce commerce lucratif[1].

L'exportation de l'eau-de-vie représentait sans doute un mouvement pécuniaire plus considérable que celle du vinaigre, mais, pour autant que nous pouvons en comparer les chiffres, la quantité des marchandises expédiées était en général moindre. Certaines années font exception. En 1605, nous trouvons sur les listes de la Douane strasbourgeoise 702 foudres d'eau-de-vie; en 1619, 511; en 1631, 501; plus tard, immédiatement avant la guerre de Hollande, en 1672, on exporta 718 foudres, et l'année d'après 652 foudres; mais entre temps il y eut des périodes fort malencontreuses pour les fabricants : en 1629, l'exportation ne fut que de 68 foudres, en 1639 de 51, et en 1644 le chiffre tomba même à 28[2]. Comme celle du vinaigre, l'industrie des alcools ne parvint pas à regagner au XVIIIe siècle la vogue dont elle avait joui cent ans auparavant.

D. Commerce du bétail

Déjà, en parlant de l'élève du bétail en Alsace, au chapitre de l'*agriculture*, nous avons donné quelques indications sur le prix des animaux de boucherie durant le XVIIe siècle. Il nous reste à parler un peu plus en détail du trafic proprement dit des bestiaux qui se faisait dès alors, soit par des achats direct des bouchers chrétiens[3], soit par l'intermédiaire des courtiers israélites, ainsi que cela se pratique encore de nos jours. Chaque localité un peu importante en Alsace avait sa foire aux bestiaux; mais il y en avait deux surtout, qui, Strasbourg excepté, laissaient bien loin derrière elles toutes les autres : c'étaient Belfort et Cernay, où le bétail du Sundgau, le plus beau de la province, était mis en vente et rapidement enlevé tant par les amateurs du pays que par ceux qui venaient de Lorraine, de Bourgogne et de Franche-Comté. La foire de Cernay était vers 1697 la plus importante de toutes, au

---

1. « La négligence qui s'introduisit de la part des visiteurs, chargés de marquer et de goûter les pièces, fut cause que celles qui avaient la marque de Strasbourg étaient plutôt décréditées que recherchées. » Lehr, *Mélanges*, p. 48, d'après les papiers de l'intendant de Sérilly.

2. Friese, *Historische Merckwürdigkeiten*, loc. cit.

3. Les bouchers des grandes villes, auxquels on n'amenait pas quotidiennement, comme de nos jours, de la marchandise sur pied, achetaient en bloc des troupeaux de gros bétail et de moutons, qu'ils parquaient dans les environs et qu'ils abattaient au fur et à mesure des besoins. De là le nom de la plaine des Bouchers, donné et conservé jusqu'à ce jour à une vaste étendue de terrain au sud de Strasbourg.

dire de La Grange[1]. Fait curieux, au commencement du XVIIᵉ siècle,
les marchés de la Haute-Alsace n'étaient pas encore ouverts aux
bouchers étrangers ; c'est en 1603 seulement que l'archiduc Maximilien leur permit d'y venir et d'emmener du bétail au delà des
frontières ; encore un édit de 1605 leur imposait-il l'apport de cer-
tificats, émanant sans doute des autorités locales, et constatant que
leurs achats n'étaient faits qu'en vue d'achalander leurs propres
boutiques[2]. Si l'on avait de vieille date exclu les bouchers et les
marchands étrangers, on avait eu également un moment, vers la
fin du XVIᵉ siècle, la velléité d'exclure les hérétiques, et la Régence
d'Ensisheim avait, paraît-il, discuté sérieusement la question de
savoir s'il ne fallait pas entièrement écarter les acheteurs luthériens de la Basse-Alsace, qui se permettaient de manger de la
viande en carême. Mais la crainte de représailles de la part de la
ville de Strasbourg et probablement le dommage matériel qu'une
telle mesure eût causé au marché, la fit rejeter après mûre
réflexion[3].

Pour les régions de l'Alsace inférieure, c'était tout naturellement
Strasbourg qui était le grand marché aux bestiaux ; les règlements
interdisaient absolument aux bouchers et aux maquignons de rôder
d'avance par les villages et d'acheter aux paysans les produits de leurs
étables, pour les revendre ensuite avec profit. Ils devaient attendre
pour faire leurs achats, que le bétail fût exposé, au jour fixé d'avance,
sur le marché public. Mais si l'accaparement à domicile (*fürkauff*)
était interdit dans le pays même, il était licite de le tenter au dehors,
et les gouvernements d'Alsace n'empêchaient personne d'aller faire
des tournées de ce genre en Suisse, en Lorraine ou en Bourgogne
et de réaliser ainsi de notables profits[4].

Tandis qu'il est ainsi permis d'introduire des animaux d'un pays
limitrophe, il est défendu d'exporter du bétail engraissé sur les
pâturages communaux ainsi que des porcs nourris chez soi. On doit
ou bien les consommer à domicile, ou bien les offrir aux bouchers de
la localité, et, s'ils refusent, à ceux du voisinage. Il paraît y avoir
eu, au XVIIᵉ siècle, un boucher dans chaque village un peu considérable, soit qu'il fût désigné par le seigneur pour exercer ces

---

1. On peut juger de l'affluence des acheteurs à Cernay quand on voit que,
durant une seule foire, le droit d'octroi pour les vins, bus par eux, se montait à 400 rixdales. (*Revue d'Alsace*, 1850, p. 68.)
2. Bonvalot, *Coutumes de Ferrette*, p. 81.
3. Procès-verbaux du Conseil des XV, 4-6 avril 1577.
4. Décision des Etats de la Haute-Alsace, du 18 mars 1624. Hanauer, II,
p. 176.

« fonctions », contre une redevánce annuelle [1], soit qu'il s'y établît librement. Dès cette époque, un certain nombre au moins de ces bouchers semblent avoir été juifs, sans doute parce que c'étaient les israélites qui s'occupaient aussi de préférence du brocantage du bétail dans la localité.

Le boucher n'était pas libre de vendre sa marchandise à son gré. L'autorité locale, seigneur ou Magistrat, établissait une taxe dont le maximum était fixé par le prix d'achat de la bête, de façon à laisser au débitant un assez mince bénéfice. Cette taxe était nécessairement fort souvent revisée, selon l'abondance ou la rareté du bétail, et dès la fin du XVIᵉ siècle, comme pendant les vingt-cinq premières années du siècle suivant, les assemblées provinciales discutent fréquemment la mise en vigueur d'un tarif général pour tout le pays [2]. On réussit en effet par ces mesures, à maintenir des prix sensiblement égaux dans les différentes régions de l'Alsace, comme le prouve le tableau des prix de la viande de boucherie dressé par M. Hanauer pour toute cette période [3]. On peut constater pourtant que les habitants de la Haute-Alsace, occupant un pays de gros bétail, payent leur bœuf, leur veau et leur mouton un peu moins cher que ceux de la Basse-Alsace [4] ; par contre, ceux-ci ont à meilleur compte le porc, leur nourriture favorite [5].

La hausse générale des prix, d'une extrémité du siècle à l'autre, ne peut pas être qualifiée de très considérable, si nous songeons à ce qui s'est passé de nos jours. Il ressort en effet du tableau dont ,nous parlions tout à l'heure, que le bœuf se payait en moyenne 41 centimes le kilogramme de 1601 à 1625, et 51 centimes de 1676 à 1700. Le veau, durant ces mêmes périodes, coûtait 46 et 58 centimes ; le mouton, 46 et 59 centimes ; le porc, 47 et 57 centimes.

1. Dans le comté de Ferrette, le seigneur le nommait pour un an, contre une redevance de 33 sols 4 deniers. (Bonvalot, _Coutumes_, p. 78.)
2. Dans une lettre du 19 novembre 1624, l'administrateur de l'évêché, le comte de Salm, se plaint de ce que les bouchers de Strasbourg, malgré la délibération prise récemment par les États à Haguenau, vendent encore à Strasbourg et à Wasselonne la livre de bœuf à 8 pfennings et celle de mouton (? _Klein fleisch_) à 10 pfennings, alors que ceux de Saverne sont obligés, en vertu de ce recès, de la livrer à 7 et 8 pfennings. (Archives municipales, A.A. 1636.)
3. _Études économiques_, II, p. 197.
4. Le porc ne figure même pas sur le tarif des bouchers de Sainte-Marie-aux-Mines du 21 avril 1678. (_Documents concernant Sainte-Marie a./M._,' p. 287.)
5. Un porc se payait vers la fin du siècle environ 40 francs de notre monnaie. Nous voyons le receveur de la Petite-Pierre, Zeyss, en acheter cinq, en 1694, pour la somme totale de 70 florins 7 schellings 6 pfennings, ou à peu près 200 francs.

C'est donc une augmentation d'un cinquième environ, au bout de cent ans. Cela s'explique sans doute par le fait qu'après les grandes guerres, le nombre des consommateurs augmenta beaucoup moins vite dans la province que celui des animaux destinés à la boucherie. De 1626 à 1650, la différence moyenne est infiniment plus sensible, le bétail ayant péri ou disparu plus rapidement encore que ses maîtres. Quand d'autre part, durant la première moitié du XVIIIᵉ siècle, l'augmentation de la population alsacienne se produisit d'une façon si surprenante, grâce à de longues années de paix, le prix de la viande de boucherie ne tarda pas à monter également d'une façon beaucoup plus rapide [1].

En dehors de la viande de boucherie, le gros bétail fournissait encore un contingent notable au trafic du pays, tant à l'intérieur qu'au dehors, par les laitages de diverse nature, beurre et fromages. Le beurre frais était naturellement consommé sur place ; le beurre fondu (anken) était apporté au marché, soit en pots pour la vente en détail [2], soit en tonnes pour l'exportation [3]. Les fromages étaient généralement de qualité médiocre et ne s'exportaient pas. Les petits fromages rustiques (landkaese) et les fromages faits de lait de chèvre, amenés au marché de Strasbourg [4], étaient destinés au menu peuple. Les fromages de la vallée de Munster étaient plus estimés et se payaient plus cher [5]. Mais ils ne satisfaisaient pas les raffinés, car dès le XVIIᵉ siècle on introduisait en Alsace des fromages de Gruyère, de Hollande et même des fromages d'Italie [6].

Le suif formait également un article de commerce important, puisque c'était lui qui fournissait alors une bonne partie de l'éclairage, tant à la ville qu'à la campagne. Les paysans fabriquaient

---

1. Cent ans plus tard, de 1775 à 1800, le prix moyen du kilogramme de bœuf fut de 78 centimes, celui du veau et du mouton de 65 centimes et celui du porc de 75 centimes. (Hanauer, II, p. 197.)

2. En 1646, un receveur de la Petite-Pierre achète 81 livres de beurre pour 10 florins 4 schellings 10 pfennings, ce qui met la livre à cinquante centimes. (A.B.A. E. 408.) En 1663, une livre de beurre se paie à Sainte-Marie-aux-Mines 24 rappen, soit 1 fr. 10. (Documents concernant Sainte-Marie a./M., p. 302.)

3. Vers le commencement du siècle, une tonne de beurre fondu se vendait à Colmar 114 florins 3 batz ou 16 pfennings la livre, ce qui ferait environ 2 fr. 40 de notre monnaie. (Chronique de la Douane, Revue d'Alsace, 1876, p. 255.)

4. Tarif, etc., Strasbourg, 1686, in-8°.

5. De 1605 à 1626, ils se payaient 85 centimes à 1 fr. 10 le kilo. (Hanauer, II, p. 283.)

6. Le gruyère ne coûtait que 60 centimes le kilogramme en 1615; les fromages de Hollande variaient entre 1 fr. 06 et 2 fr. 18 le kilo, de 1601 à 1631. (Ibid, II, p. 285.)

encore en partie leurs chandelles eux-mêmes, et jusque dans les villes il y avait des gens qui allaient acheter aux bouchers la graisse des animaux abattus, pour se donner un luminaire plus économique. Mais cette façon d'agir était sévèrement interdite dans certaines localités, et particulièrement à Strasbourg, où le gouvernement avait depuis longtemps assuré le monopole à son Magasin à suif, comme à son Magasin à sel. Tous les bouchers étaient tenus de livrer au Magistrat les suifs provenant du dépeçage des animaux de boucherie, et la marchandise était entreposée dans un bâtiment public, l'*Unschlittkammer*[1], surveillé par une commission de membres des Conseils, les *Ober-Unschlittherren*. C'est à eux que devaient s'adresser les fabricants de chandelle pour se faire délivrer la matière première nécessaire à leur industrie[2]; celui qui s'avisait de s'en procurer ailleurs, en secret, soit dans la ville, soit au dehors, était passible de dix livres d'amende par contravention. C'était uniquement quand le Magasin officiel était rempli et que le Magistrat refusait d'acheter la marchandise, que les bouchers avaient le droit de vendre leurs suifs à la campagne, non sans payer à la ville un droit de sortie[3].

A côté du trafic du gros bétail, il se faisait dans tous les villages voisins d'une localité importante un commerce de volailles assez considérable. Les oies grasses, les poules et les canards étaient apportés en grand nombre aux marchés. Les dindons et les chapons figurent également sur les tarifs d'octroi de la ville de Strasbourg[4], et tous ces volatiles se vendaient à des prix bien plus abordables que de nos jours[5]. Les œufs se payaient 3 fr. 44 le cent en 1604, 3 fr. en 1609; 2 fr. 25 en 1623[6]. Enfin l'on constate également la présence sur certains marchés, de miel[7] et de cire, ce qui prouve qu'on s'occupait déjà d'apiculture en Alsace[8].

1. Durant une bonne partie du XVII⁰ siècle l'*Unschlittkammer* fut dans l'église des Dominicains, devenue le Temple-Neuf après la capitulation de 1681 et détruite par le bombardement de 1870.
2. Un varlet du Magistrat circulait tous les matins avec une charrette, l'*Unschlittkaerchel*, pour aller porter aux *lichterzieher* le suif du magasin central. Il est représenté à la planche XVIII de l'album *Evidens Designatio* (Argent., 1606) déjà cité.
3. Ordonnance du magistrat du 3 octobre 1670.
4. *Tarif des droits, etc.*, Strasbourg, Spoor, 1686, in-fol.
5. Une poule coûtait 78 centimes en 1623, 1 fr. 65 en 1690; une oie, 1 fr. 17 en 1623; 1 fr. 57 en 1690; un canard, 52 cent. en 1623 et 63 cent. en 1690.
6. Hanauer, II, p. 287.
7. Un pot de miel se vendait en 1662, à Sainte-Marie-aux-Mines, sept *batz*, soit 1 fr. 55. (*Documents concernant Sainte-Marie a./M,,* p. 301.) — Il se vendait au marché en barils de bois ou en pots de grès.
8. Les paysans apportaient la cire en galettes rondes. Ce qui prouve égale-

E. Commerce de draperies, soieries, toiles, etc.

Nous avons vu, au chapitre précédent, que l'industrie textile
d'Alsace fut, pendant presque tout le XVIIe siècle, assez insignifiante,
en comparaison de ce qu'elle avait été aux siècles précédents, et
que, surtout, elle ne produisait que des étoffes assez grossières, du
droguet, de la toile de chanvre, etc. Il est donc tout naturel que le
commerce des tissus ait été d'autant plus actif et qu'il s'en soit
fait une importation considérable dans le pays, de toute provenance,
et dans les prix les plus divers [1]. Daniel Martin, nous conduisant en
1637, au plus fort de la guerre de Trente Ans, dans le magasin
d'un marchand-drapier sous les Grandes-Arcades à Strasbourg, fait
étaler devant le client « de l'estamet, du carisé, du bombasin, de
l'ostade, du burail, de la tiretaine, du camelot de fil retors, du drap
de France, du seau, d'Angleterre, d'Espagne, de Sainte-Marie, de
la sarge de Limestre, de la revesche d'Angleterre, de la frise, de la
ratine, du petrocan ». Au comptoir des soieries, il lui fait offrir
« du veloux plein, figuré, de la panne, de la pluche, du satin à fleurs,
gaufré, du damas, du tabit, du gros de Naples, du taffetas de
Genève, de Gênes, du taffetas renforcé, du taffetas changeant, du
camelot ondé, de la trippe-de-veloux, de la toile d'argent et d'or [2] ».
Les mêmes étoffes se retrouvent, en partie du moins, sur le tarif
strasbourgeois de 1685, qui mentionne la ratine de Florence, la
frise d'Angleterre, le bombasin de Leyde, le damas de Nuremberg [3]. Ces marchandises arrivaient généralement par ballots,
remontant ou descendant le Rhin, à l'époque des foires semestrielles,
où s'approvisionnaient les négociants du pays. Elles devaient passer
par la Douane, afin d'être inspectées par des contrôleurs-jurés
(*Tuchstreicher*) qui les taxaient, et d'y acquitter des droits assez
élevés. Pour diminuer leurs frais, il arrivait assez souvent que les
marchands ouvraient leurs ballots au *Kaufhaus*, en l'absence des

---

ment que l'apiculture était répandue, c'est le fait que le payement de toute
une série d'amendes ou de pénitences ecclésiastiques est stipulée en
« livres de cire »; on n'aurait vraisemblablement pas eu l'idée d'obliger les
paysans d'acheter cette denrée à la ville; ils devaient l'avoir sous la main.

1. Il ne faut pas oublier que le XVIIe siècle est, en Alsace, comme ailleurs,
l'âge du luxe, des toilettes voyantes, surchargées de broderies, de dentelles, etc. L'austérité relative du temps de la Réforme est reniée malgré les
efforts des gouvernements et du clergé, dont les ordonnances somptuaires
innombrables et les homélies sont impuissantes à réfréner des excès qui font
le bonheur et la fortune des drapiers, des passementiers et des brodeurs.

2. D. Martin, *Parlement nouveau*, p. 680-684.

3. *Tarif des marchandises*, etc. Strasbourg, Spoor, 1685, in-fol.

inspecteurs, en transportaient le contenu dans les salles de déballage (*Tuchkammern*) et en route en vendaient subrepticement une partie, ou la faisaient enlever en cachette[1].

Outre les draps et les soieries, on importait également beaucoup de toiles fines, celles qu'on fabriquait dans le pays paraissant trop grossières pour fournir de linge de corps ou de linge de table les gens plus aisés. Il en venait de Suisse (*Basler leinwandt*), et spécialement de Saint-Gall (*Gallertuch*); il en venait de l'Allemagne du Sud (*Schwaebisch leinwandt*), et jusque de la Silésie (*Schlesinger leinwandt*); il en venait surtout des Pays-Bas, toile de Cambray (*Cammertuch*), toile de Hollande, toile de Frise, etc.[2]. Les marchandises analogues de France ne paraissent avoir pénétré qu'assez tard en Alsace.

F. Commerce d'épicerie, etc.

Il est une dernière branche de commerce qu'il faut mentionner à part, parce qu'elle représentait au XVIIe siècle un mouvement d'affaires assez considérable, c'est celle qui s'occupait de tous les articles divers réunis alors déjà chez les marchands épiciers, comme ils le sont encore de nos jours. Il est à peine besoin de dire que l'Alsace produisait bien peu d'entre les objets qu'à la rigueur on peut ranger parmi les épices : la moutarde, le safran, la coriandre, le thym, etc. De toutes ces plantes, le safran seul était cultivé comme article d'exportation, et s'expédiait en France, surtout du côté de Lyon. Les envois en étaient assez considérables pour que les négociants lyonnais sollicitassent en 1656 auprès du gouvernement la supression des taxes dont l'article était frappé depuis 1633 et pour que Strasbourg appuyât cette demande auprès du roi, de Mazarin et de Fouquet[3].

Pour le reste, le commerce d'épicerie était tout d'importation. En première ligne, il faut mentionner le hareng, sec ou salé, dont il arrivait des milliers de tonnes chaque année, par les bateaux remontant le Rhin[1], et dont catholiques et protestants faisaient une

1. Ordonnance du Magistrat du 22 décembre 1625.
2. *Tarif de 1685*, Strasbourg, in-fol.
3. M. l'abbé Dacheux a publié une partie des pièces relatives à cette affaire dans la préface du tome III des *Fragments des Chroniques alsaciennes*, p. xxxvi. C'est dans une des lettres du négociant lyonnais Mathieu Wolff à l'ammeistre Jean Wencker (9 août 1656) qu'il est dit que « Strasbourg reçoit de France et expédie dans ce pays plus de marchandises qu'aucune autre ville libre de l'Empire ».
4. Les Hollandais amenaient les envois jusqu'à Cologne; c'est là qu'on allait les chercher, ou plutôt c'est de là qu'on les expédiait, car au XVIIe siècle les Strasbourgeois ne descendaient plus que rarement si bas.

consommation considérable en temps de carême[1]. Certains épiciers compromettaient même gravement la santé publique en remettant en barriques la marchandise non vendue, qu'ils recouvraient d'un vernis trompeur, et en l'offrant de nouveau aux acheteurs quand arrivait le hareng frais (*Zirckelhaering*). D'autres achetaient même chez leurs confrères la marchandise avariée au plus bas prix, la vernissaient à neuf et puis allaient la déclarer à la Douane, payaient les droits prescrits et obtenaient de la sorte un certificat d'origine officiel de la part des fonctionnaires du contrôle. Une ordonnance du Magistrat de Strasbourg frappa ces fraudeurs d'une amende de cent livres (4 décembre 1656).

Les fruits du Sud, oranges et citrons, étaient apportés au moment des foires par des marchands italiens de Côme et de Milan, et n'étaient pas sensiblement plus chers, — quand il y en avait, — que de nos jours[2]. Mais on ne trouvait pas encore dans les villes d'Alsace les marchands italiens établis à poste fixe, et concentrant entre leurs mains le véritable commerce d'épicerie, ainsi que cela devait être le cas au XVIIIᵉ siècle, où leur commerce et leur nationalité s'identifièrent si bien aux yeux des populations alsaciennes que les deux termes d'*Italiens* et d'*épiciers* ont été pour elles longtemps synonymes[3]. Le sucre s'achetait encore le plus souvent dans les pharmacies et n'était pas à la portée des petites bourses[4]. L'huile d'olive vint, parallèlement à l'accroissement de l'immigration française, faire une concurrence sérieuse à l'huile de noix et de pavots[5]. Les savons d'Espagne et de Venise étaient d'autant plus recherchés que celui qu'on fabriquait dans le pays était grossier[6]. Le poivre, les clous de girofle, les noix de muscade, le gingembre étaient les épices les plus recherchées, soit pour les assaisonnements culinaires, soit pour

1. Les arrivages dépassaient parfois 7,000 tonnes par an. (Arch. mun., A.A. 2454.)

2. On payait une orange 4 pfennings (14 cent.) en 1609, 5 pfennings (16 cent.) en 1627, 5 pfennings encore (11 cent.) en 1672.

3. Encore il y a un demi-siècle, les servantes disaient à Strasbourg « züm Italiaener gehen » pour « aller chez l'épicier ».

4. Il y avait différentes espèces de sucre; le plus cher était le sucre des Canaries. On voit par les tableaux de M. Hanauer (II, p. 260) que le kilogramme coûtait 6 fr. 09 en 1602, 5 fr. 50 en 1619, 7 fr. 08 en 1631, 4 fr. 10 en 1693. Dans l'alimentation de la petite bourgeoisie le miel le remplaçait encore presque partout.

5. Elle n'était pas inconnue cependant auparavant; dès le commencement du XVIᵉ siècle on la trouve dans les comptes de certains couvents d'Alsace, sous le nom de *baumoel*. (Hanauer, II, 278.)

6. Plus tard, il en vint aussi de Marseille.

la préparation de certaines boissons[1]. Par contre, ·nous n'avons pu constater la vente, ni du thé, ni du cacao, dans l'Alsace au XVIIe siècle.

Quant au café, il y avait pénétré sans doute d'assez bonne heure, puisqu'il est mentionné une fois, en passant, parmi les dépenses culmaires du Grand-Chapitre à la date de 1602[2], mais nous ne croyons pas que l'usage s'en soit répandu avant la guerre de Trente Ans, qui modifia si profondément les habitudes du pays, et c'est certainement vers la fin du XVIIe siècle seulement[3] qu'on vit s'ouvrir dans les plus grandes villes les cafés destinés aux consommateurs de cet excitant nouveau, qui devait jouer un si grand rôle au siècle suivant.

1. Les Alsaciens du XVIIe siècle, comme les Anglais d'aujourd'hui, aimaient beaucoup les condiments mixtes, soit édulcorés, soit poivrés, qu'ils mélangeaient à leurs aliments, et dont le poivre, le gingembre, le safran, la muscade, la cannelle, les clous de girofle, etc., formaient les éléments principaux. Dans les grandes villes, il y avait des moulins spéciaux (*Wurtzmühlen*) qui les confectionnaient en grand. M. Hanauer (II, p. 248-249) a donné une série de recettes en usage à cette époque.

2. Hanauer, II, p. 261.

3. C'est en 1695 qu'une ordonnance du Magistrat de Strasbourg mentionne pour la première fois les *cafés* à côté des auberges et des brasseries, mais le « Tarif des droits qui se payent au Zollkeller de la ville de Strasbourg » (Strasbourg, Giessen, 1700), si détaillé pourtant, ne mentionne pas encore le café parmi les articles d'importation. Les moines de l'abbaye de Pairis, dans la Haute-Alsace, en buvaient déjà en 1702.

CONCLUSION

Arrivés à ce point de notre étude, ayant terminé le tableau de l'existence matérielle de l'Alsace au tournant du siècle, nous ne sommes pas encore en droit, peut-être, de formuler des conclusions générales qu'autoriserait seul l'achèvement complet de notre tâche. Mais nous en avons assez vu cependant pour justifier certaines considérations provisoires que nous soumettons au jugement de ceux qui ont bien voulu nous suivre jusqu'ici. Nous les formulons avec d'autant moins de scrupules qu'elles ne sauraient, — nous le croyons du moins, — soulever d'objections sérieuses chez les esprits impartiaux, les seuls que nous songions à convaincre en cette matière controversée.

« L'Alsace », écrivaient, il y a bientôt quarante ans, deux honorables magistrats de la cour de Colmar, fort versés dans l'histoire de son passé, « l'Alsace, au moment où elle passait sous la domination française, appartenait à l'Allemagne par la langue, par les habitudes, par les institutions et par les sentiments ; là, le peuple tenait avec l'opiniâtreté du caractère natal à la nationalité de ses pères, les gentilshommes à leurs privilèges germaniques et les villes impériales à leur libre constitution. Ces affinités, enracinées dans le cœur de la masse catholique, étaient plus chères encore à une minorité luthérienne que les traités séparaient du berceau de la Réforme, pour l'exposer aux périls de l'intolérance religieuse [1] ».

Ces quelques mots, — nul juge impartial ne le méconnaîtra, — résument de la façon la plus exacte, au point de vue historique, de la façon la plus équitable, au point de vue moral, la situation de l'Alsace au lendemain des traités de Westphalie. Suivant les traditions séculaires d'une politique d'expansion vers les vastes territoires, aux contours indécis, qui avaient fait partie jadis de la Gaule romaine, des royaumes francs et de l'héritage de Charlemagne, la France unifiée avait su, plusieurs fois déjà, tirer parti des conflits

---

1. Pillot et de Neyremand, *Histoire du Conseil souverain d'Alsace.* Paris, Durand. 1860, in-8°, p. **xv.**

perpétuels qui déchiraient le Saint-Empire romain germanique. Elle était apparue sur le versant oriental des Vosges en protectrice du protestantisme et de la liberté des États contre la tyrannie de la Maison d'Autriche. Elle était descendue dans ces plaines, condamnées déjà tant de fois à changer de maître depuis le jour où elles sont entrées dans l'histoire; elle les avait occupées par droit d'alliance autant que par droit de conquête, et un traité solennel, contradictoirement interprété, avant même d'être signé, venait de les lui assurer dans une mesure discutée, mais qu'elle s'apprêtait à rendre suffisamment efficace.

Les populations alsaciennes, épuisées par une série de maux non interrompus pendant tout un âge d'homme, n'eurent pas à regretter ce changement de leurs destinées. Placées sous l'autorité immédiate ou tout au moins indirecte de la couronne de France, elles se sentirent bientôt revivre sous un gouvernement fort et réparateur, qui se mit résolument à l'œuvre pour empêcher le retour d'invasions et de misères nouvelles et pour panser les innombrables blessures faites par un si lugubre passé. On a pu étudier de près, dans les chapitres qui précèdent, l'activité de l'administration française, une fois délivrée des soucis de la Fronde et des complications amenées par elle en Alsace. On y a vu avec quelle énergie les représentants de l'autorité centrale se sont mis à la tâche longue et difficile de repeupler le pays, de relever les villes et les villages, de faire remettre en culture les champs et les vignobles restés en friche, de soulager les survivants en régularisant la levée des impôts, de réprimer la licence de la soldatesque, si longtemps maîtresse absolue de la province, de favoriser la reprise du commerce et de l'industrie locale. Pour peu qu'on ait conservé le souvenir des faits nombreux que nous y avons groupés, on ne sera pas tenté de nier que le relèvement matériel de ce pays, si riche naturellement et si favorisé par sa situation géographique, n'ait été considérable autant que rapide et que, dans les vingt années qui s'écoulèrent de 1651 à 1670, années heureuses et tranquilles entre toutes pour l'Alsace, sa physionomie désolée n'ait profondément changé.

Qui ne comprendrait que ce seul fait ait pu suffire pour légitimer, aux yeux de l'immense majorité des habitants, le changement opéré dans leur existence politique, alors que depuis tant d'années on avait vécu dans une misère cruelle et dans l'attente, pour ainsi dire quotidienne, d'une fin plus cruelle encore? Ce n'est pas nous qui l'affirmons; c'est un adversaire résolu de la France, un gentilhomme alsacien, émigré pour rester fidèle à ses attaches traditionnelles, ce François-

Robert d'Ichtersheim, que nous avons fréquemment cité dans notre travail comme un connaisseur exact de son pays natal. Dans un chapitre final de sa *Topographie nouvelle de l'Alsace*, publiée à Ratisbonne, en pleine guerre de la succession d'Espagne, il a résumé tous les changements opérés dans l'administration de l'Alsace, se déclarant obligé de louer le mérite, même chez un ennemi; il y montre longuement comment Louis XIV avait innové, amélioré, perfectionné le gouvernement du pays [1]. Et si, parmi les vingt « points » qu'il énumère successivement, il en est quelques-uns où l'éloge nous paraît bizarre, on ne peut s'empêcher de reconnaître en général l'exactitude de ses jugements, jugements formulés, — je le répète, — au moment même où il supplie la Providence de favoriser les armées impériales et alliées et de leur rendre la fidèle Alsace [2].

Si le devoir strict de tout gouvernement est de travailler au bien-être de ses sujets, — puisque aussi bien c'est à son propre profit qu'il travaille en agissant de la sorte, — il n'est qu'équitable de dire que le gouvernement français a rempli cette tâche avec la conscience sérieuse de sa mission. Éclairé par l'invasion du pays en 1674 et par les campagnes des années suivantes, il a protégé l'Alsace par une formidable ceinture de forteresses, dont nul ne pouvait prévoir alors l'insuffisance dans des guerres futures; Belfort, Huningue, Brisach, Schlestadt, Strasbourg, Haguenau, Fort-Louis, Landau ont empêché que, pendant un siècle, des armées ennemies, même victorieuses, entamassent sérieusement la province qui, auparavant semblait appartenir, ouverte et sans défense, à tout vainqueur en rase campagne[3]. Il a remplacé les corps de troupes, indisciplinés et terriblement coûteux, qui couraient le pays et l'épuisaient, alors même qu'on ne s'y battait point, par des garnisons peu nombreuses, disciplinées pour l'époque et qu'on pouvait réduire en temps de paix, puisqu'un service d'étapes bien organisé sur des routes soigneusement entretenues permettait la circulation rapide des soldats, tout en étant relativement peu onéreux pour les populations[4].

1. « Cum etiam virtus sit in hoste laudanda, als wird mir hier nicht unguetig koennen aufgenommen werden wann ich anfuehre in welchen Stucken dieser grosse Koenig dieses Land innoviret, gebessert, excoliret und gezieret hat... » *Topographie*, p. 109.
2. *Topographie*, p. 115.
3. « Da man doch bey teutschen Zeiten gemeynet hat dass dieses schmale Laendlein die Kraeffte nicht habe eine Real-Vestung aufzurichten und zu unterhalten. » *Topographie*, p. 109.
4. « Absonderlich da der Soldat nicht den geringsten Excess thun darff,

Après avoir veillé à la sécurité de la province, le gouvernement français a songé aux travaux de la paix. Il a distribué gratuitement, ou contre une redevance minime, les terres sans propriétaires connus à de nouveaux occupants ; il a rendu de la sorte à la charrue des milliers d'hectares perdus pour l'alimentation du pays, parce qu'ils étaient couverts de taillis ou changés en déserts. Il a organisé tout un système de primes, parfois considérables, pour récompenser les jardiniers et les agriculteurs qui apporteraient aux marchés les plus beaux légumes, les plus beaux chanvres, les moutons les plus chargés de laine, les porcs les mieux engraissés, le gros bétail le mieux en point. Il a envoyé dans les bailliages des étalons de choix pour améliorer la race chevaline ; il a assuré la sécurité des routes par la création d'une maréchaussée vigilante, leur surveillance technique par des inspecteurs, leur entretien et réfection par des entrepreneurs, travaillant sans charger les habitants de corvées aussi dures que par le passé. Il a mis au service du public des chevaux de louage et une organisation postale perfectionnée ; il a fait reprendre l'exploitation des mines, abandonnées depuis la guerre de Trente Ans. Par des punitions sévères, l'emprisonnement, la marque et les galères, il a chassé les mendiants et les vagabonds qui infestaient le pays[1].

Mais le gouvernement royal a fait plus et mieux encore que de réparer les désastres des longues guerres du XVIIe siècle et de faire régner ainsi plus de sécurité, plus de bien-être dans la province d'Alsace. Sans imaginer de toutes pièces un système d'administration nouveau, sans créer a priori des rouages officiels inutiles, il a su lui donner peu à peu les organes nécessaires d'une administration centrale, tout en s'abstenant de heurter brusquement les vieilles habitudes, les traditions séculaires, les préjugés enracinés des différentes couches sociales.

Il a été prudemment conservateur, tout en pratiquant des réformes. Il a laissé aux princes étrangers, possessionnés en Alsace, un fois assuré de leur obéissance, tous leurs droits utiles et plusieurs de leurs prérogatives souveraines; il a respecté les privilèges extérieurs de la noblesse et du clergé, tout en veillant le plus souvent à ce qu'ils n'en abusassent plus désormais contre leurs sujets. Il a confirmé les oligarchies urbaines dirigeantes dans

wann er nicht will vom Intendanten oder Revisions-Commissario (wie viel Exempel bekandt worden) ohnfehlbar gehenckt werden. » (*Topographie*, p. 109.

1. *Topographie*, p. 110-112.

la paisible possession des fonctions municipales, tout en les contrô-
lant de près et en les soumettant de plus en plus à l'autorité des
préteurs royaux. Il leur a sagement abandonné à tous, au moins
en apparence, l'honneur et parfois l'odieux du gouvernement
direct, tout en sachant se faire obéir chaque fois qu'il tenait à une
solution quelconque[1]. Il a su s'épargner ainsi l'ennui et les petites
difficultés d'un contact trop fréquent ou trop brusque avec la masse
de ses nouveaux sujets, qui voyant toujours au-dessus d'eux leurs
anciens maîtres, magistrats ou baillis, n'ont pas eu conscience,
pour ainsi dire, du changement de régime, sinon sur les points où
il marquait pour eux un avantage et un progrès. Autrefois, quand
leurs seigneurs les écrasaient de corvées, quand ils les surchar-
geaient d'impôts, quand, trop souvent juges et parties, ils les con-
damnaient devant leur propre tribunal, s'ils osaient en appeler à la
justice, il n'y avait pour eux aucun recours possible. Pour employer
un mot bien connu, Dieu était trop haut et l'Empereur trop loin.
Dorénavant le monarque interpose son autorité tutélaire entre les
maîtres et les sujets; la justice du roi devient le grand ressort de
l'autorité nouvelle, appuyée qu'elle est par tous les représentants
de la force publique. Elle est enlevée aux seigneurs qu'on renvoie
à leur épée[2], pour être administrée par des hommes de loi, agréés
par la Cour souveraine et surveillés par elle. Ce Conseil souverain
lui-même, jaloux d'assurer la popularité du régime nouveau, tout
en établissant son propre pouvoir, se déclare et se montre le protecteur vigilant des humbles et des petits. Les populations comprennent bientôt que comtes et seigneurs, clercs et laïques, juifs et
chrétiens sont égaux à ses yeux, que le pauvre peut se présenter
devant lui sans crainte, aussi bien que le riche, et que le plus
modeste valet de labour, pourvu que sa cause soit juste, y triom-
phera de son maître[3]. Quelles qu'aient été les imperfections, nombreuses encore, du nouveau régime judiciaire, il n'en constitua pas
moins un immense progrès et fut généralement salué comme tel.

Ce sont là certainement des bienfaits, ou c'est du moins une
conception très intelligente des devoirs de l'État. Peu importe du
reste comment on voudra caractériser les faits, pourvu qu'on ne les

---

1. Je n'ai pas besoin sans doute d'avertir le lecteur que ces dernières considérations ne sont pas tirées de l'ouvrage du digne chevalier banneret de
Hochfelden.
2. « Den Adel hat er zurückgeschrenkt und die Beamtungen genommen
sie also zum Degen erclaeret. » (*Topographie,* p. 112.)
3. *Topographie,* p. 112.

nie **pas.** Je suis loin de prétendre, assurément, que Louis XIV,
ni Louvois, ni La Grange, aient agi de la sorte par philanthropie
pure, aussi peu d'ailleurs que n'importe quel gouvernement moderne, en pratiquant une politique analogue. En échange, que
demandait la France à ses nouveaux sujets d'Alsace ? Peu de chose
assurément, quand on compare les sacrifices imposés alors, à ceux
qu'ont dû subir les générations contemporaines, et les émotions
incontestables qui se sont produites au XVIIe siècle avec les déchi-
rements dont nous avons été les victimes. La conception de l'État
moderne, envahisseur, omnipotent, seul régulateur des destinées
individuelles comme du sort des nations, n'existait pas encore, fort
heureusement pour les Alsaciens de ce temps. On exige d'eux une
obéissance respectueuse aux lois générales du royaume, tempérée
par la conservation d'une foule de privilèges locaux ; on leur
demande des subsides pécuniaires, considérables sans doute, mais
moins lourds à porter pour une province prospère et rapidement
repeuplée, que les sommes arrachées autrefois aux populations
ruinées par des guerres continuelles.

Pendant plus d'un siècle encore et jusqu'à la chute de l'ancien
régime, tout en ouvrant aux gentilshommes d'Alsace les cadres de
ses régiments étrangers, tout en recevant les jeunes gens désireux
d'embrasser la carrière militaire dans ses milices provinciales, la
France ne songea pas à demander aux Alsaciens l'impôt du sang.
Elle ne songea pas davantage à leur demander le sacrifice de leur
langue nationale ou de leurs vieilles traditions administratives
locales. Au point de vue commercial aussi, l'Alsace resta jusqu'à
la Révolution « province étrangère effective. » Elle put ainsi lentement, graduellement, s'assimiler au reste de la nation par le jeu
naturel des institutions, par le cours normal des événements, par
une immigration, peu nombreuse d'abord, puis assez considérable
dans la seconde moitié du XVIIIe siècle, par des relations industrielles et scientifiques, librement nouées, de plus en plus fréquentes
et toujours plus fécondes en résultats.

L'effort conscient du gouvernement des Bourbons pour hâter ce
mouvement d'attraction vers la France, presque nul au début, et qui
finit pourtant par achever son œuvre sous l'ardente impulsion de la
crise révolutionnaire, ne fut pas considérable au XVIIe siècle, ni
même au siècle suivant. Les deux grands ressorts qu'emploie de nos
jours l'État, pour discipliner et niveler les esprits, pour pétrir les
caractères, et parfois aussi pour broyer les consciences, ne fonctionnaient point encore à cette époque. Pas de service militaire

obligatoire, et moins encore de programme scolaire obligatoire pour tous. Loin de « franciliser » à outrance, comme le répètent encore certains écrivains ignorants et aveuglés par des haines nationales, le gouvernement français, — on le verra par la seconde partie de cet ouvrage, — n'a pas même songé à s'emparer de l'instruction publique pour dresser les générations futures. Soit indifférence, soit largeur de vues, il a respecté partout le vieil ordre de choses. L'Université de Strasbourg, les écoles secondaires ou gymnases du pays, à plus forte raison les écoles primaires restèrent foncièrement allemandes de méthodes et de langue jusqu'au lendemain de la prise de la Bastille.

Assurément un gouvernement qui, bien qu'assez fort pour briser toutes les résistances, sut respecter ainsi, sur des points essentiels, et les traditions antérieures et l'autonomie de la province conquise, mérite qu'on lui tienne compte d'une attitude pareille. Il eut par moments des inspirations malheureuses ; il faiblit parfois vis-à-vis d'intérêts privés égoïstes ; il fut entaché de corruption, surtout au XVIIIe siècle, mais c'est qu'alors la faiblesse et la corruption régnaient partout en France et, ne craignons pas de l'ajouter, partout en Europe. Malgré ses défauts et ses erreurs, il eut pourtant, dirai-je le bonheur, dirai-je la suprême sagesse, de ne jamais oublier cette vérité tout élémentaire et qu'ont oubliée néanmoins tant de gouvernants d'hier et d'aujourd'hui, qu'on ne crée rien de durable sans le temps, et que celui-ci ne respecte que les choses qui sont faites d'accord avec lui. Jamais il n'a été fait d'effort violent pour brusquer le développement naturel qui menait len-tement, mais sûrement, l'Alsace vers la France, et si parfois quelques velléités théoriques se produisirent avec des apparences contraires, la routine prudente des administrateurs se garda bien de les traduire dans la pratique. Quelques rares ordonnances des premiers inten-dants de Louis XIV permettent encore de nos jours à certains esprits superficiels de s'exclamer contre la tyrannie méticuleuse du gouvernement français ; il ne faudrait pourtant pas s'y laisser tromper. Sans doute, il existe une ordonnance de 1685, prescrivant à toutes les femmes de quitter les costumes de Souabe, de Ratis-bonne et de Strasbourg pour adopter les modes françaises ; mais, près de cent dix ans plus tard, les femmes de Strasbourg portaient encore leur vieil habillement traditionnel, le jour où elles allaient déposer, par centaines, leurs toquets d'or et d'argent sur l'autel de la Patrie. Sans doute, on avait ordonné, dès l'institution du Conseil souverain, que toute procédure judiciaire se fît en langue française ;

qui ne conserve cependant, en Alsace, parmi ses papiers de famille, des pièces légales, inventaires, testaments, contrats de vente et de mariage, rédigés en allemand, et cela dans les villes elles-mêmes, jusqu'à la veille de la promulgation du Code civil? C'est ainsi que par le respect tolérant et profondément habile des habitudes du passé, grâce au contact quotidien, pacifique, des deux races et des deux civilisations, pendant quatre générations successives, s'est préparée cette Alsace nouvelle dont nous saluons l'apparition sur la scène de l'histoire en même temps que celle de la France de 1789[1].

1. L'opinion que je viens d'exprimer sur l'assimilation, lente d'abord et partielle seulement, mais continue de l'Alsace à la France, depuis la fin du XVIIe siècle jusqu'à la Révolution, est le fruit de trente années de recherches consciencieuses, guidées par le désir d'arriver à la vérité scientifique. Je n'ignore pas cependant que l'on m'accusera sans doute, d'un certain côté, de dénaturer les faits et d'avoir fait preuve d'une partialité trop évidente, en faveur des vainqueurs d'alors; j'attendrai tranquillement qu'on m'en fournisse la preuve. D'autre part, il se trouvera peut-être des critiques qui me reprocheront d'avoir singulièrement affaibli l'écho des sentiments véritables des Alsaciens d'alors pour la France, et qui me citeront à ce sujet un texte que je ne puis me permettre de passer sous silence, après tout le succès qu'il a obtenu depuis dix ans, bien que la valeur scientifique ne m'en semble nullement probante. Je veux parler, on le devine, du *Mémoire pour la Franche-Comté*, publié par M. Emile Bourgeois dans son intéressant ouvrage, *Neuchâtel et la politique prussienne en Franche-Comté, 1702-1713* (Paris, Leroux, 1887, p. 249), et présenté, dit-il, par le baron de Schmettau, envoyé de Prusse, aux diplomates réunis à la Haye en 1709. Il se trouve en effet dans ce petit écrit plusieurs passages fort curieux relatifs aux sentiments de l'Alsace pour la France. On y lit qu'il « est notoire que *les habitants de l'Alsace sont plus François que les Parisiens*, et que le Roi de France est si sûr de leur affection à son service et à sa gloire, qu'il leur ordonne de se fournir de fusils, de pistolets, de halebardes, d'épée, de poudre et de plomb, toutes les fois que le bruit court que les Allemands ont dessein de passer le Rhin, et qu'ils courent en foule sur les bords de ce fleuve pour en empêcher, ou du moins disputer le passage à la Nation Germanique, au péril évident de leurs propres vies comme s'ils allaient au triomphe. En sorte que l'Empereur et l'Empire doivent être persuadez qu'en reprenant l'Alsace seule, sans recouvrer la Franche-Comté, ils ne trouveront, pour ainsi dire, qu'un amas de terre morte pour l'Auguste Maison d'Autriche, et qui *couvera un brasier d'amour pour la France*, et de fervents désirs pour le retour de son règne dans ce Païs auquel ils donneront toujours conseil, faveur, aide et secours dans l'occasion ». L'auteur anonyme recommande encore la prise de possession de la Lorraine et de la Franche-Comté aux puissances alliées, comme de « deux Boulevards au corps de l'Empire, et deux forts Caveçons aux Alsatiens, *soit qu'on les laisse au pouvoir du roi de France qu'ils adorent,* soit qu'on lui en ôte les biens et les revenus (*car on ne lui pourra pas ôter les cœurs d'autre manière que par une chaîne de deux cents ans*) ». — Assurément ce sont là des textes expressifs au possible et l'on comprend qu'il a pu paraître « assez piquant d'entendre un roi de Prusse affirmer, en 1709, que l'Alsace, vingt ans après la conquête définitive, était devenue une terre bien française, que ses habitants adoraient le Roi et qu'ils se chargeaient de monter la garde pour la France sur la rive

La fusion se serait faite plus facilement sans doute, et plus tôt,
si, sur un seul point, le gouvernement des Bourbons n'avait manqué
de coup d'œil politique ; nous voulons parler de son attitude sur le
terrain religieux. Ce n'est pas ici le moment de parler plus longuement de ce sujet, qui sera traité, très en détail, dans la seconde
partie de notre étude, ainsi que nous l'avons expliqué dans notre
préface. Mais nous ne voudrions pas avoir l'air de dissimuler, pour
ainsi dire, les conclusions que nous imposent les nombreux documents réunis par nous sur la matière, et nous indiquerons donc,
au moins d'un mot, quelle fut l'erreur capitale, à notre sens, dans
l'attitude de Louis XIV après la conquête de l'Alsace.

Appelée jadis comme protectrice des protestants dans l'Empire,
c'est en gardienne de la liberté de conscience germanique que la
France était entrée dans la lutte trentenaire. Louis XIII continuait
ainsi le rôle sincèrement accepté par Henri le Grand, et qu'avaient
joué déjà, de fort mauvaise grâce, les derniers Valois. Cependant,
quand le moment approcha de transformer les alliances d'autrefois
en une prise de possession plus ou moins complète, les hommes

gauche du Rhin ». (Bourgeois, p. 128). Mais la pièce en question a-t-elle la
valeur qu'on semble vouloir lui attribuer? Elle a été publiée une première
fois, il y a un siècle et demi, dans la volumineuse compilation de M. de
Lamberty, *Mémoires pour servir à l'histoire du XVIIIᵉ siècle*, publiée à
Amsterdam, chez Pierre Mortier, 1735, in-4ᵘ (vol. V, p. 277-286); c'est
là seulement qu'elle est mise en rapport avec le nom de Schmettau, le
représentant du roi Frédéric Iᵉʳ de Prusse aux Pays-Bas. Il y est dit : « Ce
ministre présenta au conseiller pensionnaire Heinsius, au prince Eugène
et au duc de Marlborough un long mémoire. » Il était si peu de sa façon,
que Lamberty dit plus loin : « Ce ministre n'hésita point à ajouter le
nom d'un qui produisit le Mémoire (p. 287). » M. Bourgeois a eu la
chance de mettre la main sur un autre exemplaire du *Mémoire*, qui
se trouve aux archives du Ministère des affaires étrangères, parmi
les pièces accompagnant la correspondance de M. de Puysieulx, notre
ambassadeur en Suisse, avec l'intendant de la Franche-Comté. C'est,
dit-il (p. III), « une petite brochure de seize pages in-16ᵉ, imprimée,
faite, comme le format l'indique, pour être distribuée... » Le savant
éditeur ajoute : « Ce document est absolument authentique, » expression
qui ne peut ici signifier qu'une chose, c'est que la pièce a été réellement saisie,
soit en Bourgogne, soit en Suisse, en 1709, et qu'elle n'est pas une inven-
tion moderne. Car comme ut établirait-on qu'une petite brochure anonyme,
imprimée et distribuée clandestinement, est un document diplomatique officiel, déposé sur le bureau d'un congrès européen? Je doute fort, pour ma part,
que ce pamphlet, écrit avec une verve rageuse contre la France, soit jamais sorti
solennellement du portefeuille d'un diplomate; qui reconnaîtrait le style
diplomatique de l'époque dans des phrases comme celle-ci : « Je rougis de
honte quand j'y pense et ne puis lire les traités de Wesphalie, des Pyrénées... et de Ryswick, sans m'écrier : O France trop heureuse, tu n'as qu'à
faire la guerre à tes voisins pour être sûre d'agrandir ton roiaume, etc.! »
C'est un des innombrables factums, — on les compte par centaines, — que
l'Allemagne, l'Angleterre et les Pays-Bas ont vu éclore, durant les trente

d'État français crurent pouvoir faciliter le dénouement de la lutte aux Habsbourgs, en se déclarant les champions du catholicisme en Alsace et en désintéressant ainsi leur conscience confessionnelle ; ils pensaient sans doute aussi créer de la sorte un courant de sympathies plus vives en faveur de la France, la majorité des Alsaciens étant ardemment catholique. Cette attitude, une fois prise durant la minorité de Louis XIV, ne fut plus abandonnée, d'autant qu'elle répondait assurément aux convictions personnelles du monarque, qui voyait dans l'existence de l'hérésie au milieu de ses domaines, comme un outrage à la majesté royale. Sans aller aussi loin que dans le reste du royaume, il autorisa par ses faveurs et ses promesses, par la connivence ou l'appui direct de certains de ses représentants, l'attitude de plus en plus agressive de l'Église catholique d'Alsace à l'égard des Églises dissidentes. C'était d'ailleurs, — il ne faut pas l'oublier, — le moment culminant de la réaction religieuse par toute l'Europe ; ce que Louis XIV exécutait sans danger immédiat pour lui-même, mais non sans pertes douloureuses pour la France, Léopold Ier d'Autriche le tentait sans succès

dernières années du règne de Louis XIV, dénonçant ses convoitises et demandant l'écrasement de « la France toujours ambitieuse et perfide ». Mais peu importe ici. Pamphlet ou mémoire diplomatique, inspiré par la Prusse ou peut-être par les Cantons protestants, notre document poursuit un but très précis et que M. Bourgeois lui-même a mis en pleine lumière. Il est destiné à détourner les alliés de la conquête de l'Alsace, et à les pousser par contre à faire celle de la Franche-Comté. La raison de ces efforts est évidente ; l'Alsace reviendrait forcément à la Maison d'Autriche. La Bourgogne irait peut-être à la Prusse, qui possède déjà, tout à côté, la principauté de Neuchâtel. Pour arriver à ce but, il faut donc dépeindre les Alsaciens comme moralement perdus pour l'Empire, irrémédiablement férus d'amour pour Louis XIV, les Francs-Comtois au contraire comme des esclaves enchaînés, soupirant après la délivrance. Les uns serviront de repoussoir aux autres ; et c'est ce que le pamphlétaire inconnu, qui travaillait ici, — c'est le cas de dire, — pour le roi de Prusse, a fait de son mieux. Mais peut-on utiliser ses déclamations intéressées comme un document historique ? M. Bourgeois admettrait-il que les habitants de la Franche-Comté étaient réellement « prêts à faire un pont de leurs corps aux armées de l'Empire » ? Croit-il vraiment que les infortunés Comtois « n'ont survécu jusqu'à présent à un joug qui leur est insupportable que parce que cette nouvelle guerre leur a donné l'espérance d'être rachetez d'un esclavage qu'ils souffrent malgré eux depuis 1674 ? » Il ne peut pourtant déprécier une partie de ce témoignage et en admettre l'autre. D'ailleurs, pour qui connaît tant soit peu l'histoire intérieure de l'Alsace à cette époque, l'exagération grotesque des termes du factum (patriotisme dépassant celui des Parisiens, brasier d'amour, adoration qui ne sera détruite que par deux siècles de chaines) devrait, à elle seule, inspirer une sage défiance à l'historien qui les rencontre sur son chemin. Ils sont tout à fait erronés quand on les emploie à caractériser l'attitude soumise, respectueuse, confiante assurément, mais nullement *enthousiaste* de populations assez récemment conquises, et dont une partie n'était officiellement annexée que depuis la paix de Ryswick (1697).

durable contre les protestants de Hongrie, et Jacques II d'Angleterre payait de la perte de sa couronne la folle tentative d'introniser la papauté sur les ruines des libertés de son pays.

Sans mettre en doute ici la sincérité de cette attitude du gouvernement royal en Alsace, sans la discuter le moins du monde, il faut bien dire qu'elle fut infiniment impolitique autant que peu généreuse. L'Église catholique, habituée à réclamer tous les concours sans se croire jamais l'obligée de personne, n'en fut pas plus reconnaissante, au fond, à Louis XIV, et la minorité protestante, en butte à des vexations mesquines presque continuelles, et, par moments, à de véritables violences, revint bientôt forcément des dispositions héréditaires favorables qu'elle avait témoignées tout d'abord aux descendants de Henri IV. Et comme cette partialité sur le terrain religieux se prolongea malheureusement durant tout le long règne de Louis XV [1], il y eut là comme une grosse pierre d'achoppement roulée sur le chemin par le gouvernement lui-même. Cela ne laissa pas de gêner la marche en avant, d'entraver par une défiance mutuelle des relations autrefois plus cordiales et de retarder, comme de parti pris, la fusion désirable de ces éléments également utiles, quoique si divers, de la population d'Alsace.

On a prétendu, il est vrai, que les représentants du Roi Très-Chrétien ne pouvaient agir autrement qu'ils ne l'ont fait, et que Louis XIV était incapable de concevoir une autre politique religieuse que la sienne. Je ne sais, mais je penche à croire qu'il aurait agi d'une façon plus digne de lui, en même temps que plus habile, en continuant la politique de son père et de son aïeul, et je me permets, en terminant, d'alléguer sur ce point, l'opinion raisonnée d'un historien très versé dans la connaissance des choses d'Alsace au XVIIᵉ siècle, et qui semblera peut-être d'autant mieux placé pour être impartial qu'il n'appartient ni à l'Église catholique ni au protestantisme. Après avoir signalé le système de partialité suivi par le gouvernement royal à l'encontre du luthéranisme alsacien, l'auteur que je voudrais citer ici, se demande s'il était indispensable, en procédant à l'annexion morale du pays, de s'appuyer sur un parti seulement, de manière à faire croire au parti contraire que cette annexion s'opérait contre lui. « La réponse, dit-il, ne saurait être

1. Je me permets de renvoyer pour les preuves à un opuscule publié par moi (Paris, Fischbacher, 1888, in-8°) et exclusivement formé par des documents officiels et des correspondances administratives tirés des dépôts publics de Strasbourg, *Documents relatifs à la situation légale des protestants d'Alsace au XVIIIᵉ siècle.*

douteuse. Nation essentiellement unitaire et catholique, la France...
offrait une sécurité qui manquait dans l'Empire et devait tôt ou tard
lui assurer le concours des forces catholiques alsaciennes. Le
triomphe des Français après tout ne portait aucune atteinte grave à
l'intérêt romain, tandis que le luthéranisme, n'ayant acheté la paix
qu'au prix de son influence, ne pouvait pas ne pas regretter le
régime disparu. C'était donc à rassurer les Évangéliques, à dissiper
leurs inquiétudes, à gagner leur confiance qu'il eût fallu s'appliquer,
et c'est malheureusement le contraire qui eut lieu... Catholique dans
le reste de la France, la Monarchie chez nous avait intérêt à rester
laïque ; en unissant sa cause à celle de la religion romaine, elle
devait avoir, et eut en effet contre elle, les adversaires de cette
religion. Le résultat de cette alliance... fut un retard de plus d'un
siècle dans l'entière fusion des peuples alsacien et français, alors
qu'en poursuivant la conciliation sur le seul terrain civil, on eût vu
disparaître cent ans plus tôt la réserve des populations alsaciennes
et rompre la barrière de glace qui ne s'est fondue que sous le
souffle ardent de la Révolution [1]. »

1. Julien Sée, *Les Chroniques d'Alsace. Ambrosius Müllers Stamm- und
Zeitbuch.* Colmar, Jung, 1873, in-8°. Introduction, p. VIII-X.

FIN

TABLE DES MATIÈRES

CHALON-SUR-SAÔNE, IMPRIMERIE DE L. MARCEAU